MICHAELIS

MINIDICIONÁRIO

FRANCÊS

francês – português
português – francês

Jelssa Ciardi Avolio

(Mestre em Linguística Aplicada ao Ensino de Línguas pela PUC-SP e Doutora em Didática pela Faculdade de Educação da USP)

Mára Lucia Faury

(Mestre em Literatura Francesa pela Université de Paris IV, Sorbonne, e Doutora em Literatura pela Université de Paris III Sorbonne-Nouvelle)

MICHAELIS

MINIDICIONÁRIO

FRANCÊS

francês – português
português – francês

Nova Ortografia conforme
o Acordo Ortográfico da Língua Portuguesa

Editora Melhoramentos

Avolio, Jelssa Ciardi
   MICHAELIS: minidicionário francês: francês-português, português-francês / Jelssa Ciardi Avolio, Mára Lucia Faury. – São Paulo: Editora Melhoramentos, 2010. – (Dicionários Michaelis)

   Edição conforme o Acordo Ortográfico da Língua Portuguesa, 1990.
   ISBN 978-85-06-06263-0

   1. Francês - Dicionários - Português 2. Português - Dicionários - Francês I. Faury, Mára Lucia. II. Título. III. Série.

CDD-443.69
-469.43

Índices para catálogo sistemático:
   1. Francês: Português: Dicionários   443.69
   2. Português: Francês: Dicionários   469.43

© 2003 Jelssa Ciardi Avolio e Mára Lucia Faury
© 2003, 2010 Editora Melhoramentos Ltda.
Todos os direitos reservados.

Design original da capa: Jean E. Udry
Revisão da transcrição fonética do português: Elvira Wanda Vagones Mauro

3.ª edição, 4.ª impressão, fevereiro de 2025
ISBN: 978-85-06-06263-0
       978-85-06-07854-9

Atendimento ao consumidor:
Caixa Postal 169 – CEP 01031-970
São Paulo – SP – Brasil
www.editoramelhoramentos.com.br
sac@melhoramentos.com.br

Impresso na China

Sumário

Prefácio VII
Organização do dicionário VIII
Divisão silábica do francês X
Transcrição fonética do francês XII
Transcrição fonética do português XIV
Abreviaturas usadas neste dicionário XVI
Apêndice
   Conjugação dos verbos em francês 491
   Conjugação dos verbos auxiliares e regulares em português 496
   Relação dos verbos irregulares, defectivos ou difíceis em português 501
   Numerais 508

Prefácio

Com mais de 18.000 verbetes, o **Michaelis Minidicionário Francês** foi especialmente elaborado para os brasileiros que estudam a língua francesa.

A obra contou, em sua elaboração, com uma equipe especializada de dicionaristas, professores de francês e de português, foneticistas e revisores, entre outros profissionais.

A grafia das palavras em português segue o Vocabulário Ortográfico da Língua Portuguesa (VOLP, 5.ª ed., março de 2009), respeitando as modificações introduzidas pelo Acordo Ortográfico da Língua Portuguesa (veja explicações sobre o Acordo a seguir).

Este dicionário segue rigorosas normas de lexicografia que padronizam a estrutura dos verbetes a fim de facilitar a leitura e dar acesso imediato à informação. Além disso, os verbetes em francês e em português apresentam divisão silábica, transcrição fonética, classe gramatical, área de conhecimento, acepções numeradas (totalizando mais de 40.000), expressões atuais e exemplos objetivos para melhor compreensão das definições.

O **Michaelis Minidicionário Francês** é um instrumento essencial para o estudo da língua francesa, de grande utilidade, portanto, para quem deseja falar e escrever corretamente esse idioma.

A nova ortografia do português

Para este dicionário foram adotadas as alterações na ortografia do português conforme o Acordo Ortográfico da Língua Portuguesa de 1990.

A implantação das regras desse Acordo é um passo importante em direção à criação de uma ortografia unificada para o português, a ser usada por todos os países de língua oficial portuguesa: Portugal, Brasil, Angola, São Tomé e Príncipe, Cabo Verde, Guiné-Bissau, Moçambique e Timor Leste.

A Editora

Organização do dicionário

1. Entrada
a) A entrada do verbete está em negrito e com indicação da divisão silábica (conheça os critérios de divisão silábica do francês utilizados neste dicionário na página X).
   Ex.: **a.bé.cé.daire** [abesedeʀ] *nm* abecedário.
   a.ba.na.dor [abanad'or] *sm* éventoir.
b) As remissões, introduzidas pela abreviatura V (ver/*voir*), indicam uma forma vocabular mais usual.
   Ex.: **as.ca.ris** [askaʀis] *V ascaride*.
   de.sa.ten.ci.o.so [dezatẽsj'ozu] *V desatento*.
c) Os substantivos e adjetivos, em geral, são apresentados no masculino singular. Quando o feminino é irregular, a terminação é dada após o masculino:
   Ex.: **a.via.teur, -trice** [avjatœʀ, -tʀis] *n* aviador.
d) A terminação do plural irregular é dada após o verbete, ou após a terminação irregular do feminino:
   Ex.: **ad.ver.bial, -iale, -iaux** [adveʀbjal, -jo] *adj* adverbial.
e) Os verbos essencialmente pronominais encontram-se na entrada principal da seguinte maneira:
   Ex.: **blot.tir (se)** [blɔtiʀ] *vpr* enroscar-se, aconchegar-se.
   a.jo.e.lhar-se [aʒoeʎ'arsi] *vpr* s'agenouiller.

2. Transcrição fonética
A pronúncia figurada aparece representada entre colchetes. Veja explicações detalhadas nas páginas XII a XV.
   Ex.: **a.beille** [abej] *nf Zool* abelha.
   a.bai.xar [abaʒʃ'ar] *vt+vpr* baisser.

3. Classe gramatical
a) É indicada por abreviatura em itálico, conforme a lista na página XVI.
   Ex.: **a.bo.li.tion** [abɔlisjõ] *nf* abolição.
   a.ba.ti.do [abat'idu] *adj* abattu.
b) Quando o verbete tem mais de uma categoria gramatical, uma é separada da outra por um ponto preto.
   Ex.: **a.dhé.rent, -ente** [adeʀã, -ãt] *adj* aderente. • *n* partidário, adepto.
   a.li.men.tar [alimẽt'ar] *vt+vpr* nourrir. • *adj* alimentaire.

4. Área de conhecimento
É indicada por abreviatura em itálico, conforme a lista na página XVI.
   Ex.: **ab.do.men** [abdɔmen] *nm Anat* abdome, barriga.
   a.ba.ca.te [abak'ati] *sm Bot* avocat.

5. Formas irregulares
São apresentados, em itálico, plurais irregulares e plurais de substantivos compostos com hífen, além dos femininos e masculinos irregulares.

Ex.: **a.ça.frão** [asafr′ãw] *sm Bot* safran. *Pl: açafrões*.
pa.ra-bri.sa [parəbr′izə] *sm Autom* pare-brise ou parebrise. *Pl: para-brisas*.

6. Tradução
a) Os diferentes sentidos de uma mesma palavra estão separados por algarismos em negrito. Os sinônimos reunidos num algarismo são separados por vírgulas.

Ex.: **ad.mi.nis.trer** [administʀe] *vt* **1** administrar, gerir. **2** dar uma medicação. **3** aplicar um castigo.
a.li.men.to [alim′ẽtu] *sm* **1** nourriture. **2** denrée. **3** nourriture, victuaille, aliment.

b) A tradução, na medida do possível, fornece os sinônimos na outra língua e, quando estes não existem, define ou explica o termo.

Ex.: **doc.teur** [dɔktœʀ] *nm* **1** doutor, médico. **2** doutor, pessoa que possui o maior grau universitário numa faculdade.

7. Exemplificação
Frases elucidativas usadas para esclarecer definições ou acepções são apresentadas em itálico.

Ex.: **a.morce** [amɔʀs] *nf* **1** isca. **2** início, começo, esboço. *cette rencontre pourrait être l'amorce d'une négociation véritable* / este encontro poderia ser o início de uma verdadeira negociação.
a.gi.ta.do [aʒit′adu] *adj* agité. *o doente passou uma noite agitada* / le malade a passé une nuit agitée.

8. Expressões
Expressões usuais são apresentadas em ordem alfabética e destacadas em negrito.

Ex.: **ac.cord** [akɔʀ] *nm* **1** acordo, assentimento, concordância, pacto, trato. **2** *Mus* acorde. **d'accord** de acordo, sim, o.k. **donner son accord** dar autorização, permissão. **mettre d'accord** conciliar. **tomber d'accord** concordar, chegar a um acordo.
a.ca.so [ak′azu] *sm* hasard. **por acaso** par hasard.

Divisão silábica do francês

Em vez de privilegiar a estrutura silábica ou etimológica, na divisão silábica foi privilegiado o aspecto fonético, cada sílaba correspondendo a um som.
   mais
   main
   maî.**trise**
   sar.cas.**tique**
   sa.voir

Cabem, todavia, algumas observações:

a) separam-se as consoantes repetidas, se a vogal seguinte for pronunciada:
   cas.ser
   ha.**bil.ler**
   ac.ca.bler
   sa.**von.ner**
   su.per.vi.sion

b) nunca se separam os grupos **ch**, **gn**, **gu**, **ph**, **qu** e **th**:
   ac.cro.**ch**er
   ja.**gu**ar
   guerre
   quand
   que.relle
   pho.to.gra.phie
   pam.**ph**let
   ca.**th**o.lique
   ga.**gn**er
   ver.go**gn**e

c) algumas palavras, todavia, podem ser separadas de duas formas distintas:
   telle.ment / tel.le.ment
   torche / tor.che
   tordre / tor.dre
   notre / no.tre

d) o trema indica uma vogal pronunciada. Assim, a vogal com trema deve ser separada da sílaba precedente:
   co.ïn.ci.dence
   ma.ïs
   na.ï.ve.té
   No.ël

e) o **é** (letra "e" com acento agudo) é tônico em francês. Por isso, acarreta separação da sílaba onde se encontra:
nau.sé.a.bond
dé.colle.té
ca.mé.lé.on

f) para fins de separação silábica, quando há um agrupamento de vogais, deve-se atentar se se trata de vogal ou semivogal:
cru.**au**.té
c**ui**re
sa.la.dier
sa.lière
sa.luer
sanc.tuaire
suisse
spi.ri.tueux

g) o "e" mudo (*e muet*) no final de uma palavra em francês não é pronunciado, não se configurando uma nova sílaba para ser separada:
dalle
danse
gage
rive
vase

h) no meio das palavras, o "e" *muet* (mudo) pode ser objeto de nova sílaba ou não, dependendo da pronúncia:
- quando o "e" for pronunciado, separa-se a sílaba:
dé.bor.de.ment [debɔʀdəmɑ̃]
dé.char.ge.ment [deʃaʀʒəmɑ̃]
- quando o "e" não for pronunciado, não se separa a sílaba:
ca.denas [kadnɑ]
câ.li.nerie [kɑlinʀi]
- quando o "e" puder ou não ser pronunciado, separa-se a sílaba, e na transcrição fonética o símbolo correspondente ao "e" *muet* (ə) aparece entre parênteses:
che.veu [ʃ(ə)vø]
ce.rise [s(ə)ʀiz]
sou.te.nir [sut(ə)niʀ]
sou.ve.nir [suv(ə)niʀ]
va.se.line [vaz(ə)lin]
vau.de.ville [vod(ə)vil]

ATENÇÃO: nunca faça uma divisão após apóstrofe no final de uma linha.

Transcrição fonética do francês

I. O alfabeto francês

letra	nome		letra	nome	
a	a	[a]	n	en	[ɛn]
b	bé	[be]	o	o	[o]
c	cé	[se]	p	pé	[pe]
d	dé	[de]	q	ki	[ky]
e	e	[e]	r	er	[ɛʀ]
f	efe	[ɛf]	s	es	[ɛs]
g	gé	[ʒe]	t	té	[te]
h	ach	[ˈaʃ / aʃ]	u	u	[y]
i	i	[i]	v	vé	[ve]
j	ji	[ʒi]	w	doublevé	[dubləve]
k	ka	[ka]	x	iks	[iks]
l	ele	[ɛl]	y	igrec	[igʀɛk]
m	em	[ɛm]	z	zed	[zed]

II. Símbolos fonéticos

a) vogais orais

[i]	fil [fil]		[o]	dôme [dom]
[e]	clé [kle]		[u]	hibou [ˈibu]
[ɛ]	fait [fɛ]		[y]	tu [ty]
[a]	abat [aba]		[ø]	jeu [ʒø]
[ɑ]	pâte [pɑt]		[œ]	immeuble [imœbl]
[ɔ]	dormir [dɔrmir]		[ə]	premier [prəmje]

b) vogais nasais

[ɛ̃]	sein [sɛ̃]		[ɔ̃]	sombre [sɔ̃br]
[ɑ̃]	grand [grɑ̃]		[œ̃]	brun [brœ̃]

c) semivogais

[j]	yeux [jø]		[ɥ]	lui [lɥi]
[w]	jouet [ʒwɛ]			

XIII

d) consoantes

[b]	**b**lond [blɔ̃]		[n]	**n**uire [nɥir]
[d]	**d**on [dɔ̃]		[p]	**p**résent [prezɑ̃]
[f]	**f**ait [fɛ]		[r]	**r**at [ra]
[g]	**g**age [gaʒ]		[s]	**s**ans [sɑ̃]
[ʒ]	**g**el [ʒɛl]		[t]	**t**alent [talɑ̃]
[k]	**c**ou [ku]		[v]	**v**itesse [vitɛs]
[l]	**l**ire [lir]		[z]	**z**one [zon]
[m]	**m**aire [mɛr]		[ʃ]	**ch**aleur [ʃalœr]
			[ɲ]	ga**gn**er [gaɲe]
			[ŋ]	campi**ng** [kɑ̃piŋ]

O **h** é uma consoante muda. Em alguns casos, porém, é considerado aspirado (marcado por um asterisco), o que impede a elisão da vogal final da palavra anterior, ou a ligação da consoante final desta palavra com a vogal seguinte:

    ha.bit [abi]   l'habit [labi]
                    les habits [lɛzabi]
   *hé.ros [′ero]   le héros [lə′ero]
                      les héros [lɛ′ero]

Transcrição fonética do português

I. O alfabeto português

letra	nome		letra	nome	
a	a	[a]	n	ene	[´eni]
b	bê	[be]	o	o	[ɔ]
c	cê	[se]	p	pê	[pe]
d	dê	[de]	q	quê	[ke]
e	e	[e]	r	erre	[´ɛr̃i]
f	efe	[´ɛfi]	s	esse	[´ɛsi]
g	gê	[ʒe]	t	tê	[te]
h	agá	[ag´a]	u	u	[u]
i	i	[i]	v	vê	[ve]
j	jota	[ʒ´ɔtə]	w	dáblio	[d´abliu]
k	cá	[k´a]	x	xis	[ʃis]
l	ele	[´ɛli]	y	ípsilon	[´ipsilõw]
m	eme	[´emi]	z	zê	[ze]

O acento tônico é indicado pelo sinal (´), que precede a vogal tônica.

II. Símbolos fonéticos

a) vogais orais

[a]	caro [k´aru]	[o]	nome [n´omi]
[ɛ]	fé [f´ɛ]	[u]	uva [´uvə]; livro [l´ivru]
[e]	dedo [d´edu]	[ə]	mesa [m´ezə]
[i]	vida [v´idə]	[Λ]	cama [k´Λmə]; cana [k´Λnə]
[ɔ]	nó [n´ɔ]		

b) vogais nasais

[ã]	canto [k´ãtu]	[œ̃]	onça [´õsə]
[ẽ]	dente [d´ẽti]	[ũ]	bunda [b´ũdə]
[ĩ]	fim [f´ĩ]		

XV

c) semivogais

[j]	pei**x**e [p´ejʃi]
[w]	para **u** brando ou **l** final: ma**u** [m´aw]; bana**l** [ban´aw]

d) consoantes

[b]	**b**ê**b**ado [b´ebadu]
[d]	**d**a**d**o [d´adu]
[f]	**f**aca [f´akə]
[g]	**g** antes de **a, o, u**: **g**ato [g´atu]; **g**oma [g´omə]; **g**uerra [g´ɛřə]
[ʒ]	**g** antes de **e, i**: **g**elo [ʒ´elu], **g**i**g**ante [ʒigʾãti]; para **j**: **j**ato [ʒ´atu]
[k]	**c** antes de **a, o, u** ou antes de uma consoante: **c**asa [k´azə]; **c**omida [komʾidə], **c**ubo [k´ubu], pa**c**to [p´aktu], fi**cç**ão [fiksʾãw]; para **qu**: **qu**eijo [k´ejʒu]
[l]	**l**ago [l´agu]
[λ]	**lh**: **lh**ama [λʾãmə], ca**lh**a [k´aλə]
[m]	**m**açã [masʾã]
[n]	**n**ada [n´adə]
[ñ]	**nh**: li**nh**o [lʾiñu]
[p]	**p**ato [p´atu]
[r]	**r** brando ou final: a**r**ma [´armə]; acha**r** [aʃ´ar]
[ř]	**r** forte e aspirado, inicial ou **rr**: **r**ato [ř´atu], co**rr**er [koř´er]
[s]	**s** inicial ou antes de uma consoante, e para **ss**: **s**eda [s´edə], fra**s**co [fr´asku], so**ss**ego [sosʾegu]; **c** antes de **e, i** e para **ç**: **c**ego [sʾegu], **c**inema [sinʾemə], ca**ç**a [k´asə]; **x** antes de uma consoante: e**x**plosivo [esplozʾivu]
[ʃ]	**ch** ou **x**: **ch**eiro [ʃʾejru] en**x**ame [ẽʃʾʌmi], **x**arope [ʃarʾɔpi]
[t]	**t**udo [t´udu]
[v]	**v**ista [vʾistə]
[z]	**s** entre vogais, **z** ou **x** antes de vogal: ro**s**a [řʾɔzə], **z**ebra [zʾebrə], e**x**emplo [ezʾẽplu]

Abreviaturas usadas neste dicionário

abrév	abréviation	*coloq*	coloquial
abrev	abreviatura	*Com*	langage commercial / comercial
adj	adjectif / adjetivo		
Adm	administration / administração	*compar*	comparatif / comparativo
adv	adverbe / advérbio	*Compt*	comptabilité
Aer	aeronáutica	*conj*	conjonction / conjunção
Aér	aéronautique	*Contab*	contabilidade
Agric	agriculture / agricultura	*contr*	contraction / contração
Al	allemand / alemão	*cour*	courant
Anat	anatomie / anatomia	*déf*	défini
anc	ancien	*def*	definido
Angl	anglicisme	*dém*	démonstratif
ant	antigo	*dem*	demonstrativo
Archéol	archéologie	*Didact*	didactique
Archit	architecture	*Didát*	didático
arg	argot	*dim*	diminutif / diminutivo
Arqueol	arqueologia	*D can*	droit canon
Arquit	arquitetura	*Dir can*	direito canônico
Art Cul	art culinaire	*Econ*	economie / economia
Arte Cul	arte culinária	*Electr*	electricité
art	article / artigo	*Electron*	electronique
Astrol	astrologie / astrologia	*Eletr*	eletricidade
Astron	astronomie / astronomia	*Eletrôn*	eletrônica
Audiov	audiovisuel / audiovisual	*enf*	langage enfantin
augm	augmentatif	*Équit*	équitation
aum	aumentativo	*Equit*	equitação
Autom	automobilisme / automobilismo	*Escult*	escultura
		Esp	esporte
B-arts	beaux-arts	*Estat*	estatística
Bel-art	belas-artes	*eufem*	eufemismo
Biol	biologie / biologia	*euph*	euphémisme
Bot	botanique / botânica	*f*	féminin / feminino
Bras	brasileirismo	*fam*	langage familier / familiar
Chim	chimie	*Farm*	farmácia
Chin	chinois / chinês	*fig*	langage figuré / figurado
Chirurg	chirurgie	*Filos*	filosofia
Cin	cinéma / cinema	*Fin*	finances / finanças
Cirurg	cirurgia	*Fís*	física

XVII

Fisiol	fisiologia	Lit	littérature / literatura
Foot	football	Liturg	liturgie / liturgia
Fot	fotografia	loc	locution / locução
Fr	français / francês	Log	logique / lógica
Fut	futebol	m	masculin / masculino
Géogr	géographie	Mar	maritime / marítimo
Geogr	geografia	Mat	mathématiques / matemática
Géol	géologie		
Geol	geologia	Méc	mécanique
Géom	géométrie	Mec	mecânica
Geom	geometria	Méd	médecine
gír	gíria	Med	medicina
Gram	grammaire / gramática	Météor	météorologie
Hist	histoire / história	Meteor	meteorologia
Histol	histologie / histologia	Microbiol	microbiologie / microbiologia
Ichtyol	ichtyologie		
Ictiol	ictiologia	Mil	militaire / militar
indéf	indéfini	Min	minéralogie / mineralogia
indef	indefinido	Mitol	mitologia
inf	infantil	mod	moderne* / moderno
Inform	informatique / informática	Mus	musique
		Mús	música
Ingl	inglês	Myth	mythologie
inj	injurieux	n	nom
interj	interjection / interjeição	Naut	nautique
interrog	interrogatif / interrogativo	Náut	náutica
		nf	nom féminin
inv	invariable / invariável	nm	nom masculin
iron	ironique / ironia	num	numéral / numeral
irrég	irrégulier	Odont	odontologie / odontologia
irreg	irregular		
Ital	italien / italiano	Oftalm	oftalmologia
Jorn	jornalismo	Opht	ophtalmologie
Journ	journalisme	Opt	optique
Jur	juridique / jurídico	Ópt	óptica
Lat	latin / latim	ord	ordinal
Ling	linguistique / linguística	Ornit	ornithologie / ornitologia

* *Moderne*: termo cujo sentido mudou da origem até hoje, sendo usado atualmente num sentido diferente do original.

XVIII

Paléont	paléontologie	*Rel*	religion / religião
Paleont	paleontologia	*Ret*	retórica
Parapsicol	parapsicologia	*Rhét*	rhétorique
Parapsychol	parapsychologie	*s*	substantivo masculino
par ext	par extension		e feminino
Peint	peinture	*Sculpt*	sculpture
péj	péjoratif	*sf*	substantivo feminino
pej	pejorativo	*sing*	singulier / singular
pers	personnel	*sm*	substantivo masculino
pes	pessoal	*Sp*	sport
p ex	par exemple /	*Stat*	statistique
	por exemplo	*superl*	superlatif / superlativo
Pharm	pharmacie	*Teat*	teatro
Philos	philosophie	*Tech*	langage technique
Phot	photographie	*Tecn*	tecnologia
Physiol	physiologie	*Télév*	télévision
Phys	physique	*Teol*	teologia
Pint	pintura	*Théât*	théâtre
pl	pluriel / plural	*Théol*	théologie
Poét	poétique / poética	*Tip*	tipografia
Pol	politique / política	*TV*	televisão
pop	populaire / popular	*Typ*	typographie
por ext	por extensão	*V*	ver / voir
poss	possessif / possessivo	*Var*	variante
prép	préposition	*vaux*	verbe auxiliaire /
prep	preposição		verbo auxiliar
pron	pronom / pronome	*Vers*	versification /
prov	proverbe / provérbio		versificação
Psic	psicanálise / psicologia	*vi*	verbe intransitif /
Psiq	psiquiatria		verbo intransitivo
Psych	psychiatrie	*vimp*	verbe impersonnel /
Psychan	psychanalise		verbo impessoal
Psychol	psychologie	*vpr*	verbe pronominal /
Quím	química		verbo pronominal
réfl	réflexif	*vt*	verbe transitif /
refl	reflexivo		verbo transitivo
Rég	régionalisme	*vulg*	vulgaire / vulgar
Reg	regionalismo	*Zool*	zoologie / zoologia

FRANÇAIS-PORTUGAIS
FRANCÊS-PORTUGUÊS

a [ɑ] *nm* primeira letra e primeira vogal do alfabeto da língua francesa.

à [ɑ] *prép* a, para, em.

a.bais.ser [abese] *vt* **1** abaixar, rebaixar. *vpr* **2** *fig* humilhar-se.

a.ban.don [abɑ̃dɔ̃] *nm* **1** abandono, renúncia. **2** cessão. **à l'abandon** em estado de abandono.

a.ban.don.ner [abɑ̃dɔne] *vt* **1** abandonar, deixar, renunciar. **2** desertar. **abandonner sa fortune à quelqu'un** legar sua fortuna a alguém.

a.bat [aba] *nm* **1** abate. **2 abats** *pl* miúdos (de animal, ave, caça).

a.bâ.tar.dir [abatɑʀdiʀ] *vt* **1** alterar, de modo a perder as qualidades da raça, degenerar, abastardar. **2** *fig* degradar.

a.bat-jour [abaʒuʀ] *nm* **1** abajur. **2** claraboia.

a.bat.te.ment [abatmɑ̃] *nm* **1** abatimento, tristeza. **2** fadiga. **3** *Com* desconto, dedução.

a.bat.toir [abatwaʀ] *nm* abatedouro, matadouro.

a.bat.tre [abatʀ] *vt* **1** abater, demolir. **2** desanimar. **3** humilhar. **abattre son jeu** mostrar as cartas antes do final do jogo.

ab.baye [abeji] *nf Rel* abadia, convento, monastério.

ab.bé [abe] *nm Rel* **1** abade, superior de um monastério. **2** padre, clérigo, título dado a um padre secular.

ab.cès [apsɛ] *nm* abscesso.

ab.do.men [abdɔmɛn] *nm Anat* abdome, barriga.

ab.do.mi.nal, -ale, -aux [abdɔminal, -o] *adj* abdominal. **faire des abdominaux** fazer exercícios abdominais.

a.beille [abɛj] *nf Zool* abelha. *les abeilles sont dans la ruche* / as abelhas estão na colmeia. **un essaim d'abeilles** um enxame de abelhas.

a.ber.ra.tion [abeʀasjɔ̃] *nf* aberração, anomalia.

a.bîme [abim] *nm* abismo, precipício.

a.bî.mer [abime] *vt* estragar, quebrar, deteriorar.

ab.ject, -e [abʒɛkt] *adj* abjeto, odioso, vil, infame.

a.bla.tion [ablasjɔ̃] *nf Chirurg* ablação.

ab.né.ga.tion [abnegasjɔ̃] *nf* abnegação, renúncia.

a.boie.ment [abwamɑ̃] *nm* latido.

a.bo.lir [abɔliʀ] *vt* abolir, suprimir.

a.bo.li.tion [abɔlisjɔ̃] *nf* abolição.

a.bo.mi.nable [abɔminabl] *adj* abominável, horrível, monstruoso.

a.bo.mi.ner [abɔmine] *vt* abominar, execrar.

a.bon.dance [abɔ̃dɑ̃s] *nf* abundância, fartura. **corne d'abondance** cornucópia. **parler d'abondance** falar com fluência e de improviso.

a.bon.ner [abɔne] *vt* **1** fazer a assinatura de uma publicação periódica para alguém. *vpr* **2** fazer a assinatura de uma publicação periódica para si mesmo.

a.bor.der [abɔʀde] *vt+vi* **1** *Naut* abalroar, abordar. **2** enfocar. **aborder quelqu'un** dirigir a palavra a alguém que não se conhece.

a.bo.ri.gène [abɔʀiʒɛn] *n+adj* aborígine.

a.bou.tir [abutiʀ] *vt* **1** chegar (a), levar (a), conduzir (a). *vi* **2** ter êxito, dar certo.

a.bou.tisse.ment [abutismã] *nm* término, resultado, final, termo.

a.boy.er [abwaje] *vi* **1** ladrar, latir. **2** berrar (quando se refere a seres humanos).

a.bré.ger [abʀeʒe] *vt* abreviar, resumir, encurtar.

a.breu.ver [abʀœve] *vt* **1** dar de beber (aos animais). **2** embeber, molhar. **3** dar muito (de algo a alguém), encher.

a.bré.via.tion [abʀevjasjɔ̃] *nf* abreviatura, abreviação.

a.bri [abʀi] *nm* **1** abrigo. **2** recolhimento. **à l'abri** protegido das intempéries, dos perigos. **se mettre à l'abri** abrigar-se, proteger-se.

a.bri.cot [abʀiko] *nm* Bot abricó, damasco.

a.bri.ter [abʀite] *vt* **1** abrigar, resguardar. *vpr* **2** resguardar-se, proteger-se.

a.bro.ger [abʀɔʒe] *vt* anular, revogar.

a.bru.tir [abʀytiʀ] *vt* embrutecer, imbecilizar, estafar, atordoar.

ab.sence [apsɑ̃s] *nf* ausência, falta.

ab.sinthe [apsɛ̃t] *nf Bot* absinto.

ab.so.lu, -ue [apsɔly] *adj+nm* absoluto.

ab.so.lu.ment [apsɔlymɑ̃] *adv* **1** absolutamente. **2** de fato.

ab.so.lu.tion [apsɔlysjɔ̃] *nf* absolvição.

ab.sor.ber [apsɔʀbe] *vt* **1** absorver. **2** comer, beber.

ab.sou.dre [apsudʀ] *vt* absolver, perdoar.

abs.te.nir (s') [apstəniʀ] *vpr* **1** abster-se. **2** renunciar.

abs.ti.nence [apstinɑ̃s] *nf* abstinência. **faire abstinence** jejuar.

abs.trac.tion [apstʀaksjɔ̃] *nf* abstração. **faire abstraction de** não levar em conta.

abs.trait, -aite [apstʀɛ, -ɛt] *adj+nm* abstrato.

ab.surde [apsyʀd] *adj* absurdo, insensato, estúpido. • *nm* absurdo, insensatez.

a.bus [aby] *nm* **1** abuso, excesso. **2** erro, injustiça.

a.bu.ser [abyze] *vt* **1** abusar. **2** enganar, iludir. *vpr* **3** enganar-se. **abuser quelqu'un** enganar alguém.

a.bu.sif, -ive [abyzif, -iv] *adj* abusivo.

a.ca.cia [akasja] *nm Bot* acácia, mimosa.

a.ca.dé.mie [akademi] *nf* **1** academia, sociedade científica, literária ou artística. **2** lugar onde se exerce qualquer dessas atividades. **l'Académie** a Academia Francesa, fundada em 1635 por Richelieu.

a.ca.jou [akaʒu] *nm Bot* mogno, acaju.

ac.ca.bler [akable] *vt* **1** estafar, acabrunhar, sobrecarregar. **2** encher. **3** atacar verbalmente.

ac.ca.pa.rer [akapaʀe] *vt* tomar totalmente, monopolizar.

ac.cé.der [aksede] *vt* **1** aceder, concordar. **2** ter acesso a. **3** chegar.

ac.cé.lé.ra.teur, -trice [akseleʀatœʀ, -tʀis] *adj* que acelera. • *nm Autom* acelerador.

ac.cé.lé.rer [akseleʀe] *vt* acelerar, precipitar, adiantar, apressar.

ac.cent [aksɑ̃] *nm* **1** tom, entonação. **2** sotaque. **3** acento.

ac.cen.tua.tion [aksɑ̃tyasjɔ̃] *nf* **1** *Gram* acentuação. **2** o fato de aumentar, acentuar-se.

ac.cen.tuer [aksɑ̃tɥe] *vt* acentuar, evidenciar.
ac.cep.table [aksɛptabl] *adj* aceitável.
ac.cep.ter [aksɛpte] *vt* **1** aceitar. **2** resignar-se, suportar.
ac.cès [aksɛ] *nm* **1** acesso, entrada. **2** *Pat* acesso, crise. *accès de folie* / acesso, crise de loucura.
ac.ces.sible [aksesibl] *adj* acessível, compreensível.
ac.ces.soire [akseswaʀ] *nm+adj* acessório, secundário.
ac.ci.dent [aksidɑ̃] *nm* acidente, desastre. *par accident* por acaso.
ac.ci.den.tel, -elle [aksidɑ̃tɛl] *adj* acidental, casual, ocasional.
ac.ci.den.té, -ée [aksidɑ̃te] *adj* **1** acidentado. **2** terreno irregular. • *adj+nm* vítima de um acidente.
ac.cla.mer [aklame] *vt* aclamar.
ac.cli.ma.ta.tion [aklimatasjɔ̃] *nf* aclimatação. **jardin d'acclimatation** jardim zoológico e botânico onde vivem espécies de todas as regiões.
ac.cli.ma.ter [aklimate] *vt* aclimatar.
ac.co.lade [akɔlad] *nf* abraço. *donner, recevoir l'accolade* / dar, receber um abraço.
ac.co.mo.der [akɔmɔde] *vt* **1** acomodar, conciliar. **2** adaptar. **3** cozinhar, temperar.
ac.com.pa.gne.ment [akɔ̃paɲmɑ̃] *nm* **1** acompanhamento. **2** *Art Cul* guarnição.
ac.com.pa.gner [akɔ̃paɲe] *vt* **1** acompanhar. *vpr* **2** produzir ao mesmo tempo que, ter por efeito.
ac.com.plir [akɔ̃pliʀ] *vt* cumprir, efetuar, realizar, terminar.
ac.com.plisse.ment [akɔ̃plismɑ̃] *nm* acabamento, realização, execução de algo.
ac.cord [akɔʀ] *nm* **1** acordo, pacto, trato. **2** *Mus* acorde. **d'accord** de acordo, sim, o.k. **donner son accord** dar autorização, permissão. **mettre d'accord** conciliar. **tomber d'accord** concordar, chegar a um acordo.
ac.cor.déon [akɔʀdeɔ̃] *nm Mus* acordeão.
ac.cor.der [akɔʀde] *vt* **1** acordar, harmonizar. **2** consentir. **3** dar, conceder. **4** *Mus* afinar.
ac.cos.ter [akɔste] *vt* **1** abordar alguém de maneira não muito educada. *vi* **2** *Naut* atracar.
ac.couche.ment [akuʃmɑ̃] *nm* parto.
ac.cou.cher [akuʃe] *vt* parir, dar à luz.
ac.cou.der (s') [akude] *vpr* **1** acotovelar-se. **2** apoiar-se sobre os cotovelos.
ac.cou.ple.ment [akupləmɑ̃] *nm* **1** reunião. **2** coito, acasalamento.
ac.cou.pler [akuple] *vt* **1** acoplar, reunir por grupo de dois. **2** proceder ao acasalamento.
ac.cré.di.ter [akʀedite] *vt* reconhecer.
ac.croc [akʀo] *nm* **1** rasgo (na roupa). **2** *fig* dificuldade, obstáculo.
ac.cro.chage [akʀɔʃaʒ] *nm* **1** ação de pendurar. **2** colisão, batida. **3** pequena discussão.
ac.cro.cher [akʀɔʃe] *vt* **1** enganchar, dependurar. **2** colidir. **3** *fig* prender a atenção. **avoir le cœur bien accroché** não ser sujeito a náuseas.
ac.croître [akʀwatʀ] *vt* aumentar.
ac.cueil [akœj] *nm* **1** acolhida, acolhimento, hospitalidade. **2** recepção.
ac.cueil.lant, -ante [akœjɑ̃, -ɑ̃t] *adj* aconchegante, acolhedor, hospitaleiro.
ac.cueil.lir [akœjiʀ] *vt* **1** acolher, hospedar. **2** *fig* abrigar.
ac.cu.ler [akyle] *vt* acuar.
ac.cu.mu.la.tion [akymylasjɔ̃] *nf* acúmulo, acumulação.
ac.cu.mu.ler [akymyle] *vt* acumular.
ac.cu.sa.teur, -trice [akyzatœʀ, -tʀis] *n+adj* acusador.

accusation — adjectif

ac.cu.sa.tion [akyzasjɔ̃] *nf* **1** acusação. **2** censura a uma ação considerada prejudicial.

ac.cu.ser [akyze] *vt* **1** acusar, indiciar, incriminar. **2** acentuar, marcar.

a.cé.tone [asetɔn] *nf Chim* acetona.

a.chat [aʃa] *nm* compra, aquisição. **achat à crédit** compra a crédito. **achat au comptant** compra a dinheiro.

a.che.mi.ner [aʃ(ə)mine] *vt* enviar, encaminhar.

a.che.ter [aʃ(ə)te] *vt* comprar.

a.che.ver [aʃeve] *vt* acabar, finalizar, levar a cabo, terminar.

a.cide [asid] *adj* ácido, azedo. • *nm Chim* ácido.

a.cier [asje] *nm* aço. **l'Acier** a indústria, o comércio do aço. **muscles d'acier** músculos de aço.

ac.né [akne] *nf Méd* acne.

a.cous.tique [akustik] *adj* acústico. • *nf Phys* acústica.

ac.qué.rir [akerir] *vt* **1** adquirir, arranjar, obter. **2** comprar.

ac.quis, -ise [aki, -iz] *adj* adquirido. • *nm* **1** saber, experiência. **2** aquisições, vantagens ou direitos obtidos.

ac.qui.si.tion [akizisjɔ̃] *nf* **1** aquisição. **2** compra.

a.cro.bate [akrɔbat] *n* acrobata, malabarista, trapezista, equilibrista.

a.cro.ba.tie [akrɔbasi] *nf* acrobacia.

acte [akt] *nm* **1** ato, ação. **2** auto, atestado, certidão. **3** cada uma das grandes divisões de uma peça de teatro.

ac.teur, -trice [aktœr, -tris] *n* artista, ator, comediante, intérprete, protagonista.

ac.tif, -ive [aktif, -iv] *nm+adj* **1** ativo. **2** enérgico. **3** dinâmico.

ac.tion [aksjɔ̃] *nf* **1** ação, ato, movimento. **2** influência. **3** atividade, esforço. **4** combate, luta. **5** *Econ* ação, título.

ac.ti.ver [aktive] *vt* **1** ativar, apressar, acelerar. **2** tornar mais vivo.

ac.ti.vi.té [aktivite] *nf* **1** atividade, energia, dinamismo **2** ocupação. **en activité** em atividade.

ac.tua.li.ser [aktɥalize] *vt* atualizar, modernizar.

ac.tua.li.té [aktɥalite] *nf* atualidade.

ac.tuel, -elle [aktɥɛl] *adj* atual, presente, contemporâneo.

a.da.gio [ada(d)ʒjo] *adv Mus* indicação de um movimento lento. • *nm Mus* peça musical que deve ser executada nesse tempo.

a.dap.ta.tion [adaptasjɔ̃] *nf* **1** adaptação. **2** tradução livre de uma peça de teatro que comporta várias modificações, submetendo-se ao gosto do público. **3** transposição, em cena ou na tela, de uma obra narrativa.

a.dap.ter [adapte] *vt* adaptar, adequar, ajeitar.

ad.di.tion [adisjɔ̃] *nf Mat* **1** soma, adição. **2** conta (de restaurante). **3** anexo, adendo.

ad.di.tion.ner [adisjɔne] *vt* **1** somar, adicionar. **2** acrescentar.

a.depte [adɛpt] *n* adepto, partidário, membro.

a.dé.qua.tion [adekwasjɔ̃] *nf* adequação.

a.dhé.rent, -ente [aderɑ̃, -ɑ̃t] *adj* aderente. • *n* partidário, adepto.

a.dhé.rer [adere] *vt* aderir, associar, participar.

a.dhé.sif, -ive [adezif, -iv] *adj* adesivo, que adere. • *nm* tecido ou papel adesivo, substância que permite colar.

a.dhé.sion [adezjɔ̃] *nf* adesão, união.

a.dieu [adjø] *nm+interj* adeus.

ad.ja.cent, -ente [adʒasɑ̃, -ɑ̃t] *adj* adjacente, contíguo.

ad.jec.tif, -ive [adʒɛktif, -iv] *nm+adj* adjetivo.

ad.joint, -ointe [adʒwɛ̃, -wɛ̃t] *n+adj* adjunto, assessor, assistente.

ad.mettre [admɛtʀ] *vt* **1** admitir, concordar. **2** tolerar.

ad.mi.nis.tra.teur, -trice [administʀatœʀ, -tʀis] *n* administrador.

ad.mi.nis.trer [administʀe] *vt* **1** administrar, gerir. **2** dar uma medicação. **3** aplicar um castigo.

ad.mi.ra.teur, -trice [admiʀatœʀ, -tʀis] *n* admirador, fã.

ad.mi.ra.tion [admiʀasjɔ̃] *nf* **1** admiração. **2** espanto.

ad.mi.rer [admiʀe] *vt* **1** admirar. **2** admirar-se. **3** estranhar.

ad.mis.sible [admisibl] *adj* admissível, tolerável, suportável.

ad.mis.sion [admisjɔ̃] *nf* admissão, ingresso.

a.do.les.cence [adɔlesɑ̃s] *nf* adolescência.

a.do.les.cent, -ente [adɔlesɑ̃, -ɑ̃t] *n* adolescente. *Abrév*: ado.

a.dop.ter [adɔpte] *vt* **1** adotar. **2** legitimar. **3** admitir, seguir.

a.dop.tif, -ve [adɔptif, -iv] *adj* adotivo. **fils adoptif** filho adotivo. **père adoptif** pai adotivo.

a.dop.tion [adɔpsjɔ̃] *nf* **1** adoção. **2** legitimação. **3** admissão.

a.do.rable [adɔʀabl] *adj* adorável, encantador.

a.do.ra.tion [adɔʀasjɔ̃] *nf* **1** adoração. **2** amor.

a.do.rer [adɔʀe] *vt* adorar, venerar.

a.dou.cis.sant, -ante [adusisɑ̃, -ɑ̃t] *adj Pharm* calmante. • *nm* amaciante.

a.dresse [adʀɛs] *nf* **1** endereço. **2** destreza, perícia. **3** diplomacia. **adresse électronique** endereço eletrônico, e-mail.

a.dres.ser [adʀese] *vt* **1** endereçar. **2** dirigir.

a.droit, -oite [adʀwa, -wat] *adj* **1** jeitoso, habilidoso. **2** manhoso, ardiloso.

a.du.la.teur, -trice [adylatœʀ, -tʀis] *adj+n* adulador, bajulador, lisonjeiro.

a.du.ler [adyle] *vt* **1** adular, bajular. **2** festejar, mimar.

a.dulte [adylt] *n+adj* adulto.

a.dul.tère [adyltɛʀ] *adj* adúltero, infiel. • *nm* adultério.

a.dul.té.rer [adylteʀe] *vt* **1** adulterar, alterar. **2** falsificar.

ad.verbe [advɛʀb] *nm Gram* advérbio.

ad.ver.bial, -iale, -iaux [advɛʀbjal, -jo] *adj* adverbial.

ad.ver.saire [advɛʀsɛʀ] *n* adversário, inimigo, rival.

ad.ver.si.té [advɛʀsite] *nf* adversidade, infelicidade

a.é.rer [aeʀe] *vt* arejar, ventilar.

a.é.rien, -ienne [aeʀjɛ̃, -jɛn] *adj* **1** aéreo. **2** imaterial.

a.é.ro.nau.tique [aeʀonotik] *adj+nf* aeronáutica.

a.é.ro.port [aeʀopɔʀ] *nm* aeroporto.

a.é.ro.sol [aeʀosɔl] *nm* aerossol.

af.fa.bi.li.té [afabilite] *nf* afabilidade, amabilidade.

af.fable [afabl] *adj* afável, amável, acolhedor.

af.fai.blir [afebliʀ] *vt* **1** enfraquecer. **2** atenuar.

af.fai.blisse.ment [afeblismɑ̃] *nm* **1** enfraquecimento. **2** declínio.

af.faire [afɛʀ] *nf* **1** negócio. **2** dificuldade. **3** assunto, questão.

af.fa.mer [afame] *vt* **1** esfomear, esfaimar. **2** matar de fome.

af.fec.ter [afɛkte] *vt* **1** afetar, fingir um estado de espírito ou um sentimento. **2** destinar. **3** revestir, tomar (uma forma).

af.fec.tif, -ive [afɛktif, -iv] *adj* afetivo.

af.fec.tion [afɛksjɔ̃] *nf* **1** afeição, afeto, estima. **2** afecção, doença.

af.fec.ti.vi.té [afɛktivite] *nf* afetividade.

af.fec.tueux, -euse [afɛktɥø, -øz] *adj* afetuoso, carinhoso.

af.fiche [afiʃ] *nf* cartaz.
af.fi.cher [afiʃe] *vt* 1 afixar, pregar em lugar público. *vt+vpr* 2 mostrar-se publicamente com ostentação.
af.fi.ner [afine] *vt* 1 afinar instrumentos musicais (metais). 2 refinar; purificar. **affiner le goût** *fig* refinar o gosto.
af.fi.ni.té [afinite] *nf* afinidade.
af.fir.ma.tif, -ive [afiʀmatif, -iv] *adj* afirmativo, claro. • *adv* sim (na linguagem de pilotos e militares).
af.fir.ma.tion [afiʀmasjɔ̃] *nf* 1 afirmação. 2 expressão, manifestação.
af.fir.mer [afiʀme] *vt* afirmar, enunciar.
af.flic.tion [afliksjɔ̃] *nf* mal, ansiedade, tristeza, aflição.
af.fli.ger [afliʒe] *vt* afligir, angustiar. **être affligé de** ter de suportar algo ou alguém.
af.fole.ment [afɔlmɑ̃] *nm* 1 agitação, inquietude. 2 medo, pânico.
af.fran.chir [afʀɑ̃ʃiʀ] *vt* 1 franquear, libertar. *vpr* 2 liberar-se, libertar-se, emancipar-se.
af.freux, -euse [afʀø, -øz] *adj* 1 hediondo, terrível. 2 *fig* tétrico.
af.front [afʀɔ̃] *nm* injúria.
af.fronte.ment [afʀɔ̃tmɑ̃] *nm* afrontamento, luta.
af.fron.ter [afʀɔ̃te] *vt* 1 afrontar, expor-se, enfrentar. *vpr* 2 defrontar-se, opor-se.
a.fri.cain, -aine [afʀikɛ̃, -ɛn] *n+adj* africano.
a.ga.çant, -ante [agasɑ̃, -ɑ̃t] *adj* implicante, irritante, enervante.
a.gate [agat] *nf Min* ágata.
âge [aʒ] *nm* idade. **l'âge d'or** época de prosperidade, idade de ouro. **Moyen Âge** Idade Média. **troisième âge** terceira idade.
â.gé, -ée [aʒe] *adj* idoso, velho. *il est âgé de douze ans* / ele tem doze anos.

a.gence [aʒɑ̃s] *nf* agência.
a.gent [aʒɑ̃] *nm* agente, emissário, representante. **agent de police** policial.
ag.gra.ver [agʀave] *vt* 1 agravar. 2 tornar mais doloroso, mais perigoso, piorar.
a.gile [aʒil] *adj* ágil, vivo.
a.gi.li.té [aʒilite] *nf* agilidade, vivacidade.
a.gir [aʒiʀ] *vi* 1 agir, atuar, obrar, operar. *vpr* 2 tratar-se. *il s'agit de* / trata-se de.
a.gi.ta.teur, -trice [aʒitatœʀ, -tʀis] *n* agitador.
a.gi.ta.tion [aʒitasjɔ̃] *nf* agitação, movimento, animação.
a.gi.ter [aʒite] *vt* agitar, excitar, remexer, revolver, animar, discutir sobre algo (em grupo).
a.go.nie [agɔni] *nf* 1 agonia. 2 declínio.
a.go.ni.sant, -ante [agɔnizɑ̃, -ɑ̃t] *adj* agonizante, moribundo.
a.go.ni.ser [agɔnize] *vi* 1 agonizar. 2 declinar.
a.grafe [agʀaf] *nf* 1 colchete. 2 grampo para papéis.
a.gra.fer [agʀafe] *vt* 1 grampear. 2 segurar, fixar, prender.
a.gra.feuse [agʀaføz] *nf* grampeador (de papéis).
a.graire [agʀɛʀ] *adj* agrário.
a.gran.dir [agʀɑ̃diʀ] *vt* ampliar, amplificar, aumentar.
a.gran.disse.ment [agʀɑ̃dismɑ̃] *nm* aumento, ampliação, engrandecimento.
a.gré.able [agʀeabl] *adj* 1 agradável, ameno, aprazível. 2 *fig* simpático, doce, prazeroso.
a.gréer [agʀee] *vt* 1 ter por bem, agradar, satisfazer. 2 aprovar, admitir. *veuillez agréer mes salutations distinguées* / sem mais para o momento; atenciosamente; queira aceitar meus sinceros cumprimentos.

agrégation — album

a.gré.ga.tion [agʀegasjɔ̃] *nf* **1** agregação. **2** concurso francês para o cargo de professor.

a.gres.ser [agʀese] *vt* **1** agredir. **2** assaltar.

a.gres.sif, -ive [agʀesif, -iv] *adj* agressivo, violento. **couleur agressive** cor forte.

a.gres.sion [agʀesjɔ̃] *nf* agressão, ataque.

a.gres.si.vi.té [agʀesivite] *nf* agressividade.

a.gri.cole [agʀikɔl] *adj* **1** agrícola. **2** rural.

a.gri.cul.teur, -trice [agʀikyltœʀ, -tʀis] *n* agricultor, lavrador, horticultor, viticultor.

a.gri.cul.ture [agʀikyltyʀ] *nf* agricultura.

a.gro.nome [agʀɔnɔm] *nm* agrônomo.

a.gro.no.mie [agʀɔnɔmi] *nf* agronomia.

ah [ʹa] *interj* **1** exprime sentimento de dor, prazer, admiração, impaciência. **2** interjeição de insistência, de reforço.

aide [ɛd] *nf* **1** auxílio, auxiliar, assessoria. **2** *fig* subsídio. *nm* **3** ajudante, adjunto, assistente, auxiliar.

ai.der [ede] *vt* **1** acudir, ajudar, assistir, auxiliar, socorrer. *vpr* **2** ajudar-se mutuamente. **aider à** facilitar, contribuir para.

aïe [aj] *interj* **aï. aïe, ça fait mal / ai, está doendo!**

aïeul, aïeule [ajœl] *n* **1** antepassado, avô. **2 aïeux** *pl* antepassados, ancestrais.

aigle [ɛgl] *n* águia.

aigre [ɛgʀ] *adj* **1** azedo, acre, ácido. **2** mordaz.

ai.greur [ɛgʀœʀ] *nf* azedume, acidez.

ai.grir [egʀiʀ] *vt* alterar, corromper, azedar.

ai.gu, -uë [egy] *adj* **1** agudo. **2** pontudo. **3** vivo, penetrante (no plano das ideias). **douleur aiguë** dor aguda, intensa e penetrante.

ai.guille [egɥij] *nf* **1** agulha. **2** pico (de montanha). **3** ponteiro (de relógio). **chercher une aiguille dans une botte de foins** procurar agulha num palheiro.

ai.guil.lon [egɥijɔ̃] *nm* **1** ferrão. **2** *fig* estímulo, incentivo.

ai.gui.ser [egize] *vt* amolar, afiar, aguçar.

ail [aj] *nm Bot* alho. **gousse d'ail** dente de alho.

aile [ɛl] *nf* asa.

ail.leurs [ajœʀ] *adv* em outro lugar. **d'ailleurs** também. **être ailleurs** estar em outro lugar, pensar em outra coisa. **par ailleurs** de outro ponto de vista, por outro lado.

ai.mable [emabl] *adj* amável, afável, gentil, sociável, dado.

ai.mant [emɑ̃] *nm* ímã. • *adj* amante, apreciador.

ai.mer [eme] *vt* amar, gostar, prezar. **aimer mieux** preferir.

aine [ɛn] *nf Anat* virilha.

aî.né, -ée [ene] *n+adj* primogênito, que nasceu primeiro.

ain.si [ɛ̃si] *adv* assim, dessa forma, por isso.

air [ɛʀ] *nm* **1** ar. **2** semblante. **3** *Mus* ária. **avoir l´air** parecer.

aire [ɛʀ] *nf* área, superfície.

ais.selle [ɛsɛl] *nf Anat* axila.

a.jou.ter [aʒute] *vt* acrescentar, adicionar, juntar.

a.jus.ter [aʒyste] *vt* **1** ajustar. **2** adequar, ajeitar. **3** visar, apontar, olhar.

a.larme [alaʀm] *nf* alarme, alerta. **donner, sonner l'alarme** lançar sinais assinalando o perigo.

a.lar.mer [alaʀme] *vt* **1** alarmar, preocupar. *vpr* **2** preocupar-se.

al.bum [albɔm] *nm* álbum, livro com ilustrações.

alchimie — altitude

al.chi.mie [alʃimi] *nf* alquimia.
al.chi.miste [alʃimist] *n* alquimista.
al.cool [alkɔl] *nm Chim* álcool.
al.coo.lique [alkɔlik] *n+adj* alcoólatra, bêbado, alcoólico, que contém álcool.
al.coo.lisme [alkɔlism] *nm* alcoolismo.
a.lé.a.toire [aleatwaʀ] *adj* aleatório.
a.len.tours [alɑ̃tuʀ] *nm pl* imediações, arredores, redondeza.
a.ler.ter [alɛʀte] *vt* alertar.
al.gèbre [alʒɛbʀ] *nf* álgebra.
algue [alg] *nf Bot* alga.
a.li.bi [alibi] *nm* **1** *Jur* álibi. **2** justificação, pretexto.
a.lié.na.tion [aljenasjɔ̃] *nf* alienação.
a.li.gner [aliɲe] *vt* alinhar, endireitar, enfileirar.
a.li.ment [alimɑ̃] *nm* comida, alimento.
a.li.men.ter [alimɑ̃te] *vt* alimentar.
a.li.men.taire [alimɑ̃tɛʀ] *adj* alimentar, que pode servir de alimento. **intoxication alimentaire** intoxicação alimentar.
a.li.men.ta.tion [alimɑ̃tasjɔ̃] *nf* alimentação.
al.laite.ment [alɛtmɑ̃] *nm* amamentação, aleitamento.
al.lai.ter [alete] *vt* amamentar.
al.lée [ale] *nf* **1** alameda. **2** passadiço.
al.lé.ger [aleʒe] *vt* aliviar, diminuir. **alléger les impôts** diminuir os impostos.
al.lé.go.rie [a(l)legɔʀi] *nf* alegoria.
al.le.mand, -ande [almɑ̃, -ɑ̃d] *n+adj* alemão.
al.ler [ale] *nm* ida. • *vi* **1** ir, passar, seguir. **2** partir. **3** ter sucesso. **4** exagerar. **5** estar em tal ou tal estado de saúde. **6** funcionar. • *interj* allons! allez! vamos! *allons, dépêche-toi* / vamos, rápido!
al.ler.gie [alɛʀʒi] *nf Méd* alergia.
al.liance [aljɑ̃s] *nf* aliança, coalizão, liga, ligação.

al.lié, -iée [alje] *n+adj* aliado, amigo. **Les Alliés** os países aliados contra a Alemanha durante as guerras mundiais de 1914-1918 e 1939-1945.
al.longe.ment [alɔ̃ʒmɑ̃] *nm* alongamento.
al.lon.ger [alɔ̃ʒe] *vt* **1** alongar. **2** estender.
al.lu.mer [alyme] *vt* **1** acender, inflamar. **2** ligar, acender a luz.
al.lu.mette [alymɛt] *nf* fósforo, palito de fósforo. **boîte d'allumettes** caixa de fósforos. **gratter, frotter une allumette** riscar um fósforo. **pommes allumettes** batatas fritas cortadas bem finas.
al.lu.sion [a(l)lyzjɔ̃] *nf* **1** alusão, referência. **2** *fam* indireta.
a.lors [alɔʀ] *adv* **1** então, portanto. **2** naquela época.
al.pha.bet [alfabɛ] *nm* alfabeto. **alphabet phonétique** alfabeto fonético.
al.pha.bé.ti.sa.tion [alfabetizasjɔ̃] *nf* alfabetização.
al.pha.bé.ti.ser [alfabetize] *vt* alfabetizar.
al.pin, -ine [alpɛ̃, -in] *adj* alpino.
al.pi.nisme [alpinism] *nm* alpinismo.
al.pi.niste [alpinist] *n* alpinista.
al.ter.ca.tion [altɛʀkasjɔ̃] *nf* altercação.
al.té.rer [alteʀe] *vt+vpr* **1** alterar, mudar. **2** estragar.
al.té.ri.té [alteʀite] *nf* alteridade.
al.ter.nance [altɛʀnɑ̃s] *nf* alternância.
al.ter.na.tif, -ive [altɛʀnatif, -iv] *adj* alternativo. • *nf* **1** alternativa. **2** escolha. **3** solução.
al.ter.ner [altɛʀne] *vt+vpr* alternar, intercalar.
al.ti.tude [altityd] *nf Aér* altitude. **en altitude** na montanha, em uma altitude elevada. **faible altitude** pouca, baixa altitude.

a.lu.mi.nium [alyminjɔm] *nm Chim* alumínio.

al.vé.ole [alveɔl] *nm* alvéolo.

a.ma.bi.li.té [amabilite] *nf* amabilidade, afabilidade, gentileza.

a.mande [amɑ̃d] *nf Bot* amêndoa. **vert amande** verde-claro.

a.mant, -ante [amɑ̃, -ɑ̃t] *n* **1** amante, pessoa que ama e é amada. **2** homem ou mulher que mantém relações sexuais com uma pessoa com a qual não é casado.

a.marrer [amaʀe] *vt Naut* amarrar, prender com amarras.

a.mas [amɑ] *nm* amontoado.

a.mas.ser [amɑse] *vt* **1** acumular, capitalizar. **2** reunir.

a.ma.teur [amatœʀ] *adj+nm* **1** amante. **2** amador. **3** incompetente.

a.ma.zone [amazon] *nf* amazona.

am.bas.sade [ɑ̃basad] *nf* embaixada. **attaché d'ambassade** funcionário da embaixada.

am.bas.sa.deur, -drice [ɑ̃basadœʀ, -dʀis] *n* embaixador.

am.bi.gu, -uë [ɑ̃bigy] *adj* ambíguo.

am.bi.tieux, -ieuse [ɑ̃bisjø, -jøz] *adj* **1** ambicioso. **2** presunçoso, pretensioso.

am.bi.tion [ɑ̃bisjɔ̃] *nf* ambição. *il manque d'ambition* / ele não é ambicioso, não tem ambição.

ambre [ɑ̃bʀ] *nm* âmbar, que tem reflexos amarelos.

am.bu.lance [ɑ̃bylɑ̃s] *nf* ambulância.

am.bu.lant, -ante [ɑ̃bylɑ̃, -ɑ̃t] *adj* ambulante, errante.

am.bu.la.toire [ɑ̃bylatwaʀ] *adj* ambulatório.

âme [ɑm] *nf* **1** alma, espírito. **2** ânimo, coração. **3** consciência moral. **4** psiquismo. **5** ser vivo, pessoa. **6** pessoa que anima, que é a alma do negócio. **sans états d'âme** serenamente, friamente.

a.mé.lio.ra.tion [ameljɔʀasjɔ̃] *nf* melhora, reforma, regeneração.

a.mé.lio.rer [ameljɔʀe] *vt* melhorar, reformar, aperfeiçoar.

a.men [amɛn] *interj+nm* amém.

a.mé.nage.ment [amenaʒmɑ̃] *nm* distribuição, organização, arrumação.

a.mé.na.ger [amenaʒe] *vt* instalar, equipar, arrumar, organizar, distribuir.

a.mende [amɑ̃d] *nf* multa.

a.mende.ment [amɑ̃dmɑ̃] *nm* **1** reparação, melhoria, correção. **2** emenda.

a.men.der [amɑ̃de] *vt* **1** melhorar, corrigir. **2** modificar através de emenda.

a.me.ner [am(ə)ne] *vt* **1** levar alguém a algum lugar ou até uma pessoa. **2** levar, conduzir alguém pouco a pouco a algum ato ou estado.

a.mer, -ère [amɛʀ] *adj+nm* **1** amargo. **2** doloroso, penoso, triste.

a.mé.ri.cain, -aine [ameʀikɛ̃, -ɛn] *n+adj* americano.

a.mer.tume [amɛʀtym] *nf* **1** amargor. **2** amargura.

a.mé.thyste [ametist] *nf Min* ametista.

a.meuble.ment [amœbləmɑ̃] *nm* mobiliário, móveis, decoração.

a.mi, -ie [ami] *n+adj* **1** amigo. **2** amante, namorado.

a.mi.ral, -aux [amiʀal, -o] *nm Mil* almirante.

a.mi.tié [amitje] *nf* **1** amizade. **2** *fig* simpatia, entendimento, marca de afeição. **3** **amitiés** *pl* no plural, tem o sentido de "de lembranças".

am.né.sie [amnezi] *nf Méd* amnésia.

a.moin.drir [amwɛ̃dʀiʀ] *vt* diminuir.

a.mol.lir [amɔliʀ] *vt* abrandar, amolecer.

a.mon.ce.ler [amɔ̃s(ə)le] *vt* amontoar, acumular.

a.mo.ral, -ale, -aux [amɔʀal, -o] *adj* amoral.

a.mor.tir [amɔʀtiʀ] *vt* **1** Com reduzir, amortizar. **2** amortecer.

a.mour [amuʀ] *nm* **1** amor, afeição, inclinação, ternura, paixão. **2** adoração, devoção, piedade, altruísmo, fraternidade, filantropia. **3** amor físico, relações sexuais.

a.mou.reux, -euse [amuʀø, -øz] *adj+n* **1** amoroso, apaixonado, enamorado. **2** namorado.

am.phi.biens [ɑ̃fibjɛ̃] *nm pl* Zool anfíbios.

am.phi.thé.âtre [ɑ̃fiteatʀ] *nm* anfiteatro.

am.phi.tryon, -onne [ɑ̃fitʀijɔ̃, -ɔn] *n* anfitrião.

ample [ɑ̃pl] *adj* **1** amplo. **2** de amplitude considerável. **3** abundante, que se desenvolve abundantemente.

am.pleur [ɑ̃plœʀ] *nf* amplidão, vastidão.

am.plia.tion [ɑ̃plijasjɔ̃] *nf* ampliação.

am.pli.tude [ɑ̃plityd] *nf* amplitude.

am.poule [ɑ̃pul] *nf* **1** ampola. **2** bolha. **ampoule électrique** lâmpada.

am.pu.ta.tion [ɑ̃pytasjɔ̃] *nf* amputação.

am.pu.ter [ɑ̃pyte] *vt* amputar, decepar.

a.mu.lette [amylɛt] *nf* amuleto.

a.mu.sant, -ante [amyzɑ̃, -ɑ̃t] *adj* **1** gozado, divertido.

a.mu.ser [amyze] *vt+vpr* divertir, entreter.

a.myg.dale [amidal] *nf* Anat amígdala, amídala, tonsila.

an [ɑ̃] *nm* ano.

a.nal, -ale, -aux [anal, -o] *adj* anal.

a.nal.gé.sique [analʒezik] *nm+adj* analgésico.

a.na.lo.gie [analɔʒi] *nf* analogia, associação.

a.na.lo.gue [analɔg] *adj+nm* **1** análogo, comparável, parecido. **2** equivalente, correspondente.

a.nal.pha.bète [analfabɛt] *adj* analfabeto, iletrado.

a.nal.pha.bé.tisme [analfabetism] *nm* analfabetismo.

a.na.lyse [analiz] *nf* análise. **être en cours d'analyse** estar sendo analisado, psicanalisado.

a.na.ly.ser [analize] *vt* analisar, examinar, dissecar, estudar.

a.na.lyste [analist] *n* analista.

a.na.lyste-pro.gram.meur, -euse [analist(ə)pʀɔgʀamœʀ, -øz] *n* analista de sistemas.

a.na.ly.tique [analitik] *adj* analítico.

a.na.nas [anana(s)] *nm Bot* abacaxi. **jus d'ananas** suco de abacaxi.

a.nar.chie [anaʀʃi] *nf* **1** anarquia. **2** *fig* bagunça.

a.nar.chiste [anaʀʃist] *n+adj* anarquista.

a.na.to.mie [anatɔmi] *nf* anatomia.

a.na.to.mique [anatɔmik] *adj* anatômico.

an.cêtre [ɑ̃sɛtʀ] *n* **1** antepassado, ancestral. **2** precursor. **3 ancêtres** *pl* ascendentes, os que viveram antes de nós.

anche [ɑ̃ʃ] *nf Anat* anca.

an.chois [ɑ̃ʃwa] *nm Zool* anchova, enchova.

an.cien, -ienne [ɑ̃sjɛ̃, -jɛn] *adj* **1** antigo, velho. **2** obsoleto, ultrapassado. • *n* ancião, idoso.

ancre [ɑ̃kʀ] *nf Mar* âncora.

an.douille [ɑ̃duj] *nf* **1** espécie de linguiça, chouriço. **2** *fam* idiota, palerma, bobo.

âne [ɑn] *nm Zool* **1** asno, burro, jumento. **2** indivíduo incapaz de compreender, bobo.

a.nec.dote [anɛkdɔt] *nf* anedota, fato curioso, particularidade.

a.né.mie [anemi] *nf Méd* anemia.

a.né.mique [anemik] *adj* anêmico.

âne.rie [ɑnʀi] *nf pop* burrada, asneira, burrice.

a.nes.thé.sie [anɛstezi] *nf* anestesia.

a.nes.thé.sier [anɛstezje] *vt* anestesiar, insensibilizar, fazer dormir.

ange [ɑ̃ʒ] *nm Rel* anjo.

an.gé.lique [ɑ̃ʒelik] *adj* angélico, angelical, digno de um anjo, que evoca a perfeição do anjo. • *nf Bot* angélica.

an.gine [ɑ̃ʒin] *nf Méd* angina, inflamação de garganta. **angine de poitrine** dor brutal no peito relacionada a problemas cardíacos.

angle [ɑ̃gl] *nm* **1** ângulo. **2** esquina. **3** quina.

an.gli.can, -ane [ɑ̃glikɑ̃, -an] *n+adj* anglicano.

an.gois.sant, -ante [ɑ̃gwasɑ̃, -ɑ̃t] *adj* angustiante.

an.goisse [ɑ̃gwas] *nf* angústia, aflição.

an.gois.ser [ɑ̃gwase] *vt* angustiar, oprimir, atormentar, inquietar.

an.guille [ɑ̃gij] *nf Zool* enguia.

a.ni.mal, -ale, -aux [animal, -o] *adj* referente a animais. • *nm* animal, bicho.

a.ni.ma.tion [animasjɔ̃] *nf* **1** animação, movimentação, excitação. **2** calor, vivacidade, movimento, ânimo.

a.ni.mer [anime] *vt* **1** animar. **2** encorajar.

a.ni.mo.si.té [animozite] *nf* animosidade.

anis [ani(s)] *nm Bot* anis, erva-doce.

ani.sette [anizɛt] *nf* anisete, licor de anis.

an.nales [anal] *nf pl* anais, crônica. **2** história.

an.neau [ano] *nm* **1** argola. **2** aliança, anel.

an.née [ane] *nf* ano. *il revient chaque année* / ele volta todo ano. *pendant une année* / durante um ano.

an.nexe [anɛks] *adj+nf* anexo. **les pièces annexes d'un dossier** os anexos de um dossiê.

an.ne.xer [anɛkse] *vt* anexar.

an.ni.hi.la.tion [aniilasjɔ̃] *nf* aniquilação.

an.ni.hi.ler [aniile] *vt* aniquilar.

an.ni.ver.saire [anivɛrsɛr] *nm+adj* aniversário. **offrir un cadeau d'anniversaire** dar um presente de aniversário.

an.nonce [anɔ̃s] *nf* **1** anúncio, presságio. **2** propaganda comercial.

an.non.cer [anɔ̃se] *vt* anunciar, publicar, comunicar.

an.non.ceur, -euse [anɔ̃sœr, -øz] *n* anunciante.

an.no.ta.tion [anɔtasjɔ̃] *nf* anotação.

an.nuaire [anɥɛr] *nm* lista telefônica.

an.nuel, -elle [anɥɛl] *adj* anual.

an.nui.té [anɥite] *nf* anuidade.

an.nu.laire [anyler] *nm* dedo anular.

an.nu.la.tion [anylasjɔ̃] *nf* anulação, cancelamento, rescisão.

an.nu.ler [anyle] *vt* anular, rescindir, suprimir, cancelar.

a.no.nyme [anɔnim] *adj* **1** anônimo. **2** impessoal, neutro.

a.nor.mal, -ale, -aux [anɔrmal, -o] *adj* fora do normal, irregular. • *n* anormal, tarado, desequilibrado.

an.ta.go.nisme [ɑ̃tagonism] *nm* antagonismo, oposição, conflito, rivalidade.

an.tarc.tique [ɑ̃tarktik] *adj* antártico. **l'Antarctique** a Antártida, o continente antártico.

an.té.cé.dent, -ente [ɑ̃tesedɑ̃, -ɑ̃t] *adj+nm* **1** antecedente. **2 antécédents** *pl* antecedentes, fatos anteriores a uma doença. *les antécédents du malade* / os antecedentes do doente.

an.té.rieur, -ieure [ɑ̃terjœr] *adj* anterior, antecedente, precedente.

an.tho.lo.gie [ɑ̃tɔlɔʒi] *nf* antologia. **morceau d'anthologie** página brilhante, digna de figurar em uma antologia.

an.thro.po.lo.gie [ɑ̃trɔpɔlɔʒi] *nf* antropologia.

anthropologue — appétissant

an.thro.po.logue [ɑ̃tʀɔpɔlɔg] *n* antropólogo.
an.thro.po.pha.gie [ɑ̃tʀɔpɔfaʒi] *nf* antropofagia.
an.ti.bio.tique [ɑ̃tibjɔtik] *nm+adj Méd* antibiótico.
an.ti.ci.per [ɑ̃tisipe] *vt* antecipar.
an.ti.con.cep.tion.nel, -elle [ɑ̃tikɔ̃sɛpsjɔnɛl] *nm+adj* anticoncepcional.
an.ti.cons.ti.tu.tion.nel, -elle [ɑ̃tikɔ̃stitysjɔnɛl] *adj* anticonstitucional.
an.ti.corps [ɑ̃tikɔʀ] *nm Méd, Biol* anticorpo.
an.ti.dote [ɑ̃tidɔt] *nm Méd* antídoto.
an.til.lais, -aise [ɑ̃tijɛ, -ɛz] *n+adj* antilhano.
an.ti.lope [ɑ̃tilɔp] *nf Zool* antílope.
an.ti.pa.thie [ɑ̃tipati] *nf* antipatia.
an.ti.pa.thique [ɑ̃tipatik] *adj* antipático.
an.ti.quaire [ɑ̃tikɛʀ] *nm* antiquário.
an.tique [ɑ̃tik] *adj+n* **1** antigo, arcaico, muito velho. **2** que pertence à Antiguidade.
an.ti.qui.té [ɑ̃tikite] *nf* antiguidade.
an.ti.sep.tique [ɑ̃tisɛptik] *nm+adj Méd* antisséptico.
an.ti.thèse [ɑ̃titɛz] *nf* antítese.
an.ti.vol [ɑ̃tivɔl] *nm* dispositivo antirroubo, pega-ladrão.
an.to.nyme [ɑ̃tɔnim] *nm* antônimo.
a.nus [anys] *nm Anat* ânus.
an.xié.té [ɑ̃ksjete] *nf* aflição, ansiedade, ânsia.
an.xieux, -ieuse [ɑ̃ksjø, -jøz] *adj* ansioso, apreensivo, angustiado, inquieto, atormentado.
a.orte [aɔʀt] *nf Anat* aorta.
août [u(t)] *nm* agosto.
a.pai.ser [apeze] *vt+vpr* aquietar, aplacar, abrandar, acalmar, pacificar, serenar.
a.pa.thie [apati] *nf* apatia.
a.pa.thique [apatik] *adj* apático.

a.per.ce.voir [apɛʀsəvwaʀ] *vt* **1** avistar, enxergar. **2** discernir, notar, entrever. **3** compreender.
a.pé.ri.tif, -ive [apeʀitif, -iv] *nm+adj* aperitivo, drinque. *Abrév:* apéro.
a.phone [afɔn / afon] *adj Méd* afônico.
aphte [aft] *nm Méd* afta.
a.pi.cul.ture [apikyltyʀ] *nf* apicultura.
a.po.ca.lypse [apɔkalips] *nf* apocalipse.
a.po.gée [apɔʒe] *nm* apogeu, auge, clímax.
a.po.lo.gie [apɔlɔʒi] *nf* apologia.
a.po.ple.xie [apɔplɛksi] *nf Méd* apoplexia.
a.po.strophe [apɔstʀɔf] *nf Gram* **1** apóstrofo. **2** *Réth* apóstrofe.
a.pôtre [apotʀ] *nm* apóstolo.
ap.pa.raî.tre [apaʀɛtʀ] *vi* aparecer, nascer, surgir.
ap.pa.reil [apaʀɛj] *nm* **1** aparelho. **2** avião. **3** aparelho de dente. **4** telefone. *allô! qui est à l'appareil?* / alô, quem fala, quem está falando?
ap.pa.rence [apaʀɑ̃s] *nf* aparência, imagem. **contre toute apparence** embora as aparências. **en apparence** exteriormente.
ap.pa.ri.tion [apaʀisjɔ̃] *nf* aparição, aparecimento, assombração, espectro, fantasma.
ap.par.te.ment [apaʀtəmɑ̃] *nm* **1** apartamento. **2 appartements** *pl* cômodos.
ap.par.te.nir [apaʀtəniʀ] *vi* pertencer.
ap.pau.vrir [apovʀiʀ] *vt* empobrecer.
ap.pel [apɛl] *nm* chamada, apelo, chamado. **sans appel** irremediavelmente.
ap.pe.ler [ap(ə)le] *vt* chamar, congregar, pedir.
ap.pen.di.cite [apɛ̃disit] *nf Méd* apendicite. **crise d'appendicite** crise de apendicite.
ap.pé.tis.sant, -ante [apetisɑ̃, -ɑ̃t] *adj* apetitoso.

ap.pé.tit [apeti] *nm* **1** apetite. **2 appétits** *pl* satisfação de uma necessidade física, de um instinto.

ap.plau.dir [aplodir] *vt* aplaudir, bater palmas.

ap.plau.disse.ment [aplodismã] *nm* aplauso, palmas.

ap.pli.ca.tion [aplikasjõ] *nf* aplicação, capricho.

ap.pli.quer [aplike] *vt* **1** aplicar, empregar, utilizar. **2** atribuir.

ap.pointe.ments [apwɛ̃tmã] *nm pl* ordenado, honorários.

ap.port [apɔr] *nm* **1** contribuição. **2** ganho.

ap.por.ter [apɔrte] *vt* **1** levar, portar, trazer. **2** dar.

ap.pré.cia.tion [apresjasjõ] *nf* apreciação.

ap.pré.cier [apresje] *vt* **1** apreciar, reputar, avaliar.

ap.pré.hen.der [apreãde] *vt* **1** apreender. **2** temer.

ap.pré.hen.sion [apreãsjõ] *nf* **1** apreensão. **2** preocupação.

ap.pre.nant, -ante [aprənã, -ãt] *n* **1** aprendiz. **2** aluno.

ap.prendre [aprãdr] *vt* **1** aprender, estudar, instruir. **2** ensinar, explicar.

ap.pren.ti, -ie [aprãti] *n* aprendiz.

ap.pren.tis.sage [aprãtisaʒ] *nm* aprendizado, aprendizagem.

ap.pri.voi.ser [aprivwaze] *vt* **1** domesticar, amansar, domar. *vpr* **2** tornar-se menos selvagem (animais), tornar-se mais sociável (pessoas).

ap.pro.ba.tion [aprɔbasjõ] *nf* aprovação, adesão, autorização, consentimento.

ap.pro.cher [aprɔʃe] *vt* **1** aproximar. **2** colocar mais perto.

ap.pro.fon.dir [aprɔfõdir] *vt* aprofundar.

ap.pro.pria.tion [aprɔprijasjõ] *nf* apropriação.

ap.pro.prier [aprɔprije] *vt* **1** apropriar. **2** adaptar.

ap.prou.ver [apruve] *vt* aprovar, apoiar.

ap.pro.vi.sion.ner [aprɔvizjɔne] *vt* abastecer. **approvisionner un compte en banque** depositar dinheiro na conta bancária.

ap.pro.xi.ma.tion [aprɔksimasjõ] *nf* aproximação.

ap.pui [apɥi] *nm* **1** apoio, patrocínio. **2** *fig* estribo. **avec preuves à l'appui** com o apoio de provas.

ap.puyer [apɥije] *vt* **1** amparar, apoiar, encostar. **2** *fig* tutelar.

âpre [ɑpr] *adj* **1** áspero, acre. **2** *fig* ríspido, duro. **être âpre au gain** ávido.

a.près [apre] *adv+prép* após, depois, detrás. **après tout** sendo considerado todas as possibilidades. **d'après** segundo, conforme.

a.près-de.main [apred(ə)mɛ̃] *adv* depois de amanhã.

ap.ti.tude [aptityd] *nf* aptidão, jeito, predisposição.

a.qua.rium [akwarjɔm] *nm* aquário.

a.qua.tique [akwatik] *adj* aquático.

a.ra [ara] *nm Zool* arara.

a.rabe [arab] *n+adj* árabe.

a.rai.gnée [areɲe] *nf Zool* aranha. **toile d'araignée** teia de aranha.

ar.bi.traire [arbitrɛr] *adj+nm* arbitrário.

ar.bitre [arbitr] *nm* **1** arbítrio, vontade, livre arbítrio. **2** *Sp* árbitro, juiz.

ar.bi.trer [arbitre] *vt* arbitrar, julgar.

ar.bo.ri.sa.tion [arbɔrizasjõ] *nf* arborização.

ar.bre [arbr] *nm* árvore. **arbre de Noël** árvore de Natal. **arbre généalogique** árvore genealógica.

arc [ark] *nm Archit* arco.

ar.cade [arkad] *nf Archit* arcada.

arc-en-ciel [arkãsjel] *nm* arco-íris.

ar.chaï.que [arkaik] *adj* arcaico.

ar.che [aʀʃ] *nf* arca. **arche de Noé** arca de Noé.
ar.chéo.lo.gie [aʀkeɔlɔʒi] *nf* arqueologia.
ar.ché.type [aʀketip] *nm* arquétipo, modelo, protótipo.
ar.che.vêque [aʀʃəvɛk] *nm Rel* arcebispo. **le palais de l'archevêque** a cúria.
ar.chi.pel [aʀʃipɛl] *nm* arquipélago.
ar.chi.tecte [aʀʃitɛkt] *n* 1 arquiteto. 2 criador.
ar.chi.tec.ture [aʀʃitɛktyʀ] *nf* arquitetura.
ar.chi.ver [aʀʃive] *vt* arquivar.
ar.chives [aʀʃiv] *nf pl* arquivo, fichário.
ar.chi.viste [aʀʃivist] *n* arquivista, especialista que se ocupa da conservação dos arquivos.
ar.dent, -ente [aʀdɑ̃, -ɑ̃t] *adj* 1 ardente, fervoroso, intenso. 2 que provoca forte calor. 3 ardente, entusiasta, exaltado, fervoroso, apaixonado (pessoa).
ar.deur [aʀdœʀ] *nf* 1 ardor, empenho, energia, coragem. 2 *fig* fervor, exaltação. 3 **ardeurs** *pl* comportamentos muito passionais.
ar.doise [aʀdwaz] *nf Min* ardósia.
a.rène [aʀɛn] *nf* arena.
a.rête [aʀɛt] *nf Zool* 1 espinha de peixe. 2 linha de interseção de dois planos.
ar.gent [aʀʒɑ̃] *nm* 1 dinheiro, capital, papel-moeda, recursos. 2 *Min* prata.
ar.gen.tin, -ine [aʀʒɑ̃tɛ̃, -in] *adj* argentino, que ressoa como a prata. • *adj+n* natural da Argentina.
ar.gile [aʀʒil] *nf* argila, barro.
ar.got [aʀgo] *nm* gíria.
ar.gu.ment [aʀgymɑ̃] *nm* argumento.
ar.gu.men.ta.tion [aʀgymɑ̃tasjɔ̃] *nf* argumentação.
ar.gu.men.ter [aʀgymɑ̃te] *vi* argumentar.

a.ride [aʀid] *adj* 1 árido, estéril. 2 severo.
a.ri.di.té [aʀidite] *nf* 1 aridez, secura. 2 *fig* esterilidade, severidade.
a.ris.to.crate [aʀistɔkʀat] *n* aristocrata.
a.rith.mé.tique [aʀitmetik] *nf* aritmética, cálculo.
arme [aʀm] *nf* arma. **prendre les armes** preparar-se para o combate. **un peuple en armes** povo prestes a combater.
ar.mée [aʀme] *nf* exército.
ar.me.ment [aʀməmɑ̃] *nm* 1 armamento. 2 **armements** *pl* preparativos de guerra, conjunto dos meios ofensivos ou defensivos de um país.
ar.mer [aʀme] *vt* armar, engatilhar.
ar.mis.tice [aʀmistis] *nm* armistício. **signer un armistice** assinar um armistício.
ar.naque [aʀnak] *nf fam* fraude, roubo, enganação.
ar.ni.ca [aʀnika] *nm+f Bot* arnica, remédio líquido utilizado para contusões e entorse.
a.ro.ma.ti.ser [aʀɔmatize] *vt* aromatizar, perfumar com uma substância aromática.
a.rôme [aʀom] *nm* aroma, perfume. *Var: arome.*
ar.ra.cher [aʀaʃe] *vt* 1 arrancar. 2 retirar, extirpar.
ar.range.ment [aʀɑ̃ʒmɑ̃] *nm* 1 arranjo, combinação, pacto. 2 disposição, instalação. 3 adaptação de uma composição a outros instrumentos. 4 acordo, compromisso.
ar.ran.ger [aʀɑ̃ʒe] *vt* 1 arranjar, acomodar, preparar. 2 combinar.
ar.rêt [aʀɛ] *nm* 1 parada. 2 despacho. **arrêt d'autobus** parada de ônibus.
ar.rê.ter [aʀete] *vt* 1 parar, deter, prender, sustar, cancelar. 2 convencionar, determinar.

arriéré 17 **asseoir**

ar.rié.ré, -ée [aʁjeʁe] *adj+n* **1** atrasado, retardado, débil mental. **2** obsoleto. • *nm* dívida, débito.
ar.ri.vée [aʁive] *nf* chegada.
ar.ri.ver [aʁive] *vi* **1** chegar. **2** acontecer, ocorrer, suceder. **3** chegar a determinado tamanho, atingir. **4** ter sucesso (na sociedade).
ar.ro.gance [aʁɔgɑ̃s] *nf* arrogância, altivez, insolência, orgulho.
ar.ro.gant, -ante [aʁɔgɑ̃, -ɑ̃t] *adj* arrogante, altivo, soberbo, orgulhoso.
ar.ro.ser [aʁoze] *vt* regar, borrifar.
ar.ro.soir [aʁozwaʁ] *nm* regador.
ar.se.nic [aʁsɔnik] *nm* Chim arsênico.
art [aʁ] *nm* arte.
ar.tère [aʁtɛʁ] *nf* **1** *Anat* artéria. **2** via urbana importante.
ar.ti.chaut [aʁtiʃo] *nm Bot* alcachofra. **avoir un cœur d'artichaut** pessoa volúvel.
ar.ti.cle [aʁtikl] *nm* **1** artigo. **2** verbete.
ar.ti.cu.la.tion [aʁtikylasjɔ̃] *nf* **1** articulação, pronúncia. **2** junta.
ar.ti.cu.ler [aʁtikyle] *vt* **1** articular, pronunciar. **2** ligar.
ar.ti.fice [aʁtifis] *nm* artifício, tramoia, subterfúgio.
ar.ti.fi.ciel, -ielle [aʁtifisjɛl] *adj* **1** artificial. **2** falso, fabricado.
ar.tille.rie [aʁtijʁi] *nf* artilharia.
ar.ti.san, -ane [aʁtizɑ̃, -an] *n* **1** artesão, obreiro. **2** autor, causa de uma coisa.
ar.ti.sa.nat [aʁtizana] *nm* artesanato.
ar.tiste [aʁtist] *n+adj* **1** artista. **2** criador de uma obra de arte.
as [ɑs] *nm* ás.
as.cen.dance [asɑ̃dɑ̃s] *nf* ascendência.
as.cen.dant, -ante [asɑ̃dɑ̃, -ɑ̃t] *adj* **1** ascendente. **2** influência dominante, autoridade, influência, império, poder. **subir l'ascendant de quelqu'um** estar sob o charme, a sedução de alguém.

as.cen.seur [asɑ̃sœʁ] *nm* elevador.
as.cen.sion [asɑ̃sjɔ̃] *nf* ascensão, subida. **le jeudi de l'Ascension** a quinta-feira da Ascensão.
as.cète [asɛt] *n* asceta.
a.sep.sie [asɛpsi] *nf Méd* assepsia.
a.sep.tique [asɛptik] *adj Méd* asséptico.
a.sile [azil] *nm* asilo.
as.pect [aspɛ] *nm* **1** aspecto. **2** ângulo, visão. **à l'aspect de** ao ver.
as.perge [aspɛʁʒ] *nf Bot* **1** aspargo. **2** *fig* pessoa grande e magra.
as.pé.ri.té [aspeʁite] *nf* aspereza, rugosidade.
as.phy.xie [asfiksi] *nf Méd* asfixia, sufoco, opressão.
as.phy.xier [asfiksje] *vt* asfixiar.
as.pi.ra.teur, -trice [aspiʁatœʁ, -tʁis] *adj* que aspira, deseja. • *nm* aspirador (de pó).
as.pi.ra.tion [aspiʁasjɔ̃] *nf* aspiração.
as.pi.rer [aspiʁe] *vt* **1** aspirar, inspirar. **2** desejar.
as.pi.rine [aspiʁin] *nf Chim* aspirina.
as.saillir [asajiʁ] *vt* assaltar, agredir, atacar.
as.sai.sonne.ment [asɛzɔnmɑ̃] *nm* tempero, condimento.
as.sai.son.ner [asɛzɔne] *vt* temperar, condimentar, dar sabor.
as.sas.sin, -ine [asasɛ̃, -in] *n+adj* assassino.
as.sas.si.nat [asasina] *nm* **1** assassinato, homicídio. **2** *fam* massacre.
as.sas.si.ner [asasine] *vt* assassinar, matar.
as.sem.blage [asɑ̃blaʒ] *nm* união, montagem, reunião de coisas.
as.sem.blée [asɑ̃ble] *nf* assembleia, assistência, auditório.
as.sem.bler [asɑ̃ble] *vt* ajuntar, montar, unir.
as.seoir [aswaʁ] *vt* **1** sentar. **2** tornar mais estável. **3** desconcertar. *vpr* **4** sentar-se.

as.sez [ase] *adv* bastante, suficiente. *je suis resté assez longtemps* / fiquei tempo suficiente.

as.si.du, -ue [asidy] *adj* assíduo, pontual, regular, exato.

as.si.dui.té [asidµite] *nf* **1** assiduidade, constância. **2** *assiduités pl* assédio.

as.siette [asjɛt] *nf* prato. **ne pas être dans son assiette** não se sentir bem fisicamente.

as.si.mi.ler [asimile] *vt* **1** assimilar. **2** confundir.

as.sis, -ise [asi, -iz] *adj* sentado. **être assis sur ses talons** estar sentado de cócoras.

as.sis.tance [asistɑ̃s] *nf* **1** assistência. **2** ajuda. **3** assessoria. **assistance publique** assistência pública. **assistance sociale** assistência social.

as.sis.tant, -ante [asistɑ̃, -ɑ̃t] *n* **1** assistente, auxiliar. **2** assessor. **assistante sociale** assistente social.

as.sis.ter [asiste] *vt* **1** assessorar. **2** assistir, presenciar. **3** ajudar, socorrer.

as.so.cia.tion [asɔsjasjɔ̃] *nf* associação, aliança, círculo.

as.so.cier [asɔsje] *vt* **1** associar. **2** reunir. **3** fazer uma pessoa participar de uma atividade, de um bem comum. *vpr* **4** associar-se, ligar-se.

As.somp.tion [asɔ̃psjɔ̃] *nf* Assunção (na religião católica, é a subida aos céus da Virgem Maria, comemorada no dia 15 de agosto).

as.sou.pir [asupiʀ] *vt+vpr* **1** adormecer. *vt* **2** *fig* acalmar, atenuar.

as.sou.pisse.ment [asupismɑ̃] *nm* torpor, sonolência.

as.sou.plir [asupliʀ] *vt* amaciar.

as.sour.dir [asuʀdiʀ] *vt* **1** ensurdecer. **2** tornar menos sonoro.

as.sou.vir [asuviʀ] *vt* **1** satisfazer, contentar. **2** satisfazer plenamente (um desejo, uma paixão).

as.su.jet.tir [asyʒetiʀ] *vt+vpr* sujeitar, render, subjugar, submeter.

as.su.mer [asyme] *vt* **1** assumir. **2** aceitar conscientemente (uma situação, um estado psíquico e suas consequências).

as.su.rance [asyʀɑ̃s] *nf Com* seguro.

as.su.rer [asyʀe] *vt+vpr* **1** assegurar, garantir, abonar, segurar. **2** colocar no seguro. **3** garantir mediante um contrato de seguro.

as.su.reur [asyʀœʀ] *nm* agente de seguros.

as.té.ro.ïde [asteʀɔid] *nm* asteroide.

asthme [asm] *nf Méd* asma. **une crise d'asthme** uma crise de asma, uma crise asmática.

as.tig.ma.tisme [astigmatism] *nm* astigmatismo.

as.tral, -ale, -aux [astʀal, -o] *adj* celeste, sideral, zodiacal. **influences astrales** influências astrais.

astre [astʀ] *nm Astron* astro. **consulter les astres** consultar os astros.

as.tro.lo.gie [astʀɔlɔʒi] *nf* astrologia.

as.tro.logue [astʀɔlɔg] *n* astrólogo. **consulter un astrologue** consultar um astrólogo.

as.tro.naute [astʀonot] *n* astronauta, cosmonauta.

as.tro.no.mie [astʀɔnɔmi] *nf* astronomia.

as.tro.no.mique [astʀɔnɔmik] *adj* astronômico.

as.tuce [astys] *nf* astúcia, artimanha, ardil, esperteza. **les astuces du métier** as astúcias, manhas da profissão.

as.tu.cieux, -ieuse [astysjø, -jøz] *adj* astuto, astucioso.

a.sy.mé.trie [asimetʀi] *nf* assimetria.

a.te.lier [atəlje] *nm* **1** ateliê, oficina, estúdio. **2** local onde trabalha um artista.

a.thée [ate] *n+adj* ateu.

a.thlète [atlɛt] *n* atleta.
a.thlé.tisme [atletism] *nm* atletismo.
a.tlas [atlɑs] *nm* atlas.
at.mo.sphère [atmɔsfɛʀ] *nf* atmosfera.
a.tome [atom] *nm Chim* átomo.
a.tone [atɔn / aton] *adj* 1 átono. 2 preguiçoso, que tem falta de vida, vigor, vitalidade, energia.
a.tout [atu] *nm* trunfo, chance.
âtre [ɑtʀ] *nm* lareira.
a.troce [atʀɔs] *adj* atroz, horrível. **il fait un temps atroce** o tempo está horrível.
a.tro.ci.té [atʀɔsite] *nf* atrocidade, crueldade, crime, tortura.
a.tro.phier [atʀɔfje] *vt* atrofiar.
at.ta.ché, -ée [ataʃe] *n+adj* 1 fixado, fechado. 2 ligado por um sentimento de amizade, um hábito, uma necessidade, um gosto. 3 pessoa ligada a um serviço, adido (de Embaixada).
at.ta.che.ment [ataʃmɑ̃] *nm* apego, ligação, vínculo.
at.ta.cher [ataʃe] *vt* 1 atar, encadear, vincular, ligar. 2 prender. **s'attacher quelqu'un** fazer-se amar.
at.ta.que [atak] *nf* ataque, ofensiva, assalto.
at.ta.quer [atake] *vt* atacar, assaltar.
at.teindre [atɛ̃dʀ] *vt* 1 atingir, alcançar, conseguir. 2 atacar.
at.teint, -einte [atɛ̃, -ɛ̃t] *adj* 1 atacado (por um mal). 2 *fam* perturbado mentalmente. • *nf* possibilidade de atingir.
at.tendre [atɑ̃dʀ] *vt+vi* esperar, aguardar.
at.ten.drir [atɑ̃dʀiʀ] *vt* enternecer, emocionar, tocar.
at.ten.tat [atɑ̃ta] *nm* atentado, agressão. **attentat à la pudeur** atentado ao pudor.
at.tente [atɑ̃t] *nf* espera.
at.ten.ter [atɑ̃te] *vt+vi* atentar.
at.ten.tion [atɑ̃sjɔ̃] *nf* 1 atenção, cuidado. 2 *fig* desvelo, solicitude.
at.té.nuer [atenɥe] *vt* atenuar, minorar, moderar.
at.ter.rir [ateʀiʀ] *vi Aér* aterrissar.
at.ter.ris.sage [ateʀisaʒ] *nm Aér* aterrissagem, pouso.
at.tes.ta.tion [atɛstasjɔ̃] *nf* atestado, certificado, referências.
at.tes.ter [atɛste] *vt* atestar, certificar, garantir, testemunhar.
at.ti.rance [atiʀɑ̃s] *nf* atração, sedução.
at.ti.rant, -ante [atiʀɑ̃, -ɑ̃t] *adj* atraente, convidativo, belo.
at.ti.rer [atiʀe] *vt* atrair, cativar, solicitar.
at.ti.tude [atityd] *nf* atitude, postura, maneira.
at.trac.tion [atʀaksjɔ̃] *nf* atração.
at.tra.per [atʀape] *vt* 1 agarrar, apanhar, prender. 2 enganar.
at.tri.buer [atʀibɥe] *vt* atribuir, conferir, imputar.
at.tri.but [atʀiby] *nm* atributo.
at.tri.bu.tion [atʀibysjɔ̃] *nf* atribuição.
at.tris.ter [atʀiste] *vt* entristecer, angustiar, desconsolar.
au, aux [o] *contr prép* à+*art* le, les ao, no, pelo; aos; às; nos; nas; pelos.
aube [ob] *nf* alvorada, madrugada, aurora.
au.berge [obɛʀʒ] *nf* estalagem, hospedaria, pousada, albergue.
au.ber.gine [obɛʀʒin] *nf* 1 *Bot* berinjela. 2 da cor violeta escura da berinjela.
au.cun, une [okœ̃, yn] *adj+pron* nenhum.
au.dace [odas] *nf* audácia, ousadia, atrevimento, arrojo, temeridade.
au.da.cieux, -ieuse [odasjø, -jøz] *adj+n* audacioso, arrojado, temerário, atrevido.
au.de.là [od(ə)la] *nm+loc adv* além, o mundo do além.
au.des.sous [od(ə)su] *prép+loc adv* abaixo.

au-des.sus [od(ə)sy] *prép+loc adv* acima, sobre.
au-de.vant de [od(ə)vãdə] *loc adv+prép* adiante de, na frente de.
au.dience [odjãs] *nf* audiência.
au.dit [odit] *nm* auditoria.
au.di.teur, -trice [oditœr, -tris] *n* 1 ouvinte. 2 auditor.
au.di.tion [odisjõ] *nf* audição, ouvido.
aug.men.ta.tif, -ive [ɔgmãtatif, -iv] *adj* aumentativo.
aug.men.ta.tion [ɔgmãtasjõ] *nm* 1 aumento. 2 *Com* acréscimo.
aug.men.ter [ɔgmãte] *vt* aumentar, amplificar, reforçar.
au.gure [ogyr] *nm* presságio.
au.jour.d'hui [oʒurdɥi] *nm+adv* 1 hoje. 2 agora, no presente.
au.mône [omon] *nf* esmola, donativo.
au.mô.nier [omonje] *nm* capelão.
au.pa.ra.vant [oparavã] *adv* inicialmente, antes.
au.ré.ole [ɔreɔl] *nf* 1 auréola, nimbo. 2 coroa.
au.ri.cu.laire [ɔrikyler] *adj* 1 que se refere ao ouvido, à audição. 2 auricular. • *nm* dedo mínimo, mindinho, minguinho.
au.rore [ɔrɔr] *nf* aurora. **aurore boréale** aurora boreal. **se lever à l'aurore** acordar bem cedo.
aus.si [osi] *adv+conj* também, tão.
aus.si.tôt [osito] *adv* o quanto antes, assim, logo que, imediatamente, instantaneamente.
aus.tère [ɔster] *adj* austero, severo.
aus.té.ri.té [ɔsterite] *nf* austeridade, intransigência, severidade. **politique d'austerité** política de austeridade.
au.tel [otɛl] *nm* altar.
au.teur [otœr] *nm* autor, escritor.
au.then.ti.fier [otãtifje] *vt* autenticar, legalizar.
au.then.tique [otãtik] *adj* autêntico, original, verdadeiro.

au.to [oto] *nf* automóvel, auto.
au.to.bio.gra.phie [otobjɔgrafi] *nf* autobiografia.
au.to.bus [ɔtɔbys / otobys] *nm* ônibus.
au.to.drome [otodrom] *nm* autódromo.
au.to.graphe [ɔtɔgraf / otograf] *adj+nm* 1 autógrafo. 2 dedicatória.
au.to.ma.tique [ɔtɔmatik] *adj* automático, inconsciente, involuntário.
au.tomne [ɔtɔn / otɔn] *nm* outono. **un bel automne** um belo outono.
au.to.mo.bile [ɔtɔmɔbil / otomobil] *adj* que se move por si mesmo. • *nf* automóvel, auto, carro.
au.to.mo.bi.lisme [ɔtɔmɔbilism / otomɔbilism] *nm* automobilismo.
au.to.nome [ɔtɔnɔm / otonom] *adj* autônomo, independente, livre.
au.to.no.mie [ɔtɔnɔmi / otonomi] *nf* autonomia, independência, liberdade.
au.topsie [ɔtɔpsi / otopsi] *nf Méd* autópsia, necropsia.
au.to.ri.sa.tion [ɔtɔrizasjõ] *nf* autorização, dispensa, licença, permissão.
au.to.ri.ser [ɔtɔrize] *vt* 1 autorizar, permitir. 2 comportar.
au.to.ri.taire [ɔtɔriter] *adj* autoritário.
au.to.ri.té [ɔtɔrite] *nf* 1 autoridade. 2 prepotência.
au.to.route [otorut] *nf* autoestrada.
au.tour [otur] *prép+loc adv* redor, ao redor de, em torno de.
autre [otr] *adj+pron+nm* outro. **une autre fois** de outra vez, em outro momento.
au.tre.fois [otrəfwa] *adv* outrora.
au.tre.ment [otrəmã] *adv* de outra forma, de outro modo, de outra maneira, senão. **autrement dit** em outras palavras, dito de outra forma.
au.tri.chien, -ienne [otriʃjẽ, -jɛn] *adj+n* austríaco.
au.truche [otryʃ] *nf Zool* avestruz.
au.trui [otrɥi] *pron* outrem, outro. **l'amour d'autrui** o amor ao próximo.

au.xi.liaire [ɔksiljɛʀ] *n+adj* **1** auxiliar, acessório, anexo, complementar. **2** colaborador.
a.va.chisse.ment [avaʃismã] *nm* **1** desgaste. **2** moleza, frouxidão.
a.va.lanche [avalɑ̃ʃ] *nf* avalancha, avalanche.
a.va.ler [avale] *vt* engolir, tragar, tomar. **avaler sa langue** ficar quieto. **tu as avalé ta langue?** comeu a língua?
a.vance [avɑ̃s] *nf* avanço. **à l'avance** antes do momento fixado. **d'avance** antes do tempo. **en avance** antes do tempo, do horário previsto.
a.vance.ment [avɑ̃smã] *nm* adiantamento, avanço.
a.van.cer [avɑ̃se] *vi* **1** avançar. *vpr* **2** ir, aproximar-se.
a.vant [avɑ̃] *adv* antes. • *prép* diante de.
a.van.tage [avɑ̃taʒ] *nm* vantagem, benefício, relevância, superioridade.
a.van.ta.geux, -euse [avɑ̃taʒø, -øz] *adj* vantajoso, frutífero, proveitoso.
a.vant-cen.tre [avɑ̃sɑ̃tʀ] *nm Foot* centroavante.
a.vant-der.nier, -ière [avɑ̃dɛʀnje, -jɛʀ] *adj+n* penúltimo.
a.vant-hier [avɑ̃tjɛʀ] *adv* anteontem, antes de ontem.
a.vant-veille [avɑ̃vɛj] *nf* antevéspera.
a.vare [avaʀ] *n+adj* **1** avarento, avaro, mesquinho, sovina. **2** *fig* egoísta.
a.va.rice [avaʀis] *nf* avareza.
a.va.rie [avaʀi] *nf* avaria.
a.vec [avɛk] *prép+adv* **1** com. **2** em relação a. **3** contra. **être avec quelqu'un** estar com alguém, morar com alguém.
a.ve.nant, -ante [av(ə)nɑ̃, -ɑ̃t] *adj* afável, agradável, amável, gracioso.
a.vène.ment [avɛnmɑ̃] *nm* **1** advento, vinda, chegada. **2** começo, aparecimento.

a.ve.nir [av(ə)niʀ] *nm* porvir, futuro. **à l'avenir** a partir de agora, no futuro.
a.ven.ture [avɑ̃tyʀ] *nf* aventura. **d'aventure, par aventure** por acaso.
a.ven.tu.rier, -ière [avɑ̃tyʀje, -jɛʀ] *n* aventureiro, intrigante.
a.ve.nue [av(ə)ny] *nf* avenida, alameda.
a.verse [avɛʀs] *nf* aguaceiro, tempestade, chuva forte.
a.ver.sion [avɛʀsjɔ̃] *nf* aversão, antipatia, hostilidade.
a.ver.tir [avɛʀtiʀ] *vt* advertir, avisar, instruir.
a.ver.tisse.ment [avɛʀtismɑ̃] *nm* advertência, aviso.
a.veu [avø] *nm* confissão.
a.veugle [avœgl] *n+adj* cego.
a.veugle.ment [avœgləmɑ̃] *adv* às cegas, sem reflexão. • *nm* erro, ilusão.
a.veu.gler [avœgle] *vt* **1** cegar. **2** atrapalhar a visão. **3** privar do julgamento.
a.via.teur, -trice [avjatœʀ, -tʀis] *n* aviador.
a.via.tion [avjasjɔ̃] *nf* aviação.
a.vide [avid] *adj* ávido, sedento.
a.vi.di.té [avidite] *nf* avidez, cobiça.
a.vi.lir [aviliʀ] *vt* degradar, aviltar, desonrar, humilhar.
a.vi.lisse.ment [avilismɑ̃] *nm* aviltamento.
a.vion [avjɔ̃] *nm Aér* avião.
a.vi.ron [aviʀɔ̃] *nm* remo.
a.vis [avi] *nm* aviso, parecer, juízo, opinião. **à mon avis** na minha opinião. **changer d'avis** mudar de opinião.
a.vo.cat, -ate [avɔka, -at] *n* **1** advogado. *nm* **2** *Bot* abacate.
a.voine [avwan] *nf* aveia.
a.voir [avwaʀ] *vaux* ter, haver. **avoir de la peine** sofrer. **avoir faim** estar com fome. **avoir mal** sentir dor. **avoir raison** ter razão. **avoir soif** estar com sede. **avoir sommeil** sentir sono. **avoir tort** estar errado.

b

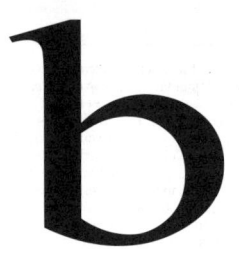

b [be] *nm* segunda letra e primeira consoante do alfabeto da língua francesa.

ba.bines [babin] *nf pl* beiços. **se lécher, se pourlécher les babines** lamber os lábios em sinal de satisfação após uma boa refeição.

bac [bak] *nm* **1** bacia. **2** *fam* abreviatura de **baccalauréat**, exame de final de curso secundário.

bac.ca.lau.réat [bakalɔʀea] *nm* **1** bacharelado. **2** exame prestado ao final do curso secundário.

ba.cille [basil] *nm Microbiol* bacilo. **le bacille de Koch** o bacilo da tuberculose.

bac.té.rie [baktɛʀi] *nf Biol* bactéria, germe.

ba.dge [badʒ] *nm* crachá.

ba.fouer [bafwe] *vt* **1** injuriar. **2** tratar com desprezo, ridicularizar.

ba.fouiller [bafuje] *vt* **1** *fam* falar de modo incoerente, embaraçado. **2** gaguejar.

ba.gage [bagaʒ] *nm* **1** bagagem. **2** *fig* conjunto dos conhecimentos adquiridos.

ba.garre [bagaʀ] *nf fam* briga, rixa. **chercher la bagarre** procurar briga.

ba.ga.telle [bagatɛl] *nf* **1** bibelô, bagatela, ninharia. **2** *fig* futilidade.

ba.gnole [baɲɔl] *nf fam* **1** carro velho, estragado. **2** carro.

bague [bag] *nf* anel. **avoir la bague au doigt** ser casado. **bague de fiançailles** anel de noivado.

ba.guette [bagɛt] *nf* **1** varinha, vareta. **2** pão. **baguette magique** varinha de condão. **d'un coup de baguette magique** como por encantamento.

baie [bɛ] *nf Géogr* baía, enseada, golfo.

bai.gner [beɲe] *vt* banhar, lavar, molhar.

bai.gnoire [beɲwaʀ] *nf* banheira.

bail, baux [baj, bo] *nm* **1** contrato de aluguel. **2** documento representando o contrato. **3** aluguel, arrendamento. **bail d'une maison** contrato de aluguel de uma casa. **cela fait un bail!** faz muito tempo! **résilier un bail** rescindir um contrato.

bâil.ler [baje] *vi* bocejar.

bâil.lon.ner [bajɔne] *vt* **1** amordaçar. **2** *fig* impedir a liberdade de expressão.

bain [bɛ̃] *nm* banho (de banheira). **bain de mer** banho de mar. **bain de soleil** banho de sol. **bain en piscine** banho de piscina. **être dans le bain** *fig* participar de algo, estar completamente engajado em algo. **le président a pris un bain de foule** o presidente misturou-se com a multidão.

baïon.nette [bajɔnɛt] *nf* baioneta.

baiser — banlieue

bai.ser [beze] *nm* beijo no rosto. **baiser de Judas** beijo pérfido. **baiser de paix** beijo da paz, de reconciliação. • *vt* 1 beijar. 2 *fam, vulg* transar, trepar. 3 *fam* ser enganado.

baisse [bɛs] *nf* 1 diminuição. 2 *fig* enfraquecimento, perda.

bais.ser [bese] *vt* baixar, abaixar, descer, reclinar.

bal [bal] *nm* baile.

ba.lade [balad] *nf fam* passeio.

ba.la.deur, -euse [baladœr, -øz] *adj+n* pessoa que gosta de passear. • *nm* walk-man. **main baladeuse** mão boba, mão que provoca toques eróticos.

ba.lai [balɛ] *nm* vassoura.

ba.lance [balɑ̃s] *nf* 1 balança. 2 *Astron* constelação do hemisfério austral. **faire pencher la balance** favorecer alguém. **mettre dans la balance** examinar comparando. **mettre en balance (deux choses)** opor duas coisas verificando os prós e os contras.

ba.lan.cer [balɑ̃se] *vt* 1 balançar. 2 embalar. 3 *fam* jogar fora, dar. *vi* 4 titubear. 5 cambalear.

ba.lan.çoire [balɑ̃swar] *nf* balanço.

ba.layage [balɛjaʒ] *nm* 1 limpeza. 2 clareamento dos cabelos por meio de descoloração ligeira de pequenas mechas.

bal.con [balkɔ̃] *nm* 1 sacada, balcão, varanda. 2 *Théât* balcão, galeria.

ba.leine [balɛn] *nf Zool* baleia.

ba.li.verne [balivɛrn] *nf* (em geral no plural) bobagens, futilidades, histórias. *débiter, dire des balivernes* / dizer bobagens.

balle [bal] *nf* 1 bola. 2 *Mil* bala, projétil. 3 *fam* franco, moeda francesa. **la balle est dans votre camp** é você quem deve agir. **renvoyer la balle** replicar (em uma conversa). **se renvoyer la balle** devolver uma dificuldade. **une pièce de dix balles** uma moeda de dez francos.

balle.rine [bal(ə)rin] *nf* 1 bailarina. 2 tipo de sapato que imita uma sapatilha de dança.

bal.let [balɛ] *nm* balé, dança, coreografia.

bal.lon [balɔ̃] *nm* 1 bola. 2 balão. 3 bola de futebol.

bal.lonne.ment [balɔnmɑ̃] *nm* flatulência, gases, inchação do abdome devido ao acúmulo de gases intestinais.

bal.lu.chon [balyʃɔ̃] *nm fam* pequena trouxa feita com um lenço e amarrada com as quatro pontas.

bal.né.aire [balneɛr] *adj* balneário, relativo aos banhos de mar. **station balnéaire** estação balneária.

ba.lus.trade [balystrad] *nf* balaustrada.

bam.bin, -ine [bɑ̃bɛ̃, -in] *n fam* criança de dois a quatro anos.

ba.nal, -ale [banal] *adj* banal, comum, sem graça.

ba.na.li.ser [banalize] *vt* banalizar, tornar comum.

ba.nane [banan] *nf* 1 *Bot* banana. 2 pochete. 3 *Autom* para-choque.

ba.na.nier [bananje] *nm Bot* bananeira.

banc [bɑ̃] *nm* banco. **banc de poissons** cardume.

ban.caire [bɑ̃kɛr] *adj* bancário, relativo a banco.

ban.cal, -ale [bɑ̃kal] *adj* 1 claudicante, manco. 2 que tem pés desiguais (móveis).

ban.dage [bɑ̃daʒ] *nm* atadura.

bande [bɑ̃d] *nf* 1 tira, fita. 2 bando, gangue, turma. 3 *Mus* banda (de *rock*). 4 *Cin* fita, película. **bande dessinée** história em quadrinhos.

ban.der [bɑ̃de] *vt* 1 esticar. 2 *Méd* enfaixar. 3 *vulg* ter ereção.

ban.dit [bɑ̃di] *nm* 1 bandoleiro, bandido. 2 homem ávido e sem escrúpulos.

ban.jo [bɑ̃(d)ʒo] *nm* banjo.

ban.lieue [bɑ̃ljø] *nf* periferia, subúrbio. *j'habite dans la banlieue de Paris* / eu

moro na periferia de Paris. *j'habite en banlieue* / eu moro na periferia.
banque [bɑ̃k] *nf Com* banco. **avoir un compte en banque** ter uma conta no banco. **banque des yeux** banco de olhos. **banque d'organes** banco de órgãos. **banque du sang** banco de sangue.
banque.route [bɑ̃kʀut] *nf Com* bancarrota, falência.
ban.quet [bɑ̃kɛ] *nm* banquete.
ban.quette [bɑ̃kɛt] *nf* banqueta.
ban.quier [bɑ̃kje] *nm* banqueiro.
bap.tême [batɛm] *nm* batismo. **baptême de l'air** primeiro voo de avião. **baptême du feu** primeiro combate.
bap.ti.ser [batize] *vt* batizar.
ba.quet [bakɛ] *nm* tina.
ba.raque [baʀak] *nf* 1 abrigo, cabana. 2 *fam* casa mal construída, de aparência simples.
bar.ba.rie [baʀbaʀi] *nf* 1 barbárie. 2 falta de gosto. 3 crueldade de selvagem.
barbe [baʀb] *nf* barba. **barbe à papa** algodão-doce. **la barbe!** *fam* chega! **quelle barbe!** que chatice!
bar.be.cue [baʀbəkju / baʀbəky] *nm* churrasco.
bar.be.lé, -ée [baʀbəle] *adj* farpado. **fil de fer barbelé** arame farpado.
bar.bier [baʀbje] *nm* barbeiro.
bar.bu, ue [baʀby] *adj* barbudo.
barde [baʀd] *nm* 1 bardo, poeta celta que cantava os heróis e seus feitos. *nf* 2 *Art Cul* gordura colocada em torno da carne para assá-la.
ba.rème [baʀɛm] *nm* tabelas que fornecem o resultado de alguns cálculos. **barème des intérêts, barème des salaires** quadro de tarifas ou de notas.
ba.ril [baʀi(l)] *nm* barril, tonel.
ba.roque [baʀɔk] *nm+adj* barroco. **perle baroque** pérola de forma irregular. *qu'elle idée baroque!* que ideia mais excêntrica, extravagante!
barque [baʀk] *nf Naut* barca.
bar.rage [baʀaʒ] *nm* barragem.
barre [baʀ] *nf* barra.
bar.reau [baʀo] *nm* 1 barrinha. 2 espaço reservado aos advogados num tribunal. 3 *par ext* a profissão de advogado, a ordem dessa profissão.
bar.rer [baʀe] *vt* bloquear, fechar, obstruir, tolher. *barrer une rue* / fechar uma rua por meio de um obstáculo.
bar.ri.cade [baʀikad] *nf* barricada.
bar.rière [baʀjɛʀ] *nf* barreira, paliçada.
ba.ry.ton [baʀitɔ̃] *nm Mus* barítono.
bas, basse [bɑ, bɑs] *adj+n+adv* 1 baixo, pequeno. 2 *par ext* reles. • *nm* meia. **au bas de** embaixo de. **mettre bas** dar à luz.
bas.cule [baskyl] *nf* 1 balança decimal. 2 gangorra. **fauteuil à bascule** cadeira de balanço.
bas.cu.ler [baskyle] *vi+vt* 1 virar, derrubar. 2 oscilar, balançar. 3 *fig* passar bruscamente de um estado a outro de modo irreversível.
base [baz] *nf* 1 base, raiz. 2 fundação, apoio. 3 *fig* fundamento.
ba.ser [baze] *vt* 1 basear, apoiar. *vpr* 2 apoiar-se, fundamentar-se.
bas-fond [bɑfɔ̃] *nm* 1 parte do fundo do mar ou de um rio onde a água é pouco profunda, mas onde a navegação é praticável. 2 terreno baixo. 3 vão, fundo, ravina. 4 **bas-fonds** *pl fig* camadas miseráveis e moralmente degradadas da sociedade.
ba.si.lique [bazilik] *nf Rel* basílica.
basque [bask] *n+adj* 1 basco. 2 diz-se da região do oeste da França, comum à França e à Espanha, conhecida como Biscaye. • *nm* língua falada nessa região.

bas-re.lief [bɑʀəljef] *nm* Bel-art baixo--relevo.
basse [bɑs] *nf* Mus baixo (tipo de voz).
basse-cour [bɑskuʀ] *nf* galinheiro. *Var:* bassecour.
bas.sesse [bɑsɛs] *nf* 1 baixeza, vileza, mesquinhez, indignidade, covardia. 2 ação servil.
bas.set [bɑsɛ] *nm* bassê, raça de cachorro de corpo alongado e pernas curtas.
bas.sin [bɑsɛ̃] *nm* 1 *Anat* bacia. 2 tanque, lago. 3 cisterna, reservatório.
bas.tide [bastid] *nf* 1 fortificação. 2 cidade fortificada. 3 fazenda ou casa de campo de dimensões de um pequeno castelo.
bas.tille [bastij] *nf* castelo fortificado, na Idade Média.
ba.taille [bataj] *nf* batalha, luta. **avoir les cheveux en bataille** estar com os cabelos despenteados, em desordem. **en bataille** de qualquer jeito. **gagner, perdre une bataille** ganhar, perder uma batalha. **livrer bataille** lutar. **se mettre en ordre de bataille** preparar--se para a luta.
ba.tail.lon [batajɔ̃] *nm Mil* 1 batalhão. 2 exército, tropa, legião.
bâ.tard, -arde [batɑʀ, -ɑʀd] *n+adj* 1 bastardo, natural, ilegítimo. 2 que não é de raça pura, híbrido. **pain bâtard** tipo de pão francês que pesa por volta de meio quilo.
ba.teau [bato] *nm* barco, embarcação.
bâ.ti.ment [batimɑ̃] *nm* construção, edifício, prédio, casa.
bâ.tir [batiʀ] *vt* 1 construir, edificar, elevar. 2 fazer o ninho (pássaros). 3 *fig* fundar, estabelecer, fazer.
bâ.ton [batɔ̃] *nm* bastão. **parler à bâtons rompus** falar de modo desconexo, trocando de assunto a cada instante.
ba.tra.cien [batʀasjɛ̃] *nm Zool* batráquio, anfíbio.
batte.ment [batmɑ̃] *nm* 1 batimento, toque, golpe. 2 pulsação, pulsações. **avoir des battements de cœur** sentir o coração bater mais rápido, ter palpitações. **battement de mains** aplauso. **battement du pouls** batimento do pulso, pulsação.
batte.rie [batʀi] *nf* bateria.
battre [batʀ] *vi* 1 pulsar. *vt* 2 bater. 3 cunhar. 4 malhar. 5 derrotar. 6 espancar. 7 latejar.
bauge [boʒ] *nf* chiqueiro.
baume [bom] *nm* bálsamo. *cette nouvelle me met du baume au cœur, dans le cœur* / esta notícia é um bálsamo para meu coração.
ba.vard, -arde [bavaʀ, -aʀd] *n+adj* 1 tagarela, falador. 2 *fam* linguarudo.
ba.var.dage [bavaʀdaʒ] *nm fam* falatório, tagarelice, conversa fútil.
ba.var.der [bavaʀde] *vi* conversar, tagarelar.
bave [bav] *nf* baba, gosma.
ba.voir [bavwaʀ] *nm* babador.
ba.vure [bavyʀ] *nf* 1 mancha, mácula. 2 erro com consequências graves. **sans bavures** *fam* sem erro, executado perfeitamente.
ba.zar [bazaʀ] *nm* 1 bazar. 2 lugar em desordem. *emporter tout son bazar* / levar todas as suas coisas.
bé.a.ti.fi.ca.tion [beatifikasjɔ̃] *nf Rel* beatificação.
beau [bo], **bel** [bɛl], **belle** [bɛl] *adj* belo, bonito, formoso, lindo, vistoso. • nm belo.
beau.coup [boku] *adv+pron* muito.
beau-fils [bofis] *nm* 1 enteado. 2 genro.
beau-frère [bofʀɛʀ] *nm* cunhado.
beau-père [bopɛʀ] *nm* 1 padrasto. 2 sogro.
beau.té [bote] *nf* beleza, formosura.
beaux-arts [bozaʀ] *nm pl* belas-artes.

bec   26   bétail

bec [bɛk] *nm* bico.
bé.cha.mel [beʃamɛl] *nf Art Cul* molho branco à base de leite.
bé.go.nia [begɔnja] *nm Bot* begônia.
bègue [bɛg] *n+adj* gago.
bei.gnet [bɛɲe] *nm Art Cul* prato feito com um alimento coberto com massa e frito, espécie de salgadinho.
belge [bɛlʒ] *adj+n* belga.
bé.lier [belje] *nm* 1 carneiro selvagem, não castrado. 2 *Astron* constelação zodiacal do hemisfério boreal.
belle-fille [bɛlfij] *nf* 1 nora. 2 filha que o cônjuge atual teve num casamento anterior, enteada.
belle-mère [bɛlmɛr] *nf* 1 sogra. 2 madrasta.
belle-sœur [bɛlsœr] *nf* cunhada.
be.lon [bəlɔ̃] *nf* tipo de ostra.
bé.lou.ga (beluga) [beluga] *nm Zool* 1 baleia branca. 2 peixe do mar Negro e Cáspio, espécie de esturjão.
bel.vé.dère [bɛlvedɛr] *nm* mirante.
bé.mol [bemɔl] *nm Mus* bemol. **mettre un bémol** mudar o tom, torná-lo menos agressivo, ser menos arrogante, menos exigente.
bé.né.dic.tion [benediksjɔ̃] *nf* 1 bênção. 2 consagração, aprovação.
bé.né.fice [benefis] *nm* 1 benefício, vantagem, lucro. **au bénéfice de**: a) em proveito de. b) *Jur* direito, favor, privilégio que a lei oferece a alguém.
bé.né.fique [benefik] *adj* benéfico. *les vacances lui ont été bénéfiques* / as férias lhe fizeram bem, elas foram salutares.
bé.né.vole [benevɔl] *adj* benévolo, que faz algo sem obrigação e gratuitamente. *une assistance bénévole* / assistência desinteressada, gratuita.
bé.nin, -igne [benɛ̃, -iɲ] *adj* 1 indulgente. 2 anódino, inofensivo. 3 benigno.
bé.nir [benir] *vt* 1 abençoar. 2 bendizer, glorificar. 3 benzer. 4 proteger. **Dieu soit béni!** Deus seja louvado!
ben.ja.min, -ine [bɛ̃ʒamɛ̃, -in] *n* caçula, o filho menor.
benne [bɛn] *nf* 1 espécie de caçamba sobre trilhos que serve para transportar material nas minas e nos canteiros de obras. 2 caçamba (de caminhão).
bé.quille [bekij] *nf* muleta.
ber.bère [bɛrbɛr] *adj+n* relativo ao povo autóctone da África do Norte, tais como os cabilas ou os tuaregues.
ber.cail [bɛrkaj] *nm* 1 *Rel* a comunidade cristã. 2 *fam* casa, país natal. **rentrer au bercail** voltar para casa.
ber.ceau [bɛrso] *nm* berço.
ber.cer [bɛrse] *vt* 1 embalar. 2 *fam* ninar.
ber.ceuse [bɛrsøz] *nf* canção de ninar.
bé.ret [bere] *nm* boné, barrete.
berge [bɛrʒ] *nf* 1 ribanceira. 2 *fam* ano (de idade). **des types de cinquante berges** homens de cinquenta anos.
ber.ger, -ère [bɛrʒe, -ɛr] *n* pastor. **chien de berger** cão pastor.
ber.gère [bɛrʒɛr] *nf* poltrona estofada, larga e profunda, cujo assento possui uma almofada.
ber.lue [bɛrly] *nf* lesão na vista. **avoir la berlue** não ver bem, formar uma ideia errônea sobre alguma coisa.
ber.nache [bɛrnaʃ] *nf* ganso selvagem.
ber.ner [bɛrne] *vt fig* enganar ridicularizando.
be.sicles [bezikl / bəzikl] *nf pl* óculos.
be.so.gne [bəzɔɲ] *nf* ocupação, tarefa. **aller vite en besogne** trabalhar rapidamente, precipitar as coisas.
be.soin [bəzwɛ̃] *nm* 1 necessidade. 2 carência, pobreza.
bes.tia.li.té [bestjalite] *nf* bestialidade, brutalidade.
bé.tail [betaj] *nm* gado. *traiter les hommes comme du bétail* / tratar os

homens como gado, sem respeito pela dignidade humana.

bé.tasse [betas] *adj* idiota, bobo.
bête [bɛt] *nf* animal. • *adj* **1** tolo. **2** *fig* burro, bobo, trouxa. **c'est sa bête noire** ele/ela tem horror a esta pessoa, esta coisa. **chercher la petite bête** criar dificuldades mostrando o detalhe que as revela, dar a chave do problema. **regarder quelqu'un comme une bête curieuse** olhar alguém de modo insistente.
bê.tise [betiz] *nf* **1** burrice, tolice, asneira, burrada. **2** gafe. **3** loucura, imprudência. **4** *pop* besteira. **bêtises (de Cambrai)** espécie de caramelo de menta. **faire, dire des bêtises** fazer, dizer bobagens.
bé.ton [betɔ̃] *nm* concreto. **en béton** sólido.
bette.rave [bɛtʀav] *nf Bot* beterraba.
beu.gler [bøgle] *vi* bramir, mugir, urrar.
beur, beure, -ette [bœʀ, -bœʀɛt] *n*+*adj fam* jovem, filho de pais imigrantes originários do Maghreb (África), nascido na França.
beurre [bœʀ] *nm* manteiga. **beurre blanc** molho à base de manteiga. **beurre-frais** da cor da manteiga. **beurre noir** manteiga derretida que tomou a cor escura.
beur.rer [bœʀe] *vt* passar manteiga, cobrir de manteiga.
bé.vue [bevy] *nf* **1** erro, engano cometido por ignorância ou inadvertência. **2** *fam* gafe.
biais, biaise [bjɛ, bjɛz] *adj*+*nm* **1** oblíquo, em relação a uma direção principal. **2** linha, direção oblíqua. **3** um dos lados, dos diferentes aspectos de uma coisa. *c'est par ce biais qu'il faut prendre, considérer ce problème* / é por este lado, nesta linha, que se deve examinar, ver, considerar este problema. **de biais, en biais** obliquamente. **prendre quelqu'un ou quelque chose de biais** de maneira indireta.
bi.beron [bibʀɔ̃] *nm* mamadeira. *nourrir un enfant au biberon* / alimentar a criança com mamadeira.
bible [bibl] *nf* bíblia.
bi.blio.gra.phie [biblijɔgʀafi] *nf* bibliografia.
bi.blio.thé.caire [biblijɔtekɛʀ] *nm* bibliotecário.
bi.blio.thé.co.no.mie [biblijɔtekɔnɔmi] *nf* biblioteconomia, ciência que define as regras de organização e gestão das bibliotecas.
bi.blio.thèque [biblijɔtɛk] *nf* **1** biblioteca. **2** estante. *Bibliothèque Municipale* / Biblioteca Municipal.
bi.car.bo.nate [bikaʀbɔnat] *nm Chim* bicarbonato. *bicarbonate de soude* / bicarbonato de sódio.
bi.cé.phale [bisefal] *adj* bicéfalo, de duas cabeças.
biche [biʃ] *nf Zool* corça.
bi.det [bidɛ] *nm* bidê.
bi.don [bidɔ̃] *nm* **1** caneca, cantil, garrafa. **2** *fam* barriga. **c'est du bidon** é mentira. **c'est pas du bidon** é verdade. **un attentat bidon** um falso atentado, um atentado simulado.
bi.don.ville [bidɔ̃vil] *nm* favela.
bien [bjɛ̃] *adj*+*adv*+*nm* bem. *il danse bien* / ele dança bem. *il se conduit bien* / ele age honestamente. *il est bien jeune*; *il est très jeune* / ele é bem moço. *c'est bien fait!* / bem feito! *faire le bien* / fazer o bem; ser caridoso.
bien.fai.sance [bjɛ̃fəzɑ̃s] *nf* **1** bondade, caridade, generosidade. **2** beneficência. *association de bienfaisance* / associação de beneficência.
bien.fait [bjɛ̃fɛ] *nm* **1** ato de generosidade que se faz a alguém. **2** benefício, proveito. **un bienfait n'est jamais perdu** sempre se é recompensado pelo bem que se fez.

bien.fai.teur, -trice [bjɛ̃fɛtœʀ, -tʀis] *n* benfeitor, protetor.

bien.heu.reux, -euse [bjɛ̃nœʀø, -øz] *adj+n* bem-aventurado.

bien.nal, -ale, -aux [bjenal, -o] *adj+nf* bienal.

bien.sé.ance [bjɛ̃seɑ̃s] *nf* **1** decoro, decência, conveniência. **2 bienséances** *pl* usos, costumes.

bien.tôt [bjɛ̃to] *adv* logo, daqui a pouco, em breve. **à bientôt** até logo.

bien.ve.nu, -ue [bjɛ̃v(ə)ny] *adj* **1** bem-vindo. *soyez les bienvenus* / sejam bem-vindos. **2** oportuno. • *nf* boas-vindas. *souhaiter la bienvenue* / desejar as boas-vindas.

bière [bjɛʀ] *nf* **1** cerveja. **2** ataúde, caixão.

bi.fo.cal, -ale, -aux [bifɔkal, -o] *adj Opht* que tem dois centros; bifocal. **lunettes bifocales** óculos cujas lentes são divididas em duas partes, uma para a visão à distância e outra para a visão de perto.

bif.teck [biftɛk] *nm* bife.

bi.ga.mie [bigami] *nf* bigamia.

bigle [bigl] *adj+n* vesgo.

bi.gor.neau [bigɔʀno] *nm Zool* tipo de molusco com concha cinza-escuro.

bi.gou.di [bigudi] *nm* rolos para encrespar o cabelo. *une femme en bigoudis* / uma mulher de bóbis no cabelo.

bi.jou [biʒu] *nm* **1** joia. **2** obra de arte, maravilha. *bijou en or* / joia de ouro. **bijou de fantaisie** bijuteria.

bi.jou.terie [biʒutʀi] *nf* bijuteria.

bi.jou.tier, -ière [biʒutje, -jɛʀ] *n* joalheiro.

bi.lan [bilɑ̃] *nm Compt* balanço. *l'actif et le passif d'un bilan* / o ativo e o passivo de um balanço.

bile [bil] *nf* bile, bílis. **se faire de la bile** inquietar-se, preocupar-se.

bi.lingue [bilɛ̃g] *adj* bilíngue.

bil.lard [bijaʀ] *nm* **1** sinuca, bilhar. **2** salão de bilhar.

bille [bij] *nf* **1** bola de gude. **2** bola de bilhar.

bil.let [bijɛ] *nm* bilhete. **billet de banque** dinheiro. **billet de théâtre, de concert** entradas de teatro, de concerto. **billet doux** carta de amor. **le billet vert** o dólar.

bi.mestre [bimɛstʀ] *nm* bimestre.

bi.naire [binɛʀ] *adj* binário.

bin.go [biŋgo] *nm* jogo de loto público.

bi.nocle [binɔkl] *nm* **1** telescópio duplo. **2 binocles** *pl fam* óculos.

bio.chi.mie [bjoʃimi] *nf* Bioquímica.

bio.chi.miste [bjoʃimist] *n* bioquímico, especialista em bioquímica.

bio.dé.gra.dable [bjodegʀadabl] *adj* biodegradável.

bio.é.ner.gé.tique [bjoenɛʀʒetik] *adj* bioenergético.

bio.é.ner.gie [bjoenɛʀʒi] *nf Psych* bioenergia, terapia que visa a devolver o equilíbrio ao indivíduo, ajudando-o a liberar sua energia vital.

bio.é.thique [bjoetik] *nf* disciplina que estuda os problemas morais levantados pelas pesquisas biológicas, médicas ou genéticas.

bio.graphe [bjɔgʀaf] *n* biógrafo.

bio.gra.phie [bjɔgʀafi] *nf* biografia. *une biographie riche en évènements* / uma biografia cheia de acontecimentos.

bio.lo.gie [bjɔlɔʒi] *nf* Biologia.

bio.lo.giste [bjɔlɔʒist] *n* biologista.

bio.phy.sique [bjofizik] *nf+adj* Biofísica, disciplina que estuda as diversas áreas da Biologia através dos modelos e dos métodos da física.

bio.psie [bjɔpsi] *nf Méd* biópsia.

bio.rythme [bjoʀitm] *nm* biorritmo.

bio.type [bjotip] *nm* biótipo.

bi.pède [bipɛd] *n+adj* bípede. *l'homme est un bipède* / o homem é um bípede.

bis.cotte [biskɔt] *nf* torrada.
bis.cuit [biskɥi] *nm* **1** biscoito. **2** porcelana branca.
bise [biz] *nf* **1** vento seco e frio vindo do norte ou do nordeste. **2** *fam* beijo no rosto.
bi.se.xua.li.té [bisɛksɥalite] *nf* bissexualidade.
bi.se.xuel, elle [bisɛksɥɛl] *adj* bissexual.
bi.son [bizɔ̃] *nm Zool* bisão. *un troupeau de bisons* / uma manada de bisões.
bi.sou [bizu] *nm* beijo.
bis.tou.ri [bisturi] *nm Méd* bisturi. **donner un coup de bistouri** fazer uma incisão rápida.
bis.trot [bistro] *nm* bar, pequeno restaurante simples. *Var:* bistro.
bitte [bit] *nf vulg* cacete, caralho.
bi.va.lence [bivalɑ̃s] *nf* **1** caráter do que é bivalente, do que tem duas funções. **2** polivalência.
bi.zarre [bizaʀ] *adj* bizarro, esquisito, estranho, gozado, anormal. *elle est un peu bizarre* / ela é um pouco original, excêntrica.
bi.zar.re.rie [bizaʀʀi] *nf* esquisitice, extravagância.
blague [blag] *nf* piada. **blague à part, blague dans le coin** para falar seriamente. **faire une blague à quelqu'un** fazer uma brincadeira com alguém. **sans blague!** não!
blai.reau [blɛʀo] *nm* **1** *Zool* texugo. **2** pincel (de pintor, de fazer a barba).
blâ.mer [blɑme] *vt* censurar, acusar, atacar.
blanc, blanche [blɑ̃, blɑ̃ʃ] *adj+n* branco.
blan.cheur [blɑ̃ʃœʀ] *nf* brancura.
blan.chir [blɑ̃ʃiʀ] *vt* **1** branquear, embranquecer, clarear.
blan.chisse.rie [blɑ̃ʃisʀi] *nf* lavanderia, tinturaria.
blan.chis.seur, -euse [blɑ̃ʃisœʀ, -øz] *n* tintureiro.

blé [ble] *nm* trigo. **blond, doré comme les blés** loiro, que tem os cabelos da cor do trigo.
blême [blɛm] *adj* pálido, macilento, lívido.
blen.nor.ra.gie [blenɔʀaʒi] *nf Méd* blenorragia.
blé.pha.rite [blefaʀit] *nf Méd* blefarite.
bles.sant, -ante [blesɑ̃, -ɑ̃t] *adj* ofensivo, insultante. *des allusions blessantes* / alusões ofensivas.
bles.ser [blese] *vt* ferir, machucar, magoar.
bles.sure [blesyʀ] *nf* ferida, machucado, ferimento.
bleu, bleue [blø] *adj* azul. • *nm* **1** mancha azulada na pele. **2** calouro. **carte bleue** nome de um cartão de crédito. **les bleus** os jovens recrutas. **n'y voir que du bleu** não perceber nada, não entender nada. **zone bleue** zona azul.
bleuet [bløɛ] *nm Bot* centáurea de flor azul.
blin.dage [blɛ̃daʒ] *nm* blindagem.
blin.der [blɛ̃de] *vt* blindar. *l'adversité l'a blindé* / a adversidade o tornou amargo, imune.
bloc [blɔk] *nm* bloco.
blond, blonde [blɔ̃, blɔ̃d] *n+adj* loiro.
blo.quer [blɔke] *vt* **1** bloquear, barrar. **2** reunir em bloco. *j'ai bloqué mes jours de congé* / reuni meus dias de férias.
blot.tir (se) [blɔtiʀ] *vpr* enroscar-se, aconchegar-se.
blouse [bluz] *nf* blusa.
blou.son [bluzɔ̃] *nm* blusão. **(un) blouson noir** jovem vestido com um blusão de couro negro.
boa [bɔa] *nm Zool* jiboia.
bo.bine [bɔbin] *nf* bobina, carretel.
bo.bo [bɔbo] *nm enf, fam* dodói, pequeno machucado. *il se plaint au moindre bobo* / ele reclama ao menor arranhão.

bœuf [bœf] *nm Zool* boi.
bof [bɔf] *interj* interjeição que exprime o desprezo e a indiferença.
bo.hé.mien, -ienne [bɔemjɛ̃, -jɛn] *adj* 1 boêmio. 2 cigano.
boire [bwaʀ] *vt* beber, tomar. *je bois à votre santé, à votre réussite, à ton bonheur* / bebo à sua saúde, ao seu sucesso, à sua felicidade. • *nm* ação de beber. **boire les paroles de quelqu'un** beber as palavras de alguém. **boire un coup, un verre** beber um trago. • *nm* a ação de beber.
bois [bwa] *nm* 1 mata, bosque, selva. 2 madeira, pau, lenha para fogueira.
bois.son [bwasɔ̃] *nf* bebida. **boisson alcoolisée** bebida com álcool. **boisson gazeuse** bebida com gás.
boîte [bwat] *nf* 1 boate. 2 caixa.
bol [bɔl] *nm* tigela. **avoir du bol** ter sorte. **en avoir ras le bol** estar cansado, saturado, cheio.
bombe [bɔ̃b] *nf* bomba, projétil.
bon, -bonne [bɔ̃, -bɔn] *adj+adv* 1 benévolo, bom. 2 gostoso. • *nm Com* vale, cupom.
bon.bon [bɔ̃bɔ̃] *nm* bala (doce).
bon.bonne [bɔ̃bɔn] *nf* garrafão.
bond [bɔ̃] *nm* 1 salto, pulo, tranco.
bon.dir [bɔ̃diʀ] *vi* saltar.
bon.heur [bɔnœʀ] *nm* felicidade. **au petit bonheur** ao acaso. *l'argent ne fait pas le bonheur prov* o dinheiro não traz felicidade. **par bonheur** por felicidade.
bon.jour [bɔ̃ʒuʀ] *nm* 1 bom-dia. 2 boa-tarde. *c'est simple, facile comme bonjour* é muito simples, muito fácil. **souhaiter le bonjour à quelqu'un** cumprimentar alguém.
bonne [bɔn] *nf* empregada doméstica.
bon.net [bɔnɛ] *nm* 1 gorro, barrete. 2 cada um dos bojos do sutiã.
bon.soir [bɔ̃swaʀ] *nm* 1 boa-noite. 2 boa-tarde.

bon.té [bɔ̃te] *nf* 1 benevolência, bondade, altruísmo, indulgência. 2 amabilidade.
bon vi.vant [bɔ̃vivɑ̃] *nm+adj* homem de humor jovial e fácil que ama os prazeres.
bord [bɔʀ] *nm* 1 beira, borda, margem, orla. *le bord d'une rivière* / a margem de um rio. *verre plein jusqu'au bord* / copo cheio até as bordas. 2 *Naut* bordo. **être au bord de** estar prestes a. **sur les bords** ligeiramente, um pouco, na oportunidade.
bor.del [bɔʀdɛl] *nm* 1 bordel. 2 *fig* zona, confusão.
bor.de.reau [bɔʀdəʀo] *nm* 1 borderô, lista. 2 fatura.
bor.dure [bɔʀdyʀ] *nf* margem, orla.
bo.ré.al, -ale, -aux [bɔʀeal, -o] *adj Géogr* boreal, que fica ao norte, pertencente ao norte do globo terrestre.
borne [bɔʀn] *nf* pedra ou outra marca que serve para delimitar uma propriedade, baliza, limite, termo. *la patience humaine a des bornes* / a paciência humana tem limites. **sans bornes** ilimitado, infinito, sem limites.
bo.ta.nique [bɔtanik] *nf* Botânica, parte da Biologia que estuda as plantas. • *adj* relativo a esse estudo.
bo.ta.niste [bɔtanist] *n* pessoa que se ocupa de Botânica; botânico.
botte [bɔt] *nf* 1 bota. 2 braçada, ramalhete, buquê. 3 *Sp* golpe de espada dada no adversário, segundo as regras.
bouc [buk] *nm* 1 bode. 2 cavanhaque. **bouc émissaire** pessoa sobre a qual recaem os erros dos outros; bode expiatório.
bouche [buʃ] *nf* 1 boca. 2 orifício. **de bouche à oreille** confidencialmente. *il fait la fine bouche* fazer o difícil. *une belle bouche* uma boca bonita.

bou.chée [buʃe] *nf* **1** bocado, porção de alimento que se leva de uma vez à boca. **2** pedaço, porção. **3** pequena quantidade de qualquer coisa.

bou.cher [buʃe] *vt* **1** fechar, tapar, arrolhar. **2** entupir, obstruir. **3** engarrafar, congestionar (o trânsito).

bou.cher, -ère [buʃe, -ɛʀ] *n* açougueiro.

bou.che.rie [buʃʀi] *nf* **1** açougue. **2** chacina.

bou.chon [buʃɔ̃] *nm* **1** rolha. **2** congestionamento.

boucle [bukl] *nf* **1** fivela. **2** argola. **3** cacho (de cabelo). **4** curva fechada. **boucle d'oreille** brinco.

bou.cler [bukle] *vt* **1** prender, fechar com uma fivela. **2** frisar, encrespar. **la boucler** calar a boca.

bou.der [bude] *vi* demonstrar o descontentamento, o enfado, amuar-se.

bou.din [budɛ̃] *nm* chouriço.

boue [bu] *nf* lama. **traîner quelqu'un dans la boue** arrastar alguém na lama.

bouée [bue] *nf* boia.

bou.ger [buʒe] *vt* **1** mexer, bulir, deslocar. *vpr* **2** mexer-se. **bouge-toi! mexa-se! je ne bouge pas de chez moi aujourd'hui** hoje eu não saio de casa.

bou.gie [buʒi] *nf* **1** vela. **2** *Autom* vela.

bouil.lir [bujiʀ] *vi* ferver.

bouil.loire [bujwaʀ] *nf* chaleira.

bouil.lon [bujɔ̃] *nm* caldo. **bouillon de légumes** caldo de legumes.

bouil.lon.ner [bujɔne] *vi* borbulhar, ferver.

bouil.lotte [bujɔt] *nf* bolsa de água quente.

bou.lan.ger, -ère [bulɑ̃ʒe, -ɛʀ] *n* padeiro.

bou.lan.gerie [bulɑ̃ʒʀi] *nf* padaria.

boule [bul] *nf* **1** bola. **2** pedaço.

bou.leau [bulo] *nm Bot* bétula.

bou.let [bulɛ] *nm* bala de artilharia.

boule.vard [bulvaʀ] *nm* **1** via que circunda uma cidade. **2** rua larga e em geral arborizada. **théâtre, pièce de boulevard, des Grands Boulevards** teatro de comédia superficial.

boule.ver.se.ment [bulvɛʀsəmɑ̃] *nm* mudança, perturbação, convulsão, revolução. *bouleversements politiques* / grandes mudanças políticas.

boule.ver.ser [bulvɛʀse] *vt* bagunçar, perturbar, subverter.

bou.li.mie [bulimi] *nf Psych* bulimia.

bou.lot, -otte [bulo, -ɔt] *adj+n* gordo e pequeno. *une femme boulotte* / uma mulher gordinha e baixa.

boulot [bulo] *nm fam* trabalho.

bou.quet [bukɛ] *nm* buquê.

bou.quin [bukɛ̃] *nm fam* livro.

bour.don [buʀdɔ̃] *nm Zool* inseto aparentado à abelha.

bour.donne.ment [buʀdɔnmɑ̃] *nm* zumbido, zunido, burburinho. *bourdonnement d'oreilles* / zumbido nas orelhas.

bourg [buʀ] *nm* burgo, cidade.

bour.geois, -oise [buʀʒwa, -waz] *n+adj* burguês.

bour.geoi.sie [buʀʒwazi] *nf* burguesia.

bour.geon [buʀʒɔ̃] *nm Bot* broto, gomo.

bour.reau [buʀo] *nm* carrasco.

bour.rer [buʀe] *vt* encher, rechear. **bourrer le crâne à quelqu'un** contar histórias, lorotas, a alguém. **bourrer quelqu'un de coups** bater em alguém, com golpes redobrados.

bourse [buʀs] *nf* **1** bolsa. **2** *Com* bolsa de valores.

bous.cu.ler [buskyle] *vt* **1** mexer, modificar. **2** empurrar. **3** apressar.

bous.sole [busɔl] *nf* bússola. *s'orienter à l'aide d'une boussole* / orientar-se com a ajuda de uma bússola. **perdre la boussole** perder o rumo, estar perturbado.

bout [bu] *nm* **1** extremo, término, ponta, fim. **2** naco.

bou.tade [butad] *nf* brincadeira, dito espirituoso.
bou.teille [butɛj] *nf* garrafa.
bou.tique [butik] *nf* loja.
bou.ton [butɔ̃] *nm* **1** botão. **2** espinha, acne.
bou.ton.ner [butɔne] *vt* abotoar.
boxe [bɔks] *nf Sp* boxe.
bo.xeur [bɔksœr] *nm* boxeador, pugilista.
brace.let [braslɛ] *nm* bracelete. **bracelet-montre** relógio com pulseira.
bra.der [brade] *vt* liquidar, vender a qualquer preço.
brade.rie [bradri] *nf* liquidação.
bra.dype [bradip] *nm Zool* preguiça.
bra.guette [bragɛt] *nf* braguilha.
braille [brɑj] *nm+adj inv* alfabeto utilizado pelos cegos, inventado por Louis Braille.
braise [brɛz] *nf* brasa. **des yeux de braise** olhos ardentes.
bran.card [brɑ̃kar] *nm* maca.
branche [brɑ̃ʃ] *nf* **1** braço de rio. **2** *Bot* galho, ramo. **branche morte** galho seco. **épinards céleris en branche** espinafre, salsão, servidos com o talo.
bran.ché, -ée [brɑ̃ʃe] *adj+n fam* atualizado, na moda.
bran.cher [brɑ̃ʃe] *vt* **1** ligar, conectar. **2** orientar, dirigir. **3** colocar a par de. **brancher le téléphone** ligar o telefone. *elle a branché la conversation sur un autre sujet* / ela levou a conversa para outro assunto.
bran.chie [brɑ̃ʃi] *nf Zool* brânquia, guelra.
bran.ler [brɑ̃le] *vt* **1** mexer, balançar. *vt+vpr* **2** *vulg* masturbar.
bras [brɑ] *nm* braço. *il m'a serré dans ses bras* / ele me abraçou.
bra.sier [brɑzje] *nm* fogueira, braseiro.
bras.sard [brasar] *nm* **1** braçadeira. **2** faixa de luto.
bras.sée [brase] *nf* braçada.
bra.vade [bravad] *nf* bravata, exibição.
brave [brav] *adj+n* valente, bravo, valoroso, corajoso.
bra.ver [brave] *vt* afrontar.
bra.vo [bravo] *interj* bravo, muito bem.
bra.voure [bravur] *nf* bravura, valentia, coragem, heroísmo.
bre.bis [brəbi] *nf Zool* ovelha.
brèche [brɛʃ] *nf* brecha.
bre.douil.ler [brəduje] *vi* falar de modo precipitado e pouco claro, murmurar, balbuciar, gaguejar.
bref, brève [brɛf, brɛv] *adj* breve. • *adv* em suma. **à bref délai** logo, dentro de pouco tempo. **une brève rencontre** um encontro rápido. **soyez bref** seja breve, conciso.
bré.si.lien, -ienne [breziljɛ̃, -jɛn] *n+adj* brasileiro.
bre.telle [brətɛl] *nf* **1** suspensório. **2** alça de acesso (entrada).
bre.ton, -onne [brətɔ̃, -ɔn] *adj+n* pertencente ou relativo a Bretanha, região da França. • *nm* língua celta falada na Bretanha.
breu.vage [brœvaʒ] *nm* beberagem, poção. **breuvage magique** filtro mágico.
brève [brɛv] *nf* **1** vogal, sílaba breve. **2** *Journ* notícia anunciada brevemente. **brève de brève** *fam* historieta popular e cômica que se ouve nos bares, piada.
bre.vet [brəvɛ] *nm* **1** certificado, diploma. **2** patente.
bric-à-brac [brikabrak] *nm inv* **1** objetos usados, velhos ou em mau estado. **2** local onde se pode encontrar esses objetos. **quel bric-à-brac!** / que desordem!
bri.co.lage [brikɔlaʒ] *nm* **1** ação ou hábito de fazer um trabalho manual. **2** conserto.

briève.té [bʀijevte] *nf* **1** brevidade. **2** laconismo.

bri.gade [bʀigad] *nf Mil* brigada.

bri.ga.dier [bʀigadje] *nm* **1** chefe de uma brigada (de policiais, de guardas florestais). **2** *Mil* brigadeiro.

bril.lant, -ante [bʀijɑ̃, -ɑ̃t] *adj* **1** que brilha, brilhante, radioso, vívido. **2** *fig* fora do comum.

bril.ler [bʀije] *vi* **1** brilhar, faiscar, luzir, raiar, reluzir. **2** *fig* florescer. **briller des chaussures** engraxar muito bem os sapatos. **il brillait par son absence** sua falta não passava despercebida.

brin [bʀɛ̃] *nm* **1** ramo, raminho. **2** *fig* uma parcela, uma quantidade ínfima, um pouco.

brio [bʀijo] *nm Mus* **1** vivacidade, entusiasmo. **2** talento, virtuosismo.

brique [bʀik] *nf* **1** tijolo. **2** *arg* um milhão de francos antigos.

bri.quet [bʀike] *nm* isqueiro.

brise [bʀiz] *nf* brisa.

bri.ser [bʀize] *vt* destroçar, quebrar, romper, trincar. **briser les liens, les chaînes de quelqu'un** liberar alguém, quebrar as algemas. **une voix brisée par l'émotion** uma voz alterada, embargada pela emoção.

bri.tan.nique [bʀitanik] *adj* britânico.

broc [bʀo] *nm* jarra.

bro.cante [bʀɔkɑ̃t] *nf* comércio de objetos usados.

broche [bʀɔʃ] *nf* **1** broche. **2** espeto. **3** broca. **4** tacha. **5** fuso do tear.

bro.chure [bʀɔʃyʀ] *nf* brochura, folheto. *une brochure touristique* / uma brochura, um folheto turístico.

bro.co.li [bʀɔkɔli] *nm Bot* brócolis.

bro.der [bʀɔde] *vt* **1** bordar.

brode.rie [bʀɔdʀi] *nf* bordado.

bronche [bʀɔ̃ʃ] *nf Anat* brônquio.

bron.chite [bʀɔ̃ʃit] *nf Méd* bronquite.

bron.zage [bʀɔ̃zaʒ] *nm* bronzeamento.

bronze [bʀɔ̃z] *nm* bronze. *statue de bronze* / estátua de bronze. *médaille de bronze* / medalha de bronze.

bron.zer [bʀɔ̃ze] *vt* bronzear. *une crème pour bronzer* / creme bronzeador.

brosse [bʀɔs] *nf* escova. **brosse à habits, à cheveux, à dents** escova de roupa, de cabelo, de dente.

brosser [bʀɔse] *vt* escovar.

brou.ha.ha [bʀuaa] *nm* ruído confuso proveniente da multidão reunida.

brouil.lard [bʀujaʀ] *nm* neblina, nevoeiro, bruma, cerração. **être dans le brouillard** não ver claramente em uma situação problemática. **foncer dans le brouillard** agir de modo determinado, brutal, sem conhecer realmente a situação.

brouille [bʀuj] *nf* desavença.

brouil.ler (se) [bʀuje] *vt* **1** misturar, baralhar, alterar. **2** desunir, provocar desavença.

brousse [bʀus] *nf Géogr* vegetação arbustiva dos países tropicais, matagal. *il est perdu dans la brousse* / ele está perdido no mato.

bru [bʀy] *nf* nora.

bru.gnon [bʀyɲɔ̃] *nm Bot* espécie de nectarina.

brui.ner [bʀɥine] *vimp* chuviscar.

bruit [bʀɥi] *nm* barulho, bulício, estouro, ruído. **faire du bruit** fazer barulho, ter um grande impacto. **un bruit qui court** diz que diz. **un faux bruit** uma notícia falsa.

brû.le.pour.point (à) [bʀylpuʀpwɛ̃] *loc adv* abruptamente, sem preparação.

brû.ler [bʀyle]] *vt+ vi+vpr* queimar, chamuscar, arder. *il s'est brûlé avec de l'eau bouillante* / ele se queimou com água fervente. **brûler de** desejar, ter muita vontade de. **brûler un corps** incinerar um corpo. **l'autobus a brûlé**

brûlure   34   **buste**

le feu rouge o ônibus passou no sinal vermelho.

brû.lure [bʀylyʀ] *nf* queimadura.

brume [bʀym] *nf* cerração, névoa, bruma.

brun, brune [bʀœ̃, bʀyn] *adj+n* moreno. • *nm* castanho, a cor escura. **bière brune** cerveja preta.

brune [bʀyn] *nf* crepúsculo.

bru.shing [bʀœʃiŋ] *nm* modo de secar os cabelos com escova e secador de mão. **faire un brushing** fazer uma escova (no cabeleireiro).

brut, brute [bʀyt] *adj* 1 grosseiro, rudimentar. 2 natural, selvagem, virgem.

bru.tal, -ale, -aux [bʀytal, -o] *adj* 1 brutal, bestial, duro, violento. 2 abrupto, direto. *une franchise brutale* / uma franqueza brutal.

bru.ta.li.ser [bʀytalize] *vt* brutalizar, bater, molestar, maltratar.

brute [bʀyt] *nf pop* bruto, brutamontes, pessoa brutal e violenta. *il ne comprend rien, c'est une brute* / ele não entende nada, é uma besta.

bruyant, -te [bʀyjɑ̃ / bʀɥijɑ̃, -ɑ̃t] *adj* ruidoso, barulhento. *une rue bruyante* / uma rua barulhenta.

bruy.ère [bʀyjɛʀ / bʀɥijɛʀ] *nf Bot* urze.

buan.derie [bɥɑ̃dʀi] *nf* local destinado à lavagem de roupas em uma casa, área de serviço.

bu.bo.nique [bybɔnik] *adj* bubônico. **peste bubonique** peste bubônica.

buc.cal, -ale, -aux [bykal, -o] *adj* bucal. *la cavité buccale* / a cavidade bucal.

bûche [byʃ] *nf* lenha.

bû.cher [byʃe] *nm* fogueira. • *vt fam* malhar, estudar muito.

bûche.ron, -onne [byʃʀɔ̃, -ɔn] *n* lenhador.

bu.co.lique [bykɔlik] *nf Lit* poema pastoral • *adj* bucólico. *une scène bucolique* / uma cena bucólica.

bud.get [bydʒɛ] *nm* orçamento.

bud.gé.taire [bydʒetɛʀ] *adj* orçamentário.

buée [bɥe] *nf* vapor que se condensa em gotas.

buf.fet [byfɛ] *nm* bufê. *il n'avait rien dans le buffet* / ele não tinha comido nada.

bufle [byfl] *nm Zool* búfalo.

buis.son [bɥisɔ̃] *nm* moita.

bulbe [bylb] *nm* bulbo. *les plantes à bulbes* / as plantas com bulbos.

bul.gare [bylɡaʀ] *adj+n* búlgaro. • *nm* búlgaro, língua eslava do grupo meridional.

bulle [byl] *nf* 1 bolha. 2 *Rel* bula. *une bule papale* / uma bula papal.

bulle.tin [byltɛ̃] *nm* 1 comunicado. 2 boletim. 3 ficha. **bulletin de vote** cédula eleitoral.

bu.ra.liste [byʀalist] *nm* funcionário que atende um guichê.

bu.reau [byʀo] *nm* 1 escrivaninha. 2 escritório. 3 guichê. **bureau de location d'un théâtre** guichê de venda de lugares para uma peça de teatro. **bureau de tabac** local onde se vendem cigarros.

bu.reau.crate [byʀokʀat] *n* burocrata.

bu.reau.cra.tie [byʀokʀasi] *nf* burocracia.

bu.reau.tique [byʀotik] *nf* conjunto de técnicas (informática, telemática) que visam a automatizar os trabalhos de escritório.

bur.lat [byʀla] *nf* variedade de cereja.

bur.lesque [byʀlɛsk] *adj+nm* burlesco, cômico.

bur.site [byʀsit] *nf Méd* bursite, inflamação das bolsas das articulações.

bus [bys] *nm* abreviatura de **autobus**, ônibus.

buste [byst] *nm* 1 *Anat* busto, torso. 2 *Sculpt* busto.

but [by(t)] *nm* **1** meta, intento, intuito, objetivo, propósito. **2** pontaria. **3** *Foot* gol.

bu.té, -ée [byte] *adj* obstinado, teimoso.

bu.tin [bytɛ̃] *nm* **1** produto de um roubo. **2** *Lit* produto de uma pesquisa.

butte [byt] *nf* colina, morro. **être en butte à** estar exposto a.

bu.vard [byvaʀ] *nm* mata-borrão.

C

c [se] *nm* terceira letra e segunda consoante do alfabeto da língua francesa.

ça [sa] *pron dém* abreviatura do pronome **cela** isto, isso, aquilo. **ça alors!** essa, então! **ça va?** tudo bem? **c'est ça** é isso mesmo. **comme ci, comme ça** *fam* mais ou menos. **comment ça va?** como vai?

ca.ba.ret [kabaʀɛ] *nm* cabaré, boate.

ca.bine [kabin] *nf* 1 cabina. 2 camarote.

ca.bi.net [kabinɛ] *nm* gabinete. **cabinet de toilette** banheiro. **cabinet médical** consultório médico.

câble [kɑbl] *nm* 1 cabo, amarra. 2 fio.

ca.ca.houète [kakawɛt] *nf* amendoim.

ca.cao [kakao] *nm Bot* cacau.

ca.cha.lot [kaʃalo] *nm Zool* cachalote.

cache-pot [kaʃpo] *nm* pote decorativo em que se coloca um vaso com planta.

ca.cher [kaʃe] *vt* 1 esconder, ocultar, encobrir. *vpr* 2 esconder-se. 3 *fig* retrair-se. **cacher son jeu** *fig* esconder o jogo.

ca.chet [kaʃɛ] *nm* 1 cápsula. 2 selo. 3 comprimido. 4 cachê.

cache.ter [kaʃte] *vt* 1 carimbar. 2 selar, lacrar. **cire à cacheter** lacre.

ca.deau [kado] *nm* 1 presente, mimo. 2 brinde, prenda.

ca.denas [kadnɑ] *nm* cadeado.

ca.dence [kadɑ̃s] *nf* cadência, ritmo, entonação.

ca.det [kadɛ] *adj+n* o(a) filho(a) mais moço (a). • *nm* cadete, aspirante a oficial.

ca.dran [kadʀɑ̃] *nm* quadrante.

cadre [kɑdʀ] *nm* 1 moldura. 2 situação. 3 executivo.

ca.drer [kɑdʀe] *vt+vi* focalizar.

ca.duc, -uque [kadyk] *adj* caduco, ultrapassado, obsoleto.

ca.fard [kafaʀ] *n* 1 *Zool* barata. 2 *fam* dedo-duro.

ca.fé [kafe] *nm* 1 café, a planta e a bebida. 2 bar, botequim. **café au lait** café com leite.

ca.fe.tière [kaftjɛʀ] *nf* cafeteira.

cage [kaʒ] *nf* 1 gaiola. 2 jaula. 3 *foot* gol (o local).

ca.hier [kaje] *nm* caderno.

cail.lou [kaju] *nm* seixo, pedregulho.

caisse [kɛs] *nf* caixa. **caisse d'épargne** caixa econômica, poupança.

cais.sier [kɛsje] *nm* caixa (encarregado da caixa de um estabelecimento).

ca.la.mi.té [kalamite] *nf* calamidade, desastre.

cal.cul [kalkyl] *nm* 1 *Méd* cálculo, pedra. 2 cálculo, conta, cômputo. **agir par calcul** agir por interesse. **bon en calcul** bom em contas, bom em mate-

calculer 37 **caniveau**

mática. **calcul mental** cálculo mental, conta de cabeça. **faire des calculs** fazer contas.
cal.cu.ler [kalkyle] *vt+vi* **1** calcular, determinar por meio de cálculo. **2** estimar, avaliar.
cal.cu.lette [kalkylɛt] *nf* calculadora de bolso.
cale.çon [kalsɔ̃] *nm* cueca samba-canção.
ca.len.drier [kalɑ̃dʀije] *nm* **1** calendário. **2** folhinha.
ca.ler [kale] *vt* **1** calçar, escorar, apoiar. **2** fixar, imobilizar. *vi* **3** ceder, recuar (pessoas). **4** parar, imobilizar-se (coisas). **se caler l'estomac, les joues** calçar o estômago, comer.
ca.lice [kalis] *nm* **1** cálice, vaso sagrado. **2** *Bot* cálice.
câ.lin [kɑlɛ̃] *adj* carinhoso. • *nm* **1** carícia, afago. **2** pessoa carinhosa.
câ.li.nerie [kɑlinʀi] *nf* afago, mimo.
cal.mant [kalmɑ̃] *nm+adj* calmante, lenitivo.
calme [kalm] *adj* calmo, quieto, sereno, sossegado. • *nm* calma, sossego.
cal.mer [kalme] *vt* **1** acalmar, apaziguar. **2** aplacar, extinguir. **3** repousar, sossegar, tranquilizar. *vpr* **4** acalmar-se.
ca.lom.nie [kalɔmni] *nf* calúnia.
cal.quer [kalke] *vt* **1** calcar, decalcar. **2** imitar.
cal.vi.tie [kalvisi] *nf* calvície.
ca.ma.ïeu [kamajø] *nm* camafeu.
ca.ma.rade [kamaʀad] *n* **1** companheiro, camarada, colega. **2** *fam* amigo.
cam.brio.lage [kɑ̃bʀijɔlaʒ] *nm* roubo, assalto.
cam.brio.leur, -euse [kɑ̃bʀijɔlœʀ, -øz] *n* assaltante, ladrão.
ca.mé.lé.on [kameleɔ̃] *nm Zool* camaleão.
ca.me.lot [kamlo] *nm* mascate, camelô, vendedor ambulante.

ca.mé.ra [kameʀa] *nf* câmera.
ca.mion [kamjɔ̃] *nm* caminhão. **ca.mion citerne** caminhão que transporta líquidos.
ca.mion.neur, -euse [kamjɔnœʀ, -øz] *n* caminhoneiro.
ca.mou.fler [kamufle] *vt* camuflar, dissimular.
camp [kɑ̃] *nm* campo, acampamento (militar). **ficher le camp** sumir, desaparecer.
cam.pagne [kɑ̃paɲ] *nf* **1** campo. **2** campanha.
cam.pa.nile [kɑ̃panil] *nm* campanário.
cam.per [kɑ̃pe] *vt+vi* **1** acampar. **2** colocar, instalar. *vpr* **3** colocar-se, plantar-se.
ca.naille [kanɑj] *nf+adj* canalha, corja, gentalha. • *adj* vulgar.
ca.nal, -aux [kanal, -o] *nm* **1** canal, escoadouro. **2** *Anat* canal. **3** *Télév* canal.
ca.na.pé [kanape] *nm* **1** *Art Cul* canapé. *canapés au saumon* / canapés de salmão. **2** sofá.
ca.nard [kanaʀ] *nm* **1** *Zool* pato. **2** pedaço de açúcar embebido em licor ou café. **être mouillé, trempé comme un canard** estar ensopado. **froid de canard** frio muito intenso.
can.can [kɑ̃kɑ̃] *nm* **1** mexerico, fofoca. **2** cancã, dança francesa.
can.cer [kɑ̃sɛʀ] *nm* **1** *Méd* câncer. **2** *Astrol* signo do zodíaco (nesta acepção, usa-se com inicial maiúscula).
can.di.da.ture [kɑ̃didatyʀ] *nf* candidatura. **poser sa candidature** lançar sua candidatura.
can.dide [kɑ̃did] *adj* cândido, inocente, ingênuo, puro, simples.
ca.ni.cu.laire [kanikylɛʀ] *adj* canicular, tórrido (calor).
ca.nif [kanif] *nm* canivete.
ca.ni.veau [kanivo] *nm* sarjeta.

canne [kan] *nf* 1 bengala. 2 *Bot* cana. 3 *fam* perna. **canne à pêche** vara de pescar. **canne à sucre** cana-de-açúcar.

can.nelle [kanɛl] *nf Bot* canela. **cannelle en bâtonnets** canela em pau. **cannelle en poudre** canela em pó.

ca.non [kanɔ̃] *nm* 1 canhão. 2 cânone, ideal, tipo. • *adj fam* joia, legal. *c'est une fille canon! /* é uma gata!

ca.no.ni.ser [kanɔnize] *vt Rel* canonizar.

can.not [kano / kanɔt] *nm Naut* canoa, bote, escaler. **canot de sauvetage** bote salva-vidas.

can.ta.trice [kɑ̃tatris] *nf* cantora profissional de ópera ou de canto clássico.

can.tine [kɑ̃tin] *nf* refeitório.

caou.tchouc [kautʃu] *nm* 1 borracha. 2 capa de chuva. 3 **caoutchoucs** *pl* galocha.

cap [kap] *nm* 1 *Géogr* cabo. 2 direção de um navio.

ca.pa.ci.té [kapasite] *nf* capacidade, faculdade.

cape [kap] *nf* capa.

ca.pi.taine [kapitɛn] *nm* 1 capitão (oficial, comandante). 2 capitão (de uma equipe esportiva).

ca.pi.tale [kapital] *nf* 1 letra maiúscula. 2 capital, sede de governo.

ca.pi.ta.lisme [kapitalism] *nm* capitalismo.

ca.pi.tu.ler [kapityle] *vi* capitular, ceder, deixar de resistir.

ca.pote [kapɔt] *nf* 1 capote, casaco. 2 capota. 3 camisinha, preservativo.

ca.price [kapris] *nm* capricho, birra.

Ca.pri.corne [kaprikɔrn] *n Astrol* Capricórnio, signo do zodíaco (nesta acepção, usa-se com inicial maiúscula).

cap.sule [kapsyl] *nf* 1 cápsula. 2 tampa (de garrafa).

cap.ter [kapte] *vt* captar.

cap.tif, -ive [kaptif, -iv] *adj* cativo.

cap.ti.ver [kaptive] *vt* 1 cativar, conquistar, dominar. 2 seduzir, encantar.

cap.tu.rer [kaptyre] *vt* cativar, capturar.

ca.pu.chon [kapyʃɔ̃] *nm* capuz.

car [kar] *conj* pois. • *nm* ônibus.

ca.rac.tère [karaktɛr] *nm* 1 caráter, personalidade, temperamento. 2 letra, caractere.

ca.rac.té.ri.ser [karakterize] *vt* caracterizar, marcar, distinguir.

ca.rafe [karaf] *nf* jarra. **rester en carafe** ser esquecido, deixado de lado.

ca.ra.mel [karamɛl] *nm* 1 caramelo, açúcar queimado. • *nm+adj inv* caramelo (cor).

ca.ra.vane [karavan] *nf* 1 caravana. 2 reboque de automóvel usado em acampamento. **les chiens aboient, la caravane passe** *prov* os cães ladram, a caravana passa.

car.bo.ni.ser [karbɔnize] *vt* carbonizar, queimar.

car.bu.ra.teur [karbyratœr] *nm Autom* carburador.

car.diaque [kardjak] *n+adj* cardíaco.

car.di.nal, -aux [kardinal, -o] *adj* 1 cardeal. 2 cardinal. • *nm Rel* cardeal.

car.dio.lo.gie [kardjɔlɔʒi] *nf* cardiologia.

ca.rême [karɛm] *nm* quaresma. **face de carême** *fam* magro.

ca.rence [karɑ̃s] *nf* 1 carência, falta. 2 impotência.

ca.resse [karɛs] *nf* carícia, afago, carinho.

ca.res.ser [karese] *vt* acariciar, afagar.

ca.ri.ca.ture [karikatyr] *nf* caricatura.

ca.rie [kari] *nf Méd* cárie.

car.net [kaʀnɛ] *nm* **1** carnê. **2** caderneta. **carnet d'adresses** caderno de endereços. **carnet de chèques** talão de cheques.

ca.rotte [kaʀɔt] *nf Bot* cenoura.

car.ré, -ée [kaʀe] *nm+adj* quadrado. **mètre carré** metro quadrado. **racine carrée** raiz quadrada.

car.reau [kaʀo] *nm* ladrilho.

carre.four [kaʀfuʀ] *nm* cruzamento.

carre.ler [kaʀle] *vt* ladrilhar, pavimentar.

car.rière [kaʀjɛʀ] *nf* **1** pedreira. **2** carreira. **donner carrière à** dar curso a.

carte [kaʀt] *nf* **1** mapa. *nm* **2** cartão. **carte de crédit** cartão de crédito. **carte d'électeur** título de eleitor. **carte d'étudiant** carteira de estudante. **carte de téléphone** cartão telefônico. **carte électronique, carte magnétique** cartão magnético. **carte postale** cartão-postal. **donner carte blanche** dar carta branca. **jouer sa dernière carte** jogar sua última carta.

car.ton [kaʀtɔ̃] *nm* **1** papelão. **2** caixa de papelão. **carton à chaussures** caixa de sapatos. **carton jaune** *Foot* cartão amarelo. **carton rouge** *Foot* cartão vermelho.

car.touche [kaʀtuʃ] *nf* cartucho. **les dernières cartouches** *fig* as últimas reservas.

cas [ka] *nm* **1** caso, circunstância. **2** desinência, declinação. **dans ce cas-là** nesse caso. **en aucun cas** em caso algum, de forma alguma. **en cas de** no caso de. **en tout cas** em todo caso. **un cas d'espèce** um caso especial.

casque [kask] *nm* capacete. **les casques bleus** os boinas azuis, tropas internacionais de paz da ONU.

casse-croûte [kaskʀut] *nm* lanche.

casse-noix [kasnwa] *nm* quebra-nozes.

casse-pierre [kaspjɛʀ] *nm* **1** britadeira. **2** marreta.

cas.ser [kase] *vt* **1** quebrar, trincar, romper, arrebentar. **2** rescindir. **3** cassar. **casser la croûte** comer. **casser sa pipe** morrer.

casse.role [kasʀɔl] *nf* panela.

casse-tête [kastɛt] *nm* **1** cassetete. **2** quebra-cabeça.

cas.sure [kasyʀ] *nf* quebra.

ca.ta.logue [katalɔg] *nm* catálogo, rol, inventário, repertório.

ca.tas.trophe [katastʀɔf] *nf* catástrofe, calamidade, cataclisma.

ca.té.chisme [kateʃism] *nm* catecismo.

ca.té.go.rie [kategɔʀi] *nf* categoria, ordem, espécie, série, família.

ca.thé.drale [katedʀal] *nf* catedral.

ca.tho.li.cisme [katɔlisism] *nm* catolicismo.

cauche.mar [koʃmaʀ] *nm* **1** pesadelo. **2** tormento. **faire des cauchemars** ter pesadelos.

cause [koz] *nf* causa. **à cause de** por causa de. **mettre en cause** questionar.

cau.ser [koze] *vt* **1** causar, ocasionar, acarretar, suscitar, provocar. *vi* **2** conversar.

cause.rie [kozʀi] *nf* bate-papo, conversa.

cau.tion [kosjɔ̃] *nf Jur* caução, fiança, fiador.

cau.tion.ner [kosjɔne] *vt* afiançar, abonar.

cave [kav] *nf* adega.

ca.viar [kavjaʀ] *nm* caviar.

ca.vi.té [kavite] *nf* cavidade, buraco.

ce [sə] *pron dém m sing Gram* **1** este, esse. **2** aquilo. **ce livre-ci** este livro aqui. **ce matin** esta manhã, hoje de manhã.

ce.ci [səsi] *pron dém Gram* isto, isso.

cé.ci.té [sesite] *nf* cegueira.

cé.der [sede] *vt* **1** ceder, conceder. **2** vender. **3** submeter-se. *vi* **4** deixar de resistir.

cé.dé.rom [sederɔm] *nm Angl Inform* sigla de CD-ROM, **Compact Disc Read Only Memory**, disco ótico digital onde se pode estocar e consultar dados (som, texto, imagem). *dictionnaire sur CD-ROM* / dicionário em CD-ROM.

cein.ture [sɛ̃tyʀ] *nf* 1 cintura. 2 cinto. 3 cinto de segurança. **ceinture de judo** faixa de judô. **ceinture de sauvetage** boia salva-vidas.

ce.la [s(ə)la] *pron dém* isso, aquilo.

cé.lèbre [selɛbʀ] *adj* célebre, famoso, ilustre, renomado.

cé.lé.bri.té [selebʀite] *nf* 1 celebridade, glória, fama, brilho, notoriedade, renome. 2 pessoa célebre, ilustre.

céle.ri [sɛlʀi] *nm Bot* aipo.

cé.leste [selɛst] *adj* 1 celeste, celestial. 2 maravilhoso, sobrenatural, divino.

cé.li.bat [seliba] *nm* celibato.

celle [sɛl] *pron dém f sing Gram* aquela, essa, esta, a. **celle-ci** esta aqui. **celle-là** aquela lá.

cel.lule [selyl] *nf* 1 célula. 2 cela, compartimento.

ce.lui [səlɥi] *pron dém m sing Gram* esse, esse, aquele, o. **celui-ci** este aqui. **celui-là** aquele lá.

cen.dres [sɑ̃dʀ] *nf pl* cinzas.

cen.drier [sɑ̃dʀije] *nm* cinzeiro.

cen.dril.lon [sɑ̃dʀijɔ̃] *nf* jovem criada que faz os piores serviços da casa. **Cendrillon** A Gata Borralheira, personagem de um conto de Perrault.

cen.sure [sɑ̃syʀ] *nf* censura.

cen.su.rer [sɑ̃syʀe] *vt* censurar, vetar.

cent [sɑ̃] *nm+num* cem. **pour cent** por cento, porcentagem.

cen.time [sɑ̃tim] *nm* centavo.

cen.tra.li.ser [sɑ̃tralize] *vt* centralizar, concentrar.

centre [sɑ̃tʀ] *nm* 1 centro. 2 meio, miolo. **centre-ville** centro da cidade.

cé.ra.mique [seʀamik] *nf* cerâmica.

cercle [sɛʀkl] *nm* 1 círculo, circunferência, roda, aro. 2 domínio, extensão. **cercle vicieux** círculo vicioso.

cer.cueil [sɛʀkœj] *nm* caixão, ataúde.

cé.ré.ale [seʀeal] *nm* cereal.

cé.ré.bral, -ale, -aux [seʀebʀal, -o] *adj* cerebral. **les hémisphères cérébraux** os hemisférios cerebrais.

cé.ré.mo.nie [seʀemɔni] *nf* cerimônia, formalidade, praxe. **faire des cérémonies** *fig* fazer cerimônias.

ce.rise [s(ə)ʀiz] *nf* cereja.

cerne [sɛʀn] *nm* olheira.

cer.ner [sɛʀne] *vt* 1 cercar, envolver. 2 contornar (com um traço).

cer.tain, -aine [sɛʀtɛ̃, -ɛn] *adj* certo, seguro, incontestável, indiscutível. • *pron indéf* certo, algum.

certes [sɛʀt] *adv* certamente.

cer.ti.fi.cat [sɛʀtifika] *nm* certificado.

cer.ti.tude [sɛʀtityd] *nf* certeza, segurança, evidência, convicção.

cer.veau [sɛʀvo] *nm* 1 *Anat* cérebro. 2 *fam* pessoa muito inteligente. **lavage de cerveau** lavagem cerebral.

ces.ser [sese] *vi* cessar, parar. *la fièvre a cessé* / a febre cedeu.

cet [sɛt] *pron dém m sing Gram* este, esse, aquele. **cet homme-là** aquele homem.

cette [sɛt] *pron dém f sing Gram* esta, essa, aquela. **cette table-ci** esta mesa aqui.

ceux [sø] *pron dém m pl Gram* esses, estes, aqueles. **ceux-ci** estes aqui. **ceux-là** aqueles lá.

cha.cun, -une [ʃakœ̃, -yn] *pron indéf* cada qual, cada um.

cha.grin [ʃagʀɛ̃] *nm* mágoa, desgosto, pesar. • *adj* melancólico.

cha.gri.ner [ʃagʀine] *vt* amargurar, afligir.

cha.hut [ʃay] *nm* algazarra.

chaîne [ʃɛn] *nf* **1** corrente, grilhão. **2** rede de emissoras de TV ou de rádio. **3** estabelecimentos que pertencem a uma mesma organização. **4** *Géogr* cadeia de montanhas.

chair [ʃɛʀ] *nf* carne. **avoir la chair de poule** ficar arrepiado. **en chair et en os** em carne e osso.

chaire [ʃɛʀ] *nf* cátedra.

chaise [ʃɛz] *nf* cadeira. **chaise électrique** cadeira elétrica. **chaise longue** espreguiçadeira.

cha.let [ʃalɛ] *nm* chalé.

cha.leur [ʃalœʀ] *nm* **1** calor. **2** *fig* fervor, animação.

chal.lenge [ʃalãʒ / tʃalɛndʒ] *nm* desafio.

chambre [ʃɑ̃bʀ] *nf* **1** quarto, dormitório. **2** câmara. **chambre à air** câmara de ar. **chambre des machines** casa das máquinas.

cha.meau [ʃamo] *nm Zool* camelo.

cha.mois [ʃamwa] *nm* **1** *Zool* cabrito montês, camurça. **2** pele de camurça.

champ [ʃɑ̃] *nm* **1** campo. **2** setor.

cham.pagne [ʃɑ̃paɲ] *nm* champanha, vinho branco da Champagne, França.

cham.pi.gnon [ʃɑ̃piɲɔ̃] *nm* **1** *Bot* cogumelo, funcho. **2** *fam* pedal do acelerador do carro.

cham.pion, -ionne [ʃɑ̃pjɔ̃, -jɔn] *n* campeão.

cham.pion.nat [ʃɑ̃pjɔna] *nm* campeonato, torneio.

chance [ʃɑ̃s] *nf* sorte, acaso. **2 chances** *pl* chances, probabilidades.

chan.celle.rie [ʃɑ̃sɛlʀi] *nf* chancelaria.

chan.ceux, -euse [ʃɑ̃sø, -øz] *adj* felizardo, sortudo.

chan.de.lier [ʃɑ̃dəlje] *nm* castiçal, candelabro.

chan.delle [ʃɑ̃dɛl] *nf* vela.

change [ʃɑ̃ʒ] *nm* **1** troca. **2** *Com* câmbio.

change.ment [ʃɑ̃ʒmɑ̃] *nm* mudança, alteração, modificação, transformação.

chan.ger [ʃɑ̃ʒe] *vt+vi* **1** mudar, alterar, inverter, modificar, transformar. **2** deslocar, transferir.

chan.son [ʃɑ̃sɔ̃] *nf* canção, cantiga, trova.

chan.son.nier [ʃɑ̃sɔnje] *n* cancioneiro.

chant [ʃɑ̃] *nm* canto, melodia.

chan.tage [ʃɑ̃taʒ] *nm* chantagem, extorsão.

chan.ter [ʃɑ̃te] *vt* cantar.

chan.teur, -euse [ʃɑ̃tœʀ, -øz] *n* cantor.

chan.tier [ʃɑ̃tje] *nm* **1** canteiro de obras. **2** *Naut* estaleiro.

chan.til.ly [ʃɑ̃tiji] *nf* nata de leite batida com açúcar.

chan.ton.ner [ʃɑ̃tɔne] *vt+vi* cantarolar.

cha.os [kao] *nm* caos, confusão.

cha.peau [ʃapo] *nm* chapéu. • *interj* formidável! fantástico! **tirer le chapeau à quelqu'un** *fig* admirar alguém, tirar o chapéu.

cha.pelet [ʃaplɛ] *nm* **1** *Rel* rosário, terço. **2** réstia.

cha.pelle [ʃapɛl] *nf* capela.

cha.pitre [ʃapitʀ] *nm* capítulo.

chaque [ʃak] *adj indéf* cada.

cha.rade [ʃaʀad] *nf* charada.

char.bon [ʃaʀbɔ̃] *nm* **1** carvão. **2** *Chim* carbono.

char.cu.terie [ʃaʀkytʀi] *nf* casa de frios.

charge [ʃaʀʒ] *nf* **1** carga, peso, fardo. **2** encargo, incumbência, ônus. **3 charges** *pl* despesa.

char.ge.ment [ʃaʀʒəmɑ̃] *nm* carregamento.

char.ger [ʃaʀʒe] *vt* **1** carregar, transportar. **2** encarregar. **3** onerar. **4** carregar (uma arma).

cha.riot [ʃaʀjo] *nm* carrinho (de supermercado, aeroporto etc.).

cha.ri.té [ʃarite] *nf* caridade, altruísmo, misericórdia.

char.mant, -ante [ʃarmã, -ãt] *adj* encantador, aprazível.

charme [ʃarm] *nm* charme, encanto, atração, sedução.

char.mer [ʃarme] *vt* fascinar, encantar, atrair, seduzir.

char.pen.tier [ʃarpɑ̃tje] *nm* carpinteiro.

char.rue [ʃary] *nf* arado, charrua. **mettre la charrue devant les bœufs** colocar o carro diante dos bois.

chasse [ʃas] *nf* caça. **chasse d'eau** descarga (de banheiro).

chas.ser [ʃase] *vt+vi* **1** caçar. **2** banir, enxotar. **3** *fig* expelir.

chas.te.té [ʃastəte] *nf* castidade.

chat, chatte [ʃa, ʃat] *n Zool* gato. **avoir d'autres chats à fouetter** ter outras coisas para fazer. **donner sa langue au chat** dar o braço a torcer.

châ.taigne [ʃatɛɲ] *nf* castanha.

châ.tain [ʃatɛ̃] *adj* castanho.

châ.teau [ʃato] *nm* castelo.

châ.tier [ʃatje] *vt* castigar, punir.

châ.ti.ment [ʃatimɑ̃] *nm* castigo, pena, punição.

châ.trer [ʃatre] *vt* castrar, capar.

chatte [ʃat] *nf* **1** *Zool* gata. **2** *vulg* xoxota.

chaud, chaude [ʃo, ʃod] *adj* **1** quente. **2** ardente, caloroso, entusiasta. • *nm* calor. **avoir chaud** estar com calor. **ce garçon est chaud** este menino está quente, com febre.

chauf.fage [ʃofaʒ] *nm* **1** aquecimento, calefação. **2** aquecedor.

chauf.fard [ʃofar] *nm* **1** diz-se de quem dirige mal. **2** *arg* barbeiro.

chauf.fer [ʃofe] *vt* aquecer, esquentar.

chauf.feur [ʃofœr] *nm* motorista, chofer. **chauffeur de dimanche** mau motorista. **chauffeur de taxi** motorista de táxi.

chaus.ser [ʃose] *vt* calçar.

chaus.sette [ʃoset] *nf* meia soquete. **jus de chaussette** *fam* café ruim.

chaus.son [ʃosɔ̃] *nm* **1** chinelo, pantufa. **2** sapatinho tricotado para bebê.

chaus.sure [ʃosyr] *nf* calçado, sapato.

chauve [ʃov] *nm+adj* calvo, careca.

chauve-sou.ris [ʃovsuri] *nf Zool* morcego.

chef [ʃef] *nm* **1** chefe, comandante, dirigente, patrão. **2** cozinheiro. **chef d'orchestre** maestro, regente. **en chef** no comando, principal.

chef-d'œuvre [ʃɛdœvr] *nm* obra-prima.

che.min [ʃ(ə)mɛ̃] *nm* **1** caminho, rumo. **2** *fig* esteira. **3** percurso, trajeto. **chemin de fer** ferrovia, estrada de ferro. **chemin faisant** durante o percurso.

che.mi.née [ʃ(ə)mine] *nf* chaminé, lareira.

che.mise [ʃ(ə)miz] *nf* **1** camisa. **2** pasta para papéis.

che.mi.sier, -ière [ʃ(ə)mizje, -jɛr] *n* **1** fabricante ou comerciante de camisas. *nm* **2** blusa.

chèque [ʃɛk] *nm* cheque. **chèque de voyage** cheque de viagem. **chèque sans provision** cheque sem fundos.

cher, chère [ʃɛr] *adj* caro, prezado.

cher.cher [ʃɛrʃe] *vt* buscar, procurar. **chercher à** tentar. **chercher midi à quatorze heures** procurar pelo em ovo.

cher.cheur, -euse [ʃɛrʃœr, -øz] *n* pesquisador.

ché.ri, -ie [ʃeri] *n* querido.

che.val, -aux [ʃ(ə)val, -o] *nm* cavalo. **cheval-vapeur, cheval** cavalo (unidade de força de um motor, cilindrada). **faire du cheval** praticar equitação.

che.va.let [ʃ(ə)valɛ] *nm* cavalete.

che.ve.lure [ʃəv(ə)lyr] *nf* cabeleira.

che.vet [ʃ(ə)vɛ] *nm* cabeceira. **livre de chevet** livro preferido, de cabeceira.

che.veu [ʃ(ə)vø] *nm* cabelo. **s'arracher les cheveux** arrancar os cabelos, ficar desesperado ou com raiva. **se faire couper les cheveux** cortar o cabelo. **se faire des cheveux blancs** ficar de cabelos brancos, ficar preocupado. **se prendre aux cheveux** brigar, pegar-se pelos cabelos.

che.ville [ʃ(ə)vij] *nf* 1 *Anat* tornozelo, canela. 2 tarraxa.

chèvre [ʃɛvʀ] *nf* 1 *Zool* cabra. 2 *Autom* macaco.

chez [ʃe] *prép* 1 em. 2 na casa de. **elle est chez le coiffeur** ela está no cabeleireiro. **il est allé chez le médecin** ele foi ao (consultório do) médico. **je suis chez moi** estou em casa.

chic [ʃik] *nm+adj* chique, elegante. **bon chic bon genre (B.C.B.G.)** de uma elegância discreta e tradicional. **chic, alors!** *fam* joia, legal!

chien, chienne [ʃjɛ̃, ʃjɛn] *n Zool* cão, cachorro. **de chien** difícil, com dificuldades. **vie de chien** vida de cachorro. **vivre comme chien et chat** viver como cão e gato, viver brigando.

chif.fon [ʃifɔ̃] *nm* 1 andrajo. 2 trapo, pano para limpeza. **chiffon à poussière** pano de (tirar o) pó.

chif.fon.ner [ʃifɔne] *vt+vi* amarrotar.

chiffre [ʃifʀ] *nm* cifra, algarismo, dígito, número, numeral. **chiffre d'affaires** faturamento.

chi.mie [ʃimi] *nf* química. **chimie générale** química geral. **chimie organique** química orgânica.

chi.rur.gien, -ienne [ʃiʀyʀʒjɛ̃, -jɛn] *n* cirurgião. **chirurgien dentiste** cirurgião-dentista.

choc [ʃɔk] *nm* 1 choque, batida, encontrão. 2 pancada. 3 batalha, combate. 4 *fig* antagonismo, conflito.

cho.co.lat [ʃɔkɔla] *nm* chocolate.

chœur [kœʀ] *nm Mus* coro. **en chœur** em coro.

choi.sir [ʃwaziʀ] *vt* escolher, optar, selecionar, eleger.

choix [ʃwa] *nm* 1 escolha, alternativa. 2 resolução, decisão. 3 seleção, antologia, coletânea.

chô.mage [ʃomaʒ] *nm* desemprego.

chô.meur, -euse [ʃomœʀ, -øz] *n* desempregado.

cho.quer [ʃɔke] *vt* 1 ir de encontro a, topar com. 2. chocar, escandalizar, ofender.

cho.rale [kɔʀal] *nf* coral, coro.

cho.ré.gra.phie [kɔʀegʀafi] *nf* coreografia.

chose [ʃoz] *nf* coisa, objeto. **quelque chose** alguma coisa.

chou [ʃu] *nm* 1 couve. 2 repolho. **choux de Bruxelles** couve-de-bruxelas. **choux rouge** repolho roxo. **choux vert** repolho verde.

chouette [ʃwɛt] *nf Zool* coruja. • *adj arg* legal.

chou-fleur [ʃuflœʀ] *nm Bot* couve-flor.

chré.tien, -ienne [kʀetjɛ̃, -jɛn] *n+adj* cristão.

Christ [kʀist] *nm Rel* Cristo.

chris.tia.nisme [kʀistjanism] *nm* cristianismo.

chu.cho.te.ment [ʃyʃɔtmɑ̃] *nm* cochicho, murmúrio.

chu.cho.ter [ʃyʃɔte] *vi* cochichar, murmurar.

chute [ʃyt] *nf* 1 tombo, queda, descida, baque. 2 *Géogr* salto. **chute d'eau** queda-d'água. **chute libre** queda livre.

ci [si] *adv* aqui. **ci-gît** aqui jaz. **ci-joint** em anexo.

cible [sibl] *nf* alvo, mira.
ci.ca.trice [sikatʀis] *nf* cicatriz.
ci.ca.tri.ser [sikatʀize] *vt* cicatrizar.
ci.cé.rone [siseʀɔn] *nm* cicerone, guia.
ci-des.sous [sid(ə)su] *loc adv* aqui embaixo, aqui debaixo, abaixo.
ci-des.sus [sid(ə)sy] *loc adv* aqui em cima, acima.
ciel, -ciels ou **-cieux** [sjɛl, -sjø] *nm* céu, firmamento. **à ciel ouvert** a céu aberto. **tomber du ciel** cair do céu, chegar de forma imprevista.
cierge [sjɛʀʒ] *nm* círio, vela.
ci.gale [sigal] *nf Zool* cigarra.
ci.gare [sigaʀ] *nm* charuto.
ci.ga.rette [sigaʀɛt] *nf* cigarro. **paquet de cigarettes** maço de cigarros.
ci.gogne [sigɔɲ] *nf Zool* cegonha.
cil [sil] *nm Anat* cílio, pestana. **faux cils** cílios postiços.
ci.men.ter [simɑ̃te] *vt* **1** cimentar. **2** *fig* consolidar, unir.
ci.me.tière [simetjɛʀ] *nm* cemitério.
ci.né.aste [sineast] *n* cineasta.
ci.né.ma [sinema] *nm* cinema. **en cinq sec** muito rapidamente. **les cinq lettres** eufemismo para a palavra "merda".
cinq [sɛ̃k] *nm+num* cinco.
cin.quante [sɛ̃kɑ̃t] *nm+num* cinquenta.
ci.rage [siʀaʒ] *nm* graxa.
cir.cons.crire [siʀkɔ̃skʀiʀ] *vt* delimitar, circunscrever.
cir.cons.pec.tion [siʀkɔ̃spɛksjɔ̃] *nf* circunspecção, prudência, ponderação, precaução.
cir.cuit [siʀkɥi] *nm* **1** circuito. **2** redor. **3** âmbito. **4** rodeio.
cir.cu.la.tion [siʀkylasjɔ̃] *nf* circulação, trânsito, tráfego.
cir.cu.ler [siʀkyle] *vt+vi* circular, trafegar.
cire [siʀ] *nf* cera, lacre.
ci.rer [siʀe] *vt* engraxar, encerar.
ci.reur [siʀœʀ] *nm* engraxate.

cirque [siʀk] *nm* **1** circo. **2** *fam* atividade desordenada.
ci.seau [sizo] *nm* **1** cinzel. **2 ciseaux** *pl* tesoura.
ci.ta.tion [sitasjɔ̃] *nf* citação, passagem.
ci.ter [site] *vt* **1** citar, mencionar. **2** convocar para comparecer na Justiça.
ci.toyen, -enne [sitwajɛ̃, -ɛn] *n* cidadão.
ci.tron [sitʀɔ̃] *nm* limão. **citron pressé** limonada.
ci.trouille [sitʀuj] *nf Bot* abóbora.
ci.vière [sivjɛʀ] *nf* maca.
ci.vi.li.sa.tion [sivilizasjɔ̃] *nf* civilização.
ci.vique [sivik] *adj* cívico, patriótico.
ci.visme [sivism] *nm* civismo, patriotismo.
clair, claire [klɛʀ] *adj* **1** claro. **2** *fig* claro, óbvio, manifesto. **3** *fig* palpável. **clair de lune** luar.
clan.des.tin, -ine [klɑ̃dɛstɛ̃, -in] *adj* clandestino, secreto.
claque [klak] *nf* **1** palmada, tapa. **2** *pop* estalido, estalo. **3** espectadores pagos para aplaudir.
clar.té [klaʀte] *nf* **1** claridade, clarão, luz. **2** clareza, precisão.
classe [klɑs] *nf* **1** classe, casta, grupo, categoria. **2** aula. **3** ordem. **salle de classe** sala de aula.
clas.si.fier [klasifje] *vt* **1** classificar, repartir, dividir. **2** classificar, triar.
clas.sique [klasik] *adj+n* clássico. **musique classique** música clássica.
clau.di.quer [klodike] *vi* mancar.
clause [kloz] *nf* cláusula.
cla.vier [klavje] *nm* teclado.
cla.viste [klavist] *n* digitador.
clé [kle] *nf* **1** chave. **2** *Mus* clave. **3** solução, explicação. **la clé des champs** a liberdade. **porte-clés** chaveiro.
clé.mence [klemɑ̃s] *nf* clemência, piedade, bondade.

cler.gé [klɛʀʒe] *nm* clero.
cli.ché [kliʃe] *nm* estereótipo, chavão, lugar-comum.
clien.tèle [klijɑ̃tɛl] *nf* clientela, freguesia.
cli.gner [kliɲe] *vt* piscar.
cli.gno.tant, -ante [kliɲotɑ̃, -ɑ̃t] *adj* intermitente. • *nm Autom* pisca-pisca.
cli.mat [klima] *nm* **1** clima. **2** ambiente, meio.
clin d'œil [klɛ̃dœj] *nm* piscada, piscadela.
cli.ni.cien, -ienne [klinisjɛ̃, -jɛn] *n* clínico geral.
cloche [klɔʃ] *nf* **1** redoma. **2** sino.
clo.cher [klɔʃe] *nm* campanário. • *vi* coxear.
clo.chette [klɔʃɛt] *nf* campainha.
cloison [klwazɔ̃] *nf* **1** tapume, divisória. **2** barreira, separação.
clore [klɔʀ] *vt* encerrar, fechar, declarar terminado.
clô.ture [klotyʀ] *nf* **1** cerca. **2** clausura. **3** conclusão. **4** encerramento, fechamento.
clou [klu] *nm* prego. **clou de girofle** cravo-da-índia. **maigre comme un clou** muito magro, magro como um palito. **traverser dans les clous** atravessar na faixa de pedestres.
clouer [klue] *vt* pregar, cravar.
co.a.gu.ler [kɔagyle] *vt+vi* coagular.
co.cher [kɔʃe] *nm* cocheiro. • *vt* marcar com um traço ou um sinal.
co.chon [kɔʃɔ̃] *nm* **1** *Zool* porco. **2** *fig* pessoa porca, suja. **cochon d'Inde** cobaia.
co.con [kɔkɔ̃] *nm* casulo. **s'enfermer dans son cocon** isolar-se.
co.co.tier [kɔkɔtje] *nm* coqueiro.
co.cotte-mi.nute [kɔkɔtminyt] *nf* panela de pressão.
code [kɔd] *nm* código. **code civil** código civil.
co.di.fier [kɔdifje] *vt* codificar.

cœur [kœʀ] *nm* **1** coração. **2** âmago, centro. **à cœur joie** com muita alegria. **à cœur ouvert** de coração aberto. **de bon cœur** de bom grado. **par cœur** de cor.
cof.fre [kɔfʀ] *nm* **1** baú, cofre. **2** *Autom* porta-malas.
co.gnac [kɔɲak] *nm* conhaque.
co.gner [kɔɲe] *vt+vi* espancar, bater.
co.hé.rence [kɔeʀɑ̃s] *nf* coerência.
co.hé.rent, -ente [kɔeʀɑ̃, -ɑ̃t] *adj* coerente.
co.hé.sion [kɔezjɔ̃] *nf* **1** coesão. **2** *fig* harmonia.
co.hue [kɔy] *nf* multidão, turba, aglomeração.
coif.fer [kwafe] *vt* pentear.
coif.feur, -euse [kwafœʀ, -øz] *nm* cabeleireiro.
coif.fure [kwafyʀ] *nf* penteado.
coin [kwɛ̃] *nm* **1** esquina. **2** quina. **3** canto. **aller au petit coin** *fam* ir ao banheiro. **regarder du coin d'œil** olhar de soslaio.
coin.cer [kwɛ̃se] *vt* **1** bloquear. **2** acuar.
co.ïn.ci.dence [kɔɛ̃sidɑ̃s] *nf* coincidência, correspondência.
col [kɔl] *nm* **1** gola. **2** colarinho. **3** colo.
co.lère [kɔlɛʀ] *nf* cólera, fúria, ira, explosão de raiva.
co.lique [kɔlik] *nf Méd* cólica.
co.lis [kɔli] *nm* **1** objeto ou produto a ser enviado a alguém. **2** pacote, caixa.
col.la.bo.ra.tion [kɔ(l)labɔʀasjɔ̃] *nf* colaboração.
col.la.bo.rer [kɔ(l)labɔʀe] *vt* colaborar, cooperar.
col.lant, -ante [kɔlɑ̃, -ɑ̃t] *adj* **1** colante. **2** *fig* grudento. • *nm* **1** meia-calça. **2** roupa inteiriça feita de tecido aderente que cobre todo o tronco.
colle [kɔl] *nf* cola, grude.
col.lec.tion [kɔlɛksjɔ̃] *nf* coleção.

collectionneur — commodité

col.lec.tion.neur, -euse [kɔlɛksjɔnœr, -øz] *n* colecionador.

col.lec.ti.vi.té [kɔlɛktivite] *nf* coletividade.

col.lège [kɔlɛʒ] *nm* estabelecimento do segundo ciclo do ensino básico na França. **Collège de France** estabelecimento de ensino superior, fundado por Francisco I.

col.ler [kɔle] *vt* 1 colar, grudar. 2 *fam* reprovar (em um exame).

col.lier [kɔlje] *nm* 1 colar. 2 coleira.

col.line [kɔlin] *nf* colina, morro.

col.li.sion [kɔlizjɔ̃] *nf* 1 colisão, batida, choque, desastre. 2 luta, combate.

co.lo.nial, -iale, -iaux [kɔlɔnjal, -jo] *adj* colonial.

co.lo.nie [kɔlɔni] *nf* colônia.

co.lo.ni.sa.teur, -trice [kɔlɔnizatœr, -tris] *adj+n* colonizador.

co.lo.ni.ser [kɔlɔnize] *vt* colonizar.

co.lonne [kɔlɔn] *nf* 1 *Archit* coluna, pilastra, pilar. 2 coluna, seção que divide verticalmente uma página escrita. **colonne vertébrale** coluna vertebral.

co.lo.rier [kɔlɔrje] *vt* colorir.

com.battre [kɔ̃batr] *vt* combater, lutar, brigar.

com.bien [kɔ̃bjɛ̃] *adv* quanto. **ça fait combien?** *fam* quanto custa?

com.bi.nai.son [kɔ̃binɛzɔ̃] *nf* 1 combinação (de cores, de estilos). 2 arranjo, disposição.

com.bi.ner [kɔ̃bine] *vt* combinar, arranjar, dispor.

comble [kɔ̃bl] *nm* 1 cúmulo. 2 cume, auge.

com.bler [kɔ̃ble] *vt* encher, preencher.

co.mé.die [kɔmedi] *nf* comédia, farsa.

co.mète [kɔmɛt] *nf Astron* cometa.

co.mique [kɔmik] *nm+adj* cômico, hilariante, engraçado.

co.mi.té [kɔmite] *nm* comitê.

com.man.dant [kɔmɑ̃dɑ̃, ɑ̃t] *nm Mil* comandante.

com.mande [kɔmɑ̃d] *nf Com* encomenda, pedido. **sur commande** sob encomenda.

com.man.der [kɔmɑ̃de] *vt+vi* 1 comandar, dirigir, mandar, chefiar. 2 *Com* encomendar, mandar um pedido.

comme [kɔm] *adv* como. **comme il faut** como se deve, como deve ser. **comme tout** extremamente. **tout comme** exatamente.

com.mé.mo.rer [kɔmemɔre] *vt* comemorar, festejar, celebrar.

com.men.cer [kɔmɑ̃se] *vt+vi* começar, estrear, iniciar, principiar.

com.ment [kɔmɑ̃] *adv+nm* como, de que maneira. **n'importe comment** de qualquer maneira, de qualquer jeito.

com.men.taire [kɔmɑ̃tɛr] *nm* comentário. **sans commentaire!** *fam* sem comentários!

com.men.ter [kɔmɑ̃te] *vt* comentar, fazer comentários.

com.mé.rage [kɔmeraʒ] *nm fam* mexerico, fofoca.

com.mer.çant, -ante [kɔmɛrsɑ̃, -ɑ̃t] *n+adj* comerciante. **commerçant en détail** varejista. **commerçant en gros** atacadista.

com.merce [kɔmɛrs] *nm* 1 comércio. 2 tráfico. 3 loja.

com.mer.cia.li.ser [kɔmɛrsjalize] *vt* comercializar.

com.mère [kɔmɛr] *nf* comadre.

com.mis [kɔmi] *nm* caixeiro. **commis-voyageur** caixeiro-viajante.

com.mis.saire [kɔmisɛr] *nm* comissário. **commissaire de police** delegado de polícia.

com.mis.sa.riat [kɔmisarja] *nm* delegacia.

com.mis.sion [kɔmisjɔ̃] *nf* 1 comissão. 2 incumbência, encomenda. 3 **commissions** *pl* compras.

com.mo.di.té [kɔmɔdite] *nf* comodidade, praticidade.

com.mo.tion [kɔmosjɔ̃] *nf* comoção, traumatismo.

com.mun, -une [kɔmœ̃, -yn] *adj* normal, habitual, banal, comum.

com.mu.nau.té [kɔmynote] *nf* comunidade, congregação.

com.mu.ni.ca.tion [kɔmynikasjɔ̃] *nf* **1** comunicação, correspondência, relação. **2** mensagem. **3** informação. **4** transmissão.

com.mu.nion [kɔmynjɔ̃] *nf* comunhão. **être en communion** estar de acordo.

com.mu.ni.quer [kɔmynike] *vt* **1** comunicar, divulgar, revelar. *vpr* **2** comunicar-se, ter comunicação.

com.pact [kɔ̃pakt] *adj* compacto, denso.

com.pa.gnie [kɔ̃paɲi] *nf* **1** companhia. **tenir compagnie à /** fazer companhia a. **2** *Com* sociedade comercial, empresa. **3** grupo de teatro.

com.pa.rai.son [kɔ̃paʀɛzɔ̃] *nf* comparação, cotejo. **sans comparaison** sem comparação.

com.pa.rer [kɔ̃paʀe] *vt* **1** comparar, confrontar, cotejar. **2** equiparar.

com.par.ti.ment [kɔ̃paʀtimɑ̃] *nm* compartimento.

com.pas [kɔ̃pa] *nm* compasso.

com.pas.sion [kɔ̃pasjɔ̃] *nf* compaixão, pena.

com.pa.triote [kɔ̃patʀijɔt] *n+adj* compatriota, patrício.

com.pen.ser [kɔ̃pɑ̃se] *vt* compensar, neutralizar.

com.père-lo.riot [kɔ̃pɛʀlɔʀjo] *nm* terçol.

com.pé.tence [kɔ̃petɑ̃s] *nf* **1** competência, capacidade, qualidade. **2** atribuição, domínio.

com.pé.ti.tion [kɔ̃petisjɔ̃] *nf* **1** competição. **2** rivalidade, concorrência.

com.pi.ler [kɔ̃pile] *vt* compilar.

com.plé.ment [kɔ̃plemɑ̃] *nm* complemento.

com.plet, -ète [kɔ̃plɛ, -ɛt] *adj* **1** completo, pleno, exaustivo. **2** acabado, perfeito. • *nm* terno.

com.plé.ter [kɔ̃plete] *vt* completar.

com.plexe [kɔ̃plɛks] *adj+nm* complexo.

com.ple.xi.té [kɔ̃plɛksite] *nf* complexidade.

com.pli.ca.tion [kɔ̃plikasjɔ̃] *nf* complicação.

com.plice [kɔ̃plis] *n* cúmplice.

com.pli.ment [kɔ̃plimɑ̃] *nm* cumprimento, elogio.

com.pli.quer [kɔ̃plike] *vt+vpr* complicar.

com.plot [kɔ̃plo] *nm* maquinação, conspiração, complô.

com.por.te.ment [kɔ̃pɔʀtəmɑ̃] *nm* comportamento, conduta.

com.por.ter [kɔ̃pɔʀte] *vt* **1** comportar, conter, incluir. *vpr* **2** comportar-se.

com.po.ser [kɔ̃poze] *vt+vi* **1** compor, formar. **2** discar. **3** produzir, inventar.

com.po.si.teur, -trice [kɔ̃pozitœʀ, -tʀis] *n* compositor.

com.po.si.tion [kɔ̃pozisjɔ̃] *nf* **1** composição, formação, arranjo. **2** *Mus* composição.

com.pos.ter [kɔ̃pɔste] *vt* perfurar e validar uma passagem de trem, de ônibus ou uma fatura.

com.pré.hen.sible [kɔ̃pʀeɑ̃sibl] *adj* compreensível, claro, inteligível.

com.pré.hen.sion [kɔ̃pʀeɑ̃sjɔ̃] *nf* compreensão, percepção, entendimento, tolerância.

com.prendre [kɔ̃pʀɑ̃dʀ] *vt* **1** compreender, entender, apreender, perceber. **2** incluir. **y compris** inclusive.

com.pri.mer [kɔ̃pʀime] *vt* **1** comprimir, calcar. **2** reprimir.

com.pro.mis [kɔ̃pʀɔmi] *nm* compromisso, acordo, transação.

compte [kɔ̃t] *nm* **1** cômputo. **2** conta.

compte-rendu resumo. **en fin de compte** afinal, afinal das contas. **règlement de comptes** acerto de contas. **se rendre compte** perceber, dar-se conta. **tenir compte de** considerar, levar em conta. **tout compte fait** considerando tudo.

compte-gout.tes [kɔ̃tgut] *nm* conta--gotas.

comp.ter [kɔ̃te] *vt* 1 contar, enumerar. 2 esperar, imaginar.

comp.toir [kɔ̃twar] *nm* balcão.

comte, comtesse [kɔ̃t, kɔ̃tɛs] *n* conde.

con, conne [kɔ̃, kɔn] *n+adj vulg* 1 panaca, imbecil, cretino. 2 xoxota, boceta.

con.cé.der [kɔ̃sede] *vt* conceder, dar, outorgar.

con.cen.trer [kɔ̃sɑ̃tre] *vt* 1 concentrar, reunir. 2 aplicar com força num único objeto. *vpr* 3 concentrar-se.

con.cept [kɔ̃sɛpt] *nm* conceito, noção.

con.cep.tion [kɔ̃sɛpsjɔ̃] *nf* 1 concepção, ideia, modo de conceber. 2 geração.

con.cer.nant [kɔ̃sɛrnɑ̃] *prép* referente a, tocante a, relativo a.

con.cer.ner [kɔ̃sɛrne] *vt* concernir, tocar, pertencer.

con.cert [kɔ̃sɛr] *nm* concerto, audição, recital.

con.ces.sion [kɔ̃sesjɔ̃] *nf* 1 concessão, cessão. 2 terra concedida.

con.ce.voir [kɔ̃s(ə)vwar] *vt* 1 conceber. 2 conceber (uma criança), engendrar (um conceito).

con.cierge [kɔ̃sjɛrʒ] *n* zelador, caseiro, porteiro.

con.cier.ge.rie [kɔ̃sjɛrʒəri] *nf* portaria.

con.ci.lier [kɔ̃silje] *vt* conciliar, tornar harmonioso.

con.cis, -ise [kɔ̃si, -iz] *adj* conciso, breve, sucinto, lacônico.

con.clure [kɔ̃klyr] *vt* 1 concluir, depreender. 2 resolver.

con.clu.sion [kɔ̃klyzjɔ̃] *nf* 1 conclusão, fim, encerramento. 2 solução, epílogo.

con.co.mi.tance [kɔ̃kɔmitɑ̃s] *nf* concomitância.

con.cor.dance [kɔ̃kɔrdɑ̃s] *nf* concordância, acordo, conformidade.

con.corde [kɔ̃kɔrd] *nf* concórdia, paz.

con.cours [kɔ̃kur] *nm* 1 concurso. 2 assessoria.

con.cret, -ète [kɔ̃krɛ, -ɛt] *adj+n* concreto.

con.cur.rence [kɔ̃kyrɑ̃s] *nf* concorrência, rivalidade.

con.cur.ren.cer [kɔ̃kyrɑ̃se] *vt* fazer concorrência.

con.cur.rent, -ente [kɔ̃kyrɑ̃, -ɑ̃t] *n+adj* concorrente, rival.

con.dam.ner [kɔ̃dane] *vt* 1 condenar, punir. 2 reprovar. 3 brigar, forçar.

con.des.cen.dance [kɔ̃desɑ̃dɑ̃s] *nf* condescendência, tolerância.

con.di.ment [kɔ̃dimɑ̃] *nm* condimento, tempero.

con.di.tion [kɔ̃disjɔ̃] *nf* 1 condição, classe social. 2 sorte, destino. 3 cláusula, requisito.

con.di.tionne.ment [kɔ̃disjɔnmɑ̃] *nm* 1 condicionamento. 2 acondicionamento.

con.di.tion.ner [kɔ̃disjɔne] *vt* 1 condicionar. 2 acondicionar.

con.dom [kɔ̃dɔm] *nf* camisinha, preservativo.

con.duc.teur, -trice [kɔ̃dyktœr, -tris] *n+adj* 1 condutor, guia. 2 *Electr* condutor.

con.duire [kɔ̃dɥir] *vt* 1 conduzir, ciceronear, liderar. 2 dirigir, guiar. 3 levar. *vpr* 4 conduzir-se, comportar-se. **permis de conduire** carteira de habilitação.

con.duit [kɔ̃dɥi] *nm* 1 conduto, canal ou tubo por onde passa um líquido ou um fluido. 2 caminho ou passagem subterrânea.

con.duite [kɔ̃dɥit] *nf* **1** condução. **2** acompanhamento. **3** conduta. **4** tubulação, encanamento. **conduite accompagnée** condição que permite aos jovens franceses de 16 anos dirigirem automóveis acompanhados de um responsável.

cône [kon] *nm* **1** cone. **2** polia.

con.fec.tion.ner [kɔ̃fɛksjɔne] *vt* confeccionar, fazer, preparar.

con.fé.rence [kɔ̃feʀɑ̃s] *nf* conferência, assembleia. **conférence de presse** entrevista coletiva.

con.fé.ren.cier, -ière [kɔ̃feʀɑ̃sje, -jɛʀ] *n* conferencista.

con.fes.ser [kɔ̃fese] *vt+vpr* confessar.

con.fes.sion [kɔ̃fesjɔ̃] *nf* confissão, penitência.

con.fian.ce [kɔ̃fjɑ̃s] *nf* confiança, esperança, fé.

con.fi.dence [kɔ̃fidɑ̃s] *nf* confidência, confissão.

con.fi.dent, -ente [kɔ̃fidɑ̃, -ɑ̃t] *n+adj* confidente.

con.fier [kɔ̃fje] *vt* **1** confiar, deixar. **2** fazer confidências.

con.fi.gu.rer [kɔ̃figyʀe] *vt* configurar.

con.fi.ner [kɔ̃fine] *vt* confinar, relegar.

con.fire [kɔ̃fiʀ] *vt* confeitar.

con.fir.mer [kɔ̃fiʀme] *vt* confirmar, ratificar.

con.fis.quer [kɔ̃fiske] *vt* confiscar.

con.fit, -ite [kɔ̃fi, -it] *adj* confeitado. **fruits confits** frutas cristalizadas.

con.fi.ture [kɔ̃fityʀ] *nf* geleia.

con.flit [kɔ̃fli] *nm* conflito, luta.

con.fondre [kɔ̃fɔ̃dʀ] *vt+vpr* confundir, equivocar, embaralhar.

con.forme [kɔ̃fɔʀm] *adj* conforme, consoante.

con.for.mi.té [kɔ̃fɔʀmite] *nf* conformidade.

con.fort [kɔ̃fɔʀ] *nm* conforto, consolo.

con.for.ter [kɔ̃fɔʀte] *vt* confortar, consolar.

con.fron.ter [kɔ̃fʀɔ̃te] *vt* **1** confrontar, comparar, contrapor. **2** acarear.

con.fus, use [kɔ̃fy, yz] *adj* **1** confuso, emaranhado, intrincado. **2** *fig* incompreensível, obscuro.

con.fu.sion [kɔ̃fyzjɔ̃] *nf* confusão, balbúrdia, rolo, anarquia, bagunça.

con.gé [kɔ̃ʒe] *nm* **1** férias. **2** *Mil* baixa. **congé (de) maladie** licença por doença. **congé (de) maternité** licença gestante. **congé sans solde** licença sem vencimentos. **prendre congé** dizer adeus, despedir-se.

con.gé.dier [kɔ̃ʒedje] *vt* **1** licenciar. **2** despedir.

con.ge.ler [kɔ̃ʒ(ə)le] *vt* congelar.

con.ges.tion.ner [kɔ̃ʒɛstjɔne] *vt* congestionar.

con.glo.mé.rat [kɔ̃glɔmeʀa] *nm* conglomerado.

con.gra.tu.la.tions [kɔ̃gʀatylasjɔ̃] *nf pl* congratulações, felicitações recíprocas.

con.gré.ga.tion [kɔ̃gʀegasjɔ̃] *nf* congregação.

con.grès [kɔ̃gʀɛ] *nm* **1** congresso (reunião diplomática). **2** colóquio. **3** corpo ou poder legislativo.

con.jec.ture [kɔ̃ʒɛktyʀ] *nf* **1** conjetura, presunção, suposição. **2** *Com* estimativa.

con.ju.gai.son [kɔ̃ʒygɛzɔ̃] *nf Gram* conjugação.

con.ju.gal, -ale, -aux [kɔ̃ʒygal, -o] *adj* conjugal.

con.ju.guer [kɔ̃ʒyge] *vt Gram* conjugar.

con.nais.sance [kɔnɛsɑ̃s] *nf* conhecimento, sabedoria. **à ma connaissance** que eu saiba. **avoir connaissance** ter conhecimento. **en connaissance de cause** com conhecimento de causa. **faire connaissance** conhecer (pes-

connaisseur — construire

soas), travar conhecimento. **perdre connaissance** perder os sentidos, desmaiar. **prendre connaissance** tomar conhecimento. **une connaissance** uma pessoa de seu relacionamento.

con.nais.seur, -euse [kɔnɛsœʀ, -øz] *adj* conhecedor.

con.naître [kɔnɛtʀ] *vt* **1** conhecer, saber, perceber. **2** ter conhecimento. **3** sentir. **4** reconhecer. **5** apreciar, compreender, julgar. **s'y connaître en quelque chose** ser muito competente.

conne.rie [kɔnʀi] *nf vulg* burrice, besteira, burrada.

con.ne.xion [kɔnɛksjɔ̃] *nf* conexão.

con.qué.rant, -ante [kɔ̃keʀɑ̃, -ɑ̃t] *n* conquistador.

con.qué.rir [kɔ̃keʀiʀ] *vt* **1** conquistar, obter. **2** seduzir.

con.quête [kɔ̃kɛt] *nf* **1** conquista, dominação. **2** ação de seduzir. **3** o que é conquistado, conquistas sociais. **4** pessoa conquistada.

con.sa.crer [kɔ̃sakʀe] *vt* **1** consagrar. **2** empregar.

cons.cient, -iente [kɔ̃sjɑ̃, -jɑ̃t] *adj* consciente.

con.sé.cu.tif, -ive [kɔ̃sekytif, -iv] *adj* consecutivo.

con.seil [kɔ̃sɛj] *nm* **1** conselho, sugestão. **2** assembleia, reunião. **Conseil général** Assembleia Legislativa. **Conseil municipal** Câmara de Vereadores. **la nuit porte conseil** *prov* a noite é boa conselheira.

con.seil.ler, -ère [kɔ̃seje, -ɛʀ] *n+adj* conselheiro. • *vt* **1** aconselhar. **2** inspirar, sugerir.

con.sen.tir [kɔ̃sɑ̃tiʀ] *vt* consentir, aprovar, permitir.

con.sé.quence [kɔ̃sekɑ̃s] *nf* consequência, efeito, resultado. **en conséquence** consequentemente.

con.ser.va.teur, -trice [kɔ̃sɛʀvatœʀ, -tʀis] *n+adj* conservador.

con.ser.va.tion [kɔ̃sɛʀvasjɔ̃] *nf* conservação.

con.ser.va.toire [kɔ̃sɛʀvatwaʀ] *nm* conservatório.

con.ser.ver [kɔ̃sɛʀve] *vt* conservar, preservar, manter. **être bien conservé** estar conservado, aparentar menos idade.

con.si.dé.ra.tion [kɔ̃sideʀasjɔ̃] *nf* consideração, estima. **prendre en considération** levar em consideração.

con.si.dé.rer [kɔ̃sideʀe] *vt* **1** considerar. **2** olhar atentamente.

con.si.gner [kɔ̃siɲe] *vt* **1** consignar. **2** reter.

con.sis.ter [kɔ̃siste] *vt* consistir.

con.so.la.tion [kɔ̃sɔlasjɔ̃] *nf* consolação, reconforto.

con.so.ler [kɔ̃sɔle] *vt* consolar, reconfortar.

con.so.li.der [kɔ̃sɔlide] *vt* consolidar.

con.som.ma.teur, -trice [kɔ̃sɔmatœʀ, -tʀis] *n* consumidor.

con.som.mer [kɔ̃sɔme] *vt+vi* consumir (bebida, alimento).

con.sonne [kɔ̃sɔn] *nf Gram* consoante.

cons.pi.rer [kɔ̃spiʀe] *vi* conspirar.

cons.tance [kɔ̃stɑ̃s] *nf* constância, perseverança.

cons.tant, -ante [kɔ̃stɑ̃, -ɑ̃t] *adj* constante, permanente. • *nf* constante.

cons.ta.ter [kɔ̃state] *vt* constatar, observar, reconhecer.

cons.ter.ner [kɔ̃stɛʀne] *vt* consternar, desconsolar.

cons.ti.pa.tion [kɔ̃stipasjɔ̃] *nf Méd* **1** constipação. **2** prisão de ventre.

cons.ti.tuer [kɔ̃stitɥe] *vt* constituir, formar, compor.

cons.ti.tu.tion [kɔ̃stitysjɔ̃] *nf* **1** constituição, formação. **2** *Jur* constituição.

cons.truc.tion [kɔ̃stʀyksjɔ̃] *nf* construção.

cons.truire [kɔ̃stʀɥiʀ] *vt* **1** construir, erigir, edificar. **2** arquitetar, compor.

con.su.lat [kɔ̃syla] *nm* consulado.
con.sul.ter [kɔ̃sylte] *vt+vi* **1** consultar, solicitar a opinião. **2** procurar informação.
con.su.mer [kɔ̃syme] *vt* **1** consumir. *vpr* **2** definhar-se, consumir-se, esgotar-se.
con.tact [kɔ̃takt] *nm* contato. **entrer, se mettre en contact** ficar em contato. **verres de contact** lentes de contato.
con.tac.ter [kɔ̃takte] *vt* contatar.
con.ta.gieux, -ieuse [kɔ̃taʒjø, -jøz] *adj* contagioso. **maladie contagieuse** doença contagiosa.
con.ta.gion [kɔ̃taʒjɔ̃] *nf Méd* contágio, transmissão.
con.ta.mi.ner [kɔ̃tamine] *vt* contaminar.
conte [kɔ̃t] *nm* conto. **conte à dormir debout** *fam* história para boi dormir, conto de fadas.
con.tem.pler [kɔ̃tɑ̃ple] *vt* contemplar, olhar.
con.tem.po.rain, -aine [kɔ̃tɑ̃pɔrɛ̃, -ɛn] *adj* contemporâneo.
con.te.nir [kɔ̃t(ə)nir] *vt* conter, encerrar, abranger, caber em.
con.tent, -ente [kɔ̃tɑ̃, -ɑ̃t] *adj* contente, feliz, alegre, satisfeito.
con.ten.ter [kɔ̃tɑ̃te] *vt* contentar, satisfazer.
con.te.nu [kɔ̃t(ə)ny] *nm* conteúdo.
con.tes.ter [kɔ̃tɛste] *vt* **1** contestar, descrer, discutir. **2** negar.
con.texte [kɔ̃tɛkst] *nm* contexto.
con.ti.nence [kɔ̃tinɑ̃s] *nf* continência, castidade, pureza.
con.ti.nent [kɔ̃tinɑ̃] *nm Géogr* continente.
con.tin.gence [kɔ̃tɛ̃ʒɑ̃s] *nf* contingência.
con.tin.gent, -ente [kɔ̃tɛ̃ʒɑ̃, -ɑ̃t] *adj* contingente. • *nm Mil* contingente.
con.ti.nu, -ue [kɔ̃tiny] *adj* contínuo, sucessivo, ininterrupto.

con.ti.nuer [kɔ̃tinɥe] *vt+vi* continuar, prosseguir, prolongar.
con.tor.sion [kɔ̃tɔrsjɔ̃] *nf* contorção.
con.tor.sion.ner (se) [kɔ̃tɔrsjɔne] *vpr* **1** contorcer-se. **2** fazer acrobacias.
con.tour [kɔ̃tur] *nm* **1** contorno, silhueta. **2** linha sinuosa.
con.trac.ter [kɔ̃trakte] *vt* **1** contrair. **2** retrair.
con.trac.tion [kɔ̃traksjɔ̃] *nf* contração, espasmo.
con.tra.dic.tion [kɔ̃tradiksjɔ̃] *nf* contradição, objeção, oposição.
con.traindre [kɔ̃trɛ̃dr] *vt* constranger, pressionar.
con.traire [kɔ̃trɛr] *adj* **1** contrário, inverso, do avesso. **2** desfavorável. • *nm* contrário. **au contraire** pelo contrário. **au contraire de** ao invés de.
con.tra.rier [kɔ̃trarje] *vt* contrariar.
con.traste [kɔ̃trast] *nm* contraste.
con.tras.ter [kɔ̃traste] *vt+vi* contrastar.
con.trat [kɔ̃tra] *nm* contrato, convenção.
con.tra.ven.tion [kɔ̃travɑ̃sjɔ̃] *nf* **1** contravenção. **2** multa.
con.tre.bande [kɔ̃trəbɑ̃d] *nf* contrabando.
con.tre.ban.dier, -ière [kɔ̃trəbɑ̃dje, -jɛr] *n* contrabandista.
con.tre.par.tie [kɔ̃trəparti] *nf* contrapartida.
con.tre.temps [kɔ̃trətɑ̃] *nm* contratempo, dificuldade.
con.tri.buer [kɔ̃tribɥe] *vt* contribuir, cooperar.
con.tri.bu.tion [kɔ̃tribysjɔ̃] *nf* **1** contribuição. **2 contributions** *pl* impostos.
con.trôle [kɔ̃trol] *nm* **1** controle, domínio. **2** vigilância, fiscalização. **3** prova (em ambiente estudantil).
con.trô.ler [kɔ̃trole] *vt* **1** controlar, ter o domínio. **2** vigiar, supervisionar, fiscalizar. *vpr* **3** controlar-se.

con.trô.leur, -euse [kɔ̃trolœr, -øz] *n* fiscal, inspetor.

con.tro.verse [kɔ̃trɔvɛrs] *nf* controvérsia.

con.tu.sion [kɔ̃tyzjɔ̃] *nf Méd* contusão.

con.vaincre [kɔ̃vɛ̃kr] *vt* convencer, persuadir.

con.va.les.cence [kɔ̃valesɑ̃s] *nf* convalescença.

con.va.les.cent, -ente [kɔ̃valesɑ̃, -ɑ̃t] *adj* convalescente.

conve.nable [kɔ̃vnabl] *adj* conveniente, razoável, oportuno, propício.

conve.nance [kɔ̃vnɑ̃s] *nf* conveniência.

conve.nir [kɔ̃vnir] *vt* convir, condizer, agradar.

con.ven.tion [kɔ̃vɑ̃sjɔ̃] *nf* convenção, convênio, trato. **convention collective** acordo salarial coletivo (entre patrões e empregados).

con.ver.gence [kɔ̃vɛrʒɑ̃s] *nf* convergência.

con.ver.sa.tion [kɔ̃vɛrsasjɔ̃] *nf* conversação, conversa.

con.ver.tir [kɔ̃vɛrtir] *vt* 1 converter, fazer aderir. *vpr* 2 converter-se.

con.vic.tion [kɔ̃viksjɔ̃] *nf* convicção, certeza.

con.voi [kɔ̃vwa] *nm* 1 cortejo fúnebre. 2 comboio.

con.voi.ter [kɔ̃vwate] *vt* cobiçar, ambicionar.

con.vo.quer [kɔ̃vɔke] *vt* convocar.

co.o.pé.ra.tive [k(ɔ)ɔperativ] *nf* cooperativa.

co.o.pé.rer [kɔɔpere] *vt* cooperar.

co.or.di.na.tion [kɔɔrdinasjɔ̃] *nf* coordenação.

co.or.don.ner [kɔɔrdɔne] *vt* coordenar.

co.pain, co.pine [kɔpɛ̃, kɔpin] *n+adj fam* 1 colega, amigo, companheiro. 2 namorado.

co.pie [kɔpi] *nf* 1 cópia, reprodução. 2 folha de prova.

co.pier [kɔpje] *vt* copiar, reproduzir.

co.piste [kɔpist] *n* escrevente.

co.pu.ler [kɔpyle] *vt* copular.

coq [kɔk] *nm* galo. **rouge comme un coq** *fam* vermelho como um pimentão.

coque [kɔk] *nf* 1 casca. 2 *Naut* casco de navio.

co.quille [kɔkij] *nf* 1 *Zool* concha. 2 casca vazia (de ovos, de nozes).

co.quin, -ine [kɔkɛ̃, -in] *n+adj* 1 tratante, bandido, canalha. 2 traquinas, malandro.

cor [kɔr] *nm* 1 trombeta, trompa. 2 calo.

co.rail, -aux [kɔraj, -o] *nm Zool* coral.

cor.beau [kɔrbo] *nm Zool* corvo.

cor.beille [kɔrbɛj] *nf* 1 cesta. 2 camarote. **corbeille à pain** cesta de pão.

corde [kɔrd] *nf* 1 corda, linha. 2 *Mus* corda. **avoir (ou se mettre) la corde au cou** *fam* estar ou ficar com a corda no pescoço, estar em situação desesperadora. **danser sur la corde raide** dançar na corda bamba.

cor.dia.li.té [kɔrdjalite] *nf* cordialidade.

cor.don [kɔrdɔ̃] *nm* cordão. **cordon--bleu** cozinheiro (a) muito hábil. **cordon ombilical** cordão umbilical.

cor.don.nier, -ière [kɔrdɔnje, -jɛr] *n* sapateiro.

corne [kɔrn] *nf* chifre, corno. **avoir, porter des cornes** ser traído. **corne à chaussures** calçadeira. **prendre le taureau par les cornes** pegar o touro pelo chifre, enfrentar as dificuldades de forma direta.

cor.ner [kɔrne] *vt+vi* soar.

corps [kɔr] *nm* 1 corpo, organismo humano. 2 corpo, cadáver. **à corps perdu** impulsivamente.

cor.pu.lent, -ente [kɔrpylɑ̃, -ɑ̃t] *adj* corpulento.

cor.rect, -e [kɔʀɛkt] *adj* **1** exato, certo, correto. **2** honesto. **politiquement correct** politicamente correto.

cor.rec.teur, -trice [kɔʀɛktœʀ, -tʀis] *n* **1** revisor de provas. **2** corretivo.

cor.rec.tion [kɔʀɛksjɔ̃] *nf* **1** correção, retificação. **2** punição, castigo. **3** exatidão.

cor.res.pon.dance [kɔʀɛspɔ̃dɑ̃s] *nf* **1** correspondência. **2** baldeação. **3** *Naut* escala.

cor.res.pon.dant, -ante [kɔʀɛspɔ̃dɑ̃, -ɑ̃t] *adj+n* **1** correspondente, que tem correlação. **2** que, ou quem mantém correspondência.

cor.res.pondre [kɔʀɛspɔ̃dʀ] *vt+vi* **1** corresponder, ser conforme. **2** manter correspondência.

cor.ri.gé [kɔʀiʒe] *nm* gabarito, modelo de exercício corrigido.

cor.ri.ger [kɔʀiʒe] *vt* corrigir, emendar.

cor.rompre [kɔʀɔ̃pʀ] *vt* **1** corromper. **2** aliciar. **3** depravar. **4** seduzir. **5** subornar.

cor.ro.sion [kɔʀozjɔ̃] *nf* corrosão.

cor.rup.tion [kɔʀypsjɔ̃] *nf* **1** corrupção. **2** perversão. **3** suborno.

cor.tège [kɔʀtɛʒ] *nm* **1** comitiva, cortejo, séquito. **2** acompanhamento.

cos.mé.tique [kɔsmetik] *adj+nm* cosmético.

cos.taud, -aude [kɔsto, -od] *adj+n* forte, robusto.

cos.tume [kɔstym] *nm* **1** vestimenta, roupa. **2** terno.

cote [kɔt] *nf* **1** cota. **2** índice. **cote d'alerte** ponto crítico.

côte [kot] *nf* **1** costela. **2** *Géogr* costa.

cô.té [kote] *nm* lado. **à côté de** ao lado de. **bas-côté** acostamento (em uma estrada). **être, passer à côté de la question** passar ao largo, desviar-se da questão. **marcher de côté** andar de lado.

côte.lette [kotlɛt / kɔtlɛt] *nf* costeleta.

co.ton [kɔtɔ̃] *nm* algodão.

cô.toyer [kotwaje] *vt* **1** costear. **2** aproximar-se.

cou [ku] *nm Anat* **1** pescoço. **2** colo. **jusqu'au cou** até o pescoço, completamente. **tordre le cou** torcer o pescoço.

couche [kuʃ] *nf* **1** camada. **2** fralda. **3** sedimento. **fausse couche** aborto.

cou.cher [kuʃe] *vt* **1** deitar, dormir. *vpr* **2** deitar-se. *c'est l'heure de se coucher* / é hora de ir se deitar. **3** estender-se. **chambre à coucher** quarto de dormir. **coucher avec quelqu'un** transar, ter relações sexuais com alguém. **le coucher du soleil** o pôr do sol. **se coucher sur le dos, le ventre** deitar-se de costas, de bruços.

cou.cou [kuku] *nm* **1** *Zool* cuco. **2** exclamação de crianças que estão brincando de esconde-esconde. **coucou, me voilà!** oi, aqui estou eu!

coude [kud] *nm Anat* cotovelo.

coudre [kudʀ] *vt* costurar, cozer.

cou.ler [kule] *vt* **1** afundar. *vi* **2** fluir.

cou.leur [kulœʀ] *nm* **1** cor. **2** naipe.

cou.lisse [kulis] *nf* **1** trilho corrediço. **2** bastidores (de teatro).

cou.loir [kulwaʀ] *nm* corredor.

coup [ku] *nm* **1** golpe, pancada. **2** choque emocional. **3** gole, trago. **4** jogada. **à coup sûr** certamente. **ça vaut le coup** vale a pena. **coup de chance** golpe de sorte. **coup de foudre**: a) raio, faísca. b) *fig* amor à primeira vista. **coup de pied** pontapé. **coup sur coup** sem parar. **tenir le coup** aguentar, suportar.

cou.pable [kupabl] *n+adj* culpado, réu.

coupe [kup] *nf* **1** copa. **2** taça. **3** corte. **une coupe à champagne** uma taça de champanha.

cou.per [kupe] *vt* **1** cortar. **2** podar. **3** cortar, interromper. *vpr* **4** trair-se, contradizer-se.

couple [kupl] *nf* **1** dupla. **2** casal.
cour [kur] *nf* **1** namoro. **2** corte. **3** pátio, recreio, quintal. **4** quadra. **cour de tennis** quadra de tênis.
cou.rage [kuraʒ] *nf* **1** coragem, bravura. **2** ânimo.
cou.rant, -ante [kurã, -ãt] *adj* **1** corrente. **2** comum, habitual. • *nm* correnteza. **mettre au courant** colocar a par, informar.
courbe [kurb] *nf* curva. • *adj* curvo.
cou.reur, -euse [kurœr, -øz] *n* corredor. • *adj+n* conquistador (amoroso).
cou.rir [kurir] *vt+vi* **1** correr. **2** transcorrer. **3** circular, propagar-se.
cou.ronne [kurɔn] *nf* coroa.
cou.ron.ner [kurɔne] *vt* coroar. **couronne de fleurs** coroa de flores. **couronne funéraire** coroa funerária.
cour.rier [kurje] *nm* correspondência. **courrier électronique** correio eletrônico.
cours [kur] *nm* **1** aula. **2** decurso. **3** taxa (de valores ou moedas). **au cours de** durante, ao longo de. **donner libre cours à** dar vazão a.
course [kurs] *nf* **1** corrida. **2** trajeto percorrido. **3 courses** *pl* compras. **faire des courses** fazer compras. **garçon de courses** garoto de entregas. **le prix de la course** o preço da corrida.
court, courte [kur, kurt] *adj* curto, breve. • *adv* curto, de modo curto. **à court terme** a curto prazo. **tout court** simplesmente, mais nada.
court-cir.cuit [kursirkɥi] *nm* curto-circuito.
cour.ti.ser [kurtize] *vt* **1** cortejar, galantear. **2** bajular.
cour.toi.sie [kurtwazi] *nf* amabilidade, cortesia.
cou.sin, -ine [kuzɛ̃, -in] *n* primo.
cous.sin [kusɛ̃] *nm* almofada. **coussin de sécurité** airbag.
coût [ku] *nm* custo.
cou.teau [kuto] *nm* faca.
cou.telas [kutla] *nm* facão.
coû.ter [kute] *vt+vi* **1** custar, valer. **2** provocar.
cou.tume [kutym] *nm* costume, praxe. **de coutume** habitualmente.
cou.ture [kutyr] *nf* costura. **la haute couture** a alta costura.
cou.tu.rière [kutyrjɛr] *nf* costureira.
cou.vent [kuvã] *nm* convento.
cou.ver [kuve] *vt+vi* incubar.
cou.vercle [kuvɛrkl] *nm* **1** tampo, tampa. **2** redoma.
cou.vert, -erte [kuvɛr, -ɛrt] *nm* talher. • *adj* encoberto.
cou.ver.ture [kuvɛrtyr] *nf* **1** cobertor. **2** coberta. **3** cobertura. **4** capa de livro.
cou.vrir [kuvrir] *vt* **1** tampar, cobrir, tapar. **2** envolver. **3** encobrir. **4** cobrir (valores, despesas).
crabe [krab] *nm Zool* caranguejo.
cra.cher [kraʃe] *vt+vi* cuspir, escarrar.
craie [krɛ] *nf* giz.
craindre [krɛ̃dr] *vt+vi* recear, temer.
crainte [krɛ̃t] *nf* receio, temor, apreensão, medo. **de crainte** de medo. **par crainte** por medo.
crampe [krɑ̃p] *nf Méd* cãibra.
cram.pon [krɑ̃pɔ̃] *nm* **1** gancho. **2** grampo. **3** *fam* pessoa chata, que não desgruda.
crâne [krɑn] *nm Anat* crânio.
crase [kraz] *nf Gram* crase.
cra.tère [kratɛr] *nm* cratera.
cra.vate [kravat] *nf* gravata.
crayon [krɛjɔ̃] *nm* lápis.
cré.a.teur, -trice [kreatœr, -tris] *n* criador.
cré.a.tion [kreasjɔ̃] *nf* criação.
cré.a.ti.vi.té [kreativite] *nf* criatividade.
cré.a.ture [kreatyr] *nf* criatura.

crèche — cuivre

crèche [kʀɛʃ] *nf* creche. **crèche de Noël** presépio de Natal.
cré.dit [kʀedi] *nm* crédito. **vente à crédit** venda a crédito.
cré.er [kʀee] *vt* **1** criar, fundar, erigir. **2** conceber.
crème [kʀɛm] *nf* **1** creme. **2** nata. • *adj* creme (cor).
cré.ole [kʀeɔl] *n+adj* **1** crioulo, originário das Antilhas. **2** sua língua. • *nf* brinco de argola.
cré.tin, -ine [kʀetɛ̃, -in] *n* cretino, estúpido.
creu.ser [kʀøze] *vt+vi* **1** cavar, escavar. **2** afundar.
creux, creuse [kʀø, kʀøz] *adj* oco. • *nf* toca, buraco.
cre.ver [kʀəve] *vt+vi* **1** estourar, rebentar, furar. **2** morrer. **c'est à crever de rire** é de morrer de rir. **crever de froid** morrer de frio.
cre.vette [kʀəvɛt] *nf Zool* camarão.
cri [kʀi] *nm* grito, berro, brado, bramido. **le dernier cri** *fam* a última moda.
crier [kʀije] *vi+vt* gritar, berrar. **crier famine, crier misère** gritar de fome e miséria.
crime [kʀim] *nm* crime. **le crime ne paie pas** o crime não compensa.
cri.mi.nel, -elle [kʀiminɛl] *n+adj* criminoso, réu. • *adj* criminal.
cri.nière [kʀinjɛʀ] *nf Zool* juba, crina.
crise [kʀiz] *nf* **1** crise, acesso, ataque. **2** fase grave. **crise de nerfs** crise de nervos.
cris.tal, -aux [kʀistal, -o] *nm* cristal.
cris.tal.lin, -ine [kʀistalɛ̃, -in] *adj* cristalino. • *nm Anat* cristalino.
cri.tère [kʀitɛʀ] *nm* critério.
cri.tique [kʀitik] *adj* crítico, grave. • *nf* **1** crítica. **2** crítico. **critique d'art** crítico de arte.
cri.ti.quer [kʀitike] *vt* **1** criticar. **2** depreciar.
croas.ser [kʀɔase] *vi* grasnar.

cro.chet [kʀɔʃe] *nm* **1** gancho. **2** *Gram* colchete. **3** crochê.
croire [kʀwaʀ] *vt+vi* **1** crer, acreditar. **2** estimar, supor.
croi.sade [kʀwazad] *nf* cruzada.
croi.ser [kʀwaze] *vt+vi* cruzar.
croi.sière [kʀwazjɛʀ] *nf Naut* cruzeiro. **vitesse de croisière** velocidade de cruzeiro.
crois.sance [kʀwasɑ̃s] *nf* crescimento, aumento.
crois.sant, -ante [kʀwasɑ̃, -ɑ̃t] *adj* crescente. • *nm* **1** meia-lua. **2** *croissant* (pão em forma de meia-lua).
croî.tre [kʀwatʀ] *vi* **1** crescer, subir, aumentar. **2** desenvolver-se.
croix [kʀwa] *nf* cruz. **Croix-Rouge** Cruz Vermelha.
cro.quer [kʀɔke] *vt+vi* **1** trincar. **2** estalar nos dentes.
croûte [kʀut] *nf* crosta.
croyance [kʀwajɑ̃s] *nf* crença, fé.
cru [kʀy] *adj* cru.
cru.au.té [kʀyote] *nf* **1** crueldade. **2** *fig* bestialidade, barbárie.
cru.ci.fier [kʀysifje] *vt* crucificar.
cru.ci.fix [kʀysifi] *nm* crucifixo.
cruel, cruelle [kʀyɛl] *adj* cruel, impiedoso.
cube [kyb] *nm* cubo.
cueil.lir [kœjiʀ] *vt* colher, apanhar.
cuir [kɥiʀ] *nm* couro.
cui.rasse [kɥiʀas] *nf* couraça.
cuire [kɥiʀ] *vt* cozinhar. **être dur à cuire** opor grande resistência.
cui.sine [kɥizin] *nf* cozinha. **faire la cuisine** cozinhar.
cui.si.ner [kɥizine] *vi+vt* cozinhar.
cui.si.nier, -ère [kɥizinje, -ɛʀ] *n* **1** cozinheiro. **2** fogão.
cuisse [kɥis] *nf* coxa.
cuis.son [kɥisɔ̃] *nm* cozimento.
cuit, cuite [kɥi, kɥit] *adj* cozido. • *nf pop* porre.
cuivre [kɥivʀ] *nm Chim* cobre.

cul [ky] *nm* **1** *arg* bunda. **2** *vulg* cu. **3** *fig, vulg* rabo.
cul.bu.ter [kylbyte] *vt+vi* capotar.
cul-de-sac [kyd(ə)sak] *nm* rua sem saída.
cu.li.naire [kylinɛʀ] *adj* culinária.
cu.lotte [kylɔt] *nf* calcinha.
cul.ti.vé, -ée [kyltive] *adj* culto.
cul.ti.ver [kyltive] *vt* **1** cultivar, semear, plantar. **2** *fig* aperfeiçoar.
cul.ture [kyltyʀ] *nf* **1** cultura, conhecimento. **2** cultivo, lavra.
cu.pi.di.té [kypidite] *nf* ganância.
cu.ra.tif, -ive [kyʀatif, -iv] *adj* curativo.

cu.ré [kyʀe] *nm Rel* cura, pastor.
cure-dent [kyʀdɑ̃] *nm* palito.
cu.rio.si.té [kyʀjozite] *nf* curiosidade.
cur.seur [kyʀsœʀ] *nm* cursor.
cu.ti.cule [kytikyl] *nf* **1** película. **2** *Anat* cutícula.
cuve [kyv] *nf* cuba, tina.
cu.vette [kyvɛt] *nf* bacia, cuba.
cy.cle [sikl] *nm* ciclo.
cy.cliste [siklist] *n+adj* ciclista.
cy.clone [siklon] *nm* ciclone, furacão.
cy.lindre [silɛ̃dʀ] *nm* cilindro.
cy.nique [sinik] *n+adj* **1** cínico. **2** *pop* cara de pau.

d

d [de] *nm* quarta letra e terceira consoante do alfabeto da língua francesa.
dai.gner [deɲe] *vt* dignar-se.
d'ail.leurs [dajœʀ] *adv* aliás, a propósito.
dalle [dal] *nf* laje. **n'y comprendre que dalle** não entender patavina. **se rincer la dalle** beber, molhar a garganta.
dal.to.nien, -ienne [daltɔnjɛ̃, -jɛn] *n+adj* daltônico.
dal.to.nisme [daltɔnism] *nm* daltonismo.
dam [dã / dm] *nm* dano, perda, prejuízo. **à mon dam** em meu prejuízo.
dame [dam] *nf* **1** dama, mulher nobre. **2** dama, a mulher que dança com o cavalheiro. **3** dama, a carta do baralho com a figura feminina. **4** rainha, peça do jogo de xadrez. **Dame!** Nossa mãe! **dame de compagnie** dama de companhia.
dam.ner [dɑne] *vt* danar.
dan.ger [dãʒe] *nm* perigo. **courir un danger** correr um perigo. **danger de mort** perigo de morte.
dange.reux, -euse [dãʒʀø, -øz] *adj* perigoso, arriscado, temível, temerário.
dans [dã] *adv* dentro. • *prép* dentro de, em. **monter dans l'autobus** / subir no ônibus. **elle arrive dans dix jours** / ela chega dentro de dez dias.
danse [dãs] *nf* dança. **entrer dans la danse** entrar na dança.
dan.ser [dãse] *vt+vi* dançar, bailar. **ne pas savoir sur quel pied danser** hesitar.
date [dat] *nf* data. **de longue date** de longa data.
dau.phin [dofɛ̃] *nm* **1** *Zool* delfim, golfinho. **2** delfim, título dos filhos primogênitos dos reis da França. **3** *fig* sucessor.
da.van.tage [davɑ̃taʒ] *adv* **1** mais. **2** mais tempo.
de [də] *prép* **1** de. **2** com. **à deux doigts de** muito perto de, prestes a. **rêver de lui** sonhar com ele.
dé [de] *nm* dado. **dé à coudre** dedal. **tenir le dé** dar as cartas, tomar conta da conversa.
dé.bal.ler [debale] *vt* **1** desembalar, desembrulhar. **2** *arg fam* desabafar.
dé.bar.quer [debaʀke] *vt Aér* **1** descarregar. *vi* **2** desembarcar.
dé.bar.ras [debaʀɑ] *nm* despejo. **bon débarras** que alívio, até que enfim! **cabinet de débarras** quarto de despejo.
dé.bar.ras.ser [debaʀɑse] *vt* **1** desembaraçar. **2** livrar. **3** desocupar. *vpr* **4** desvencilhar-se.
dé.bat [deba] *nm* debate.
dé.battre [debatʀ] *vt* **1** questionar. *vi* **2** debater. *vpr* **3** lutar, debater-se. **se débattre contre le courant** lutar contra a corrente.

débauche — déclencher

dé.bauche [deboʃ] *nf* devassidão, sem-vergonhice, perversão.

dé.bile [debil] *adj* débil. **débile mental** *Méd* débil mental.

dé.bit [debi] *nm Com* **1** débito. **2** saída, fluxo de mercadorias. **3** elocução, modo de se expressar.

dé.bi.teur, -trice [debitœr, -tris] *n Com* devedor.

dé.boi.ser [debwaze] *vt* desmatar.

dé.boîte.ment [debwatmã] *nm* luxação.

dé.boî.ter [debwate] *vt* luxar.

dé.bor.de.ment [debɔrdəmã] *nm* alagamento, transbordamento.

dé.bor.der [debɔrde] *vt* **1** alagar. *vi* **2** transbordar.

dé.bou.cher [debuʃe] *vt* **1** desentupir. *vi* **2** desembocar.

dé.bout [d(ə)bu] *adv* em pé. **se mettre/tenir debout** colocar-se/ficar em pé.

dé.bou.ton.ner [debutɔne] *vt* desabotoar.

dé.bran.cher [debrɑ̃ʃe] *vt* desligar. *débrancher un appareil électrique /* desligar um aparelho elétrico.

dé.bris [debri] *nm* detrito. **débris de fer** sucata.

dé.brouil.ler [debruje] *vt* **1** desembaraçar. *vpr* **2** *fam* dar um jeito, sair de apuros, de embaraços. **débrouille-toi** vire-se.

dé.but [deby] *nm* princípio, começo, início, primórdio.

dé.bu.tant, -ante [debytã, -ãt] *n+adj* **1** debutante. **2** iniciante, principiante, calouro, novato.

dé.bu.ter [debyte] *vi* **1** principiar. **2** debutar. **3** estrear.

dé.ca.dence [dekadɑ̃s] *nf* **1** decadência, declínio. **2** *fig* ocaso.

dé.ca.lage [dekalaʒ] *nm* defasagem. **décalage horaire** fuso horário.

dé.cap.su.leur [dekapsylœr] *nm* abridor de garrafas.

dé.cé.der [desede] *vi* falecer, morrer.

dé.ce.ler [des(ə)le] *vt* **1** revelar, denunciar, trair. **2** revelar a existência ou a presença de.

dé.cembre [desɑ̃br] *nm* dezembro.

dé.cen.nie [deseni] *nf* década, decênio.

dé.cep.tion [desɛpsjɔ̃] *nf* decepção, desilusão, desapontamento.

dé.cès [dese] *nm* falecimento, óbito. **acte de décès** atestado de óbito.

dé.ce.vant, -ante [des(ə)vɑ̃, -ɑ̃t] *adj* decepcionante.

dé.ce.voir [des(ə)vwar] *vt* decepcionar, desiludir, desapontar.

dé.chaî.ner (se) [deʃene] *vt* **1** desprender, soltar. **2** *fig* desencadear *vpr* **3** descontrolar-se.

dé.char.ge.ment [deʃarʒəmã] *nm* descarregamento.

dé.char.ger [deʃarʒe] *vt* **1** descarregar. *vpr* **2** desencarregar-se, desincumbir-se.

dé.chet [deʃɛ] *nm* dejeto.

dé.chif.frer [deʃifre] *vt* decifrar.

dé.chi.rer [deʃire] *vt* rasgar, esfarrapar, retalhar, despedaçar, estraçalhar.

dé.chi.rure [deʃiryr] *nf* rasgo, rasgão.

dé.ci.der [deside] *vt* **1** decidir, resolver. **2** *Dir* sentenciar. **3** convencer, persuadir. *vpr* **4** decidir-se.

dé.ci.mal, -ale, -aux [desimal, -o] *adj* decimal.

dé.ci.sion [desizjɔ̃] *nf* decisão, resolução, determinação.

dé.cla.mer [deklame] *vt* declamar.

dé.cla.ra.tion [deklarasjɔ̃] *nf* declaração. **déclaration de décès** atestado de óbito.

dé.cla.rer [deklare] *vt* **1** declarar, proclamar. *vpr* **2** declarar-se, pronunciar-se. **déclarer quitte** quitar.

dé.clas.ser [deklase] *vt* desclassificar.

dé.clen.cher [deklɑ̃ʃe] *vt* desencadear, provocar.

dé.clin [deklẽ] *nm* declínio, ocaso.
dé.cli.ner [dekline] *vt* **1** declinar. **2** recusar. **3** dizer, enunciar. *vi* **4** decair.
dé.co.der [dekɔde] *vt* decodificar.
dé.coif.fer [dekwafe] *vt* despentear.
dé.col.lage [dekɔlaʒ] *nm Aér* decolagem.
dé.col.ler [dekɔle] *vt* **1** descolar, desgrudar, desprender. *vi* **2** *Aér* decolar.
dé.colle.té [dekɔlte] *nm* decote.
dé.comp.ter [dekõte] *vt Com* descontar, deduzir.
dé.cor [dekɔR] *nm* **1** cenário. **2** ambiente, atmosfera.
dé.co.ra.teur, -trice [dekɔRatœR, -tRis] *n* decorador.
dé.co.ra.tif, -ive [dekɔRatif, -iv] *adj* decorativo.
dé.co.rer [dekɔRe] *vt* **1** decorar, ornar, enfeitar. **2** condecorar.
dé.cor.ti.quer [dekɔRtike] *vt* **1** descascar. **2** *fig* explorar, analisar a fundo.
dé.cou.ler [dekule] *vt* decorrer, resultar.
dé.cou.per [dekupe] *vt* recortar.
dé.cou.rage.ment [dekuRaʒmã] *nm* **1** desalento, esmorecimento, desânimo. **2** *fig* abatimento moral.
dé.cou.ra.ger [dekuRaʒe] *vt* desanimar, desencorajar, esmorecer.
dé.cou.vert, -erte [dekuvɛR, -ɛRt] *adj* descoberto. • *nf* descoberta, descobrimento.
dé.cou.vrir [dekuvRiR] *vt* **1** descobrir, perceber, encontrar, avistar. **2** destapar, destampar. **3** divulgar, revelar. *vpr* **4** expor-se.
dé.cret [dekRɛ] *nm* decreto.
dé.crire [dekRiR] *vt* **1** descrever. **2** traçar ou percorrer uma linha curva.
dé.cro.cher [dekRɔʃe] *vt* **1** desenganchar, despendurar, desengatar. **2** *fam* obter, conseguir.

dé.dai.gner [dedeɲe] *vt* desdenhar, menosprezar, fazer pouco caso.
dé.dain [dedẽ] *nm* desdém, desprezo, menosprezo.
de.dans [dədã] *prép+adv* dentro de. **de dedans** de dentro. **là-dedans** lá dentro. **par dedans** por dentro.
dé.di.ca.cer [dedikase] *vt* fazer uma dedicatória.
dé.dier [dedje] *vt* **1** dedicar uma obra a alguém. **2** consagrar.
dé.dire [dediR] *vt+vpr* desdizer, desmentir.
dé.dom.ma.ger [dedɔmaʒe] *vt* **1** ressarcir. **2** *fig* pagar.
dé.dou.bler [deduble] *vt* **1** desdobrar. *vpr* **2** desdobrar-se, agir por dois.
dé.duire [dedɥiR] *vt* **1** deduzir, abater. **2** depreender.
dé.esse [deɛs] *nf* deusa.
dé.fail.lance [defajãs] *nf* **1** desfalecimento, desmaio. **2** falha.
dé.faire [defɛR] *vt* **1** desfazer, desmanchar. *vpr* **2** decompor-se, desfazer-se, desmanchar-se.
dé.faite [defɛt] *nf* derrota, fracasso.
dé.faut [defo] *nm* falha, privação. **à défaut de** na falta de. **faire défaut** faltar, fazer falta.
dé.fendre [defãdR] *vt* **1** defender, resguardar. **2** proibir. **3** apadrinhar, tutelar. *vpr* **4** defender-se, proteger-se.
dé.fense [defãs] *nf* **1** defesa. **2** proibição. **défense de fumer** proibido fumar. **défense légitime** legítima defesa.
dé.fen.seur [defãsœR] *nm* defensor.
dé.fé.rence [defeRãs] *nf* cerimônia, deferência.
dé.fé.rer [defeRe] *vt* deferir.
dé.fi [defi] *nm* desafio.
dé.fi.ance [defjãs] *nf* desconfiança.
dé.fiant, -ante [defjã, -jãt] *adj* desconfiado, receoso.
dé.fi.cit [defisit] *nm Com* déficit.

défier — demande

dé.fier [defje] *vt* desafiar.
dé.fi.gu.rer [defigyʀe] *vt* desfigurar.
dé.fi.lé [defile] *nm* 1 desfile. 2 *Géogr* desfiladeiro.
dé.fi.ler [defile] *vt* 1 *fig* desfiar (o rosário). *vi* 2 desfilar.
dé.fi.nir [definiʀ] *vt* definir, caracterizar.
dé.fi.ni.tion [definisjɔ̃] *nf* definição.
dé.fla.grer [deflagʀe] *vt Phys* deflagrar.
dé.fla.tion [deflasjɔ̃] *nf* deflação.
dé.flo.rer [deflɔʀe] *vt* deflorar.
dé.for.ma.tion [defɔʀmasjɔ̃] *nf* deformação.
dé.for.mer [defɔʀme] *vt* deformar.
dé.fri.cher [defʀiʃe] *vt* 1 desbravar. 2 *fig* elucidar, esclarecer.
dé.ga.ger [degaʒe] *vt* 1 liberar, desimpedir. 2 destacar. 3 extrair, tirar. **se dégager** liberar-se.
dé.gar.nir [degaʀniʀ] *vt+vpr* desguarnecer, esvaziar.
dé.gât [dega] *nm* estrago, prejuízo.
dé.gel [deʒɛl] *nm* descongelamento, degelo.
dé.gon.fler [degɔ̃fle] *vt* 1 esvaziar, murchar. *vpr* 2 *fig* perder coragem ou energia.
dé.gour.dir [deguʀdiʀ] *vt* 1 desembaraçar. 2 desentorpecer.
dé.goût [degu] *nm* 1 desgosto. 2 asco. 3 tédio. 4 *fig* náusea.
dé.goû.tant, -ante [degutɑ̃, -ɑ̃t] *adj* 1 desagradável, tedioso. 2 asqueroso, repugnante.
dé.goû.ter [degute] *vt* 1 desgostar, desagradar. 2 enojar, repugnar. *vpr* 3 enojar-se.
dé.gra.da.tion [degʀadasjɔ̃] *nf* 1 degradação. 2 profanação. 3 rebaixamento.
dé.gré [dəgʀe] *nm* grau.
dé.grin.go.ler [degʀɛ̃gɔle] *vi* 1 cair. 2 *fig* descambar.

dé.gui.ser [degize] *vt* 1 disfarçar. *vpr* 2 fantasiar-se.
dé.gus.ta.tion [degystasjɔ̃] *nf* degustação.
de.hors [dəɔʀ] *adv* fora, exterior. • *nm* 1 exterior. *pl* 2 aparências.
dé.jà [deʒa] *adv* já.
dé.jeu.ner [deʒœne] *nm* almoço. • *vi* almoçar.
dé.lai [delɛ] *nm* 1 prazo. 2 demora, retardamento. 3 *Jur* mora. **sans délai** sem demora.
dé.lais.ser [delese] *vt* 1 desamparar. 2 largar. 3 renunciar.
dé.la.teur, -trice [delatœʀ, -tʀis] *n* delator.
dé.layer [deleje] *vt* diluir.
dé.lé.guer [delege] *vt* delegar.
dé.li.ca.tesse [delikatɛs] *nf* 1 delicadeza, amabilidade. 2 fragilidade. 3 refinamento.
dé.lice [delis] *nm* delícia.
dé.li.cieux, -ieuse [delisjø, -jøz] *adj* 1 delicioso. 2 *fig* suculento.
dé.lier [delje] *vt* 1 desamarrar. 2 soltar, desfazer os nós. 3 liberar, livrar (de um compromisso ou de uma obrigação).
dé.li.mi.ter [delimite] *vt* delimitar.
dé.lin.quance [delɛ̃kesɑ̃s] *nf* delinquência.
dé.lit [deli] *nm* delito, crime.
dé.li.vrer [delivʀe] *vt* redimir, remir, resgatar.
dé.lo.ger [delɔʒe] *vt* desalojar.
dé.loyal, -ale, -aux [delwajal, -o] *adj* desleal.
dé.loyau.té [delwajote] *nf* deslealdade.
dé.ma.go.gie [demagɔʒi] *nf* demagogia.
de.main [d(ə)mɛ̃] *adv* amanhã. • *nm* o amanhã, o futuro. **à demain** até amanhã.
de.mande [d(ə)mɑ̃d] *nf* 1 pedido. 2 pergunta. 3 *Jur* demanda.

de.man.der [d(ə)mɑ̃de] *vt* **1** pedir. **2** perguntar. **3** *Jur* demandar. **ne pas demander mieux** não querer outra coisa.

dé.man.geai.son [demɑ̃ʒɛzɔ̃] *nf* coceira, comichão.

dé.ma.quil.ler [demakije] *vt* tirar a maquiagem.

dé.marche [demaRʃ] *nf* **1** modo de andar. **2** atitude, comportamento. **3** *fig* tentativa de se obter alguma coisa, diligência. **4** procedimento. **5 démarches** *pl* diligências, procedimentos.

dé.mar.rage [demaRaʒ] *nm* **1** início, começo. **2** partida (de automóvel).

dé.mar.rer [demaRe] *vt* **1** principiar. **démarrer le moteur** *Méc* ligar ou dar a partida no motor.

dé.mê.ler [demele] *vt* **1** desembaraçar. **2** discernir, distinguir.

dé.mé.nage.ment [demenaʒmɑ̃] *nm* **1** mudança (ação ou resultado de se mudar, de fazer uma mudança). **2** mudança, o conjunto do mobiliário.

dé.mé.na.ger [demenaʒe] *vt* **1** mudar móveis ou objetos de lugar. *vi* **2** mudar de casa.

dé.mence [demɑ̃s] *nf* **1** distúrbio mental grave. **2** insensatez.

dé.men.ti [demɑ̃ti] *nm* desmentido, contradição.

dé.men.tir [demɑ̃tiR] *vt+vpr* desmentir, desdizer.

dé.met.tre [demɛtR] *vt* **1** deslocar (membro). **2** pedir demissão, mandar embora. *vpr* **3** demitir-se.

de.meure [d(ə)mœR] *nf* **1** estada, permanência. **2** habitação, moradia, residência. **3** *fig* lar. **à demeure** em definitivo. **la dernière demeure** o túmulo.

de.meu.rer [d(ə)mœRe] *vi* morar, residir, habitar.

de.mi, -ie [d(ə)mi] *adj+adv* meio. • *nm* chope. **à demi-mot** com meias palavras. **dans une demie-heure** dentro de meia hora.

de.mi-fi.nale [d(ə)mifinal] *nf* semifinal.

dé.mis.sion [demisjɔ̃] *nf* demissão.

dé.mis.sion.ner [demisjɔne] *vi* **1** pedir demissão. **2** *fig, fam* abandonar, renunciar.

dé.mo.bi.li.ser [demɔbilize] *vt* desmobilizar.

dé.mo.crate [demɔkRat] *n+adj Pol* democrata.

dé.mo.cra.tie [demɔkRasi] *nf* democracia.

de.moi.selle [d(ə)mwazɛl] *nf* senhorita.

dé.mo.lir [demɔliR] *vt* demolir, arrasar.

dé.mon [demɔ̃] *nm* demônio.

dé.mon.trer [demɔ̃tRe] *vt* demonstrar.

dé.mo.ti.ver [demɔtive] *vt* desmotivar.

dé.ni [deni] *nm* negação, recusa.

dé.nier [denje] *vt* negar.

dé.nom.brer [denɔ̃bRe] *vt* relacionar, enumerar, inventariar.

dé.non.cer [denɔ̃se] *vt* **1** denunciar, delatar. **2** dar queixa. **3** *Jur* indiciar.

dé.no.ter [denɔte] *vt* denotar, significar.

dé.noue.ment [denumɑ̃] *nm* desenlace, desfecho, final.

den.rée [dɑ̃Re] *nf* provisão, alimento.

dense [dɑ̃s] *adj* **1** denso, espesso. **2** *fig* conciso.

den.si.té [dɑ̃site] *nf* densidade, espessura.

dent [dɑ̃] *nf Anat* dente. **avoir la dent** ter, sentir fome. **dent de lait** dente de leite. **dent de sagesse** dente do siso. **être armé jusqu'aux dents** estar armado até os dentes.

den.taire [dɑ̃tɛR] *adj* dentário. **fil dentaire** fio dental.

den.telle [dɑ̃tɛl] *nf* renda.

den.tier [dɑ̃tje] *nm* dentadura.

den.tiste [dɑ̃tist] *n* dentista.

déo.do.rant, -ante [deɔdɔʀɑ̃, -ɑ̃t] *nm+adj* desodorante.

dé.pan.ner [depane] *vt* **1** consertar. **2** *fig* ajudar.

dé.pan.neu.se [depanøz] *nf* guincho.

dé.part [depaʀ] *nm* **1** partida. **2** *Sp* largada. **au départ** na partida.

dé.par.te.ment [depaʀtəmɑ̃] *nm* **1** departamento, setor. **2** divisão administrativa do território francês.

dé.pas.se.ment [depasmɑ̃] *nm* ultrapassagem.

dé.pas.ser [depase] *vt* **1** ultrapassar. **2** exceder, extrapolar.

dé.pêche [depɛʃ] *nf* **1** despacho, envio, expedição, remessa. **2** telegrama.

dé.pê.cher [depeʃe] *vt* **1** despachar, expedir. *vpr* **2** apressar-se.

dé.pendre [depɑ̃dʀ] *vt* depender, submeter-se.

dé.pens [depɑ̃] *nm pl* custas.

dé.pense [depɑ̃s] *nf* despesa, gasto, dispêndio.

dé.pen.ser [depɑ̃se] *vt* gastar, desembolsar.

dé.peu.pler [depœple] *vt* despovoar.

dé.pis.ter [depiste] *vt* rastrear, procurar.

dé.pit [depi] *nm* despeito, rancor.

dé.place.ment [deplasmɑ̃] *nm* deslocamento, remoção, movimento.

dé.pla.cer [deplase] *vt* **1** remover, mudar. *vpr* **2** deslocar-se, mover-se.

dé.plaire [deplɛʀ] *vt* **1** desagradar. **2** indispor, aborrecer.

dé.plai.sir [deplezir] *nm* desprazer, contrariedade, descontentamento.

dé.plo.rer [deplɔʀe] *vt* deplorar, lastimar, lamentar.

dé.ployer [deplwaje] *vt* desdobrar, estender.

dé.por.ter [depɔʀte] *vt* deportar, degredar.

dé.po.ser [depoze] *vt* **1** pôr. **2** *Com* depositar. **3** *Jur* depor. **4** registrar (uma marca).

dé.pôt [depo] *nm* **1** deposição, colocação. **2** *Com* depósito. *dépôt bancaire* / depósito bancário. **3** entreposto, depósito. **4** sedimento (líquidos).

dé.pouille [depuj] *nf* despojo, espólio.

dé.pouil.ler [depuje] *vt* despojar, retirar.

dé.pour.vu, -ue [depuʀvy] *adj* desprovido. **il m'a pris au dépourvu** ele me pegou desprevenido.

dé.pous.si.é.rer [depusjeʀe] *vt* tirar o pó.

dé.pra.va.tion [depʀavasjɔ̃] *nf* depravação, perversão.

dé.pra.ver [depʀave] *vt* depravar, perverter.

dé.pré.cier [depʀesje] *vt+vpr* **1** depreciar. *vt* **2** desacreditar.

dé.pri.mer [depʀime] *vt* deprimir, abater.

de.puis [dəpɥi] *prép* desde, a partir de. *je ne l'ai plus vu depuis* / eu não o vi mais desde então. **depuis longtemps** há muito tempo. **depuis peu** há pouco tempo.

dé.pu.ra.tion [depyʀasjɔ̃] *nf* depuração.

dé.pu.rer [depyʀe] *vt* **1** afinar. **2** *Chim* depurar.

dé.pu.té [depyte] *nm* deputado.

dé.qua.li.fi.er [dekalifje] *vt* desqualificar.

dé.rail.ler [deʀaje] *vi* **1** descarrilar. **2** *pop* pirar.

dé.range.ment [deʀɑ̃ʒmɑ̃] *nm* incômodo, perturbação.

dé.ran.ger [deʀɑ̃ʒe] *vt* **1** desarrumar. **2** perturbar, estorvar, incomodar, molestar.

dé.ra.per [deʀape] *vi Autom* derrapar.

dé.ré.gler [deʁegle] *vt* desarranjar, desarrumar, desregular.

dé.ri.sion [deʁizjɔ̃] *nf* escárnio, desprezo.

dé.ri.soire [deʁizwaʁ] *adj* irrelevante, irrisório.

dé.ri.ver [deʁive] *vt* **1** derivar. **2** ir à deriva. **3** provir.

dernier, -ière [dɛʁnje, -jɛʁ] *adj* último. **en dernier** por último.

dé.ro.ber [deʁɔbe] *vt* **1** surrupiar, roubar, extorquir. **2** encobrir, mascarar, dissimular.

dé.roule.ment [deʁulmɑ̃] *nm* desenrolamento, o desenrolar.

dé.rou.ler [deʁule] *vt+vpr* desenrolar.

dé.route [deʁut] *nf* derrota, debandada.

dé.rou.ter [deʁute] *vt* desviar. **2** desconcertar, confundir.

der.rière [dɛʁjɛʁ] *prép+adv* atrás, detrás, por detrás. • *nm* **1** nádega, traseiro. **2** parte posterior, traseira.

des [de] *art indéf pl+art partitif pl+contr prép* de+*art déf pl* les *Gram* dos, das.

dès [dɛ] *prép* desde. **dès que** desde que. **dès lors** desde então.

dé.sac.cord [dezakɔʁ] *nm* desacordo, desarmonia, desentendimento, discordância, discórdia.

dé.sac.cor.der [dezakɔʁde] *vi* **1** desunir, desarmonizar. **2** *Mus* desafinar.

dé.sa.jus.ter [dezaʒyste] *vt* **1** desajustar. **2** desarrumar.

dé.sap.poin.ter [dezapwɛ̃te] *vt* desapontar, decepcionar, iludir.

dé.sap.prou.ver [dezapʁuve] *vt* **1** desaprovar, reprovar. **2** *fig* torcer o nariz.

dé.sar.mer [dezaʁme] *vt* desarmar.

dé.sar.ti.cu.ler [dezaʁtikyle] *vt* desarticular.

dé.sastre [dezastʁ] *nm* **1** desastre, catástrofe, fatalidade. **2** fiasco.

dé.sas.treux, -euse [dezastʁø, -øz] *adj* desastroso, catastrófico.

dé.sa.van.tage [dezavɑ̃taʒ] *nm* desvantagem, prejuízo.

dé.sa.veu [dezavø] *nm* reprovação, desaprovação, renúncia, rejeição.

des.cendre [desɑ̃dʁ] *vi* **1** descer, saltar de (um veículo). *vt* **2** descender.

des.cente [desɑ̃t] *nf* descida.

dé.sen.chante.ment [dezɑ̃ʃɑ̃tmɑ̃] *nm* desencanto.

dé.sen.com.brer [dezɑ̃kɔ̃bʁe] *vt* desimpedir.

dé.sen.fler [dezɑ̃fle] *vt+vi* desinchar, esvaziar.

dé.sen.tra.ver [dezɑ̃tʁave] *vt* destravar, liberar.

dé.sé.qui.libre [dezekilibʁ] *nm* **1** desequilíbrio, instabilidade, desaprovação. **2** *fig* distúrbio mental.

dé.sé.qui.li.brer [dezekilibʁe] *vt* **1** desequilibrar. **2** *vpr* desequilibrar-se mentalmente.

dé.sert, -erte [dezɛʁ, -ɛʁt] *nm* deserto. • *adj* **1** deserto, desabitado. **2** *fig* selvagem.

dé.ser.tion [dezɛʁsjɔ̃] *nf Mil* deserção.

dé.ses.poir [dezɛspwaʁ] *nm* desespero. **en désespoir de cause** em desespero de causa.

dés.ha.bil.ler [dezabije] *vt+vpr* despir, tirar a roupa.

dés.hé.ri.ter [dezeʁite] *vt* deserdar.

dés.hon.neur [dezɔnœʁ] *nm* desonra.

dé.si.gner [dezine] *vt* **1** designar, indicar. **2** representar, significar.

dé.sil.lu.sion [dezi(l)lyzjɔ̃] *nf* desilusão, decepção.

dé.sin.fec.ter [dezɛ̃fɛkte] *vt* desinfetar, purificar.

dé.sin.for.mer [dezɛ̃fɔʁme] *vt* desinformar.

dé.sin.té.grer [dezɛ̃tegʁe] *vt* desintegrar.

dé.sin.té.rêt [dezɛ̃teʁɛ] *nm* desinteresse.

dé.sir [deziʁ] *nm* **1** desejo, vontade,

anseio. 2 intenção. 3 *fig* sede. 4 *fig* apetite. 5 *vulg* tesão.
dé.si.rable [dezirabl] *adj* desejável.
dé.si.rer [dezire] *vt* 1 desejar, querer. 2 apetecer.
dé.sis.te.ment [dezistəmã] *nm* desistência.
dé.sis.ter (se) [deziste] *vpr* 1 desistir de uma candidatura. 2 renunciar a um direito.
dé.so.bé.ir [dezɔbeiʀ] *vt* desobedecer, transgredir.
dé.so.bé.is.sance [dezɔbeisɑ̃s] *nf* desobediência, transgressão.
dé.so.bli.geant, -ante [dezɔbliʒɑ̃, -ɑ̃t] *adj* descortês, desagradável.
dé.sobs.truer [dezɔpstʀye] *vt* desobstruir.
dé.so.ler [dezɔle] *vt* desolar, desconsolar.
dé.sordre [dezɔʀdʀ] *nm* 1 desordem. 2 tumulto. 3 bagunça. 4 perturbação.
dé.so.rien.ter [dezɔʀjɑ̃te] *vt* 1 desorientar, desnortear. *vpr* 2 desconcertar-se.
dé.sor.mais [dezɔʀmɛ] *adv* doravante.
des.po.tisme [dɛspɔtism] *nm* despotismo, tirania, ditadura.
dés.se.cher [deseʃe] *vt* dessecar, ressecar.
des.sein [desɛ̃] *nm* desígnio, intento, intenção, intuito. **à dessein** de propósito.
des.sin [desɛ̃] *nm* 1 desenho. 2 silhueta, contorno. **dessin animé** desenho animado.
des.si.na.teur, -trice [desinatœʀ, -tʀis] *n* desenhista.
des.si.ner [desine] *vt* desenhar.
des.sous [d(ə)su] *adv+prép* abaixo. • *nm* inferior, parte de baixo. **au-dessous** abaixo. **au-dessous de** abaixo de. **par dessous** por baixo.
des.sus [d(ə)sy] *adv+prép* acima, em cima. **au-dessus** acima. **au-dessus** de acima de. **avoir par-dessus la tête de quelque chose** estar saturado de alguma coisa. **dessus-de-lit** colcha. **dessus dessous** de cabeça para baixo. **par dessus** por cima.
des.tin [dɛstɛ̃] *nm* destino, fado, sorte.
des.ti.ner [dɛstine] *vt* 1 destinar, atribuir, reservar. 2 aplicar.
des.ti.tuer [dɛstitɥe] *vt* destituir, revogar.
des.truc.tion [dɛstʀyksjɔ̃] *nf* destruição, aniquilação.
dé.suet, -ète [dezɥɛ / desɥɛ, -ɛt] *adj* obsoleto, fora de moda, ultrapassado, arcaico.
dé.su.nir [dezyniʀ] *vt* desunir, desentender-se.
dé.ta.cher [detaʃe] *vt* 1 desamarrar. 2 desligar. 3 descolar. 4 destacar. *vpr* 5 desligar-se.
dé.tail [detaj] *nm* detalhe, pormenor. **au détail** Com no varejo.
dé.tail.lant, -ante [detajɑ̃, -ɑ̃t] *n* varejista.
dé.tail.ler [detaje] *vt* 1 detalhar, apresentar em detalhes. 2 vender no varejo.
dé.taxe [detaks] *nf Fin* 1 redução ou supressão de impostos indiretos. 2 reembolso de uma taxa paga indevidamente.
dé.ta.xer [detakse] *vt* reduzir ou suprimir uma taxa.
dé.tec.ter [detɛkte] *vt* detectar.
dé.tec.tive [detɛktiv] *n* detetive.
dé.te.nir [det(ə)niʀ] *vt* 1 deter, aprisionar. 2 possuir.
dé.tente [detɑ̃t] *nf* 1 gatilho. 2 *fig* abertura política.
dé.ten.tion [detɑ̃sjɔ̃] *nf* detenção. **détention préventive** prisão preventiva.
dé.ter.gent, -ente [detɛʀʒɑ̃, -ɑ̃t] *nm+adj* detergente.
dé.té.rio.rer [deteʀjɔʀe] *vt+vpr* deteriorar, estragar.

dé.ter.mi.ner [detɛʀmine] *vt* determinar, decidir, deliberar, definir, fixar, especificar.

dé.tes.ter [deteste] *vt* detestar, odiar.

dé.tour [detuʀ] *nm* **1** subterfúgio, rodeio. **2** meandro, desvio.

dé.tour.ne.ment [detuʀnəmã] *nm* desvio.

dé.tour.ner [deturne] *vt* **1** desviar. **2** desencaminhar. **détourner le sens** *fig* distorcer o sentido.

dé.tresse [detʀɛs] *nf* **1** depressão, aflição, desespero. **2** adversidade. **feux de détresse** *Autom* pisca-alerta.

dé.tri.ment [detʀimã] *nm* detrimento, prejuízo. **au détriment de** em detrimento de.

dé.trô.ner [detʀone] *vt* destronar, destituir.

dé.truire [detʀɥiʀ] *vt* **1** destruir. **2** demolir. **3** arruinar. **4** *fig* exterminar. *vpr* **5** destruir-se.

dette [dɛt] *nf Com* dívida. **être criblé de dettes** estar endividado até a raiz dos cabelos.

deuil [dœj] *nm* luto. **porter le deuil** pôr luto.

deux [dø] *num* dois; o número dois.

deu.xième [døzjɛm] *num+nm* segundo. • *nf Autom* segunda (marcha).

deux-piè.ces [døpjɛs] *nm* **1** maiô de duas peças. **2** imóvel com dois cômodos.

dé.va.lo.ri.ser [devalɔʀize] *vt* desvalorizar, depreciar, desacreditar.

de.vant [d(ə)vã] *adv* defronte, diante de, em frente de. • *prép* defronte de. **prendre les devants** tomar a dianteira.

dé.vas.ta.tion [devastasjɔ̃] *nf* devastação.

dé.ve.lop.pe.ment [dev(ə)lɔpmã] *nm* **1** desenvolvimento, crescimento. **2** *fig* extensão. **3** *Phot* revelação.

dé.ve.lop.per [dev(ə)lɔpe] *vt* **1** desenvolver. **2** *Phot* revelar.

de.ve.nir [dəv(ə)niʀ] *nm* devir, futuro. • *vi* **1** tornar-se. **2** devir. **devenir caduc** ou **gaga** caducar. **devenir fou** enlouquecer. **devenir humide** umedecer. **devenir sourd** ensurdecer.

dé.via.tion [devjasjɔ̃] *nf* desvio.

dé.vier [devje] *vt* desviar.

de.vi.ner [d(ə)vine] *vt* adivinhar, acertar, farejar, pressentir.

de.vi.nette [d(ə)vinɛt] *nf* adivinhação.

de.vise [dəviz] *nf* **1** lema, insígnia. **2** moeda estrangeira.

dé.vis.ser [devize] *vt* desparafusar.

dé.voi.ler [devwale] *vt* desvendar, descobrir, revelar.

de.voir [d(ə)vwaʀ] *vt* **1** dever, ter de pagar. **2** dever, ter a obrigação de. • *nm* **1** dever, ônus. **2** lição de casa. **manquer à son devoir** deixar de fazer seu dever.

dé.vouer (se) [devwe] *vpr* dedicar-se, devotar-se.

dia.ble [djabl] *nm* diabo. **avoir le diable au corps** estar com o diabo no corpo. **ce n'est pas le diable** não é o diabo, não é complicado. **donner/vendre son âme au diable** dar/vender sua alma para o diabo. **où diable est-il caché?** onde diabos ele se escondeu? **que le diable l'emporte** que o diabo o carregue. **se faire l'avocat du diable** fazer o advogado do diabo.

dia.gramme [djagʀam] *nm* diagrama.

dia.lecte [djalɛkt] *nm* dialeto.

dia.lo.guer [djalɔge] *vi* dialogar.

dia.mant [djamã] *nm* diamante.

diar.rhée [djaʀe] *nf Méd* diarreia, disenteria.

dic.ta.ture [diktatyʀ] *nf* ditadura.

dic.tée [dikte] *nf* ditado.

dic.ter [dikte] *vt* ditar.

dic.tion [diksjɔ̃] *nf* dicção.

dic.tion.naire [diksjɔnɛʀ] *nm* dicionário.

dic.ton [diktɔ̃] *nm* dito popular.

didactique 66 **disgrâce**

di.dac.tique [didaktik] *adj+n* didático.
diète [djɛt] *nf Méd* dieta, regime.
dieu [djø] *nm* deus. **Dieu merci** graças a Deus. **Dieu vous aide!** Deus te ajude!
dif.fa.mer [difame] *vt* difamar, maldizer.
dif.fé.rence [difeʀɑ̃s] *nf* diferença, discrepância, divergência.
dif.fé.ren.cier [difeʀɑ̃sje] *vt* diferenciar, distinguir.
dif.fé.rent, -ente [difeʀɑ̃, -ɑ̃t] *adj* diferente, discrepante.
dif.fé.rer [difeʀe] *vi* 1 diferir. *vt* 2 temporizar, adiar.
dif.fi.cile [difisil] *adj* difícil, trabalhoso, árduo, duro.
dif.fi.cul.té [difikylte] *nf* 1 dificuldade. 2 obstáculo, impedimento. 3 *fig* sufoco.
dif.fu.ser [difyze] *vt* divulgar, difundir.
dif.fu.sion [difyzjɔ̃] *nf* 1 difusão. 2 *Com* emissão.
di.gé.rer [diʒeʀe] *vt* digerir, assimilar.
di.ges.tion [diʒɛstjɔ̃] *nf* digestão.
di.gne [diɲ] *adj* digno. **digne de foi** fidedigno.
di.gni.té [diɲite] *nf* dignidade.
digue [dig] *nf* dique, barragem.
di.la.pi.der [dilapide] *vt* 1 dilapidar. 2 *fig* esbanjar.
di.la.ter [dilate] *vt* 1 dilatar, distender. *vpr* 2 dilatar-se.
di.lemme [dilɛm] *nm* dilema.
di.luer [dilɥe] *vt* diluir.
di.lu.tion [dilysjɔ̃] *nf* diluição.
di.manche [dimɑ̃ʃ] *nm* domingo.
di.men.sion [dimɑ̃sjɔ̃] *nf* dimensão, medida, tamanho.
di.mi.nuer [diminɥe] *vt* 1 diminuir, decrescer. 2 escassear. 3 rebaixar.
di.mi.nu.tion [diminysjɔ̃] *nf* diminuição, encurtamento, quebra.
dinde [dɛ̃d] *nf Zool* perua.

din.don [dɛ̃dɔ̃] *nm Zool* peru.
dî.ner [dine] *vi* jantar. • *nm* jantar.
din.gue [dɛ̃g] *adj* 1 *fam* louco. 2 estranho.
di.plo.mate [diplɔmat] *n+adj* diplomata.
di.plô.mer [diplome] *vt* diplomar.
dire [diʀ] *vt* dizer. **au dire de** no dizer de, segundo a opinião de. **autant dire que** é conce-se, pode-se dizer que. **c'est beaucoup dire** é exagero. **c'est tout dire** não é preciso dizer mais nada. **il** (ou **ça**) **va sans dire** é inegável. **se dire au revoir** despedir-se.
di.rec.teur, -trice [diʀɛktœʀ, -tʀis] *n* diretor. **directeur de thèse** orientador de tese.
di.rec.tion [diʀɛksjɔ̃] *nf* 1 diretoria. 2 direção. 3 condução. 4 *fig* trâmite.
di.rec.trice [diʀɛktʀis] *nf Géom* diretriz.
di.ri.ger [diʀiʒe] *vt* 1 dirigir, conduzir, comandar. *vpr* 2 dirigir-se.
dis.cer.ner [disɛʀne] *vt* discernir, distinguir, diferenciar.
dis.ciple [disipl] *n* discípulo, educando.
dis.ci.pline [disiplin] *nf* 1 disciplina, matéria. 2 ordem.
dis.cor.dance [diskɔʀdɑ̃s] *nf* desarmonia, discordância.
dis.cor.der [diskɔʀde] *vt* 1 discordar. 2 *fig* brigar.
dis.cou.rir [diskuʀiʀ] *vi* discorrer.
dis.cours [diskuʀ] *nm* discurso, alocução.
dis.cret, -ète [diskʀɛ, -ɛt] *adj* discreto.
dis.cré.tion [diskʀesjɔ̃] *nf* discrição, reserva.
dis.cus.sion [diskysjɔ̃] *nf* discussão, debate.
dis.cu.ter [diskyte] *vi* 1 discutir. 2 questionar, examinar.
dis.grâce [disgʀɑs] *nf* desgraça, revés.

dis.lo.quer [dislɔke] *vt* **1** desmantelar, desmembrar. **2** *Méd* deslocar.
dis.pa.raître [dispaʀɛtʀ] *vi* desaparecer, sumir.
dis.pa.ri.té [dispaʀite] *nf* disparidade.
dis.pa.ri.tion [dispaʀisjɔ̃] *nf* **1** desaparecimento. **2** *pop* sumiço.
dis.pen.ser [dispɑ̃se] *vt* **1** dar, distribuir, fornecer. **2** liberar, livrar.
dis.per.ser [dispɛʀse] *vt* **1** dispersar, espalhar, disseminar. **2** dividir, repartir. *vpr* **3** dispersar-se.
dis.per.sion [dispɛʀsjɔ̃] *nf* dispersão.
dis.po.ni.bi.li.té [disponibilite] *nf* disponibilidade.
dis.po.nible [disponibl] *adj* disponível.
dis.po.ser [dispoze] *vt+vpr* **1** dispor. *vt* **2** arranjar, arrumar, ordenar, preparar.
dis.po.si.tion [dispozisjɔ̃] *nf* **1** disposição, combinação. **2** estado, ordem. **à disposition de** à disposição de.
dis.pute [dispyt] *nf* **1** disputa. **2** contenda, briga, luta. **3** *pop* quebra-pau.
dis.pu.ter [dispyte] *vt* **1** disputar, competir. **2** brigar. **3** questionar. **4** *fig* esgrimir.
dis.que [disk] *nm* **1** *Mus* disco. **2** *Inform* disco. **changer de disque** trocar o disco, mudar de assunto. **disque dur** disco rígido, *winchester*.
dis.quette [diskɛt] *nf Inform* disquete.
dis.sé.mi.ner [disemine] *vt* disseminar.
dis.sen.sion [disɑ̃sjɔ̃] *nf* discórdia.
dis.ser.ta.tion [disɛʀtasjɔ̃] *nf* dissertação, composição.
dis.si.dence [disidɑ̃s] *nf* dissidência.
dis.si.mu.ler [disimyle] *vt* dissimular, encobrir.
dis.si.pa.tion [disipasjɔ̃] *nf* **1** dissipação. **2** dilapidação. **3** indisciplina.
dis.si.per [disipe] *vt* **1** dissipar, esbanjar. *vpr* **2** dissipar-se. *vi* **3** desaparecer.
dis.so.cier [disɔsje] *vt* dissociar, decompor.

dis.soudre [disudʀ] *vt* **1** dissolver. **2** desfazer.
dis.sua.der [disɥade] *vt* dissuadir.
dis.tance [distɑ̃s] *nf* distância. **garder ses distances** guardar distância. **tenir à distance** manter afastado.
dis.tan.cier [distɑ̃sje] *vt+vpr* distanciar.
dis.tant, -ante [distɑ̃, -ɑ̃t] *adj* distante, longínquo, afastado.
dis.tendre [distɑ̃dʀ] *vt* **1** distender. *vpr* **2** relaxar.
dis.ten.sion [distɑ̃sjɔ̃] *nf* distensão.
dis.tinc.tion [distɛ̃ksjɔ̃] *nf* **1** distinção. **2** elegância. **3** demarcação, separação. **4** diferença.
dis.tin.guer [distɛ̃ge] *vt+vpr* **1** distinguir. *vt* **2** ver.
dis.tor.sion [distɔʀsjɔ̃] *nf* distorção.
dis.trac.tion [distʀaksjɔ̃] *nf* distração, desatenção.
dis.trait, -aite [distʀɛ, -ɛt] *adj* desatento, distraído.
dis.tri.buer [distʀibɥe] *vt* distribuir, repartir. **distribuer proportionnellement** ratear.
dis.tri.bu.tion [distʀibysjɔ̃] *nf* distribuição. **distribution au prorata** rateio.
dit, dite [di, dit] *adj+nm* dito.
diurne [djyʀn] *adj* diurno.
di.va.guer [divage] *vi* divagar.
di.van [divɑ̃] *nm* divã.
di.ver.gence [divɛʀʒɑ̃s] *nf* divergência, discrepância.
di.ver.ger [divɛʀʒe] *vi* divergir.
di.vers, -erse [divɛʀ, -ɛʀs] *adj* diverso, variado.
di.ver.si.fi.ca.tion [divɛʀsifikasjɔ̃] *nf* diversificação.
di.ver.si.fier [divɛʀsifje] *vt* diversificar.
di.ver.si.té [divɛʀsite] *nf* diversidade, discrepância.
di.ver.tisse.ment [divɛʀtismɑ̃] *nm* divertimento, diversão, brincadeira.

di.vin, -ine [divɛ̃, in] *adj* **1** divino. **2** *fig* sublime.

di.vi.ser [divize] *vt+vpr* dividir, partilhar, fragmentar.

di.vi.sion [divizjɔ̃] *nf* **1** divisão, partilha. **2** seção, repartição. **3** cisão.

di.vorce [divɔRs] *nm* **1** divórcio, desquite. **2** ruptura, separação.

di.vor.cer [divɔRse] *vi* divorciar-se, desquitar-se.

dix [dis] (diante de uma pausa) [di] (diante de uma consoante) [diz] (diante de uma vogal) *num* dez.

di.xième [dizjɛm] *num* décimo.

di.zaine [dizɛn] *nf* dezena.

do.cile [dɔsil] *adj* **1** dócil, manso, doce, quieto. **2** submisso.

do.ci.li.té [dɔsilite] *nf* docilidade.

doc.teur [dɔktœR] *nm* **1** doutor, médico. **2** doutor, pessoa que possui o maior grau universitário numa faculdade.

doc.trine [dɔktRin] *nf* doutrina.

do.cu.ment [dɔkymɑ̃] *nm* documento.

do.cu.men.ta.tion [dɔkymɑ̃tasjɔ̃] *nf* documentação.

do.cu.men.ter [dɔkymɑ̃te] *vt* documentar.

do.do [dodo] *nf enf* cama. **faire dodo** nanar, fazer nana, naninha.

doigt [dwa] *nm* dedo. **à deux doigts de** muito perto, a um palmo de distância. **mettre le doigt sur la plaie** colocar o dedo na ferida. **ne pas lever le petit doigt** *fam* ficar imóvel, não mexer um dedo. **savoir sur le bout du doigt** *fam* conhecer a fundo.

do.maine [dɔmɛn] *nm* domínio.

dôme [dom] *nm* cúpula.

do.mes.tique [dɔmɛstik] *adj* doméstico, familiar. • *nm* criado.

do.mi.cile [dɔmisil] *nm* domicílio, moradia, residência.

do.mi.nant, -ante [dɔminɑ̃, -ɑ̃t] *adj* dominante.

do.mi.na.teur, -trice [dɔminatœR, -tRis] *adj* dominador.

do.mi.ner [dɔmine] *vt+vpr* **1** dominar. *vt* **2** mandar. **3** predominar.

dom.mage [dɔmaʒ] *nm* estrago, dano, prejuízo. **c'est dommage** é uma pena.

domp.ter [dɔ̃(p)te] *vt* **1** domar, domesticar. **2** aprisionar. **3** *fig* subjugar.

don [dɔ̃] *nm* **1** dom. **2** donativo. **3** dádiva.

do.na.tion [dɔnasjɔ̃] *nf* doação.

donc [dɔ̃k] *conj* portanto.

don.né, -ée [dɔne] *adj* dado, determinado. • *nf* dado, ponto de partida para um raciocínio. **étant donné** visto que.

don.ner [dɔne] *vt* **1** dar, oferecer. *vpr* **2** dar-se. **donner carte blanche** dar carta branca. **donner des cours** ministrar aulas. **donner des résultats** surtir efeito. **donner lieu** ocasionar, dar ocasião. **donner sa démission** pedir a conta, demitir-se. **donner sur** levar a, dar em, terminar em (rua, estrada). **se donner corps et âme** entregar-se de corpo e alma. **s'en donner** divertir-se muito.

dont [dɔ̃] *pron rel Gram* cujo, cuja, cujos, cujas, do qual, da qual, dos quais, das quais.

do.ré.na.vant [dɔRenavɑ̃] *adv* doravante, de hoje em diante.

dor.toir [dɔRtwaR] *nm* dormitório.

dos [do] *nm* dorso, costas. **agir dans le dos de quelqu'un** agir pelas costas de alguém. **avoir bon dos** ter as costas largas, aguentar o rojão. **de dos** de costas. **dos d'un livre relié** lombada de um livro. **tourner le dos à quelqu'un** dar as costas para alguém, abandoná-lo.

dose [doz] *nf* dose.

do.ser [doze] *vt* dosar.

dos.sier [dosje] *nm* **1** dossiê. **2** apostila. **3** encosto (de poltrona, cadeira etc.). **4** *Inform* diretório, pasta.

dot [dɔt] *nf* dote.
do.ter [dɔte] *vt* dotar, munir, prover.
douane [dwan] *nf* alfândega.
doua.nier [dwanje] *adj* aduaneiro, alfandegário. • *nm* guarda, fiscal alfandegário.
double [dubl] *adj* 1 duplo. 2 dissimulado, secreto. • *nm+num* dobro, cópia. **à double face** de duas caras. **double menton** papada, papo, queixo duplo.
double V [dubləve] *nm* dáblio.
douce.ment [dusmã] *adv* levemente, ligeiramente, lentamente. • *interj* devagar! calma!
dou.ceur [dusœʀ] *nf* 1 doçura. 2 *fig* meiguice, brandura.
douche [duʃ] *nf* ducha, chuveiro. **prendre une douche** tomar uma ducha.
douil.let, -ette [dujɛ, -ɛt] *adj* fofo, doce, macio.
dou.leur [dulœʀ] *nf* dor.
doute [dut] *nm* dúvida, suspeita, dubiedade, desconfiança.
dou.ter [dute] *vt+vpr* duvidar, descrer, desconfiar. **à n'en pas douter** sem dúvida alguma. **se douter que** desconfiar, supor.
doux, douce [du, dus] *adj* 1 doce. 2 macio. 3 meigo, manso, delicado. 4 ameno, brando, suave.
dou.zaine [duzɛn] *nf* dúzia.
douze [duz] *nm+num* doze.
doyen, -enne [dwajẽ, -ɛn] *n* 1 decano. 2 reitor.
dra.gée [dʀaʒe] *nf* drágea, confeito.
dra.guer [dʀage] *vt* 1 dragar. 2 *pop* paquerar.
drai.nage [dʀɛnaʒ] *nm* drenagem.
dra.ma.tique [dʀamatik] *adj* dramático.
dra.ma.ti.ser [dʀamatize] *vt Théât* dramatizar.
dra.ma.turge [dʀamatyʀʒ] *n* dramaturgo.

drame [dʀam] *nm Théât* drama.
drap [dʀa] *nm* lençol.
dra.peau [dʀapo] *nm* bandeira, pavilhão.
dras.tique [dʀastik] *adj* drástico.
dres.ser [dʀese] *vt* 1 endireitar, erguer. 2 amestrar, adestrar, domesticar. 3 arrumar. *vpr* 4 endireitar-se, erguer-se. **se dresser sur la pointe des pieds** / erguer-se na ponta dos pés. **dresser des actes** lavrar atas. **dresser la table** pôr a mesa.
drib.bler [dʀible] *vt Angl, Sp* driblar.
drogue [dʀɔg] *nf* droga, entorpecente.
droit, droite [dʀwa, dʀwat] *adj* 1 destro. 2 direito, honesto. 3 reto. 4 ereto. • *nm* 1 direito. 2 *Jur* Direito. *nf* 3 *Géom* reta (linha). 4 *Pol* direita. **à qui de droit** a quem de direito. **tout droit** reto, em frente (direção).
droi.tier, -ière [dʀwatje, -jɛʀ] *adj* destro.
droi.ture [dʀwatyʀ] *nf* 1 lealdade, honestidade, probidade. 2 franqueza.
drôle [dʀol] *adj* divertido, gozado, engraçado.
du [dy] *art partitif contr prép* de+*art déf* le do.
dû, due [dy] *adj* devido. • *nm* devido, dívida. **réclamer son dû** / reclamar a sua dívida.
dua.li.té [dɥalite] *nf* dualidade.
duel [dɥɛl] *nm* duelo.
dû.ment [dymã] *adv* devidamente.
dune [dyn] *nf* duna.
duo [dɥo / dyo] *nm* dueto, duo.
dupe [dyp] *nf+adj* otário, tonto, tolo.
du.per [dype] *vt* burlar, ludibriar.
du.pli.ci.té [dyplisite] *nf* duplicidade, falsidade.
dur, dure [dyʀ] *adj* 1 duro, rijo, teso. 2 resistente. 3 ríspido. **coup dur** uma ação violenta, um acontecimento infeliz, um lance difícil.

du.rable [dyRabl] *adj* duradouro, durável, sólido.
dur.cir [dyRsiR] *vt* endurecer.
du.rée [dyRe] *nf* duração, decurso.
du.rer [dyRe] *vi* **1** durar, perdurar. **2** *fig* perseverar.
dure.té [dyRte] *nf* **1** dureza. **2** rigor.

du.ril.lon [dyRijɔ̃] *nm* calo.
dy.na.mique [dinamik] *nf* dinâmica. • *adj* dinâmico.
dy.na.misme [dinamism] *nm* dinamismo.
dy.na.mite [dinamit] *nf* dinamite.
dy.nas.tie [dinasti] *nf* dinastia.

e [ø] *nm* quinta letra e segunda vogal do alfabeto da língua francesa.

eau [o] *nf* água. **eau oxigénée** água oxigenada.

eau-de-vie [od(ə)vi] *nf* tipo de bebida alcoólica, aguardente.

é.bauche [eboʃ] *nf* esboço.

é.bé.niste [ebenist] *n* marceneiro, artesão especializado na fabricação de móveis de luxo.

é.blouir [ebluiʀ] *vt* **1** ofuscar. **2** *fig* deslumbrar, maravilhar. **3** *fig* cegar, seduzir.

é.boueur [ebwœʀ] *nm* lixeiro.

é.boule.ment [ebulmɑ̃] *nm* desabamento, desmoronamento.

é.bran.ler [ebʀɑ̃le] *vt* estremecer, agitar.

é.bri.é.té [ebʀijete] *nf* embriaguez.

é.bul.li.tion [ebylisjɔ̃] *nf* ebulição, fervura. **en ébullition** *fig* em um estado de grande agitação.

é.caille [ekaj] *nf Zool* escama. *les écailles du serpent* / as escamas da serpente.

é.cail.ler [ekaje] *vt* escamar, descamar. *écailler un poisson* tirar as escamas de um peixe.

é.car.late [ekaʀlat] *nf+adj* escarlate. *à ces mots il est devenu écarlate de honte* / ao ouvir aquelas palavras, ele ficou vermelho de vergonha.

é.cart [ekaʀ] *nm* distância que separa duas coisas, intervalo.

é.car.ter [ekaʀte] *vt* **1** separar. **2** descartar. **3** distanciar. **4** eliminar. **5** *fig* desviar.

ec.chy.mose [ekimoz] *nf Méd* equimose, hematoma.

ec.clé.sias.tique [eklezjastik] *adj+nm* eclesiástico, membro de um clero.

é.cha.fau.dage [eʃafodaʒ] *nm* andaime.

é.cha.fau.der [eʃafode] *vi* **1** construir. *vt* **2** elaborar, esboçar.

é.cha.lote [eʃalɔt] *nf* variedade de cebola. **sauce à l'échalote** molho de cebola.

é.chan.ger [eʃɑ̃ʒe] *vt* trocar, permutar.

é.chan.til.lon [eʃɑ̃tijɔ̃] *nm* amostra.

é.chappe.ment [eʃapmɑ̃] *nm* **1** escapatória. **2** fuga. **3** escapamento (do carro).

é.chap.per [eʃape] *vi* escapar, esquivar, fugir.

é.charde [eʃaʀd] *nf* farpa, lasca.

é.charpe [eʃaʀp] *nf* echarpe. **2** tipoia.

é.chauf.fer [eʃofe] *vt* **1** aquecer. **2** inflamar, animar. **3** enervar, impacientar. *vpr* **4** aquecer os músculos antes de fazer algum esforço. **5** animar-se, apaixonar-se ao discorrer sobre um assunto.

é.chéance [eʃeɑ̃s] *nf* vencimento.

é.chec [eʃɛk] *nm* 1 fracasso, insucesso. 2 **échecs** *pl* jogo de xadrez, partida de xadrez. *partie d'échecs* / partida de xadrez.
é.chelle [eʃɛl] *nf* 1 escala. 2 escada.
é.che.lon [eʃ(ə)lɔ̃] *nm* 1 escalão, nível. 2 degrau.
é.chine [eʃin] *nf* espinha dorsal, coluna vertebral. **courber/plier l'échine** submeter-se, ceder.
é.chi.quier [eʃikje] *nm* tabuleiro de xadrez.
é.cho [eko] *nm* eco. **j'en ai eu quelques échos** ouvi rumores a respeito disto. **répondre par les mêmes échos** responder com as mesmas palavras.
é.chouer [eʃwe] *vi* 1 encalhar. 2 fracassar, não ter sucesso. 3 ser reprovado (escola, exame).
é.clair [eklɛʀ] *nm* relâmpago, lampejo. **comme un éclair** rápido como um relâmpago.
é.clai.rage [eklɛʀaʒ] *nm* 1 iluminação. 2 luminosidade.
é.clai.rer [eklɛʀe] *vt* 1 clarear, iluminar. 2 instruir. 3 informar. 4 explicar.
é.clat [ekla] *nm* estilhaço.
é.cla.ter [eklate] *vi* 1 arrebentar, estourar, explodir. *vpr* 2 ter um grande prazer (em uma atividade).
é.clo.sion [eklozjɔ̃] *nf* 1 eclosão. 2 nascimento, aparecimento.
é.cluse [eklyz] *nf* comporta, represa, açude.
é.cœu.rer [ekœʀe] *vt* enjoar, repugnar.
é.cole [ekɔl] *nf* 1 escola, colégio, conservatório, academia. 2 partidários de um movimento, de uma doutrina.
é.co.lier, -ière [ekɔlje, -jɛʀ] *n* 1 aluno, estudante. 2 *fig* iniciante, aprendiz.
é.co.lo.gie [ekɔlɔʒi] *nf* ecologia.
é.co.lo.giste [ekɔlɔʒist] *n+adj* especialista em ecologia, partidário da ecologia, ambientalista.

é.co.no.mie [ekɔnɔmi] *nf* economia, administração, gestão. **économie politique** economia política.
é.co.no.mi.ser [ekɔnɔmize] *vt* 1 economizar, poupar. 2 restringir.
é.co.no.miste [ekɔnɔmist] *n* economista.
é.corce [ekɔʀs] *nf* casca (de árvore).
é.cos.sais, -aise [ekɔsɛ, -ɛz] *n+adj* escocês.
é.cos.ser [ekɔse] *vt* retirar a casca (da ervilha, do feijão, da fava).
é.coute [ekut] *nf* escuta, ação de escutar (uma comunicação telefônica, uma emissão radiofônica ou televisiva).
é.cou.ter [ekute] *vt+vi* 1 escutar. 2 seguir um conselho.
é.cou.tille [ekutij] *nf Naut* escotilha.
é.cran [ekʀɑ̃] *nm* visor, tela. **grand écran** cinema. **L'écran** a arte cinematográfica. **petit écran** TV, telinha.
é.cra.ser [ekʀaze] *vt* 1 esmagar, calcar. 2 fazer parecer pequeno, dominar, humilhar.
é.cré.mé [ekʀeme] *adj* desnatado (leite).
é.cre.visse [ekʀəvis] *nf Zool* camarão.
é.crin [ekʀɛ̃] *nm* estojo de joias.
é.crire [ekʀiʀ] *vt* 1 escrever. 2 inscrever, marcar. 3 redigir.
é.cri.ture [ekʀityʀ] *nf* 1 escrita. 2 *Jur* escrituração.
é.cri.vain [ekʀivɛ̃] *nm* escritor, autor. *le style d'un écrivain* / o estilo de um escritor.
é.cu [eky] *nm* unidade monetária da Comunidade Europeia.
é.cueil [ekœj] *nm* 1 recife. 2 *fig* obstáculo perigoso, armadilha. *la vie est pleine d'écueils* / a vida é cheia de armadilhas.
é.cume [ekym] *nf* espuma.
é.cu.moire [ekymwaʀ] *nf* escumadeira.

é.cu.reuil [ekyʀœj] *nm Zool* esquilo. **être vif comme un écureuil** ser vivo como um esquilo.

é.cu.rie [ekyʀi] *nf* cocheira.

é.den [edɛn] *nm* éden, paraíso. **L'Éden** O Paraíso.

é.di.fice [edifis] *nm* **1** edifício, construção. **2** *fig* arquitetura, estrutura organizada.

é.di.fier [edifje] *vt* edificar, arquitetar, construir.

é.di.teur, -trice [editœʀ, -tʀis] *n* editor.

é.di.tion [edisjɔ̃] *nf* edição, publicação.

é.dre.don [edʀədɔ̃] *nm* acolchoado, edredom.

é.du.ca.tion [edykasjɔ̃] *nf* **1** educação, formação, instrução, ensino. **2** polidez.

é.dul.co.rant, -ante [edylkɔʀɑ̃, -ɑ̃t] *nm+adj* adoçante (artificial).

é.du.quer [edyke] *vt* educar, formar, disciplinar.

ef.fa.cer [efase] *vt* **1** apagar. **2** cancelar, fazer desaparecer, abolir. **3** perdoar.

ef.fec.tuer [efɛktɥe] *vt* efetuar, realizar.

ef.fet [efɛ] *nm* efeito, consequência, resultado, repercussão.

ef.feuil.ler [efœje] *vt* desfolhar.

ef.fi.cace [efikas] *adj* eficaz, útil. • *nf* eficácia.

ef.fi.ca.ci.té [efikasite] *nf* **1** poder. **2** eficácia.

ef.fleu.rer [eflœʀe] *vt* roçar, tocar ligeiramente.

ef.fon.drer [efɔ̃dʀe] *vt* **1** demolir, destruir. **2** cair, desmoronar.

ef.for.cer (s') [efɔʀse] *vpr* **1** esforçar-se, tentar. **2** obrigar-se.

ef.fort [efɔʀ] *nm* esforço, aplicação. **avec effort** penosamente, com esforço.

ef.frayer [efʀeje] *vt* assustar, atemorizar, assombrar, apavorar.

ef.froyable [efʀwajabl] *adj* **1** medonho, atroz, terrível. **2** *fam* enorme.

ef.fu.sion [efyzjɔ̃] *nf* efusão.

é.gal, -ale, -aux [egal, -o] *adj+n* **1** igual, equivalente, idêntico, parecido, similar. **2** par. **3** neutro, indiferente. **à l'égal de** tanto quanto, como. **ça m'est (bien, complètement, parfaitement, tout à fait) égal** isto não me interessa. **sans égal** único em seu gênero, incomparável. **traiter d'égal à égal** tratar de igual para igual.

é.ga.ler [egale] *vt* **1** igualar, irmanar. **2** nivelar. **3** ser igual em quantidade.

é.ga.li.té [egalite] *nf* igualdade, equivalência, paridade.

é.gard [egaʀ] *nm* **1** atenção. **2** consideração. **3** deferência, respeito. **à l'égard de** com respeito a. **à tous égards** sob todos os aspectos. **avoir égard à** ter em vista, levar em consideração. **en égard à** levando em consideração, em consideração de.

é.glan.tier [eglɑ̃tje] *nm Bot* roseira brava.

é.glan.tine [eglɑ̃tin] *nf Bot* rosa silvestre ou brava.

é.glise [egliz] *nf* igreja.

é.go.ïsme [egɔism] *nm* egoísmo, egocentrismo, individualismo.

é.go.ïste [egɔist] *n+adj* egoísta, egocêntrico.

é.goût [egu] *nm* esgoto. **bouche d'égoût** boca de lobo.

é.gout.ter [egute] *vi* **1** escorrer. **2** drenar. **égoutter les légumes** deixar escorrer a água dos legumes, secá-los.

é.gout.toir [egutwaʀ] *nm* escorredor (de pratos etc.).

é.gra.ti.gner [egʀatiɲe] *vt* arranhar.

é.gra.ti.gnure [egʀatiɲyʀ] *nf* arranhão.

é.gyp.tien, -ienne [eʒipsjɛ̃, -jɛn] *adj+n* egípcio.

eh [´e / ´ɛ] *interj V* hé.

éjaculation — émanciper

é.ja.cu.la.tion [eʒakylasjɔ̃] *nf* ejaculação.

é.ja.cu.ler [eʒakyle] *vi* ejacular.

é.la.bo.ra.tion [elabɔRasjɔ̃] *nf* elaboração, produção, construção.

é.la.bo.rer [elabɔRe] *vt* elaborar, preparar, formar, fabricar, produzir.

é.lan [elã] *nm* **1** impulso, ímpeto. **2** *Zool* alce.

é.lance.ment [elãsmã] *nm* **1** dor brusca e aguda. **2** *Lit* transporte místico.

é.lar.gir [elaRʒiR] *vt* **1** alargar. **2** aumentar. **3** estender, ampliar.

é.las.ti.ci.té [elastisite] *nf* elasticidade, expansão, flexibilidade.

é.las.tique [elastik] *nm+adj* elástico, flexível.

é.lec.teur, -trice [elɛktœR, -tRis] *n* eleitor.

é.lec.tion [elɛksjɔ̃] *nf* eleição, escolha. **d'élection** que se escolheu. **le peuple d'élection** o povo escolhido, os judeus.

é.lec.to.ral, -ale, -aux [elɛktɔRal, -o] *adj* eleitoral, relativo às eleições.

é.lec.tri.cien, -ienne [elɛktRisjɛ̃, -jɛn] *n* eletricista.

é.lec.tri.ci.té [elɛktRisite] *nf* eletricidade.

é.lec.trique [elɛktRik] *adj* elétrico. **courant électrique** energia elétrica. **énergie électrique** energia elétrica.

é.lec.tro.mé.na.ger [elɛktRomenaʒe] *nm* eletrodoméstico.

é.lec.tro.nique [elɛktRɔnik] *adj* eletrônico. **montre électronique** relógio eletrônico.

é.lé.gance [elegãs] *nf* elegância, beleza, harmonia.

é.lé.gant, -ante [elegã, -ãt] *adj* elegante, distinto, gracioso.

é.lé.ment [elemã] *nm* **1** elemento, componente, parte integrante. **2** as forças da natureza.

é.lé.men.taire [elemãtɛR] *adj* **1** elementar, fundamental, essencial. **2** rudimentar, primitivo.

é.lé.phant [elefã] *nm Zool* elefante.

é.le.vage [el(ə)vaʒ] *nm* criação.

é.lé.va.tion [elevasjɔ̃] *nf* **1** altura. **2** ascensão, subida. **3** aumento.

é.lève [elɛv] *n* educando, aluno, estudante, discípulo.

é.le.ver [el(ə)ve] *vt* **1** elevar. **2** suscitar. **3** promover. **4** educar.

é.le.veur, -euse [el(ə)vœR, -øz] *n* criador.

é.li.mi.na.tion [eliminasjɔ̃] *nf* **1** eliminação. **2** *Sp* desqualificação. **procéder par élimination** proceder por eliminação.

é.li.mi.na.toire [eliminatwaR] *adj* eliminatório. • *nf Sp* eliminatória, prova esportiva cujo objetivo é selecionar os mais qualificados.

é.li.mi.ner [elimine] *vt* **1** eliminar, extirpar, erradicar. **2** rejeitar, excluir. **3** expelir.

é.lire [eliR] *vt* eleger.

é.lite [elit] *nf* elite.

é.li.xir [eliksiR] *nm* elixir, filtro.

elle [ɛl] *pron pers f sing* ela. **elle-même** ela mesma, ela própria.

é.loge [elɔʒ] *nm* elogio, louvor. **les éloges académiques** os elogios acadêmicos. **un éloge funèbre** um elogio, louvor fúnebre.

é.loi.gner [elwaɲe] *vt* **1** afastar, distanciar. **2** *fig* descartar. *vpr* **3** partir, ir embora.

é.lo.quence [elɔkãs] *nf* **1** eloquência, loquacidade, verve. **2** retórica.

é.lu.ci.der [elyside] *vt* elucidar, esclarecer, explicar.

é.lu.cu.bra.tion [elykybRasjɔ̃] *nf péj* elucubração, divagação.

é.man.ci.per [emãsipe] *vt* **1** emancipar, liberar. **2** *Jur* liberar (um menor) da autoridade parental ou do tutor.

em.bal.lage [ɑ̃balaʒ] *nm* embalagem, pacote.

em.bal.ler [ɑ̃bale] *vt* encaixotar, acondicionar, empacotar.

em.bar.ca.dère [ɑ̃baʁkadɛʁ] *nm Naut* embarcadouro.

em.bar.que.ment [ɑ̃baʁkəmɑ̃] *nm* embarque.

em.bar.quer [ɑ̃baʁke] *vt* **1** embarcar. **2** carregar (em um veículo).

em.bar.ras [ɑ̃baʁa] *nm* **1** embaraço, constrangimento, acanhamento. **2** dificuldade. **3** obstáculo.

em.bar.ras.ser [ɑ̃baʁase] *vt* embaraçar, constranger, desconcertar, perturbar, desorientar.

em.bau.cher [ɑ̃boʃe] *vt* contratar.

em.bau.mer [ɑ̃bome] *vt* **1** embalsamar. **2** perfumar.

em.bel.lir [ɑ̃beliʁ] *vt* **1** embelezar, enfeitar, guarnecer. **2** *fig* idealizar, poetizar.

em.bê.tant, -ante [ɑ̃bɛtɑ̃, -ɑ̃t] *adj fam* maçante, chato, inoportuno.

em.bê.ter [ɑ̃bete] *vt fam* amolar, chatear, incomodar, importunar.

em.bon.point [ɑ̃bɔ̃pwɛ̃] *nm* **1** corpulência. **2** obesidade. **prendre de l'embonpoint** engordar.

em.bou.chure [ɑ̃buʃyʁ] *nf* embocadura, foz, estuário.

em.bou.teillage [ɑ̃butejaʒ] *nm* **1** engarrafamento. **2** congestionamento.

em.bou.teil.ler [ɑ̃buteje] *vt* **1** colocar em garrafas. **2** congestionar, obstruir.

em.branche.ment [ɑ̃bʁɑ̃ʃmɑ̃] *nm* ramificação, entroncamento, bifurcação.

em.bras.ser [ɑ̃bʁase] *vt* **1** beijar. **2** abraçar, enlaçar. **3** abranger.

em.brayage [ɑ̃bʁɛjaʒ] *nm Autom* embreagem.

em.bryon [ɑ̃bʁijɔ̃] *nm Zool* embrião.

em.buer [ɑ̃bɥe] *vt* embaçar.

em.bus.cade [ɑ̃byskad] *nf* emboscada.

é.me.raude [em(ə)ʁod] *nf Min* esmeralda.

é.mer.gence [emɛʁʒɑ̃s] *nf* **1** emergência. **2** aparecimento.

é.mer.veil.ler [emɛʁveje] *vt* deslumbrar, fascinar, admirar, encantar.

é.mettre [emɛtʁ] *vt* **1** emitir, expressar, proferir, enunciar, formular. **2** difundir, transmitir.

é.meute [emøt] *nf* **1** rebelião, agitação, revolta, insurreição. **2** perturbação, desordem.

é.miet.ter [emjete] *vt* **1** esmigalhar, esmiuçar. **2** *fig* espalhar.

é.mi.gra.tion [emigʁasjɔ̃] *nf* emigração.

é.mi.grer [emigʁe] *vi* emigrar, expatriar-se.

é.min.cer [emɛ̃se] *vt Art Cul* cortar em fatias finas.

é.mis.saire [emisɛʁ] *nm* emissário. *envoyer un émissaire* / enviar um emissário.

é.mis.sion [emisjɔ̃] *nf* **1** emissão. **2** programa (de TV, de rádio).

em.ma.ga.si.ner [ɑ̃magazine] *vt* **1** armazenar, estocar. **2** *fig* guardar na memória.

em.mê.ler [ɑ̃mele] *vt* emaranhar.

em.mé.nage.ment [ɑ̃menaʒmɑ̃] *nm* instalação.

em.mé.na.ger [ɑ̃menaʒe] *vt* instalar-se em uma nova habitação.

em.me.ner [ɑ̃m(ə)ne] *vt* levar, conduzir, acompanhar, levar consigo.

em.mer.dant, -ante [ɑ̃mɛʁdɑ̃, -ɑ̃t] *adj fam* chato, que atrapalha, importuna demais.

é.mo.tif, -ive [emɔtif, -iv] *adj* **1** emotivo, sensível. **2** nervoso. *un comportement émotif* / um comportamento sensível, emotivo.

é.mo.tion [emosjɔ̃] *nf* emoção. **causer une émotion** causar, provocar uma emoção.

émotivité 76 **endormir**

é.mo.ti.vi.té [emɔtivite] *nf* emotividade.
é.mou.vant, -ante [emuvɑ̃, -ɑ̃t] *adj* comovente.
em.pê.che.ment [ɑ̃pɛʃmɑ̃] *nm* empecilho, impedimento, contratempo.
em.pê.cher [ɑ̃pɛʃe] *vt* impedir, proibir.
em.pe.reur [ɑ̃pRœR] *nm* imperador.
em.pi.ler [ɑ̃pile] *vt* empilhar.
em.pire [ɑ̃piR] *nm* 1 império. 2 autoridade, dominação absoluta.
em.pi.rer [ɑ̃piRe] *vi* 1 piorar. 2 degradar-se, deteriorar-se.
em.pi.rique [ɑ̃piRik] *adj* empírico, pragmático.
em.plir [ɑ̃pliR] *vt* 1 encher, preencher. 2 invadir.
em.ploi [ɑ̃plwa] *nm* 1 emprego. 2 uso, utilização. **emploi du temps** horário, programa, agenda. **mode d'emploi** orientação de uso.
em.ployer [ɑ̃plwaje] *vt* 1 empregar. 2 utilizar.
em.ployeur, -euse [ɑ̃plwajœR, -øz] *n* empregador, patrão.
em.poi.son.ner [ɑ̃pwazɔne] *vt* 1 envenenar. 2 empestar. 3 estragar.
em.porte.ment [ɑ̃pɔRtəmɑ̃] *nm* descontrole, impetuosidade, cólera.
em.por.ter [ɑ̃pɔRte] *vt* 1 pegar, levar. 2 arrancar.
em.preinte [ɑ̃pRɛ̃t] *nf* 1 impressão, marca, sinal. 2 pegada.
em.pres.ser (s') [ɑ̃pRese] *vpr* 1 ser solícito, carinhoso, desvelar-se. 2 colocar ardor ou zelo a serviço de alguém ou para agradar-lhe. **s'empresser de** apressar-se.
em.pri.son.ner [ɑ̃pRizɔne] *vt* aprisionar, encarcerar.
em.prunt [ɑ̃pRœ̃] *nm* empréstimo (pedido), o dinheiro do empréstimo.
é.mul.sion [emylsjɔ̃] *nf* emulsão.
en [ɑ̃] *prép* em, para, de, como, sobre, no, dentro, durante. • *pron+adv* disso.

en.cais.ser [ɑ̃kese] *vt* 1 receber (dinheiro). 2 encaixotar, embalar. 3 suportar.
en.ceinte [ɑ̃sɛ̃t] *nf* 1 cerca. 2 recinto. 3 cinturão, muralha. • *adj* grávida.
en.cens [ɑ̃sɑ̃] *nm* incenso.
en.cé.pha.lite [ɑ̃sefalit] *nf Méd* encefalite.
en.chaî.ner [ɑ̃ʃene] *vt* 1 acorrentar, encadear. 2 subjugar. 3 ligar.
en.chan.té, -ée [ɑ̃ʃɑ̃te] *adj* 1 encantado, mágico. 2 muito contente. **enchanté de faire votre connaissance** encantado, muito prazer.
en.chan.ter [ɑ̃ʃɑ̃te] *vt* 1 encantar, enfeitiçar. 2 fascinar, maravilhar. 3 *fig* hipnotizar.
en.chère [ɑ̃ʃɛR] *nf* leilão, lance.
en.com.brer [ɑ̃kɔ̃bRe] *vt* 1 entupir, obstruir. 2 atrapalhar.
en.contre (à l') [alɑ̃kɔ̃tR] *loc adv Lit* contra, em oposição a, contrariamente.
en.core [ɑ̃kɔR] *adv* ainda, de novo, novamente.
en.cou.rage.ment [ɑ̃kuRaʒmɑ̃] *nm* alento, encorajamento, ajuda, estímulo.
en.cou.ra.ger [ɑ̃kuRaʒe] *vt* encorajar, animar, confortar. **encourager un projet** / aprovar e ajudar a realização de um projeto.
encre [ɑ̃kR] *nf* tinta.
en.crier [ɑ̃kRije] *nm* tinteiro.
en.cy.clo.pé.die [ɑ̃siklɔpedi] *nf* enciclopédia, dicionário.
en de.çà de [ɑ̃d(ə)sadə] *loc prép* deste lado, abaixo de.
en.det.ter [ɑ̃dete] *vt* endividar.
en.do.cri.no.lo.gie [ɑ̃dɔkRinɔlɔʒi] *nf Méd* endocrinologia.
en.dom.ma.ger [ɑ̃dɔmaʒe] *vt* avariar, estragar, deteriorar.
en.dor.mir [ɑ̃dɔRmiR] *vt* 1 adormecer, fazer dormir. 2 acalmar. 3 *Méd* anestesiar.

endroit / **ennemi**

en.droit [ɑ̃drwa] *nm* **1** lugar, ponto. **2** localidade. **à l'endroit de quelqu'un** em relação a uma pessoa. **par endroits** em diferentes lugares, dispersos, aqui e acolá.

en.duire [ɑ̃dɥiʀ] *vt* untar.

en.dur.cir [ɑ̃dyʀsiʀ] *vt* **1** endurecer, enrijecer. **2** tornar-se insensível. **un célibataire endurci** um solteirão convicto. **3** *fig* empedernir.

en.dur.cis.se.ment [ɑ̃dyʀsismɑ̃] *nm* **1** endurecimento. **2** insensibilidade.

en.du.rer [ɑ̃dyʀe] *vt* aguentar, padecer, suportar, tolerar.

é.ner.gie [enɛʀʒi] *nf* **1** energia, dinamismo, vontade, veemência. **2** força, vitalidade física. **3** calor. **4** libido.

é.ner.vant, -ante [enɛʀvɑ̃, -ɑ̃t] *adj* enervante, exasperante, desgastante. *un bruit énervant* / um ruído enervante.

é.nerve.ment [enɛʀvəmɑ̃] *nm* nervosismo, excitação, impaciência, agitação.

é.ner.ver [enɛʀve] *vt* **1** enervar, irritar, exasperar, impacientar. *vpr* **2** irritar-se.

en.face [ɑ̃fɑ̃s] *nf* infância.

en.fant [ɑ̃fɑ̃] *nm* **1** criança. **2** filho. **c'est un jeu d'enfant** é muito fácil.

en.fer [ɑ̃fɛʀ] *nm Rel* inferno. **l'enfer est pavé de bonnes résolutions** *prov* o inferno está cheio de boas intenções.

en.fer.mer [ɑ̃fɛʀme] *vt* **1** fechar. **2** aprisionar, encarcerar. **3** internar.

en.fin [ɑ̃fɛ̃] *adv* enfim, afinal, finalmente.

en.flam.mer [ɑ̃flame] *vt* **1** causar uma inflamação. **2** incendiar. **3** exaltar.

en.fler [ɑ̃fle] *vt* **1** inflar. **2** inchar. **3** exagerar, aumentar. *vi* **4** aumentar de volume.

en.fon.cer [ɑ̃fɔ̃se] *vt* **1** fincar, encravar. **2** vencer.

en.fouir [ɑ̃fwiʀ] *vt* **1** enterrar. **2** esconder. *vpr* **3** refugiar-se.

en.freindre [ɑ̃frɛ̃dʀ] *vt* infringir, violar, transgredir.

en.fuir (s') [ɑ̃fɥiʀ] *vpr* fugir, evadir-se.

en.gage.ment [ɑ̃gaʒmɑ̃] *nm* **1** empenho. **2** alistamento militar. **3** promessa, compromisso.

en.ga.ger [ɑ̃gaʒe] *vt* **1** empenhar, ligar, obrigar. **2** contratar, empregar. *vpr* **3** comprometer-se. **engager la conversation** começar a conversar.

en.ge.lure [ɑ̃ʒ(ə)lyʀ] *nf* frieira.

en.gen.drer [ɑ̃ʒɑ̃dʀe] *vt* **1** engendrar, gerar. **2** procriar, produzir.

en.gin [ɑ̃ʒɛ̃] *nm* aparelho, instrumento, ferramenta.

en.goue.ment [ɑ̃gumɑ̃] *nm* admiração, entusiasmo, gosto.

en.gour.dir [ɑ̃guʀdiʀ] *vt* entorpecer, paralisar.

en.gour.dis.se.ment [ɑ̃guʀdismɑ̃] *nm* torpor, letargia.

en.grais [ɑ̃gʀɛ] *nm* adubo, fertilizante. *engrais végétaux, organiques, chimiques* / fertilizantes vegetais, orgânicos, químicos.

en.grais.ser [ɑ̃gʀese] *vt* **1** engordar. **2** adubar. **3** *fig* enriquecer. *vi* **4** ganhar peso.

en.gueu.ler [ɑ̃gœle] *vt* **1** disputar, discutir. *vpr* **2** discutir, repreender.

é.nig.ma.tique [enigmatik] *adj* enigmático, equívoco, misterioso, obscuro, estranho, inexplicável.

é.nigme [enigm] *nf* enigma, adivinhação, charada, mistério.

e.ni.vre.ment [ɑ̃nivʀəmɑ̃ / enivʀəmɑ̃] *nm* exaltação voluptuosa, transporte.

e.ni.vrer [ɑ̃nivʀe / enivʀe] *vt* **1** embebedar, embriagar. **2** *fig* inebriar.

en.jo.li.ver [ɑ̃ʒɔlive] *vt* enfeitar.

en.lai.dir [ɑ̃ledir] *vt* **1** enfear. **2** desfigurar.

en.le.ver [ɑ̃l(ə)ve] *vt* **1** arrebatar. **2** raptar. **3** retirar, suprimir.

en.ne.mi, -ie [en(ə)mi] *n+adj* inimigo.

en.nui [ɑ̃nɥi] *nm* aborrecimento, tédio, chateação. **des ennuis d'argent** problemas de dinheiro.

en.nuyer [ɑ̃nɥije] *vt* **1** aborrecer, enfadar, entediar, chatear, contrariar. *vpr* **2** chatear-se.

é.non.cé [enɔ̃se] *nm* enunciado.

é.non.cer [enɔ̃se] *vt* enunciar, expor, formular.

e.nor.gueil.lir [ɑ̃nɔʀgœjiʀ] *vt+vpr* orgulhar.

é.norme [enɔʀm] *adj* **1** enorme. **2** anormal, monstruoso.

en.quête [ɑ̃kɛt] *nf* **1** pesquisa, averiguação. **2** sindicância, devassa, inquérito.

en.quê.ter [ɑ̃kete] *vt* **1** pesquisar. **2** investigar.

en.ra.ci.ner [ɑ̃ʀasine] *vt* **1** enraizar. *vpr* **2** enraizar-se, arraigar-se, fixar-se.

en.ra.ger [ɑ̃ʀaʒe] *vi* enraivecer. **faire enrager quelqu'un** exasperar alguém. **manger de la vache enragée** ter uma vida de privações, comer o pão que o diabo amassou.

en.re.gis.tre.ment [ɑ̃ʀ(ə)ʒistʀəmɑ̃] *nm* gravação, registro.

en.re.gis.trer [ɑ̃ʀ(ə)ʒistʀe] *vt* registrar, gravar.

en.rhu.mer [ɑ̃ʀyme] *vt+vpr* resfriar.

en.ri.chir [ɑ̃ʀiʃiʀ] *vt* enriquecer.

en.ri.chis.se.ment [ɑ̃ʀiʃismɑ̃] *nm* enriquecimento.

en.rô.ler [ɑ̃ʀole] *vt* alistar, recrutar.

en.rou.ler [ɑ̃ʀule] *vt* enrolar.

en.san.glan.ter [ɑ̃sɑ̃glɑ̃te] *vt* ensanguentar.

en.sei.gnant, -ante [ɑ̃sɛɲɑ̃, -ɑ̃t] *n+adj* docente, professor.

en.seigne [ɑ̃sɛɲ] *nf* tabuleta, letreiro, placa.

en.seigne.ment [ɑ̃sɛɲ(ə)mɑ̃] *nm* ensino, magistério, educação, instrução.

en.sei.gner [ɑ̃seɲe] *vt+vi* lecionar, ensinar, instruir.

en.semble [ɑ̃sɑ̃bl] *adv* junto, coletivamente, simultaneamente. • *nm* conjunto (de roupa, vocal, instrumental). **dans l'ensemble** no geral, no conjunto.

en.se.ve.lir [ɑ̃səv(ə)liʀ] *vt* **1** enterrar. **2** fazer desaparecer, engolir.

en.so.leil.ler [ɑ̃sɔleje] *vt* **1** iluminar com a luz do sol, ensolarar. **2** iluminar, encher de felicidade.

en.sor.ce.ler [ɑ̃sɔʀsəle] *vt* **1** enfeitiçar. **2** seduzir, fascinar.

en.suite [ɑ̃sɥit] *adv* em seguida, depois, em segundo lugar.

en.ta.mer [ɑ̃tame] *vt* **1** começar, empreender. **2** cortar. **3** diminuir.

en.tas.ser [ɑ̃tase] *vt* acumular, aglomerar, amontoar.

en.tende.ment [ɑ̃tɑ̃dmɑ̃] *nm* **1** entendimento, faculdade de compreensão. **2** bom senso.

en.tendre [ɑ̃tɑ̃dʀ] *vt* **1** ouvir, escutar, perceber. **2** aceitar, aprovar, consentir. **3** querer, exigir, pretender, desejar, preferir. **4** conceber, admitir, reconhecer. **5** insinuar. **6** conhecer. **s'y entendre** ser especialista no assunto.

en.tente [ɑ̃tɑ̃t] *nm* **1** acerto, concórdia. **2** compreensão, inteligência. **3** arranjo, acordo, convenção.

en.ter.re.ment [ɑ̃tɛʀmɑ̃] *nm* enterro, sepultamento.

en.ter.rer [ɑ̃tere] *vt* **1** enterrar, sepultar. **2** *fig* abandonar. *vpr* **3** enterrar-se, isolar-se.

en-tête [ɑ̃tɛt] *nm* cabeçalho.

en.thou.siasme [ɑ̃tuzjasm] *nm* entusiasmo, alvoroço, frenesi.

en.thou.sias.mer [ɑ̃tuzjasme] *vt* entusiasmar. **être enthousiasmé** estar entusiasmado, maravilhado.

en.tier, -ière [ɑ̃tje, -jɛʀ] *adj+nm* inteiro, pleno. **en entier** completamente. **tout entier** inteiramente.

en.ti.té [ɑ̃tite] *nf* **1** entidade. **2** essência.

en.torse [ãtɔʀs] *nf* entorse, luxação.
en.tou.rage [ãtuʀaʒ] *nm* meio, círculo (de amizades, de familiares, social), companhia.
en.tou.rer [ãtuʀe] *vt+vi* circular, cercar, circundar, rodear.
en.trai.der (s') [ãtʀede] *vpr* ajudar-se mutuamente.
en.train [ãtʀɛ̃] *nm* animação, ardor, vivacidade.
en.traîne.ment [ãtʀɛnmã] *nm* 1 treinamento, treino. 2 corrente, engrenagem. 3 impulso.
en.traî.ner [ãtʀene] *vt* 1 acarretar, originar. 2 levar, dirigir, conduzir. 3 cativar, seduzir. 4 treinar.
en.traî.neur, -euse [ãtʀenœʀ, -øz] *nm* 1 treinador, instrutor. 2 chefe, condutor. *nf* 3 garota de programa.
en.tra.ver [ãtʀave] *vt* entravar, impedir, obstruir, atrapalhar, contrariar.
en.tre [ãtʀ] *prép* entre. **entre autres** entre outras coisas.
en.tre.côte [ãtʀəkot] *nf* pedaço da carne de vaca cortado entre as costelas, contrafilé.
en.trée [ãtʀe] *nf* 1 chegada, aparecimento. 2 entrada, ingresso. 3 acesso, admissão. 4 saguão, vestíbulo. 5 orifício, abertura.
en.tre.mets [ãtʀəme] *nm* 1 pratos do meio de uma refeição, que são servidos entre o assado e a sobremesa. 2 prato doce (bolo, creme, compota, sorvete) servido antes do queijo, mas que cada vez mais é servido como sobremesa.
en.tre.pren.dre [ãtʀəpʀãdʀ] *vt* 1 empreender. 2 começar. 3 tentar. 4 *Jur* processar.
en.tre.pre.neur, -euse [ãtʀəpʀənœʀ, -øz] *nm* 1 empreiteiro. 2 empresário. 3 empreendedor.
en.tre.prise [ãtʀəpʀiz] *nf* 1 empresa. 2 empreendimento.

en.trer [ãtʀe] *vi* entrar, penetrar. *entrez!* / entre! **défense d'entrer** entrada proibida.
en.tre.te.nir [ãtʀət(ə)niʀ] *vt* 1 entreter. 2 sustentar, manter, alimentar. 3 prolongar. 4 conservar, guardar.
en.tre.tien [ãtʀətjɛ̃] *nm* 1 manutenção, assistência técnica. 2 entrevista. 3 conversa.
en.tre.voir [ãtʀəvwaʀ] *vt* entrever, vislumbrar, perceber, adivinhar, pressentir, suspeitar.
é.nu.mé.rer [enymeʀe] *vt* enumerar, numerar.
en.va.hir [ãvaiʀ] *vt* 1 invadir, ocupar, conquistar. 2 usurpar. 3 apoderar-se. 4 infestar, proliferar, pulular.
en.va.his.se.ment [ãvaismã] *nm* 1 ocupação. 2 invasão.
en.va.his.seur [ãvaisœʀ] *nm* invasor.
en.ve.loppe [ãv(ə)lɔp] *nf* 1 envelope. 2 invólucro, embalagem, exterior.
en.ve.lop.per [ãv(ə)lɔpe] *vt* 1 envelopar, enrolar, envolver. 2 embalar, empacotar.
en.vers [ãvɛʀ] *nm* avesso, o outro lado. • *prép* com, por. **envers et contre tous** contra todos, embora a oposição geral. **envers et contre tout** apesar de tudo.
en.vie [ãvi] *nf* 1 inveja. 2 necessidade, desejo, gosto, inclinação.
en.vier [ãvje] *vt* invejar, ter ciúmes.
en.vieux, -ieuse [ãvjø, -jøz] *adj+n* 1 invejoso. 2 ciumento. 3 ávido, cúpido.
en.vi.ron [ãviʀɔ̃] *prép* por volta de, próximo a. • *adv* aproximadamente, cerca de.
en.vi.ronne.ment [ãviʀɔnmã] *nm* 1 meio, meio ambiente. 2 atmosfera. 3 conjuntura. *protection de l'environnement* / proteção do meio ambiente.
en.vi.sa.ger [ãvizaʒe] *vt* 1 considerar, olhar, ver, examinar. 2 projetar.

en.voi [ɑ̃vwa] *nm* remessa, envio.
en.voû.ter [ɑ̃vute] *vt* encantar, enfeitiçar.
en.voyer [ɑ̃vwaje] *vt* enviar, mandar, remeter. **envoyer balader** mandar embora, desembaraçar-se.
é.pais, -aisse [epɛ, -ɛs] *adj* **1** espesso. **2** forte. **3** curto, maciço. **4** carnudo. **5** grosseiro, sem fineza intelectual (relativo a pessoa). **6** compacto. **7** pastoso. **8** denso. **9** profundo.
é.pais.seur [epɛsœr] *nf* **1** espessura, profundidade. *l'épaisseur du mur* / a espessura da parede. **2** camada. **3** opulência. **4** consistência. **5** densidade. **6** falta de fineza intelectual.
é.pan.cher [epɑ̃ʃe] *vt* **1** verter. **2** difundir. **3** confiar. **4** falar livremente. *vpr* **5** abrir-se, confidenciar.
é.pa.nouir [epanwir] *vi+vpr* **1** desabrochar. *vi* **2** desenvolver.
é.pa.nouis.se.ment [epanwismɑ̃] *nm* **1** eclosão, florescimento. *l'épanouissement des fleurs* / o desabrochar das flores. **2** ramificação. **3** brilho, plenitude.
é.pargne [eparɲ] *nf* economia, poupança.
é.par.gner [eparɲe] *vt* **1** poupar, economizar. **2** tratar com clemência ou indulgência. **3** respeitar. **4** salvar. **5** agraciar. **6** evitar. *épargner une chose à quelqu'un* / evitar algo a alguém.
é.par.pil.ler [eparpije] *vt* **1** espalhar, esparramar, disseminar. **2** estender.
é.pars, -arse [epar, -ars] *adj* esparso, disseminado.
é.paule [epol] *nf Anat* espádua, ombro.
é.pau.ler [epole] *vt* **1** ajudar, assistir. **2** apoiar.
é.pée [epe] *nf* espada. **un coup d'épée dans l'eau** esforço inútil, vão.
é.pe.ler [ep(ə)le] *vt* soletrar.
é.per.du, -ue [epɛrdy] *adj* **1** agitado, emocionado, perturbado. **2** exaltado, violento (sentimento), apaixonado.

é.phé.mère [efemɛr] *adj+n* efêmero, curto, momentâneo, passageiro, temporário, fugaz.
é.pi [epi] *nm* **1** espiga. **2** rodamoinho (cabelo). **en épi** segundo uma disposição oblíqua.
é.pice [epis] *nf* condimento, especiaria.
é.pi.cer [epise] *vt* **1** temperar. **2** apimentar.
é.pi.ce.rie [episri] *nf* **1** mercearia. **2** produtos de alimentação que se conservam, lataria.
é.pi.dé.mie [epidemi] *nf* epidemia. *épidémie de choléra* / epidemia de cólera.
é.pi.dé.mique [epidemik] *adj* epidêmico.
é.pier [epje] *vt* **1** espiar, espionar. **2** observar.
é.pi.graphe [epigraf] *nf* **1** epígrafe, inscrição colocada em um prédio, edifício, para indicar a data em que foi construído. **2** curta citação no início de um livro, de um capítulo.
é.pi.lep.sie [epilɛpsi] *nf Méd* epilepsia.
é.pi.ler [epile] *vt* depilar.
é.pi.logue [epilɔg] *nm* epílogo, fim, conclusão.
é.pine [epin] *nf Bot* espinho. **il n'y a pas de rose sans épine** não há rosas sem espinhos.
é.pingle [epɛ̃gl] *nf* alfinete. **épingle à cheveux** grampo (de cabelos). **épingle de sûreté ou de nourrice** alfinete de fralda. **être tiré à quatre épingles** estar vestido meticulosamente.
é.pi.sode [epizɔd] *nm* episódio, cena, circunstância, peripécia.
é.pis.té.mo.lo.gique [epistemɔlɔʒik] *adj* epistemológico.
é.pis.to.laire [epistɔlɛr] *adj* epistolar. *être en relations épistolaires avec quelqu'un* / corresponder-se por carta, trocar mensagens com alguém.

éplucher — érudition

é.plu.cher [eplyʃe] *vt* 1 descascar. 2 *fig* esmiuçar.

é.plu.chure [eplyʃyʀ] *nf* casca. *des épluchures de pommes de terre* / cascas de batata.

é.ponge [epɔ̃ʒ] *nf* esponja. **jeter l'éponge** abandonar um combate, uma luta. **passer l'éponge sur une faute** perdoar um erro, não falar mais disso.

é.pon.ger [epɔ̃ʒe] *vt* limpar ou secar com uma esponja ou com um tecido esponjoso.

é.poque [epɔk] *nf* 1 época, tempo. 2 período. 3 reinado. **d'époque** autêntico.

é.pou.ser [epuze] *vt* 1 desposar, casar. 2 partilhar. 3 moldar.

é.pous.se.ter [epuste] *vt* retirar a poeira.

é.pou.van.table [epuvɑ̃tabl] *adj* assustador, terrível, atroz, horrível, insuportável.

é.pou.van.tail [epuvɑ̃taj] *nm* espantalho.

é.poux, -ouse [epu, -uz] *n* esposo, cônjuge, marido.

é.prendre (s') [eprɑ̃dr] *vpr* enamorar-se, apaixonar-se.

é.preuve [eprœv] *nf* 1 prova, provação, sofrimento. 2 exame. 3 prova (texto, foto etc). **à l'épreuve de** capaz de resistir, resistente a. **à toute épreuve** resistente.

é.prou.ver [epruve] *vt* 1 sentir, provar, experimentar. 2 fazer passar por provas, provações. 3 constatar, reconhecer.

é.puise.ment [epɥizmɑ̃] *nm* 1 cansaço, exaustão. 2 empobrecimento, penúria.

é.pui.ser [epɥize] *vt* 1 exaurir, esgotar. *vpr* 2 perder as forças, matar-se.

é.pu.ra.tion [epyʀasjɔ̃] *nf* purificação, depuração.

é.pu.rer [epyʀe] *vt* apurar, depurar, purificar.

é.qua.tion [ekwasjɔ̃] *nf Math* equação.

é.qui.libre [ekilibʀ] *nm* equilíbrio. *équilibre stable* / equilíbrio estável. **en équilibre** em equilíbrio. **garder, perdre l'équilibre** ter ou perder o equilíbrio.

é.qui.li.brer [ekilibʀe] *vt* 1 equilibrar. 2 tornar estável.

é.qui.li.briste [ekilibʀist] *n* equilibrista, malabarista, acrobata.

é.quipe [ekip] *nf* equipe, time. **esprit d'équipe** espírito de equipe.

é.quipe.ment [ekipmɑ̃] *nm* equipamento, material.

é.qui.per [ekipe] *vt* equipar, instalar.

é.qui.ta.tion [ekitasjɔ̃] *nf* equitação, hipismo.

é.qui.va.lent, -ente [ekivalɑ̃, -ɑ̃t] *adj* equivalente, comparável, parecido.

é.qui.va.loir [ekivalwaʀ] *vi* equivaler.

é.qui.voque [ekivɔk] *nf+adj* equívoco, ambíguo.

é.rable [eʀabl] *nm Bot* sicômoro, plátano.

é.ra.di.quer [eʀadike] *vt* erradicar, extirpar, suprimir.

ère [ɛʀ] *nf* era, época.

é.ro.sion [eʀozjɔ̃] *nf Géol* erosão.

é.ro.tique [eʀɔtik] *adj* erótico.

é.ro.tisme [eʀɔtism] *nm* erotismo.

er.rant, -ante [ɛʀɑ̃, -ɑ̃t] *adj* 1 errante. 2 fugidio, furtivo.

er.ra.ta [eʀata] *nf* errata, lista de erros de impressão de uma obra.

er.re.ments [ɛʀmɑ̃] *nm pl* conduta censurável, hábito nefasto, erro, abuso.

er.rer [eʀe] *vi* 1 errar, vagar. 2 enganar-se. 3 divagar.

er.reur [eʀœʀ] *nf* 1 erro. 2 engano, confusão, mal-entendido. 3 ilusão.

é.ru.di.tion [eʀydisjɔ̃] *nf* 1 erudição. 2 cultura, saber, ciência, conhecimento.

es.ca.drille [εskadʀij] *nf Aér* esquadrilha.
es.ca.lade [εskalad] *nf* escalada. *l'escalade de la violence* / a escalada da violência.
es.cale [εskal] *nf* escala, parada.
es.ca.lier [εskalje] *nm* escada. **escalier de service** escada de serviço. **escalier mécanique** escada rolante.
es.ca.lope [εskalɔp] *nf* fatia fina de carne ou de peixe.
es.car.got [εskaʀgo] *nm Zool* caramujo, caracol.
es.cla.vage [εsklavaʒ] *nm* 1 escravidão, servidão. 2 *fig* dominação, jugo, opressão.
es.clave [εsklav] *n+adj* escravo, servo, dependente, pessoa submissa.
es.comp.ter [εskɔ̃te] *vt* 1 esperar, contar com, prever. 2 *Com* descontar.
es.cor.ter [εskɔʀte] *vt* escoltar.
es.crime [εskʀim] *nf Sp* esgrima.
es.croc [εskʀo] *nm* 1 traficante. 2 trapaceiro.
es.croque.rie [εskʀɔkʀi] *nf* ladroeira, trapaça.
é.so.te.rique [ezoteʀik] *adj* 1 esotérico. 2 obscuro, incompreensível para aquele que não pertence ao grupo dos iniciados.
es.pace [εspas] *nm* 1 espaço. 2 distância, intervalo. 3 caminho, trajeto. 4 lugar, superfície. *nf* 5 espaço em branco entre duas palavras ou letras.
es.pa.gnol, -ole [εspaɲɔl] *adj+n* espanhol.
es.pèce [εspεs] *nf* 1 espécie. 2 categoria, gênero, tipo. 3 **espèces** *pl* moeda. **paiement en espèces** pagamento em dinheiro.
es.pé.rance [εspeʀɑ̃s] *nf* 1 esperança, confiança, fé. 2 aspiração, desejo. 3 ilusão, promessa. 4 **espérances** *pl* bens que se espera receber em herança. **contre toute espérance** quando tudo parecia impossível.

es.pé.rer [εspeʀe] *vt* 1 esperar. 2 contar com, desejar.
es.piègle [εspjεgl] *adj* arteiro, travesso, buliçoso, traquinas.
es.pion, -ionne [εspjɔ̃, -jɔn] *n* espião.
es.pion.nage [εspjɔnaʒ] *nm* espionagem.
es.pion.ner [εspjɔne] *vt* 1 espionar. 2 seguir disfarçadamente.
es.poir [εspwaʀ] *nm* esperança, espera com convicção.
es.prit [εspʀi] *nm* 1 espírito, atividade intelectual. 2 ânimo. 3 alma. **avoir bon, mauvais esprit** ser confiante, desconfiado. **avoir l'esprit à** humor. **rendre l'esprit** morrer.
es.quisse [εskis] *nf* 1 rascunho, esboço. 2 esquema.
es.quis.ser [εskise] *vt* 1 delinear, esboçar. 2 projetar.
es.sai [εse] *nm* 1 ensaio, tentativa, experiência. 2 verificação. **employé à l'essai** empregado em experiência.
es.saim [εsɛ̃] *nm* enxame.
es.sayage [εsejaʒ] *nm* ação de experimentar. **cabine, salon d'essayage** cabine para experimentar roupas (em uma loja).
es.sayer [εseje] *vt* 1 ensaiar. 2 tentar. 3 provar, experimentar. 4 examinar, testar.
es.sence [εsɑ̃s] *nf* 1 essência, natureza, substância. 2 gasolina.
es.sen.tiel, -ielle [εsɑ̃sjεl] *adj+nm* 1 essencial, principal. 2 constitutivo, intrínseco. 3 vital, obrigatório, indispensável, fundamental, primordial.
es.so.rer [εsɔʀe] *vt* torcer (roupa).
es.suyer [εsɥije] *vt* 1 enxugar. 2 limpar. 3 *fig* sofrer. **essuyer des reproches** sofrer repreensões.
est [εst] *nm* leste, oriente, levante.
es.thé.ti.cien, -ienne [εstetisjɛ̃, -jεn] *n* esteticista.

esthétique — étirer

es.thé.ti.que [ɛstetik] *nf+adj* estética, ciência do belo na natureza e na arte, concepção particular do belo.

es.ti.ma.tion [ɛstimasjɔ̃] *nf* estimativa, apreciação, avaliação, cálculo, previsão.

es.time [ɛstim] *nf* estima, consideração, respeito, deferência.

es.ti.mer [ɛstime] *vt* **1** prezar, estimar, considerar. **2** julgar.

es.to.mac [ɛstɔma] *nm Anat* estômago. **avoir l'estomac dans les talons** ter fome.

es.trade [ɛstrad] *nf* **1** estrado, tablado. **2** pódio.

es.tra.gon [ɛstragɔ̃] *nm* estragão. **vinaigre à l'estragon** vinagre ao estragão.

es.tro.gène [ɛstrɔʒɛn] *adj+nm* estrógeno. *Var: œstrogène.*

es.tu.aire [ɛstɥɛr] *nm Géogr* estuário.

et [e] *conj* e.

é.table [etabl] *nf* estábulo.

é.ta.blir [etablir] *vt* **1** estabelecer. *établir ses conditions* / estabelecer suas condições. **2** construir, edificar, fundar, instalar. **3** criar, implantar, instaurar, instituir, organizar. **4** constituir. **5** nomear.

é.ta.blis.se.ment [etablismɑ̃] *nm* **1** estabelecimento. **2** implantação.

é.tage [etaʒ] *nm* **1** andar. **2** nível. **3** plataforma. **4** categoria, classe.

é.ta.gère [etaʒɛr] *nf* estante, prateleira.

é.ta.lage [etalaʒ] *nm* alarde, demonstração. **2** mostruário, vitrine.

é.tan.cher [etɑ̃ʃe] *vt* estancar.

é.tang [etɑ̃] *nm* **1** lagoa, tanque. **2** reservatório.

é.tape [etap] *nf* etapa, estágio, escala, parada. **2** *fig* período.

é.tat [eta] *nm* **1** estado. **2** condição. **3** lista. **en tout état de cause** em todos os casos. **faire état de** levar em consideração, mencionar. **faire état d'un document** citar um documento. **ne faites pas état de ce qu'il a dit** não fale do que ele disse, não mencione o que ele disse.

é.té [ete] *nm* verão.

é.teindre [etɛ̃dr] *vt* **1** desligar, apagar. **2** extinguir, acalmar, diminuir. *vpr* **3** morrer. **4** desaparecer, terminar.

é.teint, -einte [etɛ̃, -ɛ̃t] *adj* **1** extinto, apagado. **2** morto. **3** apático.

é.ten.doir [etɑ̃dwar] *nm* varal.

é.tendre [etɑ̃dr] *vt* **1** estender, expandir, difundir. **2** alongar, estirar. **3** desfraldar. **4** desenvolver, crescer. *vpr* **5** invadir, estender-se. **6** deitar. **7** demorar-se. **8** agravar-se.

é.ter.ni.té [etɛrnite] *nf* **1** eternidade. **2** imortalidade. **de toute éternité** desde sempre.

é.ter.nue.ment [etɛrnymɑ̃] *nm* espirro.

é.ter.nuer [etɛrnɥe] *vi* espirrar.

é.thique [etik] *nf* **1** ética. **2** moral. • *adj* ético. *jugement éthique* / julgamento ético, moral.

eth.nie [ɛtni] *nf* etnia.

é.tin.celle [etɛ̃sɛl] *nf* centelha, fagulha, faísca. **c'est l'étincelle qui a mis le feu aux poudres** foi a gota d'água. **faire des étincelles** ser brilhante. *elle a fait des étincelles* / ela foi brilhante.

é.tio.ler [etjɔle] *vt* **1** debilitar, enfraquecer, declinar. **2** atrofiar.

é.ti.que.ter [etik(ə)te] *vt* **1** rotular. **2** colocar etiquetas. *vpr* **3** espreguiçar-se, alongar-se.

é.ti.quette [etikɛt] *nf* **1** etiqueta, rótulo. **2** marca. **3** cerimonial, protocolo, regra. **respecter l'étiquette** respeitar o protocolo.

é.ti.rer [etire] *vt* **1** estirar, alongar, distender. *vpr* **2** espreguiçar-se, alongar-se.

é.toffe [etɔf] *nf* tecido. **avoir de l'étoffe** ter uma forte personalidade, grandes qualidades, valor. **avoir l'étoffe de** ter as qualidades, as capacidades de. **cette dissertation manque un peu d'étoffe** falta matéria, assunto nesta dissertação. **manquer d'étoffe** ter falta de envergadura.

é.tof.fer [etɔfe] *vt* **1** estofar. **2** enriquecer. *vpr* **3** encorpar.

é.toile [etwal] *nf* estrela, astro. **à la belle étoile** ao relento. **étoile filante** estrela cadente. **l'étoile du berger** o planeta Vênus.

é.toi.ler [etwale] *vt* **1** encher de estrelas. **2** marcar com estrelas. *vpr* **3** cobrir-se de estrelas.

é.ton.nant, -ante [etɔnɑ̃, -ɑ̃t] *adj* **1** assombroso, espantoso, surpreendente. **2** desconcertante. **3** bizarro. **4** inverossímil. **5** curioso. **6** fantástico. **7** singular.

é.tonne.ment [etɔnmɑ̃] *nm* assombro, espanto, choque, surpresa, estupefação.

é.ton.ner [etɔne] *vt* **1** pasmar, assombrar, surpreender. *vpr* **2** achar estranho, ficar surpreso.

é.touf.fant, -ante [etufɑ̃, -ɑ̃t] *adj* **1** abafante, asfixiante. **2** opressivo, sufocante.

é.touffe.ment [etufmɑ̃] *nm* **1** abafamento, asfixia, sufocação. **2** repressão.

é.touf.fer [etufe] *vt* **1** abafar, sufocar, asfixiar. **2** oprimir. *vi* **3** respirar com dificuldade. *vpr* **4** sufocar, perder a respiração.

é.toupe [etup] *nf* estopa.

é.tour.de.rie [eturdəri] *nf* **1** distração, imprudência, inadvertência. **2** erro.

é.tour.dir [eturdir] *vt* **1** atordoar, aturdir, estontear. *vpr* **2** embriagar-se. **3** distrair-se.

é.tour.dis.se.ment [eturdismɑ̃] *nm* **1** tontura, vertigem, síncope, desmaio. *avoir un étourdissement* / ter um desmaio, desmaiar. **2** embriaguez.

é.trange [etrɑ̃ʒ] *adj* estranho, esquisito.

é.tran.ger, -ère [etrɑ̃ʒe, -ɛr] *n+adj* **1** estrangeiro, estranho, forasteiro. **2** intruso. **3** desconhecido.

é.tran.gle.ment [etrɑ̃gləmɑ̃] *nm* **1** estrangulamento. **2** sufoco. **3** diminuição.

é.tran.gler [etrɑ̃gle] *vt* **1** estrangular, esganar. *vpr* **2** engasgar.

être [ɛtr] *vi+ irreg+aux* **1** ser. **2** estar. **3** existir. • *nm* ente, ser, indivíduo.

é.treindre [etrɛ̃dr] *vt* abraçar, enlaçar, estreitar.

é.troit, -oite [etrwa, -wat] *adj* estreito, pequeno, exíguo. • *nm* **1** *Géogr* estreito. **2** *péj* limitado, intolerante, mesquinho. **à l'étroit** em um espaço muito pequeno.

é.tude [etyd] *nf* **1** estudo. **2** análise. **3** escolaridade. **4** ensaio. **5** esboço. **6** composição musical. **7** gabinete, escritório de advogado.

é.tu.diant, -iante [etydjɑ̃, -jɑ̃t] *n* estudante de curso superior. **carte d'étudiant** carteira de estudante.

é.tu.dier [etydje] *vt* **1** estudar. **2** analisar, observar, examinar. **3** considerar.

é.tui [etɥi] *nm* estojo.

é.tu.vée (à l') [etyve] *nf+loc adv* a vapor.

é.ty.mo.lo.gie [etimɔlɔʒi] *nf* etimologia. *donner l'étymologie d'un mot* / dar a etimologia de uma palavra.

eu.cha.ris.tie [økaristi] *nf Rel* eucaristia, comunhão.

eu.pho.rie [øfɔri] *nf* **1** euforia, sensação intensa de alegria. **2** otimismo. *être dans l'euphorie* / estar com intensa sensação de euforia, estar eufórico.

eu.ro [øʀo] *nm* moeda única da União Europeia, implantada em janeiro de 1999.
eu.tha.na.sie [øtanazi] *nf* 1 eutanásia. 2 *Méd* morte sem sofrimento.
eux [ø] *pron pers m pl* eles. **eux--mêmes** eles mesmos, eles próprios.
é.va.cua.tion [evakɥasjɔ̃] *nf* 1 evacuação, esvaziamento. 2 expulsão, eliminação. 3 partida, abandono.
é.va.cuer [evakɥe] *vt* 1 evacuar, esvaziar. 2 eliminar, expulsar do organismo, defecar.
é.va.der (s') [evade] *vpr* 1 escapar de um lugar em que se estava retido, fugir. 2 liberar-se.
é.va.lua.tion [evalɥasjɔ̃] *nf* avaliação, cálculo, estimativa.
é.va.luer [evalɥe] *vt* 1 avaliar, arbitrar, estimar. 2 apreciar, julgar. *évaluer une distance* / avaliar uma distância.
é.van.gile [evɑ̃ʒil] *nm* 1 *Rel* Evangelho. 2 dogma, lei, credo.
é.va.nouir (s') [evanwiʀ] *vpr* 1 desaparecer, evaporar-se. 2 desmaiar.
é.va.nouis.se.ment [evanwismɑ̃] *nm* 1 desmaio. 2 desaparecimento total.
é.va.po.ra.tion [evapɔʀasjɔ̃] *nf* evaporação.
é.va.po.rer [evapɔʀe] *vt+vpr* 1 evaporar. *vpr* 2 *fig* desaparecer.
é.va.sion [evazjɔ̃] *nf* evasão, escapada.
é.vê.ché [eveʃe] *nm Rel* 1 bispado. 2 diocese.
é.veil [evɛj] *nm* 1 ação de acordar. 2 alarme, alerta. 3 ação de se revelar, de se manifestar (faculdades, sentimentos).
é.veil.ler [eveje] *vt+vpr* 1 acordar, despertar. *vt* 2 provocar, suscitar. *vpr* 3 manifestar-se. **éveiller les soupçons** despertar suspeitas. **s'éveiller à l'amour** experimentar o amor pela primeira vez.
é.vé.ne.ment [evɛnmɑ̃] *nm* acontecimento, evento.
é.ven.tail [evɑ̃taj] *nm* leque.
é.ven.ter [evɑ̃te] *vt* 1 abanar. 2 expor ao vento e ao ar. *vpr* 3 perder o gosto, o cheiro ao permanecer em contato com o ar.
é.ven.tua.li.té [evɑ̃tɥalite] *adj* 1 eventualidade, acaso, contingência. 2 hipótese, possibilidade.
é.vêque [evɛk] *nm Rel* bispo.
é.vi.dence [evidɑ̃s] *nf* evidência. **à l'évidence/de toute évidence** certamente, evidentemente, seguramente. **en évidence** em evidência.
é.vi.dent, -ente [evidɑ̃, -ɑ̃t] *adj* evidente, óbvio, patente, visível, notório, público.
é.vier [evje] *nm* pia.
é.vi.ter [evite] *vt* 1 evitar, esquivar. 2 impedir, prevenir. 3 abster-se.
é.vo.ca.tion [evɔkasjɔ̃] *nf* ação de evocar.
é.vo.luer [evɔlɥe] *vi* mudar, evoluir.
é.vo.lu.tion [evɔlysjɔ̃] *nf* 1 evolução. 2 manobra. 3 mudança, transformação, desenvolvimento, processo, progressão, transformação.
é.vo.quer [evɔke] *vt* 1 evocar. 2 rememorar, lembrar. 3 acordar, suscitar. 4 descrever, mostrar, representar. 5 abordar.
e.xa.cer.ber [ɛgzasɛʀbe] *vt* 1 exacerbar. 2 irritar, exasperar.
e.xact, e.xacte [ɛgza(kt), ɛgzakt] *adj* 1 exato. 2 minucioso, rigoroso. 3 regular. 4 pontual. 5 correto.
e.xac.te.ment [ɛgzaktəmɑ̃] *adv* 1 exatamente, à risca, sem tirar nem pôr. 2 escrupulosamente. 3 pontualmente, fielmente.
e.xac.ti.tude [ɛgzaktityd] *nf* 1 exatidão. 2 aplicação. 3 pontualidade.
e.xa.gé.ra.tion [ɛgzaʒeʀasjɔ̃] *nm* 1 exagero, abuso, excesso. 2 amplificação. 3 invenção.

e.xa.gé.rer [ɛgzaʒeʀe] *vt* **1** exagerar, aumentar, amplificar. **2** dramatizar.

e.xal.ta.tion [ɛgzaltasjɔ̃] *nf* **1** exaltação, entusiasmo. **2** glorificação. **3** transporte, veemência, ardor, delírio. **4** animação.

e.xal.ter [ɛgzalte] *vt* **1** exaltar, bendizer, glorificar, celebrar. **2** admirar. **3** aumentar, reforçar.

e.xa.men [ɛgzamɛ̃] *nm* **1** exame. **2** avaliação, controle. **examen blanc** exame simulado. **examen de conscience** exame de consciência. **examen écrit, oral** exame escrito, oral. **examen médical** exame médico.

e.xa.mi.ner [ɛgzamine] *vt* **1** examinar, conferir, considerar. **2** inspecionar. **3** avaliar, estimar. **4** experimentar. **5** debater, deliberar. **6** consultar.

e.xas.pé.rer [ɛgzaspeʀe] *vt* exasperar, irritar, exacerbar, enervar, crispar, irritar, impacientar, encolerizar.

ex.ca.va.tion [ɛkskavasjɔ̃] *nf* **1** escavação, ação de cavar. **2** cavidade, grota, fosso, buraco.

ex.cé.der [ɛksede] *vt* exceder, sobrar, sobrepujar, ultrapassar.

ex.cel.lence [ɛksɛlɑ̃s] *nf* excelência, superioridade, perfeição. *prix d'excellence* / prêmio de excelência. **Excellence, Votre Excellence** ou **Son Excellence** título honorífico dado aos embaixadores, ministros, arcebispos e bispos.

ex.cel.lent, -ente [ɛksɛlɑ̃, -ɑ̃t] *adj* **1** excelente, perfeito, admirável, superior. **2** confortável. **3** suculento. **4** delicioso. **5** competente.

ex.cen.tri.ci.té [ɛksɑ̃tʀisite] *nf* excentricidade, originalidade, singularidade, extravagância.

ex.cep.ter [ɛksɛpte] *vt* excetuar, excluir.

ex.cep.tion [ɛksɛpsjɔ̃] *nf* exceção. *on fera une exception* / faremos uma exceção. **à l'exception de** com exceção de. **d'exception** fora do comum.

ex.cep.tion.nel, -elle [ɛksɛpsjɔnɛl] *adj* **1** excepcional, raro, ocasional, extraordinário. **2** inesperado, surpreendente.

ex.cès [ɛksɛ] *nm* **1** excesso, exorbitância, profusão. **2** excedente, resto. **à l'excès** excessivamente, além da medida. **avec excès** com excesso, sem medida. **excès de langage** abuso de linguagem.

ex.ci.tant, -ante [ɛksitɑ̃, -ɑ̃t] *adj* **1** excitante, perturbador, motivante. **2** sedutor, afrodisíaco, erótico. **3** interessante. • *nm* estimulante.

ex.ci.ta.tion [ɛksitasjɔ̃] *nf* **1** excitação, exaltação, entusiasmo. **2** estímulo, encorajamento, provocação.

ex.ci.ter [ɛksite] *vt* **1** excitar, estimular, inflamar, provocar, insuflar, entusiasmar, exacerbar. *vpr* **2** enervar-se, irritar-se. **3** sentir uma excitação sensual.

ex.clure [ɛksklyʀ] *vt* **1** excluir. **2** banir. **3** rejeitar.

ex.clu.sif, -ive [ɛksklyzif, -iv] *adj* **1** exclusivo, privativo, pessoal. **2** especial, absoluto, único.

ex.clu.sion [ɛksklyzjɔ̃] *nf* **1** exclusão, eliminação. **2** expulsão, destituição. **3** rejeição.

ex.clu.si.vi.té [ɛksklyzivite] *nf* exclusividade. **en exclusivité** de um modo exclusivo.

ex.cur.sion [ɛkskyʀsjɔ̃] *nf* excursão. *faire une excursion* / fazer uma excursão.

ex.cuse [ɛkskyz] *nf* desculpa, motivo, razão, justificação.

ex.cu.ser [ɛkskyze] *vt* **1** desculpar, relevar, perdoar. **2** defender. *vpr* **3** desculpar-se.

e.xé.cu.ter [εgzekyte] *vt* **1** executar, cumprir, efetuar, realizar. **2** interpretar. **exécuter quelqu'un** executar, fazer morrer alguém conforme uma decisão judicial.

e.xé.cu.tif, -ive [εgzekytif, -iv] *adj+n* executivo, relativo à execução das leis.

e.xé.cu.tion [εgzekysjɔ̃] *nf* **1** execução, realização. **2** *Jur* cumprimento de uma obrigação, de uma sentença.

e.xem.plaire [εgzãplεʀ] *adj* exemplar, edificante, perfeito. • *nm* **1** arquétipo, protótipo. **2** cópia, edição, exemplar.

e.xem.ple [εgzãpl] *nm* exemplo, modelo. **à l'exemple de** para ser conforme, ao exemplo de. **par exemple** por exemplo.

e.xem.pli.fier [εgzãplifje] *vt* exemplificar.

e.xer.cer [εgzεʀse] *vt* exercer, exercitar, praticar.

e.xer.ci.ce [εgzεʀsis] *nm* **1** exercício. **2** aplicação. **3** treino.

e.xha.ler [εgzale] *vt* exalar. *exhaler une odeur agréable* / exalar um odor agradável.

e.xhaus.tif, -ive [εgzostif, -iv] *adj* exaustivo, completo.

e.xhi.ber [εgzibe] *vt* exibir, expor, mostrar.

e.xhi.bi.tion [εgzibisjɔ̃] *nf* exibição.

e.xhu.ma.tion [εgzymasjɔ̃] *nf* exumação.

e.xhu.mer [εgzyme] *vt* exumar.

e.xi.gence [εgziʒãs] *nf* **1** exigência, pretensão. **2** condição. **3** reivindicação.

e.xi.ger [εgziʒe] *vt* **1** exigir, reivindicar, ordenar. **2** necessitar, tornar indispensável.

e.xil [εgzil] *nm* exílio, desterro, degredo.

e.xi.ler [εgzile] *vt* **1** exilar, desterrar, degredar, banir, expatriar, deportar. **2** relegar.

e.xis.tence [εgzistãs] *nf* **1** existência. **2** modo, tipo de vida. **changer d'existence** mudar de vida.

e.xis.ten.tia.lisme [εgzistãsjalism] *nm Philos* existencialismo.

e.xis.ten.tiel, -ielle [εgzistãsjεl] *adj Philos* existencial.

e.xis.ter [εgziste] *vi* **1** existir, continuar, durar, persistir. **2** contar.

e.xode [εgzɔd] *nm* êxodo.

e.xo.né.ra.tion [εgzɔneʀasjɔ̃] *nf* exoneração, dedução, abatimento.

e.xo.né.rer [εgzɔneʀe] *vt* exonerar, dispensar.

e.xor.bi.tant, -ante [εgzɔʀbitã, -ãt] *adj* exorbitante, exagerado, desmesurado, extravagante.

e.xor.ci.ser [εgzɔʀsize] *vt Rel* exorcizar, conjurar.

e.xo.tique [εgzɔtik] *adj* exótico, que pertence a outro país.

ex.pan.sif, -ive [εkspãsif, -iv] *adj* **1** expansivo, que se expande. **2** *fig* aberto, comunicativo.

ex.pan.sion [εkspãsjɔ̃] *nf* expansão.

ex.pa.trier [εkspatʀije] *vt* **1** banir, expulsar, exilar, obrigar alguém a deixar sua pátria. *vpr* **2** emigrar.

ex.pec.ta.tive [εkspεktativ] *nf* expectativa, perspectiva, espera. *sortir de l'expectative* / sair da expectativa.

ex.pé.dient, -ive [εkspedjã] *nm* expediente, recurso astucioso e paliativo.

ex.pé.dier [εkspedje] *vt* expedir, despachar, enviar.

ex.pé.di.teur, -trice [εkspeditœʀ, -tʀis] *n* remetente.

ex.pé.di.tion [εkspedisjɔ̃] *nf* **1** expedição, remessa. **2** viagem com fins turísticos, científicos ou comerciais.

ex.pé.rience [εkspeʀjãs] *nf* **1** experiência, experimento. **2** prática, uso, hábito, rotina. **3** conhecimento, saber.

ex.pé.ri.men.ta.tion [εkspeʀimãtasjɔ̃] *nf* experimento, ensaio.

ex.pé.ri.men.ter [εkspeʀimɑ̃te] *vt* experimentar, provar, testar, verificar.

ex.pert, -erte [εkspεʀ, -εʀt] *n+adj* perito.

ex.per.tise [εkspεʀtiz] *nf* avaliação, vistoria, auditoria.

ex.pier [εkspje] *vt* expiar, cumprir pena ou castigo para reparar uma falta.

ex.pi.rer [εkspiʀe] *vt* 1 soltar o ar contido nos pulmões. *vi* 2 expirar, falecer. 3 terminar.

ex.pli.ca.tion [εksplikasjɔ̃] *nf* explicação, esclarecimento, comentário. **explication de textes** explicação de texto, estudo literário, estilístico de um texto.

ex.pli.ci.ter [εksplisite] *vt* explicitar, formular.

ex.pli.quer [εksplike] *vt* 1 explicar, expor. 2 comentar, esclarecer. 3 ensinar. *vpr* 4 explicar-se, dar explicações sobre o que se acaba de dizer. 5 desculpar, justificar. 6 discutir.

ex.ploit [εksplwa] *nm* façanha, *performance*.

ex.ploi.ta.tion [εksplwatasjɔ̃] *nf* exploração (de terras).

ex.ploi.ter [εksplwate] *vt* 1 explorar. 2 abusar.

ex.plo.ra.teur, -trice [εksplɔʀatœʀ, -tʀis] *n* explorador.

ex.plo.ra.tion [εksplɔʀasjɔ̃] *nf* 1 exploração. 2 expedição.

ex.plo.rer [εksplɔʀe] *vt* 1 explorar, descobrir. 2 estudar. 3 examinar.

ex.plo.ser [εksploze] *vi* 1 explodir, detonar. 2 manifestar-se violentamente.

ex.plo.sif, -ive [εksplozif, -iv] *adj* 1 explosivo. 2 que pode provocar conflitos. • *nm* explosivo, bomba.

ex.plo.sion [εksplozjɔ̃] *nf* explosão, estampido, estouro.

ex.por.ta.tion [εkspɔʀtasjɔ̃] *nf* exportação.

ex.por.ter [εkspɔʀte] *vt* exportar.

ex.po.sé [εkspoze] *nm* análise, exposição, narrativa, histórico. **exposé écrit** discurso, nota. **exposé oral** comunicação oral, conferência. **un exposé** exposição metódica de um assunto específico, didático.

ex.po.ser [εkspoze] *vt* 1 expor, mostrar, apresentar. 2 comprometer, arriscar. 3 descrever, enunciar, contar.

ex.po.si.tion [εkspozisjɔ̃] *nf* exposição, feira, mostra, apresentação.

ex.près, -esse [εkspʀεs] *adj* explícito, formal. • *adv* deliberadamente, voluntariamente. **faire exprès** fazer algo propositadamente.

ex.press [εkspʀεs] *adj+nm* Angl expresso. **café express** café expresso.

ex.pres.sion [εkspʀesjɔ̃] *nf* expressão, exteriorização.

ex.pres.sion.nisme [εkspʀesjɔnism] *nm* expressionismo.

ex.pri.mer [εkspʀime] *vt* exprimir, manifestar.

ex.pul.ser [εkspylse] *vt* 1 expulsar, enxotar. 2 expelir. 3 banir, expatriar.

ex.pul.sion [εkspylsjɔ̃] *nf* 1 expulsão. 2 eliminação, evacuação.

ex.quis, -ise [εkski, -iz] *adj* delicioso, refinado, raro, precioso, excelente, delicado.

ex.tase [εkstaz] *nm* êxtase.

ex.ten.sion [εkstɑ̃sjɔ̃] *nf* 1 extensão, alongamento, crescimento. 2 desenvolvimento. 3 aumento, dilatação. 4 propagação. 5 importância.

ex.té.nuer [εkstenɥe] *vt* esgotar, extenuar, exaurir.

ex.té.rieur, -ieure [εkstεʀjœʀ] *adj* 1 exterior, extrínseco. 2 estrangeiro. 3 que existe fora do indivíduo, que não pertence à sua vida interior. 4 externo, periférico. 5 aparente, manifesto, visível. • *nm* exterior, fora.

ex.té.rio.ri.ser [ɛksterjɔrize] *vt* exteriorizar, expressar, manifestar, mostrar.
ex.ter.mi.na.teur, -trice [ɛksterminatœr, -tris] *adj+n* exterminador.
ex.ter.mi.na.tion [ɛksterminasjɔ̃] *nf* extermínio, destruição, massacre.
ex.ter.mi.ner [ɛkstermine] *vt* exterminar, suprimir, matar.
ex.ter.nat [ɛksterna] *nm* externato.
ex.terne [ɛkstern] *adj* externo, extrínseco.
ex.tinc.teur, -trice [ɛkstɛ̃ktœr, -tris] *n+adj* extintor.
ex.tinc.tion [ɛkstɛ̃ksjɔ̃] *nf* extinção, desaparecimento, fim.
ex.tir.per [ɛkstirpe] *vt* extirpar, erradicar, suprimir, extrair.
ex.tra.di.tion [ɛkstradisjɔ̃] *nf* extradição.
ex.traire [ɛkstrer] *vt* extrair, tirar, extirpar.
ex.trait [ɛkstre] *nm* **1** extrato. **2** sumário. **3** passagem extraída de um texto.
ex.tra.or.di.naire [ɛkstraɔrdiner] *adj* extraordinário, sobrenatural, prodigioso, raro, excepcional.
ex.tra.va.gance [ɛkstravagɑ̃s] *nf* **1** extravagância. *l'extravagance de certains propos* / a extravagância de alguns propósitos. **2** desatino, despropósito, disparate.
ex.trême [ɛkstrem] *adj+nm* **1** extremo. **2** último. **3** grande. **4** excessivo.
ex.tré.mi.té [ɛkstremite] *nf* extremidade, extremo.
ex.tro.ver.sion [ɛkstrɔversjɔ̃] *nf* extroversão.
e.xu.bé.rance [ɛgzyberɑ̃s] *nf* exuberância, abundância, profusão. *exubérance de végétation* / exuberância, abundância de vegetação.
exul.ter [ɛgzylte] *vt* exultar.

f

f [ɛf] *nm* sexta letra e quarta consoante do alfabeto da língua francesa.

fa.ble [fabl] *nf* fábula, conto, ficção, lenda, mito.

fa.brique [fabʀik] *nf* **1** fabricação, maneira, modo. **2** fábrica, usina.

fa.bri.quer [fabʀike] *vt* **1** fabricar. **2** confeccionar, construir.

fa.bu.leux, -euse [fabylø, -øz] *adj* fabuloso, fantástico, incrível.

fac [fak] *nf fam* faculdade. *il est en fac de lettres* / ele está na faculdade de Letras. **aller en fac** frequentar a faculdade.

fa.çade [fasad] *nf* fachada.

face [fas] *nf* cara, face, rosto. **face à frente a**, em frente de, em face de. **faire face à** enfrentar, reagir eficazmente.

face-à-face, -ée [fasafas] *nm* **1** face a face, cara a cara. **2** debate político.

fa.cette [faset] *nf* faceta. **à facettes** com vários aspectos. **facettes d'un diamant** facetas de um diamante.

fâ.ché, -ée [faʃe] *part+adj* **1** zangado. **2** contrariado, vexado.

fâ.cher [faʃe] *vt+vpr* **1** encolerizar, zangar, aborrecer. *vt* **2** afligir, entristecer. **se fâcher avec quelqu'un** brigar, romper com alguém. **se fâcher contre quelqu'un** encolerizar-se, zangar-se com alguém.

fa.cial, -iale, -iaux [fasjal, -jo] *adj* facial.

fa.ci.li.ter [fasilite] *vt* **1** facilitar, favorecer, ajudar. **2** simplificar. **3** *fig* aplainar.

fa.çon [fasɔ̃] *nf* **1** forma, jeito, maneira, modo. **2** lavra.

fa.çon.ner [fasɔne] *vt* **1** elaborar, preparar, modelar. **2** cultivar, lavrar.

fac.teur [faktœʀ] *nm* **1** fator. **2** elemento. **3** fabricante.

fac.teur, -trice [faktœʀ, -tʀis] *n* **1** carteiro. **2** fabricante (de certos instrumentos de música).

fac.tice [faktis] *adj* **1** artificial, fabricado. **2** falso.

fac.ture [faktyʀ] *nf* **1** maneira como é feita, realizada uma obra de arte. **2** maneira, estilo, técnica. **3** *Com* fatura, nota. **la facture du téléphone** a conta do telefone. **le montant de la facture** o montante da fatura.

fac.tu.rer [faktyʀe] *vt Com* faturar.

fa.cul.té [fakylte] *nf* **1** faculdade, meio, possibilidade. **2** função, capacidade. **3** aptidão, disposição, dom. **4** corpo de professores que, em uma mesma universidade, são encarregados do ensino de uma determinada disciplina. **5** parte da universidade onde se ministra esse tipo de ensino. **entrer en faculté** entrar na faculdade.

fade [fad] *adj* **1** insípido, sem gosto nem cor. **2** pálido, sem brilho. **3** monótono. **4** *fig* simples.

faible [fɛbl] *adj+nm* **1** fraco. **2** cansado. **3** medíocre.

fai.blesse [fɛblɛs] *nf* **1** fraqueza, debilidade, fragilidade, languidez. **2** astenia, enfraquecimento. **une faiblesse** a) vertigem, desmaio. b) incapacidade de se defender, de resistir.

fai.blir [feblir] *vi* **1** fraquejar, declinar. **2** diminuir o esforço. **3** ceder.

faï.ence [fajɑ̃s] *nf* cerâmica, faiança. **assiette en faïence** prato de cerâmica.

faille [faj] *nf* **1** fenda. **2** tipo de tecido de seda.

fail.lir [fajir] *vt* **1** falhar. **2** estar a ponto de. **faillir tomber** ameaçar cair. **sans faillir** sem falta.

fail.lite [fajit] *nf Com* falência, quebra, bancarrota. **faire faillite** ir à falência.

faim [fɛ̃] *nf* **1** fome. **2** desejo, vontade, sede. **manger à sa faim** comer à vontade. **mourir de faim** morrer de fome. **rester sur sa faim** ter fome ainda após ter comido.

fai.né.ant, -ante [fɛneɑ̃, -ɑ̃t] *adj* preguiçoso, indolente, inativo.

fai.né.an.tise [fɛneɑ̃tiz] *nf* indolência, preguiça, inação.

faire [fɛr] *vt* **1** fazer. **2** criar, escrever. **faire attention** tomar cuidado, prestar atenção. **l'habit ne fait pas le moine** *prov* o hábito não faz o monge.

faire-part [fɛrpar] *nm* convite, participação.

fai.san, -ane [fəzɑ̃, -an] *n+adj Zool* faisão. • *nm arg* indivíduo que vive de negócios escusos.

fais.ceau [fɛso] *nm* **1** facho. **2** raio. **3** buquê. **4** cabo.

fait [fɛ] *nm* **1** fato. **2** ato, ação, proeza. **du fait que** visto que. **le fait de** ação de fazer. **les faits et gestes de quelqu'un** as atividades de alguém, ação memorável de alguém. **par le fait/de fait/en fait** na verdade, efetivamente, realmente. **prendre quelqu'un sur le fait** surpreender alguém no momento em que age.

fait, faite [fɛ, fɛt] *adj* **1** feito, constituído. **2** maduro. **3** executado. **des ongles faits** unhas feitas. **des yeux faits** olhos pintados.

fait.tout [fɛtu] *nm* caçarola grande, caldeirão. *Var:* fait-tout.

fa.laise [falɛz] *nf* penhasco.

fal.la.cieux, -ieuse [fa(l)lasjø, -jøz] *adj* falacioso, hipócrita, enganoso.

fal.loir [falwar] *vimp* ser necessário, ser preciso. *qu'est-ce qu'il faut faire?* / o que se deve fazer? *qu'est-ce qu'il vous faut?* / do que você precisa? **il faut** é preciso, é necessário, é imprescindível.

fal.si.fier [falsifje] *vt* falsificar, adulterar.

fa.meux, -euse [famø, -øz] *adj* **1** famoso, célebre, renomado. **2** excelente. **pas fameux** não muito bom, medíocre.

fa.mi.lial, -iale, -iaux [familjal, -jo] *adj* familial. • *nf* microônibus de turismo. **allocations familiales** ajuda financeira que o Estado dá às pessoas que têm filhos.

fa.mi.lia.ri.té [familjarite] *nf* **1** familiaridade, desenvoltura. **2** impertinência, liberdade. **avoir des familiarités** ter modos muito livres, inconvenientes.

fa.mi.lier, -ière [familje, -jɛr] *adj* **1** familiar, conhecido. **2** acessível, desenvolto.

fa.mille [famij] *nf* família. **belle-famille** família por aliança. **nom de famille** patronímico, sobrenome. **un air de famille** semelhança.

fa.mine [famin] *nf* fome, falta total de alimento por um período.

fa.ner [fane] *vt* **1** murchar, secar. **2** descorar, desbotar. **3** perder o viço, o brilho. **4** decair, envelhecer.

fange [fɑ̃ʒ] *nf* lodo.

fa.nion [fanjɔ̃] *nm* flâmula.

fan.tai.sie [fɑ̃tezi] *nf* **1** fantasia, imaginação, quimera, ilusão. **2** capricho, extravagância, originalidade. **3** *fam* birra, capricho, veneta.

fan.tasme [fɑ̃tasm] *nm* fantasma, ilusão, sonho, imaginação.

fan.tas.mer [fɑ̃tasme] *vt* fantasiar, imaginar, sonhar.

fan.tasque [fɑ̃task] *adj* **1** lunático, caprichoso. **2** original.

fan.tas.tique [fɑ̃tastik] *adj+nm* **1** fantástico, mítico. **2** incrível, formidável.

faon [fɑ̃] *nm* filhote de cervo, de gamo ou de cabrito montês.

farce [faRs] *nf* **1** logro. **2** recheio. **3** *Théât* farsa, comédia.

far.ci, -ie [faRsi] *adj* **1** repleto, cheio. **2** recheado.

far.cir [faRsiR] *vt* **1** rechear. **2** encher. **farcir un poulet** rechear um frango.

fard [faR] *nm* cosmético. **fard à joues** cosmético para colorir as maçãs do rosto. **fard à paupière** sombra (para os olhos).

far.der [faRde] *vt* **1** maquilar, embelezar. **2** dissimular, mascarar, velar.

far.fa.det [faRfadɛ] *nm* duende.

far.fe.lu, -ue [faRfəly] *adj fam* um pouco louco, esquisito, bizarro.

fa.rine [faRin] *nf* farinha. **des gens de la même farine** farinha do mesmo saco.

fa.ri.neux, -euse [faRinø, -øz] *adj+nm* **1** que contém farinha. **2** coberto de farinha. **3** diz-se da consistência e do gosto que lembram a farinha.

fa.rouche [faRuʃ] *adj* **1** arisco, bravio, esquivo, tímido. **2** selvagem, violento. **3** indomável.

fas.ci.nant, -ante [fasinɑ̃, -ɑ̃t] *adj* fascinante, cativante, sedutor.

fas.ci.ner [fasine] *vt* enfeitiçar, fascinar, cativar, seduzir.

faste [fast] *nm* fasto, fausto, aparato, luxo, pompa, esplendor, magnificência.

fas.ti.dieux, -ieuse [fastidjø, -jøz] *adj* **1** fastidioso, cansativo, insípido. **2** insuportável.

fas.tueux, -euse [fastɥø, -øz] *adj* fastuoso, faustoso, luxuoso, rico, suntuoso.

fat, fate [fa(t), fat] *adj+nm* pretensioso, vaidoso.

fa.ti.gant, -ante [fatigɑ̃, -ɑ̃t] *adj* cansativo, fatigante, trabalhoso.

fa.ti.gue [fatig] *nf* **1** estafa, fadiga, cansaço. **2** *fig* peso.

fa.ti.guer [fatige] *vt+vpr* cansar, fatigar.

fa.tui.té [fatɥite] *nf* autossatisfação, pretensão, vaidade.

fau.bourg [fobuR] *nm* subúrbio, periferia.

fau.ché, -ée [foʃe] *adj* **1** sem dinheiro. **2** *fam* duro.

fau.cher [foʃe] *vt* **1** ceifar. **2** abater, matar. **3** *fam* roubar.

fau.cille [fosij] *nf* foice.

fau.con [fokɔ̃] *nm Zool* falcão.

faune [fon] *nf* **1** *Bot* fauna. **2** *nm Myth* fauno.

faus.saire [fosɛR] *nm* falsário, falsificador.

fausse cou.che [foskuʃ] *nf* aborto (natural).

faus.ser [fose] *vt* **1** desvirtuar, adulterar, deformar. **2** desfigurar, travestir, falsificar.

fausse.té [foste] *nf* **1** falsidade. **2** mentira. **3** duplicidade, hipocrisia, deslealdade.

faute [fot] *nf* culpa, falha, falta, erro. **faute de** na falta de, por falta de. **faute de mieux** na falta de melhor coisa.

fau.teuil [fotœj] *nm* poltrona. **fauteuil roulant** cadeira de rodas.

fau.tif, -ive [fotif, -iv] *adj* 1 defeituoso. 2 culpado. *c'est elle la fautive dans cette affaire* / é ela a culpada neste caso.

fauve [fov] *nm+adj* 1 fera, felino. 2 de cor amarelada meio avermelhada.

faux, -fausse [fo, -fos] *adj+n* 1 falso, errado. 2 quimérico. 3 falacioso. **faux papiers** papéis forjados, falsificados. **faux pas** escorregão, tropeço, erro.

faux [fo] *nf* foice.

faux-bour.don [foburdɔ̃] *nm Zool* zangão.

faux-fi.let [fofile] *nm* pedaço da carne do boi situado ao lado do filé (ao longo do lombo), contrafilé.

fa.veur [favœr] *nf* 1 favor, obséquio. 2 benefício, distinção. 3 patrocínio. 4 favoritismo, apadrinhamento.

fa.vo.rable [favɔrabl] *adj* 1 favorável, propício. 2 agradável.

fa.vo.ri, -ite [favɔri, -it] *n+adj* 1 favorito, predileto. 2 cavalo considerado como aquele que deve ganhar a corrida.

fè.ces [fɛs] *nf pl* fezes.

fé.cond, -onde [fekɔ̃, -ɔ̃d] *adj* fecundo, fértil. **écrivain fécond** escritor produtivo.

fé.con.der [fekɔ̃de] *vt* 1 fecundar, fertilizar. 2 emprenhar, inseminar.

fé.con.di.té [fekɔ̃dite] *nf* fecundidade, produtividade, riqueza.

fé.cule [fekyl] *nf* fécula.

fé.cu.lent, -ente [fekylɑ̃, -ɑ̃t] *adj* feculento, que contém fécula. • *nm* **féculents** *pl* legumes que contêm fécula: feijão, batata, grão-de-bico, lentilha, ervilha etc.

fée [fe] *nf* fada. *c'est un vrai conte de fées* / é um verdadeiro conto de fadas. **avoir des doigts de fée/travailler comme une fée** ter mãos de fada, ser extremamente hábil nos trabalhos delicados (falando de uma mulher). **fée Carabosse** fada má.

fée.rie [fe(e)ri] *nf* 1 poder das fadas, bruxaria. 2 *fig* espetáculo esplêndido e maravilhoso, encantamento. *Var:* **féérie** [feeri].

fée.rique [fe(e)rik] *adj* 1 feérico, que pertence ao mundo das fadas. 2 de beleza irreal. *Var:* **féérique** [feerik].

fei.gnant, -ante [fɛɲɑ̃, -ɑ̃t] *n+adj fam* preguiçoso inveterado.

feindre [fɛ̃dr] *vt* 1 fingir, afetar, simular, imaginar. 2 dissimular, mentir.

feinte [fɛ̃t] *nf* 1 ficção, artifício, simulação. 2 mentira. 3 *Sp* finta.

fê.lé, -ée [fele] *adj* rachado. **voix fêlée** voz de timbre pouco claro.

fê.ler [fele] *vt* rachar.

fé.li.ci.ta.tion [felisitasjɔ̃] *nf* 1 cumprimento. 2 **félicitations** *pl Mod* cumprimentos, congratulações, parabéns. • *interj* muito bem!, bravo!

fé.li.ci.té [felisite] *nf* 1 beatitude. 2 *Lit* felicidade causada por uma circunstância particular. **félicité éternelle** salvação.

fé.lin, -ine [felɛ̃, -in] *n+adj Zool* felino. *une grâce feline* / uma graça felina.

fel.la.tion [felasjɔ̃] *nf* felação.

fe.melle [fəmɛl] *nf+adj* fêmea.

fé.mi.nin, -ine [feminɛ̃, -in] *adj* feminino, que é próprio da mulher, que pertence ao sexo feminino.

fé.mi.nisme [feminism] *nm* 1 feminismo. 2 aspecto de um indivíduo que apresenta caracteres secundários do sexo feminino. 3 doutrina que luta a favor dos direitos iguais entre homens e mulheres.

fé.mi.niste [feminist] *adj* feminista. • *n* partidário do feminismo. **mouvement féministe** movimento feminista.

fé.mi.ni.té [feminite] *nf* feminilidade, qualidade, caráter, modo de ser, pensar ou viver próprio da mulher.

femme [fam] *nf* **1** mulher, senhora. **2** esposa. **femme âgée** senhora, mulher idosa. **femme coquette** a) mulher vaidosa. b) *fam* perua. **femme de chambre** arrumadeira, camareira. **femme de mauvaise vie** mulher de má vida, prostituta. **femme de ménage** faxineira. **femme détenue** presa. **femme enceinte** gestante, mulher grávida. **femme médecin** médica. **jeune femme** mulher (casada ou que se supõe casada) que é jovem.

fé.mur [femyʀ] *nm Anat* fêmur.

fendre [fɑ̃dʀ] *vt* **1** varar, fender, dividir. *vi* **2** rachar.

fen.du, -ue [fɑ̃dy] *adj* **1** cortado, varado. **2** aberto. **3** rachado.

fe.nêtre [f(ə)nεtʀ] *nf* **1** janela. **2** *Inform* janela.

fe.nouil [fənuj] *nm Bot* funcho, erva-doce.

fente [fɑ̃t] *nf* fenda, fresta, rachadura, falha.

fer [fεʀ] *nm* **1** ferro. **2 fers** *pl* grilhões, algemas, cadeias. **3** *Lit* cativeiro, escravidão. **avoir une santé de fer** ter uma saúde de ferro. **avoir une volonté de fer** ter uma vontade de ferro. **qui frappe avec le fer périra par le fer** *prov* quem com ferro fere, com ferro será ferido.

fé.rié, -iée [feʀje] *adj* feriado.

ferme [fεʀm] *nf* fazenda. • *adj* firme, decidido. • *adv* **1** muito, intensamente. **2** de modo definitivo. **prix ferme** preço definitivo.

fer.ment [fεʀmɑ̃] *nm* fermento.

fer.men.ter [fεʀmɑ̃te] *vi* **1** fermentar. **2** agitar.

fer.mer [fεʀme] *vt* **1** cerrar, fechar, apertar, tapar. **2** condenar, interditar. **3** selar. **fermer à clé** trancar. **fermer la bouche** calar a boca. **fermer sa porte à quelqu'un** recusar-se a receber, a escutar alguém.

fer.me.té [fεʀməte] *nf* **1** firmeza. **2** energia. **3** segurança.

fer.me.ture [fεʀmətyʀ] *nf* fecho, fechadura. **fermeture éclair** zíper, fecho ecler.

fer.mier, -ière [fεʀmje, -jεʀ] *n* fazendeiro, agricultor, camponês.

fé.roce [feʀɔs] *adj* **1** feroz. **2** ferino. **3** implacável. **4** bravio.

fer.raille [feʀɑj] *nf* sucata, ferro-velho.

fer.ro.viaire [feʀɔvjεʀ] *adj* ferroviário.

fer.tile [fεʀtil] *adj* **1** fértil, fecundo. **2** produtivo, rico. **fertile en** fecundo, pródigo.

fer.ti.li.ser [fεʀtilize] *vt* **1** fertilizar. **2** melhorar, enriquecer.

fer.ti.li.té [fεʀtilite] *nf* **1** fertilidade, fecundidade. **2** riqueza. **fertilité d'imagination** fertilidade de imaginação.

fer.vent, -ente [fεʀvɑ̃, -ɑ̃t] *adj* **1** fervoroso, ardente, entusiasta. **2** admirador, fanático.

fer.veur [fεʀvœʀ] *nm* **1** fervor, devoção, zelo, amor. **2** *fig* ardor. **accomplir un travail avec ferveur** fazer um trabalho com zelo. **prier avec ferveur** rezar com fervor.

fesse [fεs] *nf* **1** *Anat* nádega, cada uma das duas partes que compõem as nádegas. **2** *fam* bunda. **poser ses fesses quelque part** sentar-se.

fes.sé.e [fese] *nf fam* palmada.

fes.sier [fesje] *nm* **1** nádegas. **2** *fam* bunda.

fes.tin [fεstɛ̃] *nm* festim, banquete.

fête [fεt] *nf* festa, farra. **jour de fête** dia de festa.

fê.ter [fete] *vt* festejar, comemorar.

fé.tide [fetid] *adj* fétido, nauseabundo.

feu [fø] *nm* fogo.

feuil.lage [fœjaʒ] *nm Bot* folhagem.

feuille [fœj] *nf* folha. **feuille de laurier** folha de louro. **feuille-morte** de cor ferrugem.

feuille.té, -ée [fœjte] *adj+nm* que apresenta folhas, lâminas sobrepostas.

feuil.le.ton [fœjtɔ̃] *nm* **1** série televisiva. **2** telenovela. **3** *Lit* novela, folhetim.

feutre [føtʀ] *nm* **1** feltro. **2** tipo de caneta (pincel mágico).

fève [fɛv] *nf* fava.

fé.vrier [fevje] *nm* fevereiro.

fi [fi] *interj* exprime desaprovação, desprezo, nojo. **faire fi de** desdenhar, desprezar.

fiable [fjabl] *adj* fiável, crível, confiável.

fian.çailles [fjɑ̃sɑj] *nf pl* noivado. **bague de fiançailles** anel de noivado. **le jour des fiançailles** o dia do noivado.

fian.cé, -ée [fjɑ̃se] *nm* noivo, prometido.

fias.co [fjasko] *nm* fiasco, fracasso, insucesso.

fibre [fibʀ] *nf* fibra.

fice.ler [fis(ə)le] *vt* amarrar com um barbante, uma corda.

fi.celle [fisɛl] *nf* **1** barbante, corda fina. **2** tipo de pão, menor e mais fino do que a baguete, equivalente à metade desta.

fi.chier [fiʃje] *nm* **1** fichário, arquivo. **2** *Inform* arquivo.

fi.chu [fiʃy] *nm* peça de tecido com a qual as mulheres cobrem a cabeça, o busto e os ombros; xale, mantilha.

fic.tif, -ive [fiktif, -iv] *adj* fictício, imaginário.

fi.dèle [fidɛl] *adj+n* **1** fiel, verdadeiro, devotado. **2** *Rel* seguidor. **ami fidèle** amigo fiel. **être fidèle à soi-même** ser fiel a si mesmo. **mari fidèle** marido fiel.

fief [fjɛf] *nm* **1** feudo. **2** *fig* domínio onde se é mestre, onde se exerce uma influência preponderante. **fief électoral** reduto eleitoral, lugar onde sempre se é reeleito.

fiel [fjɛl] *nm* **1** fel. **2** *Lit* ódio. **plein de fiel** cheio de ódio.

fier (se) [fje] *vpr* confiar, fiar-se em alguém. *on ne sait plus à qui se fier* / não se sabe mais em quem se pode confiar.

fier, fière [fjɛʀ] *adj* altivo, orgulhoso. **fier de quelqu'un** ou **de quelque chose** contente, feliz, satisfeito com alguém ou com algo.

fier.té [fjɛʀte] *nf* **1** altivez, orgulho, imponência. **2** amor-próprio.

fièvre [fjɛvʀ] *nf* **1** febre. **2** *fig* exaltação. **avoir de la fièvre** ter febre.

fié.vreux, -euse [fjevʀø, -øz] *adj* **1** febril. **2** frenético. **3** inquieto.

fi.ger [fiʒe] *vt* **1** coagular (o sangue). **2** *fig* imobilizar, paralisar, petrificar.

figue [fig] *nf Bot* figo. **mi-figue, mi-raisin** que apresenta ambiguidade, uma mistura de satisfação e de insatisfação, de coisas sérias e divertidas.

fi.gu.ra.tif, -ive [figyʀatif, -iv] *n+adj* figurativo, simbólico. *art figuratif* / arte figurativa, que faz a representação do objeto.

fi.gure [figyʀ] *nf* **1** figura. **2** imagem, estátua. **3** cara, rosto. **faire bonne, mauvaise, piètre figure** ter uma aparência boa, ruim, péssima. **faire figure de** parecer, passar por. **faire triste figure** não se mostrar à altura das circunstâncias.

fi.gu.rer [figyʀe] *vt* **1** figurar, representar (uma pessoa, uma coisa) de forma visível. **2** representar uma abstração através de um símbolo. *vpr* **3** representar-se pela imaginação, pelo pensamento; imaginar, julgar, acreditar.

fi.gu.rine [figyʀin] *nf* estatueta de pequenas dimensões.

fil [fil] *nm* fio, linha. **fil de fer** arame. **fil de soie pour coudre** retrós. **fil tranchant** gume.

filant   96   flageolet

fi.lant, -ante [filã, -ãt] *adj* que se move lentamente em forma de fio contínuo. **étoile filante** estrela cadente. **pouls filant** pulso muito fraco.

file [fil] *nf* fila.

fi.ler [file] *vt* **1** fiar. **2** escapulir. **3** safar-se. **filer doux** ser dócil.

fi.let [file] *nm* **1** filete. **2** fio. **3** filé (de lombo de vaca, carneiro etc.). **4** sacola. **5** rede. **filet à provisions** sacola de fazer compras. **filet d'eau** regato.

fi.lial, -iale, -iaux [filjal, -jo] *adj* filial. • *nf Com* filial. **amour filial** amor filial.

fi.lière [filjɛʀ] *nf* **1** etapa a cumprir. **2** grau de uma hierarquia. **3** carreira nos estudos (ou profissão).

fille [fij] *nf* **1** menina. **2** filha. **3** moça solteira. **4** prostituta.

fil.leul, -eule [fijœl] *n* afilhado.

film [film] *nm* **1** filme, fita. **2** película. **film en couleurs** filme em cores. **film noir et blanc** filme em preto e branco. **film parlant** filme falado.

fil.mer [filme] *vt Cin* filmar.

fils [fis] *nm* filho.

fil.trer [filtʀe] *vt* coar, filtrar.

fin [fɛ̃] *nf* **1** fim, final, término, encerramento. **2** fino, delgado. **3** intuito. • *adj* **1** fino. **2** ardiloso. **3** refinado. **4** precioso. **fine mouche** *fig* espertalhão. **le fin du fin** o que há de melhor naquele gênero. **le fin fond** a parte mais recuada.

fi.nal, -ale, -als, -aux [final, -o] *adj* **1** que se encontra no final, que serve de final. **2** terminal, último. • *nm* **1** final. *nf* **2** *Sp* final (partida decisiva). **en finale** para terminar.

fi.na.li.ser [finalize] *vt* finalizar, terminar.

fi.nance [finɑ̃s] *nf* **1** finança. **2** tesouro do Estado. **3** **finances** *pl* finanças, recursos.

fi.nance.ment [finɑ̃smɑ̃] *nm* financiamento.

fi.nan.cer [finɑ̃se] *vt* financiar.

fi.nan.cier, -ière [finɑ̃sje, -jɛʀ] *adj* financeiro. • *nm* financista.

fi.nesse [fines] *nf* **1** finura, fineza, sutileza. **2** sagacidade, perspicácia. **3** ligeireza, delicadeza. **4** refinamento. **finesse d'esprit** sagacidade de espírito.

fi.ni, -ie [fini] *adj* **1** acabado, terminado. **2** completo. **c'est un homme fini** é um homem que perdeu toda consideração, um homem desacreditado.

fi.nir [finiʀ] *vi* **1** terminar, acabar, encerrar. **2** extinguir. **3** levar a cabo, concluir. **en finir** pôr fim a uma coisa desagradável. **n'en pas (plus) finir** ser muito longo.

fiole [fjɔl] *nf* frasco.

fisc [fisk] *nm* fisco, tesouro público.

fis.ca.li.ser [fiskalize] *vt* fiscalizar, submeter ao imposto.

fis.ca.li.té [fiskalite] *nf* **1** sistema fiscal. **2** conjunto das leis e das medidas relativas ao fisco, ao imposto. *la réforme de la fiscalité* / a reforma do sistema fiscal.

fis.sure [fisyʀ] *nf* fissura, fenda, rachadura, rombo. *il y a une fissure dans leur amitié* / há uma fissura em sua amizade.

fis.su.rer [fisyʀe] *vt* fender.

fis.tule [fistyl] *nf Méd* fístula.

fi.xa.teur, -trice [fiksatœʀ, -tʀis] *nm+ adj* fixador.

fixer [fikse] *vt* **1** fixar, imobilizar, manter. **2** assentar, estabelecer, instalar. *vpr* **3** *fig* enraizar-se, fixar-se.

flac.ci.di.té [flaksidite] *nf* flacidez.

fla.con [flakɔ̃] *nm* frasco. *flacon de parfum* / frasco de perfume.

fla.gel.la.tion [flaʒelasjɔ̃ / flaʒɛllasjɔ̃] *nf* flagelação.

fla.gel.ler [flaʒele] *vt+vpr* flagelar.

fla.geo.let [flaʒɔlɛ] *nm* tipo de feijão branco.

fla.grant, -ante [flagrɑ̃, -ɑ̃t] *nm+adj* **1** *Jur* flagrante. **2** *fig* óbvio, evidente. **flagrant délit** flagrante delito. **injustice flagrante** injustiça evidente, patente.

flair [flɛʀ] *nm* **1** faro. **2** *fig* perspicácia.

flai.rer [flɛʀe] *vt* **1** cheirar, farejar. **2** *fig* discernir, pressentir, adivinhar.

fla.mand, -e [flamɑ̃, -de] *adj+n* flamengo, pertencente ou relativo a Flandres (francesa, belga ou neerlandesa).

fla.mant [flamɑ̃] *nm* flamingo.

flam.beau [flɑ̃bo] *nm* facho, tocha. *à la lueur des flambeaux* / à luz de tochas.

flam.ber [flɑ̃be] *vi* **1** chamejar, chamuscar. *vt* **2** flambar.

flamme [flɑm] *nf* **1** chama, labareda. **2** *fig* fogo, ardor.

flan [flɑ̃] *nm* flã: *Art Cul* a) doce feito com farinha, açúcar e ovos. b) espécie de pudim. c) espécie de mingau.

flanc [flɑ̃] *nm* flanco, anca. **prêter le flanc** expor-se.

flâ.ner [flɑne] *vi* perambular, zanzar.

flâ.neur, -euse [flɑnœʀ, -øz] *n+adj* pessoa que passeia ociosamente.

flan.quer [flɑ̃ke] *vt* **1** flanquear, defender. *ils étaient flanqués de leurs gardes du corps* / eles estavam acompanhados por seus seguranças. **2** *fam* lançar brutalmente, aplicar, assentar.

flaque [flak] *nf* pocilga, poça. *flaque d'eau* / poça d'água.

flasque [flask] *adj* flácido, bambo, mole.

flat.ter [flate] *vt* lisonjear, adular. **flatter bassement** bajular.

flat.te.rie [flatʀi] *nf* **1** lisonja. **2** adulação, bajulação.

flat.teur, -euse [flatœʀ, -øz] *adj+n* **1** lisonjeiro. **2** adulador.

fléau [fleo] *nm* **1** flagelo, grande desastre, calamidade pública considerada como um castigo do céu. **2** pessoa ou coisa que causa desgraças desse gênero.

flèche [flɛʃ] *nf* flecha, seta. **partir/filer comme une flèche** partir como uma flecha. *suivez les flèches* / siga as setas.

flé.chir [fleʃiʀ] *vt* **1** flexionar, reclinar, curvar. **2** *fig* tocar, diminuir. **3** ceder, convencer.

flé.chisse.ment [fleʃismɑ̃] *nm* **1** flexão. **2** o fato de ceder, diminuição. **fléchissement de la natalité** baixa de natalidade.

flegme [flɛgm] *nm* **1** *Méd* fleuma ou flegma, um dos quatro humores do organismo humano; segundo a medicina antiga, muco que se expectora. **2** temperamento, comportamento calmo, não emotivo, frieza de ânimo, serenidade, impassibilidade.

flem.mard, -arde [flemaʀ, -aʀd] *adj+n fam* preguiçoso, que não gosta de fazer nenhum esforço, que não gosta de trabalhar. *il est trop flemmard* / ele é muito preguiçoso.

flemme [flɛm] *nf fam* preguiça, indolência. **avoir la flemme** estar com preguiça, não fazer nada.

fleur [flœʀ] *nf Bot* flor. **comme une fleur** muito facilmente. *elle est arrivée première, comme une fleur* / ela chegou em primeiro lugar, facilmente.

fleu.ret [flœʀɛ] *nm Sp* florete.

fleu.rir [flœʀiʀ] *vi* **1** florescer. *vt* **2** florir (um local).

fleu.riste [flœʀist] *nm* **1** floricultor, florista. **2** floricultura.

fleuve [flœv] *nm* rio.

fle.xible [flɛksibl] *adj* **1** flexível, maleável. **2** *fig* dócil. **horaire flexible** horário flexível.

fle.xion [flɛksjɔ̃] *nf* **1** flexão. **2** *Ling* modificação de uma palavra por meio de elementos que exprimem aspectos e relações gramaticais, como gênero,

flic | 98 | **fondateur**

número, tempo, modo etc. **flexion verbale** conjugação verbal.
flic [flik] *nm fam* policial, tira.
flip.per [flipe] *nm* fliperama.
flin.guer [flɛge] *vt* **1** *fam* atirar em alguém. **2** destruir, estragar (alguma coisa). **3** criticar violentamente. *vpr* **4** suicidar-se.
flirt [flœrt] *nm* **1** flerte, namoro. **2** pessoa com a qual se flerta.
flir.ter [flœrte] *vi* **1** namorar, flertar. *vt+vi* **2** *fam* paquerar. **ministre qui flirte avec l'opposition** *fig* ministro que procura agradar à oposição.
flo.con [flɔkɔ̃] *nm* floco. **flocon de neige** floco de neve. **flocons de céréales** flocos de cereais.
flore [flɔʀ] *nf* flora.
flot [flo] *nm* **1** maré, fluxo. **2 flots** *pl* onda. **à flots** abundantemente. **le flot a maré. un flot de voyageurs** a multidão de viajantes.
flotte [flɔt] *nf* **1** frota, esquadra. **2** *fam* água. **3** chuva.
flotte.ment [flɔtmã] *nm* **1** agitação, balanço. **2** flutuação de câmbio. **3** *fig* hesitação, incerteza, indecisão.
flot.ter [flɔte] *vi* **1** boiar, flutuar. **2** estar em suspensão no ar, voar. *vt+vi* **3** tremular, ondular, esvoaçar. **4** vacilar, hesitar. *vimp* **5** chover abundantemente.
flot.tille [flɔtij] *nf* **1** flotilha, reunião de pequenos navios. **2** esquadrilha.
flou, floue [flu] *adj* **1** delicado. **2** vaporoso. **3** indistinto, vago.
fluet, -ette [flyɛ, -ɛt] *adj* magro, de aparência delicada. **une voix fluette** uma voz fraca.
fluide [flyid / flyid] *adj+nm* fluido.
fluor [flyɔʀ] *nm+adj Chim* flúor.
flûte [flyt] *nf* **1** *Mus* flauta. **2** copo, taça. *flûte à champagne* / taça de champanha.
• *interj* exprime impaciência, decepção e desaprovação.

flû.tiste [flytist] *n* flautista.
flux [fly] *nm* fluxo.
fo.ca.li.ser [fɔkalize] *vt* focalizar.
fœ.tal, -ale, -aux [fetal, -o] *adj* fetal.
fœ.tus [fetys] *nm* feto.
foi [fwa] *nf* **1** fé, credo. **2** promessa, juramento. **bonne foi** boa-fé. **le cachet de la poste faisant foi (de la date)** o carimbo do correio comprovando (a data).
foie [fwa] *nm Anat* fígado.
foin [fwɛ̃] *nm* feno.
foire [fwaʀ] *nf* feira, exposição, salão.
fois [fwa] *nf* vez. *il était une fois...* / era uma vez... **à la fois** ao mesmo tempo.
fo.lie [fɔli] *nf* **1** loucura, maluquice, desatino. **2** alienação, delírio, desequilíbrio (mental). **3** extravagância, insanidade. **4** *Méd* demência. **accès de folie** acesso de loucura.
fon.cer [fɔ̃se] *vt* **1** escurecer. *vi* **2** atacar. **foncer dans le brouillard** ir adiante sem se preocupar com os obstáculos ou com as dificuldades. **foncer sur l'ennemi** atacar o inimigo.
fonc.tion [fɔ̃ksjɔ̃] *nf* função, cargo, lugar, posto, ofício, tarefa, atividade, missão. *fonction publique, administrative* / função pública, administrativa. **être en fonction** estar, permanecer na função. **en fonction de** relativo a. **faire fonction de** ter o papel de.
fonc.tion.naire [fɔ̃ksjɔnɛʀ] *nm* **1** funcionário. **2** pessoa que ocupa uma função pública. **3** pessoa que tem um emprego permanente nos quadros de uma administração pública, na qualidade de titular.
fond [fɔ̃] *nm* fundo, âmago. **à fond** a fundo, até o limite do possível. **au fond** no fundo.
fon.da.teur, -trice [fɔ̃datœʀ, -tʀis] *n+adj* fundador.

fonde.ment [fɔ̃dmɑ̃] *nm* fundamento, princípio.

fon.der [fɔ̃de] *vt* 1 fundar. 2 construir. 3 criar. 4 formar. **fonder quelque chose sur** basear-se sobre.

fonde.rie [fɔ̃dʀi] *nf* 1 fundição. 2 usina.

fondre [fɔ̃dʀ] *vt* 1 derreter, fundir. 2 *fig* amalgamar, incorporar. *vpr* 3 fundir--se, derreter-se. **elle a fondu après sa maladie** ela emagreceu muito depois que ficou doente. **fondre en pleurs** explodir, derreter-se em pranto.

fonds [fɔ̃] *nm* 1 propriedade cujo solo se explora ou na qual se constrói. 2 estabelecimento. 3 *Econ* fundos, recursos. **être en fonds** dispor de fundos, de dinheiro.

fon.due [fɔ̃dy] *nf Art Cul* prato composto por queijo, derretido no vinho branco.

fon.taine [fɔ̃tɛn] *nf* 1 fonte. 2 *fig* princípio.

fonte [fɔ̃t] *nf* fundição, derretimento, descongelamento.

for.çat [fɔʀsa] *nm* condenado aos trabalhos forçados. **travailler comme un forçat** trabalhar demais, exageradamente.

force [fɔʀs] *nf* 1 força. 2 resistência, vigor. 3 capacidade do espírito, possibilidades intelectuais e morais. 4 constância, determinação. 5 **forces** *pl* energia. **à toute force** apesar dos obstáculos. **c'est un cas de force majeure** é um caso de força maior.

for.cer [fɔʀse] *vt* 1 coagir, obrigar, forçar, empenhar. 2 arrombar. 3 romper. 4 levar além da atividade normal, impor um esforço excessivo. 5 obter, usando de alguma violência. **forcer à quelque chose** obrigar a. **forcer l'admiration, l'estime, le respect de tout le monde** forçar, atrair, ganhar a admiração, a estima, a admiração de todo mundo. **forcer un cheval** cansar um cavalo, levá-lo ao extremo de suas forças.

fo.ret [fɔʀɛ] *nf* instrumento de metal que serve para furar; broca, furadeira, perfuradora.

fo.rêt [fɔʀɛ] *nf* floresta, selva, mata. **forêt de pins** pinheiral.

for.fait [fɔʀfɛ] *nm* 1 convenção pela qual é estipulado um preço fixo com antecedência e de modo invariável para a execução de um serviço. 2 *Lit* crime, erro.

for.fai.taire [fɔʀfɛtɛʀ] *adj* fixado com antecedência.

forge [fɔʀʒ] *nf* bigorna, forja.

for.ger [fɔʀʒe] *vt* 1 forjar, moldar. 2 *fig* elaborar de modo artificial ou penoso, fabricar, imaginar, inventar. **forger un mot nouveau** criar, inventar uma nova palavra. **forger un pretexte** inventar um pretexto. **se forger un alibi** criar, inventar um álibi. **se forger un idéal** criar para si um ideal.

forge.ron [fɔʀʒəʀɔ̃] *nm* ferreiro.

for.ma.li.té [fɔʀmalite] *nf* 1 formalidade, forma, procedimento. 2 cerimonial. **formalités de douane** procedimentos aduaneiros.

for.mat [fɔʀma] *nm* 1 formato. 2 dimensão.

for.ma.ter [fɔʀmate] *vt Inform* formatar.

for.ma.teur, -trice [fɔʀmatœʀ, -tʀis] *n+adj* formador, pessoa encarregada de formar profissionais.

for.ma.tion [fɔʀmasjɔ̃] *nf* 1 formação. 2 composição, criação, elaboração. 3 organização, desenvolvimento. 4 educação, instrução. 5 aprendizagem. 6 reciclagem. 7 *Mil* movimento pelo qual uma tropa toma uma determinada disposição.

forme [fɔʀm] *nf* forma.

for.mel, -elle [fɔʀmɛl] *adj* 1 formal.

former 100 **fourmilier**

2 claro, explícito, incontestável, irrefutável. **acte juridique formel** ato cuja existência é atestada por um documento.
for.mer [fɔʀme] *vt* 1 formar, doutrinar. 2 criar, imaginar. 3 constituir.
for.mi.dable [fɔʀmidabl] *adj* 1 formidável, excepcional, fabuloso, temível. 2 enorme, extraordinário, imponente. 3 excelente, sensacional.
for.mu.laire [fɔʀmylɛʀ] *nm* formulário.
for.mule [fɔʀmyl] *nf* 1 fórmula, método, procedimento. 2 modo.
for.mu.ler [fɔʀmyle] *vt* 1 formular. 2 explicitar, expor, expressar.
fort, forte [fɔʀ, fɔʀt] *adj* 1 forte, intenso, sólido. 2 corpulento, gordo. • *nm* 1 que tem grande força muscular, boa saúde. 2 que possui força vital (material). 3 que possui força moral, energia, coragem, firmeza. • *adv* 1 vigorosamente, violentamente, com grande intensidade. 2 muito, excessivamente
for.te.resse [fɔʀtəʀes] *nf* fortaleza, forte.
for.ti.fiant, -iante [fɔʀtifjɑ̃, -jɑ̃t] *adj* fortificante, reconstituinte, analéptico. • *nm* fortificante, tônico.
for.ti.fier [fɔʀtifje] *vt* 1 fortalecer, fortificar, robustecer. 2 *fig* reforçar.
for.tuit, -ite [fɔʀtɥi, -it] *adj* fortuito, casual, acidental.
for.tune [fɔʀtyn] *nf* 1 acaso, sorte. 2 recursos, riqueza. **avoir la bonne ou la mauvaise fortune** ter boa ou má sorte.
fo.rum [fɔʀɔm] *nm* 1 colóquio, simpósio. 2 *Jur* foro, fórum.
fosse [fos] *nf* 1 cova, vala, valeta. 2 *Agric* silo.
fos.sé [fose] *nm* 1 fosso. 2 canal. 3 *fig* abismo.
fos.sette [fosɛt] *nf* pequena cavidade em uma parte carnuda do corpo (bochechas, queixo), covinha.
fos.sile [fosil] *nm+adj* fóssil.
fou (ou fol), folle [fu, fɔl] *adj+n* 1 insano. 2 *fig* exaltado.
foudre [fudʀ] *nf+m* relâmpago. **coup de foudre** acontecimento desastroso e atemorizante; manifestação súbita do amor desde o primeiro encontro, ato de se apaixonar.
fou.droyer [fudʀwaje] *vt* fulminar.
fouet [fwɛ] *nm* chibata, açoite, chicote. **coup de fouet** excitação, impulso vigoroso. **de plein fouet** violentamente.
fouet.ter [fwete] *vt* açoitar, chicotear, bater.
fou.gère [fuʒɛʀ] *nf* samambaia.
fougue [fug] *nf* fuga, impetuosidade, entusiasmo.
fouille [fuj] *nf* busca, procura, revista.
fouil.ler [fuje] *vt* 1 investigar. 2 xeretar. 3 procurar. 4 *fig* fuçar, revistar.
fouine [fwin] *nf* fuinha.
fou.lard [fular] *nm* 1 lenço que se usa em torno do pescoço. 2 véu islâmico.
foule [ful] *nf* multidão, turba. **en foule** em massa, em grande número, em quantidade. **la foule** o comum dos homens, o vulgo, multidão, povo. **une foule de** um grande número (de pessoas, de coisas da mesma categoria).
four [fuʀ] *nm* forno. **four à micro-ondes** forno de micro-ondas.
fourbe [fuʀb] *nm* trapaceiro, ardiloso, falso, hipócrita.
fourche [fuʀʃ] *nf* forcado, garfo.
four.cher [fuʀʃe] *vi* 1 bifurcar. 2 manipular uma foice.
four.chette [fuʀʃɛt] *nf* garfo. **avoir un bon coup de fourchette** ser um bom garfo.
four.gon [fuʀgɔ̃] *nm* camburão.
four.mi [fuʀmi] *nf Zool* formiga.
four.mi.lier [fuʀmilje] *nm* tamanduá.

four.mi.liè.re [fuʁmiljɛʁ] *nf* **1** formigueiro. **2** *fig* local onde vivem muitas pessoas.

four.naise [fuʁnɛz] *nf* fornalha. *cette chambre est une fournaise en été et une glacière en hiver* / este quarto é um forno no verão e uma geladeira no inverno.

four.neau [fuʁno] *nm* forno. **fourneau portatif** fogareiro.

four.nir [fuʁniʁ] *vt* fornecer, abastecer, equipar.

four.nis.seur, -euse [fuʁnisœʁ, -øz] *n* fornecedor.

four.ni.ture [fuʁnityʁ] *nf* suprimento, fornecimento.

four.rière [fuʁjɛʁ] *nf* lugar onde se colocam os animais sem dono, os veículos retidos pela polícia até o pagamento da multa.

four.rure [fuʁyʁ] *nf* pele, casaco de pele.

foyer [fwaje] *nm* **1** lar. **2** foco.

fra.cas [fʁaka] *nm* baque, estrondo, tumulto. **avec perte et fracas** brutalmente.

frac.tion [fʁaksjɔ̃] *nf* fração, parcela, parte.

frac.ture [fʁaktyʁ] *nf* quebra, fratura.

frac.tu.rer [fʁaktyʁe] *vt* quebrar, fraturar.

fra.gile [fʁaʒil] *adj* **1** fraco, frágil, débil. **2** delicado, sensível.

fra.gi.li.té [fʁaʒilite] *nf* **1** fragilidade. **2** delicadeza. **3** fraqueza.

frag.ment [fʁagmɑ̃] *nm* fragmento, caco, pedaço, parcela.

frag.men.ter [fʁagmɑ̃te] *vt* fragmentar, dividir.

fra.grance [fʁagʁɑ̃s] *nf* fragrância, perfume sutil, cheiro agradável.

fraî.cheur [fʁɛʃœʁ] *nf* frescura, frescor

fraî.chir [fʁɛʃiʁ] *vi* tornar-se frio (o tempo).

frais, fraîche [fʁɛ, fʁɛʃ] *adj* **1** fresco. **2** sadio. **3** descansado. **4** cândido, puro. • *nm* **1 frais** *pl* custo, despesas, gastos. **2** ágio, comissão.

fraise [fʁɛz] *nf Bot* morango.

fram.boise [fʁɑ̃bwaz] *nf* framboesa.

franc [fʁɑ̃] *nm* franco, moeda utilizada na França (franco francês), na Bélgica, Suíça e Luxemburgo (franco desses países) e também em inúmeros países africanos, ex-colônias francesas (franco CFA). A partir de janeiro de 2002, França, Bélgica e Luxemburgo, além de outros países da Europa, adotaram o euro.

franc, franche [fʁɑ̃, fʁɑ̃ʃ] *adj* franco, sincero. **jouer franc jeu** agir lealmente.

franc, franque [fʁɑ̃, fʁɑ̃k] *n+adj* franco (povo). *Les Francs ont conquis la Gaule* / Os francos conquistaram a Gália.

fran.çais, -aise [fʁɑ̃sɛ, -ɛz] *n+adj* francês.

fran.chir [fʁɑ̃ʃiʁ] *vt* **1** ultrapassar, passar. **2** escalar. **3** saltar.

fran.chise [fʁɑ̃ʃiz] *nf* **1** franqueza, lealdade, seriedade, sinceridade. **2** franquia. **3** dispensa, exoneração. *Jur* isenção legal de taxa ou de imposto.

fran.chis.se.ment [fʁɑ̃ʃismɑ̃] *nm* ação de ultrapassar, passagem.

fran.co.phone [fʁɑ̃kɔfɔn] *adj+n* **1** francófono, que fala francês habitualmente. **2** grupo ou região onde o francês é falado como língua materna. **3** que pertence a essa comunidade.

fran.co.pho.nie [fʁɑ̃kɔfɔni] *nf* **1** francofonia, conjunto constituído pelas populações francófonas: França, parte da Bélgica, do Canadá, da Suíça, da África, das Antilhas, do Oriente Médio e da Oceania. **2** movimento a favor da língua francesa.

frange [fʁɑ̃ʒ] *nf* franja.

frap.pant, -ante [fʀapɑ̃, -ɑ̃t] *adj* **1** marcante, que causa uma grande impressão, impressionante. **2** que salta aos olhos.

frap.per [fʀape] *vt* **1** bater. *frapper à la porte* / bater à porta. **2** espancar. **3** cunhar.

fra.ter.ni.té [fʀatɛʀnite] *nf* fraternidade, irmandade, solidariedade.

fraude [fʀod] *nf* fraude, trapaça. **en fraude** clandestinamente, ilegalmente.

frau.der [fʀode] *vt* fraudar, trapacear, roubar, falsificar.

frau.deur, -euse [fʀodœʀ, -øz] *nm* fraudador, falsificador.

frau.du.leux, -euse [fʀodylø, -øz] *adj* fraudulento.

frayeur [fʀɛjœʀ] *nf* temor, medo vivo.

fre.don.ner [fʀədɔne] *vt* cantarolar.

free.zer [fʀizœʀ] *nm angl* compartimento da geladeira onde se faz o gelo.

fré.gate [fʀegat] *nf* fragata.

frein [fʀɛ̃] *nm* freio. *Autom* **donner un coup de frein** frear. **frein à main** freio de mão. **ronger son frein** conter dificilmente a impaciência.

frei.ner [fʀɛne] *vt* **1** frear. **2** diminuir, moderar.

frêle [fʀɛl] *adj* **1** delicado, frágil, débil. **2** magro, fraco. **3** leve, tênue.

fré.mir [fʀemiʀ] *vi* **1** fremir, vibrar. **2** tremer. **3** estremecer. **4** levantar fervura. *c'est à faire frémir!* é horrível!

fré.mis.sant, -ante [fʀemisɑ̃, -ɑ̃t] *adj* **1** que freme, treme, estremece. **2** prestes a se emocionar.

fré.mis.se.ment [fʀemismɑ̃] *nm* frêmito, estremecimento, bulício.

fré.quent, -ente [fʀekɑ̃, -ɑ̃t] *adj* frequente.

fré.quen.ter [fʀekɑ̃te] *vt* **1** frequentar. **2** namorar, cortejar. **3** dar-se com, sair com.

frère [fʀɛʀ] *nm* **1** frade. **2** irmão. **frères siamois** irmãos siameses.

fresque [fʀɛsk] *nf Peint* afresco.

fret [fʀɛ(t)] *nm* frete.

friand, friande [fʀijɑ̃, fʀijɑ̃d] *adj* amador. • *nm* **1** guloseima salgada feita de massa folhada e recheada com carne moída, presunto, queijo. **2** doce de massa folhada com creme de amêndoas. **être friand de** gostar muito de (um alimento).

frian.dise [fʀijɑ̃diz] *nf* guloseima, gulodice.

fric [fʀik] *nm fam* dinheiro, grana.

fri.gi.daire [fʀiʒidɛʀ] *nf* geladeira.

fri.gide [fʀiʒid] *adj* frígido.

fri.gi.di.té [fʀiʒidite] *nf* frigidez.

fri.go [fʀigo] *nm fam* geladeira.

fri.leux, -euse [fʀilø, -øz] *adj* friorento. **2** *fig* temeroso, medroso.

frin.gale [fʀɛ̃gal] *nf fam* **1** fome violenta e repentina. **2** bulimia. **3** *fig* desejo violento e irresistível.

frire [fʀiʀ] *vt* frigir, fritar.

fri.ser [fʀize] *vt* **1** frisar, ondular, encrespar, encaracolar.

fri.son [fʀizɔ̃] *nm* tremedeira, arrepio, calafrio, estremecimento.

fris.son.ner [fʀisɔne] *vi* estremecer, tiritar.

frit, frite [fʀi, fʀit] *n* frito *nfpl* fritas, batata frita.

fri.ture [fʀityʀ] *nf* fritura.

fri.vole [fʀivɔl] *adj* frívolo, fútil.

froid, froide [fʀwa, fʀwad] *adj+nm* **1** frio. **2** *fig* indiferente, insensível, frígido. **3** calmo, impassível, imperturbável. **4** distante, reservado.

froi.deur [fʀwadœʀ] *nf* **1** frieza. **2** calma, impassibilidade, reserva. **3** indiferença. **4** secura.

frois.se.ment [fʀwasmɑ̃] *nm* atrito, fricção, ruído leve.

frois.ser [fʀwase] *vt* **1** amarrotar. **2** quebrar. **3** ofender. **4** chocar.

frôle.ment [fʀolmɑ̃] *nm* **1** toque. **2** carícia.

frô.ler [fʀole] *vt* **1** encostar. **2** tocar. **3** *fig* passar rente a.

fro.mage [fʀɔmaʒ] *nm* queijo. **fromage à la crème** requeijão.

fro.ma.ger [fʀɔmaʒe] *nm* pessoa que fabrica ou vende queijo.

fro.ma.ge.rie [fʀɔmaʒʀi] *nf* local onde se fabrica e vende queijos, indústria de queijo, comércio de queijo.

fro.ment [fʀɔmɑ̃] *nm* **1** trigo. **2** grãos de trigo.

fron.cer [fʀɔ̃se] *vt* enrugar, plissar. **froncer le sourcil** franzir a testa.

front [fʀɔ̃] *nm* **1** fronte, testa. **2** frente, parte anterior. **3** linha de frente.

fron.tière [fʀɔ̃tjɛʀ] *nf* fronteira, raia.

frot.te.ment [fʀɔtmɑ̃] *nm* **1** fricção. **2** *fig* contato.

frot.ter [fʀɔte] *vt* esfregar, friccionar. **frotter légèrement** roçar. **se frotter à quelqu'un** atacar, desafiar, provocar alguém. **se frotter contre** esfregar-se, coçar-se.

fruc.tose [fʀyktoz] *nm* frutose.

fruc.tueux, -euse [fʀyktɥø, -øz] *adj* frutuoso, fecundo, útil, lucrativo, rentável.

fruit [fʀɥi] *nm* fruta, fruto, pomo. **fruit abîmé** ou **gâté** fruta passada, estragada. **fruit de la passion** *Bot* maracujá. **fruit sec** fruta seca. **le fruit défendu** o fruto proibido.

frui.tier, -ière [fʀɥitje, -jɛʀ] *adj+n* frutífero. • *nm* **1** pomar. **2** comerciante que vende frutas.

frus.trer [fʀystʀe] *vt* frustrar, privar, desapontar.

fu.gace [fygas] *adj* fugaz, passageiro. **beauté fugace** beleza efêmera.

fu.gi.tif, -ive [fyʒitif, -iv] *adj+n* foragido, fugitivo. **émotion fugitive** emoção passageira.

fugue [fyg] *nf* **1** fuga, composição musical em contraponto, cânon. **2** ausência, fuga. **faire une fugue** fugir, desaparecer, sem prevenir, do meio familiar.

fuir [fɥiʀ] *vi* **1** fugir. **2** esquivar-se.

fuite [fɥit] *nf* **1** fuga, escapada. **2** vazamento. **être en fuite** estar fugindo. **fuite de gaz** vazamento de gás. **mettre en fuite** fazer fugir. **prendre la fuite** começar a fugir.

fu.mé, -ée [fyme] *adj* **1** que foi exposto à fumaça, defumado. **2** escurecido com fumaça. **verres fumés** lentes de óculos escurecidas. • *nf* fumaça.

fu.mer [fyme] *vt* **1** fumar. **2** defumar. *vi* **3** fumegar.

fumet [fymɛ] *nm* **1** cheiro agradável e penetrante proveniente de algumas carnes durante ou após o processo de cozimento. **2** gosto ou cheiro de um vinho. **3** *fig* o que caracteriza uma coisa.

fu.meur, -euse [fymœʀ, -øz] *n* fumante. **non-fumeur** não fumante.

fu.mier [fymje] *nm* **1** esterco, estrume. **2** *fig* o que é sujo, corrompido, repugnante, desprezível, homem desprezível.

fu.nam.bule [fynɑ̃byl] *nm* equilibrista, acrobata.

fu.nèbre [fynɛbʀ] *adj* **1** fúnebre. **2** *fig* macabro.

fu.né.railles [fyneʀaj] *nf pl* funeral, enterro.

fu.né.raire [fyneʀɛʀ] *adj* funerário.

fu.ni.cu.laire [fynikylɛʀ] *nm* funicular, bondinho.

fu.ret [fyʀɛ] *nm Zool* furão.

fu.reur [fyʀœʀ] *nf* **1** furor, exaltação. **2** *fig* paixão ardente. **faire fureur** ter um imenso sucesso.

fu.rie [fyʀi] *nf* fúria, raiva.

fu.rieux, -ieuse [fyʀjø, -jøz] *adj* furioso, endiabrado.

fu.roncle [fyʀɔ̃kl] *nm* furúnculo.

fu.seau [fyzo] *nm* **1** fuso. **2** fusô, tipo de calça comprida justa para mulher.
fuseau horaire fuso horário.
fu.sée [fyze] *nf* foguete.
fu.sible [fyzibl] *nm* fusível.
fu.sil [fyzi] *nm* espingarda, fuzil.
fu.sil.lade [fyzijad] *nf* fuzilamento, tiroteio.
fu.sil.ler [fyzije] *vt* fuzilar.
fu.sion [fyzjɔ̃] *nf* derretimento, fusão.

fus.ti.ger [fystiʒe] *vt* **1** fustigar, flagelar. **2** *fig* estigmatizar.
fût [fy] *nm* pipa, barril.
fu.té, -ée [fyte] *adj pop* **1** sabido. **2** malicioso.
fu.tile [fytil] *adj* fútil, frívolo, superficial.
fu.tur, -ure [fytyʀ] *adj+nm* futuro. • *nm Gram* futuro, tempo em que se situa a ação futura.

g [ʒe] *nm* sétima letra e quinta consoante do alfabeto da língua francesa.

ga.bar.dine [gabaʀdin] *nf* **1** gabardina. **2** capa de chuva, impermeável.

gâ.cher [gɑʃe] *vt* **1** amassar, diluir. **2** fazer uma coisa negligentemente.

gaffe [gaf] *nf* **1** gafe. **2** *fam* mancada. **faire gaffe** prestar atenção. **faire une gaffe** dar um fora, cometer ações ou dizer palavras impensadas, indiscretas, desastradas.

ga.ga [gaga] *n+adj fam* **1** caduco. **2** louco.

gage [gaʒ] *nm Com* **1** penhor, caução, depósito, garantia. **2** salário, ordenado. **3** *fig* promessa.

ga.ger [gaʒe] *vt* **1** apostar, supor. **2** garantir.

ga.geure [gaʒœʀ / gaʒyʀ] *nf* **1** aposta, garantia. **2** desafio.

ga.gner [gaɲe] *vt+vi* **1** ganhar, lucrar. **2** vencer, conquistar. **3** adquirir, tomar. **gagner de l'argent** ganhar dinheiro. **gagner du temps** ganhar tempo. **gagner sa vie** ganhar a vida, sustentar-se.

gai, gaie [ge / gɛ] *adj* **1** alegre, festivo, jovial. **2** sorridente. **3** contente. **4** cômico, divertido. **5** bêbado. • *adj+n* homossexual. **être un peu gai** estar de fogo, meio bêbado.

gaie.té [gete] *nf* **1** alegria, regozijo. **2** jovialidade. **3** hilaridade. *Var:* **gaîté**.

gail.lard, -arde [gajaʀ, -aʀd] *adj+n* **1** saudável, cheio de vida. **2** alerta. **3** jovial. **4** libertino, licencioso. **5** forte. **6** folgazão. **7** astuto. **8** atrevido. • *nf* **1** mulher leviana. **2** mulher desembaraçada, atrevida. **3** dança antiga.

gain [gɛ̃] *nm* **1** ganho, lucro, vantagem. **2** salário. **3** sucesso, vitória. **avoir, obtenir gain de cause** vencer, obter decisão favorável. **gain de temps** economia de tempo.

gaine [gɛn] *nf* **1** estojo, bainha. **2** cinta elástica para mulheres. **3** pedestal.

gaî.té [gete] *V gaieté*.

ga.la [gala] *nm* **1** cerimônia, recepção. **2** grande festa pública.

ga.lan.te.rie [galɑ̃tʀi] *nf* **1** galanteria, galanteio. **2** amabilidade, civilidade, polidez, sedução. **3** aventura, intriga amorosa. **débiter des galanteries** dizer galanteios.

gale [gal] *nf* sarna, peste. **une gale** pessoa ruim, peste.

ga.lère [galɛʀ] *nf* **1** galera. **2** *fig, fam* trabalho penoso, situação difícil. **les galères** as galeras, pena daqueles que eram condenados a remar nas galeras do rei.

ga.lé.rer [galeʀe] *vi fam* **1** sofrer. **2** lançar-se em empreendimentos sem resultados. **3** viver de trabalhos temporários e pouco remunerados.

galetas 106 **gare**

ga.le.tas [galta] *nm* **1** sótão, água-furtada. **2** celeiro. **3** moradia miserável e sórdida, casebre, pardieiro.
ga.lette [galɛt] *nf* **1** biscoito, torta doce. **2** tortilha. **3** *fam* dinheiro.
ga.li.pette [galipɛt] *nf fam* cabriola.
gal.li.cisme [ga(l)lisism] *nm* galicismo (francesismo).
gal.lois, -oise [galwa, -waz] *adj* galês, do País de Gales, parte da Grã-Bretanha. • *nm* **1** galês, habitante do País de Gales. **2** língua celta do País de Gales.
ga.loche [galɔʃ] *nf* **1** galocha. **2** tamanco.
ga.lon [galɔ̃] *nm* galão. **prendre du galon** subir de grau.
ga.lop [galo] *nm* galope. **au galop** rápido. **galop d'essai** exame de treino.
ga.lo.per [galɔpe] *vi* galopar, ir rapidamente. **inflation galopante** inflação galopante.
gal.va.ni.ser [galvanize] *vt* galvanizar. *cet orateur galvanise la foule* / este orador galvaniza, excita, a multidão.
gal.vau.der [galvode] *vt* desperdiçar, depreciar.
gam.bade [gɑ̃bad] *nf* pulo, salto.
gam.ba.der [gɑ̃bade] *vi* pular, saltar.
gam.bas [gɑ̃bas] *nf pl* espécie de camarão do Mediterrâneo.
ga.melle [gamɛl] *nf* gamela, tigela. **ramasser une gamelle** *fig* a) cair, levar um tombo. b) fracassar.
ga.min, -ine [gamɛ̃, -in] *n* moleque, guri.
ga.mi.ne.rie [gaminʀi] *nf* molecagem, comportamento infantil.
gamme [gam] *nf* **1** gama, leque. **2** série, sucessão. **3** *Mus* escala musical. **faire ses gammes** exercitar-se.
gang [gɑ̃g] *nm* gangue. *lutter contre les gangs* / lutar contra as gangues.
gan.glion [gɑ̃glijɔ̃] *nm Anat* gânglio.

gan.grène [gɑ̃gʀɛn] *nf* **1** gangrena. **2** *fig* corrupção, decomposição, destruição.
gan.gre.ner [gɑ̃gʀəne / gɑ̃gʀene] *vt* **1** gangrenar. **2** *fig* corromper. **3** envenenar. *Var: gangréner* [gɑ̃gʀene].
gangs.ter [gɑ̃gstɛʀ] *nm* gângster, bandido.
gant [gɑ̃] *nm* luva. **cette robe te va comme un gant** este vestido lhe cai muito bem. **gant de boxe** luva de boxe. **gants fourrés** luvas forradas.
ga.rage [gaʀaʒ] *nm* **1** garagem. **2** posto de gasolina. **3** oficina mecânica.
ga.ra.giste [gaʀaʒist] *n* **1** mecânico. **2** frentista. **3** proprietário ou gerente de oficina mecânica.
ga.ran.tie [gaʀɑ̃ti] *nf* garantia.
ga.ran.tir [gaʀɑ̃tiʀ] *vt* garantir, caucionar, assegurar.
gar.çon [gaʀsɔ̃] *nm* **1** menino, rapaz. **2** empregado, servente. **3** garçom de restaurante.
gar.çon.nier, -ière [gaʀsɔnje, -jɛʀ] *adj* o que, em uma menina, lembra as formas e o jeito de um menino, o que convém a um menino. • *nf* tipo de *kitchenette* de homem solteiro que serve frequentemente para encontros amorosos.
garde [gaʀd] *nf* **1** defesa, proteção. **2** preservação. **3** vigilância.
gar.dé.nia [gaʀdenja] *nm Bot* gardênia.
gar.der [gaʀde] *vt* **1** guardar. **2** tomar conta. **3** sequestrar. **4** proteger, preservar.
gar.de.rie [gaʀdəʀi] *nf* creche.
garde-robe [gaʀdəʀɔb] *nf* guarda-roupa.
gar.dien, -ienne [gaʀdjɛ̃, -jɛn] *n* guarda, caseiro, guardião, zelador. **gardien de but** goleiro. **gardien de la paix** policial.
gare [gaʀ] *nf* gare, estação (de trem). **gare!** cuidado! **gare routière** rodoviária. **sans crier gare** sem prevenir, de repente.

garer [gaʀe] *vt* **1** abrigar, guardar. **2** estacionar. *vpr* **3** parar, estacionar. **garer de** proteger de. **se garer de** tomar cuidado com, evitar, preservar-se.

gar.gouille [gaʀguj] *nf* gárgula.

gar.ne.ment [gaʀnəmã] *nm* moleque, criança turbulenta, insuportável.

gar.nir [gaʀniʀ] *vt* **1** guarnecer, estofar, munir, equipar. **2** ocupar. *vpr* **3** encher-se. **choucroute garnie** chucrute guarnecido com frios diversos. **plat de viande garni** prato de carne guarnecido (com legumes).

gar.ni.son [gaʀnizɔ̃] *nf Mil* guarnição.

gar.ni.ture [gaʀnityʀ] *nf* **1** guarnição, ornamento. **2** peça destinada a proteger, reforçar. **garniture de lit** enfeite de cama. **la garniture d'un plat de viande** verduras ou legumes que acompanham um prato principal.

gars [ga] *nm* **1** rapaz. **2** *fam* cara. *c'est un drôle de gars* / ele é um tipo esquisito.

ga.soil [gazɔl] *nm* óleo diesel. *Var: gazole.*

gas.pil.lage [gaspijaʒ] *nm* esbanjamento, desperdício.

gas.pil.ler [gaspije] *vt* **1** esbanjar, desperdiçar. **2** *fig* torrar, estragar. **gaspiller son temps** perder seu tempo.

gas.trite [gastʀit] *nf Méd* gastrite.

gas.tro.en.té.rite [gastʀoãteʀit] *nf Méd* gastroenterite, gastrenterite.

gas.tro.en.té.ro.lo.gie [gastʀoãteʀɔlɔʒi] *nf* gastroenterologia.

gas.tro.en.té.ro.logue [gastʀoãteʀɔlɔg] *n* gastroenterologista, gastrenterologista.

gas.tro.in.tes.ti.nal, -ale, -aux [gastʀoɛ̃testinal, -o] *adj* gastrintestinal.

gas.tro.nome [gastʀɔnɔm] *n* gastrônomo.

gas.tro.no.mie [gastʀɔnɔmi] *nf* gastronomia, culinária, mesa, arte culinária (cozinha, vinhos, ordem da refeição etc.).

gâ.teau [gato] *nm* bolo, doce. **avoir, réclamer, vouloir sa part du gâteau** *fig, fam* ter, pedir, querer sua parte (em algo), tirar proveito (de algo). **avoir une maman gâteau, un grand-père gâteau** *fam* ter uma mãe, um avô que mima as crianças. **c'est du gâteau!** diz-se de algo agradável, fácil.

gâ.ter [gate] *vt* **1** mimar. **2** apodrecer, viciar. **3** deteriorar.

gâ.te.rie [gatʀi] *nf* **1** mimo. **2** indulgência.

gâ.teux, -euse [gatø, -øz] *adj+n* **1** caduco, louco. **2** idiota, bobo.

gauche [goʃ] *adj+n* **1** esquerda. **2** inábil, desprovido de graça, de segurança. **3** embaraçado. **4** oblíquo, torcido, desviado. • *nf* orientação do espaço que corresponde ao lado esquerdo de uma pessoa, de uma coisa.

gau.cher, -ère [goʃe, -ɛʀ] *adj+n* canhoto.

gauche.rie [goʃʀi] *nf* **1** inabilidade. **2** timidez.

gau.chiste [goʃist] *n+adj* **1** esquerdista. **2** anarquista, maoista, trotskista.

gau.lois, -oise [golwa, -waz] *adj+n* **1** gaulês. **2** da Gália, celta. • *nm* língua celta falada na Gália. • *adj* que tem uma alegria franca, rude e um pouco livre. • *nf* cigarro de tabaco forte.

ga.ver [gave] *vt* **1** empanturrar. *vpr* **2** comer demasiadamente.

gay [ge] *adj inv+nm Angl* homossexual, relativo à homossexualidade masculina, aos homossexuais, gay.

gaz [gaz] *nm* gás. **avoir des gaz** ter gases acumulados nos intestinos. **four à gaz** forno a gás. **gaz carbonique** gás carbônico. **masque à gaz** máscara de gás.

gaze [gaz] *nf Méd* gaze.

ga.zéi.fier [gazeifje] *vt* gaseificar, vaporizar.

ga.zelle [gazɛl] *nf Zool* gazela. **des yeux de gazelle** olhos de gazela, olhos grandes e doces.

ga.zeux, -euse [gazø, -øz] *adj* gasoso. **eau, boisson gazeuse** água, bebida gasosa. **eau gazeuse naturelle** água gasosa natural. **eau minérale non gazeuse** água mineral não gasosa.

ga.zi.nière [gazinjɛʀ] *nf* fogão a gás.

ga.zo.duc [gazodyk] *nm* gasoduto.

ga.zo.gène [gazɔʒɛn] *nm* gasogênio.

ga.zole [gazɔl] *V gasoil.*

ga.zo.mètre [gazɔmɛtʀ] *nm* gasômetro.

ga.zon [gazɔ̃] *nm* grama, relva, gramado.

ga.zouil.ler [gazuje] *vi* 1 gorjear, chilrear. 2 produzir um ruído modulado, leve e doce, murmurar, cantar, sussurrar. 3 emitir sons pouco articulados, falando-se de um bebê (de uma criança).

geai [ʒɛ] *nm* gaio.

géant, -ante [ʒeɑ̃, -ɑ̃t] *n+adj* gigante, pessoa de tamanho anormalmente grande.

geindre [ʒɛ̃dʀ] *vi* gemer. *Var: gindre.*

gel [ʒɛl] *nm* 1 gelo. 2 brilhantina, fixador. 3 *fig* congelamento (de preços).

ge.ler [ʒ(ə)le] *vi* 1 gelar, congelar. 2 paralisar. *vi* 3 transformar-se em gelo. 4 sofrer com o frio.

gé.li.fier [ʒelifje] *vt* gelificar.

gé.lule [ʒelyl] *nf* gélula.

ge.lure [ʒ(ə)lyʀ] *nf* queimadura provocada pelo frio.

gé.mi.ner [ʒemine] *vt* geminar.

gé.mir [ʒemiʀ] *vi* gemer.

gé.misse.ment [ʒemismɑ̃] *nm* 1 gemido. 2 lamentação.

gemme [ʒɛm] *nf Bot, Min* gema.

gê.nant, -ante [ʒenɑ̃, -ɑ̃t] *adj* 1 embaraçoso, incômodo. 2 pesado, inconfortável. **un témoin gênant** / uma testemunha incômoda.

gen.cive [ʒɑ̃siv] *nf Anat* gengiva.

gen.darme [ʒɑ̃daʀm] *nm* policial. **faire le gendarme** fazer reinar a ordem e a disciplina de maneira muito autoritária.

gen.dar.me.rie [ʒɑ̃daʀməʀi] *nf* 1 corporação policial. 2 posto policial.

gendre [ʒɑ̃dʀ] *nm* genro.

gêne [ʒɛn] *nf* 1 estorvo, mal-estar. 2 embaraço. 3 dificuldade (financeira, física). **être, vivre dans la gêne** estar, viver sem dinheiro.

gène [ʒɛn] *nm* gene.

gé.né.a.lo.gie [ʒenealɔʒi] *nf* genealogia, linhagem, raça.

gê.ner [ʒene] *vt* 1 estorvar, atrapalhar, provocar mal-estar. 2 apertar, incomodar, embaraçar, importunar.

gé.né.ral, -ale, -aux [ʒeneʀal, -o] *adj* 1 vago, genérico, vasto. 2 habitual, corrente, comum. 3 unânime, coletivo, global. • *nf* 1 último ensaio geral de uma peça diante de um público de privilegiados. *nm* 2 *Mil* general. **en général** em geral, geralmente.

gé.né.ra.li.ser [ʒeneʀalize] *vt* generalizar, universalizar, estender, extrapolar.

gé.né.ra.liste [ʒeneʀalist] *adj Méd* clínico geral.

gé.né.ra.teur, -trice [ʒeneʀatœʀ, -tʀis] *adj+n* gerador, criador.

gé.né.ra.tion [ʒeneʀasjɔ̃] *nf* geração, reprodução, multiplicação.

gé.né.reux, -euse [ʒeneʀø, -øz] *adj* 1 generoso, bom, caridoso, humano. 2 pródigo, copioso, abundante. 3 fértil, produtivo.

gé.né.rique [ʒeneʀik] *adj* genérico.

gé.né.ro.si.té [ʒeneʀozite] *nf* 1 generosidade, bondade. 2 coragem, valor, nobreza.

ge.nèse [ʒənɛz] *nf* 1 gênese. 2 formação, gestação.

gé.né.tique [ʒenetik] *adj* genético, relativo à gênese, à hereditariedade, hereditário. • *nf* genética.
ge.né.vrier [ʒənəvʀije] *nm* zimbro.
gé.nial, -iale, -iaux [ʒenjal, -jo] *adj* **1** genial, excelente. **2** *fam* fantástico, sensacional. **c'est génial!** é genial, fantástico! **idée géniale** ideia genial.
gé.nie [ʒeni] *nm* gênio, anjo, espírito, ser sobrenatural dotado de poderes mágicos. **génie civil** engenharia civil.
ge.nièvre [ʒənjɛvʀ] *nm* genebra, gim.
gé.nisse [ʒenis] *nf Zool* bezerra, novilha, vitela.
gé.ni.tal, -ale, -aux [ʒenital, -o] *adj* genital. **fonctions génitales** funções genitais. **parties génitales, organes génitaux** órgãos genitais.
gé.ni.teur, -trice [ʒenitœʀ, -tʀis] *n* **1** genitor. *nm* **2** *Zool* reprodutor.
gé.no.cide [ʒenɔsid] *nm+adj* genocídio.
gé.nome [ʒenom] *nm* genoma.
ge.nou [ʒ(ə)nu] *nm* joelho. **à genoux** de joelhos, ajoelhado.
genre [ʒɑ̃ʀ] *nm* **1** gênero, raça, espécie, humanidade. **2** tipo, forma. **3** atitude, modo, maneira, estilo. **genre de vie** estilo, modo, tipo de vida.
gens [ʒɑ̃] *n pl* **1** pessoas, gente. **2** rapazes. **beaucoup de gens** muitas pessoas. **certaines gens** algumas pessoas. **ces gens-là** aquelas pessoas.
gent [ʒɑ̃] *nf* **1** gente, nação, povo. **2** raça, espécie, família.
gen.tiane [ʒɑ̃sjan] *nf Bot* genciana.
gen.til, -ille [ʒɑ̃ti, -ij] *adj* **1** gentil, agradável. **2** gracioso, bonito, charmoso. **3** delicado, generoso, amável, atencioso. **4** comportado, tranquilo (crianças). • *nm* gentio, infiel.
gen.til.lesse [ʒɑ̃tijɛs] *nf* **1** gentileza, amabilidade. **2** bondade, generosidade, indulgência, atenção. **3** graça, espirituosidade. **4** *iron Lit* injúria.

géo.cen.trique [ʒeosɑ̃tʀik] *adj Astron* geocêntrico.
géo.cen.trisme [ʒeosɑ̃tʀism] *nm* geocentrismo.
géo.graphe [ʒeɔgʀaf] *n* geógrafo.
géo.gra.phie [ʒeɔgʀafi] *nf* geografia. **faire de la géographie** estudar geografia. **géographie économique** geografia econômica. **géographie humaine** geografia humana. **géographie physique** geografia física. *Abrév fam: géo* [ʒeo].
geôle [ʒol] *nf* prisão.
geô.lier, -ière [ʒolje, -jɛʀ] *n* carcereiro.
géo.lo.gie [ʒeɔlɔʒi] *nf* geologia.
géo.logue [ʒeɔlɔg] *n* geólogo.
géo.mètre [ʒeɔmɛtʀ] *n* geômetra.
géo.mé.trie [ʒeɔmetʀi] *nf* geometria.
géo.mor.pho.lo.gie [ʒeomɔʀfɔlɔʒi] *nf* geomorfologia.
géo.phy.si.cien, -ienne [ʒeofizisjɛ̃, -jɛn] *n* geofísico.
géo.phy.si.que [ʒeofizik] *nf* geofísica.
géo.po.li.tique [ʒeopɔlitik] *nf+adj* geopolítica.
gé.rance [ʒeʀɑ̃s] *nf* administração, gestão.
gé.ra.nium [ʒeʀanjɔm] *nm Bot* gerânio.
gé.rant, -ante [ʒeʀɑ̃, -ɑ̃t] *n* gerente, administrador.
gerbe [ʒɛʀb] *nf* feixe, braçada.
ger.cer [ʒɛʀse] *vi* rachar.
ger.çure [ʒɛʀsyʀ] *nf* frieira.
gé.rer [ʒeʀe] *vt* **1** gerir, gerenciar, administrar. **2** conduzir, governar, dirigir.
ger.faut [ʒɛʀfo] *nm Zool* gerifalte, ave de rapina.
gé.ri.atre [ʒeʀjatʀ] *nm* geriatra.
gé.ri.a.trie [ʒeʀjatʀi] *nf* geriatria.
ger.main, -aine [ʒɛʀmɛ̃, -ɛn] *adj+n* nascido do mesmo pai e da mesma mãe (oposto a uterino e consanguíneo),

irmão, irmã, parentes. • *n* germânico. **cousin germain** primo-irmão. **cousine germaine** prima-irmã.

ger.ma.nique [ʒɛʀmanik] *adj+n* germânico, da Alemanha (Europa).

germe [ʒɛʀm] *nm* 1 germe, embrião. 2 *fig* causa, princípio, fonte.

ger.mer [ʒɛʀme] *vi* 1 germinar. 2 *fig* formar-se. 3 nascer.

ger.mi.cide [ʒɛʀmisid] *adj* germicida.

gé.ron.dif [ʒeʀɔ̃dif] *nm* gerúndio.

gé.ron.to.lo.gie [ʒeʀɔ̃tɔlɔʒi] *nf* gerontologia, geriatria.

gé.ron.to.lo.gue [ʒeʀɔ̃tɔlɔg] *n* gerontólogo, geriatra. *Var: gérontologiste*.

gé.ron.to.phi.lie [ʒeʀɔ̃tɔfili] *nf* gerontofilia.

gé.sier [ʒezje] *nm* moela.

gé.sir [ʒeziʀ] *vi def* jazer. **ci-gît...** aqui jaz, repousa...

ges.talt-thé.ra.pie [geʃtaltteʀapi] *nf* terapia apoiada na teoria do gestaltismo.

ges.ta.tion [ʒɛstasjɔ̃] *nf* 1 gestação. 2 *fig* gênese.

geste [ʒɛst] *nm* trejeito, gesto, maneira.

ges.ti.cu.ler [ʒɛstikyle] *vi* gesticular.

ges.tion.naire [ʒɛstjɔnɛʀ] *adj+n* gerente.

ges.tua.li.té [ʒɛstɥalite] *nf* gestualidade, gestual.

ges.tuel, -elle [ʒɛstɥɛl] *adj* gestual. • *nf* gestualidade, gestual.

gi.bier [ʒibje] *nm* 1 caça. 2 pessoa que se busca enganar.

gi.bou.lée [ʒibule] *nf* aguaceiro, chuvarada. **les giboulées de mars** as chuvas de março.

gi.cler [ʒikle] *vi* 1 espirrar, jorrar. 2 *fam* expulsar.

gifle [ʒifl] *nf* 1 tabefe, tapa, estalido, sopapo. 2 afronta.

gi.fler [ʒifle] *vt* 1 bater, dar um tapa. 2 *fig* humilhar.

gi.gan.tesque [ʒigɑ̃tɛsk] *adj* 1 gigantesco, imenso, desmesurado. 2 prodigioso. 3 *iron* monumental.

gi.got [ʒigo] *nm* 1 assado. 2 coxa de carneiro.

gi.go.ter [ʒigɔte] *vi* espernear, mexer-se com vigor.

gi.let [ʒilɛ] *nm* colete. **gilet de sauvetage** colete salva-vidas. **gilet pareballes** colete antibalas.

gi.le.tier, -ière [ʒil(ə)tje, -jɛʀ] *n* 1 pessoa que fabrica coletes. 2 Alfaiate.

gin [dʒin] *nm* gim.

gin.gembre [ʒɛ̃ʒɑ̃bʀ] *nm Bot* gengibre. *biscuits au gingembre* / biscoitos de gengibre.

gin.gi.val, -ale, -aux [ʒɛ̃ʒival, -o] *adj* gengival.

gin.gi.vite [ʒɛ̃ʒivit] *nf Odont* gengivite.

gi.rafe [ʒiʀaf] *nf Zool* girafa. **peigner la girafe** fazer um trabalho inútil.

gi.rofle [ʒiʀɔfl] *nm Bot* cravo-da-ĺindia.

gi.rolle [ʒiʀɔl] *nf* tipo de cogumelo comestível.

gi.ron [ʒiʀɔ̃] *nm* 1 colo. 2 *fig Lit* seio.

gi.rouette [ʒiʀwɛt] *nf* 1 cata-vento. 2 pessoa que muda facilmente de opinião.

gi.sant, -ante [ʒizɑ̃, -ɑ̃t] *adj* jacente, estendido. • *nm* estátua que representa um morto deitado.

gi.se.ment [ʒizmɑ̃] *nm Min* 1 jazida, filão, veia. 2 banco, mina.

gi.tan, -ane [ʒitɑ̃, an] *n* cigano.

gîte [ʒit] *nm* 1 guarida, pernoite. 2 abrigo, alojamento.

givre [ʒivʀ] *nm* geada, orvalho congelado.

gi.vrer [ʒivʀe] *vt* cobrir de gelo.

gla.çage [glasaʒ] *nm* polimento, lustro.

gla.çant, -ante [glasɑ̃, -ɑ̃t] *adj* 1 que gela. 2 *fig* glacial, que desencoraja à força de frieza, de severidade.

glace [glas] *nf* **1** gelo, sorvete. **2** espelho, para-brisa. **ce professeur glace les étudiants** este professor intimida os alunos. **être, rester de glace** ser, permanecer de gelo, insensível e imperturbável. **la fonte des glaces** degelo.

gla.cer [glase] *vt* **1** gelar, congelar. **2** resfriar. **3** paralisar, inibir, intimidar. **4** petrificar.

gla.ciaire [glasjɛʀ] *adj* glacial. • *nm* glaciação, era glacial.

gla.cial, -ale [glasjal] *adj* **1** glacial. *un accueil glacial* / uma recepção glacial. **2** frio, altivo, seco, imperturbável.

gla.cier [glasje] *nm* **1** geleira. **2** sorveteiro.

gla.cière [glasjɛʀ] *nf* **1** geleira. **2** geladeira.

gla.çon [glasɔ̃] *nm* gelo.

glaïeul [glajœl] *nm Bot* **1** gladíolo. **2** íris.

glaire [glɛʀ] *nf* gosma, meleca. **glaire cervicale** *Méd* secreção do colo do útero durante a ovulação.

glaise [glɛz] *nf* argila, barro.

gland [glɑ̃] *nm* **1** fruto do carvalho. **2** *Anat* glande.

glande [glɑ̃d] *nf Anat* glândula. **avoir les glandes** estar de mau humor.

glan.du.laire [glɑ̃dylɛʀ] *adj* glandular.

gla.ne [glan] *nf* réstia de cebolas.

gla.ner [glane] *vt* colher, recolher.

gla.pir [glapiʀ] *vi* ganir, ladrar.

gla.pis.se.ment [glapismɑ̃] *nm* ganido, latido.

glas [gla] *nm* dobrar de sinos. **sonner le glas de la dictature** anunciar a queda da ditadura. **sonner le glas de quelque chose** anunciar o final, a queda de algo.

glau.come [glokom] *nm Opht* glaucoma.

glauque [glok] *adj* **1** glauco. **2** esverdeado. **3** lúgubre, sórdido. *une atmosphère glauque* / uma atmosfera lúgubre.

glèbe [glɛb] *nf* gleba.

glis.ser [glise] *vi* **1** deslizar. **2** escapar, fugir. *vpr* **3** introduzir-se, insinuar-se.

glo.bal, -ale, -aux [global, -o] *adj* **1** global. **2** inteiro, total. *vision globale de la situation* / visão global da situação.

glo.ba.li.té [globalite] *nf* globalidade, integralidade, totalidade.

globe [glob] *nm* globo. **globe oculaire** globo ocular, olho.

glo.bu.laire [globylɛʀ] *adj+nf* globular.

glo.bule [globyl] *nm* glóbulo.

glo.bu.leux, -euse [globylø, -øz] *adj* globuloso.

gloire [glwaʀ] *nf* glória, celebridade, lustre, renome, reputação.

glo.rieux, -euse [gloʀjø, -øz] *adj* glorioso, ilustre, célebre, magnífico, memorável.

glo.ri.fier [gloʀifje] *vt* **1** glorificar, louvar, celebrar, exaltar. **2** deificar, divinizar. *vpr* **3** orgulhar-se de. **4** vangloriar-se de.

glos.saire [glosɛʀ] *nm* glossário, léxico.

glotte [glɔt] *nf Anat* glote.

glousse.ment [glusmɑ̃] *nm* **1** cacarejo, grito da galinha. **2** risinho.

glous.ser [gluse] *vi* **1** cacarejar. **2** rir dando gritinhos.

glou.ton, -onne [glutɔ̃, -ɔn] *adj+n* glutão, comilão.

glou.tonne.rie [glutɔnʀi] *nf* gula, voracidade, avidez.

glu [gly] *nf* visco, visgo.

glu.cide [glysid] *nm Chim* glucídio. *les glucides et les lipides* / os glucídios e os lipídios.

glu.cose [glykoz] *nm Chim* glicose.

glu.ta.mate [glytamat] *nm Chim* glutamato. *glutamate de sodium* / glutamato de sódio.

glu.ta.mine [glytamin] *nf Chim* glutamina.

glu.ten [glytɛn] *nm* glúten.
gly.cé.mie [glisemi] *nf Méd* glicemia.
gly.cé.rine [gliserin] *nf Chim* glicerina.
gly.cine [glisin] *nf Bot* glicínia.
gnôle [ɲol] *nf* bebida alcoólica parecida com a aguardente.
go.be.let [gɔblɛ] *nm* **1** copo de papel ou de plástico para beber. **2** copo de mágico. **3** copo de jogar dados.
go.ber [gɔbe] *vt* **1** engolir, engolir com avidez. **2** *fig* engolir, aceitar sem avaliação nem exame.
goé.land [gɔelɑ̃] *nm Zool* gaivota.
goé.lette [gɔelɛt] *nf* goleta, escuna. *goélette de pêche* / escuna de pesca.
goé.mon [gɔemɔ̃] *nm Bot* sargaço, alga marinha.
goinfre [gwɛ̃fʀ] *nm+adj* glutão, voraz.
goin.frer (se) [gwɛ̃fʀe] *vpr* devorar, comer vorazmente. *elle se goinfre de confiseries* / ela devora doces.
gol.den [gɔldɛn] *nf* maçã de casca amarela.
golf [gɔlf] *nm Angl* golfe. *culottes de golf* / calças de golfe.
golfe [gɔlf] *nm Géogr* golfo. *le golfe du Mexique* / o golfo do México.
gol.feur, -euse [gɔlfœʀ, -øz] *n* golfista.
gom.bo [gɔ̃bo] *nm* quiabo.
go.mi.na [gɔmina] *nf* pomada para os cabelos, gel, brilhantina.
go.mi.ner (se) [gɔmine] *vpr* passar gel ou brilhantina no cabelo.
gom.mage [gɔmaʒ] *nm* **1** ação de engomar, engomagem. **2** apagamento com borracha. **3** raspagem de pele, *peeling*.
gomme [gɔm] *nf* **1** borracha. **2** goma.
gom.mer [gɔme] *vt* **1** engomar, colocar goma. **2** colar. **3** *fam* apagar.
go.nade [gɔnad] *nf Anat* gônada. *gonade femelle* / gônada feminina, ovário. *gonade mâle* / gônada masculina, testículos.

gon.dole [gɔ̃dɔl] *nf* gôndola.
gon.do.lier, -ière [gɔ̃dɔlje, -jɛʀ] *n* gondoleiro.
gon.fle.ment [gɔ̃flǝmɑ̃] *nm* **1** inchaço. **2** aumento. *gonflement des pieds* / inchaço dos pés.
gon.fler [gɔ̃fle] *vt* **1** inchar, dilatar, fazer aumentar de volume. *vi* **2** encher, aumentar de volume, de nível. *vpr* **3** inflar-se, dilatar-se, crescer.
go.no.coque [gɔnɔkɔk] *nm Biol* gonococo.
go.ret [gɔʀɛ] *nm* **1** porco pequeno, porquinho. **2** *fam* pessoa, particularmente criança, suja.
gorge [gɔʀʒ] *nf* **1** garganta. **2** colo. **3** seio, busto. *avoir la gorge sèche* estar com a garganta seca. *mal de gorge* dor de garganta. *prendre quelqu'un à la gorge* obrigar alguém pela violência, por grande pressão. *voix de gorge* voz gutural.
go.rille [gɔʀij] *nm* **1** *Zool* gorila. **2** *fam* segurança.
go.sier [gozje] *nm* garganta.
gosse [gɔs] *n fam* moleque, criança.
gouache [gwaʃ] *nf* guache. *tableau peint à la gouache* / quadro pintado em guache.
gou.dron [gudʀɔ̃] *nm* asfalto, betume, alcatrão.
gouffre [gufʀ] *nm* voragem, redemoinho, precipício, abismo. *être au bord du gouffre* / estar diante de um perigo iminente.
gou.jat [guʒa] *nm* homem grosseiro, pulha.
gou.lot [gulo] *nm* gargalo. *boire au goulot* / beber no gargalo.
gou.lu, -ue [guly] *adj* glutão, comilão.
gou.pil [gupi(l)] *nm Lit* raposa.
gour.bi [guʀbi] *nm* **1** habitação rudimentar árabe da África do Norte. **2** cabana, barraca. **3** *fam* habitação miserável e suja.

gourd, gourde [guʀ, guʀd] *adj* entorpecido. • *nf* **1** cantil. **2** *fam* pessoa boba.

gou.rer (se) [guʀe] *vpr fam* enganar-se.

gour.mand, -ande [guʀmɑ̃, -ɑ̃d] *adj+n* **1** guloso. **2** gastrônomo, gastronômico. *un regard gourmand* / um olhar ávido.

gour.man.der [guʀmɑ̃de] *vt* repreender, advertir.

gour.man.dise [guʀmɑ̃diz] *nf* gulodice.

gour.met [guʀmɛ] *nm* **1** degustador de vinhos. **2** pessoa que aprecia o refinamento em matéria de comida e bebida, gastrônomo.

gousse [gus] *nf Bot* casca, vagem dos legumes. **gousse d'ail** dente de alho.

goût [gu] *nm* **1** gosto, paladar, sabor. **2** apetite, vontade. **3** opinião.

goû.ter [gute] *vt* **1** gostar, degustar, saborear. **2** experimentar. **3** lanchar, merendar. • *nm* lanche, merenda.

goutte [gut] *nf* **1** gota, pingo. **2** *Méd* gota. **goutte à goutte** gota a gota.

gout.teux, -euse [gutø, -øz] *adj+n* gotoso, que ou aquele que sofre de gota. • *adj Méd* que se refere à gota, é causado por ela.

gout.tière [gutjɛʀ] *nf* calha.

gou.ver.nail [guvɛʀnaj] *nm Naut* timão.

gou.ver.nant, -ante [guvɛʀnɑ̃, -ɑ̃t] *adj+n* governante, dirigente. • *nf* **1** preceptora. **2** governanta, mulher responsável por uma pessoa só.

gou.ver.ne.ment [guvɛʀnəmɑ̃] *nm* governo.

gou.ver.neur [guvɛʀnœʀ] *nm* governador.

goyave [gɔjav] *nf Bot* goiaba.

grâce [gʀɑs] *nf* graça. **bonne grâce** amabilidade, doçura, gentileza, prazer. **de grâce** por favor.

gra.cieux, -ieuse [gʀasjø, -jøz] *adj* **1** gracioso, elegante. **2** amável, polido, gentil.

gra.cile [gʀasil] *adj* grácil.

gra.da.tion [gʀadasjɔ̃] *nf* gradação.

grade [gʀad] *nm* **1** grau de hierarquia. **2** *Métrol* unidade de medida de ângulos planos.

gra.din [gʀadɛ̃] *nm* **1** degrau pequeno. **2** arquibancada.

gra.dua.tion [gʀaduasjɔ̃] *nf* graduação.

gra.duel, -elle [gʀaduɛl] *adj* gradual, progressivo.

graf.fi.ti [gʀafiti] *nm* grafite.

grain [gʀɛ̃] *nm* **1** grão. **2** chuva rápida e repentina trazida pelo vento.

graine [gʀɛn] *nf* semente.

graisse [gʀɛs] *nf* **1** banha, gordura. **2** adiposidade. **3** obesidade.

grais.ser [gʀese] *vt* **1** lubrificar. **2** sujar.

gram.maire [gʀa(m)mɛʀ] *nf* **1** gramática. **2** estudo sistemático dos elementos constitutivos de uma língua. **3** *par ext* conjunto de regras de uma arte.

gramme [gʀam] *nm* **1** grama. **2** *fig* pequena quantidade.

gra.mo.phone [gʀamɔfɔn] *nm* gramofone, vitrola.

grand, grande [gʀɑ̃, gʀɑ̃d] ou quando seguida de vogal [gʀɑ̃t] *adj+nm* **1** alto, grande, graúdo, imenso, gigantesco. **2** adulto. **3** longo. **4** amplo, extenso, vasto, largo. **5** volumoso, enorme. **grands vins** grandes, melhores vinhos. **il n'y a pas grand monde dans la salle** não há muita gente na sala. **le grand public** o grande público.

gran.deur [gʀɑ̃dœʀ] *nf* **1** grandeza, imponência, magnitude, tamanho, vastidão, imensidão, importância. **2** enormidade, gravidade. **3** glória, poder, majestade. **4** fortuna, prosperidade.

gran.diose [gʀɑ̃djoz] *adj* **1** grandioso, imponente, impressionante, magnífico, majestoso, monumental. **2** nobre.

gran.dir [gʀɑ̃diʀ] *vi* **1** crescer, desenvolver-se. **2** tornar mais intenso,

grandissement 114 **gré**

aumentar. **3** elevar-se. *vt* **4** aumentar (de tamanho, altura). **5** fazer parecer maior.

gran.dis.se.ment [grɑ̃dismɑ̃] *nm* aumento.

grand-mère [grɑ̃mɛʀ] *nf* **1** avó. **2** *fam* vovó. **3** *fig* velha.

grand-messe [grɑ̃mɛs] *nf* **1** missa cantada. *la grand-messe de Pâques* / a missa cantada da Páscoa. **2** *fig* reunião ou manifestação (política, sindical, cultural) de caráter solene.

grand-père [grɑ̃pɛʀ] *nm* **1** avô. **2** vovô. **3** *fig* velho.

gra.nit [granit] *nm Min* granito.

gra.nu.laire [granylɛʀ] *adj* que é formado de pequenos grãos, granulado, granuloso.

gra.nu.la.tion [granylasjɔ̃] *nf* granulação, grão, nódulo.

gra.nule [granyl] *nm* **1** grânulo. **2** *Pharm* pequena pílula, grânulo, glóbulo.

grape.fruit [gʀɛpfʀut] *nm* pomelo. *Var: grapefruit.*

gra.phie [grafi] *nf* grafia.

gra.phique [grafik] *adj+nm* gráfico. *industrie graphique* / indústria gráfica. • *nm* curva, diagrama, traçado.

gra.phisme [grafism] *nm* **1** grafismo. **2** grafologia.

gra.pho.lo.gie [grafɔlɔʒi] *nf* grafologia.

gra.pho.lo.gue [grafɔlɔg] *n* grafólogo.

grappe [grap] *nf* cacho (de uva).

gras, grasse [grɑ, grɑs] *adj* **1** gordo, corpulento, gorducho, obeso. **2** gorduroso, untuoso. **3** espesso. **4** pastoso. **5** abundante. • *nm* **1** a gordura, a parte gorda da carne. **2** *Typogr* negrito. *faire gras* comer carne.

gras.souil.let, -ette [grɑsujɛ, -ɛt] *adj* gorducho.

gra.ti.fiant, -iante [gratifjɑ̃, -jɑ̃t] *adj* gratificante.

gra.ti.fier [gratifje] *vt* **1** gratificar; valorizar. **2** *iron* dar, atribuir, imputar.

gra.ti.ner [gratine] *vt* gratinar.

gra.ti.tude [gratityd] *nf* gratidão, reconhecimento.

grat.ter [grate] *vt* **1** coçar, raspar, rapar. **2** revolver. **3** apagar. **4** ultrapassar. *vpr* **5** coçar-se. *gratter de la guitare* tocar um pouco de violão. *gratter une allumette* acender um fósforo. *gratter un mot* apagar uma palavra.

gra.tuit, -uite [gratɥi, -ɥit] *adj* **1** gratuito. **2** arbitrário, incerto, infundado. **3** absurdo, injustificado. **4** irracional, sem motivo. **5** *Lit* que se dá sem querer nada em troca, desinteressado, benévolo.

gra.tui.té [gratɥite] *nf* gratuidade.

gra.vats [grava] *nm pl* cascalho.

grave [grav] *adj* **1** grave. *accent grave* / acento grave. **2** sombrio, tétrico. **3** austero, digno, sério. **4** solene, imponente, majestoso. **5** alarmante, preocupante. **6** trágico, crítico, dramático.

gra.ver [grave] *vt* gravar, imprimir, marcar. *graver un disque* gravar um disco.

gra.vir [gravir] *vt+vi* subir, escalar, subir com esforço.

gra.vi.ta.tion.nel, -elle [gravitasjɔnɛl] *adj Phys* gravitacional.

gra.vi.té [gravite] *nf* **1** gravidade, magnitude, austeridade, dignidade. **2** intensidade, profundidade. **3** atração, gravitação. **4** caráter de um som grave.

gra.vi.ter [gravite] *vi* gravitar. *graviter autour de* girar em torno de um centro de atração.

gra.vure [gravyr] *nf* gravura, estampa.

gré [gre] *nm* **1** vontade, fantasia. **2** bel-prazer.

grec, grecque [gʀɛk] *adj* pertencente ou relativo à Grécia, grego, helênico. • *nm* a língua grega. **à la grecque** à grega, diz-se de legumes etc., preparados com óleo de oliva e condimentos.

gre.din, -ine [gʀədɛ̃, -in] *nm* patife, sacana, malfeitor, bandido.

greffe [gʀɛf] *nf* 1 enxerto, transplante. 2 estilete.

gref.fer [gʀefe] *vt* 1 enxertar, implantar. 2 transplantar.

gref.fier, -ière [gʀefje, -jɛʀ] *nm* escrivão.

gré.gaire [gʀegɛʀ] *adj* gregário.

gré.go.rien, -ienne [gʀegɔʀjɛ̃, -jɛn] *adj* gregoriano.

grêle [gʀɛl] *nm* granizo. • *adj* 1 fino. 2 *Anat* delgado. **intestin grêle** intestino delgado.

gre.lot [gʀəlo] *nm* guizo, chocalho.

gre.lot.te.ment [gʀəlɔtmɑ̃] *nm* tremor.

gre.lot.ter [gʀəlɔte] *vi* tiritar, tremer de frio ou sob o efeito de uma viva emoção.

gre.nade [gʀənad] *nf* 1 *Mil* granada. *grenade lacrymogène* / granada lacrimogênea. 2 *Bot* romã.

gre.na.dier [gʀənadje] *nm Bot* romãzeira.

gre.na.dine [gʀənadin] *nf* xarope ou licor feito de suco de romã ou que o imita.

gre.nat [gʀəna] *nm* pedra de cor vermelha. • *adj+n par ext* cor grená, bordô.

gre.nier [gʀənje] *nm* celeiro, sótão. *fouiller une maison de la cave au grenier* / revirar a casa de cima abaixo.

gre.nouille [gʀənuj] *nf Zool* rã, perereca.

gre.nouil.lère [gʀənujɛʀ] *nf* macacão de bebê.

grève [gʀɛv] *nf* 1 margem, borda, lado, praia. 2 greve. **grève de la faim** greve de fome.

gri.bouil.ler [gʀibuje] *vi* 1 fazer rabiscos. *vt* 2 escrever, desenhar de maneira confusa.

grief [gʀijɛf] *nm* 1 reclamação. 2 reprovação. *tenir, faire grief de quelque chose à quelqu'un* / reprovar alguma coisa a alguém.

griffe [gʀif] *nf* 1 garra. 2 grife, marca comercial.

grif.fer [gʀife] *vt* unhar, arranhar.

grif.fon.nage [gʀifɔnaʒ] *nm* 1 rabisco, escrita ilegível. 2 desenho informe.

grif.fon.ner [gʀifɔne] *vt* 1 rabiscar, escrever algo de forma ilegível, confusa. 2 desenhar confusamente. 3 redigir apressadamente.

gri.gno.ter [gʀiɲɔte] *vi* 1 comer roendo. 2 comer pouco, comer lentamente. 3 *fig* destruir, consumir pouco a pouco, lentamente. *grignoter ses économies* / consumir pouco a pouco suas economias.

gril [gʀil] *nm* 1 grelha, churrasqueira. 2 tipo de churrascaria, restaurante onde se come churrasco. 3 antigo instrumento de suplício.

gril.lade [gʀijad] *nf* 1 fatia de carne, de peixe assados na grelha. 2 pedaço de porco destinado a ser grelhado.

grille [gʀij] *nf* grade. *les grilles des fenêtres* / as grades das janelas.

grille-pain [gʀijpɛ̃] *nm* torradeira.

gril.ler [gʀije] *vt* 1 grelhar, torrar, tostar, assar. 2 *fig* passar (com o veículo) com o sinal fechado. *griller un feu rouge* / passar com o sinal vermelho. 3 *fam* ultrapassar (um concorrente).

gril.lon [gʀijɔ̃] *nm Zool* grilo.

gri.mace [gʀimas] *nf* 1 careta. *grimace de douleur* / careta de dor. 2 dissimulação, hipocrisia.

gri.ma.cer [gʀimase] *vt* fazer caretas.

grim.per [grɛ̃pe] *vt+vi* galgar, montar, subir. *grimper à l'échelle* / subir pela escada.

gris, grise [gri, griz] *adj+n* cinza, pardo.

gri.saille [grizaj] *nf* cinzento.

gri.son.nant, -ante [grizonɑ̃, -ɑ̃t] *adj* grisalho.

grog [grɔg] *nm* grogue.

grogne.ment [grɔɲmɑ̃] *nm* grunhido. *grognements du cochon* / grunhidos do porco.

gro.gner [grɔɲe] *vi* 1 grunhir, rosnar. *chien qui grogne* / cachorro que rosna. 2 *fam* praguejar.

gron.der [grɔ̃de] *vt+vi* ralhar.

gros, grosse [gro, gros] *nm+adj+adv* 1 gordo, grosso. 2 graúdo, grande. 3 *fam* balofo. **gros comme le poing/comme une tête d'épingle/comme une fourmi** muito pequeno. **une grosse fièvre** uma grande febre.

gro.seille [grozɛj] *nf Bot* groselha.

grosse [gros] *nf* 1 gestante, grávida. 2 *Zool* prenhe.

gros.sesse [grosɛs] *nf* gravidez.

gros.seur [grosœr] *nf* 1 grossura. 2 tamanho. 3 gordura.

gros.sier, -ière [grosje, -jɛr] *adj* 1 bruto, grosseiro, malcriado. 2 *fig* grosso, indelicado.

gros.siè.re.té [grosjerte] *nf* 1 grosseria, xingamento. 2 *fig* selvageria.

gros.sir [grosir] *vt* engordar, engrossar. *bruit qui grossit* / ruído que aumenta.

gros.siste [grosist] *n+adj* atacadista.

gro.tesque [grotɛsk] *adj+n* grotesco.

grotte [grɔt] *nf* caverna, gruta.

groupe [grup] *nf* 1 turma, grupo. *groupe ethnique* / grupo étnico. *groupe scolaire* / grupo escolar. *groupes sanguins* / grupos sanguíneos. *travail de groupe* / trabalho de grupo. 2 banda musical, conjunto musical.

groupe.ment [grupmɑ̃] *nm* agrupamento, grupamento.

grou.per [grupe] *vt* agrupar.

grou.pie [grupi] *n* admirador, fã.

grue [gry] *nm* 1 grou. 2 grua, guindaste. **faire le pied de grue** esperar muito tempo em pé por alguém.

gue.nille [gənij] *nf* farrapo.

guêpe [gɛp] *nf Zool* vespa. *taille de guêpe* / cintura de vespa.

guê.pier [gɛpje] *nm* vespeiro.

guère [gɛr] *adv* pouco, não muito. *il ne va guère mieux* / ele não está muito melhor. *la paix ne dura guère* / a paz não durou.

gué.rir [gerir] *vi* 1 sarar. *vt* 2 curar, sanar.

gué.ri.son [gerizɔ̃] *nf* cura.

guerre [gɛr] *nf* guerra.

guet-apens [gɛtapɑ̃] *nm* emboscada.

guet.ter [gete] *vt* espreitar, andar na cola de alguém, espiar.

gueule [gœl] *nf* garganta. **ta gueule!** *vulg* cale a boca!

gueu.ler [gœle] *vi fam* vociferar, urrar, gritar.

gueux, gueuse [gø, gøz] *nm* 1 maltrapilho, pobre, vagabundo. *nf* 2 prostituta.

gui [gi] *nm* planta parasita.

gui.chet [giʃe] *nf* bilheteria, guichê.

gui.che.tier, -ière [giʃ(ə)tje, -jɛr] *n* bilheteiro.

guide [gid] *n* 1 cicerone, guia. 2 roteiro de informações. 3 líder, condutor.

gui.der [gide] *vt* 1 ciceronear. 2 encaminhar. 3 liderar. 4 *fig* pastorear.

guil.le.met [gijmɛ] *nm* 1 aspa. 2 **guillemets** *pl Gram* aspas.

guil.lo.tine [gijɔtin] *nf* guilhotina.

guil.lo.ti.ner [gijɔtine] *vt* guilhotinar, decapitar.

guir.lande [girlɑ̃d] *nf* grinalda, guirlanda.

guise [giz] *nf* modo, maneira. **en guise de** como, à guisa de. *il portait un simple ruban en guise de cravate* / ele estava usando um simples laço como uma gravata.

gui.tare [gitaʀ] *nf Mus* **1** violão. **2** viola. **3** guitarra (elétrica ou não).

gui.ta.riste [gitaʀist] *n* **1** violonista. **2** guitarrista.

gym.kha.na [ʒimkana] *nm* gincana.

gym.nase [ʒimnɑz] *nm* ginásio, ginásio esportivo.

gym.naste [ʒimnast] *n* ginasta.

gym.nas.tique [ʒimnastik] *nf+adj* ginástica.

gy.né.co.lo.gie [ʒinekɔlɔʒi] *nf Méd* ginecologia.

gy.né.co.lo.gue [ʒinekɔlɔg] *nm Méd* ginecologista.

gy.rin [ʒiʀɛ̃] *sm Zool* girino.

h

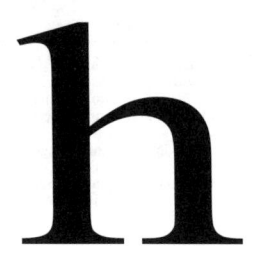

***h** [´aʃ / aʃ] nm oitava letra e sexta consoante do alfabeto da língua francesa.

ha.bile [abil] adj 1 hábil, perito, capaz, habilidoso. 2 diplomático, político.

ha.bi.le.té [abilte] nf 1 aptidão, habilidade. 2 diplomacia.

ha.bi.li.ta.tion [abilitasjɔ̃] nf 1 habilitação. 2 Jur ação de conferir capacidade a um incapaz. 3 Jur capacidade de exercer certos poderes ou cumprir certos atos.

ha.bi.li.té [abilite] nf habilidade, capacidade, perícia.

ha.bil.lage [abijaʒ] nm 1 vestimenta. 2 montagem. **salon/cabine d'habillage** cabine, provador (para experimentar roupas).

ha.bille.ment [abijmã] nm 1 vestuário, roupas. 2 confecção, costura.

ha.bil.ler [abije] vt+vpr 1 vestir(-se). 2 cobrir(-se). **s'habiller chaudement** agasalhar-se.

ha.bit [abi] nm 1 vestimenta, indumentária. 2 terno, fraque, roupa de cerimônia. 3 **habits** pl roupas, vestuário.

ha.bi.tant, -ante [abitã, -ãt] n habitante, morador.

ha.bi.ta.tion [abitasjɔ̃] nf habitação, moradia, residência, domicílio.

ha.bi.ter [abite] vi habitar, morar, residir.

ha.bi.tude [abityd] nf 1 hábito, costume. 2 tradição, regra, uso. 3 prática, experiência. **comme d'habitude** como sempre, como de hábito. **d'habitude** geralmente.

ha.bi.tuel, -elle [abityɛl] adj habitual, costumeiro, normal.

ha.bi.tuer [abitye] vt 1 habituar, acostumar. 2 ensinar, treinar, formar. vpr 3 acostumar-se.

*****ha.che** [´aʃ] nf machado.

*****ha.cher** [´aʃe] vt 1 moer. 2 esmiuçar. 3 fig interromper. **hacher en morceaux** picar.

*****ha.chette** [´aʃɛt] nf pequeno machado, machadinha.

*****ha.chis** [´aʃi] nm picadinho (de carne, peixe). **hachis parmentier** Art Cul carne moída coberta com purê de batata.

*****ha.choir** [´aʃwaʀ] nm moedor (de carne, de legumes).

*****ha.gard, -arde** [´agaʀ, -aʀd] adj espantado, amedrontado, desvairado.

ha.gio.graphe [aʒjɔgʀaf] n+adj hagiógrafo.

*****haie** [´ɛ] nf cerca de arbustos, sebe, tapume, ala. **tailler une haie** cortar, aparar a sebe, a cerca.

*****hail.lon** [´ajɔ̃] nm andrajo. *un mendiant couvert de haillons* / um mendigo coberto de andrajos.

*hail.lon.neux, -euse [´ɑjɔnø, -øz] *adj* andrajoso.

*haine [´ɛn] *nf* **1** ódio, cólera, rancor. **2** antipatia, aversão, repulsa. **3** ressentimento.

*hai.neux, -euse [´ɛnø, -øz] *adj* **1** encolerizado. **2** rancoroso. **3** vingativo.

*haïr [´aiʀ] *vt* **1** odiar, detestar, execrar. **2** abominar. *vpr* **3** odiar-se (mutuamente).

*hâle [´ɑl] *nm* bronzeado, bronzeamento.

ha.leine [alɛn] *nf* **1** hálito, bafo. **2** fôlego, alento. **3** respiração.

*ha.lète.ment [´alɛtmã] *nm* arquejo, opressão.

*ha.le.ter [´al(ə)te] *vi* arquejar, ofegar.

hal.la.li [alali] *nm+interj* **1** grito de caça. **2** *fig* ruína.

*halle [´al] *nf* **1** mercado. **2** **halles** *pl* mercado central.

hal.lu.ci.na.tion [a(l)lysinasjɔ̃] *nf* **1** alucinação, ilusão, sonho. **2** miragem, visão.

hal.lu.ci.na.toire [a(l)lysinatwaʀ] *adj* alucinatório.

hal.lu.ci.ner [a(l)lysine] *vt* alucinar, provocar alucinações em alguém.

hal.lu.ci.no.gène [a(l)lysinɔʒɛn] *nm+adj* alucinógeno. *une drogue hallucinogène* / uma droga halucinogena.

*ha.lo [´alo] *nm* **1** halo. **2** aura.

ha.lo.gène [alɔʒɛn] *nm Chim* halogênio.

*halte [´alt] *nf* **1** parada. **2** pausa. **3** etapa. *faire halte* parar. *halte là!* alto lá! *une courte halte* uma parada rápida.

*ha.mac [´amak] *nm* rede, maca.

ha.ma.mé.lis [amamelis] *nm Bot* hamamélis.

hame.çon [amsɔ̃] *nm* **1** anzol. **2** armadilha, engodo. *mordre à l'hameçon* morder a isca.

*hanche [´ãʃ] *nf Anat* quadril, bacia. *hanches étroites* / quadris estreitos. *rouler/balancer les hanches* rebolar.

*han.di.ca.pé, -ée [´ãdikape] *n+adj* deficiente, aleijado, paralítico. **rampe d'accès pour les handicapés** rampa de acesso para os deficientes.

*han.gar [´ãgaʀ] *nm Aér* hangar, galpão.

*hanne.ton [´an(ə)tɔ̃] *nm Zool* besouro.

*han.ter [´ãte] *vt* **1** assombrar. **2** frequentar um lugar de modo habitual.

*han.tise [´ãtiz] *nf* **1** obsessão, ideia fixa, mania. **2** medo.

*hap.per [´ape] *vt* **1** abocanhar. **2** pegar bruscamente e com violência.

*ha.rangue [´aʀɑ̃g] *nf* **1** arenga, discurso pronunciado diante de uma assembleia. **2** discurso pomposo, sermão.

*ha.ras [´aʀɑ] *nm* haras.

*ha.ras.ser [´aʀase] *vt* fatigar; extenuar.

*har.cèle.ment [´aʀsɛlmã] *nm* assédio, perseguição. **harcèlement sexuel** assédio sexual.

*har.ce.ler [´aʀsəle] *vt* **1** assediar, perseguir. *ses créanciers le harcèlent depuis un mois* / seus credores o perseguem há um mês. **2** apressar. **3** obcecar.

*hardes [´aʀd] *nf pl péj* andrajos.

*har.di, -ie [´aʀdi] *adj* **1** corajoso, arrojado, petulante. **2** bravo, intrépido, temerário. • *interj* coragem!

*har.diesse [´aʀdjɛs] *nf* **1** coragem, arrojo, audácia. *la hardiesse d'un projet* / o arrojo de um projeto. **2** atrevimento.

*ha.reng [´aʀɑ̃] *nm Zool* arenque. **hareng saur** arenque defumado. **hareng blanc** arenque salgado.

*hargne [´aʀɲ] *nf* **1** rabugice. **2** mau humor. *répondre avec hargne* / responder de forma rude, agressiva e mal humorada. **3** tenacidade.

*hargneux 120 ***hebdomadaire**

*har.gneux, -euse [ˈaʀɲø, -øz] *adj* **1** intratável, rabujento. **2** acerbo.

*ha.ri.cot [ˈaʀiko] *nm* feijão. **c'est la fin des haricots** é o fim de tudo. **haricot noir** feijão-preto. **haricot vert** vagem.

har.mo.ni.ca [aʀmɔnika] *nm Mus* harmônica, gaita de boca.

har.mo.nie [aʀmɔni] *nf* **1** harmonia. **2** melodia, cadência, ritmo. **3** entendimento, paz.

har.mo.nieux, -euse [aʀmɔnjø, -øz] *adj* harmonioso, harmônico.

har.mo.ni.sa.tion [aʀmɔnizasjɔ̃] *nf* **1** harmonização. **2** arranjo, orquestração.

har.mo.ni.ser [aʀmɔnize] *vt* **1** harmonizar. **2** equilibrar, conciliar, coordenar. *nous tenterons d'harmoniser les intérêts du groupe* / tentaremos conciliar os interesses do grupo. **3** orquestrar. **4** concordar, corresponder. *vpr* **5** adaptar-se.

*har.nais [ˈaʀnɛ] *nm* arreio.

*harpe [ˈaʀp] *nf Mus* **1** harpa. **2** lira.

*har.piste [ˈaʀpist] *n* harpista.

*har.pon [ˈaʀpɔ̃] *nm Naut* arpão.

*har.pon.ner [ˈaʀpɔne] *vt* fisgar.

*ha.sard [ˈazaʀ] *nm* **1** acaso. *il ne laisse rien au hasard* / ele não deixa nada ao acaso, ele prevê tudo. **2** incerteza. **3** coincidência.

*ha.sar.der [ˈazaʀde] *vt* **1** arriscar, aventurar. **2** expor. **3** tentar. **4** adiantar, avançar.

*ha.schisch [ˈaʃiʃ] *nm* haxixe.

*hase [ˈaz] *nf Zool* fêmea do coelho ou da lebre.

*hâte [ˈat] *nf* **1** pressa, celeridade. *venez en toute hâte!* / venham com urgência! **2** impaciência. **3** precipitação. **à la hâte** precipitadamente, o mais rápido possível, apressadamente. **en hâte** prontamente, rapidamente. **sans hâte** sem pressa, calmamente.

*hâ.ter [ˈate] *vt* **1** apressar, precipitar. *vpr* **2** afobar-se. **3** precipitar-se, correr.

*hâ.tif, -ive [ˈatif, -iv] *adj* **1** apressado. **2** precoce, prematuro. **3** precipitado.

*hausse [ˈos] *nf* **1** aumento. **2** valorização. **3** inflação. **4** *Com* alta.

*haus.ser [ˈose] *vt* **1** empinar, erguer. **2** levantar. *vpr* **3** levantar-se. **hausser davantage** realçar. **hausser** (ou **lever**) **les épaules** levantar os ombros. **hausser les prix** encarecer.

*haut, haute [ˈo, ˈot] *nm+adj+adv* **1** alto, grande. **2** elevado.

*hau.tain, -aine [ˈotɛ̃, -ɛn] *adj* **1** arrogante, altivo. **2** condescendente, orgulhoso. **3** imperioso, superior.

*haut.bois [ˈobwa] *nm Mus* oboé.

*haut-de-forme [ˈod(ə)fɔʀm] *nm* cartola.

*hau.tesse [ˈotɛs] *nf* alteza, título honorífico dado antigamente a certos personagens e particularmente ao sultão da Turquia.

*hau.teur [ˈotœʀ] *nf* **1** altura. **2** altitude. **3** tamanho. **à la hauteur de** ao nível de. **être à la hauteur** ser capaz, competente.

*haut-le-cœur [ˈol(ə)kœʀ] *nm* náusea, enjoo. *cela me donne des haut-le-coeur* / isto me dá náuseas.

*haut-par.leur [ˈopaʀlœʀ] *nm* alto-falante.

*haut-re.lief [ˈoʀəljɛf] *nm* alto-relevo.

*havre [ˈavʀ] *nm* **1** pequeno porto natural ou artificial. **2** *fig* abrigo, refúgio. *cette maison est um havre de paix* / esta casa é um refúgio de paz.

*hé [ˈe / he] *interj* ei!, serve para chamar a atenção de alguém.

*heb.do.ma.daire [ɛbdɔmadɛʀ] *nm+adj* hebdomadário, semanal, semanário. **congé hebdomadaire** repouso semanal.

hé.ber.ge.ment [ebɛrʒəmɑ̃] *nm* hospedagem, abrigo, alojamento.

hé.ber.ger [ebɛrʒe] *vt* hospedar, alojar, abrigar.

hé.bé.ter [ebete] *vt* entorpecer, embrutecer.

hé.bé.tude [ebetyd] *nf* torpor.

hé.braï.que [ebʀaik] *adj* hebraico, hebreu.

hé.breu [ebʀø] *nm+adjm* israelita, judeu, hebraico. **c'est de l'hébreu** é incompreensível.

hé.ca.tombe [ekatɔ̃b] *nf* **1** hecatombe, catástrofe. **2** matança.

hec.tare [ɛktaʀ] *nm* hectare.

hec.to.litre [ɛktɔlitʀ] *nm* hectolitro.

hec.to.mètre [ɛktɔmɛtʀ] *nm* hectômetro.

hé.do.niste [edɔnist] *n+adj* hedonista.

hé.gé.mo.nie [eʒemɔni] *nf* hegemonia, preponderância, supremacia, dominação.

hé.las [elɑs] *interj* ah, infelizmente! ai de mim!

hé.lianthe [eljɑ̃t] *nm Bot* girassol.

hé.lice [elis] *nf* **1** hélice **2** *Zool* caracol.

hé.li.ci.cul.teur, -trice [elisikyltœʀ, -tʀis] *n* pessoa que cultiva caramujos.

hé.li.ci.cul.ture [elisikyltyʀ] *nf* cultura de caramujos destinados à alimentação.

hé.li.cop.tère [elikɔptɛʀ] *nm* helicóptero.

hé.lio.thé.ra.pie [eljoteʀapi] *nf Méd* helioterapia, tratamento médico feito através da luz e do calor solares (banhos de sol).

hé.lio.trope [eljɔtʀɔp] *nm* heliotrópio, girassol.

hé.li.port [elipɔʀ] *nm* heliporto.

hel.vète [ɛlvɛt] *adj* pertencente ou relativo à Helvécia ou Suíça (Europa).

hel.vé.tique [ɛlvetik] *adj* helvético, suíço. *la Confédération Helvétique* / a Confederação Helvética.

hé.ma.to.lo.gie [ematɔlɔʒi] *nf Méd* hematologia, estudo do sangue e de suas doenças.

hé.ma.to.logue [ematɔlɔg] *n* hematologista.

hé.ma.tome [ematom] *nm Méd* hematoma. *hématome du tissu cutané* / hematoma do tecido cutâneo, equimose.

hé.mi.cycle [emisikl] *nm* **1** hemiciclo. **2** auditório circular.

hé.mi.plé.gie [emipleʒi] *nf Méd* hemiplegia, paralisia de um só lado do corpo, provocada por uma lesão do cérebro ou da espinha dorsal.

hé.mi.sphère [emisfɛʀ] *nm* **1** hemisfério, metade de uma esfera. **2** metade do globo terrestre, sobretudo a metade limitada pelo equador. **3 hémisphères** *pl* hemisférios cerebrais. **les hémisphères cérébraux** os hemisférios cerebrais, as duas metades laterais do cérebro. **l'hémisphère Nord ou boréal, Sud ou austral** o hemisfério norte ou boreal, sul ou austral.

hé.mo.dia.lyse [emodjaliz] *nf Méd* hemodiálise.

hé.mo.glo.bine [emɔglɔbin] *nf Physiol* hemoglobina.

hé.mo.gramme [emɔgʀam] *nm* hemograma.

hé.mo.pa.thie [emɔpati] *nf Méd* hemopatia, anemia, leucemia.

hé.mo.phile [emɔfil] *adj* hemofílico.

hé.mo.phi.lie [emɔfili] *nf Méd* hemofilia.

hé.mop.ty.sie [emɔptizi] *nf Méd* hemoptise, escarro de sangue proveniente das vias respiratórias (traqueia, brônquios e pulmão).

hé.mop.ty.sique [emɔptizik] *adj+n* **1** relativo à hemoptise. **2** hemóptico.

hé.mor.ra.gie [emɔʀaʒi] *nf Méd* hemorragia, sangramento. *hémorragie interne* /

hémorroïdal — heure

hemorragia interna. *hémorragie cérébrale* / hemorragia cerebral.

hé.mor.roï.dal, -ale, -aux [emɔʀɔidal, -o] *adj* hemorroidal.

hé.mor.roïde [emɔʀɔid] *nf Méd* hemorroidas.

*****hen.né** ['ene] *nm Bot* hena. *shampooing au henné* / xampu de hena.

*****hen.nisse.ment** ['enismã] *nm* relincho.

hé.pa.tique [epatik] *n+adj Méd* hepático, que se refere ao fígado.

hé.pa.tite [epatit] *nf Méd* hepatite.

hé.ral.dique [eʀaldik] *adj+nf* heráldica, relativo ao brasão.

herbe [ɛʀb] *nf* 1 mato, grama. 2 *Bot* erva, capim. 3 *arg* maconha. *fines herbes* ervas aromáticas para tempero.

her.bi.cide [ɛʀbisid] *nm+adj* herbicida.

her.bi.vore [ɛʀbivɔʀ] *n+adj Zool* herbívoro.

her.bo.riste [ɛʀbɔʀist] *n* herborista, herbolário, ervanário, pessoa que vende plantas medicinais, preparações à base de plantas.

her.bo.ris.te.rie [ɛʀbɔʀistəʀi] *nf* comércio, loja do herbolário.

hé.ré.di.taire [eʀediteʀ] *adj* hereditário. *droit héréditaire* / direito de herança, que se transmite por direito de sucessão. *caractères héréditaires* / características hereditárias. *maladie héréditaire* / doença hereditária.

hé.ré.di.té [eʀedite] *nf* 1 herança. 2 sucessão. 3 *Physiol* hereditariedade.

hé.ré.sie [eʀezi] *nf* heresia.

hé.ré.tique [eʀetik] *adj* herético.

*****hé.ris.son** ['eʀisɔ̃] *nm* 1 *Zool* ouriço, porco-espinho. 2 pessoa difícil (personalidade caráter).

hé.ri.tage [eʀitaʒ] *nm* 1 herança. 2 sucessão. *faire un héritage* herdar. *laisser en héritage* deixar como herança. *un héritage spirituel* uma herança espiritual.

hé.ri.ter [eʀite] *vt+vi* 1 herdar. 2 *fig* receber, encontrar.

hé.ri.tier, -ière [eʀitje, -jɛʀ] *nm* 1 herdeiro, legatário. 2 sucessor.

her.ma.phro.dite [ɛʀmafʀɔdit] *n+adj* hermafrodita.

her.mé.tique [ɛʀmetik] *nf+adj* 1 hermético, fechado. 2 impenetrável, obscuro. 3 esotérico.

her.mine [ɛʀmin] *nf Zool* arminho.

*****her.nie** ['ɛʀni] *nf Méd* hérnia. *hernie de disque* hérnia de disco.

hé.roï.ne [eʀɔin] *nf* 1 heroína (mulher notável, personagem feminina, protagonista). 2 *Chim* medicamento, entorpecente, derivado da morfina.

hé.roï.no.mane [eʀɔinɔman] *n+adj* toxicômano dependente de heroína.

hé.roïsme [eʀɔism] *nm* 1 heroísmo. 2 grandeza. 3 bravura.

*****hé.ron** ['eʀɔ̃] *nm Zool* garça-real.

*****hé.ros** ['eʀo] *nm* 1 herói. 2 protagonista. *le héros de la fête* aquele em honra do qual se dá uma festa.

her.pès [ɛʀpɛs] *nm Méd* herpes.

hé.si.ta.tion [ezitasjɔ̃] *nf* 1 hesitação, insegurança. 2 dúvida, indecisão.

hé.si.ter [ezite] *vi* 1 hesitar, titubear. 2 tatear. 3 recuar.

hé.té.ro.gène [eteʀɔʒɛn] *adj* heterogêneo, heteróclito, díspar, desigual.

hé.té.ro.gé.néi.té [eteʀɔʒeneite] *nf* heterogeneidade, disparidade, diversidade.

hé.té.ro.se.xua.li.té [eteʀɔsɛksɥalite] *nf* heterossexualidade.

hé.té.ro.se.xuel, -elle [eteʀɔsɛksɥɛl] *adj* heterossexual.

heur [œʀ] *nm* felicidade, sorte.

heure [œʀ] *nf* hora. *pouvez-vous me dire l'heure, me donner l'heure?* / poderia me dizer as horas? *être à l'heure* ser pontual. *heure d'été* horário de verão.

heu.reuse.ment [ørøzmã] *adv* felizmente.

heu.reux, -euse [ørø, -øz] *adj* feliz.

*****heurt** [ˈœʀ] *nm* **1** empurrão, encontrão. **2** tropeção. **3** atrito. **4** brutalidade. **5** antagonismo, conflito. **6** contraste.

*****heur.ter** [ˈœʀte] *vt+vi* **1** bater, colidir. **2** empurrar.

he.xa.go.nal, -ale, -aux [ɛgzagɔnal, -o] *adj* hexagonal, que tem seis ângulos e seis lados.

he.xa.gone [ɛgzagɔn / -gon] *nm* hexágono. **l'Héxagone** a França metropolitana (por causa da forma do mapa da França, que pode ser inscrita em um hexágono).

*****hia.tus** [ˈjatys] *nm* **1** *Ling* hiato, encontro de vogais que pertencem a sílabas diferentes. **2** corte, interrupção, lacuna.

hi.ber.ner [ibɛʀne] *vi* hibernar.

hi.bis.cus [ibiskys] *nm Bot* hibisco.

*****hi.bou** [ˈibu] *nm Zool* coruja.

*****hi.deur** [ˈidœʀ] *nf* **1** feiura, hediondez. **2** abjeção, baixeza.

*****hi.deux, -euse** [ˈidø, -øz] *adj* **1** hediondo, feio, horroroso. **2** ignóbil, repugnante.

hier [jɛʀ] *adv* ontem. **avant-hier** antes de ontem.

*****hié.rar.chie** [ˈjeʀaʀʃi] *nf* hierarquia, ordem, subordinação, classificação. **être au sommet de la hiérarchie** estar no topo da hierarquia, ser o chefe. **les degrés, les échelons de la hiérarchie** os graus da hierarquia.

*****hié.rar.chi.ser** [ˈjeʀaʀʃize] *vt* hierarquizar.

*****hié.ra.tique** [ˈjeʀatik] *adj* **1** hierático. **2** *cour* solene. **3** *fig* imóvel, fixo.

*****hié.ro.glyphe** [ˈjeʀɔglif] *nm* **1** hieróglifo. **2 hiéroglyphes** *pl* escrita difícil de se ler, de ser decifrada.

hi.lare [ilaʀ] *adj* hilário, alegre.

hi.la.ri.té [ilaʀite] *nf* hilaridade.

hin.dou, -e [ɛ̃du] *adj+n* hindu.

hip.pique [ipik] *adj* hípico.

hip.po.campe [ipɔkɑ̃p] *nm Zool* hipocampo, cavalo-marinho.

hip.po.drome [ipɔdʀom] *nm* hipódromo. *les tribunes d'un hippodrome* / as tribunas de um hipódromo.

hip.po.po.tame [ipɔpɔtam] *nm Zool* hipopótamo.

hi.ron.delle [iʀɔ̃dɛl] *nf Zool* andorinha.

*****his.ser** [ˈise] *vt* hastear, içar, elevar. *hisser le pavillon* / içar a bandeira. **se hisser sur la pointe des pieds** ficar na ponta dos pés.

his.to.gramme [istɔgʀam] *nm Stat* histograma.

his.toire [istwaʀ] *nf* **1** história. **2** episódio, narrativa, conto, lenda, mito. **3** *fam* lorota.

his.to.lo.gie [istɔlɔʒi] *nf Biol* histologia.

his.to.rien, -ienne [istɔʀjɛ̃, -jɛn] *n* historiador, memorialista, cronista.

his.to.rio.graphe [istɔʀjɔgʀaf] *n* historiógrafo.

his.to.rique [istɔʀik] *nm+adj* **1** histórico. **2** cronologia. **3** cronológico.

hiver [ivɛʀ] *nm* **1** inverno. **2** *fig* velhice.

*****HLM** [ˈaʃɛlɛm] *nm* ou *nf* sigla de *habitation à loyer modéré*, prédio moderno com apartamentos baratos.

*****hoche.ment** [ˈɔʃmɑ̃] *nm* meneio, aceno (com a cabeça).

*****ho.cher** [ˈɔʃe] *vt* menear, acenar (com a cabeça), fazer movimento com a cabeça de cima para baixo para aprovar ou aquiescer, ou de lado a lado para recusar, desaprovar.

ho.là [ˈɔla / hɔla] *interj* **1** olá serve para chamar, para moderar ou parar. **2** calma! **mettre le holà à quelque chose** pôr um ponto final em algo, colocar ordem.

hol.lan.dais, -aise [ˈɔ(l)lɑ̃dɛ, -ɛz] *adj+n* holandês, neerlandês.

ho.lo.causte [ɔlokost] *nm* holocausto. **l'holocauste** extermínio, genocídio dos judeus pelos nazistas.

ho.lo.gra.phie [ɔlɔgʀafi] *nf* holografia.

*****ho.mard** [´ɔmaʀ] *nm Zool* lagostim. **être rouge comme un homard** ficar vermelho como um camarão.

ho.mé.lie [ɔmeli] *nf* **1** homilia, discurso, sermão. **2** repreensão.

ho.mé.o.pathe [ɔmeɔpat] *n* homeopata.

ho.mé.o.pa.thie [ɔmeɔpati] *nf Méd* homeopatia.

ho.mé.o.pa.thique [ɔmeɔpatik] *adj* homeopático. **à dose homéopathique** em pequenas doses.

ho.mi.cide [ɔmisid] *nm* homicídio, assassinato, crime. • *adj* homicida, assassino, criminoso.

hom.mage [ɔmaʒ] *nm* homenagem.

homme [ɔm] *nm* homem, ser humano. **homme d'affaires** homem de negócios, executivo. **homme d'État** estadista. **homme du peuple** homem do povo. **homme servile** *fig* capacho. **jeune homme** jovem rapaz.

ho.mo.gène [ɔmɔʒɛn] *adj* **1** homogêneo, coerente, uniforme. **2** análogo, parecido.

ho.mo.gé.néi.ser [ɔmɔʒeneize] *vt* homogeneizar, harmonizar.

ho.mo.gé.néi.té [ɔmɔʒeneite] *nf* homogeneidade, coerência, coesão.

ho.mo.lo.ga.tion [ɔmɔlɔgasjɔ̃] *nf* homologação, ratificação, validação.

ho.mo.logue [ɔmɔlɔg] *adj* homólogo, análogo, correspondente.

ho.mo.lo.guer [ɔmɔlɔge] *vt* homologar, ratificar, sancionar, validar.

ho.mo.nyme [ɔmɔnim] *nm+adj* **1** homônimo. **2** xará.

ho.mo.ny.mie [ɔmɔnimi] *nf Gram* homonímia.

ho.mo.phobe [ɔmɔfɔb] *n+adj* homófobo, homofóbico, que tem aversão pelos homossexuais.

ho.mo.pho.bie [ɔmɔfɔbi] *nf* homofobia.

ho.mo.se.xua.li.té [ɔmɔsɛksyalite] *nf* homossexualidade.

ho.mo.se.xuel, -elle [ɔmɔsɛksɥɛl] *n+adj* homossexual, gay.

hon.grois, -oise [´ɔ̃gʀwa, -waz] *adj+n* húngaro, da Hungria (Europa).

hon.nête [ɔnɛt] *adj* **1** honesto, honrado, íntegro, incorruptível, leal, escrupuloso, franco. **2** louvável, correto. **3** polido, conveniente. **une conduite honnête** um comportamento louvável. **une honnête femme** uma mulher virtuosa.

hon.nête.té [ɔnɛtte] *nf* **1** honestidade, honradez, decência. **2** modéstia, pudor.

hon.neur [ɔnœʀ] *nf* **1** honra, dignidade. **2** prerrogativa. **3** glória. **à tout seigneur, tout honneur** *prov* dê a César o que é de César. **donner sa parole d'honneur** dar sua palavra de honra.

*****hon.nir** [´ɔniʀ] *vt Lit* **1** denunciar. **2** votar ao desprezo público.

ho.no.ra.bi.li.té [ɔnɔʀabilite] *nf* honorabilidade, respeitabilidade.

ho.no.rable [ɔnɔʀabl] *adj* **1** honroso, honrado, respeitável. *profession honorable* / profissão honrosa, respeitável. **2** honorável. **3** bom, digno.

ho.no.raire [ɔnɔʀɛʀ] *adj* honorário. • *nm* **honoraires** *pl* honorários.

ho.no.rer [ɔnɔʀe] *vt* **1** honrar. *honorer son père et sa mère* / honrar pai e mãe. **2** acatar. **3** reverenciar, adorar, celebrar, venerar, glorificar. *honorer Dieu et ses saints* / adorar a Deus e seus santos. **4** estimar, respeitar.

ho.no.ri.fique [ɔnɔʀifik] *adj* honorífico, honorário, honroso. *titres honorifiques* / títulos honoríficos.

*****honte** [´ɔ̃t] *nf* **1** vergonha, vexame. **2** abjeção, baixeza, degradação, humilhação, indignidade. **accepter sans fausse**

honte aceitar sem escrúpulo. **c'est une honte!** é uma vergonha!

hon.teux, -euse [´ɔtø, -øz] *adj* **1** vergonhoso. **2** impuro. **3** baixo, imoral. **maladie honteuse** doença venérea.

hô.pi.tal, -aux [opital, -o] *nm* hospital.

ho.quet [´ɔkɛ] *nm* soluço. **avoir le hoquet** estar com soluço.

ho.raire [ɔRɛR] *nm+adj* horário. **décalage horaire** fuso horário

ho.ri.zon [ɔRizɔ̃] *nm* horizonte. *ce stage m'a ouvert des horizons* / este estágio me abriu horizontes. **la ligne d'horizon** a linha do horizonte.

ho.ri.zon.tal, -ale, -aux [ɔRizɔ̃tal, -o] *nf+adj* horizontal. *une horizontale* uma prostituta.

ho.ri.zon.ta.li.té [ɔRizɔ̃talite] *nf* horizontalidade.

hor.loge [ɔRlɔʒ] *nf* relógio. **être réglé comme une horloge** ter hábitos muito regulares. **horloge interne** ou **biologique** relógio interno ou biológico.

hor.lo.ger, -ère [ɔRlɔʒe, -ɛR] *n+adj* relojoeiro.

hor.lo.ge.rie [ɔRlɔʒRi] *nf* relojoaria.

hor.mis [´ɔRmi] *prép* à exceção de, com exceção de, salvo.

hor.mo.nal, -ale, -aux [ɔRmɔnal, -o] *adj* hormonal. *troubles hormonaux* / problemas hormonais.

hor.mone [ɔRmɔn / ɔRmon] *nf Physiol* hormônio.

ho.ro.da.teur, -trice [ɔRɔdatœR, -tRis] *nm+adj* aparelho que imprime automaticamente o dia e a hora. **horloge horodatrice** relógio de ponto.

ho.ros.cope [ɔRɔskɔp] *nm* horóscopo. *consulter son horoscope* / consultar, verificar seu horóscopo.

hor.reur [ɔRœR] *nf* **1** horror, medo. **2** crueldade. **3** crime. **4 horreurs** *pl* calamidades, propósitos ultrajantes, obscenos. **avoir l'horreur de** ter horror a, detestar. **cri d'horreur** grito de horror.

hor.rible [ɔRibl] *adj* **1** horrível. **2** infame. **3** detestável.

hor.ri.fier [ɔRifje] *vt* horrorizar.

hor.ri.pi.ler [ɔRipile] *vt* horripilar, enervar, impacientar, exasperar.

*hors [´ɔR] *adv* **1** fora, exterior. **2** além de. **3** excepcional. **4** com exceção de, salvo. **hors de danger** fora de perigo.

*hors-d'œuvre [´ɔRdœvR] *nm* antepasto, entrada (de refeição).

*hors-la-loi [´ɔRlalwa] *n* fora da lei.

*hors ser.vice [´ɔRsɛRvis] *adj* fora de serviço.

hor.ten.sia [ɔRtɑ̃sja] *nm Bot* hortênsia.

hor.ti.cul.teur, -trice [ɔRtikyltœR, -tRis] *n* horticultor.

hor.ti.cul.ture [ɔRtikyltyR] *nf* horticultura.

hos.pice [ɔspis] *nm* asilo.

hos.pi.ta.lier, -ère [ɔspitalje, -ɛR] *n+adj* hospitaleiro, acolhedor; relativo aos hospitais, hospitalar. **sœurs hospitalières** religiosas (irmãs) que recolhem os indigentes.

hos.pi.ta.li.ser [ɔspitalize] *vt* hospitalizar, internar.

hos.pi.ta.li.té [ɔspitalite] *nf* hospitalidade. *merci de votre aimable hospitalité* / obrigado por sua amável hospitalidade. **demander, accepter, recevoir l'hospitalité** pedir, aceitar, receber a hospitalidade.

hos.tile [ɔstil] *adj* hostil, adverso, inimigo.

hos.ti.li.té [ɔstilite] *nf* **1** hostilidade, antipatia, ódio. **2** inimizade, oposição. **3 hostilités** *pl* conjunto das ações e das operações de guerra, conflito.

hôte, hô.tesse [ot, otɛs] *n* **1** anfitrião. **2** estalajadeiro. **hôtesse** ou **hôtesse d'accueil** recepcionista. **hôtesse de l'air** aeromoça. **l'hôte de l'Élysée** o presidente da República francesa.

hô.tel [ɔtɛl / otɛl] *nm* 1 hotel, albergue, hotelaria, pensão. 2 mansão. 3 grande edifício destinado a um estabelecimento público. **hôtel de police** edifício onde se localizam os serviços da polícia, comissariado. **hôtel de ville** edifício onde fica a autoridade municipal de uma cidade grande, prefeitura.

hô.tel-Dieu [ɔtɛldjø / otɛldjø] *nm* hospital principal de algumas cidades, Santa Casa.

hô.te.lier, -ière [ɔtəlje / otəlje, -jɛR] *n+adj* 1 hoteleiro. 2 estalajadeiro.

hô.telle.rie [ɔtɛlRi / otɛlRi] *nf* 1 hotelaria. 2 hospedaria, estalajem. **travailler dans l'hôtellerie** trabalhar em hotelaria.

*****houe** [´u] *nf* enxada.

*****houille** [´uj] *nf* hulha, carvão.

*****houil.lère** [´ujɛR] *nf* hulheira, mina de carvão.

*****hou.leux, -euse** [´ulø, -øz] *adj* agitado, movimentado. **mer houleuse** / mar agitado.

*****hous.pil.ler** [´uspije] *vt* 1 bater, maltratar. 2 criticar, repreender.

*****housse** [´us] *nf* tecido que protege temporariamente alguns objetos (móveis, roupas). **drap-housse** lençol envelope. **housse de couette** capa de edredon.

*****houx** [´u] *nm Bot* azevinho. *un buisson de houx* / um arbusto de azevinho.

*****hu.blot** [´yblo] *nm* escotilha, vigia. *regarder par le hublot* / olhar pela escotilha.

*****huée** [´ɥe] *nf* vaia. *orateur interrompu par des sifflets et des huées* / orador interrompido por assobios e vaias.

*****huer** [´ɥe] *vt* vaiar.

huile [ɥil] *nf* 1 óleo. 2 azeite. 3 gordura. **assaisonner avec de l'huile et du vinaigre** temperar com óleo e vinagre. **huile de foie de morue** óleo de fígado de bacalhau. **huile de ricin** *Pharm* óleo de rícino. **peinture à l'huile** pintura a óleo.

hui.ler [ɥile] *vt* olear, lubrificar.

hui.lier [ɥilje] *nm* galheteiro.

huis [ɥi] *nm* 1 ferrolho. 2 porta (da casa). 3 *Jur* sem admissão do público. **à huis clos** com todas as portas fechadas.

huis.sier [ɥisje] *nm* oficial de justiça.

huître [ɥitR] *nf Zool* ostra. *une douzaine d'huîtres* / uma dúzia de ostras.

hu.main, -aine [ymɛ̃, -ɛn] *n+adj* 1 humano. 2 compreensivo, bom, generoso.

hu.ma.ni.ser [ymanize] *vt* 1 humanizar. 2 civilizar.

hu.ma.niste [ymanist] *n+adj* 1 humanista. 2 letrado. 3 que tem conhecimento aprofundado das línguas e literaturas grega e latina, erudito.

hu.ma.ni.taire [ymanitɛR] *adj* 1 humanitário. 2 filantrópico. *aide humanitaire* / ajuda humanitária.

hu.ma.ni.té [ymanite] *nf* 1 humanidade. 2 bondade, piedade, sensibilidade. 3 o gênero humano, civilização. 4 **humanités** *pl* humanidades, estudo das línguas e das literaturas grega e latina. **faire preuve d'humanité** dar provas de bondade.

humble [œ̃bl] *adj* 1 humilde, modesto, submisso. 2 obscuro, pobre, simples. 3 embaraçado, tímido. *air, manière, ton humble* / ar, maneira, tom tímido. **une humble demeure** uma casa humilde.

*****hu.mer** [´yme] *vt* farejar, inspirar, respirar.

hu.mé.rus [ymeRys] *nm Anat* úmero.

hu.meur [ymœR] *nf* 1 humor, rabugice. 2 temperamento, caráter. 3 *Anat* humor, líquido orgânico do corpo humano.

hu.mide [ymid] *adj* úmido.

hu.mi.di.fier [ymidifje] *vt* umidificar, umectar, molhar. *humidifier l'air* / umidificar o ar.

hu.mi.di.té [ymidite] *nf* umidade. *un métal rongé par l'humidité* / um metal estragado pela umidade. *l'humidité de l'air* / a umidade do ar.

hu.mi.liant, -iante [ymiljã, -jãt] *adj* humilhante, vexatório, vergonhoso. *un travail humiliant* um trabalho humilhante.

hu.mi.lier [ymilje] *vt* 1 humilhar, degradar. *vpr* 2 inclinar-se com respeito.

hu.mi.li.té [ymilite] *nf* 1 humildade. 2 submissão.

hu.mo.riste [ymɔrist] *n+adj* 1 humorista, que tem humor, que se expressa com humor. 2 caricaturista.

hu.mour [ymur] *nm* humor, espírito. **humour noir** humor negro. **avoir le sens de l'humour** ter senso de humor. **avoir de l'humour** ter humor.

hu.mus [ymys] *nm Biol* húmus.

*****hurle.ment** [´yrləmã] *nm* 1 uivo, berro, urro. 2 bramido.

*****hur.ler** [´yrle] *vi* 1 uivar, berrar, urrar. 2 bramir.

hur.lu.ber.lu [yrlybεrly] *nm* estranho, esquisito, pessoa extravagante.

*****hutte** [´yt] *nf* cabana, choupana.

hya.cinthe [jasε̃t] *nf Bot* jacinto.

hy.bri.da.tion [ibridasjɔ̃] *nf* hibridação.

hy.bride [ibrid] *nm+adj* híbrido.

hy.dra.tant, -ante [idratã, -ãt] *nm+adj* hidratante. *substance hydratante* / substância hidratante. *crème hydratante* / creme hidratante.

hy.dra.ter [idrate] *vt* hidratar.

hy.drau.lique [idrolik] *nf+adj* hidráulica. *énergie hydraulique* / energia hidráulica.

hy.dro.élec.trique [idroelεktrik] *adj* hidrelétrico. *Var: hydro-électrique.*

hy.dro.gra.phie [idrɔgrafi] *nf* hidrografia, oceanografia.

hy.dro.mi.né.ral, -ale, -aux [idro mineral, -o] *adj* hidromineral.

hy.dro.phile [idrɔfil] *nm+adj* hidrófilo. *coton hydrophile* / algodão que serve tanto para higiene quanto para cirurgia.

hy.dro.pho.bie [idrɔfɔbi] *nf* hidrofobia.

hy.dro.sphère [idrɔsfεr] *nf* hidrosfera.

hyène [jεn / ´jεn] *nf Zool* hiena.

hy.giène [iʒjεn] *nf* higiene.

hy.gié.nique [iʒjenik] *adj* higiênico, sadio. *papier hygiénique* / papel higiênico. **serviette, tampon hygiénique** proteção periódica, tampão, absorvente higiênico.

hy.men [imεn] *nm* 1 *Anat* hímen. 2 *Lit anc* casamento, himeneu.

hy.mé.née [imene] *nm Lit anc* himeneu, casamento.

hymne [imn] *n* hino. *La Marseillaise est l'hymne national français* / A Marselhesa é o hino nacional francês.

hy.pe.rac.ti.vi.té [ipεraktivite] *nf* hiperatividade.

hy.per.é.mo.tif, -ive [ipεremɔtif, -iv] *adj* exageradamente emotivo, hiperemotivo.

hy.per.é.mo.ti.vi.té [ipεremɔtivite] *nf Psych* hiperemotividade, exacerbação da sensibilidade.

hy.pe.res.thé.sie [ipεrεstezi] *nf Méd* hiperestesia, sensibilidade exagerada, patológica.

hy.per.gly.cé.mie [ipεrglisemi] *nf Méd* 1 excesso de açúcar no sangue. 2 diabete.

hy.per.mar.ché [ipεrmarʃe] *nm* supermercado com superfície de mais de 2.500 m2.

hy.per.mé.trope [ipεrmetrɔp] *n+adj* hipermétrope.

hy.per.mé.tro.pie [ipεrmetrɔpi] *nf* hipermetropia.

hy.per.sen.si.bi.li.té [ipεrsãsibilite] *nf* hipersensibilidade.

hy.per.ten.sion [ipɛʀtɑ̃sjɔ̃] *nf* hipertensão.

hy.per.thy.roï.die [ipɛʀtiʀɔidi] *nf Méd* hipertireoidismo.

hy.per.tro.phie [ipɛʀtʀɔfi] *nf Physiol* hipertrofia.

hyp.nose [ipnoz] *nf* hipnose.

hyp.no.ti.ser [ipnɔtize] *vt* hipnotizar.

hy.po.ca.lo.rique [ipokalɔʀik] *adj* hipocalórico.

hy.po.con.drie [ipɔkɔ̃dʀi] *nf* hipocondria.

hy.po.cri.sie [ipɔkʀizi] *nf* hipocrisia.

hy.po.crite [ipɔkʀit] *n+adj* hipócrita, dissimulado, mentiroso.

hy.po.gly.cé.mie [ipoglisemi] *nf Méd* hipoglicemia.

hy.po.thèque [ipɔtɛk] *nf* hipoteca.

hy.po.thé.quer [ipɔteke] *vt* hipotecar.

hy.po.thèse [ipɔtɛz] *nf* hipótese. **en toute hypothèse** em todo caso. **par hypothèse** por hipótese.

hy.po.thé.tique [ipɔtetik] *adj* hipotético.

hys.té.rec.to.mie [isteʀɛktɔmi] *nf Méd* histerectomia, ablação do útero.

hys.té.rie [isteʀi] *nf* histeria. *une crise d'hystérie* / uma crise de histeria. *hystérie collective* / histeria coletiva.

hys.té.rique [isteʀik] *adj+n* histérico, relativo à histeria, comportamento de uma pessoa que tem histeria. *troubles d'origine hystérique* / problemas de origem histérica.

i

i [i] *nm* nona letra e terceira vogal do alfabeto da língua francesa.

i.ci [isi] *adv* cá, aqui, neste lugar (o lugar onde se encontra a pessoa que fala).

i.déal, -ale, -als ou **-aux** [ideal, -o] *adj+nm* **1** ideal, teórico, imaginário. *c'est la solution idéale pour lui* / é a solução ideal (perfeita, neste caso) para ele. **2** perfeito, absoluto. **3** modelo.

i.dé.a.lisme [idealism] *nm* idealismo; sistema filosófico que leva o ser ao pensamento e às coisas do espírito.

i.dé.a.liste [idealist] *adj+n* idealista. *c'est un idéaliste* / é um idealista, um sonhador.

i.dée [ide] *nf* **1** ideia. *je n'en ai aucune idée, pas la moindre idée* / não tenho nenhuma ideia. **2** representação, conceito, noção.

i.den.ti.fier [idãtifje] *vt* **1** identificar, reconhecer. **2** assimilar, confundir. **3** reconhecer. *vpr* **4** identificar-se, tornar-se idêntico, em pensamento ou de fato.

i.den.ti.que [idãtik] *adj* idêntico, parecido, o mesmo, sósia, gêmeo. *des conclusions identiques* / conclusões idênticas.

i.den.ti.té [idãtite] *nf* **1** identidade. *vérifier l'identité de quelqu'un* / verificar a identidade de alguém. *pièce, carte, photo d'identité* / documento, carteira, foto de identidade. **2** similitude. **3** unidade. **identité culturelle** identidade cultural. **identité du moi** identidade do eu.

i.dé.o.lo.gie [ideɔlɔʒi] *nf* **1** ideologia; conjunto das ideias, das crenças e das doutrinas próprias a uma época, a uma sociedade ou a uma classe. **2** conjunto de ideias que formam uma doutrina. *l'idéologie communiste* / a ideologia comunista. *l'idéologie pacifiste* / a ideologista pacifista.

i.diot, i.dio.te [idjo, idjɔt] *adj+n* **1** idiota, tolo, débil. **2** *fam* xucro, bocó, panaca, burro. **3** *fig* inocente. **4** *adj* absurdo. **ce serait idiot de refuser** seria absurdo recusar. **espèce d'idiot!** que bobo! **faire l'idiot** se fazer de bobo, de idiota. **l'idiot du village** pessoa simples de espírito, inocente.

i.dole [idɔl] *nf* **1** ídolo. *ce chanteur est son idole* / este cantor é seu ídolo. **2** fetiche.

i.dylle [idil] *nf* idílio.

i.gloo [iglu] *nm* iglu. *Var:* **iglou**.

i.gni.tion [iɲisjɔ̃ / ignisjɔ̃] *nf Phys* ignição, combustão.

i.gnoble [iɲɔbl] *adj* **1** ignóbil, abjeto, infame, vil, odioso, sórdido. **2** imundo, repugnante. **un temps ignoble** um tempo horrível.

i.gno.rance [iɲɔRɑ̃s] *nf* **1** ignorância, incompetência. **2 ignorances** *pl* manifestações, provas de ignorância, lacuna.

i.gno.rant, -ante [iɲɔRɑ̃, -ɑ̃t] *adj+n* ignorante, inculto, analfabeto. **ignorant de** que não tem o conhecimento de algo, que não está informado sobre.

i.gno.rer [iɲɔRe] *vt* ignorar, desconhecer, não ter a experiência de (alguma coisa).

il [il] *pron pers m 3a. pess sing* ele. Serve para introduzir verbos impessoais: **il était une fois** era uma vez. **il fait chaud** faz calor. **il faut** é preciso. **il neige** neva. **il y a** há.; verbos de estado: **il paraît** parece. **il semble qu'il se soit trompé** parece que ele se enganou. **quelle heure est-il?** que horas são?

île [il] *nf* ilha.

il.lé.gal, -ale, -aux [i(l)legal, -o] *adj* ilegal, ilícito, irregular.

il.lé.ga.li.té [i(l)legalite] *nf* ilegalidade, abuso, irregularidade.

il.lé.gi.time [i(l)leʒitim] *adj* **1** ilegítimo, bastardo, natural, adulterino. **2** ilegal, irregular, injustificado. *revendication illégitime* / reivindicação ilegal, irregular.

il.li.cite [i(l)lisit] *adj* ilícito, ilegal, proibido. *il s'est enrichi par des moyens illicites* / ele enriqueceu por meios ilícitos.

il.li.sible [i(l)lizibl] *adj* ilegível, indecifrável. *c'est un ouvrage illisible* / é uma obra ilegível, cuja leitura é insuportável.

il.lu.mi.na.tion [i(l)lyminasjɔ̃] *nf* **1** iluminação. **2** *fig* ideia muito inspiradora.

il.lu.mi.ner [i(l)lymine] *vt* **1** iluminar. **2** brilhar. **3** *fig* esclarecer.

il.lu.sion [i(l)lyzjɔ̃] *nf* ilusão, fantasia.

il.lus.tra.teur, -trice [i(l)lystRatœR, -tRis] *n* ilustrador, desenhista.

il.lus.tra.tion [i(l)lystRasjɔ̃] *nf* **1** ilustração, gravura, iluminura. **2** esclarecimento, ilustração.

il.lustre [i(l)lystR] *adj* ilustre, célebre, famoso, glorioso.

il.lus.trer [i(l)lystRe] *vt* **1** ilustrar, tornar célebre. **2** tornar mais claro, exemplificar. **3** ornar de imagens. *vpr* **4** ilustrar-se, distinguir-se.

i.mage [imaʒ] *nf* imagem, reflexo.

i.ma.gi.naire [imaʒinɛR] *adj+nm* **1** imaginário. **2** fabuloso, fantástico, lendário, mítico.

i.ma.gi.na.tion [imaʒinasjɔ̃] *nf* **1** imaginação. **2** fantasia, invenção. **3** quimera, sonho.

i.ma.gi.ner [imaʒine] *vt* **1** imaginar, fantasiar, conceber, acreditar, pensar, antecipar, supor. **2** inventar, elaborar.

im.bé.cile [ɛ̃besil] *adj+n* **1** imbecil, idiota, pateta. **2** *fam* débil.

im.bu.vable [ɛ̃byvabl] *adj* **1** intragável. **2** *fam* insuportável. *un vin imbuvable* / um vinho ruim, horrível.

i.mi.ta.tion [imitasjɔ̃] *nf* **1** imitação. **2** caricatura. **3** pastiche, cópia, plágio.

i.mi.ter [imite] *vt* **1** imitar. **2** plagiar, copiar.

im.ma.tri.cu.la.tion [imatRikylasjɔ̃] *nf* inscrição, matrícula. **plaque d'immatriculation d'une voiture** placa do automóvel.

im.ma.ture [imatyR] *adj* imaturo.

im.mé.diat, -iate [imedja, -jat] *adj+nm* **1** imediato, direto. *réaction immédiate* / reação imediata. **2** instantâneo, iminente. **dans l'immédiat** em um futuro próximo.

im.mense [i(m)mɑ̃s] *adj* **1** imenso, enorme, ilimitado, infinito. *une immense fortune* / uma fortuna imensa. **2** colossal, gigantesco. **3** incomensurável, profundo.

im.mer.ger [imɛRʒe] *vt* imergir. *vpr* **2** afundar-se.

im.meuble [imœbl] *adj* imóvel. • *nm* prédio, edifício, residência. *louer un appartement dans un immeuble* / alugar um apartamento em um prédio.

im.mi.grant, -ante [imigʀɑ̃, -ɑ̃t] *n+adj* imigrante.

im.mi.gra.tion [imigʀasjɔ̃] *nf* imigração. *contrôle de l'immigration* / controle da imigração.

im.mi.grer [imigʀe] *vt* imigrar.

im.mo.bile [i(m)mɔbil] *adj* **1** imóvel, fixo, estático, parado. **2** *fig* inabalável.

im.mo.bi.lier, -ière [imɔbilje, -jɛʀ] *adj* **1** imóvel. **2** imobiliário, relativo a imóveis (agência imobiliária). • *nm* **1** bens imóveis. **2** o comércio de imóveis, de casas, de apartamentos.

im.mo.bi.li.ser [imɔbilize] *vt* **1** imobilizar, parar. **2** fixar.

im.mo.bi.li.té [imɔbilite] *nf* imobilidade. *immobilité des traits du visage* / impassibilidade, imobilidade dos traços do rosto

im.mo.ral, -ale, -aux [i(m)mɔʀal, -o] *adj* imoral, corrompido, depravado, vergonhoso, licencioso, obsceno, escandaloso.

im.mo.ra.li.té [i(m)mɔʀalite] *nf* imoralidade, corrupção, depravação, vício. *l'immoralité d'une société* / a imoralidade de uma sociedade.

im.mor.ta.li.té [imɔʀtalite] *nf* imortalidade, perenidade, eternidade.

im.mor.tel, -elle [imɔʀtɛl] *adj+n* imortal, eterno. **un immortel** um imortal, membro da Academia francesa de letras.

im.mu.ni.ser [imynize] *vt* Méd imunizar, vacinar.

im.mu.no.lo.gie [imynɔlɔʒi] *nf* Biol, Méd imunologia.

im.pact [ɛ̃pakt] *nm* impacto, colisão. *ses opinions ont beaucoup d'impact sur la population* / suas opiniões têm grande impacto sobre a população.

im.pair, -aire [ɛ̃pɛʀ] *adj* ímpar. *numéros impairs* / números ímpares.

im.par.don.nable [ɛ̃paʀdɔnabl] *adj* imperdoável.

im.par.fait, -aite [ɛ̃paʀfɛ, -ɛt] *adj+nm* **1** imperfeito, inacabado. **2** desigual. • *nm Gram* imperfeito.

im.par.tial, iale, -iaux [ɛ̃paʀsjal, -jo] *adj* imparcial, justo, neutro, desinteressado. *un juge impartial* / um juiz imparcial.

im.passe [ɛ̃pɑs] *nf* **1** impasse. **2** beco, rua sem saída. **être dans une impasse** encontrar-se em um impasse, em uma situação sem saída. **s'engager dans une impasse** encontrar-se em uma rua sem saída.

im.pas.sible [ɛ̃pasibl] *adj* **1** impassível, calmo, frio, imperturbável. **2** indiferente, impávido, estoico, impenetrável. *un visage impassible* / um rosto fechado, impenetrável.

im.pa.tience [ɛ̃pasjɑ̃s] *nf* **1** impaciência. **2** impetuosidade, exasperação, inquietude.

im.pa.tient, -iente [ɛ̃pasjɑ̃, -jɑ̃t] *adj* **1** impaciente, nervoso, vivo. **2** ávido, desejoso. **impatient de** ávido, desejoso.

im.pec.cable [ɛ̃pekabl] *adj* irrepreensível, impecável. *un service impeccable* / um serviço impecável.

im.per [ɛ̃pɛʀ] *adj+nm abrév fam* de **imperméable**.

im.pé.ra.tif, -ive [ɛ̃peʀatif, -iv] *adj* imperativo, autoritário. • *nm Gram* imperativo, modo do verbo que expressa comando, exortação, conselho, pedido, proibição. *un geste impératif* / um gesto imperioso. **les impératifs de la mode** os ditames da moda.

im.pé.ra.trice [ɛ̃peʀatʀis] *nf* imperatriz.

im.per.cep.tible [ɛ̃pɛʀseptibl] *adj* **1** imperceptível, invisível, inaudível. **2**

imperfection 132 **impôt**

insensível. **3** ínfimo, pequeno, minúsculo, que tem pouca importância. *un bruit imperceptible* / um ruído imperceptível.

im.per.fec.tion [ɛ̃pɛʀfɛksjɔ̃] *nf* imperfeição, defeito. *corriger une imperfection* / corrigir um defeito, um erro.

im.per.mé.able [ɛ̃pɛʀmeabl] *adj+nm* **1** impermeável. **2** capa de chuva.

im.per.son.nel, -elle [ɛ̃pɛʀsɔnɛl] *adj* impessoal, objetivo, neutro. *verbes impersonnels* / verbos impessoais, que são utilizados apenas na terceira pessoa do singular.

im.per.ti.nence [ɛ̃pɛʀtinɑ̃s] *nf* **1** impertinência, desaforo. *se conduire avec impertinence* / comportar-se com impertinência. **2** insolência, impudência. **3** extravagância, absurdo.

im.per.ti.nent, -ente [ɛ̃pɛʀtinɑ̃, -ɑ̃t] *adj+n* impertinente, inoportuno, insolente.

im.pé.tueux, -euse [ɛ̃petɥø, -øz] *adj* impetuoso, exaltado, ardente, violento, veemente. *un tempérament impétueux* / um temperamento ardente.

im.pé.tuo.si.té [ɛ̃petɥozite] *nf* impetuosidade, ímpeto, fuga, ardor, violência.

im.pié.té [ɛ̃pjete] *nf* **1** impiedade. **2** blasfêmia, sacrilégio. *dire des impiétés* / dizer blasfêmias.

im.pi.toyable [ɛ̃pitwajabl] *adj* **1** impiedoso, duro. **2** cruel, feroz. **3** inflexível, implacável, severo.

im.pla.cable [ɛ̃plakabl] *adj* **1** implacável, duro. **2** cruel, selvagem. **3** severo, inflexível. **4** fatal, inelutável, inexorável, irresistível. **un soleil implacable** um sol muito forte.

im.pli.cite [ɛ̃plisit] *adj* implícito, tácito, subentendido. *une condition implicite* / uma condição implícita.

im.plo.rer [ɛ̃plɔʀe] *vt* implorar, suplicar.

im.po.li, -ie [ɛ̃pɔli] *adj* **1** indelicado, mal-educado, malcriado, descortês. **2** incorreto, desonesto.

im.po.li.tesse [ɛ̃pɔlitɛs] *nf* descortesia, grosseria. *sa franchise frise l'impolitesse* / sua franqueza fria a grosseria.

im.po.pu.laire [ɛ̃pɔpylɛʀ] *adj* impopular.

im.po.pu.la.ri.té [ɛ̃pɔpylaʀite] *nf* impopularidade.

im.por.tance [ɛ̃pɔʀtɑ̃s] *nf* **1** relevância, importância, magnitude. **2** interesse, dimensão, gravidade, extensão. **d'importance** importante, grande.

im.por.tant, -ante [ɛ̃pɔʀtɑ̃, -ɑ̃t] *adj* **1** importante, relevante. **2** considerável. • *nm* essencial. **d'importants personnages** pessoas influentes.

im.por.ta.teur, -trice [ɛ̃pɔʀtatœʀ, -tʀis] *n+adj* importador.

im.por.ta.tion [ɛ̃pɔʀtasjɔ̃] *nf* **1** importação. **2** *fig* introdução.

im.por.ter [ɛ̃pɔʀte] *vt+vi* **1** importar. **2** interessar, contar. *vpr* **3** importar-se, preocupar-se. **peu importe!** pouco importa! **peu m'importe** isso me é indiferente, pouco me importa. **qu'importe!** pouco importa!

im.por.tun, -une [ɛ̃pɔʀtœ̃, -yn] *adj+n* **1** importuno, indiscreto, indesejável, desagradável. **2** *fam* chato. **3** *fig* enfadonho.

im.por.tu.ner [ɛ̃pɔʀtyne] *vt* **1** importunar, assediar. **2** atrapalhar. **3** *fig* perseguir.

im.pos.sible [ɛ̃pɔsibl] *adj+nm* impossível, imponderável, irrealizável. *une tâche impossible* / uma tarefa impossível. *une idée impossible à admettre* / uma ideia impossível em admitir.

im.pôt [ɛ̃po] *nm* imposto, fisco, taxa. *il ne paie pas d'impôts* / ele não paga impostos. **impôt du sang** obrigação do

serviço militar. **impôts locaux** imposto predial. **impôt sur le revenu** imposto de renda.
im.po.tence [ɛ̃pɔtɑ̃s] *nf* impotência.
im.po.tent, -ente [ɛ̃pɔtɑ̃, -ɑ̃t] *adj*+*n* impotente, enfermo, inválido, paralítico.
im.pré.cis, -ise [ɛ̃pResi, -iz] *adj* impreciso, confuso, indistinto, difuso, indeterminado, aproximativo.
im.pres.sion [ɛ̃pResjɔ̃] *nf* 1 impressão, traço, marca. 2 reprodução, edição. 3 sensação, sentimento. 4 *fig* impressão. **faire bonne, mauvaise impression** causar boa, má impressão. **faire impression** chamar vivamente a tenção.
im.pres.sion.ner [ɛ̃pResjɔne] *vt* 1 impressionar, emocionar, tocar, influenciar. 2 intimidar, perturbar.
im.pres.sion.nisme [ɛ̃pResjɔnism] *nm* impressionismo.
im.pré.vi.sible [ɛ̃pRevizibl] *adj* imprevisível, inesperado.
im.pré.vu, -ue [ɛ̃pRevy] *adj* inesperado, imprevisto, acidental, fortuito, súbito. • *nm* imprevisto. *en cas d'imprévu, prévenez ma secrétaire* / em caso de imprevisto previna minha secretária.
im.pri.mer [ɛ̃pRime] *vt* 1 imprimir, estampar. 2 fixar, gravar. 3 editar.
im.prime.rie [ɛ̃pRimRi] *nf* gráfica.
im.pro.ba.ble [ɛ̃pRɔbabl] *adj* improvável, duvidoso.
im.pro.duc.tif, -ive [ɛ̃pRɔdyktif, -iv] *adj* improdutivo, estéril.
im.pro.pre [ɛ̃pRɔpR] *adj* incorreto, inapto, incapaz.
im.pro.vi.ser [ɛ̃pRɔvize] *vt* improvisar, inventar.
im.pru.dence [ɛ̃pRydɑ̃s] *nf* imprudência, insensatez, temeridade.
im.pru.dent, -ente [ɛ̃pRydɑ̃, -ɑ̃t] *adj* 1 imprudente, audacioso, inconsiderado, temerário. 2 perigoso, ousado.

im.pu.dique [ɛ̃pydik] *adj* que ultraja o pudor, desavergonhado, impuro, obsceno, indecente.
im.puis.sance [ɛ̃pɥisɑ̃s] *nf* 1 impotência, incapacidade, fraqueza, impossibilidade. 2 *Physiol* impotência.
im.puis.sant, -ante [ɛ̃pɥisɑ̃, -ɑ̃t] *adj* 1 impotente, débil, fraco, incapaz. 2 improdutivo.
im.pul.sif, ive [ɛ̃pylsif, iv] *adj*+*n* impulsivo, irrefletido, impetuoso, violento.
im.pu.ni.té [ɛ̃pynite] *nf* impunidade.
im.pur, -ure [ɛ̃pyR] *adj* 1 impuro, poluído, imundo. 2 imoral, indigno, infame, vil. 3 indecente, obsceno. *des paroles impures* / palavras impuras.
i.nac.cep.table [inaksɛptabl] *adj* inaceitável, inadmissível, intolerável.
i.nac.ces.sible [inaksesibl] *adj* 1 inacessível, impenetrável, inatingível. 2 irrealizável. 3 hermético. 4 insensível.
i.nac.tif, -ive [inaktif, -iv] *adj*+*n* 1 inativo, estagnado, inerte, imóvel. 2 ineficaz. • *n Econ* inativo.
i.nac.tion [inaksjɔ̃] *nf* inatividade. *elle vit dans l'inaction* / ela vive na inatividade.
i.na.dap.ta.tion [inadaptasjɔ̃] *nf* inadaptação, inadequação.
i.na.dé.quat, -quate [inadekwa(t), -kwat] *adj* inadequado, impróprio.
i.nad.mis.sible [inadmisibl] *adj* inadmissível. *c'est une réponse inadmissible* / é uma resposta inadmissível, inaceitável.
i.nad.ver.tance [inadvɛRtɑ̃s] *nf* distração, lapso. **par inadvertance** por engano, por falta de atenção.
i.nal.té.rable [inaltɛRabl] *adj* inalterável, imperturbável.
i.na.ni.mé, -ée [inanime] *adj* inanimado, inerte.
i.na.ni.tion [inanisjɔ̃] *nf* inanição, fome.
i.nap.ti.tude [inaptityd] *nf* inaptidão,

incapacidade. *son inaptitude aux études est claire* / sua incapacidade, falta de aptidão para os estudos, é clara.
i.nat.ta.quable [inatakabl] *adj* **1** inatacável. **2** inalterável. **3** incontestável, irrefutável. *une théorie inattaquable* / uma teoria inatacável, incontestável.
i.nat.ten.du, -ue [inatɑ̃dy] *adj +nm* **1** imprevisto, fortuito, inesperado. **2** desconcertante, surpreendente.
i.nau.gu.ra.tion [inɔgyRasjɔ̃ / inɔgyRasjɔ̃] *nf* inauguração.
i.nau.gu.rer [inɔgyRe / inɔgyRe] *vt* **1** inaugurar, entregar ao público. **2** instaurar.
i.na.vouable [inavwabl] *adj* inconfessável. **mœurs inavouables** costumes, hábitos abjetos, culpáveis, vergonhosos.
in.cal.cu.lable [ɛ̃kalkylabl] *adj* incalculável, considerável, ilimitado.
in.can.des.cent, -ente [ɛ̃kɑ̃desɑ̃, -ɑ̃t] *adj* ardente, incandescente.
in.ca.pable [ɛ̃kapabl] *adj+n* **1** incapaz, impotente, inapto, incompetente. **2** ignorante, medíocre. • *n Jur* inapto a gozar de um direito ou de exercê-lo.
in.ca.pa.ci.té [ɛ̃kapasite] *nf* **1** incapacidade, debilidade, inaptidão. *incapacité totale, partielle* / incapacidade total, parcial. **2** ignorância, imperícia. **3** incompetência.
in.car.cé.ra.tion [ɛ̃kaRseRasjɔ̃] *nf* encarceramento, detenção.
in.car.cé.rer [ɛ̃kaRseRe] *vt* encarcerar, aprisionar.
in.car.nat, -ate [ɛ̃kaRna, -at] *adj+n* encarnado, vermelho-claro e vivo.
in.cen.diaire [ɛ̃sɑ̃djɛR] *n+adj* **1** incendiário, piromaníaco. • *adj* ardente, provocante. *un regard incendiaire* / um olhar ardente.
in.cen.die [ɛ̃sɑ̃di] *nm* **1** incêndio. **2** *fig* comoção, guerra.

in.cen.dier [ɛ̃sɑ̃dje] *vt* incendiar, queimar.
in.cer.tain, -aine [ɛ̃sɛRtɛ̃, -ɛn] *adj* incerto, duvidoso.
in.cer.ti.tude [ɛ̃sɛRtityd] *nf* incerteza, dubiedade.
in.ceste [ɛ̃sɛst] *nm* incesto. *commettre un inceste* / cometer um incesto.
in.ces.tueux, -euse [ɛ̃sɛstɥø, -øz] *adj* incestuoso.
in.ci.dence [ɛ̃sidɑ̃s] *nf* **1** incidência. **2** impacto, repercussão.
in.ci.dent [ɛ̃sidɑ̃] *nm* incidente, aventura, peripécia, desordem. *incidents de parcours* / incidentes de percurso. *les jeunes voulaient provoquer des incidents* / os jovens queriam provocar desordem.
in.ci.sive [ɛ̃siziv] *nf* dente incisivo. *incisives inférieures, supérieures* / incisivos inferiores, superiores.
in.ci.ta.tion [ɛ̃sitasjɔ̃] *nf* **1** incitação, conselho, encorajamento. **2** excitação, provocação. **3** apologia.
in.ci.ter [ɛ̃site] *vt* **1** incitar, instigar, encorajar. *la réponse du détenu m'incite à penser qu'il est innocent* / a resposta do detento me encoraja, me leva a pensar que ele é inocente. **2** excitar, exortar. **3** convidar, solicitar. **4** estimular, motivar.
in.clas.sable [ɛ̃klɑsabl] *adj* inclassificável.
in.cli.nai.son [ɛ̃klinɛzɔ̃] *nf* declive, aclive, inclinação.
in.cli.na.tion [ɛ̃klinasjɔ̃] *nf* inclinação, movimento afetivo, desejo, vontade, tendência, gosto, atração.
in.cli.ner [ɛ̃kline] *vt* **1** inclinar, reclinar, abaixar. **2** recostar, debruçar. **3** predispor. *vpr* **4** inclinar-se.
in.clure [ɛ̃klyR] *vt* **1** incluir, comportar. **2** anexar.
in.clu.sion [ɛ̃klyzjɔ̃] *nf* inclusão.

in.co.gni.to [ɛkɔɲito] *adj* incógnito, desconhecido, ignorado. • *adv* anonimamente, secretamente. • *n* anonimato.

in.co.hé.rence [ɛkɔeʀɑ̃s] *nf* incoerência, contradição. *l'incohérence de son attitude* / a incoerência de sua atitude.

in.co.hé.rent, -ente [ɛkɔeʀɑ̃, -ɑ̃t] *adj* incoerente, incompreensível, absurdo, extravagante, ilógico.

in.co.lore [ɛkɔlɔʀ] *adj* 1 incolor. 2 insípido.

in.com.mo.der [ɛkɔmɔde] *vt* 1 incomodar, indispor, atrapalhar. 2 cansar, perturbar. 3 importunar.

in.com.mu.ni.cable [ɛkɔmynikabl] *adj* incomunicável.

in.com.pa.rable [ɛkɔpaʀabl] *adj* 1 incomparável. *un talent incomparable* / um talento incomparável. 2 inigualável, único, admirável. 3 perfeito.

in.com.pa.tible [ɛkɔpatibl] *adj* incompatível, inconciliável. *des caractères incompatibles* / personalidades incompatíveis.

in.com.pé.tent, -ente [ɛkɔpetɑ̃, -ɑ̃t] *adj* incompetente, incapaz, nulo, ignorante. *elle est incompétente dans ce domaine* / ela é incompetente nesta área. *il est incompétent sur ce sujet* / ele é ignorante neste assunto.

in.com.plet, -ète [ɛkɔplɛ, -ɛt] *adj* incompleto, imperfeito, inacabado.

in.com.pré.hen.sible [ɛkɔpʀeɑ̃sibl] *adj* 1 incompreensível, ininteligível. 2 obscuro, misterioso. 3 curioso, bizarro. 4 impenetrável, insondável, inexplicável.

in.com.pré.hen.sion [ɛkɔpʀeɑ̃sjɔ̃] *nf* incompreensão.

in.con.ce.vable [ɛkɔ̃s(ə)vabl] *adj* 1 inconcebível, contraditório, impossível. 2 extraordinário, incrível.

in.con.di.tion.nel, -elle [ɛkɔ̃disjɔnɛl] *adj* incondicional, não sujeito a condições, absoluto, imperativo. **admirateur inconditionnel** admirador incondicional.

in.con.nu, -ue [ɛkɔny] *adj* 1 desconhecido, incógnito, ignorado. *être en pays inconnu* / estar em país desconhecido. 2 obscuro, estranho, misterioso, secreto. *ce sujet ne m'est pas complètement inconnu* / este assunto não me é totalmente estranho. • *nm* 1 desconhecido. 2 *Mat* incógnita.

in.con.science [ɛkɔ̃sjɑ̃s] *nf* 1 inconsciência, desmaio. 2 loucura, irresponsabilidade, ignorância.

in.cons.cient, -iente [ɛkɔ̃sjɑ̃, -jɑ̃t] *n+adj* 1 inconsciente. *un mouvement inconscient* / um movimento inconsciente, instintivo, maquinal. 2 irrefletido, louco, irresponsável. *c'est un inconscient* / é um louco.

in.con.sé.quence [ɛkɔ̃sekɑ̃s] *nf* inconsequência, imprudência, leviandade, capricho, contradição, desacordo.

in.con.sé.quent, -ente [ɛkɔ̃sekɑ̃, -ɑ̃t] *adj* inconsequente, irrefletido, incoerente, imprudente, leviano.

in.cons.tance [ɛkɔ̃stɑ̃s] *nf* 1 inconstância, instabilidade, mobilidade. *l'inconstance du public* / a inconstância do público. 2 *cour* infidelidade, abandono, traição. *l'inconstance d'un amant* / a infidelidade de um amante.

in.cons.ti.tu.tion.nel, -elle [ɛkɔ̃stitysjɔnɛl] *adj* inconstitucional.

in.con.tes.table [ɛkɔ̃tɛstabl] *adj* incontestável, inegável, óbvio, evidente, indiscutível, inatacável.

in.con.ti.nence [ɛkɔ̃tinɑ̃s] *nf* 1 incontinência. 2 luxúria. **incontinence d'urine** *Méd* incontinência urinária.

in.con.tour.nable [ɛkɔ̃tuʀnabl] *adj* 1 incontornável, inelutável, inevitável. 2 indispensável.

incontrôlable 136 **indépendant**

in.con.trô.lable [ɛkɔ̃tRolabl] *adj* **1** incontrolável, indomável. **2** inverificável.

in.con.ve.nance [ɛkɔ̃v(ə)nɑ̃s] *nf* **1** inconveniência. **2** audácia, cinismo.

in.con.ve.nant, -ante [ɛkɔ̃v(ə)nɑ̃, -ɑ̃t] *adj* **1** inconveniente. **2** grosseiro.

in.con.vé.nient [ɛkɔ̃venjɑ̃] *nm* **1** inconveniente. **2** desvantagem. **3** impedimento, objeção, obstáculo. *ce sont les avantages et les inconvénients de ce métier!* são as vantagens e desvantagens desta profissão. *si tu n'y vois pas d'inconvénient* se isto não atrapalha.

in.cor.po.rer [ɛkɔRpɔRe] *vt* **1** anexar, incorporar, assimilar, integrar. **2** inserir, introduzir. **3** associar. **4** recrutar. *vpr* **5** assimilar-se, fundir-se, integrar-se.

in.cor.rect, -e [ɛkɔRɛkt] *adj* **1** incorreto, errado. *expression incorrecte* / erro de expressão. *être incorrect avec quelqu'un* / ser incorreto com alguém; não obedecer aos usos e regras (da polidez, dos negócios). **2** defeituoso.

in.cor.rec.tion [ɛkɔRɛksjɔ̃] *nf* **1** incorreção. **2** barbarismo, erro, impropriedade. **3** inconveniência. **4** indelicadeza, grosseria, impolidez.

in.cor.ri.gible [ɛkɔRiʒibl] *adj* incorrigível, inveterado, incurável.

in.cor.rup.tible [ɛkɔRyptibl] *adj* **1** incorruptível, inalterável, inatacável. **2** honesto, íntegro.

in.cré.dule [ɛkRedyl] *adj+n* **1** incrédulo, descrente. **2** cético.

in.croyable [ɛkRwajabl] *adj+n* **1** inacreditável, incrível, fabuloso, surpreendente. **2** extraordinário.

in.cu.ba.tion [ɛkybasjɔ̃] *nf Biol* incubação. *incubation artificielle* / incubação artificial.

in.culte [ɛkylt] *adj* **1** inculto, infértil, deserto, árido, estéril. **2** grosseiro, ignorante, bárbaro, incivilizado.

in.cu.rable [ɛkyRabl] *adj* **1** incurável, condenado, perdido. **2** incorrigível.

in.dé.cence [ɛdesɑ̃s] *nf* **1** indecência, obscenidade. **2** inconveniência, impudência.

in.dé.cent, -ente [ɛdesɑ̃, -ɑ̃t] *adj* **1** indecente, indecoroso, inconveniente, chocante, incorreto. **2** desonesto, impudico, obsceno. **3** *par ext* insolente.

in.dé.chif.frable [ɛdeʃifRabl] *adj* **1** indecifrável, ilegível. *une écriture indéchiffrable* / uma letra indecifrável. **2** *fig* impenetrável, incompreensível, inexplicável, obscuro, enigmático.

in.dé.cis, -ise [ɛdesi, -iz] *adj* indeciso, incerto, vago. *des formes indécises* / formas vagas.

in.dé.ci.sion [ɛdesizjɔ̃] *nf* indecisão, dúvida, hesitação, incerteza, indeterminação, irresolução, perplexidade.

in.dé.fi.ni, -ie [ɛdefini] *adj* **1** indefinido, impreciso, incerto, indeciso, indeterminado, vago. **2** ilimitado, infinito.

in.dé.li.cat, -ate [ɛdelika, -at] *adj* **1** indelicado, deselegante. **2** desonesto, desleal.

in.demne [ɛdɛmn] *adj* imune, indene. *sortir indemne* / sair imune, são e salvo.

in.dem.ni.sa.tion [ɛdɛmnizasjɔ̃] *nf* denização.

in.dem.ni.ser [ɛdɛmnize] *vt* indenizar, ressarcir, reembolsar, compensar.

in.dem.ni.té [ɛdɛmnite] *nf* indenização, ressarcimento, compensação, recompensa, reparação.

in.dé.pen.dance [ɛdepɑ̃dɑ̃s] *nf* **1** independência, liberdade, autonomia, emancipação. **2** individualismo. **3** separação.

in.dé.pen.dant, -ante [ɛdepɑ̃dɑ̃, -ɑ̃t] *adj* **1** autônomo, independente, livre

indéterminable 137 **individuel**

autônomo. **2** dissidente. **3** liberal. **4** individualista. **5** distinto, separado. **un travailleur indépendant** profissional independente, *freelancer*.

in.dé.ter.mi.nable [ɛ̃detɛʀminabl] *adj* **1** indeterminável. **2** indefinível, indeciso.

in.dé.ter.mi.na.tion [ɛ̃detɛʀminasjɔ̃] *nf* **1** indeterminação, imprecisão. **2** incerteza. **3** dúvida, hesitação. **demeurer, être dans l'indétermination** ficar, estar na indeterminação.

in.di.ca.teur, -trice [ɛ̃dikatœʀ, -tʀis] *adj* indicador. • *n+adj* delator, informante, espião. • *nm* **1** livro, brochura, guia. **2** instrumento que serve para dar indicações de pressão, de altitude (barômetro, altímetro). **3** índice.

in.di.ca.tif, -ive [ɛ̃dikatif, -iv] *adj* indicativo. • *nm* **1** modo verbal. **2** sinal distintivo, prefixo.

in.di.ca.tion [ɛ̃dikasjɔ̃] *nf* **1** indicação, menção. *l'indication de travaux sur un panneau* / a indicação de obras em um cartaz, *outdoor*. **2** marca. **3** informação.

in.dien, -ienne [ɛ̃djɛ̃, -jɛn] *adj+n* **1** indiano (da Índia). **2** indígena da América.

in.dif.fé.rence [ɛ̃difeʀɑ̃s] *nf* **1** indiferença, apatia, desinteresse, distância, insensibilidade, recuo. **2** desdém, fleuma, impassibilidade.

in.dif.fé.rent, -ente [ɛ̃difeʀɑ̃, -ɑ̃t] *adj* **1** indiferente. *il m'est indifférent* / ele me é indiferente. **2** insensível, impassível, imperturbável.

in.di.geste [ɛ̃diʒɛst] *adj* **1** indigesto, pesado. **2** *fig* confuso.

in.di.ges.tion [ɛ̃diʒɛstjɔ̃] *nf* indigestão. *avoir une indigestion* / ter uma indigestão.

in.di.gna.tion [ɛ̃diɲasjɔ̃] *nf* indignação, revolta, escândalo.

in.digne [ɛ̃diɲ] *adj* indigno, baixo, infame, abjeto, desprezível, vil, inqualificável, odioso, revoltante, escandaloso. *c'est une conduite indigne* / é uma conduta desprezível, desonrosa.

in.di.gner [ɛ̃diɲe] *vt* **1** indignar, revoltar, escandalizar. **2** vituperar. *vpr* **3** indignar-se, irritar-se, ofender-se.

in.di.go [ɛ̃digo] *nm* índigo, azul-escuro.

in.di.quer [ɛ̃dike] *vt* **1** indicar. **2** recomendar.

in.di.rect, -e [ɛ̃diʀɛkt] *adj* **1** indireto. *une critique indirecte* / uma crítica indireta. **2** curvo. **3** alusivo, insinuante. **4** oblíquo.

in.dis.ci.pline [ɛ̃disiplin] *nf* indisciplina, desobediência, insubordinação, indocilidade.

in.dis.cret, -ète [ɛ̃diskʀɛ, -ɛt] *adj* **1** indiscreto, inconsiderado, intempestivo. **2** importuno, inconveniente. **3** enxerido, abelhudo, intrometido, linguarudo.

in.dis.cré.tion [ɛ̃diskʀesjɔ̃] *nf* **1** indiscrição. **2** curiosidade, indelicadeza. **3** revelação.

in.dis.pen.sable [ɛ̃dispɑ̃sabl] *adj* imprescindível, indispensável, essencial, necessário, vital.

in.dis.po.si.tion [ɛ̃dispozisjɔ̃] *nf* **1** *Méd* indisposição, cansaço. *elle s'est remise de son indisposition* / ela melhorou de seu cansaço. **2** período da menstruação.

in.dis.so.ciable [ɛ̃disɔsjabl] *adj* indissociável, inseparável.

in.dis.tinct, -incte [ɛ̃distɛ̃(kt), -ɛ̃kt] *adj* **1** indistinto, confuso, indeciso, nebuloso, vago. **2** *fig* impreciso, obscuro.

in.di.vi.du [ɛ̃dividy] *nm* indivíduo, sujeito, ser humano.

in.di.vi.dua.liste [ɛ̃dividɥalist] *adj* individualista, egoísta, pessoal.

in.di.vi.duel, -elle [ɛ̃dividɥɛl] *adj* **1** individual, distinto, próprio, singular. **2** subjetivo. **3** particular, privado. **4** isolado.

in.do.lent, -ente [ɛdɔlã, -ãt] *adj+n* **1** indolente, apático, molenga, negligente, preguiçoso, despreocupado. *un air indolent* / um ar indolente. **2** indiferente, insensível.

in.do.lore [ɛ̃dɔlɔʀ] *adj* indolor.

in.duire [ɛ̃dɥiʀ] *vt* **1** induzir, incitar, levar. **2** concluir, inferir.

in.dul.gence [ɛ̃dylʒɑ̃s] *nf* indulgência, tolerância, bondade, clemência, caridade, humanidade, generosidade.

in.dû.ment [ɛ̃dymɑ̃] *adv* indevidamente, injustamente, ilegitimamente.

in.dus.tria.li.sa.tion [ɛ̃dystʀijalizasjɔ̃] *nf* industrialização.

in.dus.tria.li.ser [ɛ̃dystʀijalize] *vt* industrializar.

in.dus.trie [ɛ̃dystʀi] *nf* **1** indústria. **2** engenhosidade, invenção. **3** trabalho, atividade.

in.dus.triel, -ielle [ɛ̃dystʀijɛl] *adj+n* industrial.

i.né.dit, -ite [inedi, -it] *adj* inédito, novo, original. *publier des inédits* / publicar os originais inéditos.

i.nef.fa.çable [inefasabl] *adj* **1** indelével. **2** *fig* indestrutível, inesquecível.

i.nef.fi.cace [inefikas] *adj* ineficaz, ineficiente.

i.né.gal, -ale, -aux [inegal, -o] *adj* **1** desigual, acidentado, desproporcional. **2** diferente. **3** irregular.

i.né.ga.li.té [inegalite] *nf* **1** desigualdade, diferença, disparidade, desequilíbrio. **2** irregularidade, aspereza, desnível, variação. *des inégalités de terrain* acidentes do terreno. *être sujet à des inégalités d'humeur* ser sujeito a variações, saltos de humor.

i.nerte [inɛʀt] *adj* **1** inerte, imóvel, inanimado. **2** *fig* amorfo, apático, passivo.

i.ner.tie [inɛʀsi] *nf* **1** inércia, inatividade, apatia, estagnação. **2** abstenção, imobilismo. **3** *Physiol* paralisia.

i.né.vi.table [inevitabl] *adj* inevitável, certo, fatal, obrigatório, incontornável.

i.ne.xact, -acte [inegza(kt), -akt] *adj* inexato, incorreto, falso, infiel.

i.ne.xis.tant, -ante [inegzistɑ̃, -ɑ̃t] *adj* **1** inexistente, irreal, quimérico, fictício. **2** insignificante.

i.nex.pé.rience [inɛkspeʀjɑ̃s] *nf* inexperiência, ignorância, ingenuidade. *erreur due à l'inexpérience* / erro por causa da inexperiência.

i.nex.pug.nable [inɛkspygnabl/-pyɲabl] *adj* inexpugnável.

in.fail.lible [ɛ̃fajibl] *adj* **1** infalível, certo, seguro. **2** perfeito.

in.fâme [ɛ̃fɑm] *adj* **1** infame, abjeto, degradante, vergonhoso, ignóbil, indigno, odioso. **2** imundo, sórdido.

in.fa.mie [ɛ̃fami] *nf* **1** infâmia, desonra, vergonha. **2** abjeção, baixeza, ignomínia, torpeza, horror. *dire des infamies de quelqu'un* dizer infâmias sobre alguém.

in.fan.tile [ɛ̃fɑ̃til] *adj* infantil, imaturo, pueril.

in.farc.tus [ɛ̃faʀktys] *nm Méd* infarto. *infarctus du myocarde* / infarto do miocárdio.

in.fa.ti.gable [ɛ̃fatigabl] *adj* infatigável, incansável.

in.fect, e [ɛ̃fɛkt] *adj* **1** infecto, pestilento, repugnante, apodrecido. **2** ignóbil, infame, abjeto.

in.fec.tion [ɛ̃fɛksjɔ̃] *nf Méd* infecção. *infection généralisée* / infecção generalizada. *combattre l'infection* / combater a infecção.

in.fé.rieur, -ieure [ɛ̃feʀjœʀ] *n+adj* **1** inferior, menor. *elle a une situation inférieure* / ela tem uma situação, um emprego inferior. **2** profundo. **3** subordinado, dependente, subalterno. *traiter quelqu'un en inférieur* tratar alguém como inferior.

in.fé.rio.ri.té [ɛ̃feʀjɔʀite] *nf* inferioridade, subordinação, fraqueza, servidão, desvantagem.

in.fer.nal, -ale, -aux [ɛ̃fɛʀnal, -o] *adj* infernal, insuportável, demoníaco, diabólico. *il fait une chaleur infernale* / está um calor insuportável.

in.fer.tile [ɛ̃fɛʀtil] *adj* infértil, infrutífero, inculto, improdutivo.

in.fi.dèle [ɛ̃fidɛl] *adj* 1 infiel, herege, ímpio, pagão. 2 desleal, traidor.

in.fi.dé.li.té [ɛ̃fidelite] *nf* 1 infidelidade, abandono, traição. 2 inconstância, perfídia. 3 adultério.

in.fil.tra.tion [ɛ̃filtʀasjɔ̃] *nf* infiltração.

in.fi.ni, -ie [ɛ̃fini] *adj+nm* 1 infinito, infindável, eterno, ilimitado, imenso, interminável. 2 absoluto, perfeito. **à l'infini** a) ao infinito, infinitamente, indefinidamente, sem fim. b) *cour* muito. *patience infinie* / paciência infinita, sem limites.

in.fi.ni.tif, -ive [ɛ̃finitif, -iv] *adj* infinitivo. • *nm Gram* infinitivo, forma nominal do verbo.

in.firme [ɛ̃fiʀm] *adj+n* enfermo, aleijado, inválido, mutilado, impotente. *demeurer infirme à la suite d'un accident* / ficar aleijado por causa de um acidente.

in.fir.mier, -ière [ɛ̃fiʀmje, -jɛʀ] *n* enfermeiro.

in.fir.mi.té [ɛ̃fiʀmite] *nf* 1 enfermidade, fraqueza. 2 imperfeição, deformidade.

in.flam.mable [ɛ̃flamabl] *adj* inflamável. *les matières inflammables* / as matérias inflamáveis.

in.flam.ma.tion [ɛ̃flamasjɔ̃] *nf Méd* inflamação. *une inflammation des amigdales* / uma inflamação das amídalas.

in.fla.tion [ɛ̃flasjɔ̃] *nf Com* inflação.

in.fle.xible [ɛ̃flɛksibl] *adj* inflexível, rígido, duro, firme, impiedoso, implacável, intransigente.

in.fluence [ɛ̃flyɑ̃s] *nf* 1 influência, efeito, marca. 2 dominação, poder, persuasão.

in.fluen.cer [ɛ̃flyɑ̃se] *vt* 1 influenciar, agir, pesar. 2 agir sobre.

in.fluent, -ente [ɛ̃flyɑ̃, -ɑ̃t] *adj* influente, importante, poderoso, autorizado, graúdo. *un personnage influent* / um personagem importante, de prestígio.

in.fo [ɛ̃fo] *nf abrév fam* information. *les infos télévisées* jornais televisivos.

in.for.ma.ti.cien, -ienne [ɛ̃fɔʀmatisjɛ̃, -jɛn] *n* especialista em informática, analista, programador.

in.for.ma.tion [ɛ̃fɔʀmasjɔ̃] *nf* 1 informação, instrução. 2 exame, investigação. 3 comunicado.

in.for.mel, -elle [ɛ̃fɔʀmɛl] *adj+nm* informal.

in.for.mer [ɛ̃fɔʀme] *vt* 1 informar, noticiar. 2 avisar, notificar, esclarecer. 3 ensinar, instruir.

in.frac.tion [ɛ̃fʀaksjɔ̃] *nf* 1 infração, desrespeito, violação, ruptura, transgressão. *commettre une infraction* / cometer uma infração. 2 crime, delito.

in.fruc.tueux, -euse [ɛ̃fʀyktyø, -øz] *adj* 1 infrutífero, ineficaz, inútil. 2 estéril.

in.fu.sion [ɛ̃fyzjɔ̃] *nf* 1 infusão. 2 *cour* chá. *une infusion de camomille* um chá, uma infusão de camomila.

in.gé.nie.rie [ɛ̃ʒeniʀi] *nf* engenharia. **ingénierie des systèmes** *Inform* engenharia de sistemas.

in.gé.nieur [ɛ̃ʒenjœʀ] *nm* engenheiro. *ingénieur agronome, chimiste, électricien, de l'Aéronautique* / engenheiro agrônomo, químico, elétrico, da aeronáutica.

in.gé.nieux, -ieuse [ɛ̃ʒenjø, -jøz] *adj* 1 engenhoso, que tem o espírito inventivo. 2 astucioso, hábil, inventivo, esperto.

in.gé.nio.si.té [ɛ̃ʒenjozite] *nf* engenhosidade, astúcia, habilidade.

in.gé.nu, -ue [ɛ̃ʒeny] *adj* ingênuo, cândido, inocente, simples. **rôle d'ingénue** *Théât* papel de moça ingênua.

in.gé.nui.té [ɛ̃ʒenɥite] *nf* ingenuidade, candura, inocência, pureza, simplicidade.

in.grat, -ate [ɛ̃gʀa, -at] *adj+n* **1** ingrato, mal-agradecido. **2** estéril, hostil, árido. **3** desagradável, desgracioso, feio. **âge ingrat** idade ingrata, a da puberdade.

in.gra.ti.tude [ɛ̃gʀatityd] *nf* ingratidão, esquecimento.

in.gré.dient [ɛ̃gʀedjɑ̃] *nm* ingrediente, componente. *les divers ingrédients d'une sauce* / os diferentes ingredientes de um molho.

in.gué.ris.sable [ɛ̃geʀisabl] *adj* **1** incurável, condenado. *un chagrin inguérissable* / uma dor, um sofrimento incurável. **2** sem remédio. **3** incorrigível, inveterado.

in.ha.bile [inabil] *adj* inábil, inapto, incapaz, incompetente.

in.ha.la.tion [inalasjɔ̃] *nf* inalação, aspiração, inspiração, respiração, fumigação.

in.ha.ler [inale] *vt* inalar, aspirar, respirar, inspirar, absorver.

in.hi.ber [inibe] *vt* **1** inibir. **2** proibir. **3** *Physiol* paralisar. **4** *fam* bloquear, travar.

in.hi.bi.tion [inibisjɔ̃] *nf* **1** inibição, medo, timidez. **2** *Physiol* bloqueio. **3** *Jur* proibição, defesa.

in.hu.main, -aine [inymɛ̃, -ɛn] *adj* **1** desumano, inumano, duro, insensível, bárbaro, cruel, impiedoso. *un travail inhumain* / um trabalho desumano, muito penoso. **2** *fam* terrível.

in.hu.mer [inyme] *vt* inumar, enterrar, sepultar.

i.ni.ma.gi.nable [inimaʒinabl] *adj* inimaginável, extraordinário, impensável, inconcebível, incrível.

i.ni.mi.table [inimitabl] *adj* inimitável.

i.ni.mi.tié [inimitje] *nf* animosidade, aversão, antipatia, inimizade.

i.nin.ter.rom.pu, -ue [inɛ̃teʀɔ̃py] *adj* ininterrupto, contínuo.

i.ni.tial, -iale, -iaux [inisjal, -jo] *adj* inicial, primitivo, primeiro, original. • *nf* inicial, primeira letra de um nome, de uma palavra.

i.ni.tia.tion [inisjasjɔ̃] *nf* **1** iniciação. **2** afiliação, introdução. **3** aprendizado, instrução.

i.ni.tia.tive [inisjativ] *nf* **1** iniciativa. **2** *par ext* ação, intervenção. **de sa propre initiative** por sua própria iniciativa, espontaneamente.

i.ni.tier [inisje] *vt* **1** iniciar em um conhecimento. **2** revelar. **3** ensinar, conduzir, instruir. **s'initier à** adquirir os primeiros elementos (de uma arte, de uma ciência).

in.jec.ter [ɛ̃ʒekte] *vt* **1** injetar, introduzir, fazer penetrar (um líquido sob pressão). **2** *par ext* trazer (créditos, capital).

in.jec.tion [ɛ̃ʒeksjɔ̃] *nf* injeção.

in.jure [ɛ̃ʒyʀ] *nf* **1** injúria, ofensa, afronta, insulto, calúnia. **2** *fig* descompostura. **faire injure à quelqu'un** ofender alguém.

in.ju.rier [ɛ̃ʒyʀje] *vt* injuriar, insultar, ofender.

in.juste [ɛ̃ʒyst] *adj* **1** imerecido, injusto, abusivo, ilegal, ilegítimo. **2** parcial. **3** injustificado.

in.jus.tice [ɛ̃ʒystis] *nf* injustiça, iniquidade, parcialidade.

in.né, -ée [i(n)ne] *adj* inato, natural.

in.no.cence [inɔsɑ̃s] *nf* inocência, ingenuidade, pureza, candura, frescor.

in.no.cent, -ente [inɔsɑ̃, -ɑ̃t] *adj+n* **1** inocente, puro. **2** crédulo, simples.

faire l'innocent agir como se não fosse culpado.

in.no.va.tion [inɔvasjɔ̃] *nf* **1** inovação, mudança. *des innovations techniques* / inovações técnicas. **2** descoberta, invenção.

in.no.ver [inɔve] *vt* **1** inovar, mudar. **2** inventar.

i.no.dore [inɔdɔʀ] *adj* **1** inodoro. **2** *fig* insípido.

i.nof.fen.sif, -ive [inɔfɑ̃sif, -iv] *adj* **1** inofensivo, inocente. **2** *par ext* anódino.

i.non.da.tion [inɔ̃dasjɔ̃] *nf* **1** inundação, cheia, enchente, alagamento. **2** *fig* invasão.

i.non.der [inɔ̃de] *vt* encharcar, alagar, inundar. **inonder de joie** inundar de alegria.

i.nop.por.tun, -une [inɔpɔʀtœ̃, -yn] *adj* inoportuno, importuno, incômodo. **2** intempestivo.

i.nou.bliable [inubli jabl] *adj* inesquecível, memorável.

i.nouï, -ïe [inwi] *adj* **1** inaudito. **2** desconhecido, novo. **3** *cour* enorme, espantoso, extraordinário, incrível, prodigioso. **4** formidável. **5** inconcebível.

i.no.xy.dable [inɔksidabl] *adj* inoxidável.

in.quiet, -ète [ɛ̃kjɛ, -jɛt] *adj* **1** inquieto, ansioso, apreensivo. **2** impaciente, insatisfeito.

in.quié.tant, -ante [ɛ̃kjetɑ̃, -ɑ̃t] *adj* **1** inquietante, alarmante. **2** angustiante, ameaçador, preocupante.

in.quié.ter [ɛ̃kjete] *vt* **1** inquietar, agitar. **2** atormentar. **3** *vpr* inquietar-se, preocupar-se.

in.quié.tude [ɛ̃kjetyd] *nf* **1** inquietação, agitação. **2** ansiedade, apreensão, preocupação.

in.sai.sis.sable [ɛ̃sezisabl] *adj* **1** fugidio. **2** imperceptível, insensível. *des nuances insaisissables* / nuances imperceptíveis.

in.sa.lubre [ɛ̃salybʀ] *adj* insalubre, prejudicial.

in.sa.ni.té [ɛ̃sanite] *nf* insanidade, loucura.

in.sa.tiable [ɛ̃sasjabl] *adj* insaciável, voraz.

in.sa.tis.fac.tion [ɛ̃satisfaksjɔ̃] *nf* **1** insatisfação. **2** frustração. *montrer son insatisfaction* / mostrar sua insatisfação.

in.sa.tis.fai.sant, -ante [ɛ̃satisfəzɑ̃, -ɑ̃t] *adj* insatisfatório.

in.sa.tis.fait, -aite [ɛ̃satisfɛ, -ɛt] *adj* insatisfeito.

ins.crip.tion [ɛ̃skʀipsjɔ̃] *nf* inscrição, matrícula. *inscription funéraire* / inscrição funerária.

ins.crire [ɛ̃skʀiʀ] *vt* **1** inscrever, matricular. **2** indicar, notar, marcar. **3** *Compt* escriturar. *vpr* **4** inscrever-se, aderir, entrar, afiliar-se.

in.secte [ɛ̃sɛkt] *nm* inseto.

in.sé.cu.ri.té [ɛ̃sekyʀite] *nf* insegurança.

in.sé.mi.na.tion [ɛ̃seminasjɔ̃] *nf* **1** inseminação, fecundação. **2** fecundação por inseminação artificial.

in.sen.si.bi.li.ser [ɛ̃sɑ̃sibilize] *vt* **1** insensibilizar. **2** anestesiar.

in.sen.sible [ɛ̃sɑ̃sibl] *adj* **1** insensível. *nerf devenu insensible* / nervo que se tornou insensível. **2** frio, gelado. **3** inanimado, morto. **4** apático, impassível, indiferente. **5** impermeável.

in.sé.pa.rable [ɛ̃sepaʀabl] *adj* **1** inseparável, indissociável, ligado, unido. **2** inerente.

in.ser.tion [ɛ̃sɛʀsjɔ̃] *nf* inserção, integração.

in.si.gni.fiance [ɛ̃siɲifjɑ̃s] *nf* insignificância, inconsistência, mediocridade.

in.si.nuer [ɛ̃sinɥe] *vt* **1** insinuar, sugerir, instilar. *vpr* **2** insinuar-se, infiltrar-se.

in.si.pide [ɛ̃sipid] *adj* insípido, insosso, fastidioso.

in.sis.tant, -ante [ɛ̃sistɑ̃, -ɑ̃t] *adj* insistente.

in.sis.ter [ɛ̃siste] *vt+vi* insistir, teimar.

in.so.la.tion [ɛ̃sɔlasjɔ̃] *nf Méd* insolação.

in.so.lence [ɛ̃sɔlɑ̃s] *nf* insolência, desrespeito, atrevimento, orgulho, arrogância, impertinência.

in.so.lu.ble [ɛ̃sɔlybl] *adj* **1** insolúvel. **2** impossível.

in.som.nie [ɛ̃sɔmni] *nf* insônia. *avoir des insomnies* / ter insônia.

in.sou.ciance [ɛ̃susjɑ̃s] *nf* despreocupação, imprevidência, indiferença, indolência.

in.sou.cieux, -ieuse [ɛ̃susjø, -jøz] *adj* indiferente, despreocupado.

in.sou.mis, -ise [ɛ̃sumi, -iz] *adj* insubmisso, indisciplinado, revoltado, rebelde. • *nm* desertor.

ins.pec.ter [ɛ̃spɛkte] *vt* inspecionar, vistoriar, revistar, controlar.

ins.pec.teur, -trice [ɛ̃spɛktœr, -tris] *n* inspetor. **inspecteur, trice (de police)** funcionário civil da polícia nacional. **inspecteur des finances** membro da inspeção geral das Finanças.

ins.pec.tion [ɛ̃spɛksjɔ̃] *nf* inspeção, vistoria. *faire une inspection* / fazer uma inspecção.

ins.pi.ra.teur, -trice [ɛ̃spiratœr, -tris] *adj* **1** inspirador. **2** conselheiro. **3** iniciador, inovador, instigador, promotor. • *nf* inspiradora, musa.

ins.pi.ra.tion [ɛ̃spirasjɔ̃] *nf* inspiração.

ins.ta.bi.li.té [ɛ̃stabilite] *nf* **1** instabilidade. *l'instabilité des prix* / a instabilidade dos preços. **2** fragilidade, incerteza, precariedade. **3** inconstância, versatilidade. **4** mudança, vicissitude. **5** flutuação.

ins.table [ɛ̃stabl] *adj* **1** instável. **2** errante, nômade. *population instable* / população nômade. **3** variável, frágil, precário. *temps instable* / tempo variável. *paix instable* / paz frágil, precária. **4** flutuante, inconstante.

ins.tal.la.tion [ɛ̃stalasjɔ̃] *nf* instalação.

ins.tal.ler [ɛ̃stale] *vt* **1** instalar. **2** alojar. **3** dispor, estabelecer.

ins.tant [ɛ̃stɑ̃] *nm* instante, momento, minuto, segundo.

ins.tinct [ɛ̃stɛ̃] *nm* instinto, tendência, libido, pulsão, aptidão, talento. **d'instinct** de modo natural e espontâneo, instintivamente, naturalmente, espontaneamente.

ins.tinc.tif, -ive [ɛ̃stɛ̃ktif, -iv] *adj* instintivo, visceral, inconsciente, involuntário, irrefletido, maquinal, espontâneo. *un geste instinctif* / um gesto instintivo.

ins.ti.tuer [ɛ̃stitɥe] *vt* **1** instituir, nomear (herdeiro) por testamento, constituir. **2** *cour* criar, erigir, fundar, formar, instaurar.

ins.ti.tu.teur, -trice [ɛ̃stitytœr, -tris] *n* professor primário.

ins.ti.tu.tion [ɛ̃stitysjɔ̃] *nf* instituição, criação, estabelecimento, fundação.

ins.truc.tif, -ive [ɛ̃stryktif, -iv] *adj* instrutivo, edificante, educativo.

ins.truc.tion [ɛ̃stryksjɔ̃] *nf* **1** instrução. **2** ensino, formação, conhecimento. *l'instruction publique* / a instrução pública. **des instructions** instruções, ordens.

ins.truire [ɛ̃strɥir] *vt* **1** instruir, doutrinar. **2** educar, formar, iniciar. *vpr* **3** instruir-se, aprender, cultivar-se, estudar, informar-se sobre (algo). **instruire quelqu'un de** colocar alguém a par de, informar.

ins.tru.ment [ɛ̃strymɑ̃] *nm* instrumento.

in.su (à l'insu de) [alɛ̃syde] *loc prép* **1** sem saber, na ignorância de. **2** inconscientemente.

in.su.bor.di.na.tion [ɛ̃sybɔrdinasjɔ̃] *nf* insubordinação, desobediência, indisciplina, rebelião.

in.suf.fi.sance [ɛ̃syfizɑ̃s] *nf* **1** insuficiência, escassez, debilidade, carência, ignorância. **2** deficiência, lacuna. **3** *Méd* insuficiência.

in.su.line [ɛ̃sylin] *nf Chim* insulina. *des injections d'insuline* / injeções de insulina.

in.sulte [ɛ̃sylt] *nf* **1** insulto, xingamento, injúria, ofensa. **2** ultraje, desonra, indignidade.

in.sul.ter [ɛ̃sylte] *vt* **1** insultar, xingar, afrontar, injuriar, ultrajar. **2** blasfemar.

in.sup.por.table [ɛ̃sypɔʀtabl] *adj* **1** insuportável. **2** enervante, desagradável.

in.tact, -e [ɛ̃takt] *adj* intacto (ou intato), ileso. *sa réputation est intacte* / sua reputação é (está, permanece) intacta, íntegra.

in.té.gral, -ale, -aux [ɛ̃tegʀal, -o] *adj+nf* integral, completo, inteiro.

in.té.grant, -ante [ɛ̃tegʀɑ̃, -ɑ̃t] *n* integrante.

in.té.gra.tion [ɛ̃tegʀasjɔ̃] *nf* integração, assimilação, fusão, incorporação.

in.té.grer [ɛ̃tegʀe] *vt* integrar, assimilar, incorporar, incluir.

in.té.gri.té [ɛ̃tegʀite] *nf* **1** integridade, íntegra. **2** integralidade, totalidade, plenitude. **3** honestidade, probidade.

in.tel.lect [ɛ̃telɛkt] *nm* intelecto.

in.tel.lec.tuel, -elle [ɛ̃telɛktɥɛl] *adj+n* **1** intelectual. **2** espiritual, mental. **3** moral. **4** cerebral.

in.tel.li.gence [ɛ̃teliʒɑ̃s] *nf* **1** inteligência, razão. **2** capacidade, discernimento.

in.tel.li.gent, -ente [ɛ̃teliʒɑ̃, -ɑ̃t] *adj* inteligente, capaz, perspicaz, engenhoso.

in.tel.li.gible [ɛ̃teliʒibl] *adj* inteligível, acessível, claro, compreensível, límpido.

in.tem.po.ra.li.té [ɛ̃tɑ̃pɔʀalite] *nf* intemporalidade.

in.tem.po.rel, -elle [ɛ̃tɑ̃pɔʀɛl] *adj* intemporal, eterno.

in.ten.dance [ɛ̃tɑ̃dɑ̃s] *nf* intendência, direção, administração.

in.ten.dant, -ante [ɛ̃tɑ̃dɑ̃, -ɑ̃t] *n* intendente.

in.tense [ɛ̃tɑ̃s] *adj* intenso, extremo, vivo, denso, profundo.

in.ten.tion [ɛ̃tɑ̃sjɔ̃] *nf* **1** intenção, intento, intuito. **2** premeditação, disposição, veleidade.

in.ten.tion.nel, -elle [ɛ̃tɑ̃sjɔnɛl] *adj* intencional, proposital, consciente, deliberado, premeditado, voluntário.

in.te.rac.tif, -ive [ɛ̃teʀaktif, -iv] *adj* interativo. *émission interactive* / programa interativo.

in.te.rac.tion [ɛ̃teʀaksjɔ̃] *nf* interação.

in.te.rac.ti.vi.té [ɛ̃teʀaktivite] *nf* interatividade.

in.te.ra.gir [ɛ̃teʀaʒiʀ] *vi* interagir.

in.ter.cep.ter [ɛ̃tɛʀsɛpte] *vt* interceptar, surpreender, captar, esconder.

in.ter.cul.tu.rel, -elle [ɛ̃tɛʀkyltyʀɛl] *adj* intercultural.

in.ter.dic.tion [ɛ̃tɛʀdiksjɔ̃] *nf* interdição, proibição, tabu.

in.ter.dire [ɛ̃tɛʀdiʀ] *vt* **1** interditar, proibir, proscrever. **2** censurar, condenar. **3** excluir, opor. **4** suspender. **il est interdit de fumer** é proibido fumar.

in.ter.dis.ci.pli.na.ri.té [ɛ̃tɛʀdisiplinaʀite] *nf* interdisciplinaridade.

in.ter.dit, -ite [ɛ̃tɛʀdi, -it] *adj* proibido, ilegal, ilícito. • *nm* interdito, interdição, proibição. **braver les interdits** desafiar as proibições. **stationnement interdit** estacionamento proibido.

in.té.res.sant, -ante [ɛ̃teʀesɑ̃, -ɑ̃t] *adj* **1** interessante, cativante, palpitante, curioso. **2** vantajoso, lucrativo, rentável.

in.té.res.ser [ɛ̃teʀese] *vt* **1** interessar, relevar, implicar. **2** cativar, apaixonar.

in.té.rêt [ɛ̃teʀɛ] *nm* **1** interesse. *c'est sans intérêt* / isto não tem interesse. **2** solicitude, atenção, curiosidade. **3** vantagem. **4** *Com* juro, dividendo, rendimento. **avoir intérêt à** ter vantagens em.

in.té.rieur, -ieure [ɛ̃teʀjœʀ] *adj+nm* **1** interior, interno. *la politique intérieure* a política interna. **2** íntimo, privado. • *nm* dentro. **l'intérieur de la maison** o interior da casa.

in.ter.jec.tion [ɛ̃tɛʀʒɛksjɔ̃] *nf* **1** *Gram* interjeição. **2** exclamação.

in.ter.lo.cu.teur, -trice [ɛ̃tɛʀlɔkytœʀ, -tʀis] *n* interlocutor.

in.ter.mé.diaire [ɛ̃tɛʀmedjɛʀ] *adj+nm* **1** intermediário. *servir d'intermédiaire dans une négociation* / servir de intermediário em uma negociação. **2** mediador. **par l'intermédiaire de** por intermédio de.

in.ter.mi.na.ble [ɛ̃tɛʀminabl] *adj* interminável.

in.ter.nat [ɛ̃tɛʀna] *nm* internato, colégio interno.

in.ter.na.tio.nal, -ale, -aux [ɛ̃tɛʀnasjɔnal, -o] *adj* internacional.

in.ter.pel.ler [ɛ̃tɛʀpəle] *vt* interpelar, apostrofar, chamar.

in.ter.phone [ɛ̃tɛʀfɔn] *nm* interfone.

in.ter.pré.ta.tion [ɛ̃tɛʀpʀetasjɔ̃] *nf* **1** interpretação, explicação, comentário. **2** versão. **3** desempenho, execução. **4** tradução.

in.ter.prète [ɛ̃tɛʀpʀɛt] *n* **1** intérprete, comentador, comentarista. *interprète de conférence* / intérprete de conferência. **2** intermediário, porta-voz. **3** artista, músico, ator, cantor.

in.ter.pré.ter [ɛ̃tɛʀpʀete] *vt* **1** interpretar, comentar, explicar. **2** traduzir oralmente. **3** compreender, explicar, executar, cantar, representar.

in.ter.ro.ga.tion [ɛ̃tɛʀɔgasjɔ̃] *nf* **1** interrogação, pergunta. **2** prova (escolar). *interrogation orale et écrite* / prova oral e escrita. **c'est un point d'interrogation** é uma questão à qual não se pode dar uma resposta certa.

in.ter.ro.ga.toire [ɛ̃tɛʀɔgatwaʀ] *nm* interrogatório.

in.ter.rompre [ɛ̃tɛʀɔ̃pʀ] *vt* **1** interromper, sustar, cortar, parar, abandonar. **2** perturbar, atrapalhar. *vpr* **3** interromper-se, parar. **4** ser interrompido.

in.ter.rup.teur [ɛ̃tɛʀyptœʀ] *nm* interruptor, disjuntor.

in.ter.rup.tion [ɛ̃tɛʀypsjɔ̃] *nf* interrupção, pausa, suspensão, corte, pane. **interruption volontaire de grossesse (I.V.G.)** interrupção voluntária da gravidez, aborto provocado. **sans interruption** ininterruptamente, consecutivamente.

in.te.rur.bain, -aine [ɛ̃tɛʀyʀbɛ̃, -ɛn] *adj+nm* interurbano.

in.ter.valle [ɛ̃tɛʀval] *nm* intervalo, pausa. **par intervalles** por momentos, de tempos em tempos.

in.ter.ve.nir [ɛ̃tɛʀvəniʀ] *vi* interferir, intervir, imiscuir-se, misturar-se.

in.ter.ven.tion [ɛ̃tɛʀvɑ̃sjɔ̃] *nf* **1** intervenção. **2** intrusão. **intervention chirurgicale** operação, intervenção cirúrgica.

in.ter.vie.weur, -euse [ɛ̃tɛʀvjuvœʀ, -øz] *n* jornalista entrevistador.

in.tes.tin [ɛ̃tɛstɛ̃] *nm Anat* intestino. *le gros intestin* / intestino grosso. *l'intestin grêle* / intestino delgado. • *adj fig* interno, interior.

in.time [ɛ̃tim] *adj* **1** íntimo, familiar, privativo. *avoir des relations intimes avec une personne* / ter ligações íntimas com alguém. **2** pessoal, privado, secreto. • *n* **1** amigo, confidente, familiar. **2** interior, consciência.

in.ti.mi.der [ɛ̃timide] *vt* intimidar, atemorizar, impressionar, inibir. *exa-*

minateur qui intimide les candidats / examinador que intimida, amedronta os candidatos.

in.ti.mi.té [ɛ̃timite] *nf* **1** intimidade, familiaridade, união. **2** vida íntima, privada. **dans l'intimité** na vida privada, íntima, na relação com os íntimos.

in.to.lé.rance [ɛ̃tɔlerɑ̃s] *nf* **1** intolerância, intransigência. **2** sectarismo. **3** fanatismo. *Méd* **4** sensibilização. **5** alergia.

in.to.na.tion [ɛ̃tɔnasjɔ̃] *nf Gram* entonação, entoação, acento, inflexão.

in.to.xi.ca.tion [ɛ̃tɔksikasjɔ̃] *nf* intoxicação. *une intoxication alimentaire* / uma intoxicação alimentar.

in.to.xi.quer [ɛ̃tɔksike] *vt* intoxicar.

in.trai.table [ɛ̃tretabl] *adj* **1** intratável, inflexível, intransigente, severo. **2** impiedoso, irredutível. **3** desagradável, difícil, impossível.

in.tra.mus.cu.laire [ɛ̃tramyskyler] *adj Méd* intramuscular.

in.tran.si.geant, -ante [ɛ̃trɑ̃ziʒɑ̃, -ɑ̃t] *adj* **1** intransigente, duro. *un caractère intransigeant* / um caráter intransigente. **2** inflexível, intratável, irredutível. **3** rigorista, intolerante, sectário.

in.trigue [ɛ̃trig] *nf* **1** intriga, teia. **2** *Lit* enredo. **3** aventura.

in.trin.sèque [ɛ̃trɛ̃sek] *adj* intrínseco, essencial, inerente, interior.

in.tro.duc.tion [ɛ̃trɔdyksjɔ̃] *nf* **1** apresentação, introdução, admissão, entrada. **2** recomendação. **3** inscrição. **4** intromissão. **5** preâmbulo, prefácio, prólogo. **6** prelúdio.

in.tro.duire [ɛ̃trɔdɥir] *vt* **1** introduzir, cunhar, infiltrar, inserir. **2** apresentar. **3** instaurar.

in.tros.pec.tif, -ive [ɛ̃trɔspektif, -iv] *adj* introspectivo.

in.trou.vable [ɛ̃truvabl] *adj* **1** inencontrável. **2** precioso, raro.

in.tro.ver.ti, -ie [ɛ̃trɔverti] *adj* introvertido.

in.tui.tion [ɛ̃tɥisjɔ̃] *nf* **1** intuição, faro. **2** pressentimento, inspiração. **avoir de l'intuition** sentir ou adivinhar as coisas.

i.nu.tile [inytil] *adj* inútil, imprestável, desnecessário, ineficaz, supérfluo.

in.va.lide [ɛ̃valid] *adj+n* **1** inválido, impotente, enfermo. **2** machucado, estropiado, mutilado. **3** nulo, que não é válido.

in.va.li.di.té [ɛ̃validite] *nf* invalidez, impotência, enfermidade, incapacidade.

in.va.sion [ɛ̃vazjɔ̃] *nf* **1** invasão, ocupação. **2** *fig* incursão, irrupção.

in.ven.taire [ɛ̃vɑ̃ter] *nm Jur* inventário, catálogo, lista.

in.ven.ter [ɛ̃vɑ̃te] *vt* inventar, arquitetar, cunhar.

in.ven.teur, -trice [ɛ̃vɑ̃tœr, -tris] *n* inventor, autor, criador.

in.ven.tion [ɛ̃vɑ̃sjɔ̃] *nf* **1** invenção, descoberta, criação. **2** imaginação, inspiração. **3** fábula, mentira. *c'est une pure invention* / é mentira. **4** ficção. **5** *fig* história.

in.verse [ɛ̃vers] *adj+nm* inverso, contrário.

in.ver.ser [ɛ̃verse] *vt* mudar, inverter.

in.ver.sion [ɛ̃versjɔ̃] *nf* inversão.

in.ver.té.bré, -ée [ɛ̃vertebre] *adj+nm Zool* invertebrado. **les invertébrés** os invertebrados, todos os animais que não possuem coluna vertebral.

in.ves.ti.ga.teur, -trice [ɛ̃vestigatœr, -tris] *n* investigador, pesquisador.

in.ves.ti.ga.tion [ɛ̃vestigasjɔ̃] *nf* investigação, averiguação, procura, pesquisa.

in.ves.tisse.ment [ɛ̃vestismɑ̃] *nm Econ* investimento. *un investissement de longue durée* / um investimento a longo prazo.

in.vin.cible [ɛ̃vɛ̃sibl] *adj* invencível, imbatível, inexpugnável, indomável.

in.vi.sible [ɛ̃vizibl] *adj+nm* **1** invisível, microscópico, oculto. **2** *par ext* imperceptível.

in.vi.ta.tion [ɛ̃vitasjɔ̃] *nf* convite, exortação. *des formules d'invitation* / fórmulas de convite. **sur l'invitation de** com o conselho de.

in.vi.ter [ɛ̃vite] *vt* **1** convidar, receber. **2** exortar, incitar, pedir, propor.

in.vo.lon.taire [ɛ̃vɔlɔ̃tɛʀ] *adj* involuntário, automático, irrefletido, maquinal.

in.vo.quer [ɛ̃vɔke] *vt* **1** invocar. **2** conjurar, implorar, pedir. **3** alegar.

in.vrais.sem.blable [ɛ̃vʀɛsɑ̃blabl] *adj* **1** inverossímil, impensável, incrível, extraordinário, improvável. **2** extravagante, fabuloso, fantástico, inimaginável.

in.vul.né.rable [ɛ̃vylneʀabl] *adj* invulnerável, invencível, intocável. *une foi invulnérable* / uma fé invencível.

i.ra.nien, -ienne [iʀanjɛ̃, -jɛn] *adj+n* **1** iraniano. **2** persa.

i.ras.cible [iʀasibl] *adj* ranzinza, irascível, irritadiço. *une humeur irascible* / um humor ranzinza, irritadiço.

i.ris [iʀis] *nm* **1** *Anat* íris, pupila. **2** *Bot* lírio.

ir.lan.dais, -aise [iʀlɑ̃dɛ, -ɛz] *adj+n* irlandês.

i.ro.nie [iʀɔni] *nf* ironia, humor, sarcasmo.

ir.ra.dia.tion [iʀadjasjɔ̃] *nf* irradiação, raio.

ir.ra.tion.nel, -elle [iʀasjɔnɛl] *adj* **1** irracional, louco, ilógico, anormal. **2** empírico, gratuito.

ir.ré.cu.sable [iʀekyzabl] *adj* irrecusável.

ir.ré.duc.tible [iʀedyktibl] *adj* irredutível.

ir.réel, -elle [iʀeɛl] *adj* irreal, imaginário, fantástico.

ir.ré.flé.chi, -ie [iʀefleʃi] *adj* irrefletido, impensado, impulsivo, involuntário, automático, mecânico, espontâneo, instintivo.

ir.ré.gu.la.ri.té [iʀegylaʀite] *nf* irregularidade, assimetria.

ir.ré.gu.lier, -ière [iʀegylje, -jɛʀ] *adj* irregular, anômalo, assimétrico.

ir.rem.pla.çable [iʀɑ̃plasabl] *adj* **1** insubstituível, especial, único. **2** indispensável.

ir.ré.pa.rable [iʀepaʀabl] *adj* irreparável.

ir.ré.sis.tible [iʀezistibl] *adj* **1** irresistível. **2** imperioso, implacável. **3** sedutor.

ir.ré.so.lu, -ue [iʀezɔly] *adj* irresoluto, incerto, indeciso, suspenso.

ir.res.pec.tueux, -euse [iʀɛspɛktɥø, -øz] *adj* **1** desrespeitoso, impertinente, insolente, irreverente. **2** audacioso.

ir.res.pon.sa.bi.li.té [iʀɛspɔ̃sabilite] *nf* irresponsabilidade.

ir.res.pon.sable [iʀɛspɔ̃sabl] *adj* irresponsável.

ir.ré.ver.sible [iʀevɛʀsibl] *adj* irreversível.

ir.ri.ga.tion [iʀigasjɔ̃] *nf* irrigação, rega.

ir.ri.guer [iʀige] *vt* irrigar.

ir.ri.ta.bi.li.té [iʀitabilite] *nf* irritabilidade, irascibilidade.

ir.ri.ta.tion [iʀitasjɔ̃] *nf* irritação, exasperação, cólera.

ir.ri.ter [iʀite] *vt* **1** irritar, encolerizar, enervar, indignar, exasperar, contrariar, exacerbar. **2** *Physiol* irritar, inflamar, esquentar, queimar.

ir.rup.tion [iʀypsjɔ̃] *nf* irrupção, surto, ataque, invasão.

is.la.mique [islamik] *adj+n* islâmico, islamita, muçulmano.

is.la.misme [islamism] *nm* islamismo, religião muçulmana.

i.so.cèle [izɔsɛl] *nm Géom* isósceles.
i.so.lant, -ante [izɔlɑ̃, -ɑ̃t] *adj+nm* isolante.
i.so.lé, -ée [izɔle] *adj+n* **1** isolado, perdido, retirado. **2** só, solitário, sozinho. **3** *fig* particular, único.
i.sole.ment [izɔlmɑ̃] *nm* **1** isolamento. **2** solidão. **3** *Phys* isolação. *l'isolement des contagieux* / o isolamento dos contagiosos, quarentena.
i.so.lé.ment [izɔlemɑ̃] *adv* isoladamente, independentemente, individualmente, separadamente.
i.so.ler [izɔle] *vt* **1** isolar, separar. **2** abstrair, distinguir, separar. *vpr* **3** isolar-se, confinar-se, retirar-se.
is.ra.é.lite [isʀaelit] *n+adj* israelita.
issu, -ue [isy] *adj* **1** proveniente, oriundo. **2** *fig* resultante. • *nf* saída, passagem. **à l'issue de** ao final de. **issue de secours** saída de incêndio.
isthme [ism] *nm* istmo.
ita.lien, -ienne [italjɛ̃, -jɛn] *adj+n* italiano.
ita.lique [italik] *adj+nm* que se refere à Itália antiga. • *nm Typ* itálico, letras que pendem ligeiramente para a direita.
i.ti.né.raire [itineʀɛʀ] *nm* itinerário, caminho, circuito, percurso, trajeto.
i.voire [ivwaʀ] *nm* marfim.
i.vresse [ivʀɛs] *nf* **1** embriaguez, bebedeira, porre. **2** entusiasmo, exaltação, transporte. **3** euforia, êxtase. **conduite en état d'ivresse** dirigir em estado de embriaguez.

j

j [ʒi] *nm* décima letra e sétima consoante do alfabeto da língua francesa. **le jour j** o dia D.

ja.cas.ser [ʒakase] *vi* **1** piar. **2** papear, tagarelar.

jade [ʒad] *nm* **1** *Min* jade, mineral duro e esverdeado, usado em objetos de ornamentação. **2** objeto feito de jade. **statuette de jade** estatueta de jade.

ja.dis [ʒadis] *adv* antigamente, outrora. **au temps jadis** no tempo passado.

jail.lir [ʒajiʀ] *vi* **1** jorrar, esguichar. **2** brotar, surgir.

ja.lon [ʒalɔ̃] *nm* **1** marco, estaca. **2** marco, ponto de referência. **poser des jalons** *fig* preparar o terreno, planejar uma operação.

ja.lou.sie [ʒaluzi] *nf* ciúme. *causer, donner de la jalousie* / provocar, causar ciúmes. **2** despeito. **3** inveja.

ja.loux, -ouse [ʒalu, -uz] *adj+n* ciumento.

ja.mais [ʒamɛ] *adv* **1** nunca, jamais. **2** já. **à tout jamais** eternamente. **jamais de la vie** de jeito nenhum. **mieux vaut tard que jamais** antes tarde do que nunca. **pour jamais** para sempre.

jambe [ʒɑ̃b] *nf Anat* perna. **à mi-jambe** até o meio da perna. **courir à toutes jambes** correr desabaladamente.

gras de la jambe barriga da perna. **jambe de bois** perna de pau. **par-dessus la jambe** sem grande trabalho. **se casser une jambe** quebrar uma perna.

jam.bon [ʒɑ̃bɔ̃] *nm* presunto.

jan.vier [ʒɑ̃vje] *nm* janeiro. **du 1er janvier à la Saint-Sylvestre** o ano inteiro, o ano todo.

jap.per [ʒape] *vi* ganir, latir, ladrar.

ja.quette [ʒakɛt] *nf* **1** fraque. **2** jaqueta, prótese dentária.

jar.din [ʒaʀdɛ̃] *nm* jardim. **jardin d'enfants** jardim de infância. **jardin potager** horta.

jar.di.nier, -ière [ʒaʀdinje, -jɛʀ] *n* **1** jardineiro. *nf* **2** lugar onde se colocam plantas. **3** *Art Cul* seleta de legumes cozidos.

jar.gon [ʒaʀgɔ̃] *nm* jargão.

jar.re.telle [ʒaʀtɛl] *nf* liga (de meia).

ja.ser [ʒaze] *vi* **1** tagarelar. **2** falar mal de alguém.

jas.min [ʒasmɛ̃] *nm Bot* jasmim.

jaune [ʒon] *adj+n* amarelo. • *n* o operário que se recusa a participar de uma greve. **fièvre jaune** febre amarela. **jaune d'oeuf** gema de ovo. **le métal jaune** ouro. **rire jaune** riso amarelo, constrangido.

ja.va [ʒava] *nf* dança popular ou melodia que a acompanha. **faire la java** festejar, divertir-se.

jave.lot [ʒavlo] *nm* **1** dardo. **2** lança.

je [ʒə] *pron pers Gram* eu.

jé.suite [ʒezɥit] *nm+adj* jesuíta.

jet [ʒɛ] *nm* **1** jato, jorro, esguicho. **2** lance, arremesso. **3** jato, avião.

je.ter [ʒ(ə)te] *vt* **1** jogar. **2** lançar. **3** abandonar. **4** atirar, disparar. **5** jogar fora. **6** emitir, proferir, desferir. *vpr* **7** lançar-se, jogar-se. **jeter en prison** jogar, colocar alguém na prisão. **jeter un sort contre quelqu'un** jogar mau olhado em alguém **se jeter à l'eau** mergulhar, lançar-se.

je.ton [ʒ(ə)tɔ̃] *nm* jetom. **avoir les jetons** ter ou estar com medo. **faux comme un jeton** falso como Judas. **jeton de téléphone** ficha telefônica.

jeu [ʒø] *nm* **1** jogo. **2** brincadeira. **cacher son jeu** esconder o jogo, não demonstrar suas intenções. **jeu de cartes** baralho. **jeu de mots** jogo de palavras, trocadilho. **jeux olympiques** jogos olímpicos. **par jeu** de brincadeira.

jeu.di [ʒødi] *nm* quinta-feira.

jeun (à) [aʒœ̃] *loc adv* em jejum.

jeune [ʒœn] *adj+n* jovem. **jeune fille** jovem, moça. **jeune homme** jovem, moço, rapaz. **jeunes gens** jovens. **jeunes mariés** recém-casados.

jeu.nesse [ʒœnɛs] *nf* juventude, mocidade.

joail.le.rie [ʒɔajri] *nf* joalheria.

joail.lier, -ière [ʒɔaje, -jɛʀ] *nm* joalheiro.

joie [ʒwa] *nf* **1** alegria, felicidade. **2** regozijo. **être fou de joie** estar louco de alegria. **joie extrême** júbilo **les joies de la vie** as doçuras, alegrias da vida.

join.dre [ʒwɛ̃dʀ] *vt+vi* **1** juntar, ajuntar, reunir, acrescentar. *vpr* **2** juntar-se.

joint, jointe [ʒwɛ̃, ʒwɛ̃t] *nm* **1** junta. **2** liga. **3** *fam* maconha. • *adj* junto.

jo.ker [(d)ʒɔkɛʀ] *nm* curinga.

jo.li, ie [ʒɔli] *adj* bonito. **un joli monsieur, un joli coco** *iron* um indivíduo pouco recomendável.

jonc [ʒɔ̃] *nm* junco.

jonc.tion [ʒɔ̃ksjɔ̃] *nf* junção, reunião.

jon.gler [ʒɔ̃gle] *vi* **1** fazer malabarismos. **2** *fig* brincar.

jon.gleur, -euse [ʒɔ̃glœʀ, -øz] *n* malabarista, prestidigitador.

joue [ʒu] *nf* bochecha.

jouer [ʒwe] *vt* **1** jogar. **2** brincar. **3** tocar (instrumento musical). **jouer un film** projetar um filme. **jouer un rôle** *Théat* representar um papel. **jouer un tour** enganar.

jouet [ʒwɛ] *nm* **1** brinquedo. **2** joguete.

joueur [ʒwœʀ] *nm* **1** jogador. **2** brincalhão. **mauvais joueur** mau perdedor.

joug [ʒu] *nm* jugo, dominação. **mettre sous le joug** escravizar. **secouer le joug** revoltar-se.

jouir [ʒwiʀ] *vt* gozar, usufruir, desfrutar.

jouis.sance [ʒwisɑ̃s] *nf* gozo, deleite.

jou.jou [ʒuʒu] *nm enf* brinquedo. **faire joujou** brincar.

jour [ʒuʀ] *nm* dia. **à jour** em dia. **au petit jour** ao amanhecer. **avoir de beaux jours devant soi** ter futuro, ter chance de durar ainda muito tempo. **du jour au lendemain** de um dia para o outro. **d'un jour à l'autre** de um dia para outro. **jour chômé** feriado. **jour ouvrable** dia útil. **le jour d'avant** a véspera. **l'ordre du jour** ordem do dia, pauta. **par jour** por dia. **vieux jours** velhice. **voir le jour** nascer, surgir.

jour.nal [ʒuʀnal] *nm* jornal, gazeta, diário. **journal télévisé** noticiário de TV.

jour.na.lier, -ière [ʒuʀnalje, -jɛʀ] *adj* diário.

jour.na.lisme [ʒuʀnalism] *nm* jornalismo.

jour.na.liste [ʒuʀnalist] *n* jornalista.

jour.née [ʒuʀne] *nf* jornada; dia. **à longueur de journée**, **toute la journée** continuamente, durante todo o dia. **faire la journée continue** não parar de trabalhar para almoçar (ou parar por pouco tempo). **journée de travail** dia de trabalho.

jo.via.li.té [ʒɔvjalite] *nf* jovialidade.

joyeux, -euse [ʒwajø, -øz] *adj* 1 feliz, alegre. 2 festivo.

ju.bi.lé [ʒybile] *nm* jubileu.

ju.bi.ler [ʒybile] *vi* regozijar-se; gozar de alegria.

ju.da.ïsme [ʒydaism] *nm* judaísmo.

ju.di.ciaire [ʒydisjɛʀ] *adj* judiciário.

ju.do [ʒydo] *nm* judô.

juge [ʒyʒ] *nm* 1 juiz. 2 árbitro. **être bon, mauvais juge** ser mais ou menos capaz de fazer um julgamento.

juge.ment [ʒyʒmɑ̃] *nm* julgamento; juízo, senso, tino. **jugement dernier** juízo final.

ju.ger [ʒyʒe] *vt* julgar; sentenciar.

juif, juive [ʒɥif, ʒɥiv] *n+adj* judeu.

juil.let [ʒɥijɛ] *nm* julho.

juin [ʒɥɛ̃] *nm* junho.

ju.lienne [ʒyljɛn] *nf Art Cul* juliana, conjunto de legumes cortados em pedaços para a preparação de entradas ou sopas.

ju.meau, -elle, -aux [ʒymo, -ɛl] *adj+n* gêmeo.

ju.melle (s) [ʒymɛl] *nm Opt* binóculo. • *adj* gêmeas.

ju.ment [ʒymɑ̃] *nf Zool* égua.

jupe [ʒyp] *nf* saia. **être dans les jupes de sa mère** ficar na barra da saia da mãe, não a deixar.

ju.pon [ʒypɔ̃] *nm* saiote, anágua. **courir le jupon** correr atrás de um rabo de saia.

ju.ré, -ée [ʒyʀe] *adj* jurado. *ennemi juré* / inimigo jurado. • *n* membro de um júri.

ju.rer [ʒyʀe] *vt+vi* 1 jurar. 2 assegurar, afirmar solenemente.

ju.ri.dique [ʒyʀidik] *adj* jurídico. *action juridique* / ação jurídica. *études juridiques* / estudos jurídicos, de direito.

ju.ron [ʒyʀɔ̃] *nf* praga, termo grosseiro usado para blasfemar ou insultar.

ju.ry [ʒyʀi] *nm* júri. *jury d'un prix littéraire* / júri de um prêmio literário. *jury de thèse* banca de tese.

jus [ʒy] *nm* 1 suco. 2 sumo.

jusque [ʒysk(ə)] *prép+conj* até. **en avoir jusque là** *fam* estar saturado. **jusqu'à ce que** até o momento em que, até que. **jusqu'à présent** até hoje, até agora.

juste [ʒyst] *adj+nm* 1 justo. 2 correto. 3 legítimo. 4 apertado. 5 em conto (horas). 6 *Mus* afinado. • *adv* exatamente, precisamente; apenas, somente. **juste milieu** meio-termo.

jus.tesse [ʒystɛs] *nf* 1 justeza, correção. 2 precisão, exatidão.

jus.tice [ʒystis] *nf* justiça.

jus.ti.cier, -ière [ʒystisje, -jɛʀ] *nm* justiceiro.

jus.ti.fi.ca.tion [ʒystifikasjɔ̃] *nf* justificação, justificativa.

jus.ti.fier [ʒystifje] *vt* justificar. **la fin justifie les moyens** *prov* o fim justifica os meios.

jux.ta.po.ser [ʒykstapoze] *vt* justapor.

k

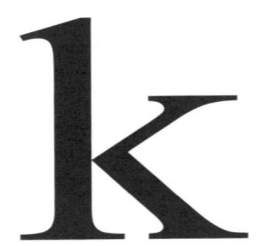

k [kɑ] *nm* décima primeira letra e oitava consoante do alfabeto da língua francesa.

ka.ki [kaki] *adj* cáqui, da cor cáqui. • *nm Bot* caqui, fruto do caquizeiro.

kan.gou.rou [kãguʀu] *nm Zool* canguru.

ka.ra.o.ké [kaʀaɔke] *nm* **1** atividade que consiste em cantar músicas de sucesso, com o acompanhamento de uma fita gravada. **2** estabelecimento onde se pratica essa diversão.

ké.pi [kepi] *nm* quepe, boné.

ké.ro.sène [keʀɔzɛn] *nm* querosene.

kidnapper [kidnape] *vt Angl* raptar.

kidnapping [kidnapiŋ] *nm Angl* rapto.

ki.lo [kilo] *nm* quilo.

ki.lo.mé.trage [kilɔmetʀaʒ] *nf* quilometragem.

ki.lo.mètre [kilɔmɛtʀ] *nm* quilômetro.

ki.né.si.thé.ra.pie [kinezitɛʀapi] *nf* fisioterapia.

kios.que [kjɔsk] *nm* quiosque. **kiosque à journaux** banca de jornais.

kir [kiʀ] *nm* aperitivo composto por vinho branco e licor de cassis. **kir royal** o mesmo aperitivo preparado com champanha.

kla.xon [klaksɔn] *nm* buzina.

kla.xon.ner [klaksɔne] *vi* buzinar.

l [ɛl] *nm* décima segunda letra e nona consoante do alfabeto da língua francesa.

la [la] *art def Gram* a. • *pron pers* a.

là [la] *adv* **1** ali, aí, lá. **2** acolá. **donner le la** dar o tom. **là-bas** lá, lá longe. **là-dedans** lá dentro. **là-dessous** lá embaixo. **là-haut** lá em cima. **restons-en là** vamos ficar por aí.

la.bel [label] *nm* etiqueta, marca.

la.bo.ra.toire [labɔʀatwaʀ] *nm* laboratório.

la.bour [labuʀ] *nf* lavoura.

la.bou.reur [labuʀœʀ] *nm* lavrador.

la.by.rinthe [labiʀɛ̃t] *nm* labirinto.

lac [lak] *nm* **1** lago. **2** lagoa. **tomber dans le lac** *fam* fracassar.

la.cer [lase] *vt* laçar, atar.

la.cet [lasɛ] *nm* **1** laço. **2** cordão, cadarço. **serrer, nouer un lacet de soulier** amarrar o cordão do sapato.

lâche [laʃ] *adj* frouxo, bambo. • *nm+adj* covarde, medroso.

lâ.cher [laʃe] *vt* **1** soltar, largar. **lâcher la bride /** soltar as rédeas (de um cavalo), deixar mais livre. **2** emitir, proferir. **3** *fam* escapulir. *vi* **4** ceder.

lâche.té [laʃte] *nf* **1** covardia. **2** infâmia.

lacs [la] *nm* nó, laço.

lac.té [lakte] *adj* lácteo.

la.cune [lakyn] *nf* lacuna, omissão.

la.gune [lagyn] *nf* laguna, lagoa.

laid, laide [lɛ, lɛd] *adj* feio. **laid à faire peur** feio de dar medo, muito feio.

lai.deur [lɛdœʀ] *nf* feiura.

laie [lɛ] *nf Zool* javalina.

lai.nage [lɛnaʒ] *nm* roupa ou tecido de lã.

laine [lɛn] *nf* lã. **pelote de laine** novelo de lã.

lais.ser [lese] *vt* **1** deixar, largar. **2** legar. **3** deixar, permitir. **4** abandonar, confiar, entregar. *vpr* **5** deixar-se. **c'est à prendre ou à laisser** é pegar ou largar. **laisser en héritage** deixar como herança. **laisser faire** deixar como está. **laisser tomber** deixar pra lá, deixar de lado; desistir.

lais.sez-al.ler [leseale] *nm* abandono, negligência, relaxo.

lais.sez-pas.ser [lesepase] *nm* passe livre, salvo-conduto.

lait [lɛ] *nm* leite. **lait concentré** leite condensado. **lait demi-écrémé** leite semidesnatado. **lait de poule** gemada. **lait écrémé** leite desnatado. **lait en poudre** leite em pó. **lait entier** leite integral. **lait longue conservation** leite longa vida. **petit lait** soro do leite.

lai.tage [lɛtaʒ] *nm* laticínio.

lai.ton [lɛtɔ̃] *nm* latão.

lai.tue [lety] *nf Bot* alface.

lam.beau [lɑ̃bo] *nm* **1** trapo, farrapo. **2** *fig* trecho, fragmento. **3** sobra, resto.
lame [lam] *nf* lâmina. **lame de rasoir** lâmina de barbear.
la.men.ta.tion [lamɑ̃tasjɔ̃] *nf* **1** lamentação, lamento, lamúria. **2** lástima, queixa.
la.men.ter (se) [lamɑ̃te] *vpr* lamentar-se.
la.mi.ner [lamine] *vt* laminar.
lampe [lɑ̃p] *nf* **1** lâmpada. **2** luminária, abajur, candeeiro. **lampe de poche** lanterna.
lam.pyre [lɑ̃pir] *nm Zool* vagalume.
lan.ce-pierres [lɑ̃spjɛr] *nm* estilingue.
lan.cer [lɑ̃se] *vt* atirar, lançar, arremessar, desferir, disparar. **lancer la mode** lançar a moda.
lan.dau [lɑ̃do] *nm* **1** landau. **2** carrinho de bebê.
lan.gage [lɑ̃gaʒ] *nf* linguagem. **langage chiffré** linguagem cifrada.
lan.gouste [lɑ̃gust] *nf Zool* lagosta.
lan.gous.tine [lɑ̃gustin] *nm Zool* lagostim.
langue [lɑ̃g] *nf Anat* **1** língua. **2** língua, idioma. **avoir la langue bien pendue** falar demais. **donner sa langue au chat** dar a mão à palmatória, entregar os pontos. **savoir sur le bout de la langue** saber na ponta da língua.
lan.gueur [lɑ̃gœr] *nf* languidez, tédio, langor, fraqueza.
lan.terne [lɑ̃tɛrn] *nf* **1** lanterna. **2** lampião.
la.pin, -ine [lapɛ̃, -in] *nm Zool* coelho. **courir comme un lapin** correr muito rápido. **poser un lapin** *fam* dar o bolo, dar o cano, deixar de comparecer a um compromisso.
laps [laps] *nm* lapso, intervalo de tempo.
lap.sus [lapsys] *nm* lapso, engano involuntário.

laque [lak] *nf* **1** laca. **2** laquê, fixador.
lard [lar] *nm* toicinho ou toucinho.
large [larʒ] *adj* **1** largo, amplo. **2** extenso, vasto. **de large** de largura. **prendre le large** *fam* puxar o carro, ir embora.
lar.geur [larʒœr] *nf* largura.
larme [larm] *nf* **1** lágrima. **2** *fig* pingo.
lar.moie.ment [larmwamɑ̃] *nm* **1** lacrimação, lacrimejamento. **2** queixa, choramingo.
lar.moyant, -ante [larmwajɑ̃, -ɑ̃t] *adj* **1** lacrimejante. **2** choroso.
la.rynx [larɛ̃ks] *nf Anat* laringe.
las [las] *interj* que pena!
las, lasse [lɑ, lɑs] *adj* **1** cansado, fatigado. **2** aborrecido.
las.ci.vi.té [lasivite] *nf* lascívia, sensualidade.
las.ser [lɑse] *vt* **1** cansar, fatigar. **2** entediar, aborrecer.
las.si.tude [lasityd] *nf* cansaço, tédio.
la.tin, ine [latɛ̃, in] *adj* latino. • *nm* latim.
lau.réat, -ate [lɔrea, -at] *n+adj* laureado.
lau.rier [lɔrje] *nm Bot* louro.
lave [lav] *nf Géol* lava.
la.ve-linge [lavlɛ̃ʒ] *nf* máquina de lavar roupa.
la.ver [lave] *vt+vpr* lavar. **il faut laver son linge en famille** roupa suja se lava em casa. **machine à laver** máquina de lavar. **se laver les mains de quelque chose** lavar as mãos, declinar da responsabilidade.
la.verie [lavri] *nf* lavanderia.
la.ve-vais.selle [lavvɛsɛl] *nf* máquina de lavar louça.
le [lə] *art déf Gram* o. • *pron pers* o, lo.
lè.che-botte [lɛʃbɔt] *nm pop* puxa-saco.
lè.che.ment [lɛʃmɑ̃] *nm* lambida.
lé.cher [leʃe] *vt* lamber. **lécher le cul** *vulg* puxar o saco, bajular.

le.çon [l(ə)sɔ̃] *nf* **1** lição. **2** aula. **3** preceito. **faire la leçon à quelqu'un** *fam* passar um sabão em alguém.

lec.teur [lɛktœʀ] *nm* leitor.

lec.ture [lɛktyʀ] *nf* leitura.

lé.ga.li.ser [legalize] *vt* **1** legalizar, autenticar. **2** reconhecer a firma.

lé.ga.li.té [legalite] *nf* legalidade.

lé.gende [leʒɑ̃d] *nf* lenda, fábula.

lé.ger, -ère [leʒe, -ɛʀ] *adj* **1** leve. *sommeil léger* / sono leve. **2** lépido, ligeiro, breve. **3** leviano. **4** leve, superficial. **poids léger** *Sp* peso leve (categoria de boxeador).

lé.gère.té [leʒɛʀte] *nf* **1** leveza. **2** ligeireza, brevidade. **3** leviandade.

lé.gi.fé.rer [leʒifeʀe] *vi* legislar.

lé.gion [leʒjɔ̃] *nf* Mil legião. **Légion d'Honneur** Legião de Honra (condecoração francesa).

lé.gis.la.tif, -ive [leʒislatif, -iv] *adj* legislativo.

lé.gis.la.tion [leʒislasjɔ̃] *nf* legislação.

lé.gi.time [leʒitim] *adj* legítimo. **c'est tout à fait légitime** é normal. **enfant légitime** criança nascida em um casamento.

lé.gi.ti.mer [leʒitime] *vt* legitimar, reconhecer.

legs [lɛg / lɛ] *nm* Jur legado, herança.

lé.guer [lege] *vt* legar.

lé.gume [legym] *nm* legume, hortaliça. **une grosse légume** *fam* alguém importante, influente.

len.de.main [lɑ̃dmɛ̃] *nm* dia seguinte. **du jour au lendemain** de um dia para o outro.

lent, lente [lɑ̃, lɑ̃t] *adj* lento, lerdo, moroso, vagaroso.

len.teur [lɑ̃tœʀ] *nf* lentidão, lerdeza, morosidade, delonga.

len.tille [lɑ̃tij] *nf* **1** lente. **2** lentilha. **lentille de contact** lente de contato.

lé.preux, -euse [lepʀø, -øz] *adj* leproso.

le.quel, la.quelle, les.quels, les.quelles [ləkɛl, lakɛl, lekɛl] *pron rel+interrog* Gram o qual, a qual, os quais, as quais.

les [le] *art+pron prs m+f pl* Gram os, los; as, las.

lé.ser [leze] *vt* lesar, danificar, prejudicar.

lé.sion [lezjɔ̃] *nf* lesão, machucado.

les.sive [lesiv] *nf* sabão em pó (para lavar roupa). **faire la lessive** lavar a roupa.

les.si.ver [lesive] *vt* **1** limpar. **2** *fam* eliminar um adversário.

let.tre [lɛtʀ] *nf* **1** carta. **2** letra. **à la lettre** ao pé da letra. **boîte aux lettres** caixa postal. **en toutes lettres** com todas as letras, por extenso. **les cinq lettres** a palavra merda. **lettre de crédit** carta de crédito. **une lettre recommandée** uma carta registrada.

leur [lœʀ] *pron pers m+f pl* Gram lhes.

leurre [lœʀ] *nm* **1** ilusão, engano. **2** isca, chamariz.

leur.rer [lœʀe] *vt* engodar, enganar.

le.vain [ləvɛ̃] *nm* levedura, fermento.

le.ver [l(ə)ve] *vt* **1** levantar, erguer. **2** empinar. **3** fermentar. *vpr* **4** erguer-se, levantar-se. • *nm* levantamento. **le lever du soleil** o nascer do sol. **lever l'ancre** levantar âncora, zarpar. **lever le camp** levantar acampamento, fugir. **ne pas lever le petit doigt** não levantar uma palha, não fazer nada.

le.vier [ləvje] *nm* Méc alavanca.

lé.vi.ta.tion [levitasjɔ̃] *nf* levitação.

lé.vi.ter [levite] *vi* levitar.

lèvre [lɛvʀ] *nm* lábio, beiço. **du bout des lèvres** da boca para fora, sem convicção, com desprezo. **rouge à lèvres** batom. **tremprer ses lèvres** molhar a boca (numa bebida).

le.vure [l(ə)vyʀ] *nm* levedo de cerveja, fermento.

le.xi.co.gra.phie [lɛksikɔgʀafi] *nf* lexicografia.

le.xique [lɛksik] *nm Gram* léxico, vocabulário.

lé.zard [lezaʀ] *nm Zool* lagarto. **lézard de mur** ou **lézard gris** lagartixa.

lé.zar.der [lezaʀde] *vt* trincar, rachar, fender.

liai.son [ljɛzɔ̃] *nf* **1** ligação, relação, associação. **2** coerência, sequência. **3** vínculo, relação. **avoir une liaison** ter um caso.

liasse [ljas] *nm* maço (de papéis).

li.bé.ral, -ale, -aux [libeʀal, -o] *n+adj* liberal. **professions libérales** profissões liberais.

li.bé.ra.li.té [libeʀalite] *nf* liberalidade.

li.bé.ra.tion [libeʀasjɔ̃] *nf* liberação, libertação, desligamento.

li.bé.rer [libeʀe] *vt* **1** livrar, soltar, libertar, liberar. *vpr* **2** libertar-se, livrar-se.

li.ber.té [libɛʀte] *nf* liberdade. **garder** ou **sacrifier sa liberté** manter ou sacrificar sua liberdade. **liberté de la presse** liberdade de imprensa. **prendre des libertés** tomar liberdades.

li.ber.ti.nage [libɛʀtinaʒ] *nm* libertinagem, devassidão, relaxamento.

li.bi.do [libido] *nf* libido.

li.braire [libʀɛʀ] *nm* livreiro.

li.brai.rie [libʀɛʀi] *nf* livraria.

libre [libʀ] *adj* livre, imune, quite. **entrée libre** entrada livre. **libre arbitre** livre-arbítrio. **place libre** lugar livre. **temps libre** tempo livre. **vers libres** versos livres.

li.bre-ser.vice [libʀəsɛʀvis] *nm* autosserviço, *self-service*.

li.cence [lisɑ̃s] *nf* **1** licença. **2** diploma e grau de licenciatura. **3** licenciosidade, devassidão, obscenidade. **licence de pêche** licença para pescar. **licence ès lettres** licenciatura em Letras.

li.cen.cie.ment [lisɑ̃simɑ̃] *nm* **1** demissão. **2** dispensa.

li.cen.cier [lisɑ̃sje] *vt* **1** licenciar. **2** demitir, despedir do emprego.

li.ci.ta.tion [lisitasjɔ̃] *nf* licitação.

lie [li] *nf* **1** borra. **2** *fig* escória.

lié, -ée [lje] *adj* ligado, unido, junto. **avoir les mains liées** estar com as mãos atadas, estar impotente.

lien [ljɛ̃] *nm* laço, vínculo, ligação.

lier [lje] *vt* **1** ligar, travar. **2** vincular, relacionar. *vpr* **2** ligar-se, vincular-se. **lier par une convention** convencionar. **lier une sauce** engrossar um molho.

lieu, lieux [ljø] *nm* lugar, ponto. **au lieu de** em vez de. **avoir lieu** acontecer: *la réunion n'aura pas lieu* / a reunião não se realizará. **donner lieu** fornecer a ocasião. **en premier lieu** em primeiro lugar. **lieu commun** lugar-comum. **lieu pour ancrer** ancoradouro. **lieux d'aisances** latrina.

lieue [ljø] *nf* légua, milha.

lièvre [ljɛvʀ] *nm Zool* lebre. **c'est là qui gît le lièvre** aí é que a porca torce o rabo.

li.gnage [liɲaʒ] *nm* linhagem.

li.gne [liɲ] *nf* linha, risca, traço. **en ligne** *Inform* em linha, conectado. **garder la ligne** manter a forma, manter a linha. **hors ligne** desalinhado. **ligne du visage** traço (do rosto). **lire entre les lignes** ler nas entrelinhas.

li.gnée [liɲe] *nf* linhagem, estirpe, prole.

li.go.ter [ligɔte] *vt* **1** amarrar, atar. **2** cercear, tolher.

li.guer [lige] *vt* ligar, unir, associar.

li.ma.çon [limasɔ̃] *nm* caracol.

lime [lim] *nf* **1** *Bot* **1** lima. **2** laranja-lima. **lime à ongles** lixa de unhas.

li.mer [lime] *vi* lixar, limar.

li.mette [limɛt] *nf Bot* laranja-lima.

li.mier [limje] *nm* sabujo, cachorro perdigueiro.

li.mite [limit] *nm* limite, marco, termo. **à la limite** em último caso, em última instância. **cas limite** caso extremo.

li.mon [limɔ̃] *nm* limo, lodo.

lim.pi.di.té [lɛ̃pidite] *nf* limpidez, nitidez.

lin [lɛ̃] *nm* linho.

li.néaire [lineɛR] *adj* linear.

linge [lɛ̃ʒ] *nf* roupa branca. **linge de lit** roupa de cama. **linge de table** roupa de mesa. **sac à linge** saco de roupa suja.

linge.rie [lɛ̃ʒRi] *nf* lingerie, roupa íntima feminina.

lin.got [lɛ̃go] *nm* lingote. **lingot d'or** barra ou lingote de ouro.

lin.guis.tique [lɛ̃ɡɥistik] *nf+adj* linguística.

lion [ljɔ̃] *nm* 1 *Zool* leão. 2 *Astrol* Leão (nesta acepção, usa-se inicial maiúscula). **la part du lion** a parte do leão.

li.pide [lipid] *nm* lipídio.

li.qué.fier [likefje] *vt* liquefazer.

li.queur [likœR] *nf* licor.

li.qui.da.tion [likidasjɔ̃] *nf* liquidação.

li.quide [likid] *nm+adj* líquido.

li.qui.der [likide] *vt* liquidar.

li.qui.di.té [likidite] *nf* liquidez.

lire [liR] *vt* ler. • *nf* lira (moeda italiana). **lire à haute voix** ler em voz alta.

lis [lis] *nm Bot* lírio. *Var: lys.*

li.sible [lizibl] *adj* legível.

lisse [lis] *adj* liso, polido.

lis.ser [lise] *vt* alisar, eslisar.

liste [list] *nf* 1 lista, rol. 2 pauta.

lit [li] *nm* 1 leito, cama. 2 canal onde corre água. **comme on fait son lit, on se couche** sua alma, sua palma. **faire le lit** fazer a cama, prepará-la para dormir. **garder le lit** ficar de cama. **lit à deux places** cama de casal. **lit à une place** cama de solteiro. **se mettre au lit** ir se deitar.

li.tige [litiʒ] *nm* litígio.

lit.té.raire [literɛR] *adj* literário.

lit.té.ra.ture [literatyR] *nf* literatura.

lit.to.ral [litɔRal] *nm* litoral. • *adj* litorâneo.

li.vrai.son [livrɛzɔ̃] *nf* entrega. **livraison à domicile** entrega em domicílio.

livre [livR] *nf* 1 libra (moeda inglesa). 2 libra (unidade de peso). 3 livro. **livre de chevet** livro de cabeceira. **livre des quatre opérations fondamentales** tabuada.

li.vrer [livre] *vt* 1 entregar. 2 *Com* liberar (uma mercadoria). *vpr* 3 entregar-se a.

li.vret [livrɛ] *nf* 1 *dim* caderneta. 2 *Mus* libreto, livreto. **livret d'épargne** caderneta de poupança.

lo.ca.li.ser [lɔkalize] *vt* localizar.

lo.ca.li.té [lɔkalite] *nf* localidade.

lo.ca.taire [lɔkatɛR] *nm* inquilino, locatário.

lo.ca.teur [lɔkatœR] *nm* locador.

lo.co.mo.trice [lɔkɔmɔtRis] *n+adj* locomotiva.

lo.cu.teur, -trice [lɔkytœR, -tris] *n* locutor.

loge [lɔʒ] *nf Théât* camarote. **loge d'acteur ou d'actrice** camarim.

lo.gement [lɔʒmɑ̃] *nm* 1 hospedagem, alojamento. 2 morada, residência.

lo.ger [lɔʒe] *vt+vi* 1 alojar, hospedar. *vpr* 2 hospedar-se, alojar-se.

lo.gi.ciel [lɔʒisjɛl] *nm Inform* programa, *software*.

lo.gique [lɔʒik] *adj* lógico. • *nf* lógica.

loi [lwa] *nf* 1 lei. 2 cânone, norma. **la loi de la jongle** a lei da selva.

loin [lwɛ̃] *adv* longe, distante.

loin.tain, -aine [lwɛ̃tɛ̃, -ɛn] *adj* longínquo, distante, afastado.

loi.sir [lwaziR] *nm* lazer, ócio.

long, longue [lɔ̃, lɔ̃g] *adj* comprido, longo. **à la longue** com o (correr do) tempo. **au long de** ao longo de.

lon.ger [lɔ̃ʒe] *vt* margear.
lon.gé.vi.té [lɔ̃ʒevite] *nf* longevidade.
long.temps [lɔ̃tɑ̃] *adv* muito tempo.
lon.gueur [lɔ̃gœR] *nf* comprimento. **saut en longueur** salto de extensão.
lo.quet [lɔkɛ] *nm* trinco, lingueta.
lor.gner [lɔRɲe] *vt* **1** olhar de esguelha, de soslaio. **2** *fig* cobiçar, invejar.
lor.gnette [lɔRɲɛt] *nf* binóculo de teatro.
lors [lɔR] *adv* então. **dès lors que** desde que, visto que. **lors de** no momento de, por ocasião de.
lorsque [lɔRsk(ə)] *conj* quando.
lot [lo] *nm* **1** lote, porção. **2** destino.
lo.terie [lɔtRi] *nf* loteria. **billet de loterie** bilhete de loteria.
lo.tir [lɔtiR] *vt* lotear.
lo.tisse.ment [lɔtismɑ̃] *nm* loteamento.
louable [lwabl] *adj* louvável.
louage [lwaʒ] *nm* locação.
lou.bard [lubaR] *nm* adolescente rebelde.
louche [luʃ] *adj* duvidoso, suspeito. • *nf* concha de cozinha.
lou.cher [luʃe] *vt* ser estrábico ou vesgo. **faire loucher quelqu'un** *fam* provocar a curiosidade de alguém. **loucher sur, vers** cobiçar.
louer [lwe] *vt* **1** alugar. **2** louvar, bendizer, elogiar, elevar.
loup [lu] *nm* Zool lobo.
loupe [lup] *nf* lupa, lente de aumento.
lou.per [lupe] *vt* **1** *fam* fracassar, ser reprovado. **2** perder o trem, o ônibus.
loup-ga.rou [lugaRu] *nm* lobisomem.
lourd [luR] *adj* pesado. **avoir la main lourde** ter a mão pesada, bater forte. **poids-lourd** caminhão.
lour.deur [luRdœR] *nf* **1** peso. **2** falta de jeito.
loyal [lwajal] *adj* leal, fiel, honesto, sincero.
loyau.té [lwajote] *nf* lealdade.

loyer [lwaje] *nm* aluguel.
lu.bri.fier [lybRifje] *vt* lubrificar.
lu.cide [lysid] *adj fig* lúcido, perspicaz.
lu.ci.di.té [lysidite] *nf* lucidez, perspicácia.
luette [lɥɛt] *nf* Anat úvula.
lueur [lɥœR] *nm* clarão, brilho.
lui [lɥi] *pron pers Gram* lhe, a ele, a ela; ele. **lui-même** ele mesmo.
luire [lɥiR] *vi* luzir.
lu.mière [lymjɛR] *nf* **1** luz. **2** *fig* esclarecimento. **année lumière** ano-luz. **Le Siècle des Lumières** O Século das Luzes, o século XVIII. **lumière artificielle** luz artificial.
lu.mi.no.si.té [lyminozite] *nf* luminosidade.
lu.naire [lynɛR] *adj* lunar.
lun.di [lœ̃di] *nm* segunda-feira.
lune [lyn] *nf* lua. **clair de lune** luar. **être dans la lune** estar no mundo da lua.
lu.nette [lynɛt] *nf* **1** luneta. **2 lunettes** *pl* óculos.
lustre [lystR] *nm* **1** lustre, lustro. **2** realce.
lus.trer [lystRe] *vt* lustrar.
lutte [lyt] *nf* briga, luta, combate. **lutte gréco-romane** luta greco-romana.
lut.ter [lyte] *vi* brigar, lutar, combater.
luxe [lyks] *nm* luxo, pompa. **de luxe** de luxo. **se payer le luxe** pagar-se o luxo de, permitir-se.
lu.xer [lykse] *vt Méd* luxar.
lu.xueux, -euse [lyksɥø, -øz] *adj* luxuoso, pomposo.
lu.xure [lyksyR] *nf* luxúria, lascívia.
lu.xu.riant, -iante [lyksyRjɑ̃, -jɑ̃t] *adj* luxuriante, viçoso.
ly.cée [lise] *nm* liceu, escola secundária, curso colegial, colégio, colegial.
ly.céen, -enne [liseɛ̃, -ɛn] *nm* colegial, aluno de escola secundária e do ensino médio.
lyn.cher [lɛ̃ʃe] *vt* linchar.
lynx [lɛ̃ks] *nm Zool* lince.

m

m [ɛm] décima terceira letra e décima consoante do alfabeto da língua francesa.

ma [ma] *adj poss f sing* minha.

mâ.cher [maʃe] *vt* mascar, mastigar.

ma.chin [maʃɛ̃] *nm fam* coisa, treco.

ma.chine [maʃin] *nf* máquina. **faire machine arrière** voltar atrás, desdizer.

ma.chi.ner [maʃine] *vt* maquinar, traçar.

ma.cho [matʃo] *nm* machão.

mâ.choire [maʃwaʀ] *nf Anat* maxilar, mandíbula, queixo. **bâiller à se décrocher la mâchoire** bocejar repetidamente.

mâ.chon.ner [maʃone] *vt* **1** mastigar muito devagar. **2** *par ext* falar indistintamente, murmurar.

ma.çon [masɔ̃] *nm* **1** pedreiro. **2** maçom.

ma.cu.ler [makyle] *vt* macular.

ma.dame [madam] *nf* dona, senhora.

ma.de.moi.selle [mad(ə)mwazɛl] *nf* senhorita.

ma.ga.sin [magazɛ̃] *nm* magazine, loja, armazém. **grand magasin** grande loja de departamentos.

ma.ga.zine [magazin] *nm* revista.

ma.gi.cien, -ienne [maʒisjɛ̃, -jɛn] *adj+n* **1** mágico. **2** mago.

ma.gie [maʒi] *nf* **1** magia. **2** *fig* fascínio.

ma.gique [maʒik] *adj* **1** mágico. **2** *fig* fascinante.

ma.gis.tère [maʒistɛʀ] *nm* magistério, docência.

ma.gis.trat [maʒistʀa] *nm* magistrado.

ma.gné.ti.ser [maɲetize] *vt* magnetizar, hipnotizar.

ma.gné.to.phone [maɲetofɔn] *nm* gravador.

ma.gné.tos.cope [maɲetoskɔp] *nm* aparelho de videocassete.

ma.gni.fique [maɲifik] *adj* magnífico, magnânimo, régio, suntuoso, vistoso.

mai [mɛ] *nm* maio.

maigre [mɛgʀ] *adj* **1** magro. **2** insuficiente, medíocre. **fromages maigres** queijos feitos com leite desnatado. **viande maigre** carne magra (sem gordura).

mai.grir [mɛgʀiʀ] *vi* **1** emagrecer, tornar-se magro. *vt* **2** fazer parecer magro.

maille [maj] *nf* **1** malha, ponto. **2** elo, anel. **avoir maille à partir avec quelqu'un** ter contas a ajustar com alguém.

mail.lon [majɔ̃] *nm* argola.

mail.lot [majo] *nm* **1** malha. **2** maiô (de mulher ou homem). **le maillot jaune** malha amarela usada pelo ciclista que encabeça cada etapa da corrida anual *Le Tour de France*; esse ciclista. **maillot de bain** maiô.

main [mɛ̃] *nf* mão. **à la main** a) à mão, na mão. **tenir un ballon à la main** / segurar um balão na mão. b) de mão. **frein à main** / freio de mão. **à la portée de la main** ao alcance da mão. **avoir des mains d'or** ter mãos de ouro, ser muito hábil. **donner un coup de main à quelqu'un** dar uma mãozinha a alguém, ajudar. **elle a été prise la main dans le sac** ela foi pega com a boca na botija, em flagrante. **en mettre la main au feu** pôr a mão no fogo, garantir (algo). **être en bonnes mains** estar em boas mãos. **lever la main sur quelqu'un** *fam* levantar a mão para bater em alguém. **main de fer** mão de ferro. **main-d'œuvre** mão de obra. **mettre la main à la pâte** *fam* arregaçar as mangas, pôr a mão na massa. **nu comme la main** *fam* nu em pelo. **prendre en main** tomar para si, assumir a responsabilidade. **se faire les mains par une manucure** fazer as unhas numa manicure. **se serrer la main** dar as mãos (para se cumprimentar ou se reconciliar). **un tour de main** rapidamente.

maint, -te [mɛ̃, mɛ̃t] *adj* muito. **à maintes reprises** numerosas vezes.

main.te.nant [mɛ̃t(ə)nɑ̃] *adv* agora, neste momento. **c'est maintenant ou jamais** é agora ou nunca.

main.te.nir [mɛ̃t(ə)niʀ] *vt* 1 manter, sustentar. *vpr* 2 manter-se.

main.tien [mɛ̃tjɛ̃] *nm* manutenção, conservação.

maire [mɛʀ] *nm* prefeito. **madame le maire** prefeita.

mai.rie [meʀi] *nf* prefeitura.

mais [mɛ] *conj* mas. **non seulement... mais aussi** não somente (ou apenas)... mas também.

maïs [mais] *nm Bot* milho.

mai.son [mɛzɔ̃ / mɛzɔ̃] *nf* casa. **à la maison** em casa. **maison de campagne** casa de campo. **maison d'édition** editora. **maison de prêt sur gages** casa de penhores. **maison de prostitution** prostíbulo, bordel. **maison de repos** sanatório. **maison de santé** casa de saúde.

maître [mɛtʀ] *nm* 1 mestre. 2 dono, proprietário. **il est maître chez lui** quem manda em casa é ele. **le maître du château** o proprietário do castelo. **maître chanteur** chantagista. **maître d'armes** mestre de armas. **maître d'hôtel** mordomo. **maître-nageur** salva-vidas. **un coup de maître** um golpe de mestre.

maî.tresse [mɛtʀɛs] *nf* 1 senhora. 2 professora primária, mestra. 3 amante. **maîtresse de maison** patroa, dona de casa.

maî.trise [mɛtʀiz] *nf* 1 maestria, domínio, controle. 2 mestrado, grau e diploma universitário obtido após o segundo ciclo do ensino superior.

maî.tri.ser [mɛtʀize] *vt* 1 dominar, controlar. 2 dominar, reprimir, conter.

ma.jes.té [maʒɛste] *nf* majestade.

ma.jeur, -eure [maʒœʀ] *adj* 1 maior de idade. 2 maior, considerável, excepcional. • *nm* dedo médio.

major [maʒɔʀ] *nm Mil* major.

ma.jor.dome [maʒɔʀdɔm] *nm* mordomo.

ma.jo.ri.té [maʒɔʀite] *nf* 1 maioria. 2 maioridade.

ma.jus.cule [maʒyskyl] *adj* maiúsculo.

mal, male [mal] *adj+nm+adv* mal. **avoir du mal à** ter dificuldade em. **de mal en pis** de mal a pior. **faire mal** fazer mal, fazer sofrer. **mal à la gorge** dor de garganta. **mal au cœur** enjoo, náusea. **mal au ventre** dor de barriga. **mal blanchi** encardido. **mal défini** vago. **mal de mer** enjoo de navio. **mal du**

malade 160 **mangue**

pays nostalgia, saudade da terra natal, da pátria. **mal-élevé** mal-educado, malcriado.
ma.la.de [malad] *nm+adj* doente, enfermo.
ma.la.die [maladi] *nf* doença, moléstia. **maladie sexuellement transmissible (MST)** doença sexualmente transmissível (DST).
ma.la.dresse [maladʀɛs] *nf* inabilidade, imperícia.
ma.la.droit, -oite [maladʀwa, -wat] *adj* desajeitado, desastrado, inábil.
ma.laise [malɛz] *nm* mal-estar, indisposição.
mal.chance [malʃɑ̃s] *nf* azar, má sorte.
mal.chan.ceux, -euse [malʃɑ̃sø] *adj* azarado.
mâle [mɑl] *nm* macho, varão. • *adj* **1** másculo. **2** *fig* viril.
ma.len.ten.dant, -ante [malɑ̃tɑ̃dɑ̃, -ɑ̃t] *adj+n* deficiente auditivo.
ma.len.ten.du [malɑ̃tɑ̃dy] *nm* mal-entendido.
mal.fai.teur [malfɛtœʀ] *nm* malfeitor, criminoso, bandido.
mal.gré [malgʀe] *prép* apesar de, mal-grado.
mal.heur [malœʀ] *nm* **1** infelicidade. **2** desgraça. **à quelque chose malheur est bon** *prov* há males que vêm para bem.
mal.heu.reux, -euse [malørø, -øz] *adj* **1** infeliz. **2** coitado. **3** desgraçado.
mal.hon.nête [malɔnɛt] *adj* **1** desonesto. **2** torpe.
mal.hon.nête.té [malɔnɛtte] *nf* **1** desonestidade. **2** indelicadeza. **3** canalhice, improbidade.
ma.lin, ma.ligne [malɛ̃, maliɲ] *adj* **1** maligno. **2** esperto.
malle [mal] *nf* **1** bagagem de grandes dimensões. **2** *Autom* porta-malas ou mala do carro. **faire malle** preparar-se para partir.

mal.lé.a.bi.li.té [maleabilite] *nf* maleabilidade.
mal.propre [malpʀɔpʀ] *adj* sujo.
mal.sain, -aine [malsɛ̃, -ɛn] *adj* **1** malsão, doente. **2** prejudicial, maligno. **3** maléfico, ruim.
mal.veil.lance [malvɛjɑ̃s] *nf* malevolência.
mal.voyant, -ante [malvwajɑ̃, -ɑ̃t] *adj+n* deficiente visual.
ma.man [mamɑ̃] *nf fam* mamãe. **jouer au papa et à la maman** brincar de papai e mamãe.
ma.melle [mamɛl] *nf Anat* mama.
ma.me.lon [mam(ə)lɔ̃] *nm* mamilo, bico do seio.
manche [mɑ̃ʃ] *nf* **1** manga. **2** alça, cabo. **3** *Tech* manche (comando dos estabilizadores do avião). **être du côté du manche** ficar do lado mais forte. **garder dans sa manche** guardar (um trunfo) na manga. **la Manche** *Top* o canal da Mancha.
man.chette [mɑ̃ʃɛt] *nf* **1** punho (de camisa). **2** manchete (de jornal ou revista). **3** *Sp* manchete (jogada do vôlei com os dois punhos juntos).
man.da.rine [mɑ̃daʀin] *nf Bot* mexerica, tangerina.
man.dat [mɑ̃da] *nm* **1** mandato. **2** *Jur* mandado. **mandat d'arrêt** *Jur* ordem de prisão.
man.dat-carte [mɑ̃dakaʀt], **mandat-lettre** [mɑ̃dalɛtʀ] *nm* vale postal.
ma.nège [manɛʒ] *nm* **1** *Equit* manejo (exercícios com o cavalo). **2** picadeiro. **3** carrossel.
ma.nette [manɛt] *nf* alavanca manual. **manette de jeu** controle de *videogame*.
man.ger [mɑ̃ʒe] *vt* comer, alimentar-se. **blanc-manger** manjar branco. **manger quelqu'un des yeux** *fig* devorar alguém com os olhos.
mangue [mɑ̃g] *nf Bot* manga.

ma.niaque [manjak] *nm+adj* **1** maníaco. **2** *arg* biruta.
ma.nière [manjɛʀ] *nf* maneira, jeito, modo, estilo. **avoir de bonnes (ou mauvaises) manières** ter boas (ou más) maneiras, ter bons (ou maus) modos.
ma.ni.fes.ta.tion [manifɛstasjɔ̃] *nf* manifestação, passeata.
ma.ni.fes.ter [manifɛste] *vt* **1** manifestar, mostrar. *vpr* **2** manifestar-se, mostrar-se.
ma.nioc [manjɔk] *nm Bot* mandioca.
ma.ni.pu.ler [manipyle] *vt* manipular, manusear, manejar.
ma.ni.velle [manivɛl] *nf* manivela.
manne.quin [mankɛ̃] *nm* **1** manequim. **2** modelo.
ma.nœuvre [manœvʀ] *nf* **1** manobra, exercício. **2** obreiro, servente. **3** *fig* ardil, tramoia.
ma.nœu.vrer [manœvʀe] *vi+vt* manobrar, manejar.
man.quant, -ante [mãkã, -ãt] *adj* que falta, faltante. • *n* ausente.
manque [mãk] *nm* **1** falta. **2** saudade. **3** privação. **à la manque** ruim, defeituoso. **je ne manque de rien** / não me falta nada. **manque d'air** falta de ar. **manque d'argent** falta de dinheiro. **manque de respect** falta de respeito, desacato.
man.quer [mãke] *vi* **1** escassear, faltar. **je ne manque de rien** / não me falta nada. **2** não comparecer, faltar. **3** falhar. *vt* **4** errar, não atingir, não alcançar (o alvo). **5** perder (o ônibus). **manquer de respect** faltar com o respeito, desacatar, desrespeitar. **manquer à sa parole** faltar à palavra.
mante [mãt] *nf* manto de mulher, amplo e sem mangas. **mante religieuse** louva-a-deus.
man.teau [mãto] *nm* casaco, capote, manto. **manteau de fourrure** casaco de pele. **sous le manteau** *fam* por baixo do pano, às escondidas.
ma.nu.cure [manykyʀ] *n* manicure.
ma.nu.fac.tu.rer [manyfaktyʀe] *vt* manufaturar.
ma.nus.crit, -ite [manyskʀi] *adj+nm* manuscrito.
mappe.monde [mapmɔ̃d] *nf* mapa-múndi.
ma.quil.lage [makijaʒ] *nm* maquilagem ou maquiagem.
ma.quil.ler [makije] *vt+vpr* **1** maquilar ou maquiar. **2** camuflar.
ma.quil.leur, -euse [makijœʀ, -øz] *n* maquilador ou maquiador.
ma.rais [maʀɛ] *nm* pântano, brejo.
ma.ra.thon [maʀatɔ̃] *nm* maratona.
marbre [maʀbʀ] *nm* mármore. **être, rester de marbre** ser ou ficar impassível.
mar.chand, -ande [maʀʃɑ̃, -ɑ̃d] *n* comerciante, negociante, lojista. **marchand à journaux** jornaleiro. **marchand ambulant** vendedor ambulante, camelô. **marchand de légumes** verdureiro.
mar.chan.der [maʀʃɑ̃de] *vt* pechinchar, regatear.
mar.chan.dise [maʀʃɑ̃diz] *nf* mercadoria.
marche [maʀʃ] *nf* **1** caminhada. **2** degrau. **3** *Mil* marcha. **marche arrière** *Autom* marcha a ré.
mar.ché [maʀʃe] *nm* **1** feira. **2** *Com* mercado. **bon marché** barato. **marché noir** mercado negro. **supermarché** supermercado.
mar.cher [maʀʃe] *vi* **1** funcionar. **2** marchar. **3** caminhar, andar. **ça marche** funciona. **faire marcher quelqu'un** *fam* enganar alguém. **marcher à l'aveuglette** andar às cegas. **marcher après quelqu'un** seguir alguém. **marcher (ou se traîner) à quatre pattes** engatinhar.

mar.di [maʀdi] *nm* terça-feira. **mardi-gras** terça-feira gorda.

ma.ré.cage [maʀekaʒ] *nm* pântano, charco, brejo.

ma.ré.chal [maʀeʃal] *nm Mil* marechal. **maréchal ferrand** ferreiro.

ma.rée [maʀe] *nf* maré. **marée basse** maré baixa. **marée haute** maré alta.

mar.gi.na.li.té [maʀʒinalite] *nf* marginalidade, delinquência.

mar.gue.rite [maʀgəʀit] *nf Bot* margarida.

ma.ri [maʀi] *nm* marido, esposo.

ma.riage [maʀjaʒ] *nm* casamento, matrimônio. **mariage de raison** casamento por conveniência, por interesse.

ma.rier [maʀje] *vt+vpr* casar.

ma.ri.jua.na [maʀiʀwana / maʀiʒuana] *nf Bot* maconha.

ma.rin, -ine [maʀɛ̃, -in] *adj* marinho. • *nm* marinheiro.

ma.rine [maʀin] *nf* marinha.

ma.ri.nier [maʀinje] *nm* marinheiro.

mar.me.lade [maʀməlad] *nf* marmelada. **avoir la figure en marmelade** estar com o rosto desfigurado.

mar.mite [maʀmit] *nf* panela grande, caldeirão. **faire bouillir la marmite** garantir a subsistência da família.

mar.monner [maʀmɔne] *vt* resmungar.

mar.mot [maʀmo] *nm* garoto, fedelho. **croquer le marmot** *fam* esperar.

marque [maʀk] *nf* **1** marca, cunho, rastro, sinal. **2** marca, etiqueta, grife.

mar.quer [maʀke] *vt+vi* marcar, assinalar. **marquer un but** *Sp* marcar um gol.

mar.queur [maʀkœʀ] *nm* marcador. **crayon marqueur** caneta marca-texto.

mar.quis [maʀki] *nm* marquês.

mar.raine [maʀɛn] *nf* madrinha.

mar.ron [maʀɔ̃] *nm* castanha. • *nm+adj* castanho, marrom (cor). **marron glacé** marrom-glacê, doce feito dessa castanha e confeitado com glacê de açúcar.

mars [maʀs] *nm* **1** março. **2** *Astron* Marte (nesta acepção, usa-se inicial maiúscula).

mar.teau [maʀto] *nm* martelo.

mas.cu.lin, -ine [maskylɛ̃, -in] *adj* masculino.

masque [mask] *nm* máscara. **lever, jeter le masque** tirar a máscara, mostrar-se como é. **masque à gaz** máscara de gás.

mas.quer [maske] *vt* mascarar.

mas.sacre [masakʀ] *nm* massacre, chacina.

mas.sa.crer [masakʀe] *vt* chacinar, exterminar.

mas.sage [masaʒ] *nm* massagem.

masse [mas] *nf* massa. **culture de masse** cultura de massa. **masse atomique** massa atômica.

mas.ser [mase] *vt* **1** juntar, reunir. **2** *Méd* massagear.

mas.seur, -euse [masœʀ, -øz] *n* massagista.

mas.sif, -ive [masif, -iv] *adj* maciço, compacto. • *nm Géogr* maciço.

mas.si.fier [masifje] *vt* massificar.

mas.tur.ber [mastyʀbe] *vt+vpr* masturbar.

mât [mɑ] *nm Naut* mastro.

match [matʃ] *nm Angl Sp* jogo, partida.

ma.te.las [mat(ə)la] *nm* colchão.

ma.te.lot [mat(ə)lo] *nm* marujo.

ma.té.ria.liste [mateʀjalist] *n+adj* materialista.

ma.té.riel, -elle [mateʀjɛl] *adj* material.

ma.ter.nel, -elle [matɛʀnɛl] *adj* materno, maternal. **école maternelle** escola maternal, pré-escola.

ma.ter.ni.té [matɛʀnite] *nf* maternidade, gravidez.

ma.thé.ma.tique [matematik] *nf* matemática. • *adj* matemático.

maths [mat] *nf pl fam abrév* de matemática.

ma.tière [matjɛʀ] *nf* matéria. **en matière de** em matéria de. **matière grise** o cérebro. **matière première** matéria-prima.

ma.tin [matɛ̃] *nm* manhã. **de bon matin, de grand matin** de manhã cedo.

ma.traque [matʀak] *nf* matraca, cassetete.

ma.trice [matʀis] *nf* matriz.

ma.tu.ri.té [matyʀite] *nf* maturidade.

mau.dire [modiʀ] *vt* amaldiçoar, maldizer.

mau.dit, -ite [modi] *n+adj* maldito.

maus.sade [mosad] *n+adj* irascível, mal-humorado. **temps maussade** tempo feio, chato.

mau.vais, -aise [mɔvɛ / movɛ, -ɛz] *adv+adj+n* ruim, mau. **mauvais écriture** letra ruim. **mauvaise humeur** mau humor, rabugice. **mauvaise foi** má-fé. **mauvais herbe** erva daninha. **mauvais œil** mau-olhado. **mauvais présage** mau agouro. **mauvais sort** má sorte, azar.

ma.xil.laire [maksilɛʀ] *nm Anat* maxilar.

ma.xime [maksim] *nf* máxima, preceito, sentença.

mayon.naise [majɔnɛz] *nf+adj* maionese.

me [mə] *pron pers sing Gram* me, a mim, para mim.

mec [mɛk] *nm* **1** *arg* homem viril, másculo. **2** *fam* cara, homem qualquer.

mé.ca.nique [mekanik] *adj* mecânico. • *nf* mecânica.

mé.chance.té [meʃɑ̃ste] *nf* **1** maldade, ruindade. **2** *fig* perversidade.

mé.chant, -ante [meʃɑ̃, -ɑ̃t] *adj* **1** maldoso, mau, malvado, ruim. **2** *fig* endiabrado.

mè.che [mɛʃ] *nf* **1** mecha (de lampião, de gaze). **2** madeixa. **3** combinação, cumplicidade. **4** meio, jeito. **découvrir ou éventer la mèche** descobrir um segredo. **mèche d'une bougie** pavio de vela. **vendre la mèche** trair, delatar.

mé.con.nais.sable [mekɔnɛsabl] *adj* irreconhecível.

mé.con.naître [mekɔnɛtʀ] *vt* **1** desconhecer, ignorar. **2** menosprezar.

mé.con.tente.ment [mekɔ̃tɑ̃tmɑ̃] *nm* descontentamento, insatisfação.

mé.con.ten.ter [mekɔ̃tɑ̃te] *vt* descontentar.

mé.daille [medaj] *nf* medalha.

mé.de.cin [med(ə)sɛ̃] *nm* médico. **femme médecin** médica. **médecin généraliste** clínico geral.

mé.de.cine [med(ə)sin] *nf* **1** medicamento. **2** medicina.

mé.dia [medja] *nm* mídia.

mé.dia.tion [medjasjɔ̃] *nf* mediação.

mé.di.cal, -ale, -aux [medikal, -o] *adj* médico.

mé.di.ca.ment [medikamɑ̃] *nm Méd* remédio, medicamento.

mé.dié.val, -ale, -aux [medjeval, -o] *adj* medieval.

mé.dio.cre [medjɔkʀ] *adj* medíocre, modesto, fraco.

mé.dire [mediʀ] *vi* difamar, falar mal de.

mé.di.sance [medizɑ̃s] *nf* maledicência, difamação.

mé.di.sant, -ante [medizɑ̃, -ɑ̃t] *adj+n* maldizente, maledicente, difamador.

mé.di.ta.tion [meditasjɔ̃] *nf* meditação.

mé.di.ter [medite] *vt+vi* **1** meditar, cismar, refletir. **2** reconsiderar.

mé.dium.ni.té [medjɔmnite] *nf* mediunidade.

mé.dius [medjys] *nm Anat* dedo médio.

mé.fait [mefɛ] *nm* **1** malfeitoria, delito. **2** dano, prejuízo.

mé.fiance [mefjɑ̃s] *nf* desconfiança, suspeita.

mé.fiant, -ante [mefjɑ̃, -ɑ̃t] *adj* desconfiado.

mé.gère [meʒɛʀ] *nf* megera.

mé.got [mego] *nm fam* bituca, ponta, bagana (de cigarro ou charuto).

meil.leur, -e [mejœʀ] *adj* melhor. **meilleur marché** mais barato.

mé.lan.co.lie [melɑ̃kɔli] *nf* melancolia, depressão.

mé.lange [melɑ̃ʒ] *nm* mistura, miscelânea, mescla, mexida.

mé.lan.ger [melɑ̃ʒe] *vt* **1** misturar, mesclar, embaralhar. *vpr* **2** misturar-se.

mê.ler [mele] *vt* **1** emaranhar. **2** misturar. **3** mesclar. *vpr* **4** misturar-se, fundir-se. **se mêler de** meter-se com, ocupar-se de.

mé.lo.die [melɔdi] *nf* melodia.

mé.lo.dique [melɔdik] *adj* melódico.

me.lon [m(ə)lɔ̃] *nm Bot* melão.

membre [mɑ̃bʀ] *nm* **1** *Anat* membro. **2** *fig* membro.

même [mɛm] *adj+pron+adv* **1** mesmo, próprio. **2** até mesmo. **ça revient au même** dá na mesma, tanto faz. **de même que** assim como. **être à même de** estar em condição de. **même pas** nem mesmo.

mé.moire [memwaʀ] *nf* **1** memória, recordação. **2** *Inform* memória. **de mémoire** de memória.

mé.mo.rable [memɔʀabl] *adj* memorável, marcante.

mé.mo.ri.sa.tion [memɔʀizasjɔ̃] *nf* memorização.

mé.mo.ri.ser [memɔʀize] *vt* memorizar.

me.na.çant, -ante [mənasɑ̃, -ɑ̃t] *adj* ameaçador.

me.nace [mənas] *nf* ameaça, intimidação.

me.na.cer [mənase] *vt* ameaçar.

mé.nage [menaʒ] *nm* **1** lar, casa. **2** casal. **3** vida doméstica. **faire le ménage** fazer a faxina, limpeza. **femme de ménage** arrumadeira, faxineira. **ménage à trois** triângulo amoroso.

mé.na.ger, -ère [menaʒe] *adj* doméstico. • *vt* **1** mediar, arranjar, arrumar. **2** poupar, economizar.

mé.na.gère [menaʒɛʀ] *nf* **1** dona de casa. **2** provisões para o lar. **3** faqueiro.

men.diant, -ante [mɑ̃djɑ̃, -jɑ̃t] *n* mendigo.

men.dier [mɑ̃dje] *vt+vi* esmolar, mendigar.

me.ner [m(ə)ne] *vt* **1** liderar. **2** conduzir. **3** levar a. **mener à bien** levar a bom termo. **mener à fin** levar a cabo.

me.neur, -euse [mənœʀ] *n* líder.

me.not.ter [mənɔte] *vt* algemar.

me.nottes [mənɔt] *nf pl* algemas.

men.songe [mɑ̃sɔ̃ʒ] *nm* mentira.

men.sua.li.té [mɑ̃sɥalite] *nf Com* mensalidade.

men.suel, -elle [mɑ̃sɥɛl] *adj* mensal.

men.su.ra.tion [mɑ̃syʀasjɔ̃] *nf* mensuração.

men.ta.li.té [mɑ̃talite] *nf* mentalidade.

men.teur, -euse [mɑ̃tœʀ] *n* mentiroso, embusteiro.

menthe [mɑ̃t] *Bot* menta, hortelã.

men.tion [mɑ̃sjɔ̃] *nf* menção.

men.tion.ner [mɑ̃sjɔne] *vt* mencionar, citar, apontar.

men.tir [mɑ̃tiʀ] *vi* mentir.

men.ton [mɑ̃tɔ̃] *nm Anat* queixo.

me.nu [məny] *nm* **1** cardápio, menu. **2** *Inform* menu.

me.nui.se.rie [mənɥizʀi] *nf* marcenaria.

me.nui.sier [mənɥizje] *nm* marceneiro.

mé.pris [mepʀi] *nm* indiferença, menosprezo, desprezo, desdém.

mé.pri.sable [mepʀizabl] *adj* desprezível.

mé.prise [mepʀiz] *nf* engano.

mé.pri.ser [meprize] vt menosprezar, desprezar, desdenhar, depreciar.

mer [mɛr] nf mar. **haute, pleine mer** alto-mar.

mer.can.tile [mɛrkɑ̃til] adj mercantil.

mer.ce.naire [mɛrsənɛr] n+adj mercenário.

mer.ce.rie [mɛrsəri] nf armarinho.

mer.ci [mɛrsi] nf mercê. • interj obrigado. **à la merci de** à mercê de. **demander merci** pedir clemência, pedir mercê, piedade. **merci beaucoup** muito obrigado. **sans merci** sem piedade.

mer.cre.di [mɛrkrədi] nm quarta-feira.

mer.cure [mɛrkyr] nm **1** Chim mercúrio. **2** Myth, Astr Mercúrio (nesta acepção, usa-se inicial maiúscula).

merde [mɛrd] nf merda. • interj vulg merda! bosta!

mère [mɛr] nf mãe. **mère d'accueil** ou **mère porteuse** mãe de aluguel. **mère supérieure** Rel madre superiora.

mé.ri.dien [meridjɛ̃] nm Géogr meridiano.

mé.ri.te [merit] nm mérito, merecimento.

mé.ri.ter [merite] vt merecer.

mé.ri.toire [meritwar] adj meritório, merecedor.

mer.veil.le [mɛrvɛj] nf maravilha, encanto. **à merveille** otimamente, às mil maravilhas.

mer.veil.leux, -euse [mɛrvɛjø, -øz] adj maravilhoso, mágico, encantado, extraordinário.

mes [me] adj poss m+f pl Gram meus, minhas.

mé.sa.ven.ture [mezavɑ̃tyr] nf desventura.

mé.sen.tente [mezɑ̃tɑ̃t] nf desentendimento, rusga, discórdia, desavença.

mé.ses.time [mezɛstim] nf menosprezo.

mes.sage [mesaʒ] nm recado, mensagem.

mes.sa.ger [mesaʒe] nm mensageiro.

messe [mɛs] nf Rel missa, celebração.

me.su.rable [məzyrabl] adj mensurável.

me.sure [m(ə)zyr] nf **1** medida. **2** providência. **3** mesura. **4** Mus compasso. **au fur et à mesure** à medida que. **donner sa mesure** mostrar do que se é capaz. **être en mesure de** estar em condição de. **mesure en ruban** trena. **outre mesure** excessivamente.

me.su.rer [məzyre] vt medir.

mé.ta.bo.lisme [metabɔlism] nm metabolismo.

mé.tal, -aux [metal] nm Chim metal. **métaux précieux** metais preciosos.

mé.ta.lan.gage [metalɑ̃gaʒ] nm metalinguagem.

mé.tal.lique [metalik] adj metálico.

mé.tal.lur.gie [metalyrʒi] nf metalurgia.

mé.ta.mor.phose [metamɔrfoz] nf metamorfose.

mé.ta.phore [metafɔr] nf Gram metáfora.

mé.ta.phy.sique [metafizik] nf metafísica.

mé.téore [meteɔr] nm Astron meteoro.

mé.téo.ro.lo.gie [meteɔrɔlɔʒi] nf meteorologia.

mé.téo.ro.lo.giste [meteɔrɔlɔʒist] n meteorologista.

mé.thode [metɔd] nm método, sistema.

mé.tier [metje] nm ofício, profissão, mister. **chacun son métier** cada macaco no seu galho. **métier à broder** bastidor de costura. **métier à tisser** tear.

mé.tis [metis] adj mestiço.

mé.trage [metraʒ] nm metragem.

mètre [mɛtr] nm **1** metro. **2** fita métrica. **mètre carré** metro quadrado. **mètre**

métro / **militant**

d'un vers *Poét* metro de um verso, estrutura métrica de um verso.
mé.tro [metʀo] *abrév de* **métropolitain**.
mé.tro.po.li.tain, -aine [metʀɔpɔlitɛ̃, -ɛn] *adj* metropolitano. • *nm* metrô (trem metropolitano).
met.teur en scène [metœʀɑ̃sɛn] *nm Théât, Cin* diretor.
met.tre [metʀ] *vt* **1** pôr, colocar, meter, enfiar. **2** gastar, levar (tempo). *vpr* **3** começar a. **4** colocar-se, enfiar-se, meter-se, pôr-se. **mettre à cheval** encavalar. **mettre à jour** atualizar. **mettre à l'amende** multar. **mettre à la porte** *fam* colocar no olho da rua. **mettre à l'épreuve** pôr à prova. **mettre à part** separar; pôr de escanteio. **mettre au monde** dar à luz. **mettre aux enchères** pôr em leilão. **mettre en loterie** rifar. **mettre en pièces** estilhaçar. **mettre en place** pôr, colocar em prática. **mettre en rapport** relacionar. **mettre en relief** enfatizar, acentuar. **mettre en scène** *Théât* encenar. **mettre la patience à bout** *fam* encher a paciência. **mettre la puce à l'oreille** deixar com a pulga atrás da orelha. **mettre les points sur les i** colocar os pingos nos is. **mettre sens dessus dessous** virar do avesso, de ponta-cabeça.
meu.ble [mœbl] *nm* móvel.
meu.bler [mœble] *vt* mobiliar.
meur.trier, -ière [mœʀtʀije, -ijɛʀ] *n+adj* matador, assassino. **regard meurtrier** olhar assassino.
meur.trir [mœʀtʀiʀ] *vt* machucar.
mi [mi] *nm Mus* mi.
miaule.ment [mjolmɑ̃] *nm* miado.
miau.ler [mjole] *vi* miar.
mi.cro [mikʀo] *abrév de* **microphone**.
mi.cro.bus [mikʀobys] *nm* micro-ônibus.
mi.cro.film [mikʀofilm] *nm* microfilme.

mi.cro.onde [mikʀoɔ̃d] *nf* micro-onda. **micro-ondes (four à)** micro-ondas (forno de).
mi.cro.or.di.na.teur [mikʀoɔʀdinatœʀ] *nm* microcomputador. *Var: microordinateur.*
mi.cro.phone [mikʀɔfɔn] *nm* microfone.
mi.cro.pro.ces.seur [mikʀopʀɔsesœʀ] *nm Inform* microprocessador.
mi.cros.cope [mikʀɔskɔp] *nm* microscópio.
mi.di [midi] *nm* meio-dia. **chercher midi à quatorze heures** *fam* procurar pelo em ovo. **le Midi** *Top* o sul da França (ou da Europa).
mie [mi] *nf* miolo de pão. • *adv* partícula de negação, outrora equivalente à partícula **pas** de hoje. **à la mie de pain** de araque, de meia tigela.
miel [mjɛl] *nm* mel. **être tout miel et tout sucre** mostrar-se gentil, doce.
mien, mienne [mjɛ̃, mjɛn] *adj poss+pron poss sing Gram* meu, o meu (minha, a minha).
miette [mjɛt] *nf* migalha.
mieux [mjø] *adv* melhor. **de mieux en mieux** cada vez melhor. **faire de son mieux** dar o melhor de si. **mieux vaut moineau en cage que poule d'eau qui nage** é melhor um passarinho na mão do que dois voando.
mi.graine [migʀɛn] *nf Méd* enxaqueca.
mi.gra.tion [migʀasjɔ̃] *nf* migração.
mi.grer [migʀe] *vi* migrar.
mi.jo.ter [miʒɔte] *vt* cozinhar lentamente.
mil [mil] / [mij] *nm+num* mil.
mi.lieu [miljø] *nm* meio. **au beau ou en plein milieu** *fam* bem no meio. **le juste mileu** o meio-termo.
mi.li.taire [militɛʀ] *nm+adj* militar, soldado.
mi.li.tant, -ante [militɑ̃, -ɑ̃t] *n Pol* militante.

mi.li.ter [milite] *vi* militar.
mille [mil] *num* mil. • *nm* milha. **donner en mille** *fam* dar um doce se adivinhar.
mil.le.feuil.le [milfœj] *nm Art Cul* mil-folhas, doce de massa folheada.
mil.le-pat.tes [milpat] *nf Zool* centopeia.
mil.liard [miljaʀ] *nm+num* bilhão.
mil.lier [milje] *nm* milhar.
mil.lion [miljɔ̃] *nm+num* milhão.
mi.mer [mime] *vt* mimar, expressar por mímica.
mi.mique [mimik] *adj* mímico. • *nf* mímica.
mi.nau.dier, -ière [minodje, -jɛʀ] *adj* dengoso.
mince [mɛ̃s] *adj* 1 delgado, magro. 2 tênue. • *interj* puxa! **mince alors!** puxa!
min.ceur [mɛ̃sœʀ] *nf* magreza.
mine [min] *nf* 1 mina. 2 cara, semblante, aparência. 3 grafite para lapiseira. **faire grise mine** fazer cara feia. **faire mine de** fingir, fazer menção de. **mine de rien** com cara de quem não quer nada. **porte-mines** lapiseira.
mi.né.ral, -ale, -aux [mineʀal, -o] *nm+adj* mineral. • *nm Min* minério.
mi.net, ette [minɛ, ɛt] *n dim* 1 gatinho. 2 *arg* gato, moço charmoso.
mi.neur, -eure [minœʀ] *adj* mineiro. • *n* menor; menor de idade.
mi.nia.ture [minjatyʀ] *nf* miniatura.
mi.ni.bus [minibys] *nm* micro-ônibus.
mi.ni.mum [minimɔm] *nm* mínimo.
mi.nistre [ministʀ] *nm* ministro.
mi.no.ri.té [minɔʀite] *nf* minoria, menoridade.
mi.nuit [minɥi] *nm* meia-noite. **minuit et demie** meia-noite e meia.
mi.nute [minyt] *nf* 1 minuto. 2 minuta. **à la minute** *fam* agora mesmo, neste instante.
mi.nu.tie [minysi] *nf* minúcia.

mi.racle [miʀakl] *nm* milagre.
mi.rage [miʀaʒ] *nm* miragem, ilusão.
mire [miʀ] *nf* mira.
mi.rer [miʀe] *vt* 1 mirar (olhar atentamente). 2 refletir. 3 fazer mira. *vpr* 4 mirar-se, espelhar-se.
mi.roir [miʀwaʀ] *nm* espelho.
mise [miz] *nf* colocação. **mise à jour** atualização. **mise en place** aplicação. **mise en scène** encenação, direção, dramatização.
mi.sère [mizɛʀ] *nf* miséria, penúria. **pleurer misère** lamuriar-se, chorar miséria.
mi.sé.ri.corde [mizeʀikɔʀd] *nf* misericórdia, perdão.
mis.sion [misjɔ̃] *nf* 1 missão, encargo. 2 *Rel* missão (instituição missionária).
mite [mit] *nf Zool* traça.
mi.ti.ger [mitiʒe] *vt* aliviar.
mi.trail.ler [mitʀaje] *vt* metralhar.
mi.xage [miksaʒ] *nm* mixagem.
mi.xer [mikse] *vt* 1 mixar (som ou imagem). 2 bater, misturar no liquidificador.
mi.xeur [miksœʀ] *nm* 1 técnico especializado em mixagem. 2 liquidificador, *mixer*.
mixte [mikst] *nm+adj* misto.
mo.bile [mɔbil] *adj* 1 levadiço. 2 móvel.
mo.bi.lier, -ière [mɔbilje, -jɛʀ] *adj* mobiliário. • *nm* mobília.
mo.bi.li.ser [mɔbilize] *vt* mobilizar.
mode [mɔd] *nf* 1 moda. 2 *fig* onda. 3 *Mus* modo.
mo.dèle [mɔdɛl] *nm* 1 modelo, forma. 2 *fig* espelho. 3 exemplo.
mo.de.ler [mɔd(ə)le] *vt* modelar.
mo.dé.ra.tion [mɔdeʀasjɔ̃] *nf* moderação, comedimento, continência.
mo.dé.rer [mɔdeʀe] *vt* moderar, regular, refrear.
mo.derne [mɔdɛʀn] *adj* moderno.
mo.der.ni.ser [mɔdɛʀnize] *vt* modernizar.

mo.des.tie [mɔdɛsti] *nf* modéstia, pudor, recato, reserva.

mo.di.fi.ca.tion [mɔdifikasjɔ̃] *nf* modificação, alteração, mudança.

mo.di.fier [mɔdifje] *vt* modificar, mudar, alterar.

mo.dule [mɔdyl] *nm* módulo.

mo.du.ler [mɔdyle] *vt* modular.

moelle [mwal] *nf* **1** tutano. **2** *Anat* medula.

moi [mwa] *pron pers sing Gram* mim, eu. **avec moi** comigo. **moi-même** eu mesmo.

moi.neau [mwano] *nm* **1** *Zool* pardal. **2** *fam* pênis (sobretudo de criança).

moins [mwɛ̃] *adv* menos. **au moins, du moins** ao menos, pelo menos. **de moins en moins** cada vez menos. **rien de moins que** nada mais nada menos que.

mois [mwa] *nf* mês. **tous les deux mois** bimestral, a cada dois meses.

moi.sir [mwazir] *vi* embolorar, mofar.

moi.tié [mwatje] *nf* metade. **chère moitié** *fam* cara-metade. **moitié moitié** meio a meio.

mo.lé.cule [mɔlekyl] *nf Chim* molécula.

mo.les.ter [mɔleste] *vt* molestar.

mol.lesse [mɔles] *nf* **1** moleza. **2** indolência. **3** brandura.

môme [mo:m] *nmf* criança.

mo.ment [mɔmɑ̃] *nm* momento. **par moments** de vez em quando.

mon [mɔ̃] *adj poss m sing Gram* meu.

mo.nar.chie [mɔnaʁʃi] *nf* monarquia.

mo.nar.chique [mɔnaʁʃik] *adj* monárquico.

mo.nar.que [mɔnaʁk] *nm* monarca.

mo.nas.tère [mɔnastɛʁ] *nm* mosteiro, monastério.

mondain, -aine [mɔ̃dɛ̃, -ɛn] *adj* mundano.

monde [mɔ̃d] *nm* **1** mundo. **2** gente. **depuis que le monde est monde** desde que o mundo é mundo. **il y a beaucoup de monde** tem muita gente. **tout le monde** todo mundo.

mon.dia.li.sa.tion [mɔ̃djalizasjɔ̃] *nf* globalização.

mo.né.taire [mɔnetɛʁ] *adj* monetário.

mo.ni.teur, -trice [mɔnitœʁ, -tʁis] *nm* monitor.

mon.naie [mɔnɛ] *nf* **1** moeda. **2** troco. **c'est monnaie courante** *fam* é coisa comum, é moeda corrente. **rendre à quelqu'un la monnaie de sa pièce** *fam* devolver na mesma moeda.

mo.no.game [mɔnɔgam] *n+adj* monógamo.

mo.no.gra.phie [mɔnɔgʁafi] *nf* monografia.

mo.no.logue [mɔnɔlɔg] *nm* monólogo.

mo.no.pole [mɔnɔpɔl] *nm* **1** monopólio, exclusividade. **2** *Com* monopólio, ausência de concorrência.

mo.no.po.li.ser [mɔnɔpɔlize] *vt* monopolizar, possuir ou tomar exclusivamente para si.

mo.no.tone [mɔnɔtɔn] *adj* monótono, chato, enfadonho.

mo.no.to.nie [mɔnɔtɔni] *nf* monotonia.

mon.sieur [məsjø] *nm* senhor.

monstre [mɔ̃stʁ] *nm* monstro.

mons.trueux, -euse [mɔ̃stʁyø, -øz] *adj* monstruoso.

mons.truo.si.té [mɔ̃stʁyozite] *nf* monstruosidade.

mont [mɔ̃] *nm* monte. **par monts et par vaux** por toda parte. **promettre monts et merveilles** *fam* prometer mundos e fundos.

mon.tagne [mɔ̃taɲ] *nf* montanha.

mon.tant, -ante [mɔ̃tɑ̃, -ɑ̃t] *nm* **1** montante, verba. **2** *Com* soma, total.

mon.ter [mɔ̃te] *vt* **1** montar. *vi* **2** subir, montar, trepar, ascender, galgar. **3** crescer. **4** aumentar. **la rivière a monté**

o rio subiu. **monter à** chegar a. **monter (à cheval)** cavalgar. **monter en croupe** ir na garupa.

montre [mɔ̃tʀ] *nf* relógio de pulso. **faire montre de** fazer alarde de, dar mostra de.

mon.trer [mɔ̃tʀe] *vt* **1** mostrar, apontar, exibir, assinalar, evidenciar. **2** *fig* manifestar. *vpr* **3** mostrar-se.

mo.nu.ment [monymɑ̃] *nm* monumento.

mo.quer [mɔke] *vt* zombar, caçoar. **se moquer de** zombar, fazer pouco caso de.

mo.querie [mɔkʀi] *nf* zombaria, chacota.

mo.quette [mɔkɛt] *nf* carpete.

mo.queur, -euse [mɔkœʀ, -øz] *adj* zombeteiro.

mo.rale [mɔʀal] *nf* moral, princípio.

mo.ra.li.ser [mɔʀalize] *vt* moralizar.

mo.ra.liste [mɔʀalist] *adj* moralista.

mo.ra.toire [mɔʀatwaʀ] *nf* moratória.

mor.ceau [mɔʀso] *nm* **1** pedaço, naco, bocado. **2** trecho. **morceau de sucre** torrão de açúcar.

mor.ce.ler [mɔʀsəle] *vt* desmembrar, despedaçar.

mor.dant, -ante [mɔʀdɑ̃, -ɑ̃t] *adj* **1** picante, satírico. **2** *fig* incisivo.

mor.dre [mɔʀdʀ] *vt* **1** morder. **2** *fig* morder a isca.

mor.gue [mɔʀg] *nf* morgue, necrotério.

mo.ro.si.té [mɔʀozite] *nf* melancolia.

mor.sure [mɔʀsyʀ] *nf* **1** mordida. **2** picada de inseto.

mort [mɔʀ] *nf* **1** morte, óbito, falecimento. **2** destruição, fim, ruína. • *adj+nm* falecido, morto. **faire le mort** fingir-se de morto. **la mort dans l'âme** com o coração partido, com muito pesar. **la morte saison** *fam* a baixa estação. **mourir de sa belle mort** *fam* morrer de morte natural. **tête de mort** caveira.

mor.ta.li.té [mɔʀtalite] *nf* mortalidade.

mor.ti.fier [mɔʀtifje] *vt* mortificar.

mo.rue [mɔʀy] *nm Zool* bacalhau.

mo.saï.que [mɔzaik] *nm* mosaico.

mos.quée [mɔske] *Rel* mesquita.

mot [mo] *nm* **1** palavra. **2** bilhete. **gros mot** palavrão. **le dernier mot** a última palavra. **mot à mot** ao pé da letra, literalmente. **mot de passe** senha. **mots croisés** palavras cruzadas. **ne pas mâcher les mots** dizer na lata, falar sem rodeios, francamente. **ne pas souffler mot ou ne pas piper mot** não dar um pio. **qui ne dit mot consent** *prov* quem cala consente.

mo.tard, -arde [mɔtaʀ, -aʀd] *n* motociclista.

mo.teur, -trice [mɔtœʀ, -tʀis] *adj* motriz. • *nm+adj* motor.

mo.tif [mɔtif] *nm* motivo.

mo.ti.ver [mɔtive] *vt* motivar.

mo.to [mɔto] *nf* motocicleta, moto.

mo.to.cy.clisme [mɔtɔsiklism] *nm* motociclismo.

mo.to.cy.cliste [mɔtɔsiklist] *n* motociclista.

mo.tri.ci.té [mɔtʀisite] *nf* motricidade.

mou [mu] *adj* mole, fofo, flácido, frouxo. • *n pop* molenga. *Var:* **mol.**

mou.chard, -arde [muʃaʀ, -aʀd] *n* **1** delator, informante. **2** *fam* dedo-duro.

mou.char.der [muʃaʀde] *vt* **1** delatar. **2** *fam* dedurar.

mouche [muʃ] *nf* **1** *Zool* mosca. **2** pequeno pedaço de tafetá preto (imitando uma pinta) que as mulheres de antigamente colocavam no rosto para ressaltar sua brancura. **bateau-mouche** barco motorizado em serviço em Paris, que permite aos turistas ver o rio Sena e alguns monumentos da capital francesa. **faire mouche** acertar na mosca, no alvo. **quelle mouche te pique?** que bicho te mordeu?

mou.cher [muʃe] *vt+vpr* assoar. **moucher le nez** assoar o nariz.

mou.choir [muʃwaʀ] *nm* lenço.

mouette [mwɛt] *nf Zool* gaivota.

mouil.ler [muje] *vt* **1** molhar. **2** ancorar. *vpr* **3** molhar-se, ensopar-se.

moule [mul] *nf* **1** forma, assadeira. **2** molde. **3** *Zool* marisco, mexilhão. **fait au moule** *fam* feito sob medida.

mou.ler [mule] *vt* moldar, amoldar.

mou.lin [mulɛ̃] *nm* moinho. **moulin à paroles** *fig* tagarela, pessoa que fala como um papagaio. **moulin à sucre** engenho de açúcar. **moulin à vent** moinho de vento.

mou.rir [muʀiʀ] *vi* **1** morrer, falecer, expirar. **2** extinguir, apagar. **mourir de sa belle mort** morrer de morte natural.

mousse [mus] *nf* **1** musgo. **2** espuma (do mar, de champanha etc.). **3** musse (doce).

mous.ser [muse] *vt* espumar.

mous.tache [mustaʃ] *nm* bigode.

mou.tarde [mutaʀd] *nf Bot* mostarda. **la moutarde lui monte au nez** ele fica impaciente, toma raiva.

mou.ton [mutɔ̃] *nm Zool* cordeiro. **revenir à ses moutons** *fam* retomar um assunto, voltar à vaca fria. **un mouton enragé** *fam* lobo em pele de cordeiro.

mou.vant, -ante [muvɑ̃, -ɑ̃t] *adj* movediço. **sable mouvant** areia movediça.

mouve.ment [muvmɑ̃] *nm* movimento, evolução.

mou.voir [muvwaʀ] *vt* **1** mover, movimentar, abalar. *vpr* **2** locomover-se, mover-se, movimentar-se.

moyen, -enne [mwajɛ̃, -jɛn] *nm* meio, jeito, modo, maneira, recurso. • *adj* médio, mediano. **au moyen de** mediante, por meio de, por intermédio de. **Moyen Âge** Idade Média. **moyen terme** meio-termo.

moyen.nant [mwajɛnɑ̃] *prép* mediante.

moyenne [mwajɛn] *nf* média. **en moyenne** em média.

mu.co.si.té [mykozite] *nf* mucosidade.

mu.cus [mykys] *nm Physiol* muco, mucosidade.

muet, muette [mɥɛ, mɥɛt] *adj* **1** mudo. **2** quieto, silencioso. **3** *Gram* mudo (fonema, letra). • *nm* mudo.

mu.gir [myʒiʀ] *vi* mugir, bramir, bramar.

mu.lâ.tre, mu.lâ.tresse [mylatʀ, mylatʀɛs] *nm+adj* mulato.

mule [myl] *nf* **1** mula. **2** chinelo.

mul.tiple [myltipl] *nm+adj* **1** múltiplo. **2** variado. **3** *Mat* múltiplo.

mul.ti.pli.ca.tion [myltiplikasjɔ̃] *nf* multiplicação.

mul.ti.plier [myltiplije] *vt+vpr* multiplicar.

mu.ni.ci.pal, -ale, -aux [mynisipal, -o] *adj* municipal.

mu.nir [myniʀ] *vt* **1** munir, prover. *vpr* **2** munir-se.

mu.ni.tion [mynisjɔ̃] *nf* **1** munição, provisão. **2** *Mil* munição, arsenal.

mu.queuse [mykøz] *nf Anat* mucosa.

mur [myʀ] *nm* **1** muro. **2** parede. **3** cerca. **les murs ont des oreilles** as paredes têm ouvidos. **mettre quelqu'un au pied du mur** *fam* encurralar, encostar alguém na parede, obrigá-lo a tomar uma decisão. **mur de clôture** parede divisória. **parler à un mur** falar com as paredes.

mûr, mûre [myʀ] *adj* maduro.

mûre [myʀ] *nf Bot* amora.

mu.rer [myʀe] *vt* murar, tapar.

mû.rir [myʀiʀ] *vt* amadurecer.

mur.mu.rer [myʀmyʀe] *vt+vi* murmurar, sussurrar, resmungar.

muscle [myskl] *nm Anat* músculo.

mus.cu.laire [myskylɛʀ] *adj* muscular.

muse [myz] *nf* musa.

mu.seau [myzo] *nm* **1** focinho. **2** *pop* fuça.

mu.sée [myze] *nm* museu.

mu.se.lière [myzəljɛʀ] *nf* focinheira, mordaça.
mu.sette [myzɛt] *nf* gaita de foles. **bal musette** baile popular.
mu.si.cal, -ale, -aux [myzikal, -o] *adj* musical.
mu.si.ca.li.té [myzikalite] *nf* musicalidade.
mu.si.cien, -ienne [myzisjɛ̃, -jɛn] *adj* músico.
mu.sique [myzik] *nf* música.
mu.sul.man, -ane [myzylmɑ̃, -an] *adj* muçulmano.
mu.table [mytabl] *adj* mutável.
mu.tant, -ante [mytɑ̃, -ɑ̃t] *adj* mutante.
mu.ta.tion [mytasjɔ̃] *nf* mutação.

mu.ti.ler [mytile] *vt* mutilar, decepar, aleijar.
mu.ti.ne.rie [mytinʀi] *nm* motim.
mu.tisme [mytism] *nm* mutismo.
myope [mjɔp] *n+adj* míope.
mys.tère [mistɛʀ] *nm* mistério, enigma.
mys.té.rieux, -ieuse [misteʀjø, -jøz] *adj* misterioso, obscuro, oculto.
mys.ti.cisme [mistisism] *nm* misticismo.
mys.ti.fi.ca.tion [mistifikasjɔ̃] *nf* mistificação.
mys.ti.fier [mistifje] *vt* mistificar.
mys.tique [mistik] *nm+adj* místico.
mythe [mit] *nm* mito.
my.tho.lo.gie [mitɔlɔʒi] *sf* mitologia.

n

n [ɛn] *nm* décima quarta letra e décima primeira consoante do alfabeto da língua francesa.

na.bot [nabo] *n+adj* nanico.

nage [naʒ] *nm* nado. **à la nage** a nado. **être à la nage** estar inundado de suor.

na.geoire [naʒwaʀ] *nf Zool* nadadeira.

na.ger [naʒe] *vt* **1** nadar. **2** *fig* boiar, ignorar. **3** *fam* estar com roupas folgadas.

na.geur, -euse [naʒœʀ, -øz] *n* nadador. **maître-nageur** salva-vidas.

na.guère [nagɛʀ] *adv* recentemente, há pouco tempo.

naïf, -ïve [naif, naiv] *adj* ingênuo, simples.

nain, naine [nɛ̃, nɛn] *n* anão. *Blanche-Neige et les sept nains* / Branca de Neve e os Sete Anões.

nais.sance [nɛsɑ̃s] *nf* nascimento, nascença.

naî.tre [nɛtʀ] *vi* **1** nascer, vir ao mundo. **2** nascer, despertar. **3** nascer, resultar.

na.ï.ve.té [naivte] *nf* **1** ingenuidade, singeleza. **2** excesso de credulidade.

na.na [nana] *nf fam* jovem, garota. **2** namorada.

nan.tir [nɑ̃tiʀ] *vt* munir, prover, dotar.

na.po.léon [napɔleɔ̃] *nm* antiga moeda de ouro de vinte francos, com a efígie do imperador Napoleão I ou Napoleão III.

nappe [nap] *nf* **1** toalha de mesa. **2** vasta camada ou extensão plana (de fluido).

nar.cis.sisme [naʀsisism] *nm* narcisismo.

nar.co.tique [naʀkɔtik] *n+adj* narcótico.

na.rine [naʀin] *nf Anat* narina.

nar.quois, -oise [naʀkwa, -waz] *adj* irônico, malicioso.

nar.ra.teur, -trice [naʀatœʀ, -tʀis] *n* narrador.

nar.ra.tion [naʀasjɔ̃] *nf* narrativa, narração.

na.sa.li.sa.tion [nazalizasjɔ̃] *nf* nasalização.

na.sil.ler [nazije] *vt* falar fanhoso.

na.ta.li.té [natalite] *nf* natalidade.

na.ta.tion [natasjɔ̃] *nf* natação.

na.tif, -ive [natif, -iv] *adj* nativo, originário.

na.tion [nasjɔ̃] *nf* nação.

na.tio.nal, -ale [nasjɔnal] *adj* nacional.

na.tio.na.liste [nasjɔnalist] *n+adj* nacionalista.

na.tio.na.li.té [nasjɔnalite] *nf* nacionalidade.

natte [nat] *nf* **1** esteira. **2** trança.

na.tu.ra.li.sa.tion [natyʀalizasjɔ̃] *nf* naturalização.

na.tu.ra.lisme [natyʀalism] *nm* naturalismo, estilo artístico do século XIX que se apoia na natureza e nas ciências naturais.

na.ture [natyʀ] *nf* natureza. • *adj inv* **1** natural (pessoas e atos). **2** preparado de forma simples e natural. **c'est une heureuse nature** ele (ela) tem gênio bom, está sempre contente. **grandeur nature** do tamanho real, natural. **nature morte** *Peint* natureza-morta. **yaourt nature** iogurte natural.

na.tu.rel, -elle [natyʀɛl] *adj* **1** natural, relativo à natureza. **2** natural, normal.

nau.frage [nofʀaʒ] *nm* naufrágio. **faire naufrage** naufragar.

nau.sé.a.bond, -onde [nozeabɔ̃, -ɔ̃d] *adj n* nauseabundo.

nau.sée [noze] *nf* **1** náusea. **2** *Méd* enjoo.

nau.tique [notik] *adj* náutico. • *nf* náutica.

na.vet [navɛ] *nm* **1** *Bot* nabo. **2** *fam* obra de arte sem valor.

na.vette [navɛt] *nf* naveta, lançadeira. **2** ônibus circular. **faire la navette** ir e vir regularmente; usar o serviço de transporte regular de interligação.

na.vi.ga.teur, -trice [navigatœʀ, -tʀis] *n* navegador.

na.vi.ga.tion [navigasjɔ̃] *nf* navegação.

na.vi.guer [navige] *vt* **1** navegar. **2** *Inform* navegar, surfar.

na.vire [naviʀ] *nm* navio, embarcação.

na.vrer [navʀe] *vt* desolar, afligir, consternar.

na.zisme [nazism] *nm* nazismo.

ne [nə] *adv neg* não.

né, -ée [ne] *adj+part* nascido, nato.

néan.moins [neɑ̃mwɛ̃] *adv* entretanto, no entanto, porém.

néant [neɑ̃] *nm* nada, inexistente, vazio. **réduire à néant** reduzir a nada. **tirer du néant** tirar do vazio, criar.

né.bu.lo.si.té [nebylozite] *nf* nebulosidade.

né.ces.saire [neseseʀ] *adj+nm* necessário, indispensável, útil, essencial, primordial. • *nm* frasqueira, estojo de toalete.

né.ces.si.ter [nesesite] *vt* **1** necessitar, precisar. **2** requerer, exigir.

né.cro.lo.gie [nekʀɔlɔʒi] *nf* necrologia.

né.cro.pole [nekʀɔpɔl] *nf* necrópole, cemitério.

nec.ta.rine [nɛktaʀin] *nf Bot* nectarina.

nef [nɛf] *nf* **1** nave, nau. **2** nave (de igreja).

né.ga.tif, -ive [negatif, -iv] *adj* negativo.

né.ga.tion [negasjɔ̃] *nf* negação.

né.gli.gence [negliʒɑ̃s] *nf* **1** negligência, displicência, descuido. **2** desleixo, desalinho, desmazelo.

né.gli.gent, -ente [negliʒɑ̃, -ɑ̃t] *adj* **1** negligente, displicente. **2** desleixado, desalinhado.

né.gli.ger [negliʒe] *vt* negligenciar.

né.go.ciant, -iante [negɔsjɑ̃, -jɑ̃t] *adj+n* negociante.

né.go.cia.teur, -trice [negɔsjatœʀ, -tʀis] *n* negociador, intermediário, negociante.

né.go.cia.tion [negɔsjasjɔ̃] *nf* negociação.

né.go.cier [negɔsje] *vt+vi* negociar.

nè.gre, né.gresse [nɛgʀ, negʀɛs] *n+adj péj* negro.

né.gri.tude [negʀityd] *nf* negritude.

neige [nɛʒ] *nf* neve. **bonhomme de neige** boneco de neve.

nei.ger [neʒe] *vimp* nevar.

néo.lo.gisme [neɔlɔʒism] *nm* neologismo.

néon [neɔ̃] *nm Chim* **1** néon, gás empregado em iluminação. **2** lâmpada que contém esse gás.

né.po.tisme [nepɔtism] *nm* nepotismo.

nerf [nɛʀ] *nm Anat* nervo.

ner.veux, -euse [nɛʀvø, -øz] *adj* nervoso. **maladies nerveuses** doenças do sistema nervoso.

ner.vo.si.té [nɛʀvozite] *nf* nervosidade.

net, nette [nɛt] *adj+adv* **1** limpo, impecável. **2** nítido, claro, distinto, visível. **3** líquido (peso, salário). **4** categórico, inequívoco.

net.te.té [nɛtəte] *nf* nitidez, clareza.
net.toie.ment [netwamã] *V* nettoyage.
net.toyage [netwajaʒ] *nm* **1** limpeza. **2** lavagem. **3** faxina. **nettoyage à sec** lavagem a seco.
net.toyer [netwaje] *vt* limpar.
net.toyeur, -euse [netwajœr, -øz] *n* limpador, pessoa que limpa.
neuf, neuve [nœf, nœv] *adj+nm* novo.
• *adj num* nove.
neu.ro.lo.gie [nørɔlɔʒi] *nf Méd* neurologia.
neu.rone [nørɔn / nøron] *nm Histol* neurônio.
neu.tra.li.ser [nøtralize] *vt* neutralizar.
neu.tra.li.té [nøtralite] *nf* **1** *Chim* neutralidade. **2** imparcialidade.
neutre [nøtr] *adj* neutro.
neu.vaine [nœvɛn] *nf* novena.
neu.vième [nœvjɛm] *adj+num* nono.
ne.veu [n(ə)vø] *nm* sobrinho.
né.vrose [nevroz] *nf Méd* nevrose, neurose.
nez [ne] *nm Anat* nariz. **fourrer son nez partout** ser curioso, indiscreto. **ne pas voir plus loin que le bout de son nez** não ver um palmo diante do nariz.
ni [ni] *conj* nem. **ni queue ni tête** sem pé nem cabeça.
niaise.rie [njɛzri] *nf* bobeira.
niche [niʃ] *nf* **1** casinha de cachorro. **2** *Archit* nicho. **3** *fam* zombaria, peça.
ni.chée [niʃe] *nf* ninhada.
ni.co.tine [nikɔtin] *nf Chim* nicotina.
nid [ni] *nm* ninho.
nièce [njɛs] *nf* sobrinha.
nier [nje] *vt* negar.
ni.gaud, -aude [nigo, -od] *adj* tolo.
ni.veau [nivo] *nm* nível.
ni.ve.ler [niv(ə)le] *vt* nivelar.
no.bi.li.aire [nɔbiljɛr] *adj+n* nobiliário.
noble [nɔbl] *adj* nobre, aristocrático.
no.blesse [nɔblɛs] *nf* nobreza, aristocracia.
noce [nɔs] *nf* núpcias, bodas.

no.cif, -ive [nɔsif, -iv] *adj* nocivo, prejudicial.
noc.tam.bule [nɔktɑ̃byl] *n+adj* sonâmbulo, noctâmbulo, que anda ou vagueia à noite.
noc.turne [nɔktyrn] *adj* noturno.
No.ël [nɔɛl] *nm* Natal. **croire au Père Noël** acreditar em Papai Noel, ser muito ingênuo. **Père Noël** Papai Noel.
nœud [nø] *nm* nó, laço. **nœud coulant** laçada. **nœud papillon** gravata-borboleta.
noir, -e [nwar] *adj+n* **1** negro, preto. **2** escuro. **3** obscuro, sombrio. **4** *fam* bêbado. **c'est écrit noir sur blanc** é preto no branco, é incontestável. **il fait noir** está escuro (noite). **roman, film noir** romance, filme sombrio, mórbido.
noir.ceur [nwarsœr] *nf* negridão, negrura.
noir.cir [nwarsir] *vt* **1** pretejar. **2** escurecer.
noir [nwar] *nf Mus* semínima.
noi.sette [nwazɛt] *nf Bot* avelã.
noix [nwa] *nf* noz. **noix d'acajou** ou **de cajou** castanha de caju. **noix de coco** coco. **noix mouscade** noz-moscada.
nom [nɔ̃] *nm* **1** sobrenome. **2** *Gram* substantivo. **au nom de quelqu'un** em nome de alguém.
no.made [nɔmad] *adj* **1** itinerante. **2** nômade.
nombre [nɔ̃br] *nm* número, numeral.
nom.bril [nɔ̃bri(l)] *nm* umbigo.
no.men.cla.ture [nɔmɑ̃klatyr] *nf* nomenclatura.
no.mi.na.tion [nɔminasjɔ̃] *nf* nomeação, designação.
nom.mer [nɔme] *vt* **1** nomear, denominar. **2** nomear, designar.
non [nɔ̃] *adv+n* não. **non plus** também não, tampouco.
non.obs.tant [nɔnɔpstɑ̃] *prép+adv* não obstante, apesar de tudo.

non-sens [nɔ̃sɑ̃s] *nm* absurdo, contrassenso.

nord [nɔr] *nm* norte. **perdre le nord** perder o rumo.

nor.mal, -ale, -aux [nɔrmal, -o] *adj* 1 normal, habitual. 2 normal, lógico.

nor.ma.li.ser [nɔrmalize] *vt* normalizar.

nor.ma.li.té [nɔrmalite] *nf* normalidade.

norme [nɔrm] *nf* norma, regra.

nos [no] *adj poss m+f pl* nossos, nossas.

nos.tal.gie [nɔstalʒi] *nf* nostalgia.

no.table [nɔtabl] *adj* notável, apreciável, importante.

no.taire [nɔtɛr] *nm* escrivão, notário.

no.ta.tion [nɔtasjɔ̃] *nf* notação.

note [nɔt] *nf* 1 nota, lembrete, anotação. *carnet de notes* / bloco de notas. *note de bas de page* / nota de rodapé. 2 nota (escolar). *carnet de notes* / boletim. 3 conta, fatura. 4 *Mus* nota. 5 nota, toque. *donner la note* / dar o tom. *une note gaie* / uma nota alegre.

no.ter [nɔte] *vt* anotar, marcar.

no.tice [nɔtis] *nf* 1 notícia. 2 nota, resumo.

no.ti.fi.ca.tion [nɔtifikasjɔ̃] *nf* notificação.

no.ti.fier [nɔtifje] *vt* notificar.

no.tion [nɔsjɔ̃] *nf* noção, rudimento.

no.toire [nɔtwar] *adj* notório, famoso.

no.to.rié.té [nɔtɔrjete] *nf* notoriedade, fama.

notre [nɔtr] *adj poss m+f sing Gram* nosso, nossa. **Notre-Dame** *Rel* Nossa Senhora. **Notre Seigneur** Nosso Senhor.

nôtre [notr] *pron poss Gram* nosso, nossa. **les nôtres** os nossos (parentes e amigos).

nouer [nwe] *vt* dar um nó, amarrar.

nou.gat [nuga] *nm* doce elaborado com mel, açúcar caramelizado e amêndoas ou nozes ou avelãs.

nou.nou [nunu] *nf enf* babá.

nou.nours [nunurs] *nm inv enf* ursinho de pelúcia.

nour.rice [nuris] *nf* 1 mãe que amamenta, nutriz. 2 ama de leite. **épingle de nourrice** alfinete de segurança.

nour.rir [nurir] *vt* 1 nutrir, alimentar, sustentar. 2 amamentar. *vpr* 3 alimentar-se, comer.

nour.ris.son [nurisɔ̃] *nm* bebê.

nour.ri.ture [nurityr] *nf* alimento, comida, alimentação.

nous [nu] *pron pers Gram* 1 nós. 2 nos. **à nous** nosso, nossa.

nou.veau, -veau, -vel, nou.velle [nuvo, nuvɛl] *adj+nm* 1 novo, recente. 2 calouro, novato. • *nf* 1 conto, novela. 2 notícia, novidade. **de nouveau, à nouveau** de novo, uma outra vez. **la nouvelle lune** a lua nova. **le nouvel an** o Ano-novo.

nou.veau-né [nuvone] *n+adj* recém-nascido.

nou.veau.té [nuvote] *nf* 1 novidade. 2 lançamento.

nou.vel.liste [nuvelist] *n* novelista.

no.vem.bre [nɔvɑ̃br] *nm* novembro.

no.vice [nɔvis] *adj+n* noviço.

no.vi.ciat [nɔvisja] *nm* noviciado.

noyau [nwajo] *nm* 1 núcleo. 2 centro. 3 *Bot* caroço. 4 miolo.

noyer [nwaje] *vt* 1 afogar. 2 submergir, inundar. 3 fazer desaparecer debaixo da água, afundar. • *nm Bot* nogueira. **se noyer** afogar-se. **se noyer dans un verre d'eau** fazer tempestade num copo de água.

nu, nue [ny] *adj+n* 1 nu, despido, pelado. 2 sem ornamento. • *nm* nu (arte). **à l'œil nu** a olho nu. **à nu** a descoberto. **dire la vérité toute nue** dizer a verdade nua e crua. **être nu comme un ver** estar completamente nu. **être nu-pied** estar descalço.

nuage [nɥaʒ] *nm* nuvem.

nua.geux, -euse [nɥaʒø, -øz] *adj* nebuloso, nublado.
nuance [nɥɑ̃s] *nf* nuança, matiz.
nu.an.cer [nɥɑ̃se] *vt* nuançar, matizar.
nu.cléaire [nykleɛʀ] *adj* nuclear. **énergie nucléaire** energia nuclear.
nu.disme [nydism] *nm* nudismo.
nu.di.té [nydite] *nf* nudez.
nue [ny] *nf* nuvem. **tomber des nues** *fam* cair das nuvens.
nuire [nɥiʀ] *vt* **1** prejudicar, lesar, molestar, transtornar, perturbar. *vpr* **2** prejudicar-se. **nuire à quelqu'un** prejudicar alguém.
nui.sance [nɥizɑ̃s] *nf* prejuízo, dano, transtorno.
nui.sible [nɥizibl] *adj* daninho, desvantajoso, pernicioso.
nuit [nɥi] *nf* **1** noite. **2** escuridão. **de nuit** noturno. **nuit blanche** noite em claro, sem dormir. **nuit de noces** noite de núpcias.
nul, nulle [nyl] *adj* **1** nulo. **2** sem valor, sem importância. **match nul** zero a zero, partida de futebol em que não houve gols.
nul.li.té [nylite] *nf* nulidade.

nu.mé.ral, -ale, -aux [nymeʀal, -o] *adj*+*n* numeral.
nu.mé.ra.tion [nymeʀasjɔ̃] *nf* numeração.
nu.mé.rique [nymeʀik] *adj* numérico, digital.
nu.mé.ri.ser [nymeʀize] *vt* escanear.
nu.mé.ro [nymeʀo] *nm* **1** número. **2** parte de uma obra impressa periódica. *numéro d'une revue, d'un journal* / número de uma revista, de um jornal. **3** pequeno espetáculo, parte de um programa de variedades ou de circo. *numéro d'acrobatie* / número de acrobacia.
nu.mé.ro.lo.gie [nymeʀɔlɔʒi] *nf* numerologia.
nu.mé.ro.ter [nymeʀɔte] *vt* numerar, enumerar.
nup.tial, -ale [nypsjal] *adj* nupcial.
nuque [nyk] *nf Anat* nuca.
nu.tri.tif, -ive [nytʀitif, -iv] *adj* nutritivo, nutriente.
nu.tri.tion [nytʀisjɔ̃] *nf* nutrição.
nu.tri.tion.niste [nytʀisjɔnist] *n* nutricionista.
nymphe [nɛ̃f] *nf* ninfa.
nym.pho.ma.nie [nɛ̃fɔmani] *nf* ninfomania.

O

o [o] *nm* décima quinta letra e quarta vogal do alfabeto.

o.béir [ɔbeiʀ] *vt+vi* obedecer.

o.béis.sance [ɔbeisɑ̃s] *nf* **1** obediência. **2** *fig* submissão.

o.bé.lisque [ɔbelisk] *nm* obelisco.

o.bé.si.té [ɔbezite] *nf* obesidade.

ob.jec.ter [ɔbʒɛkte] *vt* objetar, questionar.

ob.jec.tif, -ive [ɔbʒɛktif, -iv] *adj* **1** objetivo. **2** imparcial. • *nm* fim, propósito.

ob.jec.tion [ɔbʒɛksjɔ̃] *nf* objeção.

ob.jet [ɔbʒɛ] *nm* objeto.

o.bli.ga.tion [ɔbligasjɔ̃] *nf* **1** obrigação, encargo, peso, ônus. **2** sentimento de reconhecimento em relação a alguém.

o.bli.ga.toire [ɔbligatwaʀ] *adj* obrigatório, forçoso, compulsório.

o.bli.gé, -ée [ɔbliʒe] *adj* **1** obrigado. **2** agradecido, grato. *je suis votre obligé /* eu lhe sou grato.

o.bli.geance [ɔbliʒɑ̃s] *nf* cortesia, obséquio, favor.

o.bli.ger [ɔbliʒe] *vt* obrigar, forçar.

o.bli.té.ra.tion [ɔbliteʀasjɔ̃] *nf* obliteração.

o.bli.té.rer [ɔblitere] *vt* **1** obliterar. **2** obstruir. *oblitérer le billet* convalidar o *ticket*.

obs.cé.ni.té [ɔpsenite] *nf* obscenidade.

obs.cur.cir [ɔpskyʀsiʀ] *vt* **1** obscurecer, escurecer. **2** ofuscar. *vpr* **3** tornar-se obscuro.

obs.cu.ri.té [ɔpskyʀite] *nf* obscuridade, falta de claridade.

ob.sé.der [ɔpsede] *vt* obcecar.

ob.sèques [ɔpsɛk] *nf pl* funerais, exéquias.

ob.ser.va.teur, -trice [ɔpsɛʀvatœʀ, -tʀis] *n+adj* observador.

ob.ser.va.tion [ɔpsɛʀvasjɔ̃] *nf* **1** observação, obediência, respeito. *l'observation d'une loi /* o respeito a uma lei. **2** observação, exame. **3** observação, crítica, reprimenda, censura.

ob.ser.va.toire [ɔpsɛʀvatwaʀ] *nm* observatório.

ob.ser.ver [ɔpsɛʀve] *vt* **1** observar, seguir, manter. **2** observar, contemplar, olhar. **3** observar, constatar, notar.

ob.ses.sif, -ive [ɔpsesif, -iv] *adj* obsessivo.

ob.ses.sion [ɔpsesjɔ̃] *nf* obsessão, fixação, ideia fixa.

obs.tacle [ɔpstakl] *nm* obstáculo, impedimento, empecilho, dificuldade.

obs.té.tri.cien, -ienne [ɔpstetʀisjɛ̃, -jɛn] *n* obstetra.

obs.ti.na.tion [ɔpstinasjɔ̃] *nf* obstinação, teimosia.

obs.ti.ner (s') [ɔpstine] *vpr* obstinar-se.

obs.truc.tion [ɔpstRyksjɔ̃] *nf* **1** *Méd* obstrução, entupimento. **2** oposição, impedimento.

obs.truer [ɔpstRye] *vt* obstruir, barrar.

ob.te.nir [ɔptəniR] *vt* obter, arranjar, arrumar, conseguir.

ob.ten.tion [ɔptɑ̃sjɔ̃] *nf* obtenção.

ob.tu.ra.tion [ɔptyRasjɔ̃] *nf* obturação.

ob.tu.rer [ɔptyRe] *vt* obturar.

oc.ca.sion [ɔkazjɔ̃] *nf* ocasião, circunstância, ensejo.

oc.ca.sion.nel, -elle [ɔkazjɔnɛl] *adj* ocasional, casual, fortuito.

oc.ca.sion.ner [ɔkazjɔne] *vt* ocasionar, causar.

oc.ci.dent [ɔksidɑ̃] *nm* ocidente.

oc.ci.den.tal [ɔksidɑ̃tal] *n+adj* ocidental.

oc.clu.sion [ɔklyzjɔ̃] *nf* oclusão.

oc.cul.ter [ɔkylte] *vt* ocultar.

oc.cu.per [ɔkype] *vt* **1** ocupar, fazer a ocupação. **2** morar. **3** preencher um cargo ou uma função. *vpr* **4** ocupar-se.

oc.cur.rence [ɔkyRɑ̃s] *nf* **1** ocorrência. **2** circunstância.

o.cé.an [ɔseɑ̃] *nm Géogr* oceano.

o.cé.a.no.gra.phie [ɔseanɔgRafi] *nf* oceanografia.

ocre [ɔkR] *nm* ocre.

oc.tobre [ɔktɔbR] *nm* outubro.

oc.troyer [ɔktRwaje] *vt* outorgar, conceder.

o.cu.liste [ɔkylist] *n* oculista.

o.deur [ɔdœR] *nf* odor, cheiro.

o.dieux, -ieuse [ɔdjø, -jøz] *adj* detestável, malquisto.

o.don.to.lo.gie [ɔdɔ̃tɔlɔʒi] *nf* odontologia.

o.do.rat [ɔdɔRa] *nm* olfato.

œil [œj] *nm* olho. **ne pas fermer l'œil de la nuit** / não pregar o olho à noite. **à l'œil nu** a olho nu. **mauvais œil** mau-olhado. **œil pour œil, dent pour dent** olho por olho, dente por dente.

œil-de-boeuf [œjdəbœf] *nm Archit* clarabóia.

œillet [œje] *nm Bot* cravo.

œuf [œf] *nm* ovo. **œuf dur** ovo cozido. **œufs brouillés** ovos mexidos. **œufs en, à la neige** claras em neve. **œufs frits** ovos fritos.

œu.vre [œvR] *nf* obra. **chef d'œuvre** obra-prima. **hors d'œuvre** entrada (em uma refeição). **mettre en œuvre** aplicar. **œuvre d'art** obra de arte. **œuvre de bienfaisance** obra de caridade.

of.fense [ɔfɑ̃s] *nf* ofensa, xingamento, afronta, insulto, injúria.

of.fen.ser [ɔfɑ̃se] *vt* **1** ofender, afrontar, atacar, ferir, xingar. *vpr* **2** ofender-se.

of.fen.sive [ɔfɑ̃siv] *nf* ofensiva.

of.fice [ɔfis] *nm* **1** ofício, celebração, culto. **2** cargo, função. **3** escritório.

of.fi.cia.li.ser [ɔfisjalize] *vt* oficializar.

of.fi.ciel, -ielle [ɔfisjɛl] *adj* oficial. • *nm Mil* oficial. **voiture officielle** carro oficial.

of.fi.cier [ɔfisje] *vt* oficiar. • *nm* oficial. **officier de justice** oficial de justiça.

of.frande [ɔfRɑ̃d] *nf* oferenda, dádiva.

offre [ɔfR] *nf* **1** oferta. **2** donativo. **3** oferecimento.

of.frir [ɔfRiR] *vt* **1** oferecer, dar. *vpr* **2** oferecer-se.

of.fus.quer [ɔfyske] *vt+vpr* ofuscar.

o.give [ɔʒiv] *nf* ogiva.

o.gre [ɔgR] *nm* ogro.

oi.gnon [ɔɲɔ̃] *nm* **1** *Bot* cebola. **2** bulbo. **3** calo, calosidade.

oindre [wɛ̃dR] *vt* ungir, untar.

oi.seau [wazo] *nm Zool* pássaro, ave. **oiseau de proie** ave de rapina. **oiseau rapace** gavião. **petit à petit, l'oiseau fait son nid** *prov* de grão em grão, a galinha enche o papo.

oiseau-mouche — orage

oi.seau-mouche [wazomuʃ] *nm Zool* colibri.

oi.si.ve.té [wazivte] *nf* ociosidade.

o.lé.o.duc [ɔleɔdyk] *nm* oleoduto.

o.live [ɔliv] *nf Bot* azeitona, oliva.

o.lym.piade [ɔlɛ̃pjad] *nf* olimpíada.

o.lym.pique [ɔlɛ̃pik] *adj* olímpico.

om.bi.li.cal [ɔ̃bilikal] *adj* umbilical.

om.brage [ɔ̃braʒ] *nm* folhagem que produz sombra.

ombre [ɔ̃bR] *nf* **1** sombra. **2** *fig* bruma. **ombre à paupières** sombra (maquiagem para os olhos).

o.me.lette [ɔmlɛt] *nf* omelete, fritada.

o.mettre [ɔmɛtR] *vt* **1** omitir. **2** descuidar.

o.mis.sion [ɔmisjɔ̃] *nf* **1** omissão, esquecimento. **2** aquilo que se omite.

om.ni.po.tence [ɔmnipɔtɑ̃s] *nf* onipotência.

o.mo.plate [ɔmɔplat] *nf Anat* omoplata.

on [ɔ̃] *pron indéf* **1** se, alguém. **2** nós, a gente.

once [ɔ̃s] *nf* onça (medida).

oncle [ɔ̃kl] *nm* tio.

onde [ɔ̃d] *nf Phys* onda.

on-dit [ɔ̃di] *nm* boato.

on.du.la.tion [ɔ̃dylasjɔ̃] *nf* ondulação.

on.du.ler [ɔ̃dyle] *vi* **1** ondular, mover-se sinuosamente. *vt* **2** encrespar, frisar.

ongle [ɔ̃gl] *nf* unha. **se ronger les ongles** roer as unhas. **vernis à ongles** esmalte (para unhas).

o.no.ma.to.pée [ɔnɔmatɔpe] *nf* onomatopeia.

onze [ɔ̃z] *nm+num* onze.

on.zième [ˈɔ̃zjɛm] *nm+num* décimo primeiro.

o.pa.ci.té [ɔpasite] *nf* opacidade.

o.pa.line [ɔpalɛ̃] *nf* opalina.

o.paque [ɔpak] *adj* opaco.

o.pé.ra [ɔpera] *nf* ópera.

o.pé.ra.tion [ɔperasjɔ̃] *nf* **1** operação, intervenção cirúrgica. **2** operação, trabalho, atividade.

o.pé.rer [ɔpere] *vt* **1** operar, executar. **2** *Méd* realizar uma operação cirúrgica. *vpr* **3** ocorrer.

o.phi.dien [ɔfidjɛ̃] *nm* ofídio.

oph.tal.mo.lo.gie [ɔftalmɔlɔʒi] *nf Méd* oftalmologia.

o.pi.ner [ɔpine] *vi* opinar.

o.pi.niâtre [ɔpinjɑtR] *adj* **1** obstinado, teimoso. **2** perseverante.

o.pi.niâ.tre.té [ɔpinjɑtRəte] *nf* **1** teimosia, obstinação. **2** persistência, perseverança.

o.pi.nion [ɔpinjɔ̃] *nf* opinião, estimativa, juízo, parecer, apreciação. *sondages d'opinion* / pesquisas de opinião.

o.pium [ɔpjɔm] *nm* ópio.

op.por.tu.nisme [ɔpɔRtynism] *nm* oportunismo.

op.por.tu.ni.té [ɔpɔRtynite] *nf* ensejo, oportunidade.

op.po.ser [ɔpoze] *vt* **1** opor, contrapor. *vpr* **2** opor-se, agir contra, impedir.

op.po.si.tion [ɔpozisjɔ̃] *nf* oposição.

op.pres.ser [ɔpRese] *vt* oprimir.

op.pres.seur [ɔpRɛsœR] *nm* opressor.

op.pres.sif, -ive [ɔpRɛsif, -iv] *adj* opressivo, opressor.

op.pres.sion [ɔpRɛsjɔ̃] *nf* opressão.

op.ter [ɔpte] *vi* optar, escolher.

op.ti.cien, -ienne [ɔptisjɛ̃, -jɛn] *n* oculista.

op.ti.mi.ser [ɔptimize] *vt* otimizar.

op.ti.misme [ɔptimism] *nm* otimismo.

op.ti.miste [ɔptimist] *adj+n* otimista.

op.tion [ɔpsjɔ̃] *nf* opção.

op.tique [ɔptik] *nf Phys* óptica. • *adj* óptico.

o.pu.lence [ɔpylɑ̃s] *nf* opulência.

or [ɔR] *conj* ora. • *nm* ouro. **d'ores et déjà** desde já. **lingot d'or** lingote de ouro. **l'or noir** o petróleo.

o.racle [ɔRakl] *nm* oráculo.

o.rage [ɔRaʒ] *nm* temporal, tempestade.

o.rai.son [ɔRεzɔ̃] *nf* reza, prece.
o.ral [ɔRal] *adj* oral.
o.range [ɔRɑ̃ʒ] *nf* 1 laranja (fruta). *nm* 2 laranja (cor). **orange pressée** laranjada.
o.ran.ger [ɔRɑ̃ʒe] *nm Bot* laranjeira.
o.ran.geade [ɔRɑ̃ʒad] *nf* suco de laranja.
o.ra.teur, -trice [ɔRatœR, -tRis] *n* orador.
o.ra.toire [ɔRatwaR] *nm* pequena capela. • *adj* oratório.
or.bi.tal, -e [ɔRbital] *adj* orbital.
or.bite [ɔRbit] *nf* órbita.
or.chestre [ɔRkεstR] *nf* orquestra.
or.ches.trer [ɔRkεstRe] *vt* orquestrar, instrumentar.
or.chi.dée [ɔRkide] *nf Bot* orquídea.
or.di.naire [ɔRdinεR] *adj* ordinário, reles, irrelevante, comum. **d'ordinaire, à l'ordinaire** habitualmente.
or.di.na.teur [ɔRdinatœR] *nm Inform* computador.
or.di.na.tion [ɔRdinasjɔ̃] *nf Rel* ordenação.
or.don.nance [ɔRdɔnɑ̃s] *nf* 1 ordem, disposição. 2 *Méd* receita. 3 *Mil* ordenança.
or.don.ner [ɔRdɔne] *vt* 1 ordenar, arrumar. 2 mandar. 3 receitar. 4 *Rel* ordenar.
ordre [ɔRdR] *nm* 1 ordem, arrumação. 2 comando. 3 tranquilidade geral. 4 classe, categoria. **à l'ordre du jour** na ordem do dia. **ordre de virement** ordem de pagamento. **ordre judiciaire** ordem judicial.
or.dure [ɔRdyR] *nf* lixo, imundície.
o.reille [ɔRεj] *nf Anat* orelha. **boucles d'oreilles** brincos. **tirer l'oreille, les oreilles, à un enfant** puxar a(s) orelha(s) de uma criança, dar uma bronca.
o.reil.ler [ɔReje] *nm* travesseiro.
or.fèvre [ɔRfεvR] *nm* ourives.

or.gane [ɔRgan] *nm Physiol* órgão.
or.ga.ni.gramme [ɔRganigRam] *nm* organograma.
or.ga.ni.sa.teur, -trice [ɔyganizatœR, -tRis] *n+adj* organizador.
or.ga.ni.sa.tion [ɔRganizasjɔ̃] *nf* organização.
or.ga.ni.ser [ɔRganize] *vt* 1 organizar, arrumar. *vpr* 2 organizar-se.
or.ga.nisme [ɔRganism] *nm* 1 organismo. 2 *fig* sistema.
orge [ɔRʒ] *nf Bot* cevada.
or.ge.let [ɔRʒɔlε] *nm Méd* terçol.
or.gue [ɔRg] *nm* órgão. **orgue électrique** órgão elétrico.
or.gueil [ɔRgœj] *nm* orgulho.
o.rient [ɔRjɑ̃] *nm* oriente.
o.rien.ta.tion [ɔRjɑ̃tasjɔ̃] *nf* orientação.
o.rien.ter [ɔRjɑ̃te] *vt* 1 orientar, nortear, cicerenear, encaminhar. *vpr* 2 orientar-se.
o.ri.fice [ɔRifis] *nm* orifício, buraco, fresta, furo.
o.ri.gi.naire [ɔRiʒinεR] *adj* originário, nativo.
o.ri.gi.nal, -ale [ɔRiʒinal] *adj* 1 original, que provém diretamente da fonte. 2 peculiar, fora dos padrões. • *nm* 1 texto original. 2 modelo primitivo.
o.ri.gi.na.li.té [ɔRiʒinalite] *nf* originalidade.
o.ri.gine [ɔRiʒin] *nf* 1 origem, procedência, princípio. 2 origem, causa, fonte. **origine d'une famille** estirpe.
or.ne.ment [ɔRnəmɑ̃] *nm* ornamento, enfeite, adorno.
or.ne.men.tal [ɔRnəmɑ̃tal] *adj* ornamental.
or.ne.men.ta.tion [ɔRnəmɑ̃tasjɔ̃] *nf* ornamentação.
or.ne.men.ter [ɔRnəmɑ̃te] *vt* ornamentar.
or.ner [ɔRne] *vt* 1 ornar, decorar, ornamentar, enfeitar. 2 *fig* realçar. *vpr* 3 enfeitar-se.

orphelin — **ovaire**

or.phe.lin, -ine [ɔʀfəlɛ̃, -in] n+adj órfão.
or.phe.li.nat [ɔʀfəlina] nm orfanato.
or.phéon [ɔʀfeɔ̃] nm orfeão.
or.teil [ɔʀtɛj] nm Anat artelho.
or.tho.don.tiste [ɔʀtɔdɔ̃tist] n ortodontista.
or.tho.doxe [ɔʀtɔdɔks] n Rel ortodoxo. • adj ortodoxo.
or.tho.do.xie [ɔʀtɔdɔksi] nf ortodoxia.
or.tho.graphe [ɔʀtɔgʀaf] nf Gram ortografia.
or.tho.pé.diste [ɔʀtɔpedist] nm Méd ortopedista.
os [ɔs] nm Anat osso. **en chair et en os** em carne e osso, em pessoa.
os.cil.la.tion [ɔsilasjɔ̃] nf **1** oscilação. **2** Com flutuação, variação de valores ou preços.
os.cil.ler [ɔsile] vi **1** oscilar, bambear, cambalear. **2** fig variar.
o.ser [oze] vt+vi ousar.
o.sier [ozje] nm vime.
os.mose [ɔsmoz] nf Phys-Chim osmose.
os.sa.ture [ɔsatyʀ] nf ossatura.
osse.ment [ɔsmɑ̃] nf ossada.
os.ten.ta.tion [ɔstɑ̃tasjɔ̃] nf ostentação, exibição, aparato.
ô.tage [otaʒ] nm refém.
ô.ter [ote] vt tirar, retirar. **ôter le lustre** ou **l'éclat** empanar.
o.tite [ɔtit] nf Méd otite.
o.to.rhi.no.la.ryn.go.lo.giste [ɔtɔʀinolaʀɛ̃gɔlɔʒist / otorino-] n Méd otorrinolaringologista.
ou [u] conj ou.
où [u] adv onde, aonde, em que. **où que ce soit** seja onde for.
ouate ['wat / wat] nf algodão.
ou.bli [ubli] nm esquecimento, lapso.
ou.blier [ublije] vt **1** esquecer. **2** descuidar. **3** perdoar.
ou.blieux, -ieuse [ublijø, -ijøz] adj **1** esquecido. **2** negligente.

ouest [wɛst] nm **1** oeste. **2** Géogr poente.
oui ['wi] adv sim.
ouïe [wi] nf **1** audição. **2 ouïes** pl Zool guelra, brânquia.
ouïr [wiʀ] vt ouvir.
our.ler [uʀle] vt fazer a bainha.
our.let [uʀle] nf bainha.
ours [uʀs] nm Zool urso. **Grande Ourse** Ursa Maior (constelação).
ou.til [uti] nf ferramenta, utensílio.
ou.trage [utʀaʒ] nm ultraje, afronta, injúria.
ou.tra.ger [utʀaʒe] vt ultrajar, afrontar, violar.
ou.trance [utʀɑ̃s] nf excesso, exagero.
ou.tre [utʀ] prép+adv além de. **en outre** além disso.
ou.tré [utʀe] adj **1** exagerado, excessivo. **2** indignado, revoltado.
ou.tre.mer [utʀəmeʀ] loc adv ultramar, além-mar.
ou.trer [utʀe] vt exagerar.
ou.vert, -e [uvɛʀ, -ɛʀt] adj aberto. **à coeur ouvert** francamente.
ou.ver.ture [uvɛʀtyʀ] nf **1** abertura, fresta. **2** fig brecha. **3** abertura, início, começo.
ou.vrable [uvʀabl] adj referente ao trabalho. **jour ouvrable** dia útil.
ou.vrage [uvʀaʒ] nm Lit obra.
ou.vre-boîtes [uvʀəbwat] nm inv abridor de latas.
ou.vre-bou.teilles [uvʀəbutɛj] nm inv abridor de garrafas.
ou.vrier, -ière [uvʀije, -ijɛʀ] n+adj operário, trabalhador, obreiro.
ou.vrir [uvʀiʀ] vt **1** abrir. vpr **2** abrir-se. **3** abrir-se para, dar para. *la porte s'ouvre sur la rue* / a porta dá para a rua. **ouvrir complètement** escancarar. **ouvrir de grands yeux** arregalar os olhos. **ouvrir l'œil** fig abrir o olho.
o.vaire [ɔvɛʀ] nm Anat ovário.

o.va.tion [ɔvasjɔ̃] *nf* ovação.
o.vu.la.tion [ɔvylasjɔ̃] *nf* ovulação.
o.vu.ler [ɔvyle] *vt* ovular.
o.xy.gé.na.tion [ɔksiʒenasjɔ̃] *nf* oxigenação.
o.xy.gène [ɔksiʒɛn] *nm Chim* oxigênio.
o.xy.gé.ner [ɔksiʒene] *vt* **1** oxigenar. **2** descolorir.
o.xy.ton [ɔksitɔ̃] *adj Gram* oxítono.
o.zone [ozon / ɔzɔn] *nm Chim* ozônio.

p

p [pe] *nm* décima sexta letra e décima segunda consoante do alfabeto da língua francesa.

pa.chy.derme [paʃidɛʀm, pakidɛʀm] *adj+nm Zool* paquiderme. **une démarche de pachyderme** um andar pesado.

pa.ci.fiste [pasifist] *n+adj* pacifista, partidário da paz.

pacte [pakt] *nm* **1** pacto, convênio, acordo, tratado, aliança. **2** *fig* acordo secreto e imoral.

pa.gaille [pagaj] *nf* **1** confusão. **2** desordem, confusão na organização, anarquia.

page [paʒ] *nf* **1** página, lauda. *nm* **2** pajem. **feuilleter les pages d'un livre** folhear as páginas de um livro. **page d'accueil** *home page*.

paie.ment [pɛmã] *nm* **1** ação de pagar, execução de uma obrigação, pagamento. **2** *fig* recompensa, salário. **paiement par chèque** pagamento por cheque. *Var: payement.*

pail.las.son [pajasɔ̃] *nm* capacho.

paille [paj] *nf* **1** palha. **2** canudinho.

pail.le.té, -ée [paj(ə)te] *adj* guarnecido com lantejoulas.

pail.lette [pajɛt] *nf* **1** lantejoula. **2** lâmina cristalina de mica. **3** defeito de um diamante, de uma pedra.

pain [pɛ̃] *nm* pão.

pair, paire [pɛʀ] *adj* diz-se de um número divisível exatamente por dois, par, número par.

paix [pɛ] *nf* **1** paz. **2** acordo. **3** calma. **en paix** em paz. **faire la paix** reconciliar-se com alguém. **fichez-nous la paix!** deixe-nos em paz! **il faut laisser les morts en paix** *prov* deve-se deixar os mortos em paz, não falar deles. **la paix!** não amole!

pa.lais [palɛ] *nm* **1** palácio, castelo. **2** casa luxuosa, mansão. **3** palato.

pâle [pɑl] *adj* **1** pálido. **2** *fig* que tem pouco brilho, fraco, descolorido.

pa.léon.to.lo.giste [paleɔ̃tɔlɔʒist] *n* paleontólogo, especialista em paleontologia. *Var: paléontologue.*

pa.le.tot [palto] *nm* **1** paletó. **2** casaco, sobretudo.

pâ.leur [pɑlœʀ] *nf* palidez.

pa.lier [palje] *nm* patamar. **par paliers** progressivamente, por escalões.

pâ.lir [pɑliʀ] *vi* **1** empalidecer. **2** descorar.

palme [palm] *nf* **1** palma, folha da palmeira. **2** *fig* louros, vitória. *nm* **3** palmo. **la palme** símbolo de vitória. **remporter la palme** ganhar, triunfar.

pal.ma.rès [palmaʀɛs] *nm* **1** lista dos laureados de uma distribuição de prêmios. **2** lista de prêmios conquistados.

palmier   184   paquet

pal.mier [palmje] *nm Bot* palmeira. **cœur de palmier** palmito.

pal.pi.ta.tion [palpitasjɔ̃] *nf* palpitação, pulsação rápida, taquicardia. *le café lui donne des palpitations* / o café lhe dá palpitações.

pam.phlet [pɑ̃fle] *nm* panfleto.

pa.na.ché, -ée [panaʃe] *adj* **1** que apresenta cores variadas. **2** composto de elementos diferentes, misturados. **un demi panaché** mistura de cerveja e de soda.

pan.carte [pɑ̃kaʀt] *nf* cartaz.

pan.da [pɑ̃da] *nm* panda.

pa.ner [pane] *vt* envolver com massa ou farinha antes de fritar ou cozinhar.

pa.nier [panje] *nm* cesta, cesto. **panier percé** pessoa que gasta muito.

pa.nique [panik] *adj+nf* medo, terror, pânico, desordem. **attaque de panique** *Méd* ataque de pânico.

panne [pan] *nf* pane, enguiço. **être en panne** *fig, fam* estar na impossibilidade momentânea de continuar. **être en panne de quelque-chose** estar desprovido, ter falta de algo.

pan.neau, -aux [pano] *nm* painel. **panneaux de signalisation** painéis de sinalização. **tomber dans le panneau** cair na armadilha, deixar-se enganar.

pa.no.ra.ma [panɔʀama] *nm* panorama, vista.

panse.ment [pɑ̃smɑ̃] *nm* curativo, compressa.

pan.ser [pɑ̃se] *vt* cuidar, tratar (um doente), fazer curativo.

pan.ta.lon [pɑ̃talɔ̃] *nm* calça comprida. **mettre, enfiler un pantalon** vestir as calças.

pan.théon [pɑ̃teɔ̃] *nm* **1** panteão, templo consagrado a todos os deuses. **2** monumento consagrado à memória dos grandes homens de uma nação.

pan.thère [pɑ̃tɛʀ] *nf Zool* pantera.

panthère d'Afrique *Zool* leopardo.

panthère d'Amérique *Zool* jaguar.

pan.tin [pɑ̃tɛ̃] *nm* **1** fantoche, marionete. **2** *fig* pessoa inconsistente.

pan.toufle [pɑ̃tufl] *nf* chinelo, pantufa.

paon [pɑ̃] *nm Zool* pavão.

pa.pa [papa] *nm fam* papai. **à la papa** *fam* sem pressa, sem esforço, sem riscos. **conduire à la papa** dirigir tranquilamente. **de grand-papa** de outrora. **fils à papa** filhinho de papai.

pa.paye [papaj] *nf* mamão.

pape [pap] *nm Rel* papa. **bulle, encyclique du pape** bula, encíclica do papa.

pa.pe.terie [papɛtʀi / pap(ə)tʀi] *nf* papelaria.

pa.pier [papje] *nm* **1** papel. **2 papiers (d'identité)** *pl* documentos (de identidade). *vos papiers, s'il vous plaît* / seus documentos, por favor. **papier à lettres** papel de carta. **papier cul** *fam* papel higiênico. **papier de soie** papel de seda. **papier-toilette** papel higiênico.

pa.pil.lon [papijɔ̃] *nm Zool* borboleta. **noeud papillon** gravata-borboleta.

pa.po.ter [papɔte] *vi fam* tagarelar.

pa.py.rus [papiʀys] *nm* **1** papiro. **2** manuscrito antigo feito de papiro. **un papyrus** um manuscrito em papiro.

pâque [pak] *nf Rel* **1** páscoa judaica, festa anual que comemora o êxodo do Egito. **2** festa russa.

pa.que.bot [pak(ə)bo] *nm* **1** navio de dimensão média, que transporta passageiros e correio. **2** grande navio, sobretudo para o transporte de passageiros.

Pâques [pak] *nf pl* Páscoa, festa cristã que comemora a ressurreição de Cristo. **œufs de Pâques** ovos de Páscoa.

pâque.rette [pakʀɛt] *nf Bot* margarida ou malmequer branco.

pa.quet [pake] *nm* **1** pacote, embrulho. **2** massa informe. **3** grande quantidade.

par [paʀ] *prép* **1** através de, por, pelo, pela, via, por meio de. **2** em. **3** durante.

pa.ra.bo.li.que [paʀabɔlik] *adj* **1** alegórico. **2** *Géom* parabólico, em forma de parábola. **antenne parabolique** antena parabólica. **radiateur parabolique** radiador parabólico.

pa.ra.chute [paʀaʃyt] *nm Aér* para-quedas.

pa.ra.de [paʀad] *nf* **1** gesto ou ação de defesa. **2** parada, desfile.

pa.ra.dis [paʀadi] *nm* **1** paraíso, céu. **2** *fig* galeria superior de teatro. **les paradis artificiels** os prazeres da droga. **paradis fiscal** paraíso fiscal.

pa.ra.do.xal, -ale, -aux [paʀadɔksal, -o] *adj* paradoxal.

pa.ra.doxe [paʀadɔks] *nm* **1** paradoxo, antinomia, contradição, sofisma. **2** absurdo, singularidade.

pa.raf.fine [paʀafin] *nf Chim* parafina. **huile de paraffine** óleo de parafina.

pa.raî.tre [paʀɛtʀ] *vi* **1** parecer. **2** aparecer. **faire paraître** editar, imprimir, publicar. **faire, laisser paraître** manifestar, demonstrar.

pa.ra.pet [paʀapɛ] *nm Archit* parapeito.

pa.ra.pluie [paʀaplɥi] *nm* guarda-chuva. **s'abriter sous un parapluie** abrigar-se sob um guarda-chuva.

pa.ra.sol [paʀasɔl] *nm* guarda-sol, guarda-chuva. **parasol de plage** guarda-sol de praia.

pa.ra.ton.nerre [paʀatɔnɛʀ] *nm* para-raios.

pa.ra.vent [paʀavɑ̃] *nm* biombo.

parc [paʀk] *nm* **1** parque. **2** estacionamento. **parc de loisirs** parque de diversões. **parcs nationaux** parques nacionais. **parc zoologique** zoológico.

parce que [paʀs(ə)kə] *loc conj* porque.

par.ci.mo.nie [paʀsimɔni] *nf* parcimônia. **avec parcimonie** em pequenas quantidades.

par.cou.rir [paʀkuʀiʀ] *vt* percorrer, trafegar. **distance à parcourir** distância a percorrer. **parcourir un journal** ler o jornal muito rapidamente.

par.cours [paʀkuʀ] *nm* percurso. **incident de parcours** dificuldade imprevista.

par.des.sus [paʀdəsy] *nm* sobretudo, mantô.

par.don [paʀdɔ̃] *nm* **1** perdão, indulto. **2** com licença (fórmula de polidez). **accorder son pardon à quelqu'un** perdoar alguém. **demander pardon à quelqu'un** pedir perdão, desculpas, a alguém.

par.don.ner [paʀdɔne] *vt* perdoar, relevar.

pa.reil, -eille [paʀɛj] *n+adj* **1** igual. **2** parecido, semelhante.

pa.resse [paʀɛs] *nf* preguiça.

pa.res.seux, -euse [paʀɛsø, -øz] *adj* preguiçoso. • *nm Zool* preguiça.

par.fois [paʀfwa] *adv* algumas vezes, às vezes.

par.fum [paʀfœ̃] *nm* perfume.

pa.ri [paʀi] *nm* aposta. **faire un pari** apostar, fazer uma aposta. **parier aux courses** apostar nas corridas.

pa.rier [paʀje] *vt* apostar. *je parie une bouteille de vin avec toi* / aposto uma garrafa de vinho com você.

par.le.ment [paʀləmɑ̃] *nm* parlamento. *en France, le parlement est composé de l'Assemblée nationale et du Sénat* / na França, o parlamento é composto pela Assembleia nacional e pelo Senado.

par.ler [paʀle] *n* falar. • *vt+vi* falar. **c'est une façon, une manière de parler** é uma maneira de falar, não se deve acreditar em tudo o que foi dito. **parler bas, haut** falar baixo, alto.

parmi 186 **pâtisserie**

trouver à qui parler ter diante de si um adversário difícil.
par.mi [parmi] *prép* entre, dentre.
pa.roisse [parwas] *nf Rel* paróquia.
pa.role [parɔl] *nf* fala, palavra. **de belles paroles** promessas. **donner sa parole** dar sua palavra. **tenir parole** fazer, cumprir o que foi prometido.
pa.ro.xysme [parɔksism] *nm* **1** *Méd* paroxismo. **2** de extrema intensidade (sentimento ou dor).
par.quet [parkɛ] *nm* assoalho, pavimento.
par.rain [parɛ̃] *nm* padrinho.
part [par] *nf* porção, parte, pedaço. **avoir part à** participar. **faire part d'une naissance, d'un mariage** comunicar um nascimento, um casamento. **pour ma part** no que me diz respeito. **prendre part à** ter um papel em, contribuir.
par.tage [partaʒ] *nm* rateio, partilha.
par.ta.ger [partaʒe] *vt* compartilhar, dividir, repartir.
par.te.naire [partənɛr] *nm* parceiro.
par.te.na.riat [partənarja] *nm* parceria.
par.terre [partɛr] *nm* **1** plateia. **2** canteiro.
par.ti [parti] *nm* partido. **prendre parti** tomar partido, escolher. **tirer parti de** explorar, utilizar.
par.ti.ci.pa.tion [partisipasjɔ̃] *nf* participação, integração.
par.ti.ci.per [partisipe] *vt* participar.
par.tie [parti] *nf* parte. **en partie** em parte, parcialmente. **une petite, une grande partie de** uma pequena, uma grande parte de.
par.tiel [parsjɛl] *adj* **1** parcial. **2** arbitrário. **examen partiel** exame parcial.
par.tir [partir] *vi* partir, ir-se embora, zarpar. **à partir de** a partir de, desde. **partir à pied** ir a pé. **partir en** ir para (país). **partir en hâte** ir embora rapidamente, fugir.
par.tout [partu] *adv* em todos os lugares.
pa.ru.tion [parysjɔ̃] *nf* publicação.
par.ve.nir [parvənir] *vi* chegar, conseguir.
pas [pa] *nm* passo. • *adv Gram* elemento da negação, utilizado com a partícula **ne**.
pas.sage [pasaʒ] *nm* **1** passagem. **2** bilhete. **3** passarela. **de passage** de passagem. **passage clouté** faixa de segurança.
pas.sa.ger, -ère [pasaʒe, -ɛr] *n* passageiro, viajante. • *adj* de duração breve.
pas.se-par.tout [paspartu] *nm inv* chave mestra.
pas.se.port [paspɔr] *nm* passaporte. **faire renouveler son passeport** fazer a renovação do passaporte.
pas.ser [pase] *vi* **1** passar, transitar. **2** acabar, morrer.
pas.sion [pasjɔ̃] *nf* paixão, ardor.
pas.si.vi.té [pasivite] *nf* passividade.
pas.tèque [pastɛk] *nf Bot* melancia. **une tranche de pastèque** uma fatia de melancia.
pas.teur [pastœr] *nm* **1** guardador de rebanhos. **2** *Rel* pastor.
pâte [pat] *nf* **1** massa. **2** pasta. **3** macarrão. **une bonne pâte** pessoa muito boa.
pa.tère [patɛr] *nf* cabide, gancho para dependurar roupa.
pa.ter.ni.té [patɛrnite] *nf* paternidade. **revendiquer la paternité d'un ouvrage** reivindicar a paternidade, autoria de uma obra.
pa.tience [pasjɑ̃s] *nf* paciência.
pa.tient, -iente [pasjɑ̃, -jɑ̃t] *adj* paciente, calmo. • *n* doente que está sob cuidados médicos.
pâ.tis.se.rie [patisri] *nf* **1** confeitaria, doceria, doceira. **2** doce. **aimer les pâtisseries** gostar de doces.

pâ.tis.sier, -ière [pɑtisje, -jɛʀ] *n* doceiro.
pa.trie [patʀi] *nf* pátria.
pa.tri.moine [patʀimwan] *nm* patrimônio. **le patrimoine culturel d'un pays** o patrimônio cultural de um país.
pa.tron, -onne [patʀɔ̃, -ɔn] *n* **1** dono, chefe. **2** patrono, padroeiro. *nm* **3** molde.
pa.trouille [patʀuj] *nf* Mil patrulha.
patte [pat] *nf* **1** pata. **2** *fam* perna. **à quatre pattes de** quatro.
paume [pom] *nf* palma.
pau.mé, -ée [pome] *adj* deslocado, perdido, desajustado.
pau.mer [pome] *vt+vpr fam* perder.
pau.pière [popjɛʀ] *nf Anat* pálpebra. **battre des paupières** bater os cílios. **fermer les paupières** dormir.
pause [poz] *nf* pausa, parada.
pauvre [povʀ] *adj+n* necessitado, carente.
pau.vre.té [povʀəte] *nf* pobreza.
pa.vil.lon [pavijɔ̃] *nm* **1** pavilhão. **2** casa. **3** bandeira.
pa.vot [pavo] *nm Bot* papoula.
paye [pɛj] *nf* salário, pagamento, ordenado. *Var:* paie.
payer [peje] *vt* pagar, remunerar. **payer de** pagar com. **payer de sa personne** fazer um esforço.
pays [pei] *nm* **1** país, pátria. **2** aldeia, vilarejo.
pay.sage [peizaʒ] *nm* paisagem.
pay.san, -anne [peizɑ̃, -an] *n+adj* **1** camponês, aldeão. **2** agricultor. **3** rural, rústico. **4** *péj* caipira.
pé.age [peaʒ] *nm* pedágio.
peau [po] *nf Anat* cútis, pele. **la peau du lait** nata do leite. **une peau de vache** pessoa dura, maldosa.
pé.ché [peʃe] *nm* culpa, pecado.
pêche [pɛʃ] *nf* **1** pêssego. **2** pesca.
pé.cher [peʃe] *vi* pecar.

pê.cher [peʃe] *nm Bot* pessegueiro. • *vt* pescar.
pé.cheur, pé.che.resse [peʃœʀ, peʃʀɛs] *n* pecador.
pê.cheur, -euse [pɛʃœʀ, -øz] *n* pescador. **pêcheur de perles** pescador de pérolas.
pé.da.gogue [pedagɔg] *n+adj* pedagogo. **il est un excellent pédagogue** / ele é um excelente pedagogo.
pé.dale [pedal] *nf* **1** pedal. **2** *fam, péj* bicha, sexual.
pé.dé.ras.tie [pederasti] *nf* pederastia.
pé.di.atre [pedjatʀ] *n Méd* pediatra.
pé.di.cure [pedikyʀ] *n* pedicuro.
pé.do.phile [pedɔfil] *n+adj* pedófilo.
pé.do.phi.lie [pedɔfili] *nf* pedofilia.
peigne [pɛɲ] *nm* pente.
pei.gner [peɲe] *vt* pentear.
pei.gnoir [pɛɲwaʀ] *nm* roupão, penhoar.
pei.nard, -arde [pɛnaʀ, -aʀd] *adj* tranquilo. **un boulot peinard** um trabalho tranquilo.
peindre [pɛ̃dʀ] *vt* pintar.
peine [pɛn] *nf* **1** pena, dó. **2** sofrimento. **à peine** muito pouco, quase nada. **avec peine, à grand-peine** dificilmente. **avoir de la peine** sentir dor, sofrer.
peintre [pɛ̃tʀ] *nm* pintor. **grand peintre** grande pintor. **peintre figuratif** pintor figurativo.
pein.ture [pɛ̃tyʀ] *nf* pintura, quadro. **peinture fraîche** pintura fresca.
pe.ler [pəle] *vt* pelar, descascar. **peler une orange** descascar uma laranja.
pèle.ri.nage [pɛlʀinaʒ] *nm* romaria, peregrinação.
pé.li.can [pelikɑ̃] *nm Zool* pelicano.
pelle [pɛl] *nf* pá.
pel.li.cule [pelikyl] *nf* **1** caspa. **2** película. **3** cutícula.
pe.louse [p(ə)luz] *nf* gramado, relva. **les pelouses d'un jardin, d'un parc** o gramado de um jardim, de um parque.

pelouse interdite é proibido andar na grama. **tondre une pelouse** cortar a grama.

pe.naud, -aude [pəno, -od] *adj* envergonhado, embaraçado, contrito.

pen.cher [pɑ̃ʃe] *vi* inclinar, debruçar. **pencher vers, pour** ter uma tendência para, por, preferir.

pen.dant, -ante [pɑ̃dɑ̃, -ɑ̃t] *adj* pendente. • *prép* durante.

pen.den.tif [pɑ̃dɑ̃tif] *nm* pingente.

pen.de.rie [pɑ̃dʀi] *nf* guarda-roupa.

pendre [pɑ̃dʀ] *vi* 1 pender, pendurar. 2 enforcar.

pen.dule [pɑ̃dyl] *nm* 1 pêndulo. *nf* 2 relógio de parede com pêndulo.

pé.né.tra.tion [penetʀasjɔ̃] *nf* 1 penetração. 2 sagacidade, perspicácia.

pé.né.trer [penetʀe] *vi* penetrar, infiltrar, entrar.

pé.nible [penibl] *adj* penoso, trabalhoso, espinhoso. *il est pénible* / é difícil suportá-lo. **vivre des moments pénibles** viver momentos difíceis, penosos.

pé.niche [peniʃ] *nf* barcaça.

pé.nin.sule [penɛ̃syl] *nf* Géogr península.

pé.nis [penis] *nm* Anat pênis.

pen.sée [pɑ̃se] *nf* pensamento.

pen.ser [pɑ̃se] *vt* cismar, pensar, refletir.

pen.sion [pɑ̃sjɔ̃] *nf* pensão. **verser, recevoir une pension alimentaire** pagar, receber uma pensão alimentar.

pen.sion.nat [pɑ̃sjɔna] *nm* colégio interno.

pen.ta.gone [pɛ̃tagon / pɛ̃tagon] *nm* pentágono.

pente [pɑ̃t] *nf* ladeira, aclive, declive.

Pente.côte [pɑ̃tkot] *nf* Rel Pentecostes.

pé.pi.nière [pepinjɛʀ] *nf* viveiro de plantas.

per.cep.tion [pɛʀsɛpsjɔ̃] *nf* percepção, arrecadação, cobrança.

per.cer [pɛʀse] *vt* furar, picotar, picar. **percer quelqu'un, quelque chose à jour** conseguir saber o que está mantido em segredo. **percer un trou** fazer, abrir um buraco.

per.co.la.teur [pɛʀkɔlatœʀ] *nm* cafeteira.

perdre [pɛʀdʀ] *vt+vi* perder, malograr.

per.drix [pɛʀdʀi] *nf Zool* perdiz.

père [pɛʀ] *nm* pai.

pé.ré.gri.na.tion [peʀegʀinasjɔ̃] *nf* peregrinação.

per.fec.tion [pɛʀfɛksjɔ̃] *nf* perfeição.

per.fec.tion.ne.ment [pɛʀfɛksjɔnmɑ̃] *nm* aperfeiçoamento, progresso. **stage de perfectionnement** estágio de aperfeiçoamento.

per.fide [pɛʀfid] *adj+n* traiçoeiro. **femme perfide** mulher infiel. **une insinuation perfide** uma insinuação pérfida.

per.fo.ra.tion [pɛʀfɔʀasjɔ̃] *nf* perfuração.

per.for.mance [pɛʀfɔʀmɑ̃s] *nf* atuação, desempenho.

pé.ril.leux, -euse [peʀijø, -øz] *adj* arriscado, perigoso.

pé.riode [peʀjɔd] *nf* 1 *Gram* período. 2 *Phys* período, fase. **la période des vacances** o período das férias.

pé.rio.dique [peʀjɔdik] *adj* periódico. **un périodique** um periódico.

pé.ris.cope [peʀiskɔp] *nm* periscópio.

perle [pɛʀl] *nf* pérola.

per.ma.nence [pɛʀmanɑ̃s] *nf* permanência. **assurer, tenir une permanence** assegurar, fornecer uma permanência. **en permanence** em permanência.

per.mettre [pɛʀmɛtʀ] *vt* permitir.

per.mis [pɛʀmi] *adj* 1 autorização oficial escrita, salvo-conduto. 2 licença. **le**

permission 189 petit

permis carteira de motorista. **passer son permis** prestar o exame para obter carteira de motorista. **permis de conduire** carteira de motorista. **permis de construire** alvará para construir.

per.mis.sion [pɛʀmisjɔ̃] *nf* permissão, licença, dispensa.

per.ni.cieux, -ieuse [pɛʀnisjø, -jøz] *adj* pernicioso, prejudicial.

per.pen.di.cu.laire [pɛʀpɑ̃dikylɛʀ] *adj+nf* perpendicular.

per.pé.tuer [pɛʀpetɥe] *vt* perpetuar.

per.plexe [pɛʀplɛks] *adj* perplexo, atônito.

per.ro.quet [pɛʀɔkɛ] *nm Zool* papagaio.

per.ruche [pɛʀyʃ] *nf Zool* periquito.

per.sé.cu.ter [pɛʀsekyte] *vt* atormentar, perseguir, martirizar.

per.sé.vé.rance [pɛʀseveʀɑ̃s] *nf* perseverança, constância, obstinação, persistência.

per.sienne [pɛʀsjɛn] *nf* persiana, veneziana.

per.sil [pɛʀsi] *nm Bot* salsa.

per.sis.tance [pɛʀsistɑ̃s] *nf* persistência, perseverança.

per.sis.ter [pɛʀsiste] *vi* persistir, obstinar-se, teimar, insistir.

per.son.nage [pɛʀsɔnaʒ] *nm* personagem.

per.son.na.li.té [pɛʀsɔnalite] *nf* **1** personalidade, caráter. **2** pessoa influente.

per.sonne [pɛʀsɔn] *nf* pessoa. • *pron indéf* alguém, ninguém. **de sa personne** na aparência física. **en personne** em pessoa. **grande personne** adulto. **par personne** por pessoa. **personne physique** pessoa física.

per.son.nel, -elle [pɛʀsɔnɛl] *adj* pessoal. • *nm* **1** pessoal. **2** conjunto de funcionários.

pers.pec.tive [pɛʀspɛktiv] *nf Bel-art* perspectiva.

pers.pi.ca.ci.té [pɛʀspikasite] *nf* perspicácia, sagacidade.

per.sua.der [pɛʀsɥade] *vt* persuadir. *il persuadait tout le monde qu'il était compétent* / ele persuadia todo mundo de que ele era competente.

per.sua.sion [pɛʀsɥazjɔ̃] *nf* persuasão.

perte [pɛʀt] *nf* perda.

per.tur.ba.tion [pɛʀtyʀbasjɔ̃] *nf* perturbação, distúrbio. **perturbation atmosphérique** perturbação atmosférica.

per.tur.ber [pɛʀtyʀbe] *vt* perturbar.

per.vers, -erse [pɛʀvɛʀ, -ɛʀs] *adj* perverso, pervertido, malvado.

per.ver.sion [pɛʀvɛʀsjɔ̃] *nf* perversão.

per.ver.si.té [pɛʀvɛʀsite] *nf* perversidade.

per.ver.tir [pɛʀvɛʀtiʀ] *vt* perverter, depravar.

pè.se-per.sonne [pɛzpɛʀsɔn] *nm* balança.

pe.ser [pəze] *vt* pesar.

pes.si.misme [pesimism] *nm* pessimismo.

pes.si.miste [pesimist] *adj+n* pessimista, negativista. *elle a une vue pessimiste du monde* / ela tem uma visão pessimista do mundo.

peste [pɛst] *nf* peste. **fuir, craindre quelque chose ou quelqu'un comme la peste** fugir, temer algo ou alguém como a peste.

pet [pɛ] *nm pop* peido. **ça ne vaut pas un pet** isso não tem nenhum valor.

pé.tale [petal] *nm Bot* pétala.

pé.tard [petaʀ] *nm* **1** bomba. **2** bombinha.

pé.til.lant, -ante [petijɑ̃, -ɑ̃t] *adj* **1** gasoso. **2** brilhante. **avoir le regard pétillant de malice** ter o olhar brilhante de malícia. **eau pétillante** água gasosa.

pe.tit, -te [p(ə)ti, -it] *adj+n+adv* **1** pequeno. **2** baixo. **petit(e) ami(e)** namorado, namorada.

pe.tit-dé.jeu.ner [p(ə)tideʒœne] *nm* desjejum, café da manhã.

pé.ti.tion [petisjɔ̃] *nf* petição, requerimento.

pe.tit-pois [pətipwa] *nm Bot* ervilha.

pé.trole [petrɔl] *nm* petróleo. **un puits de pétrole** um poço de petróleo.

pé.tro.lier, -ière [petrɔlje, -jɛr] *nm+adj Naut* petroleiro.

pé.tu.lant, -ante [petylɑ̃, -ɑ̃t] *adj* petulante.

peu [pø] *adv* pouco.

peuple [pœpl] *nm* povo.

peu.pler [pœple] *vt* povoar.

peur [pœʀ] *nf* medo, pavor, receio, temor, susto. **avoir peur** ter medo. **faire peur** dar medo em. **n'avoir peur de rien** não ter medo de nada.

peu.reux, -euse [pøʀø, -øz] *adj* medroso, receoso.

peut-être [pøtɛtʀ] *adv* pode ser (que), quiçá, talvez.

phal.lus [falys] *nm* falo.

pha.raon [faʀaɔ̃] *nm* faraó.

phare [faʀ] *nm Autom* farol.

phar.ma.cie [faʀmasi] *nf* farmácia. **pharmacie portative** estojo de primeiros socorros.

phar.ma.cien, -ienne [faʀmasjɛ̃, -jɛn] *n* farmacêutico.

pha.ryn.gite [faʀɛ̃ʒit] *nf Méd* faringite.

pha.rynx [faʀɛ̃ks] *nf Anat* faringe.

phase [faz] *nf* fase.

phé.no.mène [fenɔmɛn] *nm* **1** fenômeno. **2** assunto excepcional de estudo. **3** pessoa esquisita.

phil.lar.mo.nique [filaʀmɔnik] *adj* filarmônico.

phi.lo.sophe [filɔzɔf] *n+adj* filósofo. *un grand philosophe* / um grande filósofo.

phi.lo.so.phie [filɔzɔfi] *nf* filosofia. *la philosophie de Kant* / a filosofia de Kant.

philtre [filtʀ] *nm* filtro, encantamento.

pho.bie [fɔbi] *nf* fobia.

pho.né.tique [fɔnetik] *nf+adj* fonética. **phonétique descriptive** fonética descritiva.

pho.no.lo.gie [fɔnɔlɔʒi] *nf* fonologia.

phoque [fɔk] *nm Zool* foca.

phos.phate [fɔsfat] *nm Chim* fosfato.

phos.phore [fɔsfɔʀ] *nm Chim* fósforo.

pho.to [fɔto] *nf* fotografia, foto. • *adj inv* fotográfico.

pho.to.co.pie [fɔtokɔpi] *nf* fotocópia, xerocópia, xerox.

pho.to.gé.nique [fɔtoʒenik] *adj* fotogênico.

pho.to.graphe [fɔtogʀaf] *n* fotógrafo.

pho.to.gra.phie [fɔtogʀafi] *nf* fotografia, foto.

pho.to.syn.thèse [fɔtosɛ̃tɛz] *nf Biol* fotossíntese.

phrase [fʀaz] *nf Gram* frase. **faire des phrases** recorrer a um modo de falar rebuscado e pretensioso.

phti.sique [ftizik] *n+adj* tísico.

phy.si.cien, -ienne [fizisjɛ̃, -jɛn] *n* físico.

phy.sio.lo.gie [fizjɔlɔʒi] *nf Biol* fisiologia.

phy.sio.no.mie [fizjɔnɔmi] *nf* fisionomia, semblante. **la physionomie de cette région a changé** a fisionomia, a aparência desta região mudou.

phy.sio.thé.ra.peute [fizjoteʀapøt] *n* fisioterapeuta.

phy.sio.thé.ra.pie [fizjoteʀapi] *nf Méd* fisioterapia.

phy.sique [fizik] *adj+nm* físico. • *nf* física.

pia.niste [pjanist] *n Mus* pianista.

pia.no [pjano] *nm Mus* piano.

pic [pik] *nm* **1** picareta. **2** pico. **3** *Zool* pica-pau.

pi.chet [piʃe] *nm* jarro. **boire un pichet de vin** beber um jarro de vinho.

pièce [pjɛs] *nf* **1** peça. **2** aposento.

pied [pje] *nm* pé. **à pied** a pé. **à pieds joints** de pés juntos.

piédestal — plaisir

pié.des.tal, -aux [pjedɛstal, -o] *nm* pedestal.
piège [pjɛʒ] *nm* armadilha, cilada, emboscada.
pierre [pjɛʀ] *nf Min* pedra.
pié.ton, -onne [pjetɔ̃, -ɔn] *n+adj* pedestre.
pieuvre [pjœvʀ] *nf Zool* polvo.
pieux, pieuse [pjø, pjøz] *adj* piedoso, devoto. *il est très pieux* / ele é muito piedoso.
pi.geon [piʒɔ̃] *nm Zool* pombo. **pigeon-voyageur** pombo-correio.
pi.lastre [pilastʀ] *nm Archit* pilastra.
pile [pil] *nf* pilha. *une pile d'assiettes* / uma pilha de pratos. ♦ *adv* em ponto. **mettre en pile** empilhar.
pi.lier [pilje] *nm Archit* pilar.
pil.ler [pije] *vt* saquear, pilhar.
pi.lon [pilɔ̃] *nm* pilão.
pi.lo.ri [piloʀi] *nm* pelourinho.
pi.lo.si.té [pilozite] *nf Anat* pilosidade.
pi.lote [pilɔt] *nm* piloto. ♦ *adj* modelo. **pilote de ligne** piloto de linha.
pi.lo.ter [pilɔte] *vt* pilotar.
pi.lule [pilyl] *nf Méd* pílula, comprimido. **pilule anticoncepcional**.
pin [pɛ̃] *nm Bot* pinheiro. **une forêt de pins** uma floresta de pinheiros, pinheiral.
pince [pɛ̃s] *nf* **1** pinça. **2** alicate. **3** garra de caranguejo, escorpião ou lagosta.
pin.ceau [pɛ̃so] *nm* pincel.
pin.cée [pɛ̃se] *nf* pitada (de sal, de açúcar).
pin.cer [pɛ̃se] *vt* beliscar.
pin.gouin [pɛ̃gwɛ̃] *nm Zool* pinguim.
pipe [pip] *nf* pipa, cachimbo. **casser sa pipe** morrer. **se fendre la pipe** rir.
pi.peau [pipo] *nm* gaita.
pi.qûre [pikyʀ] *nf* **1** picada. **2** injeção. **des piqûres de moustiques** picadas de mosquitos.
pire [piʀ] *adj* pior.
pi.rogue [piʀɔg] *nf* canoa.
pi.rouette [piʀwɛt] *nf* cambalhota, pirueta, reviravolta.
pis.cine [pisin] *nf* piscina.
piste [pist] *nf* pista, rastro, trilha. **une piste de danse** uma pista de dança. **une piste de ski** uma pista de esqui.
pis.to.let [pistɔlɛ] *nm* pistola, revólver.
pi.tié [pitje] *nf* piedade, compaixão. **éprouver de la pitié** ter, sentir piedade, dó. **être sans pitié** ser sem piedade, não ter piedade.
pit.to.resque [pitɔʀɛsk] *adj* exótico, pitoresco.
pla.card [plakaʀ] *nm* **1** cartaz. **2** armário embutido.
place [plas] *nf* **1** praça. **2** lugar. **3** posto. **à la place de** no lugar de. **louer, retenir, réserver sa place dans un train** reservar o lugar em um trem.
pla.cide [plasid] *adj* calmo.
pla.fond [plafɔ̃] *nm* teto.
plage [plaʒ] *nf* praia.
plaid [plɛd] *nm* manta.
plai.der [plede] *vt+vi* pleitear. **plaider le faux pour savoir le vrai** jogar verde para colher maduro. **plaider pour, en faveur de** defender.
plaie [plɛ] *nf* chaga, machucado, ferida. **panser une plaie** cuidar de uma ferida, fazer um curativo.
plaine [plɛn] *nf Géogr* planície, campina.
plainte [plɛ̃t] *nf* lamúria, queixa, lamento, reclamação. **porter plainte** dar queixa. **retirer sa plainte** retirar a queixa.
plaire [plɛʀ] *vt* agradar.
plai.sant, -ante [plezɑ̃, -ɑ̃t] *adj+nm* agradável, prazeroso.
plai.san.ter [plezɑ̃te] *vi* gracejar, zombar, brincar.
plai.san.te.rie [plezɑ̃tʀi] *nf* gozação, gracejo, brincadeira, zombaria.
plai.sir [pleziʀ] *nm* prazer. **avec plaisir** com prazer. **faire plaisir** ser agradável

plan   192   **poignard**

a alguém. **le plaisir esthétique** o prazer estético.
plan [plɑ̃] *nm* **1** superfície plana. **2** mapa. **3** *Archit* planta. • *adj* plano, chato.
planche [plɑ̃ʃ] *nf* prancha, tábua.
plan.cher [plɑ̃ʃe] *nm* assoalho, pavimento, tablado.
pla.ner [plane] *vt* **1** aplainar. *vi* **2** planar, pairar. **3** *fam* sonhar.
pla.nète [planɛt] *nf Astron* planeta.
plan.ta.tion [plɑ̃tɑsjɔ̃] *nf* plantação. *une plantation de légumes /* uma plantação de legumes.
plante [plɑ̃t] *nf Bot* planta.
plan.ter [plɑ̃te] *vt* **1** plantar. **2** semear.
plaque [plak] *nf* **1** chapa, placa. **2** lápide.
plat [pla] *adj* chato, plano. • *nm* prato, travessa. **à plat** horizontalmente. **à plat ventre** sobre a barriga.
pla.teau [plato] *nm* **1** bandeja, tabuleiro. **2** *Géogr* planalto.
pla.tine [platin] *nf Chim* platina.
pla.to.nique [platɔnik] *adj* platônico. *c'est un amour platonique /* é um amor platônico.
plâtre [plɑtʀ] *nm* gesso.
plau.sible [plozibl] *adj* plausível, admissível, provável.
plein, pleine [plɛ̃, plɛn] *adj+nm* cheio, lotado, pleno, repleto.
pleur [plœʀ] *nm* lágrima, choro, pranto. **en pleurs** aos prantos.
pleu.rer [plœʀe] *vi* chorar. **à pleurer, de pleurer** a ponto de chorar, de fazer chorar. **pleurer sur** preocupar-se com, lamentar-se.
pleu.voir [pløvwaʀ] *vimp* chover.
pli [pli] *nm* **1** prega. **2** dobra. **3** ruga.
plier [plije] *vt* **1** dobrar. **2** preguear. **3** encurvar. **4** flexionar.
plomb [plɔ̃] *nm Chim* chumbo.
plom.bage [plɔ̃baʒ] *nm fam* obturação (de um dente). *le plombage est parti /* a obturação caiu.

plom.bier [plɔ̃bje] *nm* encanador.
plon.geon [plɔ̃ʒɔ̃] *nm* mergulho.
plon.ger [plɔ̃ʒe] *vt+vi* mergulhar.
plon.geur, -euse [plɔ̃ʒœʀ, -øz] *n* mergulhador.
pluie [plɥi] *nf* chuva. **ennuyeux comme la pluie** chato como a chuva. **faire la pluie et le beau temps** ser muito influente.
plume [plym] *nf* pluma, pena.
plu.riel, -ielle [plyʀjɛl] *nm+adj Gram* plural.
plus [plys] *adv* mais. **de plus en plus** cada vez mais. **en plus** a mais.
plu.sieurs [plyzjœʀ] *adj pl* vários. *plusieurs personnes sont venues /* várias pessoas vieram.
plu.tôt [plyto] *adv* antes, de preferência, melhor. *ce film est plutôt monotone /* este filme é bastante monótono.
plu.vieux, -ieuse [plyvjø, -jøz] *adj* chuvoso.
pneu [pnø] *nm* abreviatura de **pneumatique**.
pneu.ma.tique [pnømatik] *adj+n Autom* pneu.
poche [pɔʃ] *nf* bolso.
poêle [pwal] *nm* **1** pano mortuário. **2** aquecedor. *nf* **3** frigideira.
poé.sie [pɔezi] *nf* poesia. **traité de poésie, théorie, science de la littérature** tratado de poesia, teoria, ciência da literatura.
poète [pɔɛt] *nm* poeta.
poé.tique [pɔetik] *adj* poético. • *sf* traité.
po.gnon [pɔɲɔ̃] *nm fam* grana, dinheiro.
poids [pwa] *nm* **1** peso. **2** *fig* relevância, importância. **d'un grand poids** peso pesado. **d'un poids faible** peso leve, peso pena. **faire deux poids, deux mesures** dois pesos, duas medidas. **poids lourd** caminhão.
poi.gnard [pwaɲaʀ] *nm* punhal.

poi.gnée [pwaɲe] *nf* **1** punhado. **2** cabo.
poi.gnet [pwaɲɛ] *nm Anat* punho.
poil [pwal] *nm* pelo.
poi.lu, -ue [pwaly] *adj* peludo.
poing [pwɛ̃] *nm* punho, mão fechada.
point [pwɛ̃] *nm* ponto. • *adv Gram* segundo elemento da negação, empregado com **ne**.
poire [pwaʀ] *nf* **1** *Bot* pera. **2** *fam* bobo, ingênuo.
poi.reau [pwaʀo] *nm Bot* alho-poró. **rester planté comme un poireau, faire le poireau** plantado como um dois de paus.
poi.son [pwazɔ̃] *nm* veneno.
pois.son [pwasɔ̃] *nm Zool* peixe.
poi.trine [pwatʀin] *nf Anat* peito, busto, tronco.
poivre [pwavʀ] *nm Bot* pimenta.
poi.vron [pwavʀɔ̃] *nm Bot* pimentão.
po.laire [pɔlɛʀ] *adj*+*nf* polar. **expédition polaire** expedição polar.
pôle [pol] *nm Astron* polo.
po.lé.mique [pɔlemik] *nf* debate.
po.li, -ie [pɔli] *adj* polido, educado, cortês.
un refus poli uma recusa polida, que se acompanha de fórmulas de polidez.
po.lice [pɔlis] *nf* **1** polícia. **2** apólice. **agent de police** guarda policial. **inspecteur de police** investigador de polícia. **police de caractères** *Inform* fonte, tipo de letra.
po.li.cier [pɔlisje] *nm* policial.
po.lir [pɔliʀ] *vt* **1** polir. **2** *fig* finalizar um trabalho com apuro.
po.lis.son.ne.rie [pɔlisɔnʀi] *nf* brejeirice, traquinagem.
po.li.tesse [pɔlitɛs] *nf* polidez, cortesia, civilidade, educação.
po.li.ti.cien, -ienne [pɔlitisjɛ̃, -jɛn] *n* político.
po.li.tique [pɔlitik] *adj* político. • *nf* política.

pol.len [pɔlɛn] *nm Bot* pólen. **allergie due au pollen** alergia provocada pelo pólen.
pol.luer [pɔlɥe] *vt* poluir.
pol.lu.tion [pɔlysjɔ̃] *nf* poluição.
po.lo.nais, -aise [pɔlɔnɛ, -ɛz] *adj*+*n* polonês. • *nf* dança típica polonesa.
po.ly.ga.mie [pɔligami] *nf* poligamia.
pom.made [pɔmad] *nf* pomada.
pomme [pɔm] *nf Bot* maçã.
pom.mette [pɔmɛt] *nf* bochecha, maçã do rosto.
pompe [pɔ̃p] *nf* pompa. **avoir un coup de pompe** sentir-se subitamente cansado. **les pompes funèbres** funerária. **pompe à essence** bomba de gasolina.
pom.peux, -euse [pɔ̃pø, -øz] *adj* pomposo, suntuoso, imponente, solene.
pom.pier [pɔ̃pje] *nm* **1** bombeiro. **2** frentista.
ponc.tua.li.té [pɔ̃ktɥalite] *nf* pontualidade.
ponc.tua.tion [pɔ̃ktɥasjɔ̃] *nf* pontuação.
ponc.tuel, -elle [pɔ̃ktɥɛl] *adj* pontual.
pont [pɔ̃] *nm* **1** ponte. **2** convés.
pont-le.vis [pɔ̃l(ə)vi] *nm* ponte levadiça.
po.pu.laire [pɔpylɛʀ] *adj* popular. **art populaire** / arte popular, folclore. **bal populaire** / baile popular. **spectacle populaire** / espetáculo popular.
po.pu.la.ri.ser [pɔpylaʀize] *vt* popularizar.
po.pu.la.ri.té [pɔpylaʀite] *nf* popularidade.
po.pu.la.tion [pɔpylasjɔ̃] *nf* população.
porc [pɔʀ] *nm* **1** *Zool* porco. **2** *fig* porcalhão, homem debochado. **manger comme un porc** comer porcamente.
por.ce.laine [pɔʀsəlɛn] *nf* porcelana.
porc-é.pic [pɔʀkepik] *nm Zool* porco-espinho.

pore [pɔR] *nm* poro. **elle respire la joie par tous les pores** ela toda respira alegria. **par tous les pores** inteiramente, todo.

por.no.gra.phie [pɔRnɔgrafi] *nf* pornografia.

por.no.gra.phique [pɔRnɔgrafik] *adj* pornográfico.

port [pɔR] *nm* 1 porto. 2 porte, frete. 3 postura. **arriver à bon port** chegar a bom porto, chegar ao final do caminho sem acidentes. **port d'armes** porte de armas. **port de commerce** porto de comércio. **un port maritime, fluvial** um porto marítimo, fluvial.

por.table [pɔRtabl] *adj* portátil. **ordinateur portable** computador portátil. **téléphone portable** telefone celular.

por.te [pɔRt] *nf* porta. **de porte en porte** de porta em porta.

por.te-clés [pɔRtəkle] *nm inv* chaveiro.

por.tée [pɔRte] *nf* 1 alcance. 2 ninhada. 3 pauta musical.

por.te.feuille [pɔRtəfœj] *nm* 1 carteira. 2 pasta para papéis.

por.te-mon.naie [pɔRt(ə)mɔnɛ] *nm* porta-níqueis.

por.ter [pɔRte] *vt* carregar, levar, trazer.

por.tier, -ière [pɔRtje, -jɛR] *nm* porteiro.

por.tion [pɔRsjɔ̃] *nf* porção, parte, pedaço.

por.trait [pɔRtRɛ] *nm* retrato, fotografia.

por.tu.gais, -aise [pɔRtyɡɛ, -ɛz] *n*+*adj* português.

po.ser [poze] *vi* 1 posar. 2 pôr. 3 formular.

po.si.tif, -ive [pozitif, -iv] *adj* positivo, certo, efetivo.

pos.sé.der [pɔsede] *vt* possuir, lograr, ter.

pos.ses.sif, -ive [pɔsesif, -iv] *adj* possessivo. • *nm Gram* possessivo.

pos.ses.sion [pɔsesjɔ̃] *nf* posse, possessão.

pos.si.bi.li.té [pɔsibilite] *nf* possibilidade, recurso. **il y a deux possibilités** há duas possibilidades.

pos.si.ble [pɔsibl] *adj*+*n* possível.

pos.tal, -ale, -aux [pɔstal, -o] *adj* postal. **service postal** serviço postal.

poste [pɔst] *nf* 1 correio. *nm* 2 posto, cargo, emprego. 3 ramal telefônico.

pos.ter [pɔste] *vt* postar, colocar no correio.

pot [po] *nm* vaso, pote.

po.table [pɔtabl] *adj* potável.

po.tage [pɔtaʒ] *nm* sopa.

po.ta.ger [pɔtaʒe] *nm* horta.

pot-de-vin [pod(ə)vɛ̃] *nm* propina. **une affaire de pots-de-vin** um escândalo.

po.teau [pɔto] *nm* poste.

po.te.lé, -ée [pɔt(ə)le] *adj* rechonchudo, roliço.

po.ten.tiel, -ielle [pɔtɑ̃sjɛl] *nm*+*adj* potencial.

po.te.rie [pɔtRi] *nf* cerâmica.

po.tin [pɔtɛ̃] *nm* fofoca.

po.ti.ron [pɔtiRɔ̃] *nm* abóbora.

pou [pu] *nm* piolho.

pou.belle [pubɛl] *nf* cesto de lixo, lata de lixo.

pouce [pus] *nm* 1 polegada. 2 polegar. 3 dedão.

poudre [pudR] *nf* pó.

pou.lail.ler [pulajɛ] *nm* 1 galinheiro. 2 galeria (de teatro).

pou.lain [pulɛ̃] *nm* potro.

poule [pul] *nf Zool* galinha.

pou.let [pulɛ] *nm* 1 galeto, frango. 2 *arg* policial.

poulpe [pulp] *nm Zool* polvo.

pouls [pu] *nm Anat* pulso.

pou.mon [pumɔ̃] *nm Anat* pulmão.

pou.pée [pupe] *nf* boneca. **une belle poupée** uma linda boneca.

pour [puʀ] *prép* a favor de, pró, para. • *nm* o lado bom, vantajoso. **le pour et le contre** os prós e os contras.

pour.boire [puʀbwaʀ] *nm* gorjeta, caixinha.

pour.quoi [puʀkwa] *conj+adv* por que, por quê. • *sm* o porquê, a razão.

pour.rir [puʀiʀ] *vi* apodrecer.

pour.suite [puʀsɥit] *nf* **1** prosseguimento. **2** perseguição. **3** *Jur* demanda judicial.

pour.tant [puʀtɑ̃] *adv* entretanto, no entanto. *elle adore le chocolat et pourtant elle n'en mange jamais* / ela adora chocolate e no entanto nunca come.

pour.vu que [puʀvykə] *loc conj* contanto que.

pous.ser [puse] *vt* empurrar, impelir, impulsionar. **pousser à bout** exasperar, acuar.

pous.sière [pusjɛʀ] *nf* poeira, pó.

pous.sin [pusɛ̃] *nm* Zool pinto. **une poule entourée de poussins** uma galinha rodeada por pintinhos.

pou.voir [puvwaʀ] *nm* poder.

pra.tique [pʀatik] *nf* **1** prática. **2** traquejo. • *adj* prático.

pra.ti.quer [pʀatike] *vt* praticar.

pré [pʀe] *nm* campina, prado, campo. **à travers les prés** através dos campos. **sur le pré** no terreno (do duelo).

préa.vis [pʀeavi] *nm* aviso prévio. *le syndicat a déposé un préavis de grève* / o sindicato deu um aviso prévio de greve.

pré.cé.der [pʀesede] *vt* anteceder, preceder.

pré.cepte [pʀesɛpt] *nm* princípio, preceito.

pré.cieux, -ieuse [pʀesjø, -jøz] *adj* precioso, valioso.

pré.ci.pice [pʀesipis] *nm* despenhadeiro, precipício.

pré.ci.pi.ter [pʀesipite] *vt* precipitar.

pré.cis, ise [pʀesi, iz] *adj* **1** preciso, claro. **2** explícito, expresso.

pré.coce [pʀekɔs] *adj* precoce.

pré.dé.ces.seur [pʀedesesœʀ] *nm* antecessor, predecessor.

pré.des.ti.na.tion [pʀedɛstinasjɔ̃] *nf* predestinação.

pré.des.ti.ner [pʀedɛstine] *vt* predestinar.

pré.di.cat [pʀedika] *nm Gram* predicado.

pré.dire [pʀediʀ] *vt* predizer.

pré.do.mi.nance [pʀedɔminɑ̃s] *nf* predomínio.

pré.fec.ture [pʀefɛktyʀ] *nf* prefeitura. **préfecture de police** direção da polícia, em Paris.

pré.fé.rence [pʀefeʀɑ̃s] *nf* preferência.

pré.fé.ren.tiel, -ielle [pʀefeʀɑ̃sjɛl] *adj* preferencial. **tarif préférentiel** tarifa preferencial, de privilégio.

pré.fet [pʀefɛ] *nm* representante ou responsável por um departamento ou região na França.

pré.ju.dice [pʀeʒydis] *nm* dano, prejuízo.

pré.ju.gé [pʀeʒyʒe] *nm* preconceito. *elle est sans préjugés* / ela não tem preconceitos, *a priori*.

pré.lè.ve.ment [pʀelɛvmɑ̃] *nm* retirada, extração. **prélèvement automatique** retirada automática de dinheiro da conta bancária, débito automático.

pré.le.ver [pʀel(ə)ve] *vt* **1** recolher. **2** retirar. **prélever sur ses économies** retirar dinheiro de suas economias.

pré.li.mi.naire [pʀeliminɛʀ] *adj* **1** preliminar. **2 préliminaires** *pl* negociações que antecedem um acordo, preliminares.

pre.mier, -ière [pʀəmje, -jɛʀ] *adj+n* primeiro. • *nf* primeira representação de uma peça teatral ou projeção de um filme.

prendre [pʀɑ̃dʀ] *vt* **1** pegar. **2** levar. **3** tomar. *vi* **4** seguir em alguma direção. **prendre congé** despedir-se.

pré.nom [pʀenɔ̃] *nm* nome, prenome.

préoc.cu.pa.tion [pʀeɔkypasjɔ̃] *nf* preocupação.

préoc.cu.per [pʀeɔkype] *vt* preocupar.

pré.pa.ra.tif [pʀepaʀatif] *nm* em geral utilizado no plural, preparativos.

pré.pa.ra.tion [pʀepaʀasjɔ̃] *nf* preparação, preparo.

pré.pa.rer [pʀepaʀe] *vt* preparar.

pré.ro.ga.tive [pʀeʀɔgativ] *nf* privilégio, prerrogativa, regalia.

près [pʀɛ] *adv* perto, próximo. **à peu près** quase, mais ou menos, meio. **de près** de perto.

pré.sence [pʀezɑ̃s] *nf* presença.

pré.sent, -ente [pʀezɑ̃, -ɑ̃t] *adj+nm* presente. • *nm* **1** *Gram* presente, tempo de verbo. **2** aquilo que é dado. • *interj* presente!

pré.sen.ta.teur, -trice [pʀezɑ̃tatœʀ, -tʀis] *n* apresentador.

pré.sen.ta.tion [pʀezɑ̃tasjɔ̃] *nf* apresentação.

pré.sen.ter [pʀezɑ̃te] *vt* **1** apresentar. **2** mostrar.

pré.ser.va.tif [pʀezɛʀvatif] *nm* preservativo, camisinha.

pré.ser.ver [pʀezɛʀve] *vt* preservar, defender.

pré.si.dent, -ente [pʀezidɑ̃, -ɑ̃t] *n* presidente. **président du conseil** presidente do conselho.

presque [pʀɛsk] *adv* quase. **c'est presque sûr** é quase certo.

presse [pʀɛs] *nf* **1** imprensa. **2** *Méc* prensa.

pres.sen.ti.ment [pʀɛsɑ̃timɑ̃] *nm* pressentimento, presságio.

pres.ser [pʀɛse] *vt* **1** apressar. **2** espremer, prensar, comprimir, imprensar.

pres.sion [pʀɛsjɔ̃] *nf* pressão. **bière à pression** chope.

pres.ta.tion [pʀɛstasjɔ̃] *nf* **1** fornecimento. **2** prestação de serviços mediante pagamento.

pré.su.mer [pʀezyme] *vt* presumir, entender, supor.

prêt, prête [pʀɛ, pʀɛt] *adj* **1** pronto. **2** disposto. • *nm* empréstimo.

prê.tendre [pʀetɑ̃dʀ] *vt* **1** pretender, querer. **2** afirmar, declarar, sustentar.

pré.ten.tieux, -ieuse [pʀetɑ̃sjø, -jøz] *adj* pretensioso, arrogante, presunçoso.

prê.ter [pʀete] *vt* **1** emprestar, prestar. **2** atribuir. **prêter attention** prestar atenção.

pré.texte [pʀetɛkst] *nm* pretexto.

prêtre [pʀɛtʀ] *nm Rel* padre.

preuve [pʀœv] *nf* prova.

pré.ve.nir [pʀev(ə)niʀ] *vt* prevenir, precaver, antecipar.

pré.vi.sible [pʀevizibl] *adj* previsível.

pré.vi.sion [pʀevizjɔ̃] *nf* previsão.

pré.voir [pʀevwaʀ] *vt* prever, pressentir.

prier [pʀije] *vi* **1** orar, rezar. **2** rogar, pedir.

prière [pʀijɛʀ] *nf* oração, prece, reza, súplica.

pri.mi.tif, -ive [pʀimitif, -iv] *adj* primitivo.

prince [pʀɛ̃s] *nm* príncipe.

prin.ci.pal, -ale, -aux [pʀɛ̃sipal, -o] *adj* principal. • *nm* título do diretor de colégio de ensino secundário.

prin.cipe [pʀɛ̃sip] *nm* princípio.

prin.temps [pʀɛ̃tɑ̃] *nm* primavera.

prio.ri.taire [pʀijɔʀitɛʀ] *adj* prioritário, preferencial.

prio.ri.té [pʀijɔʀite] *nf* prioridade.

pri.son [pʀizɔ̃] *nf* cadeia, prisão, cárcere. **vivre dans une prison dorée** viver numa prisão dourada, ter muito dinheiro mas não ter liberdade.

pri.son.nier, -ière [pʁizɔnje, -jɛʁ] *n+adj* prisioneiro.
pri.ver [pʁive] *vt* privar, tirar.
pri.vi.lé.gier [pʁivileʒje] *vt* privilegiar.
prix [pʁi] *nm* **1** preço, valor. **2** prêmio.
pro.bable [pʁɔbabl] *adj* provável.
pro.blème [pʁɔblɛm] *nm* problema.
pro.cès [pʁɔsɛ] *nm* processo, instância.
pro.créer [pʁɔkʁee] *vt* procriar, gerar.
pro.cu.ra.tion [pʁɔkyʁasjɔ̃] *nf Jur* procuração. **par procuration** por procuração.
pro.cu.rer [pʁɔkyʁe] *vt* **1** procurar. **2** propiciar, proporcionar.
pro.dige [pʁɔdiʒ] *nm* prodígio.
pro.duc.tif, -ive [pʁɔdyktif, -iv] *adj* produtivo.
pro.duc.tion [pʁɔdyksjɔ̃] *nf* produção. **les moyens de production** os meios de produção.
pro.duire [pʁɔdɥiʁ] *vt* produzir.
pro.duit [pʁɔdɥi] *nm* produto.
pro.fé.rer [pʁɔfeʁe] *vt* proferir.
pro.fes.seur [pʁɔfɛsœʁ] *nm* professor.
pro.fes.sion [pʁɔfɛsjɔ̃] *nf* profissão.
pro.fes.sion.nel, -elle [pʁɔfɛsjɔnɛl] *n+adj* profissional.
pro.fil [pʁɔfil] *nm* perfil.
pro.fit [pʁɔfi] *nm* lucro, proveito.
pro.fi.ter [pʁɔfite] *vt* aproveitar.
pro.fond, -onde [pʁɔfɔ̃, -ɔ̃d] *adj+n* profundo.
pro.fon.deur [pʁɔfɔ̃dœʁ] *nf* profundeza, profundidade.
pro.gé.ni.ture [pʁɔʒenityʁ] *nf* prole.
pro.grès [pʁɔɡʁɛ] *nm* progresso.
pro.gres.sion [pʁɔɡʁɛsjɔ̃] *nf* progressão, avanço.
pro.hi.bi.tion [pʁɔibisjɔ̃] *nf* proibição, interdição. **prohibition du port d'armes** proibição do porte de armas.
proie [pʁwa] *nf* presa.

pro.jec.tion [pʁɔʒɛksjɔ̃] *nf* **1** lançamento. **2** projeção (de imagens).
pro.jet [pʁɔʒɛ] *nm* projeto. **projet de loi** projeto de lei.
pro.je.ter [pʁɔʒ(ə)te] *vt* **1** projetar, planejar. **2** traçar, esboçar.
pro.lé.taire [pʁɔletɛʁ] *n* proletário.
pro.lé.ta.riat [pʁɔletaʁja] *nm* proletariado.
pro.lon.ger [pʁɔlɔ̃ʒe] *vt* prolongar, prorrogar, continuar.
pro.me.nade [pʁɔm(ə)nad] *nf* passeio. **faire une promenade** dar um passeio.
pro.me.ner [pʁɔm(ə)ne] *vt+vpr* passear.
pro.messe [pʁɔmɛs] *nf* promessa.
pro.met.tre [pʁɔmɛtʁ] *vt* **1** prometer. **2** assegurar, afirmar, jurar. **3** anunciar.
pro.mo.tion [pʁɔmosjɔ̃] *nf* promoção, oferta.
pro.nom [pʁɔnɔ̃] *nm Gram* pronome.
pro.non.cer [pʁɔnɔ̃se] *vt* pronunciar.
pro.non.cia.tion [pʁɔnɔ̃sjasjɔ̃] *nf* pronúncia.
pro.pa.gande [pʁɔpaɡɑ̃d] *nf* propaganda, proselitismo.
pro.pen.sion [pʁɔpɑ̃sjɔ̃] *nf* propensão.
pro.phy.la.xie [pʁɔfilaksi] *nf Méd* profilaxia.
pro.por.tion [pʁɔpɔʁsjɔ̃] *nf Mat* porção.
pro.por.tion.nel, -elle [pʁɔpɔʁsjɔnɛl] *adj* proporcional. • *nf* representação proporcional.
pro.pos [pʁɔpo] *nm* propósito, intenção.
pro.po.ser [pʁɔpoze] *vt* propor.
pro.po.si.tion [pʁɔpozisjɔ̃] *nf* proposta.
propre [pʁɔpʁ] *adj+nm* **1** asseado, limpo. **2** próprio.
pro.pre.té [pʁɔpʁəte] *nf* limpeza, asseio.
pro.prié.taire [pʁɔpʁijetɛʁ] *n* senhorio, dono.

pro.prié.té [pʀɔpʀijete] *nf* propriedade, imóvel.
pro.ro.ga.tion [pʀɔʀɔgasjɔ̃] *nf* prorrogação, prolongação.
pros.pec.tus [pʀɔspektys] *nm* prospecto.
pros.père [pʀɔspɛʀ] *adj* próspero.
pros.pé.rer [pʀɔspeʀe] *vi* prosperar, florescer.
pros.tate [pʀɔstat] *nf Anat* próstata. **opération de la prostate** operação da próstata.
pros.ti.tuer [pʀɔstitɥe] *vt* prostituir.
pros.tra.tion [pʀɔstʀasjɔ̃] *nf Méd* prostração.
pro.tec.teur, -trice [pʀɔtɛktœʀ, -tʀis] *n* protetor, defensor.
pro.tec.tion [pʀɔtɛksjɔ̃] *nf* **1** proteção. **2** asilo. **protections périodiques féminines** proteção periódica feminina.
pro.té.ger [pʀɔteʒe] *vt* **1** proteger, defender, preservar, resguardar. **2** *fig* apadrinhar.
pro.té.ine [pʀɔtein] *nf Chim* proteína.
pro.tes.tant, -ante [pʀɔtɛstɑ̃, -ɑ̃t] *n+adj* **1** *Rel* protestante. **2** *pop* crente.
pro.tes.ta.tion [pʀɔtɛstasjɔ̃] *nf* protesto.
pro.tes.ter [pʀɔtɛste] *vi* protestar.
pro.thèse [pʀɔtɛz] *nf Méd* prótese. **des appareils de prothèse** aparelhos de prótese. **une prothèse** uma prótese.
pro.to.cole [pʀɔtɔkɔl] *nm* **1** protocolo, formulário. **2** etiqueta, regras de comportamento para determinadas situações.
prou.ver [pʀuve] *vt* **1** comprovar, provar, demonstrar. **2** mostrar, provar com gestos ou palavras. **3** revelar, mostrar, testemunhar.
pro.vi.dence [pʀɔvidɑ̃s] *nf* **1** providência. **2** sorte.
pro.vince [pʀɔvɛ̃s] *nf* província.
pro.vi.seur [pʀɔvizœʀ] *nm* diretor de liceu. **proviseur-adjoint** vice-diretor de liceu.

pro.vi.sion [pʀɔvizjɔ̃] *nf* mantimento provisão.
pro.vi.soire [pʀɔvizwaʀ] *adj* provisório interino.
pro.vo.quer [pʀɔvɔke] *vt* provocar desafiar, excitar.
pru.dence [pʀydɑ̃s] *nf* prudência, sensatez.
pru.dent, -ente [pʀydɑ̃, -ɑ̃t] *adj* cauteloso, prudente, ajuizado.
prune [pʀyn] *nf Bot* ameixa.
pru.neau [pʀyno] *nm* ameixa seca.
pru.nelle [pʀynɛl] *nf* pupila do olho.
pseu.do.nyme [psødɔnim] *nm+adj* pseudônimo.
psy.cha.na.lyste [psikanalist] *n* psicanalista.
psy.chiatre [psikjatʀ] *n Méd* psiquiatra.
psy.cho.logue [psikɔlɔg] *n* psicólogo.
puan.teur [pɥɑ̃tœʀ] *nf* fedor.
pu.ber.té [pybɛʀte] *nf* puberdade.
pu.blic, pu.bli.que [pyblik] *nm+adj* público, plateia. *la vie publique et la vie privée* / a vida pública e a vida privada.
pu.bli.ca.tion [pyblikasjɔ̃] *nf* publicação. *publication littéraire* / publicação literária. *publication scientifique* / publicação científica.
pu.bli.ci.té [pyblisite] *nf* propaganda, publicidade, anúncio.
pu.blier [pyblije] *vt* **1** publicar, editar. **2** promulgar.
puce [pys] *nf* pulga.
pu.deur [pydœʀ] *nf* pudor, decoro, recato.
pu.dique [pydik] *adj* pudico.
puer [pɥe] *vi* feder.
puis [pɥi] *adv* aí, depois, em seguida.
puis.que [pɥisk(ə)] *conj* já que, posto que, pois.
puis.sance [pɥisɑ̃s] *nf* potência, poder.
puits [pɥi] *nm* poço.
pulpe [pylp] *nf* polpa.

pul.vé.ri.ser [pylveʀize] *vt* pulverizar, vaporizar.
pu.naise [pynɛz] *nf* **1** *Zool* percevejo, inseto. **2** tachinha, percevejo, espécie de prego.
pu.nir [pyniʀ] *vt* punir, castigar.
pu.ni.tion [pynisjɔ̃] *nf* punição, castigo.
pu.pille [pypij / pypil] *n* **1** pupilo. *nf* **2** pupila, menina dos olhos.

pur, pure [pyʀ] *adj* puro. **à l'état pur** no estado puro, absoluto, sem mistura.
pu.rée [pyʀe] *nf* purê.
pu.re.té [pyʀte] *nf* pureza.
pur.ga.toire [pyʀgatwaʀ] *nm Rel* purgatório.
pu.ri.fier [pyʀifje] *vt* purificar.
pus [py] *nm Méd* pus.
pu.tois [pytwa] *nm Zool* gambá.

q

q [ky] *nm* décima sétima letra e décima terceira consoante do alfabeto da língua francesa.

Q-G [kyʒe] *nm* quartel-general.

Q.I. [kyi] *nm Angl* quociente intelectual.

qua.drant [kadʀɑ̃] *nm* quadrante.

qua.dra.ture [k(w)adʀatyʀ] *nf* quadratura.

qua.dri.la.tère [k(w)adʀilateʀ] *nm+adj Géom* quadrilátero.

qua.drille [kadʀij] *nm* quadrilha.

qua.dru.pède [k(w)adʀyped] *adj+nm* quadrúpede.

qua.dru.pler [k(w)adʀyple] *vt+vi* quadruplicar.

qua.dru.plés, -ées [k(w)adʀyple] *n pl* quádruplos, quadrigêmeos.

quai [ke] *nm* 1 cais. 2 plataforma de embarque.

qua.li.fi.ca.tion [kalifikasjɔ̃] *nf* qualificação.

qua.li.fier [kalifje] *vt* qualificar.

qua.li.té [kalite] *nf* qualidade.

quand [kɑ̃] *adv* quando. **quand même** ainda assim, assim mesmo.

quant à [kɑ̃ta] *loc prép* quanto a, no tocante a.

quan.ti.fier [kɑ̃tifje] *vt* quantificar.

quan.ti.té [kɑ̃tite] *nf* quantidade.

qua.ran.taine [kaʀɑ̃ten] *nf* 1 quarentena, porção de quarenta. 2 cerca de quarenta anos de idade. 3 quarentena, isolamento. **être en quarantaine** ficar de quarentena. **mettre en quarantaine** pôr de quarentena.

qua.rante [kaʀɑ̃t] *num* quarenta.

quart [kaʀ] *nm* quarto, a quarta parte de uma unidade. **les trois quarts** a maior parte. **passer un mauvais quart d'heure** passar por um mau bocado.

quar.tette [k(w)aʀtet] *nm* quarteto.

quar.tier [kaʀtje] *nm* 1 bairro. 2 (um) quarto, a quarta parte. 3 fase (da Lua). 4 quartel. **quartier de l'orange** gomo da laranja.

qua.si [kazi] *adv* quase.

qua.torze [katɔʀz] *num* quatorze.

qua.tor.zième [katɔʀzjem] *adj+n* décimo quarto.

qua.train [katʀɛ̃] *nf Lit* quadra, estrofe de quatro versos.

quatre [katʀ] *num fam* [kat] (diante de vogal) quatro. **quatre-quatre** (4 × 4) carro com tração nas quatro rodas.

qua.tre-vingt-dix [katʀəvɛ̃dis] *num* noventa.

qua.tre-vingts [katʀəvɛ̃] *num* oitenta.

qua.trième [katʀijem] *num* 1 quarto. 2 *Autom* quarta.

que [kə] *pron* que, o qual, a qual. • *conj* que, por que. **ne... que** apenas, somente. **non... senão**. *ne dire que des bêtises.* / dizer apenas bobagens. **que c'est beau!** como é bonito! **que de gens!** quantas pessoas!

qué.bé.cois, -oise [kebekwa, -waz] *adj+n* quebequense, da cidade ou da província de Quebec, no Canadá.

quel, quelle [kɛl] *adj inter* qual. **quel jour sommes-nous?** que dia é hoje? **quelle heure est-il?** que horas são? **quel que ce soit** seja qual for, qualquer que seja.

quel.conque [kɛlkɔ̃k] *adj indéf* qualquer.

quelque [kɛlk(ə)] *adj indéf* algum, alguma. *quelque chose* / algo, alguma coisa. • *adv* cerca de, em torno de. **quelque part** em algum lugar.

quel.que.fois [kɛlkəfwa] *adv* às vezes, algumas vezes.

quel.qu'un, -une [kɛlkœ̃, -yn] *pron* alguém. **quelqu'un d'autre** outra pessoa.

que.relle [kərɛl] *nf* querela, rusga, disputa, desavença, rixa.

que.rel.ler [kərele] *vt* brigar.

que.rel.leur, -euse [kərelœʀ, -øz] *n+adj* brigão, briguento, desordeiro.

ques.tion [kɛstjɔ̃] *nf* questão, pergunta. **ce n'est pas la question** não se trata de, não é esse o ponto. **en question** em questão, de que se trata. **il est question de** trata-se de. **mettre en question** questionar. **question de vie ou de mort** caso de vida ou morte.

ques.tion.naire [kɛstjɔnɛʀ] *nm* questionário.

quête [kɛt] *nf* busca, procura. **en quête de** em busca de.

quê.ter [kete] *vt* buscar, procurar.

queue [kø] *nf* **1** fila. **2** rabo. **3** *Astron* cauda. **à la queue leu leu** um atrás do outro, em fila indiana. **faire la queue** fazer fila. **piano à queue** piano de cauda. **queue de billard** taco (de bilhar). **queue de cheval** rabo de cavalo (penteado feminino). **sans queue ni tête** sem pé nem cabeça, sem sentido.

qui [ki] *pron rel* **1** quem. **2** que. **qui que ce soit** quem quer que seja.

quiche [kiʃ] *nf* tipo de torta à base de creme de leite, ovos e toicinho, quiche.

qui.conque [kikɔ̃k] *pron rel* quem quer que.

qui.é.tude [kjetyd] *nf* quietude.

quille [kij] *nf* **1** garrafas de madeira no jogo de boliche. **2** *Naut* quilha.

quin.caille.rie [kɛ̃kajʀi] *nf* quinquilharia.

qui.nine [kinin] *nf* quinino.

quin.tes.sence [kɛ̃tesɑ̃s] *nf* quintessência.

quin.tette [k(ɥ)ɛ̃tɛt] *nm Mus* quinteto.

quin.tuple [kɛ̃typl] *adj+n* quíntuplo.

quin.zaine [kɛ̃zɛn] *nf* quinzena.

quinze [kɛ̃z] *adj num+n* quinze.

quit.tance [kitɑ̃s] *nf* quitação.

quitte [kit] *adj* **1** quite, livre de dívidas. **2** desembaraçado, livre.

quit.ter [kite] *vt* **1** deixar, abandonar. **2** pôr de lado, tirar. **ne quitte(z) pas** não desligue (ao telefone).

quoi [kwa] *pron* **1** o quê? **2** que, o que. • *interj* o quê! **il n'y a pas de quoi** não há de quê. **quoi que ce soit** o que quer que seja.

quoique [kwak(ə)] *conj* embora. **quoiqu'il soit** seja como for.

quo.ta [k(w)ɔta] *nf* **1** quota, cota. **2** parcela, parte. **3** *Com* alíquota.

quo.ti.dien [kɔtidjɛ̃] *adj* cotidiano, diário. • *nm* jornal diário.

quo.tient [kɔsjɑ̃] *nm Math* quociente. **QI (quotient intellectuel)** quociente intelectual.

r

r [ɛʀ] *nm* décima oitava letra e décima quarta consoante do alfabeto da língua francesa.

ra.bais [ʀabɛ] *nm* abatimento, desconto.
ra.bais.ser [ʀabese] *vt* 1 rebaixar, descontar. 2 *fig* depreciar, menosprezar. *vpr* 3 rebaixar-se.
rab.bin [ʀabɛ̃] *nm Rel* rabino.
rac.com.mo.der [ʀakɔmɔde] *vt fam* 1 remendar, cerzir. 2 reconciliar.
rac.cour.ci [ʀakuʀsi] *nm* atalho.
rac.cour.cir [ʀakuʀsiʀ] *vt* 1 encurtar. *vi* 2 encolher.
race [ʀas] *nf* 1 raça. 2 estirpe.
ra.chat [ʀaʃa] *nm* 1 redenção. 2 resgate. 3 ação de comprar novamente.
ra.che.ter [ʀaʃ(ə)te] *vt* 1 comprar novamente. 2 remir, redimir. 3 *Com* resgatar.
ra.cine [ʀasin] *nf* raiz. **racine carrée** raiz quadrada.
ra.cler [ʀɑkle] *vt* 1 raspar. *vpr* 2 limpar (a garganta).
ra.con.ter [ʀakɔ̃te] *vt* contar, relatar, recontar.
ra.deau [ʀado] *nm* jangada.
ra.dia.teur [ʀadjatœʀ] *nm* radiador, aquecedor.
ra.dieux, -ieuse [ʀadjø, -jøz] *adj* radioso, radiante.
ra.dio [ʀadjo] *nf* 1 rádio. 2 radiografia.
ra.dio.gra.phier [ʀadjɔgʀafje] *vt* radiografar.

ra.fale [ʀafal] *nf* rajada, vendaval.
raf.fine.ment [ʀafinmɑ̃] *nm* refinamento, esmero, requinte, sofisticação.
raf.fi.ner [ʀafine] *vt* refinar.
raf.fine.rie [ʀafinʀi] *nf* refinaria.
ra.fraî.chir [ʀafʀeʃiʀ] *vt*+*vpr* refrescar.
ra.fraî.chisse.ment [ʀafʀeʃismɑ̃] *nm* 1 refrescamento. 2 refresco, refrigerante.
rage [ʀaʒ] *nf* 1 *Méd* raiva, hidrofobia. 2 *fig* cólera.
raide [ʀɛd] *adj* teso, rijo, rígido. **être sur la corde raide** estar na corda bamba, em situação delicada.
raie [ʀɛ] *nf* 1 listra, lista. 2 risca. 3 *Zool* arraia.
rail [ʀaj] *nm* trilho. **remettre sur les rails** *fig* recolocar nos trilhos, na linha.
rail.ler [ʀaje] *vt* caçoar, escarnecer, zombar.
raille.rie [ʀajʀi] *nf* troça, zombaria.
rail.leur, -euse [ʀajœʀ, -øz] *adj* zombeteiro.
rai.sin [ʀɛzɛ̃] *nm* uva. **raisin sec** uva passa.
rai.son [ʀɛzɔ̃] *nf* 1 razão, motivo, pretexto. 2 discernimento, julgamento, bom senso. 3 razão, lucidez.
rai.son.nable [ʀɛzɔnabl] *adj* razoável, racional.
rai.sonne.ment [ʀɛzɔnmɑ̃] *nm* raciocínio.

rai.son.ner [rɛzɔne] *vi* raciocinar, refletir.

ra.jeu.nir [raʒœnir] *vt+vi+vpr* rejuvenescer, remoçar.

ra.len.tir [ralɑ̃tir] *vt* desacelerar.

ral.lier [ralje] *vt* reunir, juntar, unir, ligar.

ra.mas.ser [ramase] *vt* recolher, pegar, apanhar, colher.

rame [ram] *nf* 1 resma. 2 remo.

ra.mer [rame] *vi* remar.

ra.mi.fier (se) [ramifje] *vpr* ramificar-se.

ram.pant, -ante [rɑ̃pɑ̃, -ɑ̃t] *adj* 1 rasteiro. 2 *fig* servil.

ram.per [rɑ̃pe] *vi* rastejar.

rance [rɑ̃s] *adj* rançoso. • *nm* ranço.

ran.çon [rɑ̃sɔ̃] *nf* resgate.

ran.cune [rɑ̃kyn] *nf* rancor, ressentimento.

rang [rɑ̃] *nf* 1 fileira, fila. 2 ordem, classe, escalão, grau, nível.

range.ment [rɑ̃ʒmɑ̃] *nm* arrumação.

ran.ger [rɑ̃ʒe] *vt* 1 arrumar, arranjar, colocar em ordem, guardar. 2 classificar, ordenar.

râ.per [rɑpe] *vt* ralar, rapar.

ra.pide [rapid] *adj* rápido, veloz, ligeiro, célere.

ra.pi.di.té [rapidite] *nf* rapidez, brevidade, velocidade.

ra.pié.cer [rapjese] *vt* remendar.

rap.pe.ler [rap(ə)le] *vt+vi* 1 recordar, lembrar, rememorar, evocar. 2 ligar novamente (pelo telefone) *vpr* 3 recordar-se, lembrar-se.

rap.port [rapɔr] *nm* 1 relatório, narrativa. 2 produto, rendimento. 3 relacionamento. 4 referência. 5 analogia. **par rapport à** em relação a.

rap.por.ter [rapɔrte] *vt* 1 relatar, relacionar. 2 trazer novamente, repor, recolocar. 3 produzir algum ganho ou benefício. 4 relacionar, situar. 5 adiar, cancelar (uma decisão, uma medida). *vpr* 6 concernir, referir-se.

rap.por.teur, -euse [rapɔrtœr, -øz] *n+adj* 1 delator. 2 relator. 3 transferidor.

rap.pro.cher [raprɔʃe] *vt+vpr* aproximar.

rapt [rapt] *nm* rapto, sequestro.

rare [rɑr] *adj* raro, incomum, excepcional, insólito.

ras, rase [rɑ, rɑz] *adj* raso, rente. **en avoir ras le bol** *fam* estar saturado.

ra.ser [rɑze] *vt* 1 barbear, rapar. 2 arrasar. 3 passar rente a. *vpr* 4 barbear-se.

ra.soir [rɑzwar] *nm* barbeador, navalha de barbear, aparelho de barba. • *adj fam* chato, aborrecido. **rasoir électrique** barbeador elétrico.

ras.sa.sier [rasazje] *vt* fartar, saciar.

ras.sem.ble.ment [rasɑ̃bləmɑ̃] *nm* agrupamento, reunião.

ras.sem.bler [rasɑ̃ble] *vt* juntar, agrupar, reunir.

ras.su.rant, -ante [rasyrɑ̃, -ɑ̃t] *adj* tranquilizador.

ras.su.rer [rasyre] *vt* 1 tranquilizar, acalmar, sossegar. *vpr* 2 tranquilizar-se, acalmar-se.

rat [ra] *nm Zool* rato.

ra.ter [rate] *vi* 1 falhar, fracassar, não acontecer. 2 errar. 3 perder. **rater la cible** errar o alvo. **rater le train** perder o trem.

ra.ti.fier [ratifje] *vt* ratificar, confirmar.

ra.tio.na.li.ser [rasjɔnalize] *vt* racionalizar.

ra.tionne.ment [rasjɔnmɑ̃] *nm* racionamento.

RATP [ɛratepe] *nf* sigla de **Régie Autonome des Transports Parisiens**, empresa responsável pelo transporte público (metrô e ônibus) em Paris.

rat.ta.cher [rataʃe] *vt* reatar, ligar.

rat.tra.per [ratrape] *vt* 1 recapturar. 2 reparar, consertar (um erro, uma imprudência).

rauque [rok] *adj* rouco.

ra.va.ger [Ravaʒe] *vt* depredar, assolar, devastar.

ra.vi, -ie [Ravi] *adj* encantado, feliz, radiante.

ra.vir [RaviR] *vt* **1** raptar, tomar, arrebatar. **2** encantar, entusiasmar.

ra.vis.se.ment [Ravismɑ̃] *nm* alvoroço, arrebatamento, encantamento.

rayer [Reje] *vt* **1** listar, listrar. **2** riscar, traçar.

rayon [Rejɔ̃] *nm* **1** raio. **2** radiação. **3** estante, prateleira. **4** seção, departamento.

rayon.nant, -ante [Rejɔnɑ̃, -ɑ̃t] *adj* radiante, resplandecente.

ré.ac.tion [Reaksjɔ̃] *nf* reação.

réa.dap.ter [Readapte] *vt* readaptar.

ré.a.gir [ReaʒiR] *vi* reagir.

réa.li.sa.teur, -trice [Realizatœr, -tris] *n* **1** realizador, pessoa que realiza (um projeto, uma obra). **2** produtor (de filmes, programas).

réa.li.ser [Realize] *vt* **1** realizar, efetuar, operar, executar. **2** perceber. *vpr* **3** realizar-se.

réa.lisme [Realism] *nm* realismo, qualidade ou estado do que é real. **2** concepção artística segundo a qual o objeto deve ser tomado tal como é, sem idealizações.

réa.li.té [Realite] *nf* realidade.

réa.ni.mer [Reanime] *vt* reanimar.

ré.ap.pa.raître [ReapaRɛtR] *vi* reaparecer. **2** *fig* ressurgir.

ré.ap.pro.vi.sion.ner [ReapRɔvizjɔne] *vt* reabastecer.

re.battre [R(ə)batR] *vt* rebater.

ré.bel.lion [Rebeljɔ̃] *nf* rebelião, revolta, insurreição.

re.boi.ser [R(ə)bwaze] *vt* reflorestar.

re.bon.dir [R(ə)bɔ̃diR] *vi* **1** saltar. **2** ressaltar.

re.bord [R(ə)bɔR] *nm* **1** dobra. **2** parapeito.

re.bours (à) [R(ə)buR] *loc adv* às avessas. **compte à rebours** contagem regressiva.

re.brous.ser [R(ə)bRuse] *vt* **1** arrepiar o cabelo ou o pelo. **2** recuar, voltar para trás. **rebrousser chemin** retroceder.

ré.cal.ci.trant, -ante [RekalsitRɑ̃, -ɑ̃t] *adj* recalcitrante.

ré.ca.pi.tu.la.tion [Rekapitylasjɔ̃] *nf* recapitulação.

ré.ca.pi.tu.ler [Rekapityle] *vt* recapitular.

re.ce.ler [R(ə)sale / Rəs(ə)le] *vt* **1** receptar objetos roubados. **2** esconder criminosos.

re.cen.se.ment [R(ə)sɑ̃smɑ̃] *nm* recenseamento, censo.

re.cen.ser [R(ə)sɑ̃se] *vt* recensear.

ré.cent, ãt [Resɑ̃, ɑ̃t] *adj* recente.

ré.cé.pis.sé [Resepise] *nm* comprovante, recibo.

ré.cep.tif, -ive [Reseptif, -iv] *adj* receptivo.

ré.cep.tion [Resepsjɔ̃] *nf* **1** recebimento. **2** recepção, acolhida. **3** recepção (local).

ré.ces.sif, -ive [Resesif, -iv] *adj* recessivo.

re.cette [R(ə)sɛt] *nf* **1** receita, quantia recebida. **2** *Art Cul* receita. **3** *fig* fórmula.

re.ce.veur, -euse [R(ə)səvœR / Rəs(ə)vœR, -øz] *n* cobrador.

re.ce.voir [R(ə)səvwaR / Rəs(ə)vwaR] *vt* **1** receber, obter, captar. **2** acolher. **3** admitir, aprovar.

re.charge [R(ə)ʃaRʒ] *nf* recarga. **pneu de recharge** pneu sobressalente, estepe.

re.char.ger [R(ə)ʃaRʒe] *vt* recarregar.

re.chas.ser [R(ə)ʃase] *vt* rechaçar.

ré.chaud [Reʃo] *nm* fogareiro.

ré.chauf.fer [Reʃofe] *vt* **1** reaquecer. *vpr* **2** aquecer-se.

re.cherche [R(ə)ʃɛRʃ] *nf* **1** busca, procura. **2** pesquisa.

re.cher.ché [R(ə)ʃɛRʃe] *adj* **1** rebuscado, afetado. **2** esmerado. **3** procurado. *recherché par la police* / procurado pela polícia.

re.cher.cher [R(ə)ʃɛRʃe] *vt* procurar, buscar, pesquisar, esquadrinhar.

re.chute [R(ə)ʃyt] *nf Méd* recaída.

ré.ci.di.ve [Residiv] *nf* reincidência, recaída.

ré.ci.di.ver [Residive] *vi* reincidir.

ré.ci.pient [Resipjã] *nm* recipiente, vasilha, vasilhame.

ré.cit [Resi] *nm* 1 narrativa. 2 *fig* exposição.

ré.cla.mer [Reklame] *vi+vt* 1 reclamar. *vpr* 2 apoiar-se em, invocar o testemunho de.

re.clus, -use [Rəkly, -yz] *adj* recluso.

ré.col.te [Rekɔlt] *nf* colheita.

ré.col.ter [Rekɔlte] *vt* recolher.

re.com.man.der [R(ə)kɔmãde] *vt* 1 recomendar, sugerir, apoiar. 2 aconselhar. **recommander une lettre** registrar uma carta.

re.com.men.cer [R(ə)kɔmãse] *vt+vi* recomeçar, refazer.

ré.com.pense [Rekɔ̃pãs] *nf* recompensa, prêmio.

re.com.po.ser [R(ə)kɔ̃poze] *vt* 1 recompor. 2 rediscar (número de telefone).

ré.con.ci.lier [Rekɔ̃silje] *vt* reconciliar.

ré.con.dui.re [Rekɔ̃dɥiR] *vt* 1 reconduzir, acompanhar. 2 renovar, prorrogar.

ré.con.for.tant [Rekɔ̃fɔRtã, ãt] *adj* reconfortante.

ré.con.for.ter [Rekɔ̃fɔRte] *vt* reconfortar, consolar.

re.con.nais.sance [R(ə)kɔnɛsãs] *nf* 1 reconhecimento. 2 confissão. 3 exame, exploração.

re.con.nais.sant, -ante [R(ə)kɔnɛsã, -ãt] *adj* grato, reconhecido.

re.con.naî.tre [R(ə)kɔnɛtR] *vt* 1 reconhecer, identificar. 2 reconhecer, lembrar-se. 3 reconhecer, admitir.

re.con.qué.rir [R(ə)kɔ̃keRiR] *vt* reconquistar.

re.cou.rir [R(ə)kuRiR] *vt+vi* recorrer, empregar, usar, utilizar.

re.cours [R(ə)kuR] *nm* recurso. **avoir recours à** recorrer a, fazer uso de.

re.cou.vrir [R(ə)kuvRiR] *vt* 1 recobrir. 2 cobrir, guarnecer, esconder.

re.cré.a.tion [RəkReasjɔ̃] *nf* recreio, recreação.

re.cré.er [Rekree] *vt* recriar, reconstruir, reinventar.

re.cri.mi.ner [RekRimine] *vt* recriminar.

re.crute.ment [R(ə)kRytmã] *nm Mil* alistamento, recrutamento.

re.cru.ter [R(ə)kRyte] *vt Mil* recrutar.

rec.tangle [Rektãgl] *nm Géom* retângulo.

rec.teur [RektœR] *nm* dirigente de uma *Académie* (circunscrição regional do Ministério da Educação da França).

rec.ti.fier [Rektifje] *vt* retificar.

re.çu [R(ə)sy] *nm* recibo, cautela. • *adj* aprovado (em exame, teste).

re.cueil [Rəkœj] *nm* coletânea.

re.cueil.lir [RəkœjiR] *vt* 1 apanhar, pegar. 2 arrecadar. 3 recolher. *vpr* 4 recolher-se, voltar-se para si mesmo.

re.cul [R(ə)kyl] *nm* recuo, distanciamento, regressão.

re.cu.ler [R(ə)kyle] *vi* 1 recuar. 2 *fig* retroceder.

re.cu.pé.rer [RekypeRe] *vt* 1 recuperar, recapturar. *vpr* 2 recuperar-se.

re.cy.cler [R(ə)sikle] *vt* reciclar.

ré.dac.teur, -trice [RedaktœR, -tRis] *n* redator.

ré.dac.tion [Redaksjɔ̃] *nf* redação, composição.

re.dé.cou.vrir [R(ə)dekuvRiR] *vt* redescobrir.

re.dé.fi.nir [R(ə)definiR] *vt* redefinir.

re.dé.mar.rage [R(ə)demaRaʒ] *nm* retomada. **redémarrage de la voiture** ação de dar novamente a partida no carro.

ré.demp.teur, -trice [RedãptœR, -tRis] *adj+n* redentor.

ré.demp.tion [Redãpsjɔ̃] *nf Rel* redenção.

ré.di.ger [Rediʒe] *vt* redigir.

re.din.gotte [R(ə)dɛ̃gɔt] *nf* **1** casaco de mulher ajustado ao corpo. **2** casaca.

re.don.dance [R(ə)dɔ̃dɑ̃s] *nf* redundância.

re.dou.bler [R(ə)duble] *vt+vpr* **1** redobrar. *vt* **2** repetir de ano.

re.dou.table [R(ə)dutabl] *adj* temível.

re.dou.ter [R(ə)dute] *vt* temer.

re.dres.ser [R(ə)dRese] *vt+vpr* **1** endireitar. *vpr* **2** perfilar-se.

ré.duc.teur, -trice [Redyktœr, -tRis] *adj* redutor.

ré.duc.tion [Redyksjɔ̃] *nf* **1** redução, diminuição. **2** *Com* desconto, abatimento.

ré.duire [Redɥir] *vt* **1** reduzir, limitar, restringir. **2** minimizar. *vpr* **3** reduzir-se.

ré.el, -elle [Reel] *adj* real, autêntico, verdadeiro, tangível.

re.faire [R(ə)fɛr] *vt+vpr* **1** refazer. *vt* **2** reparar, consertar, restaurar.

ré.fec.toire [RefɛktwaR] *nm* refeitório.

ré.fé.rence [RefeRɑ̃s] *nf* referência, indicação.

ré.fé.rer (se) [RefeRe] *vpr* referir-se.

re.flé.chir [RefleʃiR] *vt* **1** refletir, repercutir (luz, som). *vi* **2** refletir, reconsiderar, meditar.

ré.flec.teur [RefleektœR] *nm* refletor.

re.flet [R(ə)flɛ] *nm* reflexo (luz, imagem).

re.flé.ter [R(ə)flete] *vt* refletir.

ré.flexe [Reflɛks] *nm+adj* reflexo (reação automática e involuntária).

ré.fle.xion [Reflɛksjɔ̃] *nf* **1** reflexão, reflexo. **2** deliberação. **réflexion faite** pensando bem.

ré.forme [RefɔRm] *nf* reforma.

re.foule.ment [R(ə)fulmɑ̃] *nm* recalque.

ré.frac.taire [RefRaktɛR] *n+adj* refratário.

re.frain [R(ə)fRɛ̃] *nm Poét* refrão, estribilho.

re.fré.ner [RefRene] *vt* refrear.

ré.fri.gé.rant, -ante [RefRiʒeRɑ̃, -ɑ̃t] *adj* refrescante, que refrigera.

ré.fri.gé.ra.teur [RefRiʒeRatœR] *nm* refrigerador, geladeira.

re.froi.dir [R(ə)fRwadiR] *vt* **1** esfriar. *vpr* **2** resfriar-se.

re.froi.disse.ment [R(ə)fRwadismɑ̃] *nm* resfriamento. **prendre un refroidissement** ficar resfriado.

re.fus [R(ə)fy] *nm* recusa.

re.fu.ser [R(ə)fyze] *vt* **1** recusar. **2** indeferir. *vpr* **3** negar-se.

ré.fu.ter [Refyte] *vt* refutar.

ré.gal [Regal] *nm* regalo, prazer. **un regal pour les yeux** um regalo para os olhos.

ré.ga.ler (se) [Regale] *vpr* regalar-se, deliciar-se.

re.gard [R(ə)gaR] *nm* olhar, olhada. **au regard de** no que diz respeito a, quanto a.

re.gar.der [R(ə)gaRde] *vt+vi* **1** fitar, olhar. **2** reparar, observar. **3** tocar, dizer respeito a. *vpr* **4** olhar-se. **regarder de travers** olhar atravessado. **regarder du coin de l'œil** ou **par en dessous** olhar de soslaio.

ré.gence [Reʒɑ̃s] *nf* regência, governo de uma monarquia por um regente.

ré.gie [Reʒi] *nf* **1** modo de gestão de uma empresa pública. *la régie Renault* / a firma Renault. **2** direção, administração responsável pela organização material de um espetáculo. **3** *Hist* recebimento de impostos pelos funcionários do rei.

ré.gime [Reʒim] *nm* **1** regime, dieta. **2** *Pol* regime, forma de governo.

ré.gion [Reʒjɔ̃] *nf* região, zona.

ré.gir [ReʒiR] *vt* reger.

re.gistre [RəʒistR] *nm* **1** registro. **2** *fig* competência, talento.

rè.gle [Rɛgl] *nf* **1** regra, norma. **2** régua. **3** *fig* pauta. **4 règles** *pl* menstruação.

rè.gle.ment [Rɛgləmɑ̃] *nm* **1** regulamento. **2** liquidação. **3** regimento. **4** acerto. **règlement de comptes** acerto de contas.

ré.gle.men.ter [ʀɛgləmɑ̃te] *vt* regulamentar.

ré.gler [ʀegle] *vt* **1** regular, acertar, resolver. **2** arbitrar. **3** pautar. **régler la montre** acertar o relógio. **régler un compte** pagar uma conta.

règne [ʀɛɲ] *nm* reinado, reino.

ré.gner [ʀeɲe] *vi* reinar, imperar.

ré.gres.ser [ʀ(ə)ɡʀese] *vi* regredir.

re.gret [ʀ(ə)ɡʀɛ] *nm* **1** pesar, arrependimento, remorso, lamento. **2** saudade. **à regret** a custo, de má vontade.

re.gret.ta.ble [ʀ(ə)ɡʀetabl] *adj* lastimável, lamentável.

re.gret.ter [ʀ(ə)ɡʀete] *vi* lastimar, lamentar.

ré.gur.gi.ter [ʀeɡyʀʒite] *vi* regurgitar.

ré.ha.bi.li.ter [ʀeabilite] *vt* reabilitar.

rein [ʀɛ̃] *nm* **1** *Anat* rim. **2 reins** *pl Anat* lombo.

ré.in.car.na.tion [ʀeɛ̃kaʀnasjɔ̃] *nf* reencarnação.

reine [ʀɛn] *nf* **1** rainha. **2** *Zool* entre os insetos, a fêmea reprodutora.

réi.té.rer [ʀeiteʀe] *vt* reiterar, redobrar.

re.jail.lir [ʀ(ə)ʒajiʀ] *vi* **1** jorrar. **2** *fig* redundar.

re.jet [ʀəʒɛ] *nm* rejeição, evacuação.

re.je.ter [ʀ(ə)ʒəte / ʀəʒ(ə)te] *vt* **1** rejeitar, repelir. **2** repudiar.

re.je.ton [ʀ(ə)ʒətɔ̃ / ʀəʒ(ə)tɔ̃] *nm* rebento.

re.jouir [ʀeʒwiʀ] *vt* **1** alegrar, deleitar, divertir. *vpr* **2** regozijar-se, alegrar-se.

re.lâche.ment [ʀ(ə)lɑʃmɑ̃] *nm* **1** relaxamento, frouxidão. **2** negligência, desleixo.

re.lâ.cher [ʀ(ə)lɑʃe] *vt* **1** relaxar, tornar menos rigoroso. **2** alargar, afrouxar (um nó). *vpr* **3** tornar-se menos cuidadoso.

re.lan.cer [ʀ(ə)lɑ̃se] *vt* relançar.

re.la.tion [ʀ(ə)lasjɔ̃] *nf* **1** relação. **2** relação sexual. **3** ligação.

re.la.ti.vi.ser [ʀ(ə)lativize] *vt* relativizar.

re.la.ti.vi.té [ʀ(ə)lativite] *nf* relatividade.

re.la.xer [ʀ(ə)lakse] *vt* **1** relaxar, soltar. *vpr* **2** relaxar-se, descontrair-se.

re.layer [ʀ(ə)leje] *vt* revezar.

re.le.vé, -ée [ʀ(ə)ləve / ʀəl(ə)ve] *adj* **1** elevado. **2** picante, apimentado. • *nm* relato, relação. **relevé de compte** extrato de conta bancária.

re.le.ver [ʀ(ə)ləve / ʀəl(ə)ve] *vt+vi* **1** ressaltar, realçar. **2** levantar. *vpr* **3** tornar a se levantar.

re.lief [ʀəljɛf] *nm* **1** relevo, saliência. **2** realce.

re.lier [ʀəlje] *vt* **1** ligar. **2** encadernar.

re.li.gion [ʀ(ə)liʒjɔ̃] *nf* religião.

re.lique [ʀəlik] *nf Rel* relíquia.

re.lire [ʀ(ə)liʀ] *vt* reler.

re.liure [ʀəljyʀ] *nf* encadernação.

re.luire [ʀ(ə)lɥiʀ] *vi* reluzir, luzir, brilhar.

re.mâ.cher [ʀ(ə)mɑʃe] *vt* **1** ruminar. **2** *fig* remoer sentimentos negativos.

re.ma.nie.ment [ʀ(ə)manimɑ̃] *nm* remanejamento.

re.ma.nier [ʀ(ə)manje] *vt* remanejar.

re.marque [ʀ(ə)maʀk] *nf* nota, observação.

re.mar.quer [ʀ(ə)maʀke] *vt* notar, observar, distinguir, perceber.

rem.bour.se.ment [ʀɑ̃buʀsəmɑ̃] *nm* reembolso, devolução.

rem.bour.ser [ʀɑ̃buʀse] *vt* reembolsar, devolver.

re.mède [ʀ(ə)mɛd] *nm* remédio, medicamento. **remède de bonne femme** remédio caseiro.

re.mé.dier [ʀ(ə)medje] *vt* **1** remediar. **2** *fig* sanar.

re.mer.cie.ment [ʀ(ə)mɛʀsimɑ̃] *nm* agradecimento.

re.mer.cier [ʀ(ə)mɛʀsje] *vt* agradecer.

re.met.tre [ʀ(ə)mɛtʀ] *vt* **1** repor, recolocar. **2** despedir (do emprego). **3** entregar. **4** perdoar. **5** reconhecer. **ne remets pas à demain ce que tu peux faire**

remise 208 **renvoyer**

aujourd'hui. não deixe para amanhã o que pode ser feito hoje.
re.mise [R(ə)miz] *nf* 1 reposição. 2 entrega. 3 adiamento. 4 desconto.
re.mo.de.ler [R(ə)mɔd(ə)le] *vt* remodelar.
re.mon.ter [R(ə)mɔ̃te] *vt+vi* 1 remontar. 2 animar. 3 subir novamente. **remonter une montre** dar corda num relógio.
re.morque [R(ə)mɔRk] *nf* reboque.
re.mor.quer [R(ə)mɔRke] *vt* rebocar.
re.mor.queur [R(ə)mɔRkœr] *nm Naut* rebocador.
rem.pla.çant, -ante [Rɑ̃plasɑ̃, -ɑ̃t] *n* substituto.
rem.place.ment [Rɑ̃plasmɑ̃] *nm* substituição.
rem.pla.cer [Rɑ̃plase] *vt* substituir.
rem.plir [Rɑ̃pliR] *vt* 1 encher, preencher. 2 lotar. 3 cumprir.
rem.por.ter [Rɑ̃pɔRte] *vt* obter, ganhar (sucesso, prêmio, competição).
re.mue.ment [R(ə)mymɑ̃] *nm* movimento.
re.muer [Rəmɥe] *vt* 1 remexer, revolver. 2 mover. *vi* 3 bulir. *vpr* 4 remexer-se.
ré.mu.né.rer [Remynere] *vt* remunerar.
re.nais.sance [R(ə)nesɑ̃s] *nf* 1 renascimento. 2 *Hist* Renascença, Renascimento.
re.naître [R(ə)netR] *vi* renascer, ressurgir.
re.nard [R(ə)naR] *nm Zool* raposa.
ren.ché.rir [Rɑ̃feRiR] *vt+vi* encarecer, aumentar o preço, o valor.
ren.contre [Rɑ̃kɔ̃tR] *nf* 1 encontro. 2 encontrão.
ren.con.trer [Rɑ̃kɔ̃tRe] *vt* 1 encontrar. 2 dar com. 3 travar conhecimento com alguém. **rencontrer par hasard** topar, encontrar por acaso.
ren.dre [Rɑ̃dR] *vt* 1 devolver, restituir. 2 tornar. 3 prestar. *vpr* 4 encaminhar-se para. **rendre adéquat** adequar. **rendre des hommages** homenagear. **rendre les armes** Mil render as armas. **rendre un service** fazer um favor. **rendre visite à quelqu'un** fazer uma visita a alguém.
ren.fer.mer [Rɑ̃feRme] *vt* 1 encerrar. 2 esconder. 3 abranger.
ren.for.ce.ment [RɑfɔRsəmɑ̃] *nm* reforço, fortalecimento. *le renforcement d'un mur* / o reforço de uma parede. *le renforcement de la monarchie en Angleterre* / o fortalecimento da monarquia na Inglaterra.
ren.fort [RɑfɔR] *nm* reforço, ajuda.
ren.gaine [Rɑ̃gen] *nf fam* dito banal, banalidade que se repete.
re.nier [Rənje] *vt* renegar.
re.ni.fler [R(ə)nifle] *vt* 1 fungar. 2 farejar.
re.nom.mée [R(ə)nɔme] *nf* fama, renome.
re.nonce.ment [R(ə)nɔ̃smɑ̃] *nm* renúncia, desistência.
re.non.cer [R(ə)nɔ̃se] *vt+vi* renunciar.
re.nou.ve.ler [R(ə)nuv(ə)le] *vt* 1 renovar. 2 reiterar.
re.nou.vel.le.ment [R(ə)nuvelmɑ̃] *nm* 1 renovação. 2 prorrogação. 3 *fig* regeneração.
re.no.ver [Rənɔve] *vt* renovar.
ren.seigne.ment [RɑsɛɲmɑR] *nm* informação.
ren.ta.bi.li.té [Rɑ̃tabilite] *nf* rentabilidade.
rente [Rɑ̃t] *nf Com* renda, rendimento. **rente viagère** renda ou pensão vitalícia.
ren.trer [RɑtRe] *vt* 1 enfiar, colocar dentro. *vi* 2 voltar para casa. 3 entrar novamente.
ren.ver.se.ment [RɑversəmɑR] *nm* 1 inversão, troca, alteração. 2 queda, derrubada.
ren.ver.ser [Rɑverse] *vt* 1 atropelar. 2 tombar, derrubar, prostrar. 3 derramar. 4 virar do avesso ou de ponta-cabeça, inverter.
ren.voyer [Rɑvwaje] *vt* 1 despedir, mandar embora. 2 remeter. 3 reconduzir.

ré.pandre [ʀepɑ̃dʀ] *vt* **1** derramar. **2** difundir. **3** emitir. **4** *fig* semear.

ré.pa.rer [ʀepaʀe] *vt* reparar, consertar, restaurar, refazer.

ré.par.tir [ʀepaʀtiʀ / ʀ(ə)paʀtiʀ, ʀəpaʀtiʀ] *vt* repartir, dividir, classificar.

re.par.tir [ʀəpaʀtiʀ/ ʀ(ə)paʀtiʀ] *vt* **1** replicar, responder. **2** voltar, partir novamente.

re.pas [ʀ(ə)pɑ] *nm* refeição.

re.pas.ser [ʀ(ə)pɑse] *vt* **1** repassar. **2** repensar. **repasser le linge** passar roupa.

re.pen.tir (se) [ʀ(ə)pɑ̃tiʀ] *vpr* arrepender-se.

ré.pé.rage [ʀ(ə)peʀaʒ] *nm* **1** marcação. **2** reconhecimento.

ré.per.cu.ter [ʀepeʀkyte] *vt+vi* repercutir.

ré.per.toire [ʀepeʀtwaʀ] *nm* repertório.

ré.pé.ter [ʀepete] *vt+vpr* repetir. *vt+vi* **2** ensaiar.

re.pi.quer [ʀ(ə)pike] *vi* repicar.

ré.pit [ʀepi] *nm* **1** pausa, descanso, interrupção. **2** mora que se concede para um pagamento.

re.pla.cer [ʀ(ə)plase] *vt* repor, colocar novamente.

re.plan.ter [ʀ(ə)plɑ̃te] *vt* replantar.

re.pli [ʀəpli] *nm* **1** dobra, prega. **2** *fig* recanto.

re.plier [ʀ(ə)plije] *vt* **1** arregaçar. **2** tornar a preguear.

ré.pon.dant, -ante [ʀepɔ̃dɑ̃, -ɑ̃t] *n* fiador.

ré.pon.deur, -euse [ʀepɔ̃dœʀ, -øz] *adj* respondão. • *nm* secretária eletrônica.

ré.pondre [ʀepɔ̃dʀ] *vt+vi* responder, replicar. **répondre au téléphone** atender ao telefone.

ré.ponse [ʀepɔ̃s] *nf* resposta.

re.por.ter1 [ʀ(ə)pɔʀteʀ / ʀ(ə)pɔʀtœʀ] *n* repórter.

re.por.ter2 [ʀ(ə)pɔʀte] *vt* **1** recolocar. **2** levar novamente.

re.pos [ʀ(ə)po] *nm* repouso, descanso, folga.

re.po.ser [ʀ(ə)poze] *vi+vt* **1** sossegar, repousar, descansar. **2** pousar, colocar. *vpr* **3** repousar.

re.pous.ser [ʀ(ə)puse] *vt* repelir, empurrar, repudiar.

re.prendre [ʀ(ə)pʀɑ̃dʀ] *vt* **1** retomar. **2** recontratar. **3** *vi* recomeçar, voltar. **4** repreender, admoestar.

re.pré.sailles [ʀ(ə)pʀezaj] *nf pl* represália.

re.pré.sen.ter [ʀ(ə)pʀezɑ̃te] *vt* representar, simbolizar.

ré.pri.man.der [ʀepʀimɑ̃de] *vt* repreender.

ré.pri.mer [ʀepʀime] *vt* reprimir, recalcar, represar.

re.prise [ʀ(ə)pʀiz] *nf* **1** retomada, recomeço. **2** *Cin* reprise.

re.pri.ser [ʀ(ə)pʀize] *vt* cerzir.

re.proche [ʀ(ə)pʀɔʃ] *nm* censura.

re.pro.cher [ʀ(ə)pʀɔʃe] *vt* censurar, criticar.

re.pro.duc.teur, -trice [ʀ(ə)pʀɔdyktœʀ, -tʀis] *adj+n* reprodutor.

re.pro.duire [ʀ(ə)pʀɔdɥiʀ] *vt+vpr* **1** reproduzir, produzir de novo. *vt* **2** imitar com fidelidade.

ré.prou.ver [ʀepʀuve] *vt* reprovar.

ré.pu.dier [ʀepydje] *vt* repudiar.

ré.pu.gnance [ʀepyɲɑ̃s] *nf* repugnância, asco, nojo, repulsão.

ré.pu.gnant, -ante [ʀepyɲɑ̃, -ɑ̃t] *adj* repugnante, nojento.

ré.pul.sif, ive [ʀepylsif, iv] *adj* repulsivo, nojento.

re.quête [ʀəkɛt] *nf* **1** pedido, petição, súplica, reclamação. **2** *Jur* requerimento.

re.quin [ʀəkɛ̃] *nm Zool* tubarão.

RER [ɛʀøʀ] *nm* sigla de **Réseau Express Régional**, trem que serve Paris e seus arredores.

res.cousse (à la) [ʀɛskus] *loc* em socorro.

ré.seau [REZO] *nm* rede.
ré.ser.va.tion [REZERvasjɔ̃] *nf* reserva.
ré.serve [REZERV] *nf* **1** reserva, retraimento. **2** estoque. **3** ressalva. **4** *Sp* reserva de caça.
ré.ser.ver [REZERVE] *vt* reservar, estocar, guardar.
ré.ser.voir [REZERVWAR] *nm* reservatório.
ré.si.dence [Rezidɑ̃s] *nf* residência, moradia, habitação.
ré.si.der [Rezide] *vi* residir.
ré.si.du [Rezidy] *nm* resíduo.
ré.si.gna.tion [Rezinasjɔ̃] *nf* resignação.
ré.si.lia.tion [Reziljasjɔ̃] *nf* rescisão.
ré.si.lier [Rezilje] *vt* rescindir.
ré.sine [Rezin] *nf Bot* resina.
ré.sis.tance [Rezistɑ̃s] *nf* resistência, relutância. **plat de résistance** prato principal de uma refeição.
ré.sis.ter [Reziste] *vt* resistir, suportar.
ré.so.lu, -ue [Rezɔly] *part+adj* decidido.
ré.so.nance [Rezɔnɑ̃s] *nf* ressonância.
ré.soudre [RezudR] *vt* resolver, ajustar, solucionar.
res.pect [Respe] *nm* respeito, reverência, deferência.
res.pec.ta.bi.li.té [Respektabilite] *nf* respeitabilidade.
res.pec.ter [Respekte] *vt+vpr* **1** respeitar. *vt* **2** acatar, aceitar desejos ou ordens. **3** não destruir.
res.pi.ra.tion [Respirasjɔ̃] *nf* respiração.
res.pi.ra.toire [RespiratwaR] *adj* respiratório.
res.pi.rer [RespiRe] *vi* respirar.
res.plen.dis.sant, -ante [Resplɑ̃disɑ̃, -ɑ̃t] *adj* resplandecente, radioso, fulgurante, radiante.
res.pon.sa.bi.li.té [Respɔ̃sabilite] *nf* responsabilidade, sensatez.
res.pon.sable [Respɔ̃sabl] *n+adj* responsável, sensato.
res.sem.blance [R(ə)sɑ̃blɑ̃s] *nf* semelhança, similitude, afinidade.

res.sem.bler [R(ə)sɑ̃ble] *vt+vpr* parecer, assemelhar-se.
res.sen.ti.ment [R(ə)sɑ̃timɑ̃] *nm* ressentimento, desgosto, mágoa.
res.sen.tir (se) [R(ə)sɑ̃tiR] *vpr* ressentir-se.
res.sort [R(ə)sɔR] *nm* **1** mola. **2** instância, alçada.
res.sor.tir (se) [R(ə)sɔRtiR] *vpr* sobressair-se.
res.sor.tis.sant, -ante [R(ə)sɔRtisɑ̃, -ɑ̃t] *adj* originário.
res.source [R(ə)suRs] *nf* recurso.
res.tau.rant [RestɔRɑ̃] *nm* restaurante.
res.tau.ra.teur, -trice [RestɔRatœR, -tRis] *n* **1** restaurador. **2** dono de restaurante.
res.tau.ra.tion [RestɔRasjɔ̃] *nf* restauração.
res.tau.rer [RestɔRe] *vt+vpr* **1** restaurar, devolver à condição original. *vt* **2** reparar. **3** *fig* dar novas forças.
reste [Rest] *nm* resto.
res.ter [Reste] *vi* **1** ficar, permanecer. **2** sobrar, restar.
res.ti.tuer [Restitɥe] *vt* restituir, repor, devolver.
res.ti.tu.tion [Restitysjɔ̃] *nf* reposição, restituição.
res.treindre [RestRɛ̃dR] *vt* **1** resumir. *vpr* **2** restringir-se.
res.tric.tion [RestRiksjɔ̃] *nf* restrição, reserva.
res.truc.tu.ra.tion [RəstRyktyRasjɔ̃] *nf* reestruturação.
res.truc.tu.rer [RəstRyktyRe] *vt* reestruturar.
ré.sul.tat [Rezylta] *nm* resultado.
ré.su.mé [Rezyme] *nm* resumo, sumário.
ré.su.mer [Rezyme] *vt* **1** resumir. **2** *fig* sintetizar.
ré.ta.blisse.ment [Retablismɑ̃] *nm* restabelecimento, regeneração, reparo.
re.tard [R(ə)taR] *nm* demora, lentidão, retardamento, atraso, delonga.

re.tar.da.taire [R(ə)taRdatɛR] *adj* retardatário.
re.tar.de.ment [R(ə)taRdəmã] *nm* retardamento.
re.tar.der [R(ə)taRde] *vt* retardar, tardar, demorar, temporizar.
re.te.nir [R(ə)təniR / Rət(ə)niR] *vt* **1** reter. **2** agarrar. **3** *fig* represar. *vt+vpr* **4** refrear, conter.
re.ten.tir [R(ə)tãtiR] *vi* tinir, retumbar, ecoar, ressoar.
re.ten.tis.sant, -ante [R(ə)tãtisã, -ãt] *adj* retumbante, estrondoso.
re.ten.tis.se.ment [R(ə)tãtismã] *nm* ressonância, repercussão.
re.te.nue [R(ə)təny / Rət(ə)ny] *nf* **1** recato, discrição. **2** retenção. **3** descontos feitos no salário.
ré.ti.cent [Retisã, ãt] *adj* reticente.
re.ti.rer [R(ə)tiRe] *vt* **1** tirar, retirar. **2** *Com* sacar. *vpr* **3** retirar-se. **4** aposentar-se. **se retirer dans sa chambre** recolher-se.
re.tom.bée [R(ə)tɔ̃be] *nf* recaída.
re.tom.ber [R(ə)tɔ̃be] *vi* recair.
re.touche [R(ə)tuʃ] *nf* retoque.
re.tou.cher [R(ə)tuʃe] *vt* retocar, corrigir, aperfeiçoar.
re.tour [R(ə)tuR] *nm* regresso, retorno.
re.tour.ner [R(ə)tuRne] *vt+vi* **1** retornar, regressar, voltar. **2** revolver (a terra).
re.trait [R(ə)tRɛ] *nm Com* saque.
re.traite [R(ə)tRɛt] *nf* **1** aposentadoria. **2** retiro, recolhimento. **3** retirada militar.
re.trai.té [R(ə)tRete] *adj+n* aposentado.
re.tran.che.ment [R(ə)tRãʃmã] *nm* barricada.
re.trans.mis.sion [R(ə)tRãsmisjɔ̃] *nf* retransmissão.
ré.tré.cir [RetResiR] *vt* **1** estreitar. **2** encolher.
ré.tré.cis.se.ment [RetResismã] *nm* encolhimento.
re.tri.buer [RetRibɥe] *vt* retribuir.
ré.tro.a.gir [RetRoaʒiR] *vi* retroagir.

ré.tro.gra.der [RetRɔgRade] *vt+vi* retroceder.
ré.tros.pec.tif, -ive [RetRɔspektif, -iv] *adj* retrospectivo. • *nf* retrospectiva.
re.trous.ser [R(ə)tRuse] *vt* arregaçar.
re.trou.ver [R(ə)tRuve] *vt* reencontrar, encontrar.
ré.tro.vi.seur [RetRɔvizœR] *nm* retrovisor.
ré.u.nion [Reynjɔ̃] *nf* reunião.
Ré.u.nio.nais, -aise [Reynjɔnɛ, -ɛz] *adj+n* **1** relativo à ilha da Reunião. **2** habitante ou originário dessa ilha.
ré.u.nir [ReyniR] *vt* **1** agrupar, reunir, juntar. **2** *fam* reaproximar, unir. **3** conciliar. *vpr* **4** reunir-se.
ré.us.sir [ReysiR] *vi* **1** ter êxito, ser bem-sucedido. **2** aclimatar-se. *vt* **3** ser benéfico. **4** passar de ano (na escola). **réussir un examen** passar num exame.
ré.us.site [Reysit] *nf* êxito, sucesso.
re.vanche [R(ə)vãʃ] *nf* revanche, desforra. **en revanche** por outro lado, pelo contrário.
rêve [Rɛv] *nm* sonho.
ré.veil [Revej] *nm* despertar.
ré.veil.le.ma.tin [Revejmatɛ̃] *nm* despertador.
ré.veil.ler [Reveje] *vt* **1** despertar. **2** *fig* reanimar. *vpr* **3** acordar.
ré.veil.lon [Revejɔ̃] *nm* réveillon, passagem de ano.
ré.vé.ler [Revele] *vt* **1** revelar, desvendar. **2** *fig* expiar. *vpr* **3** revelar-se.
re.ve.nant, -ante [R(ə)vənã / Rəv(ə)nã, -ãt] *n* assombração, aparição.
re.ven.deur, -euse [R(ə)vãdœR, -øz] *n Com* revendedor.
re.ven.di.quer [R(ə)vãdike] *vt* reclamar, reivindicar.
re.ven.dre [R(ə)vãdR] *vt Com* revender.
re.ve.nir [R(ə)vəniR / Rəv(ə)niR] *vi* **1** voltar, regressar. **2** caber a. **3** custar. **4** agradar. **revenir à** equivaler. **revenir à soi** voltar a si, recobrar os sentidos.

re.ve.nu [R(ə)vəny / Rəv(ə)ny] *nm* rendimento, renda, ganho.

rê.ver [Reve] *vt* sonhar, devanear. **rêver de quelqu'un** sonhar com alguém.

re.ver.bère [Reverbɛr] *nm* lampião.

ré.vé.rer [Revere] *vt* reverenciar.

rêve.rie [Revri] *nf* imaginação, devaneio.

re.vers [R(ə)ver] *nm* **1** reverso. **2** avesso. **3** lapela. **4** *fig* revés.

re.vê.tir [R(ə)vetir] *vt* revestir, recobrir, guarnecer.

rê.veur, -euse [Revœr, -øz] *n+adj* sonhador.

re.vi.ser [Revize] *vt* revisar.

ré.vi.seur [Revizœr] *nm* revisor.

re.vi.si.ter [R(ə)vizite] *vt* revisitar, repensar, reconsiderar.

re.vivre [R(ə)vivr] *vi* reviver.

ré.vo.ca.tion [Revɔkasjɔ̃] *nf* revogação, anulação.

re.voir [R(ə)vwar] *vt* rever. **au revoir** até logo.

ré.vol.tant, -ante [Revɔltɑ̃, -ɑ̃t] *adj* revoltante.

ré.vol.ter [Revɔlte] *vt* **1** revoltar, insurgir. *vpr* **2** revoltar-se.

ré.vo.lu.tion [Revɔlysjɔ̃] *nf* revolução.

ré.vol.ver [Revɔlver] *nm* revólver.

ré.vo.quer [Revɔke] *vt* revogar.

re.vue [R(ə)vy] *nf* revista.

rez-de-chaus.sée [Red(ə)ʃose] *nm* andar térreo.

rhé.to.rique [Retɔrik] *adj* retórico. • *nf* retórica.

rhume [Rym] *nm Méd* resfriado.

riche [Riʃ] *n+adj* rico, abonado.

ri.chesse [Riʃes] *nf* **1** riqueza, fortuna. **2** *fig* patrimônio.

ride [Rid] *nf* ruga.

ri.deau [Rido] *nm* cortina.

ri.di.cule [Ridikyl] *adj* **1** ridículo, que provoca o riso. **2** insignificante. • *nm* o que é ridículo.

rien [Rjɛ̃] *pron+nm+adv* nada. **cela ne fait rien** não faz mal. **on n'y peut rien** não se pode fazer nada.

ri.gi.di.té [Riʒidite] *nf* rigidez, dureza.

ri.go.lade [Rigɔlad] *nf* brincadeira.

ri.gou.reux, -euse [Rigurø, -øz] *adj* rigoroso, estrito, severo.

ri.gueur [Rigœr] *nf* rigor, severidade, estreiteza, dureza.

rime [Rim] *nf Poét* **1** rima. **2** **rimes** *pl* trova, versos.

rin.çage [Rɛ̃saʒ] *nm* enxágue.

rire [Rir] *vi* **1** rir. *vt* **2** zombar. *vpr* **3** rir-se, fazer pouco caso. • *nm* riso. **rira bien qui rira le dernier** *prov* ri melhor quem ri por último.

ris.quer [Riske] *vt* **1** arriscar. **2** correr o risco. **3** pôr em Rel risco. **qui ne risque rien n'a rien** quem não arrisca não petisca.

rite [Rit] *nm Rel* rito.

ri.tuel, -elle [Rityɛl] *nm+adj* ritual.

ri.va.li.té [Rivalite] *nf* rivalidade.

rive [Riv] *nf* beira, margem.

ri.vière [Rivjɛr] *nf* rio.

rixe [Riks] *nf* rixa, pendência, rusga.

riz [Ri] *nm Bot* arroz. **riz complet** arroz integral.

RMI [ɛrɛmi] *nm* sigla de **revenu minimum d'insertion**, o equivalente ao salário-desemprego na França.

robe [Rɔb] *nf* vestido. **robe à fleurs** vestido de flores. **robe de chambre** roupão. **robe de mariée** vestido de noiva. **robe de soirée** vestido de baile.

ro.bi.net [Rɔbinɛ] *nm* torneira.

ro.bot [Rɔbo] *nm* **1** robô. **2** pessoa que age como um autômato.

ro.bo.tique [Rɔbɔtik] *nf* robótica.

ro.buste [Rɔbyst] *adj* robusto, sólido, vigoroso.

roche [Rɔʃ] *nf* rocha.

ro.cher [Rɔʃe] *nm Géogr* rochedo, penhasco, rocha.

rô.der [Rode] *vt* **1** zanzar, circular, andar em volta de (espiando, espreitando). **2** amaciar (motor de um veículo).

roi [Rwa] *nm* rei.
rôle [Rol] *nm* **1** *Théât, Cin* papel desempenhado por um ator. **2** a função ou influência exercida por uma pessoa.
ro.man [Rɔmɑ̃] *nm* romance. • *adj* **les langues romanes** as línguas românicas.
ro.man.cier, -ière [Rɔmɑ̃sje, -jɛR] *n* romancista, escritor.
ro.ma.nesque [Rɔmanɛsk] *adj* romanesco.
ro.man.tisme [Rɔmɑ̃tism] *nm* romantismo.
rompre [Rɔ̃pR] *vt* **1** arrebentar, quebrar. *vt+vpr* **2** romper.
rond, ronde [Rɔ̃, Rɔ̃d] *adj* redondo. • *nf* roda.
ron.deur [Rɔ̃dœR] *nf* redondeza, figura do que é redondo. **des rondeurs** curvas (em pessoas).
rond-point [Rɔ̃pwɛ̃] *nm* encruzilhada, rotatória.
ron.fle.ment [Rɔ̃fləmɑ̃] *nm* ronco.
ron.fler [Rɔ̃fle] *vi* roncar, ressonar.
ron.ger [Rɔ̃ʒe] *vt* roer, corroer.
ron.ron.ner [Rɔ̃Rɔne] *vi* ronronar.
ro.saire [RozɛR] *nm Rel* rosário, terço.
rose [Roz] *nf Bot* rosa, a flor. • *adj* rosa, cor-de-rosa.
ro.sé, -e [Roze] *adj* róseo, rosado. • *nm* **1** vinho rosado. *nf* **2** orvalho.
ro.sier [Rozje] *nm Bot* roseira.
ros.sig.nol [Rɔsiɲɔl] *nm Zool* rouxinol.
ro.ta.tion [Rɔtasjɔ̃] *nf* rotação, rotatividade.
ro.ter [Rɔte] *vi* arrotar.
rô.ti [Roti / Rɔti] *nm* assado, carne assada.
rô.tir [RotiR / RɔtiR] *vt+vi* assar.
rô.tisse.rie [RotisRi] *nf* estabelecimento onde se vende carne ou frango assado.
ro.tule [Rɔtyl] *nf Anat* rótula, patela.
roue [Ru] *nf* roda. **pousser quelqu'un à la roue** ajudar alguém a ter sucesso. **roue de rechange, roue de secours** *Autom* estepe.
rouge [Ruʒ] *adj+nm* vermelho rubro. **rouge à lèvres** batom. **rouge comme une pivoine** vermelho como um pimentão.
rou.geole [Ruʒɔl] *nf Méd* sarampo.
rou.geur [RuʒœR] *nf* vermelhidão, rubor.
rou.gir [RuʒiR] *vi* corar, ruborizar, enrubescer, avermelhar.
rouille [Ruj] *nf* ferrugem.
rouil.ler [Ruje] *vt+vpr* enferrujar.
rou.lant, -ante [Rulɑ̃, -ɑ̃t] *adj* rolante. **tapis roulant** esteira rolante.
rou.leau [Rulo] *nm* rolo.
rouler [Rule] *vt+vi* **1** rodar. **2** rolar. **3** *pop* rebolar. **4** *pop* enrolar. **rouler sur l'or** nadar em dinheiro.
rou.lette [Rulɛt] *nf* **1** roleta. **2** rodinha, carretilha.
rous.pe.ter [Ruspete] *vi* **1** reclamar. **2** *fam* chiar.
route [Rut] *nf* **1** rodovia, estrada. **2** caminho, itinerário. **3** *Naut* rota.
rou.teur [RutœR] *nm* **1** *Inform* browser, programa para navegar na Internet, navegador. **2** *Mar* navegador, pessoa que estabelece a rota de um navio.
rou.tier, -ière [Rutje, -jɛR] *adj* rodoviário. • *nm* caminhoneiro.
rou.tine [Rutin] *nf* rotina.
roux, rous.se [Ru, -Rus] *adj* ruivo.
royal, -ale, -aux [Rwajal, -o] *adj* régio, real.
roy.aume [Rwajom] *nm* reino.
roy.au.té [Rwajote] *nf* realeza.
ruade [Ruad] *nf* coice.
ru.ban [Rybɑ̃] *nm* fita. **ruban isolant** fita isolante.
ru.brique [RybRik] *nf* **1** rubrica. **2** *Jornal* coluna.
ruche [Ryʃ] *nf* colmeia.
rude [Ryd] *adj* rude, grosseiro, tosco, ríspido.
ru.di.ment [Rydimɑ̃] *nm* rudimento.
rue [Ry] *nf* rua, logradouro. **rue à sens unique** rua de mão única. **rue piétonne**

rua de pedestres. **rue sans issue** rua sem saída.
ruelle [ʀɥɛl] *nf* viela.
ru.gir [ʀyʒiʀ] *vi* rugir, bramir, urrar.
ru.gisse.ment [ʀyʒismã] *nm* rugido, urro.
ruine [ʀɥin] *nf Archéol* ruína.
rui.ner [ʀɥine] *vt* arruinar, destruir.
ruis.seau [ʀɥiso] *nm Géogr* riacho, regato.

ru.meur [ʀymœʀ] *nf* boato, rumor.
ru.mi.ner [ʀymine] *vt* ruminar, remoer.
rup.ture [ʀyptyʀ] *nf* ruptura, quebra, rompimento.
ruse [ʀyz] *nf* **1** estratagema, ardil, embuste. **2** esperteza.
rus.tique [ʀystik] *adj* rústico, agreste, selvagem.
rythme [ʀitm] *nm Poét* ritmo.

S

s [ɛs] *nm* décima nona letra e décima quinta consoante do alfabeto da língua francesa.

s' *V* se e si.

sa [sa] *adj poss f sing* sua, dela, dele.

sable [sabl] *nm* areia.

sa.bot [sabo] *nm* 1 tamanco. 2 *Zool* casco. **baignoire sabot** banheira pequena onde se toma banho sentado. **on le voit (ou on l'entend) venir avec ses gros sabots** suas alusões são muito fortes e suas intenções, muito claras. **travailler, jouer comme un sabot** trabalhar, representar muito mal.

sac [sak] *nm* 1 saco. 2 bolsa. 3 *Mil* saque. **l'affaire est dans le sac** o sucesso está garantido. **mettre dans le même sac** colocar no mesmo saco. **sac à main** bolsa feminina. **vider son sac** confessar, dizer o fundo do pensamento.

sac.ca.ger [sakaʒe] *vt* pilhar, saquear.

sa.cer.doce [sasɛʀdɔs] *nm Rel* sacerdócio.

sa.chet [saʃɛ] *nm* saquinho. **un sachet** um saquinho plástico. **un sachet de thé** um saquinho de chá.

sacre [sakʀ] *nm* sagração. *le sacre des rois de France* / a sagração dos reis da França.

sa.cré, -ée [sakʀe] *adj* 1 sagrado, sacro. 2 inviolável. *le sacré et le profane* /

o sagrado e o profano. **Sacré-Cœur** Sagrado Coração.

sa.dique [sadik] *n+adj* sádico.

sa.disme [sadism] *nm* sadismo.

sa.do.ma.so.chisme [sadomazɔʃism] *nm* sadomasoquismo.

sa.do.ma.so.chiste [sadomazɔʃist] *adj+n* sadomasoquista.

sa.fa.ri [safaʀi] *nm* safári.

sa.fran [safʀɑ̃] *nm Bot* açafrão.

sage [saʒ] *adj+n* 1 sábio, sensato, judicioso, prudente, razoável. 2 honesto e reservado em sua conduta sexual, casto.

sage-femme [saʒfam] *nf* parteira.

sai.gnant, -ante [sɛɲɑ̃, -ɑ̃t] *adj* sangrento. **viande saignante** carne quase crua, quando cozida ou frita.

saigne.ment [sɛɲmɑ̃] *nm* sangramento, hemorragia. **saignement de nez** sangramento, hemorragia nasal.

sai.gner [sɛɲe] *vi* sangrar. **saigner du nez** ter sangramento, hemorragia nasal. **son coeur saigne** ele sofre.

sain.doux [sɛ̃du] *nm* banha de porco.

saint, sainte [sɛ̃, sɛ̃t] *n+adj* santo, sacro. **ne savoir à quel saint se vouer** não saber mais para qual santo rezar, não saber como sair do problema. **prêcher pour son saint** rezar para seu santo.

sainte.té [sɛ̃tte] *nf* santidade. **Sa, Votre Sainteté** Sua, Vossa Santidade, título de respeito empregado ao se falar do papa ou quando se fala com ele.

sai.sir [sezir] *vt* **1** agarrar, segurar, pegar. **2** entender. *tu saisis?* / você entende? você está entendendo? **3** *Jur* penhorar. **occasion à saisir** aproveite a oportunidade! **saisir un texte sur ordinateur** digitar um texto no computador.

sai.son [sezɔ̃] *nf* **1** temporada. **2** estação do ano. **en toute(s) saison(s)** durante todo ano.

sa.lade [salad] *nf* salada. **salade de fruits** salada de frutas.

sa.la.dier [saladje] *nm* saladeira.

sa.laire [salɛʀ] *nm* salário, ordenado. **bulletin de salaire** holerite. **salaire brut** salário bruto. **salaire de famine** salário de miséria. **salaire minimum** salário mínimo. **salaire net** salário líquido.

sale [sal] *adj* sujo.

sa.ler [sale] *vt* salgar.

sale.té [salte] *nf* **1** sujeira. **2** *fam* sacanagem, obscenidade.

sa.lière [saljɛʀ] *nf* saleiro.

sa.lir [saliʀ] *vt* sujar.

salle [sal] *nf* sala. **les salles obscures** os cinemas. **salle à manger** sala de jantar. **salle de bains** banheiro. **salle de séjour** sala de estar.

sa.lon [salɔ̃] *nm* sala, salão. **faire salon** reunir pessoas para conversar. **salon d'attente** sala para espera.

sa.luer [salɥe] *vt* cumprimentar, saudar.

sa.lut [saly] *nm* **1** saudação. **2** salvação. • *interj* olá, salve, oi. **l'armée du salut** o exército da salvação. **le salut public** a salvação da nação.

same.di [samdi] *nm* sábado.

sanc.tion.ner [sɑ̃ksjɔne] *vt* sancionar, aprovar, ratificar.

sanc.tuaire [sɑ̃ktɥeʀ] *nm* santuário, edifício consagrado às cerimônias de um culto, lugar santo.

sang [sɑ̃] *nm* sangue. **avoir du sang dans les veines** ter sangue nas veias, ser corajoso. **avoir du sang de navet** ser covarde.

sangle [sɑ̃gl] *nf* correia, faixa.

san.glot [sɑ̃glo] *nm* soluço. **éclater en sanglots** cair no choro.

san.glo.ter [sɑ̃glɔte] *vi* soluçar.

sang.sue [sɑ̃sy] *nf Zool* sanguessuga.

sans [sɑ̃] *prep* expressa a falta, a privação ou a exclusão, sem. **cela va sans dire** é evidente. **sans cesse** sem cessar. **sans exception** sem exceção. **un film sans intérêt** um filme sem interesse.

san.tal [sɑ̃tal] *nm Bot* sândalo.

san.té [sɑ̃te] *nf* saúde. **boire à la santé de quelqu'un** beber à saúde de alguém. **être en bonne santé** ter boa saúde. **la santé se rétablit** está se restabelecendo.

sa.pin [sapɛ̃] *nm* pinheiro. **sapin de Noël** árvore de Natal.

sar.cas.tique [saʀkastik] *adj* sarcástico.

sar.dine [saʀdin] *nf Zool* sardinha. **être serrés comme des sardines (en boîte)** estar muito apertado em um lugar, como ônibus ou metrô. **une boîte de sardines** uma lata de sardinha.

sa.tin [satɛ̃] *nm* cetim.

sa.tis.fac.tion [satisfaksjɔ̃] *nf* satisfação. **avoir, obtenir satisfaction** ter ou obter ganho de causa: *les grévistes ont obtenu satisafaction* / os grevistas obtiveram ganho de causa.

sa.tis.faire [satisfɛʀ] *vt* satisfazer.

sauce [sos] *nf* molho. **allonger la sauce** amplificar um texto, um assunto. **sauce blanche** *Art Cul* molho branco. **sauce tomate** molho de tomate.

sau.cière [sosjɛʀ] *nf* molheira.

sau.cisse [sosis] *nf* **1** salsicha. **2** linguiça.

sauf [sof] *prép* salvo, fora, com exceção de, exceto.

saule [sol] *nm Bot* salgueiro.

sau.mon [somɔ̃] *nm Zool* salmão.

sau.pou.drer [sopudʀe] *vt* polvilhar.
saut [so] *nm* pulo, salto. **aller par sauts et par bonds** falar, escrever de modo incoerente. **au saut du lit** no momento de se levantar. **faire le saut** tomar uma decisão. **le grand saut** a morte. **se lever d'un saut** levantar-se num pulo.
sau.ter [sote] *vi* 1 pular. 2 explodir. 3 *fig* omitir. *vt* 4 saltar. 5 refogar (alimento).
sau.te.relle [sotʀɛl] *nf Zool* gafanhoto.
sau.vage [sovaʒ] *adj* 1 selvagem, não domesticado. 2 lugar inculto. 3 truculento.
sau.ver [sove] *vt* salvar. **sauver quelqu'un de quelque chose** salvar alguém de algo.
sa.vant, -ante [savɑ̃, -ɑ̃t] *n+adj* 1 sábio, instruído, competente. 2 erudito. 3 complicado, difícil. **mot savant** palavra, proveniente do latim ou do grego, que não evoluiu foneticamente como as palavras conhecidas como populares.
sa.veur [savœʀ] *nf* sabor, paladar.
sa.voir [savwaʀ] *vt* saber. • *nm* conhecimento, saber. **à savoir** isto é, a saber. **faire savoir** anunciar, comunicar.
sa.von [savɔ̃] *nm* 1 sabão. 2 *fig* bronca. **passer un savon à quelqu'un** passar um sabão em alguém, repreendê-lo.
sa.von.ner [savone] *vt* ensaboar.
sa.vou.rer [savuʀe] *vt* saborear.
scan.dale [skɑ̃dal] *nm* 1 escândalo. 2 desordem. 3 grave caso público no qual personalidades importantes estão comprometidas. 4 fato imoral revoltante.
sca.ra.bée [skaʀabe] *nm Zool* escaravelho.
sceau [so] *nm* chancela, carimbo, selo.
scène [sɛn] *nf* 1 cena. 2 palco. 3 *fig* espetáculo. 4 *fam* escândalo. **une scène de ménage** uma briga de casal.
sceptre [sɛptʀ] *nm* cetro.
ché.ma [ʃema] *nm* esquema.

scie [si] *nf* serra.
science [sjɑ̃s] *nf* ciência.
scin.til.la.tion [sɛ̃tijasjɔ̃] *nf* cintilação, lampejo.
scin.til.ler [sɛ̃tije] *vi* cintilar, faiscar.
sco.laire [skɔlɛʀ] *adj+n* escolar.
scor.pion [skɔʀpjɔ̃] *nm Zool* escorpião.
sculp.ter [skylte] *vt* esculpir, entalhar.
sculp.teur [skyltœʀ] *nm* escultor.
sculp.ture [skyltyʀ] *nf* escultura.
se [sə] *pron pers refl 3.ª pess sing+pl* se. *elle s'est lavé les mains* / ela lavou as mãos. *il se lave* / ele se lava. *ils se sont rencontrés* / eles se encontraram.
sé.ance [seɑ̃s] *nf* sessão. *les scéances du Parlement* / os debates do Parlamento. **séance tenante** imediatamente e sem atraso.
seau [so] *nm* balde.
sec, sè.che [sɛk, sɛʃ] *adj* 1 enxuto, seco. 2 árido. 3 magro. • *nm* o que está seco.
sé.cher [seʃe] *vt* 1 secar. 2 ficar embaraçado para responder. *vpr* 3 enxugar.
sé.che.resse [seʃʀɛs] *nf* 1 seca, estiagem, aridez. 2 austeridade
sé.choir [seʃwaʀ] *nm* secador de cabelos.
se.cond, -onde [s(ə)gɔ̃, -ɔ̃d] *adj+n* segundo. • *nf* segundo, parte do minuto. **de seconde main** de segunda mão.
se.con.daire [s(ə)gɔ̃dɛʀ] *adj* secundário.
se.con.der [s(ə)gɔ̃de] *vt* ajudar alguém em posição secundária, assessorar. *chirurgien secondé par une bonne équipe* / cirurgião assessorado por uma boa equipe.
se.couer [s(ə)kwe] *vt* sacudir, abalar, estremecer. **secouer le joug** liberar-se da opressão.
se.cou.rir [s(ə)kuʀiʀ] *vt* socorrer, acudir, ajudar, assistir. *secourir les blessés* / socorrer os feridos.

secours — séparer

se.cours [s(ə)kuʀ] *nm* **1** socorro, ajuda. **2** subsídio. **3** *fig* redenção. **au secours!** socorro!

se.cret, -ète [sɔkʀɛ, -ɛt] *adj* oculto, secreto, confidencial. *sa vie, ses pensées secrètes* / sua vida, seus pensamentos secretos, íntimos. • *nm* segredo.

se.cré.taire [s(ə)kʀetɛʀ] *n* **1** secretário. *nm* **2** escrivaninha.

sé.duc.teur, -trice [sedyktœʀ, -tʀis] *n+adj* sedutor, charmoso. **une grande séductrice** uma mulher fatal.

sé.duc.tion [sedyksjɔ̃] *nf* sedução, fascínio.

sé.duire [sedɥiʀ] *vt* **1** seduzir, atrair, fascinar. **2** conquistar.

sé.gré.guer [segʀege] *vt* segregar.

seigle [sɛgl] *nm Bot* centeio. *pain de seigle* / pão de centeio.

sei.gneur [sɛɲœʀ] *nm* senhor.

sein [sɛ̃] *nm Anat* seio.

sé.jour [seʒuʀ] *nm* estada. **carte de séjour** documento obrigatório para os estrangeiros que moram na França. **salle de séjour** sala de estar.

sel [sɛl] *nm* sal. **sels de bain** sais de banho.

sé.lec.tion.ner [selɛksjɔne] *vt* selecionar.

selle [sɛl] *nf* **1** sela. **2** privada. **aller à la selle** defecar. **en selle** a cavalo. **les selles** matérias fecais.

se.lon [s(ə)lɔ̃] *conj* conforme, consoante, de acordo. *faire quelque chose selon les règles* / fazer algo segundo as regras. **c'est selon** depende das circunstâncias.

se.maine [s(ə)mɛn] *nf* semana.

sem.blable [sɑ̃blabl] *adj+n* semelhante, igual, tal.

sem.blant [sɑ̃blɑ̃] *nm* feição, face. **faire semblant** de fingir. **ne faire semblant de rien** fingir ignorância ou indiferença.

se.melle [s(ə)mɛl] *nf* sola. **ne pas quitter d'une semelle** permanecer constantemente ao lado, não desgrudar.

se.mence [s(ə)mɑ̃s] *nf* **1** *Bot* semente. **2** *Physiol* sêmen.

se.mer [s(ə)me] *vt* semear. **semer la discorde** semear a discórdia.

sé.mite [semit] *n+adj* semita.

sé.nat [sena] *nm Pol* senado. *le président du Sénat* / o presidente do Senado.

sé.na.teur [senatœʀ] *nm Pol* senador.

sé.nile [senil] *adj* senil.

sens [sɑ̃s] *nm* nexo, sentido, acepção. *les cinq sens: la vue, l'ouïe, l'odorat, le goût et le toucher* / os cinco sentidos: a visão, a audição, o olfato, o gosto e o tato.

sen.sa.tion.nel, -elle [sɑ̃sasjɔnɛl] *adj* sensacional.

sen.si.bi.li.té [sɑ̃sibilite] *nf* **1** sensibilidade. **2** piedade, ternura. *la sensibilité de la rétine* / a sensibilidade da retina.

sen.sible [sɑ̃sibl] *adj* sensível, emotivo, terno. *c'est un enfant très sensible* / é uma criança emotiva. **être sensible du foie** ter problemas com o fígado. **le point sensible de quelque chose** o ponto fraco de algo.

sen.sua.li.té [sɑ̃sɥalite] *nf* sensualidade. *l'éveil de la sensualité* / o despertar da sensualidade.

sen.tence [sɑ̃tɑ̃s] *nf* sentença, julgamento.

sen.tier [sɑ̃tje] *nm* **1** vereda, atalho, caminho. **2** *Bras* picada. **les sentiers battus** as vias comuns.

sen.ti.nelle [sɑ̃tinɛl] *nf Mil* sentinela.

sen.tir [sɑ̃tiʀ] *vt* **1** sentir. **2** pressentir, perceber. *elle m'a fait sentir que j'étais de trop* / ela me fez perceber que eu estava a mais. **3** cheirar. *il sent mauvais* / ele cheira mal, está fedido. **ne pas pouvoir sentir quelqu'un** detestar esta pessoa.

sé.pa.rer [sepaʀe] *vt* apartar, separar, isolar.

sep.tembre [sεptᾶbʀ] *nm* setembro.
serbe [sεʀb] *adj+n* sérvio.
ser.bo-croate [sεʀbokʀɔat] *adj+nm* servo-croata.
se.rein, -eine [sɔʀε̃, -εn] *adj* sereno, calmo, tranquilo. • *nm* sereno, umidade noturna.
serf, serve [sεʀ(f), sεʀv] *n* servo, escravo. *affranchir les serfs* / libertar os escravos.
sé.rie [seʀi] *nf* série, sequência.
sé.rieux, -ieuse [seʀjø, -jøz] *adj+nm* 1 sério, razoável, refletido. 2 grave, que não manifesta nenhuma alegria, que não brinca. 3 certo, seguro, com o qual se pode contar. 4 que não toma liberdades com a moral sexual. 5 importante, preocupante, crítica. • *nm* seriedade. **il se prend au sérieux** ele dá grande importância ao que diz, ao que faz. **prendre quelqu'un au sérieux** levar alguém a sério.
se.rin [s(ə)ʀε̃] *nm Zool* canário.
ser.ment [sεʀmᾶ] *nm* 1 juramento. 2 *Poét* jura.
ser.mon [sεʀmɔ̃] *nm Rel* sermão.
ser.pent [sεʀpᾶ] *nm Zool* serpente.
ser.rer [sεʀe] *vt* apertar, cerrar, comprimir. **serrer la main de quelqu'un** saudar alguém estendendo a mão. **serrer quelqu'un contre soi, dans ses bras** abraçar alguém.
ser.rure [sεʀyʀ] *nf* fechadura.
ser.ru.rier [sεʀyʀje] *nm* serralheiro, chaveiro.
sé.rum [seʀɔm] *nm* soro.
ser.veur, -euse [sεʀvœʀ, -øz] *n* garçom.
ser.viette [sεʀvjεt] *nf* 1 toalha de rosto. 2 guardanapo. 3 pasta, maleta. **serviettes hygiéniques, périodiques** absorvente higiênico.
ser.vi.teur [sεʀvitœʀ] *nm* servidor, criado.
ses [se] *adj poss m+f pl* seus, suas.
seul, seule [sœl] *adj* 1 sozinho, só, único.

elle vit seule / ela mora sozinha. *il est seul au monde* / ele é sozinho, isolado no mundo. 2 solitário. 3 único. **faire cavalier seul** agir sozinho. **seul à seul** em particular.
sève [sεv] *nf Bot* seiva.
sexe [sεks] *nm* sexo. **le sexe faible, le deuxième sexe, le beau sexe** as mulheres.
se.xua.li.té [sεksqalite] *nf* sexualidade.
si [si] *nm inv* 1 sim. 2 *Mus* si. • *conj* se. • *adv* tão.
si.da [sida] *nm* sigla de **syndrome d'immunodéficience acquise** AIDS (síndrome da imunodeficiência adquirida).
si.dé.rur.gie [sideʀyʀʒi] *nf* siderurgia.
siège [sjεʒ] *nm* 1 sede, matriz. 2 cerco. 3 assento. 4 *Rel* sé.
sien, sienne [sjε̃, sjεn] *pron poss* seu, sua.
siffle.ment [siflemᾶ] *nm* assobio, chiado.
sif.fler [sifle] *vi* 1 apitar, assobiar, chiar. 2 chamar. 3 desaprovar, vaiar.
si.gna.ler [siɲale] *vt* 1 assinalar, indicar, marcar. 2 denunciar.
si.gna.ture [siɲatyʀ] *nf Com* firma, assinatura.
signe [siɲ] *nm* 1 signo. 2 sinal. 3 aceno. 4 rastro. 5 *Mat* sinal. **c'est bon, mal signe** é bom, mau sinal. **donner des signes de fatigue** dar sinais de cansaço. **ne pas donner de signe de vie** não dar sinal de vida.
si.gner [siɲe] *vt* assinar, firmar.
si.lence [silᾶs] *nm* silêncio, paz.
si.len.cieux, -ieuse [silᾶsjø, -jøz] *adj* calado, silencioso, taciturno. • *nm* 1 dispositivo para abafar o som. 2 cano de escapamento.
si.lhouette [silwεt] *nf* silhueta.
si.mi.laire [similεʀ] *adj* similar, análogo, equivalente.
simple [sε̃pl] *adj+nm* 1 simples, di-

reto. **2** de maneiras e gostos que não denotam nenhuma pretensão. **3** *Pej* simplório, ingênuo, inocente. **les gens simples** pessoas de condição modesta. **simple d'esprit** que não tem uma inteligência normalmente desenvolvida, retardado, débil mental. **une simple formalité** uma simples, pura formalidade.

sim.pli.ci.té [sɛ̃plisite] *nf* simplicidade, singeleza.

sin.cère [sɛ̃sɛʀ] *adj* **1** direto, sincero, franco, leal. **2** verdadeiro.

sin.cé.ri.té [sɛ̃seʀite] *nf* **1** sinceridade, franqueza, lealdade. **2** verdade.

singe [sɛ̃ʒ] *nm Zool* macaco.

sin.gu.lier, -ière [sɛ̃gylje, -jɛʀ] *adj* singular, esquisito, estranho, excêntrico, particular. • *nm+adj Gram* singular.

si.non [sinɔ̃] *conj* caso contrário, senão, com exceção de. *il n'a pas reçu ton message sinon il serait venu* / ele não recebeu sua mensagem, de outra forma, caso contrário teria vindo.

si.rène [siʀɛn] *nf* **1** *Myth* sereia. **2** sirene.

si.rop [siʀo] *nm* xarope. *sirop contre la toux* / xarope contra a tosse. *sirop de groseille* / xarope de groselha.

si.ro.ter [siʀɔte] *vt* **1** bebericar, degustar. *le soir j'aime bien siroter un verre de vin sur la terrasse* / à noite eu gosto de bebericar um copo de vinho na varanda.

sis.mo.graphe [sismɔgʀaf] *nm Phys* sismógrafo.

site [sit] *nm* lugar, local. *site archéologique* / local arqueológico. *site sur internet* / site na internet.

si.tua.tion [sitɥasjɔ̃] *nf* situação, estado, condição, posição. *elle est dans une situation intéressante* / ela está em estado interessante, está grávida. **perdre sa situation** perder o emprego.

slave [slav] *n+adj* eslavo.

slip [slip] *nm* **1** tanga. **2** cueca. **3** calcinha.

sobre [sɔbʀ] *adj* **1** sóbrio, parcimonioso. **2** simples. *vêtements de coupe sobre* / roupas de corte simples.

so.ciable [sɔsjabl] *adj* sociável. *caractère sociable* / caráter fácil, sociável.

so.cial, -iale, -iaux [sɔsjal, -jo] *adj* social. *les classes sociales* / as classes sociais. *les sciences sociales* / as ciências sociais.

so.ci.été [sɔsjete] *nf* sociedade. *jeux de société* jogos de salão. **la haute société** a alta sociedade.

so.cio.logue [sɔsjɔlɔg] *nm* sociólogo.

sœur [sœʀ] *nf* **1** irmã. **2** freira. **âme sœur** alma gêmea, pessoa que parece ser feita para entender-se perfeitamente com outra. **bonne sœur** irmã, freira, religiosa. **sœur de lait** irmã de leite.

soi [swa] *pron pers refl* si.

soie [swa] *nf* seda. **fil de soie** linha de seda. **papier de soie** papel de seda.

soif [swaf] *nf* **1** sede. **2** desejo apaixonado e impaciente.

soi.gner [swaɲe] *vt* cuidar, atender, caprichar.

soin [swɛ̃] *nm* preocupação, inquietude.

soir [swaʀ] *nm* crepúsculo, noite.

sol [sɔl] *nm* **1** chão, solo, torrão. **2** *Mus* sol.

sol.dat [sɔlda] *nm Mil* soldado.

sol.der [sɔlde] *vt Com* saldar, liquidar.

sole [sɔl] *nf* linguado.

So.leil [sɔlɛj] *nm Astron* Sol.

so.lide [sɔlid] *adj* sólido, resistente. • *nm Géom* sólido.

so.li.taire [sɔlitɛʀ] *adj+n* **1** solitário, só. **2** *Poét* ermo.

so.li.tude [sɔlityd] *nf* solidão, isolamento.

so.live [sɔliv] *nf* trave.

sol.li.ci.ter [sɔlisite] *vt* **1** solicitar, requerer. **2** importunar.

so.luble [sɔlybl] *adj* **1** *Chim* solúvel. **2** que se pode resolver.

sombre [sɔ̃bʀ] *adj* **1** sombrio, escuro, obscuro. **2** morno, moroso, triste.

som.maire [sɔmɛʀ] *nm* sumário, suma, índice.

somme [sɔm] *nf* **1** soma, resultado de uma adição. **2** verba. **3** total. **4** sono, ação de dormir, cochilo.

som.meil [sɔmɛj] *nm* sono.

som.met [sɔmɛ] *nm* ápice, vértice, cimo, cume, topo.

somp.tuo.si.té [sɔ̃ptɥozite] *nf* suntuosidade, esplendor, pompa.

son [sɔ̃] *nm* **1** som. **2** farelo. • *adj poss f sing* seu.

so.nate [sɔnat] *nf Mus* sonata, composição musical para um ou dois instrumentos, em três ou quatro movimentos.

son.ger [sɔ̃ʒe] *vt* **1** sonhar. **2** pensar, refletir. **3** levar em consideração.

son.ner [sɔne] *vi* soar, tinir, tilintar, tocar.

son.ne.rie [sɔnʀi] *nf* **1** campainha. **2** toque de sinos.

son.nette [sɔnɛt] *nf* campainha.

so.nore [sɔnɔʀ] *adj* sonoro. *effets sonores* / efeitos sonoros.

so.pra.no [sɔpʀano] *nm* soprano, a mais alta das vozes.

sor.bet [sɔʀbɛ] *nm* sorvete leve à base de suco de fruta.

sor.cel.le.rie [sɔʀsɛlʀi] *nf* macumba, bruxaria, feitiçaria. **c'est de la sorcellerie** é inexplicável, extraordinário.

sort [sɔʀ] *nm* **1** feitiço. **2** destino, estrela, sina, sorte. *abandonner quelqu'un à son sort* / abandonar alguém à sua sina. **jeter un sort à quelqu'un** lançar um sortilégio, um mau-olhado a alguém. **mauvais sort** falta de sorte. **tirer au sort** sortear, decidir recorrendo ao acaso.

sorte [sɔʀt] *nf* classe, ordem, espécie, tipo.

sor.tie [sɔʀti] *nf* **1** ação de sair. **2** lugar por onde se sai. **sortie de secours** saída de incêndio.

sor.tir [sɔʀtiʀ] *vi* **1** sair. **2** partir, retirar-se. **3** levar ao conhecimento público.

sou [su] *nm* tostão.

souche [suʃ] *nf* **1** estirpe, tronco, origem. **2** *Com* talão. **de vieille souche** de família antiga.

sou.ci [susi] *nm* pesar, contrariedade, preocupação.

sou.coupe [sukup] *nf* pires. **soucoupe volante** disco voador.

sou.der [sude] *vt* soldar, unir.

sou.dure [sudyʀ] *nf* solda, soldadura.

souffle [sufl] *nm* **1** sopro, alento, respiração. **2** expiração. **dernier souffle** morte, último suspiro. **être à bout de souffle** estar morto de cansaço. **retenir son, couper le souffle** reter a respiração.

souf.flé [sufle] *nm* suflê.

souf.france [sufʀɑ̃s] *nf* sofrimento, martírio.

souf.frir [sufʀiʀ] *vi* **1** sofrer, padecer. **2** aturar. **3** permitir.

soufre [sufʀ] *nm Chim* enxofre. **odeur de soufre** cheiro de enxofre.

sou.hait [suɛ] *nm* anseio, aspiração. **à tes, à vos souhaits!** diz-se a uma pessoa que espirra.

sou.hai.ter [swete] *vt* almejar, desejar, esperar. *je vous souhaite bonne chance* / desejo-lhe boa sorte. **souhaiter la bonne année** desejar, apresentar seus votos de Feliz Ano-novo.

soûl, soûle [su, sul] *adj* embriagado. **tout (mon, ton, son...) soûl** à saciedade, tanto quanto se quer. *Var: saoul, saoule.*

sou.la.ge.ment [sulaʒmɑ̃] *nm* alívio.

sou.le.ver [sul(ə)ve] *vt* **1** erguer, levantar. **2** insurgir, suscitar. **3** transportar, exaltar. **4** animar (alguém) com sentimentos hostis, excitar à revolta.

sou.lier [sulje] *nm* calçado, sapato.

sou.mettre [sumɛtʀ] *vt* submeter, sujeitar, render.

sou.pape [supap] *nf* válvula. **soupape de sûreté** válvula de segurança.

soup.çon [supsɔ̃] *nm* suspeita, desconfiança, vislumbre.

soup.çon.ner [supsɔne] *vt* entrever, suspeitar, desconfiar.

soupe [sup] *nf* sopa. **c'est une soupe au lait** esta pessoa fica brava facilmente.

sou.per [supe] *nm* jantar, ceia. • *vt+vi* cear.

sou.pir [supiʀ] *nm* suspiro.

sou.pi.rer [supiʀe] *vi* suspirar, ansiar.

souple [supl] *adj* flexível, maleável, suave.

source [suʀs] *nf* 1 manancial, fonte, raiz. 2 origem, princípio. **source de revenu** fonte de renda.

sour.cil [suʀsi] *nm* sobrancelha.

sourd, sourde [suʀ, suʀd] *n+adj* surdo, deficiente auditivo. **dialogue de sourds** diálogo de surdos, onde ninguém se entende.

sourd-muet, sour.de-muette [suʀmɥe, suʀdmɥet / suʀdmɥet] *n+adj* surdo-mudo.

sou.riant, -iante [suʀjɑ̃, -jɑ̃t] *adj* 1 sorridente, alegre. 2 agradável.

sou.rire [suʀiʀ] *nm* sorriso. • *vi* sorrir. *cela fait sourire* / isto faz sorrir, é divertido, parece ligeiramente ridículo.

sou.ris [suʀi] *nf* 1 *Zool* camundongo, rato. 2 *Inform Angl* mouse.

sour.noi.se.rie [suʀnwazʀi] *nf* dissimulação, fingimento.

sous [su] *prép* abaixo de, sob. **sous la table** a mesa. **sous les fenêtres de quelqu'un** debaixo das janelas de alguém, na frente da pessoa. **vu sous cet aspect** visto sob este aspecto.

sous-en.ten.dre [suzɑ̃tɑ̃dʀ] *vt* subentender. **il est sous-entendu que** subentende-se que.

sous-es.ti.mer [suzɛstime] *vt* subestimar.

sous-ma.rin, -ine [sumaʀɛ̃, -in] *nm+adj Naut* submarino.

sous.si.gner [susiɲe] *vt* assinar.

sous-sol [susɔl] *nm* subsolo.

sous.trac.tion [sustʀaksjɔ̃] *nf* subtração.

sou.te.nir [sut(ə)niʀ] *vt* 1 sustentar, amparar. 2 apoiar. 3 reconfortar. 4 fortificar. 5 apoiar. 6 afirmar.

sou.ter.rain, -aine [suteʀɛ̃, -ɛn] *nm+adj* subterrâneo.

sou.tien [sutjɛ̃] *nm* arrimo, suporte.

sou.tien-gorge [sutjɛ̃gɔʀʒ] *nm* sutiã.

sou.ve.nir [suv(ə)niʀ] *nm* lembrança, recordação. **se souvenir de** lembrar-se.

spa.cieux, -ieuse [spasjø, -jøz] *adj* amplo, espaçoso.

spec.ta.teur, -trice [spɛktatœʀ, -tʀis] *n* espectador.

spectre [spɛktʀ] *nm* espectro, assombração, fantasma.

sper.ma.to.zoïde [spɛʀmatɔzɔid] *nm Biol* espermatozoide.

sperme [spɛʀm] *nm Biol* esperma, sêmen.

sper.mi.cide [spɛʀmisid] *nm+adj* espermicida. *crème spermicide* / creme espermicida.

sphère [sfɛʀ] *nf Géom* esfera.

spi.ri.tisme [spiʀitism] *nm* espiritismo.

spi.ri.tueux, -euse [spiʀitɥø, -øz] *adj* diz-se de bebida com forte concentração de álcool. • *nm* bebida com alto teor alcoólico.

splen.deur [splɑ̃dœʀ] *nf* fulgor, esplendor, resplandecência.

splen.dide [splɑ̃did] *adj* esplêndido.

spo.lier [spɔlje] *vt* espoliar, despojar, privar.

spon.ta.né, -ée [spɔ̃tane] *adj* espontâneo.

spo.ra.dique [spɔʀadik] *adj* esporádico.

sport [spɔʀ] *nm* esporte. **c'est du sport!** é um exercício, um trabalho muito difícil ou perigoso.

spor.tif, -ive [spɔʀtif, -iv] *adj* esportivo, esportista.

sque.lette [skəlɛt] *nm Anat* esqueleto.

stable [stabl] *adj* estável, contínuo, firme.

stade [stad] *nm* **1** estádio. *un stade olympique* / um estádio olímpico. **2** fase, período. *les stades de la vie* / os períodos, as fases da vida.

stage [staʒ] *nm* estágio.

sta.giaire [staʒjɛʀ] *adj+n* estagiário.

sta.gner [stagne] *vi* **1** estagnar. **2** fig ficar inerte.

stan.dard [stɑ̃daʀ] *nm* **1** norma de fabricação, modelo, padrão. **2** tronco de telecomunicações. **les sourires standard** os sorrisos padrão, sem originalidade. **standard de vie** nível de vida.

sta.tion [stasjɔ̃] *nf* **1** estação. **2** parada curta. **3** estância (termais, de esportes).

sta.tion.ne.ment [stasjɔnmɑ̃] *nm* estacionamento. **panneaux de stationnement interdit** placas de estacionamento proibido. **stationnement payant** estacionamento pago (do tipo zona azul).

sta.tion-ser.vice [stasjɔ̃sɛʀvis] *nf* posto de gasolina.

sta.tue [staty] *nf* estátua. **être figé comme une statue** parado como uma estátua.

sta.ture [statyʀ] *nf* estatura.

sta.tut [staty] *nm* estatuto.

stel.lio.nat [stɛljɔna] *nm Jur* estelionato.

sté.no.dac.ty.lo [stenodaktilo] *n* estenógrafa, estenodatilógrafa.

sté.réo.type [steʀeɔtip] *nm* estereótipo, clichê.

sté.rile [steʀil] *adj* estéril, infértil. *couple stérile* / casal estéril. *milieu stérile* / meio estéril.

sté.ri.let [steʀilɛ] *nm* dispositivo contraceptivo intrauterino, DIU.

sté.ri.li.té [steʀilite] *nf* infertilidade, esterilidade, caráter do que é estéril.

sté.thos.cope [stetɔskɔp] *nm Méd* estetoscópio.

sti.mu.la.tion [stimylasjɔ̃] *nf* incentivo, estímulo.

sti.mu.ler [stimyle] *vt* estimular, incentivar, impulsionar.

sti.pu.ler [stipyle] *vt* convencionar, estipular.

sto.cker [stɔke] *vt* estocar.

stoïque [stɔik] *adj+n* estoico, corajoso, firme, heroico, impassível, imperturbável.

store [stɔʀ] *nm* veneziana.

stra.bique [stʀabik] *adj+n* estrábico, vesgo.

stra.bisme [stʀabism] *nm Méd* estrabismo.

stra.ta.gème [stʀataʒɛm] *nm* estratagema, ardil, subterfúgio.

stra.té.gie [stʀateʒi] *nf* estratégia. *stratégie navale, aérienne* / estratégia naval, aérea.

strict, stricte [stʀikt] *adj* **1** estrito, exato. **2** severo. *le sens strict d'un mot* / o sentido estrito de uma palavra.

struc.ture [stʀyktyʀ] *nf* **1** estrutura. **2** constituição.

stu.dieux, -ieuse [stydjø, -jøz] *adj* estudioso, aplicado.

stu.dio [stydjo] *nm* **1** estúdio, ateliê de artista. **2** apartamento de um único cômodo. **3** TV estúdio.

stu.pé.fait, -aite [stypefɛ, -ɛt] *adj* estupefato, espantado.

stu.pi.di.té [stypidite] *nf* **1** estupidez, brutalidade. **2** idiotice.

style [stil] *nm* estilo. *style oratoire* / estilo oratório. *style original* / estilo original. *style administratif* / estilo administrativo. *style de vie* / estilo, modo de vida.

sty.liste [stilist] *n* figurinista, estilista.

stylo [stilo] *nm* caneta. **stylo à bille** caneta esferográfica.

su.bal.terne [sybaltɛʀn] *n+adj* subal-

subdiviser   224   **sujet**

terno. *un rôle subalterne* / um papel subalterno, secundário.

sub.di.vi.ser [sybdivize] *vt* subdividir.

su.bir [sybiʀ] *vt* **1** aturar, aguentar, padecer, suportar. **2** submeter-se voluntariamente a um tratamento, um exame.

sub.jec.tif, -ive [sybʒɛktif, -iv] *adj* subjetivo, pessoal.

sub.jonc.tif, -ive [sybʒɔ̃ktif, -iv] *adj+nm Gram* subjuntivo, modo verbal.

sub.ju.guer [sybʒyge] *vt* **1** subjugar, render. **2** conquistar, enfeitiçar.

sub.mer.ger [sybmɛʀʒe] *vt Naut* soçobrar, submergir, inundar.

sub.side [sybzid / sypsid] *nm* subsídio. *demander des subsides* / solicitar subsídios.

sub.sis.tance [sybzistɑ̃s] *nf* subsistência.

subs.tance [sypstɑ̃s] *nf* substância.

subs.tan.tif, -ive [sypstɑ̃tif, -iv] *nm+adj Gram* substantivo, nome.

subs.ti.tu.tion [sypstitysjɔ̃] *nf* substituição.

sub.ter.fuge [sypte ʀfyʒ] *nm* subterfúgio, pretexto, estratagema.

sub.ven.tion [sybvɑ̃sjɔ̃] *nf* subvenção, subsídio.

sub.ver.sion [sybvɛʀsjɔ̃] *nf* subversão.

sub.ver.tir [sybvɛʀtiʀ] *vt* subverter.

suc.cé.der [syksede] *vi* **1** suceder, ocorrer. **2** vir em seguida. **3** *vpr* ocorrer sucessivamente, seguir-se.

suc.cès [syksɛ] *nm* **1** sucesso. **2** vitória. **3** triunfo. **4** o fato de agradar.

suc.ces.seur [syksesœʀ] *nm* sucessor, herdeiro.

suc.ces.sion [syksesjɔ̃] *nf* **1** sucessão, série. **2** *fig* prole. **3** transmissão do patrimônio deixado por uma pessoa que morreu a uma ou várias pessoas, herança.

suc.com.ber [sykɔ̃be] *vi* sucumbir.

suc.cu.lent, -ente [sykylɑ̃, -ɑ̃t] *adj* suculento, substancioso. *un plat succulent* / um prato suculento.

su.cer [syse] *vt* chupar, sugar.

su.cette [sysɛt] *nf* **1** chupeta. **2** pirulito.

su.cre [sykʀ] *nm* açúcar. **être tout sucre tout miel** ser meloso. **sucre de betterave** açúcar de beterraba. **sucre de canne** açúcar de cana. **sucre en morceaux** açúcar em pedaços.

su.crer [sykʀe] *vt* adoçar.

su.crier [sykʀije] *nm* açucareiro.

sud [syd] *nm Géogr* sul.

sud-est [sydɛst] *nm Géogr* sudeste.

sud-ouest [sydwɛst] *nm Géogr* sudoeste.

sué.dois, -oise [sɥedwa, -waz] *adj+n* sueco.

suer [sɥe] *vi* **1** suar, transpirar. **2** cansar-se, penar. **faire suer** cansar, perturbar alguém.

sueur [sɥœʀ] *nf* suor.

suf.fire [syfiʀ] *vi* chegar, bastar. *ça suffit!* / chega! basta! *cela ne suffit pas* / isto não é suficiente.

suf.fo.quer [syfɔke] *vt+vi* sufocar, abafar.

suf.frage [syfʀaʒ] *nm* sufrágio, voto.

sug.gé.rer [sygʒeʀe] *vt* **1** sugerir, insinuar. **2** aconselhar, propor. **3** evocar.

sug.ges.tif, -ive [sygʒɛstif, -iv] *adj* sugestivo.

sui.cide [sɥisid] *nm* suicídio. *tentative de suicide* / tentativa de suicídio.

sui.ci.der (se) [sɥiside] *vpr* suicidar-se.

suie [sɥi] *nf* fuligem.

suif [sɥif] *nm* sebo.

suisse [sɥis] *adj+n* suíço.

suite [sɥit] *nf* **1** séquito. **2** continuação, sequência. **3** apartamento em hotel de luxo.

sui.vre [sɥivʀ] *vt* seguir, ir no encalço de.

su.jet [syʒɛ] *nm* **1** assunto, objeto, tema.

superbe — **susurrer**

2 súdito, vassalo. 3 *Gram* sujeito. **au sujet de** a propósito deste assunto.

su.perbe [sypɛʀb] *nf* soberba. • *adj* soberbo, esplêndido, sublime, magnífico, muito bonito.

su.per.che.rie [sypɛʀʃəʀi] *nf* burla, embuste, fraude, mistificação.

su.per.fi.cie [sypɛʀfisi] *nf* área, superfície, espaço.

su.per.flu, -ue [sypɛʀfly] *adj* supérfluo, desnecessário, inútil. *il est superflu d'insister* / é desnecessário insistir.

su.pé.rieur, -ieure [sypɛʀjœʀ] *n+adj* superior, eminente.

su.per.mar.ché [sypɛʀmaʀʃe] *nm* supermercado com superfície de 400 a 2.500 m².

su.per.vi.sion [sypɛʀvizjɔ̃] *nf* supervisão.

sup.plé.ment [syplemɑ̃] *nm* apêndice, suplemento. *pour prendre ce train vous devez payer un supplément* / para viajar neste trem você deve pagar um suplemento. **en supplément** a mais (de um número ou quantidade indicada).

sup.pli.ca.tion [syplikasjɔ̃] *nf* súplica.

sup.plice [syplis] *nm* suplício, tormento, tortura.

sup.port [sypɔʀ] *nm* 1 suporte, base, encosto. 2 *Méc* pé.

sup.por.ter [sypɔʀte] *vt* aguentar, suportar, aturar.

sup.po.ser [sypoze] *vt* julgar, supor, presumir.

sup.po.si.toire [sypozitwaʀ] *nf Pharm* supositório.

sup.pri.mer [sypʀime] *vt* 1 suprimir, parar, destruir, vencer. 2 retirar. 3 tornar sem efeito legal, abolir. 4 matar, eliminar.

su.prême [sypʀɛm] *adj+nm* supremo, sumo.

sur [syʀ] *prép* acima de, em cima de, sobre.

sûr, sûre [syʀ] *adj* certo, seguro. **à coup sûr** sem risco de fracasso. **bien sûr!** claro! é evidente!

sur.charge [syʀʃaʀʒ] *nf* 1 sobrecarga. 2 excesso. *surcharges inesthétiques* / gordurinhas.

sur.char.ger [syʀʃaʀʒe] *vt* sobrecarregar, onerar.

sur.di.té [syʀdite] *nf* surdez.

sû.re.té [syʀte] *nf* segurança. *la sûreté publique* / a segurança pública. *un verrou de sûreté* / uma fechadura de segurança. **en sûreté** em segurança.

sur.face [syʀfas] *nf* superfície. **faire surface** emergir. **magasins à grande surface** supermercado. **refaire surface** reaparecer após um certo período.

sur.na.tu.rel, -elle [syʀnatyʀɛl] *adj+nm* sobrenatural.

sur.nom [syʀnɔ̃] *nm* alcunha, apelido.

sur.prendre [syʀpʀɑ̃dʀ] *vt* 1 surpreender, descobrir. 2 apresentar-se de surpresa. 3 desconcertar, espantar.

sur.prise [syʀpʀiz] *nf* 1 surpresa. 2 sobressalto. **par surprise** de forma inesperada.

sur.saut [syʀso] *nm* sobressalto. **en sursaut** bruscamente.

sur.tout [syʀtu] *adv* sobretudo, acima de tudo, principalmente.

sur.veil.lant, -ante [syʀvɛjɑ̃, -ɑ̃t] *n* vigia, vigilante.

sur.veil.ler [syʀvɛje] *vt* vigiar, tomar conta de.

sur.vê.te.ment [syʀvɛtmɑ̃] *nm* abrigo (roupa).

sur.vie [syʀvi] *nf* sobrevivência, sobrevida.

sur.vivre [syʀvivʀ] *vt+vi* sobreviver.

sur.vol [syʀvɔl] *nm* ação de sobrevoar.

sur.vo.ler [syʀvɔle] *vt* sobrevoar.

sus.cep.tible [sysɛptibl] *adj* melindroso, suscetível, que se ofende facilmente.

su.sur.rer [sysyʀe] *vi* murmurar, sussurrar. *susurrer des mots doux* / sussurrar palavras doces, amorosas.

su.ture [sytyʀ] *nf* sutura. *points de suture* / pontos de sutura.
svelte [svɛlt] *adj* esbelto, fino, magro.
syl.labe [si(l)lab] *nf Gram* sílaba. *elle n'a pas prononcé une syllabe* / ela não disse uma palavra.
sym.bole [sɛ̃bɔl] *nm* 1 símbolo, alegoria, emblema. 2 signo ou abreviatura convencional. 3 personificação.
sym.pa.thie [sɛ̃pati] *nf* 1 simpatia. 2 amizade, cordialidade.
sym.pa.thi.ser [sɛ̃patize] *vt* simpatizar. *ils ont tout de suite sympathisé* / eles logo simpatizaram reciprocamente.
sym.pho.nie [sɛ̃fɔni] *nf* 1 *Mus* sinfonia. 2 *Lit* conjunto harmonioso.
symp.tôme [sɛ̃ptom] *nm* 1 *Méd* sintoma. 2 *fig* sinal.
sy.na.go.gue [sinagɔg] *nf Rel* sinagoga.

syn.cope [sɛ̃kɔp] *nf* 1 síncope, desmaio. 2 *Mus* prolongação de um som do tempo fraco para o tempo forte no mesmo compasso ou em dois compassos consecutivos.
syn.dic [sɛ̃dik] *nm* síndico.
syn.di.cal, -ale, -aux [sɛ̃dikal, -o] *adj* sindical. *les grandes centrales syndicales françaises (CGT, FO , CFDT)* / as grandes centrais sindicais francesas (CGT, FO, CFDT).
syn.di.cat [sɛ̃dika] *nm* sindicato.
syn.drome [sɛ̃dʀom] *nm Méd* síndrome.
syn.taxe [sɛ̃taks] *nf Gram* sintaxe, estudo das regras gramaticais de uma língua; essas regras.
syn.thèse [sɛ̃tez] *nf* síntese
sy.phi.lis [sifilis] *nf Méd* sífilis.
sys.tème [sistɛm] *nm* sistema.

t [te] *nm* vigésima letra e décima sexta consoante do alfabeto da língua francesa.

ta [ta] *adj poss f sing* tua.

ta.bac [taba] *nm* tabaco, fumo. **tabac à priser** rapé.

ta.ble [tabl] *nf* **1** banca. **2** mesa. **3** tabela. **desservir, débarrasser la table** tirar a mesa. **dresser, mettre la table** pôr a mesa, prepará-la para a refeição. **eau de table** água potável. **linge de table** roupa de mesa. **table de multiplications** tabuada. **table de nuit** criado-mudo.

ta.bleau [tablo] *nm* **1** quadro, tela, pintura. **2** tabela. **3** painel, suporte para vários objetos ou aparelhos, ou ainda instrumentos de medição, controle ou comando. **tableau des clés** quadro das chaves. **tableau noir** quadro-negro, lousa. **un vieux tableau** *fam* um velho, um coroa.

ta.bler [table] *vt* **tabler sur** contar com (algo que se dá como certo), estimar, calcular.

ta.blette [tablɛt] *nf* tablete. **rayer de ses tablettes** riscar da lista, riscar de seu caderno, não contar mais com alguém.

ta.blier [tablije] *nm* **1** *Ant* tabuleiro. **2** *mod* avental. **rendre son tablier** pedir demissão, deixar um emprego.

ta.bou [tabu] *n+adj* tabu.

ta.bou.ret [taburɛ] *nm* tamborete.

tache [taʃ] *nf* **1** mancha. **2** sinal na pele. **3** *fig* mácula.

tâche [taʃ] *nf* tarefa, empreitada.

ta.cher [taʃe] *vt* manchar, borrar, macular.

ta.cite [tasit] *adj* tácito.

tact [takt] *nm* **1** tato, ato ou efeito de tocar, encostar. **2** tino, destreza, discernimento.

tac.tile [taktil] *adj* tátil.

tac.tique [taktik] *adj* tático. • *nf* tática.

taf.fe.tas [tafta] *nm* tafetá.

taie [tɛ] *nf* **1** fronha. **2** bélida, mancha esbranquiçada na córnea do olho.

taille [tɑj] *nf* **1** corte, talho. **2** tamanho, número de uma roupa. **ma taille est 40** meu número é 40.

tail.ler [tɑje] *vt* **1** entalhar. **2** destrinchar. **3** recortar. **être taillé pour** ser feito para, ser talhado para. **tailler la vigne** podar.

tail.leur [tɑjœʀ] *nm* **1** alfaiate. **2** cortador de pedras, talhador. **3** conjunto feminino composto de saia e paletó.

taire [tɛʀ] *vpr* calar. **taisez-vous! taistoi!** cale a boca! fique quieto!

talc [talk] *nm* talco.

ta.lent [talɑ̃] *nm* talento, capacidade, dom.

ta.lon [talɔ̃] *nm* **1** salto de sapato. **2** talão. **3** *Anat* calcanhar. **avoir l'estomac dans les talons** estar com muita fome. **être**

talonnette 228 **tarot**

sur les talons de quelqu'un estar nos calcanhares de alguém. **talon d'Achille** calcanhar de aquiles.
ta.lon.nette [talɔnɛt] *nf* **1** saltinho. **2** reforço costurado na extremidade das pernas de uma calça.
ta.ma.noir [tamanwaʀ] *nm Zool* tamanduá, papa-formigas.
tam.bour [tãbuʀ] *nm* tambor. **sans tambour ni trompette** sem alarde, sem barulho. **tambour battant** a toque de caixa.
tam.bou.rin [tãbuʀɛ̃] *nm* tamborim.
ta.mis [tami] *nm* peneira.
tam.pon [tãpɔ̃] *nm* **1** carimbo. **2** *Méd* tampão. **tampon périodique** tampão (absorvente feminino).
tam.ponne.ment [tãpɔnmã] *nm* **1** operação de tampar, de colocar tampões. **2** seu resultado.
tam.pon.ner [tãpɔne] *vt* **1** carimbar. **2** colocar tampões.
tan.dis que [tãdik(ə)] *loc conj* ao passo que, enquanto.
tan.gente [tãʒãt] *nf Géom* tangente. **prendre la tangente** esquivar-se, sair pela tangente.
tan.ge.rine [tãʒ(ə)ʀin] *nf* tangerina.
tan.gible [tãʒibl] *adj* tangível.
tan.go [tãgo] *nm* tango.
tan.ner [tane] *vt* curtir.
tant [tã] *adv* **1** tão, tanto. **2** enquanto, durante. **en tant que** na qualidade de, considerado como. **tant de** tanto. **tant mieux** melhor, tanto melhor. **tant pis** pior, tanto pior. **tant qu'il y a de la vie, il y a de l'espoir** enquanto há vida, há esperança. **tant s'en faut** ainda falta muito. **tant soit peu** por pouco que.
tante [tãt] *nf* **1** tia. **2** *fam, vulg* bicha mais idosa.
tan.tine [tãtin] *nf enf* titia.
tan.ti.net [tãtinɛ] *nm* um tantinho, uma migalha, pequena quantidade.

tan.tôt ..., tan.tôt [tãto] *adv* ora..., ora.
ta.page [tapaʒ] *nm* gritaria, barulho, algazarra.
ta.pa.geur, -euse [tapaʒœʀ, -øz] *adj* barulhento.
tape [tap] *nf* tapa, palmada.
ta.pé, -ée [tape] *adj* **1** batido e seco ao forno. **2** *fig, fam* marcado pela idade e pelo cansaço. **3** *fam* louco. • *nf* montão, grande quantidade.
tape.ment [tapmã] *nm* pancada, batida.
ta.per [tape] *vt* **1** bater em, dar pancadas em. *vi* **2** bater, dar tapas. **3** datilografar.
ta.pette [tapɛt] *nf* **1** *vulg* veado, bicha. **2** *fam* língua.
ta.pir [tapiʀ] *nm Zool* tapir, anta. • *vpr* esconder-se, agachando-se.
ta.pis [tapi] *nm* tapete. **aller au tapis** *fam* levar uma queda, cair no chão. **mettre une affaire, une question (ou revenir) sur le tapis** voltar à baila. **tapis-brosse** capacho. **tapis roulant** esteira rolante.
ta.pisse.rie [tapisʀi] *nf* tapeçaria.
ta.pis.sier, -ière [tapisje, -jɛʀ] *nm* tapeceiro.
ta.qui.ner [takine] *vt* amolar, implicar, perturbar, importunar.
ta.quine.rie [takinʀi] *nf* implicação, teima.
ta.rau.der [taʀode] *vt* perfurar, brocar.
tard [taʀ] *adv*+*adj*+*nm* tarde. **au plus tard** no mais tardar. **mieux vaut tard que jamais** *prov* antes tarde do que nunca. **sur le tard** no fim da vida.
tar.der [taʀde] *vi* tardar.
tar.dif, -ive [taʀdif, -iv] *adj* tardio.
ta.rif [taʀif] *nm* tarifa, taxa. **demi-tarif** meia tarifa.
ta.ri.fer [taʀife] *vt* tarifar.
ta.ri.fier [taʀifje] *vt* tabelar.
ta.rir [taʀiʀ] *vt* exaurir, esgotar-se.
ta.rot [taʀo] *nm* tarô.

tarse [taʀs] *nm Anat* tarso, osso do pé.
tar.tare [taʀtaʀ] *adj* tártaro, que se relaciona com a Tartária (Ásia). **sauce tartare** molho tártaro.
tarte [taʀt] *nf* torta. **tarte aux pommes** torta de maçã. **tarte Tatin** torta caramelizada.
tar.tine [taʀtin] *nf* 1 fatia de pão coberta com geleia, manteiga, mel etc. 2 *fam* ladainha, longo desenvolvimento de um determinado assunto.
tar.ti.ner [taʀtine] *vt* passar manteiga, geleia, mel etc. no pão, na bolacha.
tas [ta] *nm fam* montão, monte, leva. **sur le tas** no (local do) trabalho.
tasse [tɑs] *nf* xícara.
tas.ser [tɑse] *vt* 1 apertar, comprimir. 2 amontoar, empilhar. *vpr* 3 *fam* arranjar-se, resolver-se.
tâ.ter [tate] *vt* 1 tatear, apalpar, tocar. 2 sondar. 3 tentar, experimentar.
tâ.tonne.ment [tatɔnmã] *nm* 1 apalpadela. 2 *fig* tentativa de busca, procura.
tâ.ton.ner [tatɔne] *vi* 1 tatear, apalpar. 2 hesitar.
ta.touage [tatwaʒ] *nm* tatuagem.
ta.touer [tatwe] *vt* tatuar.
taule [tol] *nf* 1 *fam* quarto, quarto de hotel. 2 *arg* xadrez.
tau.lier, -ière [tolje, -jɛʀ] *n* proprietário ou gerente de um hotel.
taupe [top] *nf* 1 *Zool* toupeira. 2 *fig* pessoa pouco inteligente, toupeira.
tau.reau [tɔʀo] *nm* 1 touro. 2 *Astrol* Touro, signo do zodíaco (nesta acepção, usa-se inicial maiúscula). **prendre le taureau par les cornes** pegar o boi pelos chifres.
taux [to] *nf* taxa. **taux d'intérêt** taxa de juro.
ta.verne [tavɛʀn] *nf* taverna, taberna.
taxe [taks] *nf* taxa, imposto. **prix hors taxes** preços sem taxas.
ta.xer [takse] *vt* taxar, cobrar uma taxa.

ta.xi [taksi] *nm* táxi, carro de praça. **chauffeur de taxi** motorista de táxi. **station de taxi** ponto de táxi.
tcha.dor [tʃadɔʀ] *nm* véu islâmico.
te [tə] *pron pers Gram* te, ti, a ti.
tech.ni.cien, -ienne [tɛknisjɛ̃, -jɛn] *n+adj* técnico.
tech.nique [tɛknik] *nf* técnica. • *adj* técnico.
tech.no.lo.gie [tɛknɔlɔʒi] *nf* tecnologia.
tech.no.lo.gique [tɛknɔlɔʒik] *adj* tecnológico.
tec.to.nique [tɛktɔnik] *adj* tectônico.
tei.gne [tɛɲ] *nf* 1 tinha. 2 *fig* é uma peste. **c'est une teigne** fig é uma peste. **méchant comme une teigne** ruim como uma praga.
tei.gneux, -euse [tɛɲø, -øz] *adj* 1 que apresenta infecção na pele. 2 *fam* tinhoso, de temperamento agressivo e mal-humorado.
tein.dre [tɛ̃dʀ] *vt* tingir.
tein.ter [tɛ̃te] *vt* tingir.
tein.ture [tɛ̃tyʀ] *nf* tintura, tingimento, tinta.
tein.tu.rerie [tɛ̃tyʀʀi] *nf* tinturaria.
tel, telle [tɛl] *adj+pron* tal. **tel que** tal como. **tel quel** tal qual; sem tirar nem pôr.
té.lé.carte [telekaʀt] *nf* cartão eletrônico para efetuar ligações telefônicas.
té.lé.char.ge.ment [teleʃaʀʒəmã] *nm* ato de transferir arquivos da internet.
té.lé.com.mande [telekɔmɑ̃d] *nf* controle remoto.
té.lé.co.pie [telekɔpi] *nf* telecópia, fax.
té.lé.co.pieur [telekɔpjœʀ] *nm* telecopiadora, aparelho de fax.
té.lé-en.sei.gne.ment [teleɑ̃sɛɲmɑ̃] *nm* 1 telecurso. 2 teleducação.
té.lé.gramme [telegʀam] *nm* telegrama.
té.lé.graphe [telegʀaf] *nm* telégrafo.

té.lé.ma.tique [telematik] *nf+adj* telemática.

té.lé.mé.trie [telemetʀi] *nf* telemetria.

té.lé.ob.jec.tif [teleɔbʒɛktif] *nf* teleobjetiva.

té.lé.pa.thie [telepati] *nf* telepatia.

té.lé.phé.rique [telefeʀik] *nm* teleférico.

té.lé.phone [telefɔn] *nm* telefone. **coup de téléphone** telefonema. **les abonnés au téléphone** assinantes de linha telefônica.

té.lé.pho.ner [telefɔne] *vt* telefonar.

té.les.cope [teleskɔp] *nm* telescópio.

té.lés.pec.ta.teur, -trice [telespɛktatœʀ, -tʀis] *n* telespectador.

té.lé.vi.ser [televize] *vt+vi* televisionar.

té.lé.vi.seur [televizœʀ] *nm* televisor, televisão. **téléviseur couleur** televisão em cores.

té.lé.vi.sion [televizjɔ̃] *nf* 1 televisão (sistema). 2 televisão (aparelho). **télévision par câble, cablée** televisão a cabo.

telle.ment [tɛlmɑ̃] *adv* tão. **pas tellement** nem tanto.

té.mé.ri.té [temeʀite] *nf* temeridade, imprudência, precipitação.

té.moi.gnage [temwaɲaʒ] *nm* 1 testemunho, relato. 2 demonstração, manifestação, prova.

té.moi.gner [temwaɲe] *vt+vi* 1 testemunhar, depor. 2 manifestar, mostrar. 3 assistir, ver, presenciar.

té.moin [temwɛ̃] *nm* testemunha. **prendre à témoin** tomar como testemunha.

tem.pé.ra.ment [tɑ̃peʀamɑ̃] *nm* temperamento, índole. **à tempérament** a prazo, em prestações.

tem.pé.ra.ture [tɑ̃peʀatyʀ] *nf* temperatura.

tem.pête [tɑ̃pɛt] *nf* 1 tempestade, temporal. 2 *fam* toró. **tempête de neige** nevasca. **une tempête dans un verre d'eau** ou **en verre d´eau** uma tempestade em copo d'água.

temple [tɑ̃pl] *nm* templo.

tem.po.rel, -elle [tɑ̃pɔʀɛl] *adj* temporal, ligado às coisas materiais.

tem.po.ri.ser [tɑ̃pɔʀize] *vi* temporizar, contemporizar.

temps [tɑ̃] *nm* tempo. **à temps** a tempo. **avoir du temps libre** ter tempo livre. **chaque chose en son temps** cada coisa a seu tempo. **de temps à autre** uma vez ou outra, de vez em quando. **emploi du temps** horário. **le temps c'est de l'argent** *prov* tempo é dinheiro. **travailler à plein temps** ou **à temps complet** trabalhar em período integral. **travailler à temps partiel** ou **à mi-temps** trabalhar meio período.

té.na.ci.té [tenasite] *nf* tenacidade, afinco, obstinação.

ten.dance [tɑ̃dɑ̃s] *nf* tendência.

ten.dan.cieux, -ieuse [tɑ̃dɑ̃sjø, -jøz] *adj* tendencioso.

ten.di.nite [tɑ̃dinit] *nf Med* tendinite.

tendre [tɑ̃dʀ] *vt* 1 esticar, estender. 2 tender. • *adj* 1 terno, doce, meigo, carinhoso. 2 tenro.

ten.dresse [tɑ̃dʀɛs] *nf* ternura, carinho, meiguice.

té.nè.bres [tenɛbʀ] *nf pl* trevas, escuridão.

te.neur [tǝnœʀ] *nf* teor, porcentagem.

te.nir [t(ǝ)niʀ] *vt* 1 segurar, manter. *vi* 2 caber em. 3 provir, resultar, decorrer. **tenir à fazer questão de. tenir à cœur** interessar muito. **tenir en bride** refrear.

ten.nis [tenis] *nm Sp* tênis. **tennis de table** tênis de mesa, pingue-pongue.

ten.sion [tɑ̃sjɔ̃] *nf* tensão. **tension arterielle** *Méd* tensão ou pressão arterial.

ten.sio.mètre [tɑ̃sjɔmɛtʀ] *nm* aparelho para medir a pressão arterial.

ten.ta.tion [tɑ̃tasjɔ̃] *nf* tentação.
ten.ta.tive [tɑ̃tativ] *adj* tentativa.
ten.ter [tɑ̃te] *vt* tentar, atrair, seduzir.
té.nu, -ue [t(ə)ny] *adj* tênue. • *nf* 1 ordem. 2 modo de trajar. 3 porte.
ter.gi.ver.ser [tɛʀʒivɛʀse] *vi* tergiversar.
terme [tɛʀm] *nm* 1 prazo, termo, término. 2 *Gram* termo, vocábulo.
ter.mi.nai.son [tɛʀminɛzɔ̃] *nf Gram* terminação.
ter.mi.nal, -ale, -aux [tɛʀminal, o] *adj* final, terminal. • *nm Angl* terminal.
ter.mi.ner [tɛʀmine] *vt+vpr* acabar, encerrar, finalizar, terminar.
ter.mi.no.lo.gie [tɛʀminɔlɔʒi] *nf* terminologia.
ter.mi.nus [tɛʀminys] *nm* ponto final (de linha de ônibus).
ter.mite [tɛʀmit] *nf* cupim.
ter.rain [tɛʀɛ̃] *nm* terreno, solo. **terrain clos** cercado. **terrain cultivable** gleba. **terrain de football** campo de futebol. **terrain défriché** roça. **terrain vague** terreno baldio.
ter.rasse [tɛʀas] *nf* 1 terraço, varanda. 2 superfície de terra elevada e contida por um muro. 3 parte de uma lanchonete que avança na calçada.
ter.ras.ser [tɛʀase] *vt* terraplenar.
terre [tɛʀ] *nf* 1 terra, solo. 2 *Astron* o planeta Terra (nesta acepção, usa-se inicial maiúscula). **avoir les pieds sur terre** ser realista, ter os pés no chão.
ter.rer [tɛʀe] *vt* aterrar.
ter.restre [tɛʀɛstʀ] *adj* terrestre, terreno, térreo.
ter.reur [tɛʀœʀ] *nm* terror, pânico.
ter.rible [tɛʀibl] *adj* terrível, temível.
ter.ri.fiant, -iante [tɛʀifjɑ̃, -jɑ̃t] *adj* terrível, aterrorizador.
ter.ri.fier [tɛʀifje] *vt* aterrorizar, estarrecer, apavorar.
ter.ri.toire [tɛʀitwaʀ] *nm* território. **aménagement du territoire** *Econ* política que visa a distribuir as atividades econômicas segundo um plano regional. **Territoires d'outre-mer (TOM)** Territórios ultramarinos, coletividade territorial da França.
ter.ro.risme [tɛʀɔʀism] *nm* terrorismo.
tes [te] *adj poss* m+f pl *Gram* teus, tuas.
test [tɛst] *nm* teste.
tes.ta.ment [tɛstamɑ̃] *nm* testamento, legado.
tes.ter [tɛste] *vt* provar, testar, legar.
tes.ti.cule [tɛstikyl] *nm Anat* testículo.
té.ta.nos [tetanos] *nm Méd* tétano.
tête [tɛt] *nf* 1 *Anat* cabeça. 2 rosto. 3 parte terminal de qualquer coisa (alfinete, prego). **à tête reposée** *fam* com a cabeça fria. **avoir la tête à l'envers** *fam* estar com a cabeça virada, estar transtornado. **être à la tête de sa classe** ser o cabeça, o primeiro da sala. **faire la tête** fazer cara feia, ficar emburrado. **faire une tête de six pieds de long** estar triste. **perdre la tête** perder a cabeça, perder a lucidez, ficar louco. **se taper la tête contre les murs** dar com a cabeça na parede, desesperar-se. **tête-à-queue** capotagem. **tête-à-tête** cara a cara. **tête d'ail** cabeça de alho.
té.ter [tete] *vt* mamar.
té.tine [tetin] *nf* 1 chupeta. 2 *Zool* teta.
tê.tu, -ue [tety] *adj* 1 teimoso, cabeçudo. 2 *fam* cabeça-dura, turrão. **têtu comme une mule** *fam* teimoso como uma mula.
texte [tɛkst] *nm* texto.
tex.tuel, -elle [tɛkstɥɛl] *adj* textual.
tex.ture [tɛkstyʀ] *nf* textura.
TGV [teʒeve] *nm inv* abreviatura de **train à grande vitesse**, trem-bala francês.
thé [te] *nm* chá.
thé.âtre [teatʀ] *nm* teatro. **critique de théâtre** crítico de teatro.
thé.matique [tematik] *adj* temático.

thème [tɛm] *nm* **1** tema, objeto, assunto. **2** versão (tradução da língua materna para a língua estrangeira).

théo.lo.gie [teɔlɔʒi] *nf Rel* teologia.

théo.rie [teɔRi] *nf* teoria, concepção, doutrina. **en théorie** teoricamente.

théo.ri.cien, -ienne [teɔRisjɛ̃, -jɛn] *n* teórico.

théo.rique [teɔRik] *adj* teórico.

théo.ri.ser [teɔRize] *vt+vi* teorizar.

thé.ra.peute [teRapøt] *n* terapeuta.

thé.ra.pie [teRapi] *nf Méd* terapêutica, terapia.

ther.mes [tɛRm] *nf pl* termas.

ther.mique [tɛRmik] *adj* térmico.

ther.mo.mètre [tɛRmɔmɛtR] *nm* termômetro.

thèse [tɛz] *nf* tese.

tho.rax [tɔRaks] *nm Anat* tórax.

tiare [tjaR] *nf* tiara.

ti.cket [tikɛ] *nm* entrada, ingresso. **ticket d'autobus** passagem.

tiède [tjɛd] *adj* morno, tépido.

tié.deur [tjedœR] *nf* tepidez.

tié.dir [tjediR] *vt* amornar.

tien, tienne [tjɛ̃, tjɛn] *pron poss m+f sing Gram* teu, tua.

tiens [tjɛ̃] *interj* olhe! **un tiens vaut mieux que deux tu l'auras** *prov* mais vale um pássaro na mão que dois voando.

tier.cé [tjɛRse] *nm* aposta em corrida de cavalos.

tiers, tierce [tjɛR, tjɛRs] *nm+adj+num* terço, terceiro. **Tiers Monde** Terceiro Mundo.

tige [tiʒ] *nf Bot* caule, haste, talo.

ti.gre, ti.gresse [tigR, tigRɛs] *n Zool* tigre.

tim.bale [tɛ̃bal] *nf* **1** tímbalo. **2** copo de metal. **décrocher la timbale** obter algo disputado, um resultado importante.

timbre [tɛ̃bR] *nm* **1** carimbo, selo. **2** *Mus* timbre.

tim.brer [tɛ̃bRe] *vt* timbrar. **être timbré** *fam* ser doido.

ti.mide [timid] *adj* tímido, acanhado, receoso.

ti.mi.di.té [timidite] *nf* timidez, acanhamento.

ti.mon [timɔ̃] *nm* **1** timão. **2** *Aér, Naut* leme.

tin.ter [tɛ̃te] *vt* tilintar, badalar, tinir.

tir [tiR] *nm* tiro, arremesso.

ti.rage [tiRaʒ] *nm* tiragem. **tirage au sort** sorteio.

ti.re-bou.chon [tiRbuʃɔ̃] *nm* saca-rolhas.

ti.re-d'aile (à) [atiRdɛl] *loc adv* rapidamente.

ti.rer [tiRe] *vt* **1** disparar, atirar, descarregar. **2** puxar, tirar. **tirer au sort** sortear, rifar. **tirer du profit** lucrar. **tirer les oreilles à quelqu'un** *fam* dar um puxão de orelhas em alguém. **tirer parti de** tirar partido de. **tirer sur la ficelle** exagerar, ir longe demais. **tirer une affaire au clair** *fam* pôr tudo em pratos limpos.

ti.reur, -euse [tiRœR, -øz] *n* **1** atirador. **2** emitente de cheque.

ti.roir [tiRwaR] *nm* gaveta.

ti.sane [tizan] *nf* chá.

tis.sage [tisaʒ] *nm* tecelagem.

tis.ser [tise] *vt* tecer.

tis.seur, -euse [tisœR, -øz] *n* tecelão.

tis.su [tisy] *nm* **1** tecido, fazenda, pano. **2** entrelaçamento, urdidura. **3** tela.

ti.tre [titR] *nm* **1** título, designação. **2** rubrica, manchete. **3** qualidade de quem vence em uma competição. **4** título, certificado, documento, instrumento. **5** cupom, *ticket*, cartão. **6** certificado de um valor na Bolsa. **à aucun titre** de forma alguma. **à plusieurs titres** por várias razões. **à titre de** a título de. **titre au porteur** título ao portador.

ti.trer [titRe] *vt* dar um título de nobreza a alguém.

ti.tu.ber [titybe] *vi* titubear, hesitar.
ti.tu.laire [titylɛʀ] *n+adj* titular.
toas.teur [tostœʀ] *nm* torradeira.
toc [tɔk] *interj* onomatopeia de um barulho, em geral repetido. **c'est du toc** *fam* é imitação, é fajuto.
to.card, -arde [tɔkaʀ, -aʀd] *adj fam* ridículo, feio. • *n fam* pessoa incapaz, sem valor. *Var:* **toquard**.
toi [twa] *pron pers Gram* tu, você, te, a ti.
toile [twal] *nf* **1** teia. **2** *Peint* quadro, tela. **toile cirée** toldo.
toi.lette [twalɛt] *nf* banheiro, toalete, sanitário.
toit [twa] *nm* telhado. **crier sur les toits** espalhar, pôr a boca no mundo.
toi.ture [twatyʀ] *nf* telhado.
to.lé.rable [tɔleʀabl] *adj* tolerável.
to.lé.rance [tɔleʀɑ̃s] *nf* tolerância.
to.lé.rer [tɔleʀe] *vt* tolerar.
to.mate [tɔmat] *nf Bot* tomate.
tombe [tɔ̃b] *nf* tumba, túmulo, cova. **être au bord de la tombe, avoir déjà un pied dans la tombe** estar quase morto, com um pé na cova.
tom.beau [tɔ̃bo] *nm* jazigo, sepulcro, tumba. **rouler à tombeau ouvert** *fam* dirigir como um louco.
tom.ber [tɔ̃be] *vi* **1** tombar, cair. **2** morrer. **3** decair, diminuir. **tomber amoureux** apaixonar-se, ficar apaixonado. **tomber dans le piège** cair no laço, na armadilha. **tomber dans l'erreur** incorrer em erro. **tomber dans l'impuissance** sucumbir. **tomber malade** adoecer, ficar de cama doente. **tomber sur** deparar, incidir.
tome [tɔm] *nm* tomo, volume.
ton [tɔ̃] *nm* **1** entonação, inflexão. **2** *Mus* tom. • *adj poss m sing Gram* teu, tua. **baisser le ton** baixar o tom, mudar o tom de voz. **donner le ton** dar o tom, servir de modelo.

to.na.li.té [tɔnalite] *nf* tonalidade.
ton.deur, -euse [tɔ̃dœʀ, -øz] *nf* **1** máquina de tosquiar. **2** máquina de aparar a grama. **3** máquina de cortar o cabelo.
tondre [tɔ̃dʀ] *vt* tosquiar, tosar.
to.ni.fier [tɔnifje] *vt* tonificar, fortificar.
tonne [tɔn] *nf* tonelada.
ton.ner [tɔne] *vi* relampejar, trovejar.
ton.nerre [tɔnɛʀ] *nm* trovão.
top [tɔp] *nm* toque, sinal sonoro dado para determinar um momento com precisão. **au troisième top il sera huit heures** / ao terceiro toque, serão oito horas.
to.per [tɔpe] *vi* topar, aceitar um desafio. *topez-là, affaire conclue!* / toque aqui, negócio fechado.
to.po [tɔpo] *nm fam* breve discurso ou exposição oral.
to.po.gra.phie [tɔpɔgʀafi] *nf* topografia.
to.po.lo.gie [tɔpɔlɔʒi] *nf* topologia.
to.po.ny.mie [tɔpɔnimi] *nf* toponímia.
toque [tɔk] *nf* gorro. **la toque blanche d'un cuisinier** o chapéu branco de um cozinheiro.
to.qué, -ée [tɔke] *adj+n fam* maluco. **toqué de** apaixonado por.
torche [tɔʀʃ] *nf* tocha, facho. **torche électrique** lanterna, farolete.
tor.cher [tɔʀʃe] *vt* enxugar, limpar.
tor.chon [tɔʀʃɔ̃] *nm* pano para enxugar, pano de prato. **il ne faut pas mélanger les torchons et les serviettes** *fam* não se deve misturar alhos com bugalhos.
tordre [tɔʀdʀ] *vt* **1** torcer, enrolar. **2** deformar. *vpr* **3** retorcer-se.
tor.peur [tɔʀpœʀ] *nf* torpor, sonolência, entorpecimento.
tor.pil.leur [tɔʀpijœʀ] *nm Naut* torpedeiro.
tor.ré.fac.tion [tɔʀefaksjɔ̃] *nf* torrefação.

tor.ré.fier [tɔRefje] *vt* torrefazer.

tor.rent [tɔRɑ̃] *nm* **1** torrente. **2** *fig* jorro impetuoso (de lágrimas, de insultos).

tor.ride [tɔRid] *adj* tórrido, ardente.

tors, torse [tɔR, tɔRs] *adj* **1** torcido, retorcido. **2** torto, arqueado.

tor.sion [tɔRsjɔ̃] *nf* torção.

tort [tɔR] *nm* **1** culpa, erro, injustiça. **2** prejuízo. **à tort** injustamente. **à tort et à travers** a torto e direito. **à tort ou à raison** com ou sem razão. **avoir tort** estar errado. **faire du tort à quelqu'un** fazer mal, causar prejuízo a alguém.

tor.til.ler [tɔRtije] *vt* **1** torcer. *vi* **2** rebolar, requebrar. *vpr* **3** retorcer-se, balançar.

tor.tue [tɔRty] *nf Zool* tartaruga.

tor.ture [tɔRtyR] *nf* **1** tortura. **2** martírio, tormento.

tor.tu.rer [tɔRtyRe] *vt+vpr* torturar.

tôt [to] *adv* cedo. **au plus tôt** o mais cedo possível.

to.tal, ale, -aux [tɔtal, -o] *nm* total, soma. • *adj* total, absoluto, completo. **au total** em suma.

to.ta.li.ser [tɔtalize] *vt* totalizar.

to.ta.li.té [tɔtalite] *nf* totalidade, plenitude, íntegra.

tou.chant, -ante [tuʃɑ̃, -ɑ̃t] *adj* tocante, emocionante.

touche [tuʃ] *nf* **1** fisgada (pescaria). **2** *Inform, Mus* tecla. **3** *Peint* toque. **arbitre de touche** bandeirinha (juiz auxiliar no futebol). **ligne de touche** linha lateral do terreno de golfe ou do campo de futebol. **mettre la dernière touche à quelque chose** dar o último toque em alguma coisa, concluir.

tou.cher [tuʃe] *nm* tato, toque. • *vt* **1** tocar, encostar. **2** interessar, dizer respeito. **3** alcançar, atingir.

touffe [tuf] *nf* maço, tufo, copa (árvore).

tou.jours [tuʒuR] *adv* sempre. **depuis toujours** desde sempre. **j'y travaille toujours** eu continuo trabalhando lá. **toujours est-il que** pelo menos, o fato é que.

tou.pet [tupɛ] *nm* **1** topete. **2** *fam* audácia, ousadia.

tour [tuR] *nf* **1** torre. **2** contorno, circunferência. **3** movimento, mágica. **4** aspecto, aparência, jeito. **5** volta, giro. **6** turno. **chacun son tour** um por vez, cada um na sua vez. **jouer un mauvais tour à quelqu'un** pregar uma peça em alguém. **tour à tour** alternadamente. **tour de force** proeza.

tour.bil.lon [tuRbijɔ̃] *nm* vendaval, turbilhão. **tourbillon de vent** redemoinho.

tou.risme [tuRism] *nm* turismo.

tou.riste [tuRist] *n* **1** turista. **2** visitante (de museu, galeria).

tour.ment [tuRmɑ̃] *nm* **1** tormento, violenta dor psíquica ou física. **2** *fig* inferno.

tour.mente [tuRmɑ̃t] *nf* tormenta, vendaval.

tour.men.ter [tuRmɑ̃te] *vt* **1** atormentar, preocupar, transtornar, afligir. **2** *pop* judiar. *vpr* **3** atormentar-se.

tour.nant, -ante [tuRnɑ̃, -ɑ̃t] *adj* **1** giratório. **2** sinuoso. • *nm* curva, virada.

tour.ner [tuRne] *vt* **1** girar, virar, rodar. **2** revolver, revirar, tornear. *vpr* **3** voltar-se, dirigir-se. **le lait a tourné** o leite azedou. **tourner autour du pot** usar de rodeios. **tourner la tête à, de quelqu'un** virar a cabeça de alguém, ficar tonto.

tour.ne.sol [tuRnəsɔl] *nm Bot* girassol.

tour.ne.vis [tuRnəvis] *nm* chave de fenda.

tour.ni.quet [tuRnikɛ] *nm* **1** torniquete. **2** dispositivo de irrigação que funciona com a força da água, girando em torno de si mesmo. **3** cilindro metálico

tour.noi [turnwa] *nm* torneio.

tour.noy.er [turnwaje] *vi* **1** rodopiar. **2** andar em círculos.

tour.nure [turnyr] *nf* **1** forma, estilo de uma frase. **2** jeito, aparência, aspecto. **prendre tournure** tomar forma. **tournure d'esprit** modo de ver ou julgar as coisas.

tous [tu] *adj*, [tus] *pron indéf Gram* todos. **tous les deux** os dois, ambos. **tous les deux jours** a cada dois dias. **tous les jours** todos os dias.

Tous.saint [tusɛ̃] *nf* Finados.

tous.ser [tuse] *vi* tossir.

tout [tu] *pron+adj Gram* **1** tudo. **2** todo. **tout à coup** de repente, subitamente. **tout à fait** plenamente, completamente. **tout à l'heure** daqui a pouco. **tout au moins** pelo menos. **tout au plus** quando muito, no máximo. **tout autre** completamente diferente. **tout autrement** ao invés. **tout d'abord** em primeiro lugar, primeiro. **tout de même** ainda assim, assim mesmo. **tout de suite** agora mesmo. **tout de suite après** logo depois. **tout droit** adiante, sempre em frente, reto **toutes les deux** ambas. **tout intelligent qu'il soit, il s'est trompé** por mais inteligente que ele seja, enganou-se. **tout neuf** novinho em folha. **tout nu** ni em pelo. **tout seul** sozinho.

toute.fois [tutfwa] *conj* contudo, todavia.

toux [tu] *nf* tosse.

to.xine [tɔksin] *nf* toxina.

to.xique [tɔksik] *nm+adj* tóxico.

TP [tepe] *nm pl* abreviação de **travaux pratiques** exercícios práticos que complementam o ensino teórico de uma disciplina escolar.

tra.cas.ser [trakase] *vt* causar inquietação, atormentar, aborrecer, amolar.

trace [tras] *nf* **1** marca, sinal. **2** pegada, pisada, traço, pista, rasto. **3** trilha. **4** *fig* vislumbre.

tra.cer [trase] *vt* traçar.

tra.chée [traʃe] *nf Anat* traqueia.

tract [trakt] *nm* panfleto.

trac.teur [traktœr] *nm* trator.

trac.tion [traksjɔ̃] *nf* tração.

tra.di.tion [tradisjɔ̃] *nf* tradição.

tra.di.tion.na.lisme [tradisjɔnalism] *nm* tradicionalismo.

tra.duc.teur, -trice [tradyktœr, -tris] *n* tradutor.

tra.duc.tion [tradyksjɔ̃] *nf* tradução.

tra.duire [traduir] *vt* **1** traduzir. **2** *fig* refletir.

tra.fic [trafik] *nm* tráfego, tráfico.

tra.fi.quant, -ante [trafikɑ̃, -ɑ̃t] *n* traficante.

tra.fi.quer [trafike] *vt* traficar.

tra.gé.die [traʒedi] *nf* tragédia.

tra.gique [traʒik] *adj* trágico.

tra.hir [trair] *vt* **1** trair, atraiçoar. **2** delatar, denunciar. *vpr* **3** trair-se.

tra.hi.son [traizɔ̃] *nf* traição. **haute trahison** alta traição.

train [trɛ̃] *nm* trem. **en train** em forma, bem disposto. **en train de** em via de. **train de marchandises** a) trem de carga. b) modo de funcionar, de evoluir (coisas).

traî.neau [treno] *nm* trenó.

traî.ner [trene] *vt+vpr* **1** arrastar. *vt* **2** levar consigo. **3** errar, vaguear. **4** demorar-se, agir lentamente. **5** durar demais, demorar para acabar.

trait [trɛ] *nm* **1** traço, linha, contorno. *trait d'union* / traço de união, hífen. **2** fisionomia. **3** característica, sinal. **avoir trait à** relacionar-se com, dizer respeito a. **d'un trait, d'un seul trait** de uma só vez, de uma golada só.

traite [trɛt] *nf* **1** ordenha. **2** tráfico. *la traite des esclaves* / o tráfico de

escravos. **3** caminho, percurso. **4** letra de câmbio.
trai.té [tʀete] *adj+n* tratado.
traite.ment [tʀetmɑ̃] *nm* **1** tratamento. **2** trato. **3** ordenado, honorários. **traitement de texte** *Inform* processador de textos.
trai.ter [tʀete] *vt* **1** tratar. *vt+vpr* **2** tratar, submeter a tratamento médico, fazer tratamento médico.
traî.tre, trai.tresse [tʀɛtʀ, tʀɛtʀɛs] *n+adj* traidor, traiçoeiro.
tra.jec.toire [tʀaʒɛktwaʀ] *nf* trajetória.
tra.jet [tʀaʒe] *nm* trajeto, travessia.
trame [tʀam] *nf* trama, teia.
tra.mer [tʀame] *vt* **1** tramar, entrelaçar. **2** maquinar, conspirar.
tranche [tʀɑ̃ʃ] *nf* fatia, rodela, porção. **s'en payer une tranche** divertir-se muito.
tran.cher [tʀɑ̃ʃe] *vt* destrinchar, cortar, fatiar.
tran.quille [tʀɑ̃kil] *adj* tranquilo, pacífico, quieto, sossegado, calmo, silencioso.
tran.quil.li.ser [tʀɑ̃kilize] *vt+vpr* tranquilizar, aquietar, sossegar.
tran.quil.li.té [tʀɑ̃kilite] *nf* tranquilidade, sossego.
tran.sac.tion [tʀɑ̃zaksjɔ̃] *nf* **1** ajuste, acordo. **2** *Com* transação.
trans.bor.de.ment [tʀɑ̃sbɔʀdəmɑ̃] *nm* **1** transbordamento. **2** baldeação.
trans.bor.der [tʀɑ̃sbɔʀde] *vt* **1** transbordar. **2** baldear.
trans.cen.dant, -ante [tʀɑ̃sɑ̃dɑ̃, -ɑ̃t] *nm+adj* transcendente, sublime, superior.
trans.cen.der [tʀɑ̃sɑ̃de] *vt+vi+vpr* transcender.
trans.crip.tion [tʀɑ̃skʀipsjɔ̃] *nf* transcrição.
trans.crire [tʀɑ̃skʀiʀ] *vt* transcrever.
transe [tʀɑ̃s] *nf* transe.

trans.fé.rer [tʀɑ̃sfeʀe] *vt* **1** transferir uma documentação de uma pessoa para outra. **2** transferir, mudar algo ou alguém de um lugar para outro. *vpr* **3** transferir-se.
trans.fert [tʀɑ̃sfɛʀ] *nm* **1** transferência. **2** *Psych* projeção, identificação.
trans.fi.gu.rer [tʀɑ̃sfigyʀe] *vt* transfigurar.
trans.for.ma.tion [tʀɑ̃sfɔʀmasjɔ̃] *nf* transformação.
trans.for.mer [tʀɑ̃sfɔʀme] *vt* mudar, transformar.
trans.fu.sion [tʀɑ̃sfyzjɔ̃] *nf Méd* transfusão.
trans.gres.seur [tʀɑ̃sgʀesœʀ] *nm* transgressor, infrator.
trans.gres.sion [tʀɑ̃sgʀesjɔ̃] *nf* transgressão, infração, violação.
tran.si.ger [tʀɑ̃ziʒe] *vt Jur* contemporizar, transigir.
tran.si.tion [tʀɑ̃zisjɔ̃] *nf* **1** transição, estágio intermediário. **2** passagem.
tran.si.toire [tʀɑ̃zitwaʀ] *adj* passageiro.
trans.mettre [tʀɑ̃smɛtʀ] *vt* transmitir.
trans.mis.sion [tʀɑ̃smisjɔ̃] *nf* transmissão. **transmission en direct** transmissão ao vivo.
trans.pa.raî.tre [tʀɑ̃spaʀɛtʀ] *vi* transparecer.
trans.pa.rence [tʀɑ̃spaʀɑ̃s] *nf* transparência.
trans.pa.rent, -ente [tʀɑ̃spaʀɑ̃, -ɑ̃t] *adj* transparente.
trans.pi.ra.tion [tʀɑ̃spiʀasjɔ̃] *nf* transpiração.
trans.pi.rer [tʀɑ̃spiʀe] *vi* transpirar, suar.
trans.plan.ter [tʀɑ̃splɑ̃te] *vt* transplantar.
trans.port [tʀɑ̃spɔʀ] *nm* transporte.
trans.por.ter [tʀɑ̃spɔʀte] *vt* **1** transpor, mudar, transportar, levar. *vpr* **2** transportar-se.
trans.po.si.tion [tʀɑ̃spozisjɔ̃] *nf* transposição.

tra.pé.ziste [tʀapezist] *n* trapezista.
trau.ma.tisme [tʀomatism] *nm* traumatismo.
tra.vail, -aux [tʀavaj, -o] *nm* trabalho, labuta.
tra.vail.ler [tʀavaje] *vi* trabalhar, lidar. **travailler le bois** lavrar a madeira.
tra.vail.leur, -euse [tʀavajœʀ, -øz] *adj+n* trabalhador.
tra.vers (à) [atʀavɛʀ] *loc* através. **passer au travers** escapar de perigo ou punição.
tra.ver.sée [tʀavɛʀse] *nf Naut* travessia.
tra.ver.ser [tʀavɛʀse] *vt* **1** atravessar, cortar, permear. **2** passar, transitar. **3** traspassar, trespassar.
tra.ver.sin [tʀavɛʀsɛ̃] *nm* longa almofada cilíndrica de cabeceira, que ocupa toda a largura da cama.
tra.ves.tir [tʀavɛstiʀ] *vt+vpr* travestir.
trè.fle [tʀɛfl] *nm* **1** trevo. **2** paus (naipe do baralho). **trèfle à quatre feuilles** *Bot* trevo de quatro folhas.
treize [tʀɛz] *nm+num* treze.
trem.ble.ment [tʀɑ̃bləmɑ̃] *nm* **1** tremedeira. **2** tremor. **tremblement de terre** terremoto.
trem.bler [tʀɑ̃ble] *vi* tremer, estremecer.
trempe [tʀɑ̃p] *nf* têmpera.
trem.per [tʀɑ̃pe] *vt+vi* **1** temperar aço ou ferro. **2** ensopar, molhar.
trente [tʀɑ̃t] *nm+num* trinta.
tré.pas.ser [tʀepase] *vi* falecer, morrer.
tré.pi.da.tion [tʀepidasjɔ̃] *nf* trepidação.
tré.pi.der [tʀepide] *vi* trepidar.
très [tʀɛ] *adv Gram* muito. **très mauvais** péssimo.
tré.sor [tʀezɔʀ] *nm* tesouro.
tré.sore.rie [tʀezɔʀʀi] *nf* tesouraria.
tré.so.rier, -ière [tʀezɔʀje, -jɛʀ] *n* tesoureiro.

tresse [tʀɛs] *nf* trança, madeixa.
trêve [tʀɛv] *nf* trégua. **sans trêve** sem trégua, sem descanso. **trêve de...** chega! basta! **trêve de plaisanterie** chega de brincadeira.
tri [tʀi] *nm* triagem.
trian.gle [tʀijɑ̃gl] *nm Géom, Mus* triângulo. **triangle isocèle** triângulo isósceles.
tri.bu [tʀiby] *nf* tribo.
tri.bu.nal, -aux [tʀibynal, -o] *nm* tribunal.
tri.bune [tʀibyn] *nf* tribuna.
tri.but [tʀiby] *nm* tributo, imposto.
tri.cher [tʀiʃe] *vi* trapacear.
tri.cheur, -euse [tʀiʃœʀ, -øz] *n* trapaceiro.
tri.cot [tʀiko] *nm* **1** tricô, ação de tricotar. **2** malha tricotada.
tri.co.ter [tʀikɔte] *vt+vi* tricotar.
tri.dent [tʀidɑ̃] *nm* tridente.
trien.nal, -ale, -aux [tʀijenal, -o] *adj* trienal.
trier [tʀije] *vt* triar.
tri.mestre [tʀimɛstʀ] *nm* trimestre.
tri.mes.triel, -ielle [tʀimɛstʀijɛl] *adj* trimestral.
tri.ni.té [tʀinite] *nf* trindade.
trin.quer [tʀɛ̃ke] *vt* brindar.
trio [tʀijo] *nm Mus* trio, terceto.
triom.phant, -ante [tʀijɔ̃fɑ̃, -ɑ̃t] *adj* triunfante.
triom.phe [tʀijɔ̃f] *nm* triunfo, vitória, sucesso.
triom.pher [tʀijɔ̃fe] *vi* triunfar, vencer.
tri.ple [tʀipl] *nm+num* triplo. • *adj* tríplice.
tri.pler [tʀiple] *vt* triplicar.
triste [tʀist] *adj* **1** triste, melancólico, infeliz. **2** *fig* sombrio, tétrico.
tris.tesse [tʀistɛs] *nf* tristeza, pesar, melancolia.
tri.syl.la.bique [tʀisi(l)labik] *nm+adj Gram* trissílabo.

tri.tu.ra.teur [tʀityʀatœʀ] *adj* triturador.
tri.tu.ra.tion [tʀityʀasjɔ̃] *nf* trituração.
tri.tu.rer [tʀityʀe] *vt* triturar.
tri.vial, -iale, -iaux [tʀivjal, -jo] *adj* trivial, vulgar.
tri.via.li.té [tʀivjalite] *nf* trivialidade, vulgaridade.
troc [tʀɔk] *nm* barganha, permuta.
trois [tʀwa] *nm+num* três. **règle de trois** regra de três.
trois cents [tʀwasɑ̃] *nm+num* trezentos.
trom.bone [tʀɔ̃bɔn] *nm* **1** clipe. **2** *Mus* trombone.
trompe [tʀɔ̃p] *nf* **1** *Zool* tromba. **2** *Mus* trompa. **3** *Anat* tuba uterina.
trom.per [tʀɔ̃pe] *vt* **1** enganar, tapear, burlar, ludibriar. **2** *arg* embromar. **3** *fig* dourar a pílula. *vpr* **4** enganar-se.
trom.perie [tʀɔ̃pʀi] *nf* burla, tapeação, logro, farsa, trapaça.
trom.peur, -euse [tʀɔ̃pœʀ, -øz] *adj* enganador.
tronc [tʀɔ̃] *nm* **1** *Anat* tronco, torso. **2** *Bot* tronco. **3** *fig* linhagem.
trône [tʀon] *nm* trono.
trop [tʀo] *adv* demais, em demasia, excessivamente.
trot [tʀo] *nm* trote.
trot.ter [tʀɔte] *vi* trotar.
trot.toir [tʀɔtwaʀ] *nm* calçada. **faire le trottoir** prostituir-se.
trou [tʀu] *nm* buraco, furo, cavidade, toca. **avoir des trous de mémoire** ter lapsos de memória.
trouble [tʀubl] *nm* distúrbio, perturbação, vertigem. • *adj* turvo, embaciado.
trou.bler [tʀuble] *vt+vpr* **1** atrapalhar, perturbar. **2** turvar, alterar. **3** embaraçar, incomodar. **4** *fig* espantar.
trouer [tʀue] *vt* furar, esburacar.
troupe [tʀup] *nf* **1** *Mil* tropa, bando, esquadrão. **2** grupo, bando.
trou.peau [tʀupo] *nm* rebanho.

trousse [tʀus] *nf* estojo. **trousse de toilette** estojo de toalete, *nécessaire*.
trous.ser [tʀuse] *vt* arregaçar. **trousser une volaille** *Art Cul* dobrar os membros de uma ave e juntá-los ao corpo antes de colocá-la para cozinhar.
trou.vaille [tʀuvaj] *nf* achado, ideia brilhante.
trou.ver [tʀuve] *vt* **1** encontrar, achar, localizar. **2** pensar, acreditar. **3** imaginar, inventar. *vpr* **4** encontrar-se, situar-se. **si ça se trouve** *fam* se isso acontecer.
truc [tʀyk] *nm* **1** truque, artifício, estratagema. **2** *fam* troço, treco.
tru.ci.der [tʀyside] *vt* massacrar, trucidar.
tru.cu.lent, -ente [tʀykylɑ̃, -ɑ̃t] *adj* truculento, brutal.
truffe [tʀyf] *nf Bot* trufa.
truite [tʀɥit] *nf Zool* truta.
tu [ty] *pron pers 2a. pess sing Gram* tu, você.
tube [tyb] *nm* **1** tubo, cano, canudo. **2** *Mus* tuba. **tube à essai** *Chim* tubo de ensaio.
tu.ber.cu.lose [tybɛʀkyloz] *nf Méd* tuberculose.
tuer [tɥe] *vt* **1** matar, trucidar, assassinar, executar. **2** abater. **3** arruinar. *vpr* **4** matar-se. **tuer le temps** matar o tempo.
tuile [tɥil] *nf Archit* telha.
tu.lipe [tylip] *nf Bot* tulipa.
tulle [tyl] *nm* tule (tecido).
tu.meur [tymœʀ] *nm* tumor, bubão.
tu.multe [tymylt] *nm* tumulto, algazarra.
tu.nique [tynik] *nf* túnica.
tun.nel [tynɛl] *nm* túnel.
tur.bine [tyʀbin] *nf* turbina.
tur.bu.lence [tyʀbylɑ̃s] *nf* turbulência.
turf [tyʀf / tœʀf] *nm* turfe.

tu.telle [tytɛl] *nf Jur* tutela.
tu.teur, -trice [tytœʀ, -tʀis] *n* tutor.
tu.toyer [tytwaje] *vt* tratar por você ou tu.
tuyau [tɥijo] *nm* 1 cano, canudo. 2 *fam* dica, pista.

type [tip] *nm* 1 tipo, gênero. 2 modelo, norma. 3 *fam* indivíduo, cara.
ty.pique [tipik] *adj* típico.
ty.po.gra.phie [tipɔgʀafi] *nf* tipografia.
ty.ran [tiʀɑ̃] *nm* tirano, déspota.
ty.ran.nie [tiʀani] *nf* tirania.

u

u [y] *nm* vigésima primeira letra e quinta vogal do alfabeto da língua francesa.
ul.cère [ylsɛʀ] *nf* úlcera.
ul.cé.rer [ylseʀe] *vt* **1** ulcerar. **2** *fig* magoar, ferir.
ul.té.rieur [ylteʀjœʀ] *adj* ulterior, posterior.
ul.tra.vio.let, -ette [yltʀavjɔlɛ, -ɛt] *adj+nm* ultravioleta.
un, une [œ̃, yn] *num+adj+n+art déf+pron indéf* um. • *nf fam* a primeira página de um jornal. **c'est tout un, une** é a mesma coisa. **pas un, une** nenhum. **un, une à un, une** um a um.
u.na.ni.mi.té [ynanimite] *nf* unanimidade.
u.nième [ynjɛm] *num ord* (depois de um numeral) que vem em primeiro lugar, imediatamente após uma dezena (exceto **soixante-dix, quatre-vingt-dix**), uma centena, um mil. **cent unième** centésimo (a) primeiro(a). **la mille et unième nuit** a milésima primeira noite.
u.ni.fier [ynifje] *vt* unificar.
u.ni.forme [ynifɔʀm] *nm+adj* uniforme. **en uniforme** de uniforme.
u.ni.for.mi.ser [ynifɔʀmize] *vt* uniformizar.
u.ni.for.mi.té [ynifɔʀmite] *nf* uniformidade.
u.nion [ynjɔ̃] *nf* união. **l'union fait la force** *prov* a união faz a força.
u.nique [ynik] *adj* único, singular. **rue à sens unique** rua de mão única.
u.nir [yniʀ] *vt* **1** unir, ligar. *vpr* **2** unir-se, ligar-se, associar-se. **3** solidarizar-se.
u.ni.taire [ynitɛʀ] *n+adj* unitário.
u.ni.té [ynite] *nf* unidade.
u.ni.vers [ynivɛʀ] *nm* universo.
u.ni.ver.sa.li.sa.tion [ynivɛʀsalizasjɔ̃] *nf* universalização.
u.ni.ver.sa.lisme [ynivɛʀsalism] *nm* universalismo.
u.ni.ver.sa.li.té [ynivɛʀsalite] *nf* universalidade.
u.ni.ver.sel, -elle [ynivɛʀsɛl, -ɛl] *adj* universal.
u.ni.ver.si.taire [ynivɛʀsitɛʀ] *adj+n* universitário.
u.ni.ver.si.té [ynivɛʀsite] *nf* universidade.
ur.bain, -aine [yʀbɛ̃, -ɛn] *adj* urbano.
ur.ba.ni.ser [yʀbanize] *vt* urbanizar.
ur.ba.nisme [yʀbanism] *nm* urbanismo.
u.rée [yʀe] *nf Chim* ureia.
u.rètre [yʀɛtʀ] *nf Anat* uretra.
ur.gence [yʀʒɑ̃s] *nf* urgência. **d'urgence** com urgência.
ur.gent, -e [yʀʒɑ̃, -ɑ̃t] *adj* urgente.
u.rine [yʀin] *nf* urina.
u.ri.ner [yʀine] *vi+vt* urinar.
urne [yʀn] *nf* urna.
ur.ti.caire [yʀtikɛʀ] *nf Méd* urticária.
u.ru.bu [yʀyby] *nm Zool* urubu.

us [ys] *nm pl* usos. **les us et coutumes** os hábitos, os costumes tradicionais.

u.sage [yzaʒ] *nm* uso, utilização. **d'usage** habitual, normal, de praxe. **hors d'usage** fora de uso.

u.sa.ger, -ère [yzaʒe, -ɛʀ] *adj+n* usuário.

u.sé [yze] *adj* **1** gasto, deteriorado, velho. **2** banal, comum, batido.

u.ser [yze] *vt* gastar, usar muito.

u.si.nage [yzinaʒ] *nm* usinagem.

u.sine [yzin] *nf* **1** usina. **2** fábrica.

u.si.ner [yzine] *vt* **1** usinar. **2** fabricar em uma usina.

us.ten.sile [ystãsil] *nm* utensílio, apetrecho.

u.suel, -elle [yzɥɛl, -ɛl] *adj+nm* usual.

u.su.fruit [yzyfʀɥi] *nm* usufruto.

u.sure [yzyʀ] *nf* usura.

u.sur.pa.tion [yzyʀpasjɔ̃] *nf* usurpação.

u.sur.per [yzyʀpe] *vt* usurpar.

u.té.rin, -ine [yteʀɛ̃, -in] *adj* uterino.

u.té.rus [yteʀys] *nm Anat* útero.

u.ti.li.sa.teur, -trice [ytilizatœʀ, -tʀis] *n* utilizador, usuário.

u.ti.li.sa.tion [ytilizasjɔ̃] *nf* utilização, uso.

u.ti.li.ser [ytilize] *vt* utilizar.

u.ti.li.taire [ytilitɛʀ] *adj+nm* utilitário.

u.ti.li.té [ytilite] *nf* utilidade.

u.tile [ytil] *adj+nm* útil.

u.to.pie [ytɔpi] *nf* utopia.

u.vule [yvyl] *nf Anat* úvula.

V

v [ve] *nm* **1** vigésima segunda letra e décima sétima consoante do alfabeto da língua francesa. **2** o número cinco em algarismo romano. **à la vitesse grand V** *fam* muito rápido. **décolleté en V** decote em V.

va.cance [vakɑ̃s] *nf* **1** vaga. **2 vacances** *pl* férias. **colonie de vacances** colônia de férias. **les grandes vacances** férias de verão.

va.cant, -ante [vakɑ̃, -ɑ̃t] *adj* **1** vago, livre. **2** desocupado, disponível.

va.carme [vakaʀm] *nm* barulho, vozerio, alarido, balbúrdia, escarcéu, gritaria, tumulto.

va.ca.tion [vakasjɔ̃] *nf* **1** *Jur* tempo dedicado pela Justiça a cada processo. **2** *Jur* férias dos tribunais. **3** substituição, trabalho feito durante tempo determinado.

vac.cin [vaksɛ̃] *nm Méd* vacina. **vaccin antivariolique** vacina contra a varíola.

vac.ci.ner [vaksine] *vt Méd* vacinar. **être vacciné contre quelque chose** ser vacinado contra alguma coisa, estar preservado de uma coisa desagradável, perigosa, por ter tido uma experiência penosa, difícil.

vache [vaʃ] *nf* **1** vaca. **2** mulher gorda. **3** pessoa mole e preguiçosa. • *adj fam* pessoa má, que se vinga ou pune sem piedade. **caractère vache** personalidade maldosa. **la vache!** *interj* exprime espanto, indignação, admiração. **maladie de la vache folle** doença da vaca louca. **manger de la vache enragée** estar reduzido a duras privações. **parler le français comme une vache espagnole** falar mal o francês.

va.cil.la.tion [vasilasjɔ̃] *nf* **1** vacilação, oscilação. **2** indecisão, irresolução.

va.cil.ler [vasije / vasile] *vi* **1** vacilar, hesitar. **2** tremer.

va.ga.bond, -onde [vagabɔ̃, -ɔ̃d] *n+adj* vagabundo, vadio, errante, nômade, aventureiro, viajante.

va.ga.bon.dage [vagabɔ̃daʒ] *nm* vadiagem. **délit de vagabondage** *Jur* delito de pessoa que não tem domicílio nem meios de subsistência e que não exerce habitualmente nenhuma profissão.

va.ga.bon.der [vagabɔ̃de] *vi* **1** vagar, perambular. **2** vadiar.

va.gin [vaʒɛ̃] *nm Anat* vagina.

vague [vag] *adj* **1** vago, confuso. **2** incerto. **3** indefinido. • *nf* onda, marola. **faire des vagues** *fam*, *fig* criar dificuldades, fazer agitação. **vague de chaleur, de froid** onda de calor, de frio.

va.guer [vage] *vt+vi* vaguear, vagar, zanzar, andar sem destino.

vain, vaine [vɛ̃, vɛn] *adj* **1** vão, vazio, irreal. **2** insignificante. **3** ilusório. **4**

ineficaz, inútil. **en vain** em vão, inutilmente, sem sucesso.

vaincre [vɛ̃kʀ] *vt* **1** vencer, obter sucesso. **2** derrotar. **3** superar, sobrepujar.

vain.queur [vɛ̃kœʀ] *nm+adj* vencedor, ganhador. **avoir un air vainqueur** ter um ar orgulhoso e satisfeito.

vais.seau [veso] *nm* **1** *Naut* barco, nau, navio. **2** *Anat* vaso. **vaisseau spatial** astronave, nave espacial.

vais.se.lier [vesəlje] *nm* guarda-louças, móvel rústico onde a louça fica exposta.

vais.selle [vesɛl] *nf* louça, baixela.

va.lable [valabl] *adj* válido.

va.lé.riane [valeʀjan] *nf Bot* valeriana.

va.let [vale] *nm* **1** criado. **2** valete (carta de baralho).

va.leur [valœʀ] *nf* **1** valor, mérito. **2** apreço. **3** custo, preço.

va.lide [valid] *adj* **1** válido, regulamentar, legal. **2** robusto, são.

va.li.der [valide] *vt* homologar, ratificar, validar. **faire valider un certificat** revalidar um certificado.

va.lise [valiz] *nf* **1** valise, mala. **2** *fig, fam* olheiras. **faire sa valise** arrumar a mala. **valise diplomatique** malote diplomático.

val.lée [vale] *nf Géogr* vale. *la vallée de la Loire* / o vale do rio Loire.

va.loir [valwaʀ] *vi+vt* valer, custar. **ça vaut la peine** *fam* vale a pena. **ne rien valoir** não ter nenhum valor, ser medíocre. **prendre une chose pour ce qu'elle vaut** não ter ilusões sobre esse assunto.

va.lo.ri.sant, -ante [valɔʀizɑ̃, -ɑ̃t] *adj* que valoriza. **un métier valorisant** uma profissão valorizadora, que valoriza a pessoa.

va.lo.ri.ser [valɔʀize] *vt* valorizar.

valse [vals] *nf Mus* valsa. **la valse des ministres** mudanças repetidas de ministros.

valve [valv] *nf* **1** valva, parte sólida que envolve o corpo dos moluscos. **2** válvula, dispositivo que regula a abertura de um sistema canalizado.

val.vule [valvyl] *nf Anat* válvula. **valvules auriculo-ventriculaires** válvulas auriculoventriculares. **valvules cardiaques** válvulas cardíacas.

vam.pire [vɑ̃piʀ] *nm* **1** vampiro. **2** morcego da América do Sul.

van.dale [vɑ̃dal] *n* vândalo.

va.nille [vanij] *nf Bot* baunilha.

va.nil.line [vanilin] *nf Chim* vanilina.

va.ni.té [vanite] *nf* **1** vaidade, fatuidade. **2** frivolidade, futilidade.

va.ni.teux, -euse [vanitø, -øz] *adj* **1** pretensioso, frívolo, vaidoso. **2** *fam* inchado.

vanne [van] *nf* **1** comporta (de moinhos de água, de barragem, de dique ou eclusa). **2** observação desagradável feita a alguém, provocação.

van.ter [vɑ̃te] *vt* **1** celebrar, exaltar, gabar, elogiar, fazer soar bem alto. *vpr* **2** jactar-se, gabar-se, vangloriar-se.

va.peur [vapœʀ] *nf* **1** vapor. *nm* **2** barco a vapor. **faire quelque chose à la vapeur** *fam* fazer algo apressadamente.

va.rice [vaʀis] *nf Méd* variz.

va.rier [vaʀje] *vt* variar, mudar. *les coutumes varient selon les lieux* / os costumes mudam conforme os lugares.

va.riole [vaʀjɔl] *nf Méd* varíola.

vase [vaz] *nm* **1** vaso. **2** jarra. *nf* **3** lama, lodo. **vase de nuit** urinol. **vivre en vase clos** *fig* viver sem comunicação com o exterior.

va.sec.to.mie [vazektɔmi] *nf Chirurg* vasectomia.

va.se.line [vaz(ə)lin] *nf* vaselina.

vaste [vast] *adj* vasto, extenso.

vau.de.ville [vod(ə)vil] *nm Théât* comédia leve.

vau.dou [vodu] *nm* vodu, feitiçaria.
vau.rien, -ienne [vɔRjɛ̃, -jɛn] *n* malandro, tratante, velhaco.
vau.tour [votuR] *nm Zool* urubu, abutre.
veau [vo] *nm Zool* bezerro, vitelo.
ve.dette [vədɛt] *nf* 1 soldado colocado em sentinela. 2 pessoa em evidência. 3 pequeno navio de guerra. 4 *Théât* estrela, vedete. **mettre en vedette** valorizar, colocar em evidência.
vé.gé.ta.rien, -ienne [veʒetaRjɛ̃, -jɛn] *adj+n* vegetariano.
vé.gé.ta.tion [veʒetasjɔ̃] *nf* 1 vegetação. 2 **végétations** *pl* hipertrofia das ondulações da pele ou das mucosas.
vé.hi.cule [veikyl] *nm* veículo.
vé.hi.cu.ler [veikyle] *vt* 1 veicular, transportar em veículo. 2 transmitir, propagar.
veille [vɛj] *nf* 1 vigília. 2 véspera. **à la veille de** no período que precede imediatamente. **ce n'est pas demain la veille** *fam* não é para logo. **radar de veille** radar de fiscalização.
veil.lée [veje] *nf* vigília, serão. **veillée funèbre** serão fúnebre, velório.
veil.ler [veje] *vt* velar. **veiller le mort** velar o morto.
veil.leur [vejœR] *nm* vigia, guardião, sentinela. **veilleur de nuit** vigia noturno, guarda-noturno.
veil.leuse [vejøz] *nf* 1 lamparina. 2 pequeno abajur. **mettre une lampe en veilleuse** diminuir a claridade do abajur.
vei.nard, -e [vɛnaR, -aRd] *n+adj* sortudo, felizardo.
veine [vɛn] *nf* 1 *Min* veio, filão. 2 *fig* inspiração. 3 sorte. 4 *Anat* veia. **ne pas avoir de sang dans les veines** não ter sangue nas veias, ser covarde.
vé.lin [velɛ̃] *nm* pergaminho.
vé.lo [velo] *nm* bicicleta.
vé.lo.ci.té [velɔsite] *nf* velocidade.

vé.lo.mo.teur [velɔmɔtœR] *nm* 1 bicicleta motorizada, mobilete com motor de pouca cilindrada, entre 50 e 125 cm³. 2 lambreta.
ve.lours [v(ə)luR] *nm* veludo.
ve.lou.té, -ée [vəlute] *adj+nm* aveludado.
ve.lu, -ue [vəly] *adj* peludo.
ve.nai.son [vənɛzɔ̃] *nf* carne de veado, de javali ou de gamo.
ven.dange [vɑ̃dɑ̃ʒ] *nf* vindima, colheita de uvas para fabricação de vinho.
ven.deur, -euse [vɑ̃dœR, -øz] *n+adj* vendedor. **vendeur ambulant** ambulante.
vendre [vɑ̃dR] *vt+vpr* vender. **cela se vend comme des petits pains** isto se vende facilmente. **la maison est à vendre** vende-se a casa. **personne qui vend ses faveurs, ses charmes, son corps** pessoa que vende seus favores, seus encantos, seu corpo, que se prostitui. **vendre à bas prix** queimar mercadoria. **vendre au détail** vender no varejo. **vendre bon marché** vender barato.
ven.dre.di [vɑ̃dRədi] *nm* sexta-feira. **vendredi saint** sexta-feira santa.
vé.né.neux, -euse [venenø, -øz] *adj* 1 venenoso, tóxico. 2 que tem efeitos nefastos.
vé.né.rer [venere] *vt* 1 venerar, respeitar, honrar. 2 cultuar, idolatrar.
vé.né.rien, -ienne [venerjɛ̃, -jɛn] *n+adj Méd* venéreo, que se refere ao amor físico. **attraper une maladie vénérienne** pegar uma doença venérea. **maladies vénériennes** doenças venéreas, que são transmitidas sobretudo por relações sexuais, como a sífilis, a blenorragia.
ven.geance [vɑ̃ʒɑ̃s] *sf* 1 vingança, desforra. 2 castigo, punição. **la vengeance est un plat qui se mange froid** *prov* a vingança é um prato que se come frio.

ven.ger [vãʒe] *vt* **1** vingar, desforrar. *vpr* **2** vingar-se.
ve.ni.meux, -euse [vənimø, -øz] *adj* **1** venenoso. **2** *fig* pérfido.
ve.nin [vənɛ̃] *nm* veneno. **cracher son venin** dizer ruindades em um acesso de cólera.
ve.nir [v(ə)niʀ] *vi* **1** vir. **2** chegar. **alors, ça vient?** você vai mesmo ou não? **à venir** futuro. **en venir à** terminar por fazer. **les idées ne viennent pas** as ideias não aparecem. **où veut-il en venir?** o que é que ele quer, o que é que está procurando, afinal de contas? **venir au monde** nascer. **venir de** acabar de. **venir en aide** ajudar.
vent [vã] *nm* vento. **aller contre vents et marées** ir contra tudo e contra todos. **aux quatre vents** em todas as direções. **marcher contre le vent** caminhar contra o vento. **vent glacial** vento frio. **vent modéré** vento moderado.
vente [vãt] *nf* venda. **en vente** à venda no comércio. **marchandise en vente** mercadoria à venda. **mettre en vente** colocar à venda. **vente au détail** venda no varejo. **vente aux enchères** leilão. **vente en gros** venda por atacado. **vente par correspondance** venda por correspondência.
ven.ti.la.teur [vãtilatœʀ] *nm* ventilador.
ventre [vãtʀ] *nm Anat* **1** barriga, ventre. **2** bojo.
ven.tri.cu.laire [vãtʀikyleʀ] *adj Anat* ventricular.
ven.tri.cule [vãtʀikyl] *nm Anat* ventrículo.
ven.tri.loque [vãtʀilɔk] *n+adj* ventríloquo.
ver [veʀ] *nm Zool* lombriga, verme, traça. **être nu comme un ver** estar inteiramente nu. **tirer les vers du nez de quelqu'un** fazer com que a pessoa confesse. **ver à soie** bicho-da-seda. **ver de terre** isca, minhoca. **ver luisant** vaga-lume. **ver solitaire** solitária, tênia.
verbe [veʀb] *nm Gram* **1** verbo. **2** tom de voz. **3** palavra. **4** linguagem, idioma.
ver.deur [veʀdœʀ] *nf* **1** verdor. **2** verdura. **3** aspereza do vinho.
ver.dict [veʀdikt)] *nm* veredicto, sentença.
ver.dure [veʀdyʀ] *nf* **1** verdura, vegetação, folhagem. **2** hortaliça.
verge [veʀʒ] *nf* **1** vara. **2** *Anat* pênis.
ver.ger [veʀʒe] *nm* pomar, plantação.
ver.ge.ture [veʀʒətyʀ] *nf* estria.
ver.gla.cé, -ée [veʀglase] *adj* coberto de gelo. **route verglacée** estrada cheia de gelo.
ver.glas [veʀglɑ] *nm* camada fina de gelo que se forma sobre o solo, geada.
vé.ri.dique [veʀidik] *adj* verídico, autêntico, exato, verdadeiro.
vé.ri.fier [veʀifje] *vt* verificar, examinar, conferir, controlar, provar, constatar, confirmar.
vé.ri.table [veʀitabl] *adj* verdadeiro, autêntico.
vé.ri.té [veʀite] *nf* **1** verdade, veracidade. **2** boa-fé, sinceridade. **déguiser, trahir la vérité** enganar, mentir, esconder a verdade. **toutes les vérités ne sont pas bonnes à dire** *prov* nem todas as verdades se dizem.
ver.meil, -eille [veʀmɛj] *adj* vermelho-vivo (da cútis, da pele). • *nm* prata dourada com tom avermelhado. **carte vermeil** cartão de desconto de 50% para idosos nas ferrovias francesas.
ver.mi.fuge [veʀmifyʒ] *nm+adj* vermífugo, vermicida.
ver.mine [veʀmin] *nf* **1** bichos, parasitas

de animais e do homem (pulga, piolho etc.). **2** *fig* ralé, gentalha.

ver.na.cu.laire [vɛʀnakylɛʀ] *adj* vernáculo, vernacular.

ver.nis [vɛʀni] *nm* verniz.

vé.role [vɛʀɔl] *nf Méd* varicela. **2** *fam* sífilis. **petite vérole** varíola.

verre [vɛʀ] *nm* **1** copo. **2** vidro. **tempête en verre d'eau, dans un verre d'eau** tempestade em copo d'água. **verres de contact** lentes de contato.

ver.re.rie [vɛʀʀi] *nf* **1** vidraçaria, a arte de fazer objetos com vidro. **2** fábrica de vidros e objetos feitos com vidro.

ver.rier [vɛʀje] *nm* vidraceiro, aquele que fabrica vidro ou objetos de vidro.

ver.rou [vɛʀu] *nm* trinco, fechadura. **être sous les verrous** estar na prisão. **faire sauter les verrous** fazer desaparecer os obstáculos. **mettre quelqu'un sous les verrous** prender alguém.

ver.rouil.ler [vɛʀuje] *vt* trancar.

ver.rue [vɛʀy] *nf* **1** verruga. **2** *fig* o que desfigura, enfeia.

vers [vɛʀ] *nm* verso. • *prép* **1** na direção de, para. **2** por volta de, cerca de.

ver.sant [vɛʀsɑ̃] *nm* **1** cada lado de uma montanha. **2** cada um dos aspectos diferentes ou opostos de alguma coisa.

verse (à) [vɛʀs] *loc adv* abundantemente. *il a plu à verse* / choveu abundantemente.

ver.se.ment [vɛʀsəmɑ̃] *nm* **1** depósito de uma soma de dinheiro. *versements mensuels* / depósitos mensais. **2** pagamento. **s'acquitter en plusieurs versements** pagar em várias vezes, com vários depósitos.

ver.ser [vɛʀse] *vt* **1** depositar (dinheiro). **2** verter, derramar, despejar. **verser des larmes, des pleurs** chorar. **verser goutte à goutte** pingar. **verser son sang** dar o sangue, estar ferido ou morrer por uma causa.

ver.sion [vɛʀsjɔ̃] *nf* **1** tradução, versão. **2** variante. **3** interpretação. **VO** versão original. **VF** versão francesa.

ver.so [vɛʀso] *nm* lado oposto, verso. **recto verso** frente e verso.

vert, verte [vɛʀ, vɛʀt] *nm+adj* verde. **en voir, en dire des vertes et des pas mûres** ver, dizer coisas escandalosas, chocantes. **être vert de peur** estar verde de medo. **un candidat vert** um candidato ecologista.

ver.té.bré, -ée [vɛʀtebʀe] *adj Zool* vertebrado. • *nm* **vertébrés** *pl* vertebrados, divisão do reino animal.

ver.ti.gi.neux, -euse [vɛʀtiʒinø, -øz] *adj* **1** vertiginoso. **2** *fig* frenético. **augmentation vertigineuse des prix** aumento vertiginoso, terrível, dos preços.

ver.ti.go [vɛʀtigo] *nm* **1** capricho, fantasia súbita. **2** doença dos cavalos que provoca movimentos desordenados.

ver.tu [vɛʀty] *nf* virtude, mérito. **femme de petite vertu** mulher de maus costumes. **il a de la vertu** *fam* ele tem mérito (em fazer isso). **parer quelqu'un de toutes les vertus** enfeitar alguém com todas as virtudes, atribuir-lhe todas as qualidades.

ver.tueux, -euse [vɛʀtɥø, -øz] *adj* **1** virtuoso. **2** honesto. **3** puro. **4** bom, edificante.

verve [vɛʀv] *nf* verve, vivacidade. **2** veia, espírito. **être en verve** estar mais brilhante do que habitualmente.

ver.veine [vɛʀvɛn] *nf Bot* verbena.

ves.pa.sienne [vɛspazjɛn] *nf* mictório público para homens.

ves.sie [vesi] *nf Anat* bexiga. **calculs, pierres dans la vessie** cálculos, pedras na bexiga.

veste [vɛst] *nf* paletó, casaco, jaqueta. **enlever, ôter sa veste** retirar o casaco. **retourner sa veste** mudar bruscamente de opinião. **veste courte** jaleco.

ves.ti.bu.laire [vɛstibylɛʀ] *adj Anat* vestibular, que se refere ao vestíbulo interno do ouvido.

ves.ti.bule [vɛstibyl] *nm* **1** vestíbulo, *hall* de entrada, antecâmara. **2** *Anat* parte interna do labirinto do ouvido.

ves.ton [vɛstɔ̃] *nm* casaco, paletó do terno, do *smoking*.

vê.te.ment [vɛtmɑ̃] *nf* vestuário, roupa, traje, vestuário. **vêtement chaud** agasalho, roupa quente.

vé.té.ran [veteʀɑ̃] *nm* **1** veterano. **2** antigo combatente. **3 vétérans** *pl* os veteranos da guerra de 1914.

vé.té.ri.naire [veteʀinɛʀ] *n+adj* veterinário.

vê.tir [vetiʀ] *vt+vpr* vestir. **être bien vêtu, mal vêtu** estar bem vestido, malvestido.

ve.to [veto] *nm* veto, oposição. **mettre son veto à une décision** opor sua decisão a uma outra.

veuf, veuve [vœf, vœv] *n+adj* viúvo.

veu.vage [vœvaʒ] *nm* viuvez.

ve.xant, -ante [vɛksɑ̃, -ɑ̃t] *adj* **1** humilhante, insultante. **2** irritante.

ve.xer [vɛkse] *vt* atormentar, ferir alguém em seu amor próprio, humilhar, ofender, vexar.

via.duc [vjadyk] *nm* viaduto.

via.ger, -ère [vjaʒe, -ɛʀ] *adj* vitalício, que dura toda a vida de uma pessoa. • *nm* usufruto. **vendre une maison en viager** vender uma casa mediante um pagamento em renda vitalícia.

viande [vjɑ̃d] *nf* carne de vaca. **jus de viande** caldo de carne. **viande à point** carne ao ponto. **viande bien cuite** carne bem passada. **viande blanche** carne branca (aves, vitela, porco). **viande en sauce** carne com molho. **viande hachée** carne moída. **viande rôtie** carne assada. **viande saignante, bleue** carne malpassada. **viande séchée** carne-seca.

vi.brer [vibʀe] *vi* vibrar, estremecer.

vice [vis] *nm* **1** vício. **2** sem-vergonhice, depravação. **3** partícula invariável que antecede alguns substantivos ou títulos de funções exercidas no lugar de alguém, como **vice-consul** vice-cônsul etc.

vi.cier [visje] *vt* viciar, corromper.

vi.ci.nal, -ale, -aux [visinal, -o] *adj* vicinal, próximo. **route vicinale** estrada estreita que liga duas cidades pequenas.

vic.time [viktim] *nf* **1** vítima. **2** pessoa ferida ou morta. **les victimes d'un tyran** as vítimas de um tirano. **victime de la calomnie** vítima de calúnia.

vic.toire [viktwaʀ] *nf* vitória, sucesso.

vic.to.rieux, -ieuse [viktɔʀjø, -jøz] *adj* vitorioso, triunfante.

vi.dange [vidɑ̃ʒ] *nf* esvaziamento. **faire la vidange du réservoir d'huile d'une voiture** / esvaziar o reservatório de óleo de um carro.

vide [vid] *adj* vazio, vago. • *nm* **1** vácuo. **2** vão. **3** vaga. **avoir la tête vide** não ter momentaneamente sua presença de espírito nem suas lembranças. **emballé sous vide** embalado a vácuo.

vide-or.du.res [vidɔʀdyʀ] *nm* lixeira.

vi.der [vide] *vt+vpr* esvaziar. **ils ont vidé les tiroirs** eles esvaziaram as gavetas (levando, roubando, gastando). **vider les lieux** esvaziar o local. **vider une affaire, un débat** esvaziar, resolver, terminar um caso, um debate. **vider un poulet** limpar um frango, retirando tudo o que tem dentro.

vie [vi] *nf* vida, existência. *c'est une question de vie ou de mort* / é uma questão de vida ou morte. **assurance sur la vie** seguro de vida. **enfant plein de vie** criança cheia de vida, de vivacidade.

vieil [vjɛj] *V* **vieux**.

vieil.lard [vjejaʀ] *nm* idoso, velho.

vieil.lesse [vjejɛs] *nf* velhice.

vieil.lir [vjejiʀ] *vi* envelhecer.

vieil.lis.se.ment [vjejismɑ̃] *nm* envelhecimento. *lutter contre le vieillissement* / lutar contra o envelhecimento.

vielle [vjɛl] *nf Mus* sanfona.

vierge [vjɛʀʒ] *nf*+*adj* virgem, donzela. • *adj* puro, intato. *casier judiciaire vierge* ficha limpa (na polícia). *forêt vierge* floresta virgem, tropical e impenetrável.

viet.na.mien, -ienne [vjɛtnamjɛ̃, -jɛn] *adj*+*n* vietnamita.

vieux [vjø] *adj*+*n* velho, antigo. *Var: vieil, vieille.* **le vieux monde** a Europa. **mon (petit) vieux, ma vieille** *fam* termo de amizade utilizado mesmo entre pessoas jovens. **prendre un coup de vieux** envelhecer subitamente.

vif, vive [vif, viv] *adj* **1** vivo. **2** efusivo, esperto, travesso. **3** intenso. **4** mordaz. • *nm Jur* o ser vivo. **avoir les nerfs à vif** ter os nervos à flor da pele. **avoir l'esprit vif** ter vivacidade de espírito. **couleurs vives** cores vivas. **une vive douleur** uma dor intensa, aguda.

vi.gi.lance [viʒilɑ̃s] *nf* vigilância, desvelo, atenção.

vi.gile [viʒil] *nf Rel* véspera de uma festa religiosa importante. *la vigile de Noël* / a véspera, a vigília do Natal. *vigile pascale* / a véspera, a vigília da Páscoa.

vigne [viɲ] *nf Bot* videira, vinha. **être dans les vignes du Seigneur** estar bêbado.

vi.gne.ron, -onne [viɲ(ə)ʀɔ̃, -ɔn] *nm* viticultor.

vi.gnette [viɲɛt] *nf* **1** vinheta. **2** etiqueta, selo.

vi.gnoble [viɲɔbl] *nm* vinhedo, conjunto dos vinhedos de uma região, de um país.

vi.gou.reux, -euse [viguʀø, -øz] *adj* **1** vigoroso, robusto. **2** *fig* viçoso.

vi.gueur [vigœʀ] *nf* **1** vigor, força. **2** *fig* robustez, viço. **entrer en vigueur** entrar em vigor, vigorar. **en vigueur** em vigor. **répondre avec vigueur** responder com veemência. **vigueur du style, de l'expression** vigor do estilo, da expressão.

vil, -e [vil] *adj* vil, pequeno, reles.

vi.lain, -aine [vilɛ̃, -ɛn] *adj* **1** feio. *elle n'est pas vilaine* / ela é bonita. *il a une vilaine peau* / ele tem a pele feia. **2** desobediente, desagradável. • *nm* vilão. **il fait vilain** o tempo está horrível.

vil.la [villa] *nf* **1** casa com jardim, casa de campo ou de praia. **2** *fig* palácio.

vil.lage [vilaʒ] *nm* lugarejo, vilarejo, aldeia, povoado.

ville [vil] *nf* cidade, município. **au centre de la ville, au centre-ville** centro da cidade. **en ville, à la ville** na cidade. **travaux financés par la ville** reparos financiados pelo município. **ville d'eaux** estação de águas.

vil.lé.gia.ture [vi(l)leʒjatyʀ] *nf* vilegiatura, veraneio. *lieu de villégiature* / local de veraneio.

vin [vɛ̃] *nm* vinho. **vin d'honneur** vinho oferecido em homenagem a alguém. **vin ordinaire** vinho comum. **vin blanc** vinho branco. **vin rosé** vinho rosé. **vin rouge** vinho tinto.

vi.naigre [vinɛgʀ] *nm* vinagre.

vi.nai.grette [vinɛgʀɛt] *nf* vinagrete, molho feito com azeite, vinagre e sal, servido para temperar saladas.

vin.di.ca.tif, -ive [vɛ̃dikatif, -iv] *adj* vingativo, rancoroso.

vi.ni.cole [vinikɔl] *nf* vinícola, relativo à produção de vinho.

viol [vjɔl] *nm* estupro. *il a été condamné pour viol* / ele foi condenado por estupro. **viol de conscience** *fig* falta de

vio.la.teur, -trice [vjɔlatœʀ, -tʀis] *n* violador, profanador.
viole [vjɔl] *nf* viola.
vio.lence [vjɔlɑ̃s] *nf* violência, brutalidade. *il a subi des violences* / ele sofreu violências. **faire violence à quelqu'un** agir sobre alguém ou fazer a pessoa agir contra sua vontade empregando força ou intimidação. **se faire violence** impor-se uma atitude contrária à que se teria espontaneamente.
vio.ler [vjɔle] *vt* **1** estuprar, violentar, violar. **2** infringir. **3** profanar. **violer le domicile de quelqu'un** violar o domicílio de alguém. **violer les consciences** violar as consciências.
vio.let, -ette [vjɔlɛ, -ɛt] *adj+nm* violeta, roxo. • *nf Bot* violeta.
vio.leur [vjɔlœʀ] *nm* violentador, estuprador.
vio.line [vjɔlin] *nf+adj* **1** corante violeta. **2** que tem cor violeta púrpura.
vio.lon [vjɔlɔ̃] *nm Mus* violino. **violon d'Ingres** mania, *hobby*.
vio.lon.celle [vjɔlɔ̃sɛl] *nm Mus* violoncelo.
vio.lon.cel.liste [vjɔlɔ̃selist] *nm Mus* violoncelista.
vio.lo.niste [vjɔlɔnist] *n Mus* violinista.
vi.père [vipɛʀ] *nf Zool* víbora, serpente. *c'est une vipère, une langue de vipère* é uma víbora, uma pessoa maldosa e faladeira.
vi.rage [viʀaʒ] *nm* curva. *il a su prendre le virage fig* ele soube adaptar-se às circunstâncias.
vi.re.ment [viʀmɑ̃] *nm* **1** transferência de dinheiro de uma conta para outra. **2** *Com* estorno.
vi.rer [viʀe] *vt* **1** efetuar uma transferência entre contas. **2** mudar de aspecto. *vi* **3** virar. **4** *arg* mandar embora (do serviço).
vir.gi.ni.té [viʀʒinite] *nf* virgindade.
vir.gule [viʀgyl] *nf Gram* vírgula. **sans y changer une virgule** sem fazer a menor alteração.
vi.ril, -ile [viʀil] *adj* viril, másculo.
vi.ro.lo.giste [viʀɔlɔʒist] *n* virologista, especialista em virologia.
vi.rose [viʀoz] *nf Méd* virose, afecção causada pelo desenvolvimento de um vírus.
vir.tuel, -elle [viʀtɥɛl] *adj* virtual.
vi.ru.lence [viʀylɑ̃s] *nf* **1** virulência. **2** veemência, violência.
vi.rus [viʀys] *nm* **1** vírus. **2** gosto excessivo por algo. *il a le virus du cinéma* ele gosta muito de cinema.
vis [vis] *nf Méc* rosca, tarraxa, parafuso. **escalier à vis** escada em forma de hélice.
vi.sa [viza] *nm Com* visto.
vi.sage [vizaʒ] *nm* rosto, cara, face. **à visage découvert** sem se esconder. **mettre un nom sur un visage** lembrar-se do nome da pessoa.
vis-à-vis [vizavi] *nm+adv* frente a, defronte. • *adv* face a face, cara a cara.
vis.cère [visɛʀ] *nf Anat* víscera, entranha.
vi.sée [vize] *nf* **1** pontaria. **2** *fig* desígnio, objetivo, ambição, desejo, intenção.
vi.ser [vize] *vt* **1** visar, mirar. **2** *fig* ambicionar, desejar, procurar. **viser son passeport** colocar um visto no passaporte.
vi.seur [vizœʀ] *nm* visor.
vi.si.ble [vizibl] *adj* visível, evidente.
vi.sière [vizjɛʀ] *nf* viseira. **mettre sa main en visière devant ses yeux** colocar a mão diante dos olhos para protegê-los dos reflexos.
vi.sion [vizjɔ̃] *nf* **1** visão. **2** revelação. **3** alucinação, sonho, miragem, ilusão.

vi.sion.naire [vizjɔnɛʀ] *n+adj* visionário.

vi.site [vizit] *nf* visita. **droit de visite** direito de visita para o genitor que não tem a guarda do filho. **être en visite chez quelqu'un** estar visitando alguém.

vis.ser [vise] *vt* apertar, atarraxar.

vis.seuse [visøz] *nf* aparelho ou máquina que serve para atarraxar.

vi.sua.li.ser [vizɥalize] *vt* visualizar.

vi.suel, -elle [vizɥɛl] *adj* visual. **champ visuel** campo visual. **mémoire visuelle** memória visual.

vite [vit] *adj+adv* **1** rápido. **2** *fig* num piscar de olhos. **3** prontamente. **faire vite** fazer rapidamente. **vite fait** rapidamente.

vi.tel.lin, -ine [vitelɛ̃, -in] *adj+n* vitelino.

vi.tesse [vites] *nf* rapidez, velocidade, celeridade, diligência. **à toute vitesse** rapidamente. **en vitesse** rápido. **prendre de la vitesse** tomar velocidade.

vi.ti.cole [vitikɔl] *adj* vitícola, relativo à cultura da vinha.

vi.ti.cul.teur, -trice [vitikyltœʀ, -tʀis] *n* viticultor.

vi.trail, -aux [vitʀaj, -o] *nm* vitral.

vitre [vitʀ] *nf* **1** vitrô, vidraça. **2** *Autom* janela de veículo.

vi.tre.rie [vitʀəʀi] *nf* **1** vidraçaria. **2** indústria de vidraças. **3** conjunto de vidraças de um edifício.

vi.trine [vitʀin] *nf* vitrina. *regarder, lécher les vitrines* / olhar as vitrinas. **en vitrine** na vitrina. **vitrine publicitaire** vitrina publicitária.

vi.vable [vivabl] *adj* diz-se de algo ou alguém com o qual se pode conviver, que se pode suportar na vida, suportável.

vi.vace [vivas] *adj* **1** vivaz, forte, vigoroso, resistente, robusto. **2** *Mus* de movimento rápido, vivo. **plante vivace** planta que vive mais de dois anos. **souvenir vivace** lembrança duradoura.

vi.vant, -ante [vivɑ̃] *nm* vivo. • *adj* vivo, efusivo. **du vivant de quelqu'un** durante a vida de alguém.

vive [viv] *interj* viva!, fórmulas de aclamação em honra de alguém, a quem se deseja vida longa e prosperidade.

vi.veur [vivœʀ] *nm* homem que leva uma vida de prazeres, pessoa que só pensa em se divertir.

vi.vier [vivje] *nm* viveiro de peixes.

vivre [vivʀ] *vi* **1** viver, existir. **2** durar. **3** morar. **4** coabitar. **5** experimentar. • *nm* **1** alimento, subsistência. **2 vivres** *pl pop* víveres, gêneros alimentícios, alimentos. **vivre vieux** viver até uma idade avançada.

vo.cable [vɔkabl] *nm Gram* vocábulo.

vo.ca.bu.laire [vɔkabylɛʀ] *nm* **1** *Gram* vocabulário, léxico, glossário. *il faut enrichir le vocabulaire* / é preciso aumentar o vocabulário. *quel vocabulaire!* / que vocabulário! que maneira grosseira de se expressar! **2** conjunto de palavras que uma pessoa ou um grupo possui.

vo.ca.li.ser [vɔkalize] *vt* **1** mudar para vogal. *vi* **2** fazer exercícios de vocalização, de canto.

vo.ca.tion.nel, -elle [vɔkasjɔnɛl] *adj* vocacional.

vo.ci.fé.rer [vɔsifeʀe] *vi* vociferar, bradar, urrar.

vod.ka [vɔdka] *nf* vodca.

vœu [vø] *nm* voto, votos, promessa. **tous nos vœux de bonne année** feliz Ano-novo, votos de feliz Ano-novo.

vo.guer [vɔge] *vt* **1** vogar, navegar. **2** *fig* divagar. **vogue la galère!** avante! e suceda o que suceder.

voi.ci [vwasi] *prép* eis, eis aqui, aqui está.

voie [vwa] *nf* **1** via, trâmite. **2** rumo, caminho, estrada. **3** *Géogr* canal. **être en bonne voie** estar no bom caminho. **pays en voie de développement** país em desenvolvimento. **voie aérienne, maritime** via aérea, marítima. **voie ferrée** ferrovia, estrada de ferro, linha de trem, via férrea. **Voie Lactée** Via Láctea. **voie navigable** via navegável.

voi.là [vwala] *prép* isso, por isso, é por isso. **me voilà** aqui estou! **voilà**! eis, aqui está! **voilà pourquoi** é por esta razão, eis porque, é por isso que.

voile [vwal] *nm* **1** véu. **2** cortina. • *nf Naut* vela. **prendre le voile** tomar o véu, tornar-se religiosa. **voile de mariée** véu de noiva. **voile des musulmans, voile islamique** véu das muçulmanas, véu islâmico.

voi.ler [vwale] *vt* **1** velar, esconder, encobrir (com um véu). **2** dissimular, obscurecer. *vpr* **3** usar véu.

voi.lette [vwalet] *nf* véu pequeno ou curto utilizado nos chapéus das mulheres, que pode cobrir todo o rosto ou parte dele.

voi.lier [vwalje] *nm Naut* veleiro, barco a vela.

voir [vwar] *vt+vi* **1** ver, enxergar. **2** perceber, distinguir, entrever. **se faire voir** mostrar-se. **une femme agréable à voir** uma bela mulher. **voir du pays** viajar. **voir le jour** nascer. **voir une ville, un pays** visitar uma cidade, um país.

voire [vwaʀ] *adv* **1** realmente. **2** até mesmo.

voi.sin, -ine [vwazɛ̃, -in] *n+adj* vizinho, próximo, adjacente, contíguo.

voi.si.nage [vwazinaʒ] *nm* vizinhança, adjacência, proximidade, paragens, imediações.

voi.ture [vwatyʀ] *nf* **1** carro. *voiture de course* / carro de corrida. *voiture de sport* / carro esporte. **2** modo de transporte, veículo que serve para transporte.

voix [vwa] *nf* **1** voz. **2** sufrágio. **à haute voix** em voz alta. **à voix basse** em voz baixa. **avoir voix au chapitre** ter voz ativa. **de vive voix** falando, oralmente. **donner sa voix à un candidat** votar em um candidato. **être sans voix** ficar sem voz. **la voix du peuple** a voz, a opinião do povo. **parler d'une seule voix** expressar coletivamente a mesma opinião, defender o mesmo ponto de vista. **voix juste** voz afinada.

vol [vɔl] *nm* **1** voo. **2** roubo, furto. **attraper quelque chose au vol** pegar algo no ar. **à vol d'oiseau** por alto, de relance. **vol à main armée** roubo à mão armada, latrocínio. **vol libre** voo livre. **vol régulier** voo regular.

vo.lage [vɔlaʒ] *adj* inconstante, infiel, que muda constantemente de sentimento, frívolo, ligeiro.

vo.laille [vɔlaj] *nf* ave.

vo.la.ti.li.ser [vɔlatilize] *vt* **1** fazer passar ao estado gasoso, vaporizar. **2** *fig* volatilizar, fazer desaparecer. *vpr* **3** passar ao estado de vapor, vaporizar-se. **4** dissipar-se, desaparecer, eclipsar-se.

vo.la.ti.li.té [vɔlatilite] *nf* **1** propriedade do que é volátil. **2** aptidão para se vaporizar. **3** *Econ* grande reação de um valor, de uma moeda. **4** instabilidade. **5** versatilidade.

vol.can [vɔlkɑ̃] *nm* vulcão.

vol.ca.nique [vɔlkanik] *adj* **1** vulcânico. **2** *fig* ardente, impetuoso, explosivo. **tempérament volcanique** temperamento explosivo.

vo.ler [vɔle] *vi* **1** voar. **2** correr. **3** lançar-se. **4** apressar-se. **5** fugir. *vt* **6** roubar. **voler en éclats** estilhaçar-se.

vo.let [vɔle] *nm* **1** batente da janela, persiana. **2** parte, subdivisão. *le deu-*

xième volet d'une émission télévisée / segunda parte de um programa de televisão. **trier sur le volet** escolher cuidadosamente.

vo.leur, -euse [vɔlœR, -øz] *n+adj* ladrão, gatuno, assaltante. **voleur de grand chemin** bandido, bandoleiro.

vo.lon.taire [vɔlɔ̃tɛR] *adj* voluntário, deliberado. • *n* voluntário.

vo.lon.té [vɔlɔ̃te] *nf* **1** vontade, desejo, determinação, intenção, resolução, volição. **2** energia, caráter, resolução, firmeza. **acte de dernière volonté** testamento. **à volonté** à vontade, da maneira que se quer, tanto quanto se quer. **bonne volonté** boa vontade.

vo.lon.tiers [vɔlɔ̃tje] *adv* sim, com prazer, de bom grado. *il reste volontiers des heures sans parler* / com prazer, ele fica horas sem falar.

vol.tige [vɔltiʒ] *nf* **1** exercício de acrobacia sobre a corda ou no trapézio voador. **2** acrobacias aéreas. **3** conjunto dos exercícios de acrobacia executados a cavalo.

vo.lu.bi.li.té [vɔlybilite] *nf* volubilidade, loquacidade, abundância, rapidez e facilidade de palavra.

vo.lume [vɔlym] *nm* **1** volume, livro, tomo. **2** tamanho. **3** massa. **4** capacidade. **5** intensidade (da voz).

vo.lu.mi.neux, -euse [vɔlyminø, -øz] *adj* volumoso, grande, que atrapalha.

vo.lup.té [vɔlypte] *nf* **1** volúpia, sensualidade, prazer dos sentidos, prazer sexual. **2** prazer estético ou moral muito forte.

vo.mir [vɔmiR] *vt+vi* **1** vomitar, rejeitar, regurgitar. **2** deixar sair, projetar para fora. **3** proferir com violência injúrias, blasfêmias.

vo.mis.se.ment [vɔmismɑ̃] *nm* vômito.

vo.race [vɔRas] *adj* **1** voraz, que devora, come com avidez, ávido, insaciável. **2** que destrói com uma espécie de avidez.

vo.ra.ci.té [vɔRasite] *nf* **1** voracidade, que come com avidez. **2** *fig* avidez em fazer alguma coisa.

vos [vo] *adj poss* m+f pl vossos, seus, suas.

vote [vɔt] *nm* voto, sufrágio, eleição, escrutínio, consulta.

vo.ter [vɔte] *vt* votar.

votre [vɔtR] *adj poss* vosso, seu, sua. **Votre Excellence** Vossa Excelência. **Votre Seigneurie** Vossa Senhoria.

vôtre [votR] *pron poss+n* seu, sua.

vouer [vwe] *vt* dedicar.

vou.loir [vulwaR] *vt* **1** querer, pretender. **2** amar, desejar. **3** ter uma vontade, uma intenção, um desejo. • *nm* vontade. **bon, mauvais vouloir** boas ou más intenções. **en vouloir à quelqu'un** ter ressentimento, rancor por alguém. **sans le vouloir** sem querer, involuntariamente.

vous [vu] *pron pers* você, vós, vos, vocês.

voû.ter [vute] *vt+vpr* curvar.

vou.voyer [vuvwaje] *vt* **1** tratar de senhor, senhora. **2** utilizar o pronome de tratamento **vous**, da segunda pessoa do plural.

voyage [vwajaʒ] *nm* **1** viagem. **2** travessia. **3** volta. **bon voyage** boa viagem. **ça vaut le voyage** é magnífico, vale a pena ver. **le grand voyage** a morte.

voya.ger [vwajaʒe] *vi* **1** viajar. **2** transportar.

voya.geur, -euse [vwajaʒœR, -øz] *n* **1** viajante. **2** passageiro. **3** explorador. **4** turista.

voyance [vwajɑ̃s] *nf* vidência, dom de vidente.

voyant, -ante [vwajɑ̃, -ɑ̃t] *n+adj* **1** profeta. **2** visionário. **3** sinal luminoso de aparelhos de controle destinados a chamar a atenção do utilitário.

voyelle [vwajɛl] *nf Gram* vogal.
voyeur, -euse [vwajœʀ, -øz] *n voyeur*, pessoa que procura assistir, sem ser vista, a uma cena íntima ou erótica, para sua própria satisfação.
voyeu.risme [vwajœʀism] *nm* voyeurismo, comportamento do *voyeur*, atitude daquele que observa sem ser visto.
voyou [vwaju] *nm* **1** canalha, malandro. **2** indivíduo de costumes e de moralidade condenáveis.
vrai, vraie [vʀɛ] *adj+nm+adv* verdadeiro, genuíno. **à dire vrai** para dizer a verdade. **c'est vrai** é verdade.

vrai.sem.blance [vʀɛsãblãs] *nf* **1** veracidade, verossimilhança. **2** credibilidade.
vrille [vʀij] *nf* **1** hélice. **2** furadeira. **3** *Bot* gavinha.
vu, vue [vy] *adj* visto. • *nf* ação de ver. **2** vista, visão. **3** olhar. • *prép* visto, considerando que, tendo em vista. **au vu et au su de tout le monde** declaradamente, ostensivamente, abertamente.
vul.gaire [vylgɛʀ] *adj+nm* **1** vulgar, banal, usual. *c'est d'un vulgaire! /* é tão vulgar! **2** comum. **3** *péj* grosseiro, trivial, popular.
vulve [vylv] *nf Anat* vulva.

W

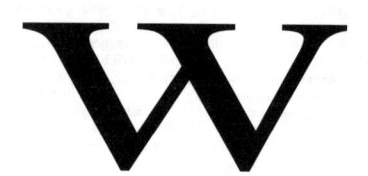

w [dublǝve] *n* **1** vigésima terceira letra e décima oitava consoante do alfabeto da língua francesa. **2 W** símbolo de *watt*.
wagon [vagɔ̃] *nm Angl* vagão.
water-closet [watɛʀklozɛt] *nm Angl* banheiro, sanitário. *où sont les water-closet?* / onde é o banheiro? *Var: waters*.
waterproof [watɛʀpʀuf] *nm+adj Angl* impermeável, à prova de água.
waters [watɛʀs] *nm pl V water-closet*.
watt [wat] *nm Angl* watt.
W-C [dublǝvese / vese] *Abrév* de *water-closet*.
week-end [wikɛnd] *nm Angl* fim de semana.
white-spirit [wajtspiʀit] *nm Angl* produto proveniente do petróleo, intermediário entre a gasolina e o petróleo, utilizado como solvente.
williams [wiljams] *nf Angl* variedade de pera tenra e perfumada.

x [iks] *n* **1** vigésima quarta letra e décima nona consoante do alfabeto da língua francesa. **2** *Mat* incógnita de equação. • *adj* **rayons X** raio X. **un film classé X** (ou **un film X**) filme pornográfico.

xé.no.phobe [gzenɔfɔb] *n+adj* xenófobo, hostil aos estrangeiros e a tudo o que vem do estrangeiro.

xé.no.pho.bie [gzenɔfɔbi] *nf* xenofobia, hostilidade ao que é estrangeiro.

xé.rès [gzeʀes, keʀes, kseʀes] *nm* xerez, vinho branco da região de Jerez (Espanha).

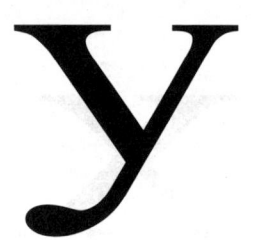

y [igʀɛk] *nm* vigésima quinta letra e sexta vogal do alfabeto da língua francesa.
• *pron+adv* **1** aí, ali, lá, nesse lugar, naquele lugar. **2** a ele, a ela, nele, nela, a isso, nisso. **ça y est!** achei!, pronto! **j'y suis** entendi.

yacht [′jɔt] *nm* iate.

yaourt [′jauʀt] *nm* iogurte. *Var: yogourt.*

yen [′jen] *nm* iene, moeda japonesa.

yeux [jø] *nm pl* olhos.

yid.dish [′jidiʃ] *nm* iídiche, conjunto de línguas germânicas das comunidades judias da Europa oriental (outrora da Alemanha), judeu-alemão.

yo.ga [′jɔga] *nm* ioga.

yo.gourt [′jɔguʀt] *V yaourt.*

yom Kip.pour [′jɔmkipuʀ] *nm* festa judaica da Expiação, também conhecida como o dia do Grande Perdão, celebrada dez dias após o Ano-novo judeu, em setembro ou outubro. *Var: yom Kippur.*

you.pi [′jupi] *interj* oba!, grito de entusiasmo com frequência acompanhado de um gesto exuberante.

Z

z [zɛd] *nm* vigésima sexta letra e vigésima consoante do alfabeto da língua francesa.

zèbre [zɛbʀ] *nm* zebra. **courir, filer comme un zèbre** correr rapidamente.

zé.bu [zeby] *nm Zool* zebu.

zé.la.teur, -trice [zelatœʀ, -tʀis] *n* **1** defensor zeloso de uma causa, adepto. *nm* **2** religioso encarregado dos noviços.

zèle [zɛl] *nm* **1** zelo. **2** fervor, devoção.

zé.nith [zenit] *nm* **1** zênite, ponto da esfera celeste situado sobre a vertical ascendente do observador. **2** *fig* apogeu, ponto culminante.

zé.phyr [zefiʀ] *nm* zéfiro, vento doce e agradável, brisa ligeira.

zé.ro [zeʀo] *nm* zero. **avoir le moral à zéro** estar na fossa. **avoir zéro, attraper un zéro** levar um zero, tirar zero. **partir de zéro** começar do nada. **réduire (quelque chose ou quelqu'un) à zéro** *fam* reduzir algo ou alguém a nada, destruí-lo. **zéro de conduite** zero como nota de comportamento.

zeste [zɛst] *nm* zesto, casca (da laranja ou do limão).

zinc [zɛ̃g] *nm Chim* zinco. **des toits en zinc** / tetos de zinco.

zin.zin [zɛ̃zɛ̃] *n+adj* palavra utilizada para designar uma coisa ou um objeto cujo nome não é lembrado rapidamente, coisa, negócio. • *adj* louco, estranho. **un peu zinzin** pessoa esquisita, meio louca.

zi.za.nie [zizani] *nf* zizânia ou cizânia, desarmonia. **semer la zizanie** *fig* semear a discórdia.

zi.zi [zizi] *nm fam* **1** pênis, sobretudo da criança; pipi. **2** *par ext* sexo feminino.

zob [zɔb] *nm vulg* pênis, pinto, pau.

zo.dia.cal, -ale, -aux [zɔdjakal, -o] *adj* zodiacal.

zo.diaque [zɔdjak] *nm* zodíaco.

zom.bie ou **zom.bi** [zɔ̃bi] *nm* **1** fantasma, alma do outro mundo (nas crenças vodus das Antilhas). **2** zumbi, pessoa que parece desprovida de sua essência e de toda vontade.

zone [zon] *nf* zona.

zoo [z(o)o] *nm* jardim zoológico.

zoo.lo.gie [zɔɔlɔʒi] *nf* zoologia.

zoo.lo.gique [zɔɔlɔʒik] *adj* zoológico.

zoo.lo.giste [zɔɔlɔʒist] ou **zoo.lo.gue** [zɔɔlɔg] *n* zoólogo.

zou [zu] *interj* vamos! rápido!

zou.lou, -e [zulu] *adj* zulu, pessoa que pertence a um povo negro da África austral. • *nm* língua banto falada pelos zulus.

zut [zyt] *interj fam* exprime decepção, impaciência. Eufemismo para **merde!**

zy.gote [zigɔt] *nm Biol* zigoto.

PORTUGUÊS-FRANCÊS
PORTUGAIS-FRANÇAIS

a [´a] sm la première lettre de l'alphabet de la langue portugaise. nom de la lettre A. • *art def f sing* la. • *pron f sing* la, l'. • *pron dem f sing* celle. • *prep* **1** à: *vou a Nice* / je vais à Nice. **2** manière: *comprar a crédito* / acheter à crédit. **3** moyen: *costurado à mão* / cousu à la main. **4** caractéristique: *opor-se a uma ideia* / s'opposer à une idée. • *contr prepos* a+*art def f sing* à la, à l'.

a.ba.ca.te [abak´ati] *sm Bot* avocat.
a.ba.ca.xi [abaka∫´i] *sm Bot* **1** ananas. **2** *fam* navet.
a.ba.far [abaf´ar] *vt* **1** étouffer, suffoquer. **2** noyer.
a.bai.xar [abaj∫´ar] *vt+vpr* baisser.
a.bai.xo [ab´aj∫u] *adv* dessous, ci-dessous, par-dessous. • *prep* sous. **abaixo-assinado** soussigné. **abaixo de** au-dessous de.
a.ba.jur [abaʒ´ur] *sm* abat-jour.
a.ba.nar [aban´ar] *vt+vpr* éventer. **abanar a cabeça** secouer, hocher la tête.
a.ban.do.nar [abadon´ar] *vt* **1** abandonner. **2** quitter, renoncer à. **3** délaisser. *ele a abandonou* / il l'a quittée.
a.ban.do.no [abãd´onu] *sm* abandon. **ao abandono** à l'abandon.
a.bas.ta.do [abast´adu] *adj* abondant. **um homem abastado** un homme riche.

a.bas.te.cer [abastes´er] *vt* approvisionner, fournir, ravitailler.
a.bas.te.ci.men.to [abastesim´ẽtu] *sm* approvisionnement, ravitaillement.
ab.di.car [abdik´ar] *vt* abdiquer, renoncer, se priver.
ab.dô.men [abd´omẽj] *sm Anat* abdomen. *Pl:* abdomens.
ab.do.mi.nal [abd´ominal] *adj* abdominal. *Pl:* abdominais. **fazer exercícios abdominais** faire des abdominaux.
a.be.lha [ab´eʎa] *sf Zool* abeille. **abelha-mestra** reine.
a.ber.ra.ção [abeʀas´ãw] *sf* aberration. *Pl:* aberrações.
a.ber.to [ab´ertu] *adj* ouvert. **de braços abertos** à bras ouverts.
a.ber.tu.ra [abert´ura] *sf* ouverture.
a.bis.mo [ab´izmu] *sm* abîme.
ab.je.to [abʒ´εtu] *adj+sm* **1** ignoble, indigne, infâme. **2** *Rel* immonde.
a.bla.ção [ablas´ãw] *sf* ablation, excision. *Pl:* ablações.
ab.ne.ga.ção [abnegas´ãw] *sf* abnégation. *Pl:* abnegações.
a.bó.bo.ra [ab´ɔborə] *sf Bot* courge, citrouille.
a.bo.bri.nha [abɔbr´iɲə] *sf dim* courgette.
a.bo.li.ção [abolis´ãw] *sf* abolition. *Pl:* abolições.
a.bo.lir [abol´ir] *vt* abolir.

abominar — aceitáve

a.bo.mi.nar [abomin´ar] *vt* **1** abominer, avoir en horreur, exécrer. **2** détester, haïr, abhorrer.

a.bo.no [ab´onu] *sm* **1** garantie. **2** avance (paiement). **3** allocations.

a.bor.da.gem [aborda´ʒẽj] *sf Náut* abordage. *Pl: abordagens*.

a.bo.rí.gi.ne [abor´iʒini] *adj+s* aborigène.

a.bor.re.cer [abořes´er] *vt* **1** ennuyer, fâcher, gêner. *vpr* **2** s'ennuyer, se fâcher, s'emporter, s'irriter, se hérisser. *ele se aborrece por um nada* / il se fâche pour un rien. **aborrecer-se com alguém** se fâcher contre quelqu'un.

a.bor.tar [abort´ar] *vi* **1** avorter. **2** faire une fausse-couche.

a.bor.to [ab´ortu] *sm* **1** avortement. **2** fausse couche.

a.bo.to.ar [aboto´ar] *vt* boutonner.

a.bra.çar [abras´ar] *vt* **1** accoler. **2** embrasser, serrer dans les bras. **3** ceindre, entourer. **4** enlacer, étreindre. **abraçar uma causa** adopter une cause.

a.bra.ço [abr´asu] *sm* **1** accolade. **2** embrassade, embrassement. **3** étreinte. **dar um abraço** donner l'accolade, prendre dans les bras, enlacer quelqu'un.

a.bran.ger [abrãʒ´er] *vt* contenir, renfermer, embrasser.

a.bre.vi.a.tu.ra [abrevjat´urə] *sf* abréviation.

a.bri.có [abrik´ɔ] *sm Bot* abricot.

a.bri.dor [abrid´or] *sm+adj* celui qui ouvre. **abridor de garrafas** décapsuleur. **abridor de latas** ouvre-boîte.

a.bril [abr´iw] *sm* avril.

a.brir [abr´ir] *vt+vpr* ouvrir. **abrir uma conta** ouvrir un compte. **abrir um crédito** ouvrir un crédit.

abs.ces.so [abs´ɛsu] *sm* abcès.

ab.sin.to [abs´ĩtu] *sm Bot* absynthe.

ab.so.lu.to [absol´utu] *adj+sm* absolu.

ab.sol.ver [absowv´er] *vt* **1** absoudre. **2** effacer. **3** innocenter.

ab.sor.ven.te [absorv´ẽti] *adj* absorbant. **absorvente higiênico** serviette hygiénique.

abs.ten.ção [abstẽs´ãw] *sf* abstention. *Pl: abstenções*.

abs.ter-se [abst´ersi] *vpr* s'abstenir.

abs.ti.nên.cia [abstin´ẽsjə] *sf* abstinence, jeûne.

abs.tra.to [abstr´atu] *adj+sm* abstrait.

ab.sur.do [abs´urdu] *sm+adj* absurde.

a.bun.dân.cia [abũd´ãsjə] *sf* abondance profusion. **viver na abundância** vivre dans l'abondance.

a.bu.sar [abuz´ar] *vt* abuser. **abusar da confiança de alguém** abuser de la confiance de quelqu'un.

a.bu.so [ab´uzu] *sm* abus.

a.bu.tre [ab´utri] *sm Zool* vautour.

a.ca.bar [akab´ar] *vt* finir, terminer achever. **acabar de** venir de. **acabar en** mettre fin à. **acabei de chegar** je viens d'arriver. **isso já acabou** ça c'est déjà fini. **o negócio acabou bem** l'affaire a bien tourné.

a.cá.cia [ak´asjə] *sf Bot* acacia.

a.ça.frão [asafr´ãw] *sm Bot* safran. *Pl: açafrões*.

a.cal.mar [akawm´ar] *vt+vpr* calmer, apaiser, rendre calme.

a.cam.pa.men.to [akãpam´ẽtu] *sm* camping.

a.cam.par [akãp´ar] *vt+vi* camper, faire du camping.

a.ção [as´ãw] *sf* action. *Pl: ações*.

a.ca.ri.ci.ar [akarisi´ar] *vt* caresser.

a.ca.so [ak´azu] *sm* hasard. **por acaso** par hasard.

a.cei.tar [asejt´ar] *vt* accepter, agréer. **aceitar um presente** accepter un cadeau.

a.cei.tá.vel [asejt´avew] *adj* acceptable. *Pl: aceitáveis*.

a.ce.le.ra.dor [aselerad′or] *sm Autom* accélérateur. **pisar no acelerador** appuyer sur l'accélérateur.

a.ce.le.rar [aseler′ar] *vt* accélérer.

a.cel.ga [as′ɛwgə] *sf Bot* bette.

a.ce.nar [asen′ar] *vi* faire signe.

a.cen.der [asẽd′er] *vt* allumer, mettre le feu. **acender a luz** allumer la lumière. **acender o fogo** allumer le feu. **acender uma vela** allumer une bougie.

a.cen.to [as′ẽtu] *sm* 1 accent, intonation. 2 *Gram* accent. **acento tônico** accent tonique.

a.cen.tu.ar [asẽtu′ar] *vt* 1 accentuer. 2 *fig* mettre en relief.

a.cer.tar [asert′ar] *vt* toucher, atteindre le but, deviner, réussir, avoir du succès. **ele acertou a resposta?** / est-ce qu'il a trouvé la bonne réponse? **acertar a conta** régler le compte. **acertar na mosca** toucher la cible. **acertar o relógio** régler la montre.

a.ces.sí.vel [ases′ivew] *adj* accessible. *Pl*: **acessíveis**.

a.ces.so [as′ɛsu] *sm* 1 accès. 2 entrée. **acesso de raiva** accès de colère. **um acesso de febre** un accès de fièvre.

a.ces.só.rio [ases′ɔrju] *sm* accessoire.

a.ce.ti.na.do [asetin′adu] *adj* satiné. **pele acetinada** / peau satinée.

a.ce.to.na [aset′ona] *sf Quím* acétone.

a.char [aʃ′ar] *vt+vpr* 1 trouver, rencontrer. *eu acho que ele tem razão* / je trouve qu'il a raison. *você acha?* / tu trouves? vous trouvez? *vt* 2 penser, croire. **quem procura sempre acha** *prov* qui cherche trouve.

a.ci.den.te [asid′ẽti] *sm* accident.

a.ci.dez [asid′es] *sf* acidité, aigreur.

a.ci.do [′asidu] *sm Quím* acide. • *adj* acide, aigre.

a.ci.ma [as′imə] *adv* dessus, au-dessus, par-dessus, ci-dessus. **acima de tudo** surtout.

a.cin.zen.ta.do [asĩzẽt′adu] *adj* grisâtre.

a.ci.o.nis.ta [asjon′istə] *s* actionnaire.

a.cla.mar [aklam′ar] *vt+vpr* acclamer.

a.cli.ma.tar [aklimat′ar] *vt+vpr* acclimater.

ac.ne [′akni] *sf* 1 *Med* acné. 2 *coloq* bouton.

a.ço [′asu] *sm* acier.

a.col.cho.a.do [akowʃo′adu] *adj+sm* 1 matelassé. 2 édredon, couette.

a.co.lher [akoʎ′er] *vt* accueillir, recevoir quelqu'un chez soi, loger quelqu'un.

a.co.mo.dar [akomod′ar] *vt* 1 accommoder, arranger. *vpr* 2 s'accommoder, s'établir, s'habituer à.

a.com.pa.nhar [akõpañ′ar] *vt* 1 accompagner. *crianças acompanhadas* / des enfants accompagnés. 2 emmener. *ele vai acompanhá-la até a estação* / il va l'emmener à la gare. *vpr* 3 *Mús* s'accompagner.

a.con.se.lhar [akõseʎ′ar] *vt+vpr* conseiller.

a.con.te.cer [akõtes′er] *vi* arriver, survenir. **o que está acontecendo?** qu'est-ce qui se passe?

a.cor.dar [akord′ar] *vt* 1 éveiller, réveiller, se mettre d'accord. 2 *Mús* accorder. *vpr* 3 se réveiller.

a.cor.de [ak′ɔrdi] *sm* 1 accord, harmonie. 2 *Mús* accord. • *adj* conforme.

a.cor.de.ão [akorde′ãw] *sm Mús* accordéon. *Pl*: **acordeões**.

a.cor.de.o.nis.ta [akordeon′istə] *s* accordéoniste.

a.cor.do [ak′ordu] *sm* accord, transaction. **de acordo** d'accord. **de acordo com** selon.

a.cos.ta.men.to [akostam′ẽtu] *sm* bande d'arrêt d'urgence, bas-côté, accottement.

a.cos.tu.mar [akostum′ar] *vt+vpr* habituer.

a.çou.gue [aso'owgi] *sm* boucherie.
a.çou.guei.ro [asowg'ejru] *sm* boucher.
a.cre ['akri] *adj* âcre, âpre, aigre. • *sm* acre. **um acre de terra** un acre de terre.
a.cre.di.tar [akredit'ar] *vt* croire.
a.cres.cen.tar [akresẽt'ar] *vt* ajouter.
a.crí.li.co [akr'iliku] *sm* acrylique.
a.cro.ba.ci.a [akrobas'iə] *sf* acrobatie.
a.cu.ar [aku'ar] *vt* acculer, coincer.
a.çú.car [as'ukar] *sm* sucre. **açúcar cristalizado** sucre cristallisé. **açúcar em pedaços** sucre en morceaux. **açúcar em pó** sucre en poudre. **açúcar mascavo** cassonade. **açúcar queimado** caramel.
a.çu.ca.rei.ro [asukar'ejru] *sm* sucrier.
a.çu.de [as'udi] *sm* écluse.
a.cu.mu.lar [akumul'ar] *vt* accumuler, amasser, entasser, cumuler, amonceler. **acumular empregos** cumuler des places, des emplois.
a.cu.pun.tu.ra [akupũt'urə] *sf Med* acupuncture, acuponcture. *acupuntura chinesa* / acupuncture chinoise.
a.cu.sa.ção [akuzas'ãw] *sf* accusation. *Pl: acusações.*
a.cu.sa.do [akuz'adu] *sm+adj* accusé. *o acusado é inocente* / l'accusé est innocent.
a.cu.sar [akuz'ar] *vt* 1 accuser. *vt* 2 incriminer. 3 inculper.
a.cús.ti.ca [ak'ustikə] *sf Fís* acoustique.
a.dá.gio [ad'aʒju] *sm* 1 adage, proverbe. 2 *Mús* adagio.
a.dap.tar [adapt'ar] *vt+vpr* s'adapter.
a.de.ga [ad'ɛgə] *sf* cave.
a.dep.to [ad'ɛptu] *sm* adepte, partisan d'une doctrine. *este raciocínio teve adeptos* ce raisonnement a fait école.
a.de.qua.do [adek'wadu] *adj* adéquat.
a.de.quar [adek'war] *vt* 1 adapter, ajuster, rendre adéquat. *vpr* 2 s'adapter.
a.de.rên.cia [ader'ẽsjə] *sf* adhérence.

a.de.rir [ader'ir] *vt* adhérer.
a.de.são [adez'ãw] *sf* adhésion. *Pl: adesões.*
a.de.si.vo [adez'ivu] *sm+adj* adhésif.
a.deus [ad'ews] *sm* adieu. **dizer adeus** dire adieu, dire adieu à, renoncer à. **momento do adeus** le moment des adieux. **uma visita de adeus** une visite d'adieu.
a.di.a.men.to [adjam'ẽtu] *sm* ajournement, remise.
a.di.an.tar [adjãt'ar] *vt* 1 avancer, accélérer. *vpr* 2 s'avancer.
a.di.an.te [adi'ãti] *adv* au-devant. **adiante** aller en avant. **passar adiante** transmettre.
a.di.ar [adi'ar] *vt* ajourner, renvoyer, remettre à une autre fois, un autre jour. *festa será adiada* / la fête sera renvoyée. **adiar algo** remettre quelque chose à, renvoyer quelque chose à.
a.di.ção [adis'ãw] *sf* addition. *Pl: adições.*
a.di.ci.o.nar [adisjon'ar] *vt* ajouter, additionner.
a.di.do [ad'idu] *sm* attaché.
a.di.vi.nha.ção [adiviñas'ãw] *sf* divination, devinette. 2 énigme, prédiction. *Pl: adivinhações.*
a.di.vi.nhar [adiviñ'ar] *vt* 1 deviner, flairer, entrevoir. 3 prédire. *eu estava adivinhando* j'avais un pressentiment je devinais que.
ad.je.ti.vo [adʒet'ivu] *sm Gram* adjectif.
ad.mi.nis.tra.ção [administras'ãw] *sf* administration. *Pl: administrações.*
ad.mi.nis.trar [administr'ar] *vt* administrer, gérer.
ad.mi.ra.ção [admiras'ãw] *sf* admiration, étonnement, surprise. *Pl: admirações.*
ad.mi.rar [admir'ar] *vt+vi* admirer, exalter, émerveiller. **não admira nada** rien de surprenant.

ad.mi.rá.vel [admir´avew] *adj* admirable, incomparable. *Pl:* **admiráveis**.

ad.mis.são [admis´ãw] *sf* admission. *Pl:* **admissões**.

ad.mi.tir [admit´ir] *vt* **1** admettre, agréer. *admito que errei* / j'admets que j'ai eu tort. **2** souffrir. **admitir o erro** admettre les torts.

a.do.çan.te [dos´ãti] *sm+adj* adoucissant. **adoçante artificial** édulcorant, *fam* faux-sucre.

a.do.ção [ados´ãw] *sf* adoption. *Pl:* **adoções**.

a.do.çar [ados´ar] *vt* sucrer.

a.do.e.cer [adoes´er] *vi* tomber malade.

a.do.les.cên.cia [adoles´ẽsjə] *sf* adolescence.

a.do.les.cen.te [adoles´ẽti] *s+adj* **1** adolescent. **2** éphèbe, jouvenceau.

a.do.ra.ção [adoras´ãw] *sf* adoration. *Pl:* **adorações**.

a.do.rar [ador´ar] *vt* **1** adorer. **2** honorer. **3** idolâtrer. **4** vénérer.

a.dor.me.cer [adormes´er] *vt +vi* s'endormir.

a.do.tar [adot´ar] *vt* **1** adopter. **2** approuver, sanctionner. **adotar uma criança** adopter un enfant.

a.do.ti.vo [adot´ivu] *adj+sm* adoptif. **família adotiva** famille adoptive. **filho adotivo** fils adoptif.

ad.qui.rir [adkir´ir] *vt* acquérir, prendre. **adquirir um imóvel** acquérir un immeuble.

a.du.a.nei.ro [adwan´ejru] *adj+sm* douanier.

a.du.la.ção [adulas´ãw] *sf* adulation, flatterie. *Pl:* **adulações**.

a.du.lar [adul´ar] *vt* aduler, flatter.

a.dul.te.rar [aduwter´ar] *vt* adultérer, falsifier.

a.dul.té.rio [aduwt´ɛrju] *sm* adultère, infidélité.

a.dul.to [ad´uwtu] *sm+adj* adulte.

ad.vér.bio [adv´ɛrbju] *sm Gram* adverbe.

ad.ver.sá.rio [advers´arju] *sm+adj* adversaire.

ad.ver.tir [advert´ir] *vt* avertir, prévenir, informer.

ad.vo.ca.ci.a [advokas´iə] *sf* barreau, le métier d'avocat.

ad.vo.ga.do [advog´adu] *sm* **1** avocat. **2** défenseur, protecteur, médiateur. **advogado do diabo** avocat du diable. **consultar um advogado** consulter un avocat. **um advogado sem causa** un avocat sans cause.

a.é.reo [a´ɛrju] *adj* **1** aérien. **2** vain, chimérique. **ataque aéreo** attaque aérienne. **força aérea** forces aériennes.

a.e.ro.mo.ça [aerom´osə] *sf* hôtesse de l'air.

a.e.ro.náu.ti.ca [aeron´awtikə] *sf* aéronautique.

a.e.ro.por.to [aerop´ortu] *sm* aéroport.

a.fa.bi.li.da.de [afabilid´adi] *adj* affabilité, aménité, courtoisie, bienveillance.

a.fas.ta.men.to [afastam´ẽtu] *sm* éloignement, absence. *seu afastamento foi de curta duração* / son absence a été de courte durée.

a.fas.tar [afast´ar] *vt* **1** éloigner, écarter. *afastar a multidão* / écarter la foule. *vpr* **2** s'éloigner.

a.fei.ção [afejs´ãw] *sf* affection. **afeição materna, filial** affection maternelle, filiale. **afeiçoar-se a alguém** prendre quelqu'un en affection, se prendre d'affection pour quelqu'un. **ter afeição por alguém** avoir, éprouver de l'affection pour quelqu'un. *Pl:* **afeições**.

a.fei.ço.ar [afejso´ar] *vt* **1** affectionner. *vpr* **2** s'attacher à.

a.fe.ta.ção [afetas´ãw] *sf* emphase, parade. *Pl:* **afetações**.

a.fe.tar [afet´ar] *vt* **1** préjudicier, léser. **2** affecter, feindre.

a.fe.ti.vi.da.de [afetivid´adʒ] *sf* affectivité.

a.fe.to [af´ɛtu] *sm* affection, attachement, amitié, tendresse, amour.

a.fe.tu.o.so [afetu´ozu] *adj* affectueux. **amigo afetuoso** ami dévoué.

a.fi.ar [afi´ar] *vt* aiguiser.

a.fi.lha.do [afiʎ´adu] *sm* filleul.

a.fim [af´ĩ] *s* parent par alliance. • *adj* semblable.

a.fi.nal [afin´aw] *adv* finalement, enfin.

a.fi.nar [afin´ar] *vt* **1** affiner, dépurer. **2** *Mús* accorder.

a.fi.ni.da.de [afinid´adʒi] *sf* affinité. **afinidade espiritual** affinité spirituelle.

a.fir.ma.ção [afirmas´ãw] *sf* affirmation. *Pl*: **afirmações**.

a.fir.mar [afirm´ar] *vt* affirmer, soutenir. **afirmar a personalidade** affirmer la personnalité.

a.fli.ção [aflis´ãw] *sf* anxiété, angoisse, agitation. *Pl*: **aflições**.

a.fli.gir [afliʒ´ir] *vt* tourmenter, peiner, affliger, désoler, mortifier, chagriner.

a.fo.gar [afog´ar] *vt* **1** étouffer, suffoquer. *vt+vpr* **2** noyer. **afogar a tristeza no vinho** noyer son chagrin dans le vin.

a.fô.ni.co [af´oniku] *adj Med* aphone.

a.fri.ca.no [afrik´ʌnu] *sm+adj* africain.

a.fro.di.sí.a.co [afrodiz´iaku] *sm+adj* aphrodisiaque.

a.fron.ta [afr´õtɐ] *sf* **1** affront. **2** injure, offense, outrage, insulte. **desagravar uma afronta** réparer un affront.

a.frou.xar [afrowʃ´ar] *vt* **1** relâcher. **2** desserrer. **3** affaiblir.

af.ta [´aftɐ] *sf Med* aphte.

a.fu.gen.tar [afuʒẽt´ar] *vt* mettre en fuite, faire fuir.

a.fun.dar [afũd´ar] *vt* couler, plonger, submerger.

a.gar.rar [agar´ar] *vt* attraper, saisir, retenir.

a.ga.sa.lhar [agazaʎ´ar] *vt+vpr* **1** habiller chaudement. *vt* **2** accueillir, loger chez soi.

á.ga.ta [´agatɐ] *sf Min* agate.

a.gên.cia [aʒ´ẽsjɐ] *sf* agence. **agência bancária** agence ou succursale bancaire. **agência de correio** bureau de poste.

a.gen.te [aʒ´ẽti] *s+adj* agent. **agente de seguros** agent d'assurances, assureur. **agente principal** cheville ouvrière. **agente químico** agent chimique.

a.gi.li.da.de [aʒilid´adʒi] *sf* agilité.

á.gio [´aʒju] *sm* **1** agio. **2** usure.

a.gi.o.ta [aʒi´ɔtɐ] *s* **1** agioteur. **2** usurier.

a.gir [aʒ´ir] *vi* agir.

a.gi.tar [aʒit´ar] *vt+vpr* agiter.

a.glo.me.rar [aglomer´ar] *vt* **1** agglomérer, entasser. *vpr* **2** s'agglomérer.

ag.nós.ti.co [agn´ɔstiku] *adj* agnostique.

a.go.ni.a [agon´iɐ] *sf* **1** agonie. **2** affliction extrême.

a.go.ni.zar [agoniz´ar] *vi* agoniser.

a.go.ra [ag´ɔrɐ] *adv* maintenant, de nos jours. **agora mesmo** tout de suite. **agora que** maintenant que. **até agora** jusqu'à présent.

a.gos.to [ag´ostu] *sm* août.

a.gra.dar [agrad´ar] *vt* plaire, plaire à.

a.gra.dá.vel [agrad´avew] *adj* agréable. *Pl*: **agradáveis**.

a.gra.de.cer [agrades´er] *vt* remercier.

a.gra.de.ci.men.to [agradesim´ẽtu] *sm* remerciement. *receba meus sinceros* *agradecimentos* / veuillez recevoir mes sincères remerciements.

a.grá.rio [agr'arju] *adj* agraire.
a.gra.var [agrav'ar] *vt+vpr* aggraver.
a.gre.dir [agred'ir] *vt* agresser.
a.gres.são [agres'ãw] *sf* aggression, attaque, provocation. *Pl: agressões.*
a.gres.si.vi.da.de [agresivid'adi] *sf* agressivité.
a.gres.si.vo [agres'ivu] *adj* **1** agressif. *palavras agressivas* / paroles agressives. **2** *fig* béligérant.
a.gres.sor [agres'or] *sm* agresseur, assaillant.
a.gri.ão [agri'ãw] *sm Bot* cresson. *Pl: agriões.*
a.gri.cul.tor [agrikuwt'or] *sm* agriculteur.
a.gri.cul.tu.ra [agrikuwt'urə] *sf* agriculture.
a.gri.do.ce [agrid'osi] *adj* aigre-doux.
a.gro.no.mi.a [agronom'iə] *sf* agronomie.
a.grô.no.mo [agr'onomu] *sm* agronome.
a.gru.par [agrup'ar] *vt* **1** grouper, rassembler. *vpr* **2** se grouper.
á.gua ['agwə] *sf* eau.
a.guar.den.te [agward'ẽti] *sf* eau-de-vie.
a.guen.tar [agwẽt'ar] *vt* **1** supporter, endurer, subir. *vpr* **2** se soutenir.
á.guia ['agjə] *sf Ornit* aigle.
a.gu.lha [ag'uʎə] *sf* aiguille. *agulha de costura* / aiguille à coudre. *agulha de tricô* / aiguille à tricot ou aiguille à tricoter. *agulha hipodérmica* / aiguille hypodermique. **procurar agulha em palheiro** *prov* chercher une aiguille dans une botte de foin.
ah ['a] *interj* ah! (plaisir, joie, indignation, douleur, surprise, admiration).
ai ['aj] *interj* aï! (douleur). **ai de mim!** hélas.
a.í [a'i] *adv* là.

aids ['ajdis] *sf* sida (syndrome d'immunodéficience acquise).
a.in.da [a'idə] *adv* encore. **ainda mais que** d'autant plus que. **ainda não** pas encore. **ainda que** encore que, quoique.
ai.po ['ajpu] *sm Bot* céléri.
a.ju.da [aʒ'udə] *sf* aide, secours, assistance.
a.ju.dar [aʒud'ar] *vt* aider, seconder, assister.
a.jun.tar [aʒũt'ar] *vt* joindre, assembler, réunir.
a.la.ga.men.to [alagam'ẽtu] *sm* inondation, débordement.
a.la.gar [alag'ar] *vt* inonder, déborder.
a.lam.bi.que [alãb'iki] *sm* alambic.
a.la.me.da [alam'edə] *sf* avenue, allée.
a.lar.gar [alarg'ar] *vt* élargir, desserrer, relâcher. **alargar uma rua** élargir une rue.
a.lar.me [al'armi] *sm* alarme. **alarme falso** fausse alarme. **tocar o alarme** sonner l'alarme.
a.las.trar-se [alastr'arsi] *vpr* se propager, s'étendre.
a.la.van.ca [alav'ãkə] *sf Mec* levier.
al.ber.gue [awb'ɛrgi] *sm* auberge.
al.bi.no [awb'inu] *sm+adj* albinos.
ál.bum ['awbũ] *sm* album. *Pl: álbuns.*
al.ça ['awsə] *sf* **1** manche. **2** bretelle. **alça do sutiã** les bretelles du soutien-gorge. **vestido de alças** robe à bretelles.
al.ca.cho.fra [awkaʃ'ofrə] *sf Bot* artichaut.
al.can.çar [awkãs'ar] *vt* réussir, atteindre.
al.ça.pão [awsap'ãw] *sm* trappe. *Pl: alçapões.*
al.ca.par.ra [awkap'arə] *sf Bot* câpre.
al.ca.trão [awkatr'ãw] *sm* goudron. *Pl: alcatrões.*

alce 268 **alienar**

al.ce [′awsi] *sm Zool* élan.

ál.co.ol [′awkoɔw] *sm Quím* alcool. *Pl: álcoois.*

al.co.o.lis.mo [awkool′izmu] *sm* alcoolisme.

al.de.ão [awde′ãw] *sm* paysan. *Pl: aldeões, aldeãs, aldeãos.*

al.dei.a [awd′ejə] *sf* village, pays.

a.le.gar [aleg′ar] *vt* alléguer, invoquer, prétexter.

a.le.gó.ri.co [aleg′ɔriku] *adj* allégorique.

a.le.grar [alegr′ar] *vt* 1 égayer, contenter. *vpr* 2 se contenter.

a.le.gri.a [alegr′iə] *sf* 1 gaieté, allégresse. 2 exultation, jubilation. **alegria indescritível** joie indescriptible. **estar louco de alegria** être au comble de la joie, être fou, ivre de joie. **ser a alegria de alguém** être la joie de quelqu'un.

a.lei.jar [alejʒ′ar] *vt* estropier, mutiler.

a.lei.ta.men.to [alejtam′ẽtu] *sm* allaitement.

a.lém [al′ẽj] *sm* au-delà • *adv* au-delà, au-delà de. **além de** outre. **além disso** de plus, en outre, outre cela. **além do mais** en plus. **além do que** outre cela.

a.le.mão [alem′ãw] *sm+adj* allemand. *Pl: alemães.*

a.ler.gi.a [alerʒ′iə] *sf* allergie.

a.ler.ta [al′ɛrtə] *sm* alarme, cri. • *adj* alerte. • *adv* alerta. • *interj* debout!, garde à vous! **dar alerta** donner l'alarme. **ficar alerta** être attentif.

a.ler.tar [alẽrt′ar] *vt* alerter, donner l'éveil.

al.fa.be.ti.za.ção [awfabetizas′ãw] *sf* alphabétisation. *Pl: alfabetizações.*

al.fa.be.ti.zar [awfabetiz′ar] *vt* alphabétiser.

al.fa.be.to [awfab′etu] *sm* alphabet.

al.fa.ce [awf′asi] *sf Bot* laitue.

al.fai.a.te [awfaj′ati] *sm* tailleur.

al.fân.de.ga [awf′ãdegə] *sf* douane.

al.fa.ze.ma [awfaz′emə] *sf Bot* lavande.

al.fi.ne.te [awfin′eti] *sm* épingle. **alfinete de fralda** épingle de nourrice. **alfinete de segurança** épingle de sûreté.

al.ga [′awgə] *sf Bot* algue.

al.ga.ris.mo [awgar′izmu] *sm* nombre, chiffre.

ál.ge.bra [′awʒebrə] *sf* algèbre.

al.ge.mas [awʒ′emas] *sf pl* menottes.

al.go [′awgu] *pron indef* quelque chose.

al.go.dão [awgod′ãw] *sm* coton. *Pl: algodões.*

al.go.dão-do.ce [awgodãwd′osi] *sm* barbe-à-papa.

al.guém [awg′ẽj] *pron indef* quelqu'un.

al.gum [awg′ũ] *pron indef m* 1 quelque. 2 **alguns** *pl* quelques-uns. **algum dia** un jour.

al.gu.ma [awg′umə] *pron indef f* 1 quelque. 2 quelqu'une. 3 **algumas** *pl* quelques. 4 quelques-unes. **alguma coisa** quelque chose. **algumas vezes** quelquefois, parfois.

a.lho [′aλu] *sm Bot* ail. **dente de alho** gousse d'ail.

a.lho-po.ró [′aλupor′ɔ] *sm Bot* poireau.

a.li [al′i] *adv* là, là-bas. **ali dentro** là-dedans. **ali embaixo** là-dessous. **ali em cima** là-dessus.

a.li.an.ça [ali′ãsə] *sf* 1 alliance. 2 association. 3 coalition.

a.li.ar [ali′ar] *vt+vpr* allier.

a.li.ás [ali′as] *adv* d'ailleurs.

á.li.bi [′alibi] *sm* alibi. **ela tem um álibi excelente** / elle a un alibi excellent.

a.li.ca.te [alik′ati] *sm* tenaille, pince.

a.li.cer.ce [alis′ɛrsi] *sm Arquit* fondation.

a.li.e.na.ção [aljenas′ãw] *sf* aliénation. *Pl: alienações.*

a.li.e.nar [aljen′ar] *vt+vpr* aliéner. **alienar sua liberdade** aliéner sa liberté.

a.li.e.ní.ge.na [aljen'iʒɛnɐ] *adj+s* étranger.

a.li.e.nis.ta [aljen'istɐ] *s* aliéniste.

a.li.men.ta.ção [alimẽtɐs'ãw] *sf* alimentation. *Pl: alimentações.*

a.li.men.tar [alimẽt'ar] *vt+vpr* nourrir.
• *adj* alimentaire.

a.li.men.tí.cio [alimẽt'isju] *adj* alimentaire. **produto alimentício** produit comestible.

a.li.men.to [alim'ẽtu] *sm* 1 nourriture. 2 denrée. 3 nourriture, victuaille, aliment. 4 **alimentos** *pl* vivres.

a.li.nhar [aliñ'ar] *vt+vpr* aligner.

a.li.nha.var [aliñav'ar] *vt* faufiler.

a.lí.quo.ta [al'ikwotɐ] *sf Com* quota.

a.li.sar [aliz'ar] *vt* lisser, aplanir.

a.lis.tar [alist'ar] *vt+vpr* enrôler.

a.li.vi.ar [alivi'ar] *vt* 1 soulager, alléger, mitiger. *vpr* 2 se soulager.

a.lí.vio [al'ivju] *sm* soulagement, allègement.

al.ma ['awmɐ] *sf* âme. **alma do outro mundo** revenant. **entregar-se de corpo e alma** se donner corps et âme, de toute son âme, s'y dévouer corps et âme. **força de alma** force de l'âme. **grande alma** grande âme. **vender sua alma ao diabo** vendre son âme au diable.

al.mei.rão [awmejr'ãw] *sm Bot* chicorée sauvage. *Pl: almeirões.*

al.mi.ran.te [awmir'ãti] *sm* amiral.

al.mo.çar [awmos'ar] *vi* déjeuner.

al.mo.ço [awm'osu] *sm* déjeuner.

al.môn.de.ga [awm'õdegɐ] *sf Arte Cul* boulette.

a.lo.jar [aloʒ'ar] *vt+vpr* loger.

a.lon.ga.men.to [alõgɐm'ẽtu] *sm* allongement, prolongement.

a.lon.gar [alõg'ar] *vt* 1 allonger. *vpr* 2 s'allonger, s'étirer. **alongar-se bocejando** s'étirer en bâillant.

a.lo.pa.ti.a [alopat'iɐ] *sf* allopatie.

al.par.ga.ta [awparg'atɐ] *sf* espadrille.

al.pi.nis.mo [awpin'izmu] *sm* alpinisme.

al.pi.nis.ta [awpin'istɐ] *s* alpiniste.

al.qui.mi.a [awkim'iɐ] *sf* alchimie.

al.ta ['awtɐ] *sf* 1 hausse. 2 *Com* hausse. **alta-fidelidade** hi-fi. **alta velocidade** grande vitesse.

al.tar [awt'ar] *sm* autel.

al.te.rar [awter'ar] *vt* 1 changer, adultérer, modifier. *vpr* 2 s'altérer.

al.ter.nar [awtern'ar] *vt+vpr* alterner.

al.ter.na.ti.va [awternat'ivɐ] *sf* alternative. **há duas alternativas para este problema** / il y a deux alternatives pour ce problème.

al.ti.tu.de [awtit'udi] *sf Geogr, Aer* altitude. **ganhar altitude** prendre de l'altitude. **perder altitude** perdre de l'altitude.

al.to ['awtu] *sm* haut, élévation, hauteur.
• *adj* grand, haut, élevé. • *adv* haut. **alto-falante** haut-parleur. **alto lá!** halte! halte là! **alto-mar** haute mer. **alto-relevo** haut-relief. **altos funcionários do Estado** hauts fonctionnaires de l'Etat. **falar alto** parler fort. **ler em voz alta** lire à haute voix. **o câmbio está alto** le change est haut.

al.tu.ra [awt'urɐ] *sf* hauteur, élévation.

a.lu.ci.na.ção [alusinɐs'ãw] *sf* hallucination, vision. **alucinações visuais** hallucinations visuelles. **ser vítima de uma alucinação** être victime d'une hallucination. *Pl: alucinações.*

a.lu.ci.nar [alusin'ar] *vt* halluciner.

a.lu.ci.nó.ge.no [alusin'ɔʒenu] *sm* hallucinogène.

a.lu.gar [alug'ar] *vt* louer. *alugar um apartamento* / louer un appartement. *carro alugado* / voiture louée.

a.lu.guel [alug'ɛw] *sm* loyer. *Pl: aluguéis.* **aluguel barato** / petit loyer. **aluguel caro** / loyer élevé, gros loyer. *atraso do aluguel* / retard sur son loyer.

alumínio 270 **ametista**

a.lu.mí.nio [alum′inju] *sm Quím* aluminium. **papel-alumínio** papier alluminium.

a.lu.no [al′unu] *sm* écolier, lycéen, élève. **aluno de curso superior** étudiant. **aluno de escola primária** écolier. **aluno de liceu, escola secundária** lycéen.

a.lu.são [aluz′ãw] *sf* allusion, insinuation, sous-entendu. *Pl*: alusões. **alusões pessoais** / allusions personnelles. *uma alusão clara e transparente* / une allusion claire et transparente.

al.ve.na.ri.a [awvenar′iə] *sf* maçonnerie.

al.vo [′awvu] *adj* blanc. • *sm* cible. *errar o alvo* / rater la cible.

al.vo.ra.da [awvor′adə] *sf* aube.

al.vo.re.cer [awvores′er] *vi* commencer à faire jour. • *sm* aube.

a.ma.bi.li.da.de [amabilid′adi] *sf* **1** amabilité, courtoisie, gentillesse. **2** galanterie.

a.ma.ci.an.te [amasi′ãti] *adj+s* adoucissant.

â.ma.go [′Λmagu] *sm* cœur, fond. **o âmago da questão** le point essentiel, le nœud de la question. **o âmago do coração** le fond du cœur.

a.mal.di.ço.ar [amawdiso′ar] *vt* maudire.

a.ma.men.ta.ção [amamẽtas′ãw] *sf* allaitement. *Pl*: amamentações.

a.ma.men.tar [amamẽt′ar] *vt* allaiter.

a.ma.nhã [amañ′ã] *sm+adv* demain. **amanhã à noite** demain soir. **amanhã cedo** demain matin. **deixar para amanhã** remettre à demain. **depois de amanhã** après-demain.

a.man.te [am′ãti] *s* amant.

a.mar [am′ar] *vt+vpr* **1** aimer. *vt* **2** avoir un sentiment de tendresse, d'affection pour quelqu'un.

a.ma.re.lo [amar′ɛlu] *sm+adj* jaune.

a.mar.go [am′argu] *adj* amer, saumâtre. **gosto amargo** goût amer. **lembranças amargas** souvenirs amers.

a.mar.gu.ra [amarg′urə] *sf* amertume.

a.mar.ra [am′arə] *sf Náut* amarre.

a.mar.rar [amaŕ′ar] *vt* **1** *Náut* amarrer. **2** attacher. **amarrar o cordão do sapato** lacer les chaussures.

a.mas.sar [amas′ar] *vt* pétrir.

a.má.vel [am′avew] *adj* **1** aimable. **2** *fig* doux. *Pl*: amáveis.

âm.bar [′ãbar] *sm* ambre.

am.bi.ção [ãbis′ãw] *sf* **1** ambition. **2** *fig* visée. *Pl*: ambições.

am.bi.cio.so [ãbisi′ozu] *adj+sm* ambitieux. *ele é muito ambicioso* / il est très ambitieux.

am.bí.guo [ãb′igwu] *adj* ambigu, équivoque.

am.bos [′ãbus] *pron m pl* **1** les deux, tous les deux. **2** l'un et l'autre.

am.bu.lân.cia [ãbul′ãsjə] *sf* ambulance.

am.bu.lan.te [ãbul′ãti] *adj+s* ambulant. **vendedor ambulante** colporteur, marchand ambulant.

am.bu.la.tó.rio [ãbulat′ɔrju] *sm+adj* ambulatoire.

a.me.a.ça [ame′asə] *sf* menace, intimidation.

a.me.a.çar [ameas′ar] *vt* menacer.

a.mei.xa [am′ejʃə] *sf Bot* prune. **ameixa amarela** mirabelle. **ameixa seca** pruneau.

a.mên.doa [am′ẽdwə] *sf Bot* amande.

a.men.do.im [amẽdo′ĩ] *sm Bot* cacahuète ou cacahouète.

a.me.no [am′enu] *adj* agréable, doux, amène.

a.me.ri.ca.no [amerik′Λnu] *adj+sm* américain.

a.me.tis.ta [amet′istə] *sf Min* améthyste.

a.mí.da.la [amˈidalə] *sf Anat* amygdale. **ser operado das amídalas** / être opéré des amygdales.

a.mi.gá.vel [amigˈavew] *adj* amical. *Pl:* amigáveis.

a.mi.go [amˈigu] *sm* **1** ami, compagnon. *amigo de infância* / ami d'enfance. *amigo íntimo* / ami intime. **2** *gír* pote.

a.mi.za.de [amizˈadi] *sf* amitié. **marca de amizade** témoignage d'amitié.

am.né.sia [amnˈɛʒjə] *sf Med* amnésie.

a.mo.lar [amolˈar] *vt* **1** aiguiser, affûter; taquiner. **2** *coloq* embêter.

a.mo.le.cer [amolesˈer] *vt* amollir.

a.mo.ni.a.co [amonˈiaku] *sm Quím* ammoniac.

a.mon.to.ar [amõtoˈar] *vt* **1** amonceler, entasser, amasser. *vpr* **2** s'amonceler.

a.mor [amˈor] *sm* **1** amour, affection, inclination, tendresse. *o amor que ele tem por ela* / l'amour qu'il a, qu'il éprouve pour elle. **2** *Lit* inclination. **3** ferveur.

a.mo.ra [amˈɔrə] *sf Bot* mûre.

a.mor.da.çar [amordasˈar] *vt* bâillonner.

a.mor.nar [amornˈar] *vt* tiédir.

a.mo.ro.so [amorˈozu] *adj* tendre. *olhar amoroso* / regard tendre. *um coração amoroso* / un cœur tendre.

a.mor.ti.zar [amortizˈar] *vt Com* amortir.

a.mos.tra [amˈɔstrə] *sf* échantillon.

a.mo.ti.nar [amotinˈar] *vt* **1** ameuter, soulever. *vpr* **2** s'ameuter, s'insurger.

am.pli.a.ção [ãpljasˈãw] *sf* ampliation, agrandissement, élargissement. *Pl:* ampliações.

am.pli.ar [ãpliˈar] *vt* agrandir, augmenter, allonger, élargir, étendre.

am.pli.fi.ca.ção [ãplifikasˈãw] *sf* amplification, accroissement. *Pl:* amplificações.

am.pli.tu.de [ãplitˈudi] *sf* amplitude.

am.plo [ˈãplu] *adj* ample, copieux.

am.po.la [ãpˈɔlə] *sf* ampoule, cloque.

am.pu.ta.ção [ãputasˈãw] *sf* amputation. **fazer a amputação de um membro** procéder à l'amputation d'un membre. *Pl:* amputações.

am.pu.tar [ãputˈar] *vt* amputer.

a.mu.le.to [amulˈetu] *sm* amulette.

a.na.cro.nis.mo [anakronˈizmu] *sm* anachronisme.

a.na.gra.ma [anagrˈʌmə] *sm* anagramme.

a.nais [aˈnajs] *sm pl* annales.

a.nal [aˈnaw] *adj* anal. *Pl:* anais.

a.nal.fa.be.tis.mo [anawfabetˈizmu] *sm* analphabétisme.

a.nal.fa.be.to [anawfabˈetu] *sm+adj* **1** analphabète, illettré. **2** ignorant.

a.nal.gé.si.co [anawʒˈɛziku] *sm+adj* analgésique.

a.na.li.sar [analizˈar] *vt* analyser.

a.ná.li.se [anˈalizi] *sf* analyse, observation, étude. *análise do sangue* / analyse du sang. **em última análise** en dernière analyse. **estar fazendo análise** être en cours d'analyse.

a.não [aˈnãw] *sm+adj* nain. *Pl:* anões, anãos.

a.nar.qui.a [anarkˈiə] *sf* **1** anarchie. **2** confusion.

a.na.to.mi.a [anatomˈiə] *sf* anatomie.

an.ca [ˈãkə] *sf Anat* anche, flanc.

an.ces.tral [ãsestrˈaw] *sm* ancêtre. *Pl:* ancestrais.

an.cho.va [ãʃˈovə] *sf Ictiol* anchois. *Var:* enchova.

an.ci.ão [ãsiˈãw] *sm+adj* ancien. *Pl:* anciãos, anciões, anciães.

ân.co.ra [ˈãkorə] *sf* ancre. **lançar âncora** jeter l'ancre, ancrer. **levantar âncora** lever l'ancre.

an.co.rar [ãkorˈar] *vt Náut* ancrer, mouiller, jeter l'ancre.

an.dai.me [ãdˈʌjmi] *sm* échafaudage, échafaud.

andar — antebraço

an.dar [ãd'ar] *sm* étage. • *vi* marcher. **andar às cegas** marcher à l'aveuglette. **andar térreo** rez-de-chaussée.

an.do.ri.nha [ãdor'iɲə] *sf Ornit* hirondelle. **uma andorinha só não faz verão** *prov* une hirondelle ne fait pas le printemps.

a.nel [an'ɛw] *sm* bague. *Pl:* anéis.

a.ne.mi.a [anem'iə] *sf Med* anémie.

a.nê.mi.co [an'emiku] *adj* anémique.

a.nes.te.si.a [anestez'iə] *sf* anesthésie. *o operado está anestesiado* / l'opéré est sous anesthésie. **anestesia geral** anesthésie générale. **anestesia local** anesthésie locale ou péridurale. **dar uma anestesia** pratiquer, faire une anesthésie.

a.nes.te.si.ar [anestezi'ar] *vt* anesthésier, endormir, insensibiliser.

a.ne.xar [aneks'ar] *vt* **1** annexer. **2** incorporer. • *adj* amphibie.

an.fí.bio [ãf'ibju] *sm Zool* amphibien, batracien. • *adj* amphibien.

an.fi.te.a.tro [ãfite'atru] *sm* amphithéâtre.

an.fi.tri.ão [ãfitri'ãw] *sm* hôte, amphitryon. *Pl:* anfitriões.

an.ge.li.cal [ãʒelik'aw] *adj* angélique. *Pl:* angelicais.

an.gi.na [ãʒ'inə] *sf Med* angine, inflammation de la gorge.

an.go.la.no [ãgol'ʌnu] *sm+adj* angolan.

ân.gu.lo ['ãgulu] *sm* angle.

an.gús.tia [ãg'ustjə] *sf* angoisse. **crise de angústia** crise d'angoisse. **remédio contra a angústia** médicament contre l'angoisse.

an.gus.ti.ar [ãgusti'ar] *vt* **1** angoisser. **2** tourmenter. **3** affliger, attrister. *vpr* **4** s'affliger, se tourmenter.

a.nil [an'iw] *sm* anil, indigo. *Pl:* anis.

a.ni.li.na [anil'inə] *sf Quím* aniline.

a.ni.ma.ção [animas'ãw] *sf* animation, exaltation, impulsion, vivacité, entrain. *Pl:* animações.

a.ni.mal [anim'aw] *sm* **1** animal, bête. *animal de carga* / bête de somme. *animal feroz* / bête féroce. **2** *fig* bête, ignorant. *Pl:* animais.

a.ni.mar [anim'ar] *vt* **1** animer. **2** échauffer, encourager, remonter.

â.ni.mo ['ʌnimu] *sm* **1** âme, esprit, cœur. **2** courage. **ânimo!** courage! **não estar com ânimo para** n'être pas disposé à. **não ter mais ânimo para** ne plus avoir le courage de. **os ânimos estão exaltados** les esprits sont montés. **perder o ânimo** perdre le courage.

a.ni.qui.lar [anikil'ar] *vt+vpr* annihiler, anéantir.

a.nis.ti.a [anist'iə] *sf* amnistie.

a.nis.ti.ar [anisti'ar] *vt* amnistier.

a.ni.ver.sá.rio [anivers'arju] *sm* anniversaire.

an.jo ['ãʒu] *sm* **1** esprit célestial, génie. **2** *Rel* ange. **anjo da guarda** ange gardien.

a.no ['ʌnu] *sm* année, an.

a.no.ma.li.a [anomal'iə] *sf* anomalie.

a.nô.ni.mo [an'onimu] *adj+sm* anonyme.

a.no.re.xi.a [anoreks'iə] *sf Med* anorexie, inappétence.

a.nor.mal [anorm'aw] *adj+sm* anormal. *Pl:* anormais.

a.no.tar [anot'ar] *vt* noter.

an.sei.o [ãs'eju] *sm* désir, souhait, aspiration.

ân.sia [ã'sjə] *sf* anxiété, inquiétude.

an.si.e.da.de [ãsjed'adi] *sf* anxiété, affliction, inquiétude.

an.ta ['ãtə] *sf Zool* tapir.

an.ta.go.nis.ta [ãtagon'istə] *s+adj* antagoniste.

an.tár.ti.co [ãt'artiku] *adj* antarctique.

an.te.bra.ço [ãtebr'asu] *sm Anat* avant-bras.

an.te.ce.dên.cia [ãtesed'ẽsjə] *sf* antécédence.

an.te.ce.den.te [ãtesed'ẽti] *adj+sm* antécédent, précédent, antérieur. **ter bons ou maus antecedentes** avoir de bons ou de mauvais antécédents.

an.te.ces.sor [ãteses'or] *sm* prédécesseur, devancier.

an.te.ci.par [ãtesip'ar] *vt* 1 anticiper, prévenir. *vpr* 2 s'anticiper.

an.te.na [ãt'enə] *sf* antenne. **antena coletiva** antenne collective. **antena de televisão** antenne de télévision. **antena parabólica** antenne parabolique.

an.te.on.tem [ãte'õtẽj] *adv* avant-hier.

an.te.pas.sa.do [ãtepas'adu] *sm* ancêtre, aïeul.

an.te.ri.or [ãteri'or] *adj* antérieur, précédent.

an.tes ['ãtis] *adv* avant. **antes da hora** avant l'heure. **antes de** avant de. **antes de tudo** ou **antes de mais nada** avant tout.

an.ti.bi.ó.ti.co [ãtibi'ɔtiku] *sm+adj* antibiotique.

an.ti.con.cep.ci.o.nal [ãtikõsepsjon'aw] *sm+adj* anticonceptionnel. *Pl:* anticoncepcionais.

an.tí.lo.pe [ãt'ilopi] *sm Zool* antilope.

an.tí.do.to [ãt'idotu] *sm* antidote.

an.ti.gui.da.de [ãtigid'adi] *sf* antiquité.

an.ti.pa.ti.a [ãtipat'iə] *sf* 1 antipathie. 2 incompatibilité, aversion, hostilité. *este tipo de pessoa me inspira antipatia* / ce type de personne m'inspire de l'antipathie.

an.ti.qua.do [ãtik'wadu] *adj* dépassé, démodé.

an.ti.quá.rio [ãtik'warju] *sm* antiquaire.

an.tí.te.se [ãt'itezi] *sf* antithèse.

an.to.lo.gi.a [ãtoloʒ'iə] *sf* anthologie, florilège.

an.tô.ni.mo [ãt'onimu] *sm* antonyme.

an.tro ['ãtru] *sm* antre. **o antro da leoa** l'antre de la lionne.

an.tro.po.cen.tris.mo [ãtroposẽtr'izmu] *sm* anthropocentrisme.

an.tro.po.fa.gi.a [ãtropofaʒ'iə] *sf* anthropophagie.

an.tro.pó.fa.go [ãtrop'ɔfagu] *sm+adj* anthropophage.

an.tro.po.lo.gi.a [ãtropoloʒ'iə] *sf* anthropologie.

an.tro.pó.lo.go [ãtrop'ɔlogu] *sm* anthropologue.

a.nu.al [anu'aw] *adj* annuel. *Pl:* anuais.

a.nu.i.da.de [anwid'adi] *sf* annuité.

a.nu.la.ção [anulas'ãw] *sf* annulation, cassation, révocation. *Pl:* anulações.

a.nu.lar [anul'ar] *vt+vpr* 1 annuler. *vt* 2 *Jur* abroger, dissoudre.

a.nun.ci.an.te [anũsi'ãti] *adj+s* annonceur.

a.nun.ci.ar [anũsi'ar] *vt* annoncer.

a.nún.cio [anũsju] *sm* 1 annonce. 2 publicité. **anúncio classificado** petite annonce.

â.nus ['ãnus] *sm Anat* anus.

an.zol [ãz'ɔw] *sm* hameçon.

a.on.de [a'õdi] *adv* où. **aonde?** em que lugar? / où? en quel lieu?

a.or.ta [a'ɔrtə] *sf Anat* aorte.

a.pa.gar [apag'ar] *vt* 1 effacer, éteindre, gommer. *vpr* 2 disparaître, mourir.

a.pai.xo.na.do [apajʃon'adu] *adj+sm* amoureux, épris, mordu. **estar apaixonado por alguém** être amoureux de quelqu'un. **ficar apaixonado por alguém** tomber amoureux de quelqu'un.

a.pai.xo.nar [apajʃon'ar] *vt* 1 passionner, attacher, captiver. *vpr* 2 tomber amoureux, aimer, s'éprendre.

a.pa.nhar [apaɲ'ar] *vt* 1 cueillir. 2 recueillir, prendre, attraper. 3 recevoir. *ele apanhou do pai* / il a reçu la fessée, une bonne fessée de son père.

a.pa.re.cer [apares′er] *vi* apparaître.
a.pa.re.lho [apar′eʎu] *sm* appareil. **aparelho de barba** rasoir. **aparelho de jantar** service (de vaisselle). **aparelho de rádio** poste de radio. **aparelho de televisão** poste de télévision.
a.pa.rên.cia [apar′ẽsjə] *sf* apparence.
a.par.ta.men.to [apartam′ẽtu] *sm* appartement.
a.pa.ti.a [apat′iə] *sf* apathie, nonchalance.
a.pá.ti.co [ap′atiku] *adj* apathique, indolent.
a.pa.vo.rar [apavor′ar] *vt* épouvanter, terrifier.
a.pa.zi.guar [apazig′war] *vt* pacifier, calmer.
a.pe.dre.jar [apedreʒ′ar] *vt* attaquer, poursuivre à coups de pierre.
a.pe.gar-se [apeg′arsi] *vpr* s'attacher à, se lier à, s'enchaîner.
a.pe.go [ap′egu] *sm* attachement, affection, amitié, amour, lien. **mostrar apego por alguém** montrer de l'attachement pour quelqu'un.
a.pe.la.ção [apelas′ãw] *sf Jur* appel. Pl: apelações.
a.pe.li.do [apel′idu] *sm* **1** sobriquet, surnom. **2** *fam* petit nom.
a.pe.nas [ap′enas] *adv* seulement, exclusivement, simplement, uniquement.
a.pên.di.ce [ap′ẽdisi] *sm* **1** supplément, appendice. **2** *Anat* appendice.
a.pen.di.ci.te [apẽdis′iti] *sf Med* appendicite.
a.per.fei.ço.ar [aperfejso′ar] *vt+vpr* perfectionner.
a.pe.ri.ti.vo [aperit′ivu] *sm* apéritif.
a.per.tar [apert′ar] *vt* serrer, fermer, presser. **apertar o cinto, economizar** serrer la ceinture.
a.pe.sar [apez′ar] *prep* malgré. **apesar de tudo** malgré tout.

a.pe.ti.te [apet′iti] *sm* **1** appétit. **2** *fig* désir. **apetite natural** appétits naturels. **apetite sexual** appétits sexuels.
á.pi.ce [′apisi] *sm* sommet.
a.pi.cul.tor [apikuwt′or] *sm* apiculteur.
a.pi.cul.tu.ra [apikuwt′ura] *sf* apiculture.
a.pi.men.ta.do [apimẽt′adu] *adj* épicé, assaisonné.
a.pi.men.tar [apimẽt′ar] *vt* poivrer.
a.pi.tar [apit′ar] *vi* siffler.
a.pi.to [ap′itu] *sm* sifflet.
a.plai.nar [aplajn′ar] *vt* **1** raboter. **2** *fig* faciliter.
a.plau.so [apl′awzu] *sm* applaudissement. **ele fez um discurso que arrancou aplausos do público** / il a prononcé un discours qui a arraché des applaudissements du public.
a.pli.ca.ção [aplikas′ãw] *sf* application. **aplicação das regras** l'application des règles. Pl: aplicações.
a.pli.car [aplik′ar] *vt* appliquer, porter, destiner. **aplicar o regulamento** appliquer le règlement.
a.po.ca.lip.se [apokal′ipsi] *sm* apocalypse.
a.po.dre.cer [apodres′er] *vt* **1** pourrir, gâter. *vi* **2** pourrir. **3** *fig* se corrompre.
a.po.geu [apoʒ′ew] *sm* **1** apogée. **2** *fig* le point culminant, le pinacle.
a.poi.ar [apoj′ar] *vt* **1** appuyer, soutenir, épauler. **2** applaudir, approuver, baser. *vpr* **3** s'appuyer.
a.poi.o [ap′oju] *sm* appui. **ponto de apoio** point d'appui.
a.pó.li.ce [ap′olisi] *sf Com* police. **apólice de seguro** police d'assurance.
a.po.lo.gi.a [apoloʒ′iə] *sf* apologie, glorification.
a.pon.ta.dor [apõtad′or] *sm* pointeur. **apontador de lápis** taille-crayon.
a.pon.tar [apõt′ar] *vt* montrer, indiquer, mentionner.

a.po.ple.xi.a [apopleks'iə] *sf Med* apoplexie.

a.pós [ap'ɔs] *adv* après. *após o jantar nós fomos ao cinema* / après le dîner nous sommes allés au cinéma.

a.po.sen.ta.do [apozēt'adu] *sm+adj* retraité.

a.po.sen.ta.do.ri.a [apozētador'iə] *sf* retraite.

a.po.sen.tar-se [apozēt'arsi] *vpr* prendre sa retraite.

a.po.sen.to [apoz'ētu] *sm* pièce.

a.pos.ta [ap'ɔstə] *sf* pari. **fazer uma aposta** faire un pari.

a.pos.tar [apost'ar] *vt* faire un pari, parier.

a.pos.ti.la [apost'ilə] *sf* dossier.

a.pós.tro.fo [ap'ɔstrofu] *sm Gram* apostrophe.

a.pre.ci.ar [apresi'ar] *vt* apprécier, expertiser, priser.

a.pre.en.são [apreēs'ãw] *sf* 1 saisie, prise. 2 appréhension, crainte, inquiétude. *Pl: apreensões.*

a.pre.en.si.vo [apreēs'ivu] *adj* appréhensif, inquiet, anxieux, craintif.

a.pren.der [aprēd'er] *vt* apprendre. **aprender a lição** apprendre la leçon.

a.pren.di.za.do [aprēdiz'adu] *sm* apprentissage.

a.pren.di.za.gem [aprēdiz'aʒēj] *sf* apprentissage. *Pl: aprendizagens.*

a.pre.sen.ta.ção [aprezētas'ãw] *sf* 1 présentation. 2 introduction. 3 exposition. *Pl: apresentações.*

a.pre.sen.ta.dor [aprezētad'or] *sm* présentateur.

a.pre.sen.tar [aprezēt'ar] *vt+vpr* 1 présenter. *vt* 2 mettre devant. 3 présenter quelqu'un à quelqu'un.

a.pres.sar [apres'ar] *vt* presser, hâter, activer. **sem se apressar** sans se presser.

a.pri.si.o.nar [aprizjon'ar] *vt* emprisonner.

a.pro.fun.dar [aprofūd'ar] *vt+vpr* approfondir.

a.pron.tar [aprōt'ar] *vt+vpr* préparer.

a.pro.pri.a.ção [aproprjas'ãw] *sf* appropriation. *Pl: apropriações.*

a.pro.va.ção [aprovas'ãw] *sf* approbation, agrément, consentement. *Pl: aprovações.*

a.pro.vei.tar [aprovejt'ar] *vt* profiter, bénéficier.

a.pro.vei.tá.vel [aprovejt'avew] *adj* profitable, avantageux, salutaire, utile. *Pl: aproveitáveis.*

a.pro.xi.ma.ção [aprosimas'ãw] *sf* approximation. *Pl: aproximações.*

a.pro.xi.mar [aprosim'ar] *vt* 1 approcher, rapprocher. *vpr* 2 s'approcher.

ap.ti.dão [aptid'ãw] *sf* aptitude. *Pl: aptidões.*

ap.to ['aptu] *adj* capable.

a.pu.ra.ção [apuras'ãw] *sf* purification, affinage, épurement. *Pl: apurações.* **apuração de votos** scrutin.

a.qua.re.la [akwar'ɛlə] *sf Pint* aquarelle.

a.quá.rio [ak'warju] *sm* 1 aquarium. 2 *Astron, Astrol* Verseau.

a.quá.ti.co [ak'watiku] *adj* aquatique.

a.que.ce.dor [akesed'or] *sm* chauffage, radiateur. **aquecedor de água** chauffe-eau.

a.que.cer [akes'er] *vt* 1 chauffer. *vpr* 2 se réchauffer.

a.que.ci.men.to [akesim'ētu] *sm* réchauffement, échauffement.

a.que.la [ak'ɛlə] *pron+sf* celle-là. **aquelas** celles-là.

a.qui [ak'i] *adv* ici, là. *é aqui que ele mora?* / c'est ici qu'il habite? *venha aqui* / viens ici. **aqui embaixo** ci-dessous. **aqui em cima** ci-dessus. **aqui está!** voilà! **aqui estou!** me voilà! **até aqui, até o presente momento** jusqu'ici. **daqui, deste local** d'ici. **daqui**

a três dias d'ici à trois jours. **por aqui** par ici.

a.qui.li.no [akil'inu] *adj* aquilin. **nariz aquilino** nez aquilin.

a.qui.lo [ak'ilu] *pron* ce, cela. **aquilo de que** ce dont.

ar [´ar] *sm* air. **ar condicionado** air conditionné ou climatisé. **ar do campo** air de la campagne. **ar livre** grand air. **corrente de ar** courant d'air. **falta de ar** manque d'air. **tomar ar** prendre l'air.

á.ra.be [´arabi] *sm+adj* arabe.

a.ra.me [ar´∧mi] *sm* fil de fer. **arame farpado** fil de fer barbelé.

a.ra.nha [ar´∧ɲə] *sf Zool* araignée.

a.ra.ra [ar´arə] *sf Zool* ara.

ar.bi.trá.rio [arbitr´arju] *adj* arbitraire, partiel. **ato arbitrário** acte arbitraire. **autoridade arbitrária** autorité arbitraire.

ar.bí.trio [arb´itrju] *sm* arbitre. **livre--arbítrio** libre arbitre.

ár.bi.tro [´arbitru] *sm* arbitre. **o árbitro da elegância** l'arbitre des élégances. **ter o papel de árbitro** jouer le rôle d'arbitre.

ar.cai.co [ark´ajku] *adj* archaïque.

ar.ce.bis.po [arseb´ispu] *sm Rel* archevêque.

ar.co [´arku] *sm* 1 arc. 2 *Mús* archet. 3 *Arquit* arc, volute.

ar.co-í.ris [arku´iris] *sm* arc-en-ciel.

ar.di.lo.so [ardil´ozu] *adj* fin, adroit, astucieux, fourbe.

ar.dó.sia [ard´ɔzjə] *sf* ardoise.

ár.duo [´ardwu] *adj* 1 difficile. 2 *fig* difficile à saisir.

á.rea [´arjə] *sf* 1 aire. 2 superficie. 3 zone.

a.rei.a [ar´ejə] *sf* sable. **areias movediças** sable mouvant.

a.re.na [ar´enə] *sf* arène.

a.ren.que [ar´ẽki] *sm Zool* hareng-saur.

ar.ga.mas.sa [argam´asə] *sf* mortier, mélange de chaux, de sable et d'eau.

ar.gen.ti.no [arʒẽt'inu] *adj+sm* argentin.

ar.gi.la [arʒ´ilə] *sf* argile.

ar.go.la [arg´ɔlə] *sf* maillon, anneau. **brinco de argola** créole.

ar.gu.men.ta.ção [argumẽtas´ãw] *sf* argumentation, discours. *Pl*: *argumentações*.

ar.gu.men.tar [argumẽt´ar] *vi* argumenter.

á.ria [´arjə] *sf Mús* air.

a.ri.dez [arid´es] *sf* aridité, sécheresse.

a.ris.co [ar´isku] *adj* 1 farouche, insociable, misanthrope, sauvage. **uma criança arisca, tímida** un enfant farouche, timide.

a.ris.to.cra.ci.a [aristokras´iə] *sf* aristocratie, noblesse.

a.ris.to.cra.ta [aristokr´atə] *s* aristocrate.

a.rit.mé.ti.ca [aritm´εtikə] *sf* arithmétique.

ar.le.quim [arlek´ĩ] *sm* arlequin.

ar.ma [´armə] *sf* arme. **arma branca** arme blanche. **arma de fogo** arme à feu.

ar.ma.da [arm´adə] *sf Náut* armée navale.

ar.ma.di.lha [armad´iλə] *sf* piège. **cair na armadilha** tomber dans le piège. **colocar uma armadilha** tendre un piège. **ser pego na armadilha** être pris au piège.

ar.ma.du.ra [armad´urə] *sf Mil* armure.

ar.ma.men.to [armam´ẽtu] *sm* armement.

ar.mar [arm´ar] *vt+vpr* armer. **armar--se contra o perigo** s'armer contre le danger. **armar-se de coragem** s'armer de courage. **armar-se de paciência** s'armer de patience.

ar.má.rio [arm´arju] *sm* armoire. **armário embutido** placard.

ar.ma.zém [armaz´ẽj] *sm* magasin, entrepôt.
ar.ma.ze.nar [armazen´ar] *vt* emmagasiner. **armazenar na memória** conserver, retenir dans la mémoire.
ar.mis.tí.cio [armist´isju] *sm* armistice. **assinar o armistício** signer l'armistice.
ar.ni.ca [arn´ika] *sf Bot* arnica.
a.ro [ar´u] *sm* cerceau, cercle.
a.ro.ma [ar´oma] *sm* arôme.
a.ro.má.ti.co [arom´atiku] *adj* aromatique. **óleo aromático** / huile aromatique.
a.ro.ma.ti.zar [aromatiz´ar] *vt* aromatiser, parfumer.
ar.pão [arp´ãw] *sm Náut* harpon. Pl: *arpões*.
ar.que.ar [arke´ar] *vt* cambrer.
ar.que.jar [arkeʒ´ar] *vi* haleter.
ar.que.o.lo.gi.a [arkeoloʒ´ia] *sf* archéologie.
ar.que.ó.lo.go [arke´ɔlogu] *sm* archéologue.
ar.qui.ban.ca.da [arkibãk´adɐ] *sf* gradin, galerie d'un stade. *a arquibancada de um circo* / le gradin d'un cirque.
ar.qui.pé.la.go [arkip´ɛlagu] *sm Geogr* archipel.
ar.qui.te.to [arkit´ɛtu] *sm* architecte.
ar.qui.te.tu.ra [arkitet´urɐ] *sf* architecture.
ar.qui.var [arkiv´ar] *vt* archiver, classer.
ar.qui.vis.ta [arkiv´istɐ] *s* archiviste.
ar.qui.vo [arkiv´u] *sm* 1 archive. 2 *Inform* fichier. *os arquivos de um jornal* / les archives d'un journal.
ar.ran.car [arãk´ar] *vt* arracher.
ar.ra.nhão [arañ´ãw] *sm* égratignure. Pl: *arranhões*.
ar.ra.nhar [arañ´ar] *vt* 1 égratigner, griffer 2 écorcher.
ar.ran.jar [arãʒ´ar] *vt* 1 arranger, ranger 2 disposer. 3 régler. 4 acquérir, obtenir.

ar.ran.jo [ar´ãʒu] *sm* arrangement, bon ordre. **arranjo, organização de uma casa** arrangement, organisation d'une maison. **arranjo com a família** arrangement de famille. **arranjo para piano** arrangement pour piano.
ar.ra.sar [arɐz´ar] *vt* aplanir, raser, abattre, démolir.
ar.ras.tar [arɐst´ar] *vt* 1 traîner. *vpr* 2 se traîner, se glisser.
ar.ro.gan.te [arog´ãti] *adj* arrogant, prétentieux.
ar.ro.ja.do [aroʒ´adu] *adj* hardi, audacieux.
ar.rom.bar [arõb´ar] *vt* forcer, enfoncer.
ar.ro.tar [arot´ar] *vt* 1 éructer. 2 *fam* rôter.
ar.ro.to [ar´otu] *sm* 1 éructation. 2 *fam* rot ou rôt.
ar.roz [ar´os] *sm Bot* riz. **pó de arroz** poudre de riz.
ar.ru.i.nar [arujn´ar] *vt* ruiner.
ar.ru.ma.ção [arumɐs´ãw] *sf* 1 aménagement. 2 rangement. Pl: *arrumações*.
ar.ru.ma.dei.ra [arumadej´rɐ] *sf* servante, femme de chambre, femme de service.
ar.ru.mar [arum´ar] *vt* ranger, aménager, disposer, organiser, obtenir.
ar.se.nal [arsen´aw] *sm* arsenal. Pl: *arsenais*.
ar.sê.ni.co [ars´eniku] *sm Quím* arsenic.
ar.te [´arti] *sf* art. **artes plásticas** arts plastiques. **belas-artes** beaux arts. **crítico de arte** critique d'art. **livro de arte** livre d'art. **obra de arte** œuvre d'art.
ar.tei.ro [art´ejru] *adj* espiègle. **criança arteira** enfant espiègle.
ar.te.lho [art´eʎu] *sm Anat* orteil.
ar.té.ria [art´ɛrjɐ] *sf Med* artère.
ar.te.ri.al [arteri´aw] *adj* artériel. Pl: *arteriais*. **pressão arterial** tension arterielle, veineuse.

ar.te.sa.na.to [artezɐn'atu] *sm* artesanat. **apoio ao artesanato** aide à l'artisanat. **o artesanato de arte** l'artisanat d'art.

ar.te.são [artez'ãw] *sm* artisan. *Pl: artesões, artesãos.*

ár.ti.co ['artiku] *adj* arctique.

ar.ti.cu.la.ção [artikulas'ãw] *sf* articulation. *Pl: articulações.*

ar.ti.cu.lar [artikul'ar] *vt* articuler.

ar.tí.fi.ce [art'ifisi] *sm* artisan ouvrier.

ar.ti.fi.ci.al [artifisi'aw] *adj* artificiel, factice, fabriqué, faux, imité, postiche. *Pl: artificiais.* **flores, plantas artificiais** fleurs, plantes artificielles. **lago artificial** lac artificiel.

ar.ti.fí.cio [artif'isju] *sm* artifice, ruse, déguisement. **fogos de artifício** feux d'artifice.

ar.ti.go [art'igu] *sm* article.

ar.ti.lhei.ro [artiʎ'ejru] *sm* 1 artilleur. 2 footbuteur.

ar.tis.ta [art'istɐ] *s* 1 artiste. *a inspiração do artista* / l'inspiration de l'artiste. *ela nasceu artista* / elle est née artiste. 2 acteur, comédien.

ar.tis.ti.ca.men.te [artistikam'ẽti] *adv* artistiquement.

ar.tís.ti.co [art'istiku] *adj* artistique.

ar.tri.te [artr'iti] *sf Med* arthrite.

ár.vo.re ['arvori] *sf* arbre. **árvore de Natal** sapin de Noël. **árvore genealógica** arbre généalogique.

as [as] *art def f pl* les. • *pron pess f pl* les.

às ['as] *contr prep+art def f sing* aux.

ás ['as] *sm* 1 (des cartes de jeu). 2 *fig* as, champion (des arts, du sport etc.).

a.sa ['azɐ] *sf* aile. **asa-delta** delta-plane.

as.cen.den.te [asẽd'ẽti] *s+adj* ascendant. *movimento ascendente de um astro* / mouvement ascendant d'un astre.

as.cen.são [asẽs'ãw] *sf* ascension, élévation. **a quinta-feira da Ascensão** le jeudi de l'Ascension. *Pl: ascensões.*

as.cen.so.ris.ta [asẽsor'istɐ] *s* liftier.

as.ce.ta [as'etɐ] *sm* ascète.

as.co ['asku] *sm* dégoût, répugnance, répulsion. **ter, sentir asco por tudo** avoir de l'écœurement.

as.fal.tar [asfawt'ar] *vt* asphalter, goudronner.

as.fal.to [asf'awtu] *sm* asphalte, goudron.

as.fi.xi.a [asfiks'iɐ] *sf Med* asphyxie, étouffement.

as.fi.xi.ar [asfiksi'ar] *vt* asphyxier.

a.si.lo [az'ilu] *sm* 1 asile. 2 abri, protection.

as.ma ['azmɐ] *sf Med* asthme.

as.nei.ra [azn'ejrɐ] *sf* ânerie, bêtise.

as.no ['aznu] *sm* 1 *Zool* âne. 2 *fig* sot, bête.

as.par.go [asp'argu] *sm Bot* asperge.

as.pas ['aspas] *sf pl* guillemets. **colocar uma citação entre aspas** / mettre une citation entre guillemets.

as.pec.to [asp'ɛktu] *sm* aspect.

ás.pe.ro ['asperu] *adj* âpre.

as.pi.ra.dor [aspirad'or] *sm* aspirateur.

as.pi.rar [aspir'ar] *vt* aspirer.

as.pi.ri.na [aspir'inɐ] *sf Quím* aspirine.

as.sa.dei.ra [asad'ejrɐ] *sf* rôtisseuse, moule.

as.sa.do [as'adu] *sm* rôti. **carne assada** viande rôtie.

as.sal.tan.te [asawt'ãti] *s* voleur, cambrioleur.

as.sal.tar [asawt'ar] *vt* assaillir, attaquer.

as.sal.to [as'awtu] *sm* 1 assaut. 2 agression, attaque de vive force (au physique et au moral). **assalto à mão armada** attaque à main armée, hold-up.

as.sar [as'ar] *vt* rôtir, griller. **assar a carne** mettre la viande à rôtir.

as.sas.si.nar [asasin'ar] *vt* assassiner.

as.sas.si.na.to [asasin'atu] *sm* assassinat.

as.sas.si.no [asas'inu] *sm* assassin.

as.se.a.do [ase'adu] *adj* propre, bien soigné.
as.se.di.ar [asedi'ar] *vt* harceler, assiéger.
as.sé.dio [a'sɛdju] *sm* harcèlement, siège. **assédio sexual** harcèlement sexuel.
as.sei.o [a'seju] *sm* propreté.
as.sem.blei.a [asẽbl'ɛjə] *sf* assemblée.
as.sen.to [a'sẽtu] *sm* siège.
as.sep.si.a [aseps'iə] *sf Med* asepsie.
as.ses.sor [ases'or] *sm* assesseur, adjoint, assistant.
as.se.xu.a.do [aseksu'adu] *adj* asexué.
as.si.dui.da.de [asidwid'adi] *sf* assiduité, fréquence.
as.sí.duo [as'idwu] *adj* assidu. **frequentador assíduo** habitué.
as.sim [as'ĩ] *adv+conj* ainsi. **assim que** ainsi que, aussitôt que. **assim seja** ainsi soit-il.
as.si.mé.tri.co [asim'ɛtriku] *adj* asymétrique.
as.si.mi.la.ção [asimilas'ãw] *sf* imprégnation, incorporation, intégration. *Pl:* assimilações.
as.si.mi.lar [asimil'ar] *vt* 1 assimiler. *assimilar o que se aprende* / assimiler ce que l'on apprend. 2 s'approprier, faire sien.
as.si.na.lar [asinal'ar] *vt* signaler, montrer, désigner. **nada a assinalar** rien à signaler.
as.si.nan.te [asin'ãti] *s* abonné, souscripteur.
as.si.nar [asin'ar] *vt* signer, souscrire, souscrire, s'abonner. **assinar um jornal** s'abonner à un journal.
as.si.na.tu.ra [asinat'urə] *sf* signature. **fazer assinatura** prendre un abonnement, s'abonner.
as.sis.tên.cia [asist'ẽsjə] *sf* assistance.
as.sis.ten.te [asist'ẽti] *s+adj* assistant.
as.sis.tir [asist'ir] *vt+vi* 1 assister. 2 aider, secourir. **assistir a um filme** regarder un film.

as.so.a.lho [aso'aʎu] *sm* plancher, parquet.
as.so.ar [aso'ar] *vt+vpr* moucher.
as.so.bi.ar [asobi'ar] *vi* siffler.
as.so.ci.a.ção [asosjas'ãw] *sf* association. *Pl:* associações.
as.so.ci.ar [asosi'ar] *vt* 1 associer. *vpr* 2 s'associer, adhérer.
as.som.bra.ção [asõbras'ãw] *sf* fantôme, revenant, apparition, spectre. *Pl:* assombrações.
as.som.brar [asõbr'ar] *vt* 1 étonner, effrayer. *vpr* 2 s'étonner.
as.som.bro.so [asõbr'ozu] *adj* étonnant, surprenant, extraordinaire, incroyable.
as.so.prar [asopr'ar] *vt+vi* souffler.
as.su.mir [asum'ir] *vt* 1 assumer. 2 prendre sur soi. **assumir uma responsabilidade** assumer une responsabilité. **assumir uma situação difícil** assumer une situation difficile.
as.sun.to [as'ũtu] *sm* sujet, thème. **discussão sobre tal assunto** discussion sur tel sujet. **passar de um assunto a outro** passer d'un sujet à un autre. **tratar de um assunto difícil** traiter d'un sujet difficile, pénible.
as.sus.tar [asust'ar] *vt* épouvanter, effrayer, faire peur.
as.te.ris.co [aster'isku] *sm* astérisque.
as.tig.ma.ta [astigm'atə] *sm+adj* astigmate.
as.tig.ma.tis.mo [astigmat'izmu] *sm Oftalm* astigmatisme.
as.tro ['astru] *sm Astron* astre, étoile.
as.tro.lo.gi.a [astrolɔʒ'iə] *sf* astrologie.
as.tró.lo.go [astr'ɔlogu] *sm* astrologue.
as.tro.nau.ta [astron'awtə] *s* astronaute.
as.tro.na.ve [astron'avi] *sf* vaisseau spatial.
as.tro.no.mi.a [astronom'iə] *sf* astronomie.
as.trô.no.mo [astr'onumu] *sm* astronome.

as.tú.cia [ast'usjə] *sf* astuce, ruse, artifice, finesse. **as astúcias da profissão** les astuces du métier.

as.tu.ci.o.so [astusi'ozu] *adj* astucieux, rusé, ingénieux. **resposta astuciosa** réponse astucieuse.

a.ta.ca.dis.ta [atakad'istə] *s+adj* grossiste.

á.to.mo ['atomu] *sm Fís, Quím* atome.

a.tô.ni.to [at'onitu] *adj* surpris, ébahi, perplexe.

á.to.no ['atonu] *adj* atone.

a.tor [at'or] *sm* acteur, comédien.

a.tor.men.tar [atormẽt'ar] *vt* 1 tourmenter, préoccuper, obséder. 2 *fig* persécuter, déranger. *vpr* 3 se tourmenter.

a.tra.ção [atras'ãw] *sf* 1 attraction. 2 divertissement. **as atrações de uma boate** les attractions d'une boîte de nuit. **atração magnética** attraction magnétique. **parque de atrações** parc d'attractions. *Pl*: atrações.

a.tra.en.te [atra'ẽti] *adj* attirant.

a.tra.ir [atra'ir] *vt* attirer, charmer, séduire.

a.tra.pa.lhar [atrapaʎ'ar] *vt* 1 troubler, embarrasser. *vpr* 2 s'embrouiller. **não estou atrapalhando?** je ne vous dérange pas? **não quero atrapalhar** je ne veux pas vous déranger.

a.trás [atr'as] *adv* derrière. **atrás de sua aparente cordialidade adivinha-se o ódio** / derrière son apparente cordialité on devine la haine. **esconder-se atrás de algo** se cacher derrière quelque chose.

a.tra.sar [atraz'ar] *vt* 1 retarder (montre). *vpr* 2 être en retard.

a.tra.so [atr'azu] *sm* retard. **atraso mental** retard mental.

a.tra.vés [atrav'ɛs] *adv* à travers. **através de** à travers de, par.

a.tra.ves.sar [atraves'ar] *vt* traverser.

a.tre.ver-se [atrev'ersi] *vpr* oser, s'enhardir.

a.tre.vi.men.to [atrevim'ẽtu] *sm* audace, hardiesse, insolence.

a.tri.bu.i.ção [atribujs'ãw] *sf* attribution. *Pl*: atribuições.

a.tri.bu.ir [atribu'ir] *vt* attribuer.

a.tri.bu.to [atrib'utu] *sm* attribut.

a.triz [atr'is] *sf* actrice, comédienne.

a.tro.ci.da.de [atrosid'adi] *sf* atrocité.

a.tro.fi.a [atrof'iə] *sf Med* atrophie.

a.tro.fi.ar [atrofi'ar] *vt* atrophier.

a.tro.pe.la.men.to [atropelam'ẽtu] *sm* renversement.

a.tro.pe.lar [atropel'ar] *vt* renverser. **ele atropelou uma moto** / il a renversé une moto.

a.troz [atr'ɔs] *adj* atroce.

a.tu.a.ção [atwas'ãw] *sf* performance. *Pl*: atuações.

a.tu.al [atu'aw] *adj* actuel. *Pl*: atuais.

a.tu.a.li.da.de [atwalid'adi] *sf* actualité.

a.tu.a.li.za.ção [atwalizas'ãw] *sf* mise à jour. *Pl*: atualizações.

a.tu.a.li.zar [atwaliz'ar] *vt* actualiser, mettre à jour.

a.tum [at'ũ] *sm Zool* thon. *Pl*: atuns.

a.tu.rar [atur'ar] *vt* subir, souffrir, supporter, endurer. **você não imagina que vou aturar estas injúrias...** / vous n'imaginez pas que je vais supporter ces injures.

au.dá.cia [awd'asjə] *sf* audace.

au.da.ci.o.so [awdasi'ozu] *adj* audacieux.

au.di.ção [awdis'ãw] *sf* audition. *Pl*: audições.

au.di.ên.cia [awdi'ẽsjə] *sf* audience.

au.di.tor [awdit'or] *sm* auditeur.

au.di.to.ri.a [awditor'iə] *sf* audit.

au.di.tó.rio [awdit'ɔrju] *sm* 1 auditoire (personne). 2 auditorium.

au.ge ['awʒi] *sm* apogée, comble.

au.la ['awlə] *sf* classe, cours, leçon. **aula particular** cours particulier. **cabular aula** faire l'école buissonnière.

au.men.tar [awmẽtˈar] *vt* augmenter, accroître.

au.men.to [awmˈẽtu] *sm* augmentation, hausse.

au.ra [ˈawrə] *sf* aura.

au.ré.o.la [awrˈɛolə] *sf* auréole.

au.ro.ra [awrˈɔrə] *sf* aurore. **aurora boreal** aurore boréale.

aus.cul.tar [awskuwtˈar] *vt Med* ausculter. **auscultar um paciente** ausculter un patient.

au.sên.cia [awzˈẽsjə] *sf* absence.

au.sen.te [awzˈẽti] *adj+s* absent.

aus.te.ri.da.de [awsteridˈadi] *sf* austérité.

aus.te.ro [awstˈɛru] *adj* austère, sévère. **ter uma disciplina austera** avoir une discipline austère.

aus.trí.a.co [awstrˈiaku] *adj+sm* autrichien.

au.ten.ti.car [awtẽtikˈar] *vt* authentifier, légaliser.

au.tên.ti.co [awtˈẽtiku] *adj* authentique.

au.to [ˈawtu] *sm* **1** *abrev* automobile, auto. **2** *Jur* acte, procès-verbal.

au.to.bi.o.gra.fi.a [awtobjografˈiə] *sf* autobiographie.

au.tó.dro.mo [awtˈɔdrumu] *sm* autodrome.

au.tó.gra.fo [awtˈɔgrafu] *sm* autographe.

au.to.má.ti.co [awtomˈatiku] *adj* automatique.

au.to.mo.bi.lis.mo [awtomobilˈizmu] *sm* automobilisme.

au.to.mó.vel [awtomˈɔvew] *sm* automobile, auto. Pl: *automóveis*.

au.to.no.mi.a [awtonomˈiə] *sf* autonomie.

au.tóp.sia [awtˈɔpsjə] *sf Med* autopsie.

au.tor [awtˈor] *sm* auteur, créateur, écrivain. **autor do crime** auteur du crime. **autor do livro** auteur du livre. **direitos de autor** droits d'auteur.

au.to.ri.da.de [awtoridˈadi] *sf* autorité.

au.to.ri.tá.rio [awtoritˈarju] *adj* autoritaire.

au.to.ri.za.ção [awtorizasˈãw] *sf* autorisation. Pl: *autorizações*.

au.xí.lio [awsˈilju] *sm* aide.

a.va.lan.cha [avalˈãʃə] *sf* avalanche.

a.va.li.a.ção [avaljasˈãw] *sf* évaluation. Pl: *avaliações*.

a.va.li.ar [avaliˈar] *vt* évaluer.

a.van.çar [avãsˈar] *vi* avancer.

a.van.ço [avˈãsu] *sm* **1** avance, marche, progression. **2** avancement, progrès.

a.va.ren.to [avarˈẽtu] *sm+adj* avare.

a.va.re.za [avarˈezə] *sf* avarice.

a.va.ri.ar [avariˈar] *vt* endommager.

a.ve [ˈavi] *sf Zool* oiseau, volaille.

a.vei.a [avˈejə] *sf* avoine.

a.ve.lã [avelˈã] *sf* noisette.

a.ve.ni.da [avenˈidə] *sf* avenue.

a.ven.tal [avẽtˈaw] *sm* tablier. Pl: *aventais*.

a.ven.tu.ra [avẽtˈurə] *sf* aventure.

a.ven.tu.rei.ro [avẽturˈejru] *sm* aventurier.

a.ve.ri.guar [averigˈwar] *vt + vpr* enquêter, s'enquérir.

a.ver.são [aversˈãw] *sf* aversion. Pl: *aversões*.

a.ves.so [avˈesu] *adj* contraire, opposé. • *sm* envers. **do avesso** à l'envers.

a.ves.truz [avestrˈus] *s Zool* autruche.

a.vi.a.ção [avjasˈãw] *sf* aviation. Pl: *aviações*.

a.vi.ão [aviˈãw] *sm Aer* avion. Pl: *aviões*.

a.vi.dez [avidˈes] *sf* avidité, voracité.

a.vi.sar [avizˈar] *vt* avertir.

a.vi.so [avˈizu] *sm* avis, avertissement.

a.vis.tar [avistˈar] *vt* apercevoir, découvrir.

a.vó [avˈɔ] *sf* grand-mère.

a.vô [avˈo] *sm* grand-père.

a.vul.so [av´uwsu] *adj+sm* séparé, détaché.
a.xi.la [aks´ilə] *sf Anat* aisselle.
a.za.lei.a [azal´ɛjə] *sf Bot* azalée.
a.zar [az´ar] *sm* malchance, mauvais sort.
a.za.ra.do [azar´adu] *adj+sm* malchanceux.
a.ze.dar [azed´ar] *vt* aigrir.

a.ze.do [az´edu] *adj+sm* aigre, acide. **palavras azedas** paroles aigres.
a.ze.du.me [azed´umi] *sm* aigreur, acidité.
a.zei.te [az´ejti] *sm* huile.
a.zei.to.na [azejt´onə] *sf* olive.
a.zi.a [az´iə] *sf* azie.
a.zul [az´uw] *sm+adj* **1** bleu. **2** *Lit* azur.

b [be] *sm* la deuxième lettre de l'alphabet de la langue portugaise. **provar por a+b** prouver pour a+b.

ba.ca.lhau [bakaλ'aw] *sm Zool* morue.

ba.ci.a [bas'iə] *sf* **1** cuvette, bac. **2** *Geogr, Anat* bassin. **bacia de plástico** cuvette en plastique. **bacia de porcelana, de plástico** bassin de porcelaine, de plastique. **bacia de um rio** bassin d'un fleuve.

ba.ço [b'asu] *sm Anat* rate.

bac.té.ria [bakt'ɛrjə] *sf* bactérie. **bactéria de forma arredondada** bactérie de forme arrondie.

ba.ga.gei.ro [bagaʒ'ejru] *sm* **1** conducteur de bagages. **2** *Autom* coffre de la voiture.

ba.ga.gem [bag'aʒẽj] *sf* bagage. *Pl:* bagagens. **bagagem acompanhada** bagage accompagnée. **bagagem de mão** bagage à main. **excedente de bagagem** excédent de bagages.

ba.í.a [ba'iə] *sf Geogr* baie.

bai.la.ri.no [bajlar'inu] *sm* danseur. **bailarino da ópera** danseur à l'opéra.

bai.le [b'ajli] *sm* bal. **baile à fantasia** bal masqué. **baile popular** bal populaire. **baile público** bal public. **salão de baile** salon de bal. **vestido de baile** robe de bal.

bair.ro [b'ajʀu] *sm* quartier.

bai.xar [bajʃ'ar] *vt* baissser, diminuer.

bai.xe.za [bajʃ'ezə] *sf* bassesse, action basse, vile. **envergonhar-se de uma baixeza** avoir honte d'une bassesse.

bai.xo [b'ajʃu] *sm* **1** bas, grossier. **2** *Mús* bas, grave. • *adj* **1** bas, petit. **2** indigne. • *adv* bas.

ba.ju.lar [baʒul'ar] *vt* aduler, flatter bassement.

ba.la [b'alə] *sf* **1** bonbon. **2** *Mil* balle, projectile d'une arme à feu. **bala de menta** bonbon à la menthe.

ba.lan.ça [bal'ãsə] *sf* balance, pèse-personne.

ba.lan.çar [balãs'ar] *vt+vpr* **1** balancer. *vt* **2** *fig* comparer. **3** hésiter.

ba.lan.ço [bal'ãsu] *sm* **1** balancement. **2** *Com, Contab* bilan.

ba.lão [bal'ãw] *sm* ballon. *Pl:* balões.

bal.cão [bawk'ãw] *sm* **1** balcon. **2** comptoir. **3** *Teat* balcon, petite galerie. *Pl:* balcões.

bal.de [b'awdi] *sm* seau. **balde de gelo** seau à glace.

ba.lei.a [bal'ejə] *sf Zool* baleine.

bal.ne.á.rio [bawne'arju] *sm* balnéaire. **estação balneária** station balnéaire.

bal.sa [b'awsə] *sf* canot.

bam.bu [bãb'u] *sm Bot* bambou.

ba.na.na [ban'ʌnə] *sf* banane.

ban.co [b'ãku] *sm* **1** banc, escabeau. **2** *Com* banque.

ban.da [bã́də] *sf Mús* bande, groupe.
ban.dei.ra [bãdéjrə] *sf* **1** drapeau, bannière. **2** *Mar* pavillon, étendard.
ban.de.ja [bãdéʒə] *sf* plateau. **levar algo para alguém na bandeja** apporter quelque chose à quelqu'un sur un plateau. **servir o café em uma bandeja** servir le café sur un plateau.
ban.di.do [bãdídu] *sm* bandit, brigand, voleur de grand chemin, malfaiteur.
ban.do [bã́du] *sm* bande, faction, troupe.
ba.nha [bʌ́ɲə] *sf* graisse. **banha de porco** saindoux. **excesso de banha** excès de graisse.
ba.nhei.ra [bañéjrə] *sf* baignoire.
ba.nhei.ro [bañéjru] *sm* **1** toilettes, WC, cabinets, latrines, sanitaires, waters. **2** *fam* chiottes, pipi-room, vécés.
ba.nho [bʌ́ɲu] *sm* bain. **banho de mar** bain de mer. **tomar um banho de banheira** prendre un bain. **tomar um banho de chuveiro** se doucher.
ba.nir [banír] *vt* bannir, chasser, exclure. **ela baniu completamente o álcool** / elle a banni complètement l'alcool. **banir um assunto da conversa** bannir un sujet de la conversation.
ban.quei.ro [bãkéjru] *sm* banquier.
bar [bár] *sm* bar, café, buvette.
ba.ra.lho [baráʎu] *sm* jeu de cartes. **jogar baralho** jouer aux cartes. **jogar uma partida de baralho** faire une partie de cartes. **roubar no baralho** tricher aux cartes.
ba.ra.ta [barátə] *sf Zool* cafard.
ba.ra.to [barátu] *adj* bon marché, pas cher (prix). **mais barato** meilleur marché.
bar.ba [bárbə] *sf* barbe.
bar.ban.te [barbã́ti] *sm* ficelle.
bar.be.a.dor [barbeadór] *sm* rasoir. **barbeador elétrico** rasoir électrique.
bar.be.ar [barbeár] *vt+vpr* raser.

bar.bei.ro [barbéjru] *sm* barbier.
bar.ca [bárkə] *sf Náut* barque, petit bateau.
bar.ca.ça [barkásə] *sf Náut* chaland, péniche, ponton, marie-salope.
bar.co [bárku] *sm* bateau, vaisseau.
ba.rô.me.tro [barómetru] *sm Fís* baromètre.
bar.ra [báʀə] *sf* barre.
bar.ra.ca [baʀákə] *sf* tente. **barraca de acampar** canadienne. **barraca de índios** tipi. **montar a barraca** planter la tente.
bar.ra.gem [baʀáʒẽj] *sf* barrage, digue. *Pl:* **barragens**.
bar.rar [baʀár] *vt* bloquer, fermer, obstruer.
bar.rei.ra [baʀéjrə] *sf* barrière.
bar.ri.ga [baʀígə] *sf* ventre, abdomen, bedaine, bide, brioche, panse. **barriga da perna** mollet. **barrigão** bedaine. **ter os olhos maiores que a barriga** avoir les yeux plus grands que le ventre.
bar.ril [baʀíw] *sm* baril, petit tonneau. *Pl:* **barris**.
bar.ro [báʀu] *sm* argile, terre glaise.
ba.ru.lhen.to [baruʎétu] *adj* bruyant, tapageur. **vizinhos barulhentos** des voisins bruyants.
ba.ru.lho [barúʎu] *sm* bruit, tapage.
ba.se [bázi] *sf* base, support, assises. **da base ao cume de la base au sommet.
ba.se.ar [bazeár] *vt* **1** baser, fonder. *vpr* **2** se baser. **esta ideia não se baseia em nada** / cette idée n'est basée sur rien.
bá.si.co [báziku] *adj* fondamental, basique.
ba.sí.li.ca [bazílikə] *sf Rel* basilique.
bas.tan.te [bastã́ti] *adj+adv+pron indef* assez, suffisant. **você trabalhou bastante?** / vous avez assez travaillé?
bas.tão [bastã́w] *sm* bâton. *Pl:* **bastões**.

ba.ta.lha [ba'taʎə] *sf* bataille. **ganhar, perder uma batalha** gagner, perdre une bataille.

ba.ta.ta [ba'tatə] *sf* pomme de terre, patate. **batata-doce** patate douce. **batatas cozidas** pommes de terre à l'eau. **batatas fritas** frites.

ba.te.dei.ra [bated'ejrə] *sf* batteur, malaxeur, robot.

ba.te-pa.po [batip'apu] *sm* causerie, bavardage.

ba.ter [bat'er] *vt* 1 battre. 2 frapper. *vpr* 3 se battre, bagarrer, guerroyer. **bater à máquina** frapper à la machine. **bater a porta** claquer la porte. **bater à porta** frapper à la porte. **bater palmas** applaudir.

ba.ti.da [bat'idə] *sf* 1 battue, choc, collision. 2 boisson alcoolisée. 3 *Mús* action de battre la mesure.

ba.tis.mo [bat'izmu] *sm* baptême.

ba.ti.zar [batiz'ar] *vt* baptiser.

ba.tom [bat'õw] *sm* rouge à lèvres.

ba.tu.ta [bat'utə] *sf Mús* baguette de chef d'orchestre.

ba.ú [ba'u] *sm* coffre.

bau.ni.lha [bawn'iʎə] *sf* vanille. **creme de baunilha** crème à la vanille. **sorvete de baunilha** glace à la vanille.

be.a.ti.fi.car [beatifik'ar] *vt* béatifier.

be.a.to [be'atu] *sm* béat. **um ar, um sorriso beato** un air, un sourire béat.

bê.ba.do [b'ebadu] *sm + adj* alcoolique, buveur, ivrogne.

be.be.dou.ro [bebed'owru] *sm* abreuvoir.

be.ber [beb'er] *vt* boire.

be.bi.da [beb'idə] *sf* boisson. **bebidas alcoolizadas** boissons alcoolisées.

be.co [b'eku] *sm* ruelle. **beco sem saída** impasse.

be.gô.nia [beg'onjə] *sf Bot* bégonia.

bei.ja-flor [bejʒaf l'or] *sm Zool* colibri. *Pl: beija-flores.*

bei.jar [bejʒ'ar] *vt+vpr* 1 embrasser. *vt* 2 *Lit* baiser.

bei.jo [b'ejʒu] *sm* 1 baiser. 2 *fam* bise. 3 *inf* bisou.

be.las-ar.tes [belaz'artis] *sf pl* beaux-arts.

be.le.za [bel'ezə] *sf* 1 beauté. 2 grâce. **o sentimento da beleza** le sentiment de la beauté.

bel.ga [b'ɛwgə] *adj+s* belge.

be.lis.cão [belisk'ãw] *sm* pincement. *Pl: beliscões.*

be.lis.car [belisk'ar] *vt* pincer. **beliscar as bochechas de alguém** pincer les joues de quelqu'un.

bem [b'ẽj] *sm* 1 bien. 2 **bens** *pl* biens. • *adv* bien.

bem-e.du.ca.do [bẽjeduk'adu] *adj* bien élevé. *Pl: bem-educados.*

bem-vin.do [bẽjv'idu] *adj* bienvenu. *Pl: bem-vindos.*

bên.ção [b'ẽsãw] *sf* bénédiction. *Pl: bênçãos.* **dar a bênção** donner la bénédiction à quelqu'un.

be.ne.fi.cên.cia [benefis'ẽsjə] *sf* bienfaisance.

be.ne.fi.ci.ar [benefisi'ar] *vt* bénéficier.

be.ne.fí.cio [benef'isju] *sm* bénéfice, avantage.

be.ne.vo.lên.cia [benevol'ẽsjə] *sf* 1 bienveillance. 2 bonté.

ben.fei.tor [bẽfejt'or] *sm* bienfaiteur.

ben.ga.la [bẽg'alə] *sf* canne. **bengala de cego** canne blanche des aveugles.

be.nig.no [ben'ignu] *adj* 1 bénin. 2 indulgent. **tumor benigno** tumeur bénigne.

ben.zi.na [bẽz'inə] *sf Quím* benzine.

ber.ço [b'ersu] *sm* berceau.

be.rin.je.la [berĩʒ'ɛlə] *sf Bot* aubergine. **berinjela recheada** aubergines farcies.

ber.mu.da [berm'udə] *sf* bermuda.

be.sou.ro [bez'owru] *sm Zool* hanneton.

besta

bes.ta [bˈestə] *sf* bête.
bes.tei.ra [bestˈejrə] *sf* **1** *pop* bêtise. **2** *gír* connerie.
be.ter.ra.ba [beterˈabə] *sf Bot* betterave. **açúcar de beterraba** sucre de betterave. **salada de beterraba** salade de betterave(s).
bé.tu.la [bˈetulə] *sf Bot* bouleau.
be.xi.ga [beʃˈigə] *sf Anat* vessie.
be.zer.ro [bezˈeřu] *sm* veau. **chorar feito bezerro desmamado** pleurer comme un veau. **o bezerro de ouro** le veau d'or.
bi.be.lô [bibelˈo] *sm* bibelot.
Bí.blia [bˈibljə] *sf* Bible.
bí.bli.co [bˈibliku] *adj* biblique.
bi.bli.o.gra.fi.a [bibljografˈiə] *sf* bibliographie.
bi.bli.o.te.ca [bibljotˈɛkə] *sf* bibliothèque.
bi.bli.o.te.cá.rio [bibljotekˈarju] *sm* bibliothécaire.
bi.car [bikˈar] *vt* becqueter.
bi.car.bo.na.to [bikarbonˈatu] *sm Quím* bicarbonate.
bí.ceps [bˈiseps] *sm Anat* biceps.
bi.cho [bˈiʃu] *sm* animal.
bi.ci.cle.ta [bisiklˈɛtə] *sf* bicyclette.
bi.co [bˈiku] *sm* bec.
bi.dê [bidˈe] *sm* bidet.
bi.fe [bˈifi] *sm* steack, bifteck. **bife com fritas** steack frites. **bife de carne moída** steack haché. **bife no ponto, bem-passado, malpassado** steack à point, bleu, saignant.
bi.ga.mi.a [bigamˈiə] *sf* bigamie.
bí.ga.mo [bˈigamu] *sm+adj* bigame.
bi.go.de [bigˈɔdi] *sm* moustache. **ter bigodes** porter une moustache.
bi.ju.te.ri.a [biʒuterˈiə] *sf* bijouterie.
bi.le [bˈili] *sf* bile.
bi.lhão [biʎˈãw] *sm+num* milliard. Pl: bilhões.
bi.lhar [biʎˈar] *sm* billard.

bloquear

bi.lhe.te [biʎˈeti] *sm* **1** billet. **2** mot. **escrever um bilhete** écrire un billet, un mot.
bi.lhe.te.ri.a [biʎeterˈiə] *sf* guichet. **fazer fila na bilheteria da estação** faire la queue au guichet de la gare.
bí.lis [bˈilis] *sf* bile.
bi.nó.cu.lo [binˈɔkulu] *sm* jumelle. **binóculo de espetáculo** des jumelles de spectacle. **um estojo de binóculo** un étui à jumelles.
bi.o.de.gra.dá.vel [bjodegradˈavew] *adj* biodégradable. Pl: biodegradáveis.
bi.o.gra.fi.a [bjografˈiə] *sf* biographie.
bi.ó.gra.fo [bjˈɔgrafu] *sm* biographe.
bi.o.lo.gi.a [bjoloʒˈiə] *sf* biologie.
bi.ó.lo.go [bjˈɔlogu] *sm* **1** biologiste. **2** bactériologiste.
bi.óp.sia [bjˈɔpsjə] *sf* biopsie.
bi.o.quí.mi.ca [bjokˈimikə] *sf* biochimie.
bi.o.quí.mi.co [bjokˈimiku] *sm+adj* biochimiste.
bi.ó.ti.po [bjˈɔtipu] *sm* biotype.
bir.ra [bˈiřə] *sf* obstination, caprice, fâcherie.
bis.bi.lho.tar [bizbiʎotˈar] *vi* faire des cancans, des ragots.
bis.coi.to [biskˈojtu] *sm* biscuit, galette.
bis.po [bˈispu] *sm Rel* évêque.
bis.sex.to [bisˈestu] *adj* bisextile.
bis.se.xu.al [biseksuˈaw] *s+adj* bisexuel. Pl: bissexuais.
bis.tu.ri [bisturˈi] *sm Med* bistouri. **bisturi elétrico** bistouri électrique.
bi.zar.ro [bizˈařu] *adj* **1** bizarre. **2** excentrique.
blas.fe.mar [blasfemˈar] *vi* blasphémer.
ble.fa.ri.te [blefarˈiti] *sf Med* blépharite.
ble.nor.ra.gi.a [blenořaʒˈiə] *sf Med* blennorragie.
blo.co [blˈɔku] *sm* bloc.
blo.que.ar [blokeˈar] *vt* bloquer. **bloquear uma porta** bloquer une porte.

blo.quei.o [blok'eju] sm blocus, *boycott*, embargo.

blu.sa [bl'uzə] sf corsage, blouse, chemisier.

blu.são [bluz'ãw] sm blouson. Pl: blusões.

bo.a-noi.te [boən'ojti] sm bonsoir, bonne nuit. Pl: boas-noites.

bo.as-vin.das [boazv'idəs] sf pl bienvenue. **dar as boas-vindas a alguém** souhaiter la bienvenue à quelqu'un.

bo.a-tar.de [boat'ardi] sm bonjour. **tenha uma boa-tarde** bon après-midi. Pl: boas-tardes.

bo.a.te [bo'ati] sf boîte.

bo.a.to [bo'atu] sm rumeur.

bo.ba.gem [boba'ʒẽj] sf baliverne, bêtise. Pl: bobagens.

bo.bo [b'obu] sm bête. **bobo da corte** bouffon.

bo.ca [b'okɐ] sf bouche, gueule (des animaux). **calar a boca** fermer la bouche. **cale a boca!** *vulg* ta gueule!, *fam* tais-toi!, taisez-vous! **de boca aberta** *pop* bouche bée.

bo.ce.jar [bose ʒ'ar] vi bâiller.

bo.ce.jo [bos'eʒu] sm bâillement.

bo.che.cha [boʃ'eʃə] sf *Anat* pommette, joue.

bo.có [bok'ɔ] s+adj *fam* idiot.

bo.de [b'ɔdi] sm *Zool* bouc. **bode expiatório** victime.

bo.e.mi.a [boem'iə] sf+adj bohème. Var: boêmia [bo'emjə].

bo.ê.mio [bo'emju] sm+adj bohème.

bo.fe.ta.da [bofet'adə] sf **1** gifle, soufflet. **2** *fam* baffe.

boi [b'oj] sm *Zool* bœuf.

boi.a [b'ɔjə] sf **1** bouée. **2** *fam* pitance. **boia salva-vida** bouée de sauvetage.

boi.ar [boj'ar] vi flotter.

bo.la [b'ɔlə] sf ballon, balle, pelote.

bo.le.tim [bolet'ĩ] sm bulletin. **boletim escolar** carnet de notes (à l'école).

bo.lha [b'oʎə] sf ampoule. **bolha de água** bulle.

bo.lo [b'olu] sm gâteau.

bo.lor [bol'or] sm moisissure.

bol.sa [b'owsə] sf **1** sac. **2** *fig* bourse. **bolsa de valores** *Com* bourse.

bol.so [b'owsu] sm poche.

bom [b'õw] adj bon. **bom senso** bon sens. **o tempo está bom** il fait beau (temps).

bom.ba [b'õbə] sf **1** bombe, pétard. **2** pompe. **3** éclair (gâteau). **bomba atômica** bombe atomique. **levar bomba** *pop* être recalé, collé (dans les études).

bom.bar.de.ar [bõbarde'ar] vt *Mil* bombarder.

bom.bar.dei.o [bõbard'eju] sm *Mil* bombardement.

bom.bei.ro [bõb'ejru] sm pompier.

bom.bom [bõb'õw] sm chocolat.

bom-di.a [bõd'jə] sm bonjour. Pl: bons-dias.

bon.da.de [bõd'adi] sf **1** bonté. **2** clémence, bienfaisance, bienveillance, gentillesse, générosité, humanité, indulgence. **3** *fig* cœur.

bon.di.nho [bõd'iɲu] sm funiculaire.

bo.né [bon'ɛ] sm béret.

bo.ne.ca [bon'ɛkə] sf poupée.

bo.ni.to [bon'itu] adj beau.

bô.nus [b'onus] sm *Com* bonus.

bor.bo.le.ta [borbol'etə] sf *Zool* papillon.

bor.bu.lhar [borbuʎ'ar] vi bouillonner.

bor.da [b'ordə] sf bord. **chapéu de bordas largas, abaixadas, levantadas** chapeau à large bord, à bord baissé, relevé.

bor.da.do [bord'adu] sm broderie.

bor.dar [bord'ar] vt broder.

bor.del [bord'ɛw] sm bordel, maison de prostitution. Pl: bordéis.

bor.do [b'ordu] sm *Náut* bord. **a bordo** à bord. **subir a bordo** monter à bord.

bor.dô [bord´o] *adj+sm* bordeaux, grenat.
bor.ra.cha [boɦ´aʃə] *sf* caoutchouc. **borracha para apagar** gomme.
bor.rar [boɦ´ar] *vt* salir, tacher.
bos.que [b´ɔski] *sm* bois.
bos.ta [b´ɔstə] *sf* excrément, bouse, merde, crotte, caca.
bo.ta [b´ɔtə] *sf* botte. **tirar ou descalçar as botas** ôter ses bottes.
bo.tâ.ni.ca [bot´ʌnikə] *sf* botanique.
bo.tâ.ni.co [bot´ʌniku] *sm+adj* botanique. **jardim botânico** jardin botanique.
bo.tão [bot´ãw] *sm* bouton, bourgeon (fleur). **botão de flor** bouton de fleur. **botão de rosa** bouton de rose, rose en bouton. *Pl: botões*.
bo.tar [bot´ar] *vt* jeter, mettre. **botar ovos** pondre des œufs.
bo.te [b´ɔti] *sm* canot, petit bateau. **bote salva-vidas** canot de sauvetage.
bo.tu.lis.mo [botul´izmu] *sm Med* botulisme.
bo.vi.no [bov´inu] *adj Zool* bovin.
bo.xe [b´ɔksi] *sm Esp* boxe.
bo.xe.a.dor [bokʃead´or] *sm* boxeur.
bra.ça.da [bras´adə] *sf* brassée.
bra.ce.le.te [brasel´eti] *sm* bracelet. **bracelete de ouro, de marfim** bracelet en or, en ivoire. **bracelete de um relógio** bracelet d'une montre.
bra.ço [br´asu] *sm* bras. **braço da cadeira** accoudoir. **braço de rio** branche. **cair nos braços de alguém** tomber dans les bras de quelqu'un.
bra.gui.lha [braɡ´iʎə] *sf* braguette.
bran.co [br´ãku] *adj+sm* blanc. **branco de medo** blanc de peur.
bran.cu.ra [brãk´urə] *sf* blancheur.
bran.dir [brãd´ir] *vt* brandir, secouer.
bran.du.ra [brãd´urə] *sf* mollesse, douceur, suavité.
bran.que.a.men.to [brãkeam´ẽtu] *sm* blanchissement.

bran.que.ar [brãke´ar] *vt* blanchir.
brân.quia [br´ãkjə] *sf Zool* branchie, ouïe.
bra.sa [br´azə] *sf* braise, charbon ardent.
bra.sei.ro [braz´ejru] *sm* brasier.
bra.si.lei.ro [brazil´ejru] *sm+adj* brésilien.
bra.va.ta [brav´atə] *sf* bravade.
bre.chó [breʃ´ɔ] *sm* bric-à-brac.
bre.jo [br´eʒu] *sm* marécage, marais.
bre.tão [bret´ãw] *sm+adj* breton. *Pl: bretões*.
breu [br´ew] *sm* brai sec. **a noite está escura como breu** il fait nuit noire.
bre.ve [br´evi] *adj* bref, court, concis, succint. **em breve** sous peu, bientôt. **em breves palavras** en peu de mots. **estilo breve** style concis.
bre.vi.da.de [brevid´adi] *sf* brièveté, rapidité, légèreté, concision.
bri.ga [br´igə] *sf* lutte, combat, dispute, querelle. **assunto de briga** sujet de dispute. **briga de namorados** dispute d'amoureux. **incitar, levar à briga** inciter, pousser à la dispute. **pessoa que gosta, que procura briga** personne qui aime, qui provoque la dispute. **procurar briga** chercher la dispute. **ter uma briga com alguém** se disputer avec quelqu'un.
bri.ga.da [brig´adə] *sf Mil* brigade.
bri.ga.dei.ro [brigad´ejru] *sm Mil* brigadier, général de brigade.
bri.gar [brig´ar] *vi* **1** lutter, combattre, se battre, quereller, disputer. **2** *fig* discorder.
bri.lhan.te [briʎ´ãti] *sm* brillant. • *adj* brillant, lumineux, éclatant. **cabelos com brilho** des cheveux brillants. **olhos brilhantes** des yeux brillants.
bri.lhar [briʎ´ar] *vi* briller, reluire, avoir de l'éclat, se distinguer.
bri.lho [br´iʎu] *sm* **1** éclat, étincellement. **2** *fig* éclat, gloire, célébrité.

brim [brī] *sm* toile.
brin.ca.dei.ra [brĩkad'ejrə] *sf* badinage, plaisanterie,
brin.car [brĩk'ar] *vi* jouer, plaisanter, badiner. **ela não está com vontade de brincar** elle n'a pas envie de s'amuser.
brin.co [br'ĩku] *sm* boucle d'oreille, bijou, chose jolie.
brin.dar [brĩd'ar] *vt* 1 boire à la santé de quelqu'un, faire un cadeau. *vi* 2 porter un *toast* à quelqu'un.
brin.de [br'ĩdi] *sm* 1 cadeau. 2 *toast* porté à la santé de quelqu'un.
brin.que.do [brĩk'edu] *sm* 1 jouet. 2 *inf* joujou.
bri.sa [br'izə] *sf* brise, vent doux.
bri.tâ.ni.co [brit'Aniku] *sm+adj* britanique.
bro.ca [br'ɔkə] *sf* 1 foret, taraud, mèche, broche. 2 *Zool* larve.
bro.che [br'ɔʃi] *sm* broche.
bro.chu.ra [broʃ'urə] *sf* brochure.
bró.co.lis [br'ɔkolis] *sm pl Bot* brocoli.
bron.ca [br'ɔkə] *sf* 1 blâme. 2 *fam* savon. **dar uma bronca** passer un savon.
bron.co [br'õku] *adj* imbécile, stupide, bouché, sot.
brôn.quio [br'õkju] *sm Anat* bronche.
bron.qui.te [brõk'iti] *sf Med* bronchite. **bronquite alérgica, crônica** bronchite allergique, chronique.
bron.ze.a.men.to [brõzeam'ẽtu] *sm* bronzage.
bron.ze.ar [brõze'ar] *vt* bronzer.
bro.tar [brot'ar] *vi* germer, bourgeonner, jaillir.
bro.to [br'otu] *sm Bot* bourgeon, germe.
brus.co [br'usku] *adj* brusque.
bru.tal [brut'aw] *adj* 1 brutal, grossier, truculent. 2 *fig* bestial. *Pl:* **brutais**.
bru.ta.li.da.de [brutalid'adi] *sf* 1 brutalité, violence. 2 *fig* férocité. **vítima de brutalidades** victime de brutalités.
bru.ta.li.zar [brutaliz'ar] *vt* brutaliser.
bru.ta.mon.tes [brutam'õtis] *sm pop* brute, colosse.
bru.to [br'utu] *sm* bruto. • *adj* grossier.
bru.xa.ri.a [bruʃar'iə] *sf* sorcellerie, enchantement.
bru.xo [br'uʃu] *sm* sorcier.
bu.bão [bub'ãw] *sm* 1 *Med* bubon, tumeur. 2 *Bot* bubon, genre de plantes ombellifères. *Pl:* **bubões**.
bu.cal [buk'aw] *adj* buccal. *Pl: bucais.* **cavidade bucal** cavité buccale. **medicamento por via bucal** médicament à prendre par voie buccale.
bú.fa.lo [b'ufalu] *sm Zool* bufle.
bu.fê [buf'e] *sm* buffet.
bu.la [b'ulə] *sf* 1 *Rel* bulle, décret du pape. 2 sceau, notice. **bula de remédio** mode d'emploi, notice d'un médicament.
bul.bo [b'uwbu] *sm* bulbe, oignon.
bul.do.gue [buwd'ɔgi] *sm* bouledogue.
bu.le [b'uli] *sm* théière.
bu.li.mi.a [bulim'iə] *sf Med* boulimie.
bu.lir [bul'ir] *vi* remuer, bouger.
bum.bo [b'ũbu] *sm* grosse caisse.
bun.da [b'ũdə] *sf* 1 *pop* fesse, fessier, postérieur. 2 *gír* cul.
bu.quê [buk'e] *sm* bouquet, botte.
bu.ra.co [bur'aku] *sm* 1 trou, creux, cavité, orifice. 2 excavation. **tapar buraco** boucher un trou. **buraco do ponto** *Teat* le trou du souffleur.
bur.guês [burg'es] *sm+adj* bourgeois.
bur.gue.si.a [burgez'iə] *sf* bourgeoisie.
bu.ro.cra.ci.a [burokras'iə] *sf* bureaucratie.
bu.ro.cra.ta [burokr'atə] *s* bureaucrate.
bu.ro.crá.ti.co [burokr'atiku] *adj* bureaucratique.
bur.ra.da [buř'adə] *sf* 1 *pop* ânerie, bêtise. 2 *fam* connerie, sottise.
bur.ri.ce [buř'isi] *sf* 1 bêtise, ânerie. 2 *fam* connerie, sottise.

bur.ro [b´uřu] *sm* **1** *Zool* âne, bourrique. **2** *fig* bête, idiot, ignorant, sot.

bus.car [busk´ar] *vt* chercher, rechercher.

bús.so.la [b´usolə] *sf* **1** boussole. **2** *fig* boussole, guide.

bus.to [b´ustu] *sm* **1** gorge. **2** *Anat* poitrine, buste. **3** *Escult* buste.

bu.zi.na [buz´inə] *sf Autom* klaxon.

bu.zi.nar [buzin´ar] *vi* klaxonner, corner.

C

c [se] *sm* la troisième lettre de l'alphabet de la langue portugaise.

cá [k'a] *sm* le nom de la lettre K. • *adv* ici.

ca.ba.na [kab'∧nə] *sf* cabane, hutte, baraque.

ca.be.ar [kabe'ar] *vt* câbler.

ca.be.ça [kab'esə] *sf Anat* tête. **bater a cabeça na parede** se taper la tête contre les murs. **cabeça da lista** tête de liste. **cabeça de alfinete** tête d'épingle. **cabeça de prego** tête de clou. **cabeça de alho** tête d'ail. **cabeça do casal** chef de famille. **cabeça-dura** têtu. **calcular de cabeça** calculer de tête. **de cabeça para baixo** dessus dessous. **dor de cabeça** mal à la tête **quebrar a cabeça** se casser la nenette.

ca.be.ça.lho [kabes'aλu] *sm* en-tête.

ca.be.cei.ra [kabes'ejrə] *sf* chevet. **cabeceira da cama** la tête d'un lit. **livro de cabeceira** livre de chevet.

ca.be.çu.do [kabes'udu] *sm* têtu.

ca.be.lei.rei.ro [kabelejr'ejru] *sm* coiffeur.

ca.be.lo [kab'elu] *sm* cheveu. **cortar o cabelo** se faire couper les cheveux.

ca.ber [kab'er] *vt* tenir, contenir. **cabe a ela esta responsabilidade** cette responsabilité lui incombe. **cabe a mim responder** c'est à moi de répondre. **caber a** échoir, appartenir, revenir. **caber em** tenir, contenir.

ca.bi.de [kab'idi] *sm* porte-manteau.

ca.bi.na [kab'inə] *sf* cabine. **cabina telefônica** cabine téléphonique.

ca.bo [k'abu] *sm* **1** poignée. **2** *Geogr* cap. **3** *Mil* caporal, brigadier. **4** *Náut* amarre. **cabo de vassoura** manche du balai. **dar cabo de** conclure. **levar a cabo** mener à bien. **TV a cabo** TV à câble.

ca.bra [k'abrə] *sf Zool* chèvre.

ca.bri.to [kabr'itu] *sm Zool* chevreau, cabri.

ca.ça [k'asə] *sf* chasse, gibier.

ca.ça.da [kas'adə] *sf* partie de chasse.

ca.çar [kas'ar] *vt* chasser. **licença para caçar** permis de chasse.

ca.ca.re.jar [kakareʒ'ar] *vi* caqueter, glousser.

ca.cau [kak'aw] *sm Bot* cacao. **manteiga de cacau** beurre de cacao.

ca.che.col [kaʃek'ɔw] *sm* cachecol.

ca.chim.bo [kaʃ'ĩbu] *sm* pipe. **cachimbo da paz** chalumeau.

ca.cho [k'aʃu] *sm* boucle (cheveux). **cacho de uvas** grappe de raisins.

ca.cho.ei.ra [kaʃo'ejrə] *sf* chute d'eau.

ca.chor.ro [kaʃ'oR̃u] *sm Zool* chien.

ca.co [k'aku] *sm* fragment.

ca.ço.ar [kaso'ar] *vt+vi* railler, badiner, plaisanter, se moquer de.

caçula   292   **cálice**

ca.çu.la [kasˈulə] *s* benjamin.
ca.da [kˈad ə] *pron indef* chaque. **a cada dois dias** tous les deux jours. **a cada instante** à chaque instant. **cada um** chacun. **cada uma** chacune.
ca.dar.ço [kadˈarsu] *sm* lacet.
ca.dá.ver [kadˈaver] *sm* cadavre, corps, dépouille.
ca.de.a.do [kadeˈadu] *sm* cadenas.
ca.dei.a [kadˈejə] *sf* **1** prison. **2** *Geogr* chaîne. **3** maille. **pôr na cadeia** emprisonner.
ca.dei.ra [kadˈejrə] *sf* chaise. **cadeira de balanço** chaise à bascule.
ca.dei.ras [kadˈejras] *sf pl Anat* hanches, reins. **dor nas cadeiras** mal aux reins.
ca.dên.cia [kadˈẽsjə] *sf Mús, Poét* cadence, harmonie.
ca.der.ne.ta [kadernˈetə] *sf dim* livret. **caderneta de poupança** livret d'épargne.
ca.der.no [kadˈɛrnu] *sm* cahier.
ca.du.car [kadukˈar] *vi* **1** devenir caduc, devenir désuet. **2** passer la date limite. **3** devenir gaga, gâteux.
ca.du.co [kadˈuku] *sm* caduc, démodé, dépassé, obsolète, périmé, vieux.
ca.fé [kafˈɛ] *sm* café. **café com leite** café au lait. **café da manhã** petit déjeuner. **café em pó (moído)** café en poudre (moulu). **cafezinho puro, café preto** café noir.
ca.fo.na [kafˈonə] *s fig* pas élégant, ridicule.
cãi.bra [kˈãjbrə] *sf Med* crampe.
ca.í.da [kaˈidə] *sf coloq* **1** toquade. **2** chute.
cai.pi.ra [kajpˈirə] *s+adj Bras* campagnard, paysan, provincial.
ca.ir [kaˈir] *vi* **1** tomber, chuter. **2** s'affaisser. **3** *fam* dégringoler.
cais [kˈajs] *sm* quai.
cai.xa [kˈajʃə] *sf* **1** caisse, boîte. *sm* **2** *Com* caisse. **3** caissier. **caixa do correio** boîte à lettres. **caixa econômica** caisse d'épargne. **caixa forte** coffre-fort. **caixa postal** boîte postale. **caixa registrada** caisse enregistreuse.
cai.xão [kajʃˈãw] *sm* cercueil, bière. *Pl:* **caixões**.
cai.xi.nha [kajʃˈiñə] *sf dim* **1** petite boîte. **2** *pop* pourboire, gratification.
cal [kˈaw] *sf Min* chaux. *Pl:* **cais** ou **cales**.
ca.la.fri.o [kalafrˈiu] *sm* frisson.
ca.la.mi.da.de [kalamidˈadi] *sf* **1** calamité, catastrophe, désastre. **2** désolation, infortune, fléau. **calamidade pública** fléau.
ca.lar [kalˈar] *vt+vpr* taire. **cale a boca!** ou **cale-se!** taisez-vous! ou tais-toi!
cal.ça [kˈawsə] *sf* pantalon (pour hommes), slip (pour femmes).
cal.ça.da [kawsˈadə] *sf* trottoir, chaussée.
cal.ça.do [kawsˈadu] *sm* chaussure, soulier.
cal.car [kawkˈar] *vt* fouler, écraser, comprimer, calquer.
cal.çar [kawsˈar] *vt* chausser.
cal.ci.nar [kawsinˈar] *vt* calciner.
cal.ci.nhas [kawsˈiñas] *sf pl* culottes, slip de femme.
cal.cu.la.do.ra [kawkuladˈorə] *sf* calculatrice, calculette.
cal.cu.lar [kawkulˈar] *vt* **1** calculer, chiffrer, compter. **2** calculer, estimer, évaluer.
cál.cu.lo [kˈawkulu] *sm* **1** calcul. **2** *Med* calcul.
cal.dei.rão [kawdejrˈãw] *sm* chaudron, fait-tout. *Pl:* **caldeirões**.
cal.do [kˈawdu] *sm* bouillon.
ca.len.dá.rio [kalẽdˈarju] *sm* calendrier.
ca.lha [kˈaʎə] *sf* gouttière.
cá.li.ce [kˈalisi] *sm* calice. **cálice sagrado** Graal.

cal.ma [k′awmə] *adj* calme. • *sf* calme, détente, paix, quiétude, sérénité, apaisement. **calma!** doucement. **manter a calma** garder son calme. **perder a calma** perdre son calme.

cal.man.te [kawm′ãti] *adj* calmant, apaisant. • *sm* tranquillisant, sédatif.

cal.mo [k′awmu] *adj* calme, impassible, paisible, placide, serein, tranquille.

ca.lo [k′alu] *sm* cal, durillon, cor.

ca.lor [kal′or] *sm* chaleur.

ca.lo.ri.a [kalor′iə] *sf* calorie.

ca.lo.ta [kal′ɔtə] *sf* calotte.

ca.lou.ro [kal′owru] *sm* 1 bizut (ou bizuth), bleu, nouveau. 2 débutant, novice.

ca.lú.nia [kal′unjə] *sf* calomnie, attaque, diffamation.

ca.lu.ni.ar [kaluni′ar] *vt* calomnier, attaquer, diffamer.

cal.vá.rio [kawv′arju] *sm* calvaire.

cal.ví.cie [kawv′isji] *sf* calvitie.

cal.vo [k′awvu] *sm+adj* chauve.

ca.ma [k′ʌmə] *sf* lit. **roupa de cama** garniture de lit, linge de lit.

ca.ma.da [kam′adə] *sf* couche.

ca.ma.le.ão [kamale′ãw] *sm* Zool caméléon. Pl: camaleões.

câ.ma.ra [k′ʌmərə] *sf* chambre, alcôve. **câmara de ar** chambre à air. **Câmara dos deputados** Chambre des députés. **Câmara municipal** Conseil municipal.

ca.ma.ra.da [kamar′adə] *s* camarade, compagnon, collègue, confrère.

ca.ma.rão [kamar′ãw] *sm* Zool crevette. Pl: camarões.

ca.ma.ro.te [kamar′ɔti] *sm* 1 Náut cabine. 2 Teat loge, corbeille, avant-scène.

cam.ba.da [kãb′adə] *sf* coloq clique, bande.

cam.ba.le.ar [kãbale′ar] *vi* balancer, osciller.

cam.ba.lho.ta [kãbaʎ′ɔtə] *sf* pirouette, cabriole.

câm.bio [k′ãbju] *sm* 1 Com change. 2 Mec boîte de vitesses. **casa de câmbio** bureau de change. **letra de câmbio** lettre de change. **taxa de câmbio** taux de change.

cam.bis.ta [kãb′istə] *sm* changeur.

cam.bu.rão [kãbur′ãw] *sm* fourgon. Pl: camburões.

ca.me.lo [kam′elu] *sm* Zool chameau.

ca.me.lô [kamel′o] *sm* camelot, ambulant.

câ.me.ra [k′ʌmerə] *sf* 1 caméra. *sm* 2 cadreur. **câmera de vídeo** caméscope. **câmera fotográfica** appareil photo.

ca.mi.nha.da [kamiɲ′adə] *sf* promenade à pied, marche.

ca.mi.nhão [kamiɲ′ãw] *sm* camion. Pl: caminhões. **caminhão com reboque** camion à remorque.

ca.mi.nhar [kamiɲ′ar] *vi* marcher.

ca.mi.nho [kam′iɲu] *sm* chemin, route, itinéraire, parcours, trajectoire, voie, sentier. **pôr-se a caminho** se mettre à chemin.

ca.mi.sa [kam′izə] *sf* chemise. **camisa de força** camisole de force.

ca.mi.se.ta [kamiz′etə] *sf* tee-shirt.

ca.mi.si.nha [kamiz′iɲə] *sf* condom, préservatif, capote.

ca.mi.so.la [kamiz′ɔlə] *sf* chemise de nuit.

cam.pa.i.nha [kãpa′iɲə] *sf* sonnette, clochette, sonnerie.

cam.pa.nha [kãp′ʌɲə] *sf* Com, Mil campagne.

cam.pe.ão [kãpe′ãw] *sm* champion. Pl: campeões.

cam.po [k′ãpu] *sm* 1 campagne. 2 champ, pré. 3 terrain. **campo de aviação** champ d'aviation. **campo de concentração** camp de concentration. **campo de futebol** terrain de football.

campo magnético champ magnétique. **casa de campo** cottage, maison de campagne.

ca.mu.flar [kamufl´ar] *vt* **1** camoufler, dissimuler, maquiller. *vpr* **2** se camoufler.

ca.na [k´Anə] *sf Bot* canne. **ir em cana** *gír* aller en taule.

ca.na-de-a.çú.car [k´Anədjəs´ukar] *sf Bot* canne à sucre. *Pl:* canas-de-açúcar.

ca.nal [kan´aw] *sm* **1** canal, tube, conduite. **2** *Geogr* voie, chenal, goulet. **3** *Anat* canal, artère. *Pl:* canais. **canal de TV** chaîne.

ca.na.lha [kan´aʎə] *sm+sf* canaille, salaud, voyou.

ca.ná.rio [kan´arju] *sm Zool* canari, serin.

ca.nas.trão [kanastr´ãw] *sm* cabotin. *Pl:* canastrões.

ca.na.vi.al [kanavi´aw] *sm* champ de canne à sucre, cannaie. *Pl:* canaviais.

can.ção [kãs´ãw] *sf* chanson. **canção de ninar** berceuse. *Pl:* canções.

can.ce.la.men.to [kãselam´ẽtu] *sm* annullement.

can.ce.lar [kãsel´ar] *vt* **1** annuller. **2** effacer. **3** clore, arrêter.

cân.cer [k´ãser] *sm* **1** *Med* cancer. **2** *Astron, Astrol* Cancer (nesta acepção, usa-se inicial maiúscula).

can.di.da.to [kãdid´atu] *sm* candidat.

can.di.da.tu.ra [kãdidat´urə] *sf* candidature.

ca.ne.la [kan´εlə] *sf* **1** *Bot* cannelle. **2** *Anat* cheville.

ca.ne.ta [kan´etə] *sf* stylo. **caneta esferográfica** stylo à bille, stylo-bille.

ca.nhão [kañ´ãw] *sm* canon. *Pl:* canhões.

ca.nho.to [kañ´otu] *sm+adj* **1** gaucher. **2** maladroit. **3** *Com* volant. **4** bon, coupon.

ca.ni.ve.te [kaniv´eti] *sm* canif.

ca.no [k´Anu] *sm* tuyau, tube, conduit. **cano de uma bota** tige d'une botte. **dar o cano** *gír* poser un lapin.

ca.no.a [kan´oə] *sf* canot, chaloupe, pirogue.

can.sa.ço [kãs´asu] *sm* fatigue, lassitude, épuisement.

can.sar [kãs´ar] *vt* **1** fatiguer, épuiser, extenuer. *vpr* **2** se fatiguer.

can.ta.da [kãt´adə] *sf pop* baratin.

can.tar [kãt´ar] *vt* chanter.

can.ta.ro.lar [kãtarol´ar] *vt+vi* chantonner, fredonner.

can.tei.ro [kãt´ejru] *sm* parterre. **canteiro de obras** chantier. **canteiro naval** chantier naval.

can.til [kãt´iw] *sm* gourde. *Pl:* cantis.

can.to [k´ãtu] *sm* **1** chant. **2** coin. **canto coral** chant choral. **esconder-se em um canto** se cacher dans un coin. **o canto dos olhos, da boca** le coin des yeux, de la bouche.

can.tor [kãt´or] *sm* **1** chanteur. **2** chantre.

ca.nu.di.nho [kanud´iñu] *sm dim* paille.

ca.nu.do [kan´udu] *sm* tube, tuyau, cornet.

cão [k´ãw] *sm* chien. *Pl:* cães. **cão de caça** chien de chasse. **cão que ladra não morde** chien qui aboie ne mord pas. **viver como cão e gato** vivre comme chien et chat.

ca.o.lho [ka´oʎu] *adj+sm Bras* borgne.

ca.os [k´aws] *sm* chaos, confusion, désordre.

ca.pa [k´apə] *sf* manteau, cape. **capa de chuva** impermeable, ciré. **capa de livro** couverture.

ca.pa.ce.te [kapas´eti] *sm* casque. **capacete de motociclista** casque de motocycliste. **capacete militar** casque militaire.

ca.pa.cho [kap´aʃu] *sm* **1** paillasson. **2** *fig* homme servile. **3** *vulg* lèche-cul.

ca.pa.ci.da.de [kapasidˈadi] *sf* **1** capacité, habilité, aptitude. **2** volume, quantité, mesure.
ca.par [kapˈar] *vt* châtrer.
ca.pa.taz [kapatˈas] *sm* chef d'équipe.
ca.paz [kapˈas] *adj* capable, habile, apte.
ca.pe.la [kapˈɛla] *sf* chapelle.
ca.pe.lão [kapelˈãw] *sm* aumônier, chapelain. Pl: *capelães*.
ca.pim [kapˈĩ] *sm Bot* herbe.
ca.pi.tal [kapitˈaw] *sm* **1** capital, argent. *sf* **2** capitale. • *adj* capital, essentiel, fondamental, primordial. Pl: *capitais*.
ca.pi.ta.li.zar [kapitalizˈar] *vt+vi* capitaliser.
ca.pi.tão [kapitˈãw] *sm* capitaine. Pl: *capitães*.
ca.pi.tu.lar [kapitulˈar] *vi* capituler, céder.
ca.pí.tu.lo [kapˈitulu] *sm* chapitre.
ca.po.tar [kapotˈar] *vi* capoter, chavirer.
ca.pri.char [kapriʃˈar] *vi* s'appliquer, soigner.
ca.pri.cho [kaprˈiʃu] *sm* **1** caprice. **2** application. **3** *coloq* toquade, fantaisie.
ca.pri.cho.so [kapriʃˈozu] *adj* **1** capricieux, instable, irrégulier. **2** soigné.
Ca.pri.cór.nio [kaprikˈɔrnju] *sm Astron, Astrol* Capricorne.
cáp.su.la [kˈapsulə] *sf* capsule, cachet.
cap.tar [kaptˈar] *vt* capter.
cap.tu.rar [kapturˈar] *vt* capturer.
ca.puz [kapˈus] *sm* capuche, capuchon.
ca.ra [kˈarə] *sf* **1** face, visage, mine, figure. *sm* **2** *fam* mec, gars. **amarrar a cara** a) faire la moue, bouder. b) *gír* faire la gueule. **bater a porta na cara de alguém** claquer la porte au nez de quelqu'un. **cara a cara** face à face, vis-à-vis, tête-à-tête.

ca.ra.col [karakˈow] *sm* **1** escargot. **2** colimaçon. **3** boucle (cheveux).
ca.rac.te.rís.ti.ca [karakterˈistikə] *sf* caractéristique.
ca.rac.te.ri.zar [karakterizˈar] *vt* caractériser.
ca.ram.ba [karˈãbə] *interj* punaise!
ca.ra.me.lo [karamˈɛlu] *sm* caramel.
ca.ra.mu.jo [karamˈuʒu] *sm Zool* escargot, limace, limaçon.
ca.ran.gue.jo [karãgˈeʒu] *sm Zool* crabe.
ca.rá.ter [karˈater] *sm* **1** caractère, personnalité, nature, tempérament. **2** caractère, type de lettre d'imprimerie, lettre de l'alphabet. **mau caráter** escroc.
ca.ra.va.na [karavˈʌnə] *sf* caravane.
car.bo.ni.zar [karbonizˈar] *vt* carboniser.
car.bu.ra.dor [karburadˈor] *sm Autom* carburateur.
car.ca.ça [karkˈasə] *sf* carcasse, squelette. **carcaça de navio** coque.
cár.ce.re [kˈarseri] *sm* prison.
car.dá.pio [kardˈapju] *sm* menu.
car.di.o.lo.gis.ta [kardjoloʒˈistə] *s* cardiologue.
car.du.me [kardˈumi] *sm* banc.
ca.re.ca [karˈɛkə] *adj* chauve, dégarni.
ca.ren.te [karˈẽti] *s* pauvre, nécessiteux.
ca.res.ti.a [karestˈiə] *sf* **1** prix élevé, cherté. **2** disette.
ca.re.ta [karˈetə] *sf* grimace, moue.
car.ga [kˈargə] *sf* charge, cargaison, fardeau, chargement.
car.go [kˈargu] *sm* fonction, poste.
ca.ri.ca.tu.ra [karikatˈurə] *sf* caricature, satire, parodie.
ca.rí.cia [karˈisjə] *sf* caresse, câlinerie, cajolerie.
ca.ri.da.de [karidˈadi] *sf* charité, bienfaisance.

cá.rie [k'arji] *sf Med* carie.
ca.rim.bar [karĩb'ar] *vt* cacheter, tamponner.
ca.rim.bo [kar'ĩbu] *sm* tampon, timbre.
ca.ri.nho [kar'iñu] *sm* tendresse, cajolerie.
ca.ris.ma [kar'izmə] *sm* charisme.
car.na.val [karnav'aw] *sm* Carnaval. *Pl: carnavais.*
car.ne [k'arni] *sf* viande, chair. **carne assada** rôti. **carne moída** viande hachée. **em carne e osso** en chair et en os.
car.nei.ro [karn'ejru] *sm* **1** *Zool* mouton. **2** *Astrol* Bélier (nesta acepção, usa-se inicial maiúscula). **carneiro selvagem** bélier. **perna de carneiro assada** gigot.
ca.ro [k'aru] *adj* cher.
ca.ro.ço [kar'osu] *sm Bot* noyau.
ca.ro.na [kar'onə] *sf* autostop. **pedir carona** faire de l'*autostop* (ou *auto-stop*). **viajar de carona** voyager en *autostop* (ou *auto-stop*).
car.pa [k'arpə] *sf Zool* carpe.
car.pe.te [karp'eti] *sm* moquette.
car.ras.co [kaʀ'asku] *sm* bourreau.
car.re.ga.men.to [kaʀegam'ẽtu] *sm* chargement, cargaison.
car.re.gar [kaʀeg'ar] *vt* **1** porter. **2** charger.
car.rei.ra [kaʀ'ejrə] *sf* carrière.
car.ri.nho [kaʀ'iñu] *sm dim* petite voiture. **carrinho de bebê** landau, poussette. **carrinho de mão** brouette. **carrinho de supermercado** chariot.
car.ro [k'aʀu] *sm* voiture, automobile. **carro de autoescola** auto-école. **carro de praça** taxi. **pôr o carro na frente dos bois** mettre la charrue avant les bœufs. **puxar o carro** *gír* se tirer, se barrer.
car.ro.ça [kaʀ'ɔsə] *sf* charrette ou chariot.
car.ro.ce.ri.a [kaʀoser'iə] *sf Autom* carrosserie.

car.ta [k'artə] *sf* **1** lettre. **2** carte (de jeu). **carta de baralho** carte à jouer. **carta registrada** lettre recommandée. **mostrar as cartas** étaler ses cartes. **papel de carta** papier à lettres.
car.tão [kart'ãw] *sm* carte, carton. *Pl: cartões.* **cartão de banco** carte bancaire. **cartão de crédito** carte de crédit. **cartão de visita** carte de visite. **cartão magnético** carte magnétique.
car.tão-pos.tal [kart'ãwpost'aw] *sm* carte postale. *Pl: cartões-postais.* **cartão telefônico** carte téléphonique.
car.taz [kart'as] *sm* affiche, placard, écriteau. **ter cartaz** *fam* avoir du renom.
car.tei.ra [kart'ejrə] *sf* porte-feuille. **carteira de identidade** carte d'identité. **carteira de motorista** ou **carteira de habilitação** permis de conduire.
car.tei.ro [kart'ejru] *sm* facteur.
car.to.la [kart'ɔlə] *sf* haut-de-forme.
car.tu.cho [kart'uʃu] *sm* **1** cornet. **2** cartouche.
car.vão [karv'ãw] *sm* charbon. *Pl: carvões.* **mina de carvão** mine de charbon.
ca.sa [k'azə] *sf* maison. **casa de botão** boutonnière. **casa de campo ou de praia** villa. **casa do tabuleiro** (damas, xadrez) case de l'échiquier (dames, échec). **em casa de** chez. **em casa de ferreiro o espeto é de pau** les fils du cordonnier sont les plus mal chaussés. **em minha casa** chez moi. **voltar para casa** rentrer.
ca.sa.co [kaz'aku] *sm* manteau.
ca.sal [kaz'aw] *sm* couple. *Pl: casais.*
ca.sa.men.to [kazam'ẽtu] *sm* mariage.
ca.sar [kaz'ar] *vt+vpr* marier.
cas.ca [k'askə] *sf* écorce, peau (fruits), cosse (légumes), écaille (huîtres),

coque, coquille (œufs, noix), croûte (pain).
as.ca.ta [kaskˈatə] *sf Geogr* cascade, cataracte.
as.ca.vel [kaskavˈɛw] *sf Zool* crotale, serpent à sonnette. *Pl: cascaveis.*
as.co [kˈasku] *sm* **1** le cuir chevelu. **2** *Zool* sabot. **3** *Náut* coque.
a.se.bre [kazˈɛbri] *sm* gardien. • *adj* casanier.
a.sei.ro [kazˈejru] *sm* gardien. • *adj* casanier.
a.so [kˈazu] *sm* épisode, circonstance, fait, situation. **caso contrário** sinon. **caso especial** cas d'espèce. **de caso pensado** exprès. **em todo caso** en tout cas. **fazer pouco caso de** dédaigner. **se for o caso** ou **no caso de** au cas où.
as.pa [kˈaspə] *sf* pellicule.
as.qui.nha [kaskˈiɲə] *sf* cornet (de glace).
as.sar [kasˈar] *vt* casser.
as.ta.nha [kastˈʌɲə] *sf* châtaigne, marron. **castanha de caju** noix de cajou.
as.ta.nho [kastˈʌɲu] *adj+sm* châtain, brun.
as.te.lo [kastˈɛlu] *sm* château.
as.ti.çal [kastisˈaw] *sm* chandelier. *Pl: castiçais.*
as.ti.gar [kastigˈar] *vt* châtier, punir.
as.ti.go [kastˈigu] *sm* punition, châtiment.
as.trar [kastrˈar] *vt* châtrer.
a.ta.lo.gar [katalogˈar] *vt* cataloguer, classer.
a.tá.lo.go [katˈalogu] *sm* catalogue, index, inventaire, répertoire.
a.ta.po.ra [katapˈɔrə] *sf Med* varicelle.
a.tás.tro.fe [katˈastrɔfi] *sf* catastrophe, hécatombe, désastre.
á.te.dra [kˈatedrə] *sf* chaire.
a.te.dral [katedrˈaw] *sf* cathédrale. *Pl: catedrais.*
a.te.go.ri.a [kategorˈiə] *sf* catégorie, genre, groupe, série.

ca.ti.var [kativˈar] *vt* captiver, attirer, capturer.
ca.ti.vei.ro [kativˈejru] *sm* captivité, emprisonnement.
ca.ti.vo [katˈivu] *adj+sm* captif.
ca.to.li.cis.mo [katolisˈizmu] *sm* catholicisme.
ca.tó.li.co [katˈɔliku] *adj+sm* catholique.
ca.tor.ze [katˈɔrzi] *sm+num* quatorze.
cau.da [kˈawdə] *sf* queue.
cau.le [kˈawli] *sm Bot* tige.
cau.sa [kˈawzə] *sf* cause, motif, raison. **conhecimento de causa** à bon escient. **por causa de** à cause de.
cau.sar [kawzˈar] *vt* entraîner, causer, provoquer. **causar dó, medo** faire pitié, peur. **causar prejuízo** porter préjudice.
cau.te.la [kawtˈɛlə] *sf* **1** prudence, précaution, attention. **2** reçu.
ca.va.le.te [kavalˈeti] *sm* chevalet.
ca.val.gar [kavawgˈar] *vt+vi* monter (à cheval).
ca.va.lo [kavˈalu] *sm Zool* cheval. **a cavalo** à cheval.
ca.var [kavˈar] *vt* **1** creuser. **2** échancrer.
ca.vei.ra [kavˈejrə] *sf Anat* crâne de mort.
ca.ver.na [kavˈɛrnə] *sf* grotte, caverne.
ca.vi.ar [kaviˈar] *sm* caviar.
ca.vi.da.de [kavidˈadi] *sf* cavité, trou, vide.
cê [sˈe] *sm* le nom de la lettre C.
ce.ar [seˈar] *vt+vi* souper.
ce.bo.la [sebˈolə] *sf Bot* oignon.
ce.der [sedˈer] *vi* céder, se soumettre, succomber. *vt* concéder, donner, livrer.
ce.do [sˈedu] *adv* tôt, de bonne heure.
cé.du.la [sˈɛdulə] *sf* billet de banque. **cédula de identidade** carte d'identité. **cédula eleitoral** bulletin de vote.
ce.gar [segˈar] *vt* aveugler.

ce.go [s'ɛgu] *sm+adj* aveugle, malvoyant.
ce.go.nha [seg'oɲɐ] *sf Zool* cigogne.
ce.guei.ra [seg'ejrɐ] *sf* cécité, aveuglement.
cei.a [s'ejɐ] *sf* souper.
ce.la [s'ɛlɐ] *sf* **1** cellule, petite chambre. **2** cage.
ce.le.brar [selebr'ar] *vt* célébrer, commémorer.
cé.le.bre [s'ɛlebri] *adj* célèbre, illustre, renommé.
ce.lei.ro [sel'ejru] *sm* grenier, cellier.
ce.li.ba.to [selib'atu] *sm* célibat.
cé.lu.la [s'ɛlulɐ] *sf* cellule.
ce.lu.lar [selul'ar] *adj* cellulaire. **telefone celular** mobile.
cem [s'ẽj] *sm+num* cent. **cerca de cem** une centaine.
ce.mi.té.rio [semit'ɛrju] *sm* cimetière.
ce.na [s'enɐ] *sf* scène.
ce.ná.rio [sen'arju] *sm* décor.
ce.nou.ra [sen'owrɐ] *sf Bot* carotte.
cen.so [s'ẽsu] *sm* cens, recensement.
cen.su.ra [sẽs'urɐ] *sf* **1** censure. **2** blâme, reproche.
cen.su.rar [sẽsur'ar] *vt* censurer.
cen.ta.vo [sẽt'avu] *sm* centime. **nem um centavo** pas un centime.
cen.te.na [sẽt'enɐ] *sf* centaine.
cen.to [s'ẽtu] *sm* centaine. **por cento** pour cent.
cen.to.pei.a [sẽtop'ejɐ] *sf* mille-pattes.
cen.tra.li.zar [sẽtraliz'ar] *vt* centraliser, concentrer, réunir.
cen.trí.fu.ga [sẽtr'ifugɐ] *sf* centrifugeuse, presse-fruits électrique.
cen.tro [s'ẽtru] *sm* centre, base, siège. **centro da cidade** centre-ville. **centro de interesse** pôle d'attraction.
ce.ra [s'erɐ] *sf* cire.
ce.râ.mi.ca [ser'ʌmikɐ] *sf* céramique, potterie.
cer.ca [s'erkɐ] *sf* haie, mur. **cerca de** vers, environ, près de.
cer.car [serk'ar] *vt* **1** entourer. **2** *Mil* assiéger.
cer.co [s'erku] *sm* siège.
ce.re.al [sere'aw] *sm* céréale. *Pl: cereais*.
ce.re.bral [serebr'aw] *adj* cérébral. *Pl: cerebrais*.
cé.re.bro [s'ɛrebru] *sm Anat* cerveau.
ce.re.ja [ser'eʒɐ] *sf* cérise. **licor de cereja** marasquin.
ce.ri.mô.nia [serim'onjɐ] *sf* **1** cérémonie. **2** déférence. **fazer cerimônia** faire des cérémonies, faire des manières. **sem cerimônia** sans cérémonie, sans façons.
ce.ri.mo.ni.al [serimoni'aw] *sm* cérémonial, étiquette. *Pl: cerimoniais*.
cer.ra.ção [seʁas'ãw] *sf* brume, brouillard. *Pl: cerrações*.
cer.ta.men.te [sɛrtam'ẽti] *adv* sûrement, certes, bien sûr, assurément, réellement.
cer.te.za [sert'ezɐ] *sf* certitude, conviction, sureté. **com certeza!** certainement, sans aucun doute, sûrement.
cer.ti.fi.ca.do [sertifik'adu] *adj+sm* **1** certificat. **2** attestation, brevet.
cer.ti.fi.car [sertifik'ar] *vt* **1** attester. **2** certifier. **2** affirmer, garantir. *vpr* **3** se certifier.
cer.to [s'ɛrtu] *adj* **1** sûr, certain, confirmé, réel, assuré, convaincu. **2** juste, correct. **3** positif, exact. **estar certo** (personne) avoir raison.
cer.ve.ja [serv'eʒɐ] *sf* bière. **uma caneca de cerveja** une chope.
ces.são [ses'ãw] *sf* cession. *Pl: cessões*.
ces.sar [ses'ar] *vi* cesser, s'arrêter, finir. **cessar fogo** cessez-le-feu.
ces.ta [s'estɐ] *sf* panier, corbeille.
ces.to [s'estu] *sm* panier, cabas. **cesto de lixo** poubelle.
céu [s'ɛw] *sm* ciel, firmament. **a céu aberto** à ciel ouvert. **céu da boca** palais de la bouche. **levantar as mãos para o céu** lever les mains au ciel.

ce.va.da [sev'adə] *sf Bot* orge.

chá [ʃ'a] *sm Bot* **1** thé. **2** tisane, infusion.

chá.ca.ra [ʃ'akarə] *sf* métairie.

cha.ci.na [ʃas'inə] *sf* massacre, carnage, boucherie.

cha.fa.riz [ʃafar'is] *sm* jet d'eau.

cha.ga [ʃ'agə] *sf* plaie.

cha.lé [ʃal'ɛ] *sm* chalet.

cha.ma [ʃ'ʌmə] *sf* flamme.

cha.ma.do [ʃam'adu] *sm* appel, convocation.

cha.mar [ʃam'ar] *vt* **1** appeler, héler. *vpr* **2** s'appeler. **chamar a atenção** attirer l'attention.

cha.ma.riz [ʃamar'is] *sm* **1** petit loriot. **2** *fig* leurre, appât.

cha.mi.né [ʃamin'ɛ] *sf* cheminée, âtre.

chan.ce.ler [ʃãsel'ɛr] *sm* chancelier.

chan.ta.ge.ar [ʃãtaʒe'ar] *vt* faire du chantage, extorquer.

chan.ta.gem [ʃãt'aʒẽj] *sf* chantage, extorsion. *Pl*: chantagens.

chão [ʃ'ãw] *sm* sol. **no chão** par terre. *Pl*: chãos.

cha.pa [ʃ'apə] *sf* **1** plaque. **2** liste de candidats. **3** radiographie. **4** *Autom* plaque.

cha.péu [ʃap'εw] *sm* chapeau. *Pl*: chapéus.

cha.ru.ta.ri.a [ʃarutar'iə] *sf* bureau de tabac.

cha.ru.to [ʃar'utu] *sm* cigare.

cha.te.a.ção [ʃateas'ãw] *sf* ennui, emmerdement. *Pl*: chateações.

cha.te.ar [ʃate'ar] *vt* **1** ennuyer, embêter. **2** *fam* emmerder.

cha.to [ʃ'atu] *sm* bête, ennuyeux, monotone, importun.

cha.ve [ʃ'avi] *sf* clé. **chave de fenda** tournevis.

cha.vei.ro [ʃav'ejru] *sm* porte-clés, serrurier.

che.fe [ʃ'εfi] *sm* chef, commandant, directeur, dirigeant, patron.

che.fi.ar [ʃefi'ar] *vt* commander, être le chef.

che.ga.da [ʃeg'adə] *sf* arrivée. **linha de chegada** ligne d'arrivée.

che.gar [ʃeg'ar] *vi* **1** arriver. **2** suffire, être suffisant. **chega!** ça suffit! assez! **chegar a** monter à (valeur, prix).

chei.a [ʃ'ejə] *sf* inondation, crue. • *adj* pleine. **a lua cheia** la pleine lune.

chei.o [ʃ'eju] *adj* plein. **cheio de si** imbu de soi-même.

chei.rar [ʃejr'ar] *vt* **1** sentir. **2** flairer.

chei.ro [ʃ'ejru] *sm* odeur. **ter cheiro de** sentir.

chei.ro.so [ʃejr'ozu] *adj* parfumé, odorant, qui sent bon.

che.que [ʃ'εki] *sm* chèque. **cheque cruzado** chèque barré. **cheque nominal** chèque à l'ordre de. **cheque sem fundos** chèque sans provisions. **talão de cheques** carnet de chèques.

chi.a.do [ʃi'adu] *sm* sifflement.

chi.ar [ʃi'ar] *vi* **1** siffler. **2** *fig* rouspéter, protester.

chi.co.te [ʃik'ɔti] *sm* fouet.

chi.fre [ʃ'ifri] *sm* corne.

chi.ne.lo [ʃin'εlu] *sm* **1** pantoufle. **2** mule. **3** chausson.

chi.que [ʃ'iki] *adj* chic.

chi.quei.ro [ʃik'ejru] *sm* porcherie, étable à cochons.

cho.ca.lho [ʃok'aλu] *sm* sonaille, grelot, sonnette.

cho.car [ʃok'ar] *vt* **1** couver (œuf). *vt+vpr* **2** *fig* choquer.

cho.co.la.te [ʃokol'ati] *sm* chocolat. **barra, tablete de chocolate** plaque, tablette de chocolat. **chocolate ao leite** chocolat au lait.

cho.que [ʃ'ɔki] *sm* **1** choc, collision, coup, heurt. **2** bataille, combat. **choque emocional** coup, ébranlement.

cho.ra.dei.ra [ʃorad'ejrə] *sf* pleurnicherie, plaintes, jérémiade.

cho.ra.min.gar [ʃoramĩg'ar] *vi* pleurnicher, larmoyer.
cho.rão [ʃor'ãw] *sm* pleureur. Pl: chorões.
cho.rar [ʃor'ar] *vt+vi* pleurer.
cho.ro [ʃ'oru] *sm* pleur.
cho.ver [ʃov'er] *vi* pleuvoir. **chover torrencialmente** pleuvoir à verse, à flots.
chu.par [ʃup'ar] *vt* sucer.
chu.pe.ta [ʃup'etɐ] *sf* tétine, sucette.
chur.ras.ca.ri.a [ʃuʀaskar'iɐ] *sf* restaurant où l'on ne fait que du barbecue.
chur.ras.co [ʃuʀ'asku] *sm* barbecue.
chu.tar [ʃut'ar] *vt+vi* shooter.
chu.te [ʃ'uti] *sm* shoot.
chu.va [ʃ'uvɐ] *sf* pluie.
chu.vei.ro [ʃuv'ejru] *sm* douche. **tomar um banho de chuveiro** prendre une douche.
chu.vis.car [ʃuvisk'ar] *vi* bruiner.
chu.vo.so [ʃuv'ozu] *adj* pluvieux.
ci.ca.triz [sikatr'is] *sf* cicatrice.
ci.ce.ro.ne [siser'oni] *sm* guide, cicérone.
ci.clis.mo [sikl'izmu] *sm* cyclisme.
ci.clo [s'iklu] *sm* cycle.
ci.clo.ne [sikl'oni] *sm* cyclone.
ci.da.da.ni.a [sidadan'iɐ] *sf* citoyenneté.
ci.da.dão [sid'adãw] *sm* citoyen. Pl: cidadãos. **direitos do cidadão** droits civils.
ci.da.de [sid'adi] *sf* cité, ville.
ci.ê.ncia [si'ẽsjɐ] *sf* science.
ci.en.te [si'ẽti] *adj* informé, averti, qui est au courant.
ci.fra [s'ifrɐ] *sf* chiffre.
ci.ga.no [sig'Anu] *sm* gitan, bohémien.
ci.gar.ra [sig'aʀɐ] *sf Zool* cigale.
ci.gar.ro [sig'aʀu] *sm* cigarette. **maço de cigarros** paquet de cigarettes.
ci.la.da [sil'adɐ] *sf* piège.
cí.lio [s'ilju] *sm Anat* cil. **cílios postiços** faux cils.

ci.ma [s'imɐ] *sf* cime, sommet. **de cima d'en haut. de cima para baixo** sens dessus-dessous. **em cima** dessus, par-dessus. **em cima de** sur.
ci.men.to [sim'ẽtu] *sm* ciment.
ci.mo [s'imu] *sm* cime, sommet.
cin.co [s'iku] *sm+num* cinq.
ci.ne.ma [sin'emɐ] *sm* **1** cinéma. **2** *fam* cinoche.
cí.ni.co [s'iniku] *sm+adj* cynique.
ci.nis.mo [sin'izmu] *sm* cynisme.
cin.quen.ta [sĩk'wẽtɐ] *sm+num* cinquante. **uns cinquenta** une cinquantaine.
cin.ta [s'ĩtɐ] *sf* ceinture.
cin.ti.lar [sĩtil'ar] *vi* scintiller.
cin.to [s'ĩtu] *sm* ceinture.
cin.tu.ra [sĩt'urɐ] *sf* ceinture.
cin.za [s'ĩzɐ] *sm+adj* gris.
cin.zas [s'ĩzas] *sf pl* cendres.
cin.zei.ro [sĩz'ejru] *sm* cendrier.
ci.ran.da [sir'ãdɐ] *sf* type de danse (ronde) enfantine.
cir.co [s'irku] *sm* cirque.
cir.cui.to [sirk'ujtu] *sm* circuit, chemin, tour, itinéraire.
cir.cu.lar [sirkul'ar] *vt+vi* **1** circuler. **2** entourer. • *adj* circulaire, rond. • *s* lettre circulaire.
cír.cu.lo [s'irkulu] *sm* **1** cercle, circonférence. **2** association.
cir.cun.fe.rên.cia [sirkũfer'ẽsjɐ] *sf Geom* circonférence.
cir.cuns.tân.cia [sirkũst'ãsjɐ] *sf* circonstance, occasion, condition.
ci.rur.gi.a [siruʀʒ'iɐ] *sf Med* chirurgie.
ci.são [siz'ãw] *sf* scission, division. Pl: cisões.
cis.mar [sizm'ar] *vt* penser, méditer.
cis.ne [s'izni] *sm Zool* cygne.
ci.ta.ção [sitas'ãw] *sf* citation, extrait, passage. Pl: citações.
ci.tar [sit'ar] *vt* citer, mentionner, alléguer.
ci.ú.me [si'umi] *sm* jalousie.

ci.u.men.to [sjuɲˈẽtu] *adj* jaloux.

cí.vi.co [sˈiviku] *adj* civique, patriotique.

ci.vil [sivˈiw] *sm+adj* civile. *Pl:* civis. **guerra civil** guerre civile.

ci.vi.li.za.ção [sivilizasˈãw] *sf* civilisation. *Pl:* civilizações.

clã [klˈã] *sm* clan.

clan.des.ti.no [klãdestˈinu] *sm+adj* clandestin. **passageiro clandestino** passager clandestin.

cla.ra [klˈarə] *sf* blanc (de l'œuf). • *adj* **1** claire, limpide. **2** *fig* claire, nette.

cla.rão [klarˈãw] *sm* lueur, clarté. *Pl:* clarões.

cla.re.ar [klareˈar] *vt* éclairer, éclaircir.

cla.re.za [klarˈezə] *sf* **1** clarté. **2** *fig* netteté, précision.

cla.ri.da.de [klaridˈadi] *sf* clarté, éclat, lueur.

cla.ro [klˈaru] *adj* **1** clair, limpide. **2** *fig* clair, net. **3** *fig* intelligible. **é claro** bien sûr, bien entendu. **está claro que** il est clair que. **noite em claro** nuit blanche.

clas.se [klˈasi] *sf* **1** classe, caste, groupe. **2** genre, sorte, espèce. **3** classe, série (escolar). *diário de classe* / journal de classe. **4** aula. **5** sala de aula.

clás.si.co [klˈasiku] *adj+sm* classique.

clas.si.fi.car [klasifikˈar] *vt* classer, répartir, diviser, ranger, trier.

claus.tro [klˈawstru] *sm* cloître.

cle.mên.cia [klemˈẽsjə] *sf* clémence, indulgence, humanité.

cle.ro [klˈɛru] *sm* clergé.

cli.en.te [kliˈẽti] *s* client, habitué.

cli.ma [klˈimə] *sm* **1** climat. **2** atmosphère, ambiance, milieu.

clí.max [klˈimaks] *sm* apogée.

clí.ni.co [klˈiniku] *sm* médecin généraliste, clinicien. • *adj* clinique.

co.a.dor [koadˈor] *sm* filtre, passoire.

co.a.gir [koaʒˈir] *vt* forcer, astreindre.

co.a.gu.lar [koagulˈar] *vt* coaguler.

co.a.lhar [koaʎˈar] *vt* cailler.

co.ar [koˈar] *vt* filtrer, couler, passer.

co.ber.ta [kobˈɛrtə] *sf* couverture, couvre-lit.

co.ber.tor [kobertˈor] *sm* couverture.

co.ber.tu.ra [kobertˈurə] *sf* appartement situé au dernier étage d'un immeuble.

co.bi.çar [kobisˈar] *vt* convoiter, ambitionner.

co.bra [kˈɔbrə] *sf Zool* serpent.

co.bra.dor [kobradˈor] *sm* receveur.

co.brar [kobrˈar] *vt Com* recevoir l'argent qui est dû, percevoir.

co.bre [kˈɔbri] *sm Quím* cuivre.

co.brir [kobrˈir] *vt* **1** couvrir, garnir. **2** couvrir, garantir, protéger. *vpr* **3** se couvrir. **cobrir despesas** couvrir les frais. **cobrir um empréstimo** couvrir un emprunt.

co.çar [kosˈar] *vt+vpr* gratter.

có.ce.gas [kˈɔsegas] *sfpl* chatouillement. **fazer cócegas** chatouiller.

co.cei.ra [kosˈejrə] *sf* démangeaison.

co.chi.char [koʃiʃˈar] *vi* chuchoter.

co.chi.cho [koʃˈiʃu] *sm* chuchotement.

co.chi.lar [koʃilˈar] *vi* **1** s'assoupir, sommeiller. **2** *fig* oublier, négliger.

co.chi.lo [koʃˈilu] *sm* **1** assoupissement. **2** *fig* oubli, négligence.

co.co [kˈoku] *sm* noix de coco.

co.cô [kokˈo] *sm pop* caca. **fazer cocô** faire caca.

có.di.go [kˈɔdigu] *sm* code.

co.e.lho [koˈeʎu] *sm Zool* lapin. **matar dois coelhos de uma só cajadada** faire d'une pierre deux coups.

co.e.rên.cia [koerˈẽsjə] *sf* cohérence, harmonie.

co.e.são [koezˈãw] *sf* cohésion, union. *Pl:* coesões.

co.fre [kˈɔfri] *sm* coffre.

co.gu.me.lo [kogum'εlu] *sm Bot* champignon.

co.in.ci.dên.cia [koĩsid'ẽsjə] *sf* coïncidence, concordance.

co.in.ci.den.te [koĩsid'ẽti] *adj* coïncident.

co.in.ci.dir [koĩsid'ir] *vi* coïncider.

coi.sa [k'ojzə] *sf* **1** chose, machin, truc. **2** fait, phénomène. **alguma coisa** quelque chose. **as coisas vão mal** les choses tournent mal. **fazer as coisas pela metade** faire les choses à moitié. **não é grande coisa** ce n'est pas grand-chose. **pouca coisa** peu de chose. **qualquer coisa** n'importe quoi. **um monte de coisas** un tas de choses.

coi.ta.do [kojt'adu] *adj+sm* malheureux, infortuné.

coi.to [k'ojtu] *sm* coït, copulation, accouplement.

co.la [k'ɔlə] *sf* **1** colle. **2** travail copié sur un autre à l'école. **andar na cola de alguém** guetter, épier quelqu'un.

co.la.bo.rar [kolabor'ar] *vt* collaborer, aider, participer à.

co.lar [kol'ar] *sm* collier. • *vt* coller, fixer.

co.la.ri.nho [kolar'iñu] *sm* col.

col.cha [k'owʃə] *sf* couverture.

col.chão [kowʃ'ãw] *sm* matelas. *Pl:* colchões.

co.le.che.te [kowʃ'eti] *sm* **1** agrafe. **2** *Gram* crochets.

co.le.ci.o.nar [kolesjon'ar] *vt* collectionner.

co.le.ga [kol'εgə] *s* collègue, camarade.

co.lé.gio [kol'εʒju] *sm* lycée. **colégio interno** internat, pensionnat.

co.lei.ra [kol'ejrə] *sf* collier (d'animaux).

có.le.ra [k'ɔlerə] *sf* **1** colère, irritation, rage. **2** *Med* choléra.

co.le.ta [kol'etə] *sf* cueillette.

co.le.tar [kolet'ar] *vt* recueillir, soumettre à l'impôt, taxer.

co.le.te [kol'eti] *sm* gilet.

co.lher [koʎ'εr] *sf* cuiller ou cuillère. **colher de café** cuillère à café ou à moka. **colher de sobremesa** cuillère à dessert ou à entremets. **colher de sopa** cuiller à soupe.

co.lher [koʎ'er] *vt* cueillir.

co.li.dir [kolid'ir] *vt+vi* heurter, accrocher.

co.lí.rio [kol'irju] *sm* collyre.

co.li.são [koliz'ãw] *sf* collision, accrochage. *Pl:* colisões.

col.mei.a [kowm'εjə] *sf* ruche.

co.lo [k'ɔlu] *sm* **1** giron. **2** gorge. **3** cou, col. **pegar alguém no colo** prendre quelqu'un sur les genoux.

co.lo.car [kolok'ar] *vt* **1** mettre, placer. *vpr* **2** se mettre. **colocar os pingos nos is** mettre les points sur les i.

co.lo.ni.zar [koloniz'ar] *vt* coloniser.

co.lo.rir [kolor'ir] *vt* colorier.

co.lu.na [kol'unə] *sf* **1** *Arquit* colonne. **2** *Jorn* rubrique.

com [k'õw] *prep* avec. **café com leite** café au lait. **com efeito** en effet. **com lágrimas nos olhos** les larmes aux yeux. **contar com alguém** compter sur quelqu'un.

co.man.dan.te [komãd'ãti] *sm Mil* commandant.

co.man.dar [komãd'ar] *vt* commander.

com.ba.te [kõb'ati] *sm* combat.

com.ba.ter [kõbat'er] *vt* combattre.

com.bi.nar [kõbin'ar] *vt* combiner, arranger, composer, agencer, concerter. **combinar com** aller avec (vêtements).

com.bus.tão [kõbust'ãw] *sf* combustion. *Pl:* combustões.

com.bus.tí.vel [kõbust'ivew] *sm+adj* combustible. *Pl:* combustíveis.

co.me.çar [komes'ar] *vt* commencer, amorcer, entamer, débuter, demarrer. **começou!** c'est parti!

co.me.ço [kom'esu] *sm* début, commencement.

co.mé.dia [kom'ɛdjə] *sf* comédie.

co.me.di.an.te [komedi'ãti] *s* comédien.

co.me.mo.rar [komemor'ar] *vt* commémorer, fêter.

co.men.tar [komẽt'ar] *vt* commenter.

co.men.tá.rio [komẽt'arju] *sm* commentaire.

co.mer [kom'er] *vt+vi* manger. **comer com os olhos** manger quelqu'un des yeux. **comer e coçar é só começar** *prov* l'appétit vient en mangeant.

co.mer.ci.al [komersi'aw] *sm* annonce. • *adj* commercial. *Pl: comerciais.*

co.mer.ci.an.te [komersi'ãti] *s* commerçant.

co.mér.cio [kom'ɛrsju] *sm* commerce. **comércio a varejo** commerce de détail.

co.me.ta [kom'etə] *sm Astron* comète.

co.me.ter [komet'er] *vt* commettre, accomplir, faire, perpétrer.

co.mi.chão [komiʃ'ãw] *sf* démangeaison. *Pl: comichões.*

co.mí.cio [kom'isju] *sm* comice, *meeting.*

co.mi.da [kom'idə] *sf* aliment, nourriture.

co.mi.go [kom'igu] *pron* avec moi.

co.mi.lão [komil'ãw] *sm* glouton. *Pl: comilões.*

co.mis.são [komis'ãw] *sf* 1 commission, prime. 2 comission, comité. *Pl: comissões.*

co.mis.sá.rio [komis'arju] *sm* commissaire.

co.mi.tê [komit'e] *sm* comité.

co.mi.ti.va [komit'ivə] *sf* cortège.

co.mo [k'omu] *adv* comme. • *pron interrog+conj* comment. • *prep* en, en tant que. **assim como** comme ou ainsi que. **como?** comment? **como se deve** comme il faut. **como vai?** comment ça va? ou comment vas-tu? ou comment allez-vous? **e como!** et comment! **seja como for** quoiqu'il soit. **tanto ... como** aussi bien ... que.

co.mo.di.da.de [komodid'adi] *sf* commodité, agrément.

cô.mo.do [k'omodu] *sm* pièce d'une maison, d'un appartement. • *adj* commode.

co.mo.ven.te [komov'ẽti] *adj* émouvant.

co.mo.ver [komov'er] *vt+vpr* émouvoir.

com.pac.to [kõp'aktu] *adj+sm* compact.

com.pa.de.cer [kõpades'er] *vt* 1 avoir pitié de, compatir. *vpr* 2 s'apitoyer, compatir.

com.pa.dre [kõp'adri] *sm* compère.

com.pai.xão [kõpajʃ'ãw] *sf* compassion, commisération, miséricorde, pitié. *Pl: compaixões.*

com.pa.nhei.ro [kõpañ'ejru] *sm* camarade.

com.pa.nhi.a [kõpañ'iə] *sf* 1 compagnie, présence. 2 *Com* compagnie, entreprise, société. **dama de companhia** dame de compagnie. **fazer companhia** tenir compagnie à.

com.pa.ra.ção [kõparas'ãw] *sf* comparaison. *Pl: comparações.* **sem comparação** sans comparaison.

com.pa.rar [kõpar'ar] *vt* 1 comparer, confronter. *vpr* 2 se comparer.

com.pa.re.cer [kõpares'er] *vi* comparaître.

com.par.ti.lhar [kõpartiʎ'ar] *vt* partager, diviser, couper.

com.pas.so [kõp'asu] *sm* 1 compas. 2 *Mús* mesure.

com.pa.tí.vel [kõpat'ivew] *adj* compatible, conciliable. *Pl: compatíveis.*

com.pen.sa.ção [kõpẽsas'ãw] *sf* compensation. *Pl: compensações.*

com.pen.sar [kõpẽs'ar] *vt* compenser, contrebalancer, neutraliser.

com.pe.tên.cia [kõpet'ẽsjə] *sf* **1** compétence, capacité, qualité. **2** attribution, domaine, ressort.

com.pe.ten.te [kõpet'ẽti] *adj* compétent, capable, qualifié.

com.pe.tir [kõpet'ir] *vt* **1** disputer. **2** concurrencer, rivaliser.

com.ple.tar [kõplet'ar] *vt* compléter.

com.ple.to [kõpl'ɛtu] *adj* complet, exhaustif, absolu, total.

com.ple.xo [kõpl'ɛksu] *sm+adj* complexe.

com.pli.ca.ção [kõplikas'ãw] *sf* **1** complication, complexité. **2** complication, aggravation. *Pl:* complicações.

com.pli.car [kõplik'ar] *vt* compliquer, embrouiller.

com.por [kõp'or] *vt* composer, constituer.

com.por.ta.men.to [kõportam'ẽtu] *sm* comportement, conduite, attitude.

com.por.tar [kõport'ar] *vt* **1** comporter, contenir, impliquer, inclure. **2** permettre, admettre, tolérer, supporter. **3** souffrir, subir, supporter. *vpr* **4** se comporter, se conduire, procéder, agir.

com.po.si.ção [kõpozis'ãw] *sf* **1** composition, arrangement. **2** dissertation, rédaction. **3** *Mús* composition. *Pl:* composições.

com.po.si.tor [kõpozit'or] *sm* compositeur.

com.pra [k'õprə] *sf* **1** achat. **2 compras** *pl* courses.

com.prar [kõpr'ar] *vt* acheter.

com.pre.en.der [kõpreẽd'er] *vt* comprendre.

com.pre.en.são [kõpreẽs'ãw] *sf* comprehension, indulgence, tolérence. *Pl:* compreensões.

com.pri.do [kõpr'idu] *adj* long. **usar cabelo comprido** porter les cheveux longs.

com.pri.men.to [kõprim'ẽtu] *sm* longueur. **um metro de comprimento** un mètre de long.

com.pri.mi.do [kõprim'idu] *sm Med* comprimé, pilule, cachet.

com.pri.mir [kõprim'ir] *vt* **1** comprimer, presser, serrer. *vpr* **2** se comprimer.

com.pro.me.ter [kõpromet'er] *vt* **1** compromettre, impliquer. *vpr* **2** se compromettre.

com.pro.mis.so [kõprom'isu] *sm* compromis.

com.pro.var [kõprov'ar] *vt* prouver.

com.pu.ta.dor [kõputad'or] *sm Inform* ordinateur.

com.pu.tar [kõput'ar] *vt* calculer, compter.

co.mum [kom'ũ] *adj+sm* **1** commun, semblable. **2** public, general. **3** ordinaire, courant. *Pl:* comuns.

co.mu.nhão [komuñ'ãw] *sf* communion. *Pl:* comunhões.

co.mu.ni.ca.do [komunik'adu] *sm+adj* communiqué, annonce, bulletin, note.

co.mu.ni.car [komunik'ar] *vt* **1** communiquer, divulguer, transmettre. *vpr* **2** se communiquer.

co.mu.ni.da.de [komunid'adi] *sf* communauté.

con.ce.ber [kõseb'er] *vt* concevoir, imaginer, inventer.

con.ce.der [kõsed'er] *vt* concéder, accorder, octroyer.

con.cei.to [kõs'ejtu] *sm* concept.

con.cen.tra.ção [kõsẽtras'ãw] *sf* **1** concentration, rassemblement. **2** attention. **3** *Quím* concentration. *Pl:* concentrações.

con.cen.trar [kõsẽtr'ar] *vt+vpr* concentrer.

con.cep.ção [kõseps'ãw] *sf* conception. *Pl:* concepções.

con.cer.to [kõs'ertu] *sm* **1** arrangement, disposition, ordre. **2** *Mús* concert.

con.cha [k'õʃə] *sf* **1** *Zool* coquille. **2** louche.

con.ci.li.ar [kõsili´ar] *vt* **1** concilier, accorder. **2** *fam* raccommoder. **3** réunir.
con.clu.ir [kõklu´ir] *vt* conclure, résoudre, régler.
con.clu.são [kõkluz´ãw] *sf* conclusion, achèvement, clôture, dénouement. *Pl: conclusões*.
con.cor.dân.cia [kõkord´ãsjə] *sf* concordance, accord, conformité.
con.cor.dar [kõkord´ar] *vt* être d'accord, correspondre.
con.cór.dia [kõk´ɔrdjə] *sf* concorde, entente, accord.
con.cor.rên.cia [kõkoř´ẽsjə] *sf* concurrence, competition, rivalité.
con.cor.rer [kõkoř´er] *vt* concurrencer, faire concurrence à.
con.cre.ti.zar [kõkretiz´ar] *vt* concrétiser, matérialiser, rendre concret.
con.cre.to [kõkr´ɛtu] *sm* béton. • *adj* concret.
con.cur.so [kõk´ursu] *sm* concours.
con.de [k´õdi] *sm* comte.
con.de.co.ra.ção [kõdekoras´ãw] *sf* décoration. *Pl: condecorações*.
con.de.na.ção [kõdenas´ãw] *sf* condamnation. *Pl: condenações*.
con.de.nar [kõden´ar] *vt* **1** condamner. **2** *fig* critiquer.
con.den.sa.ção [kõdẽsas´ãw] *sf* condensation. *Pl: condensações*.
con.den.sar [kõdẽs´ar] *vt* **1** condenser, comprimer, réduire, abréger. *vpr* **2** se condenser.
con.di.ção [kõdis´ãw] *sf* condition. **com a condição de que** à condition que. *Pl: condições*.
con.di.ci.o.nar [kõdisjon´ar] *vt* conditioner, être la condition de.
con.di.men.to [kõdim´ẽtu] *sm* condiment, épice, assaisonnement.
con.di.zer [kõdiz´er] *vt* **1** s'accorder, convenir. **2** coïncider.
con.do.lên.cias [kõdol´ẽsjas] *sf pl* condoléances.

con.du.ção [kõdus´ãw] *sf* conduite, direction. *Pl: conduções*.
con.du.ta [kõd´utə] *sf* **1** comportement, conduite. **2** pilotage.
con.du.tor [kõdut´or] *sm* conducteur, guide. • *sm+adj Fís, Eletr* conducteur.
con.du.zir [kõduz´ir] *vt* **1** conduire, accompagner, guider. **2** conduire, transmettre. **3** conduire, commander, diriger. *vpr* **4** se conduire.
co.ne.xão [koneks´ãw] *sf* connexion. *Pl: conexões*.
con.fec.ção [kõfeks´ãw] *sf* confection. *Pl: confecções*.
con.fec.ci.o.nar [kõfeksjon´ar] *vt* confectionner, faire, préparer.
con.fe.de.ra.ção [kõfederas´ãw] *sf* confédération. *Pl: confederações*.
con.fei.ta.ri.a [kõfejtar´iə] *sf* pâtisserie.
con.fei.to [kõf´ejtu] *sm* dragée, confiserie recouverte de sucre durci.
con.fe.rir [kõfer´ir] *vt* **1** vérifier, examiner. **2** conférer. *vi* **3** conférer, attribuer. **4** être d'accord, être conforme.
con.fes.sar [kõfes´ar] *vt* **1** confesser, avouer. *vpr* **2** se confesser.
con.fi.an.ça [kõfi´ãsə] *sf* confiance, foi. **ter confiança em** faire confiance à quelqu'un.
con.fi.ar [kõfi´ar] *vt* faire confiance.
con.fi.den.ci.al [kõfidẽsi´aw] *adj* confidentiel. *Pl: confidenciais*.
con.fi.den.te [kõfid´ẽti] *s+adj* confident.
con.fi.nar [kõfin´ar] *vt* confiner, enfermer.
con.fir.mar [kõfirm´ar] *vt* confirmer.
con.fis.são [kõfis´ãw] *sf* confession, aveu. *Pl: confissões*.
con.fli.to [kõfl´itu] *sm* **1** conflit, guerre, lutte. **2** conflit, antagonisme.
con.for.mar [kõform´ar] *vt+vi* **1** conformer. *vpr* **2** se conformer, se résigner.

con.for.me [kõfˈɔrmi] *adj* **1** conforme, dont la forme est semblable. **2** conforme, qui s'accorde. • *conj* selon, comme. • *adv* selon, d'après.

con.for.mi.da.de [kõformidˈadi] *sf* conformité. **em conformidade** conforme.

con.for.tar [kõfortˈar] *vt* conforter, encourager.

con.for.tá.vel [kõfortˈavew] *adj* confortable. *Pl: confortáveis.*

con.for.to [kõfˈortu] *sm* confort.

con.fron.tar [kõfrõtˈar] *vt* confronter.

con.fron.to [kõfrˈõtu] *sm* confrontation.

con.fun.dir [kõfũdˈir] *vt+vpr* confondre.

con.fu.são [kõfuzˈãw] *sf* confusion. *Pl: confusões.*

con.ge.lar [kõʒelˈar] *vt+vpr* congeler.

con.ges.ti.o.na.men.to [kõʒestjonamˈẽtu] *sm* embouteillage, encombrement.

con.gra.tu.lar [kõgratulˈar] *vt+vpr* congratuler.

con.gre.gar [kõgregˈar] *vt* **1** rassembler, grouper, réunir. **2** convoquer, appeler. *vpr* **3** se réunir, se rassembler.

con.gres.so [kõgrˈesu] *sm* congrès.

co.nha.que [koɲˈaki] *sm* cognac.

co.nhe.cer [koɲesˈer] *vt* connaître, savoir. **conhecer uma pessoa** faire connaissance de quelqu'un.

co.nhe.ci.do [koɲesˈidu] *sm* connaissance. • *adj* connu, familier.

co.nhe.ci.men.to [koɲesimˈẽtu] *sm* savoir, connaissance, culture.

con.ju.ga.ção [kõʒugasˈãw] *sf* **1** *Gram* conjugaison. **2** réunion, jonction. *Pl: conjugações.*

con.ju.gar [kõʒugˈar] *vt* **1** *Gram* conjuguer. **2** unir, joindre. *vpr* **3** *Gram* se conjuguer. **4** s'unir, se joindre.

côn.ju.ge [kˈõʒuʒi] *s* époux.

con.jun.to [kõʒˈũtu] *sm* ensemble, groupe.

co.nos.co [konˈosku] *pron* avec nous, avec nous, en nous-mêmes.

con.quis.ta [kõkˈistə] *sf* conquête, prise, domination.

con.quis.ta.dor [kõkistadˈor] *sm* conquérant, vainqueur.

con.quis.tar [kõkistˈar] *vt* conquérir, vaincre.

con.sa.grar [kõsagrˈar] *vt* consacrer.

cons.ci.ên.cia [kõsiˈẽsjə] *sf* conscience. **tomar consciência** prendre conscience.

con.se.cu.ti.vo [kõsekutˈivu] *adj* consécutif.

con.se.guir [kõsegˈir] *vt* réussir, arriver à.

con.se.lho [kõsˈeλu] *sm* conseil, avis, recommendation.

con.sen.tir [kõsẽtˈir] *vt* consentir, admettre.

con.se.quên.cia [kõsekwˈẽsjə] *sf* conséquence.

con.ser.tar [kõsertˈar] *vt* réparer.

con.ser.to [kõsˈertu] *sm* réparation.

con.ser.va.ção [kõservasˈãw] *sf* entretien, garde. *Pl: conservações.*

con.ser.va.dor [kõservadˈor] *sm+adj* conservateur.

con.ser.var [kõservˈar] *vt* **1** conserver, entretenir, garder. *vpr* **2** se conserver.

con.si.de.rar [kõsiderˈar] *vt* **1** considérer, examiner, estimer, penser. *vpr* **2** se considérer.

con.si.go [kõsˈigu] *pron* avec soi.

con.sis.tir [kõsistˈir] *vt* consister, comporter, comprendre.

con.so.an.te [kõsoˈãti] *sf Gram* consonne. • *adj* consonant, harmonieux. • *prep* selon, conforme.

con.so.la.ção [kõsolasˈãw] *sf* soulagement, consolation. *Pl: consolações.*

con.so.lar [kõsolˈar] *vt* **1** consoler, soulager, conforter. *vpr* **2** se consoler.

con.so.lo [kõsˈolu] *sm* **1** confort. **2** console.

con.sór.cio [kõsˈɔrsju] *sm* consortium.

cons.pi.ra.ção [kõspiras'ãw] *sf* conspiration. *Pl:* conspirações.

cons.pi.rar [kõspir'ar] *vt* conspirer.

cons.tan.te [kõst'ãti] *adj* **1** constant, obstiné, persévérant. **2** immuable, inébranlable, invariable. • *sf Mat* quantité qui a toujours la même valeur.

cons.tar [kõst'ar] *vt* consister en, être composé de.

cons.ta.tar [kõstat'ar] *vt* constater, vérifier.

cons.ter.nar [kõstern'ar] *vt* consterner, navrer.

cons.ti.pa.ção [kõstipas'ãw] *sf* **1** *Med* constipation. **2** *pop* rhume. *Pl:* constipações.

cons.ti.tu.ir [kõstitu'ir] *vt* constituer, instituer, former, établir.

cons.tran.gi.men.to [kõstrãʒim'ẽtu] *sm* **1** contrainte. **2** embarras.

cons.tru.ir [kõstru'ir] *vt* construire, bâtir, fabriquer, échafauder, édifier, établir.

con.su.la.do [kõsul'adu] *sm* consulat.

con.sul.ta [kõs'uwtə] *sf* consultation.

con.sul.tar [kõsuwt'ar] *vt* consulter, interroger.

con.sul.tó.rio [kõsuwt'ɔrju] *sm* cabinet. **ao consultório de** chez. **consultório médico** cabinet médical.

con.su.mir [kõsum'ir] *vt* consommer.

con.su.mo [kõs'umu] *sm* consommation.

con.ta [k'õtə] *sf* **1** addition, note. **2** compte, calcul. **3** grain (d'un chapelet). **4** *Com* compte. **acerto de contas** règlement de comptes. **conta-corrente** compte bancaire. **em conta** bon marché, à bon compte. **fazer de conta que** faire semblant que. **não é da minha conta** ce n'est pas mon affaire. **no fim das contas** en (ou à la) fin de compte. **pedir a conta** donner sa démission. **por conta própria** à son compte. **por sua conta** à (ou selon) votre compte. **prestar contas de** donner des explications sur. **tomar conta** garder.

con.tá.bil [kõt'abiw] *adj* comptable. *Pl:* contábeis.

con.ta.gem [kõt'aʒẽj] *sf* comptage. *Pl:* contagens.

con.ta.gi.ar [kõtaʒi'ar] *vt* infecter.

con.ta-go.tas [kõtəg'otas] *sm* compte-gouttes.

con.tan.to [kõt'ãtu] *loc conj* **contanto que** à condition que.

con.tar [kõt'ar] *vt* **1** compter, nombrer. **2** prévoir (une quantité, une durée). **3** raconter. **4** espérer, penser. **5** importer. **contar com alguém** compter sur quelqu'un.

con.ta.to [kõt'atu] *sm* contact.

con.tem.plar [kõtẽpl'ar] *vt* contempler, considérer.

con.tem.po.râ.neo [kõtẽpor'ʌnju] *adj+sm* contemporain, moderne, actuel.

con.ten.ção [kõtẽs'ãw] *sf* contention. *Pl:* contenções.

con.ten.tar [kõtẽt'ar] *vt* **1** contenter, assouvir. *vpr* **2** se contenter.

con.ten.te [kõt'ẽti] *adj* content, ravi.

con.ter [kõt'er] *vt* **1** contenir, comprendre, inclure. **2** réprimer, refréner. *vpr* **3** se contenir.

con.tes.tar [kõtest'ar] *vt* contester, discuter.

con.te.ú.do [kõte'udu] *sm* contenu.

con.tex.to [kõt'estu] *sm* contexte.

con.ti.go [kõt'igu] *pron* avec toi.

con.ti.guo [kõt'igwu] *adj* contigu.

con.ti.nên.cia [kõtin'ẽsjə] *sf* **1** continence. **2** modération, retenue. **3** *Mil* salut militaire.

con.ti.nen.tal [kõtinẽt'aw] *adj* continental. *Pl:* continentais.

con.ti.nen.te [kõtin'ẽti] *sm Geogr* continent.

con.ti.nu.a.ção [kõtinwas'ãw] *sf* continuation, suite. *Pl:* continuações.

con.ti.nu.ar [kõtinuˈar] *vt* continuer, suivre, donner suite à.
con.tí.nuo [kõˈtinwu] *sm* garçon de bureau, huissier. • *adj* continu.
con.to [kˈõtu] *sm* conte, nouvelle, histoire.
con.tor.cer [kõtorsˈer] *vt+vpr* contorsionner.
con.tor.nar [kõtornˈar] *vt* faire le tour de, passer autour.
con.tor.no [kõtˈornu] *sm* contour, galbe, trait.
con.tra [kˈõtrə] *sm+adv+prep* contre, versus.
con.tra-a.ta.car [kõtrəatakˈar] *vt Mil* contre-attaquer.
con.tra.ban.dis.ta [kõtrabãdˈistə] *s* contrebandier.
con.tra.di.tó.rio [kõtraditˈɔrju] *adj* contradictoire, inconcevable.
con.tra.di.zer [kõtradizˈer] *vt+vpr* contredire.
con.tra.ir [kõtraˈir] *vt+vpr* contracter.
con.tra.por [kõtrapˈor] *vt* 1 opposer, confronter. *vpr* 2 s'opposer.
con.tra.ri.a.do [kõtrariˈadu] *adj* contrarié.
con.tra.ri.ar [kõtrariˈar] *vt* contrarier, heurter, ennuyer, entraver, irriter, navrer.
con.tra.ri.e.da.de [kõtrarjedˈadi] *sf* 1 contrariété, empêchement. 2 *coloq* embêtement.
con.trá.rio [kõtrˈarju] *adj+sm* contraire. **ao contrário** ou **pelo contrário** au contraire, à l'inverse.
con.tras.te [kõtrˈasti] *sm* contraste.
con.tra.tar [kõtratˈar] *vt* embaucher, engager.
con.tra.to [kõtrˈatu] *sm* contrat, bail.
con.tri.bu.in.te [kõtribuˈĩti] *s+adj* contribuable.
con.tri.bu.ir [kõtribuˈir] *vt* contribuer, concourir, coopérer.

con.tro.lar [kõtrolˈar] *vt* 1 contrôler, inspecter, vérifier. *vpr* 2 se contrôler.
con.tro.le [kõtrˈoli] *sm* contrôle, maîtrise, vérification, examen. **controle remoto** télécommande.
con.tu.do [kõtˈudu] *conj* toutefois.
con.tun.dir [kõtũdˈir] *vt+vpr* contusionner.
con.tu.são [kõtuzˈãw] *sf Med* contusion. *Pl:* contusões.
con.va.les.cen.ça [kõvalesˈẽsə] *sf* convalescence.
con.ven.ção [kõvẽsˈãw] *sf* convention, entente. *Pl:* convenções.
con.ven.cer [kõvẽsˈer] *vt+vpr* convaincre.
con.ven.ci.o.nar [kõvẽsjonˈar] *vt* 1 stipuler, préciser. 2 combiner, arrêter. 3 convenir de. 4 lier par une convention.
con.ve.ni.ên.cia [kõveniˈẽsjə] *sf* 1 convenance. 2 bienséance. **casamento de conveniência** mariage de raison.
con.vê.nio [kõvˈenju] *sm* convention, pacte, accord.
con.ven.to [kõvˈẽtu] *sm* couvent.
con.ver.gên.cia [kõverʒˈẽsjə] *sf* convergence.
con.ver.sa [kõvˈɛrsə] *sf* 1 conversation. 2 entretien. 3 *coloq* bavardage.
con.ver.sa.ção [kõversasˈãw] *sf* conversation, bavardage, entretien. *Pl:* conversações.
con.ver.sar [kõversˈar] *vi* bavarder, papoter.
con.ver.ter [kõvertˈer] *vt+vpr* convertir.
con.vés [kõvˈɛs] *sm Náut* pont, tillac.
con.vic.ção [kõviksˈãw] *sf* conviction, certitude. *Pl:* convicções.
con.vi.da.do [kõvidˈadu] *sm* invité.
con.vi.dar [kõvidˈar] *vt* inviter.
con.vi.te [kõvˈiti] *sm* invitation, fairepart.
con.vi.ver [kõvivˈer] *vt* cohabiter, vivre avec.

con.vo.car [kõvok'ar] *vt* convoquer.
con.vul.são [kõvuws'ãw] *sf* **1** bouleversement. **2** *Med* convulsion. *Pl: convulsões.*
co.o.pe.rar [kooper'ar] *vt* coopérer, collaborer.
co.or.de.na.ção [koordenas'ãw] *sf* coordination. *Pl: coordenações.*
co.pa [k'ɔpə] *sf* **1** coupe, verre. **2** cime, touffe (arbre). **3 copas** *pl* **(naipe do baralho)** cœur. **copa do mundo** coupe du monde.
có.pia [k'ɔpjə] *sf* copie, imitation, exemplaire, double.
co.pi.ar [kopi'ar] *vt* copier, calquer, reproduire.
co.po [k'ɔpu] *sm* verre.
co.quei.ro [kok'ejru] *sm* cocotier.
cor [k'or] *sf* couleur, teinte. **televisão em cores** télévision en couleurs.
cor [k'ɔr] *sf* **de cor** par cœur, de mémoire.
co.ra.ção [koras'ãw] *sm* cœur. *Pl: corações.* **de coração** de bon cœur. **de todo o coração** de tout cœur.
co.ra.gem [kor'aʒẽj] *sf* courage, bravoure, fermeté, force, intrépidité, vaillance, héroïsme. *Pl: coragens.*
co.ra.jo.so [koraʒ'ozu] *adj* courageux, brave, héroïque, indomptable, intrépide, inébranlable.
co.ran.te [kor'ãti] *sm+adj* colorant.
co.rar [kor'ar] *vi* rougir.
cor.cun.da [kork'ũdə] *s+adj* bossu, gibbeux.
cor.da [k'ɔrdə] *sf* corde. **cordas vocais** cordes vocales. **dar corda num relógio** remonter une montre. **ficar com a corda no pescoço** se mettre la corde au cou. **instrumento de cordas** instrument à cordes. **pular corda** sauter à la corde.
cor.dão [kord'ãw] *sm* cordon, lacet. *Pl: cordões.* **cordão umbilical** cordon ombilical.

cor.dei.ro [kord'ejru] *sm Zool* mouton.
cor.del [kord'ɛw] *sm Bras* sorte de littérature populaire produite au nord-est du Brésil. *Pl: cordéis.*
cor.di.a.li.da.de [kordjalid'adi] *sf* cordialité.
cor.di.lhei.ra [kordiʎ'ejrə] *sf Geogr* chaîne de montagnes.
cor.ja [k'ɔrʒə] *sf* canaille, clique, pègre.
cór.nea [k'ɔrnjə] *sf Med* cornée.
cor.no [k'ɔrnu] *sm+adj* corne.
co.ro [k'oru] *sm Mús* chœur.
co.ro.a [kor'oə] *sf* couronne.
cor.po [k'ɔrpu] *sm* corps. **corpo a corpo** corps à corps. **de corpo e alma** à corps perdu.
cor.pu.len.to [korpul'ẽtu] *adj* corpulent, fort.
cor.re.ção [kores'ãw] *sf* correction, exactitude, justesse, corrigé. *Pl: correções.*
cor.re.dor [kored'or] *sm* couloir, galerie, coureur.
cór.re.go [k'ɔrεgu] *sm* petite rivière.
cor.rei.o [koʁ'eju] *sm* poste. **correio aéreo** poste aérienne.
cor.ren.te [koʁ'ẽti] *adj* courant. • *sf* chaîne. **corrente de água** cours d'eau. **corrente de ar** courant d'air.
cor.ren.te.za [koʁẽt'ezə] *sf* courant, mouvement rapide de l'eau.
cor.rer [koʁ'er] *vi* courir, se hâter. **correr o risco de** risquer de. **correr perigo** courir un danger.
cor.re.ri.a [koʁeri'ə] *sf* course désordonnée, affairement.
cor.res.pon.dên.cia [koʁespõd'ẽsjə] *sf* **1** courrier (de la Poste). **2** correspondance.
cor.res.pon.den.te [koʁespõd'ẽti] *adj* correspondant. • *s* **1** correspondant. **2** envoyé spécial.
cor.res.pon.der [koʁespõd'er] *vt* **1** correspondre, harmoniser. *vpr* **2** se correspondre.

cor.re.to [koɾ'ɛtu] *adj* correct, juste, propre, honnête.

cor.re.tor [koɾet'or] *sm* 1 correcteur. 2 agent ou promoteur immobilier.

cor.ri.da [koɾ'idə] *sf* course.

cor.ri.gir [koɾiʒ'ir] *vt* 1 corriger, amender. *vpr* 2 se corriger.

cor.ro.er [koɾo'er] *vt* ronger, manger, corroder.

cor.rom.per [koɾõp'er] *vt* corrompre, aigrir, vicier.

cor.ro.são [koɾoz'ãw] *sf* corrosion. *Pl:* corrosões.

cor.rup.ção [koɾups'ãw] *sf* 1 corruption, immoralité, impureté. 2 *fig* gangrène. *Pl:* corrupções.

cor.rup.to [koɾ'uptu] *adj* 1 corrompu. 2 *fig* fumier.

cor.tar [koɾt'ar] *vt*+*vpr* 1 couper. *vt* 2 traverser, croiser. 3 censurer. 4 interrompre, trancher, échancrer. **cortar a água, a luz** couper l'eau, l'électricité. **cortar as cartas** couper les cartes. **cortar as unhas** se couper les ongles. **cortar o cabelo** se faire couper les cheveux. **cortar o mal pela raiz** couper le mal à la racine.

cor.te [k'ɔrti] *sm* coupe, taille, entaille, interruption, hiatus. **corte de cabelo** coupe de cheveux. **corte de tecido** taille de tissu.

cor.te.jar [korteʒ'ar] *vt* faire la cour, courtiser, fréquenter.

cor.tês [kort'es] *adj* courtois, poli.

cor.te.si.a [kortez'iə] *sf* courtoisie, politesse.

cor.ti.ça [kort'isə] *sf* liège.

cor.ti.ço [kort'isu] *sm* ruche, habitation commune.

cor.ti.na [kort'inə] *sf* rideau, voile.

co.ru.ja [kor'uʒə] *sf Zool* chouette, hibou.

cor.vo [k'ɔrvu] *sm Zool* corbeau.

co.ser [koz'er] *vt* cuire.

cos.mé.ti.co [kozm'ɛtiku] *sm* cosmétique, fard.

cos.mo.po.li.ta [kozmopol'itə] *s*+*adj* cosmopolite.

cos.ta [k'ɔstə] *sf* côte.

cos.tas [k'ɔstəs] *sf pl* dos. **de costas** de dos. **ter as costas quentes** compter sur la protection de quelqu'un.

cos.te.la [kost'ɛlə] *sf Anat* côte.

cos.te.le.ta [kostel'etə] *sf* 1 côtelette. 2 favoris.

cos.tu.me [kost'umi] *sm* coutume, habitude. *pl* mœurs

cos.tu.ra [kost'urə] *sf* couture.

cos.tu.rar [kostur'ar] *vt* coudre.

cos.tu.rei.ra [kostur'ejrə] *sf* couturière.

co.ta [k'ɔtə] *sf Com* quota, portion, partie.

co.tar [kot'ar] *vt* faire le quota.

co.te.jar [koteʒ'ar] *vt* comparer, confronter, conférer.

co.ti.di.a.no [kotidi'ʌnu] *adj*+*sm* quotidien.

co.to.ve.la.da [kotovel'adə] *sf* coup de coude.

co.to.ve.lo [kotov'elu] *sm Anat* coude. **falar pelos cotovelos** parler à tort et à travers. **ter dor de cotovelo** *fam* être jaloux.

cou.ro [k'owru] *sm* cuir. **couro cabeludo** cuir chevelu.

cou.ve [k'owvi] *sf Bot* chou. **couve-de-bruxelas** chou de Bruxelles.

cou.ve-flor [kowvifl'or] *sf Bot* chou-fleur. *pl:* couves-flores.

co.va [k'ɔvə] *sf* 1 fosse, repaire. 2 tombe, sépulture.

co.var.de [kov'ardi] *s*+*adj* lâche, veule.

co.var.di.a [kovard'iə] *sf* lâcheté, bassesse, vacherie, veulerie.

co.xa [k'oʃə] *sf* cuisse.

co.xo [k'oʃu] *sm*+*adj* boiteux.

co.zi.do [koz'idu] *adj* 1 cousu. 2 cuit.
• *sm* bouilli.

co.zi.men.to [kozim'ẽtu] *sm* décoction, cuisson.

co.zi.nha [koz'iɲɐ] *sf* cuisine.

co.zi.nhar [koziɲ'ar] *vt* cuisiner.

co.zi.nhei.ro [koziɲ'ejru] *sm* cuisinier. **um excelente cozinheiro** un cordon-bleu.

cra.chá [kraʃ'a] *sm* badge.

crâ.nio [kr'ʌnju] *sm Anat* crâne.

cra.se [kr'azi] *sf Gram* crase.

cra.te.ra [krat'ɛrɐ] *sf* cratère.

cra.vo [kr'avu] *sm* **1** *Bot* œillet. **2** *Mús* clavecin.

cre.che [kr'ɛʃi] *sf* crèche, garderie.

cre.di.bi.li.da.de [kredibilid'adi] *sf* crédibilité, fiabilité, vraissemblance.

cre.di.tar [kredit'ar] *vt* garantir, créditer.

cre.do [kr'ɛdu] *sm* **1** credo. **2** foi.

cre.dor [kred'or] *sm+adj* créancier.

cré.du.lo [kr'ɛdulu] *adj+sm* crédule.

cre.me [kr'emi] *sm* crème. **creme de barbear** crème à raser.

cren.te [kr'ẽti] *adj+s* croyant. **2** *Bras pop* protestant.

cre.pús.cu.lo [krep'uskulu] *sm* **1** crépuscule, soir, brune. **2** déclin.

crer [kr'er] *vt* croire. **é preciso ver para crer** il faut le voir pour le croire.

cres.cer [kres'er] *vi* croître, augmenter, monter, grandir, étendre.

cres.ci.men.to [kresim'ẽtu] *sm* croissance, extension.

cres.po [kr'espu] *adj* bouclé, frisé.

cre.ti.no [kret'inu] *sm* **1** crétin. **2** *vulg* con.

cri.a.ção [krjas'ãw] *sf* création, formation, institution, invention, édification, élevage. *Pl:* criações.

cri.a.do [kri'adu] *sm* domestique, serviteur, valet. • *adj* créé.

cri.a.dor [krjad'or] *sm* créateur.

cri.an.ça [kri'ãsɐ] *sf* **1** enfant. **2** *coloq* gosse, môme. **comportar-se como criança** faire l'enfant.

cri.ar [kri'ar] *vt* **1** créer. **2** instituer, faire. **3** nourrir. **4** établir.

cri.a.ti.vo [krjat'ivu] *adj* créatif.

cri.a.tu.ra [krjat'urɐ] *sf* créature.

cri.me [kr'imi] *sm* **1** crime, infraction, iniquité, homicide. **2** *fig* excès.

cri.mi.no.so [krimin'ozu] *sm* criminel, coupable, malfaiteur.

cri.ou.lo [kri'owlu] *sm* **1** mulâtre. **2** créole.

cri.se [kr'izi] *sf* crise.

cris.ta [kr'istɐ] *sf Zool, Geogr* crête.

cris.tal [krist'aw] *sm* cristal. *Pl:* cristais.

cris.tão [krist'ãw] *sm+adj* chrétien. *Pl:* cristãos.

Cris.to [kr'istu] *sm Rel* Christ.

cri.té.rio [krit'ɛrju] *sm* critère.

crí.ti.ca [kr'itikɐ] *sf* critique.

cri.ti.car [kritik'ar] *vt* critiquer, examiner, reprocher.

crí.ti.co [kr'itiku] *sm+adj* critique, grave.

cro.co.di.lo [krokod'ilu] *sm Zool* crocodile.

crô.ni.ca [kr'onikɐ] *sf* chronique.

crô.ni.co [kr'oniku] *adj* chronique.

cro.no.ló.gi.co [kronol'ɔʒiku] *adj* chronologique.

cro.nô.me.tro [kron'ometru] *sm* chronomètre.

cro.que.te [krok'ɛti] *sm Arte Cul* boulette.

cros.ta [kr'ostɐ] *sf* croûte.

cru [kr'u] *adj* cru.

cru.el [kru'ɛw] *adj* cruel, impitoyable, implacable, inexorable, sanguinaire. *Pl:* cruéis.

cru.el.da.de [krwewd'adi] *sf* cruauté, inhumanité.

cru.e.za [kru'ezɐ] *sf* crudité.

cruz [kr'us] *sf* **1** croix. **2** *fig* calvaire, souffrance. **Cruz Vermelha** Croix-Rouge.

cru.za.da [kruz'adɐ] *sf* croisade.

cru.za.men.to [kruzam´ẽtu] *sm* carrefour, intersection, croisement, bifurcation.

cru.zar [kruz´ar] *vt* 1 croiser. 2 hybrider. **cruzar os braços** *fig* croiser les bras.

cru.zei.ro [kruz´ejru] *sm* 1 ancienne monnaie brésilienne. 2 *Náut* croisière. **Cruzeiro do Sul** *Astron* Croix du Sud.

cu.bo [k´ubu] *sm* cube.

cu.e.ca [ku´ɛkə] *sf* 1 slip. 2 **cuecas** *pl* slip. **cueca samba-canção** caleçon.

cui.da.do [kujd´adu] *adj* soigné. • *sm* attention. • *interj* attention!, gare! **com cuidado** attentivement. **ter cuidado** ou **tomar cuidado** faire attention.

cui.da.do.so [kujdad´ozu] *adj* attentif, prudent.

cui.dar [kujd´ar] *vt+vpr* soigner.

cu.jo [k´uʒu] *pron rel+sm* dont.

cu.li.ná.ria [kulin´arjə] *sf* culinaire, gastronomie.

cul.pa [k´uwpə] *sf* 1 faute. 2 tort. 3 maladresse.

cul.pa.do [kuwp´adu] *sm+adj* coupable, fautif.

cul.par [kuwp´ar] *vt* inculper, incriminer, responsabiliser.

cul.ti.var [kuwtiv´ar] *vt+vi* 1 cultiver. 2 labourer. *vpr* 3 se cultiver, s'instruire.

cul.to [k´uwtu] *sm* 1 culte, hommage, honneur. 2 *fig* vénération. 3 religion. 4 office. • *adj* cultivé.

cul.tu.ra [kuwt´urə] *sf* culture, érudition.

cu.me [k´umi] *sm* 1 *Geogr* cime, sommet. 2 apogé, comble.

cum.pli.ci.da.de [kũplisid´adi] *sf* complicité, accord, connivence.

cum.pri.men.tar [kũprimẽt´ar] *vt+vi+vpr* 1 saluer. *vt+vi* 2 complimenter, féliciter.

cum.pri.men.to [kũprim´ẽtu] *sm* compliment, hommage. **dar os cumprimentos** féliciter.

cum.prir [kũpr´ir] *vt+vi* 1 accomplir, exécuter, remplir. *vpr* 2 s'accomplir, se réaliser.

cú.mu.lo [k´umulu] *sm* cumul, comble.

cu.nha.do [kuɲ´adu] *sm* beau-frère.

cu.pim [kup´ĩ] *sm* termite.

cu.pom [kup´õw] *sm Com* coupon, bon.

cú.pu.la [k´upulə] *sf* 1 *Arquit* coupole, dôme. 2 *fig* coupole. 3 *Bot* cupule.

cu.ra [k´urə] *sf* 1 *Med* guérison. • *sm* 2 *Rel* curé.

cu.ran.dei.ro [kurãd´ejru] *sm* guérisseur.

cu.rar [kur´ar] *vt+vpr* guérir.

cu.ra.ti.vo [kurat´ivu] *adj* curatif. • *sm* pansement.

cu.rin.ga [kur´ĩgə] *sm* joker.

cu.ri.o.si.da.de [kurjozid´adi] *sf* curiosité.

cur.so [k´ursu] *sm* cours. **curso de água** courant d'eau.

cur.sor [kurs´or] *sm Inform, Mec* curseur.

cur.ta-me.tra.gem [kurtəmetr´aʒẽj] *sm* court metrage. *Pl*: curtas-metragens.

cur.tir [kurt´ir] *vt* tanner.

cur.to [k´urtu] *adj* court. **a curto prazo** à court terme.

cur.va [k´urvə] *sf* courbe, tournant. **fazer uma curva** faire un virage.

cur.var [kurv´ar] *vt* 1 pencher. *vpr* 2 se pencher, se plier.

cus.pir [kusp´ir] *vt+vi* cracher.

cus.ta [k´ustə] *sf* 1 coût, frais, dépens. 2 **custas** *pl* frais. **às custas de** aux dépens de.

cus.tar [kust´ar] *vt+vi* coûter. **custe o que custar** coûte que coûte. **quanto custa?** c'est combien?

cus.to [k´ustu] *sm* coût, valeur. **a todo custo** à tout prix. **com** ou **a muito custo** à grand peine, avec beaucoup de peine, beaucoup de difficulté.

cus.tó.dia [kust´ɔdjə] *sf* garde.

d

d [dɛ´] *sm* la quatrième lettre de l'alphabet de la langue portugaise.
da [d´ə] *contr prep* **de**+*art def* **a 1** de la. *contr prep* **de**+*pron* **dem a 2** de celle.
dá.bli.o [d´ablju] *sm* double V, le nom de la lettre W.
dá.di.va [d´adivə] *sf* don, offrande.
da.do [d´adu] *sm* **1** donnée. **2** dé. *lance de dados* / coup de dés. • *adj* **1** donné. **2** aimable. **a cavalo dado não se olha o dente** *prov* à cheval donné on ne regarde pas la bride.
da.í [da´i] *contr prep* **de**+*adv* **aí** puis, d'où.
da.li [dal´i] *contr prep* **de**+*adv* **ali** en, de là, de cet endroit. **dali a seis dias** six jours après.
da.ma [d´ʌmə] *sf* **1** dame. **2** dame (jeu d'échecs, jeu de cartes). **dama de companhia** dame de compagnie. **jogo de damas** jeu de dames.
da.mas.co [dam´asku] *sm Bot* abricot.
da.nar [dan´ar] *vt* damner, nuire à.
dan.ça [d´ãsə] *sf* **1** danse. **2** ballet.
dan.çar [dãs´ar] *vi+vt* danser. **dançar na corda bamba** danser sur la corde raide.
da.ni.fi.car [danifik´ar] *vt* **1** léser, nuire à. porter préjudice. **2** endommager.
da.no [d´ʌnu] *sm* préjudice, dam, dommage, tort.
dan.tes [d´ãtis] *contr prep* **de**+*adv* **antes** jadis, d'antan.
da.que.la [dak´ɛlə] *contr prep* **de**+*pron* **dem aquela** de cette-...là, de celle-là.
da.que.le [dak´eli] *contr prep* **de**+*pron* **dem aquele** de ce-...là, de celui-là.
da.qui [dak´i] *contr prep* **de**+*adv* **aqui** d'ici. **daqui a oito dias** dans huit jours. **daqui a pouco** à tout à l'heure, à bientôt, dans quelques instants. **daqui em diante** dorénavant.
da.qui.lo [dak´ilu] *contr prep* **de**+*pron* **dem aquilo** de cela.
dar [d´ar] *vt* **1** donner, concéder, accorder, délivrer, passer. **2** consacrer, employer. **3** communiquer, dire, exposer, indiquer. *vpr* **4** se donner. **dá na mesma** ça revient au même. **dar a descarga** tirer la chasse d'eau. **dar à luz** accoucher. **dar as boas-vindas** souhaiter la bienvenue. **dar com** rencontrer. **dar com a porta na cara** fermer la porte au nez. **dar em** donner sur (rue). **dar esmola a um mendigo** faire l'aumône à un mendiant. **dar o lugar** céder sa place. **dar-se com** s'entendre. **dar uma olhada** jeter un coup d'œil. **dar uma volta** faire un tour. **dar um passeio** faire une promenade.
dar.do [d´ardu] *sm* fléchette, dard, javelot.
das [d´as] *contr prep* **de**+*art def* **as 1** des. *contr prep* **de**+*pron* **dem as 2** de celle.

data — decoração

da.ta [d′atə] *sf* date. **em que data?** à quelle date?

de [di] *prep* de. **brinquedo de plástico** jouet en plastique. **cana-de-açúcar** canne à sucre. **de cor** par cœur. **de hora em hora** d'heure en heure. **de ônibus** en autobus. **louco de raiva** fou de rage. **morto de cansaço** mort de fatigue. **pular de alegria** sauter de joie. **sorvete de baunilha** glace à la vanille. **torta de maçãs** tarte aux pommes. **vestido de flores** robe à fleurs.

de.bai.xo [deb′ajʃu] *adv* sous, dessous, au-dessous. **aqui debaixo** ci-dessous.

de.ba.te [deb′ati] *sm* débat, discussion, polémique. **debate televisivo** débat télévisé.

de.ba.ter [debat′er] *vt+vi* 1 débattre, discuter. *vpr* 2 se débattre, s'agiter.

dé.bil [d′ɛbiw] *adj* 1 débile, fragile. 2 faible, impuissant. *Pl: débeis.* **débil mental** a) *Med* débile mental, arriéré. b) *fam* imbécile, idiot.

de.bi.li.tar [debilit′ar] *vt* 1 débiliter, affaiblir. 2 démoraliser, déprimer.

dé.bi.to [d′ɛbitu] *sm Com* débit.

de.bo.char [deboʃ′ar] *vt* se moquer, débaucher.

de.bru.çar [debrus′ar] *vi+vpr* pencher, incliner.

de.bu.lhar [debuʎ′ar] *vt* 1 égrener. *vpr* 2 *fig* fondre. **debulhar-se em lágrimas** fondre en larmes.

de.bu.tan.te [debut′ãti] *s+adj* débutant.

dé.ca.da [d′ɛkadə] *sf* décennie.

de.ca.dên.cia [dekad′ẽsjə] *sf* décadence, déclin.

de.ca.ir [deka′ir] *vi* 1 déchoir, diminuer. 2 *fig* dégringoler.

de.ca.pi.tar [dekapit′ar] *vt* décapiter, guillotiner.

de.cên.cia [des′ẽsjə] *sf* décence, bienséance, honnêteté.

de.cê.nio [des′enju] *sm* décennie.

de.ce.par [desep′ar] *vt* amputer, mutiler, démembrer, décapiter.

de.cep.ção [deseps′ãw] *sf* déception, désillusion. *Pl: decepções.*

de.cep.ci.o.nar [desepsjon′ar] *vt* décevoir, désappointer.

de.ci.dir [desid′ir] *vt+vpr* 1 décider. *vt* 2 déterminer.

de.ci.frar [desifr′ar] *vt* déchiffrer. **decifrar hieróglifos** déchiffrer des hiéroglyphes.

de.ci.mal [desim′aw] *adj* décimal. *Pl: decimais.*

dé.ci.mo [d′ɛsimu] *num* dixième. **décimo primeiro** onzième.

de.ci.são [desiz′ãw] *sf* décision, détermination, résolution. *Pl: decisões.*

de.cla.ma.ção [deklamas′ãw] *sf* déclamation. *Pl: declamações.*

de.cla.mar [deklam′ar] *vt* déclamer.

de.cla.ra.ção [deklaras′ãw] *sf* déclaration, propos. *Pl: declarações.*

de.cla.rar [deklar′ar] *vt* 1 déclarer, manifester, proclamer. *vpr* 2 se déclarer.

de.cli.nar [deklin′ar] *vi* 1 décliner, pencher. 2 *fig* faiblir, étioler.

de.clí.nio [dekl′inju] *sm* 1 déclin. 2 *fig* décadence, étiolement.

de.cli.ve [dekl′ivi] *sm* inclinaison, pente.

de.co.di.fi.car [dekodifik′ar] *vt* décoder.

de.co.la.gem [dekol′aʒẽj] *sf Aer* décollage. *Pl: decolagens.*

de.co.lar [dekol′ar] *vi Aer* décoller.

de.com.por [dekõp′or] *vt* 1 décomposer, dissocier, séparer. 2 décomposer, troubler l'harmonie de. *vpr* 3 s'abîmer.

de.com.po.si.ção [dekõpozis′ãw] *sf* 1 décomposition, division. 2 putréfaction. *Pl: decomposições.*

de.co.ra.ção [dekoras′ãw] *sf* décoration, ornement. *Pl: decorações.*

de.co.ra.dor [dekorad´or] *sm* décorateur.

de.co.rar [dekor´ar] *vt* **1** décorer, agrémenter, orner. **2** garder en mémoire, savoir ou apprendre par cœur.

de.co.ro [dek´oru] *sm* décence, pudeur, bienséance.

de.cor.rer [dekoʀ´er] *vi* découler, s'écouler. **no decorrer de** au cours de.

de.co.te [dek´ɔti] *sm* décolleté.

de.cre.pi.tu.de [dekrepit´udi] *sf* décrépitude.

de.cre.to [dekr´ɛtu] *sm* décret.

de.cur.so [dek´ursu] *sm* **1** cours, durée, laps de temps. **2** écoulement.

de.dal [ded´aw] *sm* dé à coudre. Pl: *dedais*.

de.dão [ded´ãw] *sm aum pop de* dedo grand doigt. Pl: *dedões*.

de.di.car [dedik´ar] *vt* **1** dédier, dédicacer, consacrer. *vpr* **2** se dévouer, se donner, se consacrer.

de.di.ca.tó.ria [dedikat´ɔrjə] *sf* dédicace, autographe. **fazer uma dedicatória** dédicacer.

de.di.nho [ded´iɲu] *sm dim pop de* dedo auriculaire, petit doigt.

de.do [d´edu] *sm* doigt. **colocar o dedo na ferida** mettre le doigt sur la plaie. **dedo anular** annulaire. **dedo indicador** index. **dedo médio** majeur ou médius. **dedo mínimo** *V* dedinho. **dedo polegar** pouce. **um dedo de prosa** un brin de causette.

de.do-du.ro [dedud´uru] *sm fam* cafard, mouchard. Pl: *dedos-duros*.

de.du.ção [dedus´ãw] *sf* déduction. Pl: *deduções*.

de.du.rar [dedur´ar] *vt* cafarder, moucharder.

de.du.zir [deduz´ir] *vt* déduire.

de.fei.to [def´ejtu] *sm* **1** défaut, anomalie. **2** faiblesse, imperfection.

de.fei.tu.o.so [defejtu´ozu] *adj* défectueux, imparfait.

de.fen.der [defẽd´er] *vt* **1** défendre, protéger. **2** préserver. *vpr* **3** se défendre. **defender uma tese** soutenir une thèse.

de.fen.si.va [defẽs´ivə] *sf* défensive. **ficar na defensiva** être, se tenir sur la défensive.

de.fen.sor [defẽs´or] *sm* défenseur.

de.fe.rir [defeʀ´ir] *vi* **1** déférer. **2** accorder, donner.

de.fe.sa [def´ezə] *sf* défense. **legítima defesa** légitime défense.

de.fi.nhar [defiɲ´ar] *vi* **1** se consumer. **2** dépérir, s'affaiblir.

de.fi.ni.ção [definis´ãw] *sf* définition. Pl: *definições*.

de.fi.nir [defin´ir] *vt* définir, fixer.

de.fla.grar [deflagr´ar] *vt* **1** *Fís* déflagrer. **2** *fig* provoquer.

de.for.mar [deform´ar] *vt+vpr* déformer.

de.fron.te [defr´õti] *adv* devant, vis-à-vis, en face. **defronte de** devant.

de.fun.to [def´ũtu] *sm* défunt, mort, décédé.

de.ge.lar [deʒel´ar] *vi* dégeler.

de.ge.lo [deʒ´elu] *sm* dégel.

de.ge.ne.rar [deʒeneɾ´ar] *vi* dégénérer.

de.glu.tir [deglut´ir] *vt* déglutir, avaler.

de.go.lar [degol´ar] *vt* décapiter, égorger.

de.gra.da.ção [degradas´ãw] *sf* **1** dégradation, honte. **2** dépravation, corruption. Pl: *degradações*.

de.gra.dar [degrad´ar] *vt+vpr* dégrader, avilir.

de.grau [degr´aw] *sm* **1** marche. **2** *fig* échelon.

de.gre.dar [degred´ar] *vt* exiler, bannir, déporter.

de.gus.ta.ção [degustas´ãw] *sf* dégustation. Pl: *degustações*.

de.gus.tar [degust´ar] *vt* déguster.

dei.tar [dejt′ar] *vt* **1** coucher, allonger. **2** étendre. **3** laisser. *vpr* **4** se coucher, se mettre au lit.

dei.xar [dej′ar] *vt* **1** laisser, quitter, léguer. *vpr* **2** se laisser. *vi* **3** laisser, permettre. **deixar como está** laisser faire. **deixar de** arrêter de. **deixar pra lá** ou **deixar de lado** laisser tomber.

de.je.ção [deʒes′ãw] *sf* déjection, évacuation. *Pl:* dejeções.

de.je.to [deʒ′ɛtu] *sm* déchet.

de.la [d′ɛlə] *contr prep* de+*pron pes* ela à elle, en, son, sa. **a dela** la sienne. **o dela** le sien.

de.la.tar [delat′ar] *vt* dénoncer, trahir, moucharder.

de.le [d′eli] *contr prep* de+*pron pes* ele à lui, en, son, sa. **a dele** la sienne. **o dele** le sien.

de.le.ga.ção [delegas′ãw] *sf* **1** délégation, attribution. **2** délégation, ensemble de personnes déléguées. *Pl:* delegações.

de.le.ga.ci.a [delegas′iə] *sf* commissariat, poste de police.

de.le.ga.do [deleg′adu] *adj* délégué. • *sm* commissaire de police.

de.le.gar [deleg′ar] *vt* déléguer, incomber, confier.

de.lei.tar [delejt′ar] *vt* **1** délecter, réjouir. *vpr* **2** se délecter.

del.fim [dewf′ĩ] *sm* **1** *Zool* dauphin. **2** *Hist* dauphin (titre des fils aînés des rois de France).

del.ga.do [dewg′adu] *adj* mince, fin. **intestino delgado** intestin grêle.

de.li.be.rar [deliber′ar] *vt+vi* délibérer, résoudre, déterminer.

de.li.ca.de.za [delikad′ezə] *sf* **1** délicatesse, finesse. **2** fragilité. **3** élégance.

de.li.ca.do [delik′adu] *adj* **1** délicat, frêle, leger, élégant. **2** doux. **3** complexe.

de.lí.cia [del′isjə] *sf* délice.

de.li.ci.o.so [delisi′ozu] *adj* délicieux, exquis.

de.li.ne.ar [deline′ar] *vt* esquisser, ébaucher.

de.lin.quen.te [delĩk′wẽti] *s* délinquant.

de.li.rar [delir′ar] *vi* délirer, déraisonner.

de.lí.rio [del′irju] *sm* délire, folie, exaltation.

de.li.to [del′itu] *sm* délit, infraction.

de.lon.ga [del′õgə] *sf* retard, délai, lenteur.

del.ta [d′ɛwtə] *sf* **1** delta (letra grega). **2** *Geogr* delta.

de.ma.go.gi.a [demagoʒ′iə] *sf* démagogie.

de.mais [dem′ajs] *adv* trop. **cedo demais** trop tôt. **os, as demais** les autres.

de.man.da [dem′ãdə] *sf* demande, poursuite.

de.man.dar [demãd′ar] *vt* demander, poursuivre.

de.mar.ca.ção [demarkas′ãw] *sf* démarcation, limite, délimitation, frontière. *Pl:* demarcações.

de.ma.si.a [demaz′iə] *sf* reste, excédent. **em demasia** en excès, de trop.

de.mên.cia [dem′ẽsjə] *sf Med* folie, aliénation.

de.mis.são [demis′ãw] *sf* démission, licenciement. **pedir demissão** se démettre, se licencier, demissionner. *Pl:* demissões.

de.mi.tir [demit′ir] *vt* **1** démettre. *vpr* **2** se démettre, demissionner.

de.mo.cra.ci.a [demokras′iə] *sf* démocratie.

de.mo.li.ção [demolis′ãw] *sf* démolition. *Pl:* demolições.

de.mo.lir [demol′ir] *vt* démolir, abattre, détruire, ruiner.

de.mô.nio [dem′onju] *sm* démon, diable.

demonstração   317   derrapar

de.mons.tra.ção [demõstras'ãw] *sf* démonstration. *Pl: demonstrações.*

de.mons.trar [demõstr'ar] *vt* démontrer, établir, prouver.

de.mo.ra [dem'ɔrə] *sf* retard, délai.

de.mo.rar [demor'ar] *vi* retarder.

de.ne.grir [denegr'ir] *vt* dénigrer, calomnier.

de.no.mi.nar [denomin'ar] *vt* dénommer, nommer.

den.si.da.de [dẽsid'adi] *sf* densité, épaisseur.

den.so [d'ẽsu] *adj* 1 dense, touffu, impénétrable. 2 concis, ramassé.

den.ta.da [dẽt'adə] *sf* coup de dent.

den.ta.du.ra [dẽtad'urə] *sf* dentier.

den.te [d'ẽti] *sm* 1 dent (d'objets). 2 *Anat* dent. **dar com a língua nos dentes** divulguer un secret. **dente canino** canine. **dente de alho** gousse d'ail. **dente de leite** dent de lait. **dente do siso** dent de sagesse. **dente incisivo** incisive. **dente molar** molaire. **dor de dente** mal aux dents. **escova de dentes** brosse à dents. **estar armado até os dentes** être armé jusqu'aux dents. **ranger os dentes** grincer les dents.

den.ti.ção [dẽtis'ãw] *sf* dentition. *Pl: dentições.*

den.tis.ta [dẽt'istə] *s* dentiste.

den.tro [d'ẽtru] *adv* dans. **dentro de** dans, dedans. **dentro de seis dias** dans six jours. **dentro em pouco** dans peu, sous peu.

de.nún.cia [den'ũsjə] *sf* dénonciation.

de.nun.ci.ar [denũsi'ar] *vt* dénoncer.

de.par.ta.men.to [departam'ẽtu] *sm* département.

de.pen.dên.cia [depẽd'ẽsjə] *sf* dépendance, sujetion, assujettissement.

de.pen.den.te [depẽd'ẽti] *adj* dépendant, subordonné.

de.pi.la.ção [depilas'ãw] *sf* épilation, dépilation. *Pl: depilações.*

de.pi.lar [depil'ar] *vt* épiler, dépiler.

de.plo.rar [deplor'ar] *vt* déplorer, regretter beaucoup.

de.po.i.men.to [depojm'ẽtu] *sm Jur* témoignage, déposition.

de.pois [dep'ojs] *adv* après, puis. **depois de** après. **depois de amanhã** après-demain.

de.por [dep'or] *vt* 1 témoigner. 2 destituer, démettre. 3 déposer.

de.por.tar [deport'ar] *vt* déporter.

de.po.si.tar [depozit'ar] *vt Com* déposer, virer, verser.

de.pó.si.to [dep'ɔzitu] *sm* 1 dépôt, entrepôt, magasin. 2 *Com* dépôt, virement. **depósito de água** réservoir.

de.pra.var [deprav'ar] *vt* dépraver, corrompre, pervertir.

de.pre.ci.a.ção [depresjas'ãw] *sf* 1 dépréciation, avilissement. 2 *Com* baisse, dévalorisation. *Pl: depreciações.*

de.pre.ci.ar [depresi'ar] *vt* 1 déprécier, critiquer, mépriser, dénigrer. 2 *Com* discréditer, rabaisser. *vpr* 3 se dévaloriser, se déprécier.

de.pre.da.ção [depredas'ãw] *sf* déprédation, pillage, dégradation. *Pl: depredações.*

de.pre.dar [depred'ar] *vt* ravager, dévaster.

de.pre.en.der [depreẽd'er] *vt* inférer, déduire, conclure.

de.pres.sa [depr'ɛsə] *adv* vite, à la hâte, rapidement.

de.pres.são [depres'ãw] *sf* 1 dépression, affaissement. 2 *Psic* dépression, mélancolie, déprime. *Pl: depressões.*

de.pri.mir [deprim'ir] *vt* 1 déprimer, enfoncer. 2 décourager, abattre.

de.pu.rar [depur'ar] *vt* dépurer, épurer.

de.pu.ta.do [deput'adu] *sm* député.

de.ri.var [deriv'ar] *vt* dériver.

der.ra.mar [derˈam'ar] *vt* verser, renverser.

der.ra.par [derap'ar] *vi Autom* déraper, glisser.

der.re.ter [deret'er] *vt+vpr* fondre.
der.ro.ta [der'ɔtə] *sf* défaite, déroute, débâcle.
der.ro.tar [derot'ar] *vt* vaincre, battre.
der.ru.bar [derub'ar] *vt* **1** renverser. **2** faire tomber (les lois).
de.sa.ba.far [dezabaf'ar] *vt* **1** découvrir. **2** dégager. **3** soulager.
de.sa.ba.fo [dezab'afu] *sm* **1** épanchement de cœur. **2** confidence.
de.sa.ba.men.to [dezabam'ẽtu] *sm* éboulement, écroulement.
de.sa.bar [dezab'ar] *vi* ébouler, crouler.
de.sa.bo.to.ar [dezaboto'ar] *vt* déboutonner.
de.sa.bro.char [dezabroʃ'ar] *vi* éclore, épanouir.
de.sa.ca.tar [dezakat'ar] *vt* manquer de respect.
de.sa.ce.le.rar [dezaseler'ar] *vt* ralentir.
de.sa.com.pa.nha.do [dezacõpãñ'adu] *adj* seul.
de.sa.con.se.lhar [dezakõseλ'ar] *vt* déconseiller.
de.sa.cor.do [dezak'ordu] *sm* désaccord, désunion, mésentente, discordance, incompatibilité.
de.sa.cos.tu.mar [dezakostum'ar] *vt* déshabituer, désaccoutumer.
de.sa.fi.ar [dezafi'ar] *vt* défier, provoquer.
de.sa.fi.o [dezaf'iu] *sm* défi, provocation. **2** challenge. **lançar um desafio** lancer un défi.
de.sa.fo.gar [dezafog'ar] *vt* soulager.
de.sa.fo.ro [dezaf'oru] *sm* impertinence.
de.sa.gra.dar [dezagrad'ar] *vt* déplaire, dégoûter.
de.sa.gre.ga.ção [dezagregas'ãw] *sf* désagrégation. *Pl*: desagregações.
de.sa.gre.gar [dezagreg'ar] *vt* désagréger.

de.sa.len.to [dezal'ẽtu] *sm* découragement, abattement.
de.sa.li.nho [dezal'iñu] *sm* désordre, négligence.
de.sa.lo.jar [dezaloʒ'ar] *vt* déloger.
de.sa.mar.rar [dezamar'ar] *vt* détacher, déficeler, délier.
de.sam.pa.rar [dezãpar'ar] *vt* délaisser, abandonner.
de.sa.ni.mar [dezanim'ar] *vt* **1** décourager, abattre. *vpr* **2** se décourager.
de.sâ.ni.mo [dez'∧nimu] *sm* accablement, découragement.
de.sa.pa.re.cer [dezapares'er] *vi* disparaître.
de.sa.pon.ta.men.to [dezapõtam'ẽtu] *sm* désappointement.
de.sa.pon.tar [dezapõt'ar] *vt* désappointer.
de.sa.pro.var [dezaprov'ar] *vt* désapprouver, condamner, critiquer, réprouver.
de.sar.ma.men.to [dezarmam'ẽtu] *sm Mil* désarmement.
de.sar.mar [dezarm'ar] *vt* désarmer.
de.sar.ran.jar [dezar̃ãʒ'ar] *vt* dérégler, désorganiser.
de.sar.ru.mar [dezar̃um'ar] *vt* déranger, dérégler.
de.sas.tra.do [dezastr'adu] *adj* maladroit.
de.sas.tre [dez'astri] *sm* **1** désastre, calamité, catastrophe. **2** accrochage, accident, collision.
de.sa.tar [dezat'ar] *vt* détacher.
de.sa.ten.ção [dezatẽs'ãw] *sf* inattention, distraction. *Pl*: desatenções.
de.sa.ti.no [dezat'inu] *sm* folie, extravagance.
de.sa.ven.ça [dezav'ẽsə] *sf* brouille, mésentente, querelle.
des.bo.ca.do [dezbok'adu] *adj* obscène, ordurier.
des.bo.tar [dezbot'ar] *vi* délaver.

des.bra.var [dezbrav'ar] *vt* dompter, défricher.
des.cal.çar [deskaws'ar] *vt* déchausser.
des.cal.ço [desk'awsu] *adj* déchaussé, nu-pied.
des.can.sar [deskãs'ar] *vt* **1** reposer. *vi* **2** se reposer.
des.can.so [desk'ãsu] *sm* repos.
des.car.ga [desk'arga] *sf* **1** décharge. **2** chasse d'eau. **dar a descarga** tirer la chasse d'eau.
des.car.re.gar [deskařeg'ar] *vt* **1** décharger, débarquer. **2** tirer. **3** soulager. *vpr* **4** se décharger.
des.car.tar [deskart'ar] *vt* **1** écarter. **2** *fig* éloigner. **3** *fig, fam* se débarrasser (de quelqu'un ou de quelque chose).
des.car.tá.vel [deskart'avew] *adj* jetable. *Pl:* **descartáveis**.
des.cas.car [deskask'ar] *vt* écorcher, peler, éplucher.
des.cen.dên.cia [desēd'ēsjə] *sf* descendance, filiation.
des.cen.den.te [desēd'ēti] *s* descendant.
des.cen.der [desēd'er] *vt* descendre.
des.cer [des'er] *vt, vi* descendre, baisser, incliner. **descer do carro** sortir de la voiture.
des.ci.da [des'idə] *sf* descente, chute.
des.clas.si.fi.car [desklasifik'ar] *vt* déclasser.
des.co.ber.ta [deskob'ɛrtə] *sf* découverte.
des.co.bri.men.to [deskobrim'ẽtu] *sm* découverte.
des.co.brir [deskobr'ir] *vt* **1** découvrir. **2** dévoiler.
des.co.lar [deskol'ar] *vt* décoller, détacher.
des.com.pos.tu.ra [deskõpost'urə] *sf* **1** réprimande. **2** *fig* injure, insulte.
des.con.fi.an.ça [deskõfi'ãsə] *sf* défiance, méfiance, doute, soupçon.

des.con.fi.ar [deskõfi'ar] *vt* se méfier, se défier, douter, soupçonner, suspecter.
des.con.ge.la.men.to [deskõʒelam'ẽtu] *sm* **1** dégel, fonte. **2** décongélation.
des.co.nhe.cer [deskoɲes'er] *vt* méconnaître.
des.co.nhe.ci.do [deskoɲes'idu] *adj+sm* inconnu.
des.con.tar [deskõt'ar] *vt Com* décompter, escompter, rabaisser, remiser.
des.con.ten.te [deskõt'ẽti] *adj* mécontent.
des.con.to [desk'õtu] *sm Com* réduction, abattement, rabais.
des.con.tra.ção [deskõtras'ãw] *sf* décontraction. *Pl:* **descontrações**.
des.con.tra.ir [deskõtra'ir] *vt* **1** décontracter. *vpr* **2** se décontracter, se détendre.
des.con.tro.lar-se [deskõtrol'arsi] *vpr* se déchaîner.
des.con.tro.le [deskõtr'oli] *sm* emportement.
des.co.rar [deskor'ar] *vt* pâlir.
des.cor.tês [deskort'es] *adj* désobligeant.
des.cor.te.si.a [deskortez'iə] *sf* impolitesse.
des.crer [deskr'er] *vt* douter, contester.
des.cre.ver [deskrev'er] *vt* décrire.
des.cri.ção [deskris'ãw] *sf* description. *Pl:* **descrições**.
des.cui.dar [deskujd'ar] *vt* négliger, omettre, oublier.
des.cui.do [desk'ujdu] *sm* négligence, nonchalance.
des.cul.pa [desk'uwpə] *sf* excuse. **pedir desculpas** demander pardon.
des.cul.par [deskuwp'ar] *vt+vpr* excuser.
des.de [d'ezdi] *prep* depuis, dès. **desde agora, desde já** dès maintenant.
des.dém [dezd'ẽj] *sm* dédain, mépris.

des.de.nhar [dezdeñ´ar] *vt* dédaigner, mépriser.

des.di.zer [dezdiz´er] *vt+vpr* **1** dédire. *vt* **2** démentir.

des.do.brar [dezdobr´ar] *vt* dédoubler, déplier, déployer.

de.se.jar [deze3´ar] *vt* **1** désirer, vouloir, souhaiter, ambitionner. **2** avoir envie de. **deixar a desejar** laisser à désirer.

de.se.já.vel [deze3´avew] *adj* désirable, enviable, souhaitable. Pl: *desejáveis*.

de.se.jo [dez´e3u] *sm* **1** désir, envie, aspiration, souhait, vœu. **2** désir, envie du plaisir sexuel.

de.se.le.gân.cia [dezeleg´ãsjə] *sf* inélégance.

des.em.ba.ra.ço [dezẽbar´asu] *sm* désinvolture, adresse, hardiesse.

des.em.bar.car [dezẽbark´ar] *vi* Náut, Aer débarquer.

des.em.bar.ga.dor [dezẽbargad´or] *sm* juge, conseiller des cours suprêmes de justice.

des.em.bar.que [dezẽb´arki] *sm* Náut, Aer débarquement.

des.em.bo.car [dezẽbok´ar] *vi* déboucher.

des.em.bol.sar [dezẽbows´ar] *vt* débourser.

des.em.bol.so [dezẽb´owsu] *sm* Com débours.

des.em.bre.ar [dezẽbre´ar] *vi* débrayer.

des.em.bru.lhar [dezẽbruʎ´ar] *vt* déballer, dépaqueter.

des.em.pa.co.tar [dezẽpakot´ar] *vt* dépaqueter.

des.em.pa.te [dezẽp´ati] *sm* action ou résultat de départager.

des.em.pe.nho [dezẽp´eñu] *sm* **1** interprétation, rôle. **2** *performance*.

des.em.pre.go [dezẽpr´egu] *sm* chômage.

des.en.ca.de.ar [dezẽkade´ar] *vt* déclencher.

des.en.ca.lhar [dezẽkaʎ´ar] *vt* remettre à flot.

des.en.ca.mi.nhar [dezẽkamiñ´ar] *vt* égarer, détourner.

des.en.can.tar [dezẽkãt´ar] *vi* désenchanter.

des.en.can.to [dezẽk´ãtu] *sm* désenchantement.

des.en.co.ra.jar [dezẽkora3´ar] *vt* décourager.

des.en.ga.nar [dezẽgan´ar] *vt* détromper, désabuser.

des.en.gan.char [dezẽgãʃ´ar] *vt* décrocher.

des.en.ga.tar [dezẽgat´ar] *vt* **1** décrocher. **2** dételer.

de.se.nhar [dezeñ´ar] *vt* dessiner. **desenhar a lápis** dessiner au crayon.

de.se.nho [dez´eñu] *sm* dessin. **desenho animado** dessin animé. **desenho geométrico** dessin géométrique.

des.en.la.ce [dezẽl´asi] *sm* dénouement.

des.en.ro.lar [dezẽrol´ar] *vt+vpr* dérouler. • *sm* déroulement.

des.en.ten.di.men.to [dezẽtẽdim´ẽtu] *sm* mésentente, désaccord.

des.en.tu.pir [dezẽtup´ir] *vt* déboucher.

des.en.vol.to [dezẽv´owtu] *adj* désinvolte, sans-gêne.

des.en.vol.tu.ra [dezẽvowt´urə] *sf* désinvolture.

des.en.vol.ver [dezẽvowv´er] *vt* **1** développer. *vpr* **2** se développer, se dérouler, progresser.

des.en.vol.vi.men.to [dezẽvowvim´ẽtu] *sm* développement.

des.e.qui.lí.brio [dezekil´ibrju] *sm* déséquilibre, instabilité, disproportion, inégalité.

de.ser.dar [dezerd´ar] *vt* déshériter.

de.ser.tar [dezert´ar] *vt* déserter, abandonner, quitter.

deserto   321   deslocar

de.ser.to [dezˈɛrtu] *sm* désert. • *adj* désert, inhabité.

de.ser.tor [dezertˈor] *sm Mil* déserteur.

de.ses.pe.rar [dezesperˈar] *vt+vi* 1 désespérer, affliger. *vpr* 2 se désespérer, s'abandonner au désespoir.

de.ses.pe.ro [dezespˈeru] *sm* désespoir.

des.fa.le.cer [desfalesˈer] *vi* défaillir.

des.fal.que [desfˈawki] *sm* défalcation.

des.fa.vo.rá.vel [desfavorˈavew] *adj* défavorable. *Pl: desfavoráveis*.

des.fa.zer [desfazˈer] *vt* 1 défaire, détruire. *desfazer um nó* / défaire un nœud. *vpr* 2 se défaire. **desfazer-se em lágrimas** fondre en larmes.

des.fe.cho [desfˈeʃu] *sm* dénouement, solution.

des.fi.ar [desfiˈar] *vt* défiler, effiler, effilocher.

des.fi.lar [desfilˈar] *vi* défiler, marcher en file.

des.fi.le [desfˈili] *sm* défilé, cortège, parade.

des.for.rar [desfoʀˈar] *vt* venger.

des.fru.tar [desfrutˈar] *vi* jouir.

des.fru.te [desfrˈuti] *sm* jouissance.

des.gar.rar-se [dezgaʀˈarsi] *vpr* se perdre.

des.gas.tar [dezgastˈar] *vt* écailler, éliminer.

des.gas.te [dezgˈasti] *sm* avachissement.

des.gos.tar [dezgostˈar] *vt* 1 dégoûter, déplaire, ennuyer, fâcher. 2 répugner.

des.gos.to [dezgˈostu] *sm* dégoût, chagrin, déplaisir.

des.gra.ça [dezgrˈasə] *sf* disgrâce, infortune, malheur.

des.gra.çar [dezgrasˈar] *vt* rendre malheureux.

des.gru.dar [dezgrudˈar] *vt* décoller.

de.si.dra.ta.ção [dezidratasˈãw] *sf* déshydratation.

de.sig.nar [dezignˈar] *vt* 1 désigner, appeler, nommer. 2 destiner à, qualifier.

de.síg.nio [dezˈignju] *sm* dessein, visée.

de.si.gual.da.de [dezigwawdˈadi] *sf* inégalité, disparité.

de.si.lu.dir [deziludˈir] *vt* désillusionner, décevoir, désappointer.

de.si.lu.são [deziluzˈãw] *sf* désillusion. *Pl: desilusões*.

de.sim.pe.dir [dezĩpedˈir] *vt* débarrasser, désencombrer.

de.sin.char [dezĩʃˈar] *vt* dégonfler, désenfler.

de.sin.cum.bir-se [dezĩkũbˈirsi] *vpr* se décharger, se soulager.

de.sin.fe.tan.te [dezĩfetˈãti] *sm+adj* désinfectant.

de.sin.fe.tar [dezĩfetˈar] *vt* désinfecter, assainir, purifier.

de.sin.te.grar [dezĩtegrˈar] *vt* 1 désintégrer, annihiler. *vpr* 2 se désintégrer.

de.sin.te.res.sar [dezĩteresˈar] *vt* 1 désintéresser, négliger. *vpr* 2 se désintéresser.

de.sin.te.res.se [dezĩterˈesi] *sm* désintérêt, désintéressement, détachement, indifférence.

de.sis.tên.cia [dezistˈẽsjə] *sf* désistement, renoncement.

de.sis.tir [dezistˈir] *vt+vi* renoncer, désister, laisser tomber.

des.je.jum [dezʒeʒˈũ] *sm* petit-déjeuner. *Pl: desjejuns*.

des.le.al [dezleˈaw] *adj* déloyal, infidèle. *Pl: desleais*.

des.lei.xo [dezlˈejʃu] *sm* négligence.

des.li.ga.men.to [dezligamˈẽtu] *sm* 1 détachement. 2 libération.

des.li.gar [dezligˈar] *vt+vpr* 1 détacher. *vt* 2 débrancher. 3 éteindre.

des.li.zar [dezlizˈar] *vi* glisser.

des.lo.car [dezlokˈar] *vt* 1 *Med* disloquer, désarticuler. *vpr* 2 se déplacer.

des.mai.ar [dezmaj´ar] *vi* s'évanouir.

des.mai.o [dezm´aju] *sm* **1** évanouissement, étourdissement. **2** *Med* vertige.

des.ma.mar [dezmam´ar] *vt* sevrer.

des.man.char [dezmɑ̃ʃ´ar] *vt+vpr* défaire.

des.mar.car [dezmark´ar] *vt Com, Esp* démarquer.

des.mas.ca.rar [dezmaskar´ar] *vt* démasquer.

des.ma.ta.men.to [dezmatam´ẽtu] *sm* déboisement.

des.ma.tar [dezmat´ar] *vt* déboiser.

des.mem.brar [dezmẽbr´ar] *vt* démembrer, morceler.

des.men.ti.do [dezmẽt´idu] *sm* démenti.

des.men.tir [dezmẽt´ir] *vt* démentir.

des.me.re.cer [dezmeres´er] *vt* démériter.

des.me.re.ci.men.to [dezmeresim´ẽtu] *sm* démérite.

des.mi.o.la.do [dezmjol´adu] *adj+sm* écervelé.

des.mi.ti.fi.ca.ção [dezmitifikas´ãw] *sf* démythification. *Pl: desmitificações.*

des.mi.ti.fi.car [dezmitifik´ar] *vt* démythifier.

des.mo.bi.li.zar [dezmobiliz´ar] *vt* démobiliser.

des.mon.tar [dezmõt´ar] *vt* démonter.

des.mo.ra.li.zar [dezmoraliz´ar] *vt* démoraliser.

des.mo.ro.nar [dezmoron´ar] *vi* s'écrouler, s'ébouler.

des.mo.ti.var [dezmotiv´ar] *vt* démotiver.

des.na.ta.do [deznat´adu] *adj* écrémé.

des.ne.ces.sá.rio [dezneses´arju] *adj* inutile, superflu.

des.ní.vel [dezn´ivew] *sf* inégalité. *Pl: desníveis.*

des.nor.te.ar [deznorte´ar] *vt+vpr* désorienter.

des.nu.dar [deznud´ar] *vt* dénuder.

des.nu.tri.ção [deznutris´ãw] *sf* dénutrition. *Pl: desnutrições.*

de.so.be.de.cer [dezobedes´er] *vt* désobéir.

de.so.be.di.ên.cia [dezobedi´ẽsjə] *sf* désobéissance, indocilité, insubordination.

de.so.be.di.en.te [dezobedi´ẽti] *adj* désobéissant, insubordonné, indocile.

de.sobs.tru.ir [dezobstru´ir] *vt* désobstruer.

de.so.cu.par [dezokup´ar] *vt* débarasser, vider.

de.so.do.ran.te [dezodor´ɑ̃ti] *sm+adj* déodorant.

de.so.la.ção [dezolas´ãw] *sf* désolation. *Pl: desolações.*

de.so.lar [dezol´ar] *vt* désoler.

de.so.nes.ti.da.de [dezonestid´adi] *sf* malhonnêteté, improbité.

de.son.ra [dez´õřə] *sf* déshonneur, indignité, infamie.

de.son.rar [dezõř´ar] *vt* déshonnorer, avilir.

de.sor.dei.ro [dezord´ejru] *sm* querelleur, émeutier.

de.sor.dem [dez´ɔrdẽj] *sf* **1** désordre. **2** *fam* pagaïe. **3** anarchie, perturbation. **4** agitation, bagarre, émeute. *Pl: desordens.*

de.sor.ga.ni.za.ção [dezorganizas´ãw] *sf* désorganisation. *Pl: desorganizações.*

de.so.ri.en.tar [dezorjẽt´ar] *vt* désorienter, déconcerter, embarasser, troubler.

des.pa.char [despaʃ´ar] *vt* dépêcher, expédier.

des.pe.da.çar [despedas´ar] *vt* déchirer.

des.pe.di.da [desped´idə] *sf* action de prendre congé.

des.pe.dir [desped´ir] *vt* **1** renvoyer, congédier, licencier. *vpr* **2** se dire au revoir, prendre congé.

despeito   323   desvelo

des.pei.to [despˈejtu] *sm* dépit, jalousie.
des.pe.jo [despˈeʒu] *sm* débarras, déménagement. **ordem de despejo** assignation de déménagement.
des.pe.nha.dei.ro [despeɲadˈejru] *sm* précipice, abîme.
des.pen.sa [despˈẽsə] *sf* office, garde-manger.
des.pen.te.ar [despẽteˈar] *vt* décoiffer.
des.per.di.çar [desperdisˈar] *vt* gaspiller.
des.per.ta.dor [despertadˈor] *sm* réveille-matin.
des.per.tar [despertˈar] *vt* réveiller, éveiller.
des.pe.sa [despˈezə] *sf* 1 dépense, frais. 2 **despesas** *pl* Com charges, frais.
des.pir [despˈir] *vt*+*vpr* déshabiller.
des.po.jar [despoʒˈar] *vt* dépouiller, déposséder, spolier.
des.pon.tar [despõtˈar] *vi* 1 poindre, pointer. 2 éclore.
des.po.sar [despozˈar] *vt* épouser.
dés.po.ta [dˈɛspotə] *s fig* despote, tyran.
des.po.vo.ar [despovoˈar] *vt* dépeupler.
des.pre.gar [despregˈar] *vt* déclouer.
des.pren.der [desprẽdˈer] *vt* décoller.
des.pre.ve.ni.do [desprevenˈidu] *adj* dépourvu.
des.pre.zar [desprezˈar] *vt* mépriser.
des.pre.zí.vel [desprezˈivew] *adj* méprisable, indigne. *Pl: desprezíveis.*
des.pre.zo [desprˈezu] *sm* dédain, mépris.
des.pro.por.ção [despropor.sˈãw] *sf* disproportion. *Pl: desproporções.*
des.pro.vi.do [desprovˈidu] *adj* dépourvu.
des.pu.do.ra.do [despudorˈadu] *s*+*adj* impudique.
des.qua.li.fi.car [deskwalifikˈar] *vt* 1 déqualifier. 2 disqualifier, éliminer.
des.res.pei.tar [dezʀespejtˈar] *vt* manquer de respect.

des.ta.car [destakˈar] *vt* dégager, détacher.
des.ta.que [destˈaki] *sm* action de détacher.
des.ter.ro [destˈeʀu] *sm* exil, banissement, déportation.
des.ti.lar [destilˈar] *vt* distiller.
des.ti.la.ri.a [destilarˈiə] *sf* distillerie.
des.ti.nar [destinˈar] *vt* destiner, assigner, attribuer, réserver.
des.ti.na.tá.rio [destinatˈarju] *sm* destinataire.
des.ti.no [destˈinu] *sm* 1 destin, destinée, fatalité. 2 hasard, sort. 3 avenir, fortune.
des.ti.tu.ir [destituˈir] *vt* destituer, licencier, renvoyer.
des.tra.var [destravˈar] *vt* désentraver.
des.tre.za [destrˈezə] *sf* adresse, dextérité.
des.tro [dˈestru] *adj* droitier, droit.
des.tro.çar [destrosˈar] *vt* briser, détruire.
des.tro.ço [destrˈosu] *sm* Aer, Náut épave.
des.tru.i.ção [destrwisˈãw] *sf* destruction, dévastation, massacre. *Pl: destruições.*
des.tru.ir [destruˈir] *vt* 1 détruire, abattre, démolir, raser. *vpr* 2 se détruire.
de.su.ma.no [dezumˈanu] *adj* inhumain.
de.su.ni.ão [dezuniˈãw] *sf* désunion. *Pl: desuniões.*
de.su.nir [dezunˈir] *vt* désunir.
des.vai.rar [dezvajrˈar] *vi*+*vpr* égarer, troubler.
des.va.lo.ri.zar [dezvalorizˈar] *vt* dévaloriser, déprécier, dévaluer.
des.van.ta.jo.so [dezvãtaʒˈozu] *adj* désavantageux, nuisible, défavorable.
des.ve.lo [dezvˈelu] *sm* zèle, vigilance, attention.

des.ven.ci.lhar-se [dezvẽsiλ'arsi] *vpr* se débarasser, se défaire.
des.ven.dar [dezvẽd'ar] *vt* dévoiler.
des.ven.tu.ra [dezvẽt'urə] *sf* mésaventure.
des.vi.ar [dezvi'ar] *vt* dévier, détourner.
des.vi.o [dezv'iu] *sm* déviation, détournement.
de.ta.lhar [detaλ'ar] *vt* détailler.
de.ta.lhe [det'aλi] *sm* détail. **é apenas um detalhe** c'est un détail, ce n'est qu'un détail. **em detalhes** en détail.
de.tec.tar [detekt'ar] *vtr* détecter.
de.tec.tor [detekt'or] *sm* détecteur.
de.ten.ção [detẽs'ãw] *sf* détention, emprisonnement, incarcération. *Pl*: detenções.
de.ten.to [det'ẽtu] *sm* prisonnier, détenu.
de.ter [det'er] *vt* détenir, arrêter.
de.ter.gen.te [deterʒ'ẽti] *sm+adj* détergent.
de.te.ri.o.rar [deterjor'ar] *vt* **1** détériorer, dégrader, abîmer. *vpr* **2** se détériorer, s'altérer.
de.ter.mi.nar [determin'ar] *vt* **1** déterminer, définir, indiquer, fixer, préciser. *vpr* **2** se déterminer, se résoudre.
de.tes.tar [detest'ar] *vt* détester, haïr, exécrer.
de.te.ti.ve [detet'ivi] *sm* détective.
de.to.nar [deton'ar] *vt* détoner, amorcer, exploser.
de.trás [detr'as] *adv* derrière, après, en arrière.
de.tri.men.to [detrim'ẽtu] *sm* détriment.
de.tri.to [detr'itu] *sm* détritus, débris.
de.tur.par [deturp'ar] *vt* dénaturer.
deus [d'ews] *sm* dieu.
deu.sa [d'ewzə] *sf* déesse.
de.va.gar [devag'ar] *adv* doucement. **devagar se vai ao longe** petit à petit l'oiseau fait son nid.

de.va.nei.o [devan'eju] *sf* rêverie.
de.vas.sar [devas'ar] *vt* **1** ouvrir, élargir. **2** découvrir. **3** divulguer, rendre public.
de.vas.si.dão [devasid'ãw] *sf* libertinage, débauche. *Pl*: devassidões.
de.vas.so [dev'asu] *adj* libertin, licencieux, dissolu.
de.vas.tar [devast'ar] *vt* dévaster, ravager.
de.ve.dor [deved'or] *sm* débiteur.
de.ver [dev'er] *sm* **1** devoir, obligation morale. **2** devoir, charge, responsabilité. • *vt* **1** devoir, avoir à payer. **2** devoir, être dans l'obligation de. **3** devoir, avoir l'intention de. **faltar com seu dever** manquer à son devoir.
de.vi.do [dev'idu] *adj* dû. **devido à** dû à. **soma devida** somme dûe.
de.vir [dev'ir] *vi* devenir. Ver nota em **devenir**.
de.vo.ção [devos'ãw] *sf* dévotion. *Pl*: devoções.
de.vo.lu.ção [devolus'ãw] *sf* dévolution, remboursement. *Pl*: devoluções.
de.vol.ver [devowv'er] *vt* rendre, restituer, rembourser.
de.vo.tar [devot'ar] *vt+vi+vpr* dévouer.
dez [d'ɛs] *num* dix. **uns dez, umas dez** une dizaine.
de.zem.bro [dez'ẽbru] *sm* décembre.
de.ze.na [dez'enə] *sf* dizaine.
di.a [d'iə] *sm* jour, journée. **bom dia!** bonjour! **de um dia para o outro** du jour au lendemain. **dia sim, dia não** un jour sur l'autre. **em dia** à jour. **hoje em dia** aujourd'hui, à présent. **meio-dia** midi. **no dia seguinte** le lendemain. **no dia vinte** le vingt. **nos dias de hoje** actuellement. **que dia é hoje?** c'est quel jour aujourd'hui? quel jour sommes-nous? **um dia sim, outro não** tous les deux jours.

diabético   325   dinamismo

di.a.bé.ti.co [djab'ɛtiku] *sm+adj* diabétique.

di.a.bo [di'abu] *sm* diable. • *interj* diable!

di.ag.nos.ti.car [djagnostik'ar] *vt Med* diagnostiquer, déceler.

di.a.go.nal [djagon'aw] *sf Geom* diagonal. • *adj* diagonal. *Pl: diagonais.*

di.a.gra.ma [djagr'ʌmə] *sm* diagramme, graphique.

di.a.le.to [djal'etu] *sm* dialecte.

di.a.lo.gar [djalog'ar] *vt* dialoguer, s'entretenir.

di.á.lo.go [di'alogu] *sm* dialogue, conversation.

di.a.man.te [djam'ãti] *sm* diamant.

di.a.me.tral [djametr'aw] *adj* diamétral. *Pl: diametrais.*

di.â.me.tro [di'ʌmetru] *sm* diamètre.

di.an.te [di'ãti] *adv* devant. **de hoje em diante** dorénavant. **diante de** devant.

di.á.ria [di'arjə] *sf* prix à la journée.

di.á.rio [di'arju] *sm* journal. • *adj* journalier, quotidien.

di.ca [d'ikə] *sf* gír tuyau.

dic.ção [diks'ãw] *sf* diction. *Pl: dicções.*

di.ci.o.ná.rio [disjon'arju] *sm* dictionnaire.

di.dá.ti.co [did'atiku] *adj* didactique.

di.e.ta [di'etə] *sf Med* diète, régime.

di.fa.ma.ção [difamas'ãw] *sf* diffamation. *Pl: difamações.*

di.fa.mar [difam'ar] *vt* diffamer, discréditer.

di.fe.ren.ça [difer'ẽsə] *sf* différence. **com a diferença de** à la différence de.

di.fe.ren.te [difer'ẽti] *adj* différent, dissemblable, distinct.

di.fí.cil [dif'isiw] *adj* difficile, ardu, pénible. *Pl: difíceis.* **difícil de fazer** difficile à faire.

di.fi.cul.da.de [difikuwd'adi] *sf* difficulté, peine, obstacle, embarras, empêchement. **2** embarras. **com grande dificuldade** à grand-peine. **levantar dificuldades** soulever des difficultés. **ter dificuldade em** avoir du mal à.

di.fi.cul.tar [difikuwt'ar] *vt* rendre difficile.

di.fun.dir [difud'ir] *vt* répandre, épancher, étendre, diffuser.

di.ge.rir [diʒer'ir] *vt* digérer, assimiler.

di.ges.tão [diʒest'ãw] *sf* digestion. *Pl: digestões.*

di.gi.ta.dor [diʒitad'or] *sm* claviste.

di.gi.tal [diʒ'itaw] *adj* numérique. *Pl: digitais.*

di.gi.tar [diʒit'ar] *vt* saisir (un texte sur ordinateur).

dí.gi.to [d'iʒitu] *sm* chiffre.

dig.nar-se [dign'arsi] *vpr* daigner, vouloir bien.

dig.ni.da.de [dignid'adi] *sf* dignité.

dig.no [d'ignu] *adj* digne, respectable.

di.la.ce.rar [dilaser'ar] *vt+vpr* dilacérer.

di.la.pi.dar [dilapid'ar] *vt fig* dilapider.

di.la.tar [dilat'ar] *vt* **1** dilater, gonfler. *vpr* **2** se dilater.

di.le.ma [dil'emə] *sm* dilemme, alternative.

di.li.gên.cia [diliʒ'ẽsjə] *sf* **1** diligence, activité. **2** vitesse, empressement.

di.lu.ir [dilu'ir] *vt* dilluer.

di.lú.vio [dil'uvju] *sm* déluge.

di.men.são [dimẽs'ãw] *sf* dimension, importance, gabarit. *Pl: dimensões.*

di.mi.nui.ção [diminwis'ãw] *sf* diminution, amoindrissement, abaissement. **diminuição de peso** allègement. **diminuição de preço** abaissement de prix. *Pl: diminuições.*

di.mi.nu.ir [diminu'ir] *vt* diminuer, amoindrir, réduire.

di.nâ.mi.ca [din'ʌmikə] *sf* dynamique, vitalité.

di.na.mis.mo [dinam'izmu] *sm* dynamisme, énergie.

di.na.mi.te [dinam'iti] *sf* dynamite.
di.na.mi.zar [dinamiz'ar] *vt* dynamiser.
di.nas.ti.a [dinast'iə] *sf* dynastie.
di.nhei.ro [diɲ'ejru] *sm* argent. **receber dinheiro** recevoir ou toucher de l'argent.
di.nos.sau.ro [dinos'awru] *sm Paleont* dinosaure.
di.plo.ma [dipl'omə] *sm* diplôme. **tirar um diploma** décrocher un diplôme.
di.plo.ma.ci.a [diplomas'iə] *sf* 1 diplomatie. 2 habileté.
di.plo.mar [diplom'ar] *vt* diplômer.
di.plo.ma.ta [diplom'atə] *sm* diplomate. • *adj* diplomate, habile.
di.que [d'iki] *sm* digue.
di.re.ção [dires'ãw] *sf* 1 direction. 2 *Cin, Teat* mise en scène. 3 *TV* régie. Pl: *direções*. **na direção de** vers.
di.rei.ta [dir'ejtə] *sf* droite.
di.rei.to [dir'ejtu] *sm* droit. • *adj* droit. **a torto e a direito** à tort et à travers. **direito autoral** droit d'auteur. **com que direito?** de quel droit?
di.re.to [dir'etu] *adj* 1 direct. 2 sincère. • *adv* tout droit.
di.re.tor [diret'or] *sm* 1 directeur, chef. 2 *Cin, Teat* metteur en scène. 3 *TV* régisseur.
di.re.to.ri.a [diretor'iə] *sf* 1 direction, gestion. 2 direction, autorité. 3 direction, sens, orientation.
di.re.tó.rio [diret'ɔrju] *sm* 1 directoire. 2 *Inform* dossier.
di.re.triz [diretr'is] *sf Geom* directrice.
di.ri.gen.te [diriʒ'ẽti] *s* dirigeant.
di.ri.gir [diriʒ'ir] *vt* 1 diriger, conduire, entraîner, gouverner. 2 adresser. *vpr* 3 se diriger.
dis.car [disk'ar] *vt* composer.
dis.cer.ni.men.to [disernim'ẽtu] *sm* discernement, jugement, bon sens.
dis.ci.pli.na [displ'inə] *sf* 1 discipline, sujet d'études. 2 discipline, règle de conduite.
dis.ci.pli.nar [disiplin'ar] *vt* discipliner. • *adj* disciplinaire.
dis.cí.pu.lo [dis'ipulu] *sm* disciple.
dis.co [d'isku] *sm Mús, Inform* disque. **disco compacto (CD)** disque compact. **disco voador** soucoupe volante. **DVD** *(digital video disc) Angl* disque optique compact.
dis.cor.dar [diskord'ar] *vt* discorder, être en désaccord.
dis.cór.dia [disk'ɔrdjə] *sf* désaccord, désunion, dissension, dissentiment, mésentente.
dis.cor.rer [diskoʀ'er] *vi* discourir, disserter. *vt* penser, réfléchir, examiner, analyser.
dis.co.te.ca [diskot'ɛkə] *sf* discothèque, boîte.
dis.cre.pân.cia [diskrep'ãsjə] *sf* différence, diversité, divergence.
dis.cre.to [diskr'ɛtu] *adj* discret, réservé.
dis.cri.ção [diskris'ãw] *sf* discrétion. Pl: *discrições*.
dis.cri.mi.na.ção [discriminas'ãw] *sf* discrimination, différenciation, distinction. Pl: *discriminações*.
dis.cri.mi.nar [diskrimin'ar] *vt* discriminer.
dis.cur.sar [diskurs'ar] *vi* faire un discours.
dis.cur.so [disk'ursu] *sm* 1 discours, allocution. 2 *por ext* homélie.
dis.cus.são [diskus'ãw] *sf* 1 discussion, examen. 2 discussion, débat. Pl: *discussões*.
dis.cu.tir [diskut'ir] *vt+vi* discuter, débattre, critiquer, contester.
dis.cu.tí.vel [diskut'ivew] *adj* discutable, contestable. Pl: *discutíveis*.
di.sen.te.ri.a [dizẽter'iə] *sf Med* dysenterie.
dis.far.çar [disfars'ar] *vt+vpr* déguiser.
dis.far.ce [disf'arsi] *sm* déguisement.

dis.pa.rar [dispar´ar] *vt* **1** tirer, décharger (une arme à feu). **2** lancer, jeter.

dis.pa.ra.te [dispar´ati] *sm* disparate, non-sens, extravagance, sottise.

dis.pa.ri.da.de [disparid´adi] *sf* disparité, disproportion, dissemblance.

dis.pen.sa [disp´ẽsə] *sf* **1** autorisation, permission. **2** immunité, franchise.

dis.pen.sar [dispẽs´ar] *vt* **1** accorder, distribuer, répandre. **2** exempter, décharger, exonérer. **3** accorder, donner.

dis.per.são [dispers´ãw] *sf* dispersion, éparpillement. *Pl: dispersões*.

dis.per.sar [dispers´ar] *vt* **1** disperser, éparpiller, disséminer. *vpr* **2** se disperser.

dis.pli.cên.cia [displis´ẽsjə] *sf* négligence, nonchalance.

dis.po.ni.bi.li.da.de [disponibilid´adi] *sf* disponibilité.

dis.po.ní.vel [dispon´ivew] *adj* disponible, libre. *Pl: disponíveis*.

dis.por [disp´or] *vt* **1** disposer, mettre, arranger. **2** disposer, inciter. *vpr* **3** se disposer. • *sm* disposition. **a seu dispor** à votre disposition.

dis.po.si.ção [dispozis´ãw] *sf* **1** disposition, arrangement, distribution. **2** disposition, état de la santé.

dis.pu.ta [disp´utə] *sf* **1** dispute. **2** combat, escarmouche, querelle, altercation, discussion.

dis.pu.tar [disput´ar] *vt+vi* **1** disputer, lutter. **2** disputer, discuter. *vpr* **3** se disputer.

dis.que.te [disk´ɛti] *sm dim Inform* disquette.

dis.se.car [disek´ar] *vt Med* disséquer.

dis.se.mi.nar [disemin´ar] *vt* disséminer, éparpiller, semer, disperser.

dis.ser.ta.ção [disertas´ãw] *sf* dissertation. *Pl: dissertações*.

dis.ser.tar [disert´ar] *vt* disserter, discourir.

dis.si.dên.cia [disid´ẽsjə] *sf* dissidence, scission, séparation.

dis.si.mu.la.ção [disimulas´ãw] *sf* dissimulation, sournoiserie. *Pl: dissimulações*.

dis.si.mu.lar [disimul´ar] *vt* dissimuler, déguiser.

dis.si.pa.ção [disipas´ãw] *sf* dissipation. *Pl: dissipações*.

dis.si.par [disip´ar] *vt* **1** dissiper, épandre. *vpr* **2** se dissiper.

dis.so [d´isu] *contr prep* de+*pr dem* isso de cela, en.

dis.so.ci.ar [disosi´ar] *vt* dissocier, séparer.

dis.so.lu.ção [disolus´ãw] *sf* dissolution. *Pl: dissoluções*.

dis.sol.ver [disowv´er] *vt* dissoudre.

dis.so.nar [dison´ar] *vi* dissoner.

dis.su.a.dir [diswad´ir] *vt* dissuader, détourner.

dis.tân.cia [dist´ãsjə] *sf* distance, éloignement, écart. **à distância de** à distance de.

dis.tan.ci.ar [distãsi´ar] *vt+vpr* distancier, éloigner.

dis.tan.te [dist´ãti] *adj* **1** distant, éloigné, loin. **2** distant, froid, réservé.

dis.ten.der [distẽd´er] *vt* **1** distendre, allonger. **2** dilater, gonfler.

dis.tin.ção [distĩs´ãw] *sf* **1** distinction, faveur, élégance. **2** séparation, discrimination. *Pl: distinções*.

dis.tin.guir [distĩg´ir] *vt* **1** distinguer, différencier. **2** isoler, séparer. *vpr* **3** se distinguer, se signaler.

dis.tin.ti.vo [distĩt´ivu] *sm* insigne.

dis.tin.to [dist´ĩtu] *adj* **1** distinct. **2** *fig* élégant.

dis.tor.ção [distors´ãw] *sf* distorsion. *Pl: distorções*.

dis.tor.cer [distors´er] *vt* distordre.

dis.tra.ir [distra´ir] *vt* **1** distraire, amuser. *vpr* **2** se distraire.

dis.tri.bu.i.ção [distribwis'ãw] *sf* **1** distribution. **2** répartition. *Pl: distribuições.*
dis.tri.bu.ir [distribu'ir] *vt* distribuer, partager, répartir.
dis.túr.bio [dist'urbju] *sm* perturbation, dérèglement, déséquilibre, trouble.
di.ta.do [dit'adu] *sm* dictée.
di.ta.dor [ditad'or] *sm* dictateur, despote, tyran.
di.ta.du.ra [ditad'urə] *sf* dictature.
di.tar [dit'ar] *vt* **1** dicter. **2** imposer, stimuler.
di.to [d'itu] *adj+sm* dit. **dito e feito** sitôt dit, sitôt fait. **dito popular** dicton. **propriamente dito** proprement dit.
di.ton.go [dit'õgu] *sm Gram* diphtongue.
di.ur.no [di'urnu] *adj* diurne.
di.vã [div'ã] *sm* divan.
di.va.gar [divag'ar] *vi* divaguer.
di.ver.gên.cia [diverʒ'ẽsjə] *sf* divergence, désaccord.
di.ver.gir [diverʒ'ir] *vi* diverger.
di.ver.são [divers'ãw] *sf* diversion, divertissement. *Pl: diversões.*
di.ver.si.da.de [diversid'adi] *sf* diversité, hétérogénéité, variété.
di.ver.si.fi.car [diversifik'ar] *vt* diversifier.
di.ver.so [div'ɛrsu] *adj* divers, varié, différent.
di.ver.ti.men.to [divertim'ẽtu] *sm* divertissement, amusement.
di.ver.tir [divert'ir] *vt+vpr* amuser.
dí.vi.da [d'ividə] *sf Com* dette. **contrair dívidas** faire des dettes. **promessa é dívida** chose promise, chose dûe.
di.vi.dir [divid'ir] *vt* **1** diviser. **2** partager, fractionner, fragmenter.
di.vi.no [div'inu] *adj* **1** divin. **2** céleste, suprême, sublime.
di.vi.sa [div'izə] *sf* devise.
di.vi.são [diviz'ãw] *sf* division, fragmentation. *Pl: divisões.*
di.vi.só.ria [diviz'ɔrjə] *sf* cloison. **parede divisória** cloison.

di.vor.ci.ar [divorsi'ar] *vt+vpr* divorcer.
di.vór.cio [div'ɔrsju] *sm* **1** divorce. **2** rupture.
di.vul.ga.ção [divulgas'ãw] *sf* divulgation, diffusion. *Pl: divulgações.*
di.vul.gar [divuwg'ar] *vt* diffuser, divulguer, proclamer.
di.zer [diz'er] *vt* dire. **para dizer a verdade** à vrai dire. **por assim dizer** pour ainsi dire. **quer dizer** c'est-à-dire.
di.zi.mar [dizim'ar] *vt* décimer, détruire.
dí.zi.mo [d'izimu] *sm* dîme.
do [du] *contr prep* de+*art def* o. **1** du de l'. *contr prep* de+*pron* dem o. **2** de ce, de celui.
dó [d'ɔ] *sm* **1** peine. **2** *Mús* do. **dar dó** faire de la peine.
do.a.ção [doas'ãw] *sf* donation. *Pl: doações.*
do.a.dor [doad'or] *sm* donateur.
do.ar [do'ar] *vt* **1** faire (un) don. **2** donner.
do.bra [d'ɔbrə] *sf* rebord, repli.
do.brar [dobr'ar] *vt+vpr* **1** plier. *vt* **2** doubler.
do.bro [d'ɔbru] *sm+num* double.
do.ce [d'osi] *sm* gateau, confiture. • *adj* **1** doux, douceâtre. **2** sucré. **3** agréable, amène. **4** tendre. **doce de calda** compota.
do.cei.ra [dos'ejrə] *sf* pâtisserie.
do.cei.ro [dos'ejru] *sm* pâtissier, confiseur.
do.cen.te [dos'ẽti] *sm+adj* enseignant. **corpo docente** corps d'enseignants.
dó.cil [d'ɔsiw] *adj* docile, doux, obéissant. *Pl: dóceis.*
do.ci.li.da.de [dosilid'adi] *sf* docilité.
do.cu.men.ta.ção [dokumẽtas'ãw] *sf* documentation. *Pl: documentações.*
do.cu.men.tar [dokumẽt'ar] *vt* documenter.

do.cu.men.to [dokumẽ'etu] *sm* **1** document. **2 documentos** *pl* papiers.
do.çu.ra [dos'urə] *sf* **1** douceur. **2** *fig* tendresse.
do.dói [dod'ɔj] *sm fam* bobo.
do.en.ça [do'ẽsə] *sf* maladie. **doença infecciosa** maladie infectieuse. **doença sexualmente transmissível (DST)** maladie sexuellement transmissible (MST).
do.en.te [do'ẽti] *sm+adj* malade. **ficar** (ou **cair**) **doente** tomber malade.
do.en.ti.o [doẽt'iu] *adj* maladif.
do.er [do'er] *vi* faire mal, éprouver de la douleur.
doi.do [d'ojdu] *sm+adj* fou. **cada doido com sua mania** à chaque fou sa marotte.
dois [d'ojs] *num* deux. **os dois** tous les deux.
dó.lar [d'ɔlar] *sm* dollar.
dom [d'õw] *sm* don, faculté. *Pl:* dons.
do.mar [dom'ar] *vt* apprivoiser, dompter.
do.mes.ti.car [domestik'ar] *vt* apprivoiser, domestiquer, dompter, dresser.
do.més.ti.co [dom'ɛstiku] *adj* domestique, familier. • *nf* bonne, femme de ménage.
do.mi.cí.lio [domis'ilju] *sm* domicile, résidence.
do.mi.na.ção [dominas'ãw] *sf* domination. *Pl:* dominações.
do.mi.nar [domin'ar] *vt* **1** dominer, soumettre. **2** dominer, maîtriser. **3** dominer, prédominer. *vpr* **4** se dominer.
do.min.go [dom'ĩgu] *sm* dimanche.
do.mí.nio [dom'inju] *sm* **1** domaine. **2** maîtrise.
do.na.de.ca.sa [donədik'azə] *sf* ménagère, maîtresse de maison.
do.na.ti.vo [donat'ivu] *sm* **1** don, présent, offre. **2** aumône.

do.no [d'onu] *sm* **1** patron, propriétaire. **2** maître.
don.ze.la [dõz'ɛlə] *sf* vierge, pucelle.
do.par [dop'ar] *vt* doper.
dor [d'or] *sf* douleur. **dor de barriga** mal au ventre. **dor de cabeça** mal à la tête.
do.ra.van.te [dɔrəv'ãti] *adv* désormais, dorénavant.
dor.mi.nho.co [dormiɲ'oku] *sm* dormeur.
dor.mir [dorm'ir] *vi* dormir. **dormir como uma pedra** dormir comme un loir. **dormir em pé** dormir debout. **quem muito dorme pouco aprende** *prov* qui dort longtemps ne sera jamais savant.
dor.mi.tó.rio [dormit'ɔrju] *sm* dortoir, chambre.
dor.so [d'orsu] *sm* dos.
do.sa.gem [dozaʒ'ẽj] *sf* dosage. *Pl:* dosagens.
do.sar [doz'ar] *vt* doser.
do.se [d'ɔzi] *sf* dose.
do.tar [dot'ar] *vt* doter, nantir.
do.te [d'ɔti] *sm* dot.
dou.rar [dowr'ar] *vt* dorer. **dourar a pílula** *fig* se dorer la pilule, tromper.
dou.tor [dowt'or] *sm* docteur. **doutor em direito** docteur en droit. **doutor em letras** docteur ès lettres.
dou.to.ra.do [dowtor'adu] *sm* doctorat.
dou.tri.na [dowtr'inə] *sf* doctrine, dogme, système, théorie.
dou.tri.nar [dowtrin'ar] *vt* **1** instruire, former. **2** enseigner.
do.ze [d'ozi] *sm+num* douze.
dra.gão [drag'ãw] *sm Zool, Mit* dragon. *Pl:* dragões.
drá.gea [dr'aʒjə] *sf* dragée.
dra.ma [dr'ʌmə] *sm* **1** *Teat* drame. **2** catastrophe, tragédie.
dra.ma.ti.zar [dramatiz'ar] *vt Teat* dramatiser.

dra.ma.tur.go [dramat´urgu] *sm* dramaturge.

dre.na.gem [dren´aʒèj] *sf* drainage. *Pl: drenagens.*

dre.nar [dren´ar] *vt* drainer.

dri.blar [dribl´ar] *vt Esp* dribbler.

dro.ga [dr´ɔgə] *sf* drogue.

dro.gar [drog´ar] *vt+vpr* droguer.

du.a.li.da.de [dwalid´adi] *sf* dualité.

du.as [d´uas] *num* (*f* de **dois**) deux. **duas-peças, maiô de duas peças** bikini.

dú.bio [d´ubju] *adj* douteux.

du.blar [dubl´ar] *vt Cin, TV* doubler.

du.cha [d´uʃə] *sf* douche. **ducha de água fria** *fig* douche froide, déception.

du.e.lo [du´εlu] *sm* duel.

du.na [d´unə] *sf* dun e.

du.pla [d´uplə] *sf* couple.

du.pli.car [duplik´ar] *vt* doubler.

du.plo [d´uplu] *sm+num+adj* double.

du.que [d´uki] *sm* duc.

du.que.sa [duk´ezə] *sf* duchesse.

du.ra.ção [duras´ãw] *sf* durée. *Pl: durações.*

du.ran.te [dur´ãti] *prep* pendant, durant.

du.rar [dur´ar] *vi* durer, se maintenir, se conserver, tenir.

du.rá.vel [dur´avew] *adj* durable, immuable, impérissable. *Pl: duráveis. Var: duradouro.*

du.re.za [dur´ezə] *sf* **1** dureté, rigidité. **2** rigueur, rudesse. **3** sévérité, sécheresse.

du.ro [d´uru] *adj* **1** dur, résistant. **2** rigide, ferme, solide. **3** borné; difficile, pénible. **4** rude, sévère. **estar duro** *pop* ne pas avoir un sou.

dú.vi.da [d´uvidə] *sf* doute, hésitation, indécision, incertitude, indétermination. **pôr em dúvida** mettre en doute. **sem dúvida** *adv* sans aucun doute.

du.vi.dar [duvid´ar] *vt* douter, hésiter.

dú.zia [d´uzjə] *nf* douzaine. **às dúzias** à la douzaine.

e ['e] *conj* et. • *sm* la cinquième lettre de l'alphabet de la langue portugaise, le nom de la lettre E.

e.bu.li.ção [ebulis'ãw] *sf* ébullition. *Pl: ebulições.*

e.char.pe [eʃ'arpi] *sf* écharpe.

e.clé.ti.co [ekl'ɛtiku] *sm+adj* éclectique.

e.clip.se [ekl'ipsi] *sm* éclipse.

e.clo.são [ekloz'ãw] *sf* éclosion, épanouissement. *Pl: eclosões.*

e.co ['ɛku] *sm* écho, reproduction.

e.co.ar [eko'ar] *vt* **1** répéter. *vi* **2** résonner, retentir, se répercuter.

e.co.lo.gi.a [ekoloʒ'iə] *sf* écologie.

e.co.no.mi.a [ekonom'iə] *sf* **1** économie. **2** épargne. **fazer economia** faire des économies.

e.co.no.mi.zar [ekonomiz'ar] *vt* économiser, épargner.

e.di.fi.ca.ção [edifikas'ãw] *sf* édification. *Pl: edificações.*

e.di.fi.can.te [edifik'ãti] *adj* édifiant, exemplaire.

e.di.fi.car [edifik'ar] *vt* édifier, bâtir, établir.

e.di.fí.cio [edif'isju] *sm* édifice, immeuble, bâtiment.

e.di.tar [edit'ar] *vt* éditer, publier, imprimer, faire paraître.

e.di.tor [edit'or] *sm* éditeur. **editor responsável** éditeur responsable.

e.di.to.ra [edit'orə] *sf* maison d'édition.

e.du.ca.ção [edukas'ãw] *sf* éducation, formation. *Pl: educações.* **dar educação a uma criança** faire l'éducation d'un enfant.

e.du.car [eduk'ar] *vt* éduquer, élever, former, instruire.

e.fei.to [ef'ejtu] *sm* effet, conséquence. *o discurso dele produziu um grande efeito* / son discours a produit un grand effet. **com efeito** en effet. **surtir efeito** donner des résultats.

e.fe.tu.ar [efetu'ar] *vt* **1** effectuer, accomplir, réaliser, mettre à exécution. *vpr* **2** s'effectuer, se réaliser, avoir lieu.

e.fi.cá.cia [efik'asjə] *sf* efficacité.

e.fi.caz [efik'as] *adj* efficace.

e.fu.são [efuz'ãw] *sf* effusion, épanchement. *Pl: efusões.*

e.go.cen.tris.mo [egosêtr'izmu] *sm* égocentrisme, égoïsme, égotisme, nombrilisme.

e.go.ís.mo [ego'izmu] *sm* égoïsme, égocentrisme.

e.go.ís.ta [ego'istə] *s+adj* égoïste, individualiste.

é.gua ['ɛgwə] *sf* jument, femelle du cheval.

eis ['ejs] *interj* voilà! voici! **eis por que** c'est pourquoi, voilà pourquoi.

ejacular 332 embelezar

e.ja.cu.lar [eʒakul'ar] *vi* éjaculer.
e.je.tar [eʒet'ar] *vt* éjecter.
e.la ['ɛlə] *pron f sing* elle. **a ela** à elle.
e.la.bo.ra.ção [elaboras'ãw] *sf* élaboration, formation. *Pl: elaborações.*
e.la.bo.rar [elabor'ar] *vt* 1 élaborer. 2 façonner. 3 imaginer.
e.las.ti.ci.da.de [elastisid'adi] *sf* élasticité.
e.lás.ti.co [el'astiku] *sm+adj* élastique.
e.le.fan.te [elef'ãti] *sm Zool* éléphant.
e.le.gân.cia [eleg'ãsjə] *sf* élégance, distinction.
e.le.gan.te [eleg'ãti] *adj* 1 élégant, agréable, beau, gracieux. 2 chic, distingué, soigné, raffiné.
e.le.ger [eleʒ'er] *vt* élire, choisir. **eleger domicílio** élire domicile, se fixer.
e.lei.ção [elejs'ãw] *sf* élection. *Pl: eleições.*
e.lei.to [el'ejtu] *sm+adj* élu.
e.lei.tor [elejt'or] *sm* électeur.
e.le.men.tar [elemẽt'ar] *adj* élémentaire.
e.le.men.to [elem'ẽtu] *sm* élément, facteur.
e.le.tri.ci.da.de [eletrisid'adi] *sf* électricité.
e.le.tro.do.més.ti.co [eletrodom'ɛstiku] *sm* électroménager.
e.le.va.ção [elevas'ãw] *sf* 1 élévation. 2 noblesse. 3 augmentation. *Pl: elevações.*
e.le.va.dor [elevad'or] *sm* ascenseur.
e.le.var [elev'ar] *vt* 1 élever. 2 exalter, louer. 3 édifier.
e.li.mi.na.ção [eliminas'ãw] *sf* élimination, exclusion, évacuation. *Pl: eliminações.*
e.li.mi.nar [elimin'ar] *vt* éliminer, écarter, évincer, supprimer.
e.li.mi.na.tó.ria [eliminat'ɔrjə] *sf Esp* éliminatoire.
e.li.te [el'iti] *sf* élite.
e.li.tis.mo [elit'izmu] *sm* élitisme.
e.li.xir [eliʃ'ir] *sm* élixir. **elixir do amor** philtre d'amour.
e.lo.gi.ar [eloʒi'ar] *vt* complimenter louer, vanter, féliciter.
e.lo.gi.o [eloʒ'iu] *sm* éloge, compliment panégyrique.
e.lu.ci.dar [elusid'ar] *vt* élucider, clarifier.
em ['ẽj] *prep* 1 en, dans, à. 2 sur. 3 chez
e.ma ['emə] *sf Zool* touyou ou thouyou.
e.ma.gre.cer [emagres'er]*vt* 1 amaigrir 2 *vi* maigrir.
e.ma.nar [eman'ar] *vt* émaner.
e.man.ci.pa.ção [emãsipas'ãw] *sf* émancipation, indépendance. *Pl: emancipações.*
e.ma.ra.nhar [emarañ'ar] *vt* 1 embrouiller, emmêler, enchevêtrer, mêler. 2 confondre. *vpr* 3 se mêler.
em.ba.çar [ẽbas'ar] *vt* embuer.
em.bai.xa.da [ẽbajʃ'adə] *sf* ambassade.
em.bai.xa.dor [ẽbajʃad'or] *sm* ambassadeur.
em.bai.xo [ẽb'ajʃu] *adv* sous, en dessous.
em.ba.lar [ẽbal'ar] *vt* 1 bercer, balancer. *vpr* 2 se balancer.
em.ba.ra.çar [ẽbaras'ar] *vt* embarrasser, gêner.
em.ba.ra.ço [ẽbar'asu] *sm* 1 embarras. 2 obstacle. 3 empêchement, gêne.
em.ba.ra.lhar [ẽbaraλ'ar] *vt* 1 confondre. 2 mélanger.
em.bar.ca.ção [ẽbarkas'ãw] *sf* embarcation, bateau, navire. *Pl: embarcações.*
em.bar.car [ẽbark'ar] *vt* embarquer, charger un navire.
em.bar.que [ẽb'arki] *sm* embarquement.
em.be.be.dar [ẽbebed'ar] *vt* 1 enivrer, soûler, imbiber. *vpr* 2 s'enivrer.
em.be.le.zar [ẽbelez'ar] *vt* 1 embellir, orner. *vpr* 2 s'embellir.

em.bir.rar [ẽbiɾ'ar] *vt* s'obstiner, s'entêter, se buter. **embirrar com alguém** prendre quelqu'un en grippe.
em.ble.ma [ẽbl'emə] *sm* emblème, symbole, insigne.
em.bo.ca.du.ra [ẽbokad'urə] *sf* embouchure.
em.bo.lo.rar [ẽbolor'ar] *vi* moisir.
em.bo.ra [ẽb'ɔrə] *adv+conj* quoique, bien que. **ir-se embora** s'en aller, partir.
em.bos.ca.da [ẽbosk'adə] *sf* embuscade, piège, guet-apens.
em.bos.car [ẽbosk'ar] *vt* embusquer, piéger.
em.bran.que.cer [ẽbrãkes'er] *vt* 1 blanchir. 2 grisonner, blêmir.
em.bri.a.ga.do [ẽbrjag'adu] *adj* 1 ivre, soûl, saoul. 2 *fig* extasié.
em.bri.a.gar [ẽbrjag'ar] *vt* 1 enivrer, étourdir. *vpr* 2 s'enivrer.
em.bri.a.guez [ẽbrjag'es] *sf* 1 ivresse, soûlerie. 2 enivrement, étourdissement.
em.bri.ão [ẽbri'ãw] *sm Med, Zool* embryon, phœtus. *Pl:* embriões.
em.bru.lhar [ẽbruʎ'ar] *vt* 1 empaqueter. 2 embarrasser. 3 tromper. *vpr* 4 s'envelopper, s'embrouiller (les idées).
em.bru.lho [ẽbr'uʎu] *sm* paquet.
em.bu.tir [ẽbut'ir] *vt* 1 incruster. 2 mettre une chose dans une autre.
e.men.da [em'ẽdə] *sf* 1 amendement. 2 correction. 3 renforcement. 4 raccord.
e.men.dar [emẽd'ar] *vt* corriger, amender.
e.mer.gên.cia [emerʒ'ẽsjə] *sf* 1 émergence, occasion, occurrence. 2 urgence. **saída de emergência** sortie de secours.
e.mer.gir [emerʒ'ir] *vi* 1 émerger. 2 *fig* se dégager.
e.mi.gra.ção [emigras'ãw] *sf* émigration. *Pl:* emigrações.

e.mi.grar [emigr'ar] *vi* émigrer, s'expatrier.
e.mi.nen.te [emin'ẽti] *adj* éminent, insigne.
e.mis.são [emis'ãw] *sf* 1 émission. 2 *Comun* diffusion, transmission. *Pl:* emissões.
e.mi.tir [emit'ir] *vt* 1 émettre. 2 proférer. 3 jeter.
e.mo.ção [emos'ãw] *sf* 1 émotion. 2 *Lit* émoi. *Pl:* emoções. **esconder a emoção** cacher son émotion. **fingir uma emoção** feindre une émotion.
e.mo.ci.o.nar [emosjon'ar] *vt* émouvoir.
em.pa.co.tar [ẽpakot'ar] *vt* empaqueter, emballer, envelopper.
em.pa.li.de.cer [ẽpalides'er] *vi* pâlir, blêmir.
em.pan.tur.rar [ẽpãtuɾ'ar] *vt+vpr* gorger de nourriture, s'empiffrer, se bourrer, gaver.
em.pa.tar [ẽpat'ar] *vt+vi Esp* égaliser, empêcher.
em.pa.te [ẽp'ati] *sm* 1 indécision. 2 *Esp* partage, égalité (jeux).
em.pe.ci.lho [ẽpes'iʎu] *sm* empêchement, obstacle, entrave.
em.pe.nho [ẽp'eñu] *sm* 1 engagement, ardeur. 2 empressement.
em.pi.lhar [ẽpiʎ'ar] *vt* empiler, tasser.
em.po.bre.cer [ẽpobres'er] *vt+vi+vpr* appauvrir.
em.po.ei.rar [ẽpoejr'ar] *vt* couvrir de poussière.
em.por.ca.lhar [ẽporkaʎ'ar] *vt* 1 salir, rendre sale. *vpr* 2 se salir.
em.pó.rio [ẽp'ɔrju] *sm* entrepôt.
em.pre.en.de.dor [ẽpreẽded'or] *adj* entreprenant. • *sm* entrepreneur.
em.pre.en.der [ẽpreẽd'er] *vt* entreprendre.
em.pre.en.di.men.to [ẽpreẽdim'ẽtu] *sm* entreprise. **empeendimento perigoso** entreprise dangereuse.

em.pre.ga.da [ẽpreg'adə] *sf* employée de maison, domestique, bonne.
em.pre.gar [ẽpreg'ar] *vt* 1 employer, donner un emploi. 2 appliquer, se servir de.
em.pre.go [ẽpr'egu] *sm* 1 emploi, usage. 2 *fig* charge, poste.
em.pre.sa [ẽpr'ezə] *sf* 1 entreprise. 2 établissement industriel ou commercial. 3 entreprise théâtrale.
em.pre.sá.rio [ẽprez'arju] *sm* 1 entrepreneur, manager. 2 *Teat* imprésario.
em.pres.tar [ẽprest'ar] *vt* 1 prêter, céder. 2 prêter de l'argent (à intérêts).
em.prés.ti.mo [ẽpr'ɛstimu] *sm* prêt, emprunt. **fazer um empréstimo** souscrire à un emprunt.
em.pur.rão [ẽpuʀ'ãw] *sm* 1 poussée. 2 heurt. *Pl: empurrões*.
em.pur.rar [ẽpuʀ'ar] *vt* 1 pousser, bousculer. 2 heurter, repousser.
e.mu.de.cer [emudes'er] *vt* 1 faire taire. *vi* 2 se taire.
e.mul.são [emuws'ãw] *sf* émulsion. *Pl: emulsões*.
e.na.mo.rar [enamor'ar] *vt* 1 séduire, charmer, éprendre. *vpr* 2 s'éprendre, se passionner, s'énamourer
en.ca.de.a.men.to [ẽkadeam'ẽtu] *sm* enchaînement.
en.ca.de.ar [ẽkade'ar] *vt* 1 enchaîner. *vpr* 2 s'enchaîner, captiver, attacher.
en.ca.der.na.ção [ẽkadernas'ãw] *sf* reliure. *Pl: encadernações*.
en.cai.xar [ẽkajʃ'ar] *vt* 1 encaisser. 2 emboîter. 3 introduire (un texte, une citation).
en.cai.xe [ẽk'ajʃi] *sm* 1 enchâssure. 2 emboîtement.
en.cal.ço [ẽk'awsu] *sm* action de suivre quelqu'un de près.
en.ca.mi.nhar [ẽkamiñ'ar] *vt* 1 acheminer, orienter, guider. 2 *Com* mettre une affaire en train, en état de réussir. *vpr* 3 se rendre à, se diriger vers.
en.ca.na.dor [ẽkanad'or] *sm* plombier.
en.can.ta.dor [ẽkãtad'or] *adj* adorable, séduisant, charmant.
en.can.tar [ẽkãt'ar] *vt* 1 enchanter. 2 envoûter. 3 charmer, émerveiller.
en.can.to [ẽk'ãtu] *sm* 1 enchantement. 2 envoûtement. 3 charme.
en.ca.re.cer [ẽkares'er] *vt+vi* enchérir, hausser le prix.
en.car.go [ẽk'argu] *sm* charge, obligation. **encargos sociais** charges sociales.
en.car.nar [ẽkarn'ar] *vt* 1 incarner. 2 personnifier. *vpr* 3 s'incarner.
en.car.re.ga.do [ẽkaʀeg'adu] *sm+adj* chargé, préposé (agent diplomatique).
en.car.re.gar [ẽkaʀeg'ar] *vt* 1 charger, confier. *vpr* 2 se charger, s'engager.
en.ce.na.ção [ẽsenas'ãw] *sf* mise en scène. *Pl: encenações*.
en.ce.rar [ẽser'ar] *vt* cirer.
en.cer.ra.men.to [ẽseʀam'ẽtu] *sm* clôture, conclusion, fin.
en.cer.rar [ẽseʀ'ar] *vt* 1 finir, terminer. 2 enclore. 3 *fig* liquider (une affaire).
en.chen.te [ẽʃ'ẽti] *sf* inondation, affluence.
en.cher [ẽʃ'er] *vt* 1 remplir, combler, bourrer. 2 *pop* gonfler. 3 *fam* importer. 4 *fig* se satisfaire. **encher o pneu** gonfler les pneus. **encher o tanque (do carro)** *Autom* faire le plein.
en.ci.clo.pé.dia [ẽsiklop'ɛdjə] *sf* encyclopédie.
en.co.brir [ẽkobr'ir] *vt* 1 couvrir. 2 cacher, dissimuler, dérober (aux yeux).
en.co.lher [ẽkoʎ'er] *vt* 1 raccourcir, resserrer, rétrécir. *vi+vpr* 2 contracter.

encolhimento   335   enganar

en.co.lhi.men.to [ẽkoλim'ẽtu] *sm* rétrécissement, raccourcissement.
en.co.men.da [ẽkom'ẽdɐ] *sf Com* commande, commission. **entregar uma encomenda** livrer une commande. **fazer uma encomenda** passer une commande.
en.con.trão [ẽkõtr'ãw] *sm* choc, heurt, rencontre. *Pl: encontrões*.
en.con.trar [ẽkõtr'ar] *vt+vpr* trouver, rencontrer.
en.con.tro [ẽk'õtru] *sm* rencontre, rendez-vous. **ao encontro de** à la rencontre de. **de encontro a** à l'encontre de.
en.co.ra.jar [ẽkoraʒ'ar] *vt* encourager. **encorajar um projeto** encourager un projet.
en.cos.tar [ẽkost'ar] *vt* **1** appuyer. **2** adosser. **3** joindre. *vpr* **4** s'appuyer (sur quelqu'un ou contre un mur).
en.cos.to [ẽk'ostu] *sm* dossier, accotoir, support.
en.cren.ca [ẽkr'ẽkɐ] *sf* embarras, difficulté.
en.cres.par [ẽkresp'ar] *vt* **1** friser (cheveux), boucler. *vpr* **2** rider, produire des sillons (mer).
en.cur.tar [ẽkurt'ar] *vt* raccourcir, abréger, résumer.
en.cur.va.do [ẽkurv'adu] *adj* courbé, arqué, plié.
en.cur.var [ẽkurv'ar] *vt* **1** courber, plier. *vpr* **2** se courber. **3** *fig* s'abattre, s'humilier.
en.de.re.çar [ẽderes'ar] *vt* **1** adresser. *vpr* **2** s'adresser (à quelqu'un).
en.de.re.ço [ẽder'esu] *sm* adresse.
en.di.rei.tar [ẽdirejt'ar] *vt* **1** redresser. **2** aligner. **3** guider. *vpr* **4** se redresser, se tenir droit.
en.di.vi.dar [ẽdivid'ar] *vt+vpr* endetter.
en.dos.sar [ẽdos'ar] *vt* **1** endosser, inscrire un transfert. **2** assumer.

en.dos.so [ẽd'osu] *sm* endos, signature au dos d'un billet.
en.du.re.cer [ẽdures'er] *vt* **1** endurcir, durcir. *vi+vpr* **2** s'endurcir. **3** *fig* rendre fort, robuste, impitoyable.
e.ne.gre.ci.men.to [enegresim'ẽtu] *sm* noircissement.
e.ner.gi.a [enerʒ'iɐ] *sf* **1** énergie. **2** vitalité. **3** activité. **4** *fig* fermeté, volonté, force d'âme.
e.ner.var [enerv'ar] *vt* **1** énerver, exaspérer, irriter. *vpr* **2** s'énerver.
en.fa.do [ẽf'adu] *sm* ennui.
en.fai.xar [ẽfajʃ'ar] *vt Med* bander.
ên.fa.se [''ẽfazi] *sf* emphase.
en.fa.ti.zar [ẽfatiz'ar] *vt* mettre en relief.
en.fei.tar [ẽfejt'ar] *vtn* **1** enjoliver, embellir, bichonner, orner. *vpr* **2** s'embellir.
en.fei.te [ẽf'ejti] *sm* ornement.
en.fei.ti.çar [ẽfejtis'ar] *vt* **1** ensorceler, envoûter. **2** *fig* enchanter, fasciner.
en.fer.mei.ro [ẽferm'ejru] *sm* infirmier, garde-malade.
en.fer.mi.da.de [ẽfermid'adi] *sf* infirmité, handicap.
en.fer.ru.jar [ẽfeʁuʒ'ar] *vi+vt* **1** rouiller. *vpr* **2** se rouiller.
en.fi.ar [ẽfi'ar] *vt* **1** mettre, rentrer. *vpr* **2** se mettre. **enfiar linha na agulha** enfiler.
en.fim [ẽf'ĩ] *adv* enfin, finalement.
en.for.ca.men.to [ẽforkam'ẽtu] *sm* pendaison.
en.for.car [ẽfork'ar] *vt+vpr* pendre.
en.fra.que.cer [ẽfrakes'er] *vt* **1** affaiblir, étioler. *vi+vpr* **2** s'affaiblir.
en.fra.que.ci.men.to [ẽfrakesim'ẽtu] *sm* affaiblissement, étiolement.
en.fren.tar [ẽfrẽt'ar] *vt* affronter (un danger).
en.ga.nar [ẽgan'ar] *vt+vpr* **1** tromper. *vt* **2** piper, attraper, abuser, leurrer. **3**

engano   336   **entalhar**

fig tuer (le temps). **se não me engano** si je ne me trompe pas, si je ne m'abuse.

en.ga.no [ẽg'ʌnu] *sm* méprise, erreur. **cometer um engano** se tromper. **salvo engano** sauf erreur.

en.gar.ra.fa.men.to [ẽgařafamẽ'tu] *sm* embouteillage.

en.gar.ra.far [ẽgařaf'ar] *vt* mettre en bouteille. **engarrafar (o trânsito)** boucher.

en.gas.gar [ẽgazg'ar] *vt* 1 étouffer, étrangler. *vpr* 2 avaler quelque chose de travers.

en.gen.drar [ẽʒẽdr'ar] *vt* 1 engendrer. 2 *Lit* enfanter.

en.ge.nha.ri.a [ẽʒeñar'iə] *sf* ingénierie, génie.

en.ge.nhei.ro [ẽʒeñ'ejru] *sm* ingénieur.

en.ge.nho [ẽʒ'eñu] *sm* 1 talent, esprit. 2 aptitude. **engenho de açúcar** moulin à sucre.

en.ge.nho.si.da.de [ẽʒeñozid'adi] *sf* ingéniosité.

en.ges.sar [ẽʒes'ar] *vt* plâtrer.

en.go.lir [ẽgol'ir] *vt* 1 avaler. 2 *Fisiol* ingérer. 3 *coloq* gober. **engolir cobras e lagartos** *fig* avaler des couleuvres.

en.gor.dar [ẽgord'ar] *vt+vi* grossir, épaissir, empâter, engraisser.

en.gra.vi.dar [ẽgravid'ar] *vt+vi* tomber enceinte.

en.gra.xar [ẽgraʃ'ar] *vt* cirer.

en.gre.na.gem [ẽgren'aʒẽj] *sf* engrenage.

en.gros.sar [ẽgros'ar] *vt* 1 grossir. 2 augmenter. 3 épaissir.

en.gui.a [ẽg'iə] *sf Zool* anguille.

en.gui.ço [ẽg'isu] *sm* panne.

e.nig.ma [en'igmə] *sm* 1 énigme, mystère. 2 *fig* discours obscur.

en.jo.ar [ẽʒo'ar] *vt* 1 causer des nausées. 2 écœurer.

en.jo.o [ẽʒ'ou] *sm* 1 *Med* nausée. 2 mal au cœur. **enjoo de navio** mal de mer.

en.lou.que.cer [ẽlowkes'er] *vt* 1 rendre fou. *vi* 2 devenir fou.

e.no.jar [eno3'ar] *vt+vpr* dégoûter.

e.nor.me [en'ɔrmi] *adj* énorme, immense, formidable, gigantesque.

e.nor.mi.da.de [enormid'adi] *sf* énormité.

en.quan.to [ẽk'wãtu] *conj* pendant que. **por enquanto** pour l'instant.

en.rai.zar [ẽřajz'ar] *vt+vpr* 1 enraciner. *vpr* 2 *fig* se fixer, s'incruster.

en.re.do [ẽř'edu] *sm Lit* intrigue.

en.ri.je.cer [ẽřiʒes'er] *vt* 1 endurcir. *vi* 2 se fortifier.

en.ri.que.cer [ẽřikes'er] *vt* 1 enrichir. 2 fertiliser. *vi+vpr* 3 s'enrichir.

en.ri.que.ci.men.to [ẽřikesimẽ'tu] *sm* enrichissement.

en.ro.lar [ẽřol'ar] *vt* 1 enrouler. 2 *pop* rouler. 3 *fig* envelopper, cacher, confondre.

en.ru.gar [ẽřug'ar] *vt* 1 rider. *vpr* 2 se ratatiner.

en.sa.bo.ar [ẽsabo'ar] *vt* 1 savonner. *vpr* 2 se laver au savon.

en.sai.ar [ẽsaj'ar] *vt* 1 essayer. 2 répéter (théâtre).

en.sai.o [ẽs'aju] *sm* 1 essai. 2 esquisse. 3 expérimentation. 4 *Teat* répétition. 5 *Quím, Fís* essai.

en.se.jo [ẽs'eʒu] *sm* opportunité, occasion.

en.si.nar [ẽsin'ar] *vt* enseigner, former, habituer, inculquer, indiquer, informer, initier.

en.si.no [ẽs'inu] *sm* enseignement, éducation.

en.so.par [ẽsop'ar] *vt* 1 imbiber. *vpr* 2 se mouiller, se tremper.

en.sur.de.cer [ẽsurdes'er] *vt* 1 assourdir. *vi* 2 devenir sourd. 3 *fig* faire la sourde oreille.

en.ta.lhar [ẽtaλ'ar] *vt* tailler, sculpter.

en.tão [ẽt'ãw] *adv* **1** alors. **2** à ce moment-là. **até então** jusqu'alors. **desde então** dès lors. **e então?** et alors?
en.tar.de.cer [ẽtardes'er] *sm* coucher du soleil, crépuscule.
en.te ['ẽti] *pres* être. **ente supremo** *Rel* l'être suprême, Dieu.
en.te.di.ar [ẽtedi'ar] *vt* ennuyer, lasser. *vpr* **2** s'ennuyer.
en.ten.der [ẽtẽd'er] *vt* **1** entendre, présumer, saisir le sens. **2** *gír* piger. *vpr* **3** s'entendre, se comprendre. • *sm* entendre, comprendre. **entender de** être connaisseur de. **no meu entender** selon moi.
en.ten.di.men.to [ẽtẽdim'ẽtu] *sm* **1** entendement, compréhension. **2** harmonie, paix.
en.ter.rar [ẽteʀ'ar] *vt* enterrer, inhumer, ensevelir.
en.ter.ro [ẽt'eʀu] *sm* enterrement, funérailles, ensevelissement, inhumation.
en.to.ar [ẽto'ar] *vt* entonner, chanter juste.
en.tor.pe.cer [ẽtorpes'er] *vt* **1** engourdir. *vi*+*vpr* **2** s'engourdir.
en.tor.pe.ci.men.to [ẽtorpesim'ẽtu] *sm* torpeur.
en.tra.da [ẽtr'adə] *sf* **1** entrée, accès, vestibule. **2** introduction. **3** intromission. **4** *Teat* ticket.
en.trar [ẽtr'ar] *vi* **1** entrer. **2** pénétrer. **entrar em uma casa** entrer. **entre! entrez!**, entrer.
en.tra.ve [ẽtr'avi] *sm* entrave.
en.tre ['ẽtri] *prep* entre, parmi.
en.tre.a.brir [ẽtreabr'ir] *vt* entrouvrir, entrebâiller.
en.tre.ga [ẽtr'ɛgə] *sf* livraison, remise.
en.tre.gar [ẽtreg'ar] *vt* **1** livrer. **2** capituler, abandonner. *vpr* **3** *fig* s'abandonner.
en.tre.la.çar [ẽtrelas'ar] *vt* **1** entrelacer. *vpr* **2** s'entremêler.

en.tre.tan.to [ẽtret'ãtu] *adv*+*conj* pourtant, néanmoins. **é muito simples, entretanto** c'est pourtant bien simple.
en.tre.te.ni.men.to [ẽtretenim'ẽtu] *sm* amusement, divertissement, passetemps.
en.tre.ter [ẽtret'er] *vt* **1** entretenir, amuser. *vpr* **2** s'amuser.
en.tre.vis.ta [ẽtrev'istə] *sf* interview, entretien.
en.tre.vis.tar [ẽtrevist'ar] *vt* *Jorn* interviewer.
en.tris.te.cer [ẽtristes'er] *vt* **1** attrister. **2** *fig* assombrir, rembrunir. *vi*+*vpr* **3** s'attrister.
en.tron.ca.men.to [ẽtrõkam'ẽtu] *sm* embranchement.
en.tu.pi.men.to [ẽtupim'ẽtu] *sm* **1** obstruction, oclusion. **2** encombrement.
en.tu.pir [ẽtup'ir] *vt* boucher, encombrer. **nariz entupido** nez bouché.
en.tu.si.as.mar [ẽtuzjazm'ar] *vt*+*vpr* enthousiasmer.
en.tu.si.as.mo [ẽtuzi'azmu] *sm* enthousiasme, transport, exaltation, ivresse, engouement.
e.nu.me.rar [enumer'ar] *vt* énumérer. **enumerar as possibilidades** énumérer les possibilités.
e.nun.ci.a.ção [enũsjas'ãw] *sf* énonciation. *Pl: enunciações*.
en.ve.lhe.cer [ẽveʎes'er] *vt* **1** vieillir, faner. *vi* **2** s'user, devenir vieux.
en.ve.lhe.ci.men.to [ẽveʎesim'ẽtu] *sm* vieillissement.
en.ve.lo.pe [ẽvel'ɔpi] *sm* enveloppe.
en.ve.ne.na.men.to [ẽvenenam'ẽtu] *sm* empoisonnement.
en.ve.ne.nar [ẽvenen'ar] *vt* empoisonner, envenimer.
en.ver.go.nhar [ẽvergoɲ'ar] *vt* **1** déconcerter, faire rougir, humilier. *vpr* **2** avoir honte, rougir de honte.
en.ver.ni.zar [ẽverniz'ar] *vt* vernir.

en.vi.ar [ẽvi'ar] vt envoyer, expédier, acheminer.

en.vi.o [ẽv'iu] sm envoi.

en.vol.ver [ẽvowv'er] vt+vpr 1 envelopper. 2 couvrir. vpr 3 s'engager (dans une affaire).

en.xa.guar [ẽʃag'war] vt+vpr 1 rincer. vt 3 fig, pop lessiver.

en.xa.me [ẽʃ'ʌmi] sm essaim.

en.xa.que.ca [ẽʃak'ekə] sf Med migraine.

en.xer.gar [ẽʃerg'ar] vt 1 voir. 2 apercevoir.

en.xer.tar [ẽʃert'ar] vt greffer.

en.xo.tar [ẽʃot'ar] vt chasser, expulser.

en.xu.gar [ẽʃug'ar] vt 1 essuyer, sécher.

en.xu.to [ẽʃ'utu] adj sec, essuyé.

e.pi.de.mi.a [epidem'iə] sf épidémie.

e.pi.der.me [epid'ɛrmi] sm Anat épiderme.

e.pi.lep.si.a [epileps'iə] sf Med épilepsie.

e.pí.lo.go [ep'ilogu] sm épilogue.

e.pi.só.di.co [epiz'ɔdiku] adj épisodique.

e.pi.só.dio [epiz'ɔdju] sm épisode, histoire.

e.pis.to.lar [epistol'ar] adj épistolaire.

é.po.ca [ɛ'pokə] sf 1 époque. 2 ère. 3 période. **de época** d'époque, authentique.

e.qua.dor [ekwad'or] sm Geogr équateur.

e.qui.li.brar [ekilibr'ar] vt+vpr 1 équilibrer. vt 2 harmoniser. 3 égaliser.

e.qui.lí.brio [ekil'ibrju] sm 1 équilibre. 2 harmonie. **perder o equilíbrio** perdre l'équilibre.

e.qui.li.bris.ta [ekilibr'istə] s équilibriste, funambule.

e.qui.pa.men.to [ekipam'ẽtu] sm équipement.

e.qui.par [ekip'ar] vt équiper, fournir, aménager, garnir, installer.

e.qui.pe [ek'ipi] sf équipe.

e.qui.ta.ção [ekitas'ãw] sf équitation Pl: **equitações**.

e.qui.va.lên.cia [ekival'ẽsjə] sf équivalence, égalité.

e.qui.va.ler [ekival'er] vt équivaloir.

e.qui.vo.car [ekivok'ar] vt 1 confondre. vpr 2 se méprendre, se confondre.

e.ra [ɛ'rə] sf ère.

er.guer [erg'er] vt 1 soulever, lever hausser. 2 fig elever. vpr 3 se lever, se soulever.

e.ri.çar [eris'ar] vt 1 hérisser. vpr 2 se dresser, se hérisser.

e.ri.gir [eriʒ'ir] vt 1 ériger. 2 construire 3 fonder, créer.

er.ra.di.ca.ção [eʁadikas'ãw] sf éradication. Pl: **erradicações**.

er.ra.do [eʁ'adu] adj erroné, faux.

er.rar [eʁ'ar] vt+vi 1 se tromper sur. 2 errer. 3 s'égarer.

er.ro [ɛ'ʁu] sm 1 erreur, faute, bévue incorrection, inexactitude, égarement 2 Lit forfait.

er.va [ɛ'rvə] sf Bot herbe. **erva daninha** mauvaise herbe. **erva-doce** anis.

er.vi.lha [erv'iλə] sf Bot petit-pois.

es.ban.jar [ezbãʒ'ar] vt dissiper, dilapi der, gaspiller.

es.bel.to [ezb'ɛwtu] adj svelte.

es.bo.çar [ezbos'ar] vt 1 ébaucher esquisser. 2 fig échafauder, ébaucher.

es.bo.ço [ezb'osu] sm ébauche, esquisse étude, projet, croquis.

es.bu.ga.lhar [ezbugaλ'ar] vt 1 écarquil ler. 2 fig ouvrir grand (les yeux).

es.bu.ra.car [ezburak'ar] vt trouer.

es.ca.da [esk'adə] sf 1 escalier. 2 échelle **escada rolante** escalier mécanique *escalator*.

es.ca.la [esk'alə] sf 1 échelle, escale étape. 2 Aer, Náut correspondance.

es.ca.lar [eskal'ar] vt escalader, franchi (un mur), gravir.

es.ca.lo.na.men.to [eskalonam'ẽtu] *sm* échellonnement.

es.ca.ma [esk'ʌmɐ] *sf Zool* écaille.

es.can.ca.rar [eskãkaʀ'ar] *vt* ouvrir complètement.

es.can.da.li.zar [eskãdaliz'ar] *vt* 1 scandaliser, choquer, indigner, offenser, offusquer. *vpr* 2 se scandaliser, se froisser.

es.cân.da.lo [esk'ãdalu] *sm* 1 scandale. 2 *fig* scène.

es.can.tei.o [eskãt'eju] *sm* 1 mis à part. 2 *Fut* corner.

es.ca.par [eskap'ar] *vt* 1 échapper. 2 *fam* échapper belle. *vpr* 3 s'échapper, s'évader.

es.ca.pu.lir [eskapul'ir] *vt* 1 *fam* lâcher, filer. *vpr* 2 s'esquiver, se sauver.

es.car.céu [eskars'ɛw] *sm* 1 *Náut* grosse vague. 2 *fam* exagération, vacarme.

es.cas.sez [eskas'es] *sf* pénurie, mesquinerie.

es.cas.so [esk'asu] *adj* insuffisant.

es.ca.var [eskav'ar] *vt* excaver, creuser.

es.cla.re.cer [esklares'er] *vt* 1 éclaircir, expliquer, informer, élucider. 2 *fig* illuminer.

es.cla.re.ci.men.to [esklaresim'ẽtu] *sm* 1 éclaircissement, explication, élucidation. 2 *fig* lumière.

es.co.ar [esko'ar] *vi* faire écouler. *vpr* 2 s'écouler, s'espuiser.

es.co.la [esk'ɔlɐ] *sf* 1 école. 2 courant (d'idée).

es.co.lar [eskol'ar] *adj* scolaire. **idade escolar** âge scolaire.

es.co.lha [esk'oʎɐ] *sf* choix. *a dificuldade da escolha* / l'embarras du choix. **à escolha** au choix.

es.co.lher [eskoʎ'er] *vt* 1 choisir. 2 séparer.

es.col.tar [eskowt'ar] *vt* escorter.

es.con.der [eskõd'er] *vt* 1 cacher, intercepter, voiler. 2 *fig* mascarer, renfermer. *vpr* 3 se cacher, se dérober.

es.con.de.ri.jo [eskõder'iʒu] *sm* 1 cachette. 2 secret (d'un meuble).

es.có.ria [esk'ɔrjɐ] *sf* 1 scorie. 2 *fig* lie, rebut.

es.cor.pi.ão [eskorpi'ãw] *sm* 1 *Zool* scorpion. 2 *Astron, Astrol* Scorpion (nesta acepção, usa-se inicial maiúscula). *Pl:* escorpiões.

es.cor.re.gão [eskoʀeg'ãw] *sm aum* 1 glissade, faux pas. 2 *fig* sottise. *Pl:* escorregões.

es.cor.re.gar [eskoʀeg'ar] *vi* glisser.

es.cor.rer [eskoʀ'er] *vt* 1 laisser écouler. *vi* 2 égoutter.

es.co.va [esk'ovɐ] *sf* brosse. *escova de dentes* / brosse à dents.

es.co.var [eskov'ar] *vt* brosser.

es.cra.vi.dão [eskravid'ãw] *sf* 1 esclavage, servitude, sujétion. 2 *fig* dépendance, soumission. *Pl:* escravidões.

es.cra.vo [eskr'avu] *sm+adj* esclave, serf.

es.cre.ver [eskrev'er] *vt* écrire.

es.cri.ta [eskr'itɐ] *sf* écriture.

es.cri.tor [eskrit'or] *sm* écrivain, romancier.

es.cri.tó.rio [eskrit'ɔrju] *sm* 1 bureau. 2 office. **colega de escritório** collègue de bureau.

es.cri.va.ni.nha [eskrivan'iɲɐ] *sf* pupitre, bureau.

es.crú.pu.lo [eskr'upulu] *sm* 1 scrupule, honnêteté. 2 hésitation.

es.cru.tí.nio [eskrut'inju] *sm* scrutin, vote.

es.cu.do [esk'udu] *sm* écu.

es.cul.pir [eskuwp'ir] *vt* sculpter.

es.cul.tor [eskuwt'or] *sm* sculpteur.

es.cu.ma.dei.ra [eskumad'ejrɐ] *sf* écumoire.

es.cu.na [esk'unɐ] *sf* goélette.

es.cu.re.ci.men.to [eskuresim'ẽtu] *sm* obscurcissement.

es.cu.ri.dão [eskurid'ãw] *sf* 1 grande

obscurité, ténèbres. **2** nuit. **3** *fig* trouble de la raison. **4** mort. *Pl: escuridões*.

es.cu.ro [esk'uru] *sm* sombre, noir. • *adj* obscur, sombre, noir, ténébreux. **escuro, a (casa)** sombre, peu illuminée. **escuro, a (pele)** brune, foncée. **está escuro** il fait sombre, il fait nuit. **noite escura** nuit sombre.

es.cu.tar [eskut'ar] *vt+vi+vpr* écouter.

es.fe.ra [esf'ɛrə] *sf* **1** *Geom* sphère, globe. **2** *fig* sphère, étendue de pouvoir.

es.for.çar-se [esfors'arsi] *vpr* s'efforcer de.

es.for.ço [esf'orsu] *sm* **1** effort, force. **2** *fig* faire un effort.

es.fre.gar [esfreg'ar] *vt* frotter. *vpr* **2** se frotter contre.

es.fri.ar [esfri'ar] *vt* **1** refroidir. *vi* **2** devenir froid.

es.ga.nar [ezgan'ar] *vt* étrangler, étouffer.

es.go.tar [ezgot'ar] *vt* **1** exténuer, épuiser. *vpr* **2** s'épuiser, se tarir.

es.go.to [ezg'otu] *sm* égoût, cloaque.

es.gri.ma [ezgr'imə] *sf* escrime. **mestre de esgrima** *Esp* maître d'armes.

es.gui.cho [ezg'iʃu] *sm* jet, jaillissement.

es.ma.gar [ezmag'ar] *vt* écraser. *cuidado, você está esmagando o meu pé!* / attention, vous m'écrasez le pied!

es.mal.te [ezm'awti] *sm* émail. **esmalte (de unha)** vernis à ongle.

es.me.ro [ezm'eru] *sm* recherche, raffinement.

es.mi.ga.lhar [ezmigaʎ'ar] *vt* émietter.

es.mi.u.çar [ezmjus'ar] *vt* **1** hacher, émietter. **2** *fig* éplucher.

es.mo.la [ezm'ɔlə] *sf* aumône. **dar uma esmola** donner, faire l'aumône. **pedir esmolas** mendier.

es.mo.re.cer [ezmores'er] *vt* **1** décourager. *vi* **2** se décourager.

es.pa.ço [esp'asu] *sm* **1** space. **2** superficie. **3** immensité. **4** *Lit, Poét* éther.

es.pa.da [esp'adə] *sf* **1** épée. **2 espadas** *pl* pique (jeu).

es.pa.lhar [espaʎ'ar] *vt* **1** éparpiller. *vpr* **2** s'égarer, s'éparpiller.

es.pan.car [espãk'ar] *vt* frapper, cogner, battre.

es.pan.ta.lho [espãt'aʎu] *sm* épouvantail.

es.pan.tar [espãt'ar] *vt* **1** épouvanter, inquiéter. **2** *fig* troubler.

es.pan.to [esp'ãtu] *sm* effroi, ébahissement, étonnement.

es.pe.ci.a.li.da.de [espesjalid'adi] *sf* spécialité.

es.pe.ci.a.li.za.ção [espesjalizas'ãw] *sf* spécialisation. *Pl: especializações*.

es.pe.ci.a.ri.as [espesjar'ias] *sf pl* épiceries, épices.

es.pé.cie [esp'ɛsji] *sf* espèce, genre, sorte.

es.pe.ci.fi.car [espesifik'ar] *vt* spécifier.

es.pec.ta.dor [espektad'or] *sm* spectateur.

es.pe.lhar [espeʎ'ar] *vt* **1** polir, éclaircir. *vpr* **2** se mirer, se réfléchir.

es.pe.lho [esp'eʎu] *sm* **1** miroir, glace. **2** *fig* modèle, exemple.

es.pe.ra [esp'ɛrə] *sf* **1** attente. **2** expectative. **à espera de** dans l'attente de.

es.pe.ran.ça [esper'ãsə] *sf* **1** espoir, espérance. **2** *fig* perspective.

es.pe.rar [esper'ar] *vt+vi* **1** attendre. *fiquei duas horas esperando* / je suis resté deux heures à attendre, j'ai attendu pendant deux heures. **2** espérer. **3** escompter.

es.per.ma.to.zoi.de [espermatoz'ɔjdi] *sm Fisiol* spermatozoïde.

es.per.te.za [espert'ezə] *sf* ruse, vivacité, astuce.

es.per.to [esp'ertu] *adj* **1** éveillé. **2** *fig* éveillé, vif, malin.

es.pes.su.ra [espes'urə] *sf* épaisseur, densité.

es.pe.ta.cu.lar [espetakul'ar] *adj* **1** spectaculaire. **2** *fig* éclatant.

es.pe.tá.cu.lo [espet'akulu] *sm* **1** *Cin, Teat* spectacle, show. **2** *fig* scène.

es.pe.tar [espet'ar] *vt* embrocher.

es.pi.ar [espi'ar] *vt* épier, guetter.

es.pi.na.fre [espin'afri] *sm Bot* épinard. **espinafre ao creme** épinards à la crème. **espinafre em ramos** épinards en branches. **espinafre picado** épinards hachés.

es.pi.nha [esp'iɲə] *sf* **1** *Anat* épine dorsale. **2** *fam* bouton. **espinha de peixe** *Zool* arête. **estar coberto de espinhas** être couvert de boutons.

es.pi.nho [esp'iɲu] *sm Bot* épine, écharde.

es.pi.o.na.gem [espjon'aʒẽj] *sf* espionnage. *Pl:* espionagens.

es.pi.o.nar [espjon'ar] *vt* espionner, épier.

es.pí.ri.ta [esp'iritə] *s* spirite, adepte du spiritisme.

es.pí.ri.to [esp'iritu] *sm* **1** esprit. **2** caractère. **3** verve, humour. **4** génie. **5** fantôme.

es.pir.rar [espiř'ar] *vi* **1** éternuer. **2** jaillir (l'eau, le sang).

es.pir.ro [esp'iřu] *sm* éternuement.

es.plen.dor [esplẽd'or] *sm* splendeur, somptuosité, grandeur, faste.

es.pó.lio [esp'ɔlju] *sm* dépouille.

es.pon.ja [esp'õʒɐ] *sf* **1** éponge. **2** *pop* grand buveur.

es.pon.ta.nei.da.de [espõtanejd'adi] *sf* spontanéité, fraîcheur.

es.por.te [esp'ɔrti] *sm* sport.

es.po.sa [esp'ozə] *sf* épouse, femme.

es.po.so [esp'ozu] *sm* époux, mari.

es.pre.gui.çar-se [espregis'arsi] *vpr* s'étirer.

es.prei.tar [esprejt'ar] *vt* **1** guetter, épier. **2** être à l'affût de ou aux aguets, rôder.

es.pre.me.dor [espremed'or] *sm* presseur, presse-fruits.

es.pre.mer [esprem'er] *vt* presser.

es.pu.ma [esp'umə] *sf* écume.

es.qua.drão [eskwadr'ãw] *sm* **1** escadron. **2** *fig* troupe. *Pl:* esquadrões.

es.que.cer [eskes'er] *vt* oublier.

es.que.ci.men.to [eskesim'ẽtu] *sm* oubli, négligence, omission, ingratitude. **cair no esquecimento** être oublié, tomber dans l'oubli.

es.que.le.to [eskel'etu] *sm* **1** *Anat* squelette. **2** *fig* personne extrêmement maigre.

es.que.ma [esk'emə] *sm* **1** schéma. **2** esquisse. **3** figure.

es.quen.tar [eskẽt'ar] *vt* **1** chauffer. *vpr* **2** s'échauffer. **3** *fig* s'enflammer. **4** *fig* s'irriter.

es.quer.do [esk'erdu] *adj* gauche.

es.qui [esk'i] *sm* ski. **esqui aquático** ski acquatique.

es.qui.ar [eski'ar] *vi* skier.

es.qui.lo [esk'ilu] *sm Zool* écureuil.

es.qui.na [esk'inə] *sf* angle, coin. **na esquina de** à l'angle, au coin.

es.qui.si.to [eskiz'itu] *adj* bizarre, étrange, hurluberlu.

es.qui.var [eskiv'ar] *vt* **1** esquiver, échapper, éluder, éviter. *vpr* **2** s'esquiver, fuir, s'échapper.

es.sa ['esə] *pron dem f sing* **1** cette, celle, celle-là. **2 essas** *pl* celles.

es.se ['esi] *pron dem m sing* **1** ce, celui, celui-là. **2 esses** *pl* ceux.

es.sên.cia [es'ẽsjə] *sf* essence

es.sen.ci.al [esẽsi'aw] *sm* essentiel, indispensable. • *adj* **1** essentiel, nécessaire. **2** capital. *Pl:* essenciais.

es.ta ['estə] *pron* celle-ci.

es.ta.be.le.cer [estabeles'er] *vt* **1** établir. **2** fixer. **3** implanter. **4** installer. *vpr* **5** s'établir, se fixer.

es.ta.be.le.ci.men.to [estabelesim'ẽtu] *sm* établissement, institution. **estabe-**

estabilizar   342   **estirar**

lecimento comercial établissement commercial. **estabelecimento escolar** établissement scolaire.

es.ta.bi.li.zar [estabiliz′ar] *vt* stabiliser.

es.ta.ção [estas′ãw] *sf* **1** station, arrêt. **2** saison (de l'année). **3** gare (bus, train). *Pl: estações*.

es.ta.ci.o.na.men.to [estasjonam′ẽtu] *sm Autom* parking, stationnement, parc.

es.ta.ci.o.nar [estasjon′ar] *vt* **1** garer. *vi* **2** se garer.

es.ta.di.a [estad′iə] *sf* séjour.

es.ta.do [est′adu] *sm* état, situation, disposition. **chefe de Estado** chef d'État. **em bom estado** en bon état. **em estado bruto** à l'état brut. **em estado de graça** en état de grâce. **em mau estado** en mauvais état. **estado civil** situation de famille, état civil. **estado de espírito** état d'esprit. **o Estado** *Pol* l'État.

es.ta.fa [est′afə] *sf* fatigue.

es.tá.gio [est′aʒju] *sm* stage, étape.

es.ta.la.gem [estal′aʒẽj] *sf* auberge, hôtellerie. *Pl: estalagens*.

es.ta.lar [estal′ar] *vi* éclater, craquer.

es.tam.pa [est′ãpə] *sf* **1** estampe, gravure. **2** empreinte.

es.tam.par [estãp′ar] *vt* **1** estamper. **2** imprimer.

es.tan.car [estãk′ar] *vt* étancher. **estancar o sangue** étancher le sang.

es.tân.cia [est′ãsjə] *sf* séjour, demeure, station.

es.ta.nho [est′ʌɲu] *sm Quím* étain.

es.tan.te [est′ãti] *sf* étagère, bibliothèque.

es.tar [est′ar] *vlig+vi irreg* être. **está frio** il fait froid. **está quente** il fait chaud. **estar a favor de algo** être pour quelque chose.

es.tar.re.cer [estaʀes′er] *vt* **1** terrifier, ahurir. *vpr* **2** s'épouvanter.

es.ta.tís.ti.ca [estat′istikə] *sf* statistique.

es.tá.tua [est′atwə] *sf* statue.

es.tá.vel [est′avew] *adj* stable, immobile. *Pl: estáveis*.

es.te [′esti] *pron m sing* **1** ce, celui-ci. **2 estes** *pl* ceux-ci.

es.tei.ra [est′ejrə] *sf* **1** natte, tapis de paille. **2** *fig* chemin, direction.

es.ten.der [estẽd′er] *vt* **1** étendre. **2** allonger. **3** déployer. **4** généraliser. **5** élargir. **6** éparpiller. *vpr* **7** s'étendre. **8** se déployer. **9** se coucher de son long.

es.te.pe [est′ɛpi] *sm* **1** *Autom* roue de réchange, roue de secours. *sf* **2** steppe.

es.te.ri.li.zar [esteriliz′ar] *vt* stériliser.

es.té.ti.ca [est′ɛtikə] *sf+adj* esthétique, relatif à la beauté. **cirurgia estética** / chirurgie esthétique. **julgamento estético** / jugement esthétique.

es.ti.car [estik′ar] *vt* tendre.

es.tig.ma [est′igmə] *sm* **1** *Bot* stigmate. **2** *fig* infamie.

es.ti.lha.çar [estiʎas′ar] *vt* **1** mettre en pièces, rompre **2** se briser, voler en éclats.

es.ti.lo [est′ilu] *sm* style, genre, manière. **estilo aprimorado** style soigné. **o estilo de um autor** le style d'un auteur.

es.ti.ma [est′imə] *sf* estime, considération, affection, amitié.

es.ti.mar [estim′ar] *vt* **1** estimer, apprécier. **2** évaluer. **3** *Com* conjecturer, estimer.

es.ti.ma.ti.va [estimat′ivə] *sf* **1** estime. **2** *Com* conjecture. **3** *fig* jugement, opinion.

es.ti.mu.lar [estimul′ar] *vt* **1** stimuler. **2** exciter. **3** inciter.

es.tí.mu.lo [est′imulu] *sm* **1** aiguillon. **2** encouragement. **3** stimulation. **4** *fig* excitation. **5** *Med* stimulus.

es.ti.pu.lar [estipul′ar] *vt* stipuler.

es.ti.rar [estir′ar] *vt* **1** étirer, étendre. **2** *fig* allonger un discours. *vpr* **3** s'étirer, s'allonger.

es.tir.pe [estˈirpi] *sf* race, lignée, souche, origine d'une famille.

es.to.car [estokˈar] *vt* emmagasiner, réserver, stocker, garnir.

es.to.jo [estˈoʒu] *sm* étui, nécessaire, trousse.

es.to.que [estˈɔki] *sm* stock, réserve.

es.tor.nar [estornˈar] *vt Com* virer (argent).

es.tor.var [estorvˈar] *vt* empêcher, gêner, déranger, entraver.

es.tor.vo [estˈorvu] *sm* embarras, empêchement, gêne, entrave.

es.tou.rar [estowrˈar] *vt* crever, éclater.

es.tou.ro [estˈowru] *sm* bruit, détonation, explosion.

es.tra.ça.lhar [estrasaʎˈar] *vt* déchirer, dépecer.

es.tra.da [estrˈadɐ] *sf* route, chemin, voie.

es.tra.gão [estragˈɐ̃w] *sm Bot* estragon. Pl: estragões.

es.tra.gar [estragˈar] *vt* **1** abîmer, endommager, détériorer, enlaidir, gâcher, gâter. **2** *fig* gaspiller, corrompre. *vpr* **3** se perdre, se ruiner. **4** *fig* s'épuiser.

es.tra.go [estrˈagu] *sm* dommage, détérioration, dégât.

es.tran.gei.ro [estrãʒˈejru] *sm+adj* **1** étranger. **2** extrinsèque.

es.tran.gu.lar [estrãgulˈar] *vt* **1** étrangler. *vpr* **2** s'étrangler.

es.tra.nhe.za [estrañˈezɐ] *sf* étrangeté, singularité.

es.tra.nho [estrˈʌñu] *adj* **1** étrange, singulier. **2** étranger. **3** bizarre. **4** indéfinissable, inexplicable.

es.tra.té.gia [estratˈɛʒɐ] *sf* stratégie.

es.trei.a [estrˈejɐ] *sf* **1** étrenne. **2** début.

es.trei.tar [estrejtˈar] *vt* **1** rétrécir. **2** *fig* resserrer, éteindre.

es.trei.to [estrˈejtu] *sm Geogr* étroit. • *adj* étroit, restreint.

es.tre.la [estrˈelɐ] *sf* **1** étoile. **2** *fig* sort, fortune, destin. **3** *Teat* vedette. **estrela cadente** *Astron* étoile filante.

es.tre.la-do-mar [estreladumˈar] *sf Zool* étoile de mer. Pl: estrelas-do-mar.

es.tre.me.cer [estremesˈer] *vt* **1** ébranler, secouer. **2** *fig* effrayer. *vi* **3** trembler, frissonner, frémir. **4** *fig* vibrer, résonner.

es.tre.me.ci.men.to [estremesimˈẽtu] *sm* **1** frémissement, frisson. **2** ébranlement. **3** *fig* amour, tendresse.

es.tri.a [estrˈiɐ] *sf* strie, vergeture, zébrure.

es.tro.pi.ar [estropiˈar] *vt* **1** estropier. *vpr* **2** s'estropier soi-même. **3** *fig* dénaturer.

es.tru.me [estrˈumi] *sm* fumier, engrais.

es.tru.tu.ra [estrutˈurɐ] *sf* structure.

es.tu.á.rio [estuˈarju] *sm Geogr* estuaire, embouchure.

es.tu.dan.te [estudˈɐ̃ti] *s* étudiant, élève, écolier. **carteira de estudante** carte d'étudiant. **estudante aplicado** étudiant appliqué. **estudante de letras** étudiant en lettres.

es.tu.dar [estudˈar] *vt* **1** étudier, apprendre, faire des études. **2** *fig* chercher à connaître. *vi* **3** s'instruire. **4** s'appliquer à l'étude. *vpr* **5** *fig* s'observer. **estudar alguém** étudier quelqu'un. **estudar bastante, muito** *pop* potasser, piocher, bosser.

es.tu.do [estˈudu] *sm* étude. **os estudos** les études. **publicar um estudo** publier une étude.

es.tu.fa [estˈufɐ] *sf* étuve. **estufa para plantas** serre.

es.tu.pi.dez [estupidˈes] *sf* stupidité, ineptie, inintelligence.

es.tú.pi.do [estˈupidu] *sm* stupide, crétin, imbécile. • *adj* stupide.

es.tu.pra.dor [estupradˈor] *sm* violeur.

es.tu.prar [estupr´ar] *vt* violer.

es.tu.pro [est´upru] *sm Jur* viol. **acusado de estupro** accusé de viol. **dar queixa de estupro** déposer une plainte pour viol.

es.va.zi.ar [ɛzvazi´ar] *vt+vpr* vider.

e.ta.pa [et´apə] *sf* **1** étape. **2** halte. **3** *fig* temps d'arrêt. **saltar etapas** brûler les étapes.

e.ter.ni.da.de [eternid´adi] *sf* éternité.

e.ter.ni.zar [eterniz´ar] *vt* **1** éterniser. **2** immortaliser. *vpr* **3** se perpétuer.

e.ter.no [et´ɛrnu] *adj* **1** éternel, infini. **2** indestructible. **3** indéfectible, inséparable, invariable.

é.ti.ca [´ɛtikə] *sf* éthique.

é.ti.co [´ɛtiku] *adj* éthique.

e.ti.que.ta [etik´etə] *sf* **1** étiquette, vignette, label. **2** *fig* protocole.

et.ni.a [etn´iə] *sf* ethnie.

ét.ni.co [´ɛtniku] *adj* ethnique.

eu [´ew] *pron* je, j', moi.

eu.ca.lip.to [ewkal´iptu] *sm Bot* eucalyptus.

eu.fo.ri.a [ewfor´iə] *sf* euphorie.

eu.fó.ri.co [ewf´ɔriku] *adj* euphorique.

eu.ro.peu [ewrop´ew] *sm+adj* européen.

eu.ta.ná.sia [ewtan´azjə] *sf* euthanasie.

e.va.cu.ar [evaku´ar] *vt* **1** évacuer. **2** *vi* déféquer.

e.van.ge.lho [evãʒ´eʎu] *sm Rel* évangile.

e.van.gé.li.co [evãʒ´ɛliku] *adj* évangélique. **caridade evangélica** charité évangélique. **doutrina evangélica** doctrine évangélique.

e.va.po.rar [evapor´ar] *vt* **1** évaporer. *vi* **2** *fam* s'évaporer. *vpr* **3** *fam* se dissiper.

e.va.são [evaz´ãw] *sf* évasion. *Pl:* evasões.

e.va.si.va [evaz´ivə] *sf* évasive, subterfuge. **resposta evasiva** réponse évasive.

e.ven.to [ev´ẽtu] *sm* événement.

e.ven.tu.al [evẽtu´aw] *adj* éventuel. *Pl:* eventuais.

e.ven.tu.a.li.da.de [evẽtwalid´adi] *sf* éventualité. *o que você faria nessa eventualidade?* / que feriez-vous dans cette éventualité? **é só uma eventualidade** ce n'est qu'une éventualité.

e.vi.dên.cia [evid´ẽsjə] *sf* évidence.

e.vi.den.ci.ar [evidẽsi´ar] *vt* **1** mettre en évidence, accentuer. *vpr* **2** se mettre en évidence. *vt* **3** *fig* souligner, montrer.

e.vi.den.te [evid´ẽti] *adj* évident, clair, incontestable, indiscutable, visible, palpable.

e.vi.tar [evit´ar] *vt* **1** éviter. **2** *fig* s'abstenir, se garder de.

e.vo.car [evok´ar] *vt* évoquer.

e.vo.lu.ção [evolus´ãw] *sf* **1** évolution. **2** variation. **3** *Mil, Náut* manœuvre, mouvement. *Pl:* evoluções.

e.xa.ge.rar [ezaʒer´ar] *vt* **1** exagérer. **2** *fig* forcer, outrer.

e.xa.ge.ro [ezaʒ´eru] *sm* exagération.

e.xa.lar [ezal´ar] *vt* exhaler, émaner.

e.xal.ta.ção [ezawtas´ãw] *sf* **1** exaltation. **2** élévation. **3** fureur. **4** *fig* fièvre. *Pl:* exaltações.

e.xal.tar [ezawt´ar] *vt* **1** exalter. **2** glorifier, vanter. *vpr* **3** *fig* s'exalter.

e.xa.me [ez´ʌmi] *sm* **1** examen. **2** épreuve. **passar num exame** *fig* réussir un examen. **prestar um exame** faire un examen.

e.xa.mi.nar [ezamin´ar] *vt* **1** examiner. **2** analyser, discuter, vérifier. **examinar as qualidades e os defeitos** examiner les qualités et les défauts.

e.xas.pe.rar [ezasper´ar] *vt* **1** exaspérer, irriter. *vpr* **2** s'exaspérer.

e.xa.ti.dão [ezatid´ãw] *sf* exactitude, précision. *Pl:* exatidões.

e.xa.to [ez´atu] *adj* exact, correct.

e.xau.rir [ezawr'ir] *vt* épuiser, tarir, exténuer.

e.xaus.to [ez'awstu] *adj* exténué.

ex.ce.ção [eses'ãw] *sf* exception. *Pl: exceções*. **à exceção de**, **com exceção de** hormis. **à parte algumas exceções** à part quelques exceptions, à de rares exceptions près. **com exceção de** à l'exception de. **sem exceção** sans exception.

ex.ce.der [esed'er] *vt* 1 excéder. *vi* 2 *fig* surpasser. *vpr* 3 se surpasser.

ex.ce.lên.cia [esel'ẽsjɐ] *sf* excellence. **Vossa Excelência** Votre Excellence.

ex.ce.len.te [esel'ẽti] *adj* excellent.

ex.cep.ci.o.nal [esepsjon'aw] *adj* exceptionnel, extraordinaire. *Pl: excepcionais*.

ex.ces.so [es'ɛsu] *sm* excès.

ex.ce.to [es'ɛtu] *prep* à l'exception de.

ex.ce.tu.ar [esetu'ar] *vt* excepter.

ex.ci.ta.ção [esitas'ãw] *sf* 1 excitation, animation. 2 *fig* incitation, instigation. *Pl: excitações*.

ex.ci.tar [esit'ar] *vt* 1 exciter, provoquer, inflammer, agiter. *vpr* 2 s'exciter. **excitar a curiosidade** exciter la curiosité.

ex.clu.ir [esklu'ir] *vt* exclure.

ex.clu.si.vi.da.de [eskluzivid'adi] *sf* exclusivité.

ex.cur.são [eskurs'ãw] *sf* excursion. *Pl: excursões*. **fazer uma excursão** faire une excursion.

e.xe.cu.ção [ezekus'ãw] *sf* 1 exécution, action de exécuter. 2 interprétation. 3 accomplissement. *Pl: execuções*.

e.xe.cu.tar [ezekut'ar] *vt* 1 exécuter. 2 *Mús* jouer, interpréter.

e.xe.cu.ti.vo [ezekut'ivu] *sm* homme d'affaires. • *adj* exécutif.

e.xem.pli.fi.car [ezẽplifik'ar] *vt* exemplifier, illustrer. **exemplificar uma teoria** exemplifier une théorie.

e.xem.plo [ez'ẽplu] *sm* 1 exemple. 2 *fig* modèle. **por exemplo** par exemple.

e.xer.cer [ezers'er] *vt* exercer.

e.xer.cí.cio [ezers'isju] *sm* 1 exercice, pratique. 2 *Mil* manœuvre.

e.xer.ci.tar [ezersit'ar] *vt* 1 exercer, pratiquer. *vpr* 2 s'exercer.

e.xér.ci.to [ez'ɛrsitu] *sm* armée.

e.xi.bi.ção [ezibis'ãw] *sf* 1 exhibition. 2 ostentation, étalage. *Pl: exibições*.

e.xi.gên.cia [eziʒ'ẽsjɐ] *sf* exigeance.

e.xi.gen.te [eziʒ'ẽti] *adj* exigeant.

e.xi.gir [eziʒ'ir] *vt* exiger, imposer.

e.xí.guo [ez'igwu] *adj* 1 exigü. 2 *fig* minuscule.

e.xi.lar [ezil'ar] *vt* 1 exiler, expatrier. 2 bannir. *vpr* 3 s'exiler.

e.xí.lio [ez'ilju] *sm* 1 exil. 2 bannissement, déportation.

e.xí.mio [ez'imju] *adj* éminent, distingué.

e.xi.mir [ezim'ir] *vt+vpr* exempter.

e.xis.tên.cia [ezist'ẽsjɐ] *sf* existence, vie.

e.xis.tir [ezist'ir] *vi* exister.

ê.xi.to ['ezitu] *sm* réussite. *ele está orgulhoso com o êxito de seus filhos* / il est fier de la réussite de ses enfants. **isto foi um êxito** ça a été une réussite.

ê.xo.do ['ezodu] *sm* exode.

e.xo.ne.rar [ezoner'ar] *vt* exonérer.

e.xor.bi.tan.te [ezorbit'ãti] *adj* 1 démesuré, excessif, outré. 2 *coloq* inabordable. **projetos exorbitantes** projets démésurés.

e.xor.ci.zar [ezorsiz'ar] *vt Rel* exorciser.

e.xor.tar [ezort'ar] *vt* exhorter, inviter, inciter.

e.xo.tis.mo [ezot'izmu] *sm* exotisme. **ter o gosto do exotismo** avoir le goût de l'exotisme.

ex.pan.dir [espãd'ir] *vt* 1 étendre. *vpr* 2 s'épancher, se répandre.

expansão   346   extração

ex.pan.são [espãs´ãw] *sf* **1** expansion, élasticité. **2** diffusion. *Pl: expansões.*

ex.pec.ta.ti.va [espektat´ivə] *sf* expectative.

ex.pe.di.ção [espedis´ãw] *sf* expédition. *Pl: expedições.*

ex.pe.lir [espel´ir] *vt* chasser, expulser, éliminer.

ex.pe.ri.ên.cia [esperi´ẽsjə] *sf* **1** expérience, habitude, acquis. **2** *Quím, Fís* expérience, essai.

ex.pe.ri.men.tar [esperimẽt´ar] *vt* **1** expérimenter, éprouver. **2** examiner. **3** goûter. **4** essayer.

ex.pi.ar [espi´ar] *vt+vpr* **1** expier. *vt* **2** *fig* révéler, démontrer. *vpr* **3** se purifier.

ex.pi.rar [espir´ar] *vt* **1** expirer. *vi* **2** mourir. **3** *fig* prendre fin, arriver à son terme. **4** essayer.

ex.pli.ca.ção [esplikas´ãw] *sf* explication, élucidation, éclaircissement. *Pl: explicações.*

ex.pli.car [esplik´ar] *vt* **1** expliquer, élucider. *vpr* **2** s'expliquer.

ex.pli.ci.tar [esplisit´ar] *vt* expliciter, formuler, préciser.

ex.plo.dir [esplod´ir] *vt* exploser. **explodir em pranto** fondre en pleurs.

ex.plo.ra.ção [esploras´ãw] *sf* **1** exploration. **2** *fig* exploitation. *Pl: explorações.*

ex.plo.ra.dor [esplorad´or] *sm* **1** explorateur. **2** *fig* exploiteur.

ex.plo.rar [esplor´ar] *vt* **1** explorer. **2** *Med* examiner, sonder. **3** exploiter (une mine). **4** *fig* exploiter.

ex.plo.são [esploz´ãw] *sf* **1** explosion, éclatement. **2** *fig* manifestation soudaine. *Pl: explosões.*

ex.por [esp´or] *vt* **1** exposer, exhiber. *este escultor está expondo suas esculturas* / ce sculpteur expose ses sculptures. **2** *fig* expliquer, formuler, énoncer. *vpr* **3** s'exposer, se compromettre.

ex.por.ta.ção [esportas´ãw] *sf* exportation. *Pl: exportações.*

ex.po.si.ção [espozis´ãw] *sf* **1** exposition, exposé. **2** foire. **3** *fig* récit, narration. *Pl: exposições.*

ex.pres.são [espres´ãw] *sf* **1** expression, image. **2** *Gram* phrase. *Pl: expressões.*

ex.pres.sar [espres´ar] *vt* extérioriser, formuler, émettre.

ex.pres.si.o.nis.ta [espresjon´istə] *adj+s* expressionniste.

ex.pres.so [espr´εsu] *sm* exprès. • *adj* exprès, précis, formel. **café expresso** café exprès.

ex.pri.mir [esprim´ir] *vt+vpr* exprimer.

ex.pro.pri.ar [espropri´ar] *vt* exproprier.

ex.pul.sar [espuws´ar] *vt* **1** expulser. **2** *Med* expulser, évacuer, expectorer.

ex.ta.si.ar [estazi´ar] *vt* extasier. *vpr* **2** s'extasier, se transporter.

ex.ten.são [estẽs´ãw] *sf* **1** extension, grandeur, importance, élargissement. **2** *fig* développement. **3** *Med* extension. *Pl: extensões.*

ex.te.ri.or [esteri´or] *sm+adj* **1** extérieur, dehors. **2** extrinsèque. **o exterior** l'apparence.

ex.te.ri.o.ri.zar [esterjoriz´ar] *vt* extérioriser, manifester (une opinion, des sentiments).

ex.ter.mi.nar [estermin´ar] *vt* **1** exterminer. **2** *fig* détruire, anéantir.

ex.ter.mí.nio [esterm´inju] *sm* extermination, anéantissement, destruction. **o extermínio de um povo** l'extermination d'un peuple.

ex.ter.no [est´εrnu] *adj* externe.

ex.tin.guir [estĩg´ir] *vt+vpr* **1** éteindre. *vt* **2** *fig* calmer, finir. *vpr* **3** *fig*, mourir.

ex.tin.tor [estĩt´or] *sm* extincteur.

ex.tir.par [estirp´ar] *vt* extirper, éliminer.

ex.tor.são [estors´ãw] *sf* extorsion. *Pl: extorsões.*

ex.tra.ção [estras´ãw] *sf* **1** ablation, arrachement, extirpation. **2** origine, lignage. *Pl: extrações.*

extradição — exuberância

ex.tra.di.ção [estradis´ãw] *sf* extradition. *Pl*: extradições.

ex.tra.or.di.ná.rio [estraordin´arju] *adj* extraordinaire, incroyable, formidable, inconcevable, inimaginable, insolite, invraisemblable.

ex.tra.po.lar [estrapol´ar] *vt* **1** extrapoler. **2** généraliser.

ex.tra.to [estr´atu] *sm* **1** extrait. **2** *Geol, Quím* extrait.

ex.tra.va.gân.cia [estravag´ãsjə] *sf* extravagance, bizarrerie, excentricité, fantaisie, folie. **sua extravagância de conduta** l'extravagance de sa conduite.

ex.tra.vi.ar [estravi´ar] *vt* **1** égarer. *vpr* **2** s'égarer, se détourner.

ex.tre.mi.da.de [estremid´adi] *sf* **1** extrémité, bout. **2** *fig* extrémité. **as extremidades** les extrémités.

ex.tre.mis.ta [estrem´istə] *s+adj* extrémiste. **partido de extremistas** parti d'extrémistes.

ex.tre.mo [estr´emu] *sm* extrême, extrémité, dernier point. • *adj* **1** extrême. **2** violent. **3** excessif, intense.

e.xu.be.rân.cia [ezuber´ãsjə] *sf* exubérance. **manifestar seus sentimentos com exuberância** manifester ses sentiments avec exubérance.

f

f ['ɛfi] *sm* la sixième lettre de l'alphabet de la langue portugaise.

fã [f'ã] *s* admirateur, fan, groupie.

fá.bri.ca [f'abrikə] *sf* fabrique, usine. **preço de fábrica** prix de fabrique.

fa.bri.can.te [fabrik'ãti] *s* fabricant.

fa.bri.car [fabrik'ar] *vt* **1** fabriquer, élaborer. **2** *fig* forger.

fá.bu.la [f'abrikə] *sf* fable, invention, conte, légende. **a moral da fábula** la morale de la fable.

fa.bu.lo.so [fabul'ozu] *adj* fabuleux, formidable, incroyable, invraissemblable. **animais e seres fabulosos** animaux et êtres fabuleux.

fa.ca [f'akə] *sf* couteau. **faca de cozinha** couteau de cuisine. **faca de dois gumes** couteau à deux tranchants.

fa.cão [f'ak'ãw] *sm* coutelas. *Pl: facões*.

fa.ce [f'asi] *sf* face, semblant.

fa.ce.ta [fas'etə] *sf* facette, petite surface plane d'un diamant.

fa.cha.da [faʃ'adə] *sf* façade. **uma fachada de pedra, de mármore** une façade de pierre, de marbre.

fá.cil [f'asiw] *adj* facile. *Pl: fáceis*.

fa.cul.da.de [fakuwd'adʒi] *sf* **1** faculté, capacité. **2** aptitude. **3** faculté, école supérieure.

fa.da [f'adə] *sf* fée. **a fada má é fée méchante et revêche, fée Carabosse. **conto de fadas** conte de fées. **fada boa** bonne fée, fée bienfaisante.

fa.di.ga [fad'igə] *sf* fatigue.

fai.são [fajz'ãw] *sm Zool* faisan. *Pl: faisões*.

fa.ís.ca [fa'iskə] *sf* étincelle.

fa.is.car [fajsk'ar] *vi* scintiller, étinceler, briller.

fai.xa [f'ajʃə] *sf* bande, ceinture, sangle. **faixa de luto** brassard. **faixa de segurança** ou **de pedestres** passage clouté. **faixa de tecido** bandeau.

fa.la [f'alə] *sf* parole, action de parler.

fa.lar [fal'ar] *vt* parler; dire. • *sm* parler. **falar alto** parler fort. **falar baixo, com voz baixa** parler bas, à voix basse.

fal.cão [fawk'ãw] *sm Zool* faucon. *Pl: falcões*.

fa.le.cer [fales'er] *vi* mourir, expirer, trépasser, décéder.

fa.le.ci.men.to [falesim'ẽtu] *sm* décès, mort.

fa.lên.cia [fal'ẽsjə] *sf* **1** faillite. **2** *Com* banqueroute. **ir à falência** faire faillite.

fa.lhar [faʎ'ar] *vt* faillir, commettre une faute, ne pas réussir.

fá.li.co [f'aliku] *adj* phallique.

fa.lir [f'asiw] *vi Com* faire faillite.

fa.lo [f'alu] *sm* phallus.

fal.sá.rio [faws'arju] *sm* faussaire.

fal.si.da.de [fawsid´adi] *sf* fausseté, hypocrisie, duplicité.

fal.si.fi.car [fawsifik´ar] *vt* falsifier, truquer.

fal.so [f´awsu] *adj pop* artificiel, illusoire. **é falso** c'est faux. **fabricar moeda falsa** fabriquer de la fausse monnaie.

fal.ta [f´awtə] *sf* **1** manque, faute. **2** absence. **falta de dinheiro** manque d'argent. **fazer falta** manquer. **sem falta** *fig* sans faute.

fal.tar [fawt´ar] *vt+vi* manquer. **era só o que faltava!** il ne manquait plus que ça!

fa.ma [f´ʌmə] *sf* notoriété, célébrité.

fa.mí.lia [fam´iljə] *sf* famille.

fa.mi.li.ar [famili´ar] *adj* familier, familial. • *sm* **1** intime, domestique. **2 familiares** *pl* proches.

fa.mo.so [fam´ozu] *adj* fameux, célèbre, renommé, connu, illustre, insigne.

fa.ná.ti.co [fan´atiku] *sm+adj* fanatique. **integristas fanáticos** des intégristes fanatiques. **ser fanático por alguma coisa** être fanatique de quelque chose.

fa.nho.so [fañ´ozu] *adj* nasillard.

fan.ta.si.a [fãtaz´iə] *sf* **1** fantaisie, illusion. **2** *fig* chimère

fan.ta.si.ar [fãtazi´ar] *vt* **1** fantasmer, imaginer. *vpr* **2** se déguiser.

fan.tas.ma [fãt´azmə] *sm* **1** fantasme. **2** spectre, fantôme.

fan.tás.ti.co [fãt´astiku] *adj* fantastique, fabuleux, incroyable.

fan.to.che [fãt´ɔʃi] *sm* fantoche, marionnette, pantin.

fa.ra.ó [fara´ɔ] *sm* pharaon.

far.da [f´ardə] *sf* **1** uniforme. **2** la tenue militaire.

fa.re.jar [fareʒ´ar] *vt* **1** flairer, humer, renifler. **2** deviner, soupçonner. **farejar uma mentira** renifler un mensonge.

fa.re.lo [far´elu] *sm* son.

fa.rin.ge [far´ĩʒi] *sf Anat* pharynx.

fa.rin.gi.te [farĩʒ´iti] *sf Med* pharyngite.

fa.ri.nha [far´iñə] *sf* farine. **farinha de rosca** chapelure.

far.ma.cêu.ti.co [farmas´ewtiku] *sm* pharmacien.

far.má.cia [farm´asjə] *sf* pharmacie.

fa.ro.es.te [faro´esti] *sm+adj* western. **personagens de filmes de faroeste** des personnages de *western*.

fa.rol [far´ɔw] *sm Náut, Autom* phare. *Pl:* faróis.

far.ra [f´aȓə] *sf* fête. **cair na farra** faire la fête.

far.ra.po [faȓ´apu] *sm* guenille, lambeau.

far.sa [f´arsə] *sf* **1** farce, tromperie, facétie. **2** *Teat* farce, petite pièce comique.

far.tu.ra [fart´urə] *sf* **1** abondance. **2** richesse.

fas.ci.nan.te [fasin´ãti] *adj* **1** charmant, fascinant. **2** *fig* magique, séducteur.

fas.cí.nio [fas´inju] *sm* **1** fascination, ensorcellement, émerveillement. **2** *fig* magie, séduction.

fa.se [f´azi] *sf* phase, période. **as fases da Lua** les phases de la Lune. **doente em fase terminal** malade en phase terminale. **fase crítica** phase critique.

fa.ti.a [fat´iə] *sf* tranche.

fa.ti.a.do [fati´adu] *adj* tranché. **eu quero presunto fatiado /** je veux des tranches de jambon ou du jambon en tranches.

fa.ti.ar [fati´ar] *vt* trancher.

fa.ti.gar [fatig´ar] *vt* **1** fatiguer, lasser. *vpr* **2** se fatiguer.

fa.to [f´atu] *sm* fait, épisode. **de fato** *fig* en fait, au fait.

fa.tu.ra [fat´urə] *sf* **1** facture, manière d'exécuter. **2** *Com* facture, pièce comptable.

fa.tu.rar [fatur´ar] *vt Com* facturer.
fau.na [f´awnə] *sf* faune.
fau.no [f´awnu] *sm* faune.
fa.va [f´avə] *sf* fève, cosse.
fa.ve.la [fav´εlə] *sf* favela, bidonville.
fa.vor [fav´or] *sm* faveur. **fazer um favor** faire une faveur, rendre un service. **por favor!** s'il vous plaît, s'il te plaît.
fa.vo.rá.vel [favor´avew] *adj* favorable, propice. *Pl: favoráveis.*
fa.vo.re.cer [favores´er] *vt* favoriser.
fa.vo.re.ci.men.to [favoresim´ẽtu] *nm* privilège.
fa.vo.ri.to [favor´itu] *sm* favori. **é sua leitura favorita** c'est sa lecture favorite.
fa.xi.na [faʃ´inə] *sf* nettoyage. **fazer faxina** faire le ménage.
fa.xi.nei.ra [faʃin´ejrə] *sf* femme de ménage.
fa.zen.da [faz´ẽdə] *sf* **1** ferme. **2** tissu.
fa.zen.dei.ro [fazẽd´ejru] *sm* fermier.
fa.zer [faz´er] *vt* **1** faire, confectionner. *vpr* **2** se faire. **fazer a cama** faire le lit. **fazer amizade** se lier d'amitié. **fazer-se de** faire le. **mandar fazer** faire faire.
fé [f´ε] *sf* foi, crédo, croyance. **má-fé** mauvaise foi.
fe.bre [f´εbri] *sf* fièvre. **febre aftosa** fièvre aphteuse. **febre cerebral** fièvre cérébrale.
fe.cha.du.ra [feʃad´urə] *sf* serrure, verrou.
fe.char [feʃ´ar] *vt* **1** fermer, clore, barrer, boucher, boucler.
fe.cun.dar [fekũd´ar] *vt* féconder.
fe.der [fed´er] *vi* **1** sentir mauvais. **2** puer, empester. **feder a dinheiro** puer l'argent.
fe.di.do [fed´idu] *adj* puant, fétide.
fe.dor [fed´or] *sm* puanteur.
fe.é.ri.co [fe´εriku] *adj* féerique. **visão feérica** vision féerique.

fei.ção [fejs´ãw] *sf* semblant. *Pl: feições.*
fei.jão [fejʒ´ãw] *sm* haricot. *Pl: feijões.*
fei.o [f´eju] *adj* **1** laid, vilain, inesthétique. **2** *fam* mal fichu. **3** *Rel* immonde. **feio como o diabo** être laid comme un pou, un singe, comme les sept péchés capitaux. **pessoa feia** personne laide.
fei.ra [f´ejrə] *sf* **1** foire, exposition. **2** marché. **fazer a feira** faire le marché.
fei.ti.ça.ri.a [fejtisar´iə] *sf* sorcellerie.
fei.ti.cei.ro [fejtis´ejru] *sm* sorcier.
fei.ti.ço [fejt´isu] *sm* sortilège, envoûtement, ensorcellement. **fazer um feitiço** jeter un sort.
fei.u.ra [fej´urə] *sf* laideur, hideur.
fel [f´εw] *sm* fel. *Pl: féis.*
fe.la.ção [felas´ãw] *sf* fellation. *Pl: felações.*
fe.li.ci.da.de [felisid´adi] *sf* bonheur, joie.
fe.li.no [fel´inu] *sm+adj Zool* félin.
fe.liz [fel´is] *adj* heureux, joyeux, content. **ele tem tudo para ser feliz** / il a tout pour être heureux. **época feliz** époque heureuse. **estar feliz com** être heureux de. **feliz no jogo, infeliz no amor** heureux au jeu, malheureux en amour. **um ar, um rosto feliz** un air, un visage heureux. **um feliz mortal** un heureux mortel. **vida feliz** vie heureuse.
fe.li.zar.do [feliz´ardu] *adj* chanceux, veinard. *que felizardo!* / quel veinard!
fel.tro [f´ewtru] *sm* feutre.
fê.mea [f´emjə] *sf* femelle.
fe.mi.ni.no [femin´inu] *adj* féminin. **a população feminina** la population féminine.
fe.mi.nis.mo [femin´izmu] *sm* féminisme.
fê.mur [f´emur] *sm Anat* fémur.
fen.der [fẽd´er] *vt* fissurer, fendre, lézarder.

fe.no [f'enu] *sm* foin. **o cheiro do feno cortado** l'odeur du foin coupé.
fe.nô.me.no [fen'omenu] *sm* phénomène. **fenômeno curioso** phénomène curieux. **fenômeno estranho** phénomène étrange. **fenômeno natural** phénomène naturel.
fe.ra [f'ɛrɐ] *sf* fauve.
fe.ri.a.do [feri'adu] *sm* férié, jour chômé.
fé.rias [f'ɛrjɐs] *sf pl* vacances. **boas férias!** / bonnes vacances! *você está cansado, você está precisando de férias* / vous êtes fatigué, vous avez besoin de vacances. **colônia de férias** colonie de vacances.
fe.ri.da [fer'idɐ] *sf* 1 blessure. 2 *inf* bobo.
fe.ri.men.to [ferim'ẽtu] *sm* blessure.
fe.rir [fer'ir] *vt* 1 blesser, offenser. *vpr* 2 se blesser.
fer.men.tar [fermẽt'ar] *vi* fermenter.
fer.men.to [ferm'ẽtu] *sm* ferment, levure.
fe.roz [fer'ɔs] *adj* féroce.
fer.ra.du.ra [feʀad'urɐ] *sf* fer à cheval.
fer.ra.men.ta [feʀam'ẽtɐ] *sf* outil, engin.
fer.rão [feʀ'ãw] *sm* 1 dard. 2 aiguillon. *Pl:* **ferrões**.
fer.rei.ro [feʀ'ejru] *sm* maréchal-ferrand, forgeron.
fér.reo [f'ɛʀju] *adj* en fer, de fer. **via férrea** voie ferrée.
fer.ro [f'ɛʀu] *sm* fer. **ferro de passar** à repasser. **ferro-velho** ferraille.
fer.ro.lho [feʀ'oʎu] *sm* huis.
fer.ro.vi.a [feʀov'iɐ] *sf* voie ferrée, chemin de fer.
fer.ro.vi.á.rio [feʀovi'arju] *sm* cheminot. *• adj* ferroviaire.
fer.ru.gem [feʀ'uʒẽj] *sf* rouille. *Pl:* **ferrugens**.
fér.til [f'ɛrtiw] *adj* fertile, fécond. *Pl:* **férteis**.

fer.ti.li.zan.te [fertiliz'ãti] *sm* fertilisant.
fer.ti.li.zar [fertiliz'ar] *vt* fertiliser, féconder.
fer.ver [ferv'er] *vi* bouillir.
fer.vor [ferv'or] *sm* 1 ferveur, zèle, effusion de cœur. 2 *fig* ardeur, chaleur.
fer.vu.ra [ferv'urɐ] *sf* ébullition. **levantar fervura** porter à ébullition.
fes.ta [f'ɛstɐ] *sf* fête.
fes.te.jar [festeʒ'ar] *vt* 1 fêter, commémorer, célébrer. 2 accueillir avec empressement.
fe.tal [fet'aw] *adj* fétal. *Pl:* **fetais**.
fé.ti.do [f'ɛtidu] *adj* fétide, puant.
fe.to [f'ɛtu] *sm* fœtus, embryon.
feu.do [f'ewdu] *sm* fief.
fe.ve.rei.ro [fever'ejru] *sm* février.
fe.zes [f'ɛzis] *sf pl* fèces, excréments.
fi.a.bi.li.da.de [fjabilid'adi] *sf* fiabilité.
fi.a.do [fi'adu] *adj Com* à crédit. **comprar ou vender fiado** acheter ou vendre à crédit.
fi.a.dor [fjad'or] *sm Com* caution, garant, répondant.
fi.an.ça [fi'ãsɐ] *sf* cautionnement, caution, nantissement, garantie. **dar fiança** fournir caution. **sob fiança** sous caution.
fi.ar [fi'ar] *vt* filer, mettre en fil.
fi.as.co [fi'asku] *sm* fiasco, désastre, échec complet.
fi.bra [f'ibrɐ] *sf* fibre.
fi.car [fik'ar] *vt* rester. **ficar apaixonado** tomber amoureux.
fi.cha [f'iʃɐ] *sf* fiche, bulletin. **ficha telefônica** jeton.
fi.chá.rio [fiʃ'arju] *sm* archive, fichier.
fi.el [fi'ɛw] *s* fidèle. *• adj* fidèle, loyal. *Pl:* **fiéis**. **fiel da balança** aiguille, languette.
fí.ga.do [f'igadu] *sm Anat* foie.
fi.go [f'igu] *sm* figue. **figo fresco** figue fraîche. **figo seco** figue sèche.

fi.guei.ra [fig′ejrə] *sm Bot* figuier.
fi.gu.ra [fig′urə] *sf* figure, image.
fi.gu.ran.te [figur′ãti] *s Cin, Teat* figurant.
fi.gu.rar [figur′ar] *vt* figurer.
fi.gu.ri.nis.ta [figurin′istə] *s* styliste.
fi.gu.ri.no [figur′inu] *sm* journal de mode. **como manda o figurino** comme il faut.
fi.la [f′ilə] *sf* queue. **fazer fila** faire la queue.
fi.la.men.to [filam′ẽtu] *sm* filament.
fi.lan.tró.pi.co [filãtr′ɔpiku] *adj* philanthropique, humanitaire. **associação filantrópica** association philanthropique, humanitaire.
fi.lão [fil′ãw] *sm* **1** filon, gisement. **2** *Min* veine. *Pl:* filões.
fi.lar [fil′ar] *vt* **1** saisir, prendre. **2** capturer.
fi.lar.mô.ni.ca [filarm′onikə] *sf* philarmonique. **orquestra filarmônica** orchestre philarmonique.
fi.lé [fil′ɛ] *sm* **1** filet. **2** viande.
fi.lei.ra [fil′ejrə] *sf* rang.
fi.lha [f′iʎə] *sf* fille, enfant.
fi.lho [f′iʎu] *sm* fils, enfant.
fi.li.al [fili′aw] *adj* **1** filial. **2** filière. • *sf Com* filiale. *Pl:* filiais.
fil.me [f′iwmi] *sm* film. **filme de faroeste** western. **filme em cores** film en couleurs. **filme em preto e branco** film noir et blanc.
fi.lo.so.fi.a [filozof′iə] *sf* philosophie.
fi.ló.so.fo [fil′ɔzofu] *sm* philosophe.
fil.tro [f′iwtru] *sm* **1** filtre. **2** philtre, elixir. **cigarro com, sem filtro** cigarette avec, sans filtre. **filtro de papel** filtre en papier.
fim [f′ĩ] *sm* fin, conclusion. **a fim de** afin de. **o fim de semana** la fin de semaine, le week-end. **por fim** enfin.
fi.na.dos [fin′adus] *sf pl* Toussaint.
fi.nal [fin′aw] *sm* **1** fin, dénouement, aboutissement. *sf* **2** *Esp* finale. • *adj*

terminal. *Pl:* finais. **a final oporá a França e o Brasil** / la finale opposera la France au Brésil. **chegar à final** arriver en finale. **jogar na final** jouer en finale. **no final** à la fin. **ponto final de ônibus** terminus.
fi.nan.ça [fin′ãsə] *sf* finance. **finanças públicas** finances publiques.
fi.nan.cei.ro [finãs′ejru] *adj* financier.
fi.nan.ci.a.men.to [finãsjam′ẽtu] *sm* financement. **plano de financiamento para a aquisição de um bem imóvel** plan de financement pour l'acquisition d'un logement.
fi.nan.cis.ta [finãs′istə] *sm* financier.
fi.ne.za [fin′ezə] *sf* finesse.
fin.gi.do [fĩʒ′idu] *adj* sournois.
fin.gi.men.to [fĩʒim′ẽtu] *sm* **1** feinte, simulation, sournoiserie, faux-semblant. **2** *coloq* frime.
fin.gir [fĩʒ′ir] *vt* **1** feindre, simuler. **2** *coloq* frimer. **3** *fam* faire semblant de.
fi.no [f′inu] *adj* fin.
fin.ta [f′ĩtə] *sf Esp* feinte.
fi.o [f′iu] *sm* fil. **estar, ficar por um fio** ne tenir qu'à un fil.
fir.ma.men.to [firmam′ẽtu] *sm* firmament, ciel.
fir.mar [firm′ar] *vt* signer.
fir.me [f′irmi] *adj* **1** ferme. **2** inflexible.
fir.me.za [firm′ezə] *sf* fermeté, solidité.
fis.cal [fisk′aw] *sm* contrôleur. *Pl:* fiscais.
fis.co [f′isku] *sm* fisc, impôt.
fí.si.ca [f′izikə] *sf* physique.
fí.si.co [f′iziku] *sm* **1** physique, matériel. **2** physicien. • *adj* physique.
fi.si.o.lo.gi.a [fizjoloʒ′iə] *sf* physiologie.
fi.si.o.no.mi.a [fizjonom′iə] *sf* physionomie.
fi.si.o.te.ra.peu.ta [fizjoterap′ewtə] *s* kinésithérapeute, physiothérapeute.
fi.si.o.te.ra.pi.a [fizjoterap′iə] *sf* physiothérapie, kinésithérapie.

fís.tu.la [f'istulə] *sf Med* fistule.

fi.ta [f'itə] *sf* **1** ruban. **2** film. **fita adesiva** scotch. **fita cassete** bande magnétique. **fita isolante** ruban isolant. **fita métrica** mètre.

fi.ve.la [fiv'εlə] *sf* **1** boucle. **2** barrette (pour les cheveux).

fi.xa.dor [fiksad'or] *sm* fixateur, gel, laque.

fi.xo [f'iksu] *adj* **1** fixe. **2** *fig* immobile.

fla.ci.dez [flasid'es] *sf* flaccidité.

flá.ci.do [fl'asidu] *adj* flasque, mou.

fla.ge.lar [flaʒel'ar] *vt* **1** flageller, fustiger. *vpr* **2** se flageller.

fla.ge.lo [flaʒ'εlu] *sm* fléau.

fla.gran.te [flagr'ãti] *sm+adj* flagrant. **em flagrante delito** *Jur* en flagrant délit.

flam.bar [flãb'ar] *vt* flamber. **flambar crepes** faire flamber des crêpes.

fla.min.go [flam'ĩgu] *sm Zool* flamant.

flâ.mu.la [fl'Amulə] *sf* fanion.

flan.co [fl'ãku] *sm* flanc.

fla.ne.la [flan'εlə] *sf* flanelle.

fla.tu.lên.cia [flatul'ẽsjə] *sf Med* flatulence, ballonnement.

flau.ta [fl'awtə] *sf Mús* flûte.

flau.tis.ta [flawt'istə] *s* flûtiste.

fle.cha [fl'εʃə] *sf* flèche.

fler.tar [flert'ar] *vi* flirter.

fler.te [fl'erti] *sm* flirt.

fleu.ma [fl'ewmə] *sf* flegme, impassibilité, indifférence.

fle.xi.o.nar [fleksjon'ar] *vt* fléchir.

fle.xí.vel [fleks'ivew] *adj* flexible, souple. *Pl: flexíveis.*

fli.pe.ra.ma [fliper'Amə] *sm* flipper.

flo.co [fl'ɔku] *sm* flocon.

flor [fl'or] *sf Bot* fleur. **flor de laranjeira** fleur d'oranger. **flor-de-lis** fleur de lys. **flor-do-campo** fleur des champs.

flo.ra [fl'ɔrə] *sf* flore.

flo.res.cer [flores'er] *vi* **1** fleurir, éclore. **2** *fig* briller, prospérer.

flo.res.ci.men.to [floresim'ẽtu] *sf* floraison, épanouissement.

flo.res.ta [flor'εstə] *sf* forêt.

flo.res.tal [flor'ẽstaw] *adj* forestier. *Pl: florestais.*

flo.re.te [flor'eti] *sm Esp* fleuret.

flo.ri.cul.tu.ra [florikuwt'urə] *sf* fleuriste.

flo.rir [flor'ir] *vt+vi* fleurir.

flo.ris.ta [flor'istə] *s* fleuriste.

flu.i.dez [flujd'es] *sf* fluidité.

flui.do [fl'ujdu] *sm+adj* fluide.

flú.or [fl'uor] *sm Quím* fluor.

flu.o.res.cên.cia [fluores'ẽsjə] *sf* fluorescence.

flu.tu.a.ção [flutwas'ãw] *sf Com* oscillation, fluctuation (de prix, de valeurs), instabilité. *Pl: flutuações.* **flutuação do mercado** fluctuation du marché. **flutuações da opinião pública** fluctuations de l'opinion publique. **flutuações do dólar** fluctuations du dollar.

flu.tu.ar [flutu'ar] *vi* fluctuer, osciller, flotter.

flu.xo [fl'uksu] *sm* flux, flot.

fo.bi.a [fob'iə] *sf* phobie.

fo.ca [f'ɔkə] *sf Zool* phoque.

fo.ci.nhei.ra [fosiɲ'ejrə] *sf* muselière.

fo.ci.nho [fos'iɲu] *sm* museau.

fo.co [f'ɔku] *sm* **1** foyer. **2** encadrement. **pôr em foco** mettre en lumière, faire ressortir.

fo.fo.ca [fof'ɔkə] *sf* cancan, potin, commérage, ragot. **fazer fofoca de alguém** faire des potins sur quelqu'un.

fo.fo.car [fofok'ar] *vi* cancaner.

fo.fo.quei.ro [fofok'ejru] *sm* cancanier, médisant.

fo.gão [fog'ãw] *sm* cuisinière. *Pl: fogões.*

fo.ga.rei.ro [fogar'ejru] *sm* réchaud, fourneau portatif.

fo.go [f'ogu] *sm* **1** feu. **2** *fig* passion. **fogos de artifício** feux d'artifice.

fo.go.so [fogˊozu] *adj* **1** fougueux, ardent. **2** *fig* explosif, violent.

fo.guei.ra [fogˊejrɐ] *sf* brasier, bûcher.

fo.gue.te [fogˊeti] *sm* fusée.

foi.ce [fˊojsi] *sf* faux, faucille.

fol.clo.re [fowklˊɔri] *sm* folklore.

fol.cló.ri.co [fowklˊɔriku] *adj* folklorique.

fô.le.go [fˊolegu] *sm* haleine.

fo.lha [fˊoλɐ] *sf* feuille. **novinho em folha** tout neuf.

fo.lha.gem [foλˊaʒẽj] *sf Bot* feuillage. *Pl:* **folhagens**.

fo.me [fˊomi] *sf* faim. **sentir fome** avoir faim.

fo.né.ti.ca [fonˊetikɐ] *sf* phonétique.

fo.no.lo.gi.a [fonoloʒˊiɐ] *sf* phonologie.

fon.te [fˊõti] *sf* **1** fontaine, source. **2** *Inform* police de caractères.

fo.ra [fˊɔrɐ] *adv+prep* dehors, hors, excepté, sauf. • *interj* dehors! sortez! **fora da estação** hors saison. **fora da lei** hors-la-loi.

fo.ra.gi.do [foraʒˊidu] *adj+sm* fugitif, errant.

fo.ras.tei.ro [forastˊejru] *sm+adj* étranger.

for.ca [fˊorkɐ] *sf* potence, gibet.

for.ça [fˊorsɐ] *sf* **1** force. **2** énergie. **3** vigueur. **as Forças Armadas** les forces armées.

for.çar [forsˊar] *vt* forcer.

for.ja [fˊorʒɐ] *sf* forge.

for.jar [forʒˊar] *vt* forger.

for.ma [fˊɔrmɐ] *sf* forme, manière, façon. **da mesma forma** de la même façon. **de forma que** de sorte que. **de outra forma** autrement. **dessa forma** de cette façon, ainsi. **de tal forma que** si bien que. **estar em forma** être en forme.

for.ma [fˊormɐ] *sf* **1** moule. **2** modèle.

for.mal [formˊaw] *adj* formel. *Pl:* **formais**.

for.mar [formˊar] *vt* **1** former. **2** constituer. **3** instruire, éduquer.

for.ma.tar [formatˊar] *vt* **1** façonner. **2** *Inform* formater.

for.ma.to [formˊatu] *sm* format.

for.ma.tu.ra [formatˊurɐ] *sf* **1** bras cérémonie de remise des diplômes secondaires ou universitaires. **2** *Mil* formation.

for.mi.ca [fˊɔrmikɐ] *sf* formica.

for.mi.dá.vel [formidˊavew] *adj* formidable, fantastique. *Pl:* **formidáveis**.

for.mi.ga [formˊigɐ] *sf Zool* fourmi.

for.mi.ga.men.to [formigamˊẽtu] *sm* fourmis. **ter formigamento nos membros** avoir des fourmis dans les membres.

for.mi.guei.ro [formigˊejru] *sm* fourmilière.

fór.mu.la [fˊɔrmulɐ] *sf* **1** formule, ingrédient. **2** *fig* recette. **fórmula mágica** formule magique.

for.mu.lá.rio [formulˊarju] *sm* formulaire. **favor preencher estes formulários /** veuillez remplir ces formulaires s'il vous plaît. **um formulário de inscrição** un formulaire d'inscription.

for.na.lha [fornˊaλɐ] *sf* fournaise.

for.ne.ce.dor [fornesedˊor] *sm* fournisseur. **pagar os fornecedores** payer les fournisseurs.

for.ne.cer [fornesˊer] *vt* fournir, dispenser.

for.ne.ci.men.to [fornesimˊẽtu] *sm* **1** fourniture. **2** approvisionnement, prestation.

for.no [fˊornu] *sm* four, fourneau.

for.rar [forˊar] *vt* **1** doubler, garnir d'une doublure (un habit). **2** tapisser de papier peint.

for.ro [fˊoru] *sm* doublure. **colocar um forro** mettre une doublure. **costurar um forro** coudre une doublure.

for.ta.le.cer [fortalesˊer] *vt* **1** fortifier. *vpr* **2** révigorer.

for.ta.le.ci.men.to [fortalesimˊẽtu] *sm* raffermissement. **fortalecimento dos tecidos** raffermissement des tissus.

for.ta.le.za [fortal′ezə] *sf* forteresse.
for.te [f′ɔrti] *sm* fort. • *adj* fort, héroïque, énergique, vivace. **o mais forte sempre tem razão** le plus fort a toujours raison. **o sexo forte** le sexe fort. **uma constituição forte** une forte constitution.
for.ti.fi.can.te [fortifik′ãti] *sm* fortifiant, remontant, cordial.
for.ti.fi.car [fortifik′ar] *vt* **1** fortifier, tonifier. **2** barricader.
for.tu.na [fort′unə] *sf* richesse.
fó.rum [f′ɔrũ] *sm* Jur forum. *Var: foro.*
fos.co [f′osku] *adj* mat, terne.
fos.fa.to [fosf′atu] *sm* Quím phosphate.
fos.fo.res.cên.cia [fosfores′ẽsjə] *sf* phosphorescence.
fós.fo.ro [f′ɔsforu] *sm* **1** allumette. **2** *Quím* phosphore.
fos.sa [f′ɔsə] *sf* cloaque. **estar na fossa** avoir le cafard.
fós.sil [f′ɔsiw] *sm+adj* fossile. *Pl: fósseis.*
fos.so [f′osu] *sm* **1** fosse. **2** fossé.
fo.to [f′ɔtu] *sf* photo. **reduzir uma foto** réduire une photo.
fo.to.có.pia [fotok′ɔpjə] *sf* photocopie.
fo.to.co.pi.a.do.ra [fotokopjad′orə] *sf* photocopieur, photocopieuse.
fo.to.gra.far [fotograf′ar] *vt* photographier, prendre des photos.
fo.to.gra.fi.a [fotograf′iə] *sf* **1** photographie. **2** *pop* portrait.
fo.tó.gra.fo [fot′ɔgrafu] *sm* photographe.
fo.tos.sín.te.se [fɔtos′ĩtezi] *sf* Quím, Fisiol photosynthèse.
foz [f′ɔs] *sf* embouchure.
fra.cas.sar [frakas′ar] *vi* échouer.
fra.cas.so [frak′asu] *sm* échec, fiasco.
fra.co [fr′aku] *adj* faible.
fra.ga.ta [frag′atə] *sf* frégate.
frá.gil [fr′aʒiw] *adj* fragile, frêle, instable, vulnérable. *Pl: frágeis.* **cuidado, é frágil!** / attention, c'est fragile!

frag.men.to [fragm′ẽtu] *sm* fragment, lambeau.
fra.grân.cia [fragr′ãsjə] *sf* fragrance.
fral.da [fr′awdə] *sf* couche. **fralda absorvente** couche absorbante.
fram.bo.e.sa [frãbo′ezə] *sf* framboise.
fran.cês [frãs′es] *sm+adj* français. **a Academia Francesa** l'Académie française. **a cozinha francesa** la cuisine française. **à francesa** à la française.
fran.co [fr′ãku] *sm* franc, monnaie française. • *adj* **1** franc, sincère, honnête. **2** franco. **a Gália franca, conquistada pelos francos** la Gaule franque, conquise par les francs.
fran.co.fo.ni.a [frãkofon′iə] *sf* francophonie. **dia da francofonia** jour de la francophonie.
fran.go [fr′ãgu] *sm* **1** poulet. **2** *Fut* but marqué que le gardien aurait pu facilement éviter.
fran.ja [fr′ãʒə] *sf* frange.
fran.que.za [frãk′ezə] *sf* franchise, droiture. **com toda a franqueza** en toute franchise.
fran.qui.a [frãk′iə] *sf* franchise.
fran.zir [frãz′ir] *vt* **1** froncer (les sourcils, les lèvres, la peau). **2** faire des plis (à une jupe).
fra.que [fr′aki] *sm* frac, habit.
fra.que.jar [frakeʒ′ar] *vt* faiblir.
fra.que.za [frak′ezə] *sf* **1** faiblesse, fragilité. **2** impuissance. **3** inconsistance.
fras.co [fr′asku] *sm* flacon, fiole.
fra.se [fr′azi] *sf* phrase.
fra.tu.ra [frat′urə] *sf* Med fracture.
frau.dar [frawd′ar] *vt* **1** frauder, escroquer. **2** *gír* arnaquer.
frau.de [fr′awdi] *sf* **1** fraude, falsification. **2** *Jur* dol. **3** *fig, pop* arnaque.
fre.ar [fre′ar] *vt* **1** freiner. **2** inhiber.
fre.guês [freg′es] *sm* client. **o freguês sempre tem razão** *prov* le client a toujours raison.

freguesia   356   fulminar

fre.gue.si.a [fregez'iə] *sf* clientèle. **atrair a freguesia** attirer la clientèle.

frei.o [fr'eju] *sm* frein. **bloquear o freio** bloquer les freins. **freio de mão** frein à main.

frei.ra [fr'ejrə] *sf* sœur, religieuse, nonne.

fre.né.ti.co [fren'ɛtiku] *adj* 1 frénétique. 2 *fig* vertigineux.

fren.te [fr'ẽti] *sf* 1 front, face. 2 devant.

fre.quên.cia [frek'wẽsjə] *sf* fréquence. **com frequência** fréquemment.

fre.quen.ta.dor [frekwẽtad'or] *sm+adj* habitué.

fre.quen.tar [frekwẽt'ar] *vt* fréquenter.

fre.quen.te [frek'wẽti] *adj* fréquent.

fres.co [fr'esku] *adj* frais. **tomar ar fresco** prendre l'air frais.

fres.cor [fresk'or] *sm* fraîcheur. **o frescor da noite** la fraîcheur de la nuit.

fres.ta [fr'ɛstə] *sf* fente, orifice, ouverture.

fre.tar [fret'ar] *vt* fréter, affreter.

fre.te [fr'ɛti] *sm* fret.

fri.ei.ra [fri'ejrə] *sf* gerçure, engelure.

fri.e.za [fri'ezə] *sf* 1 froideur. 2 impassibilité, indifférence, insensibilité.

fri.gi.dei.ra [friʒid'ejrə] *sf* poêle.

fri.gi.dez [friʒid'es] *sf* frigidité.

fri.go.rí.fi.co [frigor'ifiku] *adj+sm* frigorifique.

fri.o [fr'iu] *sm* froid. • *adj* 1 froid. 2 insensible. • *adv* frais. **a vingança é um prato que se come frio** la vengeance est un plat que se mange froid.

fri.ta.da [frit'adə] *sf* omelette. **uma fritada de camarão** une omelette aux crevettes. **uma fritada de legumes** une omelette aux légumes.

fri.tar [frit'ar] *vt* frire. **fritar batatas** faire frire des pommes de terre.

fri.to [fr'itu] *adj* pané, frit. **batatas fritas** des frites. **estar frito** *fig* être cuit. **peixe frito** poisson frit.

fri.tu.ra [frit'urə] *sf* friture.

frí.vo.lo [fr'ivolu] *adj* frivole, futile volage. *ela é muito frívola* / elle est frivole.

fron.do.so [frõd'ozu] *adj* feuillu, touffu. **uma árvore frondosa** un arbre touffu.

fro.nha [fr'oñə] *sf* taie d'oreiller.

fron.te [fr'õti] *sf* front. **as rugas da fronte** les rides du front.

fron.tei.ra [frõt'ejrə] *sf* 1 frontière. 2 limite.

fro.ta [fr'ɔtə] *sf* flotte, escadre.

frus.trar [frustr'ar] *vt* frustrer.

fru.ta [fr'utə] *sf* fruit. **fruta doce, saborosa, suculenta, amarga, ácida, perfumada** fruit doux, sucré, savoureux, succulent, aigre, acide, parfumé.

fru.tei.ra [frut'ejrə] *sf* 1 marchande de fruits. 2 corbeille à fruits.

fru.tei.ro [frut'ejru] *sm* marchand de fruits.

fru.tí.fe.ro [frut'iferu] *adj* 1 fruitier. 2 *fig* utile, profitable, avantageux.

fru.ti.fi.car [frutifik'ar] *vi* 1 fructifier. 2 *fig* fructifier, donner des résultats avantageux.

fu.ça [f'usə] *sf pop* museau, naseau.

fu.çar [fus'ar] *vt pop*, *fig* fouiller.

fu.ga [f'ugə] *sf* 1 fuite, fugue, escapade. 2 *Mús* fugue.

fu.gaz [fug'as] *adj* fugace.

fu.gir [fuʒ'ir] *vi* fuir, prendre la fuite. **fugir de alguém** fuir quelqu'un. **fugir de um perigo**, fuir un danger. **fugir diante do perigo** fuir devant un danger.

fu.gi.ti.vo [fuʒit'ivu] *sm+adj* fugitif.

fu.i.nha [fu'iñə] *sf* fouine.

fu.la.no [ful'ʌnu] *sm* un tel.

ful.gor [fuwg'or] *sm* splendeur, étincellement.

ful.gu.ran.te [fuwgur'ãti] *adj* fulgurant, resplendissant, étincelant.

ful.gu.rar [fuwgur'ar] *vi* étinceler.

fu.li.gem [ful'iʒẽj] *sf* suie. *Pl:* **fuligens**.

ful.mi.nar [fuwmin'ar] *vt* 1 foudroyer. 2 fulminer.

fu.ma.ça [fum'asə] *sf* fumée. **onde há fumaça há fogo** il n'y a pas de feu sans fumée.

fu.man.te [fum'ãti] *s* fumeur. **não fumante** non-fumeur.

fu.mar [fum'ar] *vt* fumer.

fu.mo [f'umu] *sm* tabac.

fun.cho [f'ũʃu] *sm Bot* fenouil.

fun.ci.o.nar [fũsjon'ar] *vi* fonctionner, marcher.

fun.ci.o.ná.rio [fũsjon'arju] *sm* fonctionnaire, employé.

fun.da.dor [fũdad'or] *sm+adj* fondateur.

fun.da.men.tar [fũdamẽt'ar] *vt* **1** fonder. *vpr* **2** se fonder, se baser.

fun.da.men.to [fũdam'ẽtu] *sm* **1** fondement. **2** *fig* base.

fun.dar [fũd'ar] *vt* **1** fonder, créer, instaurer, établir. **2** *fig* bâtir.

fun.di.ção [fũdis'ãw] *sf* fonte, fonderie. *Pl: fundições.*

fun.dir [fũd'ir] *vt+vpr* fondre.

fun.do [f'ũdu] *sm* **1** fond. **2 fundos** *pl Com, Econ* fonds. • *adj* profond. • *adv* profondément. **a fundo** à fond.

fú.ne.bre [f'unebri] *adj* funèbre.

fu.ne.ral [funer'aw] *sm* funérailles, obsèques. *Pl: funerais.*

fu.ne.rá.ria [funer'arjə] *sf* **1** funéraire. **2** pompes funèbres.

fu.ne.rá.rio [funer'arju] *adj* funéraire.

fun.gar [fũg'ar] *vt* renifler.

fun.gi.ci.da [fũʒis'idə] *adj* fongicide.

fun.go [f'ũgu] *sm Bot* fongus.

fu.nil [fun'iw] *sm* entonnoir. *Pl: funis.*

fu.ni.lei.ro [funil'ejru] *sm* ferblantier, fumiste.

fu.ra.cão [furak'ãw] *sm* ouragan, cyclone. *Pl: furacões.*

fu.ra.dei.ra [furad'ejrə] *sf* vrille, perceuse, foret.

fu.rar [fur'ar] *vt* percer, perforer, crever.

fur.gão [furg'ãw] *sm* fourgonnette. *Pl: furgões.*

fú.ria [f'urjə] *sf* furie, rage, colère.

fu.ri.o.so [furi'ozu] *adj* furieux. **acesso de loucura furiosa** accès de folie furieuse. **estar furioso com alguém** être furieux contre quelqu'un.

fu.ro [f'uru] *sm* trou, orifice.

fu.ror [fur'or] *sm* fureur.

fur.tar [furt'ar] *vt* voler.

fur.ti.vo [furt'ivu] *adj* furtif. **um olhar furtivo** un regard furtif.

fur.to [f'urtu] *sm* vol. **furto à mão armada** vol à main armée.

fu.rún.cu.lo [fur'ũkulu] *sm Med* furoncle.

fu.sí.vel [fuz'ivew] *sm* fusible. *Pl: fusíveis.*

fu.so [f'uzu] *sm* fuseau. **fuso horário** fuseau horaire.

fu.te.bol [futeb'ɔw] *sm* football.

fú.til [f'utiw] *adj* futile, superficiel. *Pl: fúteis.* **uma conversa fútil** une conversation futile.

fu.tu.ro [fut'uru] *sm* futur, avenir. **no futuro** dans l'avenir.

fu.zil [fuz'iw] *sm* fusil. *Pl: fuzis.*

fu.zi.lar [fuzil'ar] *vt* fusiller.

g

g [ʒ'e] *sm* la septième lettre de l'alphabet de la langue portugaise.

ga.bar [gab'ar] *vt+vpr* vanter.

ga.bi.ne.te [gabiˈneti] *sm* cabinet.

ga.do [g'adu] *sm* bétail.

ga.fa.nho.to [gafañ'otu] *sm Zool* sauterelle.

ga.fe [g'afi] *sf* 1 gaffe. 2 *coloq* bévue. **cometer uma gafe** faire une gaffe. *ele faz muitas gafes* / il est très maladroit.

ga.go [g'agu] *adj+sm* bègue.

ga.guei.ra [gag'ejrə] *sf* bégaiement.

ga.gue.jar [gageʒ'ar] *vi* 1 bégayer. 2 *coloq* bafouiller. *a emoção a fazia gaguejar* / l'émotion la faisait bafouiller.

gai.o [g'aju] *sm Zool* geai.

gai.o.la [gaj'ɔlə] *sf* 1 cage. 2 *gír* taule.

gai.ta [g'ajtə] *sf* 1 chalumeau. 2 pipeau. 3 *fam* pognon. **gaita de boca** harmonica. **gaita de foles** musette, cornemuse.

gai.vo.ta [gajv'ɔtə] *sf Zool* mouette.

ga.la [g'alə] *sf* gala. **noite de gala** soirée de gala. **roupa de gala** tenue de gala.

ga.lã [gal'ã] *sm* 1 jeune premier (acteur). 2 bel homme. 3 *fam* galant.

ga.lan.te [gal'ãti] *adj* gallant.

ga.lan.tei.o [galãt'eju] *sm* galanterie. **fazer galanteios** débiter des galanteries.

ga.lá.xia [gal'aksjə] *sf Astron* galaxie.

ga.le.ão [gale'ãw] *sm* galion. *Pl*: galeões.

ga.lês [gal'es] *adj+sm* gallois.

ga.le.ra [gal'ɛrə] *sf* 1 galère. 2 *gír* gangue, supporter.

ga.le.ri.a [galer'iə] *sf* 1 galerie. *as galerias do Palais-Royal* / les galeries du Palais-Royal. 2 *Teat* galerie, balcon, poulailler, paradis.

gal.gar [gawg'ar] *vt* monter, grimper.

ga.lho [gaʎ'u] *sm Bot* branche, rameau. **sacudir os galhos de uma árvore** secouer les branches d'un arbre.

ga.li.cis.mo [galis'izmu] *sm* gallicisme.

ga.li.nha [gal'iñə] *sf* 1 poule. 2 *vulg* putain, garce.

ga.li.nhei.ro [galiñ'ejru] *sm* poulailler, basse-cour.

ga.lo [g'alu] *sm* coq.

ga.lo.cha [gal'ɔʃə] *sf* 1 galoche. 2 caoutchouc.

ga.lo.par [galop'ar] *vi* galoper. **inflação galopante** inflation galopante.

ga.lo.pe [gal'ɔpi] *sm* 1 galop. 2 danse d'un mouvement très vif.

gal.pão [galp'ãw] *sm* hangar. *Pl*: galpões.

ga.ma [g'ʌmə] *sf* gamme, série.

ga.ma.te.ra.pi.a [gʌmaterap'iə] *sf* gammathérapie.

ga.mar [gam´ar] *vi+vt gír* tomber amoureux.

gam.bá [gãb´a] *sm Zool* putois. **bêbado como um gambá** ivre mort, poivrot, soûlard.

ga.me.la [gam´ɛlə] *sf* gamelle.

ga.me.ta [gam´etə] *sm Biol* gamète.

ga.nân.cia [gan´ãsjə] *sf* cupidité, ambition. **ganância nos negócios** cupidité dans les affaires.

gan.cho [g´ãʃu] *sm* crochet.

gan.dai.a [gãd´ajə] *sf gír* divertissement, amusement, bringue. **cair na gandaia** s'amuser, faire la java.

gân.glio [g´ãglju] *sm Anat* ganglion. **os gânglios linfáticos** les ganglions lymphatiques.

gan.gor.ra [gãg´oɦə] *sf* balançoire.

gan.gre.nar [gãgren´ar] *vi Med* gangrener.

gan.gue [g´ãgi] *sf* gang, bande. **líder da gangue** chef de gang.

ga.nha-pão [gʌɲap´ãw] *sm* gagne-pain. *Pl:* ganha-pães.

ga.nhar [gaɲ´ar] *vt* **1** gagner. **2** remporter quelque chose que l'on désire. **ganhar a partida** gagner la partie. **ganhar a vida** gagner sa vie. **ganhar dinheiro** gagner de l'argent.

ga.nho [g´ʌɲu] *sm* gain, revenu.

ga.ni.do [gan´idu] *sm* glapissement.

ga.nir [gan´ir] *vi* couiner, geindre, glapir.

gan.so [g´ãsu] *sm Zool* oie. **ganso novo** oison. **ganso selvagem** oie sauvage, bernache.

ga.ra.gem [gar´aʒẽj] *sf* garage. *Pl:* garagens. **colocar o carro na garagem** rentrer la voiture au garage.

ga.ra.nhão [garaɲ´ãw] *sm* étalon. *Pl:* garanhões.

ga.ran.ti.a [garãt´iə] *sf* garantie. *meu colar ainda está na garantia* / mon collier est encore sous (la) garantie. **contrato de garantia** contrat de garantie.

ga.ran.tir [garãt´ir] *vt* **1** garantir. **2** assurer.

ga.ra.pa [gar´apə] *sf* jus de canne à sucre.

gar.ça [g´arsə] *sf Zool* héron.

gar.çom [gars´õw] *sm* garçon, serveur.

gar.ço.ne.te [garson´ɛti] *sf* serveuse.

gar.dê.nia [gard´enjə] *sf Bot* gardénia.

gar.fo [g´arfu] *sm* fourchette.

gar.ga.lha.da [gargaʎ´adə] *sf* éclat de rire.

gar.ga.lhar [gargaʎ´ar] *vi* rire aux éclats, rire à gorge déployée.

gar.ga.lo [garg´alu] *sm* goulot. **beber no gargalo** boire au goulot.

gar.gan.ta [garg´ãtə] *sf* **1** *Anat* gorge, gosier. **2** *Geogr* gorge. **cortar a garganta de alguém** couper la gorge à quelqu'un. **estar com a faca na garganta** avoir le couteau dans la gorge.

gar.ga.re.jo [gargar´eʒu] *sm* gargarisme.

ga.ri [gar´i] *s* balayeur.

ga.rim.pei.ro [garĩp´ejru] *sm* chercheur d'or.

ga.ro.to [gar´otu] *sm* garçon, garçonnet.

gar.ra [g´aɦə] *sf* **1** griffe. **2** *fig* oppression, tyrannie.

gar.ra.fa [gaɦ´afə] *sf* bouteille. **abrir uma garrafa** déboucher une bouteille. **garrafa térmica** thermos.

gar.ra.fão [gaɦaf´ãw] *sm* bombonne, dame-jeanne. *Pl:* garrafões.

gar.ro.te.ar [gaɦote´ar] *vt* garrotter.

ga.ru.pa [gar´upə] *sf* croupe (de cheval, de moto). **ir na garupa** monter en croupe.

gás [g´as] *sm* **1** *Quím* gaz. **2** *gases pl Med* flatulence. **câmara de gás** chambre à gaz. **gás carbônico** gaz carbonique. **gás lacrimogêneo** gaz lacrimogène. **máscara de gás** masque à gaz.

ga.so.du.to [gazod´utu] *sm* gazoduc.
ga.so.li.na [gazol´inə] *sf* essence, gasoil, gazole.
ga.sô.me.tro [gaz´ometru] *sm* gazomètre.
ga.so.so [gaz´ozu] *adj* gaseux. **água gasosa** eau gazeuse.
gas.tar [gast´ar] *vt* dépenser, gaspiller. *ele gasta todo o seu salário* / il gaspille tout son argent. **gastar tempo** gaspiller son temps.
gas.to [g´astu] *sm* 1 dépense. 2 **gastos** *pl* dépenses, frais. • *adj* 1 dépensé. 2 usé. 3 fatigué.
gás.tri.co [g´astriku] *adj* gastrique. **problemas gástricos** embarras gastrique. **suco gástrico** suc gastrique.
gas.tro.en.te.ri.te [gastroëter´iti] *sf Med* gastrentérite. *Var:* **gastrenterite**.
gas.tro.en.te.ro.lo.gis.ta [gastroëtero loʒ´istə] *s* gastroentérologue. *Var:* **gastroenterologista**.
gas.tro.no.mi.a [gastronom´iə] *sf* gastronomie.
gas.tro.nô.mi.co [gastron´omiku] *adj* gastronomique. **restaurante gastronômico** restaurant gastronomique.
gas.trô.no.mo [gastr´onomu] *sm* gastronome, gourmet.
ga.ta [g´atə] *sf Zool* chatte. **o gato, a gata e os gatinhos** le chat, la chatte et les chattons.
ga.ti.lho [gat´iλu] *sm* détente, gachette.
ga.to [g´atu] *sm* 1 Zool chat. 2 *fig bras* jeune homme très beau, minet. **de noite todos os gatos são pardos** la nuit tous les chats sont gris. **gato escaldado** chat échaudé. **gato montês** chat sauvage. **vender (comprar) gato por lebre** vendre (acheter) chat en poche.
ga.tu.no [gat´unu] *sm* voleur.
gau.lês [gawl´es] *adj+sm* gaulois.
ga.ve.ta [gav´etə] *sf* tiroir.
ga.vi.ão [gav´iãw] *sm Zool* oiseau rapace, épervier. *Pl:* **gaviões**.

ga.vi.nha [gav´iñə] *sf Bot* vrille.
ga.ze [g´azi] *sf Med* gaze. **uma compressa de gaze** une compresse de gaze.
ga.ze.la [gaz´ɛlə] *sf Zool* gazelle. **olhos de gazela** des yeux de gazelle.
ge.a.da [ʒe´adə] *sf* gelée, gel.
gêi.ser [ʒ´ejzer] *sm* geyser. *Pl:* **gêiseres**.
ge.la.dei.ra [ʒelad´ejrə] *sf* 1 glacière, frigidaire. 2 *fam* frigo.
ge.la.do [ʒel´adu] *adj* 1 glacé, gelé, congelé. *estou com os pés gelados* / j'ai les pieds gelés. 2 *fig* gelé, insensible. **mãos geladas** mains gelées.
ge.lar [ʒel´ar] *vt+vi* 1 geler. 2 *fig* perdre l'entrain, l'enthousiasme.
ge.la.ti.na [ʒelat´inə] *sf* gélatine. **folha de gelatina** feuille de gélatine
ge.la.ti.no.so [ʒelatin´ozu] *adj* gélatineux. **molho gelatinoso** sauce gélatineuse.
ge.lei.a [ʒel´ɛjə] *sf* confiture. **geleia de morango, de laranja, de frutas vermelhas** confiture de fraise, d'orange, de fruits rouges. **passar geleia no pão** mettre, étaler de la confiture sur le pain.
ge.lei.ra [ʒel´ejrə] *sf* glacière.
gé.li.do [ʒ´ɛlidu] *adj* 1 gelé, glacé. 2 *fig* insensible.
ge.lo [ʒ´elu] *sm* glaçon, glacier. *você quer gelo?* / vous voulez un glaçon, des glaçons? **balde de gelo** seau à glace. **colocar um cubo de gelo no uísque** mettre un cube de glace dans le whisky. **conservar no gelo** conserver dans la glace. **mar de gelo** mer de glace. **quebrar o gelo** rompre la glace.
ge.ma [ʒ´emə] *sf Min* 1 gemme, pierre précieuse. 2 *Bot* gemme, bourgeon. **gema do ovo** jaune d'œuf.
gê.meo [ʒ´emju] *sm+adj* jumeau. **a irmã gêmea dela** c'est sa sœur jumelle. **é o irmão gêmeo dele** c'est

son frère jumeau. **eles são gêmeos** ils sont jumeaux.

ge.mer [ʒem'er] *vi* gémir.

ge.mi.do [ʒem'idu] *sm* gémissement.

gen.ci.a.na [ʒẽsjʌnə] *sf Bot* gentiane.

ge.ne [ʒ'eni] *sm* gène.

ge.ne.bra [ʒen'ɛbrə] *sf* genièvre.

ge.ne.ral [ʒener'aw] *sm Mil* général. *Pl: generais*.

ge.né.ri.co [ʒen'ɛriku] *adj* générique.

gê.ne.ro [ʒ'eneru] *sm* genre. **gênero humano** genre humain. **gêneros alimentícios** vivres, victuailles. **no seu gênero** en son genre.

ge.ne.ro.so [ʒener'ozu] *adj* généreux.

ge.nes [ʒ'enis] *sm pl Biol* gènes.

gê.ne.se [ʒ'enezi] *sf* genèse.

ge.né.ti.ca [ʒen'ɛtikə] *sf Biol* génétique.

ge.ne.ti.cis.ta [ʒenetis'istə] *s* généticien.

ge.né.ti.co [ʒen'ɛtiku] *adj Biol* génétique. **código genético** code génétique.

gen.gi.bre [ʒẽʒ'ibri] *sm Bot* gingembre.

gen.gi.va [ʒẽʒ'ivə] *sf Anat* gencive.

ge.ni.a.li.da.de [ʒenjalid'adi] *sf* génialité.

gê.nio [ʒ'enju] *sm* génie.

ge.ni.o.so [ʒeni'ozu] *adj* opiniâtre.

ge.ni.tal [ʒenit'aw] *adj Anat* génital. *Pl: genitais*.

ge.ni.tor [ʒenit'or] *sm* géniteur.

ge.no.cí.dio [ʒenos'idju] *sm* génocide.

gen.ro [ʒ'ẽru] *sm* beau-fils.

gen.te [ʒ'ẽti] *sf* gens, personnes. **cheio de gente** plein de monde, plein de gens. **gente honrada** gens d'honneur, honnêtes gens. **um monte de gente** un tas de gens.

gen.til [ʒẽt'iw] *adj* gentil, aimable, obligé. *Pl: gentis*.

gen.ti.le.za [ʒẽtil'ezə] *sf* gentillesse, amabilité, complaisance, obligeance. *agradeço a gentileza que teve comigo* / je vous remercie toutes les gentillesses que vous avez eues pour moi.

ge.nu.fle.xão [ʒenufleks'ãw] *sf* génuflexion. *Pl: genuflexões*.

ge.nu.í.no [ʒenu'inu] *adj* vrai.

ge.o.fí.si.ca [ʒeof'izikə] *sf* géophysique.

ge.o.gra.fi.a [ʒeograf'iə] *sf* géographie.

ge.ó.gra.fo [ʒe'ɔgrafu] *sm* géographe.

ge.o.lo.gi.a [ʒeoloʒ'iə] *sf* géologie.

ge.o.ló.gi.co [ʒeol'ɔʒiku] *adj* géologique.

ge.ó.lo.go [ʒe'ɔlogu] *sm* géologue.

ge.ô.me.tra [ʒe'ometrə] *s* géomètre.

ge.o.me.tri.a [ʒeometr'iə] *sf* géométrie.

ge.o.mé.tri.co [ʒeom'ɛtriku] *adj* géométrique.

ge.o.po.lí.ti.ca [ʒeopol'itikə] *sf* géopolitique.

ge.ra.ção [ʒeras'ãw] *sf* génération. *Pl: gerações*.

ge.ra.dor [ʒerad'or] *adj+sm* générateur.

ge.ral [ʒer'aw] *adj* général. *Pl: gerais*.

ge.râ.nio [ʒer'ʌnju] *sm Bot* géranium.

ge.ren.ci.ar [ʒerẽsi'ar] *vt* gérer, administrer.

ge.ren.te [ʒer'ẽti] *adj+s* gérant, qui gère, qui administre.

ge.ri.a.tra [ʒeri'atrə] *s* gérontologiste, gérontologue.

ge.ri.a.tri.a [ʒeriatr'iə] *sf* gériatrie, gérontologie.

ge.rir [ʒer'ir] *vt* gérer, administrer. *situação difícil de gerir* situation difficile à gérer.

ger.mâ.ni.co [ʒerm'ʌniku] *adj+sm* germanique.

ger.me [ʒ'ɛrmi] *sm* germe, bactérie.

ger.mi.ci.da [ʒermis'idə] *adj+sm* germicide.

ger.mi.nar [ʒermin´ar] *vi Bot* germer. *a ideia germinou nos espíritos* / l'idée a germé dans les esprits.

ge.ron.tó.lo.go [ʒerõt´ɔlogu] *sm* gérontologiste, gérontologue.

ge.rún.dio [ʒer´ũdju] *sm Gram* gérondif.

ges.so [ʒ´esu] *sm* plâtre.

ges.ta.ção [ʒestas´ãw] *sf* gestation.

ges.tan.te [ʒest´ãti] *adj+sf* femme enceinte, grosse. **legislação a favor das gestantes** législation en faveur des femmes enceintes.

ges.tão [ʒest´ãw] *sf* gestion. *Pl: gestões.*

ges.ti.cu.la.ção [ʒestikulas´ãw] *sf* gesticulation. *Pl: gesticulações.*

ges.ti.cu.lar [ʒestikul´ar] *vi* gesticuler.

ges.to [ʒ´estu] *sm* geste. **expressar-se por meio de gestos** s'exprimer par des gestes. **fazer um belo gesto** faire un beau geste. **fazer um gesto com a mão** faire un geste de la main.

ges.tu.al [ʒestu´aw] *adj* gestuel, gestualité. *Pl: gestuais.*

gi.gan.te [ʒig´ãti] *adj+sm* géant.

gi.le.te [ʒil´eti] *sf* lâme du rasoir.

gim [ʒ´ĩ] *sm* gin, genièvre.

gi.ná.sio [ʒin´azju] *sm* gymnase. **ginásio esportivo** gymnase.

gi.nas.ta [ʒin´asta] *s* gymnaste.

gi.nás.ti.ca [ʒin´astika] *sf* gymnastique.

gin.ca.na [ʒĩk´ʌnə] *sf* gymkhana.

gi.ne.co.lo.gi.a [ʒinekoloʒ´iə] *sf Med* gynécologie.

gi.ne.co.lo.gis.ta [ʒinekoloʒ´istə] *s Med* gynécologue. *consultar um ginecologista* / consulter un gynécologue.

gi.ra.fa [ʒir´afə] *sf Zool* giraffe. *a girafa se alimenta de folhas de acácia* / la girafe se nourrit de feuilles d'acacia.

gi.rar [ʒir´ar] *vt* tourner.

gi.ras.sol [ʒiras´ɔw] *sm Bot* hélianthe, tournesol, topinambour.

gí.ria [ʒ´irjə] *sf* argot.

gi.ri.no [ʒir´inu] *sm Zool* gyrin.

gi.ro [ʒ´iru] *sm* tour.

giz [ʒ´is] *sm* craie.

gla.ci.al [glasi´aw] *adj* **1** glacial, hostil. **2** glaciaire. **3** *fig* glaçant. *Pl: glaciais.* **ar glacial** air glacial.

gla.dí.o.lo [glad´iolu] *sm Bot* glaïeul.

glan.de [gl´ãdi] *sf Anat* gland.

glân.du.la [gl´ãdulə] *sf Anat* glande. **glândulas salivares, sudoríparas, linfáticas** glandes salivaires, sudoripares, lymphatiques.

glan.du.lar [glãdul´ar] *adj* glandulaire.

glau.co [gl´awku] *adj* glauque, verdâtre.

glau.co.ma [glawk´omə] *sm Med* glaucome.

gli.ce.mi.a [glisem´iə] *sf Med* glycémie. **aumento, diminuição da glicemia** élévation, baisse de la glycémie. **fazer uma dosagem da glicemia em jejum** faire un dosage de la glycémie à jeûn.

gli.ce.ri.na [gliser´inə] *sf Quím* glycerine.

gli.cí.nia [glis´injə] *sf Bot* glycine.

gli.co.se [glik´ɔzi] *sf Quím, Biol* glucose.

glo.bal [glob´aw] *adj* global. *Pl: globais.* **visão global da situação** vision globale de la situation.

glo.ba.li.za.ção [globalizas´ãw] *sf* mondialisation. *Pl: globalizações.*

glo.ba.li.zar [globaliz´ar] *vt* globaliser, mondialiser. **globalizar as reivindicações** globaliser les revendications.

glo.bo [gl´obu] *sm* globe. **o globo terrestre** le globe terrestre.

glo.bu.lar [globul´ar] *adj* globulaire.

gló.bu.lo [gl´ɔbulu] *sm Anat* globule. **glóbulo branco** globule blanc. **glóbulo vermelho** globule rouge.

gló.ria [gl´ɔrjə] *sf* gloire, célébrité.

glo.ri.fi.car [glorifik´ar] *vt* **1** glorifier, exalter, bénir, honorer. *vpr* **2** se glorifier.

glo.ri.o.so [glori´ozu] *adj* **1** glorieux. **2** illustre.

glos.sá.rio [glos´arju] *sm* glossaire. **glossário de genética** glossaire de génétique.

glu.cí.dio [glus´idiw] *sm Quím* glucide.

glu.co.se [gluk´ɔzi] *sm Quím, Biol* glucose. **glucose do sangue** glucose du sang.

glu.ta.ma.to [glutam´atu] *sm Quím* glutamate.

glu.tão [glut´ãw] *sm+adj* glouton, gourmand. *Pl:* **glutões**.

glú.ten [gl´utẽj] *sm* gluten. *Pl:* **glutens**.

gno.mo [gn´omu] *sm* gnome.

go.e.la [go´ɛlɐ] *sf pop* **1** gosier, gorge. **2** gueule. **na goela do lobo** dans la gueule du loup.

goi.a.ba [goj´abɐ] *sf* goyave.

goi.a.ba.da [gojab´adɐ] *sf* pâte de goyave.

go.la [g´ɔlɐ] *sf* col, collet.

go.le [g´ɔli] *sm* coup. **tomar un gole** boire un coup. **vamos beber um gole de vinho?** / on boit un coup de vin? allons boire un coup de vin?

go.lei.ro [gol´ejru] *sm Esp* gardien de but.

go.le.ta [gol´etɐ] *sf Náut* goélette.

gol.fe [g´owfi] *sm Esp* golf.

gol.fi.nho [gowf´iñu] *sm Zool* dauphin.

gol.fo [g´owfu] *sm Geogr* golfe, baie. **o golfo do México** / le golfe du Mexique.

gol.pe [g´owpi] *sm* coup. **errar o golpe** manquer son coup. **golpe de Estado** coup d'État. **golpe de mestre** coup de maître. **golpe de vento** coup de vent.

gol.pe.ar [gowpe´ar] *vt* **1** percuter. **2** rosser.

go.ma [g´omɐ] *sf* gomme. **goma de mascar** chewing gum. **goma para roupas** amidon.

go.mo [g´omu] *sm Bot* **1** bourgeon. **2** œil. **3** quartier (d'orange).

go.na.da [gon´adɐ] *sf Anat* gonade. **gônada masculina** gonade masculine, testicule.

gôn.do.la [g´õdolɐ] *sf* gondole.

gon.go [g´õgu] *sm* gong.

go.no.co.co [gonok´ɔku] *sm Biol* gonocoque.

gor.do [g´ordu] *sm+adj* gros.

gor.du.cho [gord´uʃu] *sm+adj* gras, grassouillet.

gor.du.ra [gord´urɐ] *sf* graisse.

gor.du.ro.so [gordur´ozu] *adj* gras.

go.ri.la [gor´ilɐ] *sm Zool* gorille.

gor.je.ar [gorʒe´ar] *vi* gazouiller.

gor.jei.o [gorʒ´eju] *sm* gazouillement.

gor.je.ta [gorʒ´etɐ] *sf* pourboire. **a gorjeta está incluída** le pourboire est compris. **dar uma gorgeja** donner un pourboire.

gor.ro [g´oʀu] *sm* bonnet, toque.

gos.ma [g´ɔzmɐ] *sf* gourme (des chevaux), glaire, bave.

gos.tar [gost´ar] *vt* **1** goûter. **2** aimer.

gos.to [g´ostu] *sm* goût. **bom gosto** bon goût. **dá gosto vê-lo** il fait beau le voir. **de bom gosto** de bon goût. **de mau gosto** de mauvais goût.

gos.to.so [gost´ozu] *adj* **1** bon, savoureux. **2** *colog* sexy, bien roulée.

go.ta [g´ɔtɐ] *sf* **1** goutte. **2** *Med* goutte.

go.tei.ra [got´ejrɐ] *sf* gouttière.

gó.ti.co [g´ɔtiku] *sm+adj* gothique. **arquitetura gótica** architecture gothique. **catedral gótica** cathédrale gothique. **o gótico, o estilo gótico** le gothique, le style gothique.

go.ver.na.dor [governad´or] *sm* gouverneur, préfet.

go.ver.nan.ta [govern´ãtɐ] *sf* gouvernante.

go.ver.nan.te [govern´ãti] *s+adj* gouvernant.

go.ver.nar [govern'ar] *vt* gouverner. **governar um país** gouverner un pays.

go.ver.no [gov'ernu] *sm* gouvernement. **governo local** gouvernement local. **método de governo** méthode de gouvernement. **tomar em mãos o governo de um país** prendre en mains le gouvernement d'un pays.

go.za.ção [gozas'ãw] *sf* plaisanterie. *Pl: gozações*. **levar muito longe a gozação** pousser trop loin la plaisanterie. **ser objeto de gozação** être l'objet des plaisanteries. **ser vítima de gozação** être victime d'une plaisanterie.

go.za.do [goz'adu] *adj* drôle, amusant, bizarre.

go.zar [goz'ar] *vt* 1 jouir. 2 *fam* se moquer, se ficher. **gozar a vida** jouir de la vie. **gozar de** jouir de. **gozar de todas as suas faculdades** jouir de toutes ses facultés. **gozar de uma boa saúde** jouir d'une bonne santé. **gozar o instante** jouir de l'instant.

go.zo [g'ozu] *sm* jouissance.

gra.ça [gr'asə] *sf* grâce. **cair nas boas graças do público** être en grâce auprès du public. **com a graça de Deus** par la grâce de Dieu. **de graça** pour rien. **graças a Deus** Dieu merci. **sem graça** banal.

gra.ce.jar [grase3'ar] *vi* plaisanter.

gra.ce.jo [gras'e3u] *sm* plaisanterie.

gra.ci.o.so [grasi'ozu] *adj* gracieux.

gra.da.ção [gradas'ãw] *sf* gradation. *Pl: gradações*.

gra.da.ti.vo [gradat'ivu] *adj* graduel.

gra.de [gr'adi] *sf* grille.

gra.du.al [gradu'aw] *adj* graduel. *Pl: graduais*.

gra.du.ar [gradu'ar] *vt* 1 graduer. *vpr* 2 prendre le grade de.

grá.fi.ca [gr'afikə] *sf* imprimerie.

gra.fis.mo [graf'izmu] *sm* graphisme.

gra.fi.te [graf'iti] *sm* 1 grafitti. *sf* 2 mine (grafite pour lapiseira).

gra.fo.lo.gi.a [grafolo3i'ə] *sf* 1 graphologie. 2 graphisme.

gra.fó.lo.go [graf'ɔlogu] *sm* graphologue.

gra.lha [gr'aʎə] *sf Zool* corneille.

gra.ma [gr'∧mə] *sf* 1 gazon, herbe, pelouse. *sm* 2 gramme. **sentar-se na grama** s'asseoir sur le gazon.

gra.ma.do [gram'adu] *sm* gazon, pelouse.

gra.má.ti.ca [gram'atikə] *sf* grammaire.

gra.ma.ti.cal [gramatik'aw] *adj* grammatical. *Pl: gramaticais*. **análise gramatical** analyse grammaticale.

gram.pe.a.dor [grãpead'or] *sm* agrafeuse.

gram.pe.ar [grãpe'ar] *vt* 1 agrafer. 2 *fig bras* intercepter des liaisons téléphoniques.

gram.po [gr'ãpu] *sm* agrafe. **grampo para o cabelo** épingle à cheveux. **grampo para papéis** agrafe.

gra.na.da [gran'adə] *sf Mil* granade.

gran.de [gr'ãdi] *adj* grand.

gran.de.za [grãd'ezə] *sf* grandeur, hauteur, générosité, héroïsme.

gran.di.o.so [grãdi'ozu] *adj* grandiose.

gra.nel [gran'ew] *sm* à foison, en vrac. *Pl: granéis*.

gra.ni.to [gran'itu] *sm Min* granit.

gra.ni.zo [gran'izu] *sm* grêle. **chuva de granizo** averse de grêle. **colheita estragada pelo granizo** récolte abîmée par la grêle.

grâ.nu.lo [gr'∧nulu] *sm* granule.

gra.nu.lo.so [granul'ozu] *adj* granulaire.

grão [gr'ãw] *sm* graine. *Pl: grãos*. **semear os grãos** semer des graines.

grão-de-bi.co [gr'ãwdib'iku] *sm* pois chiche. *Pl: grãos-de-bico*.

gras.nar [grazn′ar] *vi* croasser.

gras.ni.do [grazn′idu] *sm* croassement.

gra.ti.dão [gratid′ãw] *sf* gratitude. *Pl: gratidões*.

gra.ti.fi.can.te [gratifik′ãti] *adj* gratifiant.

gra.ti.fi.car [gratifik′ar] *vt* gratifier.

gra.ti.nar [gratin′ar] *vt* gratiner.

gra.to [gr′atu] *adj* reconnaissant, obligé. *estou muito grato* / je suis votre obligé.

grá.tis [gr′atis] *adv* gratis.

gra.tu.i.da.de [gratujd′adi] *sf* gratuité.

grau [gr′aw] *sm* 1 degré. 2 *Math* grade. 3 *Mil* grade, poste.

gra.ú.do [gra′udu] *adj* 1 grand, gros. 2 influent, important.

gra.va.ção [gravas′ãw] *sf* enregistrement. *Pl: gravações*.

gra.va.dor [gravad′or] *sm* magnétophone.

gra.var [grav′ar] *vt* 1 enregistrer. 2 graver.

gra.va.ta [grav′atə] *sf* cravatte.

gra.ve [gr′avi] *sm Mús* grave. • *adj* grave. **acento grave** accent grave. **doença grave** maladie grave.

grá.vi.da [gr′avidə] *adj* enceinte, grosse. **ficar grávida** tomber enceinte.

gra.vi.da.de [gravid′adi] *sf* gravité.

gra.vi.dez [gravid′es] *sf* grossesse.

gra.vu.ra [grav′urə] *sf* gravure, image.

gra.xa [gr′aʃə] *sf* cirage.

gre.go [gr′egu] *adj+sm* grecque, hellénique.

gre.go.ri.a.no [gregori′∧nu] *adj* grégorien.

gre.lha [gr′eʎə] *sf* gril.

gre.lhar [greʎ′ar] *vt* griller.

gre.ná [gren′a] *adj+sm* grenat.

gre.ve [gr′evi] *sf* grève. **fazer greve** faire grève. **greve de fome** grève de la faim.

gri.far [grif′ar] *vt* souligner.

gri.fe [gr′ifi] *sf* griffe.

gri.lhão [griʎ′ãw] *sm* 1 chaîne. 2 **grilhões** *pl* fers, anneaux de fer.

gri.lo [gr′ilu] *sm Zool* grillon.

gri.nal.da [grin′awdə] *sf* guirlande.

grin.go [grĩn′gu] *sm+adj pej* métèque.

gri.pe [gr′ipi] *sf Med* grippe, rhume. **pegar uma gripe** attraper une grippe, attraper la crève.

gri.sa.lho [griz′aʎu] *adj* grisonnant. **barba grisalha** barbe poivre et sel.

gri.tar [grit′ar] *vi* crier.

gri.ta.ri.a [gritar′iə] *sf* criaillerie, tapage, vacarme.

gri.to [gr′itu] *sm* cri. **dar um grito** pousser, jeter un cri.

gro.se.lha [groz′eʎə] *sf Bot* groseille.

gros.sei.ro [gros′ejru] *adj+sm* 1 grossier, rude. 2 inculte. **ser grosseiro com alguém** être grossier avec quelqu'un.

gros.se.ri.a [groser′iə] *sf* grossièreté, incivilité, impolitesse.

gro.tes.co [grot′esku] *adj* grotesque.

gru.a [gr′uə] *sf* grue.

gru.dar [grud′ar] *vt* coller.

gru.de [gr′udi] *sm* colle.

gru.den.to [grud′ẽtu] *adj fig* collant, crampon.

gru.me.te [grum′eti] *sm* mousse, jeune marin.

gru.nhi.do [gruɲ′idu] *sm* grognement.

gru.nhir [gruɲ′ir] *vi* grogner. **cachorro que grunhe** chien qui grogne.

gru.po [gr′upu] *sm* groupe.

gru.ta [gr′utə] *sf* grotte.

gua.che [g′waʃi] *sm* gouache.

gua.ra.ná [gwaran′a] *sm Bot* boisson rafraîchissante typique du Brésil.

guar.da [g′wardə] *sf* 1 garde. *s* 2 gardien. **anjo da guarda** ange gardien. **em guarda!** en garde! **guarda fiscal, aduaneiro** douanier. **pôr-se em guarda** se mettre en garde.

guar.da.chu.va [gwardəʃ'uvə] *sm* parapluie. *Pl:* guarda-chuvas.
guar.da.cos.tas [gwardək'ɔstas] *sm sing+pl* garde du corps.
guar.da.na.po [gwardan'apu] *sm* serviette de table.
guar.dar [gward'ar] *vt+vpr* ranger.
guar.da.rou.pa [gwardař'owpə] *sm* garde-robe. *Pl: guarda-roupas.*
guar.di.ão [gwardi'ãw] *sm* gardien. *Pl: guardiões, guardiãas.*
gua.ri.da [gwar'idə] *sf* **1** tanière, repaire, gîte. **2** *fig* refuge.
gua.ri.ta [gwar'itə] *sf* guérite, abri d'une sentinelle.
guar.ne.cer [gwarnes'er] *vt* garnir, orner, embellir.
guar.ni.ção [gwarnis'ãw] *sf* **1** garniture. **2** *Mil* garnison. *Pl: guarnições.*
guel.ra [g'ewřə] *sf Zool* ouïes, branchies.
guer.ra [g'ɛřə] *sf* guerre.
guer.re.ar [geře'ar] *vt+vi* guerroyer.
guer.rei.ro [geř'ejru] *sm* guerrier.
guer.ri.lha [geř'iλə] *sf Mil* guérrila.
gui.a [g'iə] *s* guide. **guia da montanha** guide de montagne. **guia de museu** guide de musée. **guia de viagem** guide de voyage.
gui.ar [gi'ar] *vt+vi* conduire. **aprender a guiar** apprendre à conduire. **carro fácil de guiar** voiture agréable, facile à conduire. **guiar um carro, um ônibus, um trator** conduire une voiture, un autobus, un tracteur. **saber guiar** savoir conduire.
gui.chê [giʃ'e] *sm* guichet.
gui.lho.ti.na [giλot'inə] *sf* guillotine.
gui.lho.ti.nar [giλotin'ar] *vt* guillotiner.
gui.na.da [gin'adə] *sf* embardée. *o carro deu uma guinada* / la voiture a fait une embardée. **dar uma guinada** faire une embardée.
guin.cho [g'iʃu] *sm* dépanneuse.
guin.das.te [gĩd'asti] *sm* grue.
guir.lan.da [girl'ãdə] *sf* guirlande.
gui.sa.do [giz'adu] *sm* ragoût.
gui.tar.ra [git'ařə] *sf* guitare.
gui.tar.ris.ta [gitař'istə] *s* guitariste.
gu.la [g'ulə] *sf* gloutonnerie.
gu.lo.di.ce [gulod'isi] *sf* gourmandise.
gu.lo.sei.ma [guloz'ejmə] *sf* gourmandise, friandise, sucrerie.
gu.lo.so [gul'ozu] *sm+adj* friand, gourmand. **um olhar guloso** un regard gourmand, avide.
gu.me [g'umi] *sm* fil tranchant. **de dois gumes** à double tranchant.
gu.ri [gur'i] *sm* enfant, gamin, gosse.
gu.tu.ral [gutur'aw] *adj* guttural. *Pl: guturais.* **voz gutural** voix de gorge.

h

h [ag′a] *sm* la huitième lettre de l'alphabet de la langue portugaise.
há.bil [′abiw] *adj* habile, capable. *Pl: hábeis.* **ser hábil nas relações sociais** être habile dans les relations sociales.
ha.bi.li.da.de [abilid′adi] *sf* habilité, dextérité, ingéniosité, adresse.
ha.bi.li.do.so [abilid′ozu] *adj* habile.
ha.bi.li.ta.ção [abilitas′ãw] *sf* habilitation. *Pl: habilitações.* **carteira de habilitação** permis de conduire.
ha.bi.ta.ção [abitas′ãw] *sf* habitation, résidence, demeure. **melhorar as condições de habitação** améliorer les conditions d'habitation. *Pl: habitações.*
ha.bi.tan.te [abit′ãti] *s+adj* habitant.
ha.bi.tar [abit′ar] *vt* habiter, démeurer, loger, résider, vivre. **habitar perto de** habiter près de.
há.bi.to [′abitu] *sm* habitude.
ha.bi.tu.al [abitu′aw] *adj* habituel, commun. *Pl: habituais.* **freguês habitual** un habitué.
ha.bi.tu.ar [abitu′ar] *vt* **1** habituer, familiariser. *vpr* **2** s'habituer.
há.li.to [′alitu] *sm* haleine. **mau hálito** mauvaise haleine.
ha.lo.gê.nio [aloʒe′nju] *sm Quím* halogène.
ha.ma.mé.lis [amam′ɛlis] *sf Bot* hamamélis.
han.gar [ãg′ar] *sm Aer* hangar.
ha.ras [′aras] *sm* haras.
ha.rém [ar′ẽj] *sm* harém, sérail.
har.mo.ni.a [armon′iɐ] *sf* **1** harmonie. **2** *Mús* harmonie. **3** *fig* concorde.
har.mô.ni.co [arm′oniku] *adj* harmonieux.
har.mo.ni.o.so [armoni′ozu] *adj* harmonieux, simétrique.
har.mo.ni.zar [armoniz′ar] *vt* **1** *Mús* harmoniser. **2** homogéneiser. **3** accorder. **4** assortir. **harmonizar-se com a paisagem** s'harmoniser avec le paysage.
har.pa [′arpɐ] *sf Mús* harpe.
har.pis.ta [arp′istɐ] *s* harpiste.
has.te [′asti] *sf* **1** haste. **2** *Bot* tige.
has.te.ar [aste′ar] *vt* arborer, hisser. **hastear a bandeira** hisser le drapeau.
ha.ver [av′er] *vaux* **1** avoir. *vimp* **2** y avoir, exister. **há** il y a. **há muito o que fazer** il y a beaucoup à faire. **não há de quê** il n'y a pas de quoi.
ha.xi.xe [aʃ′iʃi] *sm hashish, hashich.*
he.brai.co [ebr′ajku] *sm+adj* hébraïque.
he.breu [ebr′ew] *sm+adj* hébreu.
hec.ta.re [ekt′ari] *sm* hectare.
hec.to.li.tro [ektol′itru] *sm* hectolitre.
he.di.on.do [edi′õdu] *adj* affreux, hideux. **um crime hediondo** un crime hideux.

he.do.nis.mo [edon´izmu] *sm* hédonisme. *um adepto do hedonismo* / un adepte de l'hédonisme.

he.ge.mo.ni.a [eʒemon´iə] *sf* hégémonie.

hé.li.ce [´ɛlisi] *sf* hélice.

he.li.cóp.te.ro [elik´ɔpteru] *sm* hélicoptère.

he.li.o.te.ra.pi.a [eljoterap´iə] *sf Med* héliothérapie.

he.li.o.tró.pio [eljotr´ɔpju] *sm* héliotrophe.

he.li.por.to [elip´ortu] *sm* héliport.

hel.vé.ti.co [ewv´ɛtiku] *adj* helvétique. *a confederação helvética* / la Confédération helvétique.

he.ma.to.lo.gi.a [ematoloʒ´iə] *sf Med* hématologie.

he.ma.to.ma [emat´omə] *sm* 1 ecchymose. 2 *Med* hématome.

he.mi.ple.gi.a [emipleʒ´iə] *sf* hémiplégie.

he.mis.fé.rio [emisf´ɛrju] *sm* hémisphère. **hemisfério norte** hémisphère Nord ou boréal. **hemisfério sul** hémisphère Sud ou austral. **os hemisférios cerebrais** les hémisphères cérébraux.

he.mo.di.á.li.se [emodi´alizi] *sf Med* hémodialyse.

he.mo.fi.li.a [emofil´iə] *sf Med* hémophilie.

he.mo.fí.li.co [emof´iliku] *sm+adj Med* hémophilique, hémophile.

he.mo.glo.bi.na [emoglob´inə] *sf Fisiol* hémoglobine.

he.mo.gra.ma [emogr´ʌmə] *sm* hémogramme.

he.mo.pa.ti.a [emopat´iə] *sf Med* hémopathie.

he.mor.ra.gi.a [emoȓaʒ´iə] *sf Med* hémorragie, saignement. *hemorragia cerebral* / hémorragie cérébrale.

he.mor.roi.das [emoȓ´ɔjdəs] *sf pl Med* hémorroïdes.

he.pá.ti.co [ep´atiku] *adj* hépatique.

he.pa.ti.te [epat´iti] *sf Med* hépatite, inflammation du foie.

he.ra [ɛ´rə] *sf Bot* lierre.

he.ran.ça [er´ãsə] *sf* 1 héritage. 2 *Fisiol* hérédité. 3 *Jur* succession. **deixar como herança** laisser en héritage. **receber uma herança** faire un héritage.

her.bi.ci.da [erbis´idə] *sm+adj* herbicide.

her.bí.vo.ro [erb´ivoru] *sm+adj Zool* herbivore.

her.bo.lá.rio [erbol´arju] *adj+sm* herboriste.

her.dar [erd´ar] *vt* hériter. *ele herdou do tio* / il a hérité d'un oncle.

her.dei.ro [erd´ejru] *sm* héritier, successeur, légataire. *uma herdeira rica* / une riche héritière.

he.re.di.ta.ri.e.da.de [ereditarjed´adi] *sf* hérédité.

he.re.di.tá.rio [eredit´arju] *adj* 1 héréditaire, génétique. 2 *fig* ancêtre.

he.re.ge [er´ɛʒi] *s* hérétique, infidèle.

he.re.si.a [erez´iə] *sf* hérésie.

he.ré.ti.co [er´ɛtiku] *adj+sm* hérétique.

her.ma.fro.di.ta [ermafrod´itə] *s+adj* hermaphrodite.

her.mé.ti.co [erm´ɛtiku] *adj* 1 hermétique. *escritor hermético* / écrivain hermétique. *recipiente hermético* / récipient hermétique. 2 inaccessible, obscuro.

hér.nia [´ɛrnjə] *sf Med* hernie. **hérnia de disco** hernie de disque.

he.rói [er´ɔj] *sm* héros. *ele morreu como herói* / il est mort en héros.

he.roi.co [er´ɔjku] *adj* 1 héroïque. 2 courageux. 3 stoïque.

he.ro.í.na [ero´inə] *sf* 1 héroïne. 2 *Quím* héroïne.

he.ro.ís.mo [ero´izmu] *sm* héroïsme.

her.pes [´ɛrpis] *sm Med* herpès, dartre.

he.si.ta.ção [ezitas´ãw] *sf* 1 hésitation, indécision, indétermination, irrésolution. 2 *fig* flottement. *Pl:* hesitações.

he.si.tan.te [ezit´ãti] *adj* hésitant, indécis, indéterminé, irrésolu.

he.si.tar [ezit´ar] *vi* **1** hésiter, tituber, vaciller. **2** flotter, tâtonner.

he.te.ró.cli.to [eter´ɔklitu] *adj* hétéroclite.

he.te.ro.ge.nei.da.de [eteroʒenejd´adi] *sf* hétérogénéité.

he.te.ro.gê.neo [eteroʒ´enju] *adj* hétérogène.

he.te.ros.se.xu.al [eterosseksu´aw] *sm+adj* hétérosexuel. Pl: *heterossexuais*.

he.te.ros.se.xu.a.li.da.de [etero seksualid´adi] *sf* hétérosexualité.

he.xá.go.no [ez´agonu] *sm* héxagone.

hi.a.to [i´atu] *sm Gram* hiatus.

hi.ber.nar [ibern´ar] *vi* hiberner.

hi.bis.co [ib´isku] *sm Bot* hibiscus.

hí.bri.do [´ibridu] *adj+sm* hybride.

hi.dran.te [idr´ãti] *sm* hydrant.

hi.dra.ta.ção [idratas´ãw] *sf* hydratation.

hi.dra.tan.te [idrat´ãti] *adj+sm* hydratant. **creme hidratante** crème hydratante.

hi.dráu.li.ca [idr´awlikə] *sf* hydraulique.

hi.dre.lé.tri.co [idrelˈɛtriku] *adj* hydrélétrique.

hi.e.na [i´enə] *sf Zool* hyène.

hi.e.rar.qui.a [ierark´iə] *sf* hiérarchie.

hi.e.rar.qui.zar [ierarkiz´ar] *vt* hiérarchiser.

hi.e.ró.gli.fo [jer´ɔglifu] *sm* hiéroglyphe.

hí.fen [´ifẽj] *sm Gram* trait d´union. Pl: *hifens*.

hi.gi.e.ne [iʒi´eni] *sf* hygiène. **higiene alimentar** / hygiène alimentaire. **higiene corporal** / hygiène corporelle.

hi.gi.ê.ni.co [iʒi´eniku] *adj* higiénique. **papel higiênico** papier, serviette hygiénique.

hi.la.ri.da.de [ilarid´adi] *sf* hilarité, gaité.

hi.lá.rio [il´arju] *adj* hilare.

hí.men [´imẽj] *sm Anat* hymen. Pl: *himens*.

hin.du [id´u] *adj+s* hindou.

hi.no [´inu] *sm* hymne. **compor um hino** / composer un hymne. *A Marseillaise é o hino nacional francês* / La Marseillaise est l´hymne national français.

hi.per.gli.ce.mi.a [iperglisem´iə] *Med sf* hyperglicémie.

hi.per.mer.ca.do [ipermerk´adu] *sm* hypermarché.

hi.per.me.tro.pe [ipermetr´ɔpi] *s+adj* hypermétrope.

hi.per.me.tro.pi.a [ipermetrop´iə] *sf Med* hypermétropie.

hi.per.ten.são [ipertẽs´ãw] *sf Med* hypertension. Pl: *hipertensões*. **sofrer de hipertensão** souffrir d´hypertension.

hi.per.ten.so [ipert´ẽsu] *sm+adj* hypertendu.

hi.per.ti.re.oi.dis.mo [ipertireojd´izmu] *sm Med* hyperthyroïdie.

hi.per.tro.fi.a [ipertrof´iə] *sf* hypertrophie.

hi.pi.co [´ipiku] *adj* hippique.

hip.no.se [ipn´ɔzi] *sf Med* hypnose.

hip.no.ti.zar [ipnotiz´ar] *vt* **1** hypnotiser. **2** *fig* enchanter, magnétiser.

hi.po.ca.ló.ri.co [ipokalɔr´iku] *adj* hypocalorique.

hi.po.con.dri.a [ipokõdr´iə] *Med sf* hypocondrie.

hi.po.cri.si.a [ipokriz´iə] *sf* hypocrisie, fausseté, fourberie.

hi.pó.cri.ta [ip´ɔkritə] *adj+s* hypocrite, fourbe, imposteur.

hi.pó.dro.mo [ip´ɔdromu] *sm* hippodrome.

hi.pó.fi.se [ip´ɔfizi] *sf Anat* hypophyse.

hi.po.gli.ce.mi.a [ipoglisem´iə] *sf Med* hypoglicémie.

hi.po.pó.ta.mo [ipop´ɔtamu] *sm Zool* hippopotame.

hi.po.te.ca [ipot'ɛkə] *sf* hypothèque.
hi.po.te.car [ipotek'ar] *vt* hypothéquer.
hi.po.ten.são [ipotẽs'ãw] *sf Med* hypotension. *Pl:* **hipotensões**.
hi.po.te.nu.sa [ipoten'uzə] *sf Geom* hypoténuse.
hi.pó.te.se [ip'ɔtezi] *sf Filos, Mat* hypothèse, pronostic.
hi.po.té.ti.co [ipot'ɛtiku] *adj* hypothétique.
hir.su.tis.mo [irsut'izmu] *sm Med* hirsutisme.
his.te.rec.to.mi.a [isterektomi'ə] *sf Med* hystérectomie.
his.te.ri.a [ister'iə] *sf* hystérie.
his.té.ri.co [ist'ɛriku] *adj* histérique.
his.to.gra.ma [istogr'∧mə] *sm Estat* histogramme.
his.to.lo.gi.a [istolo'ʒiə] *sf Biol* histologie.
his.tó.ria [ist'ɔrjə] *sf* **1** histoire. **2** *fig* invention.
his.to.ri.a.dor [istorjad'or] *sm* **1** historien. **2** historiographe.
his.tó.ri.co [ist'ɔriku] *adj* historique.
his.to.ri.ó.gra.fo [istori'ɔgrafu] *sm* **1** historiographe. **2** historien.
ho.je ['oʒi] *adv* aujourd'hui.
ho.lan.dês [olãd'es] *adj+sm* hollandais, néerlandais.
ho.lo.caus.to [olok'awstu] *sm* holocauste.
ho.lo.gra.fi.a [olograf'iə] *sf* holographie.
ho.mem ['omẽj] *sm* homme. *Pl:* **homens**. **homem de negócios** homme d'affaires.
ho.me.na.ge.ar [omenaʒe'ar] *vt* rendre des hommages.
ho.me.na.gem [omen'aʒẽj] *sf* hommage. *Pl:* **homenagens**. **receber uma homenagem** recevoir un hommage.

ho.me.o.pa.ta [omeop'atə] *s* homéopathe.
ho.me.o.pa.ti.a [omeopat'iə] *sf Med* homéopathie.
ho.me.o.pá.ti.co [omeop'atiku] *adj* homéopathique.
ho.mi.cí.dio [omis'idju] *sm* homicide, assassinat. **cometer um homicídio involuntário** commettre un homicide involontaire.
ho.mi.li.a [omel'iə] *sf* homélie.
ho.mo.fo.bi.a [omofob'iə] *sf* homophobie.
ho.mo.fó.bi.co [omof'ɔbiku] *adj* homophobe.
ho.mo.ge.nei.da.de [omoʒenejd'adi] *sf* homogénéité.
ho.mo.ge.nei.zar [omoʒenejz'ar] *vt* homogénéiser, pasteuriser.
ho.mo.gê.neo [omoʒ'enju] *adj* homogène.
ho.mo.lo.gar [omolog'ar] *vt* **1** homologuer, sanctionner, valider, ratifier. **2** reconnaître.
ho.mô.ni.mo [om'onimu] *sm+adj* homonyme.
ho.mos.se.xu.al [omoseksu'aw] *sm+adj* homosexuel. *Pl:* **homossexuais**.
ho.mos.se.xu.a.li.da.de [omosekswalid'adi] *sf* homosexualité.
ho.nes.ti.da.de [onestid'adi] *sf* honnêteté, droiture, intégrité.
ho.nes.to [on'ɛstu] *adj* honnête, incorruptible, intègre.
ho.no.rá.rio [onor'arju] *adj* honoraire, honorifique, d'honneur. **honorários** honoraires, émoluments, appointements, traitements.
hon.ra ['õrə] *sf* honneur.
hon.ra.do [õr'adu] *adj* honorable, honnête.
hon.rar [õr'ar] *vt* **1** honorer. **2** vénérer, adorer. **3** respecter, tenir en haute estime.
hon.ra.ri.as [õrar'iəs] *sf pl* honneurs.

hó.quei [´ɔkej] *sm Esp* hockey.

ho.ra [´ɔrə] *sf* heure. **antes da hora** avant l'heure. **a toda hora** à toute heure. **de uma hora para outra** d'une heure à l'autre.

ho.rá.rio [or´arju] *adj+sm* horaire. **fuso horário** fuseau horaire. **horário de pico** heure de pointe. **horário de verão** heure d'été.

ho.ri.zon.tal [orizõt´aw] *adj+sf* horizontal. *Pl:* **horizontais**. **na horizontal** à l'horizontale.

ho.ri.zon.te [oriz´õti] *sm* horizon.

hor.mo.nal [ormon´aw] *adj* hormonal, relatif aux hormones. *Pl:* **hormonais**.

hor.mô.nio [orm´onju] *sm Biol* hormone.

ho.rós.co.po [or´ɔskopu] *sm* horoscope. **consultar o horóscopo** consulter son horoscope. **fazer o horóscopo de alguém** faire l'horoscope de quelqu'un.

hor.rí.vel [oŘ´ivew] *adj* horrible. *Pl:* **horríveis**.

hor.ror [oŘ´or] *sm* **1** horreur, infamie. **2** aversion, répugnance. **grito de horror** cri d'horrreur. **ter horror a** avoir horreur de.

hor.ro.ri.zar [oŘoriz´ar] *vt* **1** horrifier. *vpr* **2** s'effrayer.

hor.ro.ro.so [oŘor´ozu] *adj* horrible, affreux, hideux.

hor.ta [´ɔrtə] *sf* potager.

hor.ta.li.ça [ortal´isə] *sf* légume.

hor.te.lã [ortel´ã] *sf Bot* menthe.

hor.tên.sia [ort´esjə] *sf Bot* hortensia.

hor.ti.cul.tor [ortikuwt´or] *sm* horticulteur.

hos.pe.dar [osped´ar] *vt+vpr* **1** loger. *vt* **2** accueillir.

hos.pe.da.ri.a [ospedar´iə] *sf* **1** auberge. **2** hôtellerie.

hós.pe.de [´ɔspedi] *s* hôte.

hos.pí.cio [osp´isju] *sm* **1** asile de fous. **2** hospice.

hos.pi.tal [ospit´aw] *sm* hôpital. *Pl:* **hospitais**.

hos.pi.ta.lei.ro [ospital´ejru] *adj* hospitalier.

hos.pi.ta.li.da.de [ospitalid´adi] *sf* hospitalité, accueil.

hos.pi.ta.li.zar [ospitaliz´ar] *vt* hospitaliser.

hos.til [ost´iw] *adj* **1** hostile. **2** défavorable. **3** inimigo. *Pl:* **hostis**.

hos.ti.li.da.de [ostilid´adi] *sf* hostilité, aversion.

hos.ti.li.zar [ostiliz´ar] *vt* hostiliser.

ho.tel [ot´ɛw] *sm* hôtel. *Pl:* **hotéis**.

ho.te.la.ri.a [otelar´iə] *sf* hôtellerie.

ho.te.lei.ro [otel´ejru] *sm+adj* hôtelier.

hu.ma.ni.da.de [umanid´adi] *sf* humanité.

hu.ma.nis.mo [uman´izmu] *sm* humanisme.

hu.ma.ni.tá.rio [umanit´arju] *adj* humanitaire. **ajuda humanitária** aide humanitaire.

hu.ma.ni.zar [umaniz´ar] *vt+vpr* humaniser.

hu.ma.no [um´ʌnu] *adj* humain. **o gênero humano** le genre humain.

hu.mil.da.de [umiwd´adi] *sf* humilité.

hu.mil.de [um´iwdi] *adj+s* humble.

hu.mi.lhan.te [umiλ´ãti] *adj* humiliant.

hu.mi.lhar [umiλ´ar] *vt* **1** humilier, avilir. *vpr* **2** s'humilier.

hu.mor [um´or] *sm* **1** humour. **2** *Anat* humeur. **bom humor** bonne ou belle humeur.

hu.mo.rís.ti.co [umor´istiku] *adj* humoristique.

hún.ga.ro [´ũgaru] *adj+sm* hongrois.

i

i [´i] *sm* la neuvième lettre de l'alphabet de la langue portugaise. **colocar os pingos nos is** mettre les points sur les i.

i.co.no.gra.fi.a [ikonograf´iə] *sf* iconographie, illustration. *a iconografia de um livro de arte* / l'iconographie d'un livre d'art.

i.da.de [id´adi] *sf* âge. *ele não parece ter a idade que tem* / il ne fait, il ne paraît, il ne porte pas son âge. *ele parece mais jovem que sua idade real* / il fait plus jeune que son âge. **a terceira idade** le troisième âge.

i.de.al [ide´aw] *adj* idéal. *ele é um marido ideal* / c'est un mari idéal. • *sm* **1** perfection. **2** ce à quoi l'on aspire. *Pl: ideais.*

i.de.a.li.zar [idealiz´ar] *vt* **1** idéaliser. **2** *fig* embellir.

i.dei.a [id´ɛjə] *sf* idée. **a história das ideias** l'histoire des idées. **a ideia central** l'idée centrale, l'idée directrice. **boa ideia** bonne idée.

i.dên.ti.co [id´ẽtiku] *adj* identique.

i.den.ti.da.de [idẽtid´adi] *sf* identité.

i.den.ti.fi.car [idẽtifik´ar] *vt* **1** identifier. *vpr* **2** s'identifier à. **identificar um cadáver** identifier un cadavre.

i.de.o.lo.gi.a [ideoloʒ´iə] *sf* idéologie. **a ideologia oficial** l'idéologie officielle. **a ideologia pacifista** l'idéologie pacifiste.

i.dí.lio [id´ilju] *sf* idylle. **viver um idílio** vivre une idylle.

i.di.o.ma [idi´omə] *sm* langue.

i.di.o.ta [idi´ɔtə] *s+adj* **1** idiot, imbécile. **2** *fam* andouille. **acidente idiota** accident idiot, absurde.

í.do.lo [´idolu] *sm* idole. **culto dos ídolos** culte des idoles. **ídolo de madeira, de bronze** idole de bois, de bronze.

i.do.so [id´ozu] *sm+adj* vieux, âgé.

i.glu [igl´u] *sm* igloo.

ig.ni.ção [ignis´ãw] *sf* ignition. *Pl: ignições.* **matéria, substância em ignição** matière, substance en ignition.

ig.no.rân.cia [ignor´ãsjə] *sf* ignorance, incapacité, inconscience, inexpérience, insuffisance. **combater a ignorância** combattre l'ignorance. **manter alguém na ignorância de algo** laisser, tenir, maintenir quelqu'un dans l'ignorance de quelque chose.

ig.no.rar [ignor´ar] *vt* ignorer.

i.gre.ja [igr´ɛʒɐ] *sf* église.

i.gual [ig´waw] *adj* égal, pareil, semblable. *Pl: iguais.* **sem igual** sans pareil.

i.gual.da.de [igwawd´adi] *sf* égalité.

i.le.gal [ileg´aw] *adj* illégal, illégitime, illicite. *Pl: ilegais.* **exercício ilegal da medicina** exercice illégal de la médecine. **medidas ilegais** des mesures illégales. **procedimentos ilegais** procédés illégaux.

i.le.gí.ti.mo [ileʒ'itimu] *adj* 1 illégitime. 2 bâtard, adultérin (enfant). **união ilegítima** union illégitime. **suspeitas ilegítimas** soupçons illégitimes.

i.le.gí.vel [ileʒ'ivew] *adj* illisible, indéchiffrable. *a assinatura está ilegível* / la signature est illisible. *Pl: ilegíveis.*

i.lha ['iʎə] *sf* île. *um grupo de ilhas forma um arquipélago* / un groupe d'îles forme un archipel.

i.lí.ci.to [il'isitu] *adj* illicite. **comércio ilícito** commerce illicite. **vendas ilícitas** ventes illicites.

i.li.mi.ta.do [ilimit'adu] *adj* 1 illimité, sem limite. 2 immense, incalculable, incommensurable.

i.lu.dir [ilud'ir] *vt* 1 illusionner. 2 éluder, abuser.

i.lu.mi.na.ção [iluminas'ãw] *sf* 1 illumination, éclairage. 2 inspiration. *Pl: iluminações.*

i.lu.mi.nar [ilumin'ar] *vt* 1 illuminer. *vpr* 2 s'illuminer, éclairer. 3 ensoleiller.

i.lu.são [iluz'ãw] *sf* illusion, erreur. *ele ainda alimenta ilusões* / il garde encore des illusions.

i.lus.trar [ilustr'ar] *vt* illustrer.

í.mã ['imã] *sm* aimant.

i.ma.gem [im'aʒẽj] *sf* 1 image. *é a imagem da vida moderna* / c'est l'image de la vie moderne. 2 apparence. 3 effigie. *Pl: imagens.* **imagem de marca** image de marque. **qualidade da imagem** qualité de l'image.

i.ma.gi.nar [imaʒin'ar] *vt* 1 imaginer. 2 feindre. 3 inventer.

i.ma.gi.ná.rio [imaʒin'arju] *adj* 1 imaginaire. 2 irréel. • *sm* domaine de l'imagination.

i.ma.te.ri.al [imateri'aw] *adj* immatériel, impalpable. *Pl: imateriais.*

i.ma.tu.ri.da.de [imaturid'adi] *sf* immaturité, infantilisme.

im.be.cil [ĩbes'iw] *s+adj* imbécile. *Pl: imbecis.* **comentário imbecil** commentaire imbécile.

i.me.di.a.ção [imedjas'ãw] *sf* 1 proximité. 2 **imediações** *pl* alentours, environs.

i.me.di.a.to [imedi'atu] *adj* immédiat. **no imediato, no momento** dans l'immédiat.

i.men.si.dão [imẽsid'ãw] *sf* immensité. *Pl: imensidões.*

i.men.so [im'ẽsu] *adj* immense.

i.mer.são [imers'ãw] *sf* immersion. *Pl: imersões.* **imersão linguística** immersion linguistique.

i.mi.gra.ção [imigras'ãw] *sf* immigration. *Pl: imigrações.*

i.mi.gran.te [imigr'ãti] *s+adj* immigrant. *a assimilação dos imigrantes* l'assimilation des immigrants.

i.mi.grar [imigr'ar] *vt* immigrer.

i.mi.tar [imit'ar] *vt* imiter.

i.mo.bi.li.á.ria [imobili'arjə] *sf* 1 agent immobilier. 2 société immobilière.

i.mo.bi.li.za.ção [imobilizas'ãw] *sf* 1 immobilisation. 2 paralysie. *Pl: imobilizações.* **imobilização de um membro** immobilisation d'un membre.

i.mo.bi.li.zar [imobiliz'ar] *vt* 1 immobiliser. 2 paralyser. *vpr* 3 s'immobiliser, s'arrêter.

i.mo.ral [imor'aw] *adj* immoral. *Pl: imorais.* **conduta imoral** conduite immorale.

i.mor.tal [imort'aw] *s+adj* immortel, impérissable. *Pl: imortais.*

i.mor.ta.li.zar [imortaliz'ar] *vt* immortaliser, éterniser.

i.mó.vel [im'ɔvew] *sm Com, Jur* immeuble, propriété. • *adj* immobile. *Pl: imóveis.*

im.pa.ci.ên.cia [ĩpasi'ẽsjə] *sf* impatience, hâte, énervement.

im.pa.ci.en.te [ipasi′ẽti] *adj* impatient.
ím.par [′ĩpar] *adj* impair. **número ímpar** nombre impair.
im.par.ci.al [ĩparsi′aw] *adj* impartiel, équitable. *Pl: imparciais.*
im.pas.se [ĩp′asi] *sm* impasse.
im.pe.cá.vel [ĩpek′avew] *adj* impeccable, irréprochable. *Pl: impecáveis.*
im.pe.di.men.to [ĩpedim′ẽtu] *sm* 1 empêchement, obstacle. 2 *Fut* hors-jeu.
im.pe.dir [ĩped′ir] *vt* empêcher, entraver, éviter. **impedir o acesso a um lugar** empêcher l'accès à un lieu.
im.pen.sa.do [ĩpẽs′adu] *adj* irréfléchi.
im.pe.ra.dor [ĩperad′or] *sm* empereur.
im.pe.rar [ĩper′ar] *vt+vi* 1 régner, gouverner. 2 dominar. 3 commander.
im.pe.ra.ti.vo [ĩperat′ivu] *sm Gram* impératif. • *adj* impératif, impérieux. **tom, gesto imperativo** ton, geste impératif.
im.per.cep.tí.vel [ĩpersept′ivew] *adj* imperceptible, infime, insaisissable. *Pl: imperceptíveis.*
im.per.fei.ção [ĩperfejs′ãw] *sf* imperfection, infirmité. **as pequenas imperfeições da pele** les petites imperfections de la peau. *Pl: imperfeições.*
im.per.fei.to [ĩperf′ejtu] *sm Gram* imparfait. • *adj* imparfait, informe.
im.pé.rio [ĩp′ɛrju] *sm* 1 empire. 2 hégémonie.
im.per.me.á.vel [ĩperme′avew] *adj* 1 imperméable, étanche. 2 insensible. 3 gabardine. *Pl: impermeáveis.*
im.per.ti.nên.cia [ĩpertin′ẽsjɐ] *sf* impertinence, insolence.
im.per.tur.bá.vel [ĩperturb′avew] *adj* 1 imperturbable. 2 *fig* froid. *Pl: imperturbáveis.*
im.pes.so.al [ĩpeso′aw] *adj* impersonnel. *Pl: impessoais.*
im.pe.tu.o.so [ĩpetu′ozu] *adj* impétueux, impulsif, volcanique, fougueux. **um temperamento impetuoso** un tempérament impétueux.
im.pla.cá.vel [ĩplak′avew] *adj* implacable, féroce.
im.plan.ta.ção [ĩplãtas′ãw] *sf* 1 implantation, établissement. 2 *Econ* investissement. *Pl: implantações.*
im.plan.tar [ĩplãt′ar] *vt* 1 implanter, insérer. 2 établir. 3 *Med* greffer.
im.plan.te [ĩpl′ãti] *sm Med* implant, greffe.
im.pli.car [ĩplik′ar] *vt* 1 impliquer. 2 intéresser. 3 taquiner.
im.plí.ci.to [ĩpl′isitu] *adj* implicite.
im.plo.rar [ĩplor′ar] *vt* implorer, supplier. *ela implorou para que ele não a deixasse* / elle l'a supplié pour qu'il ne la quitte pas.
im.por.ta.ção [ĩportas′ãw] *sf* importation. *Pl: importações.*
im.por.ta.dor [ĩportad′or] *adj+sm* importateur. **importador de vinho francês** importateur de vin français. **país importador** pays importateur.
im.por.tân.cia [ĩport′ãsjɐ] *sf* importance.
im.por.tan.te [ĩport′ãti] *adj* 1 important. 2 insigne.
im.por.tu.nar [ĩportun′ar] *vt* importuner, gêner.
im.pos.sí.vel [ĩpos′ivew] *adj* impossible, inconcevable, infaisable, irréalisable. *esta é uma ideia impossível de admitir* / c'est une idée impossible à admettre. • *sm* l'impossible. *Pl: impossíveis.*
im.pos.to [ĩp′ostu] *sm* impôt, tribut. **aumentar os impostos** augmenter les impôts. **criar um imposto** créer un impôt. **imposto de renda** impôt sur les revenus. **impostos locais** impôts locaux.
im.pos.tor [ĩpost′or] *sm+adj* imposteur. **desmascarar um impostor** démasquer un imposteur.

impotência   375   inalterável

im.po.tên.cia [ĩpot'ẽsjə] *sf* **1** impuissance. **2** incapacité. **3** *Fisiol* impuissance, impotence.

im.po.ten.te [ĩpot'ẽti] *adj* **1** impuissant, impotent. **2** incapable.

im.pre.ci.so [ĩpres'izu] *adj* **1** imprécis, flou. **2** *fig* indistinct.

im.pren.sa [ĩpr'ẽsə] *sf* presse. **imprensa oral e escrita** presse orale et écrite.

im.pres.são [ĩpres'ãw] *sf* **1** impression, empreinte (d'un cachet). **2** action d'imprimer. **3** *fig* impression, effet produit sur les sens, le cœur, l'esprit. *Pl: impressões.*

im.pres.si.o.nan.te [ĩpresjon'ãti] *adj* impressionnant, grandiose. **espetáculo impressionante** spectacle impressionnant.

im.pres.si.o.nar [ĩpresjon'ar] *vt* **1** impressionner. **2** intimider. **3** éblouir.

im.pres.si.o.nis.mo [ĩpresjon'izmu] *sm* impressionnisme.

im.pres.so [ĩpr'ɛsu] *sm* imprimé.

im.pres.so.ra [ĩpres'orə] *sf Inform* imprimante. **impressora a laser, matricial, jato de tinta** imprimante (à) laser, matricielle, à jet d'encre.

im.pre.vi.são [ĩpreviz'ãw] *sf* imprévision. *Pl: imprevisões.*

im.pre.vis.to [ĩprev'istu] *adj+sm* imprévu, inattendu, inespéré.

im.pro.du.ti.vo [ĩprodut'ivu] *adj* **1** improductif, infertile. **2** *Lit* impuissant.

im.pró.prio [ĩpr'ɔprju] *adj* **1** impropre. **2** inconvénient, déplacé. **uso impróprio de algumas palavras** usage impropre de certains mots.

im.pro.vi.sar [ĩproviz'ar] *vt* improviser, composer sur-le-champ et sans préparation (des vers).

im.pru.dên.cia [ĩprud'ẽsjə] *sf* **1** imprudence, inconséquence, étourderie. **2** *fam* bêtise.

im.pru.den.te [ĩprud'ẽti] *adj* imprudent, inconséquent, étourdi. **chofer imprudente** chauffeur imprudent.

im.pug.nar [ĩpugn'ar] *vt* **1** réfuter. **2** s'opposer à.

im.pul.si.vo [ĩpuws'ivu] *adj* impulsif. **uma reação impulsiva** une réaction impulsive.

im.pul.so [ĩp'uwsu] *sm* impulsion, humeur, d'un seul élan.

im.pu.ne [ĩp'uni] *adj* impuni, qui demeure sans punition.

im.pu.ni.da.de [ĩpunid'adi] *sf* impunité.

im.pu.re.za [ĩpur'ezə] *sf* impureté.

im.pu.ro [ĩp'uru] *adj* **1** impur. **2** *Poét* sale, souillé. **3** *fig* immonde, honteux, obscène.

i.mun.do [im'ũdu] *adj* **1** immonde. **2** malpropre, infâme. **3** *Rel* impur.

i.mu.ne [im'uni] *adj* exempt, libre.

i.mu.ni.zar [imuniz'ar] *vt Med* immuniser. *imunizar por vacina* / immuniser par le vaccin.

i.na.ba.lá.vel [inabal'avew] *adj* **1** inébranlable. **2** *fig* flegmatique, indifférent, immobile. **3** *fig* solide. *Pl: inabaláveis.*

i.na.ca.ba.do [inakab'adu] *adj* inachevé. **estrada inacabada** route inachevée.

i.na.cei.tá.vel [inasejt'avew] *adj* inacceptable. *Pl: inaceitáveis.*

i.na.ces.sí.vel [inases'ivew] *adj* **1** inaccessible, impénétrable, inabordable. **2** insensible. *Pl: inacessíveis.* **montanha inacessível** montagne inaccessible.

i.na.cre.di.tá.vel [inakredit'avew] *adj* incroyable. *Pl: inacreditáveis.* **inacreditável mas verdadeiro** incroyable mais vrai.

i.nad.mis.sí.vel [inadmis'ivew] *adj* inadmissible.

i.na.la.ção [inalas'ãw] *sf* inhalation, fumigation. *Pl: inalações.*

i.nal.te.rá.vel [inawter'avew] *adj* inaltérable, immuable. *Pl: inalteráveis.*

i.na.ni.ção [inanis'ãw] *sf Med* inanition. *Pl:* inanições.

i.na.ni.ma.do [inanim'adu] *adj* inanimé, inerte, insensible.

i.na.ta.cá.vel [inatak'avew] *adj* inattaquable, incontestable, incorruptible, irréprehensible. *Pl:* inatacáveis.

i.na.tin.gí.vel [inatĩʒ'ivew] *adj* inaccessible, qu'on ne peut atteindre. *Pl:* inatingíveis.

i.na.to [in'atu] *adj* inné.

i.nau.dí.vel [inawd'ivew] *adj* inaudible, imperceptible. *Pl:* inaudíveis.

in.cal.cu.lá.vel [ikawkul'avew] *adj* incalculable, innombrable. *Pl:* incalculáveis.

in.can.sá.vel [ikãs'avew] *adj* infatigable, inlassable. *Pl:* incansáveis. **trabalhador incansável** travailleur infatigable.

in.ca.pa.ci.da.de [ikapasid'adi] *sf* incapacité, impossibilité.

in.ca.paz [ikap'as] *adj* 1 incapable. 2 incompétent, inhabile. *ele é incapaz de compreender* / il est incapable de comprendre.

in.cen.di.ar [isẽdi'ar] *vt* incendier.

in.cên.dio [ĩs'ẽdju] *sm* incendie. **defesa, proteção, luta contra incêndio** défense, protection, lutte contre l'incendie.

in.cen.ti.var [isẽtiv'ar] *vt* stimuler.

in.cen.ti.vo [isẽt'ivu] *sm* stimulation, incitation, instigation, aiguillon.

in.cer.te.za [isert'ezɐ] *sf* 1 incertitude, flottement. 2 inconstance.

in.cer.to [ĩs'ertu] *adj* 1 incertain, vague. 2 vacillant.

in.ces.to [ĩs'ɛstu] *sm* inceste.

in.ces.tu.o.so [isestu'ozu] *adj* incestueux.

in.cha.ço [ĩʃ'asu] *sm* gonflement, boursouflure, enflure. *inchaço de uma parte do corpo, de um órgão* / gonflement d'une partie du corps, d'un organe.

in.char [ĩʃ'ar] *vt+vpr* 1 gonfler. *vi* 2 devenir enflé. *vpr* 3 *fig* s'enfler d'orgueil.

in.ci.den.te [ĩsid'ẽti] *sm* incident, événement. • *adj* incident.

in.ci.si.vo [ĩsiz'ivu] *adj* 1 incisif. 2 *fig* mordant. • *sm* incisive, chacune des dents de devant.

in.cli.nar [ĩklin'ar] *vt* 1 incliner, pencher, infléchir. *vi* 2 aller en penchant. *vpr* 3 s'incliner.

in.clu.ir [ĩklu'ir] *vt* inclure, intégrer. *incluir uma cláusula no contrato* / inclure une clause dans le contrat.

in.co.e.rên.cia [ĩkoer'ẽsjɐ] *sf* incohérence.

in.co.lor [ĩkol'or] *adj* incolore. *esmalte incolor* / vernis incolore.

in.co.mo.dar [ĩkomod'ar] *vt* 1 déranger, gêner, incommoder, indisposer, embêter. *vpr* 2 se déranger.

in.com.pa.ti.bi.li.da.de [ĩkõpatibilid'adi] *sf* incompatibilité. *há entre eles uma grande incompatibilidade de ideias* / il y a entre eux une grande incompatibilité d'idées.

in.com.pe.ten.te [ĩkõpet'ẽti] *adj* incompétent, incapable, inhabile.

in.com.ple.to [ĩkõpl'ɛtu] *adj* incomplet, fragmentaire. *lista, coleção incompleta* / liste, collection incomplète.

in.con.di.ci.o.nal [ĩkõdisjon'aw] *adj* inconditionnel. *Pl:* incondicionais. **aceitação, submissão incondicional** acceptation, soumission inconditionnelle.

in.con.fes.sá.vel [ĩkõfes'avew] *adj* inavouable. *Pl:* inconfessáveis.

in.cons.ci.ên.cia [ĩkõsi'ẽsjɐ] *sf* inconscience, insensibilité.

in.cons.ci.en.te [ĩkõsi'ẽti] *adj+sm* inconscient. *ele é inconsciente* / c'est un inconscient. • *sm* un inconscient. *ele está inconsciente do perigo* / il est inconscient du danger.

in.cons.tan.te [ikõstɐ̃ti] *adj* 1 inconstant. 2 infidèle.
in.cons.ti.tu.ci.o.nal [ikõstitusjonaw] *adj* inconstitutionnel. Pl: *inconstitucionais*.
in.con.tes.tá.vel [ikõtestavew] *adj* incontestable. Pl: *incontestáveis*.
in.con.ti.nên.cia [ikõtinẽsjə] *sf* incontinence. **incontinência urinária** incontinence urinaire.
in.con.ve.ni.ên.cia [ikõveniẽsjə] *sf* inconvenance, incorrection, indécence.
in.con.ve.ni.en.te [ikõveniẽti] *adj* 1 inconvénient. 2 inconvenant. *não há nenhum inconveniente* / il n'y a pas d'inconvénient. **subentendidos inconvenientes** des sous-entendus inconvenants.
in.cor.po.rar [ikorporar] *vt* incorporer, intégrer.
in.cor.re.ção [ikoresɐ̃w] *sf* 1 incorrection. 2 impropriété, inconvenance. Pl: *incorreções*.
in.cor.re.to [ikoɾɛtu] *adj* 1 incorrect, erroné, inexact. 2 fautif.
in.cor.rup.tí.vel [ikoɾuptivew] *adj* incorruptible, honnête, intègre. Pl: *incorruptíveis*. **juiz incorruptível** juge incorruptible.
in.cre.du.li.da.de [ikredulidadi] *sf* incrédulité.
in.cré.du.lo [ikrɛdulu] *adj+sm* incrédule.
in.cri.mi.nar [ikriminar] *vt* incriminer, imputer, accuser.
in.crí.vel [ikrivew] *adj* incroyable, fantastique, inconcevable, inimaginable, invraisemblable. Pl: *incríveis*.
in.cul.par [ikuwpar] *vt* inculper, responsabiliser.
in.cum.bên.cia [ikũbẽsjə] *sf* charge, commission.
in.cum.bir [ikũbir] *vt* charger quelqu'un de, confier à.
in.cu.rá.vel [ikuravew] *adj* incurable, inguérissable. Pl: *incuráveis*.

in.cu.tir [ikutir] *vt* 1 suggérer, inspirer, faire naître. 2 graver dans l'esprit.
in.de.cên.cia [idesẽsjə] *sf* indécence, inconvenance.
in.de.cen.te [idesẽti] *adj* indécent, impudique.
in.de.ci.frá.vel [idesifravew] *adj* 1 indéchiffrable. 2 illisible. Pl: *indecifráveis*.
in.de.ci.são [idesizɐ̃w] *sf* indécision, hésitation. Pl: *indecisões*.
in.de.ci.so [idesizu] *adj* 1 indécis. 2 faible.
in.de.fi.ni.do [idefinidu] *adj* indéfini, vague.
in.de.li.ca.de.za [idelikadezə] *sf* indélicatesse, malhonnêteté, incorrection, indiscrétion, goujaterie.
in.de.li.ca.do [idelikadu] *adj* indélicat, impoli, grossier.
in.de.ni.za.ção [idenizasɐ̃w] *sf* indemnité, indemnisation. Pl: *indenizações*.
in.de.ni.zar [idenizar] *vt* indemniser.
in.de.pen.dên.cia [idepẽdẽsjə] *sf* indépendance.
in.de.pen.den.te [idepẽdẽti] *adj* indépendant. *fenômeno independente do clima* / phénomène indépendant du climat.
in.de.se.já.vel [idezeʒavew] *adj* indésirable. Pl: *indesejáveis*.
in.de.ter.mi.na.ção [ideterminasɐ̃w] *sf* indétermination, imprécision, indécision. Pl: *indeterminações*.
in.de.xa.ção [ideksasɐ̃w] *sf* indexation. *indexação dos salários* / indexation des salaires. Pl: *indexações*.
in.de.xar [ideksar] *vt* indexer.
in.di.ca.ção [idikasɐ̃w] *sf* indication. Pl: *indicações*.
in.di.ca.dor [idikador] *sm* indicateur, index.
in.di.car [idikar] *vt* 1 indiquer, signaler. 2 inscrire.

in.di.ca.ti.vo [ĩdikat´ivu] *sm* Gram indicatif. • *adj* indicatif, qui sert à indiquer.

ín.di.ce [´ĩdisi] *sm* index, sommaire, indicateur.

in.di.fe.ren.ça [ĩdifer´ẽsɐ] *sf* indifférence, froideur, insensibilité.

in.di.fe.ren.te [ĩdifer´ẽti] *adj* 1 indifférent, impassible. 2 froid, insensible.

in.di.ges.tão [ĩdiʒest´ãw] *sf* indigestion. *Pl: indigestões.*

in.dig.na.ção [ĩdignas´ãw] *sf* indignation. *não se pode ver isto sem indignação* / on ne peut pas voir cela sans indignation. *Pl: indignações.*

in.dig.ni.da.de [ĩdignid´adi] *sf* indignité, honte, bassesse, insulte.

in.dig.no [ĩd´ignu] *adj* indigne, infâme, inqualifiable.

ín.dio [´ĩdju] *sm+adj* indien (d'Amérique).

in.dis.cre.to [ĩdiskr´ɛtu] *adj* indiscret. **confidente indiscreto** confident indiscret.

in.dis.cri.ção [ĩdiskris´ãw] *sf* indiscrétion, indélicatesse. *desculpe minha indiscrição* / excusez mon indiscrétion. *Pl: indiscrições.* **sem indiscrição** sans indiscrétion.

in.dis.pen.sá.vel [ĩdispẽs´avew] *adj* indispensable, incontournable, irremplaçable. *Pl: indispensáveis.*

in.dis.po.si.ção [ĩdispozis´ãw] *sf* 1 *Med* indisposition. 2 *fig* disposition peu favorable. *Pl: indisposições.*

in.dis.so.lú.vel [ĩdisol´uvew] *adj* indissoluble, indestructible. *Pl: indissolúveis.*

in.di.vi.du.al [ĩdividu´aw] *adj* individuel. *Pl: individuais.* **caracteres individuais** caractères individuels.

in.di.vi.du.a.lis.ta [ĩdividwal´istɐ] *adj* individualiste.

in.di.ví.duo [ĩdiv´idwu] *sm* 1 individu. 2 ser humano. *é um indivíduo sem escrúpulos* / c'est un individu sans scrupules.

ín.do.le [´ĩdoli] *sf* tempérament.

in.do.lor [ĩdol´or] *adj* indolore.

in.do.má.vel [ĩdom´avew] *adj* indomptable, farouche, incontrolable, invincible. *Pl: indomáveis.*

in.dul.gen.te [ĩduwʒ´ẽti] *adj* indulgent, faible, favorable. **um pai e uma mãe indulgentes** un père et une mère indulgents.

in.dús.tria [ĩd´ustrjɐ] *sf* industrie, entreprise. **a indústria francesa** l'industrie française. **pequena e média indústria** petite et moyenne industrie.

in.dus.tri.al [ĩdustri´aw] *s+adj* industriel. *Pl: industriais.* **em quantidade industrial** en quantité industrielle. **uma região industrial** une région industrielle.

in.dus.tri.a.li.zar [ĩdustrjaliz´ar] *vt* industrialiser.

i.né.di.to [in´ɛditu] *adj* inédit.

i.ne.gá.vel [ineg´avew] *adj* incontestable, indéniable. *Pl: inegáveis.*

i.nér.cia [in´ɛrsjɐ] *sf* 1 inertie. 2 *fig* indolence, inactivité.

i.ner.te [in´ɛrti] *adj* inerte, sans énergie.

i.nes.go.tá.vel [inezgot´avew] *adj* inépuisable. *Pl: inesgotáveis.*

i.nes.pe.ra.do [inesper´adu] *adj* imprévu, imprévisible.

i.nes.que.cí.vel [ineskes´ivew] *adj* inoubliable, ineffaçable, indélébile. *Pl: inesquecíveis.*

i.nes.ti.má.vel [inestim´avew] *adj* inestimable. *Pl: inestimáveis.*

i.ne.vi.tá.vel [inevit´avew] *adj* inévitable, immanquable, incontournable, inséparable, inéluctable. *Pl: inevitáveis.*

i.ne.xo.rá.vel [inezor´avew] *adj* inexorable, implacable. *Pl: inexoráveis.*

i.nex.pe.ri.ên.cia [inesperi´ẽsjɐ] *sf* inexpérience. **uma total inexperiência**

inexperiente neste ramo une totale inexpérience dans ce domaine.

i.nex.pe.ri.en.te [inesperi´ẽti] *adj* inexpérient.

i.nex.pli.cá.vel [inesplik´avew] *adj* inexplicable. *Pl:* inexplicáveis.

in.fa.lí.vel [ĩfal´ivew] *adj* infaillible. *Pl:* infalíveis. **método infalível** méthode infaillible. **remédio infalível contra a tosse** remède infaillible contre la toux.

in.fa.me [ĩf´∧mi] *adj* 1 infame, honteux, indigne. 2 infamant, horrible, ignoble.

in.fâ.mia [ĩf´∧mjə] *sf* 1 infamie, horreur, ignominie, lâcheté. 2 *Lit* flétrissure.

in.fân.cia [ĩf´ãsjə] *sf* enfance. **lembranças da infância** souvenirs d'enfance. **um amigo de infância** un camarade, un ami d'enfance.

in.fan.ti.cí.dio [ĩfãtis´idju] *sm* infanticide.

in.fan.til [ĩfãt´iw] *adj* infantile. *Pl:* infantis. **doenças infantis** maladies infantiles. **medicina infantil** médecine infantile. **mortalidade infantil** mortalité infantile.

in.far.to [ĩf´artu] *sm Med* infarctus. **infarto do miocárdio** infarctus du myocarde.

in.fa.ti.gá.vel [ifatig´avew] *adj* infatigable, inlassable. *Pl:* infatigáveis.

in.fec.ção [ĩfeks´ãw] *sf Med* infection. *Pl:* infecções.

in.fec.ci.o.nar [ĩfeksjon´ar] *vt* infectionner.

in.fec.tar [ĩfekt´ar] *vt* infecter, envenimer.

in.fe.li.ci.da.de [ĩfelisid´adi] *sf* malheur, infélicité. **é uma infelicidade** c'est un malheur. **trazer infelicidade** porter malheur.

in.fe.liz [ĩfel´is] *adj* malheureux.

in.fe.ri.or [ĩferi´or] *adj* inférieur.

in.fe.ri.o.ri.da.de [ĩferjorid´adi] *sf* infériorité.

in.fer.nal [ĩfern´aw] *adj* 1 infernal. 2 insupportable. *Pl:* infernais.

in.fer.no [if´εrnu] *sm* 1 *Rel* enfer, géhenne. 2 *fig* tourment.

in.fer.ti.li.da.de [ĩfertilid´adi] *sf* infertilité, stérilité.

in.fi.de.li.da.de [ĩfidelid´adi] *sf* infidélité, inconstance.

in.fi.el [ĩfi´εw] *sm* 1 infidèle. 2 celui qui ne professe pas la religion considérée comme vraie. • *adj* 1 inexacte. 2 adultère, volage. *Pl:* infiéis.

in.fil.tra.ção [ĩfiwtr´asãw] *sf* infiltration. *Pl:* infiltrações.

in.fi.ni.ti.vo [ĩfinit´ivu] *sm Gram* infinitif.

in.fi.ni.to [ĩfin´itu] *sm+adj* infini, immense.

in.fla.ção [ĩflas´ãw] *sf Com* inflation. *Pl:* inflações. **inflação galopante** inflation galopante.

in.fla.ma.ção [ĩflamas´ãw] *sf* inflammation. *Pl:* inflamações.

in.fla.mar [ĩflam´ar] *vt* 1 enflammer, allumer. 2 *fig* échauffer, exciter. *vpr* 4 s'enflammer. 5 *Poét* devenir très brillant (le regard). 6 *Med* prendre les caractères de l'inflammation.

in.fla.má.vel [ĩflam´avew] *adj* inflammable. *Pl:* inflamáveis.

in.fle.xí.vel [ĩfleks´ivew] *adj* inflexible, impitoyable, implacable, intraitable, inébranlable. *Pl:* inflexíveis.

in.flu.ên.cia [ĩflu´ẽsjə] *sf* influence, emprise. *ele tem muita influência* / il a beaucoup d'influence.

in.flu.en.ci.ar [ĩfluẽsi´ar] *vt* influencer, impressionner.

in.for.ma.ção [ĩformas´ãw] *sf* information, renseignement, indication. *pedir uma informação* / demander une information. *Pl:* informações.

in.for.mal [īform'aw] *adj* informel. *Pl: informais.*

in.for.mar [īform'ar] *vt* **1** informer. *vpr* **2** s'informer, se renseigner.

in.for.má.ti.ca [īform'atikə] *sf* informatique. **especialista em informática** informaticien.

in.fra.ção [īfras'ãw] *sf* infraction. *cometer uma infração* / commettre une infraction. *Pl: infrações.* **infração às regras** infraction aux règles.

in.fra.es.tru.tu.ra [īfrəestrut'urə] *sf* infrastructure.

in.fu.são [īfuz'ãw] *sf* infusion. *Pl: infusões.* **uma infusão de menta** une infusion de menthe.

in.ge.nui.da.de [īʒenwid'adi] *sf* ingénuité, naïveté.

in.gê.nuo [īʒ'enwu] *adj* **1** naïf, simple, crédule. *sf* **2** *Teat* rôle de jeune fille simple et naïve.

in.ge.rir [īʒer'ir] *vt* **1** *Fisiol* ingérer. *vpr* **2** s'immiscer.

in.gra.ti.dão [īgratid'ãw] *sf* ingratitude. *Pl: ingratidões.*

in.gra.to [īgr'atu] *adj+sm* ingrat. **ser ingrato com alguém** se montrer, être ingrat pour, vis-à-vis de quelqu'un.

in.gre.di.en.te [īgredi'ẽti] *sm* ingrédient, élément.

in.gres.so [īgr'ɛsu] *sm* **1** entrée, admission. **2** *Cin, Teat* place, ticket.

i.nha.me [iɲ'Ami] *sm Bot* igname.

i.ni.bi.ção [inibis'ãw] *sf* inhibition. *é preciso vencer as inibições* / il faut vaincre les inhibitions. *Pl: inibições.*

i.ni.bi.do [inibi'du] *adj* inhibé.

i.ni.ci.a.ção [inisjas'ãw] *sf* initiation. *Pl: iniciações.*

i.ni.ci.al [inisi'aw] *adj* initial. • *sf* initiale, lettre ou syllabe initiale. *Pl: iniciais.*

i.ni.ci.an.te [inisi'ãti] *s* débutant.

i.ni.ci.ar [inisi'ar] *vt* initier, commencer.

i.ni.ci.a.ti.va [inisjat'ivə] *sf* initiative.

i.ní.cio [in'isju] *sm* **1** début. **2** démarrage.

i.ni.mi.go [inim'igu] *sm+adj* ennemi. *é seu pior inimigo* / c'est son pire ennemi. **inimigo público** ennemi public. **inimigo público número um** ennemi public numéro un.

i.ni.mi.za.de [inimiz'adi] *sf* inimitié, hostilité.

in.je.ção [īʒes'ãw] *sf* injection, piqûre. *Pl: injeções.*

in.je.tar [īʒet'ar] *vt+vpr* injecter.

in.jú.ria [ĩʒ'urjɐ] *sf* injure, insulte, affront, outrage.

in.ju.ri.ar [ĩʒuri'ar] *vt* injurier, insulter, bafouer.

in.jus.ti.ça [ĩʒust'isə] *sf* injustice.

in.jus.to [ĩʒ'ustu] *adj* **1** injuste. *ser injusto com alguém* / être injuste avec, envers quelqu'un. **2** *Jur* indu.

i.no.cên.cia [inos'ẽsjə] *sf* **1** innocence, absence de culpabilité. **2** fraîcheur, ingénuité.

i.no.cen.te [inos'ẽti] *adj* **1** innocent. **2** pur, candide, simple.

i.no.fen.si.vo [inofẽs'ivu] *adj* inoffensif.

i.no.por.tu.no [inoport'unu] *adj* inopportun, incommode. **o momento é inoportuno** le moment est inopportun.

i.no.va.ção [inovas'ãw] *sf* innovation. *Pl: inovações.*

i.no.var [inov'ar] *vt* innover.

i.no.xi.dá.vel [inoksid'avew] *adj* inoxydable. *Pl: inoxidáveis.*

in.qué.ri.to [ĩk'ɛritu] *sm Jur* enquête, perquisition.

in.qui.e.tan.te [ĩkjet'ãti] *adj* étrange, inquiétant.

in.qui.e.to [ĩki'etu] *adj* inquiet. *ela está inquieta, preocupada com seu silêncio* / elle est inquiète de son silence. **um olhar inquieto** un regard inquiet.

in.qui.li.no [ĩkil'inu] *sm* locataire. **ter inquilinos** avoir des locataires.

insanidade   381   **insubstituível**

in.sa.ni.da.de [isanid'adi] *sf* folie, insanité.

ins.cre.ver [iskrev'er] *vt+vpr* inscrire.

ins.cri.ção [iskris'ãw] *sf* inscription. *Pl: inscrições.*

in.se.gu.ran.ça [isegur'ãsa] *sf* 1 insécurité. 2 hésitation, timidité. **a insegurança no metrô** l'insécurité dans le métro.

in.se.mi.na.ção [iseminas'ãw] *sf* insémination. *Pl: inseminações.*

in.sen.si.bi.li.da.de [isẽsibilid'adi] *sf* 1 insensibilité. 2 indifférence. 3 imperméabilité, endurcissement.

in.sen.sí.vel [isẽs'ivew] *adj* 1 insensible. 2 indifférent, imperceptible, insaisissable, inouï. *Pl: insensíveis.*

in.se.to [is'ɛtu] *sm* insecte.

in.sig.ni.fi.can.te [isignifik'ãti] *adj* insignifiant. **é um presente insignificante** c'est un cadeau insignifiant.

in.si.nu.a.ção [isinwas'ãw] *sf* insinuation. *Pl: insinuações.* **uma insinuação pérfida** une insinuation perfide.

in.si.nu.ar [isinu'ar] *vt* 1 insinuer, suggérer. *vpr* 2 s'insinuer.

in.sí.pi.do [is'ipidu] *adj* insipide, fadasse, fade, incolore, inodore. **um prado insípido** un plat insipide.

in.sis.tên.cia [isist'ẽsja] *sf* insistance.

in.sis.tir [isist'ir] *vt* insister, persister.

in.so.la.ção [isolas'ãw] *sf Med* insolation. *Pl: insolações.*

in.so.len.te [isol'ẽti] *adj* insolent.

in.so.lú.vel [isol'uvew] *adj* insoluble, non solvable. *Pl: insolúveis.*

in.sô.nia [is'onja] *sf* insomnie. **horas, noites de insônia** heures, nuits d'insomnie. **remédio contra insônia** remède contre l'insomnie.

ins.pe.ção [ispes'ãw] *sf* inspection. *Pl: inspeções.* **fazer uma inspeção** faire une inspection.

ins.pe.tor [ispet'or] *sm* inspecteur. **inspetor de finanças** inspecteur des finances. **inspetor de polícia** investigateur de police.

ins.pi.ra.ção [ispiras'ãw] *sf* 1 inspiration. 2 *Fisiol* inspiration, inhalation. *Pl: inspirações.*

ins.pi.rar [ispir'ar] *vt+vpr* 1 inspirer. *vt* 2 humer, inhaler.

ins.ta.bi.li.da.de [istabilid'adi] *sf* 1 instabilité. 2 fragilité. 3 *Econ* volatilité. 4 *Lit* inconstance.

ins.ta.lar [istal'ar] *vt+vpr* 1 installer. *vt* 2 aménager, fixer, établir.

ins.tan.tâ.neo [istãt'Anju] *adj* instantané, immédiat. **morte instantânea** mort instantanée.

ins.tan.te [ist'ãti] *sm* instant. **no mesmo instante** à l'instant. **num instante** dans un instant.

ins.tá.vel [ist'avew] *adj* 1 instable. 2 fragile, volage, vacillant. *Pl: instáveis.*

ins.tin.ti.vo [istĩt'ivu] *adj* instinctif.

ins.tin.to [ist'ĩtu] *sm* instinct, impulsion. **ele tem o instinto do comércio** / il a l'instinct du commerce.

ins.ti.tu.i.ção [istitwis'ãw] *sf* 1 institution. 2 école. *Pl: instituições.*

ins.ti.tu.to [istit'utu] *sm* institut.

ins.tru.ção [istrus'ãw] *sf* 1 instruction, formation, information, éducation. *Pl: instruções.*

ins.tru.ir [istru'ir] *vt* 1 instruire, enseigner. 2 faire connaître, éclairer, former, informer, éclairer. 3 *Jur* instruire une cause, un procès. *vpr* 4 s'instruire.

ins.tru.men.to [istrum'ẽtu] *sm* instrument, engin. **instrumento de cordas** *Mús* les cordes. **instrumento de percussão** *Mús* la percussion.

ins.tru.ti.vo [istrut'ivu] *adj* instructif. **uma conversa instrutiva** une conversation instructive.

ins.tru.tor [istrut'or] *sm+adj* instructeur.

in.subs.ti.tu.í.vel [isubstitu'ivew] *adj* irremplaçable. *Pl: insubstituíveis.*

in.su.fi.ci.en.te [isufisi´ẽti] *adj* insuffisant.

in.su.li.na [ĩsul´inə] *sf* insuline. **injeções de insulina** des injections d'insuline.

in.sul.tar [ĩsuwt´ar] *vt* insulter, injurier, outrager.

in.sul.to [ĩs´uwtu] *sm* insulte, outrage, affront, algarade, injure, vexation.

in.su.por.tá.vel [ĩsuport´avew] *adj* insupportable, intolérable. *Pl: insuportáveis.*

in.tac.to [ĩt´aktu] *adj* intact. **reputação intacta** réputation intacte. *Var: intato.*

ín.te.gra [´ĩtegrə] *sf* totalité, intégrité. **na íntegra** intégralement, en entier.

in.te.gra.ção [ĩtegras´ãw] *sf* intégration, insertion, incorporation, participation. *Pl: integrações.*

in.te.gral [ĩtegr´aw] *adj* intégral. *Pl: integrais.* **arroz integral** riz complet. **leite integral** lait entier. **pão integral** pain complet.

in.te.grar [ĩtegr´ar] *vt* intégrer, incorporer, assimiler. **tratamento integrado de dados** traitement intégré de données.

in.te.gri.da.de [ĩtegrid´adi] *sf* intégrité, honnêteté, incorruptibilité. **em sua integridade** dans son intégrité.

ín.te.gro [´ĩtegru] *adj* intègre, honnête. **uma vida íntegra** une vie intègre.

in.tei.ro [ĩt´ejru] *adj* **1** entier, complet. **2** juste, droit. • *sm* entier. **o dia inteiro** toute la journée. **por inteiro** entièrement.

in.te.lec.tu.al [ĩtelektu´aw] *s+adj* intellectuel. *ela é muito intelectual* / elle est très intellectuelle. *Pl: intelectuais.* **cansaço intelectual** fatigue intellectuelle. **carreira intelectual** carrière intellectuelle. **esforço, trabalho intelectual** effort, travail intellectuel.

in.te.li.gên.cia [ĩteliʒ´ẽsjə] *sf* intelligence, entendement.

in.te.li.gen.te [ĩteliʒ´ẽti] *adj* intelligent.

in.tem.pé.rie [ĩtẽp´ɛrji] *sf* intempérie.

in.ten.ção [ĩtẽs´ãw] *sf* intention, dessein, désir, volonté, visée, propos. *Pl: intenções.* **com a intenção de** dans l'intention de. **ter a intenção de** avoir l'intention de.

in.ten.si.da.de [ĩtẽsid´adi] *sf* intensité, véhémence.

in.ten.si.fi.car [ĩtẽsifik´ar] *vt* intensifier.

in.ten.si.vo [ĩtẽs´ivu] *adj* intensif.

in.ten.so [ĩt´ẽsu] *adj* intense, fort, vif, ardent.

in.te.ra.ção [ĩteras´ãw] *sf* interaction. *Pl: interações.*

in.te.ra.gir [ĩteraʒ´ir] *vt* interagir.

in.te.ra.ti.vi.da.de [ĩterativid´adi] *sf* interactivité.

in.te.ra.ti.vo [ĩterat´ivu] *adj* interactif. **brincadeiras interativas** des jeux interactifs.

in.ter.ca.lar [ĩterkal´ar] *vt* alterner, intercaler.

in.ter.câm.bio [ĩterk´ãbju] *sm* échange.

in.ter.ce.der [ĩtersed´er] *vt* intercéder, intervenir en faveur de quelqu'un.

in.ter.cep.tar [ĩtersept´ar] *vt* intercepter.

in.ter.dis.ci.pli.nar [ĩterdisiplin´ar] *adj* interdisciplinaire, pluridisciplinaire.

in.ter.dis.ci.pli.na.ri.da.de [ĩterdisiplinarid´adi] *sf* interdisciplinarité.

in.ter.di.tar [ĩterdit´ar] *vt* interdire, prohiber.

in.te.res.san.te [ĩteres´ãti] *adj* intéressant. **negócio interessante** affaire intéressante.

in.te.res.sar [ĩteres´ar] *vt+vpr* intéresser.

in.te.res.se [ĩter´esi] *sm* **1** intérêt. **2** importance. **3** *interesses pl fig* profit, avantage. **casamento de interesse** mariage d'intérêt. **ter interesse em** avoir intérêt à.

in.te.res.sei.ro [ĩteres´ejru] *sm* calculateur, égoïste.

in.ter.fe.rir [ĩterfer´ir] *vt* intervenir, interférer.

in.ter.fo.ne [ĩterf´oni] *sm* interphone.

in.te.ri.or [ĩteri´or] *adj+sm* **1** intérieur, intrinsèque, interne. **2** *Lit* intime.

in.te.ri.o.ri.zar [ĩterjoriz´ar] *vt* intérioriser.

in.ter.jei.ção [ĩterʒejs´ãw] *sf Gram* interjection. *Pl: interjeições.*

in.ter.lo.cu.tor [ĩterlokut´or] *sm* interlocuteur.

in.ter.me.di.á.rio [ĩtermedi´arju] *sm*+ *adj* intermédiaire. *ela escolheu uma solução intermediária* / elle a choisi une solution intermédiaire.

in.ter.mé.dio [ĩterm´ɛdju] *sm* intermédiaire.

in.ter.mi.ná.vel [ĩtermin´avew] *adj* interminable. *Pl: interimináveis.*

in.ter.na.ção [ĩternas´ãw] *sf* hospitalisation, internement. *Pl: internações.*

in.ter.na.ci.o.nal [ĩternasjon´aw] *adj* international. *Pl: internacionais.*

in.ter.na.ci.o.na.li.zar [ĩternasjonaliz´ar] *vt* internationaliser.

in.ter.nar [ĩtern´ar] *vt* **1** interner, enfermer, hospitaliser. *vpr* **2** s'interner.

in.ter.na.to [ĩtern´atu] *sm* internat.

in.ter.no [ĩt´ɛrnu] *sm* interne.

in.ter.pre.ta.ção [ĩterpretas´ãw] *sf* interprétation. *Pl: interpretações.* **escola de interpretação** école d'interprétation. **interpretação de um personagem** interprétation d'un personnage. **interpretação simultânea** interprétation simultanée.

in.ter.pre.tar [ĩterpret´ar] *vt* interpréter.

in.tér.pre.te [ĩt´ɛrpreti] *s* interprète, exégète. **intérprete e tradutor** interprète et traducteur.

in.ter.ro.gar [ĩteŕog´ar] *vt* interroger.

in.ter.ro.ga.ti.vo [ĩteŕogat´ivu] *adj* interrogatif.

in.ter.ro.ga.tó.rio [ĩteŕogat´ɔrju] *sm* interrogatoire.

in.ter.rom.per [ĩteŕõp´er] *vt* interrompre.

in.te.rur.ba.no [ĩterurb´ʌnu] *adj* interurbain.

in.ter.va.lo [ĩterv´alu] *sm* intervalle, espace, espacement.

in.ter.ven.ção [ĩtervẽs´ãw] *sf* intervention, ingérence, intrusion. *Pl: intervenções.* **intervenção cirúrgica** chirurgie.

in.ter.vir [ĩterv´ir] *vt* intervenir, ingérer.

in.tes.ti.no [ĩtest´inu] *sm* **1** *Anat* intestin. **2** *pop* boyaux, entrailles.

in.ti.mar [ĩtim´ar] *vt Jur* intimer, signifier avec autorité, sommer.

in.ti.mi.da.ção [ĩtimidas´ãw] *sf* menace, intimidation. *Pl: intimidações.*

in.ti.mi.da.de [ĩtimid´adi] *sf* intimité.

in.ti.mi.dar [ĩtimid´ar] *vt* **1** intimider, effaroucher, effrayer, impressionner. *vpr* **2** s'intimider.

in.ti.mo [´ĩtimu] *sm* intime. **roupas íntimas** lingerie.

in.to.le.rân.cia [ĩtoler´ãsjə] *sf* intolérance.

in.to.xi.ca.ção [ĩtoksikas´ãw] *sf* intoxication. *Pl: intoxicações.*

in.to.xi.car [ĩtoksik´ar] *vt* intoxiquer.

in.tra.du.zí.vel [ĩtraduz´ivew] *adj* intraduisible. *Pl: intraduzíveis.*

in.tra.gá.vel [ĩtrag´avew] *adj* **1** insupportable. **2** imbuvable. *Pl: intragáveis.*

in.tra.mus.cu.lar [ĩtramuskul´ar] *adj* intramusculaire. **injeção intramuscular** injection intramusculaire.

in.tran.si.gên.cia [ĩtrãziʒ´ẽsjə] *sf* **1** intransigeance, intolérance. **2** *fig* austérité.

in.tran.si.ti.vo [ĩtrãzit´ivu] *adj Gram* intransitif. **verbo intransitivo** verbe intransitif.

in.tré.pi.do [ĩtr´ɛpidu] *adj* intrépide.

in.tri.ga [ĩtr´igə] *sf* **1** intrigue. **2** scénario. **tecer intrigas** se livrer à des intrigues.

introdução   384   **invólucro**

in.tro.du.ção [ĩtrodus'ãw] *sf* introduction, initiation. *Pl: introduções.* **breve introdução** brève introduction.

in.tro.du.zir [ĩtroduz'ir] *vt* introduire, implanter, incorporer, injecter, insérer.

in.tro.me.ti.do [ĩtromet'idu] *sm* indiscret, intrigant.

in.tro.mis.são [ĩtromis'ãw] *sf* intromission. *Pl: intromissões.*

in.tros.pec.ção [ĩtrospeks'ãw] *sf* introspection, intériorisation. *Pl: introspecções.*

in.tro.ver.ti.do [ĩtrovert'idu] *adj* introverti.

in.tru.são [ĩtruz'ãw] *sf* ingérence, intervention, intrusion. *Pl: intrusões.*

in.tru.so [ĩtr'uzu] *adj* intrus, indésirable.

in.tu.i.ção [ĩtwis'ãw] *sf* 1 intuition. 2 pressentiment. *Pl: intuições.* **ter intuição** avoir de l'intuition, avoir du flair.

in.tu.ir [ĩtu'ir] *vt* 1 pressentir, présager, prévoir. 2 sentir.

i.nu.mar [inum'ar] *vt* inhumer.

i.nun.dar [inũd'ar] *vt* inonder.

i.nú.til [in'utiw] *adj* inutile, inefficace, vain. *Pl: inúteis.* **é inútil pensar nisto** il est vain d'y penser. **nesse caso o meu trabalho ficaria sendo inútil** en ce cas mon travail serait devenu sans but.

i.nu.ti.li.da.de [inutilid'adi] *sf* 1 inutilité. 2 chose superflue, inutile.

in.va.dir [ĩvad'ir] *vt* envahir.

in.va.li.dez [ĩvalid'es] *sf* invalidité, *handicap.* **pensão de invalidez** pension d'invalidité.

in.vá.li.do [ĩv'alidu] *sm+adj* invalide, infirme.

in.va.ri.á.vel [ĩvari'avew] *adj* invariable, fixe, immuable. *Pl: invariáveis.*

in.va.são [ĩvaz'ãw] *sf* invasion, incursion, irruption, envahissement. *Pl: invasões.*

in.ve.ja [ĩv'εʒə] *sf* envie. **causar inveja** faire envie. **estar morto de inveja** crever d'envie.

in.ve.jar [ĩveʒ'ar] *vt* envier, jalouser.

in.ven.ção [ĩvẽs'ãw] *sf* 1 invention, découverte. 2 *fig* imagination, exagération. *Pl: invenções.*

in.ven.cí.vel [ĩvẽs'ivew] *adj* invincible, imbattable, indomptable, insurmontable, invulnérable. *Pl: invencíveis.*

in.ven.tar [ĩvẽt'ar] *vt* 1 inventer. 2 imaginer, improviser, innover. 3 *fig* forger.

in.ven.tor [ĩvẽt'or] *sm* inventeur.

in.ver.no [ĩv'εrnu] *sm* hiver. **no maior rigor do inverno** par l'hiver le plus dur.

in.ver.são [ĩvers'ãw] *sf* inversion. *Pl: inversões.*

in.ver.so [ĩv'εrsu] *sm+adj* inverse, contraire.

in.ver.te.bra.do [ĩvertebr'adu] *sm+adj Zool* invertébré.

in.ver.ter [ĩvert'er] *vt* 1 intervertir, renverser, inverser. 2 changer. **para que se há de inverter a ordem natural das coisas?** à quoi bon renverser l'ordre naturel des choses?

in.vés [ĩv'εs] *sm* contraire, opposé. **ao invés** au contraire, tout autrement. **ao invés de** au lieu de.

in.ves.ti.ga.ção [ĩvestigas'ãw] *sf* 1 investigation, recherche. 2 enquête. *Pl: investigações.*

in.ves.ti.gar [ĩvestig'ar] *vt* 1 faire des investigations. 2 fouiller. 3 enquêter.

in.ves.ti.men.to [ĩvestim'ẽtu] *sm Com* investissement.

in.ves.tir [ĩvest'ir] *vt* investir.

in.vi.sí.vel [ĩviz'ivew] *adj* invisible. *Pl: invisíveis.*

in.vo.ca.ção [ĩvokas'ãw] *sf* invocation. *Pl: invocações.*

in.vo.car [ĩvok'ar] *vt* invoquer.

in.vó.lu.cro [ĩv'ɔlukru] *sm* enveloppe.

in.vo.lun.tá.rio [ĩvolũtˈarju] *adj* involontaire.

in.vul.ne.rá.vel [ĩvuwnerˈavew] *adj* invulnérable, intouchable. *Pl:* invulneráveis.

i.o.do [iˈodu] *sm Quim* iode.

i.o.gur.te [jogˈurti] *sm* yoghurt, yaourt.

ir [ˈir] *vt+vi* aller.

i.ra [ˈirɐ] *sf* colère.

i.ra.ni.a.no [iranjˈʌnu] *adj+sm* iranien.

i.ras.ci.bi.li.da.de [irasibilidˈadi] *sf* irascibilité, irritabilité.

i.ras.cí.vel [irasˈivew] *adj* irascible, acariâtre, irritable, maussade. *Pl:* irascíveis.

í.ris [ˈiris] *sm* 1 *Bot* glaïeul. *sf* 2 *Anat* iris.

ir.lan.dês [irlãdˈes] *adj+sm* irlandais.

ir.mã [irmˈã] *sf* 1 sœur. 2 *Rel* religieuse, nonne. **meia-irmã** demi-sœur.

ir.mão [irmˈãw] *sm* frère, frangin. *Pl:* irmãos. **meio-irmão** demi-frère.

i.ro.ni.a [ironˈiɐ] *sf* ironie.

i.rô.ni.co [irˈoniku] *adj* ironique.

ir.ra.ci.o.nal [irasjonˈaw] *adj* irrationnel. *Pl:* irracionais.

ir.ra.di.a.ção [iradjasˈãw] *sf* irradiation. *Pl:* irradiações.

ir.re.al [ireˈaw] *adj* irréel, impossible. *Pl:* irreais. **aspecto irreal** aspect irréel. **universo irreal** univers irréel.

ir.re.a.li.zá.vel [irealizˈavew] *adj* impraticable, chimérique, impossible, inaccessible, infaisable. *Pl:* irrealizáveis.

ir.re.co.nhe.cí.vel [irekoɲesˈivew] *adj* méconnaissable. *Pl:* irreconhecíveis.

ir.re.du.tí.vel [iredutˈivew] *adj* irréductible, indomptable, intraitable. *Pl:* irredutíveis.

ir.re.fu.tá.vel [irefutˈavew] *adj* irréfutable, indiscutable, indéniable. *Pl:* irrefutáveis.

ir.re.gu.lar [iregulˈar] *adj* 1 irrégulier. 2 *Jur* illégitime.

ir.re.le.van.te [irelevˈãti] *adj* dérisoire, insignifiant, futile.

ir.re.pa.rá.vel [ireparˈavew] *adj* irréparable, irrémédiable. *Pl:* irreparáveis. **perda irreparável** perte irréparable.

ir.re.pre.en.sí.vel [irepreẽsˈivew] *adj* impeccable, irréprochable, irrépréhensible. *Pl:* irrepreensíveis.

ir.re.qui.e.to [irekiˈetu] *adj* turbulent.

ir.re.sis.tí.vel [irezistˈivew] *adj* irrésistible. *Pl:* irresistíveis. **charme irresistível** charme irrésistible.

ir.re.so.lu.ção [irezolusˈãw] *sf* indécision, vacillation, vacillement. *Pl:* irresoluções.

ir.res.pon.sa.bi.li.da.de [irespõsabilidˈadi] *sf* inconscience, irresponsabilité.

ir.res.pon.sá.vel [irespõsˈavew] *adj* irresponsable. *Pl:* irresponsáveis.

ir.re.ve.ren.te [ireverˈẽti] *adj* irrévérent.

ir.re.ver.sí.vel [ireversivˈew] *adj* irréversible. *Pl:* irreversíveis. **evolução irreversível** évolution irréversible.

ir.ri.ga.ção [irigasˈãw] *sf* irrigation. *Pl:* irrigações.

ir.ri.só.rio [irizˈɔrju] *adj* dérisoire. **salário irrisório** salaire dérisoire.

ir.ri.ta.bi.li.da.de [iritabilidˈadi] *sf* irritabilité.

ir.ri.ta.ção [iritasˈãw] *sf* irritation, exaspération. *Pl:* irritações.

ir.ri.tar [iritˈar] *vt* 1 irriter, énerver, exaspérer, envenimer, exacerber. *vpr* 2 s'irriter, s'énerver.

ir.rup.ção [irupsˈãw] *sf* irruption, entrée, incursion, intrusion. *Pl:* irrupções.

is.ca [ˈiskɐ] *sf* appât, ver, amorce, ver de terre. **morder a isca** *fig* mordre, gober l'hameçon.

i.sen.ção [izẽsˈãw] *sf* exemption. *Pl:* isenções.

i.sen.tar [izẽtˈar] *vt+vpr* exempter.

is.la.mis.mo [izlamˈizmu] *sm* islamisme.

is.la.mis.ta [izlamˈistɐ] *adj+s* islamiste.

i.so.la.ção [izolas'ãw] *sf* isolation, isolement. *Pl: isolações.*
i.so.la.men.to [izolam'ẽtu] *sm* **1** isolement. **2** quarantaine. **3** *Fís* isolation.
i.so.lan.te [izol'ãti] *adj+sm* isolant. **isolante elétrico** isolant électrique.
i.so.lar [izol'ar] *vt* isoler.
i.sós.ce.les [iz'ɔselis] *adj Mat* isocèle. **triângulo isósceles** triangle isocèle.
is.quei.ro [isk'ejru] *sm* briquet.

is.ra.e.li.ta [izr̃ael'itə] *adj+s* israélite, hébreu.
is.so ['isu] *pron* ce, cela. **é isso mesmo** c'est ça. **é por isso** voilà pourquoi. **isso!** voilà! **por isso** ainsi, à cause de ça.
ist.mo ['istmu] *sm* isthme.
is.to ['istu] *pron* ceci. **isto e aquilo** ceci et cela.
i.ti.ne.rá.rio [itiner'arju] *sm* **1** itinéraire. **2** route.

j

j [ʒˈɔtə] *sm* la dixième lettre de l'alphabet de la langue portugaise.

já [ʒˈa] *adv+conj* déjà. **já!** partez! **já que** puisque.

ja.ca.ré [ʒakaɾˈɛ] *sm Zool* crocodile.

jac.tar-se [ʒaktˈaɾsi] *vpr* se vanter.

ja.de [ʒˈadi] *sm Min* jade.

ja.gua.ti.ri.ca [ʒagwatiɾˈikə] *sf Zool* ocelot, chat-tigre.

ja.le.co [ʒalˈɛku] *sm* veste courte.

ja.mais [ʒamˈajs] *adv* jamais.

ja.nei.ro [ʒanˈejɾu] *sm* janvier.

ja.ne.la [ʒanˈɛlə] *sf* **1** fenêtre. **2** *Inform* fenêtre. **jogar dinheiro pela janela** jeter l'argent par les fenêtres.

jan.ga.da [ʒãgˈadə] *sf* radeau.

jan.tar [ʒãtˈaɾ] *sm* dîner, souper. • *vt+vi* dîner, souper. **jantar à luz de velas** dîner aux chandelles.

ja.que.ta [ʒakˈetə] *sf* veste.

jar.dim [ʒaɾdˈĩ] *sm* jardin. **jardim de infância** jardin d'enfants. **jardim zoológico** zoo. **regar o jardim** arroser son jardin.

jar.di.na.gem [ʒaɾdinˈaʒẽj] *sf* jardinage. *Pl: jardinagens.*

jar.di.nei.ro [ʒaɾdinˈejɾu] *sm* jardinier.

jar.ra [ʒˈarə] *sf* pot à eau, broc, vase.

jar.ro [ʒˈaru] *sm* pot à eau, carafe d'eau, pichet.

jas.mim [ʒazmˈĩ] *sm Bot* jasmin.

ja.to [ʒˈatu] *sm* jet, jaillissement. **jato d'água** jet d'eau. **jato de vapor** jet de vapeur.

jau.la [ʒˈawlə] *sf* cage.

ja.va.li [ʒavalˈi] *sm Zool* sanglier, porc sauvage.

ja.zer [ʒazˈeɾ] *vi* gésir. **aqui jaz** ci-gît.

ja.zi.go [ʒazˈigu] *sm* tombeau, sépulture.

jei.to [ʒˈejtu] *sm* **1** manière, façon, tournure. **2** moyen. **3** aptitude. **dar um jeito** s'y retrouver, rafistoler. **de jeito nenhum** jamais de la vie, pour rien au monde, en aucun cas. **não ter jeito para** être maladroit.

jei.to.so [ʒejtˈozu] *adj* adroit.

je.ju.ar [ʒeʒuˈaɾ] *vi+vt* jeûner.

je.jum [ʒeʒˈũ] *sm* jeun. *Pl: jejuns.* **em jejum** à jeun.

je.su.í.ta [ʒezuˈitə] *sm* jésuite.

Je.sus [ʒezˈus] *sm Rel* Jésus. • *interj* Jésus! **Jesus Cristo** Jésus Christ.

jo.a.lhe.ri.a [ʒoaʎeɾˈiə] *sf* bijouterie, joaillerie.

jo.a.ne.te [ʒoanˈɛti] *sm* oignon.

jo.a.ni.nha [ʒoan'iɲə] *sf Zool* coccinelle.

jo.ão-nin.guém [ʒoãwnĩg'ẽj] *sm* jean-foutre. *Pl:* joões-ninguém.

jo.e.lhei.ra [ʒoeʎ'ejrə] *sf* genouillère.

jo.e.lho [ʒo'eʎu] *sm Anat* genou. **de joelhos** à genoux. **ficar ou pôr-se de joelhos** se mettre à genoux.

jo.ga.dor [ʒogad'or] *sm* joueur.

jo.gar [ʒog'ar] *vt+vi* 1 jouer. *vpr* 2 se jeter, se lancer. **jogar bola** jouer au ballon. **jogar fora** jeter, lancer. **jogar na cara** jeter ou lancer à la figure.

jo.go [ʒ'ogu] *sm* 1 jeu. 2 *Esp* match. **jogo de palavras** jeu de mots.

joi.a [ʒ'ɔjə] *sf* bijou.

jor.na.da [ʒorn'adə] *sf* journée.

jor.nal [ʒorn'aw] *sm* 1 journée. 2 journal. *Pl:* jornais. **jornal diário** quotidien. **jornal econômico, financeiro** journal économique, financier. **jornal falado** journal parlé. **recorte de jornal** coupure de journal. **jornal televisivo** journal télévisé.

jor.na.lei.ro [ʒornal'ejru] *sm* 1 journalier. 2 marchand à journaux, kiosquier. • *adj* journalier.

jor.na.lis.mo [ʒornal'izmu] *sm* journalisme.

jor.rar [ʒoʀ'ar] *vt+vi* jaillir, rejaillir, gicler.

jor.ro [ʒ'oʀu] *sm* jaillissement, giclée, giclement.

jo.ta [ʒ'ɔtə] *sm* le nom de la lettre J.

jo.vem [ʒ'ɔvẽj] *adj* jeune. • *s* 1 jeune homme, jeune femme. 2 **jovens** *pl* jeunes-gens. **faire jeune** aparentar ser mais jovem do que na realidade.

jo.vi.al [ʒovi'aw] *adj* jovial, gai. 2 joyeux. *Pl:* joviais.

ju.ba [ʒ'ubə] *sf Zool* crinière.

ju.bi.la.ção [ʒubilas'ãw] *sf* jubilation. *Pl:* jubilações.

ju.bi.lar [ʒubil'ar] *vi* 1 jubiler, se livrer à une grande joie. *vt* 2 réjouir, égayer. *vpr* 3 se réjouir.

ju.bi.leu [ʒubil'ew] *sm* jubilé.

jú.bi.lo [ʒ'ubilu] *sm* grande joie, exultation, jubilation.

ju.da.ís.mo [ʒuda'izmu] *sm* judaïsme.

ju.deu [ʒud'ew] *sm+adj* juif.

ju.di.ar [ʒudi'ar] *vt pop* tourmenter.

ju.di.ci.á.rio [ʒudisi'arju] *adj+sm* judiciaire.

ju.go [ʒ'ugu] *sm* 1 joug. 2 pièce de bois à laquelle on attache les bœufs. 3 *fig* servitude, sujétion.

ju.iz [ʒu'is] *sm* 1 juge, arbitre. 2 *Esp* arbitre.

ju.í.zo [ʒu'izu] *sm* 1 jugement, opinion, avis. 2 sagesse, prudence. **crianças, juízo!** soyez sages, les enfants! **juízo final** jugement dernier.

jul.ga.men.to [ʒuwgam'ẽtu] *sm* jugement.

jul.gar [ʒuwg'ar] *vt* 1 supposer, estimer. 2 juger, arbitrer. *vpr* 3 s'estimer, se croire.

ju.lho [ʒ'uʎu] *sm* juillet.

ju.li.a.na [ʒulj'ʌnə] *sf+adj* julienne. **juliana de legumes** potage fait de légumes variés.

ju.men.to [ʒum'ẽtu] *sm* 1 âne. 2 *fig* bête, idiot, ignorant, imbécile.

jun.ção [ʒũs'ãw] *sf* jonction, union. *Pl:* junções.

ju.nho [ʒ'uɲu] *sm* juin.

jun.ta [ʒ'ũtə] *sf* 1 articulation. 2 joint, jointure, emboîtement (des os).

jun.tar [ʒũt'ar] *vt* 1 rassembler, réunir. 2 joindre. *vpr* 3 se rassembler, se réunir, se joindre.

jun.to [ʒ'ũtu] *adj* joint, uni, lié. • *adv* ensemble. **junto de** ou **junto a** auprès de.

ju.ra [ʒ'urə] *sf* 1 serment. 2 juron, imprécation.

ju.ra.do [ʒur'adu] *sm Jur* 1 juré. 2 jurat. • *adj* juré.

ju.ra.men.to [ʒuram'ẽtu] *sm* serment.

ju.rar [ʒur'ar] *vt+vi* jurer, prêter serment ou attester par serment.

ju.ris.di.ção [ʒurizdis´ãw] *sf Jur* juridiction. *Pl: jurisdições*.

ju.ris.pru.dên.cia [ʒurisprudẽ´sjə] *sf* jurisprudence.

ju.ris.ta [ʒur´istə] *s Jur* juriste.

ju.ro [ʒ´uru] *sm Com* intérêts. **juro vencido** intérêts échus.

jus [ʒ´us] *sm* droit qui découle de la loi écrite ou naturelle. **fazer jus a alguma coisa** faire de son mieux pour mériter quelque chose, pour y avoir droit.

jus.ta [ʒ´ustə] *sf* **1** joute, combat à cheval. **2** *fig* dispute.

jus.ta.por [ʒustap´or] *vt+vpr* juxtaposer.

jus.ti.ça [ʒust´isə] *sf* justice. **fazer justiça** faire justice. **Ministério da Justiça** Ministère de la Justice.

jus.ti.cei.ro [ʒustis´ejru] *sm* justicier.

jus.ti.fi.car [ʒustifik´ar] *vt+vpr* justifier.

jus.ti.fi.cá.vel [ʒustifik´avew] *adj* justifiable, excusable. *Pl: justificáveis*.

jus.to [ʒ´ustu] *adj* **1** juste. **2** équitable, exact. • *sm* l'homme vertueux. • *adv* avec justesse.

ju.ve.nil [ʒuven´iw] *adj* juvénile. *Pl: juvenis*.

ju.ven.tu.de [ʒuvẽt´udi] *sf* jeunesse.

k

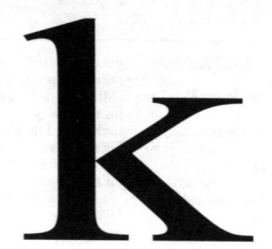

k [k′a] *sm* la onzième lettre de l'alphabet de la langue portugaise.

kart [k′art] *sm Ingl kart.*
ketchup [ketʃ′Λp] *sm Ingl ketchup.*

1

[ˈɛli] sm la douzième lettre de l'alphabet de la langue portugaise.

a [lə] pron pess f sing la.
á [lˈa] sm la, sixième note musicale. • adv là, là-bas. **lá embaixo** là-dessous. **lá em cima** là-dessus. **lá está ele!** le voilà! **lá longe** là-bas.
ã [lˈã] sf laine.
a.ba.re.da [labarˈedə] sf flamme.
á.bia [lˈabjə] sf baratin, boniment.
a.ço [lˈasu] sm lèvre.
a.bio [lˈabju] sm lèvre.
a.bi.rin.to [labirˈĩtu] sm labyrinthe.
a.bo.ra.tó.rio [laboratˈɔrju] sm laboratoire.
a.bu.ta [labˈutə] sf travail.
a.çar [lasˈar] vt lacer, piéger.
a.ço [lˈasu] sm **1** lacet, nœud. **2** fig piège, embûche.
a.crar [lakrˈar] vt Dir apposer les scellés.
a.cre [lˈakri] sm cire, scellés.
a.cri.me.jar [lakrimeʒˈar] vi larmoyer.
ac.ta.ção [laktasˈãw] sf lactation. Pl: lactações.
ác.teo [lˈaktju] adj lacté. **Via Láctea** Astron Voie Lactée.
a.da.i.nha [ladaˈiɲə] sf Rel litanie.
a.dei.ra [ladˈejrə] sf pente.
a.do [lˈadu] sm côté. **ao lado de** à côté de. **do lado paterno** du côté paternel. **por outro lado** d'autre part, par contre.

la.drão [ladrˈãw] sm voleur, cambrioleur. Pl: ladrões.
la.drar [ladrˈar] vi aboyer, japper, glapir.
la.dri.lhar [ladriʎˈar] vt carreler.
la.dri.lho [ladrˈiʎu] sm carreau.
la.dro.ei.ra [ladroˈejrə] sf vol, extorsion, escroquerie.
la.gar.ta [lagˈartə] sf Zool chenille.
la.gar.ti.xa [lagartˈiʃə] sf Zool lézard gris, lézard de mur.
la.gar.to [lagˈartu] sm Zool lézard.
la.go [lˈagu] sm lac, bassin.
la.go.a [lagˈoə] sf étang, lagune.
la.gos.ta [lagˈostə] sf Zool langouste.
lá.gri.ma [lˈagrimə] sf larme.
lai.a [lˈajə] sf pop acabit, espèce, quantité, nature. **eles são da mesma laia** ils sont de la même farine.
lai.co [lˈajku] adj laïque.
la.je [lˈaʒi] sf dalle.
la.jo.ta [laʒˈɔtə] sf type de carreau.
la.ma [lˈʌmə] sf boue, vase, bourbe.
la.ma.çal [lamasˈaw] sm bourbier. Pl: lamaçais.
lam.ber [lˈãber] vt **1** lécher. vpr **2** pop se lécher.
lam.bi.da [lãbˈidə] sf lèchement.
lam.bis.car [lãbiskˈar] vt fam pignocher, chipoter.
lam.bu.zar [lãbuzˈar] vi barbouiller.

lamentar 392 latido

la.men.tar [lamẽt'ar] *vt+vi* **1** regretter, déplorer. *vpr* **2** se lamenter, se plaindre.
la.men.to [lam'ẽtu] *sm* lamentation, plainte.
lâ.mi.na [l'∧minə] *sf* lame.
lâm.pa.da [l'ãpadə] *sf* lampe. **lâmpada fluorescente** lampe fluorescente, néon.
lam.pe.jo [lãp'eʒu] *sm* **1** étincellement, scintillation. **2** éclair.
lam.pi.ão [lãpi'ãw] *sm* **1** lampion, lanterne. **2** reverbère. *Pl:* lampiões.
la.mú.ria [lam'urjə] *sf* plainte, lamentation, jérémiade.
lan.ça [l'ãsə] *sf* lance, javelot, pique.
lan.ça.men.to [lãsam'ẽtu] *sm* **1** lancement. **2** projection. **3** *fig* nouveauté.
lan.çar [lãs'ar] *vt+vpr* lancer.
lan.ce [l'ãsi] *sm* **1** jet. **2** vicissitude. **3** *fam* épisode. **lance de dados** coup de dés. **no primeiro lance** d'emblée, du premier coup. **lance de escadas** volée.
lan.cha [l'ãʃə] *sf* hors-bord, chaloupe, canot.
lan.char [lãʃ'ar] *vt* goûter, manger quelque chose.
lan.che [l'ãʃi] *sm* goûter, collation, casse-croûte.
lan.cho.ne.te [lãʃon'eti] *sf* fast-food, prêt à manger.
lan.gui.dez [lãgid'es] *sf* langueur, faiblesse.
lan.te.jou.la [lãteʒ'owlə] *sf* paillette.
lan.ter.na [lãt'ɛrnə] *sf* lanterne.
lan.ter.ni.nha [lãtɛrn'iɲə] *sm dim Cin* ouvreuse, placeur.
la.pe.la [lap'ɛlə] *sf* revers.
la.pi.dar [lapid'ar] *vt* lapider.
lá.pi.de [l'apidi] *sf* plaque, pierre sépulcrale.
lá.pis [l'apis] *sm sing+pl* crayon. **lápis para os olhos** crayon à sourcils.
la.pi.sei.ra [lapiz'ejrə] *sf* stylomine, porte-mine.

lap.so [l'apsu] *sm* **1** laps de temps. **2** lapsus, oubli, inadvertence.
la.que.ar [lake'ar] *vt Med* laquer. **2** ligaturer.
lar [l'ar] *sm* foyer.
la.ran.ja [lar'ãʒə] *sf* **1** orange. *sm* **2** orange (couleur). • *adj* orangé. **laranja-lima** lime, limette.
la.ran.ja.da [larãʒ'adə] *sf* orangé pressée.
la.rei.ra [lar'ejrə] *sf* cheminée, âtre.
lar.ga.da [larg'adə] *sf Esp* départ.
lar.gar [larg'ar] *vt* **1** laisser, délaisser, abandonner. *vpr* **2** se lâcher.
lar.go [l'argu] *sm* place. • *adj* large.
lar.gu.ra [larg'urə] *sf* largeur.
la.rin.ge [lar'ĩʒi] *sf Anat* larynx.
lar.va [l'arvə] *sf Zool* larve.
las.ca [l'askə] *sf* ébrechure, écaille, échade.
las.car [lask'ar] *vt* **1** ébrecher. *vpr* **2** s'écailler. **de lascar** *fam* horripilant.
las.ci.vo [las'ivu] *adj+sm* lascif.
lás.ti.ma [l'astimə] *sf* **1** plainte, lamentation, pitié.
las.ti.mar [lastim'ar] *vt* **1** déplorer, regretter. *vpr* **2** se plaindre.
las.ti.má.vel [lastim'avew] *adj* regrettable, déplorable, pitoyable. *Pl:* lastimáveis.
la.ta [l'atə] *sf* **1** fer-blanc. **2** boîte de fer-blanc. **abridor de lata(s)** ouvre-boîte(s). **lata de lixo** poubelle.
la.tão [lat'ãw] *sm* laiton, alliage de cuivre jaune et de zinc. *Pl:* latões.
la.te.jar [lateʒ'ar] *vi* lanciner, palpiter, battre.
la.ten.te [lat'ẽti] *adj* latent.
la.te.ral [later'aw] *sm* **1** *Fut* arrière. *sf* **2** partie latérale. • *adj* latéral. *Pl:* laterais.
la.ti.cí.nio [latis'inju] *sm* laitage, produit laitier.
la.ti.do [lat'idu] *sm* aboiement, jappement.

latifúndio — leitura

la.ti.fún.dio [latifũdju] *sm* latifundium.
la.tim [lat´ĩ] *sm* latin.
la.ti.no [lat´inu] *adj+sm* latin.
la.tir [lat´ir] *vi* aboyer.
la.ti.tu.de [latit´udi] *sf Geogr* **1** latitude. **2** *fig* latitude, étendue, extension.
la.tri.na [latr´inə] *sf* latrine, cabinets d'aisances, lieux d'aisances.
la.tro.cí.nio [latros´inju] *sm* brigandage, vol à main armée.
lau.da [l´awdə] *sf* page, page d'un livre.
lau.do [l´awdu] *sm* opinion, avis d'un arbitre.
la.va [l´avə] *sf Geol* lave.
la.va.dei.ra [lavad´ejrə] *sf* blanchisseuse, lavandière.
la.va.gem [lav´aʒẽj] *sf* nettoyage, lessivage, blanchissage. *Pl: lavagens.* **lavagem do estômago** *Med* lavage d'estomac.
la.van.de.ri.a [lavāder´iə] *sf Bras* blanchisserie, laverie.
la.var [lav´ar] *vt+vpr* laver. **lavar as mãos** se laver les mains. **lavar louça** faire la vaisselle. **lavar roupa** faire la lessive. **máquina de lavar roupa** lave-linge.
la.vou.ra [lav´owrə] *sf* labour.
la.vra [l´avrə] *sf* labour, culture, façon. **vinho da minha lavra** vin de mon cru.
la.vrar [lavr´ar] *vt* **1** labourer (la terre). **2** façonner (la pierre). **3** travailler (le bois). **4** dresser (des actes).
la.zer [laz´er] *sm* loisir.
le.al [le´aw] *adj* loyal, sincère. *Pl: leais.*
le.al.da.de [leawd´adi] *sf* loyauté, droiture, franchise.
le.ão [le´ãw] *sm* **1** lion. **2** *Astron, Astrol* Lion (nesta acepção, usa-se inicial maiúscula). *Pl: leões.*
le.bre [l´ɛbri] *sf* lièvre.
le.ci.o.nar [lesjon´ar] *vt+vi* enseigner.
le.ga.do [leg´adu] *sm Jur* legs, testament.
le.gal [leg´aw] *adj* **1** loyal. **2** légal, qui est conforme à la loi. **3** *gír* chouette. *Pl: legais.*
le.ga.li.da.de [legalid´adi] *sf* légalité.
le.ga.li.za.ção [legalizas´ãw] *sf* légalisation. *Pl: legalizações.*
le.ga.li.zar [legaliz´ar] *vt* légaliser, authentifier.
le.gar [leg´ar] *vt* léguer, laisser, tester.
le.gen.da [leʒ´ẽdə] *sf* **1** légende. **2** *Cin* sous-titre.
le.gi.ão [leʒi´ãw] *sf Mil* légion. *Pl: legiões.*
le.gis.lar [leʒizl´ar] *vi+vt* légiférer, faire, donner, établir des lois.
le.gis.la.ti.vo [leʒizlat´ivu] *adj+sm* législatif.
le.gi.ti.mar [leʒitim´ar] *vt* légitimer, rendre légitime.
le.gi.ti.mi.da.de [leʒitimid´adi] *sf* légitimité.
le.gí.vel [leʒ´ivew] *adj* lisible. *Pl: legíveis.*
lé.gua [l´ɛgwə] *sf* lieue.
lei [l´ej] *sf* loi.
lei.go [l´ejgu] *adj+sm* laïc, laïque.
lei.lão [lejl´ãw] *sm Com* vente aux enchères. *Pl: leilões.*
lei.lo.ei.ro [lejlo´ejru] *sm* crieur public (aux enchères).
lei.tão [lejt´ãw] *sm* cochon de lait, porcelet. *Pl: leitões.*
lei.te [l´ejti] *sm* lait. **leite condensado** lait concentré. **leite desnatado** lait écrémé. **leite em pó** lait en poudre. **leite integral** lait entier. **leite longa vida** lait longue conservation. **leite semidesnatado.** lait demi-écrémé.
lei.tei.ro [lejt´ejru] *sm* laitier.
lei.to [l´ejtu] *sm* lit, couchette. **leito nupcial** lit nuptial.
lei.tor [lejt´or] *sm* lecteur.
lei.tu.ra [lejt´urə] *sf* lecture. **leitura em voz alta** lecture à haute voix.

lema — libra

le.ma [l'emə] *sm* devise.
lem.bran.ça [lẽbr'ãsə] *sf* souvenir. **lembranças!** mes meilleurs souvenirs.
lem.brar [lẽbr'ar] *vt* **1** rappeler. *vpr* **2** se rappeler, se souvenir.
lem.bre.te [lẽbr'eti] *sm* note, pense-bête.
len.ço [l'ẽsu] *sm* mouchoir. **lenço de pôr no pescoço** foulard.
len.çol [lẽs'ɔw] *sm* drap. *Pl*: **lençóis**. **lençol freático** nappe phréatique, nappe d'eau souterraine.
len.da [l'ẽdə] *sf* légende, mythe, fable.
len.dá.rio [lẽd'arju] *adj+sm* légendaire.
le.nha [l'eñə] *sf* bûche. **lenha para fogueira** bois. **pôr lenha na fogueira** *fig* jeter de l'huile sur le feu.
le.nha.dor [leñad'or] *sm* bûcheron.
len.te [l'ẽti] *sf* lentille. **lente de aumento** loupe. **lente de contato** lentilles de contact.
len.ti.dão [lẽtid'ãw] *sf* lenteur, retard. *Pl*: **lentidões**.
len.ti.lha [lẽt'iλə] *sf Bot* lentille.
len.to [l'ẽtu] *adj* lent, lourd, indolent.
lé.pi.do [l'ɛpidu] *adj* **1** joyeux, enjoué. **2** *pop* léger, prompt, ingambe.
le.que [l'ɛki] *sm* éventail.
ler [l'er] *vt+vi* lire. **gostar de ler** aimer lire.
ler.de.za [lerd'ezə] *sf* lenteur.
ler.do [l'ɛrdu] *adj* lent, lourd, long.
le.são [lez'ãw] *sf* lésion. *Pl*: **lesões**.
le.sar [lez'ar] *vt* nuire à, léser, porter préjudice.
les.ma [l'ezmə] *sf Zool* **1** limace, limas. **2** *pop* personne indolente, inactive.
les.te [l'ɛsti] *sm* est.
le.ti.vo [let'ivu] *adj* **ano letivo** année scolaire.
le.tra [l'etrə] *sf* lettre, caractère. **ao pé da letra** au pied de la lettre, à la lettre. **letra de câmbio** *Com* lettre de change, traite. **letra de forma** capitale. **letra maiúscula** lettre majuscule. **letra ruim** mauvaise écriture.
le.trei.ro [letr'ejru] *sm Cin* **1** écriteau. **2** enseigne.
le.va [l'ɛvə] *sf* bande, tas, groupe.
le.va.do [lev'adu] *adj* porté, emporté. **levado** ou **levado da breca** *pop* indocile.
le.van.ta.men.to [levãtam'ẽtu] *sm* soulèvement.
le.van.tar [levãt'ar] *vt+vpr* **1** lever. *vt* **2** hausser.
le.var [lev'ar] *vt* **1** porter. **2** apporter, amener, ramener, transporter. **levar a** mener, conduire. **levar a cabo** finir, achever. **levar a sério** prendre au sérieux. **levar jeito** être habile.
le.ve [l'ɛvi] *adj+adv* léger, faible, petit, infime, superficiel. **de leve** légèrement. **ferimento leve** blessure légère. **pena leve** peine légère. **peso leve** *Esp* poids léger.
le.ve.za [lev'ezə] *sf* légèreté, agilité, souplesse.
le.vi.an.da.de [levjãd'adi] *sf* légèreté, insouciance.
le.vi.tar [levit'ar] *vi* léviter.
lé.xi.co [l'ɛksiku] *sm Gram* lexique.
lhe [λi] *pron m+f sing* lui.
lhes [λis] *pron pess m+f pl* leur.
li.be.ra.ção [liberas'ãw] *sf* libération, délivrance. *Pl*: **liberações**.
li.be.ra.lis.mo [liberal'izmu] *sm* libéralisme.
li.be.rar [liber'ar] *vt* **1** libérer. **2** dispenser.
li.ber.da.de [liberd'adi] *sf* liberté. **liberdade provisória** liberté provisoire.
li.ber.ta.ção [libertas'ãw] *sf* libération. *Pl*: **libertações**.
li.ber.tar [libert'ar] *vt+vpr* libérer.
li.bra [l'ibrə] *sf* **1** livre. **2** *Astron, Astrol* **Libra** ou **Balança** Balance (nesta

lição — lingueta

acepção, usa-se inicial maiúscula). **libra esterlina** livre *sterling*.

li.ção [lis'ãw] *sf* leçon. *Pl: lições.* **lição de casa** devoir.

li.cen.ça [lis'ẽsə] *sf* **1** permission, permis, licence. **2** autorisation. **com licença** pardon. **licença para pescar** permis de pêche.

li.cen.ci.ar [lisẽsi'ar] *vt* congédier, licencier.

li.cen.ci.o.si.da.de [lisẽsjozid'adi] *sf* licence.

li.ceu [lis'ew] *sm* lycée.

lí.ci.to [l'isitu] *adj* licite.

li.cor [lik'or] *sm* liqueur. **bombom com licor** bonbon à la liqueur. **copos de licor** verres à liqueur. **licor de anis** anis, anisette.

li.dar [lid'ar] *vi* **1** travailler, prendre de la peine, faire sa besogne. **2** avoir affaire à quelqu'un.

li.de.ran.ça [lider'ãsə] *sf* commandement, monopole.

li.de.rar [lider'ar] *vt* **1** mener, conduire, guider. **2** monopoliser, présider.

li.ga [l'igə] *sf* **1** ligue, alliance. **2** confédération. **liga de meia** jarretelle. **liga de metais** alliage.

li.ga.ção [ligas'ãw] *sf* **1** liaison, lien. **2** alliance, parenté, rapport, relation. *Pl: ligações.* **ligação telefônica** coup de fil, appel.

li.ga.men.to [ligam'ẽtu] *sm Anat* ligament.

li.gar [lig'ar] *vt* **1** lier, articuler. **2** relier, unir. **3** allumer, brancher. **4** *Eletr, Mec* démarrer (moteurs). *vpr* **5** se lier. **ligar na tomada** brancher. **ligar um aparelho eletrodoméstico** allumer. **não ligar** s'en foutre, s'en ficher.

li.gei.ro [liʒ'ejru] *adj+adv* léger, leste, frêle.

li.lás [lil'as] *sm* lilas, mauve.

li.ma [l'imə] *sf* **1** lime. **2** *Bot* lime.

li.mão [lim'ãw] *sm* citron. *Pl: limões.*

li.mi.ar [limi'ar] *sm* seuil.

li.mi.tar [limit'ar] *vt* **1** limiter, borner, délimiter. *vpr* **2** se limiter.

li.mi.te [lim'iti] *sm* limite, démarcation, borne, frontière. **caso-limite** cas limite. **há limites para tudo** il y a des limites à tout. **no limite** à la limite. **passar dos limites** franchir, dépasser les limites.

li.mí.tro.fe [lim'itrofi] *adj* limitrophe.

li.mo [l'imu] *sm* limon, fange, bourbe.

li.mo.ei.ro [limo'ejru] *sm Bot* citronnier.

li.mo.na.da [limon'adə] *sf* citron pressé.

lim.pa.dor [lĩpad'or] *sm* nettoyeur. **limpador de vidros** nettoyeur de vitres.

lim.par [lĩp'ar] *vt* **1** nettoyer. **2** *fig* voler.

lim.pe.za [lĩp'ezə] *sf* propreté, netteté. **fazer limpeza** faire le ménage. **limpeza de pele** nettoyage de peau.

lim.pi.dez [lĩpid'es] *sf* limpidité.

lim.po [l'ĩpu] *adj* propre, net, immaculé, impécable.

lin.char [lĩʃ'ar] *vt* lyncher.

lin.do [l'ĩdu] *adj* beau, joli.

li.ne.ar [line'ar] *adj* linéaire.

lín.gua [l'ĩgwə] *sf* **1** langue, organe du goût. **2** langue, idiome. **dar com a língua nos dentes** avoir la langue bien longue, ne pas savoir garder un secret. **língua materna** langue maternelle. **morder a língua** *fig* se mordre la langue. **na ponta da língua** sur le bout de la langue. **pôr a língua de fora** tirer la langue.

lin.gua.gem [lĩg'waʒẽj] *sf* langage. *Pl: linguagens.*

lin.gua.ru.do [lĩgwar'udu] *adj fam* bavard, rapporteur, indiscret.

lin.gue.ta [lĩg'wetə] *sf* languette, loquet.

lin.gui.ça [lĩg'wisə] *sf* saucisse, andouille.

lin.guís.ti.ca [lĩg'wistikə] *sf* linguistique.

li.nha [l'iñə] *sf* ligne, corde, ficelle. **a linha está ocupada** la ligne est occupée. **andar na linha** se comporter bien. **em linhas gerais** dans de grandes lignes. **ler as linhas da mão** lire les lignes de la main. **linha de ônibus** ligne d'autobus. **linha de trem** voie ferrée. **linha divisória** ligne de partage. **linha do horizonte** ligne d'horizon. **linha reta** ligne droite. **manter a linha** garder la ligne.

li.nha.gem [liñ'aʒẽj] *sf* lignage, lignée. *Pl: linhagens.*

li.nho [l'iñu] *sm* lin.

li.qui.da.ção [likidas'ãw] *sf* **1** liquidation, règlement. **2** solde. *Pl: liquidações.*

li.qui.dar [likid'ar] *vt* **1** liquider, solder. **2** éliminer, tuer.

li.qui.dez [likid'ez] *sf* liquidité.

li.qui.di.fi.ca.dor [likidifikad'or] *sm* mixeur.

lí.qui.do [l'ikidu] *adj+sm* liquide. **peso líquido** poids net.

li.ra [l'irə] *sf* **1** lire (monnaie). **2** *Mús* lyre.

lí.rio [l'irju] *sm Bot* lis, lys.

li.so [l'izu] *adj* lisse.

li.son.ja [liz'õʒə] *sf* flatterie, cajolerie.

li.son.je.ar [lizõʒe'ar] *vt* flatter.

lis.ta [l'istə] *sf* **1** liste. **2** *V listra.* **lista telefônica** annuaire.

lis.tar [list'ar] *vt* **1** lister. **2** *V listrar.*

lis.tra [l'istrə] *sf* raie. *Var: lista.*

lis.tra.do [listr'adu] *adj* rayé.

lis.trar [listr'ar] *vt* rayer. *Var: listar.*

li.su.ra [liz'urə] *sf* **1** lissé. **2** *fig* sincérité, franchise.

li.te.ra.tu.ra [literat'urə] *sf* littérature. **literatura comparada** littérature comparée. **literatura engajada** littérature engajada.

li.tí.gio [lit'iʒju] *sm* litige.

li.to.ral [litor'aw] *sm* littoral. *Pl: litorais.*

li.tro [l'itru] *sm* litre.

li.tur.gi.a [liturʒ'iə] *sf Rel* liturgie.

li.túr.gi.co [lit'urʒiku] *adj* liturgique.

lí.vi.do [l'ividu] *adj* livide.

li.vrar [livr'ar] *vt* **1** libérer, relâcher. *vpr* **2** se libérer, se dégager.

li.vra.ri.a [livrar'iə] *sf* librairie.

li.vre [l'ivri] *adj* libre. **apartamento livre** appartement libre. **entrada livre** entrée libre.

li.vrei.ro [livr'ejru] *sm* libraire.

li.vro [l'ivru] *sm* **1** livre. **2** *coloq* bouquin.

li.xa [l'iʃə] *sf* lime. **lixa de unhas** lime à ongles.

li.xar [liʃ'ar] *vi* limer.

li.xei.ra [liʃ'ejrə] *sf* **1** vide-ordures. **2** poubelle.

li.xei.ro [liʃ'ejru] *sm* boueur, éboueur.

li.xo [l'iʃu] *sm* ordure, crasse.

lo [lu] *pron pess m sing* le.

lo.bi.so.mem [lobiz'omẽj] *sm* loup-garou. *Pl: lobisomens.*

lo.bo [l'obu] *sm* loup. **o lobo mau** le loup méchant.

lo.ca.dor [lokad'or] *sm* locateur.

lo.cal [lok'aw] *sm+adj* local, place. *Pl: locais.* **hora local** heure locale.

lo.ca.li.zar [lokaliz'ar] *vt* localiser, situer.

lo.ção [los'ãw] *sf* lotion. *Pl: loções.* **loção após-barba** lotion après-rasage. **loção capilar** lotion capilaire.

lo.co.mo.ti.va [lokomot'ivə] *sf* locomotive, locomotrice.

lo.co.mo.ver-se [lokomov'ersi] *vpr* se mouvoir, se déplacer.

lo.cu.ção [lokus'ãw] *sf* locution. *Pl: locuções.*

lo.cu.tor [lokut'or] *sm* locuteur.

lo.do [l'odu] *sm* limon, fange, vase.

ló.gi.ca [l'ɔʒikə] *sf* logique.

ló.gi.co [l'ɔʒiku] *adj* logique. **é lógico!** il est évident!

lo.gís.ti.ca [lɔʒ'istikɐ] *sf+adj* logistique.

lo.go [l'ɔgu] *adv* bientôt. **até logo!** à bientôt! **logo depois** tout de suite, après. **logo mais** bientôt.

lo.gra.dou.ro [lograd'owru] *sm* rue.

lo.grar [logr'ar] *vt* jouir, posséder. *Var: louro.*

loi.ro [l'ojru] *sm+adj* blond. *Var: louro.*

lo.ja [l'ɔʒɐ] *sf* magasin, boutique, commerce.

lo.jis.ta [lɔʒ'istɐ] *s* marchand, boutiquier, commerçant.

lom.ba.da [lõb'adɐ] *sf* 1 croupe, sommet. 2 dos d'un livre relié.

lom.bar [lõb'ar] *adj* lombaire.

lom.bo [lõbu] *sm Anat* 1 lombes. 2 reins.

lom.bri.ga [lõbr'igɐ] *sf Zool* lombric, ascaride, ver.

lo.na [l'ɔnɐ] *sf* bâche, forte toile imperméabilisée.

lon.ga-me.tra.gem [lõgɐmetr'aʒẽj] *sm Cin* long métrage. *Pl: longas-metragens.*

lon.ge [l'õʒi] *adj* lointain. • *adv* loin.

lon.gín.quo [lõʒ'ĩkwu] *adj* lointain.

lon.go [l'õgu] *adj* long. **a longo prazo** à long terme. **ao longo de** au cours de.

lo.quaz [lok'waz] *adj* volubile.

lo.ro.ta [lor'ɔtɐ] *sf* histoires.

los [lus] *pron pess m pl* les.

lo.san.go [loz'ãgu] *sm Geom* losange.

lo.ta.do [lot'adu] *adj* plein, comble, replet.

lo.tar [lot'ar] *vt* remplir.

lo.te [l'ɔti] *sm* lot, parcelle.

lo.te.a.men.to [loteam'ẽtu] *sm* lotissement.

lo.te.ar [lote'ar] *vt* lotir.

lo.te.ri.a [loter'iɐ] *sf* loterie.

lou.ça [l'owsɐ] *sf* vaisselle. **lavar a louça** faire la vaisselle.

lou.co [l'owku] *sm+adj* fou, aliéné, dément, délirant, déséquilibré.

lou.cu.ra [lowk'urɐ] *sf* 1 folie, aliénation, délire, démence, déséquilibre mental. 2 aberration, absurdité, bizarrerie, extravagance.

lou.ro [l'owru] *sm Bot* laurier. **os louros** *fig* les lauriers. *V loiro.*

lou.sa [l'owzɐ] *sf* tableau-noir.

lou.va-a-deus [lowvɐa'dews] *sm Zool* mante religieuse.

lou.var [lowv'ar] *vt* louer, applaudir.

lou.vá.vel [lowv'avew] *adj* louable. *Pl: louváveis.*

lu.a [l'uɐ] *sf* lune. **cair da lua** tomber de la lune. **fases da lua** quartiers de la lune. **lua de mel** lune de miel. **lua nova** nouvelle lune. **viver no mundo da lua** être dans la lune.

lua de mel lune de miel. *Pl: luas-de-mel.*

lu.ar [lu'ar] *sm* clair de lune.

lu.bri.fi.car [lubrifik'ar] *vt* lubrifier.

lu.ci.dez [lusid'es] *sf fig* lucidité.

lú.ci.do [l'usidu] *adj fig* lucide.

lu.crar [lukr'ar] *vt+vi* 1 gagner, tirer du profit. 2 profiter de, jouir de.

lu.cro [l'ukru] *sm* profit.

lu.di.bri.ar [ludibri'ar] *vt* tromper, duper.

lu.gar [lug'ar] *sm* 1 place, classement. 2 fonction, poste. 3 place, endroit, lieu. 4 *Cin, Teat* place. **dar lugar** donner de la place. **em lugar de** au lieu de, à la place de. **em primeiro lugar** d'abord. **em qualquer lugar** n'importe où. **em todo lugar** ou **em todos os lugares** partout. **lugar de honra** place d'honneur. **lugar em pé** place debout. **lugar reservado** place réservée. **mandar guardar lugar** faire garder sa place. **ter lugar** y avoir de la place.

lu.gar-co.mum [lugarkom'ũ] *sm* 1 lieu commun, banalité. 2 cliché. *Pl: lugares-comuns.*

lu.ga.re.jo [lugɐr'eʒu] *sm dim* village.

lu.la [l'ulɐ] *sf Zool* encornet, calmar.

lu.mi.no.si.da.de [luminozid'adi] *sf* luminosité.

lu.nar [lunˊar] *adj* lunaire.
lu.ne.ta [lunˊetə] *sf* lorgnon.
lu.pa [lˊupə] *sf* loupe.
lus.tre [lˊustri] *sm* lustre.
lus.tro [lˊustru] *sm* lustre, éclat.
lu.ta [lˊutə] *sf* **1** lutte, combat, dispute. **2** affrontement, conflit. **3** bataille.
lu.ta.dor [lutadˊor] *sm+adj* lutteur, catcheur.
lu.tar [lutˊar] *vi* lutter, combattre, se battre.
lu.to [lˊutu] *sm* deuil. **estar de luto por** porter le deuil de.
lu.va [lˊuvə] *sf* gant.
lu.xo [lˊuʃu] *sm* luxe.
luz [lˊus] *sf* **1** lumière, clarté. **2** lumière, éclaircissement. **dar à luz** accoucher.
lu.zir [luzˊir] *vi* luire, reluire, briller.

m

m [ˈemi] *sm* la treizième lettre de l'alphabet de la langue portugaise.

ma.ca [ˈmakə] *sf* brancard, civière.

ma.çã [masˈã] *sf* pomme. **maçã do rosto** pommette.

ma.ca.cão [makakˈãw] *sm aum* (de **macaco**) salopette. *Pl:* macacões. **macacão de bebê** grenouillère.

ma.ca.co [makˈaku] *sm* **1** *Zool* singe. **2** *Autom* cric, vérin, chèvre.

ma.ça.ne.ta [masanˈetə] *sf* poignée d'une porte.

ma.çan.te [masˈãti] *adj* embêtant.

ma.ça.ri.co [masarˈiku] *sm* chalumeau.

ma.car.rão [makaʁˈãw] *sm* pâte, macaroni. *Pl:* macarrões.

ma.ce.te [masˈeti] *sm* ficelle.

ma.cha.do [maʃˈadu] *sm* hache.

ma.cho [mˈaʃu] *sm+adj* mâle.

ma.chu.ca.do [maʃukˈadu] *sm* **1** blessure, plaie. **2** lésion. **3** *fam* bobo. • *adj* blessé.

ma.chu.car [maʃukˈaʁ] *vt+vpr* **1** blesser. *vt* **2** fouler, meurtrir. **3** *fam* faire bobo.

ma.ci.ez [masiˈes] *sf* douceur.

ma.ci.o [masˈiu] *adj* doux, douillet, moelleux.

ma.ço [mˈasu] *sm* **1** maillet. **2** liasse, touffe. **maço de cartas** liasse de lettres. **maço de cigarros** paquet de cigarettes.

ma.co.nha [makˈoɲa] *sf Bot* marijuana, herbe.

má.cu.la [mˈakulə] *sf* tache, souillure, flétrissure.

ma.cu.lar [makulˈaʁ] *vt* maculer, tacher, souiller.

ma.cum.ba [makˈũbə] *sf* **1** cérémonie religieuse d'origine africaine. **2** sorcellerie.

ma.dei.ra [madˈejrə] *sf* bois. **revestimento de madeira** boisage. **vinho madeira** madère.

ma.dras.ta [madrˈastə] *sf* marâtre, belle-mère.

ma.dre [mˈadri] *sf* mère. **madre superiora** *Rel* mère supérieure.

ma.dri.nha [madrˈiɲə] *sf* marraine.

ma.dru.ga.da [madrugˈadə] *sf* aube.

ma.dru.gar [madrugˈaʁ] *vi* se réveiller très tôt.

ma.du.ro [madˈuru] *adj* mûr.

mãe [mˈãj] *sf* mère. **dia das mães** fête des Mères. **mãe adotiva** mère adoptive. **mãe coruja** *fig* mère poule. **mãe de aluguel** mère d'accueil ou mère porteuse.

ma.es.tro [maˈɛstru] *sm Mús* chef d'orchestre.

má-fé [mafˈɛ] *sf* mauvaise foi. *Pl: más-fés.*

má.fia [mˈafjə] *sf* maffia, mafia.

ma.ga.zi.ne [magaz′ini] *sm* magasin, boutique, commerce.

ma.gi.a [maʒ′iə] *sf* magie.

má.gi.co [m′aʒiku] *adj* magicien, prestidigitateur, illusioniste.

ma.gis.té.rio [maʒist′ɛrju] *sm* **1** magistère. **2** professorat. **3** enseignement.

mag.ni.fi.co [magn′ifiku] *adj* magnifique.

mag.ni.tu.de [magnit′udi] *adj* **1** magnitude, grandeur. **2** gravité, importance.

ma.go [m′agu] *sm* magicien.

má.goa [m′agwə] *sf* chagrin.

ma.go.ar [mago′ar] *vt+vpr* blesser.

ma.gre.lo [magr′ɛlu] *adj fam* maigrichon, maigrelet.

ma.gre.za [magr′ezə] *sf* minceur.

ma.gro [m′agru] *adj* maigre, mince.

mai.o [m′aju] *sm* mai.

mai.ô [maj′o] *sm* maillot de bain. **maiô de duas peças** deux-pièces, bikini.

mai.o.ne.se [majon′ezi] *sf* mayonnaise.

mai.or [maj′ɔr] *s+adj compar* plus grand. **maior de idade** majeur.

mai.o.ri.a [major′iə] *sf* majorité.

mai.o.ri.da.de [majorid′adi] *sf* majorité.

mais [m′ajs] *adv* plus, davantage. • *adj+adv* plus. **cada vez mais** de plus en plus. **mais do que nunca** plus que jamais. **mais ou menos** plus ou moins; comme ci, comme ça. **não aguento mais** je n'en peux plus. **nunca mais** jamais plus. **por mais que se faça** on a beau faire. **uma vez mais** une fois de plus.

mai.ús.cu.la [maj′uskulə] *sf+adj* majuscule. **letra maiúscula** lettre majuscule.

ma.jes.ta.de [maʒest′adi] *sf* majesté.

ma.jes.to.so [maʒest′ozu] *adj* majestueux.

mal [m′aw] *sm* **1** mal. **2** maladie. **3** affliction, douleur *Pl* : *males*. • *adv* mal. • *conj* à peine, aussitôt que. **dos males** o menor de deux maux le moindre. **estar passando mal** être mal portant. **há males que vêm para bem** à quelque chose malheur est bon. **levar a mal** prendre en mal, prendre en mauvaise part. **nada mal** pas mal, tant bien que mal. **não faz mal** ça ne fait rien, ce n'est pas grave. **por bem ou por mal** de gré ou de force, bon gré, mal gré.

ma.la [m′alə] *sf* valise. **mala do carro** *Autom* coffre, malle.

mal-a.gra.de.ci.do [malagrades′idu] *adj* ingrat. *Pl: mal-agradecidos*.

ma.lan.dro [mal′ãdru] *sm+adj* fripon, voyou, vaurien.

ma.lá.ria [mal′arjə] *sf Med* malaria, paludisme.

mal.cri.a.do [mawkri′adu] *sm+adj fig* grossier, impoli, mal-élevé, malotru.

mal.da.de [mawd′adi] *sf* méchanceté.

mal.di.ção [mawdis′ãw] *sf* malédiction. *Pl: maldições*.

mal.di.to [mawd′itu] *part+adj* maudit.

mal.di.zer [mawdiz′er] *vt* maudire.

mal.do.so [mawd′ozu] *adj* méchant, maléfique.

ma.le.á.vel [male′avew] *adj* flexible, souple. *Pl: maleáveis*.

mal-e.du.ca.do [maleduk′adu] *adj* mal-élevé, impoli. *Pl: mal-educados*.

mal-en.ten.di.do [malẽtẽd′idu] *sm* malentendu. *Pl: mal-entendidos*.

mal-es.tar [malest′ar] *sm* malaise. *Pl: mal-estares*.

ma.le.ta [mal′etə] *sf* serviette, petite valise.

ma.lé.vo.lo [mal′ɛvulu] *adj* malveillant.

mal.fei.to.ri.a [mawfejtor′jə] *sm* méfait.

ma.lha [m′aʎə] *sf* **1** maille. **2** pullover, pull, tricot.

ma.lhar [maʎ′ar] *vt* **1** battre, marteler. **2** contusionner. **3** rosser. *vi* **4** donner des coups.

mal.hu.mo.ra.do [malumor´adu] *adj* de mauvaise humeur. *Pl*: mal-humorados.

ma.lo.ca [mal´ɔkə] *sf fam* gourbi.

ma.lo.grar [malogr´ar] *vi+vt* **1** rendre inutile, perdre. **2** gaspiller. **3** faire manquer, faire échouer, empêcher de réussir.

ma.lo.te [mal´ɔti] *sm* mallette, petite malle.

mal.te [m´awti] *sm* malt.

mal.tra.pi.lho [mawtrap´iλu] *sm* gueux, miséreux. • *adj* déguenillé, loqueteux.

ma.lu.co [mal´uku] *sm+adj fam* **1** toqué, maboul. **2** écervelé, étourdi.

mal.va.de.za [mawvad´ezə] *sf* méchanceté.

mal.va.do [mawv´adu] *adj* méchant, pervers.

ma.ma [m´ʌmə] *sf Anat* **1** mamelle. **2** *gír* téton.

ma.ma.dei.ra [mamad´ejrə] *sf* biberon.

ma.mãe [mam´ãj] *sf fam* maman.

ma.mão [mam´ãw] *sm* papaye. *Pl*: mamões.

ma.mar [mam´ar] *vt* téter.

ma.mí.fe.ro [mam´iferu] *sm+adj Zool* mammifère.

ma.mi.lo [mam´ilu] *sm* mamelon.

ma.na.da [man´adə] *sf* manade.

ma.nan.ci.al [manãsi´aw] *sm* source. *Pl*: mananciais.

man.ca.da [mãk´adə] *sf fam* gaffe.

man.car [mãk´ar] *vi* boiter, boitiller, claudiquer.

man.ce.bo [mãs´ebu] *sm* **1** jeune homme. **2** porte-manteau, patère.

man.cha [m´ãʃə] *sf* tache.

man.char [mãʃ´ar] *vt* **1** salir d'une ou de plusieurs taches. **2** *fig* salir (la réputation).

man.co [m´ãku] *sm+adj* boiteux.

man.da.do [mãd´adu] *sm* **1** commission, message. **2** injonction, mandement.

3 *Jur* mandat. **mandado de prisão** mandat d'arrêt.

man.da.men.to [mãdam´ẽtu] *sm* commandement.

man.dar [mãd´ar] *vt* **1** envoyer. **2** commander, ordonner. *vi* **3** imposer, dominer. **4** commander, gouverner. **mandar construir** faire construire. **mandar embora** renvoyer, demettre. **mandar fazer** faire faire.

man.di.o.ca [mãdi´ɔkə] *sf Bot* manioc.

ma.nei.ra [man´ejrə] *sf* **1** manière, moyen, façon. **2 maneiras** *pl* a) gestes. b) comportement. **de maneira que** de façon que. **de qualquer maneira** n'importe comment, de toute façon.

ma.ne.jar [maneʒ´ar] *vt* **1** manier, diriger. **2** manœuvrer, manipuler.

ma.ne.jo [man´eʒu] *sm* maniement.

ma.ne.ta [man´etə] *s* manchot.

man.ga [m´ãgə] *sf* **1** manche. **2** *Bot* mangue.

ma.nha [m´ʌɲə] *sf* astuce.

ma.nhã [mãɲ´ã] *sf* matin. **amanhã de manhã** demain matin. **de manhã** le matin. **esta manhã** ou **hoje de manhã** ce matin. **ontem de manhã** hier matin.

ma.nho.so [mãɲ´ozu] *adj* **1** adroit, astucieux. **2** vicieux.

ma.ni.cô.mio [manik´omju] *sm* asile de fous.

ma.ni.cu.re [manik´uri] *sf* manucure.

ma.ni.fes.tar [manifest´ar] *vt+vpr* **1** manifester. *vt* **2** fey montrer.

ma.ni.pu.lar [manipul´ar] *vt* manipuler.

ma.ni.ve.la [maniv´ɛlə] *sf* manivelle.

man.je.ri.cão [mãʒerik´ãw] *sm Bot* basilique. *Pl*: manjericões.

ma.no.bra [man´ɔbrə] *sf* manœuvre.

ma.no.brar [manobr´ar] *vt* manœuvrer.

man.são [mãs´ãw] *sf* demeure. *Pl*: mansões.

man.so [mˈãsu] *adj* docile, doux.
man.ta [mˈãtə] *sf* plaid, couverture en laine.
man.tei.gui.ra [mãtejgˈejrə] *sf* beurrier.
man.tei.ga [mãtˈejgə] *sf* beurre. **manteiga de cacau** beurre de cacao.
man.ter [mãtˈer] *vt* **1** maintenir, tenir. *vpr* **2** se maintenir.
man.ti.lha [mãtˈiʎə] *sf* mantille.
man.ti.men.to [mãtimˈẽtu] *sm* provision, victuailles, vivres.
man.to [mˈãtu] *sm* mante, manteau.
man.tô [mãtˈo] *sm* manteau, pardessus.
ma.nu.al [manuˈaw] *sm+adj* manuel. *Pl: manuais.*
ma.nu.se.ar [manuzeˈar] *vt* manipuler, manier.
ma.nu.sei.o [manuzˈeju] *sm* maniement, manipulation.
ma.nu.ten.ção [manutẽsˈãw] *sf* entretien. *Pl: manutenções.*
mão [mˈãw] *sf* main. *Pl: mãos.* **à mão** à la main. **apertar a mão de** serrer la main de. **caminho fora de mão** très loin. **dar uma mão** *fig* aider un peu. **de mão beijada** gratuitement. **de mãos dadas** la main dans la main. **de segunda mão** d'occasion. **lançar mão de** se servir de, profiter de, employer. **lavar as mãos** se laver les mains. **mão de obra** main d'œuvre. **mão única** *Autom* sens unique. **mãozinha** coup de main. **passar de mão em mão** circuler. **pedir a mão** demander la main. **ter alguma coisa à mão** avoir quelque chose à la main ou à la portée de (la) main.
ma.pa [mˈapə] *sm* carte, plan.
ma.qui.a.gem [makiˈaʒẽj] *sf* maquillage. *Pl: maquiagens.*
ma.qui.ar-se [makiˈarsi] *vt+vpr* se maquiller.
má.qui.na [mˈakinə] *sf* machine.

máquina de costura machine à coudre. **máquina de lavar louça** lave-vaisselle ou machine à laver la vaisselle. **máquina de lavar roupa** lave-linge ou machine à laver le linge **máquina fotográfica** appareil photographique.
ma.qui.nar [makinˈar] *vt* machiner, manigancer, ourdir, tramer, intriguer.
mar [mˈar] *sm* mer. **além-mar** outre--mer.
ma.ra.cu.já [marakuʒˈa] *sm Bot* fruit de la passion.
ma.ra.to.na [maratˈonə] *sf Esp, fig* marathon.
ma.ra.vi.lha [maravˈiʎə] *sf* merveille.
ma.ra.vi.lhar [maraviʎˈar] *vt* **1** éblouir, enchanter. *vpr* **2** s'extasier.
ma.ra.vi.lho.so [maraviʎˈozu] *adj* merveilleux.
mar.ca [mˈarkə] *sf* **1** marque. **2** trace, vestige. **3** empreinte. **marca comercial** griffe.
mar.ca.ção [markasˈãw] *sf* **1** marque, notation. **2** relèvement, repérage. *Pl: marcações.*
mar.ca.dor [markadˈor] *sm* marqueur.
mar.car [markˈar] *vt* noter, signaler.
mar.ce.na.ri.a [marsenarˈiə] *sf* menuiserie.
mar.ce.nei.ro [marsenˈejru] *sm* menuisier.
mar.cha [mˈarʃə] *sf Mús, Autom, Mil* marche. **dar marcha à ré** faire marche arrière.
mar.char [marʃˈar] *vi* marcher.
mar.ci.al [marsiˈaw] *adj* martial. *Pl: marciais.*
mar.co [mˈarku] *sm* **1** limite, jalon. **2** mark (monnaie).
mar.ço [mˈarsu] *sm* mars.
ma.ré [marˈɛ] *sf* marée. **maré baixa** marée basse, basse mer. **maré cheia** ou **maré alta** marée haute, haute mer, pleine mer.

ma.re.chal [mareʃ′aw] *sm Mil* maréchal. *Pl: marechais*.

ma.re.mo.to [marem′ɔtu] *sm* raz-de--marée.

mar.fim [marf′ĩ] *sm* ivoire.

mar.ge.ar [marʒe′ar] *vt* longer.

mar.gem [m′arʒẽj] *sf* 1 bord. 2 marge, bordure, rive, rivage. *Pl: margens*.

mar.gi.nal [marʒin′aw] *s* marginal. • *adj* marginal. *Pl: marginais*.

ma.ri.a-chi.qui.nha [mariəʃik′iɲə] *sf* couette. *Pl: marias-chiquinhas*.

ma.ri.cas [mar′ikas] *sm sing+pl fam* femmelette.

ma.ri.do [mar′idu] *sm* mari, époux.

ma.rim.bon.do [marĩb′õdu] *sm Zool* frelon.

ma.ri.nar [marin′ar] *vt* mariner.

ma.ri.nha [mar′iɲə] *sf Mil* marine.

ma.ri.o.ne.te [marjon′ɛti] *sf* marionnette.

ma.ris.co [mar′isku] *sm Zool* moule.

mar.me.la.da [marmel′adə] *sf* marmelade.

már.mo.re [m′armori] *sm* marbre.

mar.quês [mark′es] *sm* marquis.

Mar.te [m′arti] *sm Astron, Mit* Mars.

mar.te.lo [mart′ɛlu] *sm* marteau.

már.tir [m′artir] *sm fig* martyr.

mar.tí.rio [mart′irju] *sm* martyre, tourment, souffrance.

ma.ru.jo [mar′uʒu] *sm* matelot.

mas [m′as] *conj* mais.

mas.car [mask′ar] *vt* mâcher.

más.ca.ra [m′askərə] *sf* masque. **baile de máscaras** bal masqué.

mas.ca.rar [maskar′ar] *vt+vpr* masquer.

mas.ca.te [mask′ati] *s* camelot, colporteur.

mas.ca.vo [mask′avu] *adj* cassonade.

mas.cu.li.no [maskul′inu] *adj* masculin.

más.cu.lo [m′askulu] *adj* mâle, viril.

mas.mor.ra [mazm′oʀə] *sf* cachot, oubliette.

mas.sa [m′asə] *sf* 1 masse. 2 volume. 3 pâte. **massa folhada** pâte feuilletée.

mas.sa.crar [masakr′ar] *vt* trucider.

mas.sa.gis.ta [masaʒ′istə] *s* masseur.

mas.si.fi.car [masifik′ar] *vt* massifier.

mas.ti.gar [mastig′ar] *vt* mâcher.

mas.tro [m′astru] *sm Náut* mât.

mas.tur.bar-se [masturb′arsi] *vpr* se masturber.

ma.ta [m′atə] *sf* bois, forêt.

ma.ta-bor.rão [matəboʀ′ãw] *sm* buvard, papier buvard. *Pl: mata-borrões*.

ma.ta.dou.ro [matad′owru] *sm* abattoir.

ma.ta.gal [matag′aw] *sm* jungle, brousse. *Pl: matagais*.

ma.ta-mos.cas [matəm′oskəs] *sm sing+pl* chasse-mouches, tue-mouche.

ma.tan.ça [mat′ãsə] *sf* carnage, massacre.

ma.tar [mat′ar] *vt* 1 tuer, assassiner. *vpr* 2 se tuer.

ma.te [m′ati] *sm* maté.

ma.te.má.ti.ca [matem′atikə] *sf* mathématiques. *Abrev:* maths.

ma.té.ria [mat′ɛrjə] *sf* 1 matière. 2 discipline.

ma.té.ria-pri.ma [matɛrjəpr′imə] *sf* matière première. *Pl: matérias--primas*.

ma.ter.ni.da.de [maternid′adi] *sf* maternité.

ma.tiz [mat′is] *sm* nuance.

ma.ti.zar [matiz′ar] *vt* nuancer.

ma.to [m′atu] *sm* herbe.

ma.tra.ca [matr′akə] *sf* matraque.

ma.trei.ro [matr′ejru] *adj* rusé.

ma.trí.cu.la [matr′ikulə] *sf* inscription.

ma.tri.cu.lar [matrikul′ar] *vt* 1 inscrire, enregistrer. *vpr* 2 s'inscrire.

ma.tri.mô.nio [matrim′onju] *sm* mariage.

ma.triz [matr′is] *sf* 1 matrice. 2 siège.

ma.tu.ri.da.de [maturid′adi] *sf* maturité.

ma.tu.ti.no [matut′inu] *adj* matinal.
ma.tu.to [mat′utu] *sm+adj* **1** rustique, sauvage. **2** *fam* rusé, finaud.
mau [m′aw] *adj* méchant, mauvais.
mau-o.lha.do [mawoʎ′adu] *sm* mauvais œil. *Pl:* maus-olhados.
mau.so.léu [mawzol′ɛw] *sm* mausolée.
má.xi.ma [m′asimə] *sf* maxime.
má.xi.mo [m′asimu] *sm+adj* maximum.
me [mi] *pron refl sing* me.
me.a.da [me′adə] *sm* écheveau.
me.an.dro [me′ãdru] *sm* méandre.
me.câ.ni.ca [mekʌ′nikə] *sf* garage.
me.câ.ni.co [mekʌ′niku] *sm+adj* **1** mécanicien. **2** garagiste.
me.cha [m′ɛʃə] *sf* mèche.
me.da.lha [med′aʎə] *sf* médaille.
me.da.lhão [medaʎ′ãw] *sm aum* (de **medalha**) médaillon. *Pl:* medalhões.
mé.dia [m′ɛdjə] *sf* moyenne.
me.di.a.dor [medjad′or] *sm* médiateur, conciliateur.
me.di.an.te [medi′ãti] *prep* moyennant.
me.di.ar [medi′ar] *vt* moyenner, ménager.
me.di.ca.men.to [medikam′ẽtu] *sm Med* médicament.
me.di.ção [medis′ãw] *sf* mesure (température). *Pl:* medições.
me.di.ci.na [medis′inə] *sf* médecine.
mé.di.co [m′ɛdiku] *sm* médecin, docteur. • *adj* médical.
me.di.da [med′idə] *sf* **1** mesure, évaluation, dimension. **2** limite, borne. **3** précaution, pondération. **sob medida** sous mesure.
me.di.dor [medid′or] *sm* compteur, mesureur.
mé.dio [m′ɛdju] *sm Anat* médius. • *adj* moyen, intermédiaire.
me.di.o.cri.da.de [medjokrid′adi] *sf* médiocrité.
me.dir [med′ir] *vt* mesurer. **não medir as palavras** ne pas mâcher ses mots.

me.do [m′edu] *sm* peur. **dar medo** faire peur.
me.do.nho [med′õnu] *adj* effroyable.
me.dro.so [medr′ozu] *sm+adj* peureux, craintif, lâche.
me.du.la [med′ulə] *sf Anat* moelle.
mei.a [m′ejə] *sf* bas. **meia curta ou três-quartos** chaussette. **meia-calça** collant. **meia soquete** soquette. **um par de meias** une paire de chaussettes.
mei.a-i.da.de [mejəid′adi] *sf* âge mûr. *Pl:* meias-idades. **de meia-idade** d'âge mûr.
mei.a-lu.a [mejəl′uə] *sf* croissant, demi-lune. *Pl:* meias-luas.
mei.a-noi.te [mejən′ojti] *sf* minuit. *Pl:* meias-noites.
mei.go [m′ejgu] *adj* doux, tendre.
mei.gui.ce [mejg′isi] *sf* douceur, tendresse.
mei.o [m′eju] *adj* demi, moyen. • *sm* **1** milieu. **2** moyen, intérieur, centre. **a meio caminho** à mi-chemin. **meia-noite e meia** minuit et demi. **meio ambiente** environnement. **meio a meio** moitié moitié. **meio de transporte** moyen de transport. **meio-dia e meia** midi et demi. **no meio de** au milieu de. **por meio de** au moyen de, par le moyen de, par l'intermédiaire de.
mei.o-di.a [mejud′iə] *sm* midi. *Pl:* meios-dias.
mel [m′ew] *sm* miel. *Pl:* méis e meles.
me.lan.ci.a [melãs′iə] *sf* pastèque.
me.lão [mel′ãw] *sm* melon. *Pl:* melões.
me.lar [mel′ar] *vt* emmieller.
me.le.ca [mel′ɛkə] *sf* glaire.
me.lhor [meʎ′ɔr] *s* meilleur. • *adj compar* (de **bom**) meilleur. • *adv* **1** plutôt. *compar* (de **bem**) **2** mieux. **cada vez melhor** de mieux en mieux. **é melhor** il vaut mieux. **levar a melhor** l'emporter. **na falta de melhor** faute de

mieux. **o melhor pedaço** le dessus du panier.
me.lho.ra [meʎˈɔrə] *sf* amélioration.
me.lho.rar [meʎoɾˈaɾ] *vt* améliorer.
me.lin.dre [melˈidɾi] *sm* délicatesse, pudeur, susceptibilité, scrupule.
me.lis.sa [melˈisə] *sf Bot* mélisse.
me.lo.dra.ma [melodɾˈʌmə] *sm* mélodrame.
me.lo.so [melˈozu] *adj* mielleux.
mel.ro [mˈɛwru] *sm Ornit* merle.
mem.bra.na [mẽbɾˈʌnə] *sf Anat* membrane.
mem.bro [mˈẽbɾu] *sm* **1** membre, adepte. **2** *Anat* membre. **3** *fig* membre, pénis.
me.mo.ran.do [memoɾˈãdu] *sm* mémorandum.
me.mó.ria [memˈɔɾjə] *sf* **1** mémoire. **2** *Inform* mémoire.
me.mo.ri.zar [memoɾizˈaɾ] *vt* mémoriser.
men.ção [mẽsˈãw] *sf* mention, indication. *Pl:* **menções**.
men.ci.o.nar [mẽsjonˈaɾ] *vt* mentionner, citer.
men.di.gar [mẽdigˈaɾ] *vt+vi* mendier.
men.di.go [mẽdˈigu] *sm* mendiant.
me.nei.o [menˈeju] *sm* hochement.
me.ni.na [menˈinə] *sf* **1** fille. **2** petite-fille. **menina dos olhos** *fam* pupille.
me.ni.no [menˈinu] *sm* garçon.
me.nor [menˈɔɾ] *sm* mineur. • *adj compar* plus petit, moindre. **menor de idade** mineur.
me.no.ri.da.de [menoɾidˈadi] *sf* minorité.
me.nos [mˈenus] *adv* **1** moins. *compar* (de **pouco**) **2** moins. **a menos que** à moins que. **ao menos, pelo menos** au moins. **cada vez menos** de moins en moins. **se ao menos...** si seulement...
me.nos.pre.zar [menospɾezˈaɾ] *vt* mépriser, mésestimer, rabaisser, dédaigner.
me.nos.pre.zo [menospɾˈezu] *sm* mépris, dédain, mésestime.
men.sa.gem [mẽsˈaʒẽj] *sf* message. *Pl:* **mensagens**.
men.sa.li.da.de [mẽsalidˈadi] *sf* mensualité.
mens.tru.ar [mẽstɾuˈaɾ] *vi* avoir ses règles.
men.ta [mˈẽtə] *sf Bot* menthe.
men.ta.li.da.de [mẽtalidˈadi] *sf* mentalité.
men.te [mˈẽti] *sf* esprit, âme, entendement.
men.tir [mẽtˈiɾ] *vi* mentir.
men.ti.ra [mẽtˈiɾə] *sf* mensonge.
men.ti.ro.so [mẽtiɾˈozu] *sm+adj* menteur.
men.tor [mẽtˈoɾ] *sm* mentor.
me.nu [menˈu] *sm* **1** menu. **2** *Inform* menu.
mer.ca.do [meɾkˈadu] *sm* marché. **mercado de capitais** marché des capitaux.
mer.ca.dor [meɾkadˈoɾ] *sm* commerçant.
mer.ca.do.ri.a [meɾkadoɾˈiə] *sf* marchandise. **liberar uma mercadoria** *Com* livrer une marchandise.
mer.cê [meɾsˈe] *sf* merci. **à mercê de** à la merci de.
mer.ce.a.ri.a [meɾseaɾˈiə] *sf* épicerie.
mer.ce.ná.rio [meɾsenˈaɾju] *sm+adj* mercenaire.
mer.cú.rio [meɾkˈuɾju] *sm* **1** *Quím* mercure. **2** *Astron, Mit* Mercure (nesta acepção, usa-se inicial maiúscula).
mer.da [mˈɛɾdə] *sf vulg* merde.
me.re.ce.dor [meɾesedˈoɾ] *adj* méritoire.
me.re.cer [meɾesˈeɾ] *vt* mériter.
me.re.ci.men.to [meɾesimˈẽtu] *sm* mérite.
me.ren.da [meɾˈẽdə] *sf* goûter, collation.
me.re.triz [meɾetɾˈis] *sf* prostituée.

mer.gu.lhar [merguʎ'ar] *vt+vi+vpr* plonger.
mer.gu.lho [merg'uʎu] *sm* plongée, plongeon. **dar um mergulho** plonger.
me.ri.di.a.no [meridi'Λnu] *sm+adj Geogr* méridien.
mé.ri.to [m'εritu] *sm* 1 mérite, valeur. 2 vertu.
me.ri.tó.rio [merit'ɔrju] *adj* méritoire.
me.ro [m'εru] *adj* simple, pur.
mês [m'es] *sm* mois.
me.sa [m'eza] *sf* table. **mesa de operação** *Med* table d'opération. **pôr a mesa** dresser la table ou mettre le couvert. **reservar uma mesa** réserver ou retenir une table. **roupa de mesa** linge de table. **tirar a mesa** desservir ou débarrasser la table.
me.sa.da [mez'adə] *sf* pension mensuelle, argent de poche.
mes.clar [meskl'ar] *vt* mélanger.
mes.mo [m'ezmu] *adj+adv+pron* même. **ao mesmo tempo** en même temps. **assim mesmo** tout de même. **dar no mesmo** revenir au même. **eu mesmo** moi même. **nem mesmo** même pas.
mes.qui.nha.ri.a [meskiñar'jə] *sf* mesquinerie.
mes.qui.nho [mesk'iñu] *adj* mesquin, avare.
mes.qui.ta [mesk'itə] *sf Rel* mosquée.
mes.si.as [mes'iəs] *sm sing+pl Rel* messie.
mes.ti.ço [mest'isu] *adj* métis.
mes.tre [m'εstri] *sm* maître, instituteur.
me.su.ra [mez'urə] *sf* mesure.
me.ta [m'εtə] *sf* but, finalité.
me.ta.de [met'adi] *sf* moitié. **pela metade** à moitié.
me.tal [met'aw] *sm Quím* métal. *Pl: metais*.
me.ta.mor.fo.se [metamorf'ɔzi] *sf* métamorphose.
me.te.o.ro [mete'ɔru] *sm Astron* météore.
me.te.o.ro.lo.gi.a [meteoroloʒ'iə] *sf* météorologie. *Abrev fam:* météo.
me.ter [met'er] *vt+vpr* mettre. **meter medo** faire peur.
me.ti.cu.lo.so [metikul'ozu] *adj* méticuleux, minutieux.
me.tó.di.co [met'ɔdiku] *adj* méthodique.
me.to.do [m'εtodu] *sm* méthode.
me.tra.gem [metr'aʒẽj] *sf* métrage. *Pl: metragens*.
me.tra.lha.do.ra [metraʎad'orə] *sf* mitrailleuse.
me.tra.lhar [metraʎ'ar] *vt* mitrailler.
mé.tri.ca [m'εtrikə] *sf+adj* métrique.
me.tro [m'εtru] *sm* mètre. **metro do verso** *Poét* mètre.
me.trô [metr'o] *sm* métro.
meu [m'ew] *pron poss m sing* mon.
me.xer [meʃ'er] *vt* bouger.
me.xe.ri.ca [miʃer'ikə] *sf Bot* mandarine.
me.xe.ri.co [miʃer'iku] *sm* cancan, potin, commérage.
me.xe.ri.quei.ro [meʃerik'ejru] *sm* cancanier, médisant, bavard.
me.xi.da [meʃ'idə] *sf* 1 mélange. 2 désordre, confusion.
me.xi.lhão [meʃiʎ'ãw] *sm Zool* moule. *Pl: mexilhões*.
mi [m'i] *sm Mús* mi, troisième note musicale.
mi.a.do [mi'adu] *sm* miaulement.
mi.ar [mi'ar] *vi* miauler.
mi.co [m'iku] *sm Zool* petit singe.
mi.cro.com.pu.ta.dor [mikrokõputad'or] *sm* micro-ordinateur ou microordinateur.
mi.cro.fo.ne [mikrof'oni] *sm* microphone, micro.
mi.cro-on.das [mikro'õndəs] *sm sing+pl* four à micro-ondes ou micro-ondes. *Var: forno de micro-ondas*.
mic.tó.rio [mikt'ɔrju] *sm* pissotière.
mí.dia [m'idjə] *sf* média.
mi.ga.lha [mig'aʎə] *sf* miette.

mi.gra.ção [migras´ãw] *sf* migration. *Pl: migrações.*
mi.grar [migr´ar] *vi* migrer.
mi.jar [miʒ´ar] *vi vulg* pisser.
mil [m´iw] *sm+num* mil, mille.
mi.la.gre [mil´agri] *sm* miracle. **por milagre** par miracle.
mi.lê.nio [mil´enju] *sm* millénium.
mi.lha [m´iλə] *sf* lieue.
mi.lhão [miλ´ãw] *sm+num* million. *Pl: milhões.*
mi.lho [m´iλu] *sm Bot* maïs.
mi.lí.cia [mil´isjə] *sf* milice.
mi.li.o.ná.rio [miljon´arju] *sm+adj* millionnaire.
mi.li.tan.te [milit´ãti] *s Pol* militant.
mi.li.tar [milit´ar] *sm+adj* militaire. • *vi* militer.
mim [m´ĩ] *pron pess* me, moi. **quanto a mim** quant à moi.
mi.mar [mim´ar] *vt* gâter.
mí.mi.ca [m´imikə] *sf+adj* mimique.
mí.mi.co [m´imiku] *sm* mime. • *adj* mimique.
mi.mo [m´imu] *sm* cajolerie, gâterie.
mi.na [m´inə] *sf* mine.
min.di.nho [mĩd´iñu] *sm+adj* petit doigt, auriculaire.
mi.né.rio [min´ɛrju] *sm* minéral.
min.gau [mĩg´aw] *sm* bouillie.
min.gua.do [mĩg´wadu] *adj* modique, insuffisant.
mi.nha [m´iñə] *pron poss f sing* ma.
mi.nho.ca [miñ´ɔkə] *sf Zool* ver de terre.
mi.ni.a.tu.ra [minjat´urə] *sf* miniature.
mí.ni.mo [m´inimu] *sm* minimum. **no mínimo** au moins.
mi.nis.té.rio [minist´ɛrju] *sm* ministère.
mi.nis.trar [ministr´ar] *vt* administrer. **ministrar aulas** donner des cours.
mi.no.ri.a [minor´iə] *sf* minorité.
mi.no.ri.tá.rio [minorit´arju] *adj* minoritaire.
mi.nú.cia [min´usjə] *sf* minutie.
mi.nu.to [min´utu] *sm* minute. **no último minuto** à la dernière minute.
mi.o.lo [mi´olu] *sm* centre, noyau. **miolo de pão** mie.
mí.o.pe [m´iopi] *s+adj* myope.
mi.ra [m´irə] *sf* mire. **fazer mira** prendre sa mire.
mi.ra.cu.lo.so [mirakul´ozu] *adj* miraculeux.
mi.ra.gem [mir´aʒẽj] *sf* mirage. *Pl: miragens.*
mi.ran.te [mir´ãti] *sm* belvédère.
mi.rar [mir´ar] *vt* prendre sa mire, viser.
mir.ra.do [miř´adu] *adj* chétif.
mi.san.tro.po [mizãtr´opu] *s+adj* misanthrope.
mi.se.rá.vel [mizer´avew] *s* misérable. *Pl: miseráveis.*
mi.sé.ria [miz´ɛrjə] *sf* misère.
mi.se.ro [m´izeru] *adj* miséreux.
mis.sa [m´isə] *sf Rel* messe.
mis.são [mis´ãw] *sf* 1 mission. 2 *Rel* mission. *Pl: missões.*
mís.sil [m´isiw] *sm Mil* missile. *Pl: mísseis.*
mis.ter [mist´ɛr] *adj* métier, profession.
mis.té.rio [mist´ɛrju] *sm* mystère.
mis.te.ri.o.so [misteri´ozu] *adj* mystérieux.
mís.ti.co [m´istiku] *sm+adj* mystique.
mis.to [m´istu] *sm+adj* mixte.
mis.tu.ra [mist´urə] *sf* mélange.
mis.tu.rar [mistur´ar] *vt+vpr* mélanger.
mi.to [m´itu] *sm* mythe.
mi.to.lo.gi.a [mitoloʒ´iə] *sf* mythologie.
mi.ú.do [mi´udu] *sm* 1 menu, petit. 2 **miúdos** *pl* abats.
mi.xa.gem [miks´aʒẽj] *sf* mixage. *Pl: mixagens.*
mi.xar [miks´ar] *vt* mixer.
mo.bí.lia [mob´iljə] *sf* mobilier.

mo.bi.li.á.rio [mobili'arju] *sm* ameublement. • *adj* mobilier.
mo.bi.li.zar [mobiliz'ar] *vt* mobiliser.
mo.ça [m'osa] *sf* jeune fille.
mo.chi.la [moʃ'ilə] *sf* sac à dos.
mo.ci.da.de [mosid'adi] *sf* jeunesse.
mo.ci.nha [mos'iɲə] *sf dim* (de **moça**) jeune fille.
mo.ço [m'osu] *sm* jeune homme.
mo.da [m'ɔdə] *sf* mode. **estar na moda** être à la mode. **fora de moda** démodé, désuet. **última moda** dernier cri.
mo.da.li.da.de [modalid'adi] *sf* modalité.
mo.de.lar [model'ar] *vt+vpr* modeler.
mo.de.lo [mod'elu] *sm* **1** modèle, norme, original. **2** *sf* mannequin.
mo.de.rar [moder'ar] *vt* modérer.
mo.der.no [mod'ɛrnu] *adj* moderne.
mo.dés.tia [mod'ɛstjə] *sf* modestie.
mó.di.co [m'ɔdiku] *adj* modeste, modéré.
mo.di.fi.car [modifik'ar] *vt* modifier.
mo.do [m'ɔdu] *sm* **1** moyen, manière, guise, façon. **2** *Gram, Mús* mode. **de modo algum** aucunement, nullement. **de modo que** de façon que. **de outro modo** autrement. **de qualquer modo** n'importe comment. **do mesmo modo** de même. **sem modos** sans façons.
mo.du.lar [modul'ar] *adj* modulaire. • *vt* moduler.
mó.du.lo [m'ɔdulu] *sm* module.
mo.e.da [mo'ɛdə] *sf* **1** monnaie. **2** pièce de monnaie. **pagar na mesma moeda** rendre la pareille.
mo.e.dor [moed'or] *sm* hachoir.
mo.e.la [mo'ɛlə] *sf* gésier.
mo.er [mo'er] *vt* broyer.
mo.far [mof'ar] *vi* moisir.
mo.fo [m'ofu] *sm* moisissure.
mo.i.nho [mo'iɲu] *sm* moulin. **moinho de vento** moulin à vent.
moi.ta [m'ojtə] *sf* buisson.

mo.la [m'ɔlə] *sf* ressort.
mol.dar [mowd'ar] *vt* mouler, forger.
mol.de [m'ɔwdi] *sm* moule.
mol.du.ra [mowd'urə] *sf* cadre.
mo.le [m'ɔli] *adj* mou.
mo.le.ca.gem [molek'aʒẽj] *sf* gaminerie, badinerie. *Pl:* molecagens.
mo.len.ga [mol'ẽgə] *s pop* mou, indolent.
mo.le.que [mol'ɛki] *sm* **1** gamin. **2** *fam* gosse.
mo.les.tar [molest'ar] *vt* déranger.
mo.lés.tia [mol'ɛstjə] *sf* maladie.
mo.le.za [mol'ezə] *sf* indolence.
mo.lhar [moʎ'ar] *vt+vpr* mouiller.
mo.lhei.ra [moʎ'ejrə] *sf* saucière.
mo.lho [m'oʎu] *sm* sauce.
mo.men.tâ.neo [momẽt'ʌnju] *adj* momentané.
mo.men.to [mom'ẽtu] *sm* moment, instant. **até o momento em que** jusqu'à ce que. **em um dado momento** à un moment donné. **em qualquer momento** à tout moment. **neste momento** maintenant, en ce moment. **por um momento** pour un instant.
mo.nar.qui.a [monark'iə] *sf* monarchie.
mo.ne.tá.rio [monet'arju] *adj* monétaire.
mon.ge [m'õʒi] *sm* moine.
mo.ni.tor [monit'or] *sm* **1** moniteur, entraîneur, instructeur. **2** *Inform* moniteur.
mo.ni.to.ri.a [monitor'iə] *sf* monitorat.
mo.no.ga.mi.a [monogam'iə] *sf* monogamie.
mo.nó.lo.go [mon'ɔlogu] *sm* monologue.
mo.no.pó.lio [monop'ɔlju] *sm* **1** monopole, privilège. **2** *Com* monopole.
mo.no.po.li.zar [monopoliz'ar] *vt Com* monopoliser.
mo.nó.to.no [mon'ɔtunu] *adj* monotone, répétitif.
mons.tro [m'õstru] *sm* monstre.

mons.tru.o.so [mõstru′ozu] *adj* monstrueux, épouvantable.

mon.ta.gem [mõt′aʒẽj] *sf* **1** montage. **2** assemblage. Pl: *montagens*.

mon.ta.nha [mõt′ʌɲə] *sf Geogr* montagne.

mon.ta.nhês [mõtañ′es] *sm+adj* montagnard.

mon.tão [mõt′ãw] *sm fam* tas. Pl: *montões*.

mon.tar [mõt′ar] *vt* **1** monter, grimper. **2** monter, ajuster, assembler.

mon.ta.ri.a [mõtar′iə] *sf* monture.

mon.te [m′õti] *sm Geogr* **1** mont. **2** *fam* tas.

mo.nu.men.to [monum′ẽtu] *sm* monument.

mo.ra.da [mor′adə] *sf* habitation, logement.

mo.ra.di.a [morad′iə] *sf* résidence, habitation, domicile.

mo.ra.dor [morad′or] *sm+adj* résident.

mo.ral [mor′aw] *sm* **1** moral. *sf* **2** morale. • *adj* **1** moral. **2** décent. Pl: *morais*.

mo.ra.li.da.de [moralid′adi] *sf* moralité.

mo.ra.li.za.ção [moralizas′ãw] *sf* moralisation. Pl: *moralizações*.

mo.ran.go [mor′ãgu] *sm* fraise.

mo.rar [mor′ar] *vi* habiter, demeurer.

mo.ra.tó.ria [morat′ɔrjə] *sf* moratoire.

mor.bi.dez [morbid′ez] *sf* morbidité.

mor.ce.go [mors′egu] *sm Zool* chauve-souris.

mor.da.ça [mord′asə] *sf* bâillon, muselière.

mor.daz [mord′as] *adj* **1** mordant. **2** *fig* caustique, corrosif, incisif, piquant, vif. **3** *fig* satirique.

mor.der [mord′er] *vt* mordre. **morder os lábios** se mordre les lèvres.

mor.di.da [mord′idə] *sf* morsure.

mor.do.mo [mord′omu] *sm* majordome.

mo.re.no [mor′enu] *adj* brun.

mor.fi.na [morf′inə] *sf Quím* morphine.

mo.ri.bun.do [morib′ũdu] *sm+adj* moribond.

mor.ma.ço [morm′asu] *sm* chaleur.

mor.no [m′orno] *adj* tiède.

mo.ro.si.da.de [morozid′adi] *sf* morosité.

mor.rer [moʀ′er] *vi* mourir, décéder. **morrer de morte natural** mourir de sa belle mort. **morrer de rir** *fig* mourir de rire. **morrer de vontade** *fig* mourir d'envie.

mor.ro [m′oʀu] *sm* butte, colline.

mor.ta.de.la [mortad′ɛlə] *sf* mortadelle.

mor.ta.li.da.de [mortalid′adi] *sf* mortalité.

mor.te [m′ɔrti] *sf* mort, trépas.

mor.tí.fe.ro [mort′iferu] *adj* mortifère, mortel.

mor.ti.fi.car [mortifik′ar] *vt* mortifier.

mor.to [m′ortu] *sm* défunt, mort, cadavre. • *adj* mort, décédé. **morto de cansaço** *fig* mort de fatigue.

mos.ca [m′oskə] *sf Zool* mouche.

mos.qui.tei.ro [moskit′ejru] *sm* moustiquaire.

mos.qui.to [mosk′itu] *sm Zool* moustique.

mos.tar.da [most′ardə] *sf Bot* moutarde.

mos.tei.ro [most′ejru] *sm* monastère.

mos.tra [m′ɔstrə] *sf* preuve, exposition. **dar mostra de** faire preuve de.

mos.trar [mostr′ar] *vt* **1** montrer, manifester. *vpr* **2** se montrer.

mo.tel [mot′ɛw] *sm* motel. Pl: *motéis*.

mo.tim [mot′ĩ] *sm* mutinerie.

mo.ti.var [motiv′ar] *vt* motiver.

mo.ti.vo [mot′ivu] *sm* motif, raison.

mo.to.ci.cle.ta [motosikl′ɛtə] *sf* motocyclette.

mo.to.quei.ro [motok′ejru] *sm* motard, motocycliste.

mo.tor [mot′or] *sm+adj* moteur.
mo.to.ris.ta [motor′istə] *s* chauffeur.
mo.to.ri.zar [motoriz′ar] *vt* motoriser.
mouse [m′awzi] *sm Ingl Inform* souris.
mo.ve.di.ço [moved′isu] *adj* mouvant. **areia movediça** sable mouvant.
mó.vel [m′ɔvew] *sm* meuble. • *adj* mobile. *Pl: móveis*.
mo.ver [mov′er] *vt* **1** mouvoir, remuer. *vpr* **2** se mouvoir, se déplacer.
mo.vi.men.tar [movimẽt′ar] *vt+vpr* mouvoir.
mo.vi.men.to [movim′ẽtu] *sm* **1** mouvement, déplacement. **2** action, impulsion. **3** agitation, remuement.
mu.co [m′uku] *sm Fisiol* mucus, morve.
mu.co.sa [muk′ɔzə] *sf Anat* muqueuse.
mu.da [m′udə] *sf* bouture (de plante).
mu.dan.ça [mud′ãsə] *sf* **1** changement, modification. **2** déménagement.
mu.dar [mud′ar] *vt+vi* **1** changer, transformer. **2** déplacer, inverser. **3** transférer, transposer. **4** modifier, altérer. *vpr* **5** déménager. **mudar de casa** déménager.
mu.dez [mud′es] *sf* mutité.
mu.do [m′udu] *sm+adj* **1** muet. **2** *Gram* muet.
mui.to [m′ujtu] *adj* beaucoup de. • *pron indef* beaucoup. • *adv* beaucoup, très.
mu.la [m′ulə] *sf* mule. **teimoso como uma mula** *fam* têtu comme une mule.
mu.la.to [mul′atu] *sm+adj* mulâtre.
mu.le.ta [mul′etə] *sf* béquille.
mu.lher [muʎ′ɛr] *sf* **1** femme. **2** épouse.
mul.ta [m′uwtə] *sf* contravention, amende. **levar uma multa** avoir une contravention.
mul.tar [muwt′ar] *vt* mettre à l'amende.
mul.ti.dão [muwtid′ãw] *sf* foule, cohue. *Pl: multidões*.

mul.ti.pli.car [muwtiplik′ar] *vt+vi+vpr* multiplier.
múl.ti.plo [m′uwtiplu] *sm+adj Mat* multiple.
mú.mia [m′umjə] *sf* momie.
mu.mi.fi.car [mumifik′ar] *vt* momifier.
mun.da.no [mũd′∧nu] *adj* mondain.
mun.do [m′ũdu] *sm* **1** monde. **2** univers. **por nada neste mundo** pour rien au monde. **todo o mundo** tout le monde.
mu.ni.ção [munis′ãw] *sf Mil* munition. *Pl: munições*.
mu.ni.cí.pio [munis′ipju] *sm* ville, municipe.
mu.nir [mun′ir] *vt* **1** munir, garnir, doter. *vpr* **2** se munir.
mu.ral [mur′aw] *sm* panneau d'affichage. • *adj* mural. *Pl: murais*.
mur.char [murʃ′ar] *vi* flétrir, dégonfler.
mur.mu.rar [murmur′ar] *vt+vi* murmurer, chuchoter, susurrer.
mu.ro [m′uru] *sm* clôture, mur de clôture.
mur.ro [m′uʀu] *sm* coup de poing.
mús.cu.lo [m′uskulu] *sm Anat* muscle.
mu.seu [muz′ew] *sm* musée.
mú.si.ca [m′uzikə] *sf* musique.
mu.si.cal [muzik′aw] *adj* musical. *Pl: musicais*.
mú.si.co [m′uziku] *sm+adj* musicien.
mu.tá.vel [mut′avew] *adj* mutable. *Pl: mutáveis*.
mu.ti.lar [mutil′ar] *vt* mutiler.
mu.ti.rão [mutir′ãw] *sm* aide gratuite que se font les paysans voisins à l'occasion d'une récolte ou pour bâtir une maison. *Pl: mutirões*.
mú.tuo [m′utwu] *sm+adj* mutuel, réciproque.

n

n [ˈeni] *sm* la quatorzième lettre de l'alphabet de la langue portugaise.

na [nə] *contr prep* em+*art def f sing* a à la, dans la.

na.bo [nˈabu] *sm Bot* navet.

na.ção [nasˈãw] *sf* nation. Pl: nações.

na.ci.o.na.li.da.de [nasjonalidˈadi] *sf* nationalité.

na.ci.o.na.lis.mo [nasjonalˈizmu] *sm* nationalisme.

na.co [nˈaku] *sm* morceau, bout.

na.da [nˈadə] *sm* néant. • *pron* rien. **absolutamente nada** rien du tout. **de nada** de rien, il n'y a pas de quoi. **nada mal!** pas mal! **nada mais** rien de plus. **nada mais, nada menos** rien de plus, rien de moins. **não é nada, não foi nada** ce n'est rien.

na.da.dei.ra [nadadˈejrə] *sf Zool* nageoire.

na.da.dor [nadadˈor] *sm+adj* nageur.

na.dar [nadˈar] *vi* nager.

ná.de.ga [nˈadegə] *sf* **1** *Anat* fesse, croupe. **2** *fam* fessier, derrière. **3** *pop*, *vulg* cul.

na.do [nˈadu] *sm* nage.

nai.pe [nˈajpi] *sm* couleur.

na.mo.ra.da [namorˈadə] *sf* **1** amoureuse. **2** copine, petite-amie.

na.mo.ra.do [namorˈadu] *sm* **1** amoureux. **2** copain, petit-ami.

na.mo.rar [namorˈar] *vt* **1** courtiser, fréquenter, faire la cour. **2** convoiter. *vi* **3** flirter.

na.mo.ro [namˈoru] *sm* flirt, cour.

na.na [nˈʌnə] *sf dim inf fam* dodo.

na.ni.co [nanˈiku] *adj fam* petiot.

nan.quim [nãkˈĩ] *sm* encre de Chine.

não [nˈãw] *sm* non. • *adv* **1** non. **2** ne... pas. **3** ne... point. **agora não** pas maintenant. **ainda não** pas encore. **a não ser que** à moins que. **eu não sei** je ne sais pas. **não apenas, não somente** non (ou pas) seulement. **não é? não é mesmo?** n'est-ce pas? **não muito** pas beaucoup. **não, não é não!** non, non et non! **não obstante** nonobstant. **pelo sim, pelo não** en tout cas. **por que não?** pourquoi pas? **também não** non plus.

na.que.le [nakˈeli] *contr prep* em+*pron dem* aquele dans (en) celui (-là), y.

na.qui.lo [nakˈilu] *contr prep* em+*pron dem* aquilo dans (en) cela, y.

nar.ci.so [narsˈizu] *sm* narcisse.

nar.có.ti.co [narkˈɔtiku] *sm+adj* narcotique.

na.ri.na [narˈinə] *sf Anat* narine.

na.riz [narˈis] *sm Anat* nez. **assoar o nariz** moucher le nez. **colocar o nariz para fora (sair)** mettre le nez dehors. **enfiar o dedo no nariz** *fam* se fourrer les doigts dans le nez. **ponta do nariz**

nar.ra.ção [naɾasˈãw] *sf* narration. *Pl*: narrações.

nar.ra.dor [naɾadˈoɾ] *sm* narrateur.

nar.rar [naɾˈaɾ] *vt* narrer, conter, relater.

nar.ra.ti.va [naɾatˈivə] *sf* narration, récit.

na.sa.li.zar [nazalizˈaɾ] *vt* nasaliser.

nas.cen.ça [nasˈẽsə] *sf* naissance.

nas.cen.te [nasˈẽti] *sf* source d'eau.

nas.cer [nasˈeɾ] *sm* 1 naissance. 2 origine, début. • *vi* 1 naître. 2 voir le jour, venir au monde. 3 se lever (soleil). 4 pointer. 5 *fig* commencer à exister, apparaître.

nas.ci.men.to [nasimˈẽtu] *sm* naissance.

na.ta [nˈatə] *sf* crème.

na.ta.ção [natasˈãw] *sf* natation, nage. *Pl*: natações.

na.tal [natˈaw] *adj* natal. • *sm* Noël (nesta acepção, usa-se inicial maiúscula). *Pl*: natais.

na.ta.lí.cio [natalˈisju] *sm+adj* le jour de la naissance.

na.ti.vo [natˈivu] *sm+adj* natif, originaire.

na.to [nˈatu] *adj* né.

na.tu.ral [naturˈaw] *adj* naturel. *Pl*: naturais. **fenômenos naturais** des phénomènes naturels. **leis naturais** des lois naturelles.

na.tu.ra.li.da.de [naturalidˈadi] *sf* naturalité.

na.tu.ra.lis.mo [naturalˈizmu] *sm* naturalisme.

na.tu.ra.li.zar-se [naturalizˈaɾsi] *vpr* se faire naturaliser.

na.tu.re.za [naturˈezə] *sf* nature.

na.tu.re.za-mor.ta [naturezəmˈɔɾtə] *sf Pint* nature morte. *Pl*: naturezas-mortas.

nau [nˈaw] *sf Náut* vaisseau.

nau.fra.gar [nawfɾagˈaɾ] *vi Náut* naufrager.

náu.fra.go [nˈawfɾagu] *sm+adj Náut* naufragé.

náu.sea [nˈawzjə] *sf* 1 nausée, haut-le-cœur, envie de vomir. 2 *fig* dégoût.

náu.ti.ca [nˈawtikə] *sf* nautique.

na.va.lha [navˈaʎə] *sf* couteau pliant, couteau de poche. • *sm fig* chauffard. **navalha de barbear** rasoir.

na.ve [nˈavi] *sf Náut, Arquit, Aer* nef. **nave espacial** vaisseau spatial.

na.ve.ga.ção [navegasˈãw] *sf* navigation. *Pl*: navegações.

na.ve.gar [navegˈaɾ] *vi Náut* naviguer.

na.vi.o [navˈiu] *sm Náut* navire, vaisseau. **navio a vapor** navire à vapeur. **navio de guerra** navire de guerre.

na.zis.mo [nazˈizmu] *sm* nazisme.

ne.bli.na [neblˈinə] *sf* brouillard.

ne.bu.lo.si.da.de [nebulozidˈadi] *sf* nébulosité.

ne.bu.lo.so [nebulˈozu] *adj* nuageux.

ne.ces.sá.rio [nesesˈaɾju] *sm+adj* nécessaire. **se for necessário** au besoin, s'il le faut. **ser necessário** falloir.

ne.ces.si.da.de [nesesidˈadi] *sf* 1 nécessité, besoin. 2 pénurie.

ne.ces.si.ta.do [nesesitˈadu] *sm* pauvre, indigent. • *adj* nécessiteux.

ne.ces.si.tar [nesesitˈaɾ] *vt* avoir besoin de, nécessiter.

ne.cro.lo.gi.a [nekɾoloʒˈiə] *adj* nécrologie.

ne.cro.ló.gi.co [nekɾolˈɔʒiku] *adj* nécrologique.

ne.cró.po.le [nekɾˈɔpoli] *sf* nécropole.

ne.crop.si.a [nekɾopsˈiə] *sf Med* autopsie.

ne.cro.té.rio [nekɾotˈɛɾju] *sm* morgue.

nec.ta.ri.na [nektaɾˈinə] *sf* nectarine.

ne.fas.to [nefˈastu] *adj* néfaste.

ne.ga.ção [negasˈãw] *sf* négation. *Pl*: negações.

ne.gar [neg′ar] *vt* **1** nier. *vpr* **2** se refuser.
ne.ga.ti.va [negat′ivə] *sf* négative.
ne.ga.ti.vo [negat′ivu] *adj+sm Fot* négatif.
ne.gli.gên.cia [negliʒ′ẽsjə] *sf* négligence.
ne.gli.gen.ci.ar [negliʒẽsi′ar] *vt* négligence.
ne.go.ci.a.ção [negosjas′ãw] *sf* négociation. *Pl*: negociações.
ne.go.ci.an.te [negosi′ãti] *s* négociant.
ne.go.ci.ar [negosi′ar] *vt* négocier.
ne.go.ci.á.vel [negosi′avew] *adj* négociable. *Pl*: negociáveis.
ne.gó.cio [neg′ɔsju] *sm* affaire. **homem de negócios** homme d'affaires. **negócio da China** une affaire d'or.
ne.gri.to [negr′itu] *sm* gras.
ne.gri.tu.de [negrit′udi] *sf* négritude.
ne.gro [n′egru] *sm+adj* **1** noir. **2** nègre, négresse. **3** individu de la couleur noire. **humor negro** humeur noire. **mercado negro** marché noir. **quadro negro** tableau noir.
ne.la [n′ɛlə] *contr prep* em+*pron pess f sing* ela en elle, sur elle.
ne.le [n′eli] *contr prep* em+*pron pess m sing* ele en lui, sur lui.
nem [n′ẽj] *conj* ni. **nem mesmo** même pas. **nem ... nem ...** ni ... ni ... **nem um nem outro** ni l'un, ni l'autre. **sem pé nem cabeça** sans queue ni tête.
ne.nê [nen′e] *s* bébé.
ne.nhum [neñ′ũ] *pron* aucun.
ne.nú.far [nen′ufar] *sm Bot* nénuphar.
ne.o.lo.gis.mo [neoloʒ′izmu] *sm Gram* néologisme.
ne.on [ne′õw] *sm Quím* néon.
ner.vo [n′ervu] *sm Anat* nerf. **ter os nervos à flor da pele** avoir les nerfs à fleur de peau.
ner.vo.sis.mo [nervoz′izmu] *sm* nervosité, énervement.

ner.vo.so [nerv′ozu] *adj* nerveux, énervé. **deixar nervoso** énerver. **ficar nervoso** s'énerver.
nes.se [n′esi] *contr prep* em+*pron dem* esse dans (en) celui, y.
nes.te [n′esti] *contr prep* em+*pron dem* este dans (en) celui (celui-ci), y.
ne.to [n′etu] *sm* petit-fils.
neu.ro.ci.rur.gi.ão [newrosiruɾʒi′ãw] *sm* neurochirurgien. *Pl*: neurocirurgiões.
neu.ro.lo.gi.a [newroloʒ′iə] *sf Med* neurologie.
neu.rô.nio [newr′onju] *sm Histol* neurone.
neu.ro.se [newr′ɔzi] *V* nevrose.
neu.ró.ti.co [newr′ɔtiku] *adj* neurasthénique.
neu.tra.li.da.de [newtralid′adi] *sf Quím* neutralité.
neu.tra.li.zar [newtraliz′ar] *vt+vpr* neutraliser.
neu.tro [n′ewtru] *adj Quím, Fís, Gram* neutre.
ne.var [nev′ar] *vi* neiger.
ne.vas.ca [nev′askə] *sf* tempête de neige.
ne.ve [n′ɛvi] *sf* neige.
né.voa [n′ɛvwə] *sf* brume.
ne.vo.ei.ro [nevo′ejru] *sm* brouillard.
ne.xo [n′ɛksu] *sm* sens, signification.
ni.cho [n′iʃu] *sm Arquit* niche.
ni.co.ti.na [nikot′inə] *sf Quím* nicotine.
ni.nar [nin′ar] *vt fam* bercer.
nin.fa [n′ĩfə] *sf* nymphe.
nin.guém [nĩŋ′ẽj] *pron* personne.
ni.nha.da [niñ′adə] *sf* **1** nichée, couvée. **2** portée.
ni.nha.ri.a [niñari′ə] *sf* bagatelle, babiole.
ni.nho [n′iñu] *sm* nid.
ní.quel [n′ikew] *sm Quím* nickel. *Pl*: níqueis.
nis.so [n′isu] *contr prep* em+*pron dem* isso dans cela, en cela, y.

nis.to [n′istu] *contr prep* em+*pron dem* isto dans cela, en cela, y.

ni.ti.dez [nitid′es] *sf* 1 netteté. 2 limpidité.

ní.ti.do [n′itidu] *adj* 1 net. 2 limpide.

ní.vel [n′ivew] *sm* niveau. *Pl: níveis.* **no mesmo nível** au même niveau.

ni.ve.lar [nivel′ar] *vt* niveler.

nó [n′ɔ] *sm* 1 *Náut* nœud (unité de vitesse des bateaux). **dar um nó** faire un nœud, nouer. **desfazer um nó** défaire, desserrer, dénouer un nœud. **nó de gravata** nœud de cravate. **nó górdio** nœud gordien. **nó muito apertado, muito frouxo** nœud trop serré, trop lâche.

no [nu] *contr prep* em+*art def m sing* o au, dans le, y.

no.bre [n′ɔbri] *s+adj* noble.

no.bre.za [nobr′eza] *sf* noblesse.

no.ção [nos′ãw] *sf* notion. *Pl: noções.*

no.cau.te [nok′awti] *sm* K-O, knock-out.

noi.ta.da [nojt′adə] *sf* soirée.

noi.te [n′ojti] *sf* soir, nuit. **à noite** le soir, la nuit. **a noite é boa conselheira** la nuit porte conseil. **boa noite!** bonne nuit! **de noite todos os gatos são pardos** la nuit tous les chats sont gris. **é noite** il fait nuit. **esta noite** ou **hoje à noite** ce soir, cette nuit.

noi.va.do [nojv′adu] *sm* fiançailles.

noi.var [nojv′ar] *vi* se fiancer.

noi.vo [n′ojvu] *sm* fiancé.

no.jen.to [noʒ′ẽtu] *adj* répugnant, répulsif, sordide.

nô.ma.de [n′omadi] *s+adj* nomade.

no.me [n′omi] *sm* prénom. **agir em nome de alguém** agir au nom de quelqu'un. **em meu nome** à mon nom. **nome de batismo** nom de baptême. **nome de casada** nom de mariée. **nome de solteira** nom de jeune fille. **nome próprio** nom propre.

no.me.a.ção [nomeas′ãw] *sf* nomination. *Pl: nomeações.*

no.me.ar [nome′ar] *vt* nommer.

no.men.cla.tu.ra [nomẽklat′urə] *sf* nomenclature.

no.mi.nal [nomin′aw] *adj* nominal. *Pl: nominais.*

no.no [n′onu] *sm+num* neuvième.

no.ra [n′ɔrə] *sf* belle-fille, bru.

nor.ma [n′ɔrmə] *sf* 1 norme. 2 règle.

nor.mal [norm′aw] *adj* normal, commun, conventionnel. *Pl: normais.*

nor.ma.li.da.de [normalid′adi] *sf* normalité.

nor.te [n′ɔrti] *sm* nord.

nor.te.ar [norte′ar] *vt* orienter.

nós [n′ɔs] *pron pess pl* nous.

nos [nus] *pron refl pl* nous.

nos.so [n′ɔsu] *pron poss m sing* 1 notre. 2 **nossos** *pl* nos.

nos.tal.gi.a [nostawʒ′iə] *sf* nostalgie.

no.ta [n′ɔtə] *sf* 1 note. 2 remarque. 3 *Com* billet (d'argent). **nota escolar** note.

no.tar [not′ar] *vt* remarquer.

no.tá.rio [not′arju] *sm* notaire.

no.tá.vel [not′avew] *s* notable. • *adj* remarquable, notable. *Pl: notáveis.*

no.tí.cia [not′isjə] *sf* nouvelle.

no.ti.ci.ar [notisi′ar] *vt* informer, faire savoir.

no.ti.ci.á.rio [notisi′arju] *sm* 1 ensemble de nouvelles. 2 section des nouvelles (dans un journal). 3 journal télévisé.

no.ti.fi.car [notifik′ar] *vt* notifier.

no.to.ri.e.da.de [notorjed′adi] *sf* notoriété.

no.tó.rio [not′ɔrju] *adj* notoire.

no.tur.no [not′urnu] *adj* nocturne, de nuit.

no.va [n′ɔvə] *sf* nouvelle.

no.va.to [nov′atu] *sm* nouveau, débutant.

no.ve [n′ɔvi] *sm+num* neuf. **prova dos nove** preuve par neuf.

no.ve.la [nov′ɛlə] *sf* 1 feuilleton. 2 *Lit* nouvelle.

no.ve.lo [nov'elu] *sm* pelote, peloton, écheveau.

no.vem.bro [nov'ẽbru] *sm* novembre.

no.ven.ta [nov'ẽtə] *sm+num* quatre-vingt-dix, nonante (na Bélgica e na Suíça).

no.vi.ço [nov'isu] *adj+s* novice.

no.vi.da.de [novid'adi] *sf* nouveauté.

no.vo [n'ovu] *adj* nouveau, nouvel, nouvelle. **de novo** de nouveau, encore. **novo em folha** tout neuf, flambant neuf.

noz [n'ɔs] *sf* noix.

noz-mos.ca.da [nɔzmosk'adə] *sf Bot* noix muscade. *Pl: nozes-moscadas.*

nu [n'u] *sm+adj* nu. **nu em pelo** tout nu.

nu.bla.do [nubl'adu] *adj* nuageux, nébuleux.

nu.ca [n'ukə] *sf Anat* nuque.

nu.cle.ar [nukle'ar] *adj* nucléaire.

nú.cleo [n'uklju] *sm Fís, Quím, Biol* noyau.

nu.dez [nud'es] *sf* nudité.

nu.dis.mo [nud'izmu] *sm* nudisme.

nu.lo [n'ulu] *adj* nul.

num [n'ũ] *contr prep* em+*art indef m* um dans un. *Pl: nuns.*

nu.ma [n'umə] *contr prep* em+*art indef f* uma dans une.

nu.me.ra.ção [numeras'ãw] *sf* numérotation, numérotage, numération. *Pl: numerações.*

nu.me.ral [numer'aw] *sm* nombre, chiffre. • *adj* numéral. *Pl: numerais.*

nu.mé.ri.co [num'ɛriku] *adj* numérique.

nú.me.ro [n'umeru] *sm* nombre, numéro, chiffre. **número de uma roupa** taille.

nu.me.ro.lo.gi.a [numeroloʒ'iə] *sf* numérologie.

nu.me.ro.so [numer'ozu] *adj* nombreux.

nu.mis.ma.ta [numizm'atə] *s* numismate.

nun.ca [n'ukə] *adv* jamais. **antes tarde do que nunca!** mieux vaut tard que jamais! **nunca mais** jamais plus. **sem, nunca** sans, jamais.

núp.cias [n'upsjas] *sf pl* noces.

nu.tri.ção [nutris'ãw] *sf* nutrition. *Pl: nutrições.*

nu.tri.ci.o.nis.ta [nutrisjon'istə] *s* nutritionniste.

nu.trir [nutr'ir] *vt* nourrir.

nu.triz [nutr'is] *sf* nourrice.

nu.vem [n'uvẽj] *sf* **1** nuage. **2** *Lit* nue. *Pl: nuvens.* **ter a cabeça nas nuvens** *fig* être dans les nuages.

O

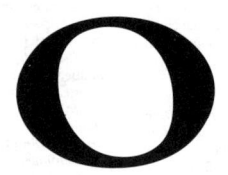

o¹ [ɔ] *sm* la quinzième lettre de l'alphabet de la langue portugaise.

o² [u] *art def m sing* le, l'. • *pron m sing* le, l'.

ó [ɔ] ou **ô** [o] *sm* o, le nom de la lettre O. • *interj* ô (pour invoquer ou pour traduire un vif sentiment).

ob.ce.car [obsek'ar] *vt* obséder, hanter, tracasser.

o.be.de.cer [obedes'er] *vt+vi* obéir.

o.be.di.ên.cia [obedi'ẽsjə] *sf* obéissance.

o.be.di.en.te [obedi'ẽti] *adj* obéissant.

o.be.lis.co [obel'isku] *sm* obélisque.

o.be.si.da.de [obezid'adi] *sf* obésité.

ó.bi.to [ɔ'bitu] *sm* décès, mort. **certidão de óbito** acte de décès.

ob.je.tar [obʒet'ar] *vt* objecter.

ob.je.ti.var [obʒetiv'ar] *vt* objectiver.

ob.je.ti.vi.da.de [obʒetivid'adi] *sf* objectivité.

ob.je.ti.vo [obʒet'ivu] *sm* objectif, but, finalité. • *adj* objectif.

ob.je.to [obʒ'ɛtu] *sm* 1 objet, chose. 2 but, fin. 3 sujet, thème. **objeto direto** *Gram* complément d'objet direct.

o.bli.te.rar [obliter'ar] *vt* oblitérer.

o.bra ['ɔbrə] *sf* 1 œuvre. 2 *Lit* ouvrage. **obra de arte** œuvre d'art. **obras** réparations, travaux.

o.bra-pri.ma [ɔbrəpr'imə] *sf* chef-d'œuvre. Pl: *obras-primas*.

o.brar [obr'ar] *vt* 1 travailler. 2 exécuter. 3 agir, produire un certain effet.

o.bri.ga.ção [obrigas'ãw] *sf* obligation. Pl: *obrigações*.

o.bri.ga.do [obrig'adu] *adj* obligé. **muito obrigado!** merci beaucoup! **obrigado!** *interj* merci! **obrigado por ter vindo** merci d'être venu. **obrigado por tudo!** merci pour tout!

o.bri.gar [obrig'ar] *vt* 1 obliger, forcer, contraindre. *vpr* 2 s'obliger, s'imposer.

o.bri.ga.tó.rio [obrigat'ɔrju] *adj* obligatoire.

obs.ce.ni.da.de [obsenid'adi] *sf* obscénité, indécence.

obs.cu.re.cer [obskures'er] *vt+vpr* obscurcir, assombrir.

obs.cu.ri.da.de [obskurid'adi] *sf* obscurité.

obs.cu.ro [obsk'uru] *adj* 1 obscur, sombre, noir. 2 *fig* confus, incompréhensible, équivoque, vague. 3 ignoré, inconnu. 4 inexplicable, mystérieux.

ob.sé.qui.o [obz'ɛkju] *sm* faveur. **por obséquio** s'il vous plaît.

ob.ser.va.ção [obzervas'ãw] *sf* observation, remarque. Pl: *observações*.

ob.ser.va.dor [obzervad'or] *sm+adj* observateur.

ob.ser.var [obzerv'ar] *vt* observer.

ob.ser.va.tó.rio [observat'ɔrju] *sm* observatoire.

ob.ses.são [obses'ãw] *sf* obsession. *Pl: obsessões*.

ob.so.le.to [obsol'etu] *adj* **1** obsolète, désuet. **2** ancien.

obs.tá.cu.lo [obst'akulu] *sm* obstacle.

obs.tan.te [obst'ãti] *adj* employé dans l'expression **não obstante** nonobstant, malgré.

obs.te.tra [obst'ɛtrə] *s* obstétricien.

obs.ti.na.ção [obstinas'ãw] *sf* obstination, acharnement, insistance, persévérance, ténacité. *Pl: obstinações*.

obs.ti.nar-se [obstin'arsi] *vpr* s'obstiner, s'entêter, persévérer, persister.

obs.tru.ção [obstrus'ãw] *sf* obstruction. *Pl: obstruções*.

obs.tru.ir [obstru'ir] *vt* obstruer, oblitérer, barrer, boucher, encombrer.

ob.ten.ção [obtẽs'ãw] *sf* obtention. *Pl: obtenções*.

ob.ter [obt'er] *vt* **1** obtenir, acquérir. **2** conquérir. **3** recevoir, remporter.

ob.tu.ra.ção [obturas'ãw] *sf* obturation. *Pl: obturações*.

ob.tu.rar [obtur'ar] *vt* obturer.

ób.vio [''ɔbvju] *adj* évident, clair, flagrant, incontestable.

o.ca.si.ão [okazi'ãw] *sf* occasion. *Pl: ocasiões*.

o.ca.si.o.nar [okazjon'ar] *vt* occasionner, causer, donner lieu.

o.ca.so [ok'azu] *sm* **1** coucher d'un astre. **2** *fig* décadence, déclin.

o.ce.a.no [ose'ʌnu] *sm Geogr* océan. **oceano Atlântico** l'océan Atlantique. **oceano Índico** l'océan Indien. **oceano Pacífico** l'océan Pacifique.

o.ce.a.no.gra.fi.a [oseʌnograf'iə] *sf* océanographie.

o.ci.den.te [osid'ẽti] *sm* occident.

ó.cio [''ɔsju] *sm* **1** loisir. **2** repos.

o.ci.o.si.da.de [osjozid'adi] *sf* oisiveté.

o.ci.o.so [osi'ozu] *adj* oisif.

o.clu.são [okluz'ãw] *sf* occlusion. *Pl: oclusões*.

o.co [''oku] *adj* creux.

o.cor.rên.cia [okoř'ẽsjə] *sf* occurrence.

o.cor.rer [okoř'er] *vi* arriver, se produire, succéder.

o.cu.lar [okul'ar] *adj* oculaire.

o.cu.lis.ta [okul'istə] *s* oculiste.

ó.cu.los [''ɔkulus] *sm pl* lunettes. **a armação dos óculos** la monture des lunettes. **usar óculos** porter des lunettes.

o.cul.tar [okuwt'ar] *vt* **1** occulter, cacher. *vpr* **2** se cacher.

o.cul.to [ok'uwtu] *adj* occulte, mystérieux, secret.

o.cu.pa.ção [okupas'ãw] *sf* **1** occupation, besogne, passe-temps. **2** assujetissement, envahissement. *Pl: ocupações*.

o.cu.par [okup'ar] *vt* **1** occuper, envahir. *vpr* **2** s'occuper.

o.di.ar [odi'ar] *vt* **1** haïr, détester. *vpr* **2** se haïr.

ó.dio [''ɔdju] *sm* haine, antipathie, aversion, détestation, exécration, hostilité, répulsion.

o.dis.sei.a [odis'ɛjə] *sf* odyssée.

o.don.to.lo.gi.a [odõtoloʒ'iə] *sf* odontologie.

o.dor [od'or] *sm* odeur.

o.es.te [o'ɛsti] *sm* ouest.

o.fe.gan.te [ofeg'ãti] *adj* haletant, essouflé.

o.fe.gar [ofeg'ar] *vi* haleter.

o.fen.der [ofẽd'er] *vt* **1** offenser, vexer, outrager, injurier. *vpr* **2** s'offenser, se fâcher, se vexer.

o.fen.sa [of'ẽsə] *sf* offense, affront, injure, insulte.

o.fen.si.va [ofẽs'ivə] *sf* offensive, attaque.

o.fe.re.cer [oferes'er] *vt* **1** offrir, donner. *vpr* **2** s'offrir, se présenter.

oferecimento 418 **onomatopeia**

o.fe.re.ci.men.to [oferesim'ẽtu] *sm* offre.

o.fer.ta [of'ɛrtɐ] *sf* offre, promotion.

o.fi.ci.al [ofisi'aw] *adj+sm* Mil officiel. Pl: oficiais. **diário oficial** journal officiel. **oficial de Justiça** officier de Justice, huissier.

o.fi.ci.a.li.zar [ofisjaliz'ar] *vt* officialiser.

o.fi.ci.ar [ofisi'ar] *vt* officier.

o.fi.ci.na [ofis'inɐ] *sf* atelier. **oficina mecânica** garage.

o.fí.cio [of'isju] *sm* 1 office. 2 fonction.

o.fí.dio [of'idju] *sm* ophidien.

of.tal.mo.lo.gis.ta [oftawmoloʒ'istɐ] *s* Med ophtalmologue ou ophtalmologiste.

o.fus.ca.ção [ofuskas'ãw] *sm* éblouissement. Pl: *ofuscações*.

o.fus.car [ofusk'ar] *vt+vpr* offusquer.

o.gi.va [oʒ'ivɐ] *sf* ogive.

oh ['ɔ] *interj* oh! eh! (douleur, surprise etc.).

oi ['oj] *interj* salut!

oi.ten.ta [ojt'ẽtɐ] *sm+num* quatre-vingt(s), huitante (na Suíça).

oi.to ['ojtu] *sm+num* huit.

o.lá [ol'a] *interj* salut!

o.la.ri.a [olar'iɐ] *sf* poterie.

ó.leo ['ɔlju] *sm* huile. **óleos santos** saintes huiles.

o.le.o.so [ole'ozu] *adj* huileux.

ol.fa.to [owf'atu] *sm* odorat.

o.lha.da [oʎ'adɐ] *sf* regard. **dar uma olhada** jeter un coup d'œil.

o.lha.de.la [oʎad'ɛlɐ] *sf* coup d'œil.

o.lhar [oʎ'ar] *vt+vi* 1 regarder, contempler. 2 considérer, examiner. *vpr* 3 se regarder, se mirer. **olha!** tiens! **olhar atravessado** regarder de travers. **olhar de soslaio** regarder du coin de l'œil ou par en dessous. **trocar olhares** échanger des regards.

o.lhei.ra [oʎ'ejrɐ] *sf* cerne.

o.lho ['oʎu] *sm* œil. **abrir o olho** ouvrir l'œil, et le bon. **a olho nu** à l'œil nu. **com os próprios olhos** de ses propres yeux. **custar os olhos da cara** coûter les yeux de la tête. **de olhos fechados** les yeux fermés. **em terra de cegos quem tem um olho é rei** au royaume des aveugles les borgnes sont rois. **não pregar os olhos** ne pas fermer l'œil de la nuit. **num abrir e fechar de olhos** en un clin d'œil. **olho mágico** œil-de-bœuf, judas, oculus. **pôr no olho da rua** mettre à la porte. **ter o olho maior que a barriga** avoir les yeux plus grands que le ventre.

o.li.gar.qui.a [oligark'iɐ] *sf* oligarchie.

o.lim.pí.a.da [olĩp'iadɐ] *sf pl* Olympiade.

o.li.va [ol'ivɐ] *sf* olive.

om.bro ['õbru] *sm* Anat épaule. **encolher os ombros** hausser ou lever les épaules (signe d'indifférence).

o.mis.são [omis'ãw] *sf* omission. Pl: *omissões*.

o.mi.tir [omit'ir] *vt* omettre.

on.ça ['õsɐ] *sf* 1 Zool jaguar. 2 once (mesure).

on.da ['õdɐ] *sf* 1 vague. 2 *fig* mode.

on.de ['õdi] *pron+adv* où. **de onde** d'où. **onde quer que** où que ce soit. **onde quer que seja** n'importe où.

on.du.la.ção [õdulas'ãw] *sf* ondulation. Pl: *ondulações*.

on.du.lar [õdul'ar] *vt* 1 onduler, friser. *vi* 2 onduler, ondoyer.

o.ne.rar [oner'ar] *vt* charger, surcharger.

ô.ni.bus ['onibus] *sm sing+pl* autobus. **ônibus elétrico** trolleybus.

o.ni.po.tên.ci.a [onipot'ẽsjɐ] *sf* omnipotence.

ô.nix ['oniks] *sm sing+pl* onyx.

o.no.ma.to.pei.a [onomatop'ɛjɐ] *sf* onomatopée.

on.tem [´õtẽj] *adv* hier. **antes de ontem, anteontem** avant-hier. **ontem à noite** hier soir. **ontem de manhã** hier matin.
.nus [´onus] *sm sing+pl* **1** charge, fardeau. **2** obligation, devoir.
on.ze [´õzi] *sm+num* onze.
o.pa.ci.da.de [opasid´adi] *sf* opacité.
o.pa.li.na [opalin´ə] *sf* opaline.
op.ção [ops´ãw] *sf* option. *Pl:* opções.
ó.pe.ra [´ɔperə] *sf* opéra.
o.pe.ra.ção [operas´ãw] *sf* **1** opération. **2** *Med* chirurgie, opération. *Pl:* operações.
o.pe.ra.dor [operad´or] *sm* opérateur.
o.pe.rar [oper´ar] *vt* **1** opérer, agir. **2** exécuter, réaliser. **3** *Med* opérer. *vi* **4** se faire opérer.
o.pe.rá.rio [oper´arju] *sm* ouvrier.
o.pi.nar [opin´ar] *vt+vi* opiner.
o.pi.ni.ão [opini´ãw] *sf* opinion, avis. *Pl:* opiniões. **em minha opinião** à mon avis.
ó.pio [´ɔpju] *sm* opium.
o.por [op´or] *vt+vpr* opposer.
o.por.tu.ni.da.de [oportunid´adi] *sf* opportunité.
o.por.tu.nis.ta [oportun´istə] *adj+s* opportuniste.
o.por.tu.no [oport´unu] *adj* **1** opportun. **2** convenable.
o.po.si.ção [opoziz´ãw] *sf* opposition, antagonisme. *Pl:* oposições.
o.pos.to [op´ostu] *sm+adj* opposé.
o.pres.são [opres´ãw] *sf* oppression. *Pl:* opressões.
o.pres.sor [opres´or] *sm* oppresseur. • *adj* oppressif.
o.pri.mir [oprim´ir] *vt* oppresser.
op.tar [opt´ar] *vt* choisir.
óp.ti.ca [´ɔptikə] *sf* *Fís* optique. *Var:* ótica.
o.pu.lên.cia [opul´ẽsjə] *sf* opulence.
o.ra [´ɔrə] *conj* or. **de ora em diante** désormais, dorénavant. **ora ... ora ...** tantôt ... tantôt ...

o.ra.ção [oras´ãw] *sf* prière. *Pl:* orações.
o.ra.dor [orad´or] *sm* orateur.
o.ral [or´aw] *adj* oral. *Pl:* orais.
o.rar [or´ar] *vi* prier.
o.ra.tó.ria [orat´ɔrjə] *sf* oratoire.
ór.bi.ta [´ɔrbitə] *sf* orbite.
or.ça.men.tá.rio [orsamẽt´arju] *adj* budgétaire.
or.ça.men.to [orsamẽtu] *sm* budget.
or.dem [´ɔrdẽj] *sf* **1** ordre, directive. **2** disposition, distribution. **3** catégorie, classe, groupe. **4** genre, sorte. **5** organisation, structure, économie. *Pl:* ordens. **até nova ordem** jusqu'à nouvel ordre. **colocar em ordem** ranger. **colocar ordem** mettre de l'ordre. **em ordem** en ordre. **em que ordem?** dans quel ordre? **na ordem do dia** à l'ordre du jour. **pela ordem de entrada** dans l'ordre d'entrée.
or.de.na.ção [ordenas´ãw] *sf* **1** ordonnance. **2** *Rel* ordination. *Pl:* ordenações.
or.de.na.do [orden´adu] *sm* paye, appointement, salaire, traitement. • *adj* ordonné, rangé, réglé.
or.de.nar [orden´ar] *vt* **1** ordonner, agencer, arranger, ranger, disposer. **2** prescrire. **3** *Rel* ordonner. *vpr* **4** entrer dans les ordres.
or.de.nhar [ordeñ´ar] *vt* traire.
or.di.nal [ordin´aw] *adj* ordinale. *Pl:* ordinais.
or.di.ná.rio [ordin´arju] *adj* ordinaire, courant, usuel, normal.
o.ré.ga.no [or´ɛganu] *sm* *Bot* origan.
o.re.lha [or´eʎə] *sf* *Anat* oreille. **ficar de orelha em pé** dresser l'oreille. **puxar as orelhas de alguém** tirer les oreilles à quelqu'un.
o.re.lhão [oreʎ´ãw] *sm* *Bras* téléphone publique. *Pl:* orelhões.
or.fa.na.to [orfan´atu] *sm* orphelinat.
ór.fão [´ɔrfãw] *sm+adj* orphelin. *Pl:* órfãos.

organismo   420   **outorga**

or.ga.nis.mo [organ´izmu] *sm* organisme.
or.ga.ni.za.ção [organizas´ãw] *sf* organisation. *Pl: organizações.*
or.ga.ni.za.dor [organizad´or] *sm+adj* organisateur.
or.ga.ni.zar [organiz´ar] *vpr* organiser.
ór.gão [´ɔrgãw] *sm Mús, Fisiol* organe. *Pl: órgãos.*
or.gas.mo [org´azmu] *sm* orgasme.
or.gi.a [orʒ´iə] *sf* orgie.
or.gu.lhar [orguʎ´ar] *vt* 1 enorgueillir. *vpr* 2 s'enorgueillir, devenir orgueilleux, fier, insolent.
or.gu.lho [org´uʎu] *sm* orgueil, fierté.
o.ri.en.ta.ção [orjẽtas´ãw] *sf* orientation. *Pl: orientações.*
o.ri.en.ta.dor [orjẽtad´or] *sm* directeur de thèse, directeur de recherches.
o.ri.en.tar [orjẽt´ar] *vt+vi+vpr* orienter.
o.ri.fí.cio [orif´isju] *sm* orifice.
o.ri.gem [or´iʒẽj] *sf* origine. *Pl: origens.*
o.ri.gi.na.li.da.de [oriʒinalid´adi] *sf* originalité.
o.ri.gi.nar [oriʒin´ar] *vt* 1 entraîner, occasioner. 2 provoquer.
o.ri.un.do [ori´ũdu] *adj* issu.
or.la [´ɔrlə] *sf* bord, bordure.
or.na.men.tar [ornamẽt´ar] *vt* orner, ornementer.
or.na.men.to [ornam´ẽtu] *sm* ornement.
or.nar [orn´ar] *vt+vpr* orner.
or.ques.tra [ork´ɛstrə] *sf* orchestre.
or.ques.trar [orkestr´ar] *vt* orchestrer.
or.quí.dea [ork´idjə] *sf Bot* orchidée.
or.to.don.tis.ta [ortodõt´istə] *s* orthodontiste.
or.to.do.xo [ortod´ɔksu] *sm+adj* orthodoxe.
or.to.gra.fi.a [ortograf´iə] *sf Gram* orthographe.

or.to.pe.dis.ta [ortoped´istə] *s* orthopédiste.
or.va.lho [orv´aʎu] *sm* rosée.
os [us] *art def m pl+pron m pl* les.
os.ci.la.ção [osilas´ãw] *sf* oscillation. *Pl: oscilações.*
os.ci.lar [osil´ar] *vi* osciller.
os.sa.da [os´adə] *sf* ossement, carcasse.
os.sa.tu.ra [osat´urə] *sf* ossature.
ós.seo [´ɔsju] *adj* osseux.
os.si.fi.car-se [osifik´arsi] *vpr* s'ossifier.
os.so [´osu] *sm Anat* os. **em carne e osso** en chair et en os.
os.su.do [os´udu] *adj* osseux.
os.ten.ta.ção [ostẽtas´ãw] *sf* ostentation. *Pl: ostentações.*
os.ten.tar [ostẽt´ar] *vt* 1 témoigner de l'ostentation. 2 faire ou montrer avec ostentation, parader.
os.tra [´ɔstrə] *sf Zool* huître.
o.tá.rio [ot´arju] *sm* dupe.
o.ti.mis.mo [otim´izmu] *sm* optimisme.
o.ti.mis.ta [otim´istə] *s* optimiste.
o.ti.mi.zar [otimiz´ar] *vt* optimiser.
ó.ti.mo [´ɔtimu] *adj superl* (de **bom**) très bon, excellent.
o.ti.te [ot´iti] *sf Med* otite.
o.tor.ri.no.la.rin.go.lo.gi.a [otorĩnolarĩgoloʒ´iə] *sf Med* oto-rhino-laryngologie.
ou [´ow] *conj* ou. **ou ainda** ou encore, **ou então** ou alors, ou même. **ou melhor** ou plutôt, ou mieux. **ou senão** sans (ça), sinon.
ou.ri.ves [owr´ivis] *sm sing+pl* orfèvre.
ou.ro [´owru] *sm* 1 or. 2 **ouros** *pl* carreau (des cartes). **bodas de ouro** noces d'or. **dente de ouro** dent en or.
ou.sa.di.a [owzad´iə] *sf* audace.
ou.sar [owz´ar] *vt+vi* oser.
ou.to.no [owt´onu] *sm* automne. **no outono** en automne.
ou.tor.ga [owt´ɔrgə] *sf* octroi.

ou.tor.gar [owtorg´ar] *vt* octroyer.

ou.trem [´owtrẽj] *pron* autrui.

ou.tro [´owtru] *pron* autre. **de outro modo, de outra maneira** autrement. **em outras palavras** autrement dit. **outra pessoa** quelqu'un d'autre. **outro lugar** ailleurs. **por outro lado** d'autre part, par contre.

ou.tro.ra [owtr´ɔrə] *adv* autrefois, jadis.

ou.tros.sim [owtros´ĩ] *adv* 1 également, de même. 2 en outre, de plus.

ou.tu.bro [owt´ubru] *sm* octobre.

ou.vi.do [owv´idu] *sm Anat* ouïe, audition. • *adj* ouï, entendu. **as paredes têm ouvidos** les murs ont des oreilles. **entrar por um ouvido e sair pelo outro** entrer par une oreille et sortir par l'autre. **fazer ouvidos de mercador** faire la sourde oreille. **gritar nos ouvidos de alguém** crier dans les oreilles de quelqu'un. **não dar ouvidos** ne pas vouloir écouter. **ser todo ouvidos** être tout oreilles. **ter bom ouvido** avoir l'oreille fine.

ou.vin.te [owv´ĩti] *s* auditeur.

ou.vir [owv´ir] *vt* 1 entendre. *vi* 2 ouïr.

o.va.ção [ovas´ãw] *sf* ovation. *Pl: ovações*.

o.val [ov´aw] *adj* ovale. *Pl: ovais*.

o.vá.rio [ov´arju] *sm Anat* ovaire.

o.ve.lha [ov´eʎə] *sf* brebis.

óv.ni [´ɔvni] *sm* ovni (sigle d'objet volant non identifié).

o.vo [´ovu] *sm* œuf. **ovo cozido** œuf dur. **ovo frito** œuf sur le plat. **ovo mexido** œuf brouillé. **ovo mole** œuf poché.

o.vu.lar [ovul´ar] *vt* ovuler.

ó.vu.lo [´ɔvulu] *sm Fisiol, Bot* ovule.

o.xi.do [´ɔksidu] *sm Quím* oxyde.

o.xi.ge.na.ção [oksiʒenas´ãw] *sf* oxygénation. *Pl: oxigenações*.

o.xi.ge.nar [oksiʒen´ar] *vt* oxygéner.

o.xi.gê.nio [ɔksiʒ´enju] *sm Quím* oxygène.

o.xí.to.no [ɔks´itonu] *adj Gram* oxyton.

p

p [p´e] *sm* **1** la seizième lettre de l'alphabet de la langue portugaise. **2** le nom de la lettre P.
pá [p´a] *sf* pelle.
pa.ci.ên.cia [pasi´ẽsjə] *sf* patience.
pa.ci.en.te [pasi´ẽti] *adj+s* patient.
pa.cí.fi.co [pas´ifiku] *adj* pacifique, tranquille, paisible.
pa.co.te [pak´ɔti] *sm* paquet, emballage, colis.
pac.to [p´aktu] *sm* pacte, accord, arrangement.
pa.da.ri.a [padar´iə] *sf* boulangerie. **ir na padaria** aller à la boulangerie.
pa.de.cer [pades´er] *vt+vi* souffrir, subir, endurer.
pa.dei.ro [pad´ejru] *sm* boulanger.
pa.drão [padr´ãw] *sm* standard. *Pl: padrões*.
pa.dras.to [padr´astu] *sm* beau-père.
pa.dre [p´adri] *sm Rel* prêtre.
pa.dri.nho [padr´iɲu] *sm* parrain.
pa.ga.men.to [pagam´ẽtu] *sm* payement ou paiement, paie ou paye, versement. **fazer um pagamento** effectuer, faire un paiement.
pa.gar [pag´ar] *vt* **1** payer, acquitter. **2** *fig* dédommager. **pagar as dívidas** payer les dettes. **pagar um empregado** payer un employé.
pá.gi.na [p´aʒinə] *sf* page.
pa.go.de [pag´ɔdi] *sf* pagode.

pai [p´aj] *sm* père.
pai.nel [pajn´ɛw] *sm* panneau. *Pl: painéis*.
pai.rar [pajr´ar] *vi* planer.
pa.ís [pa´is] *sm* pays. **em todo o país** dans tout le pays.
pai.sa.gem [pajz´aʒẽj] *sf* paysage. *Pl: paisagens*.
pai.xão [pajʃ´ãw] *sf* **1** passion. **2** *fig* flamme. *Pl: paixões*.
pa.jem [p´aʒẽj] *sm* page. *Pl: pajens*.
pa.lá.cio [pal´asju] *sm* **1** palais, palace. **2** *fig* villa.
pa.la.dar [palad´ar] *sm* **1** palais, goût. **2** *fig* saveur.
pa.la.to [pal´atu] *sm Anat* palais.
pa.la.vra [pal´avrə] *sf* parole, mot. **dar a palavra a alguém** donner la parole à quelqu'un. **dar a última palavra** dire le dernier mot.
pa.la.vrão [palavr´ãw] *sm* gros mot. *Pl: palavrões*. **dizer palavrões** dire de gros mots, dire des injures.
pal.co [p´awku] *sm* scène.
pa.le.on.tó.lo.go [paleõt´ɔlogu] *sm* paléontologiste, paléontologue.
pa.ler.ma [pal´ɛrmə] *adj+s fam* an douille.
pa.le.tó [palet´ɔ] *sm* veste, paletot.
pa.lha [p´aʎa] *sf* paille. **fogo de palha** béguin.
pa.lha.ço [paʎ´asu] *sm* clown.

pá.li.do [p´alidu] *adj* **1** pâle, livide, blême. **2** *fig* sombre, sans vivacité. **ficar pálido** devenir pâle, blême.

pa.li.to [pal´itu] *sm* **1** cure-dent. **2** *fig* personne trop maigre, maigrichon. **palito de fósforo** allumette.

pal.ma [p´awmə] *sf* paume.

pal.mei.ra [pawm´ejrə] *sf Bot* palmier, palme.

pal.mi.to [pawm´itu] *sm Bot* branche, cœur de palmier, palmite.

pál.pe.bra [p´awpebrə] *sf Anat* paupière.

pal.pi.ta.ção [pawpitas´ãw] *sf Med* palpitation, battement. *Pl:* palpitações.

pa.lu.dis.mo [palud´izmu] *sm Med* paludisme.

pa.na.ca [pan´akə] *adj+s* **1** *pop* idiot. **2** *vulg* con.

pan.ca.da [pãk´adə] *sf* coup, choc, tapement.

pân.cre.as [p´ãkrjas] *sm sing+pl Anat* pancréas.

pan.da [p´ãdə] *sm* panda.

pa.ne.la [pan´ɛlə] *sf* casserole, marmite. **cozinhar na panela** faire cuire à la cocotte. **panela de pressão** cocotte-minute.

pan.fle.to [pãfl´etu] *sm* pamphlet, tract.

pâ.ni.co [p´ʌniku] *sm* panique. **ser tomado pelo pânico** être pris de panique.

pa.no [p´ʌnu] *sm* tissu.

pa.no.ra.ma [panor´ʌmə] *sm* panorama.

pa.no.râ.mi.co [panor´ʌmiku] *adj* panoramique.

pân.ta.no [p´ãtanu] *sm* marais, marécage.

pan.te.ra [pãt´ɛrə] *sf Zool* panthère.

pan.tur.ri.lha [pãtuʀ´iʎə] *sf* mollet.

pão [p´ãw] *sm* pain. *Pl:* pães. **fazer pão** faire du pain.

pa.pa [p´apə] *sm Rel* pape.

pa.pa.da [pap´adə] *sf* double menton.

pa.pa.gai.o [papag´aju] *sm* perroquet. **pessoa que fala como um papagaio** *fig* moulin à paroles.

pa.pai [pap´aj] *sm fam* papa. **Papai Noel** Père Noël.

pa.pel [pap´ɛw] *sm* **1** papier. **2** *Cin, Teat* rôle. **3** papéis *pl* papiers (documents). **papel de parede** papier peint. **papel higiênico** papier hygiénique, papier-toilette. **papel-moeda** argent, argent liquide.

pa.pe.la.ri.a [papelar´iə] *sf* papeterie.

pa.pi.la [pap´ilə] *sf* papille.

pa.pi.ro [pap´iru] *sm* papyrus.

pa.pou.la [pap´owlə] *sf Bot* pavot, coquelicot.

pa.que.ra [pak´ɛrə] *sf pop* drague.

pa.qui.der.me [pakid´ɛrmi] *adj+sm* pachyderme.

par [p´ar] *sm* paire. • *adj* pair. **o número par** le nombre pair. **um par de sapatos** une paire de chaussures.

pa.ra [p´arə] *prep* pour, à, en, vers.

pa.ra.béns [parab´ẽjs] *sm pl* congratulation, félicitation.

pa.ra.bó.li.co [parab´ɔliku] *adj* parabolique. **uma antena parabólica** une antenne parabolique.

pa.ra-bri.sa [parəbr´izə] *sm Autom* pare-brise ou parebrise. *Pl:* para-brisas.

pa.ra-cho.que [paraʃ´ɔki] *sm Autom* pare-choc ou parechocs. *Pl:* para-choques.

pa.ra.da [par´adə] *sf* **1** arrêt, pause, escale, étape, halte. **2** *Mil* parade. **parada de ônibus** arrêt de bus.

pa.ra.do [par´adu] *adj* arrêté, immobile, suspendu.

pa.ra.do.xo [parad´ɔksu] *sm* paradoxe.

pa.ra.fi.na [paraf´inə] *sf Quím* paraffine.

pa.ra.fu.so [paraf´uzu] *sm* vis.

pa.rá.gra.fo [par´agrafu] *sm* paragraphe.

paraíso 424 **parto**

pa.ra.í.so [para'izu] *sm* paradis.

pa.ra.la.ma [parəl'ʌmə] *sm Autom* banane. *Pl:* para-lamas.

pa.ra.le.lo [paral'ɛlu] *adj+sm* parallèle.

pa.ra.li.sar [paraliz'ar] *vt* **1** paralyser, figer. **2** *Fisiol* inhiber.

pa.ra.li.si.a [paraliz'iə] *sf* **1** *Med* paralysie, insensibilité. **2** *Fisiol* inertie.

pa.ra.lí.ti.co [paral'itiku] *adj* handicapé.

pa.râ.me.tro [par'ʌmetru] *sm* paramètre.

pa.ra.noi.a [paran'ɔjə] *sf* paranoïa.

pa.ra.pei.to [parap'ejtu] *sm Arquit* parapet, rebord.

pa.ra.que.das [parək'ɛdəs] *sm sing+pl Aer* parachute.

pa.rar [par'ar] *vt* **1** arrêter. *vi* **2** cesser, s'arrêter.

pa.ra.rai.os [parəř'ajus] *sm sing+pl* paratonnerre.

pa.ra.si.ta [paraz'itə] *sm* **1** *Zool, Bot* parasite. **2** *fig* paresseux.

par.cei.ro [pars'ejru] *adj+sm* associé, partenaire.

par.ce.la [pars'ɛlə] *sf* fraction, parcelle, quota, fragment.

par.ce.ri.a [parser'iə] *sf* partenariat.

par.ci.mô.nia [parsim'onjə] *sf* parcimonie, épargne, économie. **com parcimônia** avec parcimonie.

par.dal [pard'aw] *sm Zool* moineau. *Pl:* pardais.

par.di.ei.ro [pardi'ejru] *sm* taudis, galetas.

par.do [p'ardu] *adj+sm* gris, brun, sombre, obscur.

pa.re.cer [pares'er] *sm* avis, opinion. • *vi+vt* **1** ressembler, avoir l'air de. *vpr* **2** se ressembler. **dar um parecer** faire un rapport. **parece que ela virá** il paraît qu'elle viendra.

pa.re.ci.do [pares'idu] *adj* ressemblant, pareil, identique.

pa.re.de [par'edi] *sf* mur.

pa.ren.te [par'ẽti] *s+adj* parent, de la famille.

pa.rên.te.se [par'ẽtezi] *sm* parenthèse. **abrir parêntese** ouvrir une parenthèse. **entre parênteses** entre parenthèses. **fechar o parêntese** fermer la parenthèse.

pa.rir [par'ir] *vt+vi* accoucher, mettre bas.

pa.ri.si.en.se [parizi'ẽsi] *adj+s* parisien.

par.la.men.to [parlam'ẽtu] *sm* parlement.

par.me.são [parmez'ãw] *sm+adj* parmesan. *Pl:* parmesões.

pá.ro.co [p'aroku] *sm Rel* curé de paroisse.

pa.ró.dia [par'ɔdjə] *sf Lit* parodie.

pa.ró.quia [par'ɔkjə] *sf Rel* paroisse.

par.que [p'arki] *sm* parc. **parque público** parc public. **parque regional** parc régional.

par.te [p'arti] *sf* **1** partie. **2** fraction. **a maior parte** la plupart. **a melhor parte** la meilleure partie.

par.ti.ci.pa.ção [partisipas'ãw] *sf* participation, collaboration, contribution.

par.ti.ci.par [partisip'ar] *vt* participer, adhérer, figurer. **participar de um jogo** participer à un jeu. **participar de um trabalho** collaborer à un travail.

par.ti.cí.pio [partis'ipju] *sm Gram* participe.

par.ti.cu.lar [partikul'ar] *adj* **1** particulier, privé. **2** *fig* privé, secret.

par.ti.da [part'idə] *sf* **1** départ. **2** *Esp* match. **partida de automóvel** démarrage.

par.ti.do [part'idu] *sm Pol* parti. • *adj* parti.

par.tir [part'ir] *vt+vi* **1** partir. *vpr* **2** s'en aller. **a partir de** à partir de.

par.to [p'artu] *sm* accouchement.

Pás.coa [p´askwə] *sf* Pâques.
as.sa.do [pas´adu] *sm* passé.
as.sa.gei.ro [pasaʒ´ejru] *sm* passager.
as.sa.gem [pas´aʒẽj] *sf* **1** passage. **2** billet (de train), *ticket* (d'autobus, de métro). **3** franchissement. **4** *fig* transition. *Pl:* **passagens**.
as.sa.por.te [pasap´ɔrti] *sm* passeport. **passaporte válido** passeport valable. **passaporte vencido** passeport périmé.
as.sar [pas´ar] *vt* **1** passer, traverser, aller. **2** franchir. **3** écouler.
ás.sa.ro [p´asaru] *sm* oiseau.
as.se.ar [pase´ar] *vi* **1** promener, errer, vadrouiller. *vi* **2** se promener. **3** *pop* se balader.
as.sei.o [pas´eju] *sm* **1** promenade. **2** *pop* balade. **3** *coloq* virée. **dar um passeio** faire un tour, une promenade.
as.si.vo [pas´ivu] *sm Com* passif. • *adj* passif, inerte.
as.so [p´asu] *sm* pas.
as.ta [p´astə] *sf* **1** pâte. **2** mallette.
as.teu.ri.zar [pastewriz´ar] *vt* pasteuriser.
as.tor [past´or] *sm* **1** berger. **2** *Rel* pasteur, évêque, curé, révérend.
a.ta [p´atə] *sf* **1** patte. **2** canne, oie.
a.ten.te.ar [patẽte´ar] *vt* **1** breveter. **2** manifester, mettre en lumière. **patentear uma invenção** faire breveter une invention.
a.ter.ni.da.de [paternid´adi] *sf* paternité.
a.ter.no [pat´ɛrnu] *adj* paternel.
a.té.ti.co [pat´ɛtiku] *adj* pathétique, émouvant. **discurso patético** discours pathétique. **tom patético** ton pathétique.
a.ti.fe [pat´ifi] *sm+adj* fripon, gredin.
a.tim [pat´ĩ] *sm* patin.
a.ti.nar [patin´ar] *vi* patiner.
á.tio [p´atju] *sm* cour.

pa.to [p´atu] *sm* **1** canard. **2** *fig* bête, sot.
pa.trão [patr´ãw] *sm* patron. *Pl:* **patrões**.
pá.tria [p´atrjə] *sf* patrie, pays, province.
pa.tri.ar.ca [patri´arkə] *sm* patriarche.
pa.tri.mô.nio [patrim´onju] *sm* **1** patrimoine. **2** *fig* richesse.
pa.tri.o.ta [patri´ɔtə] *s* patriote.
pa.tri.o.tis.mo [patrjot´izmu] *sm* patriotisme.
pa.tro.a [patr´oə] *sf* maîtresse de maison, hôtesse.
pa.tro.ci.nar [patrosin´ar] *vt* sponsoriser.
pau [p´aw] *sm* **1** bois, bâton. **2** *vulg* bitte ou bite, zob, queue.
paus [p´aws] *sm pl* trèfle (jeu de cartes).
pau.sa [p´awzə] *sf* **1** *Mús* pause. **2** pause, intervalle, repos, halte, interruption.
pa.vão [pav´iw] *sm Zool* paon. *Pl:* **pavões**. **ser vaidoso como um pavão** être vaniteux, fier comme un paon.
pa.vi.o [pav´iu] *sm* mèche (d'une bougie).
pa.vor [pav´or] *sm* peur, effroi.
paz [p´as] *sf* **1** paix, silence, harmonie. **2** *fig* repos.
pé [p´ɛ] *sm* **1** pied. **2** *Mec* support. **3** *Geogr* pied (du mont). **4** *Mat* pied (mesure). **dar no pé** partir, s'en aller.
pe.ão [pe´ãw] *sm* **1** homme du peuple, roturier, plébéien. **2** pion (du jeu d'échecs). *Pl:* **peões**.
pe.ça [p´esə] *sf* pièce. **peça de reposição** pièce de rechange. **peça musical** pièce, composition musicale.
pe.ca.do [pek´adu] *sm Rel* péché, iniquité.
pe.car [pek´ar] *vi* pécher.
pe.da.ço [ped´asu] *sm* morceau, portion, part.
pe.dá.gio [ped´aʒju] *sm* péage.

pe.da.go.gi.a [pedagoʒ'iə] *sf* pédagogie.
pe.da.go.go [pedag'ogu] *sm* pédagogue.
pe.dal [ped'aw] *sm* pédale. *Pl:* pedais.
pe.da.lar [pedal'ar] *vi* pédaler.
pe.de.ras.ta [peder'astə] *sm* pédéraste.
pe.de.ras.ti.a [pederast'iə] *sf* pédérastie.
pe.des.tre [ped'ɛstri] *s+adj* piéton. **rua reservada aos pedestres** rue piétonne.
pe.di.a.tra [pedi'atrə] *s Med* pédiatre.
pe.di.a.tri.a [pedjatr'iə] *sf Med* pédiatrie.
pe.di.cu.ro [pedik'uru] *sm* pédicure.
pe.di.do [ped'idu] *sm* 1 demande, requête. 2 *Jur* instance. **pedido de emprego** demande d'emploi.
pe.dir [ped'ir] *vt* demander, invoquer.
pe.do.fi.li.a [pedofil'iə] *sf* pédophilie.
pe.dó.fi.lo [ped'ɔfilu] *sm+adj* pédophile.
pe.dra [p'ɛdrə] *sf* 1 *Min* pierre. 2 *Med* calcul.
pe.drei.ro [pedr'ejru] *sm* maçon.
pe.gar [peg'ar] *vt* prendre, saisir, réussir. **pega ladrão!** au voleur!
pei.to [p'ejtu] *sm Anat* poitrine.
pei.xe [p'ejʃi] *sm* poisson.
pe.la [p'elə] *prep* par, par la. **ele veio pela outra rua** / il est venu par l'autre rue.
pe.la.do [pel'adu] *adj* 1 pelé, dégarni. 2 chauve. 3 *pop* nu.
pe.lar [pel'ar] *vt* peler.
pe.le [p'eli] *sf* peau.
pe.li.ca.no [pelik'ʌnu] *sm Zool* pélican.
pe.lí.cu.la [pel'ikulə] *sf* pellicule, cuticule, film.
pe.lo [p'elu] *prep* par, par le.
pe.lo [p'elu] *sm* poil. **pelo do nariz** poil du nez. **pelo do púbis** poil pubien.

pe.lo.tão [pelot'ãw] *sm Mil* peloton. *Pl:* pelotões.
pe.na [p'enə] *sf* peine, punition, châtiment.
pê.nal.ti [p'enawti] *sm Esp* penalty, coup franc, coup de pied de réparation.
pe.nar [pen'ar] *vi* 1 peiner. 2 *coloq* en baver.
pen.der [pẽd'er] *vi* pendre, être suspendu.
pen.du.rar [pẽdur'ar] *vt* pendre, suspendre.
pe.nei.ra [pen'ejrə] *sf* tamis.
pe.ne.tra.ção [penetras'ãw] *sf* pénétration. *Pl:* penetrações.
pe.ne.trar [penetr'ar] *vt* pénétrer.
pe.nha.sco [peñ'asku] *sm Geogr* rocher, falaise.
pe.nín.su.la [pen'ĩsulə] *sf Geogr* péninsule, presqu'île.
pê.nis [p'enis] *sm Anat* pénis, verge. 2 *coloq inf* zizi. 3 *vulg* zob.
pe.ni.tên.cia [penit'ẽsjə] *sf* pénitence.
pe.ni.ten.ci.á.ria [penitẽsi'arjə] *sf* 1 pénitentier. 2 *gír* taule.
pe.no.so [pen'ozu] *adj* pénible, insuportable.
pen.sa.men.to [pẽsam'ẽtu] *sm* pensée.
pen.são [pẽs'ãw] *sf* pension. *Pl:* pensões. **dar uma pensão** faire une pension. **pensão vitalícia** pension viagère.
pen.sar [pẽs'ar] *vt* 1 penser, imaginer. 2 réfléchir, spéculer.
pen.sa.ti.vo [pẽsat'ivu] *adj* pensif, méditatif. **ter um ar pensativo** avoir un air méditatif.
pen.tá.go.no [pẽt'agonu] *sm Geor* pentagone.
pen.te [p'ẽti] *sm* peigne.
pen.te.a.do [pẽte'adu] *sm* coiffure.
pen.te.ar [pẽte'ar] *vt+vpr* peigner, coiffer.
pe.núl.ti.mo [pen'uwtimu] *adj* avant-dernier, pénultième.

pe.num.bra [pen'ũbrə] *sf* pénombre.
pe.pi.no [pep'inu] *sm Bot* concombre. **salada de pepino** concombre en salade.
pe.que.no [pek'enu] *adj* **1** petit, imperceptible. **2** *fig* bas, abject, vil. • *sm* enfant.
pe.ra [p'erə] *sf* poire.
per.ce.ber [perseb'er] *vt* comprendre, entendre, concevoir. **perceber uma nuança** percevoir une nuance.
per.cep.ção [perseps'ãw] *sf* perception, compréhension, intelligence. *Pl*: *percepções*.
per.cor.rer [perkoř'er] *vt* parcourir.
per.cur.so [perk'ursu] *sm* parcours, itinéraire.
per.cus.são [perkus'ãw] *sf Mús* percussion. *Pl*: *percussões*.
per.da [p'erdə] *sf* perte, privation. **perda de gás** fuite de gaz.
per.dão [perd'ãw] *sm* **1** pardon, miséricorde. **2** *fig* amnistie. *Pl*: *perdões*.
per.der [perd'er] *vt+vi* **1** perdre, rater, errer. *vpr* **2** se perdre, être perdu, se paumer, s'égarer.
per.di.do [perd'idu] *adj* perdu, égaré, incurable.
per.diz [perd'is] *sf Zool* perdrix.
per.do.ar [perdo'ar] *vt* **1** pardonner. **2** excuser, tolérer.
pe.rei.ra [per'ejrə] *sf* poirier.
pe.re.re.ca [perer'ɛkə] *sf Zool* grenouille.
per.fei.ção [perfejs'ãw] *sf* perfection, excellence. *Pl*: *perfeições*.
per.fei.to [perf'ejtu] *sm Gram* parfait. • *adj* parfait, excellent.
per.fil [perf'iw] *sm* profil. *Pl*: *perfis*.
per.fu.mar [perfum'ar] *vt* **1** parfumer, embaumer. *vpr* **2** se parfumer.
per.fu.ma.ri.a [perfumar'iə] *sf* parfumerie.
per.fu.me [perf'umi] *sm* parfum, arôme, effluve. **um perfume de nostalgia** un parfum de nostalgie.

per.fu.rar [perfur'ar] *vt* perforer.
per.ga.mi.nho [pergam'iɲu] *sm* parchemin, vélin.
per.gun.ta [perg'ũtə] *sf* question, demande, interrogation.
per.gun.tar [pergũt'ar] *vt* **1** questionner, demander, interroger. *vpr* **2** s'enquérir.
pe.rí.cia [per'isjə] *sf* adresse, habileté.
pe.ri.fe.ri.a [perifer'iə] *sf* banlieue, faubourg.
pe.ri.fé.ri.co [perif'ɛriku] *adj+sm* périphérique.
pe.ri.go [per'igu] *sm* danger, péril, risque. **afrontar o perigo** braver le péril. **estar em perigo, correr perigo** être en péril, en danger. **perigo iminente** péril imminent.
pe.ri.go.so [perig'ozu] *adj* dangereux.
pe.ri.ó.di.co [peri'ɔdiku] *sm+adj* périodique.
pe.rí.o.do [per'iodu] *sm* **1** *Gram* période. **2** *Astron, Fís* période.
pe.ri.qui.to [perik'itu] *sm Zool* perruche.
pe.ris.có.pio [perisk'ɔpju] *sm* périscope.
per.jú.rio [perʒ'urju] *sm Jur, Rel* parjure, faux serment.
per.ma.ne.cer [permanes'er] *vi* rester, persister, persévérer. **ela permaneceu horas esperando-o** / elle est restée des heures à l'attendre.
per.ma.nên.cia [perman'ẽsjə] *sf* permanence.
per.mis.são [permis'ãw] *sf* permission, autorisation. *Pl*: *permissões*.
per.mi.tir [permit'ir] *vt* permettre, accorder, autoriser, laisser.
per.mu.tar [permut'ar] *vt* permuter, échanger, troquer.
per.na [p'ɛrnə] *sf* **1** *Anat* jambe. **2** *coloq* gambette, patte.
per.ni.lon.go [pernil'õgu] *sm Zool* moustique.

pé.ro.la [p'ɛrolə] *sf* **1** perle. **2** *fig* personne très estimable, chose d'un très grand prix.

per.pen.di.cu.lar [perpẽdikul'ar] *adj* perpendiculaire.

per.pe.tu.ar [perpetu'ar] *vt* **1** perpétuer, immortaliser. **2** *Lit* éterniser. *vpr* **3** se perpétuer.

per.pé.tuo [perp'etwu] *adj* **1** perpétuel, indestructible. **2** *fig* éternel.

per.ple.xi.da.de [perpleksid'adi] *sf* **1** perplexité. **2** indécision.

per.se.gui.ção [persegis'ãw] *sf* persécution, poursuite. *Pl: perseguições*.

per.se.guir [perseg'ir] *vt* poursuivre, persécuter.

per.si.a.na [persi'∧nə] *sf* persienne.

per.sis.tên.cia [persist'ẽsjə] *sf* persistance, persévérance, fermeté.

per.sis.tir [persist'ir] *vi* persister, persévérer, durer.

per.so.na.gem [person'aʒẽj] *s* personnage. *Pl: personagens*. **personagem ilustre** personne illustre.

per.so.na.li.da.de [personalid'adi] *sf* personnalité, caractère.

per.so.na.li.zar [personaliz'ar] *vt* personnaliser, individualiser.

pers.pec.ti.va [perspekt'ivə] *sf* **1** *Bel-art* perspective. **2** *fig* perspective, point de vue.

pers.pi.caz [perspik'as] *adj* perspicace.

per.su.a.dir [perswad'ir] *vt+vpr* persuader, convaincre.

per.su.a.são [perswaz'ãw] *sf* persuasion. *Pl: persuasões*.

per.ten.cer [pertẽs'er] *vi* appartenir, concerner, regarder.

per.to [p'ertu] *adv+adj* près, proche.

per.tur.ba.ção [perturbas'ãw] *sf* perturbation, trouble. *Pl: perturbações*.

per.tur.bar [perturb'ar] *vt+vi* **1** perturber, troubler. **2** *fig* déconcerter.

pe.ru [per'u] *sm Zool* dindon.

pe.ru.a [per'uə] *sf Zool* **1** dinde, femelle du dindon. **2** *Autom* fourgonnette. **3** *fig* femme coquette.

pe.ru.ca [per'ukə] *sf* perruque.

per.ver.so [perv'ɛrsu] *adj* pervers, méchant, dépravé, débauché.

per.ver.ter [pervert'er] *vt* **1** pervertir, corrompre les mœurs. **2** *fig* dénaturer. *vpr* **3** se pervertir, se débaucher.

pe.sa.de.lo [pezad'elu] *sm* cauchemar.

pe.sa.do [pez'adu] *adj* **1** pesant. **2** lourd.

pê.sa.me [p'ezami] *sm* **1** condoléance. **2 pêsames** *pl* condoléances. **dar os pêsames a alguém** présenter ses condoléances à quelqu'un.

pe.sar [pez'ar] *sm* chagrin, souci, tristesse. • *vt* peser.

pes.ca [p'ɛskə] *sf* pêche.

pes.ca.da [pesk'adə] *sf* merlan.

pes.ca.dor [peskad'or] *sm* pêcheur.

pes.car [pesk'ar] *vt+vi* **1** pêcher. **2** *fig* découvrir, comprendre.

pes.co.ço [pesk'osu] *sm Anat* cou.

pe.so [p'ezu] *sm* **1** poids. **2** *fig* fatigue.

pes.qui.sa [pesk'izə] *sf* recherche.

pes.qui.sar [peskiz'ar] *vt+vi* rechercher.

pes.se.go [p'esegu] *sm* pêche.

pes.se.guei.ro [peseg'ejru] *sm Bot* pêcher.

pes.si.mis.mo [pesim'izmu] *sm* pessimisme.

pes.si.mis.ta [pesim'istə] *adj+s* pessimiste.

pés.si.mo [p'ɛsimu] *adj superl* très mauvais, détestable.

pes.so.a [pes'oə] *sf* personne.

pes.so.al [peso'aw] *adj* **1** personnel, intime. **2** *Gram* pronom personnel.

pes.ta.na [pest'∧nə] *sf Anat* cil. **queimar a pestana** *fig* sécher, pâlir sur les livres.

pes.te [p'ɛsti] *sf* **1** peste. **2** *fig* peste, personne très médisante, très méchante.

pe.tri.fi.car [petrifik´ar] *vt* pétrifier, figer.
pe.tro.lei.ro [petrol´ejru] *sm Náut* pétrolier.
pe.tró.leo [petr´ɔlju] *sm* pétrole.
pe.tu.lan.te [petul´ãti] *adj* effronté, insolent.
pi.a [p´iə] *sf* évier.
pi.a.da [pi´adə] *sf* blague. **contar piadas** raconter des blagues.
pi.a.nis.ta [pjan´istə] *s Mús* pianiste.
pi.a.no [pi´ʌnu] *sm Mús* piano. **piano de cauda** piano à queue. **tocar piano** jouer du piano.
pi.ão [pi´ãw] *sm* toupie. *Pl:* piões.
pi.can.te [pik´ãti] *adj* 1 piquant, très relevé (sauce). 2 *fig* piquant, mordant, satirique.
pi.ca-pau [pikəp´aw] *sm Zool* désignation de plusieurs oiseaux grimpeurs, pic. *Pl:* pica-paus.
pi.car [pik´ar] *vt* piquer, percer, hacher en morceaux (la viande).
pi.e.da.de [pjed´adi] *sf* 1 pitié, clémence. 2 piété, dévotion.
pi.e.do.so [pjed´ozu] *adj* 1 pieux. 2 *fig* miséricordieux, compatissant. **livros, imagens, objetos, artigos piedosos** livres, images, objets, articles de piété.
pig.meu [pigm´ew] *sm* pygmée.
pi.ja.ma [piʒ´ʌmə] *sm* pyjama.
pi.lar [pil´ar] *sm Arquit* pilier.
pi.lha [p´iλə] *sf* pile.
pi.lo.tar [pilot´ar] *vt* piloter.
pi.lo.to [pil´otu] *sm* pilote.
pí.lu.la [p´ilulə] *sf Med* pilule. **dourar a pílula** dorer la pilule.
pi.men.ta [pim´ẽtə] *sf Bot* poivre.
pi.men.tão [pimẽt´ãw] *sm Bot* poivron. *Pl:* pimentões. **vermelho como um pimentão** rouge comme un poivron.
pi.men.tei.ra [pimẽt´ejrə] *sf Bot* poivrier.
pin.ça [p´ĩsə] *sf* pince.
pin.cel [pĩs´ɛw] *sm* pinceau. *Pl:* pincéis.

pin.ga [p´ĩgə] *sf Bras* eau-de-vie.
pin.go [p´igu] *sm* 1 goutte. 2 point. *fig* larme.
pin.guim [pĩg´wĩ] *sm Zool* pingouin.
pi.nhei.ro [piñ´ejru] *sm Bot* pin, sapin.
pin.ta [p´ĩtə] *sf* tache, mouche.
pin.tar [pĩt´ar] *vt* 1 peindre. *vpr* 2 se peindre, se maquiller, se farder.
pin.to [p´ĩtu] *sm Zool* 1 poussin. 2 *vulg* pénis.
pin.tor [pĩt´or] *sm* peintre.
pin.tu.ra [pĩt´urə] *sf* peinture, tableau. **a pintura da sociedade** la peinture de la société.
pi.o [p´iu] *sm* piaulement. • *adj* pieux, dévot.
pi.o.lho [pi´oλu] *sm Zool* pou. **piolho de plantas** puceron.
pi.or [pi´ɔr] *adj superl* pire.
pi.o.rar [pjor´ar] *vt* 1 empirer, rendre pire. *vi* 2 devenir pire. **seu estado piorou** son état s'est empiré.
pi.pi [pip´i] *sm colóq* zizi.
pi.que.ni.que [piken´iki] *sm* piquenique. **fazer um piquenique** piqueniquer.
pi.râ.mi.de [pir´ʌmidi] *sf Geom, Arquit* pyramide.
pi.ra.nha [pir´ʌñə] *sf Zool* 1 piranha. 2 *gír* putain.
pi.ra.ta [pir´atə] *sm* pirate.
pi.ra.te.ar [piratе´ar] *vt+vi* 1 pirater. 2 *fig Com* pirater, piller.
pi.res [p´iris] *sm sing+pl* soucoupe.
pi.ru.e.ta [piru´etə] *sf* pirouette. **dar piruetas** pirouetter, faire des bonds.
pi.ru.li.to [pirul´itu] *sm* sucette.
pi.sar [piz´ar] *vt* fouler.
pis.ca-pis.ca [piskəp´iskə] *sm Autom* clignotant. *Pl:* pisca-piscas.
pis.car [pisk´ar] *vt+vi* cligner. **piscar os olhos** cligner les yeux, cligner de l'œil, faire signe de l'œil. • *sm* cligner. **num piscar de olhos** vite.
pis.ci.na [pis´inə] *sf* piscine, réservoir d'eau.

pi.so [p´izu] *sm* **1** étage, pavement. **2** *fig* démarche, allure.

pis.ta [p´istə] *sf* piste, trace. **pista de dança** piste de danse.

pis.to.la [pist´ɔlə] *sf* pistolet.

pi.ta.da [pit´adə] *sf* pincée.

pla.ca [pl´akə] *sf* **1** *Autom* plaque d'immatriculation, plaque. **2** enseigne.

pla.gi.ar [plaʒi´ar] *vt* plagier, imiter.

plá.gio [pl´aʒju] *sm* plagiat, imitation.

pla.nal.to [plan´awtu] *sm Geogr* plateau.

pla.ne.ja.men.to [planeʒam´ẽtu] *sm* planning, projet.

pla.ne.jar [planeʒ´ar] *vt* **1** faire le plan de. **2** *fig* concevoir, projeter.

pla.ne.ta [plan´etə] *sm Astron* planète.

pla.ní.cie [plan´isji] *sf Geogr* plaine.

pla.no [pl´ʌnu] *sm* plan, surface plane. • *adj* plan, esquisse.

plan.ta [pl´ãtə] *sf* **1** *Bot, Anat* plante. **2** *Arquit* plan.

plan.ta.ção [plãtasãw] *sf* plantation, verger. *Pl:* **plantações.**

plan.tar [plãt´ar] *vt* **1** planter, cultiver. *vpr* **2** se planter. • *adj Anat* plantaire.

plas.ma [pl´azmə] *sm* plasma.

plás.ti.ca [pl´astikə] *sf Med* plastique.

plás.ti.co [pl´astiku] *sm+adj* plastique.

pla.ta.for.ma [plataf´ɔrmə] *sf* plateforme, quai (gare).

plá.ta.no [pl´atanu] *sm Bot* érable.

pla.tei.a [plat´ɛjə] *sf* **1** parterre. **2** *fig* public.

pla.tô.ni.co [plat´oniku] *adj* platonique. **amor platônico** amour platonique.

ple.ni.tu.de [plenit´udi] *sf* plénitude, totalité, épanouissement.

ple.no [pl´enu] *adj* plein, entier, complet.

ple.o.nas.mo [pleon´azmu] *sm Gram* pléonasme.

plu.ma [pl´umə] *sf* plume.

plu.ral [plur´aw] *adj+sm Gram* pluriel. *Pl:* **plurais.**

plu.ri.lin.guis.mo [pluriliŋgw´izmu] *sm* plurilinguisme.

pneu [pn´ew] *sm Autom* pneu. **encher o pneu** gonfler le pneu. **os pneus de um carro, de uma bicicleta** les pneus d'une voiture, d'une bicyclette.

pneu.mo.ni.a [pnewmon´iə] *sf Med* pneumonie. **pneumonia dupla** pneumonie double.

pó [p´ɔ] *sm* poudre, poussière. **tirar o pó** dépoussiérer.

po.bre [p´ɔbri] *s+adj* pauvre.

po.bre.za [pobr´ezə] *sf* pauvreté, dénuement, indigence.

po.ção [pos´ãw] *sf* **1** potion. **2** *fig* breuvage. *Pl:* **poções.**

po.ço [p´osu] *sm* puits.

po.der [pod´er] *vi* pouvoir. • *sm* pouvoir, puissance.

po.de.ro.so [poder´ozu] *adj* puissant.

pó.dio [p´ɔdju] *sm* podium, estrade. *Pl:* **pódios.**

po.dre [p´ɔdri] *adj* pourri, gâté. **podre de rico** extrêmement riche.

po.ei.ra [po´ejrə] *sf* poussière.

po.e.ma [po´emə] *sm* poème.

po.en.te [po´ẽti] *sm Geogr* ouest, couchant.

po.e.si.a [poez´iə] *sf* poésie, poétique.

po.e.ta [po´etə] *sm* poète.

pois [p´ojs] *conj* car, en effet, puisque. **pois é!** en effet! **pois não!** volontiers, je vous en prie.

po.lar [pol´ar] *adj* polaire.

po.le.gar [poleg´ar] *sm* pouce.

pó.len [p´ɔlẽj] *sm Bot* pollen. *Pl:* **polens.**

po.lí.cia [pol´isjə] *sf* police.

po.li.ci.al [polisi´aw] *sm* policier, garde. *Pl:* **policiais.**

po.li.dez [polid´es] *sf* politesse, éducation, courtoisie.

po.li.do [pol´idu] *adj* poli, courtois, lisse.

po.li.ga.mi.a [poligam´iə] *sf* polygamie.

po.lí.go.no [pol´igonu] *sm Geom* polygone.

po.li.o.mi.e.li.te [poljomjel'iti] *sf Med* poliomielite.
po.lir [pol'ir] *vt* **1** polir, cultiver. *vpr* **2** se polir.
po.lí.ti.ca [pol'itikə] *sf* politique.
po.lí.ti.co [pol'itiku] *adj* politique. • *sm* politicien.
po.lo [p'olu] *sm Geogr, Fís, Mat* pôle.
po.lo.nês [polon'es] *adj+sm* polonais.
pol.pa [p'owpə] *sf* pulpe.
pol.tro.na [powtr'onə] *sf* fauteuil.
po.lu.i.ção [polwis'ãw] *sf* pollution. *Pl:* poluições.
po.lu.ir [polu'ir] *vt* polluer, infecter.
pol.vo [p'owvu] *sm Zool* poulpe, pieuvre.
po.ma.da [pom'adə] *sf* pommade.
po.mar [pom'ar] *sm* verger, fruitier.
pom.bo [p'õbu] *sm Zool* pigeon, colombe. **pombo-correio** pigeon voyageur.
po.me.lo [pom'εlu] *sm Bot* pamplemousse, *grapefruit*.
po.mo [p'omu] *sm Bot* fruit. **o pomo da discórdia** la pomme de discorde.
pon.de.rar [põder'ar] *vt* pondérer.
pon.ta [p'õtə] *sf* pointe, bout.
pon.ta.pé [põtəp'ε] *sm* coup de pied. **dar pontapés** donner des coups de pieds.
pon.ta.ri.a [põtar'iə] *sf* **1** pointage. **2** visée, but.
pon.te [p'õti] *sf* pont.
pon.tei.ro [põt'ejru] *sm* aiguille (d'une montre ou d'un horloge).
pon.ti.fi.ce [põt'ifisi] *sm Rel* pontife. **o Sumo Pontífice** le Souverain Pontife.
pon.ti.lhar [põtiʎ'ar] *vt* pointiller.
pon.to [p'õtu] *sm* **1** point. **2** lieu, endroit. **a ponto de** à point de. **ponto de ônibus** arrêt d'autobus. **ponto de referência** point de repère. **ponto de vista** point de vue. **ponto final (de linha de ônibus)** terminus.
pon.tu.a.ção [põtwas'ãw] *sf* ponctuation. *Pl:* pontuações.

pon.tu.al [põtu'aw] *adj* ponctuel. *Pl:* pontuais.
pon.tu.a.li.da.de [põtwalid'adi] *sf* ponctualité, exactitude.
pon.tu.do [põt'udu] *adj* pointu.
po.pu.la.ção [populas'ãw] *sf* population. *Pl:* populações.
po.pu.lar [popul'ar] *adj+sm* populaire.
por [p'ur] *prep* par. **é por isso que** voilà pourquoi.
pôr [p'or] *vt+vpr* **1** mettre. *vt* **2** poser, déposer, placer.
por.ção [pors'ãw] *sf* **1** portion. **2** part, tranche, bouchée. *Pl:* porções. **meia porção** demi-portion.
por.ce.la.na [porsel'ʌnə] *sf* porcelaine.
por.cen.ta.gem [porsẽt'aӡẽj] *sf* pourcentage. *Pl:* porcentagens.
por.co [p'orku] *sm Zool* porc, cochon.
po.rém [por'ẽj] *conj* néanmoins, en dépit de (ce qui vient d'être dit).
por.no.gra.fi.a [pornograf'iə] *sf* pornographie.
por.no.grá.fi.co [pornogr'afiku] *adj* pornographique.
po.ro [p'oru] *sm* pore.
por.que, por.quê [pork'e] *conj* **1** pourquoi. **2** parce que.
por.ra [p'oɾə] *sf vulg* foutre.
por.re [p'oɾi] *sm pop* cuite, ivresse.
por.ta [p'ɔrtə] *sf* porte.
por.tal [port'aw] *sm Arquit* portail. *Pl:* portais.
por.tan.to [port'ãtu] *conj* donc, alors.
por.tão [port'ãw] *sm* portail. *Pl:* portões. **o portão do jardim** le portail du jardin.
por.tá.til [port'atiw] *adj* portable, portatif. *Pl:* portáteis.
por.te [p'ɔrti] *sm* **1** port. **2** conduite.
por.tei.ro [port'ejru] *sm* portier, concierge.
por.to [p'ortu] *sm Náut* port.
por.tu.guês [portug'es] *sm+adj* portugais.

por.ven.tu.ra [porvẽt´urə] *adv* par hasard.

por.vir [porv´ir] *sm* avenir.

po.sar [poz´ar] *vi* poser.

po.se [p´ɔzi] *sf* pose.

po.si.ção [pozis´ãw] *sf* position, emplacement. *Pl: posições.*

po.si.ci.o.nar [pozisjon´ar] *vt+vpr* placer.

po.si.ti.vis.mo [pozitiv´ismu] *sm Fil* positivisme.

po.si.ti.vo [pozit´ivu] *adj* positif.

pos.se [p´ɔsi] *sf* possession.

pos.ses.si.vo [poses´ivu] *adj+sm* possessif.

pos.si.bi.li.da.de [posibilid´adi] *sf* possibilité, éventualité, faculté.

pos.sí.vel [pos´ivew] *adj* possible. *Pl: possíveis.* **como é possível?** comment est-ce possible?

pos.su.ir [posu´ir] *vt* posséder.

pos.tal [post´aw] *sm+adj* postal. *Pl: postais.*

pos.te [p´ɔsti] *sm* poteau.

pos.te.ri.da.de [posterid´adi] *sf* postérité.

pos.te.ri.or [posteri´or] *adj* postérieur, ultérieur.

pos.to [p´ostu] *sm* place, fonction.

pós.tu.mo [p´ɔstumu] *adj* posthume. **filho póstumo** enfant posthume

pos.tu.ra [post´urə] *sf* 1 geste. 2 attitude.

po.tá.vel [pot´avew] *adj* potable. *Pl: potáveis.*

po.te [p´ɔti] *sm* pot.

po.tên.cia [pot´ẽsjə] *sf* puissance.

po.ten.ci.al [potẽsi´aw] *sm+adj* potentiel. *Pl: potenciais.*

po.ten.te [pot´ẽti] *adj* puissant.

po.tro [p´otru] *sm* poulain.

pou.co [p´owku] *pron+adv* peu. **aos poucos** ou **a pouco a pouco** peu à peu, petit à petit.

pou.pan.ça [powp´ãsə] *sf* épargne.

pou.par [powp´ar] *vt* épargner, ménager.

pou.so [p´owzu] *sm Aer* atterrissage.

po.vo [p´ovu] *sm* peuple, foule.

pra.ça [pr´asə] *sf* place. **em praça pública** sur la place publique.

pra.ga [pr´agə] *sf* juron, imprécation.

pra.gue.jar [prageʒ´ar] *vi* pester, grogner.

prai.a [pr´ajə] *sf* plage.

pran.cha [pr´ãʃə] *sf* planche.

pra.ta [pr´atə] *sf Min* argent.

pra.te.lei.ra [pratel´ejrə] *sf* étagère.

prá.ti.ca [pr´atikə] *sf* pratique. **pôr (**ou **colocar) em prática** mettre en pratique, mettre en place.

pra.ti.car [pratik´ar] *vt* 1 pratiquer, exercer. 2 mettre en pratique.

prá.ti.co [pr´atiku] *sm+adj* pratique.

pra.to [pr´atu] *sm* 1 plat. 2 aliment 3 assiette.

pra.ze.ro.so [prazer´ozu] *adj* plaisant, agréable.

pra.zo [pr´azu] *sm* 1 délai. 2 terme. **a curto prazo** à court terme. **a longo prazo** à long terme.

pre.cá.rio [prek´arju] *adj* précaire, fragile, instable.

pre.cau.ção [prekaws´ãw] *sf* précaution. *Pl: precauções.* **por precaução** par précaution. **tomar precaução** prendre des précautions.

pre.ce [pr´ɛsi] *sf* prière.

pre.ce.der [presed´er] *vt* précéder.

pre.cei.to [pres´ejtu] *sm* 1 précepte. 2 leçon, maxime.

pre.ci.o.so [presi´ozu] *adj* précieux.

pre.ci.pí.cio [presip´isju] *sm* précipice, abîme, gouffre.

pre.ci.pi.ta.ção [presipitas´ãw] *sf* précipitation, hâte. *Pl: precipitações.*

pre.ci.pi.tar [presipit´ar] *vt* 1 précipiter. 2 accélérer.

pre.ci.são [presiz´ãw] *sf* précision, exactitude, justesse. *Pl: precisões.*

pre.ci.sar [presiz'ar] *vt* **1** préciser, déterminer, établir. **2** avoir besoin.
pre.ci.so [pres'izu] *adj* précis. **ser preciso** falloir.
pre.ço [pr'esu] *sm* prix. **a preço de ouro** à prix d'or. **o preço de custo** le prix coûtant.
pre.co.ce [prek'ɔsi] *adj* précoce.
pre.con.cei.to [prekõs'ejtu] *sm* préjugé.
pre.cur.sor [prekurs'or] *sm+adj* précurseur.
pre.de.ces.sor [predeses'or] *sm* prédécesseur.
pre.des.ti.nar [predestin'ar] *vt* prédestiner.
pre.di.ca.do [predik'adu] *sm* **1** *Gram* prédicat. **2** *fig* vertu.
pre.di.le.to [predil'ɛtu] *sm+adj* favori, préféré.
pré.dio [pr'ɛdju] *sm* immeuble.
pre.dis.po.si.ção [predispozis'ãw] *sf* prédisposition. *Pl:* **predisposições**.
pre.do.mi.nar [predomin'ar] *vi+v* prédominer.
pre.en.cher [preẽʃ'er] *vt* **1** remplir. **2** satisfaire (une exigence), emplir.
pré-es.co.la [prɛesk'ɔla] *sf* maternelle. *Pl:* **pré-escolas**.
pre.fá.cio [pref'asju] *sm* préface, introduction.
pre.fei.to [pref'ejtu] *sm* maire, préfet.
pre.fei.tu.ra [prefejt'ura] *sf* mairie, préfecture.
pre.fe.rên.cia [prefer'ẽsjə] *sf* préférence. **de preferência** de préférence. **não tenho preferência** je n'ai pas de préférence, ça m'est égal.
pre.fe.rir [prefer'ir] *vt* **1** préférer. **2** aimer mieux.
pre.ga [pr'ɛgə] *sf* pli, repli, fronce.
pre.gar [preg'ar] *vt+vi* **1** afficher, placarder. **2** planter, clouer. **3** *Rel* prêcher. **pregar uma peça em** *fig* faire une farce à quelqu'un.

pre.go [pr'ɛgu] *sm* clou.
pre.gui.ça [preg'isə] *sf* **1** paresse. **2** fainéantise, indolence. **3** *Zool* paresseux, bradype.
pre.gui.ço.so [pregis'ozu] *sm+adj* **1** paresseux. **2** fainéant, nonchalant.
pre.ju.di.car [preʒudik'ar] *vt* porter préjudice, nuire à.
pre.ju.í.zo [preʒu'izu] *sm* préjudice, dommage.
pre.li.mi.nar [prelimin'ar] *s+adj* préliminaire.
pre.lú.dio [prel'udju] *sm Mús* prélude.
pre.ma.tu.ro [premat'uru] *adj+sm* prématuré.
pre.me.di.tar [premedit'ar] *vt Jur* préméditer, calculer.
pre.mi.ar [premi'ar] *vt* récompenser, accorder un prix à.
prê.mio [pr'emju] *sm* **1** prix, récompense. **2** *Esp* prix, compétition. **prêmio de excelência** prix d'excellence.
pre.mo.ni.ção [premonis'ãw] *sf* prémonition. *Pl:* **premonições**.
pren.der [prẽd'er] *vt* **1** prendre, attraper. **2** arrêter.
pre.nhe [pr'eɲi] *adj Zool* grosse, pleine.
pren.sa [pr'ẽsə] *sf Mec* presse.
pre.o.cu.pa.ção [preokupas'ãw] *sf* préoccupation, appréhension, inquiétude, souci. *Pl:* **preocupações**.
pre.o.cu.par [preokup'ar] *vt* **1** préoccuper, tourmenter. *vpr* **2** se préoccuper, s'inquiéter. **estou preocupado com sua saúde** sa santé m'inquiète. **não precisa se preocupar** il n'y a pas de quoi s'inquiéter.
pre.pa.rar [prepar'ar] *vt+vpr* **1** préparer. *vt* **2** apprêter, arranger, disposer. **3** élaborer.
pre.pa.ro [prep'aru] *sm* préparation.
pre.po.si.ção [prepozis'ãw] *sf Gram* préposition. *Pl:* **preposições**.
pre.po.tên.cia [prepot'ẽsjə] *sf* prépotence, domination.

pre.po.ten.te [prepot´ẽti] *adj* autoritaire.

pre.pú.cio [prep´usju] *sm* prépuce.

pre.sa [pr´eza] *sf* **1** prise, capture. **2** proie. **3** femme détenue.

pre.sen.ça [prez´ẽsə] *sf* présence. **presença de espírito** présence d'esprit.

pre.sen.ci.ar [prezẽsi´ar] *vt* assister.

pre.sen.te [prez´ẽti] *sm* **1** présent. **2** cadeau. **3** *Gram* présent. • *adj* présent, actuel. **dar um presente** faire un cadeau.

pre.ser.va.ção [prezervas´ãw] *sf* préservation. *Pl: preservações.* **preservação da natureza** préservation de la nature.

pre.ser.var [prezerv´ar] *vt* **1** préserver, protéger, abriter, conserver, garder. *vpr* **2** se préserver, se garder.

pre.ser.va.ti.vo [prezervat´ivu] *sm* préservatif, **condom**, capote.

pre.si.den.te [prezid´ẽti] *sm* président.

pre.si.dir [prezid´ir] *vt* présider. *ele presidirá a cerimônia* / il présidera la cérémonie.

pre.so [pr´ezu] *sm+adj* emprisonné, détenu, incarcéré, reclus.

pres.sa [pr´ɛsə] *sf* hâte, célérité, empressement.

pres.são [pres´ãw] *sf* pression. *Pl: pressões.* **pressão arterial** tension artérielle. **pressão baixa** hipotension. **ter pressão alta** avoir de la tension. **tirar a pressão de alguém** prendre la tension de quelqu'un.

pres.su.por [presup´or] *vt* présupposer.

pres.ta.ção [prestas´ãw] *sf* prestation, terme. *Pl: prestações.* **a prestação à termes**, à tempérament. **comprar à prestação** payer à plusieurs termes.

pres.tar [prest´ar] *vt* **1** prêter, rendre. **2** passer, subir (un examen). *vi* **3** être bon, être utile. *vpr* **4** se prêter à. **isso não presta** cela ne vaut rien. **prestar atenção** faire attention.

pres.tes [pr´ɛstis] *adj* prêt. • *adv* promptement. **estar prestes a** être sur le point de.

pres.te.za [prest´ezə] *sf* sollicitude.

pres.tí.gio [prest´iʒju] *sm* prestige.

pre.su.mir [prezum´ir] *vt* présumer, supposer.

pre.sun.ção [prezũs´ãw] *sf* **1** présomption, conjecture, supposition. **2** hypothèse. *Pl: presunções.*

pre.sun.ço.so [prezũs´ozu] *adj+sm* présomptueux, prétentieux.

pre.sun.to [prez´ũtu] *sm* jambon. *eu queria cinco fatias de presunto* / je voudrais cinq tranches de jambon.

pre.ten.der [pretẽd´er] *vt+vi* prétendre.

pre.ten.são [pretẽs´ãw] *sf* prétention, fatuité, vanité. *Pl: pretensões.*

pre.ten.den.te [pretẽd´ẽti] *s+adj* prétendant.

pre.ten.ci.o.so [pretẽsi´ozu] *adj+sm* prétentieux, vaniteux.

pre.té.ri.to [pret´ɛritu] *adj+sm Gram* prétérit.

pre.tex.to [pret´estu] *sm* prétexte, allégation, excuse, subterfuge. **com o pretexto de** sous le prétexte de.

pre.to [pr´etu] *adj+sm* noir.

pre.ve.nir [preven´ir] *vt+vi+vpr* prévenir.

pre.ven.ti.vo [prevẽt´ivu] *adj* préventif. **prisão preventiva** détention préventive.

pre.ver [prev´er] *vt+vi* prévoir.

pre.vi.dên.cia [previd´ẽsjə] *sf* **1** prévoyance. **2** providence. **previdência social** sécurité sociale.

pré.vio [pr´ɛvju] *adj* préalable.

pre.vi.são [previz´ãw] *sf* prévision. *Pl: previsões.*

pre.vi.sí.vel [previz´ivew] *adj* prévisible. *Pl: previsíveis.*

pre.za.do [prez'adu] *adj* cher.
pre.zar [prez'ar] *vt* 1 estimer, aimer. *vpr* 2 s'estimer, s'aimer.
pri.má.rio [prim'arju] *adj+sm* primaire.
pri.ma.ve.ra [primav'ɛrɐ] *sf* printemps. **na primavera** au printemps.
pri.mi.ti.vo [primit'ivu] *adj* 1 primitif, initial, originel. 2 grossier.
pri.mo [pr'imu] *sm* 1 cousin. 2 *Mat* primo. • *adj* primo. **primo irmão** cousin germain.
pri.mo.gê.ni.to [primoʒ'enitu] *sm+adj* aîné, premier-né.
prin.ce.sa [prĩs'ezɐ] *sf* princesse.
prin.ci.pal [prĩsip'aw] *adj* principal, fondamental, primordial. • *sm Rel* principal. *Pl: principais*.
prín.ci.pe [pr'ĩsipi] *sm* prince.
prin.ci.pi.an.te [prĩsipi'ɐ̃ti] *s+adj* débutant.
prin.cí.pio [prĩs'ipju] *sm* 1 début, commencement. 2 origine.
pri.o.ri.da.de [prjorid'adi] *sf* priorité. **dar a prioridade** laisser la priorité. **prioridade à direita** priorité à droite. **recusar a prioridade** refuser la priorité.
pri.são [priz'ɐ̃w] *sf* prison. *Pl: prisões*. **prisão de ventre** *Med* constipation. **prisão perpétua** prison à vie.
pri.si.o.nei.ro [prizjon'ejru] *sm* prisonnier.
pri.va.ção [privas'ɐ̃w] *sf* 1 privation. 2 défaut, manque. *Pl: privações*.
pri.va.da [priv'adɐ] *sf* lieu d'aisances, cabinet.
pri.vi.lé.gio [privil'ɛʒju] *sm* 1 privilège. 2 prérogative. 3 don.
pro.a [pr'oɐ] *sf Náut* proue.
pro.ba.bi.li.da.de [probabilid'adi] *sf* probabilité.
pro.ble.ma [probl'emɐ] *sm* 1 problème. 2 *coloq* emmerdement.
pro.ce.dên.cia [prosed'ẽsjɐ] *sf* origine.

pro.ces.sar [proses'ar] *vt Jur* entreprendre, engager ou ouvrir un procès.
pro.ces.so [pros'ɛsu] *sm* 1 procès. 2 processus. 3 *Jur* instance.
pro.cri.ar [prokri'ar] *vt* procréer, engendrer.
pro.cu.ra [prok'urɐ] *sf* 1 recherche. 2 quête, enquête, investigation, fouille.
pro.cu.ra.dor [prokurad'or] *sm Jur* procureur.
pro.cu.rar [prokur'ar] *vt* chercher, rechercher.
pro.dí.gio [prod'iʒju] *sm* prodige.
pro.di.ga.li.da.de [prodigalid'adi] *sf* prodigalité, générosité.
pro.du.ção [produs'ɐ̃w] *sf* production, fabrication, élaboration. *Pl: produções*.
pro.du.ti.vo [produt'ivu] *adj* productif, fertile.
pro.du.to [prod'utu] *sm* produit.
pro.du.zir [produz'ir] *vt+vi* 1 produire, élaborer. *vpr* 2 se produire.
pro.fa.na.ção [profanas'ɐ̃w] *sf Rel* profanation. *Pl: profanações*.
pro.fa.nar [profan'ar] *vt* profaner, avilir, dégrader.
pro.fa.no [prof'ʌnu] *sm+adj* profane.
pro.fe.ci.a [profes'iɐ] *sf* prophétie, prédiction.
pro.fes.sor [profes'or] *sm* 1 professeur. 2 instructeur, tuteur. **professor primário** instituteur. **professor universitário** professeur.
pro.fe.ta [prof'ɛtɐ] *sm* prophète.
pro.fi.la.xi.a [profilaks'iɐ] *sf Med* prophylaxie.
pro.fis.são [profis'ɐ̃w] *sf* profession, métier. *Pl: profissões*. **qual é a sua profissão?** quelle est votre profession?
pro.fis.si.o.nal [profisjon'aw] *s* professionnel. *Pl: profissionais*.
pro.fun.de.za [profũd'ezɐ] *sf* profondité, profondeur.

pro.fun.di.da.de [profũdid'adi] *sf* profundité, profondeur.
pro.fun.do [prof'ũdu] *adj* profond, immense.
pro.ge.ni.tor [proʒenit'or] *sm* progéniteur.
prog.nós.ti.co [progn'ɔstiku] *sm* pronostic.
pro.gra.ma [progr'ʌmə] *sm* **1** programme. **2** *Inform* programme, logiciel. **mudança de programa** changement de programme.
pro.gre.dir [progred'ir] *vi* progresser, avancer.
pro.gres.são [progres'ãw] *sf* progression, évolution. *Pl: progressões.*
pro.gres.so [progr'ɛsu] *sm* progrès.
pro.i.bi.ção [projbis'ãw] *sf* prohibition, défense, interdiction.
pro.i.bi.do [projb'idu] *adj* interdit, illicite. **filme proibido para os menores de 12 anos** film interdit aux mineurs de douze ans. **proibido fumar** défense de fumer.
pro.i.bir [projb'ir] *vt* interdire, défendre, prohiber.
pro.je.ção [proʒes'ãw] *sf* projection. *Pl: projeções.*
pro.je.tar [proʒet'ar] *vt* **1** projeter, envisager, esquisser. **2** éjecter.
pro.jé.til [proʒ'ɛtiw] *sm* projectile, balle, bombe, obus. *Pl: projéteis.*
pro.je.to [proʒ'ɛtu] *sm* projet, programme, esquisse.
pro.le.ta.ri.a.do [proletari'adu] *sm* prolétariat.
pro.le.tá.rio [prolet'arju] *sm* prolétaire.
pro.li.fe.rar [prolifer'ar] *vi* proliférer, envahir.
pró.lo.go [pr'ɔlogu] *sm Lit* prologue.
pro.lon.ga.ção [prolõgas'ãw] *sf* prolongation. *Pl: prolongações.*
pro.lon.gar [prolõg'ar] *vt* prolonger, étendre.

pro.mes.sa [prom'ɛsə] *sf* promesse, gage, voeu.
pro.me.ter [promet'er] *vt* promettre.
pro.mo.ção [promos'ãw] *sf* promotion. *Pl: promoções.*
pro.mo.ver [promov'er] *vt* promouvoir.
pro.no.me [pron'omi] *sm Gram* pronom.
pron.ti.dão [prõtid'ãw] *sf* célérité, diligence. *Pl: prontidões.*
pron.to [pr'õtu] *adj* prêt. *você ainda não está pronta?* / tu n'es pas encore prête?
pro.nún.cia [pron'ũsjə] *sf* prononciation.
pro.nun.ci.ar [pronũsi'ar] *vt+vpr* prononcer.
pro.pa.gan.da [propag'ãdə] *sf* publicité. **propaganda política** propagande politique.
pro.pi.ci.ar [propisi'ar] *vt* favoriser, procurer.
pro.pi.na [prop'inə] *sf* pot-de-vin.
pro.por [prop'or] *vt+vpr* proposer.
pro.por.ção [propors'ãw] *sf Mat* proportion. *Pl: proporções.*
pro.por.ci.o.nal [proporsjon'aw] *adj* proportionnel. *Pl: proporcionais.*
pro.por.ci.o.nar [proporsjon'ar] *vt* proportionner, procurer.
pro.pos.ta [prop'ɔstə] *sf* proposition.
pro.pri.e.da.de [proprjed'adi] *sf* propriété. **transferência de propriedade** transfert de propriété. **título de propriedade** titre de propriété.
pro.pri.e.tá.rio [proprjet'arju] *sm+adj* propriétaire.
pró.prio [pr'ɔprju] *adj+sm* propre.
pror.ro.ga.ção [proʁogas'ãw] *sf* prorogation, prolongation, renouvellement. *Pl: prorrogações.*
pror.ro.gar [proʁog'ar] *vt* proroger, prolonger.
pro.sa [pr'ɔzə] *sf Lit* prose.

pros.pec.to [prosp´ɛktu] *sm* prospectus.
pros.pe.rar [prosper´ar] *vi* prospérer.
pros.se.guir [proseg´ir] *vt+vi* poursuivre.
prós.ta.ta [pr´ɔstatə] *sf Anat* prostate. **tumor na próstata** tumeur de la prostate.
pros.tí.bu.lo [prost´ibulu] *sm* maison de prostitution.
pros.ti.tu.ir [prostitu´ir] *vt+vpr* prostituer.
pros.ti.tu.ta [prostit´utə] *sf* **1** prostituée, fille, gourgandine, femme de mauvaise vie. **2** *vulg* putain, pute.
pros.tra.ção [prostras´ãw] *sf Med* prostration, accablement. *Pl: prostrações.*
pro.ta.go.nis.ta [protagon´istə] *s* protagoniste, héros.
pro.te.ção [protes´ãw] *sf* protection. *Pl: proteções.*
pro.te.ger [proteʒ´er] *vt+vpr* protéger.
pro.te.í.na [prote´inə] *sf Quím* protéine. *proteínas existentes, contidas nos alimentos* / protéines contenues dans les aliments.
pró.te.se [pr´ɔtezi] *sf Med* prothèse. *prótese dentária* prothèse dentaire.
pro.tes.tar [protest´ar] *vt* protester.
pro.tes.to [prot´ɛstu] *sm* protestation. *protesto escrito* protestation écrite, verbale. *redigir, assinar um protesto* rédiger, signer une protestation.
pro.te.tor [protet´or] *sm* protecteur. *um tom protetor* / un ton protecteur.
pro.to.co.lo [protok´ɔlu] *sm* protocole.
pro.tó.ti.po [prot´ɔtipu] *sm* prototype.
pro.tu.be.rân.cia [protuber´ãsjə] *sf* protubérance, excroissance.
pro.va [pr´ɔvə] *sf* preuve, épreuve. **à prova de** à l'épreuve de. **pôr à prova** mettre à l'épreuve.
pro.va.dor [provad´or] *sm* salon ou cabine d'essayage.

pro.var [prov´ar] *vt* **1** éprouver. **2** essayer. **3** déguster. **4** expérimenter. **5** tester, vérifier.
pro.vá.vel [prov´avew] *adj* probable. *Pl: prováveis.*
pro.vei.to [prov´ejtu] *sm* profit.
pro.vér.bio [prov´ɛrbju] *sm* proverbe.
pro.vi.dên.cia [provid´ẽsjə] *sf* **1** providence. **2** mesure, précaution. **tomar providências** prendre des mesures.
pro.vín.cia [prov´ĩsjə] *sf* province.
pro.vin.ci.a.no [provĩsi´ʌnu] *sm+adj* provincial. *ele tem hábitos muito provincianos* / il a des habitudes trop provinciales.
pro.vi.são [proviz´ãw] *sf* provision. *Pl: provisões.*
pro.vi.só.rio [proviz´ɔrju] *adj+sm* provisoire.
pro.vo.ca.ção [provokas´ãw] *sf* provocation. *Pl: provocações.* **responder a uma provocação** répondre à une provocation.
pro.vo.car [provok´ar] *vt+vi* provoquer, exciter, éveiller.
pro.xi.mi.da.de [prosimid´adi] *sf* proximité, imminence, voisinage. **as proximidades** les alentours.
pró.xi.mo [pr´ɔsimu] *sm* prochain. • *adj* prochain.
pru.dên.cia [prud´ẽsjə] *sf* prudence.
pru.den.te [prud´ẽti] *adj* prudent.
pseu.dô.ni.mo [psewd´onimu] *sm* pseudonyme.
psi.ca.ná.li.se [psikan´alizi] *sf* psychanalyse. **fazer psicanálise** suivre, faire une psychanalyse.
psi.ca.na.lis.ta [psikanal´istə] *s* psychanaliste.
psi.co.lo.gi.a [psikoloʒ´iə] *sf* psychologie.
psi.có.lo.go [psik´ɔlogu] *sm* psychologue.
psi.co.te.ra.pi.a [psikoterap´iə] *sf* psychothérapie. **psicoterapia familiar, de grupo** psychothérapie familiale, de groupe.

psi.qui.a.tra [psiki'atrɐ] *s Med* psychiatre.
psí.qui.co [ps'ikiku] *adj* psychique. **equilíbrio psíquico** équilibre psychique. **problemas psíquicos** troubles psychiques.
pu.ber.da.de [puberd'adi] *sf* puberté.
pú.bis [p'ubis] *s sing+pl Anat* pubis.
pu.bli.ca.ção [publikas'ãw] *sf* **1** publication. **2** parution. *Pl: publicações*.
pu.bli.car [publik'ar] *vt* **1** publier. **2** faire paraître.
pu.bli.ci.da.de [publisid'adi] *sf* publicité. **agência de publicidade** agence de publicité.
pú.bli.co [p'ubliku] *sm+adj* public. **escola pública** école publique. **jardim público** jardin public.
pu.dor [pud'or] *sm* pudeur, modestie, honnêteté.
pu.e.ril [puer'iw] *adj* puéril, infantile. *Pl: pueris*.
pu.gi.lis.ta [puʒil'istɐ] *sm Esp* pugiliste, boxeur.
pu.lar [pul'ar] *vt+vi* sauter, gambader.
pul.ga [p'uwgɐ] *sf* puce. **ficar com a pulga atrás da orelha** mettre la puce à l'oreille.
pul.mão [puwm'ãw] *sm Anat* poumon. *Pl: pulmões*.
pul.mo.nar [puwmon'ar] *adj* relatif au poumon.
pu.lo [p'ulu] *sm* saut, bond, gambade.
pul.ô.ver [pul'over] *sm* chandail, pull, pullover.
pul.sa.ção [puwsas'ãw] *sf* palpitation, battement. *Pl: pulsações*.
pul.sar [puws'ar] *vi+vi* battre.
pul.so [p'uwsu] *sm Fisiol* pouls.
pu.lu.lar [pulul'ar] *vi+vt* fourmiller, envahir.

pul.ve.ri.zar [puwveriz'ar] *vt* pulvériser.
pum [p'ũ] *sm fam* prout. *Pl: puns*.
pu.nha.do [puɲ'adu] *sm* poignée.
pu.nhal [puɲ'aw] *sm* poignard. *Pl: punhais*.
pu.nho [p'uɲu] *sm Anat* poignet, poing. **punho da manga** poignet de la manche.
pu.ni.ção [punis'ãw] *sf* punition, vengeance. *Pl: punições*.
pu.nir [pun'ir] *vt* punir, châtier, condamner. **punir alguém por um crime** punir quelqu'un d'un, pour un crime
pu.pi.la [pup'ilɐ] *sf* **1** *Anat* pupille, prunelle, iris. **2** *Jur* pupille, orpheline.
pu.rê [pur'e] *sm* purée. **purê de batatas** / purée de pommes de terre. **purê de tomates** / purée de tomates.
pu.re.za [pur'ezɐ] *sf* pureté, fraîcheur, ingénuité, innocence.
pur.gan.te [purg'ãti] *sm+adj Med* purgatif.
pu.ri.fi.ca.ção [purifikas'ãw] *sf* purification, épuration, affinage. *Pl: purificações*.
pu.ri.fi.car [purifik'ar] *vt* purifier, affiner.
pu.ri.ta.no [purit'ʌnu] *sm+adj Rel, fig* puritain.
pu.ro [p'uru] *adj* **1** pur. **2** parfait, innocent, intègre.
púr.pu.ra [p'urpurɐ] *sf* de couleur pourpre.
pus [p'us] *sm Med* pus.
pu.ta [p'utɐ] *sf vulg* pute, putain, garce.
pu.xa! [p'uʃɐ] *interj* mince!, ah! mince!, mince alors!
pu.xão [puʃ'ãw] *sm aum* poussée. *Pl: puxões*. **dar um puxão de orelhas em alguém** tirer les oreilles à quelqu'um.
pu.xar [puʃ'ar] *vt* tirer. **puxar os cabelos** se tirer les cheveux.

q

q [k'e] *sm* la dix-septième lettre de l'alphabet de la langue portugaise.

qua.dra [k'wadrə] *sf* **1** salle carrée. **2** quatre (jeu de cartes). **3** quatrain. **4** distance entre un coin et l'autre du même côté d'une rue. **quadra de tênis** cour de tennis.

qua.dra.gé.si.mo [kwadraʒ'ɛzimu] *adj+num ord* quatre-centième.

qua.drí.ceps [kwadr'iseps] *adj+sm sing+pl* quadriceps.

qua.dri.cu.lar [kwadrikul'ar] *adj* quadrillé. • *vt* quadriller.

qua.dri.gê.meo [kwadriʒ'emju] *adj+sm* quadruplé.

qua.dril [kwadr'iw] *sm Anat* hanche. *Pl: quadris.*

qua.dri.lá.te.ro [kwadril'ateru] *sm+adj Geom* quadrilatère.

qua.dri.lha [kwadr'iʎə] *sf* **1** *Mús* quadrille, contredanse. **2** bande (voleurs).

qua.dri.mo.tor [kwadrimot'or] *adj+sm* quadrimoteur.

qua.dro [k'wadru] *sm* **1** tableau. **2** *Pint* tableau, peinture, toile. **3** *Teat* scène. **quadro da ordem dos advogados** tableau de l'ordre des avocats. **quadro de avisos** panneau d'affichage, cadre (employés). **quadro vivo** tableau vivant.

qua.dro-ne.gro [kwadrun'egru] *sm* tableau noir. *Pl: quadros-negros.*

quá.dru.plo [k'wadruplu] *sm+num* quadruple.

qual [k'waw] *pron* quel, quelle. *Pl: quais.* **ao qual** auquel. **a qual** laquelle. **as quais** lesquelles. **cada qual** chacun. **do qual** duquel, dont, de qui. **o qual** lequel. **os quais** lesquels. **seja qual for** quel que ce soit.

qua.li.da.de [kwalid'adi] *sf* qualité, capacité, don, attribut. **garantia de qualidade** garantie de qualité.

qua.li.fi.car [kwalifik'ar] *vt* qualifier.

qual.quer [kwawk'ɛr] *pron* **1** quelconque. **2 quaisquer** *pl* quelconques. **qualquer coisa** n'importe quoi. **qualquer lugar** n'importe où. **qualquer outro** tout autre. **qualquer um, qualquer pessoa** n'importe qui, quiconque.

quan.do [kw'ãdu] *adv* quand. • *conj* lorsque, quand, comme. **até quando?** jusqu'à quand? **de quando em quando** ou **de vez em quando** de temps en temps, de temps à autre. **desde quando?** depuis quand? **é para quando?** c'est pour quand? **quando muito** tout au plus.

quan.ti.a [kwãt'iə] *sf Com* somme d'argent.

quan.ti.da.de [kwãtid'adi] *sf* quantité.

quan.ti.fi.car [kwãtifik'ar] *vt* quantifier.
quan.ti.fi.cá.vel [kwãtifik'avew] *adj* quantifiable. *Pl: quantificáveis.*
quan.to [k'wãtu] *pron indéf* **1** quantité. **2** combien de. • *adv* combien. **o quanto antes** au plus tôt, aussitôt, le plus tôt possible. **quanto a** quant à. **quanto custa?** c'est combien? **quantos combien de. quantos anos você tem?** quel âge avez-vous? **tanto quanto** aussi bien que.
qua.ren.ta [kwar'ẽtə] *sm+num* quarante. **uns quarenta, umas quarenta** une quarantaine.
qua.ren.te.na [kwarẽt'enə] *sf* quarantaine. **ficar de quarentena** être en quarantaine.
qua.res.ma [kwar'ɛzmə] *sf* carême.
quar.ta [k'wartə] *sf* **1** *pop* mercredi. **2** *Autom* quatrième, quatrième vitesse.
quar.ta-fei.ra [kwartəf'ejrə] *sf* mercredi. *Pl: quartas-feiras.* **às quartas-feiras** le mercredi. **quarta-feira de cinzas** le mercredi de Cendres.
quar.tei.rão [kwartejr'ãw] *sm* pavé de maisons. *Pl: quarteirões.*
quar.tel [kwart'ew] *sm Mil* quartier, caserne. *Pl: quartéis.*
quar.tel-ge.ne.ral [kwartɛwʒener'aw] *sm* **1** *Mil* quartier-général. **2** *fam* Q.G. *Pl: quartéis-generais.*
quar.to [k'wartu] *num* quatrième. • *sm* chambre. **Henrique IV** Henri Quatre. **quarto crescente** le premier quartier croissant de (la) lune. **quarto minguante** le dernier quartier de la lune; *coloq* piaule. **um quarto** un quartier.
qua.se [k'wazi] *adv* **1** presque, quasi, à peu près, peu s'en faut. **2** *fam, Reg* quasiment. **ele quase caiu** il a failli tomber. **há quase um ano** il y a bientôt un an. **quase que** pour ainsi dire.

qua.tor.ze [kwat'orzi] *sm+num* quatorze.
qua.tro [k'watru] *sm+num* quatre. **claro como dois e dois são quatro** vrai, clair comme deux et deux font quatre. **entre quatro paredes** entre quatre murs. **ficar de quatro** se mettre en quatre. **quatro por quatro (carro com tração nas quatro rodas)** quatre-quatre. **trecho (musical) a quatro mãos (tocado por dois pianistas no mesmo teclado)** morceau à quatre mains. **trevo de quatro folhas** trèfle à quatre feuilles.
que [k'i] *pron que*, qui. • *conj* que. **o que quer que seja** quoi que ce soit. **o que, tudo o que** ce que.
quê [k'e] *sm* le nom de la lettre Q. • *interj* quoi!
que.be.quen.se [kebek'ẽsi] *adj+s* québécois.
que.bra [k'ɛbrə] *sf* **1** fracture, cassure, rupture. **2** diminution. **3** perte, dommage. **4** *Com* faillite. **sem quebra** sans interruption.
que.bra-ca.be.ça [kɛbrəkab'esə] *sm* casse-tête, *puzzle. Pl: quebra-cabeças.*
que.bran.to [kebr'ãtu] *sm* sortilège, ensorcellement.
que.bra-pau [kɛbrəp'aw] *sm pop* dispute. *Pl: quebra-paus.*
que.brar [kebr'ar] *vt* **1** casser, rompre, briser. *vi* **2** *Com* se casser, faire faillite. *vpr* **3** se casser, se briser, se rompre.
que.da [k'ɛdə] *sf* **1** chute. **2** écroulement. **ter uma queda por alguém** *fig* avoir un béguin pour quelqu'un.
que.da-d'á.gua [kɛdəd'agwə] *sf* chute d'eau. *Pl: quedas-d'água.*
quei.jo [k'ejʒu] *sm* fromage. **a casca do queijo** la croûte du fromage. **queijo branco** fromage blanc. **queijo cremoso** fromage crémeux.

quei.ma [kˈejmə] *sf* combustion, brûlement, brûlage.
quei.ma.da [kejmˈadə] *sf* brûlage, incendie dans les bois.
quei.ma.du.ra [kejmadˈurə] *sf* brûlure.
quei.mar [kejmˈar] *vt* **1** brûler, carboniser, incendier. **2** vendre à prix bas. *vpr* **3** se brûler.
quei.xa [kˈejʃə] *sf* plainte, lamentation, larmoiement. **dar queixa** dénoncer.
quei.xar-se [kejʃˈarsi] *vpr* se plaindre.
quei.xo [kˈejʃu] *sm Anat* menton. **queixo duplo** double menton.
quem [kˈẽj] *pron* qui. **diga-me com quem andas e te direi quem és** dis-moi qui tu hantes, et je te dirai qui tu es. **quem quer que, quem quer que seja** quiconque, qui que ce soit. **quem viver verá** *prov* qui vivra verra.
quen.te [kˈeti] *adj+sm* **1** chaud, ardent, brûlant. **2** *fig* sensuel. **3** récent, nouveau. **água quente** de l'eau chaude. **está quente** il fait chaud.
que.pe [kˈɛpi] *sm* Mil képi.
quer [kˈɛr] *conj* ou, soit. **onde quer que** partout où. **quer queira, quer não que** vous le vouliez ou pas; bon gré, mal gré.
que.re.la [kerˈɛlə] *sf* querelle.
que.rer [kerˈer] *sm+vt+vi* vouloir. **querer é poder** vouloir c'est pouvoir.
que.ri.do [kerˈidu] *sm* cher, chéri. • *adj* voulu.
quer.mes.se [kermˈɛsi] *sf* kermesse.
que.ro.se.ne [kerozˈeni] *sm* kérosène.
ques.tão [kestˈãw] *sf* **1** question. **2** querelle, dispute. *Pl*: **questões.**
ques.ti.o.na.men.to [kestjonamˈẽtu] *sm* questionnement.
ques.ti.o.nar [kestjonˈar] *vi* **1** discuter, débattre. **2** controverser, objecter, discuter, disputer. **3** mettre en question. *vpr* **4** s'interroger.

ques.ti.o.ná.rio [kestjonˈarju] *sm* questionnaire.
qui.a.bo [kiˈabu] *sm Bot* gombo.
qui.e.to [kiˈɛtu] *adj+sm* **1** calme, paisible, tranquille. **2** immobile, sage, docile.
qui.e.tu.de [kjetˈudi] *sf* quiétude.
qui.la.te [kilˈati] *sm* carat.
qui.lo [kˈilu] *sm* kilo, kilogramme.
qui.lo.me.tra.gem [kilometrˈaʒẽj] *sf* kilométrage. *Pl*: **quilometragens.**
qui.lô.me.tro [kilˈometru] *sm* kilomètre.
qui.me.ra [kimˈɛrə] *sf* chimère.
quí.mi.ca [kˈimikə] *sf* chimie.
quí.mi.co [kˈimiku] *sm+adj* chimique.
qui.na [kˈinə] *sf* **1** coin, angle. **2** quine (loto).
qui.nhen.tos [kiɲˈẽtus] *sm+num* cinq cents.
quin.ta [kˈitə] *sf* **1** cinquième. **2** *Mús* cinquième. **3** *pop* jeudi.
quin.ta-fei.ra [kĩtəfˈejrə] *sf* jeudi. *Pl*: **quintas-feiras**. **às quintas-feiras** le jeudi.
quin.tal [kĩtˈaw] *sm* **1** cour (de la maison). **2** jardin potager. *Pl*: **quintais.**
quin.te.to [kĩtˈetu] *sm Mús* quintette.
quin.to [kˈĩtu] *sm+num* cinquième. **em quinto lugar** cinquièmement.
quin.ze [kˈĩzi] *sm+num* quinze.
quin.ze.na [kĩzˈenə] *sf* quinzaine.
qui.ta.ção [kitasˈãw] *sf Com* quittance, acquit. *Pl*: **quitações.**
qui.tar [kitˈar] *vt* **1** *Com* quitter, déclarer quitte. **2** exempter. **3** acquitter.
qui.te [kˈiti] *adj* **1** quitte. **2** délivré, exempt, libre.
qui.tu.te [kitˈuti] *sm* mets délicat.
quo.ci.en.te [kosiˈẽti] *sm Mat* quotient.
quo.ta [kˈɔtə] *sf* quota.
quo.ti.di.a.no [kotidiˈʌnu] *sm+adj* quotidien.
quo.ti.zar [kotizˈar] *vt+vpr* cotiser.

r

r [´εȓi] *sm* la dix-huitième lettre de l'alphabet de la langue portugaise.

rã [ȓã] *sf Zool* grenouille.

ra.bis.car [ȓabiskaʀ] *vt* griffonner.

ra.bo [ȓ´abu] *sm* 1 queue. 2 *fig, vulg* cul. **de cabo a rabo** d'un bout à l'autre.

ra.bu.gi.ce [ȓabuʒ´isi] *sf* impertinence, mauvaise humeur.

ra.ça [ȓ´asə] *sf* race. **de raça** de race.

ra.cha.du.ra [ȓaʃad´urə] *sf* fente, fissure, crevasse.

ra.char [ȓaʃ´aʀ] *vt+vi* 1 fendre. 2 diviser, séparer.

ra.ci.o.ci.nar [ȓasjosin´aʀ] *vi* raisonner.

ra.ci.o.cí.nio [ȓasjos´inju] *sm* raisonnement, logique, réflexion.

ra.ci.o.na.li.zar [ȓasjonaliz´aʀ] *vt* rationaliser.

ra.ci.o.na.men.to [ȓasjonam´ẽtu] *sm* rationnement.

ra.ci.o.nar [ȓasjon´aʀ] *vt* rationner.

ra.dar [ȓad´aʀ] *sm Mil* radar.

ra.di.an.te [ȓadi´ãti] *adj* 1 rayonnant. 2 radieux, éclatant, resplendissant.

ra.di.ca.li.zar [ȓadikaliz´aʀ] *vt+vi* radicaliser.

ra.di.car-se [ȓadik´aʀsi] *vpr* s'enraciner, s'établir.

rá.dio [ȓ´adju] *sm* 1 radio. 2 *Anat* radius. 3 *Quím* radium. **aparelho de rádio** poste de radio. **ligar, desligar o rádio** allumer, éteindre la radio. **transmitir pelo rádio** passer à la radio.

ra.di.o.gra.far [ȓadjograf´aʀ] *vt* radiographier.

rai.ar [ȓaj´aʀ] *vt+vi* rayonner, irradier, briller.

ra.i.nha [ȓa´iɲə] *sf* reine.

rai.o [ȓ´aju] *sm* 1 rayon. 2 irradiation. 3 *fig* émanation.

rai.va [ȓ´ajvə] *sf Med* rage.

ra.iz [ȓa´is] *sf* 1 racine. 2 pivot, souche. 3 source. 4 base, naissance.

ra.ja.da [ȓaʒ´adə] *sf* 1 rafale. 2 grain.

ra.lar [ȓal´aʀ] *vt* râper.

ra.lé [ȓal´ε] *sf pop* bas peuple, populace.

ra.lhar [ȓaλ´aʀ] *vt+vi* gronder.

ra.lo [ȓ´alu] *sm* 1 bonde. 2 crible.

ra.mal [ȓam´aw] *sm* rameau, embranchement. *Pl:* ramais. **ramal telefônico** poste.

ra.ma.lhe.te [ȓamaλ´eti] *sm* bouquet (de fleurs).

ra.mo [ȓ´ʌmu] *sm* 1 *Bot* rameau, branche. 2 bouquet de fleurs. 3 *fig* division, partie.

ran.cor [ȓãk´oʀ] *sm* rancune, haine.

ran.ger [ȓãʒ´eʀ] *vi* craquer. **ranger os dentes** grincer les dents.

ran.gi.do [ȓãʒ´idu] *sm* 1 craquement. 2 grincement des dents.

ran.zin.za [ȓãz´ĩzə] *adj* iracible, acâriatre, de mauvaise humeur.

ra.paz [ʀap´as] *sm* garçon, jeune homme.

ra.pé [ʀap´ɛ] *sm* tabac à priser.

ra.pi.dez [ʀapid´es] *sf* rapidité, grande vitesse, célérité, promptitude.

rá.pi.do [ʀ´apidu] *adj* rapide, véloce. • *adv* vite.

ra.po.sa [ʀap´ozə] *sf Zool* renard.

rap.tar [ʀapt´ar] *vt* ravir, enlever, kidnapper. **2** faire un brouillon.

rap.to [ʀ´aptu] *sm* enlèvement, rapt, kidnapping.

rap.tor [ʀapt´or] *sm* kidnappeur, ravisseur.

ra.quí.ti.co [ʀak´itiku] *adj* **1** rachitique. **2** *fig* faible.

ra.re.fa.zer [ʀarefaz´er] *vt* raréfier.

ra.ri.da.de [ʀarid´adi] *sf* rareté.

ra.ro [ʀ´aru] *adj* rare, extraordinaire, singulier. • *adv* rarement, peu souvent.

ras.cu.nhar [ʀaskuɲ´ar] *vt* **1** esquisser, ébaucher. **2** faire un brouillon.

ras.cu.nho [ʀask´uɲu] *sm* **1** brouillon. **2** esquisse, ébauche.

ras.gar [ʀazg´ar] *vt* déchirer.

ra.so [ʀ´azu] *sm+adj* ras, coupé ras.

ras.par [ʀasp´ar] *vt* gratter, ratisser, racler.

ras.te.jar [ʀasteʒ´ar] *vi* ramper, se traîner.

ras.tre.ar [ʀastre´ar] *vt* dépister.

ras.tro [ʀ´astru] *sm* **1** piste, trace. **2** *fig* indice, signe, marque.

ra.su.ra [ʀaz´urə] *sf* rature.

ra.su.rar [ʀazur´ar] *vt* raturer.

ra.ta.za.na [ʀataz´ʌnə] *sf* rat, gros rat.

ra.te.ar [ʀate´ar] *vt* **1** partager, distribuer proportionnellement, au prorata. **2** rater.

ra.tei.o [ʀat´eju] *sm* partage, distribution au prorata.

ra.ti.fi.ca.ção [ʀatifikas´ãw] *sf* ratification. *Pl: ratificações*.

ra.ti.fi.car [ʀatifik´ar] *vt* ratifier, confirmer.

ra.to [ʀ´atu] *sm* rat.

ra.to.ei.ra [ʀato´ejrə] *sf* **1** ratière, souricière. **2** *fig* piège, embûche.

ra.zão [ʀaz´ãw] *sf* **1** raison. **2** intelligence. **3** motif, excuse. *Pl: razões*. **não ter razão** avoir tort. **por esta razão** voilà pourquoi.

ra.zo.á.vel [ʀazo´avew] *adj* raisonnable, convenable. *Pl: razoáveis*.

ré [ʀ´ɛ] *sf* **1** *Jur* accusée. **2** *Mús* ré, deuxième note de musique. **3** *Autom* **marcha à ré** marche arrière.

re.a.bas.te.cer [ʀeabastes´er] *vt* réapprovisionner.

re.a.ber.tu.ra [ʀeabert´urə] *sf* réouverture.

re.a.bi.li.tar [ʀeabilit´ar] *vt* réhabiliter.

re.a.brir [ʀeabr´ir] *vt+vi+vpr* rouvrir.

re.a.gir [ʀeaʒ´ir] *vt* **1** réagir. *vi* **2** *Quím, Med* réagir.

re.a.jus.te [ʀeaʒ´usti] *sm* rajustement, réajustement.

re.al [ʀe´aw] *adj* **1** réel, certain, véritable. **2** royal. • *sm* monnaie brésilienne. *Pl: reais*.

re.al.ce [ʀe´awsi] *sm* **1** relief. **2** lustre, éclat.

re.a.le.za [ʀeal´ezə] *sf* **1** royauté. **2** *fig* magnificence.

re.a.li.da.de [ʀealid´adi] *sf* réalité. **na realidade** *adv* en réalité.

re.a.li.zar [ʀealiz´ar] *vt* **1** réaliser, accomplir, effectuer. *vpr* **2** se réaliser.

re.a.tar [ʀeat´ar] *vt* **1** rattacher. **2** lier fortement.

re.a.tor [ʀeat´or] *sm Fís, Quím* réacteur.

re.bai.xar [ʀebajʃ´ar] *vt* **1** rabaisser, diminuer. *vpr* **2** se rabaisser.

re.ba.nho [ʀeb´ʌɲu] *sm* troupeau.

re.ba.ter [ʀebat´er] *vt* **1** rebattre. **2** résister, repousser une attaque. **3** subjuguer.

re.bel.de [ʀeb'ɛwdi] *s+adj* rebelle.
re.ben.to [ʀeb'ẽtu] *sm* **1** rejeton. **2** fig fruit, produit.
re.bo.car [ʀebok'ar] *vt* crépir, remorquer.
re.bo.lar [ʀebol'ar] *vi pop* **1** rouler. **2** tortiller des hanches. **3** faire avancer une chose en la faisant tourner sur elle-même. *vpr* **4** se tremousser.
re.bo.que [ʀeb'ɔki] *sm* remorque.
re.ca.do [ʀek'adu] *sm* message.
re.ca.í.da [ʀeka'idɐ] *sf* rechute, récidive. **ter uma recaída** faire une rechute.
re.ca.ir [ʀeka'ir] *vi* **1** retomber. **2** rechuter.
re.cal.que [ʀek'awki] *sm* refoulement.
re.can.to [ʀek'ãtu] *sm* **1** recoin. **2** fig repli.
re.cap.tu.rar [ʀekaptur'ar] *vt* rattraper, récupérer.
re.car.re.gar [ʀekaʀeg'ar] *vt* recharger.
re.ca.to [ʀek'atu] *sm* **1** sagesse, prudence. **2** pudeur, modestie, retenue.
re.ce.ar [ʀese'ar] *vt* craindre.
re.ce.ber [ʀeseb'er] *vt* recevoir. **receber cuidados** recevoir des soins. **receber cumprimentos** recevoir des compliments. **receber instrução** recevoir de l'instruction. **receber parabéns** recevoir des félicitations. **receber um recado** recevoir un message.
re.ce.bi.men.to [ʀesebim'ẽtu] *sm* réception. **acusar recebimento** accuser (bonne) réception.
re.cei.o [ʀes'eju] *sm* crainte, peur, effroi.
re.cei.ta [ʀes'ejtɐ] *sf* **1** recette. **2** *Med* ordonnance. **3** *Cul* recette. **o montante da receita** le montant de la recette.
re.cei.tar [ʀesejt'ar] *vt Med* prescrire un médicament, ordonner.
re.cém-nas.ci.do [ʀes'ẽjnas'idu] *sm+adj* nouveau-né. *Pl:* **recém-nascidos**.
re.cen.se.a.men.to [ʀesẽseam'ẽtu] *sm* recensement.
re.cen.se.ar [ʀesẽse'ar] *vt* recenser.
re.cen.te [ʀes'ẽti] *adj* récent, moderne, dernier, frais.
re.cep.ci.o.nar [ʀesepsjon'ar] *vt* réceptionner.
re.cep.tor [ʀesept'or] *adj+sm* récepteur.
re.ces.são [ʀeses'ãw] *sf Econ* récession. *Pl:* **recessões**.
re.che.ar [ʀeʃe'ar] *vt* farcir, remplir abondamment.
re.chei.o [ʀeʃ'eju] *sm* farce.
re.chon.chu.do [ʀeʃõʃ'udu] *adj* potelé, dodu.
re.ci.bo [ʀes'ibu] *sm* **1** reçu, quittance. **2** récépissé.
re.ci.clar [ʀesikl'ar] *vt* recycler.
re.cin.to [ʀes'ĩtu] *sm* enceinte.
re.ci.pro.ci.da.de [ʀesiprosid'adi] *sf* réciprocité.
re.ci.tar [ʀesit'ar] *vt* réciter.
re.cla.ma.ção [ʀeklamas'ãw] *sf* réclamation, plainte, requête. *Pl:* **reclamações**.
re.cla.mar [ʀeklam'ar] *vt+vi* réclamer, solliciter, exiger, revendiquer.
re.cli.nar [ʀeklin'ar] *vt* incliner, abaisser, baisser, courber, fléchir, pencher, plier.
re.cli.ná.vel [ʀeklin'avew] *adj* inclinable. *Pl:* **reclináveis**.
re.clu.são [ʀekluz'ãw] *sf* réclusion. *Pl:* **reclusões**.
re.co.brar [ʀekobr'ar] *vt* recouvrer. **recobrar as forças** reprendre ses forces. **recobrar os sentidos** revenir à soi.
re.co.lher [ʀekoʎ'er] *vt* **1** recueillir. **2** ramasser. **3** récolter. **4** prélever, prendre. *vpr* **5** rentrer chez soi. **6** se retirer dans sa chambre.

re.co.lhi.men.to [r̄ekoʎimẽtu] *sm* **1** recueillement. **2** retraite, refuge, abri.

re.co.me.ço [r̄ekomˈesu] *sm* recommencement, reprise.

re.co.men.dá.vel [r̄ekomẽdˈavew] *adj* recommandable, estimable. *Pl: recomendáveis.*

re.com.pen.sa [r̄ekõpˈẽsa] *sf* récompense.

re.com.por [r̄ekõpˈor] *vt* recomposer.

re.con.ci.li.a.ção [r̄ekõsiljasˈãw] *sf* réconciliation. *Pl: reconciliações.*

re.con.du.zir [r̄ekõduzˈir] *vt* **1** reconduire. **2** ramener. **3** renvoyer.

re.con.for.tar [r̄ekõfortˈar] *vt* réconforter, soutenir.

re.con.for.to [r̄ekõfˈortu] *sm* réconfort, consolation.

re.co.nhe.cer [r̄ekoɲesˈer] *vt* **1** reconnaître, accréditer. **2** identifier. **3** légitimer. **4** avoir de la gratitude, de la reconnaissance. *vpr* **5** se reconnaître. **reconhecer a firma** légaliser.

re.co.nhe.ci.men.to [r̄ekoɲesimˈẽtu] *sm* **1** reconnaissance. **2** obligation. **3** repérage, identification. **4** légalisation.

re.con.quis.ta [r̄ekõkˈista] *sf* reconquête.

re.con.quis.tar [r̄ekõkistˈar] *vt* reconquérir.

re.con.tar [r̄ekõtˈar] *vt* **1** raconter. **2** recompter.

re.cor.da.ção [r̄ekordasˈãw] *sf* **1** souvenir. **2** mémoire. *Pl: recordações.*

re.cor.dar [r̄ekordˈar] *vt* **1** rappeler, remémorer. *vpr* **2** se rappeler, se souvenir.

re.cor.de [r̄ekˈɔrdi] *sm Esp* record.

re.cor.rer [r̄ekor̄ˈer] *vt* **1** recourir, s'adresser. **2** parcourir, feuilleter un livre. **3** *Jur* recourir. *vi* **4** demander aide, secours.

re.cor.te [r̄ekˈɔrti] *sm* coupure.

re.cos.tar [r̄ekostˈar] *vt* **1** incliner, pencher. *vpr* **2** s'appuyer, s'étendre.

re.cre.a.ção [r̄ekreasˈãw] *sf* récréation. *Pl: recreações.*

re.cre.ar [r̄ekreˈar] *vt* récréer, distraire.

re.crei.o [r̄ekrˈeju] *sm* récréation.

re.cru.ta.men.to [r̄ekrutamˈẽtu] *sm Mil* recrutement.

re.cu.ar [r̄ekuˈar] *vi* reculer.

re.cu.pe.rar [r̄ekuperˈar] *vt+vpr* récupérer.

re.cur.so [r̄ekˈursu] *sm* **1** ressource. **2** expédient, moyen, possibilité, recours. **3 recursos** *pl* potentiel. **4** argent, finances, fonds, revenu. **em último recurso** faute de mieux, en dernier ressort.

re.cu.sa [r̄ekˈuza] *sf* **1** refus. **2** déni.

re.cu.sar [r̄ekuzˈar] *vt+vpr* refuser.

re.da.ção [r̄edasˈãw] *sf* rédaction. *Pl: redações.*

re.de [r̄ˈedi] *sf* réseau. **rede para dormir** hamac.

ré.dea [r̄ˈɛdja] *sf* **1** bride. **2** *fig* obstacle, retenue.

re.de.moi.nho [r̄edemoˈiɲu] *sm* **1** tourbillon. **2** gouffre. **redemoinho de cabelo** épi de cheveux.

re.den.tor [r̄edẽtˈor] *sm* rédempteur.

re.di.mir [r̄edimˈir] *vt* **1** racheter. **2** acheter le pardon.

re.di.zer [r̄edizˈer] *vt* redire.

re.do.brar [r̄edobrˈar] *vt* **1** redoubler, réitérer. *vpr* **2** se redoubler. **3** augmenter.

re.don.de.za [r̄edõdˈeza] *sf* **1** rondeur. **2 redondezas** *pl* alentours.

re.don.do [r̄edˈõdu] *adj* rond, circulaire, sphérique.

re.dor [r̄edˈor] *sm* contour, circuit. **ao redor** ou **em redor** autour.

re.du.ção [r̄edusˈãw] *sf* réduction. *Pl: reduções.*

re.du.zir [r̄eduzˈir] *vt+vpr* réduire.

re.em.bol.so [r̄eẽbowsu] *sm* remboursement.

re.fa.zer [r̃efaz´er] *vt* **1** refaire, recommencer. **2** réparer, retoucher. *vpr* **3** se refaire, reprendre ses forces, de la santé.

re.fei.ção [r̃efejs´ãw] *sf* repas. *Pl: refeições*.

re.fei.tó.rio [r̃efejt´ɔrju] *sm* réfectoire, cantine.

re.fém [r̃ef´ẽj] *sm* otage.

re.fe.rên.cia [r̃efer´ẽsjɐ] *sf* **1** référence, allusion. **2** rapport. **3 referências** *pl* références, renseignements. **com referência à** par rapport à, à l'égard de. **ponto de referência** point de repère.

re.fi.na.ção [r̃efinas´ãw] *sf* raffinage. *Pl: refinações*.

re.fi.na.men.to [r̃efinam´ẽtu] *sm* **1** raffinement. **2** *fig* délicatesse, subtilité.

re.fi.nar [r̃efin´ar] *vt* **1** raffiner. *vt+vpr* **2** *fig* perfectionner. *vi* **3** s'épurer.

re.fle.tir [r̃eflet´ir] *vt+vpr* **1** réfléchir, refléter. *vt* **2** traduire, reproduire, exprimer. *vi* **3** méditer, penser.

re.fle.tor [r̃eflet´or] *sm* réflecteur.

re.fle.xão [r̃efleks´ãw] *sf* **1** réflexion. **2** réverbération. *Pl: reflexões*.

re.fle.xo [r̃efl´eksu] *sm+adj* réflexe, reflet, réfléchi.

re.flo.res.ta.men.to [r̃eflorestam´ẽtu] *sm* reboisement, reforestation.

re.fo.gar [r̃efog´ar] *vt* frire dans le beurre, dans l'huile.

re.for.çar [r̃efors´ar] *vt* **1** renforcer. **2** augmenter, fortifier.

re.for.mar [r̃eform´ar] *vt* **1** réformer, améliorer. **2** *Mil* réformer.

re.for.mu.lar [r̃eformul´ar] *vt* reformuler.

re.frão [r̃efr´ãw] *sm Mús, Poét* refrain. *Pl: refrões*.

re.fre.ar [r̃efre´ar] *vt* **1** assujettir avec le frein, tenir en bride. **2** *fig* refréner, retenir, dompter, modérer. *vpr* **3** se retenir, se modérer, s'abstenir.

re.fres.car [r̃efresk´ar] *vt+vpr* rafraîchir.

re.fri.ge.ra.dor [r̃efriʒerad´or] *sm* réfrigérateur, réfrigérant.

re.fri.ge.rar [r̃efriʒer´ar] *vt* réfrigérer.

re.fú.gio [r̃ef´uʒju] *sm* refuge.

re.ga.dor [r̃egad´or] *sm* arrosoir.

re.ga.lar-se [r̃egal´arsi] *vpr* se régaler.

re.ga.lo [r̃eg´alu] *sm* **1** plaisir, jouissance. **2** régal, cadeau. **3** manchon.

re.gar [r̃eg´ar] *vt* arroser.

re.ga.ta [r̃eg´atɐ] *sf Esp* régate.

re.ga.te.ar [r̃egate´ar] *vt* marchander.

re.gên.cia [r̃eʒ´ẽsjɐ] *sf* **1** action de régir. **2** administration, régence.

re.ge.ne.rar [r̃eʒener´ar] *vt* **1** régénérer, reproduire, rétablir ce qui était détruit. **2** récupérer.

re.gen.te [r̃eʒ´ẽti] *s* **1** régent. **2** *Mús* chef d'orchestre.

re.ger [r̃eʒ´er] *vt* **1** régir. **2** gouverner. **3** régenter.

re.gi.ão [r̃eʒi´ãw] *sf* région. *Pl: regiões*.

re.gi.me [r̃eʒ´imi] *sm* **1** régime. **2** *Med* diète. **3** *Pol* régime.

ré.gio [r̃´ɛʒju] *adj* **1** royal. **2** *fig* grand, somptueux, magnifique.

re.gis.trar [r̃eʒistr´ar] *vt* **1** enregistrer. **2** contrôler. **registrar uma carta** recommander une lettre.

re.go [r̃´egu] *sm* sillon.

re.go.zi.jar-se [r̃egoziʒ´arsi] *vpr* se réjouir.

re.gra [r̃´ɛgrɐ] *sf* règle.

re.gre.dir [r̃egred´ir] *vi* régresser.

re.gres.são [r̃egres´ãw] *sf* régression. *Pl: regressões*.

re.gres.sar [r̃egres´ar] *vi* retourner, revenir.

re.gres.so [r̃egr´esu] *sm* retour.

ré.gua [r̃´egwɐ] *sf* règle.

re.gu.la.gem [r̃egul´aʒẽj] *sf* réglage. *Pl: regulagens*.

re.gu.la.men.ta.ção [ʁegulamẽtas'ãw] *sf* réglementation. *Pl: regulamentações*.

re.gu.la.men.to [ʁegulam'ẽtu] *sm* règlement.

re.gu.lar [ʁegul'ar] *vt* **1** régler. **2** diriger. **3** déterminer. **4** modérer. • *adj* régulier.

re.gu.la.ri.zar [ʁegulariz'ar] *vt* régulariser.

rei [ʁ'ej] *sm* roi.

rei.na.do [ʁejn'adu] *sm* **1** règne. **2** *fig* autorité, influence.

rei.nar [ʁejn'ar] *vt+vi* **1** régner. **2** *pop* batifoler, jouer, s'amuser.

re.in.ci.dir [ʁeĩsid'ir] *vi* récidiver.

rei.no [ʁ'ejnu] *sm* royaume.

re.i.te.rar [ʁejter'ar] *vt* réitérer, répéter, reproduire, renouveler.

rei.tor [ʁejt'or] *sm* **1** doyen, chef d'une université. **2** recteur, proviseur d'un lycée. **3** principal d'un collège. **4** curé d'une paroisse.

rei.to.ri.a [ʁejtor'iə] *sf* rectorat.

rei.vin.di.car [ʁejvĩdik'ar] *vt* revendiquer.

re.jei.ção [ʁeʒejs'ãw] *sf* rejet. *Pl: rejeições*.

re.jei.tar [ʁeʒejt'ar] *vt* **1** rejeter, rebuter. **2** jeter dehors, vomir.

re.ju.ve.nes.cer [ʁeʒuvenes'er] *vt+vi+vpr* rajeunir.

re.la.ção [ʁelas'ãw] *sf* **1** relation. **2** rapport. **3** liaison. *Pl: relações*. **com relação a** par rapport à. **relação sexual** rapports, relations. **relações diplomáticas** relations diplomatiques. **relações públicas** relations publiques.

re.la.ci.o.na.men.to [ʁelasjonam'ẽtu] *sm* rapports.

re.la.ci.o.nar [ʁelasjon'ar] *vt* **1** rapporter, dénombrer, mettre en rapport. **2** lier, identifier. *vpr* **3** se mettre en rapport, faire des connaissances.

re.lâm.pa.go [ʁel'ãpagu] *sm* éclair.

re.lam.pe.jar [ʁelãpeʒ'ar] *vi* tonner.

re.la.tar [ʁelat'ar] *vt* rapporter, relater, raconter.

re.la.tó.rio [ʁelat'ɔrju] *sm* rapport.

re.la.xa.men.to [ʁelaʃam'ẽtu] *sm* **1** relaxation, relâchement. **2** diminution d'ardeur, d'activité, de zèle. **3** dissolution, libertinage.

re.la.xar [ʁelaʃ'ar] *vt* **1** relâcher, distendre. **2** diminuer la tension. *vpr* **3** se relâcher.

re.les [ʁ'ɛlis] *adj* **1** ordinaire, grossier. **2** bas, vil.

re.le.vân.cia [ʁelev'ãsjə] *sf* importance, poids, avantage.

re.le.var [ʁelev'ar] *vt* **1** absoudre, pardonner, excuser. **2** donner plus de saillie à, augmenter l'effet. **3** alléger, décharger d'un fardeau. *vi* **4** être important, intéresser.

re.le.vo [ʁel'evu] *sm* relief.

re.li.gi.ão [ʁeliʒi'ãw] *sf* religion. *Pl: religiões*.

re.li.gi.o.so [ʁeliʒi'ozu] *sm adj* religieux.

re.lí.quia [ʁel'ikjə] *sf Rel* relique.

re.ló.gio [ʁel'ɔʒju] *sm* horloge. **relógio de pulso** montre, montre-bracelet ou bracelet-montre.

re.lo.jo.a.ri.a [ʁeloʒoar'iə] *sf* horlogerie.

re.lu.tân.cia [ʁelut'ãsjə] *sf* **1** résistance, répugnance. **2** opiniâtreté. **3** aversion.

re.lu.tan.te [ʁelut'ãti] *adj* résistant.

re.lu.zir [ʁeluz'ir] *vi* reluire, briller.

re.ma.dor [ʁemad'or] *sm* rameur.

re.ma.ne.ja.men.to [ʁemaneʒam'ẽtu] *sm* remaniement.

re.ma.ne.jar [ʁemaneʒ'ar] *vt* remanier, reclasser.

re.mar [ʁem'ar] *vt+vi* ramer.

re.me.di.ar [ʁemedi'ar] *vt* remédier, raccommoder.

re.mé.dio [ʁem'ɛdju] *sm* **1** remède, solution. **2** *Med* médicament.

re.men.dar [r̃emẽd'ar] *vt* rapiécer, raccommoder.

re.mes.sa [r̃em'ɛsɐ] *sf* envoi. **remessa de dinheiro** remise, envoi d'argent.

re.me.ten.te [r̃emet'ẽti] *s* envoyeur, expéditeur.

re.me.ter [r̃emet'er] *vt* 1 envoyer, renvoyer. *vpr* 2 s'en remettre, s'en rapporter à.

re.me.xer [r̃emeʃ'er] *vt* 1 remuer, agiter. *vpr* 2 se remuer, s'agiter, se trémousser.

re.mis.são [r̃emis'ãw] *sf* rémission, grâce. *Pl:* remissões.

re.mo [r̃'emu] *sm* rame, aviron.

re.mo.ção [r̃emos'ãw] *sf* déplacement, transport d'un lieu à un autre. *Pl:* remoções.

re.mo.çar [r̃emos'ar] *vt+vpr* rajeunir.

re.mo.i.nho [r̃emo'iɲu] *sm* 1 tourbillon de vent. 2 tournant d'eau, gouffre.

re.mor.so [r̃em'ɔrsu] *sm* remords.

re.mo.to [r̃em'ɔtu] *adj* reculé. **controle remoto** télécommande.

re.mo.ver [r̃emov'er] *vt* 1 mouvoir de nouveau. 2 déplacer. 3 transférer.

re.mu.ne.ra.ção [r̃emuneras'ãw] *sf* rémunération, rétribution, gratification. *Pl:* remunerações.

Re.nas.cen.ça [r̃enɐs'ẽsɐ] *sf Hist* La Renaissance.

re.nas.cer [r̃enɐs'er] *vi* renaître.

re.nas.ci.men.to [r̃enɐsim'ẽtu] *sm* 1 renaissance. 2 *fig* renouvellement. 3 *V Renascença*.

ren.da [r̃'ẽdɐ] *sf* 1 dentelle. 2 *Com* rente, revenu. **renda vitalícia** rente viagère.

ren.dei.ro [r̃ẽd'ejru] *sm+adj* dentellier.

ren.der [r̃ẽd'er] *vt* 1 rendre, produire. 2 soumettre, assujettir, subjuguer, vaincre. *vpr* 3 se rendre, se soumettre, céder. **render as armas** *Mil* rendre les armes. **render as sentinelas** relever les sentinelles.

ren.di.ção [r̃ẽdis'ãw] *sf* rachat, reddition. *Pl:* rendições.

ren.di.men.to [r̃ẽdim'ẽtu] *sm Com* revenu.

re.ne.gar [r̃eneg'ar] *vt* renier.

re.no.me [r̃en'omi] *sm* renom, réputation, célébrité, renommée.

re.no.va.ção [r̃enovɐs'ãw] *sf* renouvellement, rénovation. *Pl:* renovações.

re.no.var [r̃enov'ar] *vt* renouveller.

ren.ta.bi.li.da.de [r̃ẽtɐbilid'adi] *sf* rentabilité.

ren.te [r̃'ẽti] *adj* ras. **passar rente a** raser.

re.nún.cia [r̃en'ũsjɐ] *sf* renonciation, renoncement.

re.nun.ci.ar [r̃enũsi'ar] *vt+vi* 1 renoncer, délaisser, abandonner. *vt* 2 désavouer, renier.

re.pa.rar [r̃epar'ar] *vt* 1 réparer, refaire, restaurer, réformer. 2 rétablir (les forces). 3 dédommager. 4 s'apercevoir, regarder, faire attention.

re.pa.ro [r̃ep'aru] *sm* 1 réparation. 2 rétablissement. 3 remarque.

re.par.tir [r̃epart'ir] *vt* répartir, partager, distribuer.

re.pas.sar [r̃epɐs'ar] *vt* 1 repasser, passer de nouveau. 2 relire, examiner de nouveau.

re.pe.len.te [r̃epel'ẽti] *adj* 1 repoussant, dégoûtant. 2 odieux.

re.pe.lir [r̃epel'ir] *vt* repousser, rejeter, rebuter.

re.pen.te [r̃ep'ẽti] *sm* 1 mouvement, événement subit. 2 repartie, boutade. **de repente** soudain, tout à coup.

re.pen.ti.no [r̃epẽt'inu] *adj* soudain, brusque, subit.

re.per.cus.são [r̃eperkus'ãw] *sf* 1 répercussion. 2 contrecoup. *Pl:* repercussões.

re.per.cu.tir [r̃eperkut'ir] *vt+vi* répercuter.

re.per.tó.rio [r̃epertˊɔrju] *sm* répertoire.

re.pe.ti.ção [r̃epetisˊãw] *sf* répétition. *Pl*: *repetições*.

re.pe.tir [r̃epetˊir] *vt* **1** répéter, redire. **2** refaire. *vpr* **3** se répéter. **repetir na escola** échouer, être recallé.

re.pi.car [r̃epikˊar] *vt* **1** repiquer. **2** carillonner. *vi* **3** sonner le carillon.

re.ple.to [r̃eplˊɛtu] *adj* **1** replet, plein. **2** rempli, farci.

ré.pli.ca [r̃ˊɛplikə] *sf* réplique; répartie.

re.pli.car [r̃eplikˊar] *vt* **1** répliquer, répondre. *vi* **2** faire une réplique. **3** répondre.

re.po.lho [r̃epˊoλu] *sm Bot* chou cabus, chou pommé.

re.por [r̃epˊor] *vt* **1** remettre, replacer. **2** restituer.

re.por.tar-se [r̃eportˊarsi] *vpr* **1** se référer. **2** se contenir, se modérer.

re.po.si.ção [r̃epozisˊãw] *sf* **1** restitution. **2** remise. *Pl*: *reposições*.

re.pou.sar [r̃epowzˊar] *vt+vi* **1** reposer. **2** calmer. **3** se reposer. **4** être enterré.

re.pou.so [r̃epˊowzu] *sm* repos.

re.po.vo.ar [r̃epovoˊar] *vt* repeupler.

re.pre.en.der [r̃epreẽdˊer] *vt* réprimander.

re.pre.sa [r̃eprezə] *sf* écluse.

re.pre.sar [r̃eprezˊar] *vt* **1** retenir, arrêter l'eau courante. **2** *fig* réprimer, empêcher.

re.pre.sen.ta.ção [r̃eprezẽtasˊãw] *sf* représentation. *Pl*: *representações*. **dia de primeira representação** jour de première.

re.pre.sen.tar [r̃eprezẽtˊar] *vt+vi* représenter. **representar um papel** *Cin, Teat* jouer un rôle.

re.pres.são [r̃eprespˊãw] *sf* répression. *Pl*: *repressões*.

re.pres.sor [r̃eprespˊor] *sm* répressif.

re.pri.men.da [r̃eprimˊẽdə] *sf* réprimande.

re.pri.mir [r̃eprimˊir] *vt* réprimer.

re.pri.se [r̃eprˊizi] *sf Cin* reprise.

re.pro.du.ção [r̃eprodusˊãw] *sf* reproduction. *Pl*: *reproduções*.

re.pro.va.ção [r̃eprovasˊãw] *sf* **1** réprobation. **2** *fig* blâme très sévère, désaveu. *Pl*: *reprovações*.

re.pro.var [r̃eprovˊar] *vt* **1** réprouver. **2** désapprouver, condamner.

re.pú.bli.ca [r̃epˊublikə] *sf* république.

re.pu.di.ar [r̃epudiˊar] *vt* **1** répudier. **2** *fig* repousser, rejeter.

re.pug.nân.cia [r̃epugnˊãsjə] *sf* répugnance.

re.pug.nan.te [r̃epugnˊãti] *adj* **1** répugnant, dégoûtant. **2** contraire, opposé.

re.pug.nar [r̃epugnˊar] *vi* **1** répugner. **2** être plus ou moins opposé, contraire. *vt* **3** rebuter, dédaigner. **4** combattre.

re.pul.sa [r̃epˊuwsə] *sf* **1** refus. **2** rebut, démenti.

re.pul.são [r̃epuwsˊãw] *sf* **1** répulsion. **2** répugnance, aversion. *Pl*: *repulsões*.

re.pu.ta.ção [r̃eputasˊãw] *sf* réputation. *Pl*: *reputações*.

re.que.brar [r̃ekebrˊar] *vi* **1** tortiller. *vpr* **2** prendre de petits airs penchés.

re.quei.jão [r̃ekejʒˊãw] *sm* fromage à la crème. *Pl*: *requeijões*.

re.que.rer [r̃ekerˊer] *vt Jur* pétitionner, postuler, solliciter, présenter une requête.

re.que.ri.men.to [r̃ekerimˊẽtu] *sm* **1** pétition. **2** *Jur* requête.

re.quin.te [r̃ekˊĩti] *sm* raffinement.

re.qui.si.ção [r̃ekizisˊãw] *sf* réquisition. *Pl*: *requisições*.

re.qui.si.to [r̃ekizˊitu] *sm* condition, qualité requise pour une chose.

res.ci.são [r̃esizˊãw] *sf* rescision, résiliation, annulation. *Pl*: *rescisões*.

re.se.nha [r̃ezˊeñə] *sf* compte rendu.

re.ser.va [r̃ez'ɛrvə] *sf* **1** réserve, restriction. **2** réserve, discrétion, modestie. **reserva de caça** *Esp* réserve. **reserva de lugar** réservation de place.

re.ser.var [r̃ezerv'ar] *vt* **1** réserver, faire une réservation. **2** retenir quelque chose d'un tout.

re.ser.va.tó.rio [r̃ezervat'ɔrju] *sm* réservoir.

res.fri.a.do [r̃esfri'adu] *sm Med* rhume. • *adj* refroidi.

res.fri.ar [r̃esfri'ar] *vt+vi+vpr* refroidir.

res.ga.tar [r̃ezgat'ar] *vt* **1** racheter. **2** délivrer. **3** soustraire. **4** redimer.

res.ga.te [r̃ezg'ati] *sm* **1** rançon, rachat. **2** troc, échange.

res.guar.dar [r̃ezgwardar] *vt* **1** garder avec soin. **2** défendre, protéger. *vpr* **3** se garder, se tenir sur ses gardes.

re.si.dên.cia [r̃ezid'ẽsjə] *sf* **1** résidence, habitation, logement. **2** domicile.

re.si.dir [r̃ezid'ir] *vi* **1** habiter. **2** résider, demeurer.

re.sí.duo [r̃ez'idwu] *sm* résidu.

re.sig.nar-se [r̃ezigɲ'arsi] *vpr* se résigner, se conformer.

re.si.na [r̃ez'inə] *sf* résine.

re.sis.tên.cia [r̃ezist'ẽsjə] *sf* résistance.

re.sis.tir [r̃ezist'ir] *vt+vi* résister.

res.mun.gar [r̃ezmũg'ar] *vt+vi* marmonner, marmotter, murmurer.

re.sol.ver [r̃ezowv'er] *vt* **1** résoudre. *vpr* **2** se résoudre, se changer.

res.pei.ta.bi.li.da.de [r̃espejtabilid'adi] *sf* respectabilité.

res.pei.tar [r̃espejt'ar] *vt+vpr* respecter.

res.pei.tá.vel [r̃espejt'avew] *adj* respectable. *Pl: respeitáveis.*

res.pei.to [r̃esp'ejtu] *sm* **1** respect, vénération. **2** hommages. **a este respeito** à cet égard. **a respeito de** à propos de. **com todo o respeito** sauf le respect. **dar-se ao respeito** se faire respecter. **dizer respeito a** concerner, regarder.

res.pin.gar [r̃espĩg'ar] *vt+vi* éclabousser.

res.pi.ra.ção [r̃espiras'ãw] *sf* respiration, haleine, souffle. *Pl: respirações.*

res.pi.rar [r̃espir'ar] *vt+vi* respirer.

res.plan.de.cer [r̃esplãdes'er] *vi* resplendir, briller d'un vif éclat.

res.pon.der [r̃espõd'er] *vt+vi* répondre.

res.pon.sa.bi.li.zar [r̃espõsabiliz'ar] *vt* **1** rendre responsable. *vpr* **2** se reprocher, assumer. **3** se rendre responsable, prendre sous sa responsabilité.

res.pon.sá.vel [r̃espõs'avew] *s+adj* responsable. *Pl: responsáveis.*

res.pos.ta [r̃esp'ɔstə] *sf* réponse.

res.sal.tar [r̃esawt'ar] *vt* **1** relever, rehausser. *vi* **2** ressauter, sauter de nouveau. **3** rejaillir, rebondir.

res.sar.cir [r̃esars'ir] *vt* indemniser, dédommager.

res.se.car [r̃esek'ar] *vt* déssecher.

res.sen.ti.men.to [r̃esẽtim'ẽtu] *sm* ressentiment.

res.sen.tir-se [r̃esẽt'irsi] *vpr* se ressentir.

res.so.ar [r̃eso'ar] *vt* **1** résonner, faire retentir, sonner de nouveau. *vi* **2** résonner, renvoyer le son.

res.so.nân.cia [r̃eson'ãsjə] *sf* résonance, retentissement.

res.sur.gir [r̃esur3'ir] *vi* **1** ressusciter. **2** renaître. **3** se relever, se ranimer. **4** *fig* réapparaître.

res.sus.ci.tar [r̃esusit'ar] *vt+vi* ressusciter.

res.ta.be.le.cer [r̃estabeles'er] *vt* **1** rétablir. *vpr* **2** se rétablir, recouvrer la santé.

res.tar [r̃est'ar] *vi* **1** rester. **2** manquer.

res.tau.ran.te [r̃estawr'ãti] *sm* restaurant.

res.tau.rar [ʀestawrˈar] *vt* **1** restaurer, réparer, rétablir. **2** *fig* restaurer, rendre un nouvel éclat à. *vpr* **3** se restaurer. **4** se remettre d'une maladie.

res.ti.tu.ir [ʀestituˈir] *vt* restituer.

res.to [ʀˈɛstu] *sm* reste. **de resto** du reste, d'ailleurs, au surplus.

res.tri.ção [ʀestrisˈãw] *sf* restriction. *Pl*: *restrições*.

res.trin.gir [ʀestrĩʒˈir] *vt* **1** restreindre. *vpr* **2** se restreindre, se réduire.

re.sul.ta.do [ʀezuwtˈadu] *sm* résultat, conséquence, suite. **sem resultado** en pure perte.

re.sul.tar [ʀezuwtˈar] *vt* résulter, découler.

re.su.mir [ʀezumˈir] *vt* **1** résumer. **2** abréger. **3** restreindre. **4** limiter.

re.su.mo [ʀezˈumu] *sm* résumé. **em resumo** en résumé.

re.ta.lho [ʀetˈaʎu] *sm* **1** retaille. **2** coupon d'étoffe.

re.tar.da.do [ʀetardˈadu] *adj* arriéré, demeuré.

re.tar.dar [ʀetardˈar] *vt* retarder.

re.ter [ʀetˈer] *vt* retenir.

re.ti.cên.cia [ʀetisˈẽsjə] *sf* **1** réticence, omission volontaire d'une chose qu'on voudrait dire. **2 reticências** *pl* points de suspension.

re.ti.fi.car [ʀetifikˈar] *vt* rectifier.

re.ti.ra.da [ʀetirˈadə] *sf* retraite.

re.ti.rar [ʀetirˈar] *vt* **1** enlever, retirer, dépouiller, ôter. *vpr* **2** se retirer.

re.ti.ro [ʀetˈiru] *sm* retraite, lieu retiré, demeure solitaire.

re.to [ʀˈɛtu] *sm Anat* rectum. • *adj* droit. **ângulo reto** *Geom* angle droit.

re.to.car [ʀetokˈar] *vt* retoucher.

re.to.ma.da [ʀetomˈadə] *sf* reprise, redémarrage.

re.to.mar [ʀetomˈar] *vt* reprendre.

re.to.que [ʀetˈɔki] *sm* retouche.

re.tor.cer [ʀetorsˈer] *vt* **1** retordre. *vpr* **2** se tordre, se débattre.

re.tó.ri.ca [ʀetˈɔrikə] *sf* rhétorique.

re.tor.nar [ʀetornˈar] *vi* retourner, revenir.

re.tra.ir [ʀetraˈir] *vt* **1** rétracter. **2** *fig* cacher, dissimuler. *vpr* **3** se rétracter. **4** se retirer, se réfugier. **5** s'absenter, se concentrer.

re.tra.tar [ʀetratˈar] *vt* **1** faire le portrait de, photographier. **2** *fig* décrire, dépeindre.

re.tra.to [ʀetrˈatu] *sm* portrait.

re.tri.bu.ir [ʀetribuˈir] *vt* rétribuer.

re.tro.a.gir [ʀetroaʒˈir] *vt* rétroagir.

re.tro.ce.der [ʀetrosedˈer] *vi* **1** rebrousser chemin, revenir sur ses pas. **2** rétrograder. **3** *fig* reculer.

re.tro.ces.so [ʀetrosˈɛsu] *sm* rétrocession.

re.tros.pec.ti.va [ʀetrospektˈivə] *sf* rétrospective.

re.tro.vi.sor [ʀetrovizˈor] *sm* rétroviseur.

re.tru.car [ʀetrukˈar] *vt+vi* retorquer.

réu [ʀˈɛw] *sm* **1** accusé. **2** coupable. **3** criminel.

reu.ma.tis.mo [ʀewmatˈizmu] *sm Med* rhumatisme.

re.u.ni.ão [ʀewniˈãw] *sf* réunion, assemblage, groupement. *Pl*: *reuniões*.

re.u.nir [ʀewnˈir] *vt* **1** réunir, rassembler. *vpr* **2** se réunir.

re.van.che [ʀevˈãʃi] *sf* revanche.

re.ve.la.ção [ʀevelasˈãw] *sf* **1** révélation. **2** *Fot* développement. *Pl*: *revelações*.

re.ve.lar [ʀevelˈar] *vt* **1** révéler, dévoiler, divulguer. **2** *Fot* développer. *vpr* **3** se révéler.

re.ve.li.a [ʀevelˈiə] *sf* défaut de comparution aux termes de l'assignation.

re.ven.da [ʀevˈẽdə] *sf Com* revente.

re.ven.de.dor [ʀevẽdedˈor] *sm Com* revendeur.

re.ver [ʀevˈer] *vt* revoir. **rever provas de imprensa** corriger des épreuves.

re.ve.ren.do [r̃ever′ẽdu] *sm Rel* révérend.

re.ver.são [r̃evers′ãw] *sf* réversion. *Pl: reversões.*

re.ver.so [r̃ev′ɛrsu] *sm* revers.

re.ver.ter [r̃evert′er] *vt* tourner (au profit ou au préjudice de).

re.vés [r̃ev′ɛs] *sm* 1 revers. 2 coup de revers. 3 disgrâce.

re.ves.ti.men.to [r̃evestim′ẽtu] *sm* revêtement.

re.ves.tir [r̃evest′ir] *vt* revêtir.

re.ve.za.men.to [r̃evezam′ẽtu] *sm* 1 roulement. 2 alternance. **corrida de revezamento** course de relais.

re.ve.zar [r̃evez′ar] *vt* 1 relayer. 2 rouler.

re.vi.são [r̃eviz′ãw] *sf* révision. *Pl: revisões.*

re.vi.sor [r̃eviz′or] *sm* réviseur. **revisor de provas** correcteur.

re.vis.ta [r̃ev′istə] *sf* revue, magazine. **passar as tropas em revista** *Mil* passer les tropes en revue.

re.vis.tar [r̃evist′ar] *vt* 1 passer en revue. 2 inspecter.

re.vo.a.da [r̃evo′adə] *sf* 1 action de voler de nouveau. 2 retour d'un oiseau en volant.

re.vo.gar [r̃evog′ar] *vt* révoquer.

re.vol.ta [r̃ev′ɔwtə] *sf* 1 révolte, rébellion. 2 *fig* trouble moral.

re.vol.tar [r̃evowt′ar] *vt* 1 révolter. *vpr* 2 *fig* se révolter, s'indigner, s'irriter.

re.vo.lu.ção [r̃evolus′ãw] *sf* révolution. *Pl: revoluções.*

re.vo.lu.ci.o.ná.rio [r̃evolusjon′arju] *sm+adj* révolutionnaire.

re.vól.ver [r̃ev′ɔwver] *sm* révolver.

re.vol.ver [r̃evowv′er] *vt* 1 tourner. 2 remuer, agiter. *vpr* 3 se tourner. 4 s'agiter. 5 se troubler.

re.za [r̃′ɛzə] *sf* prière, oraison.

re.zar [r̃ez′ar] *vt+vi* prier. **rezar o terço** dire, réciter son chapelet. **rezar um padre-nosso, uma ave-maria** dire un Pater, un Ave.

ri.a.cho [r̃i′aʃu] *sm* ruisseau, petite rivière.

ri.ca.ço [r̃ik′asu] *sm* richard, très riche.

ri.ci.no [r̃′isinu] *sm* ricin.

ri.co [r̃′iku] *sm+adj* riche.

ri.dí.cu.lo [r̃id′ikulu] *sm+adj* ridicule, risible, déraisonnable.

ri.fa [r̃′ifə] *sf* espèce de loterie, tombola.

ri.far [r̃if′ar] *vt* mettre en loterie, tirer au sort.

ri.gi.dez [r̃iʒid′es] *sf* rigidité.

rí.gi.do [r̃′iʒidu] *adj* rigide.

ri.gor [r̃ig′or] *sm* 1 rigueur, dureté, âpreté. 2 *fig* severité.

ri.jo [r̃′iʒu] *adj* dur, ferme, raide.

rim [r̃′ĩ] *sm Anat* rein. **ter dores nos rins** avoir mal aux reins.

ri.ma [r̃′imə] *sf Poét* rime.

rí.mel [r̃′imew] *sm* masque, rimmel. *Pl: rímeis.*

rin.char [r̃iʃ′ar] *vi* hennir.

rin.gue [r̃′igi] *sm Esp* ring.

ri.o [r̃′iu] *sm* rivière, fleuve, cours d'eau. **rio abaixo** en aval. **rio acima** en amont.

ri.que.za [r̃ik′ezə] *sf* richesse.

rir [r̃′ir] *vi* rire. **quem ri por último ri melhor** rira bien qui rira le dernier, tel qui rit vendredi dimanche pleurera. **rir na cara de alguém** rire au nez, à la barbe de quelqu'un.

ri.sa.da [r̃iz′adə] *sf* éclat de rire. **dar risada** rire aux éclats.

ris.ca [r̃′iskə] *sf* raie, ligne, trait de plume. **à risca** exactement, littéralement. **riscas dos cabelos** raie.

ris.car [r̃isk′ar] *vt* rayer.

ris.co [r̃′isku] *sm* risque. **correr o risco ou pôr em risco** risquer.

ri.so [r̃′izu] *sm* rire.

ri.so.nho [r̃iz′oñu] *adj* riant, rieur.

rís.pi.do [r̄ˈispidu] *adj* rude, âpre, dur.
rit.mo [r̄ˈitmu] *sm Mús, Poét* rythme.
ri.to [r̄ˈitu] *sm Rel* rite.
ri.val [r̄ivˈaw] *s+adj* rival, concurrent. *Pl:* rivais.
ri.va.li.da.de [r̄ivalidˈadi] *sf* **1** rivalité. **2** compétition. **3** jalousie.
ri.xa [r̄ˈiʃɐ] *sf* rixe, querelle, bagarre.
ro.bô [r̄obˈo] *sm* robot.
ro.bus.to [r̄obˈustu] *adj* robuste.
ro.ça [r̄ˈɔsɐ] *sf* terrain défriché.
ro.çar [r̄osˈar] *vt* **1** défricher. **2** frotter légèrement, effleurer.
ro.cha [r̄ˈɔʃɐ] *sf* roc, roche, rocher.
ro.da [r̄ˈɔdɐ] *sf* **1** roue. **2** cercle. **3** tour. **4** contour. **5** ronde. **dança de roda** ronde.
ro.da.pé [r̄odapˈɛ] *sm* soubassement, lampris, plinthe. **nota de rodapé** note de bas de page.
ro.dar [r̄odˈar] *vt+vi* rouler, tourner.
ro.de.ar [r̄odeˈar] *vt* **1** entourer. *vi* **2** tourner autour.
ro.dei.o [r̄odˈeju] *sm* **1** tour, circuit. **2** faux-fuyant. **3** détour. **4** délai. **com rodeios** indirectement. **sem rodeio** sans détours. **usar de rodeios** tourner autour du pot.
ro.de.la [r̄odˈɛlɐ] *sf* tranche.
ro.do [r̄ˈɔdu] *sm* râteau sans dent.
ro.do.pi.ar [r̄odopiˈar] *vt* tournoyer, pivoter, virevolter.
ro.do.vi.a [r̄odovˈiɐ] *sf* route.
ro.e.dor [r̄oedˈor] *sm+adj Zool* rongeur.
ro.er [r̄oˈer] *vt* ronger.
ro.gar [r̄ogˈar] *vt* prier, supplier.
rol [r̄ˈɔw] *sm* liste, catalogue.
ro.la.men.to [r̄olamˈẽtu] *sm* roulement.
ro.lar [r̄olˈar] *vt+vi* rouler.
ro.le.ta [r̄olˈetɐ] *sf* roulette.
ro.lha [r̄ˈoʎɐ] *sf* bouchon.
ro.lo [r̄ˈolu] *sm* **1** rouleau. **2** *fam, bras* bagarre, confusion.

ro.man.ce [r̄omˈãsi] *sm* roman.
ro.ma.no [r̄omˈʌnu] *sm+adj* romain.
ro.man.tis.mo [r̄omãtˈizmu] *sm* romantisme.
ro.ma.ri.a [r̄omarˈiɐ] *sf* pèlerinage.
rom.bo [r̄ˈõbu] *sm* **1** grand trou, fissure. **2** percée.
ro.mei.ro [r̄omˈejru] *sm* pèlerin.
rom.per [r̄õpˈer] *vt* **1** rompre, casser, briser. **2** déchirer. *vpr* **3** se rompre.
rom.pi.men.to [r̄õpimˈẽtu] *sm* rupture.
ron.car [r̄õkˈar] *vi* ronfler.
ron.co [r̄ˈõku] *sm* ronflement.
ro.sa [r̄ˈɔzɐ] *sf Bot* rose. • *adj* rose.
ro.sá.cea [r̄ozˈasjɐ] *sf* rosace.
ro.sá.rio [r̄ozˈarju] *sm Rel* chapelet.
ros.ca [r̄ˈoskɐ] *sf* **1** chose entortillée en rond. **2** petit biscuit en couronne. **3** *Mec* vis.
ro.sei.ra [r̄ozˈejrɐ] *sf Bot* rosier.
ros.nar [r̄oznˈar] *vi* **1** grogner. **2** *fig* ronchonner, bougonner.
ros.to [r̄ˈostu] *sm* visage, face.
ro.ta [r̄ˈɔtɐ] *sf Aer, Náut* route.
ro.ta.ção [r̄otasˈãw] *sf* **1** rotation. *Pl: rotações.*
ro.tei.ro [r̄otˈejru] *sm* **1** guide. **2** *Cin* script d'un film.
ro.ti.na [r̄otˈinɐ] *sf* routine.
ro.tu.lar [r̄otulˈar] *vt* **1** étiqueter. **2** intituler.
ró.tu.lo [r̄ˈɔtulu] *sm* étiquette.
rou.bar [r̄owbˈar] *vt* voler, prendre, dérober.
rou.bo [r̄ˈowbu] *sm* vol.
rou.co [r̄ˈowku] *adj* **1** enroué. **2** rauque.
rou.pa [r̄ˈowpɐ] *sf* **1** vêtement, habillement. **2** linge. **roupa de cama** linge de lit. **roupa de mesa** linge de table. **trocar de roupa** se changer.
rou.pa.pa.bran.ca [r̄owpɐbrˈãkɐ] *sf* linge. *Pl:* roupas-brancas.
rou.pão [r̄owpˈãw] *sm* robe de chambre, peignoir. *Pl:* roupões.

rou.qui.dão [r̃owkid'ãw] *sf* enrouement. *Pl: rouquidões.*
rou.xi.nol [r̃owʃin'ɔw] *sm Zool* rossignol. *Pl: rouxinóis.*
ro.xo [r̃'oʃu] *sm* violet.
ru.a [r̃'uə] *sf* rue. **colocar no olho da rua** *fam* mettre à la porte. **rua de mão única** rue à sens unique. **rua de pedestres** rue piétonne. **rua sem saída** rue sans issue, impasse, cul-de-sac.
ru.bor [r̃ub'or] *sm* rougeur.
ru.bri.car [r̃ubrik'ar] *vt* parafer ou parapher.
ru.ga [r̃'ugə] *sf* ride.

ru.gi.do [r̃uʒ'idu] *sm* rugissement.
ru.gir [r̃uʒ'ir] *vi* rugir.
ru.go.si.da.de [r̃ugozid'adi] *sf* rugosité.
ru.í.do [r̃u'idu] *sm* bruit.
ru.im [r̃u'ĩ] *adj* 1 mauvais. 2 vilain. 3 méchant.
ru.í.na [r̃u'inə] *sf Arqueol* ruine.
rui.vo [r̃'ujvu] *sm+adj* roux.
rum [r̃'ũ] *sm* rhum. *Pl: runs.*
ru.mo [r̃'umu] *sm* voie, chemin.
ru.ral [r̃ur'aw] *adj* rural, campagnard, paysan. *Pl: rurais.*
rus.ga [r̃'uzgə] *sf* querelle, rixe, mésentente.

S

s [´ɛsi] *sm* la dix-neuvième lettre de l'alphabet de la langue portugaise.
sá.ba.do [s´abadu] *sm* samedi.
sa.bão [sab´ãw] *sm* **1** savon. **2** *fig* savon, réprimande. *Pl:* **sabões. passar um sabão em alguém** passer un savon à quelqu'un.
sa.ber [sab´er] *sm* savoir. • *vt+vi* savoir, connaître.
sa.bo.ne.te [sabon´eti] *sm* savonnette.
sa.bor [sab´or] *sm* **1** saveur, goût. **2** *fig* propriété, caractère. **ao sabor de** au goût de, au gré de. **dar sabor** assaisonner.
sa.car [sak´ar] *vt* **1** *Com* retirer. **2** *gír* piger.
sa.ca.ro.lhas [sakaʀ´oʎas] *sm sing+pl* tire-bouchon.
sa.cer.dó.cio [saserd´ɔsju] *sm Rel* sacerdoce.
sa.ci.ar [sasi´ar] *vt* **1** boire, manger à satiété. **2** désaltérer. *vpr* **3** se désaltérer. **saciar a sede** désaltérer.
sa.co [s´aku] *sm* **1** sac. **2** *vulg* couilles. **encher o saco** casser les couilles. **puxar o saco** lécher le cul.
sa.co.la [sak´ɔlɐ] *sf* **1** sacoche. **2** filet.
sa.cris.tão [sakrist´ãw] *sm Rel* sacristain. *Pl:* **sacristãos, sacristães.**
sa.cro [s´akru] *adj+sm* **1** saint, sacré. **2** *Anat* sacrum.
sa.cu.dir [sakud´ir] *vt+vpr* secouer. **sacudir o jugo** secouer le joug.

sa.di.o [sad´iu] *adj* sain. *uma comida sadia* / une nourriture saine.
sa.dis.mo [sad´izmu] *sm* sadisme.
sa.do.ma.so.quis.mo [sadomazok´izmu] *sm* sadomasochisme.
sa.fá.ri [saf´ari] *sm* safari.
sa.gaz [sag´as] *adj* sagace, rusé.
sa.gra.do [sagr´adu] *adj+sm* sacré, inviolable.
sa.guão [sag´wãw] *sm* hall, entrée. *Pl:* **saguões.**
sai.a [s´ajɐ] *sf* jupe.
sa.í.da [sa´idɐ] *sf* sortie. *é a hora da saída da escola* / c'est l'heure de la sortie de l'école. **saída de banho** sortie de bain. **saída de emergência** ou **de incêndio** sortie de secours. **sem saída (caminho, rua)** cul de sac.
sa.ir [sa´ir] *vi* sortir. **deixar sair** laisser sortir. **sair do sério** perdre la raison.
sal [s´aw] *sm* sel. *Pl:* **sais.**
sa.la [s´alɐ] *sf* **1** salle, salon. **2** *Teat* salon. **sala de espera** salle d'attente. **sala de estar** (ou **de visitas**) salle de séjour. **sala de jantar** salle à manger. **sala de operação** salle de chirurgie.
sa.la.me [sal´ʌmi] *sm* saucisson (de Lyon, d'Italie).
sa.lão [sal´ãw] *sm* **1** salon. **2** foire. *Pl:* **salões. salão de baile** salle de bal. **salão de beleza** institut de beauté, coiffeur. **salão de bilhar** billard.

sa.lá.rio [sal'arju] *sm* **1** salaire, paie, paiement, gain. **2** *fig* gages. **ganhar um salário** toucher un salaire.

sal.do [s'awdu] *sm Com* solde. **saldo credor** solde créditeur. **saldo devedor** solde débiteur.

sa.lei.ro [sal'ejru] *adj+sm* salière.

sal.ga.do [sawg'adu] *adj+sm* **1** salé. **2** *fig* salé. **o preço está salgado** c'est un prix salé.

sal.guei.ro [sawg'ejru] *sm Bot* saule.

sal.mão [sawm'ãw] *sm Zool* saumon. *Pl*: **salmões**. **uma fatia de salmão defumado** / une tranche de saumon fumé.

sal.sa [s'awsə] *sf Bot* persil.

sal.si.cha [saws'iʃə] *sf* saucisse.

sal.tar [sawt'ar] *vt* **1** sauter, enjamber, franchir. **2** gambader. *vi* **3** bondir. **saltar aos olhos** sauter aux yeux. **saltar de (um veículo)** descendre.

sal.to [s'awtu] *sm* **1** saut. **2** gambade, voltide, bond. **3** *Geogr* chute, saut. **salto de sapato** talon. **salto-mortal** saut périlleux.

sal.va.ção [sawvas'ãw] *sf* salut, félicité éternelle. *Pl*: **salvações**.

sal.var [sawv'ar] *vt* **1** sauver, tirer du péril. *vpr* **2** se sauver, s'échapper.

sal.va-vi.das [sawvəv'idas] *sm sing+pl* maître-nageur.

sa.na.tó.rio [sanat'ɔrju] *sm* maison de repos.

sân.da.lo [s'ãdalu] *sm Bot* sandal, santal.

san.du.í.che [sãdu'iʃi] *sm* sandwich.

san.fo.na [sãf'onə] *sf Mús* vielle.

san.gra.men.to [sãgrəm'ẽtu] *sf* hémorragie, saignement.

san.grar [sãgr'ar] *vt* **1** saigner. *vi* **2** saigner, perdre du sang.

san.gue [s'ãgi] *sm* sang. **em sangue** en sang. **sangue azul** sang bleu. **sangue-frio** sang-froid, impassibilité. **ter isso no sangue** avoir cela dans le sang.

transfusão de sangue transfusion de sang.

san.gues.su.ga [sãgis'ugə] *sf Zool* sangsue.

sa.ni.tá.rio [sanit'arju] *sm* toilette, water-closet, waters, WC. • *adj* sanitaire.

san.to [s'ãtu] *sm+adj* saint. **não saber para que santo rezar** ne savoir à quel saint se vouer. **pedir, rezar para seu santo** prêcher pour son saint. **santo do pau oco** sainte nitouche.

sa.pa.ta.ri.a [sapatar'iə] *sf* cordonnerie.

sa.pa.tei.ro [sapat'ejru] *sm* cordonnier.

sa.pa.to [sap'atu] *sm* chaussure. **tirar os sapatos** enlever les chaussures.

sa.po [s'apu] *sm Zool* crapaud. **engolir sapos** encaisser, avaler des couleuvres.

sa.que [s'aki] *sm* **1** traite. **2** *Com* retrait (argent). **3** *Mil* sac, pillage.

sa.que.ar [sake'ar] *vt* **1** saccager. **2** *Mil* piller.

sa.ram.po [sar'ãpu] *sm Med* rougeole.

sa.rar [sar'ar] *vt* guérir.

sar.da [s'ardə] *sf* **1** tache de rousseur. **2** **sardas** *pl* taches de rousseur.

sar.je.ta [sarʒ'etə] *sf* canal, conduit, caniveau.

sar.na [s'arnə] *sf Med* gale.

sa.tã [sat'ã] *sm Rel* satan.

sa.tis.fa.zer [satisfaz'er] *vt+vi* **1** satisfaire. *vpr* **2** se satisfaire, assouvir, exaucer.

sau.da.ção [sawdas'ãw] *sf* **1** salut, salutation. **2 saudações** *pl* salutations.

sau.da.de [sawd'adi] *sf* manque, regret. **saudade da terra natal** (ou **da pátria**) nostalgie, mal du pays.

sau.dar [sawd'ar] *vt* saluer.

sau.dá.vel [sawd'avew] *adj* salutaire, sain, salubre. *Pl*: **saudáveis**.

sa.ú.de [sa'udi] *sf* santé. • *interj* santé!

se [s'i] *pron pess* se. • *conj* si. **se bem que** encore que, bien que, si bien que.

sé [s´ɛ] *sf Rel* siège.
se.bo [s´ebu] *sm* **1** suif. **2** sébum. **3** librairie qui vend de vieux livres.
se.bor.rei.a [seboř´eju] *sf Med* séborrhée.
se.ca [s´ekɐ] *sf* sécheresse, sècheresse.
se.ção [ses´ãw] *sf* **1** section. **2** division. **3** rayon d'un magasin. *Pl:* seções. *Var:* secção. **seção eleitoral** section.
se.car [sek´ar] *vt+vi* **1** sécher, étancher. *vpr* **2** se sécher.
se.co [s´eku] *adj* sec.
se.cre.ta.ri.a [sekretar´iɐ] *sf* secrétariat.
se.cre.to [sekr´ɛtu] *adj* secret, impénétrable, intime.
sé.cu.lo [s´ɛkulu] *sm* siècle.
se.cun.dá.rio [sekũd´arju] *adj+sm* secondaire, accessoire.
se.da [s´edɐ] *sf* soie.
se.de[1] [s´edi] *sf* siège.
se.de[2] [s´edi] *sf* **1** soif. **2** *fig* désir. **estar com sede** avoir soif. **matar a sede** étancher la soif. **matar, saciar a (própria) sede** se désaltérer. **sentir sede** avoir soif. **ter sede** avoir soif.
se.di.men.tar [sedimẽt´ar] *vi* sédimenter. • *adj* sédimentaire.
se.di.men.to [sedim´ẽtu] *sm* sédiment, couche, dépôt.
se.du.ção [sedus´ãw] *sf* **1** séduction, attirance, fascination. **2** *fig* ensorcellement. *Pl:* seduções.
se.du.tor [sedut´or] *sm+adj* séducteur, séduisant, attrayant, charmeur, irrésistible.
se.du.zir [seduz´ir] *vt* séduire, corrompre, suborner, éblouir, ensorceler, entraîner, fasciner.
se.gre.do [segr´edu] *sm* secret. **em segredo** en secret. **guardar (ou manter) segredo** garder un secret.
se.guir [seg´ir] *vt* **1** suivre, marcher après quelqu'un, talonner, espionner. **2** continuer, poursuivre. **3** *fig* suivre l'exemple, les traces de quelqu'un. *vpr* **4** se suivre, être suivi, se succéder.
se.gun.da-fei.ra [segũdɐf´ejrɐ] *sf* lundi. **às segundas-feiras** le lundi. *Pl:* segundas-feiras.
se.gun.do [seg´ũdu] *sm+num* seconde. • *prep+conj* suivant, d'après. **em segundo lugar** en second lieu. **segunda via** la copie.
se.gu.ran.ça [segur´ãsɐ] *sf* **1** sûreté, certitude, fermeté. **2** assurance, confiance.
se.gu.rar [segur´ar] *vt* **1** tenir, saisir, assurer. *vpr* **2** s'assurer, s'affermir.
se.gu.ro [seg´uru] *sm Com* assurance. • *adj* sûr, certain, infaillible. **não é seguro** assurer. **seguro de vida** assurance sur la vie.
sei.o [s´eju] *sm* **1** *Anat* sein, gorge. **2** *fig* sein, milieu. **3** *fig, Lit* giron.
sei.ta [s´ejtɐ] *sf* secte.
sei.va [s´ejvɐ] *sf Bot* sève, suc.
se.lar [sel´ar] *vt* **1** seller, sceller, fermer. **2** *fig* sceller, assurer, sanctionner (un pacte etc.), affranchir (lettre).
se.lo [s´elu] *sm* sceau, cachet, timbre.
sel.va [s´ɛwvɐ] *sf* forêt, bois.
sel.va.gem [sewv´aʒẽj] *s* **1** sauvage, brute, farouche, implacable, rustique. **3** *fig* désert, inculte. • *adj* **1** sauvage, rustre, ignorant. **gritos selvagens** / des cris sauvages. **2** *fig* grossier, ignorant. *Pl:* selvagens.
sem [s´ẽj] *prep* sans.
se.má.fo.ro [sem´aforu] *sm* feu, feu tricolore, feu rouge.
se.ma.na [sem´ʌnɐ] *sf* semaine. **Semana Santa** Semaine Sainte.
sem.blan.te [sẽbl´ãti] *sm* physionomie, air, mine.
se.me.lhan.ça [semeʎ´ãsɐ] *sf* ressemblance, conformité. **à semelhança de** à l'imitation de, conformément.

se.me.lhan.te [semeλ´ãti] *s* semblable. • *adj* semblable, pareil. *gostos parecidos* / des goûts semblables. • *pron* semblable, tel.

sê.men [s´emẽj] *sm Fisiol* semence, sperme. *Pl: semens, sêmenes.*

se.men.te [sem´ẽti] *sf Bot* semence, grain.

se.mes.tral [semestr´aw] *adj* semestriel. *boletim semestral* / bulletin semestriel. *Pl: semestrais.*

se.mi.ná.rio [semin´arju] *sm* séminaire.

se.mi.ta [sem´ita] *s+adj* sémite. **antissemita** anti-sémite.

sem.pre [s´ɛpri] *adv+conj+sm* toujours, à jamais, éternellement.

sem-ver.go.nha [sẽjverg´oɲɐ] *s sing+pl* dévergondé, sans vergogne. • *adj sing+pl* 1 débauché, libertin. 2 *pop* effronté.

se.não [sen´ãw] *conj+prep+sm* sinon, autrement, hormis. *Pl: senões.*

se.nha [s´eɲɐ] *sf* indice, mot de passe, signal.

se.nhor [seɲ´or] *sm* monsieur, seigneur, monseigneur. **ao senhor** au maître, au seigneur. **Nosso Senhor** Notre Seigneur, Le Seigneur (Jésus-Christ). **senhor idoso** monsieur âgé.

se.nho.ra [seɲ´ɔrɐ] *sf* 1 maîtresse, femme, épouse. 2 madame. **Nossa Senhora** Notre-Dame, la Sainte Vierge. **senhora idosa** femme âgée.

se.nho.ri.ta [seɲor´itɐ] *sf* 1 demoiselle, mademoiselle. 2 *Poét* petite dame.

se.nil [sen´iw] *adj* sénile. *Pl: senis.* **tremor senil** tremblement sénile.

sen.sa.tez [sẽsat´es] *sf* bon sens, sagesse, prudence.

sen.sa.to [sẽs´atu] *adj* sensé, sage.

sen.so [s´ẽsu] *sm* sens. **bom senso** bon sens, jugement. **o senso comum** le sens commun. **ter o senso de** avoir le sens de.

sen.su.al [sẽsu´aw] *adj* sensuel, charnel. *Pl: sensuais.* **sorriso sensual** sourire sensuel.

sen.su.a.li.da.de [sẽswalid´adi] *sf* 1 sensualité. 2 lubricité, lascivité, volupté.

sen.tar [sẽt´ar] *vt+vpr* asseoir. **sentar** ou **sentar-se à mesa** se mettre à table (pour manger). **sentem-se!** asseyez-vous!

sen.ten.ça [sẽt´ẽsɐ] *sf* 1 sentence. 2 *Jur* sentence, verdict, maxime.

sen.ti.men.to [sẽtim´ẽtu] *sm* sentiment, impression.

sen.ti.ne.la [sẽtin´ɛlɐ] *s* 1 *Mil* sentinelle. 2 veilleur. 3 *fig* sentinelle, ce qui garde.

se.pa.rar [separ´ar] *vt* 1 séparer, disjoindre, mettre à part, écarter. *vpr* 2 se séparer, s'éloigner.

se.pul.tar [sepuwt´ar] *vt* enterrer, inhumer.

se.ques.tra.dor [sekwestrad´or] *sm* kidnappeur.

se.ques.trar [sekwestr´ar] *vt* séquestrer, détenir, garder.

se.ques.tro [sek´wɛstru] *sm* kidnapping, kidnappage, rapt.

ser [s´er] *sm* être, existence. • *vaux+vt* être. **ser vivo** être vivant.

se.rão [ser´ãw] *sm* veillée, soirée. *Pl: serões.* **fazer serão** faire la veillée.

se.rei.a [ser´ejɐ] *sf Mitol* sirène.

se.re.na.ta [seren´atɐ] *sf* sérénade. **fazer uma serenata** donner une sérénade.

se.re.no [ser´enu] *sm+adj* serein, calme.

sé.rie [s´ɛrji] *sf* 1 série, suite. 2 succession. 3 gamme. 4 *Lit* série.

se.ri.e.da.de [serjed´adi] *sf* sérieux. *ele precisa de mais seriedade no trabalho* / il manque de sérieux dans son travail.

se.rin.ga [ser´ĩgɐ] *sf Med* seringue.

sé.rio [s´ɛrju] *adj+sm+adv* 1 sérieux, fiable, grave. 2 posé, raisonnable, réfléchi. **levar a sério** prendre au sérieux.

ser.pen.te [serp´ēti] *sf Med* **1** serpent. **2** couleuvre. **3** *fig* vipère.

ser.ro.te [seῖ´ɔti] *sm* égoïne, scie à main.

ser.ven.te [serv´ēti] *s* servant, manœuvre. **servente de pedreiro** aide-maçon.

ser.vi.ço [serv´isu] *sm* service. **escada de serviço** escalier de service. **serviço de mesa** service de table.

ser.vi.dão [servid´ãw] *sf* servitude, captivité, infériorité, esclavage. *Pl: servidões*.

ser.vi.dor [servid´or] *adj+sm* serviteur. *um fiel servidor* / un fidèle serviteur.

ser.vil [serv´iw] *adj* **1** servile. **2** *fig* rampant. *Pl: servis*.

sér.vio [s´ɛrvju] *adj+sm* serbe.

ser.vir [serv´ir] *vi+vt+vpr* **1** servir. *vi+vt* **2** servir (l'armée), desservir. **servir bebidas** servir des boissons. **servir um cliente** servir un client.

ser.vo-cro.a.ta [sɛrvukro´atə] *adj+sm* serbo-croate. *Pl: servo-croatas*.

ses.são [ses´ãw] *sf* session, séance. *Pl: sessões*.

ses.ta [s´ɛstə] *sf* sieste. **fazer uma sesta** faire une sieste.

se.ta [s´etə] *sf* flèche. **dar sinal de seta** mettre le clignotant. **seta luminosa** trait, aiguillon.

se.tem.bro [set´ēbru] *sm* septembre.

se.tor [set´or] *sm* **1** département, champ. **2** *fig* secteur.

seu [s´ew] *pron poss* **1** son, à lui. **2 seus** *pl* ses, à lui.

se.ve.ro [sev´eru] *adj* **1** sévère, rigide, rigoureux. *ele é muito severo* / il est trop sévère. **2** *fig* sévère, austère. **3** *Lit, Bel-art* sévère, simple et correct, sobre, élégant.

se.xo [s´ɛksu] *sm* **1** sexe. **2** *coloq* bagatelle.

sex.ta-fei.ra [sestəf´ejrə] *sf* vendredi. *Pl: sextas-feiras*. **às sextas** le vendredi.

se.xu.al [seksu´aw] *adj* sexuel. *o ato sexual* / l'acte sexuel. *o instinto sexual* / l'instinct sexuel. *Pl: sexuais*.

se.xu.a.li.da.de [seksswalid´adi] *sf* sexualité.

si [s´i] *sm Mús* si. • *pron sing+pl* soi (se). **si mesmo** soi-même.

si.de.rúr.gi.co [sider´urʒiku] *adj* sidérurgique.

si.dra [s´idrə] *sf* cidre.

sí.fi.lis [s´ifilis] *sf sing+pl Med* syphilis.

si.gi.lo [siʒ´ilu] *sm* secret. **o sigilo da confissão** le sceau de la confession.

sig.ni.fi.car [signifik´ar] *vt* signifier, dénoter.

sig.no [s´ignu] *sm* signe.

sí.la.ba [s´ilabə] *sf Gram* syllabe.

si.lên.cio [sil´ēsju] *sm* silence. *uma conversa entremeada de silêncios* / une conversation coupée de silences. **a lei do silêncio** la loi du silence. **em silêncio** silencieusement. **silêncio!** silence! **um silêncio mortal** un silence de mort, mortel.

si.lhu.e.ta [siλu´etə] *sf* silhouette, dessin.

sil.ves.tre [siwv´ɛstri] *adj* **1** sylvestre. **2** *Lit* sylvestre, rustre, champêtre.

sim [s´ĩ] *sm* oui, si. • *adv* volontiers.

sím.bo.lo [s´ībulu] *sm* **1** symbole, figure, image, emblème, insigne. **2** *Quím* symbole.

si.me.tri.a [simetr´iə] *sf* symétrie, harmonie.

si.mi.lar [simil´ar] *sm+adj* similaire, analogue, équivalent.

si.mi.la.ri.da.de [similarid´adi] *sf* similarité.

sim.pa.ti.a [sĩpat´iə] *sf* **1** sympathie. **2** *fig* amitié.

sim.pá.ti.co [sĩp´atiku] *adj+sm* sympathique, agréable.

sim.ples [s´ĩplis] *adj+s+adv* simple, facile, aisé, élémentaire.

si.mul.tâ.neo [simuwt´ʌnju] *adj* simultané.

si.na.go.ga [sinag´ɔgə] *sf Rel* sinagogue.

si.nal [sin´aw] *sm* **1** signe, marque, indice, trace, vestige. **2** *fig* symptôme, trait. **3** *Mat* signe. *Pl: sinais.* **avançar o sinal** brûler le feu.

sin.ce.ri.da.de [sĩserid´adi] *sf* sincérité, franchise, loyauté, bonne foi.

sin.ce.ro [sĩs´eru] *adj* **1** sincère, franc, loyal. *eu acho que ele é sincero* / je le crois sincère. **2** véritable.

sín.co.pe [s´ĩkopi] *sf* syncope, étourdissement.

sin.di.ca.to [sĩdik´atu] *sm* syndicat. **sindicato dos operários** syndicat des ouvriers. **sindicato patronal** syndicat patronal.

sín.di.co [s´ĩdiku] *sm* syndic, mandataire.

sin.fo.ni.a [sĩfon´iə] *sf Mús* symphonie.

sin.ge.lo [sĩʒ´elu] *adj* **1** simple. **2** *Bot* simple.

sin.gu.lar [sĩgul´ar] *sm Gram* singulier. • *adj* **1** *Gram* singulier. **2** unique, particulier. **3** excentrique.

si.no [s´inu] *sm* cloche.

si.nop.se [sin´ɔpsi] *sf* synopsis.

sin.tá.ti.co [sĩt´atiku] *adj Gram* syntaxique.

sin.ta.xe [sĩt´asi] *sf Gram* syntaxe.

sín.te.se [s´ĩtezi] *sf* synthèse. **um produto de síntese** un produit de synthèse.

sin.to.ma [sĩt´omə] *sm* **1** *Med* symptôme. **2** *fig* indice, présage.

si.nu.ca [sin´ukə] *sf* billard.

si.re.ne [sir´eni] *sf* sirène. *Var: sirena.*

sis.te.ma [sist´emə] *sm* **1** système, mécanisme, méthode. **2** *Inform* système. **3** *fig* organisme.

si.ti.ar [siti´ar] *vt* assiéger.

si.tu.a.ção [sitwas´ãw] *sf* **1** situation, position, emplacement. **2** *fig* moment, cadre. *Pl: situações.* **situação cômica** situation comique. **situação financeira** situation financière.

só [s´ɔ] *adj* seul, solitaire. • *adv* seul. • *sm* seul. **só ela** uniquement, seulement elle.

so.ar [so´ar] *vi+vt* sonner, rendre un son, prendre un certain son. *esta palavra soa bem ao ouvido* / ce mot sonne bien à l'oreille. **fazer soar bem alto** proclamer, vanter. **soaram dez horas** dix heures ont sonné. **soar bem** plaire, convenir.

sob [s´ob] *prep* sous.

so.be.ra.ni.a [soberan´iə] *sf* souveraineté, autorité suprême.

so.be.ra.no [sober´ʌnu] *sm+adj* souverain, impérieux, fier.

so.bra [s´ɔbrə] *sf* **1** excès, surabondance. **2 sobras** *pl* restes. **de sobra** de trop.

so.bran.ce.lha [sobrãs´eʎə] *sf Anat* sourcil. **fazer a sobrancelha** épiler les sourcils.

so.bre [s´obri] *prep* sur, dessus, au-dessus. **sobre isso, isto** quant à cela, de plus.

so.bre.car.re.gar [sobrekařeg´ar] *vt* **1** surcharger. **2** *fig* accabler.

so.bre.na.tu.ral [sobrenatur´aw] *sm* surnaturel. • *adj* **1** surnaturel. **2** *fig* extraordinaire. *Pl: sobrenaturais.*

so.bre.no.me [sobren´omi] *sm* nom, nom de famille. *qual é o seu sobrenome?* / quel est votre nom?

so.bre.vi.ver [sobreviv´er] *vi+vt* survivre.

so.bri.nha [sobr´iɲə] *sf* nièce.

so.bri.nho [sobr´iɲu] *sm* neveu.

só.brio [s´ɔbrju] *adj* sobre.

so.ci.al [sosi´aw] *adj* social. *Pl: sociais.* **assistência social** assistance sociale. **assistente social** assistante sociale. **classes sociais** classes sociales. **problemas sociais** problèmes sociaux. **questão social** question sociale. **trabalhadores sociais** travailleurs sociaux.

so.ci.á.vel [sosi′avew] *adj* sociable. Pl: *sociáveis*.

so.ci.e.da.de [sosjed′adi] *sf* **1** société. **2** entourage. **alta sociedade** haute société. **jogos de sociedade** jeux de salon, jeux de société. **sociedade anônima** société anonyme. **sociedade comercial** société commerciale. **sociedade secreta** société secrète.

só.cio [s′ɔsju] *sm* associé.

so.co [s′oku] *sm* coup de poing.

so.cor.rer [sokoʀ′er] *vt* secourir, assister, aider.

so.cor.ro [sok′oʀu] *sm+interj* secours, aide. **primeiros socorros** premiers secours. **socorro!** au secours!, à l'aide!

so.da [s′ɔdə] *sf* **1** *Quím* soude. **2** soda (bebida). **soda cáustica** soude caustique.

so.fá [sof′a] *sm* canapé, sofa.

so.frer [sofr′er] *vt* **1** souffrir, supporter, subir (maladie), endurer. *vi* **2** souffrir, supporter un mal.

so.fri.men.to [sofrim′ẽtu] *sm* souffrance, peine, épreuve, infortune.

so.gra [s′ɔgrə] *sf* belle-mère.

so.gro [s′ogru] *sm* beau-père.

Sol [s′ɔw] *sm* **1** *Astron* Soleil. **2** *Mús* sol.

so.la [s′ɔlə] *sf* semelle.

so.la.van.co [solav′ãku] *sm* secousse, cahot.

sol.da [s′owdə] *sf* soudure.

sol.da.do [sowd′adu] *sm* *Mil* soldat, militaire. **soldado de chumbo** soldat de plomb. **soldado desconhecido** soldat inconnu.

so.lei.ra [sol′ejrə] *sf* seuil.

so.le.ne [sol′eni] *adj* solennel, pompeux, grave, hiératique.

so.le.trar [soletr′ar] *vt* épeler.

so.li.dão [solid′ãw] *sf* solitude, isolément. Pl: *solidões*. **solidão a dois** solitude à deux.

só.li.do [s′ɔlidu] *sm* *Fís, Geom* solide. • *adj* solide, robuste, fort, durable, ferme, inébranlable.

so.li.tá.rio [solit′arju] *sm* **1** seul. **2** diamant monté seul. • *adj* **1** solitaire, isolé. **2** *Poét* moine, ermite.

so.lo [s′ɔlu] *sm* sol, terre, terrain.

sol.tar [sowt′ar] *vt* **1** libérer, relaxer, lâcher. *vpr* **2** se délivrer, s'échapper.

sol.tei.ro [sowt′ejru] *sm+adj* célibataire.

sol.tei.ro.na [sowtejr′onə] *sf+adj* vieille fille.

so.lu.çar [solus′ar] *vi+vt* sangloter (de douleur), hoqueter, avoir le hoquet.

so.lú.vel [sol′uvew] *adj* *Quím* soluble. Pl: *solúveis*. **café solúvel** café soluble.

som [s′õw] *sm* son. **falar em alto e bom som** parler fort et clairement.

so.ma [s′omə] *sf* **1** somme. **2** *Mat* addition. **3** *Com* montant, total. *sm* **4** somme.

so.mar [som′ar] *vt* *Math* additionner.

som.bri.nha [sõbr′iɲə] *sf dim* **1** petite ombre. **2** *Bras* ombrelle.

so.men.te [sɔm′ẽti] *adv* seulement, seul, exclusivement.

so.nâm.bu.lo [son′ãbulu] *sm* *Med* somnambule.

son.dar [sõd′ar] *vt* **1** sonder. **2** *Med, Mec* examiner, sonder. **sondar uma pessoa** chercher à connaître la pensée de quelqu'un.

so.ne.ca [son′ɛkə] *sf dim pop* petit somme. **tirar uma soneca** faire un petit somme.

so.ne.gar [soneg′ar] *vt* cacher, réceler, soustraire.

so.ne.to [son′etu] *sm* *Lit* sonnet.

so.nha.dor [soɲad′or] *sm+adj* rêveur, songeur.

so.nhar [soɲ′ar] *vt* **1** rêver, songer. *vi* **2** rêver de quelqu'un, planer. **sonhar acordado** rêver les yeux ouverts, planer, rêver de quelqu'un.

so.nho [s'oñu] *sm* rêve, hallucination, imagination, vision, fantaisie.

so.no [s'onu] *sm* sommeil. **estar com sono** avoir sommeil. **ter sono leve** avoir le sommeil léger. **ter um sono profundo** dormir d'un sommeil profond, d'un sommeil de plomb.

so.pa [s'ɔpə] *sf* soupe, potage.

so.prar [sopr'ar] *vt* 1 souffler. 2 *fig* dénoncer, raconter.

so.pro [s'opru] *sm* 1 souffle. 2 *fig* inspiration, influence.

sór.di.do [s'ɔrdidu] *adj* sordide, immonde. *um crime sórdido* / un crime sordide.

so.ro [s'oru] *sm Fisiol, Med* sérum.

sor.ri.den.te [soʀid'ẽti] *adj* souriant. *ela está sempre sorridente* / elle est toujours souriante.

sor.rir [soʀ'ir] *vi* sourire.

sor.ri.so [soʀ'izu] *sm* sourire.

sor.te [s'ɔrti] *sf* sort, destin, veine, fortune, providence, hasard. **boa sorte!** bonne chance! **má sorte** malchance. **sorte tua!** quelle veine!

sor.tei.o [sort'eju] *sm* tirage au sort.

sor.ve.te [sorv'eti] *sm* glace, sorbet, esquimau. *um sorvete de creme* / une glace à la crème.

só.sia [s'ɔzjə] *s* sosie.

sos.se.gar [soseg'ar] *vt* 1 tranquilliser, calmer. *vi* 2 reposer, dormir. *vpr* 3 se calmer, se rassurer.

sos.se.go [sos'egu] *sm* calme, tranquillité.

só.tão [s'ɔtãw] *sm* grenier, galetas. *Pl: sótãos.*

so.ta.que [sot'aki] *sm* accent. **ter um sotaque** avoir un accent.

so.va [s'ɔvə] *sf fam* volée de coups, raclée.

so.vi.na [sov'inə] *sm+adj* ladre, avare, chiche.

so.zi.nho [sɔz'iñu] *adj* seul, tout seul, solitaire. **agir sozinho** faire cavalier seul. **estar sozinho** être seul. **ser sozinho** être seul.

su.a [s'uə] *pron* 1 sa, à elle. 2 **suas** *pl* ses, à elle.

su.ar [su'ar] *vt* 1 transpirer. *vi* 2 suer.

su.bal.ter.no [subawt'ɛrnu] *sm+adj* subalterne, subordonné.

sub.di.vi.dir [subdivid'ir] *vt+vpr* subdiviser.

su.ben.ten.der [subẽtẽd'er] *vt* sous-entendre.

su.bes.ti.mar [subestim'ar] *vt* sous-estimer.

su.bi.da [sub'idə] *sf* montée, ascension.

su.bir [sub'ir] *vt* 1 monter, s'élever (température). 2 gravir. 3 grimper. *vi* 4 s'élever, croître, monter.

sú.bi.to [s'ubitu] *adv* soudain, subitement, tout à coup, imprévu.

sub.je.ti.vi.da.de [subʒetivid'adʒi] *sf* subjectivité.

su.bli.nhar [subliñ'ar] *vt* souligner.

sub.ma.ri.no [submar'inu] *sm+adj Náut* sous-marin.

sub.mer.gir [submerʒ'ir] *vt+vi* 1 submerger, inonder. 2 *fig* étouffer, emporter.

sub.me.ter [submet'er] *vt* 1 soumettre, assujettir, dompter. *vpr* 2 se soumettre, s'assujettir, s'humilier.

sub.mis.são [submis'ãw] *sf* 1 soumission, assujettissement. *uma submissão cega* / une soumission aveugle. 2 *fig* obéissance. *Pl: submissões.*

su.bor.di.nar [subordin'ar] *vt+vpr* subordonner.

su.bor.no [sub'ornu] *sm* corruption.

subs.cre.ver [subskrev'er] *vt* sous-crire.

sub.se.quen.te [subsek'wẽti] *adj* subséquent.

sub.sí.dio [subs'idju] *sm* 1 *Econ* subside. 2 *fig* aide, secours.

sub.sis.tên.cia [subzist'ẽsjə] *sf* subsistance. **para sua subsistência** pour votre

sub.so.lo [subs´ɔlu] *sm* sous-sol.
subs.tan.ci.al [substãsi´aw] *adj+sm* substantiel. *benefícios substanciais* / des bénéfices substantiels. Pl: *substanciais*.
subs.ti.tu.ir [substitu´ir] *vt+vpr* substituer, remplacer. *meu médico teve um substituto durante suas férias* / mon médecin a eu un remplaçant pendant les vacances.
subs.ti.tu.to [substit´utu] *sm* remplaçant.
sub.tra.ção [subtras´ãw] *sf* soustraction. Pl: *subtrações*.
sub.tra.ir [subtra´ir] *vt* 1 soustraire. 2 voler.
su.bur.ba.no [suburb´ʌnu] *adj* suburbain.
su.búr.bio [sub´urbju] *sm* faubourg, banlieue.
sub.ver.são [subvers´ãw] *sf* 1 subversion. 2 *fig* corruption morale. Pl: *subversões*.
sub.ver.ter [subvert´er] *vt* subvertir, renverser, bouleverser.
su.ce.der [sused´er] *vi+vt* 1 succéder, advenir, arriver. *vpr* 2 se succéder.
su.ces.so [sus´ɛsu] *sm* 1 succès, réussite. 2 *fig* victoire. **não ter sucesso** échouer.
su.ces.sor [suses´or] *sm* successeur.
su.co [s´uku] *sm* suc, jus. **suco de frutas** jus de fruits. **suco gástrico** suc gastrique.
su.cum.bir [sukũb´ir] *vi* 1 succomber. 2 *fig* périr, tomber dans l'impuissance.
su.des.te [sud´ɛsti] *sm* sud-est.
sú.di.to [s´uditu] *sm* sujet, vassal.
su.do.es.te [sudo´ɛsti] *sm* sud-ouest.
su.e.co [su´ɛku] *adj+sm* suédois.
su.fi.ci.en.te [sufisi´ẽti] *sm* suffisant, assez bien (note). • *adj* suffisant, qui suffit, assez.
su.flê [sufl´e] *sm* soufflé.

su.fo.car [sufok´ar] *vt+vi+vpr* suffoquer, étouffer.
su.ge.rir [suʒer´ir] *vt* 1 suggérer, recommander. 2 insinuer.
su.ges.tão [suʒest´ãw] *sf* suggestion, conseil. Pl: *sugestões*.
su.i.cí.dio [sujs´idju] *sm* suicide. *uma tentativa de suicídio* / une tentative de suicide.
su.í.ço [su´isu] *adj+sm* suisse, helvétique.
su.í.no [su´inu] *sm+adj* de porc, de cochon.
su.jar [suʒ´ar] *vt* salir, souiller, barbouiller.
su.jei.ção [suʒejs´ãw] *sf* sujétion, assujettissement. Pl: *sujeições*.
su.jei.ra [suʒ´ejrɐ] *sf* 1 saleté, crasse, immondice, impureté. 2 *fig* malsain, malpropre. 3 *coloq* saloperie.
su.jei.to [suʒ´ejtu] *sm* sujet, individu. 2 *Gram* sujet.
su.jo [s´uʒu] *adj* 1 sale, malpropre. 2 *fam* malhonnête, obscène. 3 *Rel* immonde.
sul [s´uw] *sm Geogr* sud.
su.má.rio [sum´arju] *sm* sommaire, abrégé, extrait, résumé. • *adj* sommaire, bref, succint.
sun.tu.o.si.da.de [sũtuozid´adi] *sf* somptuosité.
su.or [su´ɔr] *sm* sueur.
su.pe.rar [super´ar] *vt* vaincre, subjuguer, surmonter (les difficultés).
su.pe.ri.or [superi´or] *sm+adj compar* supérieur.
su.per.mer.ca.do [supermerk´adu] *sm* supermarché.
su.pers.ti.ção [superstis´ãw] *sf* superstition. Pl: *superstições*.
su.ple.men.to [suplem´ẽtu] *sm* supplément.
su.plen.te [supl´ẽti] *s+adj* suppléant. *ele não é titular, mas suplente* / il n'est pas titulaire, mais suppléant.

sú.pli.ca [s′uplikə] *sf* supplication, prière, requête.

su.pli.car [suplik′ar] *vt* supplier, implorer, prier avec instance.

su.plí.cio [supl′isju] *sm* **1** supplice. **2** *fig* peine, inquiétude.

su.por [sup′or] *vt* **1** supposer, conjecturer, présumer. **2** gager.

su.po.si.ção [supozis′ãw] *sf* supposition, conjecture. *Pl: suposições.*

su.po.si.tó.rio [supozit′ɔrju] *sm Med* suppositoire.

su.pri.mir [suprim′ir] *vt* **1** supprimer, annuler, abolir. **2** exterminer, extirper.

su.prir [supr′ir] *vt* suppléer.

sur.dez [surd′es] *sf* surdité.

sur.do [s′urdu] *sm+adj* sourd, malentendant. **fazer-se (ou fingir-se) de surdo** faire le sourd, faire la sourde oreille. **surdo-mudo** sourd-muet.

sur.gir [surʒ′ir] *vi* surgir, jaillir, apparaître.

sur.pre.en.der [surpreẽd′er] *vt* **1** surprendre, étonner. **2** attaquer par surprise. **3** déconcerter, étonner, stupéfier.

sur.pre.sa [surpr′ezə] *sf* surprise, ébahissement, étonnement.

sur.rar [suʁ′ar] *vt* **1** donner une correction, une punition. **2** *fam* donner une raclée. **3** rosser.

sur.tir [surt′ir] *vi* **1** avoir son effet. *vt* **2** produire, aboutir à.

sur.to [s′urtu] *sm* irruption, développement soudain (maladie).

sus.ce.tí.vel [suset′ivew] *adj+s* susceptible. *ela é muito suscetível* / elle est très susceptible. *Pl: suscetíveis.*

sus.pei.tar [suspejt′ar] *vt+vi* soupçonner, se douter. *eu já suspeitava disso* / je m'en doutais déjà. **suspeitar de algo** s'en douter.

sus.pen.der [suspẽd′er] *vt+vi* **1** suspendre, soulever. *vpr* **2** se suspendre.

sus.pen.só.rio [suspẽs′ɔrju] *sm* bretelles.

sus.pi.ro [susp′iru] *sm* **1** soupir. **2** gâteau brésilien. **dar um suspiro** pousser un soupir.

sus.tar [sust′ar] *vt* interrompre, suspendre, arrêter.

sus.te.ni.do [susten′idu] *sm Mús* dièse.

sus.ten.tar [sustẽt′ar] *vt* **1** soutenir, maintenir, entretenir, nourrir. **2** *fig* entretenir. *vpr* **3** se maintenir.

sus.to [s′ustu] *sm* peur, effroi. **que susto!** j'ai eu peur!

su.tiã [suti′ã] *sm* soutien-gorge.

su.ti.le.za [sutil′ezə] *sf* **1** subtilité, finesse. **2** *fig* adresse de l'esprit.

t

t [t′e] *sm* la vingtième lettre de l'alphabet de la langue portugaise.
ta.ba.co [tab′aku] *sm* tabac.
ta.be.fe [tab′ɛfi] *sm* gifle.
ta.be.la [tab′ɛlə] *sf* 1 table. 2 tableau.
ta.be.la.men.to [tabelam′ẽtu] *sm* tarification, fixation des prix.
ta.ber.na [tab′εrnə] *sf* 1 taverne. 2 cabaret.
ta.bla.do [tabl′adu] *sm* estrade, plancher.
ta.ble.te [tabl′ɛti] *sm* tablette.
tá.bua [t′abwə] *sf* planche. **tábua de passar (a ferro)** planche à repasser.
ta.bu.a.da [tabu′adə] *sf* 1 table de multiplications. 2 livre des quatre opérations fondamentales.
ta.bu.lei.ro [tabul′ejru] *sm* plateau. **tabuleiro de xadrez** échiquier.
ta.bu.le.ta [tabul′etə] *sf dim* enseigne.
ta.ça [t′asə] *sf* coupe. **taça de cristal** coupe de cristal. **taça de champanha** coupe à champagne.
ta.cha [t′aʃə] *sf* 1 tache, marque. 2 broquette, semence (petit clou).
ta.char [taʃ′ar] *vt* 1 tacher, maculer. 2 *fig* blâmer, critiquer, reprocher.
ta.ci.to [t′asitu] *adj* tacite, implicite.
ta.ci.tur.no [tasit′urnu] *adj* 1 taciturne. 2 silencieux.
ta.ga.re.la [tagar′ɛlə] *s+adj* bavard, jaseur.

ta.ga.re.lar [tagarel′ar] *vi* bavarder, babiller.
ta.ga.re.li.ce [tagarel′isi] *sf* bavardage.
tal [t′aw] *adj+pron* tel, semblable, pareil. **a tal ponto** à tel point. **que tal?** qu'en dites-vous? **tal como** tel que, ainsi que, exactement comme. **tal qual** tel quel, de tal modo que. **um tal** *pron* un tel.
ta.lão [tal′ãw] *sm Anat, Com* souche, talon. *Pl: talões*. **talão de cheques** carnet de chèques
tal.co [t′awku] *sm* talc.
ta.len.to [tal′ẽtu] *sm* talent.
ta.lhar [taλ′ar] *vt* 1 tailler, ajuster, adapter. 2 préparer, calculer, estimer. *vi* 3 se cailler (le lait). *vpr* 4 se fendre.
ta.lher [taλ′εr] *sm* couvert.
ta.lho [t′aλu] *sm* taille.
tal.vez [tawv′es] *adv* peut-être.
ta.man.co [tam′ãku] *sm* sabot.
ta.man.du.á [tamãdu′a] *sm Zool* tamanoir, tamandua, fourmilier.
ta.ma.nho [tam′Λñu] *sm* taille, grandeur, grosseur, volume. • *adj* si grand.
ta.ma.rin.do [tamar′ĩdu] *sm Bot* tamarin.
tam.bém [tãb′ẽj] *adv* aussi, également, de même. **não somente mas também** non (ou pas) seulement mais aussi. **também não** non plus.

tam.bor [tãb'or] *sm* tambour.
tam.pa [t'ãpə] *sf* 1 couvercle. 2 capsule.
tam.pão [tãp'ãw] *sm Med* tampon. Pl: tampões.
tam.par [tãp'ar] *vt* couvrir, mettre le couvercle.
tam.po [t'ãpu] *sm* couvercle.
tan.gen.te [tãʒ'ẽti] *adj* tangent. • *sf* tangente. **escapar pela tangente** s'échapper par la tangente.
tan.ge.ri.na [tãʒer'inə] *sf Bot* mandarine.
tan.gí.vel [tãʒ'ivew] *adj* tangible. Pl: tangíveis.
tan.que [t'ãki] *sm* 1 bassin, réservoir d'eau. 2 étang. *Autom* **encher o tanque (de gasolina)** faire le plein (d'essence).
tan.to [t'ãtu] *sm* tant. • *pron* tant de, autant de. • *adv* tant. **tanto mais** d'autant plus. **tanto melhor** tant mieux. **tanto menos** d'autant moins. **tanto pior** tant pis. **vinte e tantos anos** vingt et quelques.
tão [t'ãw] *pron+adv* tellement, si, tant, aussi. **tão grande quanto** aussi grand que. **tão pouco** si peu.
ta.pa [t'apə] *sm* gifle, tape, claque.
ta.par [tap'ar] *vt* 1 boucher, fermer, couvrir. 2 cacher, dissimuler. 3 murer.
ta.pe.ar [tape'ar] *vt* tromper.
ta.pe.ça.ri.a [tapesar'iə] *sf* tapisserie.
ta.pe.te [tap'eti] *sm* tapis.
ta.pu.me [tap'umi] *sm* 1 clôture, cloison, enclos. 2 palissade.
ta.qui.gra.fi.a [takigraf'iə] *sf* sténographie.
ta.ra [t'arə] *sf* tare.
tar.dar [tard'ar] *vi* 1 tarder. *vt* 2 retarder. **no mais tardar** au plus tard. **sem mais tardar** sans tarder.
tar.de [t'ardi] *sf* après-midi. • *adv* **antes tarde do que nunca** mieux vaut tard que jamais. **à tarde, de tarde** dans l'après-midi. **até mais tarde!** à plus tard.
tar.di.o [tard'iu] *adj* tardif.
ta.re.fa [tar'ɛfə] *sf* tâche, besogne, ouvrage.
ta.ri.fa [tar'ifə] *sf* tarif.
ta.ri.far [tarif'ar] *vt* tarifer.
ta.rim.ba [tar'ĩbə] *sf* 1 lit de corps de garde. 2 *fig* vie à la caserne, vie de soldat. 3 *fam* expérience.
tar.ta.ru.ga [tartar'ugə] *sf Zool* tortue.
ta.te.ar [tate'ar] *vt* tâter, palper.
tá.ti.ca [t'atikə] *sf* tactique.
tá.til [t'atiw] *adj* tactile. Pl: táteis.
ta.to [t'atu] *sm* toucher.
ta.tu [tat'u] *sm Zool* tatou.
ta.tu.ar [tatu'ar] *vt* tatouer.
ta.xa [t'aʃə] *sf* taux, taxe, tarif. **taxa de câmbio** taux de change. **taxa de juro** taux d'intérêt.
ta.xar [taʃ'ar] *vt* taxer.
tá.xi [t'aksi] *sm* taxi.
tchau [tʃ'aw] *interj* salut.
te [ti] *pron pess sing Gram* te, toi, à toi.
te.ar [te'ar] *sm* métier à tisser.
te.a.tro [te'atru] *sm* théâtre. **peça de teatro** / pièce de théâtre.
te.cer [tes'er] *vt Tecn, fig* tisser, tramer, ourdir. **tecer elogios** faire des éloges.
te.ci.do [tes'idu] *sm* 1 tissu, étoffe. 2 *Anat, Bot, Biol* tissu. • *adj fig* tissé (fabriqué par tissage).
te.cla [t'ɛklə] *sf Mús, Mec, Inform* touche.
te.cla.do [tekl'adu] *sm Mús, Inform* clavier.
téc.ni.ca [t'ɛknikə] *sf* technique.
téc.ni.co [t'ɛkniku] *sm+adj* technicien.
te.co [t'ɛku] *sm fam* lichette.
te.dio [t'ɛdju] *sm* 1 ennui, chagrin. 2 langueur, lassitude. 3 aversion, dégoût.
te.di.o.so [tedi'ozu] *adj* 1 ennuyant, fastidieux. 2 dégoûtant.

tei.a [te'ejə] *sf* **1** toile. **2** tissu, étoffe, trame. **3** *fig* intrigue.

tei.mar [tejm'ar] *vt+vi* **1** insister, s'obstiner, prétendre avec insistance. **2** *coloq* faire le zouave. *vi* **3** s'entêter, persister.

tei.mo.si.a [tejmoz'iə] *sf* entêtement, obstination, opiniâtreté.

tei.mo.so [tejm'ozu] *sm+adj* têtu, entêté, obstiné.

te.la [t'ɛlə] *sf* **1** tissu, étoffe. **2** *Pint* toile, tableau. **3** *Cin*, *TV* écran.

te.le.fé.ri.co [telef'ɛriku] *sm+adj* téléphérique.

te.le.fo.nar [telefon'ar] *vt* téléphoner, appeler (quelqu'un), faire (ou passer) un coup de fil.

te.le.fo.ne [telef'oni] *sm* téléphone. **telefone celular** téléphone mobile. **telefone público** téléphone public. **telefone sem fio** téléphone sans fil.

te.le.fo.ne.ma [telefon'emə] *sm* coup de téléphone, coup de fil, appel téléphonique.

te.le.fo.nis.ta [telefon'istə] *s* téléphoniste, standardiste.

te.le.gra.far [telegraf'ar] *vt* télégraphier.

te.lé.gra.fo [tel'ɛgrafu] *sm* télégraphe.

te.le.gra.ma [telegr'ʌmə] *sm* télégramme.

te.le.má.ti.ca [telem'atikə] *sf* télématique.

te.le.no.ve.la [telenov'ɛlə] *sf* feuilleton.

te.le.pa.ti.a [telepat'iə] *sf* télépathie.

te.les.có.pio [telesk'ɔpju] *sm* télescope.

te.les.pec.ta.dor [telespektad'or] *sm* téléspectateur.

te.le.vi.são [televiz'ãw] *sf* **1** télévision, poste de télévision. **2** *fam* télé. *Pl:* **televisões**.

te.le.vi.si.o.nar [televizjon'ar] *vt+vi* téléviser.

te.le.vi.sor [televiz'or] *sm* télévision, téléviseur.

te.lha [t'eʎə] *sf Arquit* tuile.

te.lha.do [teʎ'adu] *sm* toit, toiture.

te.ma [t'emə] *sm* thème, sujet.

te.mer [tem'er] *vt+vi* craindre, redouter, appréhender.

te.me.ri.da.de [temerid'adʒi] *sf* témérité, audace.

te.mí.vel [tem'ivew] *adj* redoutable, effrayant, puissant, dangereux. *Pl:* **temíveis**.

te.mor [tem'or] *sm* crainte, frayeur, peur.

têm.pe.ra [t'ẽperə] *sf* **1** trempe. **2** *fig* trempe, caractère moral.

tem.pe.ra.do [tẽper'adu] *adj* **1** assaisonné. **2** modéré, tempéré. **3** *Geogr* doux (climat).

tem.pe.ra.men.to [tẽperam'ẽtu] *sm* tempérament, caractère.

tem.pe.ran.ça [tẽper'ãsə] *sf* tempérance.

tem.pe.rar [tẽper'ar] *vt* **1** assaisonner, épicer, relever. **2** modérer, tempérer, adoucir.

tem.pe.ra.tu.ra [tẽperat'urə] *sf* température.

tem.pe.ro [tẽp'eru] *sm* assaisonnement, condiment.

tem.pes.ta.de [tẽpest'adʒi] *sf* tempête, averse.

tem.plo [t'ẽplu] *sm* temple.

tem.po [t'ẽpu] *sm* **1** temps, époque. **2** *Gram*, *Mús* temps. **ao mesmo tempo** en même temps. **a tempo** à temps. **com o passar do tempo** à la longue. **dentro de pouco tempo** dans ou sous peu de temps. **em tempo integral** à plein temps (ou à temps complet). **há pouco tempo** ou **pouco tempo atrás** depuis peu de temps. **naquele tempo** autrefois. **nesse meio tempo** entre-temps. **o tempo está bom** *Meteor* il fait beau. **o tempo está ruim** il fait mauvais.

perder tempo perdre du (ou le) temps. **por muito tempo** longtemps. **quanto tempo?** combien de temps? **tempo de um jogo (primeiro ou segundo)** *Esp* mi-temps. **tempo é dinheiro** le temps c'est de l'argent. **ter tempo livre** avoir du temps libre.

tem.po.ra.da [tẽpor'adɐ] *sf* **1** long espace de temps, laps de temps. **2** saison.

tem.po.ral [tẽpor'aw] *sm* **1** tempête, bourrasque, orage. • *adj* **1** temporel. **2** *Anat* temporal. *Pl:* temporais.

tem.po.rão [tẽpor'ãw] *adj* **1** hâtif, précoce. **2** mûr avant terme. *Pl:* temporãos.

tem.po.ri.zar [tẽporiz'ar] *vt* **1** temporiser, différer, attendre. **2** *fig* temporiser, transiger, faire des concessions. **3** *Eletr* temporiser.

te.na.ci.da.de [tenasid'adi] *sf* ténacité.

te.naz [ten'as] *sf adj* tenace.

ten.da [t'ẽdɐ] *sf* tente.

ten.dão [tẽd'ãw] *sm Anat* tendon. *Pl:* tendões.

ten.dên.cia [tẽd'ẽsjɐ] *sf* tendance.

ten.den.ci.o.so [tẽdẽsi'ozu] *adj* tendancieux.

ten.der [tẽd'er] *vt* **1** tendre, avoir une tendance. **2** étendre, déplier, déployer.

te.ne.bro.so [tenebr'ozu] *adj* ténébreux.

te.nen.te [ten'ẽti] *sm Mil* lieutenant.

tê.nis [t'enis] *sm* **1** *Esp* tennis. **2** basket (chaussure de sport). **tênis de mesa** tennis de table, ping-pong.

te.nor [ten'or] *sm* ténor.

te.nro [t'ẽRu] *adj* tendre, mou, délicat.

ten.so [t'ẽsu] *adj* tendu.

ten.ta.dor [tẽtad'or] *adj* tentant, séduisant.

ten.tar [tẽt'ar] *vt* tenter, entreprendre, essayer.

ten.ta.ti.va [tẽtat'ivɐ] *sf* tentative, essai, expérience.

tê.nue [t'enwi] *adj* **1** ténu, fin, mince. **2** *fig* faible, délicat, subtil.

te.or [te'or] *sm* teneur.

te.o.ri.a [teor'iɐ] *sf* théorie.

te.pi.dez [tepid'ez] *sf* tiédeur.

té.pi.do [t'epidu] *adj* **1** tiède. **2** *fig* faible, qui manque d'ardeur.

ter [t'er] *vaux+vt* avoir, posséder. *quantos anos você tem?* / quel âge avez-vous? *você tem horas?* / avez-vous l'heure? **ter de** ou **que** avoir à, devoir. **ter falta de** manquer de. **ter febre** avoir la fièvre. **ter por bem** agréer, daigner.

te.ra.peu.ta [terap'ewtɐ] *s* thérapeute.

te.ra.pi.a [terap'iɐ] *sf Med* thérapie.

ter.ça [t'ersɐ] *sf* **1** *Mús* tercière. **2** *abrev pop* (de **terça-feira**) mardi.

ter.ça-fei.ra [tersɐf'ejrɐ] *sf* mardi. *Pl:* terças-feiras. **às terças-feiras** le mardi. **terça-feira gorda** mardi-gras.

ter.cei.ro [ters'ejru] *sm+num* troisième. **terceiros** autrui

ter.ço [t'ersu] *sm+num* tiers. • *sm Rel* chapelet.

ter.çol [ters'ɔw] *sm Med* orgelet, chalazion, compère-loriot. *Pl:* terçóis.

ter.mas [t'ɛrmas] *sf pl* thermes.

ter.mi.na.ção [terminas'ãw] *sf* terminaison. *Pl:* terminações.

ter.mi.nar [termin'ar] *vt+vi* finir, achever, terminer. **terminar em (uma rua)** terminer en, donner sur (une rue).

tér.mi.no [t'erminu] *sm* **1** fin, terme, borne, limite. **2** bout, extrémité.

ter.mo [t'ermu] *sm* **1** terme, borne, fin, limite. **2** but, fin. **3** état, situation. **4** *Gram* terme. **em outros termos** en d'autres termes. **levar a bom termo** mener à bonne fin. **meio-termo** moyen terme, juste milieu. **pôr termo a** mettre fin à.

ter.mô.me.tro [term'ometru] *sm* thermomètre.

ter.no [t'ɛrnu] *sm* **1** complet, costume. **2** jogo terne. • *adj* tendre, sensible.
ter.nu.ra [tern'urə] *sf* tendresse.
ter.ra [t'ɛʀə] *sf* **1** terre. **2** *Astron* Terre (nesta acepção, usa-se inicial maiúscula).
ter.ra.ço [teʀ'asu] *sm Arquit* terrasse.
ter.ra.ple.nar [teʀaplen'ar] *vt* terrasser, remblayer.
ter.rei.ro [teʀ'ejru] *sm* **1** terrasse, plateforme, plateau. **2** place publique, cour.
ter.re.mo.to [teʀem'ɔtu] *sm* tremblement de terre.
ter.re.no [teʀ'enu] *sm* terrain. • *adj* terrestre.
tér.reo [t'ɛʀju] *adj* qui est au rez-de-chaussée, terrestre. • *sm* rez-de-chaussée. **casa térrea** maison sans étage. **o andar térreo** le rez-de-chaussée.
ter.res.tre [teʀ'ɛstri] *adj* terrestre.
ter.ri.tó.rio [teʀit'ɔrju] *sm* territoire. **territórios de além-mar** Territoires d'outre mer (TOM).
ter.rí.vel [teʀ'ivew] *adj* **1** terrible, affreux. **2** effrayant. **3** féroce. *Pl: terríveis.*
ter.ror [teʀ'or] *sm* terreur.
te.são [tez'ãw] *sm vulg* **1** état du pénis en érection. **2** puissance sexuelle. **3** désir, excitation. *Pl: tesões.*
te.se [t'ɛzi] *sf* thèse. **defender tese** soutenir une thèse. **defesa de tese** soutenance de thèse.
te.sou.ra [tez'owrə] *sf* ciseaux.
te.sou.ra.ri.a [tezowrar'iə] *sf* trésorerie.
te.sou.ro [tez'owru] *sm* trésor. **tesouro público** trésor publique.
tes.ta [t'ɛstə] *sf Anat* front. **franzir a testa** froncer le sourcil.
tes.tar [test'ar] *vt* tester.
tes.te [t'ɛsti] *sm* test.
tes.te.mu.nha [testem'uɲə] *sf* témoin.

tes.te.mu.nhar [testemuɲ'ar] *vt* témoigner.
tes.te.mu.nho [testem'uɲu] *sm* témoignage.
té.ta.no [t'ɛtanu] *sm Med* tétanos.
te.to [t'ɛtu] *sm* plafond.
té.tri.co [t'ɛtriku] *adj* **1** lugubre, grave, sombre. **2** *fig* affreux, épouvantable.
teu [t'ew] *pron poss m sing Gram* **1** ton. **2 teus** *pl* tes.
te.vê [tev'e] *sf fam* TV, télé.
têx.til [t'estiw] *adj* textile. *Pl: têxteis.*
tex.to [t'estu] *sm* texte.
tex.tu.al [testu'aw] *adj* textuel. *Pl: textuais.*
tex.tu.ra [test'urə] *sf* texture.
tez [t'es] *sf* teint.
ti [t'i] *pron pes sing Gram* (a ti) te. **de ti** de toi. **para ti** pour toi.
ti.a [t'iə] *sf* tante.
ti.ge.la [tiʒ'ɛlə] *sf* bol, écuelle, jatte. **tigela de barro** terrine.
ti.gre [t'igri] *sm Zool* tigre.
ti.jo.lo [tiʒ'olu] *sm* brique.
til [t'iw] *sm* tilde.
tim.bre [t'ibri] *sm Mús* timbre.
ti.me [t'imi] *sm Esp* équipe.
ti.mi.dez [timid'es] *sf* timidité.
tí.mi.do [t'imidu] *adj* timide.
tím.pa.no [t'ĩpanu] *sm Anat, Mús* tympan.
ti.na [t'inə] *sf* cuve, baquet.
tin.gir [tiʒ'ir] *vt+vpr* **1** teindre. *vt* **2** teinter.
ti.nir [tin'ir] *vt* **1** sonner. **2** retentir. **3** tinter.
ti.no [t'inu] *sm* **1** discernement, jugement, bon sens. **2** circonspection, tact. **3** attention, pénétration. **perder o tino** perdre la tramontane. **sem tino** follement.
tin.ta [t'itə] *sf* **1** encre. **2** teinte, teinture. **tinta nanquim** encre de Chine.
tin.to [t'itu] *adj* teint, coloré. • *sm+adj* rouge (vin).

tin.tu.ra [tĩt'urə] *sf* teinture.

tin.tu.rei.ro [tĩtur'ejru] *sm* teinturier.

ti.o [t'iu] *sm* oncle.

tí.pi.co [t'ipiku] *adj* typique.

ti.po [t'ipu] *sm* **1** *Tip* type, matrice, forme. **2** type, classe, espèce, genre, modèle.

ti.ra [t'irə] *sf* **1** bande, bandelette. *sm* **2** *gír* flic.

ti.ra.co.lo [tirak'ɔlu] *sm* baudrier, bandoulière. **a tiracolo** en bandoulière.

ti.ra.gem [tir'aʒẽj] *sf* tirage. *Pl: tiragens.*

ti.ra.ni.a [tiran'iə] *sf* tyrannie.

ti.râ.ni.co [tir'ʌniku] *adj* tyrannique.

ti.ra.ni.zar [tiraniz'ar] *vt* tyranniser.

ti.ra.no [tir'ʌnu] *sm* tyran.

ti.rar [tir'ar] *vt* **1** enlever, ôter, retirer. **2** tirer, arracher, extraire. **3** priver, enlever. **4** faire sortir. **5** soustraire. **sem tirar nem pôr** tel quel, exactement. **tirar a guarda (de uma criança)** enlever la garde (d'un enfant). **tirar a mesa** débarrasser la table. **tirar carteira de motorista (de habilitação)** avoir son permis (de conduire). **tirar lucro** tirer profit. **tirar nota dez** avoir un dix. **tirar partido** tirer parti. **tirar uma ideia da cabeça** enlever une idée de la tête. **tirar uma mancha** enlever une tache. **tirar vantagem** tirer avantage.

ti.ro [t'iru] *sm* tir. **dar um tiro** tirer. **errar o tiro** manquer le tir. **tiro ao alvo** tirer à la cible.

ti.roi.de [tir'ɔjdi] *sf Anat* thyroïde.

ti.ro.tei.o [tirot'eju] *sm* fusillade.

ti.tã [tit'ã] *sm* titan.

ti.ti.a [tit'iə] *sf fam* tata.

ti.tu.lar [titul'ar] *s+adj* titulaire.

tí.tu.lo [t'itulu] *sm* titre. **título de eleitor** carte d'électeur.

to.a.lha [to'aλə] *sf* serviette. **toalha de banho** serviette de bain. **toalha de mãos** essuie-mains. **toalha de mesa** nappe. **toalha de papel** serviette en papier.

to.ca [t'ɔkə] *sf* **1** creux, trou. **2** terrier (de lapin).

to.cai.a [tok'ajə] *sf* **1** piège, embuscade. **2** trahison.

to.can.te [tok'ãti] *adj* concernant, respectif, touchant. **no tocante a** quant à, en ce qui concerne.

to.car [tok'ar] *vt+vi* **1** toucher, tâter. **2** sonner. **3** concerner, regarder. **4** *Mús* jouer. *vpr* **5** se toucher. **tocar ligeiramente** effleurer.

to.da.vi.a [todav'iə] *conj* toutefois.

to.do [t'odu] *adj+pron indef+sm* tout. • *adj+pron indef f* toute. • *pron indef m pl* **1 todos** tous. **2 todas** *pron indef f pl* toutes. **em toda parte** partout. **todo mundo** tout le monde. **todo o dia** toute la journée. **todos os dias** tous les jours.

toi.ci.nho [tojs'iñu] *sm* lard.

to.le.rân.cia [toler'ãsjə] *sf* tolérance, condescendance, indulgence.

to.le.ran.te [toler'ãti] *adj* tolérant.

to.le.rar [toler'ar] *vt* tolérer.

to.lher [toλ'er] *vt* **1** empêcher, embarrasser. **2** paralyser, barrer, s'opposer à.

to.li.ce [tol'isi] *sf* bêtise.

to.lo [t'olu] *sm adj* bête, idiot, imbécile, niais, nigaud, sot.

to.ma.da [tom'adə] *sf Eletr* prise de courant. **tomada de consciência** prise de conscience. **tomada de posição** prise de position.

to.mar [tom'ar] *vt+vpr* **1** prendre. *vt* **2** saisir, manger, boire. **3** ravir, voler. **tomar ar** prendre l'air. **tomar banho** prendre un bain. **tomar consciência** prendre conscience. **tomar conta de** surveiller, se charger de. **tomar emprestado** emprunter.

to.ma.te [tom'ati] *sm* tomate.

tom.bar [tõb'ar] *vt+vi* tomber, renverser.

tom.bo [t'õbu] *sm* chute, culbute. **levar um tombo** tomber.

to.na [t'onə] *sf* **1** écorce d'arbre. **2** pellicule des fruits. **3** surface d'un liquide.

to.ne.la.da [tonel'adə] *sf* tonne.

tô.ni.co [t'oniku] *sm+adj* tonique.

ton.to [t'õtu] *adj* **1** étourdie. **2** écervelé, hurluberlu.

ton.tu.ra [tõt'urə] *sf Med* étourdissement, vertige.

to.par [top'ar] *vt* rencontrer par hasard. **topar com** heurter, choquer, se heurter.

to.pe.te [top'eti] *sm* toupet.

tó.pi.co [t'ɔpiku] *sm* topique.

to.po [t'ɔpu] *sm* cime, sommet.

to.po.gra.fi.a [topograf'iə] *sf* topographie.

to.que [t'ɔki] *sm* **1** touche. **2** son, battement, sonnerie. **a toque de caixa** tambour battant. **toque de sinos** sonnerie.

to.ra [t'ɔrə] *sf* **1** portion, morceau. **2** grand tronc de bois.

tor.ção [tors'ãw] *sf* torsion. *Pl:* torções.

tor.ce.dor [torsed'or] *sm Esp* supporter, supporteur.

tor.cer [tors'er] *vt+vpr* **1** tordre. *vt* **2** désapprouver, rechigner. **torcer o nariz** *fig* rejeter (une demande).

tor.ci.da [tors'idə] *sf Esp* groupe de supporters.

tor.men.ta [torm'ẽtə] *sf* tourmente.

tor.men.to [torm'ẽtu] *sm* tourment, supplice.

tor.nar [torn'ar] *vt* **1** rendre. *vpr* **2** devenir.

tor.nei.o [torn'eju] *sm* tournoi, championnat.

tor.nei.ra [torn'ejrə] *sf* robinet.

tor.no [t'ornu] *sm* tour, étau. **em torno** autour, au tour de. **em torno de** autour de.

tor.no.ze.lo [tornoz'elu] *sm Anat* cheville.

to.ró [tor'ɔ] *sm fam* tempête.

tor.pe [t'ɔrpi] *adj* turpide, malhonnête, honteux.

tor.pe.do [torp'edu] *sm Náut* torpille.

tor.por [torp'or] *sm* torpeur, engourdissement.

tor.ra.da [toʀ'adə] *sf* toast, biscotte, pain grillé.

tor.ra.dei.ra [toʀadejrə] *sf* grille-pain, toasteur.

tor.rão [toʀ'ãw] *sm* **1** motte de terre. **2** sol, terrain, pays, contrée. **3** morceau (de sucre). *Pl:* torrões.

tor.rar [toʀ'ar] *vt* **1** griller. **2** *fig* gaspiller.

tor.re [t'oʀi] *sf* tour.

tor.re.fa.ção [toʀefas'ãw] *sf* torréfaction. *Pl:* torrefações.

tor.res.mo [toʀ'ezmu] *sm* morceau de lard frit.

tór.ri.do [t'ɔʀidu] *adj* torride, brûlant. **zona tórrida** *Geogr* zone torride.

tor.so [t'ɔrsu] *sm Anat* torse, tronc, buste.

tor.ta [t'ɔrtə] *sf* tarte. **forma de torta** moule à tarte. **massa de torta** pâte à tarte. **torta de maçãs** tarte aux pommes.

tor.to [t'ɔrtu] *adj* **1** tortu, arqué, brisé, cambré. **2** courbé, voûté, oblique.

tor.tu.ra [tort'urə] *sf* torture, supplice.

to.sar [toz'ar] *vt* tondre. *Var:* tosquiar.

tos.co [t'osku] *adj* **1** grossier, rude. **2** inculte.

tos.qui.ar [toski'ar] *V tosar.*

tos.se [t'ɔsi] *sf* toux. **tosse comprida** coqueluche.

tos.sir [tos'ir] *vi* tousser.

tos.tão [tost'ãw] *sm fam* sou. *Pl:* tostões. **sem um tostão** sans le sou.

to.ta.li.zar [totaliz'ar] *vt* totaliser.

tou.ca [t'owkə] *sf* bonnet de femme.

tou.ci.nho [tows'iñu] *sm* lard.

tou.ro [t'owru] *sm* **1** taureau. **2** *Astron, Astrol* Taureau (nesta acepção, usa-se inicial maiúscula).

tó.xi.co [t'ɔksiku] *sm+adj* toxique.

to.xi.co.lo.gi.a [toksikoloʒ'iə] *sf* toxicologie.

tra.ba.lha.dor [trabaʎad'or] *sm* travailleur, ouvrier. • *adj* travailleur, laborieux.

tra.ba.lhar [trabaʎ'ar] *vt+vi* travailler. **trabalhar em período integral** travailler à plein temps ou à temps complet. **trabalhar meio período** travailler à temps partiel ou à mi-temps.

tra.ba.lho [trab'aʎu] *sm* travail. **dia de trabalho** jour ouvrable. **estar sobrecarregado de trabalho** être surchargé de travail. **trabalho perdido** peine perdue.

tra.ba.lho.so [trabaʎ'ozu] *adj* pénible, fatigant, difficile.

tra.ça [tr'asə] *sf Zool* ver, teigne, mite.

tra.çar [tras'ar] *vt* **1** tracer. **2** rayer, barrer. **3** dépeindre, décrire. **4** machiner, tramer. **5** projeter.

tra.ço [tr'asu] *sm* **1** trait, ligne. **2** trace, vestige. **3** trait, ligne du visage.

tra.di.ção [tradis'ãw] *sf* tradition. *Pl:* tradições.

tra.di.ci.o.nal [tradisjon'aw] *adj* traditionnel. *Pl:* tradicionais.

tra.du.ção [tradus'ãw] *sf* traduction. *Pl:* traduções.

tra.du.tor [tradut'or] *sm* traducteur.

tra.du.zir [traduz'ir] *vt* traduire.

tra.fe.gar [trafeg'ar] *vt* circuler, se déplacer, parcourir.

trá.fe.go [tr'afegu] *sm* trafic, circulation.

tra.fi.car [trafik'ar] *vt* trafiquer.

trá.fi.co [tr'afiku] *sm* **1** trafic, commerce. **2** traite (d'esclaves, de femmes).

tra.gar [trag'ar] *vt* avaler, détruire.

tra.gé.dia [traʒ'edjə] *sf* tragédie.

trá.gi.co [tr'aʒiku] *adj* tragique.

tra.go [tr'agu] *sm* coup, gorgée. **tomar um trago** prendre un coup.

tra.i.ção [trajs'ãw] *sf* trahison. *Pl:* traições.

tra.i.dor [trajd'or] *sm+adj* traître.

tra.ir [tra'ir] *vt* trahir.

tra.je [tr'aʒi] *sm* vêtement.

tra.je.to [traʒ'etu] *sm* trajet.

tra.je.tó.ria [traʒet'ɔrjə] *sf* trajectoire.

tra.mar [tram'ar] *vt+vi* tramer.

trâ.mi.te [tr'Amiti] *sm* **1** voie. **2** *fig* direction. **3** *Jur* cours d'un procès selon les règles de la procédure.

tra.moi.a [tram'ojə] *sf* **1** ruse, artifice. **2** machine de théâtre.

tran.ca [tr'ãkə] *sf* bâcle.

tran.ça [tr'ãsə] *sf* tresse, natte.

tran.car [trãk'ar] *vt* **1** fermer à clé, bâcler. **2** *fig* bâtonner, rayer, biffer. *vpr* s'enfermer.

tran.co [tr'ãku] *sm* **1** saut, bond, enjambée, cahot. **2** poussée. **aos trancos** a) en cahotant. b) avec beaucoup de peine, maladroitement.

tran.qui.li.da.de [trãkwilid'adi] *sf* tranquillité.

tran.qui.li.zan.te [trãkwiliz'ãti] *sm Med* tranquillisant. • *adj* tranquillisant.

tran.qui.li.zar [trãkwiliz'ar] *vt* **1** tranquilliser, rassurer, calmer. *vpr* **2** se tranquilliser.

tran.qui.lo [trãk'wilu] *adj* tranquille, calme, paisible.

tran.sa.ção [trãzas'ãw] *sf Jur, Com* transaction. *Pl:* transações.

tran.sar [trãz'ar] *vi gír* faire l'amour. **transar com alguém** *gír* coucher avec quelqu'un.

trans.bor.dar [trãsbord'ar] *vi* transborder.

trans.cor.rer [trãskoř'er] *vi* parcourir, courir, s'écouler.

trans.cre.ver [trãskrev'er] *vt* transcrire.

trans.cri.ção [trãskris'ãw] *sf* transcription. *Pl: transcrições.*

tran.se [tr'ãzi] *sm* transe.

tran.se.un.te [trãze'ũti] *s* passant.

trans.fe.rên.cia [trãsfer'ẽsjə] *sf* transfert.

trans.fe.rir [trãsfer'ir] *vt+vpr* transférer.

trans.fi.gu.rar [trãsfigur'ar] *vt* transfigurer.

trans.for.ma.dor [trãsform'ador] *sm* transformateur.

trans.for.mar [trãsform'ar] *vt+vpr* transformer.

trans.fu.são [trãsfuz'ãw] *sf Med* transfusion. *Pl: transfusões.*

trans.gre.dir [trãsgred'ir] *vt* transgresser.

trans.gres.são [trãsgres'ãw] *sf* transgression. *Pl: transgressões.*

trans.gres.sor [trãsgres'or] *sm* transgresseur.

tran.si.gir [trãziʒ'ir] *vt* transiger, faire des concessions.

tran.si.tar [trãzit'ar] *vt+vi* passer, traverser.

tran.si.tá.vel [trãzit'avew] *adj* carrossable, praticable. *Pl: transitáveis.*

trân.si.to [tr'ãzitu] *sm* **1** transit. **2** circulation.

tran.si.tó.rio [trãzit'ɔrju] *adj* transitoire.

trans.mis.são [trãsmis'ãw] *sf* **1** transmission, passation. **2** *Autom* transmission. **3** *Med* transmission, contagion. *Pl: transmissões.* **transmissão ao vivo** transmission en direct.

trans.mi.tir [trãsmit'ir] *vt* transmettre.

trans.pa.re.cer [trãspares'er] *vi* transparaître.

trans.pa.rên.cia [trãspar'ẽsjə] *sf* transparence.

trans.pi.ra.ção [trãspiras'ãw] *sf* transpiration. *Pl: transpirações.*

trans.plan.tar [trãsplãt'ar] *vt* transplanter.

trans.plan.te [trãspl'ãti] *sm* **1** greffe. **2** *Biol* transplant (plantes).

trans.por [trãsp'or] *vt* transposer.

trans.por.tar [trãsport'ar] *vt+vpr* transporter.

trans.tor.nar [trãstorn'ar] *vt* tourmenter.

trans.tor.no [trãst'ornu] *sm* tourment.

tra.pa.ça [trap'asə] *sf* dol, tromperie, escroquerie, fraude, tricherie.

tra.pa.ce.ar [trapase'ar] *vi* tricher, frauder, escroquer.

tra.pé.zio [trap'ɛzju] *sm Geom, Anat* trapèze.

tra.pe.zis.ta [trapez'istə] *s* trapéziste.

tra.po [tr'apu] *sm* chiffon.

tra.qu.e.jo [trak'eʒu] *sm* longue expérience, pratique.

tra.qui.nas [trak'inas] *adj+sm sing+pl* polisson, fripon, espiègle.

trás [tr'as] *prep adv* **para trás** en arrière. *V atrás.*

tra.sei.ra [traz'ejrə] *sf* derrière.

tras.te [tr'asti] *sm* **1** meuble ou ustensile vieux ou sans valeur. **2** *fam* personne inutile.

tra.ta.men.to [tratam'ẽtu] *sm* traitement.

tra.tan.te [trat'ãti] *sm* fripon, coquin, vaurien.

tra.tar [trat'ar] *vt+vpr* traiter. **tratar-se mutuamente por tu** se tutoyer. **tratar-se de** il s'agit de.

tra.to [tr'atu] *sm* **1** traitement. **2** convention, accord.

tra.tor [trat'or] *sm* tracteur.

trau.ma.tis.mo [trawmat'izmu] *sm* traumatisme.

tra.var [trav'ar] *vt* **1** joindre, lier. **2** entraver. **3** entamer, commencer.

tra.ve [tr'avi] *sf* montant, solive, poutre, chevron.

tra.ves.sa [trav'ɛsə] *sf* **1** traverse, rue de traverse. **2** plat.

tra.ves.sei.ro [traves'ejru] *sm* traversin, oreiller.

tra.ves.si.a [traves'iə] *sf Náut* **1** traversée. **2** trajet.

tra.ves.so [trav'esu] *sm adj* **1** espiègle, vif. **2** turbulent. **3** astucieux.

tra.ves.su.ra [traves'urə] *sf* espièglerie, fredaine.

tra.zer [traz'er] *vt* apporter, porter, amener.

tre.co [tr'ɛku] *sm coloq* truc, machin.

tre.cho [tr'eʃu] *sm* morceau.

tré.gua [tr'ɛgwə] *sf* trêve.

trei.na.dor [trejnad'or] *sm* entraîneur.

trei.na.men.to [trejnam'ẽtu] *sm* entraînement. *Var: treino.*

trei.nar [trejn'ar] *vt* entraîner.

tre.jei.to [treʒ'ejtu] *sm* geste.

trem [tr'ẽj] *sm* train. *Pl: trens.* **trem de aterrissagem ou trem de pouso** train d'atterrissage. **trem de carga** train de marchandises. **trem de passageiros** train de voyageurs. **viajar de trem** voyager en train.

tre.mer [trem'er] *vi* trembler.

tre.mor [trem'or] *sm* tremblement.

tre.mu.lar [tremul'ar] *vi* arborer, déployer, faire flotter (un drapeau).

trê.mu.lo [tr'emulu] *adj* **1** tremblant, frissonnant. **2** chevrotant (voix).

tre.nó [tren'ɔ] *sm* traîneau.

tre.pa.dei.ra [trepad'ejrə] *sf Bot* plante grimpante.

tre.par [trep'ar] *vt* **1** monter, gravir. **2** *vulg* baiser.

tre.pi.da.ção [trepidas'ãw] *sf* trépidation. *Pl: trepidações.*

tre.pi.dar [trepid'ar] *vi* trépider.

três [tr'es] *sm+num* trois.

tre.vas [tr'evas] *sf pl* ténèbres.

tre.vo [tr'evu] *sm* trèfle. **trevo de quatro folhas** *Bot* trèfle à quatre feuilles.

tre.ze [tr'ezi] *sm+num* treize.

tri.a.gem [tri'aʒẽj] *sf* triage, tri. *Pl: triagens.*

tri.ân.gu.lo [tri'ãgulu] *sm Geom, Mús* triangle.

tri.bo [tr'ibu] *sf* tribu.

tri.bu.tar [tribut'ar] *vt* imposer.

tri.bu.tá.rio [tribut'arju] *sm+adj* tributaire.

tri.bu.to [trib'utu] *sm* tribut.

tri.cô [trik'o] *sm* tricot.

tri.co.lor [trikol'or] *adj* tricolore.

tri.co.tar [trikot'ar] *vt+vi* tricoter.

tri.e.nal [trjen'aw] *adj* triennal. *Pl: trienais.*

tri.gê.meo [triʒ'emju] *sm+adj* triplés.

tri.go [tr'igu] *sm* blé.

tri.lha [tr'iʎə] *sf* trace, vestige, piste.

tri.lhão [triʎ'ãw] *sm* trillion, mille billions. *Pl: trilhões.*

tri.lho [tr'iʎu] *sm* rail.

tri.mes.tre [trim'ɛstri] *sm* trimestre.

trin.car [trĩk'ar] *vt+vi* **1** croquer. **2** casser, briser.

trin.co [tr'ĩku] *sm* loquet.

trin.ta [tr'ĩtə] *sm+num* trente.

tri.o [tr'iu] *sm Mús* trio.

tri.pa [tr'ipə] *sf* tripe. **fazer das tripas coração** faire contre mauvaise fortune bon cœur.

tri.pé [trip'ɛ] *sm* trépied.

tri.pli.car [triplik'ar] *vt* tripler.

trí.pli.ce [tr'iplisi] *num+adj* triple.

tri.pu.la.ção [tripulas'ãw] *sf Mil, Aer, Náut* équipage. *Pl: tripulações.*

tris.te [tr'isti] *adj* triste.

tris.te.ment [tristem'ẽti] *adv* tristement.

tris.te.za [trist'ezə] *sf* tristesse.

tri.tu.ra.dor [triturad'or] *adj* triturateur.

tri.tu.rar [tritur'ar] *vt* triturer.

tri.un.fal [triũf'aw] *adj* triomphal. *Pl: triunfais.*

tri.un.far [triũf'ar] *vt+vi* triompher.

tri.un.fo [tri'ũfu] *sm* triomphe.

triz [tr'is] *sm* peu de choses, presque rien.. **ele escapou por um triz** il l'a

échappé belle. **estar por um triz** être sur le point de.
tro.ca [tr'ɔkə] sf échange.
tro.ça [tr'ɔsə] sf raillerie.
tro.ca.di.lho [trokad'iʎu] sm calembour, jeu de mots.
tro.car [trok'ar] vt 1 échanger. vpr 2 se changer.
tro.co [tr'oku] sm monnaie. **a troco de** en échange de, au prix de. **a troco de nada** pour rien. **ter troco** avoir de la monnaie.
tro.féu [trof'ɛw] sm Esp trophée. Pl: troféus.
trom.ba [tr'õbə] sf Zool trompe.
trom.be.ta [trõb'etə] sf Mús cornet acoustique.
trom.bo.ne [trõb'oni] sm Mús trombone.
trom.pa [tr'õpə] sf Anat, Mús trompe.
trom.pe.te [trõp'ɛti] sf Mús trompette.
tron.co [tr'õku] sm 1 Anat poitrine. 2 Bot tronc.
tron.cu.do [trõk'udu] adj fam qui a le tronc développé, truculent, baraqué.
tro.no [tr'onu] sm trône.
tro.pe.ção [tropes'ãw] sm aum (de **tropeço**) heurt, faux pas. Pl: tropeções.
tro.pe.çar [tropes'ar] vt+vi broncher, chopper, se heurter contre.
tro.pe.ço [trop'esu] sm 1 V tropeção. 2 fig obstacle, difficulté.
tro.pi.cal [tropik'aw] adj tropical. Pl: tropicais.
tró.pi.co [tr'ɔpiku] sm Geogr tropique. **trópico de Câncer** tropique du Cancer. **trópico de Capricórnio** tropique du Capricorne.
tro.tar [trot'ar] vi trotter.
tro.te [tr'ɔti] sm trot.
trou.xa [tr'owʃə] sf paquet. • adj fam sot, bête.
tro.va [tr'ɔvə] sf 1 rime. 2 air. 3 chanson.

tro.vão [trov'ãw] sm tonnerre. Pl: trovões.
tro.ve.jar [troveʒ'ar] vi tonner.
tro.vo.a.da [trovo'adə] sf orage, coups de tonnerre répétés.
tru.ci.dar [trusid'ar] vt massacrer.
tru.cu.len.to [trukul'ẽtu] adj 1 sauvage, féroce. 2 truculent.
tru.fa [tr'ufə] sf Bot truffe.
trun.car [trũk'ar] vt tronquer, mutiler.
trun.fo [tr'ũfu] sm atout.
tru.que [tr'uki] sm 1 truc. 2 sorte de jeu de cartes.
tru.ta [tr'utə] sf Zool truite.
tu [t'u] pron pes sing tu.
tu.a [t'uə] pron poss f sing Gram 1 ta. 2 tuas pl tes.
tu.ba [t'ubə] sf Mús tube.
tu.ba.rão [tubar'ãw] sm Zool requin. Pl: tubarões.
tu.bo [t'ubu] sm tube. **tubo de ensaio** Quím tube à essai.
tu.ca.no [tuk'ʌnu] sm Zool toucan.
tu.do [t'udu] pron tout. **capaz de tudo** capable de tout. **é tudo ou nada** c'est tout ou rien.
tu.fo [t'ufu] sm 1 toison. 2 touffe. 3 houppe.
tu.mor [tum'or] sm tumeur.
tú.mu.lo [t'umulu] sm tombe, sépulture.
tu.mul.to [tum'uwtu] sm tumulte, désordre, vacarme, fracas, ruée.
tu.mul.tu.ar [tumuwtu'ar] vi 1 causer du tumulte. 2 exciter les troubles, s'ameuter, s'agiter. vt 3 ameuter.
tú.nel [t'unew] sm tunnel. Pl: túneis.
tú.ni.ca [t'unikə] sf tunique.
tur.ba [t'urbə] sf foule.
tur.bi.lhão [turbiʎ'ãw] sm tourbillon. Pl: turbilhões.
tur.bi.na [turb'inə] sf turbine.
tur.bu.lên.ci.a [turbul'ẽsjə] sf turbulence.
tur.fe [t'urfi] sm turf.
tu.ris.mo [tur'izmu] sm tourisme.

tu.ris.ta [tur´istə] *s* touriste.
tur.ma [t´urmə] *sf* groupe, bande.
tur.ma.li.na [turmal´inə] *sf Min* tourmaline.
tur.no [t´urnu] *sm* tour.
tur.var [turv´ar] *vt* troubler.

tu.te.la [tut´ɛlə] *sf* **1** appui, protection. **2** *Jur* tutelle.
tu.te.lar [tutel´ar] *vt* **1** *Jur* protéger comme tuteur. **2** *fig* appuyer, défendre. • *adj* tutelaire.
tu.tor [tut´or] *sm* tuteur.

u ['u] *sm* **1** la vingt et unième lettre de l'alphabet de la langue portugaise. **2** le nom de la lettre U.
u.fo ['ufu] *sm* ufo.
ui ['uj] *interj* aïe.
u.ís.que [u'iski] *sm* whisky.
ui.var [ujv'ar] *vi* hurler.
ui.vo ['ujvu] *sm* hurlement.
úl.ce.ra ['uwserə] *sf Med* ulcère.
ul.ce.ra.ção [uwseras'ãw] *sf* ulcération. *Pl: ulcerações*.
ul.ce.rar [uwser'ar] *vt* ulcérer.
ul.te.ri.or [uwteri'or] *adj* ultérieur.
ul.ti.ma.to [uwtim'atu] *sm* ultimatum.
úl.ti.mo ['uwtimu] *sm+adj* dernier. **dar o último suspiro** rendre le dernier soupir. **gastar até o último tostão** dépenser jusqu'à son dernier sou. **por último** en dernier. **ter a última palavra** avoir le dernier mot.
ul.tra.jan.te [uwtraʒ'ãti] *adj* offensif, outrageant, injurieux.
ul.tra.jar [uwtraʒ'ar] *vt* outrager, insulter.
ul.tra.mar [uwtram'ar] *sm* outre-mer.
ul.tra.pas.sa.gem [uwtrapas'aʒẽj] *sf* dépassement. *Pl: ultrapassagens*.
ul.tra.pas.sar [uwtrapas'ar] *vt+vi* **1** dépasser, franchir. **2** excéder.
ul.tras.som [uwtrəs'õw] *sm* ultrason ou ultra-son. .
ul.tra.vi.o.le.ta [uwtravjol'etə] *sm+adj* ultraviolet.

um ['ũ] *sm+num+pron indef* un. • *adj* un, unique, seul. • *art indef* un. *Pl: uns*. **um a um** un à un. **um por vez** chacun à son tour. **um pouco** un peu. **uns** uns, quelques, environ.
u.ma ['umə] *num+art indéf* une. **de duas uma** de deux choses l'une. **era uma vez** il était une fois.
um.bi.go [ũb'igu] *sm* nombril.
um.bral [ũbr'aw] *sm* seuil d'une porte. *Pl: umbrais*.
u.me.de.cer [umedes'er] *vt* **1** humecter. *vpr* **2** s'humecter, devenir humide.
u.mi.da.de [umid'adi] *sf* humidité.
u.mi.di.fi.ca.dor [umidifikad'or] *sm* humidificateur.
u.mi.di.fi.car [umididifik'ar] *vt+vi* humidifier
ú.mi.do ['umidu] *adj* humide.
u.na.ni.mi.da.de [unanimid'adi] *sf* unanimité.
un.ção [ũs'ãw] *sf* onction. *Pl: unções*.
un.gir [ũʒ'ir] *vt* oindre.
u.nha [u'ɲə] *sf* ongle. **cortar as unhas** se couper les ongles. **fazer as unhas** se faire les ongles. **roer as unhas** se ronger les ongles. **ser unha e carne com alguém** être à tu et à toi avec quelqu'un. **unha de fome** grippe-sou. **unha encravada** ongle incarnée.
u.nha.da [uɲ'adə] *sf* griffure.
u.nhar [uɲ'ar] *vt+vi* griffer.

u.ni.ão [uni'ãw] *sf* union. *Pl: uniões.*
ú.ni.co ['uniku] *adj* unique, seul.
u.ni.cór.nio [unik'ɔrnju] *sm Zool* licorne, unicorne.
u.ni.da.de [unid'adi] *sf* unité. **unidades de medida** unités de mesure.
u.ni.do [un'idu] *adj* uni. **Nações Unidas** Les Nations Unies. **O Reino Unido** Le Royaume Uni. **Os Estados Unidos** Les Etats-Unis.
u.ni.fi.car [unifik'ar] *vt* unifier.
u.ni.for.me [unif'ɔrmi] *sm* uniforme. • *adj* uniforme, pareil.
u.ni.for.mi.da.de [uniformid'adi] *sf* uniformité.
u.ni.for.mi.zar [uniformiz'ar] *vt* uniformiser.
u.nir [un'ir] *vt+vi* **1** unir, assembler, réunir. **2** souder. *vpr* **3** s'unir, se joindre, s'accorder.
u.ni.tá.rio [unit'arju] *adj* unitaire.
u.ni.ver.sal [univers'aw] *sm+adj* universel. *Pl: universais.*
u.ni.ver.si.da.de [universid'adi] *sf* université.
u.ni.ver.si.tá.rio [universit'arju] *sm+adj* universitaire.
u.ni.ver.so [univ'ɛrsu] *sm* univers.
u.ní.vo.co [un'ivoku] *adj* univoque.
un.tar [ũt'ar] *vt* oindre, enduire.
ur.ba.nis.mo [urban'izmu] *sm* urbanisme.
ur.ba.ni.zar [urbaniz'ar] *vt* urbaniser.
ur.ba.no [urb'Λnu] *adj* urbain. **transporte urbano** transport urbain.
u.rei.a [ur'ɛjə] *sf* urée.
u.re.ter [uret'er] *sm Anat* uretère.
u.re.tra [ur'ɛtrə] *sf Anat* urètre.
ur.gên.cia [urʒ'ẽsjə] *sf* urgence.
ur.gen.te [urʒ'ẽti] *adj* urgent.
ur.gir [urʒ'ir] *vt+vi* être urgent.
u.ri.na [ur'inə] *sf* urine.
u.ri.nar [urin'ar] *vt+vi* uriner.

ur.na ['urnə] *sf* urne.
u.ro.lo.gi.a [uroloʒ'iə] *sf* urologie.
ur.rar [uʀ'ar] *vi+vt* hurler, rugir.
ur.ro ['uʀu] *sm* rugissement, hurlement.
ur.so ['ursu] *sm Zool* ours.
ur.ti.ga [urt'igə] *sf Bot* ortie.
u.sar [uz'ar] *vt* **1** utiliser, se servir de, employer. **2** porter (vêtements). **usar óculos** porter des lunettes.
u.si.na [uz'inə] *sf* usine.
u.si.na.gem [uzin'aʒẽj] *sf* usinage. *Pl: usinagens.*
u.si.nar [uzin'ar] *vt* usiner.
u.so ['uzu] *sm* **1** emploi, utilisation. **2** consommation.
u.su.á.rio [uzu'arju] *sm* usager.
u.su.fru.ir [uzufru'ir] *vt* jouir, avoir l'usufruit de.
u.su.fru.to [uzufr'utu] *sm* usufruit, jouissance.
u.su.ra [uz'urə] *sf* usure.
u.su.rar [uzur'ar] *vi* prêter à usure.
u.sur.pa.ção [uzurpas'ãw] *sf* usurpation. *Pl: usurpações.*
u.ten.sí.lio [utẽs'ilju] *sm* ustensile, outil.
ú.te.ro [ut'eru] *sm* utérus.
ú.til ['utiw] *adj+sm* **1** utile. **2** efficace. *Pl: úteis.* **dia útil** jour ouvrable. **unir o útil ao agradável** joindre l'utile à l'agréable.
u.ti.li.da.de [utilid'adi] *sf* utilité.
u.ti.li.zá.vel [utiliz'avew] *adj* utilisable. *Pl: utilizáveis.*
u.ti.li.za.ção [utilizas'ãw] *sf* usage, emploi, utilisation. *Pl: utilizações.*
u.ti.li.zar [utiliz'ar] *vt* **1** se servir de, utiliser, employer. *vpr* **2** se servir de.
u.to.pi.a [utop'iə] *sf* utopie.
u.va ['uvə] *sf* raisin. **uva passa** raisin sec.
ú.vu.la ['uvulə] *sf Anat* uvule, luette.

V

v [v'e] *sm* la vingt-deuxième lettre de l'alphabet de la langue portugaise.

va.ca [v'akə] *sf* **1** vache. **2** *vulg* putain. **carne de vaca** viande de boeuf. **vaca leiteira** vache laitière. **vaca louca** vache-folle. **voltar à vaca fria** revenir à ses moutons.

va.ci.lar [vasil'ar] *vi* vaciller, flageoler.

va.ci.na [vas'inə] *sf Med* vaccin.

va.ci.nar [vasin'ar] *vt Med* **1** vacciner. **2** immuniser.

vá.cuo [v'akwu] *sm* vide.

va.di.a.gem [vadi'aʒẽj] *sm* vagabondage. *Pl: vadiagens.*

va.di.ar [vadi'ar] *vi* vagabonder.

va.ga [v'agə] *sf* **1** flot. **2** place vacante. **uma vaga ideia** une vague idée. **vagas lembranças** de vagues souvenirs.

va.ga.bun.de.ar [vagabũde'ar] *vi* vagabonder, errer.

va.ga.bun.do [vagab'ũdu] *sm + adj* **1** vagabond. **2** aventurier, voyageur, vagabond-lit.

va.ga-lu.me [vagəl'umi] *sm Zool* lampyre. *Pl: vaga-lumes.*

va.gão [vag'ãw] *sm* wagon. *Pl: vagões.* **vagão-dormitório** wagon-lit. **vagão-leito** wagon-lit. **vagão-restaurante** wagon-restaurant.

va.gar [vag'ar] *vi* **1** vaguer. **2** *Lit* errer. **3** *fig* vagabonder.

va.gem [v'aʒẽj] *sf Bot* **1** gousse, cosse. **2** haricot vert. *Pl: vagens.*

va.gi.na [vaʒ'inə] *sf Anat* vagin, fat.

va.gi.ni.te [vaʒin'iti] *sf Med* vaginite.

va.go [v'agu] *adj* **1** vague, indécis, mal défini. **2** vacant, vide.

va.gue.ar [vage'ar] *vt+vi* vaguer.

vai.a [v'ajə] *sf* huée. *ele foi embora sob vaias* / il est parti sous les huées.

vai.ar [vaj'ar] *vi* huer.

vai.da.de [vajd'adi] *sf* vanité, fatuité, orgueil.

vai.do.so [vajd'ozu] *adj* vaniteux, fat.

va.le [v'ali] *sm* **1** *Geogr* vallée, gorge, ravin. **2** *Com* bon. **vale postal** mandat-poste. **por montes e vales** par monts et par vaux.

va.len.te [val'ẽti] *adj* brave, vaillant, courageux.

va.len.ti.a [valẽt'iə] *sf* bravoure, vaillance.

va.ler [val'er] *vt* valoir, venir en aide.

va.le.ri.a.na [valeri'ʌnə] *sf Bot* valériane.

va.le.ta [val'etə] *sf* fossé.

va.li.da.de [valid'adi] *sf* validité.

va.li.dar [valid'ar] *vt* valider, homologuer.

vá.li.do [v'alidu] *adj* valide, valable. *passaporte válido* / passeport valide.

va.li.se [val'izi] *sf* valise. *valise diplomática* / valise diplomatique.

va.lor [val'or] *sm* valeur, prix.
va.lo.ri.zar [valoriz'ar] *vt* 1 valoriser. 2 gratifier. 3 mettre en vedette.
val.sa [v'awsə] *sfMús* valse. *as valsas de Chopin* / les valses de Chopin.
vál.vu.la [v'awvulə] *sfAnat, Mec, Elect* valvule, soupape.
vam.pi.ro [vãp'iru] *sm* vampire.
vân.da.lo [v'ãdalu] *sm* vandale.
van.guar.da [vãg'wardə] *sf Art, Mil* avant-garde.
va.ni.li.na [vanil'inə] *sf Quím* vanilline.
van.ta.gem [vãt'aʒẽj] *sf* 1 avantage, bénéfice. 2 gain, intérêt. *Pl:* **vantagens**. **contar vantagem** se vanter.
van.ta.jo.so [vãtaʒ'ozu] *adj* avantageux.
vão [v'ãw] *sm* vide. • *adj* 1 vain, illusoire, chimérique. 2 insignifiant, inéficace. *Pl: vãos*.
va.por [vap'or] *sm* vapeur, émanation, effluve. *batatas cozidas no vapor* des pommes de terre cuites à la vapeur.
va.po.ri.za.dor [vaporizad'or] *sm* vaporisateur.
va.po.ri.zar [vaporiz'ar] *vt* vaporiser, pulvériser.
va.quei.ro [vak'ejru] *sm* vacher, bouvier.
va.ra [v'arə] *sf* 1 branche d'un arbre. 2 verge. **vara de pescar** canne à pêche.
va.ral [var'aw] *sm* étendoir. *Pl: varais*.
va.ran.da [var'ãdə] *sf Arquit* véranda, balcon.
va.re.jo [var'eʒu] *sm Com* détail. **vender no varejo** vendre au détail.
va.re.ta [var'etə] *sf* baguette.
va.ri.ar [vari'ar] *vt* 1 varier. *vi* 2 fluctuer. 3 osciller.
va.ri.ce.la [varis'ɛlə] *sf Med* varicelle, petite vérole.
va.rí.o.la [var'iolə] *sf Med* variole, vérole, petite vérole.
vá.rios [v'arjus] *adj pl* plusieurs, divers.

var.rer [vaʁ'er] *vt* 1 balayer. 2 *fig* faire disparaître.
vas.cu.lar [vaskul'ar] *adj Med* vasculaire.
va.sec.to.mi.a [vazektom'iə] *sf Cirurg* vasectomie.
va.se.li.na [vazel'inə] *sf* vaseline.
va.si.lha [vaz'iʎə] *sf* récipient.
va.so [v'azu] *sm* 1 vase, pot. *um vaso de cristal* / un vase en cristal. 2 *Anat* vaisseau.
vas.sou.ra [vas'owrə] *sf* balai.
vas.to [v'astu] *adj* vaste, grand.
va.za.men.to [vazam'ẽtu] *sm* fuite.
va.zan.te [vaz'ãti] *sf* basse marée.
va.zar [vaz'ar] *vt* 1 vider. 2 verser. **vazar os olhos** crever les yeux.
va.zi.o [vaz'iu] *sm+adj* vide, néant. **de mãos vazias** les mains vides. **estar com o estômago vazio** avoir l'estomac vide, avoir faim. **lugar vazio** place libre.
ve.a.do [ve'adu] *sm* 1 *Zool* cerf. 2 *gír* pédé, tapette.
ve.de.te [ved'ɛti] *sf Cin, Teat* vedette.
ve.e.mên.ci.a [veem'ẽsjə] *sf* véhémence, exaltation, énergie, virulence.
ve.ge.tal [veʒet'aw] *sm+adj* végétal. *Pl: vegetais*. **o reino vegetal** le règne végétal.
ve.ge.ta.ri.a.no [veʒetari'ʌnu] *sm+adj* végétarien.
vei.a [v'ejə] *sfAnat* veine.
ve.i.cu.lar [vejkul'ar] *vt* véhiculer.
ve.í.cu.lo [ve'ikulu] *sm* véhicule.
vei.o [v'eju] *sm* 1 *Min* veine. 2 axe. **veio de água** filet d'eau. **veio de ouro** filon d'or.
ve.la [v'ɛlə] *sf* 1 chandelle, bougie (d'anniversaire), cierge (d'église). 2 *Náut* voile. 3 *Autom* bougie.
ve.lar [vel'ar] *vt* 1 veiller, surveiller. 2 voiler, couvrir d'un voile. **velar um doente** veiller un malade. **velar um morto** veiller le défunt.

ve.lei.ro [vel′ejru] *sm Náut* voilier.
ve.le.jar [veleʒ′ar] *vi Náut* faire de la voile.
ve.lhi.ce [veλ′isi] *sf* **1** vieillesse. **2** vétusté.
ve.lho [v′ελu] *sm* **1** vieux. **2** *fig* grand-père, pépé. *uma mulher velha* / une vieille femme. *um homem velho* / un vieil homme.
ve.lo.ci.da.de [velosid′adi] *sf* vitesse, vélocité, célérité, rapidité. *excesso de velocidade* excès de vitesse.
ve.ló.rio [vel′ɔrju] *sm* veiller le mort.
ve.loz [vel′ɔs] *adj* rapide.
ve.lu.do [vel′udu] *sm* velours. *calça de veludo* / pantalon de velours.
ven.ce.dor [vẽsed′or] *sm* vainqueur, gagnant.
ven.cer [vẽs′er] *vt* **1** vaincre. **2** triompher. **3** emporter sur.
ven.ci.men.to [vẽsim′ẽtu] *sm* échéance.
ven.da [v′ẽdə] *sf* **1** magasin. **2** vente. **3** bandeau.
ven.dá.vel [vẽd′avew] *adj* vendable. *Pl: vendáveis.*
ven.de.dor [vẽded′or] *sm* vendeur. *vendedor ambulante* a) camelot. b) colporteur.
ven.der [vẽd′er] *vt+vpr* vendre.
ve.ne.no [ven′enu] *sm* **1** poison, venin. **2** *fig* haine, méchanceté.
ve.ne.no.so [venen′ozu] *adj* **1** venimeux. **2** *fig* haineux.
ve.ne.rar [vener′ar] *vt* **1** vénérer, adorer. **2** *fig* idolâtrer.
ve.né.reo [ven′ɛrju] *adj Med* vénérien.
ve.ne.zi.a.na [venezi′ʌnə] *sf* persienne, volet.
ven.ta.ni.a [vẽtan′iə] *sf* bourrasque.
ven.tar [vẽt′ar] *vi* **1** faire du vent.
ven.ti.la.dor [vẽtilad′or] *sm* ventilateur.
ven.ti.lar [vẽtil′ar] *vt* ventiler, aérer.

ven.to [v′ẽtu] *sm* vent. *andar contra o vento* marcher contre le vent. *vento frio* vent glacial, bise. *vento moderado* vent modéré.
ven.to.sa [vẽt′ozə] *sf* ventouse.
ven.tre [v′ẽtri] *sm Anat* ventre. *prisão de ventre* constipation.
ven.trí.cu.lo [vẽtr′ikulu] *sm* ventricule.
ven.trí.lo.quo [vẽtr′ilokwu] *sm* ventriloque.
ver [v′er] *vt* **1** voir, observer, distinguer. *vi+vpr* **2** voir.
ve.ra.ci.da.de [verasid′adi] *sf* **1** vérité, exactitude. **2** *Lit* vraissemblance.
ve.rão [ver′ãw] *sm* été. *Pl: verões, verãos. no verão* en été.
ver.ba [verb′ə] *sf* somme, montant.
ver.be.na [verb′enə] *sf Bot* verveine.
ver.bo [v′erbu] *sm Gram* verbe.
ver.da.de [verd′adi] *sf* vérité. *a busca da verdade* / la recherche de la vérité. *na verdade* en vérité. *a verdade sai da boca das crianças prov* la vérité sort de la bouche des enfants.
ver.da.dei.ro [verdad′ejru] *adj* vrai, authentique, fidèle, véritable.
ver.de [v′erdi] *sm+adj* vert.
ver.du.ra [verd′urə] *sf* **1** verdure, végétation. **2** crudités.
ver.du.rei.ro [verdur′ejru] *sm* marchand de légumes.
ve.re.a.dor [veread′or] *sm* conseiller municipal.
ve.re.dic.to [vered′ictu] *sm Jur* verdict.
ver.gão [verg′ãw] *sm* bleu, marque que laissent les coups de fouet sur la peau. *Pl: vergões.*
ver.go.nha [verg′oñə] *sf* **1** honte, humiliation. **2** *fig* pudeur. *corar de vergonha* rougir de honte. *sem-vergonha* sans vergogne, sans scrupule, sans honte. *vermelho de vergonha* rouge de honte.

ver.go.nho.so [vergoñ´ozu] *adj* honteux, humiliant, infâme. **é vergonhoso!** c'est honteux!

ve.rí.di.co [ver´idiku] *adj* véridique.

ve.ri.fi.car [verifik´ar] *vt* vérifier.

ver.me [v´ɛrmi] *sm Zool* ver, ver de terre.

ver.me.lho [verm´eʌu] *sm+adj* rouge.

ver.mi.ci.da [vermis´idə] *sm+adj* vermicide.

ver.mi.fu.go [verm´ifugu] *sm+adj* vermifuge.

ver.mi.no.se [vermin´ɔzi] *sf Med* maladie causée par vers intestinaux.

ver.niz [vern´is] *sm* 1 vernis. 2 *fig* apparence.

ver.ru.ga [veř´ugə] *sf* verrue.

ver.são [vers´ãw] *sf* version, interprétation. *Pl:* versões.

ver.sá.til [vers´atiw] *adj* 1 versatile. 2 changeant, inconstant. *Pl:* versáteis.

ver.so [v´ɛrsu] *sm* vers, verset.

vér.te.bra [v´ɛrtebrə] *sf Anat* vertèbre.

ver.te.bra.do [vertebr´adu] *adj Zool* vertébré. **os vertebrados** les vertébrés.

ver.ti.cal [vertik´aw] *sf+adj* vertical. *Pl:* verticais.

vér.ti.ce [v´ɛrtisi] *sm* sommet.

ver.ti.gem [vert´iʒẽj] *sf* 1 *Med* vertige, étourdissement. 2 folie, trouble. 3 *fig, coloq* tournis. *Pl:* vertigens.

ves.go [v´ezgu] *adj* louche, bigle.

ve.sí.cu.la [vez´ikulə] *sf Anat* vésicule. **vesícula biliar** vésicule biliaire.

ves.pa [v´εspə] *sf* guêpe, frelon.

ves.pei.ro [vesp´ejru] *sm* guêpier.

vés.pe.ra [v´εsperə] *sf* veille. **na véspera** à la veille.

ves.per.ti.no [vespert´inu] *adj* vespéral, du soir.

ves.ti.á.rio [vesti´arju] *sm* vestiaire.

ves.ti.bu.lar [vestibul´ar] *adj Anat* vestibulaire. • *sm* examen d'entrée à l'université.

ves.ti.do [vest´idu] *sm* robe. • *adj* vêtu. **bem vestido** bien habillé. **mal vestido** mal habillé. **vestido comprido** robe longue. **vestido de baile** robe de soirée.

ves.tí.gio [vest´iʒju] *sm* vestige.

ves.ti.men.ta [vestim´ẽtə] *sf* 1 habit. 2 vêtement.

ves.ti.men.tar [vestimẽt´ar] *adj* vestimentaire.

ves.tir [vest´ir] *vt* 1 habiller, vêtir. *vpr* 2 s'habiller. **estar bem, mal vestido** être bien, mal vêtu.

ves.tu.á.rio [vestu´arju] *sm* habillement, vêtement.

ve.te.ri.ná.rio [veterin´arju] *sm+adj* vétérinaire.

véu [v´ɛw] *sm* voile. **tomar o véu** prendre le voile. **véu de noiva** voile de mariée. **véu islâmico** foulard islamique, tchador.

ve.xa.me [veʃ´ʌmi] *sm* 1 honte. 2 embarras. 3 humiliation.

vez [v´es] *sf* fois. **às vezes** parfois, quelquefois. **em vez de** au lieu de. **era uma vez** il était une fois. **muitas vezes** plusieurs fois.

vi.a [v´iə] *sf* voie, chemin, route. **via marítima, aérea** voie maritime, aérienne.

vi.a.du.to [vjad´utu] *sm* viaduc.

vi.a.gem [vi´aʒẽj] *sf* voyage. *Pl:* viagens. **boa viagem!** bon voyage!

vi.a.jan.te [vjaʒ´ãti] *s* voyageur.

vi.a.jar [vjaʒ´ar] *vi* voyager. **viajar de avião** voyager en avion. **viajar de carro** voyager en voiture.

ví.bo.ra [v´iborə] *sf Zool, fig* vipère.

vi.brar [vibr´ar] *vt* 1 vibrer. 2 brandir, frémir.

vi.ce [v´isi] *sm* vice. **vice-presidente** vice-président.

vi.ci.a.do [visi´adu] *adj* 1 vicié, gâté. 2 corrompu.

vi.ci.ar [visi´ar] *vt* 1 vicier, gâter. 2 corrompre.

ví.cio [v'isju] *sm* **1** vice, dissolution. **2** immoralité. **3** *fig* faiblesse. **a preguiça é a mãe de todos os vícios** *prov* l'oisiveté (la paresse) est la mère de tous les vices.

vi.ço [v'isu] *sm* force, vigueur.

vi.ço.so [vis'ozu] *adj* **1** feuillu, luxuriant, verdoyant. **2** *fig* vigoureux.

vi.da [v'idə] *sf* vie. **dar à vida** donner naissance, enfanter. **dar sinal de vida** donner signe de vie. **seguro de vida** assurance sur la vie. **sem vida** sans vie. **vida de cão** vie de chien, vie misérable.

vi.dei.ra [vid'ejrə] *sf Bot* vigne.

vi.dên.cia [vid'ẽsjə] *sf* voyance.

vi.den.te [vid'ẽti] *s* voyant. **consultar uma vidente** consulter une voyante.

ví.deo [v'idju] *sm* vidéo.

vi.de.o.te.ca [videot'ɛkə] *sf* vidéothèque.

vi.dra.ça [vidr'asə] *sf* vitre, verrière, vitrage. **vidraça da janela** / vitre de la fenêtre

vi.dra.ça.ri.a [vidrasar'iə] *sf* verrerie, vitrerie.

vi.dro [v'idru] *sm* verre. **garrafa de vidro** bouteille en verre.

vi.e.nen.se [vjen'ẽsi] *adj* viennois.

vi.ga [v'igə] *sf* poutre.

vi.gi.a [viʒ'iə] *s* **1** surveillant. **2** veilleur. **3** sentinelle.

vi.gi.ar [viʒi'ar] *vt* **1** surveiller, contrôler. **2** veiller.

vi.gi.lân.cia [viʒil'ãsjə] *sf* **1** contrôle. **2** surveillance.

vi.gi.lan.te [viʒil'ãti] *adj* surveillant. • *s* qui surveille.

vi.gí.lia [viʒ'iljə] *sf* **1** veille. **2** veillée.

vi.gor [vig'or] *sm* vigueur, force, vitalité. **as leis em vigor** les lois en vigueur. **entrar em vigor** entrer en vigueur.

vi.go.rar [vigor'ar] *vi* vigorer.

vi.go.ro.so [vigor'ozu] *adj* **1** vigoureux, robuste. **2** énergique, vivace.

vil [v'iw] *adj* **1** vil, ignoble, indigne. **2** *Lit* impur. Pl: *vis*.

vi.la [v'ilə] *sf* bourg, petite ville.

vi.la.re.jo [vilar'eʒu] *sm* village, hameau. **um vilarejo isolado** / un village isolé.

vi.me [v'imi] *sm* osier.

vi.na.gre [vin'agri] *sm* vinaigre. **vinagre de vinho** vinaigre de vin

vi.na.gre.te [vinagr'ɛti] *sf* vinaigrette.

vín.cu.lo [v'ĩkulu] *sm* lien.

vin.da [v'ĩdə] *sf* venue.

vin.di.ma [vĩd'imə] *sf* vendange.

vin.gan.ça [vĩg'ãsə] *sf* **1** vengeance. **a vingança é um prato que se come frio** / la vengeance est un plat qui se mange froid. **2** vendetta. **sede, desejo de vingança** soif, désir de vengeance.

vin.gar [vĩg'ar] *vt+vpr* venger.

vin.ga.ti.vo [vĩgat'ivu] *adj* vindicatif, rancunier.

vi.nhe.do [viɲ'edu] *sm* vignoble.

vi.nho [v'iɲu] *sm* vin. **vinho branco** vin blanc. **vinho doce** vin doux. **vinho espumante** vin mousseux. **vinho seco** vin sec. **vinho tinto** vin rouge.

vi.o.la [vi'ɔlə] *sf Mús* guitare. **por fora bela viola, por dentro pão bolorento** robe de velours, ventre de son.

vi.o.lão [vjol'ãw] *sm Mús* guitare. Pl: *violões*.

vi.o.lar [vjol'ar] *vt* **1** violer. **2** profaner, violenter.

vi.o.lên.cia [vjol'ẽsjə] *sf* **1** violence, impétuosité. **2** virulence, véhémence. **fazer violência contra si mesmo** se faire violence.

vi.o.len.tar [vjolẽt'ar] *vt* **1** violer, enfreindre, profaner. **2** transgresser. **violentar alguém** violer quelqu'un.

vi.o.len.to [vjol'ẽtu] *adj* violent, agressif.

vi.o.le.ta [vjol'etə] *sf adj Bot* violette. **um buquê de violetas** / un bouquet de violettes.

vi.o.li.nis.ta [vjolin´istə] *s Mús* violoniste.

vi.o.li.no [vjol´inu] *sm Mús* violon.

vi.o.lon.ce.lis.ta [vjolõsel´istə] *s Mús* violoncelliste.

vi.o.lon.ce.lo [vjolõs´ɛlu] *sm Mús* violoncelle.

vi.o.lo.nis.ta [vjolon´istə] *s Mús* guitariste.

vir [v´ir] *vi* venir.

vi.ra.da [vir´adə] *sf* tournant, virage.

vi.ra-la.ta [virəl´atə] *sm* mâtin. Pl: *vira-latas*.

vi.rar [vir´ar] *vt vi* tourner. **não saber para onde se virar** ne pas savoir de quel côté se tourner, ne pas savoir où donner de la tête. **virar do avesso ou de ponta-cabeça** renverser, mettre sens dessus dessous.

vir.gem [v´irʒẽj] *sf* vierge, pucelle. Pl: *virgens*.

vir.gin.da.de [virʒĩd´adi] *sf* virginité.

vír.gu.la [v´irgulə] *sf* virgule.

vi.ril [vir´iw] *adj* **1** virile. **2** *fig* mâle. Pl: *viris*.

vi.ri.lha [vir´iʎə] *sf Anat* aine.

vi.ro.se [vir´ɔzi] *sf Med* virose.

vir.tu.al [virtu´aw] *adj* virtuel. *o mercado virtual* / le marché virtuel. Pl: *virtuais*.

vir.tu.de [virt´udi] *sf* vertu. **em virtude de** en vertu de.

vir.tu.o.so [virtu´ozu] *adj* vertueux.

vi.ru.lên.cia [virul´ẽsjə] *sf* virulence, emportement.

ví.rus [v´irus] *sm sing+pl Med* virus.

vi.são [viz´ãw] *sf* **1** vision. **2** hallucination. Pl: *visões*.

vi.sar [viz´ar] *vt* viser.

vís.ce.ra [v´iserə] *sf Anat* viscère.

vís.ce.ras [v´iseras] *sf pl* entrailles.

vis.co [v´izku] *sm* glu. Var: *visgo*.

vis.co.se [visk´ɔzi] *sf* viscose.

vis.co.so [visk´ozu] *adj* visqueux, gluant.

vi.sei.ra [viz´ejrə] *sf* visière.

vis.go [v´izgu] *V* visco.

vi.si.o.ná.rio [vizjon´arju] *sm+adj* visionnaire.

vi.si.ta [viz´itə] *sf* visite. **fazer uma visita a alguém** rendre visite à quelqu'un. **horário de visita** l'heure de visites.

vi.si.tan.te [vizit´ãti] *s* visiteur.

vi.sí.vel [viz´ivew] *adj* visible. Pl: *visíveis*.

vi.sor [viz´or] *sm* **1** viseur. **2** écran.

vis.ta [v´istə] *sf* vue. **à primeira vista** à première vue. **até a vista!** *interj* au revoir! **em vista de** en vue de.

vis.to [v´istu] *sm Com* visa. • *adj* vu, examiné, considéré. **visto de entrada em um país** visa d'entrée dans un pays. **visto que** vu que.

vis.to.ri.a [visto´riə] *sf* **1** inspection. **2** expertise.

vis.to.ri.ar [vistori´ar] *vt* **1** inspecter. **2** expertiser. **vistoriar o carro** faire expertiser la voiture.

vi.su.al [vizu´aw] *adj* visuel. Pl: *visuais*.

vi.tal [vit´aw] *adj* **1** vital. **2** indispensable. Pl: *vitais*. **princípio, força vital** principe, force vitale.

vi.ta.li.da.de [vitalid´adi] *sf* vitalité, dynamisme, énergie, vigueur.

vi.ta.mi.na [vitam´inə] *sf Med* vitamine. **carência de vitamina** carence de vitamine.

vi.te.lo [vit´ɛlu] *sm* **1** veau (animal). **2** *sf* génisse.

vi.ti.cul.tor [vitikuwt´or] *sm* viticulteur.

vi.ti.li.go [vitil´igu] *sm Med* vitiligo.

ví.ti.ma [v´itimə] *sf Jur* victime. **fazer-se de vítima** se prendre pour une victime.

vi.tó.ria [vit´ɔrjə] *sf* victoire.

vi.to.ri.o.so [vitori´ozu] *sm+adj* victorieux, vainqueur.

vi.tral [vitr´aw] *sm* **1** vitrail. **2** verrière. Pl: *vitrais*.
vi.tri.na [vitr´inɐ] *sf* **1** vitrine. **2** étalage.
vi.trô [vitr´o] *sf* vitre.
vi.u.vez [vjuv´es] *sf* veuvage.
vi.ú.vo [vi´uvu] *sm*+*adj* veuf.
vi.va [v´ivɐ] *interj* vive!, viva!
vi.vei.ro [viv´ejru] *sm* volière.
vi.ver [viv´er] *vi* vivre. **viver em paz** vivre en paix. **viver no campo** vivre à la campagne.
ví.ve.res [v´iveris] *sm pl* vivres.
vi.vo [v´ivu] *adj* **1** vivant. **2** *Mús* vivace.
vi.zi.nhan.ça [viziɲ´ãsɐ] *sf* **1** voisinage. **2** entourage. **na vizinhança** aux alentours.
vi.zi.nho [viz´iɲu] *sm* voisin. • *adj* voisin, contigu. **voisin de table** / vizinho de mesa.
vo.ar [vo´ar] *vi* **1** voler. **2** flotter.
vo.ca.bu.lá.rio [vokabul´arju] *sm* vocabulaire, lexique. *vocabulário reduzido* / vocabulaire réduit, pauvre. *que vocabulário!* quel vocabulaire!
vo.ca.ção [vokas´ãw] *sf* vocation. Pl: *vocações*.
vo.cal [vok´aw] *adj* vocal. Pl: *vocais*.
vo.cê [vos´e] *pron pes sing* **1** tu. **2 vocês** *pl* vous. **com você** avec toi. **com vocês** avec vous.
vod.ca [v´ɔdkɐ] *sf* vodka.
vo.gal [vog´aw] *sf Gram* voyelle. *vogal oral e nasal* / voyelle orale et nasale. Pl: *vogais*.
vo.lan.te [vol´ãti] *sm Autom* volant.
vo.lá.til [vol´atiw] *adj* volatile. Pl: *voláteis*.
vol.ta [v´ɔwtɐ] *sf* tour. **dar uma volta** faire un tour, faire une ballade.
vol.ta.gem [vowt´aʒẽj] *sf Elet* voltage. Pl: *voltagens*.
vol.tar [vowt´ar] *vt*+*vi* **1** revenir. *vpr* **2** se tourner vers. **voltar a si** revenir à soi. **voltar atrás** revenir sur.
vo.lu.me [vol´umi] *sm* volume, tome.

vo.lu.mo.so [volum´ozu] *adj* volumineux, grand.
vo.lun.tá.rio [volũt´arju] *sm*+*adj* volontaire.
vo.lú.pia [vol´upjɐ] *sf* volupté.
vo.lú.vel [vol´uvew] *adj* volubile. Pl: *volúveis*.
vo.mi.tar [vomit´ar] *vt*+*vi* vomir.
vô.mi.to [v´omitu] *sm* vomissement.
von.ta.de [võt´adi] *sf* volonté. **à vontade** à volonté. **de boa vontade** de bon gré. **de má vontade** de mauvais gré. **má vontade** mauvaise volonté.
vo.o [v´ou] *sm* vol. **levantar voo** prendre son élan.
vós [v´ɔs] *pron pes pl* vous.
vos [vus] *pron pes pl* vous.
vos.sa [v´ɔsɐ] *pron poss f sing* votre. **2 vossas** *pl* vos.
vos.so [v´ɔsu] *pron poss m sing* votre. **2 vossos** *pl* vos.
vo.tar [vot´ar] *vt* voter.
vo.to [v´ɔtu] *sm* **1** voto. **2** suffrage. **3 votos** *pl Rel* vœux.
vo.vó [vov´ɔ] *sf fam* grand-mère.
vo.vô [vov´o] *sm fam* grand-père.
voz [v´ɔs] *sf* voix. **em voz alta** à haute voix.
vul.câ.ni.co [vuwk´ʌniku] *adj* volcanique.
vul.cão [vuwk´ãw] *sm* volcan. Pl: *vulcões*.
vul.gar [vuwg´ar] *adj* vulgaire.
vul.ga.ri.zar [vuwgariz´ar] *vt* vulgariser.
vul.go [v´uwgu] *sm* **1** peuple. **2** menu peuple, populace. • *adv* vulgairement appelé.
vul.ne.ra.bi.li.da.de [vuwnerabilid´adi] *adj* vulnérabilité.
vul.ne.rá.vel [vuwner´avew] *adj* **1** vulnérable. **2** fragile. Pl: *vulneráveis*.
vul.to [v´uwtu] *sm* image confuse d'un corps peu éclairé ou vu de loin, figure. **coisa de vulto** chose d'importance considérable. **tomar vulto** s'aggrandir.
vul.va [v´uwvɐ] *sf Anat* vulve.

W

w [d´ablju] *sm* la vingt-troisième lettre de l'alphabet de la langue portugaise.
walkman [u´ɔkm´ɛn] *sm Ingl* baladeur, *walkman*.

watt [v´ati] *sm Elect* watt.
wc [dabljus´e] *sm Ingl waters*, toilettes.

X

x [ʃ'is] *sm* la vingt-quatrième lettre de l'alphabet de la langue portugaise.
xá [ʃ'a] *sm* shah, schah, souverain de la Perse, puis de l'Iran.
xa.drez [ʃadr'es] *sm* **1** jeu d'échecs. **2** tissu écossais. **3** *pop* prison. **4** *gír* taule.
xam.pu [ʃãp'u] *sm* shampooing. *xampu contra caspa* / shampooing anti-pelliculaire.
xa.rá [ʃar'a] *s* homonyme, personne dont le prénom est identique à celui d'une autre personne. *ele é meu xará* / il est mon homonyme.
xa.ro.pe [ʃar'ɔpi] *sm* sirop.
xe.no.fo.bi.a [ʃenofob'iɐ] *sf* xénophobie.
xe.nó.fo.bo [ʃen'ɔfobu] *sm* xénophobe.
xe.que [ʃ'ɛki] *sm* échec, mouvement du jeu d'échecs.
xe.que-ma.te [ʃɛkim'ati] *sm* échec et mat. *Pl: xeques-mates, xeques-mate*. **dar xeque** faire échec. **dar xeque-mate** faire échec et mat.
xe.re.ta [ʃer'etɐ] *s pop* curieux.
xe.re.tar [ʃeret'ar] *vt+vi pop* fureter, fouiller, fouiner. *Var: xeretear*.
xe.rez [ʃer'es] *sm* xérès.
xe.ro.car [ʃerok'ar] *vt* photocopier.
xe.rox [ʃer'ɔks] *sm* photocopie.
xí.ca.ra [ʃ'ikarɐ] *sf* tasse.
xin.ga.men.to [ʃĩgam'ẽtu] *sm* insulte, offense, grossièreté.
xin.gar [ʃĩg'ar] *vt* insulter, offenser.
xi.xi [ʃiʃ'i] *sm* pipi. *fazer xixi* / faire pipi.
xo.xo.ta [ʃoʃ'ɔtɐ] *sf vulg* chatte, con.

y

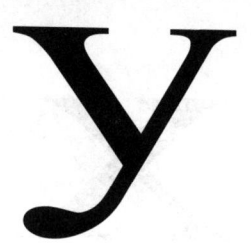

y [ˈipsilõw] *sm* la vingt-cinquième lettre de l'alphabet de la langue portugaise.

Z

z [zˈe] *sm* la vingt-sixième lettre de l'alphabet de la langue portugaise.

za.guei.ro [zagˈejru] *sm Fut* joueur de défense.

zan.ga [zˈɐ̃gɐ] *sf* fâcherie.

zan.ga.do [zɐ̃gˈadu] *adj* fâché, irrité. **estar zangado com alguém** être fâché avec quelqu'un.

zan.gão [zɐ̃gˈɐ̃w] *sm Zool* faux bourdon. *Pl:* zangãos, zangões.

zan.gar [zɐ̃gˈar] *vt+vi* **1** fâcher. *vpr* **2** se fâcher, se mettre en colère.

zan.zar [zɐ̃zˈar] *vi* vagabonder, errer, vaguer, rôder, flâner.

zar.par [zarpˈar] *vt+vi Náut* lever l'ancre, faire voile, partir.

ze.bra [zˈebrɐ] *sf Zool* zèbre.

ze.bu [zebˈu] *sm Zool* zébu.

zé.fi.ro [zˈɛfiru] *sm Lit* zéphyr, vent doux et agréable, brise légère.

ze.la.dor [zeladˈor] *sm* concierge.

ze.lo [zˈelu] *sm* **1** zèle, empressement, dévouement. **2** ferveur. *trabalhar com zelo* / travailler avec zèle.

ze.lo.so [zelˈozu] *adj* zélé, dévoué.

zê.ni.te [zˈeniti] *sm* zénith, apogée, sommet.

ze.ro [zˈɛru] *sm+num* zéro. **abaixo de zero** au-dessous de zéro. **acima de zero** au-dessus de zéro. **começar do zero** partir de zéro. **zero à esquerda** bon à rien.

zes.to [zˈɛstu] *sm* zeste.

zi.go.ma [zigˈomɐ] *sm Anat* zygoma.

zi.go.to [zigˈotu] *sm* zygote.

zim.bro [zˈĩbru] *sm* genévrier.

zin.co [zˈĩku] *sm Quím* zinc. *teto de zinco* / toit en zinc.

zí.per [zˈiper] *sm* fermeture éclair.

zo.di.a.cal [zodjakˈaw] *adj* zodiacal. *Pl:* zodiacais.

zo.dí.a.co [zodˈiaku] *sm Astrol, Astron* zodiaque. *signos do zodíaco* / signes du zodiaque.

zom.bar [zõbˈar] *vt* **1** se moquer, railler, ridiculiser. **2** plaisanter. *vi* **3** plaisanter.

zom.ba.ri.a [zõbarˈiɐ] *sf* moquerie, raillerie, plaisanterie.

zom.be.tei.ro [zõbetˈejru] *sm+adj* railleur, moqueur, persifleur.

zo.na [zˈonɐ] *sf* **1** zone, secteur, région. *zona equatorial* / zone équatoriale. *zona urbana* / zone urbaine. **2** *fig* bordel, pagaille.

zo.o [zˈou] *sm* zoo.

zo.o.lo.gi.a [zoolɔʒˈiɐ] *sf* zoologie.

zo.o.ló.gi.co [zoolˈɔʒiku] *sm+adj* zoologique, zoo.

zo.o.lo.gis.ta [zoolɔʒˈistɐ] *s* zoologiste, zoologue.

zo.ó.lo.go [zoˈɔlogu] *sm* zoologue, zoologiste, naturaliste.

zu.lu [zul′u] *adj+s* zoulou.
zum.bi [zũb′i] *sm* zombie.
zum.bi.do [zũb′idu] *sm* **1** bourdonnement. **2** vrombissement. *Var: zunido.*

zum.bir [zũb′ir] *vi+vt* **1** bourdonner. **2** vrombir. • *sm* **1** bourdonner. **2** vrombir. *Var: zunir.*
zur.rar [zuř′ar] *vi+vt* braire.

APÊNDICE

Conjugação dos verbos em francês

Verbos Auxiliares

AVOIR

INFINITIVO
Presente avoir
Passado avoir eu

PARTICÍPIO
Presente ayant
Passado eu, eue ayant eu

INDICATIVO
Presente
j'ai
tu as
il a
nous avons
vous avez
ils ont

Pretérito Imperfeito
j'avais
tu avais
il avait
nous avions
vous aviez
ils avaient

Pretérito Perfeito Composto
j'ai eu
tu as eu
il a eu
nous avons eu
vous avez eu
ils ont eu

**Pretérito Mais-que-
-perfeito**
j'avais eu
tu avais eu
il avait eu
nous avions eu
vous aviez eu
ils avaient eu

Futuro do Presente
j'aurai
tu auras
il aura
nous aurons
vous aurez
ils auront

Futuro do Presente Composto
j'aurai eu
tu auras eu
il aura eu
nous aurons eu
vous aurez eu
ils auront eu

SUBJUNTIVO
Presente
que j'aie
que tu aies
qu'il ait
que nous ayons
que vous ayez
qu'ils aient

IMPERATIVO
Presente
aie
ayons
ayez

CONDICIONAL
Presente
j'aurais
tu aurais
il aurait
nous aurions
vous auriez
ils auraient

ÊTRE

INFINITIVO
Presente être
Passado avoir été

PARTICÍPIO
Presente étant
Passado ayant été

INDICATIVO
Presente
je suis
tu es
il est
nous sommes
vous êtes
ils sont

Pretérito Imperfeito
j'étais
tu étais
il était
nous étions
vous étiez
ils étaient

Pretérito Perfeito Composto
j'ai été
tu as été
il a été
nous avons été
vous avez été
ils ont été

Pretérito Mais-que--perfeito
j'avais été
tu avais été
il avait été
nous avions été
vous aviez été
ils avaient été

Futuro do Presente
je serai
tu seras
il sera
nous serons
vous serez
ils seront

Futuro do Presente Composto
j'aurai été
tu auras été
il aura été
nous aurons été
vous aurez été
ils auront été

SUBJUNTIVO
Presente
que je sois

que tu sois
qu'il soit
que nous soyons
que vous soyez
qu'ils soient

IMPERATIVO
Presente
sois
soyons
soyez

CONDICIONAL
Presente
je serais
tu serais
il serait
nous serions
vous seriez
ils seraient

1.º Grupo

AIMER (radical aim-)

INFINITIVO
Presente aimer
Passado avoir aimé

PARTICÍPIO
Presente aimant
Passado aimé, ée

INDICATIVO
Presente
j'aime
tu aimes
il aime
nous aimons
vous aimez
ils aiment

Pretérito Imperfeito
j'aimais
tu aimais

il aimait
nous aimions
vous aimiez
ils aimaient

Pretérito Perfeito Composto
j'ai aimé
tu as aimé
il a aimé
nous avons aimé
vous avez aimé
ils ont aimé

Pretérito Mais-que--perfeito
j'avais aimé
tu avais aimé
il avait aimé
nous avions aimé
vous aviez aimé
ils avaient aimé

Futuro do Presente
j'aimerai
tu aimeras
il aimera
nous aimerons
vous aimerez
ils aimeront

Futuro do Presente Composto
j'aurai aimé
tu auras aimé
il aura aimé
nous aurons aimé
vous aurez aimé
ils auront aimé

SUBJUNTIVO
Presente
que j'aime
que tu aimes
qu'il aime
que nous aimions
que vous aimiez
qu'ils aiment

IMPERATIVO
Presente
aime
aimons
aimez

CONDICIONAL
Presente
j'aimerais
tu aimerais
il aimerait
nous aimerions
vous aimeriez
ils aimeraient

2.º Grupo

FINIR (radical fin-)

INFINITIVO
Presente finir
Passado avoir fini

PARTICÍPIO
Presente finissant
Passado fini, ie ayant fini

INDICATIVO
Presente
je finis
tu finis
il finit
nous finissons
vous finissez
ils finissent

Pretérito Imperfeito
je finissais
tu finissais
il finissait
nous finissions
vous finissiez
ils finissaient

Pretérito Perfeito Composto
j'ai fini
tu as fini
il a fini
nous avons fini
vous avez fini
ils ont fini

Pretérito Mais-que-perfeito
j'avais fini
tu avais fini
il avait fini
nous avions fini
vous aviez fini
ils avaient fini

Futuro do Presente
je finirai
tu finiras
il finira
nous finirons
vous finirez
ils finiront

Futuro do Presente Composto
j'aurais fini
tu auras fini
il aura fini
nous aurons fini
vous aurez fini
ils auront fini

SUBJUNTIVO
Presente
que je finisse
que tu finisses
qu'il finisse
que nous finissions
que vous finissiez
qu'ils finissent

IMPERATIVO
Presente
finis
finissons
finissez

CONDICIONAL
Presente
je finirais
tu finirais
il finirait
nous finirions
vous finiriez
ils finiraient

3.º Grupo

SENTIR (radical sent-)

INFINITIVO
Presente sentir
Passado avoir senti

PARTICÍPIO
Presente sentant
Passado senti, ie ayant senti

INDICATIVO
Presente
je sens
tu sens
il sent
nous sentons
vous sentez
ils sentent

Pretérito Imperfeito
je sentais
tu sentais
il sentait
nous sentions
vous sentiez
ils sentaient

Pretérito Perfeito Composto
j'ai senti
tu as senti
il a senti
nous avons senti
vous avez senti
ils ont senti

Pretérito Mais-que--perfeito
j'avais senti
tu avais senti
il avait senti
nous avions senti
vous aviez senti
ils avaient senti

Futuro do Presente
je sentirai
tu sentiras
il sentira
nous sentirons
vous sentirez
ils sentiront

Futuro do Presente Composto
j'aurai senti
tu auras senti
il aura senti
nous aurons senti
vous aurez senti
ils auront senti

SUBJUNTIVO
Presente
que je sente
que tu sentes
qu'il sente
que nous sentions
que vous sentiez
qu'ils sentent

IMPERATIVO
Presente
sens
sentons
sentez

CONDICIONAL
Presente
je sentirais
tu sentirais
il sentirait
nous sentirions
vous sentiriez
ils sentiraient

RECEVOIR

INFINITIVO
Presente recevoir
Passado avoir reçu

PARTICÍPIO
Presente recevant
Passado reçu, ue
ayant reçu

INDICATIVO
Presente
je reçois
tu reçois
il reçoit
nous recevons
vous recevez
ils reçoivent

Pretérito Imperfeito
je recevais
tu recevais
il recevait
nous recevions
vous receviez
ils recevaient

Pretérito Perfeito Composto
j'ai reçu
tu as reçu
il a reçu
nous avons reçu
vous avez reçu
ils on reçu

Pretérito Mais-que--perfeito
j'avais reçu
tu avais reçu
il avait reçu
nous avions reçu
vous aviez reçu
ils avaient reçu

Futuro do Presente
je recevrai
tu recevras
il recevra
nous recevrons
vous recevrez
ils recevront

Futuro do Presente Composto
j'aurai reçu
tu auras reçu
il aura reçu
nous aurons reçu
vous aurez reçu
ils auront reçu

SUBJUNTIVO
Presente
que je reçoive
que tu reçoives
qu'il reçoive
que nous recevions
que vous receviez
qu'ils reçoivent

Pretérito Imperfeito
que je reçusse

que tu reçusses
qu'il reçût
que nous reçussions
que vous reçussiez
qu'ils reçussent

IMPERATIVO
Presente
reçois
recevons
recevez

CONDICIONAL
Presente
je recevrais
tu recevrais
il recevrait
nous recevrions
vous recevriez
ils recevraient

Verbos Irregulares

PRENDRE

INFINITIVO
Presente prendre
Passado avoir pris

PARTICÍPIO
Presente prenant
Pasado pris, ise ayant pris

INDICATIVO
Presente
je prends
tu prends
il prend
nous prenons
vous prenez
ils prennent

Pretérito Imperfeito
je prenais
tu prenais
il prenait
nous prenions
vous preniez
ils prenaient

Pretérito Perfeito Composto
j'ai pris
tu as pris
il a pris
nous avons pris
vous avez pris
ils ont pris

Pretérito Mais-que-perfeito
j'avais pris
tu avais pris
il avait pris
nous avions pris
vous aviez pris
ils avaient pris

Futuro do Presente
je prendrai
tu prendras
il prendra
nous prendrons
vous prendrez
ils prendront

Futuro do Presente Composto
j'aurai pris
tu auras pris
il aura pris
nous aurons pris
vous aurez pris
ils auront pris

SUBJUNTIVO
Presente
que je prenne
que tu prennes
qu'il prenne
que nous prenions
que vous preniez
qu'ils prennent

IMPERATIVO
Presente
prends
prenons
prenez

CONDICIONAL
Presente
je prendrais
tu prendrais
il pendrait
nous prendrions
vous prendriez
ils prendraient

Conjugação dos verbos auxiliares e regulares em português

Verbos auxiliares

SER
Infinitivo ser
Gerúndio sendo
Particípio sido

INDICATIVO
Presente
eu sou
tu és
ele é
nós somos
vós sois
eles são

Pretérito Imperfeito
eu era
tu eras
ele era
nós éramos
vós éreis
eles eram

Pretérito Perfeito
eu fui
tu foste
ele foi
nós fomos
vós fostes
eles foram

Pretérito Mais-que-perfeito
eu fora
tu foras
ele fora
nós fôramos
vós fôreis
eles foram

Futuro do Presente
eu serei
tu serás
ele será
nós seremos
vós sereis
eles serão

Futuro do Pretérito
eu seria
tu serias
ele seria
nós seríamos
vós seríeis
eles seriam

SUBJUNTIVO
Presente
eu seja
tu sejas
ele seja
nós sejamos
vós sejais
eles sejam

Pretérito Imperfeito
eu fosse
tu fosses
ele fosse
nós fôssemos
vós fôsseis
eles fossem

Futuro
eu for
tu fores
ele for
nós formos
vós fordes
eles forem

IMPERATIVO
Afirmativo
sê tu
seja você
sejamos nós
sede vós
sejam vocês

Negativo
não sejas tu
não seja você
não sejamos nós
não sejais vós
não sejam vocês

ESTAR
Infinitivo estar
Gerúndio estando
Particípio estado

INDICATIVO
Presente
eu estou
tu estás
ele está
nós estamos
vós estais
eles estão

Pretérito Imperfeito
eu estava
tu estavas
ele estava

nós estávamos
vós estáveis
eles estavam

Pretérito Perfeito
eu estive
tu estiveste
ele esteve
nós estivemos
vós estivestes
eles estiveram

**Pretérito Mais-que-
-perfeito**
eu estivera
tu estiveras
ele estivera
nós estivéramos
vós estivéreis
eles estiveram

Futuro do Presente
eu estarei
tu estarás
ele estará
nós estaremos
vós estareis
eles estarão

Futuro do Pretérito
eu estaria
tu estarias
ele estaria
nós estaríamos
vós estaríeis
eles estariam

SUBJUNTIVO
Presente
eu esteja
tu estejas
ele esteja
nós estejamos
vós estejais
eles estejam

Pretérito Imperfeito
eu estivesse
tu estivesses
ele estivesse
nós estivéssemos
vós estivésseis
eles estivessem

Futuro
eu estiver
tu estiveres
ele estiver
nós estivermos
vós estiverdes
eles estiverem

IMPERATIVO
Afirmativo
está tu
esteja você
estejamos nós
estai vós
estejam vocês

Negativo
não estejas tu
não esteja você
não estejamos nós
não estejais vós
não estejam vocês

TER
Infinitivo ter
Gerúndio tendo
Particípio tido

INDICATIVO
Presente
eu tenho
tu tens
ele tem
nós temos
vós tendes
eles têm

Pretérito Imperfeito
eu tinha
tu tinhas
ele tinha
nós tínhamos
vós tínheis
eles tinham

Pretérito Perfeito
eu tive
tu tiveste
ele teve
nós tivemos
vós tivestes
eles tiveram

**Pretérito Mais-que-
-perfeito**
eu tivera
tu tiveras
ele tivera
nós tivéramos
vós tivéreis
eles tiveram

Futuro do Presente
eu terei
tu terás
ele terá
nós teremos
vós tereis
eles terão

Futuro do Pretérito
eu teria
tu terias
ele teria
nós teríamos
vós teríeis
eles teriam

SUBJUNTIVO
Presente
eu tenha
tu tenhas

ele tenha
nós tenhamos
vós tenhais
eles tenham

Pretérito Imperfeito
eu tivesse
tu tivesses
ele tivesse
nós tivéssemos
vós tivésseis
eles tivessem

Futuro
eu tiver
tu tiveres
ele tiver
nós tivermos
vós tiverdes
eles tiverem

IMPERATIVO
Afirmativo
tem tu
tenha você
tenhamos nós
tende vós
tenham vocês

Negativo
não tenhas tu
não tenha você
não tenhamos nós
não tenhais vós
não tenham vocês

HAVER
Infinitivo haver
Gerúndio havendo
Particípio havido

INDICATIVO
Presente
eu hei
tu hás
ele há
nós havemos
vós haveis
eles hão

Pretérito Imperfeito
eu havia
tu havias
ele havia
nós havíamos
vós havíeis
eles haviam

Pretérito Perfeito
eu houve
tu houveste
ele houve
nós houvemos
vós houvestes
eles houveram

**Pretérito Mais-que-
-perfeito**
eu houvera
tu houveras
ele houvera
nós houvéramos
vós houvéreis
eles houveram

Futuro do Presente
eu haverei
tu haverás
ele haverá
nós haveremos
vós havereis
eles haverão

Futuro do Pretérito
eu haveria
tu haverias
ele haveria
nós haveríamos
vós haveríeis
eles haveriam

SUBJUNTIVO
Presente
eu haja
tu hajas
ele haja
nós hajamos
vós hajais
eles hajam

Pretérito Imperfeito
eu houvesse
tu houvesses
ele houvesse
nós houvéssemos
vós houvésseis
eles houvessem

Futuro
eu houver
tu houveres
ele houver
nós houvermos
vós houverdes
eles houverem

IMPERATIVO
Afirmativo
há tu
haja você
hajamos nós
havei vós
hajam vocês

Negativo
não hajas tu
não haja você
não hajamos nós
não hajais vós
não hajam vocês

Modelos de verbos regulares

1.ª CONJUGAÇÃO

CANTAR
Infinitivo cantar
Gerúndio cantando
Particípio cantado

INDICATIVO
Presente
eu canto
tu cantas
ele canta
nós cantamos
vós cantais
eles cantam

Pretérito Imperfeito
eu cantava
tu cantavas
ele cantava
nós cantávamos
vós cantáveis
eles cantavam

Pretérito Perfeito
eu cantei
tu cantaste
ele cantou
nós cantamos
vós cantastes
eles cantaram

Pretérito Mais-que-perfeito
eu cantara
tu cantaras
ele cantara
nós cantáramos
vós cantáreis
eles cantaram

Futuro do Presente
eu cantarei
tu cantarás
ele cantará
nós cantaremos
vós cantareis
eles cantarão

Futuro do Pretérito
eu cantaria
tu cantarias
ele cantaria
nós cantaríamos
vós cantaríeis
eles antariam

SUBJUNTIVO
Presente
eu cante
tu cantes
ele cante
nós cantemos
vós canteis
eles cantem

Pretérito Imperfeito
eu cantasse
tu cantasses
ele cantasse
nós cantássemos
vós cantásseis
eles cantassem

Futuro
eu cantar
tu cantares
ele cantar
nós cantarmos
vós cantardes
eles cantarem

IMPERATIVO
Afirmativo
canta tu
cante você
cantemos nós
cantai vós
cantem vocês

Negativo
não cantes tu
não cante você
não cantemos nós
não canteis vós
não cantem vocês

2.ª CONJUGAÇÃO

VENDER
Infinitivo vender
Gerúndio vendendo
Particípio vendido

INDICATIVO
Presente
eu vendo
tu vendes
ele vende
nós vendemos
vós vendeis
eles vendem

Pretérito Imperfeito
eu vendia
tu vendias
ele vendia
nós vendíamos
vós vendíeis
eles vendiam

Pretérito Perfeito
eu vendi
tu vendeste
ele vendeu
nós vendemos
vós vendestes
eles venderam

Pretérito Mais-que-perfeito
eu vendera
tu venderas
ele vendera
nós vendêramos
vós vendêreis
eles venderam

Futuro do Presente
eu venderei
tu venderás
ele venderá
nós venderemos
vós vendereis
eles venderão

Futuro do Pretérito
eu venderia
tu venderias
ele venderia
nós venderíamos
vós venderíeis
eles venderiam

SUBJUNTIVO
Presente
eu venda
tu vendas
ele venda
nós vendamos
vós vendais
eles vendam

Pretérito Imperfeito
eu vendesse
tu vendesses
ele vendesse
nós vendêssemos
vós vendêsseis
eles vendessem

Futuro
eu vender
tu venderes
ele vender
nós vendermos
vós venderdes
eles venderem

IMPERATIVO
Afirmativo
vende tu
venda você
vendamos nós
vendei vós
vendam vocês

Negativo
não vendas tu
não venda você
não vendamos nós
não vendais vós
não vendam vocês

3.ª CONJUGAÇÃO

PARTIR
Infinitivo partir
Gerúndio partindo
Particípio partido

INDICATIVO
Presente
eu parto
tu partes
ele parte
nós partimos
vós partis
eles partem

Pretérito Imperfeito
eu partia
tu partias
ele partia
nós partíamos
vós partíeis
eles partiam

Pretérito Perfeito
eu parti
tu partiste
ele partiu
nós partimos
vós partistes
eles partiram

**Pretérito Mais-que-
-perfeito**
eu partira
tu partiras
ele partira
nós partíramos
vós partíreis
eles partiram

Futuro do Presente
eu partirei
tu partirás
ele partirá
nós partiremos
vós partireis
eles partirão

Futuro do Pretérito
eu partiria
tu partirias
ele partiria
nós partiríamos
vós partiríeis
eles partiriam

SUBJUNTIVO
Presente
eu parta
tu partas
ele parta
nós partamos
vós partais
eles partam

Pretérito Imperfeito
eu partisse
tu partisses
ele partisse
nós partíssemos
vós partísseis
eles partissem

Futuro
eu partir
tu partires
ele partir
nós partirmos
vós partirdes
eles partirem

IMPERATIVO
Afirmativo
parte tu
parta você
partamos nós
parti vós
partam vocês

Negativo
não partas tu
não parta você
não partamos nós
não partais vós
não partam vocês

Relação dos verbos irregulares, defectivos ou difíceis em português

O símbolo ⇒ significa "conjugar como"

A

abastecer ⇒ *tecer*.
abençoar ⇒ *soar*.
abolir *Indicativo: presente:* (não existe a 1.ª pessoa do singular) aboles, abole, abolimos, abolis, abolem. *Imperativo:* abole; aboli. *Subjuntivo: presente:* não existe.
aborrecer ⇒ *tecer*.
abranger *Indicativo: presente:* abranjo, abranges, abrange, abrangemos, abrangeis, abrangem. *Imperativo:* abrange, abranja, abranjamos, abrangei, abranjam. *Subjuntivo: presente:* abranja, abranjas etc.
acentuar ⇒ *suar*.
aconchegar ⇒ *ligar*.
acrescer ⇒ *tecer*.
acudir ⇒ *subir*.
adelgaçar ⇒ *laçar*.
adequar *Indicativo: presente:* adequamos, adequais. *Pretérito perfeito:* adequei, adequaste etc. *Imperativo:* adequai. *Subjuntivo: presente:* não existe.
aderir ⇒ *ferir*.
adoçar ⇒ *laçar*.
adoecer ⇒ *tecer*.
adormecer ⇒ *tecer*.
aduzir ⇒ *reduzir*.
advir ⇒ *vir*.
advogar ⇒ *ligar*.
afagar ⇒ *ligar*.
afeiçoar ⇒ *soar*.
afligir ⇒ *dirigir*.
afogar ⇒ *ligar*.
agir ⇒ *dirigir*.
agradecer ⇒ *tecer*.
agredir ⇒ *prevenir*.
alargar ⇒ *ligar*.
alcançar ⇒ *laçar*.
alegar ⇒ *ligar*.
almoçar ⇒ *laçar*.
alongar ⇒ *ligar*.
alugar ⇒ *ligar*.
amaldiçoar ⇒ *soar*.
amargar ⇒ *ligar*.
ameaçar ⇒ *laçar*.
amolecer ⇒ *tecer*.
amontoar ⇒ *soar*.
amplificar ⇒ *ficar*.
ansiar ⇒ *odiar*.
antepor ⇒ *pôr*.
antever ⇒ *ver*.
aparecer ⇒ *tecer*.
apegar ⇒ *ligar*.
aperfeiçoar ⇒ *soar*.
aplicar ⇒ *ficar*.
apodrecer ⇒ *tecer*.
aquecer ⇒ *tecer*.
arcar ⇒ *ficar*.
arrancar ⇒ *ficar*.
assoar ⇒ *soar*.
atacar ⇒ *ficar*.
atear ⇒ *recear*.
atenuar ⇒ *suar*.
atingir ⇒ *dirigir*.
atordoar ⇒ *soar*.
atrair *Indicativo: presente:* atraio, atrais, atrai, atraímos, atraís, atraem. *Pretérito imperfeito:* atraía, atraías etc. *Pretérito perfeito:* atraí, atraíste, atraiu, atraímos, atraístes, atraíram. *Pretérito mais-que-perfeito:* atraíra, atraíras etc. *Imperativo:* atrai, atraia, atraiamos, atraí, atraiam. *Subjuntivo: presente:* atraia, atraias etc. *Pretérito imperfeito:* atraísse, atraísses etc. *Futuro:* atrair, atraíres, atrair, atrairmos, atrairdes, atraírem.
atribuir ⇒ *possuir*.
atuar ⇒ *suar*.
autenticar ⇒ *ficar*.
avançar ⇒ *laçar*.

B

balançar ⇒ *laçar*.
balear ⇒ *recear*.
barbear ⇒ *recear*.

bendizer ⇒ *dizer*.
bloquear ⇒ *recear*.
bobear ⇒ *recear*.
bombardear ⇒ *recear*.
brecar ⇒ *ficar*.
brigar ⇒ *ligar*.
brincar ⇒ *ficar*.
bronzear ⇒ *recear*.
buscar ⇒ *ficar*.

C

caber *Indicativo: presente:* caibo, cabes, cabe, cabemos, cabeis, cabem. *Pretérito perfeito:* coube, coubeste, coube, coubemos, coubestes, couberam. *Pretérito mais-que-perfeito:* coubera, couberas etc. *Imperativo:* não existe. *Subjuntivo: presente:* caiba, caibas etc. *Pretérito imperfeito:* coubesse, coubesses etc. *Futuro:* couber, couberes etc.
caçar ⇒ *laçar*.
cair ⇒ *atrair*.
carecer ⇒ *tecer*.
carregar ⇒ *ligar*.
castigar ⇒ *ligar*.
cear ⇒ *recear*.
certificar ⇒ *ficar*.
chatear ⇒ *recear*.
chegar ⇒ *ligar*.
classificar ⇒ *ficar*.
coagir ⇒ *dirigir*.
cobrir ⇒ *dormir*.
coçar ⇒ *laçar*.
comparecer ⇒ *tecer*.
competir ⇒ *ferir*.
compor ⇒ *pôr*.
comunicar ⇒ *ficar*.

condizer ⇒ *dizer*.
conduzir ⇒ *reduzir*.
conferir ⇒ *ferir*.
conhecer ⇒ *tecer*.
conjugar ⇒ *ligar*.
conseguir ⇒ *seguir*.
constituir ⇒ *possuir*.
construir *Indicativo: presente:* construo, constróis, constrói, construímos, construís, constroem. *Pretérito imperfeito:* construía, construías etc. *Pretérito perfeito:* construí, construíste etc. *Pretérito mais-que-perfeito:* construíra, construíras etc. *Imperativo:* constrói, construa, construamos, construí, construam. *Subjuntivo: presente:* construa, construas etc. *Pretérito imperfeito:* construísse, construísses etc. *Futuro:* construir, construíres, construir, construirmos, construirdes, construírem.
consumir ⇒ *subir*.
continuar ⇒ *suar*.
contradizer ⇒ *dizer*.
contrapor ⇒ *pôr*.
contribuir ⇒ *possuir*.
convir ⇒ *vir*.
corrigir ⇒ *dirigir*.
crescer ⇒ *tecer*.
crer *Indicativo: presente:* creio, crês, crê, cremos, credes, creem. *Imperativo:* crê, creia, creiamos, crede,

creiam. *Subjuntivo: presente:* creia, creias etc.

D

dar *Indicativo: presente:* dou, dás, dá, damos, dais, dão. *Pretérito imperfeito:* dava, davas etc. *Pretérito perfeito:* dei, deste, deu, demos, destes, deram. *Pretérito mais-que-perfeito:* dera, deras, dera etc. *Futuro:* darei, darás etc. *Imperativo:* dá, dê, demos, dai, deem. *Subjuntivo: presente:* dê, dês, dê, demos, deis, deem. *Pretérito imperfeito:* desse, desses etc. *Futuro:* der, deres etc.
decair ⇒ *atrair*.
decompor ⇒ *pôr*.
deduzir ⇒ *reduzir*.
deferir ⇒ *ferir*.
delinquir ⇒ *abolir*.
demolir ⇒ *abolir*.
depor ⇒ *pôr*.
descobrir ⇒ *cobrir*.
desaparecer ⇒ *tecer*.
desconhecer ⇒ *tecer*.
descrer ⇒ *crer*.
desdizer ⇒ *dizer*.
desembaraçar ⇒ *laçar*.
desencadear ⇒ *recear*.
desfalecer ⇒ *tecer*.
desfazer ⇒ *fazer*.
desimpedir ⇒ *pedir*.
desligar ⇒ *ligar*.
desmentir ⇒ *ferir*.
despedir ⇒ *pedir*.
despentear ⇒ *recear*.
despir ⇒ *ferir*.

desprevenir ⇒ *prevenir*.
destacar ⇒ *ficar*.
diferir ⇒ *ferir*.
digerir ⇒ *ferir*.
diluir ⇒ *possuir*.
dirigir *Indicativo: presente:* dirijo, diriges, dirige, dirigimos, dirigis, dirigem. *Imperativo:* dirige, dirija, dirijamos, dirigi, dirijam. *Subjuntivo: presente:* dirija, dirijas etc.
disfarçar ⇒ *laçar*.
dispor ⇒ *pôr*.
distinguir *Indicativo: presente:* distingo, distingues etc. *Imperativo:* distingue, distinga, distingamos, distingui, distingam. *Subjuntivo: presente:* distinga, distingas etc.
distrair ⇒ *atrair*.
distribuir ⇒ *possuir*.
divertir ⇒ *ferir*.
dizer *Indicativo: presente:* digo, dizes, diz, dizemos, dizei, dizem. *Pretérito perfeito:* disse, disseste, disse, dissemos, dissestes, disseram. *Pretérito mais-que-perfeito:* dissera, disseras etc. *Futuro:* direi, dirás, dirá, diremos, direis, dirão. *Futuro do pretérito:* diria, dirias etc. *Imperativo:* diz, diga, digamos, dizei, digam. *Subjuntivo: presente:* diga, digas etc. *Pretérito imperfeito:* dissesse, dissesses etc. *Futuro:* disser, disseres etc.
dormir *Indicativo: presente:* durmo, dormes, dorme, dormimos, dormis, dormem. *Imperativo:* dorme, durma, durmamos, dormi, durmam. *Subjuntivo: presente:* durma, durmas etc.

E
efetuar ⇒ *suar*.
empregar ⇒ *ligar*.
encadear ⇒ *recear*.
encobrir ⇒ *dormir*.
enfraquecer ⇒ *tecer*.
engolir ⇒ *dormir*.
enjoar ⇒ *soar*.
enriquecer ⇒ *tecer*.
ensaboar ⇒ *soar*.
entrelaçar ⇒ *laçar*.
entreouvir ⇒ *ouvir*.
entrever ⇒ *ver*.
envelhecer ⇒ *tecer*.
equivaler ⇒ *valer*.
erguer *Indicativo: presente:* ergo, ergues, ergue, erguemos, ergueis, erguem. *Imperativo:* ergue, erga, ergamos, erguei, ergam. *Subjuntivo: presente:* erga, ergas etc.
escassear ⇒ *recear*.
esclarecer ⇒ *tecer*.
escorregar ⇒ *ligar*.

esquecer ⇒ *tecer*.
estar Veja verbo conjugado.
estragar ⇒ *ligar*.
estremecer ⇒ *tecer*.
excluir ⇒ *possuir*.
exercer ⇒ *tecer*.
exigir ⇒ *dirigir*.
expedir ⇒ *pedir*.
explodir ⇒ *abolir*.
expor ⇒ *pôr*.
extrair ⇒ *atrair*.

F
falecer ⇒ *tecer*.
fatigar ⇒ *ligar*.
favorecer ⇒ *tecer*.
fazer *Indicativo: presente:* faço, fazes, faz, fazemos, fazeis, fazem. *Pretérito perfeito:* fiz, fizeste, fez, fizemos, fizestes, fizeram. *Pretérito mais-que-perfeito:* fizera, fizeras etc. *Futuro:* farei, farás etc. *Futuro do pretérito:* faria, farias etc. *Imperativo:* faz, faça, façamos, fazei, façam. *Subjuntivo: presente:* faça, faças etc. *Pretérito imperfeito:* fizesse, fizesses etc. *Futuro:* fizer, fizeres etc.
ferir *Indicativo: presente:* firo, feres, fere, ferimos, feris, ferem. *Imperativo:* fere, fira, firamos, feri, firam. *Subjuntivo: presente:* fira, firas etc.

ficar *Indicativo: presente:* fico, ficas, fica, ficamos, ficais, ficam. *Pretérito perfeito:* fiquei, ficaste etc. *Imperativo:* fica, fique, fiquemos, ficai, fiquem. *Subjuntivo: presente:* fique, fiques etc.
fingir ⇒ *dirigir.*
fluir ⇒ *possuir.*
flutuar ⇒ *suar.*
folhear ⇒ *recear.*
frear ⇒ *recear.*
fugir *Indicativo: presente:* fujo, foges, foge, fugimos, fugis, fogem. *Imperativo:* foge, fuja, fujamos, fugi, fujam. *Subjuntivo: presente:* fuja, fujas etc.

G
golpear ⇒ *recear.*
graduar ⇒ *suar.*
grampear ⇒ *recear.*

H
habituar ⇒ *suar.*
haver Veja verbo conjugado.
hipotecar ⇒ *ficar.*
homenagear ⇒ *recear.*

I
impedir ⇒ *pedir.*
impelir ⇒ *ferir.*
impor ⇒ *pôr.*
incendiar ⇒ *odiar.*
incluir ⇒ *possuir.*
indispor ⇒ *pôr.*
induzir ⇒ *reduzir.*
ingerir ⇒ *ferir.*
inserir ⇒ *ferir.*
insinuar ⇒ *suar.*
instituir ⇒ *possuir.*
instruir ⇒ *possuir.*
interferir ⇒ *ferir.*
interpor ⇒ *pôr.*
interrogar ⇒ *ligar.*
intervir ⇒ *vir.*
introduzir ⇒ *reduzir.*
investir ⇒ *ferir.*
ir *Indicativo: presente:* vou, vais, vai, vamos, ides, vão. *Pretérito imperfeito:* ia, ias, ia, íamos, íeis, iam. *Pretérito perfeito:* fui, foste, foi, fomos, fostes, foram. *Pretérito mais-que-perfeito:* fora, foras etc. *Imperativo:* vai, vá, vamos, ide, vão. *Subjuntivo: presente:* vá, vás etc. *Pretérito imperfeito:* fosse, fosses etc. *Futuro:* for, fores etc.

J
jejuar ⇒ *suar.*
julgar ⇒ *ligar.*
justapor ⇒ *pôr.*

L
largar ⇒ *ligar.*
ler ⇒ *crer.*
ligar *Pretérito perfeito:* liguei, ligaste, ligou, ligamos, ligastes, ligaram. *Imperativo:* liga, ligue, liguemos, ligai, liguem. *Subjuntivo: presente:* ligue, ligues etc.
lotear ⇒ *recear.*

M
magoar ⇒ *soar.*
maldizer ⇒ *dizer.*
manter ⇒ *ter.*
medir ⇒ *pedir.*
mentir ⇒ *ferir.*
merecer ⇒ *tecer.*
moer *Indicativo: presente:* moo, móis, mói, moemos, moeis, moem. *Pretérito imperfeito:* moía, moías etc. *Pretérito perfeito:* moí, moeste, moeu etc. *Imperativo:* mói, moa, moamos, moei, moam. *Subjuntivo: presente:* moa, moas etc.

N
nascer ⇒ *tecer.*
nortear ⇒ *recear.*

O
obedecer ⇒ *tecer.*
obrigar ⇒ *ligar.*
obter ⇒ *ter.*
odiar *Indicativo: presente:* odeio, odeias, odeia, odiamos, odiais, odeiam. *Imperativo:* odeia, odeie, odiemos, odiai, odeiem. *Subjuntivo: presente:* odeie, odeies, odeie, odiemos, odieis, odeiem.
oferecer ⇒ *tecer.*
opor ⇒ *pôr.*
ouvir *Indicativo: presente:* ouço, ouves, ouve, ouvimos, ouvis, ouvem. *Imperativo:* ouve, ouça, ouçamos,

ouvi, ouçam. *Subjuntivo: presente:* ouça, ouças etc.

P

padecer ⇒ *tecer*.
parecer ⇒ *tecer*.
passear ⇒ *recear*.
pedir *Indicativo: presente:* peço, pedes, pede, pedimos, pedis, pedem. *Imperativo:* pede, peça, peçamos, pedi, peçam. *Subjuntivo: presente:* peça, peças etc.
pegar ⇒ *ligar*.
pentear ⇒ *recear*.
perder *Indicativo: presente:* perco, perdes, perde, perdemos, perdeis, perdem. *Imperativo:* perde, perca, percamos, perdei, percam. *Subjuntivo: presente:* perca, percas etc.
permanecer ⇒ *tecer*.
perseguir ⇒ *seguir*.
pertencer ⇒ *tecer*.
poder *Indicativo: presente:* posso, podes, pode, podemos, podeis, podem. *Pretérito perfeito:* pude, pudeste, pôde, pudemos, pudestes, puderam. *Pretérito mais-que-perfeito:* pudera, puderas etc. *Imperativo:* não existe. *Subjuntivo: presente:* possa, possas etc. *Pretérito imperfeito:* pudesse, pudesses etc. *Futuro:* puder, puderes etc.
poluir ⇒ *possuir*.
pôr *Indicativo: presente:* ponho, pões, põe, pomos, pondes, põem. *Pretérito imperfeito:* punha, punhas etc. *Pretérito perfeito:* pus, puseste, pôs, pusemos, pusestes, puseram. *Pretérito mais-que-perfeito:* pusera, puseras etc. *Imperativo:* põe, ponha, ponhamos, ponde, ponham. *Subjuntivo: presente:* ponha, ponhas etc. *Pretérito imperfeito:* pusesse, pusesses etc. *Futuro:* puser, puseres etc.
possuir *Indicativo: presente:* possuo, possuis, possui, possuímos, possuís, possuem. *Pretérito imperfeito:* possuía, possuías etc. *Pretérito perfeito:* possuí, possuíste, possuiu, possuímos, possuístes, possuíram. *Pretérito mais-que-perfeito:* possuíra, possuíras etc. *Imperativo:* possui, possua, possuamos, possuí, possuam. *Subjuntivo: presente:* possua, possuas etc. *Pretérito imperfeito:* possuísse, possuísses etc. *Futuro:* possuir, possuíres, possuir etc.
precaver *Indicativo: presente:* precavemos, precaveis. *Imperativo:* precavei. *Subjuntivo: presente:* não existe.
predispor ⇒ *pôr*.
predizer ⇒ *dizer*.
preferir ⇒ *ferir*.
pressentir ⇒ *ferir*.
pressupor ⇒ *pôr*.
prevenir *Indicativo: presente:* previno, prevines, previne, prevenimos, prevenis, previnem. *Imperativo:* previne, previna, previnamos, preveni, previnam. *Subjuntivo: presente:* previna, previnas etc.
prever ⇒ *ver*.
produzir ⇒ *reduzir*.
progredir ⇒ *prevenir*.
propor ⇒ *pôr*.
prosseguir ⇒ *seguir*.
proteger ⇒ *abranger*.
provir ⇒ *vir*.

Q

querer *Indicativo: presente:* quero, queres, quer, queremos, quereis, querem. *Pretérito perfeito:* quis, quiseste etc. *Pretérito mais-que-perfeito:* quisera, quiseras etc. *Imperativo:* quer, queira, queiramos, querei, queiram. *Subjuntivo: presente:* queira, queiras etc.

Pretérito imperfeito: quisesse, quisesses etc. *Futuro:* quiser, quiseres etc.

R

rasgar ⇒ *ligar.*
reagir ⇒ *dirigir.*
reaver *Indicativo: presente:* (apenas a 1.ª e a 2.ª pessoas do plural) reavemos, reaveis. *Pretérito perfeito:* reouve, reouveste etc. *Pretérito mais-que-perfeito:* reouvera, reouveras etc. *Imperativo:* reavei. *Subjuntivo: presente:* não existe. *Pretérito imperfeito:* reouvesse, reouvesses etc. *Futuro:* reouver, reouveres etc.
recair ⇒ *atrair.*
recear *Indicativo: presente:* receio, receias, receia, receamos, receais, receiam. *Imperativo:* receia, receie, receemos, receai, receiem. *Subjuntivo: presente:* receie, receies etc.
rechear ⇒ *recear.*
recobrir ⇒ *dormir.*
recompor ⇒ *pôr.*
reconhecer ⇒ *tecer.*
recuar ⇒ *suar.*
redigir ⇒ *dirigir.*
reduzir *Indicativo: presente:* reduzo, reduzes, reduz, reduzimos, reduzis, reduzem. *Imperativo:* reduz *ou* reduze, reduza, reduzamos, reduzi, reduzam.
refletir ⇒ *ferir.*
reforçar ⇒ *laçar.*
regredir ⇒ *prevenir.*
reler ⇒ *crer.*
repor ⇒ *pôr.*
reproduzir ⇒ *reduzir.*
requerer *Indicativo: presente:* requeiro, requeres, requer, requeremos, requereis, requerem. *Pretérito perfeito:* requeri, requereste etc. *Imperativo:* requer, requeira, requeiramos, requerei, requeiram. *Subjuntivo: presente:* requeira, requeiras etc.
restituir ⇒ *possuir.*
reter ⇒ *ter.*
retribuir ⇒ *possuir.*
rever ⇒ *ver.*
rir *Indicativo: presente:* rio, ris, ri, rimos, rides, riem. *Imperativo:* ri, ria, riamos, ride, riam. *Subjuntivo: presente:* ria, rias etc.
roer ⇒ *moer.*

S

saber *Indicativo: presente:* sei, sabes, sabe, sabemos, sabeis, sabem. *Pretérito perfeito:* soube, soubeste etc. *Pretérito mais-que-perfeito:* soubera, souberas etc. *Imperativo:* sabe, saiba, saibamos, sabei, saibam. *Subjuntivo: presente:* saiba, saibas etc. *Pretérito imperfeito:* soubesse, soubesses etc. *Futuro:* souber, souberes etc.
sacudir ⇒ *subir.*
sair ⇒ *atrair.*
satisfazer ⇒ *fazer.*
seduzir ⇒ *reduzir.*
seguir *Indicativo: presente:* sigo, segues, segue, seguimos, seguis, seguem. *Imperativo:* segue, siga, sigamos, segui, sigam. *Subjuntivo: presente:* siga, sigas etc.
sentir ⇒ *ferir.*
ser Veja verbo conjugado.
servir ⇒ *ferir.*
simplificar ⇒ *ficar.*
situar ⇒ *suar.*
soar *Indicativo: presente:* soo, soas, soa, soamos, soais, soam. *Imperativo:* soa, soe, soemos, soai, soem.
sobrepor ⇒ *pôr.*
sobressair ⇒ *atrair.*
sobrevir ⇒ *vir.*
sorrir ⇒ *rir.*
suar *Indicativo: presente:* suo, suas, sua, suamos, suais, suam. *Pretérito perfeito:* suei, suaste etc. *Imperativo:* sua, sue, suemos, suai, suem. *Subjuntivo: presente:* sue, sues etc. *Pretérito imperfeito:* suasse, suasses etc.

Futuro: suar, suares etc.
subir *Indicativo: presente:* subo, sobes, sobe, subimos, subis, sobem. *Imperativo:* sobe, suba, subamos, subi, subam.
substituir ⇒ *possuir.*
subtrair ⇒ *atrair.*
sugerir ⇒ *ferir.*
sumir ⇒ *subir.*
supor ⇒ *pôr.*
surgir ⇒ *dirigir.*

T

tapear ⇒ *recear.*
tecer *Indicativo: presente:* teço, teces, tece, tecemos, teceis, tecem. *Imperativo:* tece, teça, teçamos, tecei, teçam. *Subjuntivo: presente:* teça, teças etc.
ter Veja verbo conjugado.
tossir ⇒ *dormir.*
traçar ⇒ *laçar.*
trair ⇒ *atrair.*
transgredir ⇒ *prevenir.*
transpor ⇒ *pôr.*
trazer *Indicativo: presente:* trago, trazes, traz, trazemos, trazeis, trazem. *Pretérito perfeito:* trouxe, trouxeste, trouxe, trouxemos, trouxestes, trouxeram. *Pretérito mais-que-perfeito:* trouxera, trouxeras, trouxera, trouxéramos, trouxéreis, trouxeram. *Futuro:* trarei, trarás, trará, traremos, trareis, trarão. *Futuro do pretérito:* traria, trarias, traria, traríamos, traríeis, trariam. *Imperativo:* traz, traga, tragamos, trazei, tragam. *Subjuntivo: presente:* traga, tragas etc. *Pretérito imperfeito:* trouxesse, trouxesses etc. *Futuro:* trouxer, trouxeres etc.

U

usufruir ⇒ *possuir.*

V

valer *Indicativo: presente:* valho, vales, vale, valemos, valeis, valem. *Imperativo:* vale, valha, valhamos, valei, valham. *Subjuntivo: presente:* valha, valhas etc.
ver *Indicativo: presente:* vejo, vês, vê, vemos, vedes, veem. *Pretérito imperfeito:* via, vias etc. *Pretérito perfeito:* vi, viste, viu, vimos, vistes, viram. *Pretérito mais-que-perfeito:* vira, viras etc. *Imperativo:* vê, veja, vejamos, vede, vejam. *Subjuntivo: presente:* veja, vejas etc. *Pretérito imperfeito:* visse, visses etc. *Futuro:* vir, vires etc.
vestir ⇒ *ferir.*
vir *Indicativo: presente:* venho, vens, vem, vimos, vindes, vêm. *Pretérito imperfeito:* vinha, vinhas etc. *Pretérito perfeito:* vim, vieste, veio, viemos, viestes, vieram. *Pretérito mais-que-perfeito:* viera, vieras etc. *Imperativo:* vem, venha, venhamos, vinde, venham. *Subjuntivo: presente:* venha, venhas etc. *Pretérito imperfeito:* viesse, viesses etc. *Futuro:* vier, vieres etc.
voar ⇒ *soar.*

Numerais

Numerais Cardinais / Numéraux Cardinaux

0	zero	zéro	31	trinta e um	trente et un
1	um	un	32	trinta e dois	trente-deux
2	dois	deux	40	quarenta	quarante
3	três	trois	50	cinquenta	cinquante
4	quatro	quatre	60	sessenta	soixante
5	cinco	cinq	70	setenta	soixante-dix
6	seis	six	80	oitenta	quatre-vingts
7	sete	sept	90	noventa	quatre-vingt-dix
8	oito	huit	100	cem	cent
9	nove	neuf	101	cento e um	cent un
10	dez	dix	102	cento e dois	cent deux
11	onze	onze	200	duzentos	deux cents
12	doze	douze	201	duzentos e um	deux cent un
13	treze	treize	300	trezentos	trois cents
14	catorze, quatorze	quatorze	400	quatrocentos	quatre cents
15	quinze	quinze	500	quinhentos	cinq cents
16	dezesseis	seize	600	seiscentos	six cents
17	dezessete	dix-sept	700	setecentos	sept cents
18	dezoito	dix-huit	800	oitocentos	huit cents
19	dezenove	dix-neuf	900	novecentos	neuf cents
20	vinte	vingt	1.000	mil	mille
21	vinte e um	vingt et un	100.000	cem mil	cent mille
22	vinte e dois	vingt-deux	1.000.000	um milhão	un million
23	vinte e três	vingt-trois	2.000.000	dois milhões	deux millions
30	trinta	trente			

Numerais Ordinais / Numéraux Ordinaux

1	primeiro	premier
2	segundo	deuxième (second)
3	terceiro	troisième
4	quarto	quatrième
5	quinto	cinquième
6	sexto	sixième
7	sétimo	septième

8	oitavo	huitième
9	nono	neuvième
10	décimo	dixième
11	undécimo, décimo primeiro	onzième
12	duodécimo, décimo segundo	douzième
13	décimo terceiro	treizième
14	décimo quarto	quatorzième
15	décimo quinto	quinzième
16	décimo sexto	seizième
17	décimo sétimo	dix-septième
18	décimo oitavo	dix-huitième
19	décimo nono	dix-neuvième
20	vigésimo	vingtième
21	vigésimo primeiro	vingt et unième
22	vigésimo segundo	vingt-deuxième
23	vigésimo terceiro	vingt-troisième
30	trigésimo	trentième
31	trigésimo primeiro	trente et unième
32	trigésimo segundo	trente-deuxième
40	quadragésimo	quarantième
50	quinquagésimo	cinquantième
60	sexagésimo	soixantième
70	setuagésimo	soixante-dixième
80	octogésimo	quatre-vingtième
90	nonagésimo	quatre-vingt-dixième
100	centésimo	centième
101	centésimo primeiro	cent (et) unième
102	centésimo segundo	cent-deuxième
200	ducentésimo	deux-centième
201	ducentésimo primeiro	deux cent unième
300	trecentésimo	trois-centième
400	quadringentésimo	quatre-centième
500	quingentésimo	cinq-centième
600	seiscentésimo, sexcentésimo	six-centième
700	setingentésimo	sept-centième
800	octingentésimo	huit-centième
900	nongentésimo	neuf-centième
1.000	milésimo	millième
100.000	cem milésimos	cent millième
1.000.000	milionésimo	millionième
2.000.000	dois milionésimos	deux millionième